DICTIONNAIRE

DE

L'ARMÉE DE TERRE.

En vertu d'arrangements particuliers pris avec la famille de **M.** le général Bardin, je suis resté seul éditeur du Dictionnaire de l'armée de terre. Les éditions avouées seront revêtues de ma signature. J'espère que cette précaution ne sera pas illusoire, et que la cupidité ne me forcera pas à solliciter l'application de la loi contre les contrefacteurs.

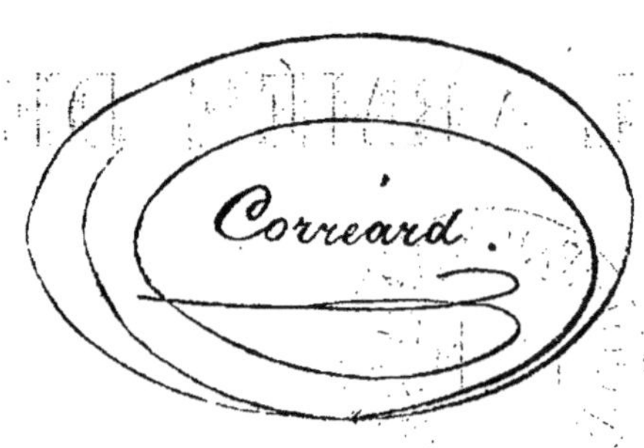

SAINT-CLOUD. — IMPRIMERIE DE BELIN-MANDAR

DICTIONNAIRE

DE

L'ARMÉE DE TERRE

OU RECHERCHES HISTORIQUES

SUR L'ART ET LES USAGES MILITAIRES

DES ANCIENS ET DES MODERNES,

PAR LE GÉNÉRAL BARDIN,

AUTEUR DU MANUEL D'INFANTERIE,
DU MÉMORIAL DE L'OFFICIER D'INFANTERIE, MEMBRE DE L'ACADÉMIE DES SCIENCES DE TURIN,
COLLABORATEUR DU COMPLÉMENT DU DICTIONNAIRE DE L'ACADÉMIE FRANÇAISE,
DU DICTIONNAIRE DE LA CONVERSATION,
DE L'ENCYCLOPÉDIE DES GENS DU MONDE, ETC., ETC.

QUINZIÈME PARTIE.

PORTEE DE FUSIL. — SECRETTE. 1481 A 1800.

PARIS,

LIBRAIRIE MILITAIRE, MARITIME ET POLYTECHNIQUE,

DE J. CORRÉARD,

LIBRAIRE-ÉDITEUR ET LIBRAIRE-COMMISSIONNAIRE,
RUE CHRISTINE, 1.

1850.

1851

gueur des courtines, l'espacement entre les parallèles des siéges offensifs. — En rase campagne, c'est à trois cents mètres , dit M. le général Rogniat (1816, B), qu'on se fusille. Suivant Guibert (1775, E), pour être d'un grand effet, le feu doit s'exécuter à cent soixante mètres; mais les règles varient s'il s'agit de combats contre infanterie ou contre cavalerie, et c'est à demi-portée que doivent se faire les feux de bataillon et ceux des garnisons de bord. — Le fusil, dans des mains exercées, porte cependant bien plus loin. Dans la guerre d'Alger, les Arabes tiraient à plus de six cents mètres sur les Français, et les balles, quoique paraboliquement lancées, ne laissaient pas que de causer des ravages. — Sous l'angle de quarante-cinq degrés , la Portée peut être de mille à douze cents mètres, depuis le point de départ jusqu'à l'épuisement du principe d'action, et jusqu'à la chute du projectile tombant paraboliquement en balle morte; mais le tir d'infanterie ne s'est jamais réglé sur une telle distance. — L'instruction de 1806 (19 juin) regardait comme mal assurés tous les coups au delà de deux cent trente-quatre mètres. — Gassendi (1819, p. 54) témoigne qu'à cette distance il faut tirer un mètre plus haut que le but. — Guibert (1775, E) et Deligne (1780, I) mettaient au jour des règles différentes. — On a éprouvé qu'un calibre plus fort , tel que celui du fusil anglais , étend la Portée du tir; qu'un calibre plus faible accroît la justesse du coup; que les fusils s'amorçant seuls ne donnaient que de faibles Portées; qu'à Portée égale, le fusil à piston demande moins de poudre; que les bonnes Portées sont la conséquence de la bonne confection des cartouches , de la siccité de la poudre, et de l'attention que le tireur apporte à bourrer suffisamment dans l'exécution de la charge. — Dans les lignes combinées, les corps qui ne donnent pas doivent être hors de Portée, et dans les marches en retraite, le pas doit être lent si on est hors de Portée. — L'instruction de 1822 (30 mars) résumait les principes relatifs aux Portées de fusils, et ce sujet avait exercé Bardin (1807, D), M. le général Cotty (1806, A; 1822, A, aux mots *Balle* et *Fusil de munition*), Deligne (1780, I), l'Encyclopédie (1785, C, au mot *Arme*, p. 120, et supplém., aux mots *Cible* et *Joue*), M. Francœur (au mot *Fusil*), Gaya (1678, B), Guibert (an douze, t. I, p. 251), Maizeroy (1775, B), Mauvillon (1788, A), Pictet (1761, I), Robins , M. le général Rogniat (1816, B), Servan (1780, B), Silva (1768, K).

PORTÉE de garde d'épée. V. cimaise. V. garde d'épée.

PORTÉE de grenade. V. grenade. V. grenade a main. V. parallèle, subs.

PORTÉE de javelot. V. javelot.

PORTÉE de machines. V. machine.

PORTÉE de mortier. V. mortier.

PORTÉE de mousquet. V. fortification. V. mousquet. V. sape pleine.

PORTÉE de projectile. V. arme a vapeur. V. projectile.

PORTÉE d'espingole. V. espingole.

PORTÉE d'étoffe. V. étoffe. V. étoffe d'habillement. V. habillement.

PORTER. V. noms propres.

PORTER, verb. act. et récipr. V. balle de carabine. V. canon d'artillerie. V. port d'armes. V. porte. V. portée de canon.

PORTER juste , verb. act. V. canon d'artillerie. V. juste, adv.

PORTER la guerre. V. guerre.

PORTER l'arme. V. arme. V. port d'armes.

PORTER l'arquebuse. V. arquebuse. V. corselet.

PORTER l'attaque. V. attaque. V. attaque de front de place.

PORTER le canapsa. V. canapsa. V. profession des armes.

PORTER le corselet. V. corselet.

PORTER le fer et la flamme. V. exécution militaire. V. fer. V. flamme.

PORTER le mousquet. V. milice portugaise n° 1. V. mousquet. V. profession des armes.

PORTER le sabre. V. sabre. V. sabre d'hommes de troupe.

PORTER le sac. V. rangs d'infanterie. V. sac.

PORTER le siége. V. siége.

PORTER l'épée. V. dragon français n° 4. V. épée. épée de soldat.

PORTER les armes. V. adoption. V. age militaire. V. armes. V. art de la guerre. V. avancement. V. ceinture militaire. V. chaussure. V. chef de garde descendante en garnison. V. chef de garde montante en garnison. V. chevalier du moyen age n° 2. V. condottière. V. congé. V. corps de garde de garnison. V. corps en route sur pied de paix. V. ecclésiastique. V. école militaire. V. échage. V. évêque. V. exercice tactique. V. faire le dégat. V. garde a vous pour porter vos armes. V. garde descendante. V. garde en garnison. V. gendarmerie du

MOYEN AGE N° 1. V. GENTILHOMME. V. GUERRE. V. HALTE, interj. V. LIBÉRATION. V. MANIEMENT D'ARMES. V. MENADIER. V. NOBLESSE. V. PORT D'ARMES. V. PRISONNIER DE GUERRE, V. PROFESSION DES ARMES. V. RÉCEPTION DE DRAPEAUX. V. RECRUE. V. ROUTIER. V. SENTINELLE. V. SERGENT MILITAIRE. V. TAILLE DE MILITAIRE.

PORTER PLAINTE. V. COLONEL D'INFANTERIE FRANÇAISE DE LIGNE N° 26. V. PLAINTE.

PORTER SECOURS. V. GRAND'GARDE D'INFANTERIE. V. SECOURS.

PORTERIE. V. NOMS PROPRES.

PORTERNE, subs. fém. V. POTERNE.

PORTEUR de DÉPÊCHES. V. DÉPÊCHE. V. HÉRAUT D'ARMES N° 4. V. MANDATEUR. V. ORDONNANCE IDOPLIQUE.

PORTEUR de FAUSSE ROUTE. V. FEUILLE DE ROUTE DE MILITAIRE ISOLÉ. V. FAUSSE ROUTE.

PORTEZ (imper.) ARMES. V. ARMES, V. PORTEZ VOS ARMES.

PORTEZ le FUSIL. V. FUSIL. V. PORTEZ VOS ARMES.

PORTEZ VOS ARMES, interj., ou PORTEZ ARMES. COMMANDEMENT VOCAL qui est COMMANDEMENT GÉNÉRAL, s'il est prononcé à la tête d'une BRIGADE ou de plusieurs; plus ordinairement c'est un COMMANDEMENT MIXTE; c'est sous cette forme que le prononce un CAPORAL DE POSE, etc., etc. — En toutes circonstances il sert au MANIEMENT D'ARMES qui donne aux HOMMES DE PIED la POSITION qu'on nomme PORT D'ARMES. — L'ORDONNANCE DE 1750 (7 MAI) prescrivait, au lieu de ce commandement, Celui : PORTEZ LE FUSIL! c'était raisonnable. On a trouvé plus harmonieux d'employer l'autre locution, quoique inexacte. On peut consulter à cet égard DELAMONT (1693, C) et DESPAGNAC (1751, D).

PORTIER (subs. masc.) de FORTERESSE. V. ADJUDANT DE PLACE N° 3. V. AIDE-PORTIER. V. CHAPEAU DE TROUPE. V. CHEF D'AVANCÉE. V. CLEF DE FORTERESSE. V. CONSIGNE-PORTIER. V. ÉCLUSIER. V. ÉTAT-MAJOR DE PLACE. V. FORTERESSE.

PORTIÈRE de BATTERIE. V. BATTERIE. V. BATTERIE A ÉPAULEMENT. V. EMBRASURE.

PORTIÈRE de PONT. V. PONT. V. PONT DE BATEAUX.

PORTIÈRE d'EMBRASURE. V. EMBRASURE.

PORTION, subs. fém. V. DEMI-P... V. PREMIÈRE P... V. QUART DE P... V. SECONDE P...

PORTION de CORPS. V. CORPS. V. DÉTACHEMENT ADMINISTRATIF.

PORTION de MASSE. V. MASSE. V. MASSE D'ENTRETIEN. V. MASSE D'HABILLEMENT. V. PREMIÈRE PORTION. V. SECONDE PORTION.

PORTION de PAIN. V. PAIN. V. PAIN D'HOPITAL.

PORTION de VIANDE. V. VIANDE. V. VIANDE D'HOPITAL.

PORTION de VIN. V. VIN. V. VIN D'HOPITAL.

PORTION d'HOPITAL. V. ALIMENTS D'HOPITAL. V. HOPITAL. V. HOPITAL MILITAIRE.

PORTIUS; PORT-MAHON; PORTUGAIS. V. NOMS PROPRES.

PORTUGAIS (portugaise), adj. V. ADJUDANT P... V. AIDE DE CAMP P... V. ARMÉE P... V. ARMURIER P... V. ARTILLERIE P... V. AUMONIER P... V. BAS OFFICIER P... V. BATAILLON P... V. BRIGADIER P... V. CAPITAINE P... V. CAPORAL P... V. CAVALERIE P... V. CHAPELAIN P... V. CHARPENTIER P... V. CHASSEUR P... V. CHIRURGIEN P... V. CLAIRON P... V. COLONEL P... V. COMPAGNIE P... V. CONSEIL P... V. CORPS P... V. DIVISION P... V. DRAPEAU P... V. ÉCOLE P... V. ENSEIGNE P... V. ESCADRON P... V. ÉTAT-MAJOR P... V. FUSILIER P... V. GARDE P... V. GÉNÉRAL P... V. GÉNIE P... V. INFANTERIE P... V. LANGUE P... V. LÉGION P... V. LIEUTENANT P... V. LIEUTENANT-COLONEL P... V. LIEUTENANT GÉNÉRAL P... V. MAJOR P... V. MARÉCHAL DE CAMP P... V. MILICE P... V. MINISTRE P... V. MUSICIEN P... V. OFFICIER P... V. ORDONNANCES P... V. OUVRIER P... V. PIQUEUR P... V. QUARTIER-MAITRE P... V. RÉGIMENT P... V. SAPEUR P... V. SEIGNEUR P... V. SERGENT P... V. SERGENT-MAJOR P... V. SERVICE P... V. SOLDAT P... V. SOUS-LIEUTENANT P... V. SOUS-OFFICIER P... V. TAMBOUR P... V. TIRAILLEUR P... V. TRAIN P... V. TROMPETTE P... V. TROUPE P... V. VÉTÉRAN P...

PORTUGAIS; PORTUGAL; PORTUGUÈS. V. NOMS PROPRES.

POSAUNE, subs. fém. V. INSTRUMENT DE MUSIQUE. V. TROMBONE.

POSE (subs. fém.) de SENTINELLE. V. CAPORAL DE POLICE. V. CAPORAL DE POSE. V. CHEF DE POSTE D'HOMME DE GARDE N° 2. V. CLOCHE INSTRUMENTALE. V. FACTION. V. GARDE ARMÉE. V. GRANDE POSE. V. LIEU DE POSE. V. MILICE ROMAINE N° 10. V. PREMIÈRE POSE. V. PRÉSENTEZ VOS ARMES. V. RONDE MAJOR. V. SENTINELLE. V. SOLDAT DE POSE.

POSER, verb. act. et récipr. V. REPOS.

POSER la GARDE. V. GARDE. V. GARDE ARMÉE.

POSER le CAMP. V. CAMP.

POSER le PÉTARD. V. PÉTARD.

POSER les ARMES. V. ARMES.

POSER les QUESTIONS. V. CONSEIL PERMANENT N° 3. V. DÉFENSEUR D'ACCUSÉ. V. QUESTION.

POSER GARNISON. V. GARNISON. V. SEIGNEUR.

POSER UN CORPS DE GARDE. V. CORPS DE GARDE.

POSER UNE SENTINELLE. V. CAPORAL DE POSE. V. GARDE D'HONNEUR. V. SENTINELLE.

POSIDONIUS ; POSSIDONIUS. V. NOMS PROPRES.

POSITION, subs. fém. V. ARTILLERIE DE P... V. BATTERIE DE P... V. CHANGEMENT DE P... V. DÉFENDRE UNE P... V. EMPORTER UNE P... V. ENLEVER UNE P... V. FORCER UNE P... V. FRONT DE P... V. GUERRE DE P... V. OCCUPER UNE P... V. PIÈCE DE P... V. PRENDRE P... V. TOURNER UNE P...

POSITION {
  ADMINISTRATIVE. . . . . {
     POSITION GÉNÉRALE.
     POSITION INDIVIDUELLE.
  STRATEUMATIQUE.
  TACTIQUE. . . . . . {
     POSITION SOUS LES ARMES.
}

POSITION (term. génér.), OU POSITION MILITAIRE. Le mot Position est dérivé, presque sans altération, du LATIN. Il exprime une manière d'être, un état, une situation qui ressortissent au GOUVERNEMENT des ARMÉES, à la COMPOSITION des TROUPES, à leur ADMINISTRATION, à leur SUBORDINATION, à leur TACTIQUE, à l'ART DE LA GUERRE. — Le mot se distingue en POSITION ADMINISTRATIVE, — D'ABSENCE, — DANS LE RANG, — DE DISPONIBILITÉ, — DE GUERRE, — DE QUESTION, — DE STATION, — DÉFENSIVE, — D'OFFICIER, — FORTIFIÉE, — LOCALE, — MILITAIRE, — OFFENSIVE, — RENVERSÉE, — SANS ARMES, — STRATEUMATIQUE, — SUR PIED D'ABSENCE, — SUR PIED DE CAPTIVITÉ, — SUR PIED D'HOPITAL, — TACTIQUE.

POSITION ADMINISTRATIVE (term. sous-génér.). Sorte de POSITION dans laquelle se trouve un MILITAIRE OU un CORPS DE TROUPE. Elle comprend les CONGÉS DE SEMESTRE ; elle est constatée au moyen des REVUES ; elle motive un TRAITEMENT spécial ou sa suspension ; elle modifie, suivant les cas, le quantum du PRÊT, la nature des RETENUES, les DROITS aux PRESTATIONS et au LOGEMENT, et les quotités d'ALLOCATIONS acquises ; elle varie suivant le PIED DE GUERRE OU DE PAIX, suivant qu'on est en FRANCE ou à l'ÉTRANGER, en CAMPAGNE ou en GARNISON, suivant la PRÉSENCE ou l'ABSENCE, suivant les cas de ROUTE ou d'ARRIVÉE, ou de STATION ; cette dernière commence le lendemain de l'ARRIVÉE et finit la veille du DÉPART. — Il a été traité de ce genre de Position par M. GONVOT et M. VAUCHELLE ; ce dernier ÉCRIVAIN la distingue en POSITION GÉNÉRALE et en POSITION INDIVIDUELLE. — L'ORDONNANCE DE 1838 (20 JANVIER) traitait de ce genre de Position.

POSITION CORPORELLE. V. BRAS. V. CORPOREL. V. EXERCICE DE DÉTAIL. V. POSITION SOUS LES ARMES. V. POSITION TACTIQUE.

POSITION CULMINANTE. V. CULMINANT. V. POSITION STRATEUMATIQUE.

POSITION D'ABSENCE. V. ABSENCE. V. ABSENCE AUTORISÉE ADMINISTRATIVEMENT. V. CONGÉ DE SEMESTRE. V. CONGÉ LIMITÉ. V. DENIERS DE PETIT ÉQUIPEMENT. V. HOPITAL MILITAIRE. V. LIVRET INDIVIDUEL. V. PENSION DE RETRAITE. V. PERMISSION. V. PRISONNIER DE GUERRE FRANÇAIS.

POSITION DANS LE RANG. V. DANS LE RANG. V. POSITION TACTIQUE.

POSITION D'ARMÉE. V. ARMÉE. V. MILICE AUTRICHIENNE N° 6. V. RECONNAISSANCE DE TERRAIN. V. RECONNAISSANCE DE CAMPAGNE.

POSITION DE DISPONIBILITÉ. V. DISPONIBILITÉ.

POSITION DE GUERRE. V. GUERRE. V. POSITION STRATEUMATIQUE.

POSITION DE QUESTION. V. QUESTION.

POSITION DE STATION. V. POSITION ADMINISTRATIVE. V. PROCÉDURE. V. STATION.

POSITION DÉFENSIVE. V. DÉFENSIF, adj. V. FORTIFICATION. V. POSITION STRATEUMATIQUE.

POSITION D'OFFICIER. V. OFFICIER N° 5. V. SOLDE.

POSITION FORTIFIÉE. V. FORTIFIÉ, adj. V. TERNAY.

POSITION GÉNÉRALE (B, 1). Sorte de POSITION ADMINISTRATIVE dans laquelle se trouvent des CORPS, soit sur PIED DE PAIX, soit sur PIED DE GUERRE, soit sur PIED DE RASSEMBLEMENT. C'est la définition qu'en donne le traité de M. VAUCHELLE.

POSITION INDIVIDUELLE (B, 1). Sorte de POSITION ADMINISTRATIVE qui concerne, soit les OFFICIERS, soit les HOMMES DE TROUPE. Elle embrasse : ACTIVITÉ DE SERVICE, DISPONIBILITÉ, RÉFORME AVEC TRAITEMENT, RETRAITE AVEC PENSION. — S'il s'agit des MILITAIRES EN ACTIVITÉ, ce genre de Position se constate au moyen du CONTROLE ANNUEL, ou des FEUILLES D'APPEL ; elle varie à raison de la PRÉSENCE, de l'ABSENCE SUR PIED DE PAIX OU DE GUERRE, ou de CAPTIVITÉ, ou de JUGEMENT, ou d'HOPITAL.

POSITION LOCALE. V. FOURRAGE DE DISTRIBUTION. V. LOCAL, adj. V. LOCALISATION.

POSITION MILITAIRE. V. ABANDON DE POSTE. V. MILITAIRE, adj. V. POSITION. V. POSITION STRATEUMATIQUE. V. SCHIENERT.

POSITION OFFENSIVE. V. OFFENSIF, adj. V. POSITION STRATEUMATIQUE.

POSITION RENVERSÉE. V. RENVERSÉ. V. RENVERSER.

POSITION SANS ARMES. V. POSITION SOUS LES ARMES. V. POSITION TACTIQUE. V. RECRUE. V. SANS ARMES.

POSITION SOUS LES ARMES (G, 6), ou POSITION CORPORELLE du SOLDAT D'INFANTERIE. Sorte de POSITION TACTIQUE exprimée par un terme vague et incorrect. Les RÉGLEMENTS l'emploient pour donner idée du maintien de l'HOMME DE PIED à qui il a été commandé : PORTEZ VOS ARMES ! Elle est la même que SANS ARMES, sauf le placement de la main gauche au PORT D'ARMES. Son uniformité est un des principaux moyens d'ALIGNEMENT. — Les études dont la Position était l'objet étaient autrefois tellement compliquées, que l'INSTRUCTION DE 1774 (11 JUIN) défendait de se servir à l'avenir du moyen de la muraille ou de la planche pour dresser les RECRUES et les mettre à la Position. — La Position doit être telle, que les ÉPAULES s'effacent, que le ventre SE DISSIMULE, que l'inclinaison de l'HOMME réponde à une ligne perpendiculaire qui, partant de la nuque, arriverait au centre de gravité, ou point milieu entre la pointe des pieds. — La Position sous les armes a d'abord longtemps différé des usages actuels par l'espace laissé entre les deux TALONS de l'HOMME, comme le témoigne l'ENCYCLOPÉDIE (1785, C, au mot *A droite*). — Un des devoirs des INSPECTEURS D'ARMES est de s'assurer de la correction de la Position. — A l'annonce des REPOS, la Position cesse d'être exigée.

POSITION (positions) STRATEUMATIQUE (H, 2), ou POSITION DE GUERRE, comme le dit en termes équivoques l'ENCYCLOPÉDIE (1785, C, suppl.). Sorte de POSITIONS que quantité d'AUTEURS appellent aussi POSITIONS MILITAIRES. Cette dernière expression peint mal leur pensée, car les Positions dont il vient d'être question plus haut sont militaires aussi toutes, et sont loin cependant d'avoir uniquement trait à l'ART DE LA GUERRE, à la STRATÉGIE, comme y répond le genre des Positions qui vont être examinées. — La science des Positions était d'une faible importance dans la tactique des MILICES GRECQUES, longtemps composées d'une poignée d'hommes, et ne s'engageant qu'en plaine rase et en ORDRE MASSÉ. La préférence que les anciens donnaient aux TERRAINS peu ACCIDENTÉS tenait à la crainte de manquer d'eau sous un ciel brûlant, à la faible portée de leurs PROJECTILES, à la forme expéditive de leurs GUERRES, dont ils ne faisaient consister la gloire que dans de vives batailles, et enfin au danger d'être ACCABLÉ par un adversaire entreprenant, s'ils ne tenaient pas compacte leur ORDONNANCE DE COMBAT. — ANNIBAL, cependant, entrevit l'utilité des Positions, et en tira, en ITALIE, d'importants avantages; il fut puni à ZAMA pour avoir négligé ce secret de la STRATÉGIE.—EPAMINONDAS aussi éprouva combien pouvaient être favorables les éminences. — Dans les GUERRES du calvinisme on commença à étudier l'ART des Positions. Mais elles sont surtout devenues l'objet d'une science depuis la préférence donnée aux ARMES A FEU sur les ARMES BLANCHES, et depuis que l'ORDRE PROFOND a été abandonné pour l'ORDRE MINCE ; elles sont indispensables à ce dernier, tandis que l'autre peut s'en passer. Les campagnes des GÉNÉRAUX de LOUIS QUATORZE, celles de FRÉDÉRIC DEUX, celles de NAPOLÉON, ont témoigné, à chaque pas, combien le choix habile des Positions peut influer sur la marche des OPÉRATIONS et sur le succès des ARMÉES.—Cependant GOUVION SAINT-CYR, dans ses mémoires, accuse BONAPARTE d'avoir plus d'une fois dédaigné aventureusement la ressource des Positions; mais quel censeur oserait se croire initié aux secrets du génie de BONAPARTE. Ce que l'empereur a dit d'ailleurs sur ce sujet, prouve qu'il sentait toute l'importance de cette branche de l'ART : suivant lui, la science de la GUERRE DE MONTAGNES tient à EMPORTER les Positions sans les ATTAQUER de FRONT, et il s'est étendu sur l'importance de la protection des Positions dans les PASSAGES DE RIVIÈRES (M. le général GOURGAUD, 1823, t. II). — On lit dans M. DE MONTHOLON (t. I, p. 28): *Chez les modernes, l'art d'occuper une Position pour y camper ou s'y battre est soumis à tant de considérations qu'il exige de l'expérience, du coup d'œil et du génie; et* (t. II, p. 177): *Depuis l'invention des armes à feu, la manière d'occuper une Position pour camper, ou pour livrer bataille, dépend de tant de circonstances* *différentes, qu'elle varie avec les circonstances; il y a même plusieurs manières d'occuper une Position donnée, avec la même armée ; le coup d'œil militaire, l'expérience et le génie du général en chef en décident ; c'est sa principale affaire.* — Ecoutons ce que pense à ce même égard, et ce qu'exprime avec sa justesse d'esprit accoutumée un ÉCRIVAIN qui, sans être militaire, savait par expérience la GUERRE plus que bien des GÉNÉRAUX ; c'est Daru (*Histoire de Venise*, t. II, p. 463). — *Les Positions réputées inattaquables ne sont pas celles où l'on tient le plus longtemps, parce que, en dernière analyse, les défenses matérielles n'ont point de force répulsive ; il survient ordinairement quelque accident qu'on n'avait pas prévu : l'imagination s'effraye de ce mécompte ; on se trouve d'autant moins de résolution, qu'on avait auparavant plus de sécurité. On s'était arrangé pour être défendu par la Position ; du moment qu'elle-même a besoin d'être défendue comme une autre, on est tenté de l'abandonner.* — M. le colonel PAIXHANS (1830) voudrait qu'il fût établi *des Positions sur tous les points dont la possession est militairement et politiquement décisive.* — On voit que, dans cette proposition, peut-être un peu absolue, Position est pris dans le sens de FORTIFICATION, POSTE, OUVRAGE. — Voici qui se rapporte au CHAMP DE BATAILLE. — La lourdeur des ARMÉES, la difficulté de changer *des Positions mal choisies ou devenues dangereuses* causèrent, dit M. le colonel CARRION (1825, A), les désastres, les RETRAITES de HOCHSTEDT, de RAMILLIES, de TURIN. — Les Positions consistent en un TERRAIN, en un COMMANDEMENT, en des FORTS qui FAVORISENT, PROTÉGENT, APPUIENT les TROUPES d'un même parti, et leur ménagent, contre l'ENNEMI, des avantages étudiés par la topographie, et RECONNUS par les TROUPES D'AVANT-GARDE ; ainsi les Positions ne sont pas sans connexion avec les EXPÉDITIONS, les POINTES, les MOUVEMENTS du CHAMP DE BATAILLE, la FORTIFICATION. — Les Positions sont OFFENSIVES OU DÉFENSIVES ; elles doivent n'être point en l'air ; n'être pas VUES DE REVERS ; avoir le FRONT découvert au loin ; être même CULMINANTES, si faire se peut ; dans ce cas, on les appelle aussi COMMANDEMENTS DOMINANTS. — Les Positions servent comme observatoires, points télégraphiques, MASQUES, APPUIS. — Des OFFICIERS D'ÉTAT-MAJOR RECONNAISSENT les Positions, des ESCARMOUCHES les TATENT, l'ARTILLERIE A CHEVAL les INSULTE, les TOURNE ; la BAIONNETTE les ENLÈVE. — Un des perfectionnements peu an-

ciens des CARTES TOPOGRAPHIQUES a consisté dans le moyen de représentation des Positions. — La description circonstanciée et le LEVÉ des Positions COUPÉES OU EMPORTÉES dans une AFFAIRE, et des Positions faisant obstacle aux MARCHES D'ARMÉE, sont au nombre des importants détails que doit contenir un JOURNAL DE GUERRE bien tenu. — Dans leurs GUERRES modernes, les ANGLAIS se sont distingués surtout par leur habileté à tirer parti des Positions, à les rendre inexpugnables, à les transformer en chaînons de LIGNES redoutables. — On dit Position forte, faible, écrasante, dominée, compromise. — Les AUTEURS et les OUVRAGES qui peuvent éclairer les questions qui se rapportent au sujet sont : BOHAN (1781, H), BONJOUAN, BOURCET, BRUECH, M. CANTELOUBE (1818, F), CARLET DE LA ROZIÈRE, CARRION (1824, A), DUPAIN (1783, F), ENCYCLOPÉDIE (1785, C, supplém. aux mots *Ouvrage, Position de guerre, Poudre*), GASSENDI, GOUVION SAINT-CYR (1831), GRIMOARD (1775, B), GUIBERT (1773, E, t. II, p. 250), HERLIN, HORRER, KAUSLER (1827), LALLEMAND (1825), LECOUTURIER (1825), LÉORIER, MAIZEROY (1770, E), MOSCH, M. RÉVÉRONI (1823), M. le général ROGNIAT (1816, B), ROHAN (1727), M. RUMPF (1824, F), SCHARNHORST (1790, E), SCHIENERT, SINCLAIRE (1773, L), URBAIN, le *Journal des Sciences militaires* (t. XXVII, p. 270 ; t. XXVIII, p. 502, 504 ; et année 1835, p. 247, et 1837, p. 68), le *Mémorial du dépôt de la guerre*, le *Journal de l'Armée* (t. III, p. 355).

POSITION SUR PIED D'ABSENCE. V. DENIERS DE PETIT ÉQUIPEMENT. V. SUR PIED D'ABSENCE.

POSITION SUR PIED DE CAPTIVITÉ. V. DENIERS DE PETIT ÉQUIPEMENT. V. SUR PIED DE CAPTIVITÉ.

POSITION SUR PIED D'HÔPITAL. V. ABSENCE SUR PIED D'H... V. HOMME A L'OHPITAL. V. SUR PIED D'H...

POSITION TACTIQUE (G, 6). Sorte de POSITION qui, suivant l'expression adoptée par d'anciens RÈGLEMENTS sur l'EXERCICE de l'INFANTERIE, s'unissait indissolublement au substantif CHANGEMENT. Il y avait CHANGEMENT DE POSITION, ou, en d'autres termes, nouvelle direction, nouvel aspect, donnés, dans les ÉVOLUTIONS, à un BATAILLON EN BATAILLE, ou à un BATAILLON EN COLONNE. — On a appelé CHANGEMENT DE POSITION CENTRALE, un CHANGEMENT DE FRONT A DEUX MOUVEMENTS. — Ces formes, ces désignations ont cessé d'être en usage depuis 1776. — On n'emploie plus le mot Position que sous l'acception de POSITION CORPORELLE, d'abord SANS.

ARMES , et ensuite DANS LE RANG. — Il est question de ses diverses Positions et des PLACES dans le rang , dans les ORDONNANCES et RÈGLEMENTS D'EXERCICE, dans PICTET (1761, p. 27), dans SINCLAIRE (1773 , t. 1er, p. 11-18). — Le mot Position tactique est de nature à prendre quelques développements , s'il s'agit de POSITION SOUS LES ARMES.

POSPOLITE, subs. masc. V. BAN ET ARRIÈRE BAN. V. CONSCRIPTION. V. LANDSTURM. V. LEVÉE EN MASSE. V. MILICE POLONAISE N° 5.

POSSIDONIUS. V. NOMS PROPRES.

POSTAL, adj. V. PAQUET P...

POSTE, subs. masc. et fém. V. ABANDON DE P... V. AFFAIRE DE P... V. ALERTE DE P... V. APPEL DE P... V. APPELER LES P... V. ARRIVÉE DE GARDE AU P... V. ARRONDISSEMENT DE P... V. ASSEOIR LES P... V. ATTAQUE DE P... V. AVANT-P... V. BILLET DE P... V. BRUSQUER UN P... V. BUREAU DE P... V. CHANGER DE P... V. CHAUFFAGE DE P... V. CHEF DE P... V. CHEVAL DE P... V. COMBUSTIBLE DE P... V. COMMANDANT DE P... V. CONSIGNE DE P... V. CORDON DE P... V. DÉFENSE DE P... V. DIRECTEUR DE P... V. ÉCLAIRAGE DE P... V. EMPLOYÉ DE P... V. EMPORTER UN P... V. EN P... V. ENLÈVEMENT DE P... V. ENLEVER UN P... V. ENVOI PAR LA P... V. FAUSSE P... V. FORCER UN P... V. FORTIFIER UN P... V. FRAIS DE P... V. GARDE DE P... V. INSPECTION DE P... V. JOUR DE P... V. LEVER UN P... V. LIGNE DE P... V. MOUSQUETON DE P... V. OCCUPER UN P... V. PARAPET DE P... V. PETIT P... V. PRENDRE P... V. REDDITION DE P... V. RELEVER LES P... V. REPRENDRE UN P... V. SERVICE DE P... V. SURPRENDRE UN P... V. SURPRISE DE P... V. TATER UN P... V. TENIR P... V. TERRAIN FORTIFICATOIRE DE P... V. TIRAGE DE P... V. TIRER LES P... V. VISITE DE P...

<pre>
              ┌ AUX LETTRES.
              │ D'ALARME.
              │ D'HONNEUR.
              │   ┌ EN CAMPAGNE.
              │ D'HOMME DE GARDE.   .   . {   │   ┌ POSTE EXTÉRIEUR.
POSTE   {   │   └ EN GARNISON.   . {
              │   ┌ POSTE FERMÉ.
              │ PÉRIBOLOGIQUE.   .   .   .   {   │
              │   └ POSTE RETRANCHÉ.
              │ PROJECTILE.
              └ STRATEUMATIQUE.
</pre>

POSTE, subs. masc. et fém. (term. gén.), OU POSTE MILITAIRE. Mot dérivé du LATIN, soit qu'on le prenne comme synonyme des termes féminins POESTE, POESTÉ, POOTE, POTE, etc. , venus de *potestas*, et ayant produit : FAUSSE POSTE, HOMME DE POESTÉ, etc., soit qu'on l'emploie dans son sens actuel, et comme tirant sa racine de *ponere*, *positus*, ce dernier terme s'étant changé, suivant FURETIÈRE, en *postus*, qui aurait donné le masculin , tandis que *positio* aurait donné le féminin.—D'autres étymologistes sont d'avis que Poste, conçu sous l'acception de lieu gardé, et pris au masculin , dériverait du bas LATIN *postis*, d'où sont sortis imposte, POSTEAU, OU POTEAU (*postellum*) et POTENCE. *Postis*, suivant eux, signifiait huisserie de porte, et, par abréviation, poste. C'était d'abord le lieu à conserver, le BÂTIMENT à garder ; ce fut ensuite un CORPS DE GARDE, n'importe en quel lieu, ou une POSITION MILITAIRE ; et enfin , par métonymie , ce fut le guet qui y veillait, qui y TENAIT POSTE. — A l'époque de la discussion de la loi sanitaire, portée devant la chambre des députés en 1822 (février), il s'est ému de vifs débats touchant la signification du mot Poste , jusque-là mal défini , comme nous l'avons témoigné en traitant de l'ABANDON DE POSTE, du genre de DÉLIT qu'on a nommé ABANDON EN TROUPE. — Le mot Poste est à considérer par rapport à l'ART DE LA GUERRE, il est , en ce cas, synonyme de POSITION ou de CAMPEMENT ; il est à considérer par rapport au SERVICE, il est, en ce cas, synonyme de GARDE ARMÉE ; il est à considérer par rapport à la transmission des DÉPÊCHES, et à un moyen de FAIRE ROUTE ; dans ce dernier cas, il est féminin , ainsi que quand il sert de désignation à un genre de PROJECTILE. — Le terme Poste a produit l'adjectif POSTICHE, ou passagèrement un Poste, et les verbes POSTER et déposter, que mentionnait encore DUBOUSQUET (1769 , B), quoique déjà ils ne fussent plus reçus dans le langage militaire. Il avait produit aussi aposté, qui ne se prend plus qu'en mauvaise part, mais qui longtemps a signifié placé à un Poste. — Les auteurs qui peuvent être consultés sur le mot pris d'une manière générale sont: Bardin (1807, D), Dubousquet (1769, B), Encyclopédie (1785, C), Guillet (1686 , B), Lachesnaie (1758,), Lecouturier (1825, A). — Le mot Poste se distingue en poste a ciel ouvert, — a l'armée, — au camp, — aux chevaux, — aux lettres, — avancé, — baraqué, — d'alarme, — d'avancée, — de cantonnement, — de capitaine, — de caporal, — de caserne, — de cavalerie, — de détachement, — de forteresse, — de garde de camp, — de garnison, — de guerre, — de passage de troupe, — de place d'armes, — de police, — de police au camp, — de police en garnison, — de police en route, — de porte de forteresse, — de prison, — de quartier général, — de sergent, — de tranchée, — défendu, — détaché, — devant l'ennemi, — d'hommes de garde, — d'hommes de garde en route, — d'honneur, — d'hopital, — d'infanterie, — d'officier, — en campagne, — en cantonnement, — en garnison, — extérieur en campagne, — fortifié, — intérieur, — militaire, — ouvert, — particulier, — péribologique, — principal, — projectile, — strateumatique.

POSTE (subs. masc.) a ciel ouvert. V. a ciel ouvert. V. abrivent. V. blockhaus.

POSTE (subs. masc.) a l'armée. V. a l'armée. V. brigadier des armées. V. détachement a l'armée. V. embuscade. V. mèche de mousquet.

POSTE (subs. masc.) au camp. V. au camp. V. camp. V. camp mince. camp retranché. V. camp volant. V. canon d'alarme. V. consigne de garde de camp. V. consigne de poste au camp. V. consigne de sentinelle de front de camp. V. corps de garde de camp. V. détachement au camp. V. général au camp. V. milice grecque no 7. V. ordre général. V. parallèle. V. poste d'alarme. V. régiment français no 6. V. tambour instrumental.

POSTE (subs. fém.) aux chevaux. V. aux chevaux. V. marche en p... V. signal.

POSTE (subs. masc.) aux lettres (B, 1). Sorte de poste considéré ici comme une branche d'administration militaire et comme un service confié à des employés ad hoc, réglé par jours de départ, organisé par arrondissements dans une armée, et attaché dans les camps au quartier général. — Les envois par la poste, appliqués aux usages civils, ont été une imitation d'une des pratiques de la

guerre. Les écrivains qui en attribuent à Louis onze l'invention ignorent qu'elle est bien autrement ancienne. Hérodote affirme que l'usage en était connu des Perses , sous Xercès. Xénophon (370 av. J.-C.) en fait honneur, ainsi que de l'invention des estafettes , à Cyrus. — Auguste organisa, pour le service de ses armées, ce genre de communication dans tout l'empire. — Ne considérons ici la Poste et les Postes aux lettres que par rapport à l'armée française et au service de campagne. — Le règlement de 1825 (1er mars) et la décision de 1832 (28 aout), qui le confirment, appelaient service des postes militaires le service des Postes aux lettres de l'armée. Cette ambiguïté de la langue produit une synonymie fâcheuse. — La Poste acquitte, sur mandats de paiement, les articles d'envois d'argent adressés à des militaires. — Les adjudants de semaine se font remettre, les jours de poste, un état des envois d'argent adressés par divers à des hommes de troupe. — Les facteurs ou vaguemestres ne peuvent retirer des bureaux de Postes les missives ou l'argent envoyé, qu'en vertu d'un acte de nomination en règle, qu'ils exhibent au directeur de la Poste. L'inscription de l'argent envoyé et du chiffre de la taxe a lieu ensuite sur un cahier ad hoc, et l'argent qui s'adresse aux absents, leur est réservé dans la caisse du corps. — Les lettres simples ou non chargées, adressées aux soldats, sont remises au sergent-major, qui les distribue. — A certains égards, les adjudants de semaine sont chargés de la remise de l'argent venu par la Poste. — Les lettres en franchise arrivent sous bandes, au colonel ou au conseil d'administration ; c'est aussi de même que la Poste transmet les feuilles de départ des remplaçants. — L'ordonnance de 1809 (31 aout) réglait la matière. Morin (1798) et Odier (1824 , E) ont traité et approfondi ce sujet.

POSTE (postes) (subs. masc.) avancé. V. arrivée de corps en route. V. avant-garde d'armée. V. bivac. V. blockhaus. V. chef d'avancée. V. chef de détachement de guerre no 4. V. dehors. V. grand'-garde. V. infanterie légère no 8. V. mot de ralliement. V. ouvrage a corne. V. poste d'alarme. V. poste d'hommes en campagne. V. Reichling. V. surprise.

POSTE (subs. masc.) baraqué. V. baraqué adj. V. baraquement.

POSTE (postes) (subs. masc.) d'alarme (H). Sorte de postes qui diffèrent, suivant qu'ils sont considérés comme un lieu de rendez-vous éventuel, indiqué à l'avance aux troupes, ou bien suivant qu'ils consistent, au

CAMP OU AUX AVANT - GARDES, en un POSTE AVANCÉ, en un Poste habituellement gardé. — Dans les PLACES DE GUERRE, des emplacements dont le nombre et les dimensions sont proportionnés aux besoins présumés et à la force ou à la quantité de la GARNISON, ou des TROUPES DE PASSAGE, sont assignés à chacune d'elles, pour qu'elles s'y rendent sans délai, en cas D'ALARME, D'INCENDIE OU D'ATTAQUE. — Ainsi de l'INFANTERIE EN ROUTE est informée par le MAJOR DE PLACE, soit dans les VILLES DE GARNISON où elle prend GÎTE, soit à l'instant de son ARRIVÉE A LA GARNISON, des lieux où elle se formerait, soit de jour, soit nuitamment, si l'on BATTAIT LA GÉNÉRALE. — Un autre genre de Poste d'alarme est usité en CAMPAGNE : il consiste en une GARDE d'un faible nombre d'HOMMES, dont la destination est de donner l'éveil aux TROUPES et d'annoncer les ATTAQUES, mais non d'y résister. Les Postes de cette espèce ont double VEDETTE, ou double SENTINELLE, pour que l'une puisse quitter le lieu de sa FACTION et courir avertir les HOMMES du Poste, tandis que l'autre sentinelle reste en observation ; sitôt que le Poste voit l'ENNEMI, il se retire. — Il a été traité des Postes d'alarme par l'ENCYCLOPÉDIE (1785, au mot : *Col*), FRÉDÉRIC DEUX (1810, B), LACHESNAIE (1758, I, au mot : *Garde*).

POSTE (subs. masc.) D'AVANCÉE. V. AVANCÉE. V. DÉCOUVERTE. V. ÉCLUSIER. V. CONSIGNE-PORTIER.

POSTE (subs. masc.) de CANTONNEMENT. V. ATTAQUE DE CANTONNEMENT.

POSTE de CAPITAINE, subs. masc. V. CAPITAINE. V. CAPITAINE D'INFANTERIE FRANÇAISE DE LIGNE N° 32. V. POSTE D'HOMMES DE GARDE.

POSTE (subs. masc.) de CAPORAL. V. CAPORAL. V. CAPORAL DE GARDE. V. POSTE D'HOMMES DE GARDE. V. POSTE D'HOMMES DE GARDE EN GARNISON.

POSTE (subs. masc.) de CASERNE. V. ADJUDANT DE SEMAINE N° 7. V. ADJUDANT-MAJOR DE SEMAINE N° 1. V. CASERNE. V. CHAUFFAGE DE POSTE DE CASERNE. V. CHAUFFAGE DE POSTE DE GARNISON. V. COMBUSTIBLE DE CUISINE DE CASERNE. V. CORPS DE GARDE DE POLICE EN GARNISON.

POSTE (subs. masc.) de CAVALERIE. V. CAVALERIE. V. CAVALERIE FRANÇAISE N° 8. V. CAVALERIE LÉGÈRE. V. GARDE DE TRANCHÉE. V. HONNEURS. V. MARÉCHAL DE CAMP N° 6.

POSTE (subs. masc.) de DÉTACHEMENT. V. CHAUFFAGE DE POSTE DE DÉTACHEMENT. V. CHEF DE DÉTACHEMENT DE GUERRE N° 5. V. DÉTACHEMENT.

POSTE de FORTERESSE. V. AVANT-POSTE. V. FORTERESSE. V. FORTIFICATION. V. FORTIFICATION PERMANENTE. V. SERGENTERIE.

POSTE (subs. masc.) de GARDE DE CAMP. V. CHEF DE POSTE DE GARDE DE CAMP. V. CONSIGNE DE GARDE AU CAMP. V. CONSIGNE DE GUERRE. V. CONSIGNE DE SENTINELLE DE GARDE DE CAMP. V. GARDE DE CAMP.

POSTE (subs. masc.) de GARNISON. V. CONSIGNE DE POSTE DE GARNISON. V. ÉCLAIRAGE DE POSTE DE GARNISON. V. GARNISON. V. RENGAGEMENT. V. TRAVERS DE BARAQUE.

POSTE (subs. masc.) de GUERRE. V. CHIEN DE GUERRE. V. GÉNÉRAL D'ARMÉE N° 9. V. GUERRE. V. GUERRILLA. V. POSTE PÉRIBOLOGNE. V. POSTE STRATEUMATIQUE.

POSTE (subs. masc.) de PASSAGE DE TROUPE. V. CHAUFFAGE DE POSTE DE TROUPE DE PASSAGE. V. PASSAGE DE TROUPE.

POSTE (subs. masc.) de PLACE D'ARMES. V. CAPORAL DE CONSIGNE. V. CAPORAL DE PATROUILLE. V. CHEF DE POSTE DE PLACE D'ARMES. V. COMPAGNIE D'ÉLITE N° 4. V. CONSIGNE DE POSTE DE PLACE D'ARMES. V. CORPS DE GARDE DE GRANDE PLACE. V. FALOT. V. GARDE DE LA PLACE. V. GRENADIER D'INFANTERIE FRANÇAISE DE LIGNE N° 8. V. PARADE DE TROUPES. V. PLACE D'ARMES DE GARNISON. V. RONDE D'OFFICIER.

POSTE (subs. masc.) de POLICE. V. BATTERIE DE TAMBOUR DE POLICE. V. CHEF DE POSTE DE POLICE. V. CLEF DE CASERNE. V. CONSIGNE DE POSTE DE POLICE.

POSTE (subs. masc.) de POLICE AU CAMP. V. CHEF DE POSTE DE POLICE AU CAMP. V. POLICE AU CAMP.

POSTE (subs. masc.) de POLICE EN GARNISON. V. ADJUDANT DE SEMAINE N° 1, 3, 4. V. APPEL DE SOIR EN GARNISON. V. BILLET DE MALADIE. V. CHEF DE POSTE DE POLICE EN GARNISON. V. CLEF DE SALLE DE DISCIPLINE. V. GUET DE PARIS. V. POLICE EN GARNISON. V. PRISON DE CASERNE. V. SOUS-OFFICIER N° 7.

POSTE (subs. masc.) de POLICE EN ROUTE. V. ADJUDANT DE SEMAINE EN ROUTE. V. ADJUDANT-MAJOR DE SEMAINE EN ROUTE. V. ADRESSE D'OFFICIER EN ROUTE. V. BILLET D'APPEL DE SOIR EN ROUTE. V. BILLET DE LOGEMENT DE GARDE D'ÉQUIPAGES. V. BILLET DE LOGEMENT DE MAÎTRE OUVRIER. V. BILLET DE LOGEMENT DE PETIT ÉTAT-MAJOR. V. BILLET DE LOGEMENT NE RETARDATAIRE. V. BILLET DE LOGEMENT DE TAMBOUR. V. BILLET DE LOGEMENT D'OFFICIER EN ROUTE. V. BILLET DE LOGEMENT EN ROUTE. V. CHEF DE DÉTACHEMENT EN ROUTE. V. CHEF DE POSTE DE POLICE EN ROUTE. V. FOURRIER EN ROUTE. V. GARDE NATIONALE. V. POSTE DE POLICE EN ROUTE.

POSTE (subs. masc.) de PORTE DE FORTE-RESSE. V. AVANCÉE. V. CAPITAINE D'INFANTERIE FRANÇAISE DE LIGNE N° 22. V. CAPORAL DE CONSIGNE. V. CAS D'ALARME. V. CHEF DE POSTE DE PORTE. V. COMMANDANT DE PLACE N° 10. V. CONSIGNE DE POSTE DE PORTE DE FORTERESSE. V. CONSIGNE DE SENTINELLE D'AVANCÉE. V. ÉCLUSIER. V. FERMETURE DE PORTES. V. FORTERESSE. V. OFFICIER DE RONDE. V. OUVERTURE DE PORTE. V. PORTE DE FORTERESSE. V. RECONNAISSANCE DE TROUPE ARRIVANTE. V. STRATAGÈME. V. SURPRISE DE PLACE. V. TAMBOUR DE POSTE DE FORTERESSE.

POSTE (subs. masc.) de PRISON.

POSTE (subs. masc.) de QUARTIER GÉNÉRAL. V. CONSIGNE DE POSTE DE QUARTIER GÉNÉRAL. V. QUARTIER GÉNÉRAL.

POSTE (subs. masc.) de SERGENT. V. CAPORAL DE GARDE. V. CAPORAL DE PATROUILLE. V. POSTE D'HOMMES DE GARDE EN GARNISON. V. SERGENT. V. SERGENT D'INFANTERIE FRANÇAISE DE LIGNE.

POSTE (subs. masc.) de TRANCHÉE. V. POSTE D'HOMME EN CAMPAGNE. V. TRANCHÉE.

POSTE (subs. masc.) DÉFENDU. V. ARTILLERIE D'INFANTERIE. V. ASSIÉGÉ. V. BLOCKHAUS. V. DÉFENDU, adj. V. MILICE CHINOISE N° 6. V. MILICE HOLLANDAISE N° 5. V. ORDRE DE BATAILLE. V. PALISSADE. V. POSTE RETRANCHÉ. V. REMPART. V. TAMBOUR DE FORTIFICATION. V. TIR A RICOCHET.

POSTE (subs. masc.) DÉTACHÉ. V. AVANT-POSTE. V. CAPORAL CHEF DE POSTE. V. DÉTACHÉ, adj.

POSTE (subs. masc.) DEVANT L'ENNEMI. V. ALTÉRATION DE CONSIGNE. V. CHEF DE POSTE DEVANT L'ENNEMI. V. DÉBUSQUER. V. GRAND'GARDE. V. POSTE D'HOMMES DE GARDE EN CAMPAGNE. V. SPÉCULATEUR.

POSTE (postes) (subs. masc.) d'HOMMES DE GARDE (term. sous-génér.), ou station suivant Maizeroy (1771, A, t. II, p. 85). Sorte de POSTES destinés à maintenir la tranquillité, à accomplir la CONSIGNE, à repousser la force par la force. — Le nombre des HOMMES composant un Poste se règle sur la localité et les circonstances, mais n'excède guère, en général, trente ou quarante SOLDATS, ayant pour CHEF un CAPITAINE, secondé par un SERGENT, un CAPORAL DE POSE, un CAPORAL DE CONSIGNE. — Les Postes ne sont, au minimum, que de quatre et quelquefois même de trois HOMMES, commandés par un CAPORAL, et faisant huit heures de FACTION. — Jadis le plus grand nombre des Postes de la MILICE ROMAINE n'était, également, que de quatre HOMMES; c'était ce que les LATINS et TACITE

appelaient *statio*, et la MILICE GRECQUE, *biglas* et *skoulkas*; mais MAIZEROY (1771, A, t. Ier, p. 240) témoigne que ces expressions se rapportaient indifféremment à un Poste ou à une SENTINELLE. Sous le rapport militaire, les LANGUES anciennes étaient, à quelques égards, aussi confuses que la nôtre. — Le mot Poste a d'abord signifié lieu de station où l'on se tient en armes, BATIMENT servant de CORPS-DE-GARDE, TERRAIN ou POSITION gardés, comme le témoigne GUILLET (1686, B); mais, changeant ensuite d'acception, ce terme a donné idée, non uniquement d'un lieu où une TROUPE A PRIS POSTE, mais de la TROUPE qui garde un lieu, qui y guette; de là, le long usage du substantif GUET. — L'usage de TIRER LES POSTES au sort est ancien, mais ne pouvait pas avoir été pratiqué dans l'antiquité; il tenait à la nécessité de prévenir toute désunion, toute réclamation, entre des CORPS qui étaient de nations ou de provinces différentes; il tenait au danger des conspirations que des TROUPES peu fidèles eussent pu machiner, si, à l'avance, elles avaient pu savoir à quel Poste d'un CAMP ou d'une GARNISON elles seraient placées. Ce fut principalement aux époques des GUERRES CIVILES, ou peu après la pacification du royaume, que cette précaution fut regardée comme seule propre à prévenir de menaçantes entreprises, de dangereuses connivences, ou de sanglantes trahisons; ainsi, le RÈGLEMENT DE 1665 (25 JUILLET, art. 27) considérait l'action de CHANGER DE POSTE sans permission comme un DÉLIT si grave, que la peine des galères était infligée aux SERGENTS et SOLDATS qui quittaient le Poste sans qu'il fût régulièrement LEVÉ ou RELEVÉ. L'ORDONNANCE DE 1707 (1er AVRIL) et celle de 1714 (20 JUILLET) étaient rédigées dans le même esprit. — L'APPEL des Postes est fait par l'ADJUDANT DE SEMAINE, à l'instant du RASSEMBLEMENT DE LA GARDE, ou à la PARADE PARTICULIÈRE. — Tous les MILITAIRES de SERVICE à un Poste doivent y faire leurs REPAS; ainsi, une des CORVÉES de l'INFANTERIE est de porter aux Postes la SOUPE des camarades. — Suivant les pays et les mesures qui sont ordonnées, les hommes de Postes vont à l'ÉCLAIRAGE et au CHAUFFAGE, ou bien, sans qu'ils en prennent la peine, le COMBUSTIBLE leur est apporté. — Les Postes ont en tout temps la BAIONNETTE au BOUT DU CANON; ils prennent les armes à la DIANE et pour RENDRE LES HONNEURS, comme le veulent les lois sur la HIÉRARCHIE, ou comme ils le doivent, aux CORPS EN MARCHE, aux TROUPES DE PASSAGE. — Certaines BATTERIES ou SONNERIES ont, de temps immémorial, appelé ou tenu en éveil les Postes; c'est à cela que servaient, dans la milice turque et chez les Orientaux, le tam-tam et le tonnant. Chez les modernes, des coups de baguette y suffisent. — On appelle postes principaux ceux qui détachent un petit poste. — Les sentinelles des Postes, s'ils entendaient un haro, une algarade, s'ils avaient connaissance d'un événement sinistre, de quelque bruit, etc., proféraient autrefois le cri : Alarme ou alerte ; à cet usage ont succédé les cris : Au feu, aux armes, etc. — La loi punit sévèrement l'abandon de poste et surtout l'abandon en troupe ; mais il reste douteux si elle a entendu par là exprimer la défection d'un ou de plusieurs hommes de garde. — Les formes pratiquées pour l'occupation des Postes, quand le chef de la garde montante le reçoit du chef de la garde descendante, résulte de l'emplacement du Poste et de la force plus ou moins nombreuse de la garde. — La garde relevante entre au Poste au mot haut les armes. — Les Postes sont soumis à l'inspection des généraux, des inspecteurs généraux, des rondes, des visites. — Les militaires d'un Poste ne doivent quitter ni la giberne ni le haussecol. — Il est question des Postes d'hommes de garde dans les ouvrages de Bardin (1807, D), Bois-Roger (1773, G), Bombelles (1746, A), Dhéricourt (1756, G), Frédéric deux (1821, A), Guillet (1686, B, au mot *Rouler*), Lachesnaie (1758, 1), Laroche (1770, L), Lecointe (1759, B), l'Encyclopédie (1785, C, p. 531), Poultiret (1786, B), Ray de Saint-Geniès (1755, A), Reichling, Sinclaire (1773, L), Sionville (1756, E).

POSTE (subs. masc.) d'hommes de garde en campagne (H), ou garde en campagne, ou poste devant l'ennemi, ou poste en campagne. Sorte de poste d'hommes de garde qu'on appelle aussi, suivant les cas, grand'garde, poste avancé, poste extérieur. — Dans tous ces genres de Postes, la loi punissait gravement le délit qui s'appelait altération de consigne. — Si un Poste est nouvellement établi, un des premiers soins du chef qui le commande est d'ordonner à quelques hommes d'aller à la découverte. — Si le Poste est déjà occupé, le chef qui en relève la garde s'informe, auprès du chef qu'il va remplacer, de toutes les circonstances qui peuvent intéresser la sûreté du Poste. A-t-on des nouvelles de l'ennemi ? Dans quelle direction s'approcherait-il ? Quelle espèce de route conduit de son côté ? A-t-il campé, fourragé, poussé des partis ou des découvertes ? etc. — La garde étant relevée, le nouveau chef visite son Poste, en reconnaît les abords, étudie le placement de ses sentinelles, se fait accompagner des officiers ou des sous-officiers qu'il a sous ses ordres, leur explique ses intentions, ses projets, ses ressources, pourvoit au chauffage, se fortifie, s'il y a lieu, par des abatis, par quelques tranchées ; il embarrasse la communication par des charriots privés de leurs roues, par des tonneaux qu'il emplit de terre, ou de fumier, et perfectionne, s'il se peut, les défenses, si déjà le Poste est retranché ; il protége, s'il y a lieu, les fourrages ou détachements engagés dans des affaires d'avant-postes. — Il informe l'état-major de tout ce qui survient de nouveau ou de remarquable. — Les auteurs qui peuvent être consultés sur ce sujet sont : Bombelles (1746, A), Bois-Roger (1779, L), Bonjouan, Fitz-Clarence, Forestier, Frédéric deux (1821, A), Gaudi (1779, A), Jeney, Lachesnaie (1758, I), Matt (1827, F), M. le général Préval (1827), l'*Encyclopédie des Gens du monde* (au mot *Avant-poste*).

POSTE (subs. masc.) d'hommes de garde en garnison (term. sous-génér.), ou garde en garnison, ou poste en garnison. Sorte de postes d'hommes de garde, considérés à part des corps de garde de police des casernes. — Une ou plusieurs guérites dépendent de chaque Poste. — Les règlements de 1661 (12 octobre), de 1665 (25 juillet), de 1768 (1er mars) réglaient ce genre de service, fixaient le mode suivant lequel la force du Poste devait être déterminée ou modifiée, et prescrivaient aux Postes d'arrêter, après le couvrefeu, les passagers non porteurs d'une lumière. Ces documents indiquaient par qui les gardes devaient être commandées, voulaient que, sous les yeux du major de place, les billets de postes fussent tirés par les fourriers (alors leur grade était analogue à celui de sergent-major) ; ils défendaient que nul officier ou sous-officier prétendît à d'autre Poste qu'à celui qui lui était échu par le sort du tirage. L'ordonnance de 1768 exigeait même que, sur l'un des murs de la place d'armes, le nom des Postes de la garnison fût inscrit ; la manière d'occuper, de relever, de quitter les Postes était également prévue. Ces sages principes se sont en partie maintenus dans les ordonnances subséquentes. — Elles appelaient postes d'officiers, ceux qui étaient sous les ordres d'un officier de compagnie, pour les distinguer des postes de sergent et des postes de caporal. — Le nombre des Postes des garnisons éprouvait ordinairement une réduction à l'époque de la délivrance des semestres. — La force des Postes est augmentée les jours de marché. — Le cri, Au feu, annonce aux Postes un incendie ; le cri d'alerte, Aux armes, leur annonce les cas d'alarme, l'arrivée d'un CAPORAL DE PATROUILLE, d'un OFFICIER DE RONDE, etc. — La BATTERIE AUX CHAMPS est exécutée, s'il y a lieu, par le TAMBOUR du Poste, quand une TROUPE passe en armes devant le CORPS DE GARDE ; la même BATTERIE est exécutée lors de l'ARRIVÉE de la GARDE RELEVANTE et au départ de la GARDE DESCENDANTE. — Le service des Postes est surveillé par les ADJUDANTS DE PLACE, par les MAJORS DE PLACE ou autres OFFICIERS D'ÉTAT-MAJOR, par le CAPITAINE DE POLICE, les OFFICIERS DE VISITE, par les RONDES, ou par le COMMANDANT DE PLACE lui-même. — Des mesures particulières sont prescrites aux Postes en CAS DE SIÉGE. — L'importance des Postes et leurs FOURNITURES en CHAUFFAGE et ÉCLAIRAGE se règlent à raison de la CLASSE dont les CORPS DE GARDE font partie ; des MARRONS DE DISTRIBUTION pourvoient à ces FOURNITURES. — Le nombre et le chiffre ainsi que l'emplacement et le nombre des SENTINELLES des Postes ne peuvent varier qu'en vertu des ordres du LIEUTENANT GÉNÉRAL COMMANDANT LA DIVISION. — L'ORDONNANCE DE 1825 (19 MARS) voulait qu'en cas de REVUE D'ADMINISTRATION, les Postes fussent RELEVÉS. — Les Postes des PORTES et le Poste de la PLACE D'ARMES sont principalement POSTES D'OFFICIERS. — Les Postes sont fournis de BANCS, d'un BRANCARD A CHAUFFAGE, d'un FALOT, et quelques-uns même de sceaux à incendie ; le CAPORAL DE CONSIGNE est le conservateur de ces EFFETS dont la reconnaissance a lieu chaque jour, en même temps que le CHEF de la GARDE DESCENDANTE communique la CONSIGNE à celui de la GARDE MONTANTE. — Les Postes étaient autrefois soumis à la visite et à l'inspection des COMMISSAIRES DES GUERRES. — Tout ce qui survient aux Postes, tout ce qui les concerne, est l'objet d'un RAPPORT adressé journellement ou extraordinairement à l'ÉTAT-MAJOR. — Le SOUS-OFFICIER ou le SOLDAT chargé d'ALLER A L'ORDRE, rapporte au Poste le MOT. — La GARDE de la PLACE D'ARMES, ordinairement confiée aux GRENADIERS, est le POSTE PRINCIPAL et central d'une GARNISON. — Ces questions ont été traitées par Bardet (1750, A), BARDIN (1807, D), BOMBELLES (1746, A).

POSTE (subs. masc.) D'HOMMES DE GARDE EN ROUTE. V. ADJUDANT DE SEMAINE EN ROUTE. V. CHAUFFAGE DE POSTE DE TROUPE DE PASSAGE. V. CORPS DE GARDE DE PASSAGE. V. CORPS EN ROUTE SUR PIED DE PAIX. V. GARDE NATIONALE. V. HOMME DE GARDE EN ROUTE.

POSTE (postes) (subs. masc.) D'HONNEUR (E,   ). Sorte de POSTES dont la désignation répond à deux idées fort différentes, savoir : Poste que des MILITAIRES ou des CORPS occupent de DROIT, en tout temps, par PRIVILÉGE, et parce qu'ils tiennent à HONNEUR ce service, ou simplement lieu d'un SERVICE commandé passagèrement ; dans ce dernier cas, les Postes d'honneur sont ceux où se rendent, en armes, des DÉTACHEMENTS destinés à RENDRE HONNEUR à un personnage éminent, à un FONCTIONNAIRE de rang élevé, à un AMBASSADEUR, auquel les RÈGLEMENTS ou un ordre spécialement donné attribuent, transitoirement, une GARDE personnelle. — Ce double sens d'un même mot est une des fâcheuses obscurités que nous avons trop souvent l'occasion de reprocher à la LANGUE MILITAIRE DE LA FRANCE. — Il y a donc à examiner deux genres de Postes d'honneur, que nous ne saurions caractériser par des épithètes qui exprimassent cette nuance. Les Postes d'honneur, en comprenant la chose dans le sens ancien, retracent un fait historique et rappellent une PRÉROGATIVE qu'on peut regarder comme abolie. — Les peuples divers n'ont pas envisagé du même œil les Postes d'honneur ; les uns l'ont mis à la gauche des armées ; les autres, à droite. — Les ASIATIQUES le plaçaient à la gauche de leur LIGNE DE TROUPES ; en voici la cause. L'action, le soin de se défendre étaient la première loi de la GUERRE, et ce principe aussi avait pris racine en GRÈCE : le BOUCLIER y était en plus grande estime que l'ÉPÉE ; le SOLDAT avait ordre de parer avant de frapper ; or, le BOUCLIER se portant à gauche, le Poste d'honneur était à gauche. — Plus d'un moderne ignore que, si l'INFANTERIE part du PIED GAUCHE, l'usage en vient de cet usage antique. — La MILICE TURQUE, en grande partie composée d'hommes dont l'attaque et l'impétuosité étaient le moyen de combat, dont la fuite était le moyen de défense, aurait pu ne pas attacher à un côté absolu le Poste d'honneur ; mais presque toutes les habitudes de la GUERRE sont le fruit de la routine. Cette milice se formant d'une armée d'ASIE et d'une armée d'EUROPE, la première tenait la gauche, si les TURCS combattaient en ASIE ; elle tenait la droite, si la GUERRE se faisait en EUROPE. — Le préjugé français voulait, au contraire, que le Poste d'honneur fût à la droite, parce que l'ARMÉE marchant par la droite, l'AILE DROITE était regardée comme la plus voisine de l'ENNEMI. Cet usage, quoique peu plausible, tirait sa source d'une noble pensée ; mais comme on combat plus souvent de FRONT que par le FLANC, le principe posait à faux, et il avait le déplorable inconvénient de rendre impossibles les INVERSIONS. — L'empire du préjugé était si puissant, qu'une ARMÉE ne pouvait ENTAMER UNE ACTION que quand le CORPS auquel appartenait le Poste d'honneur y était rendu ; ce CORPS eût-il été à deux lieues du champ de bataille, il fallait l'attendre, quelque urgent qu'il pût être d'ENGAGER LE COMBAT. On voit jusqu'où peut aller, en fait de PRIVILÉGE, l'absurde. — Louvois retira à certains CORPS la jouissance exclusive de ce DROIT ; mais on continua à appeler Poste d'honneur le point tactique où se trouvait le CORPS le plus à portée de l'ENNEMI. — Il y avait des bataillons dont la seconde COMPAGNIE occupait la gauche, comme second Poste d'honneur. — L'ENCYCLOPÉDIE (1785, C) témoigne que le Poste d'honneur était dévolu au plus ancien ou au premier RÉGIMENT ; elle reconnaissait, dans l'INFANTERIE, quatre Postes d'honneur : le premier à la droite de la PREMIÈRE LIGNE ; le second, à gauche ; le troisième, à la droite de la SECONDE LIGNE, etc. Les GARDES FRANÇAISES, cependant, quoique privilégiées par excellence, devaient occuper le centre de la PREMIÈRE LIGNE ; mais, à l'époque où écrivait l'ENCYCLOPÉDIE, c'étaient des règles en désuétude depuis plus d'un demi-siècle. — On ne connaît plus d'autres Postes d'honneur que ceux qui sont passagèrement établis pour RENDRE LES HONNEURS, et probablement, un JOUR DE BATAILLE, les CORPS seraient plus disposés à redouter qu'à solliciter en faveur d'un tel SERVICE, tant il s'opère de changements dans l'acception des mots et dans l'aspect des choses. — Les modernes RÈGLEMENTS sur les HONNEURS ont étendu, outre mesure, le nombre et l'emploi des Postes et des SENTINELLES D'HONNEUR ; cette vaine pompe était une des nécessités d'un gouvernement qui tenait des rois dans ses antichambres. — Le SERVICE D'HONNEUR est une des plus inutiles fatigues du MÉTIER ; il serait tout aussi honorable, plus facile, plus clair d'indiquer, par une inscription, le domicile des DIGNITAIRES ; car il n'y a rien de moins militaire, rien de moins rationnel que d'asseoir un Poste là où il n'y a pas utilité visible où danger supposable ; or, quand on déploie, devant le logis d'un fonctionnaire civil, d'un ÉVÊQUE, d'un ARCHEVÊQUE, ce genre d'appareil militaire, il n'y a pas lieu de supposer que leur GARDE D'HONNEUR aura à croiser la baïonnette pour leur sûreté. — On peut consulter, touchant les usages relatifs aux Postes d'honneur, BERRIAT (1817, F), CARRION (1824, A), LEBLOND (1758, B), MANESSON (1685, B).

POSTE (subs. masc.) D'HOPITAL. V. CONSIGNE DE POSTE D'HOPITAL. V. HOPITAL. V. HOPITAL MILITAIRE.

POSTE (subs. masc.) D'INFANTERIE. V. CAVALERIE FRANÇAISE N° 8. V. CHEF DE POSTE. V. CHEF DE POSTE DE PORTE DE FORTERESSE. V. CHEF DE POSTE D'HOMMES DE GARDE. V. GRAND MAITRE DES ARBALÉTRIERS. V. HONNEURS. V. INFANTERIE.

POSTE (subs. masc.) D'OFFICIER. V. BILLET DE SERVICE. V. CAPORAL DE CONSIGNE. V. CAPORAL DE PATROUILLE. V. CHAMBRE D'OFFICIER DE GARDE. V. OFFICIER. V. OFFICIER DE GARDE. V. OFFICIER DE SERVICE. V. POSTE D'HOMMES DE GARDE EN GARNISON. V. SEMESTRE D'OFFICIERS. V. SERGENT D'INFANTERIE FRANÇAISE DE LIGNE N° 10.

POSTE (subs. masc.) EN CAMPAGNE. V. ABSENCE EN MARCHANT A L'ENNEMI. V. CANON D'ALARME. V. EN CAMPAGNE. V. ÉTAT-MAJOR D'ARMÉE N° 5. V. GARDE EN CAMPAGNE. V. LACER LE HARNAIS. V. MARCHE D'ARMÉE. V. MARÉCHAL DE CAMP N° 6. V. MOT DE RALLIEMENT. V. PARTI DE GUERRE. V. POSTE D'ALARME. V. POSTE D'HOMMES DE GARDE EN CAMPAGNE. V. POSTE STRATEUMATIQUE. V. RECONNAISSANCE EN CAMPAGNE. V. REDOUTE DE CAMPAGNE. V. RÈGLEMENT. V. SÉMAPHORE. V. TIRAILLEUR.

POSTE (subs. masc.) EN CANTONNEMENT. V. CHAUFFAGE DE CANTONNEMENT. V. EN CANTONNEMENT.

POSTE (subs. masc.) EN GARNISON. V. AMBASSADEUR. V. EN GARNISON. V. POSTE D'HOMMES DE GARDE EN GARNISON. V. RONDE. V. SOUS-INTENDANT N° 8.

POSTE (postes) (subs. masc.) EXTÉRIEUR DE FORTERESSE (B, 3). Sorte de POSTES D'HOMMES DE GARDE EN GARNISON, au nombre desquels des ordonnances ou des ÉCRIVAINS comprennent l'AVANCÉE établie entre la PORTE proprement dite et la PREMIÈRE BARRIÈRE. — Nous n'appellerons surtout ici Postes extérieurs que ceux qui sont chargés de la GARDE des OUVRAGES ou des DEHORS séparés de la GARDE de l'AVANCÉE par la PREMIÈRE BARRIÈRE. Ces Postes ont leur CONSIGNE particulière ; ils sont sous un CHEF indépendant du CHEF de la GARDE de la PORTE. Le MAJOR DE PLACE commande particulièrement leur SERVICE ; ils prennent le MOT D'ORDRE et de RALLIEMENT à l'AVANCÉE.

POSTE (subs. masc.) EXTÉRIEUR EN CAMPAGNE. V. ADJUDANT-MAJOR EN CAMPAGNE. V. EN CAMPAGNE. V. EXTÉRIEUR, adj. V. MARÉCHAL DE CAMP N° 6. V. POSTE D'HOMMES DE GARDE EN CAMPAGNE. V. VISITE DE POSTES.

POSTE (postes) (subs. masc.) FERMÉ (E, 1), ou LIEU FERMÉ. Sorte de POSTES PÉRIBOLOGIQUES considérés comme des FORTINS passagers, comme des BATIMENTS susceptibles d'une DÉFENSE momentanée, si l'ATTAQUANT est dépourvu d'artillerie ou n'en a que peu. — Les églises sont regardées comme les édifices les plus propres à se transformer en Postes fermés et à résister à une ATTAQUE ; on en garnit de SENTINELLES les clochers. — LES GRAND'GARDES D'INFANTERIE s'établissent, si faire se peut, en un Poste fermé. — Le CHEF d'un Poste fermé le fait CRÉNELER , y fait dresser une BANQUETTE et construire, en travers des COMMUNICATIONS principales, quelques toises de PARAPETS en avant desquels il fait enterrer, s'il est possible, quelques BOMBES qu'on fait à propos jouer en manière de FOUGASSE. — Il tient en réserve, en cas d'ATTAQUE, le GROS de sa troupe. — Les ordonnances ne permettent aux Postes fermés de conclure CAPITULATION à la suite d'une AFFAIRE, que quand toute résistance est devenue impossible ; la REDDITION ne peut être consentie qu'en obtenant les HONNEURS DE LA GUERRE. — Le chef d'un Poste fermé, dans lequel prend gîte ou stationne le CHEF d'un DÉTACHEMENT DE GUERRE, a momentanément sous ses ordres le DÉTACHEMENT. — Le RÈGLEMENT DE 1792 (5 AVRIL) consacrait un chapitre à la DÉFENSE des Postes fermés.

POSTE (subs. masc.) FORTIFIÉ. V. ATTAQUE DE POSTE. V. BARRIÈRE DE FORTIFICATION. V. FORTERESSE. V. FORTIFICATION DE CAMPAGNE. V. FORTIFIÉ, adj. V. GARDE DE CAMP. V. HOYER. V. MILICE COMMUNALE. V. MILICE ESPAGNOLE Nº 5. V. PIQUE. V. POSTE PÉRIBOLOGIQUE. V. POSTE RETRANCHÉ. V. TERRAIN FORTIFICATOIRE DE POSTE. V. TERRAIN FORTIFICATOIRE D'OUVRAGE DÉTACHÉ.

POSTE (subs. masc.) INTÉRIEUR. V. CERCLE DE SOIR. V. CONSIGNE DE POSTE INTÉRIEUR. V. CONTRE-RONDE. V. INTÉRIEUR , adj. V. PATROUILLE.

POSTE (subs. masc.) MILITAIRE. V. MILITAIRE, adj. V. POSTE. V. POSTE PÉRIBOLOGIQUE.

POSTE (subs. masc.) OUVERT. V. PALISSADE. V. OUVERT, adj.

POSTE (subs. masc.) PARTICULIER. V. CAPITAINE D'INFANTERIE FRANÇAISE DE LIGNE Nº 22. V. GRENADIER D'INFANTERIE FRANÇAISE DE LIGNE Nº 8. V. PARTICULIER, adj.

POSTE (postes) (subs. masc.) PÉRIBOLOGIQUE (term. sous-génér.), OU POSTE FORTIFIÉ. Sorte de POSTE que l'ORDONNANCE DE 1829 (31 MAI) appelle simplement Poste ; car les ORDONNANCES françaises, même celles qui sont minutées par les CORPS SAVANTS , n'ont pas toujours en vue la clarté de la LANGUE. — Le mot Poste, pris ici dans le sens d'ouvrage permanent, se confond avec les POSTES FORTIFIÉS OU FERMÉS qui, le plus souvent, n'appartiennent qu'à la FORTIFICATION DE CAMPAGNE. — Un Poste péribologi-

que est un lieu défendu par des OUVRAGES DE FORTIFICATION PERMANENTE et une petite GARNISON ; un tel Poste est moins qu'une FORTERESSE ou qu'une PLACE DE GUERRE, et n'est qu'un simple FORT de la moindre DÉFENSE, du moindre rang ; l'emploi de son COMMANDANT est analogue à celui des COMMANDANTS DE PLACE. — On a appelé POSTE DE GUERRE, POSTE MILITAIRE ce genre de Poste ; mais ce sont autant d'ambiguïtés ou d'équivoques. Nous en donnerons pour preuve que tous les Postes, soit pris au masculin, soit pris au féminin, sont des POSTES MILITAIRES, et que l'on a appelé POSTES DE GUERRE ceux qui, au lieu d'être fixes ou permanents, sont passagers , quoique d'une certaine solidité. — Les Postes péribologiques ont des CANTINES autorisées ; ils n'ont qu'un TERRAIN FORTIFICATOIRE de peu d'étendue. — Il y avait des Postes qu'un LIEUTENANT DE ROI commandait ; mais plus souvent c'était un officier d'un grade moins élevé. — BRUSQUER un Poste, c'est l'EMPORTER, l'ENLEVER haut la main, ou le REPRENDRE subitement, sans perdre le temps à le CERNER. — Il a été traité des Postes péribologiques par BESSEL (1787, H), BOMBELLES, FOSSÉ, M. GRIVET, HOYER, LACHESNAIE (1758, I), TRAVERSE (1758, D), le *Journal des Sciences militaires* (1833).

POSTE (subs. masc.) PRINCIPAL. V. CAPORAL CHEF DE POSTE. V. POSTE D'HOMMES DE GARDE. V. POSTE D'HOMMES DE GARDE EN GARNISON. V. PRINCIPAL, adj. V. SERGENT D'INFANTERIE FRANÇAISE DE LIGNE Nº 10.

POSTE (postes) (subs. fém.) PROJECTILE (G, 2, 5). Sorte de POSTES, c'est-à-dire de BALLES qu'on a tirées avec des FUSILS A SOUFFLET, avec des TROMBLONS DE SAPEURS D'INFANTERIE, avec certains MOUSQUETS OU MOUSQUETONS ; de là le vieux nom spécial de MOUSQUETON DE POSTE. — On appelait, en général, Postes des BALLES d'un diamètre moindre que le CALIBRE du TUBE.

POSTE (postes) (subs. masc.) RETRANCHÉ (H), OU POSTE DÉFENDU, OU POSTE FORTIFIÉ. Sorte de POSTES PÉRIBOLOGIQUES considérés comme non permanents. Nos ordonnances prescrivent, en général , aux OFFICIERS D'INFANTERIE de RETRANCHER les GRAND'GARDES OU autres POSTES DES HOMMES DE GARDE EN CAMPAGNE ; mais rarement on s'est conformé à ces dispositions, et cette désobéissance est souvent excusable. Elle tient à des causes nombreuses : les hommes manquent d'OUTILS et souvent de savoir faire ; ils arrivent écrasés de fatigue ; ils regardent comme plus urgent de songer à la PAILLE et aux SUBSISTANCES. Le SOLDAT répugne à ce genre d'OUVRAGES, et les CHEFS colorent leur indifférence ou leur indolence en appelant pusillanimité les précautions les plus indispensables. Il faudrait d'ailleurs que les GRAND'GARDES restassent en masses. Or, en prenant possession d'un TERRAIN, elles s'entourent de PETITS POSTES, et, par conséquent, les bras manquent pour le TRAVAIL; aussi préfère-t-on, comme RETRANCHEMENTS, des ABATIS. — Certains GUETS, ou Postes de TROUPES PRIVILÉGIÉES, ne pouvaient autrefois être établis que par le CONNÉTABLE lui seul, et comme les CORPS PRIVILÉGIÉS auraient cru se déshonorer par des TRAVAUX manuels, ces Postes étaient rarement retranchés; aussi, dans les CROISADES, les MUSULMANS s'introduisaient-ils de nuit dans les CAMPS pour y couper la tête aux CHEVALIERS endormis. — La manière dont les Postes retranchés ont à RENDRE LES HONNEURS ne consiste qu'à se mettre sous les armes, en regardant l'ENNEMI, et se plaçant comme on se disposerait en cas d'ATTAQUE. — Les AUTEURS qui ont donné quelques préceptes touchant les Postes retranchés, sont surtout BARDIN (1809, B; 1814, E). GUIBERT (1773, t. I, p. 78), LACHESNAIE (1758, I, au mot *Garde qui monte*), M. le général de LAROCHE-AYMON (1804, D).

POSTE (postes) (subs. masc.) STRATEUMATIQUE (H, 2), ou POSTE EN CAMPAGNE (mais cette dernière locution est amphibologique), ou POSTE DE GUERRE (mais celle-ci exprime aussi d'autres idées). Sorte de POSTES dont le nom répond à l'acception des termes CAMPEMENT, nœud d'une CHAINE DE POSTES. — Il y a cette différence entre Poste et POSITION, c'est que Poste est la POSITION exprimée sous une forme plus ancienne, et position le Poste rendu en termes plus modernes. C'est ainsi que MONTÉCUCULI (1704, D) et GUGY (1782, K) disent que le sort des CAMPAGNES et les succès à la GUERRE dépendent du choix des Postes et des CAMPS. C'est ainsi que les uns recommandent et que les autres blâment les AFFAIRES DE POSTE, la GUERRE DE POSTES, etc. Ce double sens des termes Postes et position sont une des défectuosités de la LANGUE. — L'habileté à choisir les Postes, à les ASSURER, à mettre, par leur secours, un pays à l'abri des ATTAQUES ou de l'INVASION de l'ennemi, ne fut la conséquence d'un ART perfectionné et profond que depuis GUSTAVE-ADOLPHE, TURENNE, et ensuite CATINAT et BERWICK. — Le général MERCY a été renommé pour son habileté dans le choix des Postes, dans la manière de les ASSEOIR, d'en rendre solide le CORDON, impénétrable la LIGNE. — La GUERRE DE POSTES est la DÉFENSIVE à laquelle recourt un GÉNÉRAL qui se sent inférieur à l'ENNEMI, soit par le nombre, soit par la valeur des TROUPES. La MI-

LICE AUTRICHIENNE excellait dans ce genre de guerre, au dire de FRÉDÉRIC DEUX. — Une étendue proportionnée, la liberté des COMMUNICATIONS, la facilité des DÉBOUCHÉS, l'accord entre l'espèce des ARMES personnelles, le TERRAIN qu'elles occupent, la réciprocité des secours qu'elles peuvent se prêter en cas d'ATTAQUE, la dimension et l'espèce des CAMPS, constituent la bonté des Postes. — L'étude des CARTES TOPOGRAPHIQUES décide de l'habile emploi des Postes, et il importerait que les Postes qui ont influé sur les faits d'armes fussent, à l'avenir, retracés sur les CARTES. — On regarde comme n'étant pas tenable, ou comme facile à FORCER, un Poste mal APPUYÉ, EN L'AIR, dont l'accès est facile, dont les ABORDS ne sont pas découverts, dont les DÉFENSEURS sont mal AVITAILLÉS. — Ceux que l'ART DE LA GUERRE préfère sont forts par la nature ou FORTIFIÉS par l'ART. Si le temps et la possibilité le permettent, on en ferme les issues, on travaille à CRÉNELER les BATIMENTS qui s'y trouvent, on en FRAISE les PARAPETS, on en PALISSADE l'ENCEINTE, on en obstrue les DÉBOUCHÉS par des CHEVAUX DE FRISE, par des ABATIS, par des chariots de fumier; on pratique à l'entour des COUPURES, on fait gonfler les digues qui l'environnent. — A l'aide de pareilles précautions, des TROUPES opiniâtres et braves sont difficilement DÉLOGÉES d'un Poste, si on ne les y écrase d'OBUS. — Des ÉCRIVAINS ont cependant avancé qu'il n'y a pas de Poste qui ne puisse être ENLEVÉ par un COUP DE MAIN, soit par SURPRISE, soit à l'aide d'ÉCHELLES D'ESCALADE, si l'ATTAQUANT agit avec rapidité, secret, vigueur. — Les ordonnances et le CODE MILITAIRE ont réglé, par rapport à la sûreté de l'ARMÉE, tout ce qui concerne les POSTES EN CAMPAGNE, les PETITS POSTES, les GRAND'GARDES. — On a appelé BICOQUES et CASSINES les Postes de peu d'importance ou qui n'étaient CEINTS que d'une faible CHEMISE. — On appelle CHAINE DE FOURRAGES un CORDON DE POSTES qui protégent un FOURRAGEMENT. — Tout CHEF DE DÉTACHEMENT, tout CHEF D'ESCORTE DE CONVOI avise, à chaque station, au plus avantageux placement des Postes qui peuvent mettre son monde en sûreté. — Les Postes s'ÉCLAIRENT par des DÉCOUVERTES, se COUVRENT par des VEDETTES, par des SENTINELLES. — FOLARD (1727, A) a traité de l'ATTAQUE et de la DÉFENSE des Postes d'une manière peu étendue. CLAIRAC (1752, A) s'en est occupé, en y appliquant les ressources de la FORTIFICATION PASSAGÈRE. LECOINTE (1759, B) a embrassé comme une science spéciale le sujet. — Les AUTEURS qui ont traité des POSITIONS STRATEUMATIQUES peuvent être consultés à l'égard des Postes;

ceux qui s'en sont nominativement occupés, sont : Brezé (1779), Feuquières (1750, A), Folard (1727, A), Fossé, Frédéric deux (1821), Gaudi (1779, A), Gugy (1782, K), Lachesnaie (1758, I), Lecointe (1759, B), Maizeroy (1766, 1767), Méciszenski, Potier (1779, X), Poultiret (1786, B), Santa-Cruz (1738, A), Traverse, Trincano (1768), le *Mémorial topographique* (t. iv, avant-propos, p. 23).

POSTEAU, subs. masc. v. poste. v. poteau.

POSTER, verb. act., neut.,récip. v. ordre de bataille. v. poste.

POSTÉRIEUR, adj. v. pan postérieur.

POSTERLE, subs. fém. v. poterne.

POSTERNE, subs. fém. v. poterne.

POSTILLON, subs. masc. v. tente d'officier supérieur. v. toit de tente.

POSTUMIUS. v. noms propres.

POSTSIGNAIRE (postsignaires), subs. masc. (F). Nom donné à des soldats ou à des troupes de la milice romaine par opposition aux antésignaires. Jabro (1777, G) pense que c'était la désignation donnée à la troisième ligne ou aux triaires, parce qu'il suppose que les principales enseignes étaient à la seconde ligne. On disait également *postsignanus, subsignanus, prosignanus;* mais Frontin (86, A), qui emploie ce dernier terme, s'en sert pour donner idée de la seconde ligne, et non de la troisième. — Le terme, au reste, a varié dans ses acceptions, suivant les modifications qu'a subies la cohorte romaine.

POSTPOSITION, subs. fém. v. phalange grecque.

POSTICHE, adj. et subs. v. barbe p... v. capitaine p... v. caporal p... v. cartouche p... v. compagnie p... v. grenadier p... v. officier p...

POT, subs. masc. v. a pot.

POT (term. génér.). Mot dérivé, suivant Ducange, du latin *potus,* boisson, en prenant, par métonymie, le contenant pour le contenu. — Le terme demande surtout à être distingué en pot a feu et en pot défensif.

POT A blanc. v. a blanc. v. blanc a buffle.

POT A eau. v. eau. v. ameublement de pavillon. v. chambre d'officier de garde.

POT (pots) a feu (G, 5; H, I), ou olle, suivant (Carré 1783, E) et M. le général Cotty (1822, A). Sorte de pots de terre renfermant une grosse grenade ou une bombe ovale noyée dans de la poudre, et ayant sa fusée cachée sous de la poix, ou n'ayant pas de fusée. L'usage de ce projectile est abandonné, comme le témoigne M. Cotty ; on lui a préféré les balles a feu et les carcasses. Daniel (1721, A) donne à entendre que de son temps déjà l'emploi des Pots à feu était peu commun. — Les Pots à feu étaient destinés à produire, au moyen d'explosion, une lumière vive et d'une certaine durée. On les lançait à la main ou au mortier. Les assiégés, principalement dans la défense du chemin couvert, jetaient de nuit des Pots à feu sur les points où ils supposaient que l'assiégeant entreprenait des travaux; la lueur des Pots éclairait les opérations, les ouvrages, les progrès de la dernière parallèle, permettait de régler les tirs et de diriger utilement le feu de la place. — Martin Dubellay parle d'un accident arrivé en 1521, à Milan ; la foudre y occasionna l'explosion de douze cents Pots à feu. Maizeroy (1773, B) fait mention des artifices de ce genre qu'on préparait en Provence, en 1535, pour résister à l'invasion de Charles-Quint. Cependant, dans la relation du siége de Metz, sous Henri deux, il n'était pas question de Pot à feu. — On peut consulter à l'égard de ce projectile : Carré (1783, E), M. le général Cotty (1822, A); Daniel (1721, A), Guignard (1725, B), Lachesnaie (1758, I), Maizeroy (1771, A ; 1773, B), Manesson (1685, A), Potier (1779, X).

POT a nazal. v. a nazal. v. pot défensif.

POT a tête. v. a tête. v. pot défensif.

POT de fer. v. fer. v. morion. v. pot défensif. v. spahi.

POT de nuit. v. ameublement de pavillon d'officier. v. ameublement de prison d'officier. v. chambre de pavillon. v. nuit.

POT de puanteur. v. mortier. v. puanteur.

POT défensif (F), ou cabasset, ou absolument pot, ou pot a tête, ou pot de fer, ou pot en tête, ou salade, suivant Carré (1783, E); mais il eût dû exprimer que c'est à une salade d'infanterie qu'il est analogue. — Sorte de Pot, c'est-à-dire de casque ouvert, ou de casque sans cimier, sans visière, et à timbre arrondi ; de là, son nom de pot. — Cependant Saint-Remy représente le Pot comme une calotte à petite visière et à petit collet; mais ce Pot était particulier aux pionniers et aux sapeurs. — Dans l'origine, le Pot, le chapel, la capeline étaient une espèce de bassin auquel fut ajouté un nasal; tel était le pot a nasal que portait, au treizième siècle, JOINVILLE, comme il le déclare dans ses Mémoires. — On a appelé aussi POT A NASAL, un Pot dont le NASAL descend ou monte à volonté en glissant dans une ouverture, et s'arrêtant au moyen de la pression d'une vis. — Des Pots, des CERVELIÈRES, ont pris plus tard une VISIÈRE et sont devenus HEAUMES et BOURGUIGNOTES; mais comme le Pot était moins lourd, moins étouffant que ces autres ARMURES, des CHEVALIERS avaient un Pot ou CHAPEL DE FER, comme double CASQUE, ou CASQUE de négligé, si on peut l'appeler ainsi. — Ces changements s'opéraient dans la classe noble de l'ARMÉE, puisqu'alors la classe roturière ne portait point d'ARMES DÉFENSIVES; quand elle commença à s'en servir, le Pot ou un genre de COIFFURE analogue et simple devint son CASQUE. — Le Pot a été à l'usage de l'INFANTERIE, de la CAVALERIE LÉGÈRE, des REITRES, des OFFICIERS DU GÉNIE, des OFFICIERS GÉNÉRAUX, des MINEURS; aux quinzième et seizième siècles on a porté des Pots ou CALOTTES sous le CHAPEAU. — Le Pot d'INFANTERIE et de CAVALERIE et le MORION ont été une COIFFURE en usage jusqu'en 1622, si l'on en croit RAY DE SAINT-GENIÈS (1735, A) et POTIER (1779, X); mais la mode s'en est conservée bien plus tard. Les ORDONNANCES DE 1638 (15 MAI et 2 SEPTEMBRE) faisaient encore mention du Pot, comme de l'accompagnement de la CUIRASSE DE CAVALERIE, et MANESSON (1685, A) mentionne et représente le Pot que portaient, de son temps encore, les PIQUIERS DES GARDES. — Le Pot ainsi que le CORSELET n'ont disparu totalement que depuis l'adoption générale du FUSIL. — Le Pot des GÉNÉRAUX et celui des INGÉNIEURS ont été en usage jusqu'à la GUERRE D'AMÉRIQUE exclusivement. — Le GÉNIE FRANÇAIS a fait revivre l'emploi du Pot dans la GUERRE DE 1832. — On a donné aux MINEURS des Pots assez robustes pour qu'ils pussent résister à de lourdes pierres. LACHESNAIE (1758, I) dit qu'ils pesaient seize à dix-huit livres; CARRÉ (1783, E) en mentionne de vingt-neuf livres, et les représente comme ayant une CRÊTE et un demi-masque s'ouvrant comme une porte à deux battants, mais c'est une espèce de BOURGUIGNOTE. — Au reste, faute de distinguer, par une dénomination adjective ou par un génitif, les Pots de la CHEVALERIE, des TROUPES LÉGÈRES, des SAPEURS employés dans les TRAVAUX DE SIÉGE, les ÉCRIVAINS sont loin d'éclairer le sujet et d'être unanimes touchant la signification vraie du terme et la définition ou les analogues de la chose. CARRÉ lui-même, après avoir indiqué le Pot comme pareil à la SALADE, établit en-

suite entre ces deux ARMURES quelques différences. Suivant M. le colonel CARRION (1824, A), le Pot était plus léger que le MORION, CASQUE léger lui-même. — Le Pot que décrit et dessine MANESSON (1685, A) ne se compose que d'une CALOTTE À JUGULAIRES, à petit rebord, ayant une CRÊTE qui ne règne que du sommet du CASQUE jusqu'à la nuque. — Ces dissentiments ressortent de la lecture de CARRÉ (1783, E), CARRION (1824, A), M. le général COTTY (1822, A), DANIEL (1721, A), ENCYCLOPÉDIE (1785, C, au mot *Arme*), FURETIÈRE, LACHESNAIE (1758, I), MANESSON (1685, A), POTIER (1779, X), ROHAN (1757, A), l'*Encyclopédie du dix-neuvième siècle*, au mot *Arme*.

POT EN TÊTE. V. BOUTON A ATTRIBUT. V. EN TÊTE. V. POT DÉFENSIF. V. SALADE. V. SAPEUR DU GÉNIE. V. TRANCHÉE.

POTABLE, adj. V. EAU P...

POTE, subs. fém. V. HOMME DE POESTE.

POTEAU { DE BARAQUE. { POTEAU CORNIER. — DE REMPLACE. — FAITIER. } D'ESCRIME.

POTEAU, subs. masc. (term. génér.), ou POSTEAU. Ces mots ont la même étymologie que POSTE. Le terme Poteau se distingue en POTEAU DE BARAQUE DÉFENSIF, — D'ESCRIME.

POTEAU (poteaux) CORNIER (E, I). Sorte de POTEAUX de BARAQUE qui consistent en montants qui portent sur la corne ou l'angle où se réunissent un GRAND et un PETIT SEUIL.

POTEAU (poteaux) de BARAQUE (term. sous-génér.). Sorte de POTEAUX qui consistent en pièces de bois verticalement fixées sur les SEUILS, comme parties principales de la cage, ou comme appui de la PORTE. MM. CANTELOUBE et LOMET sont entrés dans ces détails. — Les Poteaux se distinguent en POTEAU CORNIER, — DE REMPLACE, — FAITIER.

POTEAU (poteaux) de REMPLACE (E, I). Sorte de POTEAUX DE BARAQUE entre lesquels joue la PORTE d'entrée, à moins qu'elle ne soit entre un Poteau de remplace et un POTEAU FAITIER.

POTEAU DÉFENSIF. V. DÉFENSIF. V. PAL.

POTEAU (poteaux) d'ESCRIME (F). Sorte de POTEAU contre lequel s'exerçaient les GUERRIERS de l'antiquité et ceux du MOYEN AGE; il s'appelait en LATIN *palus*, d'où est venu le mot PAL, si commun dans l'ARMÉE ANGLAISE, et dans celle de BOURGOGNE, pendant la GUERRE DE LA SUCCESSION DE FRANCE.

— Végèce (390, A) dit des soldats romains : *Etiam post meridiem exercebantur ad palos.* Juvénal aussi en parle :

...... Vel quis non vidit vulnera pali
Quem cavat assiduis sudibus, scutoque lacessit.

— Le faquin harcelé par le sabre de bois se creuse sous ses coups. — L'auteur fulmine contre les femmes qui, de son temps, se livraient assidûment à l'exercice du Poteau. — Hirtius rapporte que, dans la guerre d'Afrique, César faisait lui-même devant ses troupes le simulacre de tous les temps d'escrime vis-à-vis du Poteau, afin de les leur faire exécuter sous ses yeux. — Les traducteurs se sont servis indifféremment des expressions exercice du poteau ou du pieu. — Le Poteau servait aussi de cible pour les flèches.

POTEAU (poteaux) faitier (E, 1). Sorte de poteaux de baraque qui montent depuis le petit seuil jusqu'au faite. La porte joue entre ces Poteaux ou bien entre un Poteau faitier et un de remplage.

POTENCE, subs. fém. v. potence.

POTENCE (potences) de cornet (A, 1). Le mot Potence a la même étymologie que le mot poste ; il exprimait les deux lames de cuivre rendoublées, repliées, soudées, dont l'une prévenait l'écartement du pavillon et du cercle, et dont l'autre se rattachait à la chemise près de l'embouchure.

POTENCE de supplice. v. déserteur. v. désertion. v. infanterie n° 10. v. supplice.

POTENCE tactique. v. abduction en potence. v. abduction vide. v. aspect. v. brigade de flanc. v. déborder. v. échiquier. v. hypotaxe. v. milice grecque n° 6. v. ordre en potence. v. passage d'obstacle. v. passage d'obstacle en avant. v. passage d'obstacle en retraite. v. phalange grecque. v. subdivision de colonne. v. tactique, adj.

POTERNE, subs. fém. (G, 4), ou fausse porte, ou porterne, ou posterle, ou posterne resté dans l'anglais *postern*, mentionné dans Duane (1810, E). Mot dérivé du bas latin *poterna, posterna*, que cite Ducange ; il serait provenu, suivant Ménage, de *posterula*, porte de derrière, ou fausse porte. — Selon Dupain (1757, B), une Poterne est un conduit souterrain ; c'est en ce sens que Caseneuve prétend retrouver la Poterne dans cette partie de la fortification que les Latins appelaient *ostium, porticus*, porche, embouchure. Suivant Belair (1792) et la plupart des écrivains, une Poterne est une porte secrète d'un rempart, une

communication subsidiaire à l'usage de la garnison en cas de siége. — Les Poternes étaient en usage dès le neuvième siècle ; quantité de chateaux forts en avaient au loin dans la campagne ; mais il en était surtout pratiqué au pied du rempart ; elles étaient ordinairement murées légèrement, afin que l'assiégé pût aisément en percer le masque, et pousser inopinément des sorties sur le flanc de l'assiégeant. — Des Poternes gardées avec négligence, ou même oubliées, ont favorisé des surprises de place. — La Poterne d'Orléans ouvrait sur la Loire. — Il y avait des Poternes couvertes par un baille ; il y en avait qui répondaient à une basse-court, ou qui perçaient une douve. — La fortification moderne a fait également usage de Poternes qui communiquent au fond du fossé, et de là dans les dehors ; elles sont pratiquées, soit au milieu des courtines, soit aux flancs des bastions, ou dans le revers des oreillons ; elles sont construites au-dessus des égouts. — Bélidor (1758) voudrait que de droite et de gauche des Poternes il fût pratiqué des magasins voûtés. — Carnot (1810, A) regarde comme trop étroits et trop peu nombreux ces vomitoires. — Les auteurs qui peuvent être consultés à l'égard des formes, de l'emplacement, de la destination des Poternes, sont Belair (1792), Carnot (1810, A), Desprez (1735, B), Dupain (1757, B), Encyclopédie (1785, C), Froissard, Goetzman (1777), Lachesnaie (1758, I), Lecouturier (1825, D), Sionville (1756, E).

POTIER ; POTIERS ; POTTER ; POTZDAM. v. noms propres.

POUCE (subs. masc). humain. v. humain, adj. v. mutilation volontaire.

POUCE linéaire. v. bombe. v. cinq p... v. dix p... v. douze p... v. huit p... v. linéaire. v. mortier. v. neuf p... v. sept p... v. six p...

POUDRE, subs. fém. v. a poudre. v. administration des p... v. capitaine général des p... v. cartouche a p... v. charge de p... v. commissaire général des p... v. convoi de p... v. coup de p... v. décharge a p... v. degré de p... v. direction des p... v. épreuve de p... v. fabrication de p... v. feu a p... v. fourniture de p... v. grain de p... v. inflammation de p... v. inspecteur général des p... v. machine a p... v. magasin a p... v. poire a p... v. raffinage de p... v. régie des p... v. régisseur général des p... v. surintendant des p... v. surintendant général des p... v. transport de p...

POUDRE { A FEU. . . . POUDRE { A FUSIL. . . . POUDRE { D'AMORCE. / DE CHARGE. } FULMINANTE. PUANTE. } / ALIMENTAIRE.

POUDRE (term. génér.). Mot dérivé du latin *pulvis* qui a produit les mots poudra, poudrerie, poudrière, pulvérin ; il se distingue en poudre a arquebuse, — a canon, — a cheveux, — a feu, — a mine, — a poudrer, — a tirer, — alimentaire, — anguleuse, — animale, — blanche, — de bombe, — de butte, — de carabine, — de chasse, — de cible, — de guerre, — de mine, — de mortier, — de mousqueterie, — de munition, — de pièce d'artillerie, — de siège, — de traite, — de viande, — d'exercice, — fine, — grosse grenue, — inflammable, — menue grenue, — muriatique, — oxigénée, — nutritive, — pyrique, — ronde, — verte.

POUDRE a arquebuse. V. a arquebuse. V. poudre a feu.

POUDRE a canon. V. a canon. V. artillerie stratopédique. V. assiégeant. V. baril foudroyant. V. batterie de brèche. V. bossé. V. bouche a feu. V. boulet en pierre. V. boulet sourd. V. Braddock. V. canon. V. canon d'artillerie. V. caronade. V. cartouche a bouche a feu. V. cartouche de cible. V. chambre de bombarde. V. Chaptal. V. connétable n° 2. V. contre-mine. V. dehors. V. flamber. V. fougasse. V. fusée. V. fusée de grand échantillon. V. globe projectile. V. hérisson roulant. V. infanterie française n° 8. V. Lambert (J.-H.). V. lanterne a poudre. V. Mauvillon (1788, A). V. Montag (1803). V. mortier. V. Munke. V. Nollet. V. pétard catabalistique. V. pièce d'artillerie. V. pierrier. V. poliorcétique. V. Porbeck. V. portée de canon. V. pot a feu. V. poudre a feu. V. poudre a fusil. V. Riffaut. V. sac a feu. V. Saltzer. V. salut a feu. V. saucisson de mine. V. serpenteau. V. signal tactique. V. Waltsgott. V. Winter.

POUDRE a cheveux. V. a cheveux. V. chevelure militaire.

POUDRE a feu (term. génér.) ou poudre a tirer, ou poudre de guerre, ou poudre inflammable, comme l'appelle Voltaire, ou poudre pyrique suivant Simienowicz. Sorte de poudre que le caprice des soldats a nommée poudre a canon, mais que les budgets commencent à appeler, plus rationnellement, Poudre à feu, lui restituant ainsi le nom qu'elle a primitivement porté ; de même, autrefois, comme le témoigne Appiano, les Italiens l'appelaient *polvere da fuoco*. — La nature, les éléments, la fabrication, le raffinage de la Poudre ne sauraient ici nous occuper ; la question, sous ce point de vue, serait immense et demanderait à être étudiée à fond dans les auteurs que nous citerons. Bornons-nous à rechercher l'histoire générale de la Poudre, à considérer sommairement quelques-uns de ses effets, à donner un aperçu de son importance, à expliquer ses principales applications à l'art militaire et à la pyrotechnie. — Suivant Lolooz (1770, C), les Chinois faisaient remonter l'invention de la Poudre à leur empereur Vitey, qui vivait il y avait deux mille huit cents ans. — Gonzalès de Mendoza, dans son histoire de la Chine, et le jésuite Maffei, dans son histoire des Indes, retrouvent la Poudre chinoise plus de trois cents ans avant Jésus-Christ. — Le père Gaubil et Vossius (1660) sont à peu près du même sentiment. — Amiot (1782, O), longtemps missionnaire en Chine, affirme que, deux cents ans avant l'ère chrétienne, les Chinois savaient mêler le salpêtre, le soufre et le charbon ; il explique les dosages et le système de fabrication de leur Poudre ; elle était loin d'être bonne, et nous ne sachons pas qu'elle se soit améliorée. — Dès l'an 690, les Arabes appelaient neige indienne, et les Persans appellent encore sel chinois, le salpêtre employé à la composition des artifices. Des manuscrits orientaux de l'Escurial, mentionnés dans le *Journal de l'Institut historique* (t. iii, p. 282), témoignent que cette invention chinoise, communiquée par les Persans aux Arabes, était mise en pratique par ces derniers au siège de la Mecque, en 691. — Potier (1779, X) regarde Porphyrogénète comme l'inventeur des moyens de fulmination appliqués à la guerre, mais c'est une erreur. — L'artillerie des Arabes jouait, dit-on, contre Lisbonne en 1147 ; c'est d'eux que la milice espagnole apprit l'usage de la Poudre. — On lit dans Bergeron (*Traité des Voyages*, t. i, p. 54), qu'en 1173, le juif Tudelle (Benjamin) vit, en Perse, une grande quantité d'artifices du genre des soleils. — François Occurse, de Florence, mort en 1229, cite des expériences sur le salpêtre, faites par les savants qui l'avaient précédé. — Dans l'opinion de M. Hallam, *il paraît clairement prouvé que la Poudre fut introduite en Espagne par les Sarrasins. Un auteur arabe de la collection de l'Escurial rapporte , vers l'an 1249, qu'on l'employait dans des machines de guerre.* — Une preuve formelle de son usage déjà répandu, preuve que cite Muratori, se trouve en un passage de Pétrarque, composé avant 1344. Il se sert, à ce sujet, des expressions : *nuper rara, nunc communis.* Cet art (la pyrologie) rare autrefois, est, dit-il, répandu de son temps. — Le *Spectateur militaire* (t. vii, p. 254, note) prétend que l'invention de la Poudre est de 1256 ; mais plus anciennement les croisés avaient éprouvé les terribles effets du feu grégeois. Poudre ou matière inflammable qui portait au loin le ravage. Dès le sixième siècle, ce moyen de destruction avait été importé en Grèce et dans l'empire byzantin par le commerce des caravanes. — On était si peu éclairé sur l'histoire du moyen age, qu'on ignorait que Louis neuf était en communication suivie et directe, soit par correspondance, soit par ambassades, avec un des successeurs de Gengis. Cette correspondance chinoise, retrouvée par le savant Rémusat, prouverait que les siècles qui suivent cette époque ont amené les découvertes qui ont changé la face de l'Europe ; il ne doute pas que la Poudre et l'imprimerie n'aient été les fruits de notre relation avec la Chine, et il a composé, à ce sujet, de curieuses dissertations. — Au treizième siècle, les Maures d'Espagne lançaient, à l'aide de la fulmination, divers genres de projectiles ; leurs guerres contre les Espagnols en font foi. — Au milieu de ce siècle, le mot artillerie était en plein usage, mais il s'appliquait aussi bien aux armes névrobalistiques qu'aux armes a feu, concurremment employées les unes et les autres pendant longtemps. — M. Sicard (1830) ne croit la Poudre inventée qu'en 1280, M. Bontemps (1838), qu'en 1294. Mais gardons-nous d'assertions si absolues, en fait de dates. — En 1300, suivant don Pedro, évêque de Léon, le roi de Tunis et le roi maure de Séville combattaient sur mer, avec *des tonneaux de fer qui lançaient force tonnerres de feu.* — Si l'on donnait créance au dire d'Achille Gossar, le premier usage de la Poudre, dans les contrées d'Occident, daterait de 1324. — En 1342, la Poudre s'appelait, suivant M. Moritz Meyer , naphte tonnante. — Messie dit qu'en 1343, Alphonse onze, de Castille, était assiégé par les Maures qui, au moyen *de tonneaux de fer, lançaient*

des foudres. En 1373, les Vénitiens manquant de Poudre, au siége de Chypre, y eurent recours aux machines nommées troies, ou truies. — Gaya (1678, B) prétend qu'un moine, Berthold, ayant communiqué avec les Tartares, en 1380, dans un voyage qu'il fit chez les Moscovites, y apprit d'eux le secret de la Poudre chinoise ; mais rien de ce qui vient d'être dit n'appuie cette assertion. — On avait d'abord placé, dit Villaret, l'invention de la Poudre assez avant dans le quatorzième siècle, jusqu'à ce que des découvertes historiques aient obligé d'en reculer la date à l'époque de la bataille que les Vénitiens livrèrent, en 1378, aux Génois. Un passage de Villani l'a fait rétrograder jusqu'à la bataille de Crécy ; un compte de 1338 a encore reculé l'époque ; l'existence d'une pièce d'artillerie, fondue en 1301, achève de renverser tous les systèmes. — Si ce qu'on dit de la couleuvrine du treizième siècle est vrai, mais c'est un fait douteux, elle rendrait témoignage d'un degré d'ancienneté de plus. — Voltaire (*Essai sur les mœurs*, t. iii) nie, avec détails, l'existence du canon de 1301, et prétend que c'est une erreur d'attribuer aux Arabes, trafiquant dans les grandes Indes, l'importation de la Poudre ; mais l'opinion contraire à celle de Voltaire a aujourd'hui prévalu. — La plupart des écrivains affirment que la Poudre n'a été connue en France que depuis 1338, sous le règne de Philippe de Valois ; mais si le canon, comme le dit Ducange, a servi la première fois en 1338, la Poudre était apparemment plus ancienne : d'autant qu'en cette même année, un compte du trésorier des guerres Drack mentionne, en un article de dépense, comme en témoigne Ducange, les déboursés pour fourniture de Poudre nécessaire aux canons employés en Auvergne. — Plusieurs pays se disputent la découverte de la Poudre et des armes a feu ; le procès est impossible à juger. Cette prétendue invention n'a probablement été qu'une imitation, et serait, comme le dit Hallam, *une découverte due au hasard, faite à une époque reculée, dans quelques contrées éloignées.* — Roger Bacon (1542, 1660), né en 1214 , a décrit vers 1240 les propriétés de la Poudre, dans ce qu'il dit d'une mixtion sulfureuse, de nature à produire des bruits pareils au tonnerre, et susceptible, même en petite quantité, de renverser des châteaux, des armées. Besold regarde Bacon comme le créateur de cette nouveauté ; mais Maizeroy (1771, A), et Jebb, éditeur de Bacon, sont persuadés que c'est de Marcus Græcus que Bacon a tiré ce qu'il dit de la Poudre. — Cent ans après cette sorte de prédiction de BACON, ou vers 1530, un moine fribourgeois faisait des expériences sur la Poudre ; mais les AUTEURS ne sont pas tombés d'accord sur le nom qu'il portait. Il s'appelait, suivant VILLARET et CARRÉ (1783, E), Constantin Ancklitzen; suivant RAY DE SAINT-GENIÈS, Anchtzen ; suivant SIONVILLE (1756, E), Berthold Ecward ; suivant les savants de l'ALLEMAGNE, Bertholdus Niger, ou Bertholo Schwartz. C'était suivant les uns un augustin, suivant les autres un cordelier. C'est de lui que VOLTAIRE a dit :

On sait qu'en Germanie autrefois un bon prêtre,
Pétrit, pour s'amuser, le soufre et le salpêtre.

Ce brevet d'invention décerné à Schwartz se fondait sur une assertion d'un manuscrit de la bibliothèque du maréchal de SAXE, écrit en 1592, manuscrit qui était la copie plus soignée d'un manuscrit de 1445, retrouvé de nos jours dans la bibliothèque de M. Horst, ancien ministre prussien. — Des AUTEURS italiens et VELLY sont persuadés que, dès 1364, les effets de la Poudre étaient appréciés par SCHWARTZ, qu'il en enseigna la composition aux VÉNITIENS en 1380, et que ceux-ci en firent le premier emploi, dans leurs GUERRES contre les Génois. — Mais, dès l'année 1354, la FRANCE avait un CAPITAINE GÉNÉRAL DES POUDRES, qui secondait le GRAND MAITRE DE L'ARTILLERIE. Ainsi il ne faut croire qu'avec réserve tout ce qui se dit d'absolu. — La Poudre n'amena que lentement le système des ARMES A FEU, tel que nous le connaissons aujourd'hui ; VILLARET s'étonne qu'avant 1364 on en ait tiré si peu de parti. On l'appliqua d'abord aux MACHINES de guerre pour jeter des PROJECTILES enflammés ; on l'employa, à l'aide des ARMES DE TRAITS, pour lancer des MATRAS ou d'autres anciennes ARMES DE DÉCLIC. — Quand on s'essaya à construire des BOMBARDES à feu, ce furent d'abord des TUBES larges et courts, lançant des blocs de PIERRE ; les globes de métal ne furent imaginés que bien plus tard. La Poudre alors avait peu de force. — Les gros CANONS amenèrent les PETITES ARMES ; les ARQUEBUSES NÉVROBALISTIQUES se changèrent en ARQUEBUSES A FEU. — Cet usage plus général de la Poudre produisit, comme le déclare DELANOUE (1559, A), l'extrême alourdissement des ARMES DÉFENSIVES, et, suivant quelques opinions, l'invention du MANTEAU D'ARMURE. — VENISE et AUGSBOURG furent les premières villes d'EUROPE où se virent des MAGASINS A POUDRE. — Au temps de CHARLES HUIT, la Poudre se fabriquait à l'ARMÉE même ; la confectionner était la fonction de

ces onze cents MAISTRES CHARBONNIERS et SALPÉTRIERS de l'expédition retracée par M. de SÉGUR (1835). — Avant le milieu du quinzième siècle, la Poudre était mal fabriquée et de peu d'énergie encore. — Un édit de CHARLES NEUF déclarait que la fabrication de la Poudre est un droit du monarque seul. — Dans le seizième siècle, comme le rapporte M. MONTEIL, elle se distinguait en POUDRE A ARQUEBUSE, — A CANON, — D'AMORCE, — GROSSE GRENUE, — MENUE GRENUE. — L'invention de la Poudre a réprimé l'arbitraire des NOBLES et le pillage exercé par la CHEVALERIE ; elle a fait disparaître la suprématie de l'ARMURE, la puissance des DONJONS, la passion des TOURNOIS. Elle a mis un terme AUX GUERRES PRIVÉES, amené le règne des lois, adouci l'état de la société, nivelé les FORCES, aboli une majorité factice, établi une supériorité vraie ; par là, elle a écrasé la FÉODALITÉ : voilà ses effets politiques. — Elle a changé la nature du courage, revêtu les ARMÉES d'un HABILLEMENT tout autre, substitué l'ÉPÉE à la LANCE, occasionné l'abandon de la MASSUE, de l'ARBALÈTE, du CORSELET, dernier vestige de l'ARMURE ; elle a soumis à d'autres formes les APPROCHES, les TRANCHÉES, les CONTREVALLATIONS, réformé les lois de la FORTIFICATION et de la POLIORCÉTIQUE, rendu plus rares les ASSAUTS, rasé les MACHICOULIS, préparé le triomphe de la GUERRE SOUTERRAINE, et remis aux mains de l'ATTAQUE les clefs des FORTERESSES ; elle a nécessité, en rase campagne, une TACTIQUE différente, fait revivre cet antique instrument de guerre nommé FUSÉE, réduit l'ORDRE PROFOND à être moins praticable ; elle a agrandi les proportions du CHAMP DE BATAILLE et contraint la CAVALERIE à s'y tenir à l'écart, jusqu'à l'instant de la possibilité du CHOC : voilà ses résultats en fait d'ART MILITAIRE. — GUIBERT (1773, E, *Discours préliminaire*) prétend, paradoxalement, qu'elle n'a pas avancé la SCIENCE ; mais qui pourrait nier qu'elle n'en ait totalement changé la face. — Des ÉCRIVAINS non moins éclairés ne partageaient pas le sentiment de GUIBERT. — *Tandis qu'elle* (la Poudre) *semblait,* dit DARU, *toute subordonnée à une puissance matérielle, elle a réellement accru la puissance de la force morale qui calcule avec sang-froid les effets des nouvelles armes.* — On lit dans HALLAM (t. III, p. 207) : *Le jugement qu'on en doit porter dépend de la solution d'un grand problème, celui de savoir si la somme du bonheur général a plus perdu dans les trois derniers siècles, par les effets du pouvoir arbitraire, qu'elle n'a gagné par l'établissement d'une police régulière et la cessation du désordre.* —

On doit à la Poudre les progrès de l'industrie et l'accroissement de la richesse; elle a préparé la découverte des deux Indes; aidée de l'imprimerie et de la boussole, elle a donné à la raison l'appui de la force. — Considérée industriellement, la Poudre est loin de la perfection. Guibert (1773, E) se plaignait que, de son temps, *les effets de la Poudre étaient encore un système à créer.* — Nous ne connaissons en général que de la Poudre noire; cependant il pouvait s'en fabriquer, à ce que témoigne Simienovicz, de blanche et de toute autre couleur; la Poudre où l'on fait entrer du charbon carbonisé, non à la manière ordinaire des forêts, mais au moyen des cucurbites de fonte, donne de la poudre rousse, et M. le marquis de Sainte-Croix a rapporté de ses voyages aux confins de la Chine, de la Poudre chinoise qui est de couleur blanche. — Simienovicz parle aussi de Poudre muette, qualité qu'on a, avec raison, traitée de fable. — Des expériences touchant les effets de la Poudre étaient attentivement suivies à Munich, en 1792 et en 1793, par le célèbre Rumford. — La Poudre, jusqu'à l'invention des cartouches et des gargousses, ne se transportait aux armées que par barils. — La Poudre a d'abord été d'un grain différent pour les bouches a feu et pour les armes portatives. M. Meyer (Moritz) témoigne que, pour les grosses pièces, le grain avait la grosseur d'un pois, d'un grain de chènevis pour les pièces moyennes, et plus fine pour les armes moindres. — Les troupes d'Europe n'en employaient plus, dans les derniers siècles, que d'une seule espèce; de là son nom de poudre a canon; elle était grainée de manière à pouvoir s'introduire dans les lumières; elle était, dit M. Cotty (1822), de trois à quatre cents grains par gramme. — Les Anglais ont fait revivre l'usage ancien des deux qualités; la raison le voulait, la mode s'en propage; la France l'a adopté depuis 1818. — La Suisse a été pendant longtemps regardée comme le pays où se fabriquait la meilleure Poudre; elle était absolument sphérique; cette sphéricité n'était pas généralement approuvée. Il s'est élevé de grands débats entre les sectateurs de la poudre ronde et les amateurs de la poudre anguleuse. — Dans le dernier siècle, la Poudre de la milice autrichienne était meilleure que celle de France, et plus économiquement confectionnée. Guibert la comparait à notre Poudre à giboyer. — L'armée française était généralement persuadée que sa Poudre était inférieure à celle de la milice anglaise; ce sujet a exercé M. Ch. Dupin (1820, B), qui a donné des détails curieux

sur la fabrication anglaise. — Bonaparte, si l'on en croit les importateurs de ses mémoires, se serait fait le défenseur de la Poudre française. *Les canons des vaisseaux*, dit-il (M. le général Montholon, t. iii, p. 53), *tirent sur affûts marins, c'est-à-dire sous l'angle de vingt-cinq degrés, et souvent sous l'angle de quarante-trois; il n'est donc pas étonnant que les boulets des vaisseaux arrivent à terre, et que ceux des batteries de terre n'arrivent pas à la hauteur des vaisseaux; on se récrie alors sur la mauvaise qualité de la Poudre.* — Une opinion analogue est reproduite dans M. le général Gourgaud (t. i, p. 53). — Mais il se pourrait que cette portée plus étendue résultât autant de la fabrication plus savante du projectile que de la qualité de la Poudre. Des expériences faites dans la milice danoise autorisent à le supposer. — On éprouve la Poudre en l'écrasant sous les doigts; on en place un gramme et demi sur une plaque de cuivre, on y met le feu; la bonne Poudre ne doit pas jeter d'étincelles, elle ne doit déposer aucune ordure sur le cuivre. Mais ces moyens d'épreuve sont loin d'être complets. — De nombreuses expériences pour l'amélioration des Poudres ont été faites en France depuis la guerre de la révolution. Fourcroy, dans le rapport fait en l'an trois à la convention, au nom du comité de salut public, vantait le développement donné aux arts *qui ont servi à la défense de la république, et un procédé propre à faire de la Poudre en quelques heures, avec des machines simples qu'on trouve partout.* — Mais, malgré ces assertions, malgré l'autorité des opinions de Bonaparte, il reste plus d'un doute à dissiper, plus d'une amélioration à réaliser. — La qualité de la Poudre, la promptitude avec laquelle elle prend, varient suivant les qualités de ses ingrédients, et sa dilatation diffère suivant que la charge est plus ou moins sèche, plus ou moins bourrée. — Les lois physiques de l'inflammation de la Poudre, longtemps débattues entre des savants, tels que Belidor et Robins, n'étaient pas soumises encore à des démonstrations évidentes, comme le témoignait, en 1824, un savant étranger, M. Borkenstein. En cette même année (20 juillet), le *Moniteur* contenait un long rapport sur la Poudre; le ministre de la guerre faisait l'aveu naïf de l'infériorité de nos Poudres comparées à celles des Anglais; il affirmait cependant que, pour les chasses royales, nous commencions à pouvoir le disputer à la Poudre de Dartford. Mais qu'importaient les perfectionnements obtenus en ce genre, si ce n'est sous un roi chasseur. — On tombe en général d'accord que la qualité de la Poudre consiste à fournir de longues PORTÉES, à s'enflammer rapidement, à s'altérer peu à l'air et dans les TRANSPORTS, à produire dans des circonstances pareilles des effets égaux; mais ces problèmes ne sont pas résolus tous encore; la prompte avarie dans les CAISSONS, en campagne, est une des imperfections de notre ARTILLERIE. — On se demande quelle est la méthode la plus sûre et l'ÉPROUVETTE la meilleure, pour mesurer la force de la Poudre faisant explosion, et quelle est la quantité précise de Poudre qui doit faire partie d'une CHARGE donnée. — Des professeurs pensent que si les effets du COUP étaient plus puissants, les ARMES en éprouveraient préjudice ; d'autres croient qu'ayant plus de force, la Poudre serait plus transportable et demanderait moins d'emplacement; les PORTÉES seraient plus longues, l'embarras des MUNITIONS serait moindre, à raison de la moindre quantité à employer. — M. BRIANCHON a essayé de résoudre ces problèmes de BALISTIQUE par les voies de la théorie et le secours des connaissances chimiques. Jusque-là il n'existait que des notions pratiques, dépourvues de base sûre. — GASSENDI explique en quoi différaient, par les qualités, par les prix, etc., les POUDRES DE GUERRE, DE TRAITE, DE MINE, DE CHASSE, etc. Annuellement une ordonnance détermine quels doivent être ces prix. — En 1831, la fabrication demandait encore des épreuves nouvelles, comme le témoigne le *Journal des Sciences militaires* (t. XXIII, p. 47). Ces épreuves seraient elles-mêmes le préliminaire du perfectionnement de la BALISTIQUE. — Les marchés nombreux avec les FOURNISSEURS, les documents officiels relatifs aux Poudres et SALPÊTRES, ne sont qu'une longue accusation de l'état d'imperfection ou d'abus qui a si longtemps régné en cette partie; on en a les témoignages dans l'ORDONNANCE DE 1540 (28 NOVEMBRE), l'ÉDIT DE BLOIS (1572 [MARS]), l'ORDONNANCE DE 1601 (DÉCEMBRE), l'ÉDIT DE 1634, époque où fut créé un SURINTENDANT GÉNÉRAL DE L'ARTILLERIE, Poudres et SALPÊTRES; l'ORDONNANCE DE 1640 (8 OCTOBRE), l'ARRÊT DU CONSEIL DE 1658 (15 NOVEMBRE), l'ARRÊT du parlement DE 1663 (7 JUILLET), l'ORDONNANCE DE 1665 (7 JUILLET), l'ARRÊT DE 1668 (28 JUIN), qui reconnaissait un COMMISSAIRE GÉNÉRAL DES POUDRES et SALPÊTRES; l'ARRÊT DE 1678 (21 JANVIER); le RÈGLEMENT DE 1686 (4 AVRIL), qui déclarait l'état fâcheux des FORTERESSES restées sans défense par la mauvaise qualité des Poudres; l'ORDONNANCE DE 1686 (18 SEPTEMBRE)

reproduisant les mêmes griefs ; l'ÉDIT DE 1729 (10 MAI), l'ORDONNANCE DE 1758 (14 JANVIER), l'ARRÊT du conseil DE 1775 (30 MAI) minuté de la main de Turgot, qui institua le système de RÉGIE mise ensuite dans les attributions du MINISTÈRE DE LA GUERRE par l'ARRÊTÉ DE L'AN HUIT (27 PLUVIOSE). — Comme l'expérience du passé est presque toujours perdue, on a vu des novateurs passionnés proposer, dans les discussions du budget de 1828, comme une réforme salutaire, de rendre au commerce la fabrication des Poudres; on a allégué, contre le monopole de cet objet, l'infériorité des Poudres françaises par comparaison avec celles des étrangers, chez lesquels cette fabrication est laissée au commerce. Le général Sébastiani a dit qu'on avait été réduit à envoyer en ANGLETERRE des agents chargés d'étudier les procédés des POUDRERIES de nos voisins. — Le CHEVAL DE BOIS était la punition des MILITAIRES vendant à des BOURGEOIS leur Poudre; le DÉCRET DE L'AN TREIZE (23 PLUVIOSE) était répressif de ce même DÉLIT. — Les TRANSPORTS DE BARILS, les CONVOIS de Poudres sont l'objet d'une attention particulière de la part des CHEFS D'ESCORTE, et motivent les précautions énoncées dans la CONSIGNE du PIQUET DE LOGEMENT. — Assister aux ÉPREUVES des Poudres était dans les attributions des COMMISSAIRES DES GUERRES jusqu'à l'époque où les OFFICIERS de l'ARTILLERIE sont parvenus à être les seuls contrôleurs de leurs opérations. — Qui pourrait prévoir si les ARMES A VAPEUR ne seront pas un jour un puissant auxiliaire de la Poudre. — Dans un discours que VOLTAIRE (*Questions sur l'Encyclopédie*) adresse à un SOLDAT des temps modernes, pour lui prouver qu'il est un machiniste plus habile qu'Archimède, il lui dit : *Cinq parties de salpêtre, une partie de soufre, une partie de charbon ligneux ont été préparées chacune à part ; ton salpêtre dissous avec du nitre bien filtré, bien évaporé, bien cristallisé, bien séché, s'est incorporé avec le soufre purifié et d'un beau jaune; ces deux ingrédients mêlés avec le charbon pilé ont formé de grosses boules par le moyen d'une essence de vinaigre, ou sel ammoniac, ou urine; ces boules ont été réduites* in pulverem pyrium *dans un moulin. L'effet de ce mélange est une dilatation qui est à peu près comme quatre mille est à l'unité; le plomb qui est dans ton tuyau fait un autre effet, qui est le produit de la masse multipliée par la vitesse; c'est à ces deux moyens que tu dois l'art d'être un excellent meurtrier, si tu tires juste et si ta Poudre est bonne.* — La Poudre mal fabriquée se garde à peine trois ans. On a retrouvé en 1835, comme le témoigne le *Journal de l'Armée*, de la Poudre confectionnée sous Louis quatorze, et meilleure que la Poudre de 1835. M. Moritz Meyer va jusqu'à affirmer que de la Poudre suédoise fabriquée en 1640, et qui avait presque deux siècles, *porte aussi loin que de la Poudre actuelle.* — Cependant un général d'artillerie, M. Demarçay, affirmait à la tribune, en 1836 (7 juin), que le temps détériore promptement les Poudres, tandis que les ingrédients dont elles se composent peuvent se conserver sans inconvénient; il en inférait qu'il valait mieux n'en fabriquer qu'à mesure du besoin, et en avoir moins dans les poudreries, tant par mesure d'économie que pour la sûreté des voisins des moulins a poudre. — En 1839, la consommation annuelle de la Poudre française, soit sur terre, soit sur mer, soit à l'usage des mines, soit pour la chasse, figurait au budget comme s'élevant à la quantité de un million six cent soixante - quatorze mille kilogrammes, ce qui entraînait une dépense de deux millions six cent quatre-vingt-douze mille cinq cent quatre-vingt-dix francs. — En 1839, le prix moyen de la Poudre de guerre était de un franc soixante - deux centimes. — En outre des écrivains qui ont traité de l'artifice, de l'artillerie, de la balistique, de la pyrotechnie, ceux qui vont être nommés, peuvent être plus particulièrement consultés ; ce sont : Alfio-Grassi, Amiot (1782, O), Antoni, Audouin (t. iii), Bacon, Bardet (1740, A), Belair (1792), Bélidor (1755, F), Bernouilli (Daniel), Berriat (1812, A, au mot *Salpêtre*), Besold, Binning, Biringuccio, Boillot (1598), Bois-Roger (1768, B), Bonaparte (Napoléon-Louis), Borkenstein, Bottée (1750, B), Braddock, Breithaupt, Briançhon, Carré (1785, E), Carrion (1824, A), Cazeaux, Chaptal (1805), Colliado, Cossigny. Cotty (1822, A, aux mots *Balle* et *Vitesse*), Courtin (1825, E), Daniel (1721, A), Darcy (1766, L), Davelourt, Decker (1825), Delanoue (1559, A), Duane (1810, E, au mot *Gun-Powder*), Ducange, Dulacq, Dupin (1820, B), Dupuget, Durtubie, Encyclopédie (1785, C, au mot *Arme*, p. 116, et *Encyclopédie méthodique, Arts et Métiers*, t. vi), Flavigny (1773), Fourcroy, Fronsperger, Furetière (au mot *Canon*), Furtembach, Galland (Ch.-Ph.), Gassendi, Gaya (1678, B), Grassi (1815), Grobert, Guibert (1773, E), Guignard (1725, B), Hallam, Hauksbée, Hauser (1828), Hervé, Hoyer (1797, 1827), Hutton, Jaebro (1777, G), Jacobi, Lachesnaie (1758, 1, t. ii, p. 65, et aux mots *Epreuve, Parc, Poudre*), Lambert (J.-H.), Latrille (1802), Leblond (1758, B), Lecouturier (1825, A), Legrand (1857, A), Lolooz (1770, C), Lombard (1783), Maffei, Maizeroy (1770, E), Manesson (1685, B), Mauvillon (1788, A), Messié, Montag (1803), Morogues (1737, A), Muller (1768), Munke, Muratori, Newton (1704), Nollet, Peschel (1825), Peyre, Pfaff, Philippe de Clèves (1520, A), Pintado (1782), Piobert, Porbeck, Potier (1779, X, aux mots *Artillerie, Epreuve, Poudre*), Porta (J.-B., liv. xii), Poumet, Proust, Ravichio, Ray de Saint-Geniès (1755, A), Renaud, Riffaut, Robins, M. le général Rogniat (1816, B), Rouvroy (1829), Rumford, Saltzer, Saluces (1769), Serullas, Servan (1780, B), Sionville (1756, E), Simienovicz, Tartaglia (1558), Timaus, Turpin (1783, O), Vegetius (1515), Vergnaud (1824), Villantroys, Voltaire (*Remarques de l'Essai sur les mœurs*, t. vi), Waltscott, Winter, le *Journal des Sciences militaires* (1835, p. 77; 1836, p. 253, 280, 296), le *Journal de l'Armée* (t. ii, p. 121), l'*Histoire littéraire de l'Italie* (t. i, p. 219), *Tableau des révolutions de l'Europe*, par Koock (t. ii, p. 50), le *Dictionnaire de la Conversation*, la *Bibliothèque britannique* (10e volume). — La Poudre à feu sera surtout distinguée ici en poudre a fusil et en poudre puante.

POUDRE a fusil (G, 6), ou poudre de mousqueterie. Sorte de poudre a feu, considérée comme poudre de guerre, à l'usage des pistoles, arquebuses, mousquets. Elle a été, dans l'origine, plus fine que la poudre a canon ; elle a ensuite été, pendant longtemps, la même que celle des pièces de grand calibre. — Autrefois la Poudre des mousquets se donnait à part des balles. L'invention des cartouches de fusils avait amené d'autres usages; les poudres de charge et d'amorce ne différaient plus; la Poudre et les balles n'étaient plus séparées. — La carabine, depuis qu'il en avait été donné à l'infanterie française, exigeait une Poudre particulière. — La milice anglaise se servait, pour le fusil, d'une Poudre pareille à la poudre de chasse. M. Ch. Dupin (1820, B) témoigne qu'elle s'enflammait plus vivement que celle de l'infanterie française; elle était ronde et ne ratait pas, à ce qu'il affirme, avec des platines anglaises, mais donnait quelques ratés si on s'en servait dans des platines françaises; elle donnait, suivant lui, de plus longues portées, et n'encrassait pas, en prenant feu, la table de la batterie, comme le faisait notre Poudre, qui, laissant un résidu qui tombe et se mêle à l'amorce, en empêche l'inflammation. Les

ANGLAIS en confectionnaient, pour le TIR
D'INFANTERIE, des CARTOUCHES reconnaissables
par leur couleur, selon qu'elles étaient à
BALLES ou simplement à Poudre. — Depuis
1818, la CHARGE du FUSIL français a eu lieu
avec une Poudre moins grosse; elle s'ob-
tient en extrayant de l'autre Poudre, par le
tamisage, les GRAINS les plus fins. Des détails sur ce sujet sont consignés dans le
Mémorial de l'Artillerie (1830, N° 3).
Cette Poudre est de même dose qu'autrefois, et le kilogramme fournit à quatre-
vingt-quinze CARTOUCHES. — LES RÈGLEMENTS
déterminent la quantité de POUDRE D'EXER-
CICE annuellement accordée aux CORPS. —
On a regardé comme préférable, pour l'IN-
FANTERIE, la POUDRE ANGULEUSE, parce que la
POUDRE RONDE a l'inconvénient d'être repous-
sée du BASSINET quand la CHARGE PREND FEU,
et de frapper dans la figure du TIREUR quand
il ajuste; mais la POUDRE RONDE serait préférable, peut-être, si le système des AMORCES
FULMINANTES venait à prévaloir.— La grande
dépense de Poudre que l'étude de la BALIS-
TIQUE entraîne s'est longtemps opposée aux
progrès de cette science; aussi eût-il été important que des FUSILS A VENT OU A SOUFFLET
eussent pu être consacrés à ce genre d'é-
tude. — On peut, sur la question de la qualité des Poudres, consulter COTTY (1822, A,
au mot *Fusil*).

POUDRE A MINE. V. A MINE. V. CONTRE-
MINE. V. CONTRE-MINE DE FORTERESSE. V. FOUR-
NEAU DE MINE. V. GALERIE D'APPROCHES. V.
GLOBE DE COMPRESSION. V. GUERRE SOUTERRAINE.
V. MINE A FEU. V. MINEUR FRANÇAIS. V. POUDRE
A FEU.

POUDRE A POUDRER. V. A POUDRER. V.
BARBIER DE COMPAGNIE. V. CHEVELURE MILITAI-
RE. V. HUSSARD N° 4. V. QUEUE DE CHEVELURE.
V. SAC A FEU.

POUDRE A TIRER. V. A TIRER. V. BRIAN-
CHON. V. POUDRE A FEU.

POUDRE ALIMENTAIRE (F), OU POUDRE
ANIMALE, OU POUDRE DE VIANDE, OU POUDRE
NUTRITIVE. Sorte de POUDRE préparée pour
l'alimentation des ARMÉES, et principalement
composée de substances animales. — Des
préparations de ce genre ont été connues
des anciens. Le commentateur de DION CAS-
SIUS prétend qu'une NOURRITURE de ce genre
formait un si petit volume, qu'un SOLDAT
pouvait apaiser sa faim et sa soif en en
avalant gros comme une fève. — Dans le
seizième siècle, au dire de DUBELLAY (1555,
A), les Turcs portaient dans des sachets de
la Poudre de chair salée. — Les ORIENTAUX
faisaient dessécher, au soleil, des VIANDES
qu'ils pulvérisaient ensuite. Des peuplades
sauvages de l'AMÉRIQUE avaient recours aux

mêmes procédés. — JABRO (1777, G) rapporte que les sauvages de *Susquehannah*,
au delà de Philadelphie, possédaient la composition de la POUDRE VERTE, et qu'une cuil-
lerée de cette Poudre suffisait, pour tout un
jour, à la nourriture d'une personne. Ce
même ÉCRIVAIN affirme que les TARTARES, et
quantité de tribus nomades, emploient une
Poudre alimentaire nommée KACHA. —
Rehmann (Joseph), médecin wurtembergeois qui a servi en RUSSIE, et qui a eu occasion de faire un voyage en CHINE, s'est livré
à des recherches curieuses sur la Poudre, ou
plutôt sur la brique alimentaire qui s'y fa-
brique et se met en poudre quand on en
veut faire usage. Ce comestible est l'objet
d'un commerce immense avec les MOGOLS et
les peuplades nomades de l'ASIE; mais en
CHINE même on ne s'en nourrit pas. — Les
RUSSES appellent thé en brique ce moyen
d'alimentation (*kirpitschneitschai*); les
KALMOUCKS, les Sibériens le tirent d'Astra-
kan, où il s'en trouve de considérables dépôts. C'est non-seulement une nourriture,
mais même une monnaie, une brique longue
d'un pied, épaisse d'un pouce, large d'un
demi-pied, représentant la valeur de deux
roubles. Les CHINOIS fabriquent cet ALIMENT
en lui donnant pour base une pâte composée du résidu du thé, de ses feuilles gros-
sières, altérées, rebutées, de ses pédoncules;
ils y mêlent du sang de bœuf ou de mouton,
ou seulement les parties albumineuses que
fournit le sang des animaux; ils moulent et
font dessécher au four cette macération. Les
MOGOLS, pour composer de ces tablettes une
sorte de potage, les pulvérisent, en font
bouillir une partie dans un vase de cuivre,
y mêlent quelques poignées d'une farine
chinoise, et y jettent du suif fondu ou de la
graisse de cheval, et du sel grossier recueilli
dans les steppes. Quelques renseignements
à cet égard sont consignés dans le *Journal
des Travaux de l'académie de l'Industrie* (vol. VII, p. 47). — LOUVOIS essaya d'introduire dans les TROUPES FRANÇAISES l'usage
de la POUDRE DE VIANDE; mais le climat ne
permettant pas qu'elle se desséchât au soleil,
comme dans les pays chauds, il fit construire
des FOURS de cuivre où pouvait être contenue la chair de huit BŒUFS. Mais la mort
de ce ministre interrompit les expériences.
FEUQUIÈRES (1750, A), qui en déplore le
mauvais succès, assure que cette Poudre fait
d'excellent potage; qu'une livre de VIANDE
produit une once de Poudre, et que cette
once, bouillie dans l'eau, nourrit quatre
hommes. — En 1753, le chirurgien du régiment de Salis, Grison, prétendit avoir retrouvé le secret d'une Poudre de cette na-

ture ; et DARGENSON, en 1754, essaya d'en faire confectionner. A ce sujet, POTIER (1779, X) reproduit de curieux procès-verbaux d'épreuves faites authentiquement, en 1754 (juillet) à LILLE, et en 1754 (octobre) à l'hôtel des Invalides. Il y est déclaré que douze livres de cette Poudre, conservée dans un sac de peau, suffiraient, sans autre accessoire que de l'eau, à la nourriture d'un homme pendant un mois. — Un peu plus tard, un pharmacien de Bordeaux, comme le témoigne POTIER (1779, X), avait envoyé des essais de Poudre alimentaire au ministre CHOISEUL ; mais il n'y fut pas donné de suite. — On lit dans le *Bulletin universel des Sciences* (octobre 1829), que dans la GUERRE DE RUSSIE, en 1812, la BRIGADE BADOISE faisait avantageusement usage d'un genre d'ALIMENT non employé encore jusquelà en TEMPS DE GUERRE ; c'était du gruau mélangé de VIANDE SALÉE et FUMÉE. Quatre onces de cet ALIMENT procuraient une SOUPE substantielle à un homme. — Les TABLETTES DE BOUILLON ont été un perfectionnement de ces essais. — On peut consulter, à l'égard des divers genres de Poudres alimentaires, COLOMBIER (1772, C, t. II, p. 348), DUBELLAY (1535, A, p. 60 *bis*), FEUQUIÈRES (1750, A), JABRO (1777, G), ODIER (1824, E, t. VII, p. 93), POTIER (1779, X, au mot *Viande*).

POUDRE ANGULEUSE. V. ANGULEUX. V. POUDRE A FEU. V. POUDRE A FUSIL.

POUDRE ANIMALE. V. ANIMAL, adj. V. POUDRE ALIMENTAIRE.

POUDRE BLANCHE. V. BLANC, adj. V. MILICE CHINOISE N° 6. V. POUDRE A FEU.

POUDRE d'AMORCE (G, 6), ou simplement AMORCE. Sorte de POUDRE A FUSIL qui, jusqu'à l'invention des CARTOUCHES et même plus tard, était plus FINE que la POUDRE DE CHARGE ; elle était contenue dans le PULVÉRIN, comme celle des PIÈCES D'ARTILLERIE était contenue dans le FOURNIMENT ; elle communique, à travers la LUMIÈRE, le FEU à la CHARGE. — Le bon état du PIED de la BATTERIE et l'exact ajustage de la PLATINE sont les seuls moyens de prévenir la déperdition de l'AMORCE. — On essaye depuis longtemps, dans plusieurs MILICES, de substituer la POUDRE FULMINANTE à l'ancien système d'AMORCE. — La Poudre que Julien le Roi voulait employer pour l'espèce de FUSILS dont il était l'inventeur, était d'une nature particulière ; elle se formait de la réunion de deux genres de Poudres qui, isolément, n'étaient pas fulminantes, et qui le devenaient par leur amalgame. Chacune d'elles était contenue dans une CARTOUCHE d'une couleur particulière ; ces deux CARTOUCHES devaient être placées,

l'une à droite, l'autre à gauche de la giberne ; le SOLDAT en pouvait faire, à mesure, la mixtion par petites portions, et les tenir dans un PULVÉRIN. Ces cartouches suffisaient pour une quantité considérable d'AMORCES ; elles ne présentaient pas le danger du grain de cire, et la manière de s'en servir était plus prompte et plus facile que l'emploi de la CAPSULE FULMINANTE. A l'égard de cette dernière, des explications étendues se trouvent dans la *Sentinelle de l'Armée* (t. IV, p. 165).

POUDRE de BOMBE. V. BOMBE.

POUDRE de BUTTE. V. BUT EN BLANC. V. BUTTE.

POUDRE de CARABINE. V. CARABINE. V. POUDRE A FUSIL.

POUDRE de CHARGE (G, 6). Sorte de POUDRE A FUSIL considérée à part de la POUDRE D'AMORCE. — Autrefois, la Poudre de charge des MOUSQUETS se délivrait à part de celle du PULVÉRIN, qui était destinée à AMORCER. — La Poudre de charge était enfermée, avant 1600, dans la POUDRIÈRE nommée FOURNIMENT et dans les étuis nommés CHARGES A BANDOULIÈRE OU COFFINS. — La CHARGE ne s'enflammant que par communication, la quantité de Poudre qu'on employait pour CHARGER ne devait pas excéder la dose que la combustion du COUP pouvait dévorer, puisque les GRAINS qui se refusaient à l'INFLAMMATION étaient une matière perdue. — L'effet de la Poudre de CHARGE s'amoindrit en proportion de l'humidité de l'atmosphère que traverse le PROJECTILE et du degré de résistance qui en résulte. — La Poudre de CHARGE des ARQUEBUSES, des MOUSQUETS, des FUSILS, des OBUSIERS, a varié comme le poids des BALLES. La CHARGE d'un MOUSQUET était, sous LOUIS QUATORZE, d'une demi-once et un gros. On a cru d'abord qu'elle devait égaler le poids de son PROJECTILE ; l'expérience a démontré qu'il suffisait qu'elle répondît au tiers de ce poids. — La charge des BOMBES dépend de leur capacité. — Celle des FUSILS DE REMPART est de huit à dix grammes. — La Poudre de CHARGE des CARABINES se recouvrait d'un CALPIN. — Les FUSILS s'AMORÇANT SEULS n'avaient qu'un genre de Poudre. — Le soin de BOURRER dans une proportion juste, de n'employer que des Poudres égales, sèches, non éventées, et en un juste rapport de poids avec le PROJECTILE, sont pour beaucoup dans la justesse du COUP.

POUDRE de CHASSE. V. CHASSE. V. POUDRE A FEU. V. POUDRE A FUSIL. V. POUDRERIE.

POUDRE de CIBLE. V. CIBLE. V. MILICE NÉERLANDAISE N° 4. V. POUDRE A FEU.

POUDRE de GUERRE. V. BATAILLE. V. GUERRE. V. PARC. V. PIOBERT. V. POUDRE A FEU. V. POUDRE A FUSIL. V. POUDRERIE.

POUDRE de MINE. V. MINE. V. POUDRE A FEU.

POUDRE de MORTIER. V. BOMBE. V. MORTIER.

POUDRE de MOUSQUETERIE. V. MOUSQUET. V. MOUSQUETERIE. V. POUDRE A FUSIL.

POUDRE de MUNITION. V. BALLE DE FUSIL. V. MUNITION. V. POUDRE A FEU.

POUDRE de PIÈCE D'ARTILLERIE. V. PIÈCE D'ARTILLERIE. V. TAMPON D'ARTILLERIE.

POUDRE de SIÉGE. V. PARC DE SIÉGE. V. SIÉGE.

POUDRE de TRAITE. V. POUDRE A FEU. V. TRAITE.

POUDRE de VIANDE. V. POUDRE ALIMENTAIRE. V. VIANDE.

POUDRE d'EXERCICE. V. ADJUDANT D'INFANTERIE FRANÇAISE DE LIGNE N° 20. V. BALLE DE CIBLE. V. CARTOUCHE DE CIBLE. V. EXERCICE. V. POUDRE A FUSIL.

POUDRE FINE. V. AMORCE DE CARABINE. V. AMORCE DE FUSIL. V. CARABIN. V. CARTOUCHE DE CIBLE. V. FIN, adj. V. FUSIL S'AMORÇANT SEUL. V. GRENADE A MAIN. V. MESURE DE CHARGE. V. PULVÉRIN.

POUDRE INFLAMMABLE. V. INFLAMMABLE. V. POUDRE A FEU.

POUDRE MURIATIQUE. V. MURIATIQUE. V. POUDRE FULMINANTE.

POUDRE OXIGÉNÉE. V. OXIGÉNÉ. V. POUDRE FULMINANTE.

POUDRE FULMINANTE (F ; G, 6), ou POUDRE MURIATIQUE, OU POUDRE OXIGÉNÉE. Sorte de POUDRE A FEU qui, depuis le commencement du dix-neuvième siècle, a été employée pour l'AMORCE du FUSIL DE CHASSE ; jusque-là, la PLATINE A PIERRE avait été le seul système d'inflammation qui fût préférable à tout autre. On commençait, vers 1820, à appliquer la Poudre fulminante à l'amorçage des modernes FUSILS du genre des anciens FUSILS A LA MOTALEMBERT et des KOPTIPTEURS, ainsi qu'au TIR de certaines PIÈCES D'ARTILLERIE ; plusieurs MILICES essayent même d'approprier au FUSIL DE GUERRE les CAPSULES FULMINANTES. — FLURANCE, dans l'avant-dernier siècle, POTIER (1779 , X) dans le dernier, avaient traité déjà de la Poudre fulminante. —Au commencement du dix-neuvième siècle , BERTHOLLET avait inventé une Poudre fulminante d'un effet trop violent pour pouvoir servir au TIR des ARMES A FEU. — En 1803 , Howard découvrit la Poudre fulminante de mercure et de pulvérin. — En 1807, Briffaut, traducteur de Thompson, fit connaître cette découverte. L'invention des FUSILS A PISTON en fut la conséquence ; elle commença à se répandre vers 1810, et devint presque générale après la Restauration. — Le *Journal de l'Armée* (t. II , p, 322) mentionne d'importantes recherches touchant un emploi nouveau de Poudre fulminante. — Ce même sujet a été traité par M. le général COTTY, aux mots *Arme à percussion* et *Fusil de chasse* ; elle a été aussi l'occasion des recherches de M. FRANCOEUR et M. QUAGLIA , le *Spectateur militaire* (t. VIII , p. 277). On peut consulter encore le *Journal des Sciences militaires* (1833, 9e année, p. 43), le *Dictionnaire de la Conversation*, au mot *Berthollet*, l'*Encyclopédie des Gens du monde*, au mot *Argent fulminant*.

POUDRE NUTRITIVE. V. NUTRITIF. V. POUDRE ALIMENTAIRE.

POUDRE GROSSE GRENUE. V. GRENU. V. GROS, adj. V. POUDRE A FEU.

POUDRE MENUE GRENUE. V. GRENU. V. POUDRE A FEU. V. MENU.

POUDRE PUANTE (H, 1). Sorte de POUDRE A FEU qui a été connue en EUROPE aussitôt qu'on a su mixtionner le soufre et le SALPÊTRE. — Le FEU PUANT s'est d'abord employé dans les SIÉGE SOFFENSIFS. Ainsi, comme le rapportent M. MORITZ MEYER et la chronique de Vicence , des BOMBARDES jetaient , dès 1587, des BALLES DE PUANTEUR. On n'y a plus recours que dans la GUERRE SOUTERRAINE ; les MINEURS l'y emploient pour donner le CAMOUFLET et pour étouffer dans les RAMEAUX leurs adversaires.

POUDRE PYRIQUE. V. POUDRE A FEU. V. PYRIQUE.

POUDRE RONDE. V. POUDRE A FEU. V. POUDRE A FUSIL. V. ROND, adj.

POUDRE VERTE. V. POUDRE ALIMENTAIRE. V. VERT, adj.

POUDRER (verb. actif). V. A POUDRER. V. CHEVELURE. V. POUDRE.

POUDRERIE, subs. fém. (G, H), ou MOULIN A POUDRE. Le mot Poudrerie a la même étymologie que le mot poudre ; on a pris dans le même sens POUDRIÈRE, mais c'est à tort. Les Poudreries sont des ÉTABLISSEMENTS DE FABRICATION de poudres ; les Poudrières étaient des FLAQUES contenant de la POUDRE. Les primitifs établissements de Poudreries sont indiqués dans M. MORITZ MEYER. Dans le seizième siècle il y avait en France six Poudreries. Depuis 1634 des COMMISSAIRES GÉNÉRAUX, des RÉGISSEURS GÉNÉRAUX , des SURINTENDANTS GÉNÉRAUX furent à la tête de l'ADMINISTRATION des Poudreries.

Bonaparte avait placé comme commissaire impérial près cette administration un colonel d'artillerie. L'ordonnance de 1814 (12 mai) substitua à ce colonel un général de brigade ; il devint en 1815 commissaire du roi près l'administration des Poudres et salpêtres. — La prépotence de l'artillerie allait croissant. — La haute influence que ce corps avait obtenue décida de l'adoption d'un nouveau système. L'ordonnance de 1817 (19 novembre) supprima les régisseurs généraux et les inspecteurs généraux, et organisa en direction l'administration des Poudreries ; un lieutenant général d'artillerie en devint le chef. — En 1828 un maréchal de camp succède dans cet emploi au lieutenant général. — En 1829 cette direction fut donnée à un colonel. En 1830, elle le fut de nouveau à un maréchal de camp.—Sous la Restauration, plusieurs brochures distribuées aux Chambres tendaient à démontrer que les poudres des Poudreries françaises étaient inférieures à celles de l'Europe ; le ministère a envoyé en Angleterre un commissaire des Poudres à l'effet d'y étudier la carbonisation ; il en résulta un perfectionnement de la poudre de chasse, mais la poudre de guerre n'avait pas fait le même progrès, comme le témoignaient les officiers d'artillerie, et depuis 1817 jusqu'en 1824 il était survenu plus de désastres par suite d'explosion dans les moulins a poudre, qu'il n'y avait eu d'accidents de même nature depuis 1776 jusqu'en 1817. Les Poudreries de Toulouse, de Saint-Jean-d'Angely, d'Essone, de Colmar, de Saint-Chamas, de Vonges, d'Esquerdes et de Metz avaient sauté ou éprouvé des désastres plus ou moins graves. — On peut, à l'égard des Poudreries, consulter Belair (1792, au mot *Poudre*), Belidor, Dorval, Simienowicz, *Journal des Sciences militaires* (1835, p. 77), le *Spectateur militaire* (t. xix, p. 681).

POUDRIÈRE, subs. fém. v. amorce de carabine. v. fourniment. v. gibecière. v. milice danoise n° 5. v. mousquetaire a pied n° 5. v. poire a poudre. v. poudre. v. poudrerie. v. pulvérin.

POUGNIS, subs. masc. v. poignais.

POULAIN, subs. masc. v. chevalier du moyen age n° 4. v. pied d'armée.

POULAINE, subs. fém. v. a la poulaine. v. chevalier du moyen age n° 4. v. écuyer de suite n° 4. v. habillement. v. noble. v. pédieux. v. soleret. v. soulier. v. soulier a la poulaine.

POULK, subs. masc. v. pulk.

POULLAIN, subs. masc. v. cavalier de forteresse.

POULLET; **POULTIRET**. v. noms propres.

POULVÉRIN, subs. masc. v. pulvérin.

POUNCHOUC, subs. masc. v. langue polonaise. v. milice polonaise n° 3. v. pennon de général.

POUMET. v. noms propres.

POUR aliments. v. aliment. v. retenue pour a...

POUR changer de direction. v. changer de direction. v. commandement général.

POUR dégradations. v. dégradations. v. retenue pour d...

POUR déployer face a gauche. v. commandement général. v. déployer. v. face a gauche.

POUR défiler. v. commandement général. v. défiler.

POUR former le carré. v. commandement général. v. former le carré.

POUR prendre les distances. v. commandement général. v. prendre les distances.

POUR serrer sur tel peloton. v. commandement général. v. serrer sur tel peloton.

POUR dettes. v. action pour d... v. billet pour d... v. retenue pour d...

POUR frais de musique. v. frais de musique. v. retenue pour f...

POURFENDANT (pourfendante), adj. v. arme p...

POURPOINT, subs. masc. v. brule pourpoint.

POURPOINT (F), ou porpoinct, ou porpoint, ou prépoint, ou tuiriau suivant Roquefort. Le mot Pourpoint dérive, selon Ménage, du latin *perpunctum*, matelassure ou courpontière, mot qui s'est corrompu en courtepointe. Le Pourpoint était un vêtement d'homme, un habit de dessous, régnant du col aux hanches ; il était bien différent ainsi des habillements longs, ou de ceux à chaperon, tels que les capes ou cottes qui étaient vêtements d'hommes et de femmes — Le Pourpoint était en forme de veste, se laçant pardevant ; mais pour bien comprendre en quoi il a consisté, à quoi il a servi, il faut le distinguer en pourpoint d'armure qu'on a aussi nommé buffle, analogue à l'ancien sayon et en pourpoint civil, ou à l'usage des personnages soit militaires ou non ; il y en avait de ceux-ci qui étaient à tonnelet. — D'abord Pourpoint, *perpunctum*, était un genre, une modification de la jaque des Francs, de la saye des Gaulois ; c'était cette

JAQUE ou cette SAYE s'enveloppant d'une CHEMISE DE MAILLES. Il se composait, pour être plus souple et plus résistant, d'une quantité de toiles piquées, et prenait le nom de CAMBORON et de GAMBESON. — Cependant DESPAGNAC (1751, D, t. III, p. 151) rapporte qu'on a porté des JAQUES accompagnées d'un Pourpoint. Ces obscurités résultent de la confusion qu'on a faite des genres fort différents de Pourpoints employés à différentes époques. — Le Pourpoint de guerre était le dessous de la CUIRASSE, sa doublure, comme l'explique MAIZEROY (1773, A, p. 195) ; il n'avait ni MANCHES ni BASQUES ; le POURPOINT CIVIL était une VESTE A MANCHES et à BASQUES OU GIREL. — Des SERGENTS MILITAIRES portaient Pourpoint sous le HAUBERGEON. — Les bourgeois, les hommes de cour, les MILITAIRES en HABIT de ville portaient, sous CHARLES SIX, des Pourpoints dont le nom venait, par imitation, de celui des anciens Pourpoints sur lesquels appuyait un réseau de mailles ou une CUIRASSE ; c'étaient également des VÊTEMENTS de dessous, se recouvrant de la CAPE ou du MANTEAU COURT, ou de la SOUBREVESTE. Ces Pourpoints de drap ou de soie étaient à doubles MANCHES ; celles de dessus, ou à la bombarde, se nouaient à AIGUILLETTES sur l'épaule, traînaient presque à terre, et étaient crevées pour le passage de l'avant-bras. Ce raffinement d'élégance avait produit le dictum : *C'est une autre paire de manches.* LACURNE témoigne de cette mode et l'explique. Nous en avons reparlé pour prouver que les AUTEURS qui disent d'une manière absolue, le Pourpoint était sans MANCHES, le Pourpoint était A MANCHES, induisent également en erreur le lecteur, s'ils ne précisent le genre de Pourpoints dont il est question, et l'époque qu'ils ont en vue. — Vers le règne de LOUIS ONZE, les ARBALÉTRIERS portaient le Pourpoint sous le HOQUETON ; ce Pourpoint était une VESTE à BASQUES qu'on serrait avec une ceinture de cuir, et qui cachait la SOUBREVESTE. — Dans les usages civils, le Pourpoint, jadis destiné à être recouvert d'une COTTE DE MAILLES, recouvrait quelquefois, au contraire, une COTTE DE MAILLES, si le personnage vêtu du Pourpoint croyait avoir à se garantir contre des assassins. Cette précaution sauva la vie à Clisson, sous CHARLES SIX. De faux braves aussi se GARNISSAIENT de même ; de là, l'usage de ne se battre en duel qu'après avoir mis bas le Pourpoint, pour prouver qu'on n'était pas GARNI, c'està-dire qu'on ne cachait pas une JAQUE DE MAILLES. — Depuis FRANÇOIS PREMIER, le Pourpoint des bourgeois était devenu une espèce de GILET serré et recouvert d'un petit MAN-

TEAU dont il était inséparable, hormis quand on n'était pas en tenue ; de là l'expression, REVUE EN ROBE, et la locution en CHAUSSES et en Pourpoint, ce qui signifiait être en négligé ou à peine vêtu. — L'ARTILLERIE du seizième siècle avait le Pourpoint. — Sous les règnes suivants, le Pourpoint différait du JUSTE AU CORPS, plutôt par certains détails de confection que par la variété des formes ; une lettre de LOUIS QUATORZE, adressée à la ville de PARIS en 1647, le prouve : le roi demande en assistance à la ville, pour les troupes qui doivent hiverner, mille six cents PAIRES D'HABITS (une PAIRE D'HABITS signifiait un HABILLEMENT de deux pièces, l'une nommée Pourpoint, et l'autre HAUT DE CHAUSSES) *de drap de Vire, doublé de revêche, chacun composé d'un Pourpoint long en forme de juste-au-corps, avec le haut de chausses de même.* — Les CENT-SUISSES et les GARDES DE LA MANCHE étaient les CORPS qui, les derniers, eussent gardé, soit nominalement, soit de fait, le Pourpoint. — On peut consulter, à l'égard du Pourpoint militaire, CARRÉ (1785, E, p. 430), DANIEL (1721, A, t. 1er, p. 240), DELAROQUE, FURETIÈRE, GÉBELIN, LACURNE, ROQUEFORT.

POURPOINT CIVIL. V. CIVIL, adj. V. COCARDE. V. POURPOINT.

POURPOINT D'ARMURE. V. ARMURE. V. COURPONTIÈRE. V. POURPOINT.

POURPOINT DE GUERRE. V. GUERRE. V. POURPOINT.

POURQUERRE, verb. act. V. RECRUTEMENT.

POURRIR, verb. neut. V. A POURRIR. V. TOILE A POURRIR.

POURSUITE (subs. fém.) DE FUYARDS. V. ATTAQUE DE CONVOI. V. ATTAQUE DE LIGNES. V. CHEF D'ESCORTE. V. FEU DE P... V. FUYARD. V. POURSUIVANT.

POURSUITE JUDICIAIRE. V. ACCUSATEUR MILITAIRE. V. ACTION POUR DETTES. V. ARME DE MILITAIRE. V. BIENS. V. CRÉANCE. V. CRIME. V. DETTE DE MILITAIRE. V. EFFECTIF. V. EFFET D'UNIFORME. V. HOMME DE TROUPE N° 9. V. INFORMATION. V. JUDICIAIRE, adj. V. JUGEMENT DE DIEU. V. JUSTICE MILITAIRE. V. OFFICIER FRANÇAIS N° 6. V. PEINE. V. POURSUIVANT.

POURSUIVANT (poursuivants) (subs. masc.) D'ARMES (F). Le mot Poursuivant est, ainsi que le mot POURSUITE, un dérivé ou une corruption du verbe LATIN *persequi*. Il s'écarte de l'acception primitive et rappelle l'emploi d'un aspirant en fait de HÉRAUDERIE, ou d'un GENTILHOMME employé à la suite d'un CHEVALIER ou d'un BANNERET, et chargé de porter leurs ARMES ; s'il se distinguait à

la guerre, il pouvait devenir BACHELIER. —
Des Poursuivants d'armes étaient les seconds,
les subordonnés des HÉRAUTS D'ARMES au service des PRINCES ; ils remplissaient, à l'armée, des fonctions d'ORDONNANCES ou d'AIDES
DE CAMP. — Ils furent, suivant les temps,
ou de même rang que les CHEVAUCHEURS D'AR-
MES, ou tirés de la classe de ces CHEVAU-
CHEURS ; si ces derniers remplissaient les
mêmes fonctions, les Poursuivants les pri-
maient par le grade, aspiraient à devenir
hérauts après sept ans d'exercice et assistaient aux chapitres. — Les cérémonies bi-
zarres de la réception des Poursuivants d'armes sont mentionnées dans LACHESNAIE
(1767, F). Des sobriquets burlesques, ou,
comme dit FURETIÈRE, *quelque nom gail-
lard,* leur étaient donnés. — Ils portaient le
BATON simple et SANS FLEURS DE LIS et une
COTTE ou TABAR moins riche que le vêtement des HÉRAUTS et sans DEVISE. — De nos
jours, le collége héraldique d'ANGLETERRE
comprend encore trois Poursuivants d'armes,
sous les ordres de six HÉRAUTS et de trois
ROIS D'ARMES. — Quelques détails sur ce sujet se trouvent dans CARRÉ (1785, E), EN-
CYCLOPÉDIE (1785, C, au mot *Chevalier*),
LACHESNAIE (1758, I), JABRO (1777, G), PO-
TIER (1779, X), ROQUEFORT, VILLARET, à la
date 1380.

POURTISAINE, subs. fém. V. PERTUI-
SANE.

POURVOI, subs. masc. V. ACCUSÉ. V.
ACTE D'ACCUSATION. V. CAPITAINE RAPPORTEUR.
V. COMMISSAIRE DU ROI. V. CONDAMNÉ. V. CON-
SEIL DE RÉVISION JUDICIAIRE. V. CONSEIL PERMA-
NENT Nº 3. V. JUGEMENT MILITAIRE.

POURVOIR (verb. neut.) D'OFFICE. V.
OFFICE. V. SE POURVOIR D'O...

POUSSE-BALLE, subs. masc. (F), ou
PETITE BAGUETTE. Ce mot, dont l'étymologie
ne demande pas d'explication, est en usage
parmi des TROUPES qui combattent à COUPS
DE CARABINES; c'est une BAGUETTE en fer dont
le TIREUR est pourvu, en outre de la BAGUETTE
de CARABINE, et dont il se sert pour METTRE
EN TRAIN, en la frappant avec son MAILLET.

POUSSE-GOUPILLE. V. BRANCHE CYLINDRI-
QUE. V. CHIEN DE FUSIL. V. GOUPILLE.

POUSSER la MINE, la SAPE, le SIÉGE, la
TRANCHÉE, les APPROCHES. V. APPROCHES. V.
ARAIGNÉE. V. CRIQUE. V. MINE. V. MINE A FEU.
V. SAPE. V. SIÉGE. V. TRANCHÉE.

POUSSER l'ENNEMI. V. ACCULER. V. COM-
MANDANT DE PLACE Nº 11. V. DONNER DE LA
JALOUSIE. V. ENNEMI.

POUSSER un PARTI. V. PARTI. V. PARTI
DE GUERRE.

POUSSER une ATTAQUE, une CHARGE,
une DÉCOUVERTE, une MARCHE, une RECON-
NAISSANCE. V. ATTAQUE. V. ATTAQUE DE GUERRE.
V. CAVALERIE FRANÇAISE Nº 8. V. CHARGE. V.
CHARGE IMPULSIVE. V. DÉCOUVERTE. V. MARCHE.
V. MARCHE D'ARMÉE. V. RECONNAISSANCE.

POUSSER une SORTIE. V. ASSIÉGÉ. V.
CAMP RETRANCHÉ. V. POTERNE. V. SORTIE. V.
SORTIE D'ASSIÉGÉS.

POUSSIS, subs. masc. V. JOUTE. V. LANCE
A MAIN. V. TOURNOI.

POUTRE, subs. fém. V. TREF.

POUTRE PROJECTILE. V. MANGONNEAU. V.
PROJECTILE, adj.

POUTRELLE, subs. fém. V. BARAQUE.
V. FRAISE DE FORTIFICATION. V. PONT DE BA-
TEAUX. V. PONT MILITAIRE. V. PONTON. V. TRA-
VÉE.

POUVOIR, subs. masc. V. AUTORITÉ. V.
AUTORITÉ CIVILE. V. BREVET D'OFFICIER. V. GOU-
VERNEMENT. V. GOUVERNEMENT STRATONOMIQUE.
V. GRADE. V. LIEUTENANT GÉNÉRAL Nº 4. V.
ORDRE TESSERAIRE. V. SUBORDINATION.

POUVOIR EXÉCUTIF. V. COMMISSAIRE DU
POUVOIR E... V. EXÉCUTIF.

POUVOIR GOUVERNEMENTAL. V. GOUVER-
NEMENT STRATONOMIQUE. V. GOUVERNEMENTAL.

POUVOIR MILITAIRE. V. CORPS D'INTEN-
DANCE. V. FÉODALITÉ. V. GOUVERNEMENT STRA-
TONOMIQUE. V. HUPERSTRATÈGUE. V. JUSTICE MI-
LITAIRE. V. MILITAIRE, adj. V. POLICE.

**PRADES ; PRADO ; PRAGUE ;
PRAISSAC.** V. NOMS PROPRES.

PRAME, subs. fém. V. COMMUNICATION
DE FORTERESSE. V. DEHORS. V. FOSSÉ INONDÉ.

PRANGE. V. NOMS PROPRES.

PRATICABLE, adj. V. BRÈCHE PRATICA-
BLE.

PRATIQUE, adj. V. INSTRUCTION PRATI-
QUE.

PREBOIS. V. NOMS PROPRES.

PRÉCÉDANT, adj. V. ADJUDANT-MAJOR
PRÉCÉDANT, etc.

PRÉCIPITÉ (précipitée), adj. V. CHARGE
P... V. DÉPART P... V. PAS P...

PRÉCOMPTE, subs. masc. V. AVANCE
COMPTABILIAIRE. V. RETENUE. V. RETENUE SUR
APPOINTEMENTS.

PRÉDAVAL. V. NOMS PROPRES.

PRÉDICATEUR, subs. masc. V. AU-
MONIER DE CORPS Nº 1. V. BATAILLE TACTIQUE.

PRÉFECTURE, subs. fém. V. CONSEIL
DE P... V. CONSEILLER DE P... V. SECRÉTAIRE
GÉNÉRAL DE P... V. SOUS-INTENDANT Nº 4. V.
SOUS-PRÉFET. V. SOUS-PRÉFECTURE.

PRÉFET, subs. masc. V. SOUS-PRÉFET.

$$\text{PRÉFET} \begin{cases} \text{DE DÉPARTEMENT.} \\ \text{DE MILICE ROMAINE.} \dots \end{cases} \quad \text{PRÉFET} \begin{cases} \text{DE CAMP.} \\ \text{DE LÉGION ROMAINE.} \\ \text{D'OUVRIERS.} \\ \text{DU PRÉTOIRE.} \end{cases}$$

PRÉFET (term. génér.). Mot qui, dans le LATIN, signifiait génériquement FONCTIONNAIRE, ou OFFICIER; il a été employé, d'abord, dans la langue de l'Eglise, et, depuis la GUERRE DE LA RÉVOLUTION, dans la langue de l'administration civile; il se distingue en PRÉFET D'ARMÉE, — DE CAMP, — DE CAVALERIE, — DE CÉLÈRES, — DE COHORTE, — DE DÉPARTEMENT, — DE MILICE ROMAINE, — DES ARMÉES, — DES ALLIÉS, — DU CAMP, — ROMAIN.

PRÉFET D'ARMÉE. V. ARMÉE. V. CHEF D'ÉTAT-MAJOR. V. CHEF D'ÉTAT-MAJOR D'ARMÉE. V. MILICE FRANÇAISE N° 2. V. MILICE ROMAINE N° 2.

PRÉFET DE CAMP (F), OU PRÉFET DES CAMPS suivant TURPIN (1783, O), *præfectus castrorum*, comme le dit VÉGÈCE (390, A). Sorte de PRÉFET DE MILICE ROMAINE qui exerçait, sous le régime impérial, un emploi qui participait des diverses fonctions modernes de CHEF D'ÉTAT-MAJOR, de COMMANDANT DE QUARTIER GÉNÉRAL, de DIRECTEUR D'ARTILLERIE, d'INGÉNIEUR, d'INTENDANT MILITAIRE, de MAÎTRE DES MACHINES, de MARÉCHAL GÉNÉRAL DES LOGIS, de MÉTATEUR, de VAGUEMESTRE EN CHEF. — Le Préfet de CAMP, et non des CAMPS (cette dernière locution est inexacte), était d'un moindre rang qu'un CENTURION EN CHEF, faisait soigner, sous des TENTES particulières, les MALADES, et réglait les dépenses du SERVICE DE SANTÉ. Il avait, suivant AUDOUIN, la surveillance et la police du CAMP; il était, suivant VÉGÈCE (390, A), d'un rang inférieur à celui des PRÉFETS DE LÉGION; il n'avait pas de COMMANDEMENT direct sur les TROUPES; il décidait de l'ASSIETTE du CAMP, de la dépense et de la construction des OUVRAGES; les EFFETS DE CAMPEMENT et les ÉQUIPAGES étaient sous son inspection; les moyens de TRANSPORTS, les CHARIOTS, les OUTILS, les FOURNITURES étaient de son ressort, ainsi que l'entretien et le placement des MACHINES DE GUERRE; mais une partie de ces attributions passèrent ensuite aux PRÉFETS D'OUVRIERS. Il était, suivant M. de MONTVERAN, *sous les ordres du lieutenant de l'empereur et du primipile; il était le vaguemestre général de la légion; il avait sous ses ordres les pionniers, le détail des charrois, les palissades, les tentes, les portes.* — STIERNEMAN en a traité. — On voit à combien de fonctions, aujourd'hui distinctes, celles de ce Préfet pourraient se comparer; on retrouve quelque chose de sa charge dans l'emploi de l'ADJUDANT GÉNÉRAL ANGLAIS, et de l'ASSISTANT ADJUDANT GÉNÉRAL.

PRÉFET de CAVALERIE. V. CAVALERIE. V. DÉCURION. V. PRÉFET DE MILICE ROMAINE.

PRÉFET de CÉLÈRES. V. CÉLÈRES.

PRÉFET de COHORTE. V. CHEF DE BATAILLON. V. COHORTE. V. COHORTE DE LÉGION ROMAINE N° 6. V. PRÉFET DE MILICE ROMAINE.

PRÉFET (préfets) de DÉPARTEMENT (B, I). Sorte de PRÉFETS ou de FONCTIONNAIRES FRANÇAIS qui ont, en partie, remplacé les anciens INTENDANTS DE PROVINCE, et qui figurent ici à raison du concours qu'ils prêtent à l'ADMINISTRATION MILITAIRE. — En outre de leurs fonctions, presque entièrement civiles et administratives, les Préfets étaient revêtus de quelques attributions toutes militaires: ainsi, ils avaient sous leurs ordres les COMPAGNIES DÉPARTEMENTALES, OU DE RÉSERVE, et recevaient, à ce titre, le MOT; ils présidaient à l'examen de la gestion des ÉCONOMIES D'HÔPITAUX, réglaient l'emploi de l'INDEMNITÉ accordée aux MILITAIRES DÉTENUS, exerçaient juridiction dans les discussions élevées à l'égard des FOURNITURES MILITAIRES faites au gouvernement ou aux corps, fixaient, annuellement, le prix des VOITURES et CHEVAUX des TRANSPORTS MILITAIRES; ils dressaient les ACTES constatant les REMPLACEMENTS autorisés par les CONSEILS DE RÉVISION du RECRUTEMENT. — L'ORDONNANCE DE 1832 (28 AVRIL) chargeait les Préfets de l'examen des réclamations élevées par des ENRÔLÉS VOLONTAIRES qui se prétendent liés par un ACTE illégal. Quelques mesures concernant les Préfets ressortaient aussi de l'INSTRUCTION DE 1834 (25 JUIN). — Ils reçoivent des COLONELS DES CORPS une EXPÉDITION du SIGNALEMENT des DÉSERTEURS qui, par leur lieu de naissance, les liaisons, la famille, appartiennent au DÉPARTEMENT. Il leur est donné, s'il y a lieu, avis du montant de la SUCCESSION des OFFICIERS DÉCÉDÉS. — Un Préfet est le PRÉSIDENT du CONSEIL DE RECRUTEMENT (CONSEIL DE RÉVISION CONSCRIPTIF), où siége au-dessous de lui le SOUS-PRÉFET. — Il affranchit, par son CONTRE-SEING, les LETTRES ou expéditions d'ACTES D'ÉTAT CIVIL qu'il adresse administrativement à des MILITAIRES. — Il publie, en certaines circonstances, et dans l'intérêt des TROUPES, les mercuriales des marchés, pour constater le prix des DENRÉES DE ROUTE. — S'il ne se trouve au CHEF-LIEU DE DÉPARTEMENT, ni INTENDANT OU SOUS-INTENDANT, ni MEMBRE du corps de l'INTENDANCE, ni COMMANDANT DE PLACE, le Préfet ordonnance les INDEMNITÉS DE CONVOI et les ÉTATS DE PAYEMENT, délivre ou vise les FEUILLES DE ROUTE et les BILLETS D'ENTRÉE A L'HOPITAL, vise les CONGÉS, les indemnités de route et les EXTRAITS DES REVUES, et signe certains MANDATS, tels que ceux de FOURNITURES DE CONVOIS, etc. L'INSTRUCTION DE 1806 (4 JANVIER) entrait dans quelques-uns de ces détails; mais la disposition qui substituait au sous-intendant absent le commandant de place a été inobservée depuis. — Les Préfets ont à leur disposition la GENDARMERIE, et ils ont droit aux HONNEURS indiqués par les règlements MILITAIRES; ils font aux INSPECTEURS GÉNÉRAUX la première visite. — L'influence que l'ÉTAT DE SIÉGE exerce sur l'autorité du Préfet, est une des ambiguïtés de la LÉGISLATION. — On peut consulter M. BERRIAT (1812, A) sur les anciennes attributions militaires des Préfets.

PRÉFET (préfets) de LÉGION ROMAINE (F). Sorte de PRÉFETS de MILICE ROMAINE qui sont mentionnés, avec quelques détails, par M. le colonel CARRION (1824, A), TURPIN (1783, O), VÉGÈCE (390, A). Suivant ce dernier, leur GRADE primait celui de PRÉFET DE CAMP; suivant TURPIN (1783, O), leur titre de *præfectus legionis* avait succédé à celui de TRIBUN MAJOR ou de premier TRIBUN. Dès les premiers siècles, ou l'an de ROME 822, au temps d'Othon, il y avait, suivant TACITE, des Préfets de légion. LEBEAU croit que ce titre était le même que celui de LÉGAT DE LÉGION, et qu'il aurait pris naissance sous AUGUSTE. Il est sûr qu'il devient en usage à l'époque de la multiplication des LÉGIONS. — Les Préfets de légion étaient ordinairement de famille consulaire, et furent, suivant les TEMPS, COMTES de premier ordre. En TEMPS DE PAIX OU DE GUERRE, ils avaient sous leurs ordres, soit les LÉGIONS ROMAINES, soit celles des ALLIÉS. — Un Préfet de légion était immédiatement subordonné au LIEUTENANT DE L'EMPEREUR, ou au GÉNÉRAL ROMAIN; il commandait directement aux TRIBUNS et était COLONEL; mais l'importance de ses fonctions l'élevait à un rang qu'on peut comparer au grade d'OFFICIER GÉNÉRAL, ou au moins de GÉNÉRAL DE BRIGADE; il présidait à l'ADMINISTRATION, aux FOURNITURES, aux soins sanitaires, réglait le SERVICE, décidait des époques et de la durée des EXERCICES, faisait infliger les châtiments, avait DROIT DE VIE ET DE MORT. — Sous VALENTINIEN, dit l'ENCY-

CLOPÉDIE (1751, C), les Préfets commandaient jusqu'à deux LÉGIONS, ou même un plus grand nombre, ce qui amena la création de MAITRE DE LA MILICE, et diminua l'importance du grade de PRÉFET, comme ce GRADE avait diminué l'importance des TRIBUNS. Dans toutes les ARMÉES, les GRADES ont constamment perdu de leur importance en raison de leur multiplication; nous avons témoigné qu'il en avait été de même dans les temps modernes.

PRÉFET (préfets) de MILICE ROMAINE (term. sous-génér.), ou PRÉFETS MILITAIRES. Sorte de PRÉFETS, c'est-à-dire, d'EMPLOYÉS, d'OFFICIERS ou de GÉNÉRAUX, qui furent pour la plupart d'institution impériale; ils ont figuré dans les ARMÉES ROMAINES et BYSANTINES, et dans les corps d'ALLIÉS; ils furent décorés du titre de COMTES. — Le terme Préfet était, originairement, générique; il caractérisait un genre de primauté hiérarchique ou de GOUVERNEMENT; un génitif en déterminait l'importance et la nature. Il y avait des PRÉFETS DE CAVALERIE, *præfectus equitum*; des Préfets ou CAPITAINES DES GARDES, *præfectus prætorii*. — Il y avait des Préfets dont le GRADE répondait à celui de COLONEL: tel était le Préfet des pompiers de ROME, *præfectus vigilum*, tels étaient ceux de LÉGIONS. Il y en avait dont le GRADE répondait à celui de CHEF DE BATAILLON: tels étaient les PRÉFETS DE COHORTE. — On peut, à l'égard des PRÉFETS ROMAINS, consulter: AUDOUIN (t. I, p. 166), M. le colonel CARRION (1824, A), CONCHA, DION, HÉRODIEN, JABRO (1777, G), LEBEAU, LÉON (900, A); MAIZEROY (1767, E), MONCHABLON, M. DE MONTVÉRAN, POTIER (1779, X), TACITE, TURPIN (1783, O), VÉGÈCE (390, A). — LÉON (900, A) recommande d'appeler aux discussions des CONSEILS DE GUERRE des ARMÉES AGISSANTES, les Préfets. — Les Préfets se sont distingués, postérieurement au temps de la république, en PRÉFETS DE CAMP, — DE LÉGION, — D'OUVRIERS, — DU PRÉTOIRE.

PRÉFET des ARMÉES. V. ARMÉE. V. MILICE FRANÇAISE N° 2. V. MILICE ROMAINE N° 2.

PRÉFET des ALLIÉS. V. ALLIÉ. V. EXTRAORDINAIRES.

PRÉFET des CAMPS. V. CAMP. V. PRÉFET DE CAMP.

PRÉFET (préfets) d'OUVRIERS (F). Sorte de PRÉFETS DE MILICE ROMAINE, *præfectus fabrum*, dont les fonctions, créées au temps du BAS-EMPIRE, devinrent plus importantes que ne l'était auparavant celle de l'INTENDANT DES OUVRIERS qui existait au temps de la république, et dont PLUTARQUE fait mention dans la vie de Marius. — Le Préfet des OUVRIERS se livrait, suivant M. DE MONT-

VERAN, aux détails des SUBSISTANCES, HABIL-
LEMENT, ARMEMENT, ÉQUIPEMENT, FERRAGE,
fabrication ou réparation des MACHINES et
de tout ce qui tenait à l'ARMEMENT. Sa charge
était distincte de celle des PRÉFETS DE CAMPS ;
l'ENCYCLOPÉDIE (1751, C) les mentionne à
part l'une de l'autre ; mais il est probable
qu'elles ont été d'abord confondues. Le
PRÉFET DE CAMP semblerait plutôt avoir été
à la fois OFFICIER D'ÉTAT-MAJOR et INTENDANT ;
le Préfet d'ouvriers, avoir été à la fois un
ENTREPRENEUR, un INGÉNIEUR, un mécanicien,
un OFFICIER DE TROUPE ; car il n'y a jamais à
établir une assimilation absolue entre les
coutumes anciennes et les usages des modernes. — Tous les OUVRIERS qui peuvent
être nécessaires à une ARMÉE, et dans ce
nombre étaient même des forgerons et des
peintres, obéissaient au Préfet. Son autorité
fut telle, en quelques circonstances, qu'il
commandait même au TRIBUN. — L'ADMI-
NISTRATION et l'entreprise des FOURNITURES
ont, de tout temps, été un moyen de fortune :
ainsi CÉSAR ayant donné à Mamura, dans
les GAULES, et à Balbus, en ESPAGNE, l'emploi de Préfet des OUVRIERS, ils y amassè-
rent des richesses considérables. En fait
d'exaction, de déprédation, de cupidité, il
n'y a rien de nouveau.

PRÉFET du CAMP. V. CAMP. V. PRÉFET
DE C...

PRÉFET du PRÉTOIRE (F). Sorte de PRÉ-
FET DE MILICE ROMAINE qui, suivant HÉRO-
DIEN, était MINISTRE DE LA GUERRE, des finances, de la justice et de l'intérieur. Cet emploi, créé sous le régime impérial, fut d'a-
bord géré par des CHEVALIERS ; il ne fut ensuite confié qu'à des SÉNATEURS. Les EMPE-
REURS ceignaient eux-mêmes l'épée au Préfet
du prétoire, à ce que rapporte DION en parlant de TRAJAN. Cet usage fut imité par les
ROIS DE FRANCE, à la cérémonie de RÉCEPTION
des CONNÉTABLES. — Le Préfet du prétoire
était secondé par des VICAIRES ; il levait et
organisait les TROUPES, choisissait les OFFI-
CIERS, réglait la SOLDE, se mettait à la tête
des ARMÉES, ORDONNANÇAIT les DÉPENSES, ré-
visait ou annulait les SENTENCES, ordonnait
les MOUVEMENTS des CORPS, avisait aux moyens
d'en assurer les SUBSISTANCES, montait sur
un QUADRIGE, se faisait précéder d'un HÉRAUT,
et paraît avoir été imité dans l'institution des
VISIRS OTTOMANS. — Sa charge, quant à la
branche militaire, fut remplacée, suivant
M. SISMONDI, par celle de MAITRE DE LA CA-
VALERIE. AUDOUIN explique qu'en effet le
MAITRE DE LA CAVALERIE et le MAITRE DE L'IN-
FANTERIE héritèrent du COMMANDEMENT EN
CHEF ou du GOUVERNEMENT, jusque-là confiés

aux Préfets du prétoire ; mais il pense que,
sous ce dernier titre, des OFFICIERS créés par
CONSTANTIN, au nombre de quatre, restèrent chargés de la partie administrative de
leur ancienne CHARGE, et furent préposés à
la LEVÉE et à l'ORGANISATION des TROUPES, au
choix des OFFICIERS, aux soins de la SOLDE et
des APPROVISIONNEMENTS, aux détails des MAR-
CHES-ROUTES et des GITES.

PRÉFET MILITAIRE. V. CONCHA. V. MILI-
TAIRE, adj. V. PRÉFET DE MILICE ROMAINE.

PRÉFET ROMAIN. V. PRÉFET DE MILICE
ROMAINE. V. ROMAIN, adj. V. SINGULAIRE.

PREIE, subs. fém. V. BUTIN. V. PROIE.

PRÉJURATION, subs. fém. V. MILICE
ROMAINE N° 10. V. SERMENT.

PRÉLART, subs. masc. (G, 2). Mot dont
l'étymologie est ignorée. Il était employé
dans la MARINE, et récemment adopté dans
l'ARTILLERIE DE TERRE, comme le témoigne le
Journal des Sciences militaires, année
1837, p. 322. — Les Prélarts sont des toiles goudronnées, sous lesquelles sont abri-
tées certaines parties d'un BATIMENT DE MER.
— Chaque PIÈCE DE CAMPAGNE ANGLAISE, chaque CAISSON, FORGE, CHARIOT DE BATTERIE, sont
pourvus de deux Prélarts, l'un qui enveloppe
l'AVANT-TRAIN, l'autre, l'ARRIÈRE-TRAIN.

PRÉLÈVEMENT, subs. masc. V. GARDES
FRANÇAISES N° 4. V. ORDINAIRE D'HOMMES DE
TROUPE. V. REPAS DE CORPS. V. RETENUE. V.
SOLDE. V. TRAVAILLEUR.

PRÉLIMINAIRE, adj. V. LIVRET P...
V. REVUE P...

PRÉLIMINAIRES (subs. masc. plur.)
de PAIX. V. GUERRE. V. PAIX.

PRÉLONGE, subs. fém. V. PROLONGE.

PRÉMERAIN, subs. masc. V. CHEF DE
FILE. V. PREMIER.

PREMIER, adj. et subs. masc. V. BAT-
TRE LE P... V. EN P...

PREMIER (term. génér.). Mot qui a été
une corruption du LATIN *primus*, dont sont
également sortis les termes PRÉMERAIN, PRI-
MAIRE, PRIMAUTÉ, PRIME, PRIMERAIN, PRIMITIF.
L'expression premier, substantivement employée, demande à être expliquée comme
PREMIER CÉLEUSTIQUE. Comme substantif masculin, il va être mentionné sous la forme
PREMIER COMMIS. Comme adjectif féminin, le
mot se distingue principalement en PREMIÈRE
MISE et en PREMIÈRE PARALLÈLE.

PREMIER (subs.) A MARCHER. V. A MAR-
CHER. V. ABSENCE DE GRENADIERS. V. OFFICIER
PREMIER A MARCHER. V. PIQUET AU CAMP.

PREMIER (adj.) ADJUDANT. V. ADJU-

BANT. V. ADJUDANT D'INFANTERIE FRANÇAISE DE LIGNE N° 13.

PREMIER (adj.) APPAREIL. V. APPAREIL. V. BANDE DE PREMIER APPAREIL. V. CAISSON D'AMBULANCE. V. CHIRURGIEN D'AMBULANCE.

PREMIER (adj.) APPOINTÉ. V. APPOINTÉ.

PREMIER (adj.) AVRIL. V. AVRIL. V. ASSIETTE DE CASERNEMENT. V. CLASSE TACTIQUE. V. CORVÉE DE CASERNE. V. ÉCOLE TACTIQUE.

PREMIER (adj.) BAN. V. BAN. V. MILICE AUTRICHIENNE N° 1. V. MILICE PRUSSIENNE N° 2, 3, 8. V. MILICE RUSSE N° 2, 3.

PREMIER (adj.) BATAILLON. V. BATAILLON. V. BATAILLON COLONEL. V. BATAILLON DE GUERRE. V. BATAILLON D'INFANTERIE FRANÇAISE DE LIGNE N° 2, 7. V. BLEU DE ROI. V. CAPITAINE D'INFANTERIE FRANÇAISE DE LIGNE N° 7. V. CHEF DE BATAILLON D'INFANTERIE FRANÇAISE DE LIGNE N° 1, 5, 8. V. CHEF DE BATAILLON EN CANTONNEMENT. V. CHEF DE PREMIER BATAILLON. V. CHEF DE SUBDIVISION TACTIQUE. V. COLONEL DE TRANCHÉE. V. COLONEL D'INFANTERIE FRANÇAISE DE LIGNE N° 6, 23. V. COLONEL EN SECOND. V. COMPAGNIE D'INFANTERIE FRANÇAISE DE LIGNE N° 2 (tableau). V. COMPAGNIE GÉNÉRALE. V. COMPAGNIE MESTRE DE CAMP. V. DRAPEAU AU CAMP. V. DRAPEAU BLANC. V. DRAPEAU DE PREMIER BATAILLON. V. DRAPEAU D'INFANTERIE FRANÇAISE DE LIGNE. V. ÉTAT-MAJOR DE CORPS N° 3. V. FANION TACTIQUE. V. LIEUTENANT-COLONEL D'INFANTERIE FRANÇAISE DE LIGNE N° 3. V. MAITRE OUVRIER N° 2. V. MAJOR CAPITAINE N° 1. V. OFFICIER D'ÉTAT-MAJOR DE CORPS. V. ORDONNANCE D'EXERCICE D'INFANTERIE. V. PELOTON D'INFANTERIE, subs. masc. V. POMPON. V. RÉGIMENT D'INFANTERIE FRANÇAISE N° 2 (tableau). V. REVUE SUR LE TERRAIN. V. TAMBOUR-MAJOR N° 5.

PREMIER (adj.) BUT EN BLANC NATUREL. V. BUT EN BLANC NATUREL.

PREMIER (adj.) CAPITAINE. V. AIDE-MAJOR ANCIEN. V. CAPITAINE. V. CAPITAINE DE GRENADIERS N° 2. V. CAPITAINE DE PREMIÈRE CLASSE. V. CAPITAINE D'INFANTERIE FRANÇAISE DE LIGNE N° 7. V. CHEF DE BATAILLON N° 1. V. CHEF DE DIVISION N° 3. V. COLONEL D'INFANTERIE FRANÇAISE DE LIGNE N° 9. V. COMMANDANT DE BATAILLON. V. COMPAGNIE COLONELLE. V. CONSEIL DE DISCIPLINE. V. CONSEIL DE RÉGIMENT. V. ÉPAULETTE DE MAJOR. V. FACTIONNAIRE. V. LIEUTENANT-COLONEL D'INFANTERIE FRANÇAISE DE LIGNE. V. MAJOR CAPITAINE N° 2, 3. V. MINISTRE DE LA GUERRE EN 1774 (8 JUIN). V. PARADE DE TROUPE.

PREMIER (adj.) CAPORAL. V. CAPORAL. V. FOURRIER D'INFANTERIE FRANÇAISE DE LIGNE N° 8. V. GARDE DE DRAPEAU.

PREMIER (adj.) CENTURION. V. CENTU-

RION; id. N° 1, 2, 5, 6. V. CENTURION EN CHEF.

PREMIER (subs. masc.) CÉLEUSTIQUE (G, 6). Sorte de PREMIER, c'est-à-dire de BATTERIE DE CAISSE, qui annonçait aux CORPS EN ROUTE, où prêts à partir, l'ASSEMBLÉE DE DÉPART. — Au DÉPART d'un LIEU DE GARNISON, elle commençait deux heures avant que la TROUPE ne se mit en route; au DÉPART d'un LIEU DE GITE, elle commençait une demi-heure avant que le CORPS ne commençât sa JOURNÉE. — L'ORDONNANCE DE 1768 (1er MARS) appelait absolument le Premier cette BATTERIE. C'était, suivant les temps, un contre-sens de la LANGUE, puisqu'en réalité le Premier était la seconde des BATTERIES DE DÉPART, comme le témoignait le RÈGLEMENT DE 1816 (24 JUILLET, art. 489). — L'ORDONNANCE DE 1818 (13 MAI) abolissait cette vieille locution. L'ORDONNANCE DE 1825 (FÉVRIER), qui traitait du DÉCAMPEMENT, la faisait revivre par routine, par mégarde. — Les ordonnances anciennes donnaient le nom de Premier à la GÉNÉRALE, si toute l'INFANTERIE devait PRENDRE LES ARMES; elles le donnaient à la BATTERIE AUX CHAMPS, s'il n'y avait qu'une partie de l'INFANTERIE qui dût se mettre en mouvement. — Le Premier avait pour SECOND la BATTERIE AUX DRAPEAUX. — La CONSIGNE du PIQUET DE LOGEMENT enjoignait à cette troupe de partir du GITE au signal du Premier, en même temps que les FOURRIERS. — Il a été traité du Premier par l'ENCYCLOPÉDIE (1785, C, au mot *Batterie*) et par LACHESNAIE (1758, I, au mot *Tambour*).

PREMIER (adj.) CHEF DE BATAILLON. V. CHEF DE BATAILLON D'INFANTERIE FRANÇAISE DE LIGNE N° 7. V. CHEF DE BATAILLON EN CANTONNEMENT. V. FACTIONNAIRE.

PREMIER (adj) CHEF DE SUBDIVISION. V. CHEF DE SUBDIVISION ADMINISTRATIVE.

PREMIER (adj.) CHEVRON. V. CHEVRON. V. HAUTE PAYE DE PREMIER CHEVRON.

PREMIER (adj.) COMMIS (F). FONCTIONNAIRES créés en 1588 par HENRI TROIS, à raison d'un par chaque MINISTÈRE; ils étaient à la nomination du ROI, et, depuis HENRI QUATRE inclusivement, ils venaient travailler avec le monarque. Mais en 1691, après la mort de LOUVOIS, Mme de Maintenon décida LOUIS QUATORZE à appeler directement les divers MINISTRES près de sa personne, ou de leurs personnes, puisque Mme de Maintenon assistait aux séances. — La chute d'un MINISTRE n'entraînait pas celle du Premier commis; celui-ci était le conservateur des traditions et le garant de la continuité du système d'ADMINISTRATION; aussi les Premiers commis étaient-ils, en général, CONseillers du roi en ses conseils. — Il y avait, sous Louis quinze, plusieurs Premiers commis au ministère de la guerre ; Chennevières en avait le titre, appartenait au commissariat, et était à la tête du service des hopitaux militaires. — Le règlement de 1776 (27 juin) voulait que les Premiers commis de la guerre fussent pourvus d'une place de commissaire des guerres ; ce qui n'était qu'un usage devenait une règle. En se multipliant, les Premiers commis étaient bien déchus ; de sous-ministres, ils étaient devenus de simples chefs de bureau. — La révolution de 1791 abolit le titre de Premier commis. — Les Anglais ont senti l'importance de cette fonction, primitivement exercée pour ainsi dire avec inamovibilité, et ils ont créé, à l'imitation des Premiers commis français de Louis quatorze, les sous-secrétaires d'état. De créateurs, les Français, devenus copistes, ont eux-mêmes repris des Anglais les sous-secrétaires. — Bonaparte voulant éclairer la marche de chaque ministère, non par les seuls rapports des ministres eux-mêmes, mais par une sorte de contrôle inattendu, par des communications directes avec les principaux employés, appelait fréquemment dans son cabinet, non plus un ministre seul, mais accompagné d'un ou plusieurs de ses chefs de division ; quelquefois même il appelait, sans que le chef du portefeuille y intervînt, un chef de division du ministère de la guerre.

PREMIER (adj.) conseil permanent. v. conseil permanent n° 2.

PREMIER (adj.) de mois. v. caporal d'escouade n° 6. v. commandant de place n° 12. v. mois.

PREMIER (adj.) dimanche. v. code pénal militaire. v. colonel d'infanterie française de ligne n° 26. v. dimanche.

PREMIER (adj.) duc. v. duc ; id. n° 3.

PREMIER (adj.) factionnaire. v. capitaine de grenadiers n° 3. v. chef de bataillon d'infanterie française de ligne n° 1, 2. v. concordat. v. factionnaire.

PREMIER feu. v. feu. v. feu d'infanterie.

PREMIER (adj.) flanc. v. flanc. v. flanc de fortification.

PREMIER grenadier de France. v. grenadier de France. v. la Tour d'Auvergne. v. remplaçant. v. sous-officier n° 3.

PREMIER (adj.) inspecteur du génie. v. génie. v. génie idioplique n° 1. v. inspecteur général du génie.

PREMIER (adj.) inspecteur général. v. inspecteur général. n° 2. v. inspecteur général d'artillerie.

PREMIER (adj.) inspecteur général de gendarmerie. v. gendarmerie. v. gendarmerie de police n° 1. v. inspecteur général de gendarmerie.

PREMIER (adj.) janvier. v. absent au premier janvier. v. au premier janvier. v. controle annuel. v. janvier.

PREMIER jour de tranchée. v. jour de tranchée. v. tranchée.

PREMIER (adj.) lieutenant. v. conseil de discipline. v. lieutenant.

PREMIER (adj.) mars. v. classe tactique. v. mars.

PREMIER mois d'hiver. v. chandelle. v. corps de garde de deuxième classe, — de première classe, — de quatrième classe, — de troisième classe. v. mois d'hiver.

PREMIER (adj.) octobre. v. corvée de caserne. v. octobre.

PREMIER (adj.) ordre. v. fourneau de premier ordre. v. ordre.

PREMIER (adj.) ouvrier de corps. v. compagnie hors rang. v. ouvrier, subs. masc. v. ouvrier de corps.

PREMIER (adj.) peloton. v. chef de division n° 2. v. factionnaire. v. peloton. v. sapeur d'infanterie.

PREMIER (adj.) pied de guerre. v. compagnie de grenadiers n° 3. v. pied de guerre.

PREMIER (adj.) rang. v. abduction allongée. v. abduction double. v. adjudant d'infanterie française de ligne n° 17. v. aile de bataillon. v. alignement individuel. v. alignement individuel en colonne en marche. v. alignement individuel par le flanc. v. appointé. v. bataillon de direction. v. bataillon d'infanterie française de ligne n° 7. v. canon a main. v. capitaine d'infanterie française de ligne n° 7. v. capitaine en route. v. caporal d'infanterie française de ligne n° 7. v. cavalerie française n° 7. v. changement de front. v. charge de cavalerie. v. chef de file. v. chef de peloton. v. chef de subdivision tactique. v. coin tactique. v. colonel d'infanterie française de ligne n° 6. v. colonne serrée. v. colonne subdivisionnaire. v. colonne tactique. v. combat contre infanterie. v. compression de rangs. v. conducteur d'aile de subdivision. v. contre-marche épagogique. v. conversion a pivot fixe. v. conversion a pivot mobile. v. conversion enbataillante. v. coup de lance. v. encadrement. v. épagogue. v. escouade. v. feu a déplacement.

V. FEU A GÉNUFLEXION. V. FEU DE BILLEBAUDE. V. FEU DE CHAUSSÉE. V. FEU DE CINQ RANGS. V. FEU DE DEUX RANGS. V. FEU DE PREMIER RANG. V. FEU DE QUATRE RANGS. V. FEU DE RANGS. V. FEU D'INFANTERIE. V. FEU EN ARRIÈRE. V. FEU EN AVANÇANT. V. FORMATION EN COLONNE EN CAS D'OBSTACLE. V. FORMER LES HAIES. V. FRONT DE BATAILLE. V. FRONT DE BATAILLON. V. GARDE DE DRAPEAU. V. HAIE. V. HOMME DE PREMIER RANG. V. INVERSION. V. LANCE FOURNIE. V. MARCHE DE BATAILLON EN BATAILLE. V. MARCHE DE BATAILLON EN BATAILLE EN AVANT. V. MARCHE DE BATAILLON EN BATAILLE EN RETRAITE. V. MARCHE DE BATAILLON EN COLONNE. V. MARCHE DE BATAILLON PAR LE FLANC. V. MARCHE EN BATAILLE. V. OFFICIER D'INFANTERIE FRANÇAISE N° 5. V. ORDONNANCE D'EXERCICE D'INFANTERIE. V. ORDRE DE BATAILLE D'INFANTERIE. V. ORDRE DE PARADE. V. PAR LE PREMIER RANG. V. PARADE DE TROUPE. V. PASSAGE D'OBSTACLE. V. PASSAGE D'OBSTACLE EN RETRAITE. V. PELOTON D'INFANTERIE, subs. masc. V. PELOTONNEMENT. V. PIQUE. V. PIVOT TACTIQUE. V. PORTE-DRAPEAU N° 4, 7. V. PROTOLOGIE. V. RANG. V. RANG DE TAILLE. V. RANGS D'INFANTERIE. V. RECTIFIEZ L'ALIGNEMENT. V. RENVERSER UNE LIGNE. V. ROMPEMENT EN ARRIÈRE. V. ROMPEMENT EN BATAILLE. V. SERGENT D'ENCADREMENT. V. SERREFILE. V. SOLDAT DE PREMIER RANG. V. TACTICOGRAPHIE. V. TACTIQUE, subs. V. TAMBOUR-MAJOR N° 9. V. TORTUE DE CAMPAGNE. V. TORTUE D'ESCALADE. V. TROISIÈME RANG DE CAVALERIE.

PREMIER SECRÉTAIRE. V. COMPAGNIE HORS RANG. V. SECRÉTAIRE. V. SECRÉTAIRE DE TRÉSORIER. V. SECTION TACTIQUE. V. SERGENT DE REMPLACEMENT. V. SUBDIVISION DE COLONNE.

PREMIER RENGAGEMENT. V. HAUTE PAYE DE PREMIER RENGAGEMENT. V. HAUTE PAYE DE RENGAGEMENT. V. RENGAGEMENT.

PREMIER SECOURS. V. BLESSÉ. V. HOPITAL DE PREMIER SECOURS. V. SECOURS.

PREMIER SERGENT. V. CAPITAINE D'INFANTERIE FRANÇAISE DE LIGNE N° 7. V. CHEF DE SUBDIVISION ADMINISTRATIVE. V. ENSEIGNE D'ÉQUIPEMENT. V. ENSEIGNE IDIOPLIQUE N° 5. V. FOURRIER D'INFANTERIE FRANÇAISE DE LIGNE N° 8, 9. V. GARDE DE DRAPEAU. V. GUIDE DE SUBDIVISION. V. MILICE ANGLAISE N° 4. V. OFFICIER DE SECTION ADMINISTRATIVE. V. SERGENT. V. SERGENT D'ARMES. V. SERGENT DE BANDE. V. SERGENT DE REMPLACEMENT. V. SERGENT D'INFANTERIE FRANÇAISE DE LIGNE N° 5. V. SERGENT-MAJOR N° 2, 4.

PREMIER SOUS-OFFICIER. V. ADJUDANT D'INFANTERIE FRANÇAISE DE LIGNE N° 14. V. SOUS-OFFICIER; id. N° 7. V. VAGUEMESTRE.

PREMIER TENON. V. CAPUCINE DE FUSIL. V. TENON.

PREMIER TOUR D'AVANCEMENT. V. AVANCEMENT. V. TOUR D'AVANCEMENT.

PREMIER TOUR DE SERVICE. V. CORVÉE AU CAMP. V. TOUR DE SERVICE.

PREMIÈRE ATTAQUE. V. ATTAQUE. V. ATTAQUE DE FRONT DE PLACE.

PREMIÈRE BARRIÈRE. V. APPEL AU DÉPART. V. ARRIVÉE DE CORPS DANS UNE FORTERESSE. V. AVANCÉE. V. BARRIÈRE. V. FALOT. V. POSTE EXTÉRIEUR DE FORTERESSE. V. RECONNAISSANCE DE TROUPE ARRIVANTE.

PREMIÈRE BOUTONNIÈRE. V. BOUTONNIÈRE. V. BOUTONNIÈRE D'ÉPAULE.

PREMIÈRE CAPUCINE. V. CAPUCINE DE FUSIL. V. GUILLERON.

PREMIÈRE CLASSE. V. ADJOINT A L'INTENDANCE. V. CAPITAINE DE GRENADIERS N° 5. V. CAPITAINE DE PREMIÈRE CLASSE. V. CAPITAINE DE VOLTIGEURS. V. CAPITAINE D'INFANTERIE FRANÇAISE DE LIGNE N° 5. V. CAPORAL D'INFANTERIE FRANÇAISE DE LIGNE N° 4. V. CAVALIER DE PREMIÈRE CLASSE. V. CLASSE. V. CLASSE DE MASSES. V. CLASSE DE PLACE. V. CLASSE TACTIQUE. V. COMMANDANT DE PLACE DE PREMIÈRE CLASSE. V. COMMISSAIRE DES GUERRES DE PREMIÈRE CLASSE. V. CORPS DE GARDE DE GARNISON. V. CORPS DE GARDE DE PREMIÈRE CLASSE. V. ÉCOLE DE BATAILLON. V. ÉCOLE DE PELOTON. V. FORTERESSE. V. GRENADIER D'INFANTERIE FRANÇAISE DE LIGNE N° 5. V. HOMME DE PREMIÈRE CLASSE. V. LIEUTENANT DE PREMIÈRE CLASSE. V. OFFICIER D'INFANTERIE FRANÇAISE N° 1. V. SOLDAT DE PREMIÈRE CLASSE. V. SOUS-INTENDANT N° 2. V. SOUS-INTENDANT DE PREMIÈRE CLASSE. V. TRAVAILLEUR. V. VOLTIGEUR D'INFANTERIE FRANÇAISE DE LIGNE.

PREMIÈRE COMPAGNIE. V. CAPITAINE D'INFANTERIE FRANÇAISE DE LIGNE N° 7. V. COMPAGNIE. V. COMPAGNIE COLONELLE. V. COMPAGNIE DE GRENADIERS N° 2. V. ÉTAT-MAJOR DE CORPS N° 3. V. TACTIQUE, subs.

PREMIÈRE DIVISION. V. CAPITAINE D'INFANTERIE FRANÇAISE DE LIGNE N° 7. V. CHEF DE DIVISION N° 2. V. DIVISION. V. GRENADIER D'INFANTERIE FRANÇAISE DE LIGNE N° 7.

PREMIÈRE ENCEINTE. V. ENCEINTE. V. ENCEINTE DE FORTERESSE. V. FAUSSE BRAIE.

PREMIÈRE ESCOUADE. V. ESCOUADE. V. RANG DE TAILLE. V. TAMBOUR IDIOPLIQUE.

PREMIÈRE FILE. V. FEU D'INFANTERIE. V. FILE.

PREMIÈRE HALTE. V. HALTE. V. HALTE DE ROUTE.

PREMIÈRE INSTANCE. V. INSTANCE. V. TRIBUNAL DE P...

PREMIÈRE LIGNE DE CAMP. V. CAMP. V. CAMP D'INSTRUCTION. V. COLONEL AU CAMP. V.

COMMUNICATION DE CAMP. V. FAISCEAU DE CAMPEMENT. V. GARDE DE CAMP. V. LIGNE DE CAMP.

PREMIÈRE LIGNE DE FORTERESSE. V. FORT, subs. masc. V. FORTERESSE. V. LIGNE DE FORTERESSE. V. PLACE DE PREMIÈRE LIGNE.

PREMIÈRE LIGNE D'HOPITAUX. V. HOPITAL. V. HOPITAL MILITAIRE. V. LIGNE D'HOPITAUX.

PREMIÈRE LIGNE TACTIQUE. V. ALIGNEMENT DE PROFONDEUR. V. ARME PERSONNELLE N° 5. V. AVANT-GARDE D'ARMÉE. V. BASE D'ALIGNEMENT. V. BASE DE DIRECTION. V. BATAILLE STRATEUMATIQUE. V. CHANGEMENT DE FRONT SUR DEUX LIGNES. V. CHIEN DE GUERRE. V. CINQUAIN. V. COLONNE COMBINÉE. V. COLONNE COMPACTE. V. CONNÉTABLE N° 7. V. CONTRE-MARCHE TACTIQUE. V. DÉPOTAT. V. DIVISION D'ARMÉE. V. DIVISION D'INFANTERIE. V. ÉLÉPHANT. V. ENSEIGNE ROMAINE. V. ÉPITAXE. V. ESCADRON FRANÇAIS N° 4. V. FORTERESSE. V. GARDES FRANÇAISES N° 4. V. HASTAIRE N° 2. V. INTERVALLE DE CAVALERIE. V. LIGNE COMBINÉE. V. MANIPULE N° 6. V. MARCHE D'ARMÉE. V. MASSE TACTIQUE. V. MILICE PRUSSIENNE N° 8. V. MILICE ROMAINE N° 2. V. ORDRE DE BATAILLE. V. ORDRE EN PREMIÈRE LIGNE. V. PASSAGE DE LIGNES. V. PELTASTE. V. POSTE D'HONNEUR. V. PRINCE DE LÉGION ROMAINE. V. PROTAXE. V. RÉSERVE DE BATAILLE. V. SECONDE LIGNE. V. TACTIQUE, adj. V. TACTIQUE, subs.

PREMIÈRE MASSE. V. CLASSE DE MASSE. V. MASSE. V. MASSE COMPTABILIAIRE.

PREMIÈRE MISE (B, 1). Quoique le mot MISE, pris militairement et sous le point de vue de l'ADMINISTRATION des CORPS, soit insolite, et c'est une des singularités de la LANGUE MILITAIRE, cependant l'expression Première mise, donnant idée d'une ALLOCATION annuelle ou trimestrielle, est consacrée depuis le commencement du dix-neuvième siècle, comme le témoignent l'ARRÊTÉ DE L'AN ONZE (9 FRIMAIRE), le RÈGLEMENT DE 1806 (10 FÉVRIER), les ORDONNANCES DE 1816 (10 JANVIER), DE 1818 (13 MAI), DE 1823 (19 MAI). Le sens du terme se comprendra facilement, au moyen de son explication comme PREMIÈRE MISE DE PETIT ÉQUIPEMENT. Les Premières mises font partie de certain TRAITEMENT, tel que le TRAITEMENT DE STATION.

PREMIÈRE MISE DE DÉSERTEUR. V. DÉSERTEUR. V. EFFET DE DÉSERTEUR.

PREMIÈRE MISE DE FRAIS DE BUREAU. V. ADMINISTRATION DE CORPS. V. FRAIS DE BUREAU.

PREMIÈRE MISE DE FRAIS DE CULTE. V. APPOINTEMENTS. V. CULTE. V. FRAIS DE CULTE.

PREMIÈRE MISE DE MAITRE OUVRIER. V. MAITRE OUVRIER N° 5.

PREMIÈRE MISE DE MÉDICAMENTS. V. CHIRURGIEN-MAJOR D'INFANTERIE FRANÇAISE DE LIGNE N° 18. V. MÉDICAMENT.

PREMIÈRE MISE DE MUSICIEN. V. MUSICIEN N° 5.

PREMIÈRE MISE DE PETIT ÉQUIPEMENT (B, 1), ou PREMIÈRE MISE DE RECRUE. Sorte de PREMIÈRE MISE exprimée par un terme qui tombe à faux, puisque la Première mise de PETIT ÉQUIPEMENT pourvoit à quelques EFFETS DE GRAND ÉQUIPEMENT; mais des incorrections de ce genre fourmillent dans la LANGUE MILITAIRE. — La Première mise examinée ici, est une valeur pécuniaire octroyée à l'effet de pourvoir principalement aux achats de l'assortiment des EFFETS DE PETIT ÉQUIPEMENT dus aux ENRÔLÉS; elle est soldée par l'Etat au profit de la MASSE DES RECRUES. Il fut un temps où la MASSE D'ENTRETIEN y pourvoyait. — La FOURNITURE en a lieu au moyen d'une somme une fois payée, sur le pied que déterminent les DEVIS et les TARIFS; les FEUILLES DE JOURNÉES DE COMPAGNIES justifient de la régularité de ces ALLOCATIONS. — En cas de TRANSCORPORATION, ou PASSAGE D'UN HOMME DE TROUPE d'un CORPS dans un autre, la différence, s'il en existe, du montant de la valeur de la Première mise, ou MASSE INDIVIDUELLE, est prise en considération : la différence en moins serait supportée par l'Etat; la différence en plus profiterait au crédit de la nouvelle MASSE DE PETIT ÉQUIPEMENT. Tel était le cas quand un SOLDAT de la ligne entrait dans la GARDE ROYALE, où les EFFETS D'UNIFORME étaient plus chers. — Les principaux EFFETS de Première mise ou de MASSE DE LINGE ET CHAUSSURE sont ou étaient BAS, CHEMISES, ÉPINGLETTE, HAVRE-SAC, PANTALON DE TOILE, SACS A DISTRIBUTION, SOULIERS, etc. — Le droit à la Première mise était expliqué par l'ORDONNANCE DE 1823 (19 MARS). Le TARIF de ces EFFETS D'UNIFORME était fixé par l'ORDONNANCE DE 1830 (21 FÉVRIER); l'ORDONNANCE DE 1829 (27 SEPTEMBRE) portait à quarante francs la Première mise de SOLDATS D'INFANTERIE FRANÇAISE DE LIGNE. — Constater la régularité de l'ADMINISTRATION des Premières mises est une des fonctions des INSPECTEURS GÉNÉRAUX. — ODIER (1824, E, t. III) a éclairé toutes ces questions.

PREMIÈRE MISE DE RECRUE. V. HABIT. V. INFANTERIE FRANCO-SUISSE N° 4, 5. V. MILICE PIÉMONTAISE N° 4. V. PREMIÈRE MISE DE PETIT ÉQUIPEMENT. V. RECRUE. V. SERVICE CONSCRIPTIF.

PREMIÈRE MISE DE REMPLAÇANT. V. REMPLAÇANT.

PREMIÈRE MISE DE SOUS-OFFICIER PROMU. V. ARRÊTÉ DE L'AN ONZE (9 FRIMAIRE). V. GRAtification de première mise. v. législation. v. sous-officier n° 4. v. sous-officier promu.

PREMIÈRE mise d'école d'escrime. v. école d'escrime. v. maître d'armes.

PREMIÈRE mise d'enfant d'homme de troupe. v. enfant d'homme de troupe n° 3.

PREMIÈRE parallèle (H, 1). Parallèle la plus éloignée d'une place assiégée. Elle est en forme d'arc un peu aplati ; l'usage était de l'établir à six cents mètres, ou, s'il se pouvait, à moins de distance des saillants du glacis. Elle s'exécute en même temps que les boyaux qui y ont leur ouverture et que les batteries élevées en avant d'elle ; elle doit être terminée dans tout son développement à la troisième garde montante, et être en état de n'avoir rien à redouter des sorties ; elle est ainsi l'ouvrage de la seconde et de la troisième nuit de la tranchée. Son étendue embrasse les attaques du siége, et déborde de trente à quarante toises la seconde parallèle afin de la flanquer ; elle protège les tranchées de communications, assure les premières batteries, contient les gardes, se dégarnit de troupes quand la seconde parallèle est achevée, et se change alors en un petit parc, en une ambulance de tranchée, en un dépôt et un amas de matériaux. — Contre l'ancien usage, le général Lauriston fit ouvrir, au siége de Pampelune, en 1823 (septembre), la Première parallèle à quatre cents mètres de la citadelle. — La guerre de 1832 a donné le spectacle d'un siége à deux parallèles seulement ; la Première s'ouvrait à quatre cent cinquante mètres du glacis. — Les auteurs à consulter sur la Première parallèle sont, en outre de tous les écrivains qui traitent des siéges offensifs : Bardet (1740, A), Desprez (1735, B), Dupain (1757, B), Lachesnaie (1758, I), Vauban (1736, B).

PREMIÈRE portion de masse. v. masse. v. masse d'entretien. v. masse d'habillement. v. masse générale. v. portion de masse.

PREMIÈRE pose. v. caporal de pose. v. chef de garde montante en garnison. v. pose.

PREMIÈRE race. v. noms propres. v. race.

PREMIÈRE réquisition. v. conscription. v. contingent. v. école de Mars n° 4. v. enrolement volontaire. v. génie idioplique n° 1. v. levée en masse. v. pension de retraite. v. recrue. v. recrutement. v. réquisition.

PREMIÈRE section. v. capitaine d'infanterie française de ligne n° 7. v. caporal d'infanterie française de ligne n° 7. v. chef de peloton. v. chef de première section administrative. v. chef de première section tactique. v. chef de section tactique. v. fourrier d'infanterie française de ligne n° 5. v. lieutenant d'infanterie française de ligne n° 4. v. officier de section administrative. v. rompement de peloton. v. rompement en bataille. v. section. v. section administrative. v. sergent d'infanterie française de ligne n° 5. v. sous-lieutenant d'infanterie française de ligne.

PREMIÈRE semelle. v. ailette. v. couche-point. v. empeigne. v. semelle. v. soulier. v. sous-lieutenant n° 4. v. trepointe.

PREMIÈRE subdivision. v. adjudant-major d'infanterie française de ligne n° 11. v. chef de bataillon d'infanterie française de ligne n° 10. v. chef de subdivision tactique. v. colonel d'infanterie française de ligne n° 23. v. colonne tactique. v. subdivision. v. subdivision administrative.

PREMIÈRE taille. v. chemise d'équipement. v. soulier. v. taille. v. taille humaine.

PREMIÈRE vis. v. contre-platine. v. vis.

PREMIÈRES armes. v. armes. v. faire ses premières a...

PRENANT (prenante), adj. v. partie prenante.

PRENDRE, verb. neut. v. amorce. v. fougasse. v. mine a feu. v. poudre a feu. v. prison.

PRENDRE a revers. v. a revers. v. revers. v. redoute permanente.

PRENDRE aspect. v. a droite, subs. fém. v. aspect. v. camp.

PRENDRE carrière. v. carrière. v. charge de cavalerie. v. langue française.

PRENDRE d'assaut. v. abandon pour piller. v. assaut.

PRENDRE de revers. v. batterie de bouches a feu. v. camp de guerre. v. revers.

PRENDRE des cantonnements. v. cantonnement.

PRENDRE des flancs. v. flanc. v. flanc tactique.

PRENDRE des quartiers d'hiver. v. quartier d'hiver.

PRENDRE des revers. v. artillerie stratopédique. v. contre-approche. v. crique de fortification. v. revers.

PRENDRE d'emblée. v. d'emblée.

PRENDRE des RICOCHETS. V. ATTAQUE DE FRONT DE PLACE. V. BATTERIE DE SIÉGE OFFENSIF. V. RICOCHET.

PRENDRE du SERVICE. V. APPEL CONSCRIPTIF. V. ENROLÉ VOLONTAIRE. V. PRISONNIER DE GUERRE ÉTRANGER. V. SERVICE. V. SERVICE PERSONNEL.

PRENDRE EN ÉCHARPE. V. DÉBORDER. V. ÉCHARPE MILITAIRE. V. EN ÉCHARPE.

PRENDRE EN FLANC. V. CHANGEMENT DE DIRECTION DE BATAILLON. V. EN FLANC. V. EMBUSCADE. V. FLANC TACTIQUE. V. ORDRE EN POTENCE. V. ORDRE OBLIQUE. V. TACTIQUE, subs. V. TIR A RICOCHETS.

PRENDRE EN QUEUE. V. CHARGER EN QUEUE. V. CHARGER L'ENNEMI. V. EMBUSCADE. V. EN QUEUE.

PRENDRE EN ROUAGE. V. BATTERIE EN ROUAGE. V. EN ROUAGE.

PRENDRE FEU. V. FEU. V. FOUGASSE. V. LANGUE FRANÇAISE. V. MINE A FEU. V. POUDRE A FUSIL. V. SAC A FEU.

PRENDRE GARDE. V. GARDE. V. LANGUE FRANÇAISE.

PRENDRE la GARDE. V. GARDE. V. GARDE ARMÉE.

PRENDRE la SEMAINE. V. SEMAINE. V. SERVICE DE SEMAINE.

PRENDRE le CHANGE. V. DÉMONSTRATION. V. LANGUE FRANÇAISE.

PRENDRE le MOT. V. MOT. V. SERGENT DE BATAILLE.

PRENDRE le PAS. V. ARCHER A CHEVAL. V. DÉTACHEMENT DE GUERRE. V. PAS. V. PAS ACCÉLÉRÉ. V. PAS HIÉRARCHIQUE.

PRENDRE le DÉFAUT. V. DÉFAUT. V. ESCRIME.

PRENDRE le SERVICE. V. APPEL DE SERVICE. V. COUVRE-FEU.

PRENDRE le SIGNALEMENT. V. SIGNALEMENT.

PRENDRE les ARMES. V. ALERTE DE FEU. V. ARMÉE DE MER. V. ARMES. V. ARMES DE SERVICE ARMÉ. V. AVANCÉE. V. AVENTURIER. V. BAN ET ARRIÈRE-BAN. V. CANON D'ALARME. V. CANTONNEMENT. V. CAS D'ALARME. V. CÉRÉMONIE DE RÉCEPTION DU DRAPEAU. V. CHEF DE POSTE DE PORTE DE FORTERESSE. V. CHEF DE POSTE D'HOMMES DE GARDE N^O 1, 4. V. COLONEL DE PIQUET. V. COLONEL D'INFANTERIE FRANÇAISE DE LIGNE N^O 52. V. COMMANDANT DE PLACE N^O 10. V. COMPAGNIE D'INFANTERIE FRANÇAISE DE LIGNE N^O 9. V. CONDOTTIÈRE. V. CONSIGNE DE GARDE DE CAMP. V. CONSIGNE DE PIQUET AU CAMP. V. CONSIGNE DE POLICE AU CAMP. V. CONSIGNE DE SENTINELLE DE FRONT DE CAMP. V.

DÉCAMPEMENT. V. DÉFILER. V. DISPONIBLE. V. EXÉCUTION A MORT. V. FUSILIER. V. GARDE DE GARNISON. V. GARDE DE POLICE AU CAMP. V. GARDE EN GARNISON. V. GÉNÉRALE. V. GUERRE. V. GUÊTRE. V. HAMPE. V. HAVRE-SAC. V. HÉRAUT. V. LEVÉE EN MASSE. V. LIEUTENANT-COLONEL N^O 10. V. LIEUTENANT D'INFANTERIE FRANÇAISE DE LIGNE N^O 7. V. MAIRE DU PALAIS. V. MANTEAU D'HABILLEMENT. V. MILICE COMMUNALE N^O 1. V. MILICE PORTUGAISE N^O 1. V. ORDRE TACTIQUE. V. OST. V. PIQUET AU CAMP. V. PREMIER CÉLEUSTIQUE. V. RAPPEL CÉLEUSTIQUE. V. SERGENT-MAJOR N^O 9. V. SERVICE FÉODAL. V. SURPRISE DE PLACE. V. TAMBOUR-MAJOR N^O 9.

PRENDRE les DISTANCES. V. COLONNE SERRÉE. V. COLONNE ÉPAGOGIQUE N^O 4. V. COMMANDANT GÉNÉRAL. V. DISTANCE. V. ÉVOLUTION. V. FORMATION EN BATAILLE. V. FORMER LA COLONNE A DEMI-DISTANCE.

PRENDRE l'OFFENSIVE. V. ACCEPTER LE COMBAT. V. GÉNÉRAL D'ARMÉE N^O 7. V. OFFENSIVE.

PRENDRE POSITION. V. ESCARMOUCHE. V. POSITION.

PRENDRE POSTE. V. CAVALERIE FRANÇAISE N^O 8. V. ESCARPE. V. GARDE EN CAMPAGNE. V. POSTE. V. POSTE D'HOMMES DE GARDE. V. REDOUTE.

PRENDRE RANG. V. ANSPESSADE. V. BREVET POUR PRENDRE RANG. V. CAVALERIE FRANÇAISE N^O 6. V. RANG. V. RANG HIÉRARCHIQUE.

PRENDRE une PLACE. V. PLACE. V. SIÉGE OFFENSIF.

PRENEZ GARDE A VOUS, interj. V. GARDE A VOUS. V. SENTINELLE, PRENEZ GARDE...

PRENEZ la CARTOUCHE. V. CARTOUCHE. V. CHARGE EN DOUZE TEMPS. V. COMMANDEMENT MIXTE.

PRENEZ les DISTANCES par la TÊTE de la COLONNE, interj. V. COMMANDEMENT D'AVERTISSEMENT. V. COMMANDEMENT GÉNÉRAL. V. DISTANCE. V. FORMER LA COLONNNE A DEMI-DISTANCE. V. PAR BATAILLON EN MASSE SUR..., etc. V. PAR LA TÊTE DE LA COLONNE. V. SUR TEL PELOTON.

PRÉNOM, subs. masc. V. ACTE DE DÉCÈS. V. APPEL ÉNUMÉRATIF. V. BILLET D'HOPITAL. V. CASE DE CONTROLE. V. CONTROLE ANNUEL DE COMPAGNIE. V. FEUILLE D'APPEL. V. PRISON DE PLACE. V. SIGNALEMENT.

PRÉPARATIFS de GUERRE. V. AUTEUR MILITAIRE (1602, B). V. DÉCLARATION DE GUERRE. V. GUERRE. V. MAJOR GÉNÉRAL. V. MINISTRE DE LA GUERRE EN 1665. V. THÉATRE DE GUERRE.

PRÉPARATOIRE, adj. V. COMMANDE-

MENT P... V. COMMISSION P... V. ÉCOLE MILI-
TAIRE P... V. INSPECTION P... V. REVUE P...

PRÉPARER JALOUSIE. V. DONNER DE LA
J... V. JALOUSIE.

PRÉPARER UNE EMBUSCADE. V. EMBUS-
CADE.

PRÉPOINT, subs. masc. V. POURPOINT.

PRÉPOSÉ (subs. masc.) AU CASERNE-
MENT. V. CASERNEMENT. V. CONSERVATEUR DE
BATIMENTS. V. PORTE-DRAPEAU N° 6.

PRÉPOSÉ AUX ADMINISTRATIONS. V. AD-
MINISTRATION. V. CHEF DE SERVICE ADMINISTRA-
TIF. V. EMPLOYÉ.

PRÉPOSÉ AUX CONVOIS. V. CAPORAL D'É-
QUIPAGES EN ROUTE. V. CONVOI.

PRÉPOSÉ AUX DISTRIBUTIONS. V. DISTRI-
BUTION. V. DISTRIBUTION EN ROUTE. V. EFFECTIF.
V. ÉTAPIER. V. FOURRIER D'INFANTERIE FRAN-
ÇAISE DE LIGNE N° 9. V. MAIRE DE COMMUNE. V.
RATION.

PRÉPOSÉ AUX SERVICES. V. CONSEIL PER-
MANENT N° 5. V. SERVICE. V. SERVICE ADMINIS-
TRATIF.

PRÉPOSÉ AUX VIVRES. V. ABATAGE DE
BESTIAUX. V. MARÉCHAL DE CAMP N° 6. V. VI-
VRES.

PRÉPOSÉ DES LITS MILITAIRES. V. CAPOTE
DE SENTINELLE. V. LIT MILITAIRE.

PRÉPOSÉ DU GÉNIE. V. GÉNIE. V. BATI-
MENT MILITAIRE.

PRÉPOSÉ MILITAIRE. V. CONSERVATEUR
DE BATIMENTS. V. MARCHÉ ADMINISTRATIF. V.
MILITAIRE, adj.

PRÉPOSITION TACTIQUE. V. PHALANGE
GRECQUE. V. PROSTAXE. V. PROTAXE. V. TACTI-
QUE, adj.

PRÉROGATIVES. V. ORDONNANCE OF-
FICIELLE. V. POSTE D'HONNEUR.

PRÉROGATIVES D'ADJUDANT. V. AD-
JUDANT. V. ADJUDANT D'INFANTERIE FRANÇAISE
DE LIGNE N° 14.

PRÉROGATIVES D'AUMONIER. V. AU-
MONIER DE CORPS N° 6.

PRÉROGATIVES DE BARON. V. BARON
N° 3.

PRÉROGATIVES DE CAVALERIE. V. CA-
VALERIE. V. CAVALERIE FRANÇAISE N° 6. V. OF-
FICIER DE CAVALERIE N° 5. V. COUP DE BATON.
V. COUP DE PLAT DE SABRE.

PRÉROGATIVES DE CHEVALERIE. V.
CHEVALERIE. V. CHEVALERIE D'AFFILIATION N° 3.
V. PRINCE FRANÇAIS.

PRÉROGATIVES DE CHIRURGIEN-MA-
JOR. V. CHIRURGIEN-MAJOR D'INFANTERIE FRAN-
ÇAISE DE LIGNE N° 9.

PRÉROGATIVES DE COLONEL. V. CO-
LONEL. V. COLONEL D'INFANTERIE FRANÇAISE DE
LIGNE N° 20. V. CRÊPE.

PRÉROGATIVES DE COLONEL GÉNÉRAL.
V. COLONEL GÉNÉRAL DE L'INFANTERIE N° 4. V.
COMPAGNIE COLONELLE.

PRÉROGATIVES DE COMMANDANT DE
PLACE. V. COMMANDANT DE PLACE N° 8.

PRÉROGATIVES DE COMMISSAIRE. V.
COMMISSAIRE. V. COMMISSAIRE DES GUERRES N° 5.
V. COMMISSAIRE ORDINAIRE. V. COMMISSAIRE
PROVINCIAL.

PRÉROGATIVES DE COMPAGNIE DE
GRENADIERS. V. COMPAGNIES DE GRENADIERS
N° 5.

PRÉROGATIVES DE CORPS. V. CORPS.
V. CORPS RÉGIMENTAIRE N° 2. V. RÉGIMENT
D'INFANTERIE FRANÇAISE N° 4.

PRÉROGATIVES DE CORPS D'INTEN-
DANCE. V. CORPS D'INTENDANCE N° 6.

PRÉROGATIVES DE CORPS PRIVILÉGIÉ.
V. CORPS PRIVILÉGIÉ.

PRÉROGATIVES DE GARDE ROYALE. V.
GARDE ROYALE N° 4.

PRÉROGATIVES DE GÉNÉRAL D'ARMÉE.
V. GÉNÉRAL D'ARMÉE N° 6.

PRÉROGATIVES DE GÉNÉRAL DE BRI-
GADE. V. GÉNÉRAL DE BRIGADE N° 3.

PRÉROGATIVES DE GÉNÉRAL DE DI-
VISION. V. GÉNÉRAL DE DIVISION N° 5.

PRÉROGATIVES DE GÉNÉRAL FRAN-
ÇAIS. V. CONSIGNE DE SENTINELLE DE POLICE EN
GARNISON. V. GÉNÉRAL FRANÇAIS N° 4.

PRÉROGATIVES DE GÉNIE. V. GÉNIE.
V. GÉNIE IDIOPLIQUE N° 4.

PRÉROGATIVES DE GRENADIERS. V.
ÉTAPE. V. GRENADIER. V. GRENADIER D'INFAN-
TERIE FRANÇAISE N° 6.

PRÉROGATIVES DE HÉRAUT D'ARMES.
V. HÉRAUT D'ARMES N° 3.

PRÉROGATIVES DE LIEUTENANT-CO-
LONEL. V. LIEUTENANT-COLONEL D'INFANTERIE
FRANÇAISE DE LIGNE N° 7.

PRÉROGATIVES DE LIEUTENANT D'IN-
FANTERIE. V. LIEUTENANT D'INFANTERIE FRAN-
ÇAISE DE LIGNE N° 5.

PRÉROGATIVES DE LIEUTENANT GÉ-
NÉRAL. V. LIEUTENANT GÉNÉRAL N° 5.

PRÉROGATIVES DE MARÉCHAL DE
CAMP. V. MARÉCHAL DE CAMP N° 5.

PRÉROGATIVES DE MARÉCHAL DE
FRANCE. V. MARÉCHAL DE FRANCE N° 8.

PRÉROGATIVES DE MINISTRE DE LA
GUERRE. V. MINISTRE. V. MINISTRE DE LA
GUERRE N° 13.

PRÉROGATIVES de NOBLESSE. V. NOBLESSE.

PRÉROGATIVES d'ÉCUYER. V. ÉCUYER. V. ÉCUYER DE SUITE N° 3.

PRÉROGATIVES d'INFANTERIE. V. INFANTERIE. V. INFANTERIE FRANCO-SUISSE N° 5. V. ORDRE DE BATAILLE D'INFANTERIE.

PRÉROGATIVES d'INSPECTEUR GÉNÉRAL. V. INSPECTEUR GÉNÉRAL N° 4. V. INSPECTEUR GÉNÉRAL D'INFANTERIE N° 3.

PRÉROGATIVES d'INTENDANT. V. CORPS D'INTENDANCE N° 6. V. INTENDANT. V. INTENDANT MILITAIRE N° 2.

PRÉROGATIVES de SERGENT. V. SERGENT. V. SERGENT D'INFANTERIE FRANÇAISE DE LIGNE N° 8.

PRÉROGATIVES de SOUS-INTENDANT. V. CORPS D'INTENDANCE N° 6. V. SOUS-INTENDANT N° 1, 7.

PRÈS les EAUX MINÉRALES. V. EAU MINÉRALE. V. HOPITAL PRÈS LES EAUX M...

PRESBOURG. V. NOMS PROPRES.

PRESCRIPTION, subs. fém. V. PROCÉDURE MILITAIRE.

PRÉSÉANCE, subs. fém. V. ARME PERSONNELLE. V. ARTILLERIE IDIOPLIQUE. V. AUTORITÉ LOCALE. V. CERCLE DE PARADE. V. CÉRÉMONIE. V. COMMANDEMENT HIÉRARCHIQUE. V. CORPS D'INTENDANCE N° 6. V. CORPS PRIVILÉGIÉ. V. DÉFENSE EN RASE CAMPAGNE. V. GOUVERNEUR DE PLACE DE GUERRE N° 4. V. HIÉRARCHIE MILITAIRE. V. PARADE GÉNÉRALE. V. PAS HIÉRARCHIQUE. V. POSITION INDIVIDUELLE. V. RANG DE BATAILLE. V. RANG HONORIFIQUE. V. RÉGIMENT D'INFANTERIE FRANÇAISE N° 2. V. SAPEUR DU GÉNIE.

PRÉSENCE, subs. fém. V. ABSENCE AUTORISÉE. V. ACTIVITÉ DE SERVICE. V. BILLET D'APPEL DE POLICE. V. ÉTAT DE PRÉSENCE. V. FEUILLE DE PRÉSENCE. V. JOURNÉE DE PRÉSENCE. V. PIED DE P... V. POSITION ADMINISTRATIVE. V. POSITION INDIVIDUELLE. V. RANG. V. SOLDE DE P... V. TRAITEMENT DE P...

PRÉSENCE SOUS LES DRAPEAUX. V. ACTIVITÉ DE SERVICE. V. CONGÉ ABSOLU. V. SERVICE PERSONNEL. V. SOUS LES DRAPEAUX. V. SOUS-INTENDANT N° 7.

PRÉSENT, adj. et subs. masc. V. ABSENCE AUTORISÉE. V. ABSENT PAR SERVICE. V. ADJUDANT D'INFANTERIE FRANÇAISE DE LIGNE N° 23. V. CAPITAINE D'INFANTERIE FRANÇAISE DE LIGNE N° 11. V. CASERNE. V. COLONEL D'INFANTERIE FRANÇAISE DE LIGNE N° 7. V. CONVALESCENT PRÉSENT. V. DISPONIBLE. V. EFFECTIF. V. EFFECTIF PRÉSENT. V. ÉTAT DE SITUATION. V. FEUILLE DE DÉCOMPTE. V. FEUILLE DE SUBSISTANCE. V. FORCE COMPTA-

BILIAIRE. V. GUERRE DE 1792. V. HOMME P... V. LIQUIDE. V. MALADE D'ARMÉE. V. NON PRÉSENT. V. OFFICIER PRÉSENT. V. PROCÉDURE. V. REVUE D'ADMINISTRATION. V. REVUE ÉCRITE.

PRÉSENTATION d'ARMES. V. ARMES. V. GÉNÉRAL FRANÇAIS N° 4. V. ORDONNANCE D'EXERCICE D'INFANTERIE. V. SALUT AVEC ARMES. V. SALUT DE PRÉSENTATION D'A...

PRÉSENTATION de CLEFS. V. CÉRÉMONIE. V. CLEF. V. CLEF DE FORTERESSE. V. HONNEURS.

PRÉSENTÉ (présentée), adj. V. ARME PRÉSENTÉE. V. FUSIL PRÉSENTÉ.

PRÉSENTER (verb. act.) CAMP. V. CAMP. V. DUEL.

PRÉSENTER la BATAILLE. V. BATAILLE. V. BATAILLE STRATEUMATIQUE. V. BATAILLE TACTIQUE.

PRÉSENTER l'ABORDAGE. V. ABORDAGE.

PRÉSENTER le COMBAT. V. COMBAT. V. COMBAT STRATEUMATIQUE.

PRÉSENTER les ARMES. V. ARME PRÉSENTÉE. V. ARMES. V. CÉRÉMONIE DE RÉCEPTION DE DRAPEAU. V. CONSIGNE DE SENTINELLE EN CAMPAGNE. V. CONSIGNE DE SENTINELLE EN GARNISON, DE NUIT. V. CORPS EN ROUTE SUR PIED DE PAIX. V. DRAPEAU D'INFANTERIE FRANÇAISE DE LIGNE. V. EXERCICE TACTIQUE. V. GRAND-CROIX DE LA LÉGION. V. LANGUE FRANÇAISE. V. MANIEMENT D'ARMES. V. RÉCEPTION DE DRAPEAU. V. SALUT. V. SALUT AVEC ARMES. V. SENTINELLE.

PRÉSENTER la BAIONNETTE. V. BAIONNETTE DE FUSIL. V. CROISEZ LA BAIONNETTE.

PRÉSENTEZ VOS ARMES (G, 6). Locution impérative qui a rapport, ici, à un MANIEMENT D'ARMES de l'INFANTERIE; le mode d'exécution en diffère, s'il s'agit du SOLDAT ou du SOUS-OFFICIER. Cette locution est un COMMANDEMENT MIXTE, qui, en certains cas, devient COMMANDEMENT D'AVERTISSEMENT; il en est ainsi quand il est prononcé à la tête d'une BRIGADE D'INFANTERIE; dans les autres cas, c'est un COMMANDEMENT de deux natures; dans cette hypothèse, le premier des mots qui le composent est un COMMANDEMENT D'AVERTISSEMENT, sa désinence est le COMMANDEMENT D'EXÉCUTION d'un MANIEMENT D'ARMES. — La PRÉSENTATION D'ARMES a d'abord répondu à ce qu'on appelle maintenant APPRÊTEZ LES ARMES; voilà pourquoi, autrefois, comme le témoigne LACHESNAIE (1758, I, au mot *Rompre*), l'INFANTERIE, quand elle FAISAIT HALTE, PRÉSENTAIT en même temps d'elle-même les ARMES. — Maintenant la PRÉSENTATION D'ARMES n'a pour objet que de rendre certains HONNEURS, de faire un SALUT; ainsi, à l'instant d'une POSE DE SENTINELLE, le COMMANDEMENT A DROITE ET A GAUCHE, Présentez vos armes, équivaut à ces mots : Saluez-vous face à face. — L'INSTRUCTION DE 1769 (1er MAI) voulait qu'en présentant les armes, le soldat reculât le pied droit de six pouces. C'était la manière des Allemands, parce que cette ordonnance avait été traduite de l'allemand par DUMOURIEZ. — Dans l'ÉCOLE DU SOLDAT, ce MANIEMENT D'ARMES se démontrait en un TEMPS et deux mouvements. — PUYSÉGUR (1748, C) et PICTET sont les plus anciens écrivains qui parlent de PRÉSENTER LES ARMES. Jusqu'en 1746, ce TEMPS D'EXERCICE s'exécutait en vertu de trois commandements : Portez la main droite au fusil : haut le fusil : joignez la main gauche au fusil.

PRÉSIDENT (subs. masc.) de CHAMP CLOS. V. CHAMP CLOS. V. MARÉCHAL DE CAMP Nº 1.

PRÉSIDENT de COMMISSION MILITAIRE. V. COMMISSION MILITAIRE.

PRÉSIDENT de CONSEIL D'ADMINISTRATION. V. AGRÉGATION ADMINISTRATIVE. V. ASSEMBLÉE DE CONSEIL D'ADMINISTRATION. V. CHEF DE BATAILLON D'INFANTERIE FRANÇAISE DE LIGNE Nº 12. V. CHEF DE DÉTACHEMENT ADMINISTRATIF Nº 3. V. COLONEL D'INFANTERIE FRANÇAISE DE LIGNE Nº 11, 32, 34. V. COMMANDANT DE CORPS. V. COMPTABILITÉ. V. CONSEIL D'ADMINISTRATION DE RÉGIMENT Nº 1, 2, 3, 6. V. DÉLIBÉRATION DE CONSEIL. V. DÉTACHEMENT ADMINISTRATIF. V. MAJOR CHEF DE BATAILLON Nº 9. V. MAJOR LIEUTENANT-COLONEL Nº 3. V. MEMBRE DE CONSEIL D'ADMINISTRATION. V. QUARTIER-MAITRE D'INFANTERIE FRANÇAISE DE LIGNE Nº 2.

PRÉSIDENT de CONSEIL DE GUERRE. V. ACCUSÉ. V. APPLICATION DE PEINE. V. AUDITOIRE. V. AVIS JUDICIAIRE. V. CAPITAINE RAPPORTEUR. V. CHARGE JURIDIQUE. V. COLONEL D'INFANTERIE FRANÇAISE DE LIGNE Nº 37. V. COMMIS GREFFIER. V. CONDAMNATION JUDICIAIRE. V. CONNÉTABLE Nº 7. V. CONSEIL DE GUERRE. V. CONSEIL DE LA GUERRE Nº 1. V. CONSEIL JUDICIAIRE. V. CONSEIL PERMANENT Nº 3. V. CONTRE-SEING. V. COPIE DE JUGEMENT. V. DÉGRADATION DE MEMBRE DE LA LÉGION. V. DÉLIBÉRATION DE CONSEIL. V. FAUX TÉMOIN. V. JUGEMENT MILITAIRE. V. JUSTICE MILITAIRE. V. MAJOR LIEUTENANT-COLONEL Nº 2. V. MINISTRE DE LA GUERRE Nº 14. V. RÉVISION JUDICIAIRE. V. SOUS-INTENDANT Nº 7.

PRÉSIDENT de CONSEIL DE RECRUTEMENT. V. CONSEIL DE RECRUTEMENT. V. PRÉFET DE DÉPARTEMENT.

PRÉSIDENT de CONSEIL DE RÉVISION. V. CONSEIL DE RÉVISION CONSCRIPTIF. V. CONSEIL DE RÉVISION JUDICIAIRE. V. PRÉFET DE DÉPARTEMENT.

PRÉSIDENT de CONSEIL JUDICIAIRE. V. CONSEIL JUDICIAIRE. V. MINISTRE DE LA GUERRE Nº 14.

PRÉSIDENT de CONSEIL PERMANENT. V. AVIS JUDICIAIRE. V. CAPITAINE RAPPORTEUR. V. CHARGE JURIDIQUE. V. COLONEL D'INFANTERIE FRANÇAISE DE LIGNE Nº 37. V. CONSEIL PERMANENT Nº 1, 3. V. DÉGRADATION DE MEMBRE DE LA LÉGION D'HONNEUR. V. MAJOR LIEUTENANT-COLONEL Nº 2.

PRÉSIDENT de CONSEIL RÉGIMENTAIRE. V. CONSEIL RÉGIMENTAIRE. V. MILICE AUTRICHIENNE Nº 9.

PRÉSIDENT de COUR D'ASSISES. V. COUR D'ASSISES. V. HONNEURS.

PRÉSIDENT de TOURNOI. V. HÉRAUT D'ARMES Nº 5. V. JUGE DE CAMP. V. MARÉCHAL DE TOURNOI. V. TOURNOI.

PRÉSIDENT de TRIBUNAL. V. CONNÉTABLE Nº 7. V. DÉGRADATION DE MEMBRE DE LA LÉGION D'HONNEUR. V. FAUX TÉMOIN. V. JUGEMENT MILITAIRE. V. JUSTICE MILITAIRE. V. TRIBUNAL.

PRESSE (subs. fém.) CONSCRIPTIVE. V. CONSCRIPTIF. V. MILICE BRÉSILIENNE. V. SERVICE PERSONNEL.

PRESSÉ (pressée), adj. V. ORDRE P... V. SUPPRESSÉ.

PRESSER l'ENNEMI. V. CENTRE. V. DRAGON FRANÇAIS Nº 6. V. ENNEMI.

PREST, subs. masc. V. PRÊT.

PRESTATION, subs. fém. V. CONSOMMATION DE P... V. DROIT AUX P... V. INDEMNITÉ DE P... V. RAPPEL DE P...

PRESTATION (term. génér.). Mot tout LATIN *præstatio*, signifiant FOURNITURE, GAGES, obligation réciproque, PAYEMENT, PRÊT. — Le mot Prestation, synonyme de LIVRAISON au compte du gouvernement, et au profit des MILITAIRES, était connu de la MILICE ROMAINE ; il est très-moderne dans la langue de notre ADMINISTRATION. En 1809, les ORDONNANCES appelaient encore FOURNITURE, PAYE, TRAITEMENT, etc., ce qu'elles ont génériquement exprimé, depuis la restauration, sous le nom de Prestations. — On n'appela d'abord, Prestations, que les LIVRAISONS en matières, mais non ce qui s'acquittait en ARGENT et dépendait de cette branche qu'on a nommée, à tort ou à raison, le PERSONNEL, par opposition au MATÉRIEL ; ARGENT et MATIÈRES sont maintenant Prestations, et constituent le TRAITEMENT et les dépenses de certains TRANSPORTS. — Les Prestations sont une des mesures conservatrices que l'ADMINISTRATION MILITAIRE met en usage ; leur exact SERVICE est la garantie de la DISCIPLINE. Elles consistent en DISTRIBU-

TIONS, soit périodiques, soit accidentelles, dont la loi prévoit le taux, les cas, les époques, les ayants droit ; elles sont une concession régulière, un acquittement en vertu d'ALLOCATIONS qui en déterminent l'espèce, la composition, la quantité, les variétés, à raison des EMPLOIS, des GRADES, des POSITIONS, de la LOCALISATION, du PIED sur lequel est l'ARMÉE ou le MILITAIRE ayant droit. — Les Prestations des GARDES CONSULAIRE et IMPÉRIALE étaient mal déterminées, variables, peu connues, on pourrait presque dire inédites ; celles de la GARDE ROYALE différaient de celles des TROUPES DE LIGNE, quant aux EFFETS D'UNIFORME, à la SOLDE, aux INDEMNITÉS, etc. — La qualité, la répartition, la délivrance des Prestations intéressaient, autrefois, la surveillance des COMMISSAIRES DES GUERRES ; elles sont maintenant réglées par les DEVIS et TARIFS ministériels ; elles sont surveillées et régularisées par le CORPS DE l'INTENDANCE ; elles sont l'objet des soins et des ÉCRITURES des CONSEILS D'ADMINISTRATION ; elles se justifient par les REVUES. — Certains CAS D'ABSENCE, d'ARRIVÉE, de DÉPART, motivent suppression ou modification de Prestations. — Il y a des Prestations de CORPS DE GARDE ; elles en sont le MOBILIER et le COMBUSTIBLE. Il y a des Prestations de GÉOLAGE ; elles comprennent PAILLE DE COUCHAGE et PRIME EN DENIERS pour ALIMENTS. Il y a des Prestations d'EFFETS D'UNIFORME, d'EFFETS DE LITERIE, etc. — Les Prestations de VIVRES des CORPS se composent de la partie des PRESTATIONS EN NATURE qui ne comprennent pas le CHAUFFAGE et le FOURRAGE ; elles sont dues en tout temps aux HOMMES DE TROUPE ; elles ne sont dues aux OFFICIERS que pour la durée du temps pendant lequel ils ont DROIT à la SOLDE DE FONCTIONS. — Les Prestations en route commencent le JOUR du DÉPART et finissent le JOUR de l'ARRIVÉE ; les PRESTATIONS EN STATION, celles sur PIED DE GUERRE, sur PIED DE PAIX, sont tarifées différemment. — Il y a des PRESTATIONS INDIVIDUELLES, ÉVENTUELLES : telles sont les FOURNITURES EXTRAORDINAIRES de LIQUIDES aux HOMMES DE TROUPE, en TEMPS DE PAIX et en STATION. Il y en a d'HABITUELLES qui comprennent la SOLDE, le PAIN, le CHAUFFAGE des HOMMES DE TROUPE. — M. VAUCHELLE distingue les Prestations en COLLECTIVES si elles intéressent tout un CORPS, en INDIVIDUELLES dans le cas contraire. — Il y a des PRESTATIONS JOURNALIÈRES, parce que la CONSOMMATION s'en calcule par JOURNÉES : telles sont le CHAUFFAGE, le FOURRAGE, les LIQUIDES, le PAIN DE MUNITION, les VIVRES DE CAMPAGNE. Il y a des Prestations délimitées à raison d'une plus longue DURÉE, telles que les EFFETS D'UNIFORME des HOMMES DE TROUPE,

les REMONTES, etc. Il y en a d'USAGÈRES, parce que leur jouissance n'est pas soumise à une supputation de DURÉE, ou à une périodicité de renouvellement : telles sont le BARAQUEMENT, le CAMPEMENT, le CASERNEMENT, les MUNITIONS. — Les CONSOMMATIONS de Prestations sont constatées par REVUES DE LIQUIDATION trimestrielles. — La balance des ALLOCATIONS et de la perception des PRESTATIONS EN ARGENT OU EN RATIONS, constitue le TROP ou le MOINS PERÇU. — L'usage des FEUILLES DE JOURNÉES, des FEUILLES D'APPEL, des CONTROLES ANNUELS, assure la régularité des Prestations ; leur sincérité est constatée par des BONS, des RÉCÉPISSÉS, des PIÈCES COMPTABLES qui se résument en BORDEREAUX. — Le CHEVAL DE SELLE DE CONVOI, compris d'abord au nombre des PRESTATIONS EN NATURE, est devenu PRESTATION PÉCUNIAIRE. — On peut consulter à l'égard des Prestations : M. [BALLYET (1817, D), M. LEGRAND (1837, A), ODIER (1818, E ; 1824, E), M. VAUCHELLE et l'ORDONNANCE DE 1823 (19 MARS). — Les Prestations se distinguent surtout en PRESTATIONS EN NATURE et en PRESTATIONS PÉCUNIAIRES.

PRESTATION COLLECTIVE. V. COLLECTIF. V. PRESTATION.

PRESTATION de CHAUFFAGE. V. CHAUFFAGE. V. COMBUSTIBLE. V, PRESTATION.

PRESTATION de CONVOI. V. CONVOI. V. CONVOI MILITAIRE. V. PRESTATION.

PRESTATION de CORPS. V. CORPS V. CORPS EN ROUTE. V. CORPS EN ROUTE SUR PIED DE PAIX. V. CORPS RÉGIMENTAIRE Nº 5, 7. V. CORPS SÉDENTAIRE. V. SOUS-INSPECTEUR.

PRESTATION de CORPS DE GARDE. V. CHAUFFAGE. V. COMMISSAIRE DES GUERRES Nº 8. V. CORPS DE GARDE DE GARNISON. V. CORPS DE GARDE DE QUATRIÈME CLASSE. V. PRESTATION.

PRESTATION de FOURRAGE. V. FOURRAGE. V. FOURRAGE DE DISTRIBUTION. V. PRESTATION.

PRESTATION de GÉOLAGE. V. CONCIERGE DE PRISON MILITAIRE. V. GÉOLAGE. V. PRESTATION.

PRESTATION de LOGEMENT. V. BARAQUEMENT. V. CAMPEMENT ADMINISTRATIF. V. CASERNEMENT. V. LOGEMENT. V. PRESTATION. V. PRESTATION EN NATURE.

PRESTATION de PAIN DE MUNITION. V. PAIN DE MUNITION. V. PRESTATION.

PRESTATION de SERMENT. V. BAN DE SERMENT. V. PROCÈS-VERBAL DE PRESTATION. V. REVUE D'ADMINISTRATION. V. RETENUE. V. SERMENT.

PRESTATION de SOLDE. V. HOMME EN SUBSISTANCE. V. PRESTATION. V. SOLDE.

PRESTATION de vivres. V. action d'éclat. V. homme en subsistance. V. indemnité de vivres. V. milice romaine n° 5. V. prestation. V. vivres.

PRESTATION d'effets de literies. V. effet de literies. V. prestation.

PRESTATION d'effets d'uniforme. V. allocation en nature. V. effet d'habillement. V. effet d'uniforme. V. étoffe. V. prestation.

PRESTATION d'hommes de troupe. V. amende d'homme de troupe. V. chauffage. V. cuisine. V. décompte de liquidation. V. étoffe d'habillement. V. homme de troupe n° 5, 11. V. prestation.

PRESTATION d'officiers. V. botte de foin. V. disponibilité. V. indemnité de route d'officier. V. officier. V. officier a la suite. V. officier en mission. V. officier français n° 9. V. prestation.

PRESTATION d'officier général. V. général français n° 4. V. maréchal de France n° 6. V. officier général.

PRESTATION en argent. V. en argent. V. gite. V. prestation. V. prestation pécuniaire.

PRESTATION en matières. V. en matières. V. prestation.

PRESTATION (prestations), en nature (B, 1), ou fournitures en nature, comme les appelait l'instruction de 1809 (1er juin); on les a nommées aussi distributions. — Sorte de prestations qui se délivrent en matières ou rations, etc., en outre de la paye; celles qui ne sont pas acquittées directement aux militaires sont représentées, en certains cas, par des indemnités. — Les Prestations sont ou journalières, ou à durée plus longue, ou usagères; elles comprennent le combustible, les effets d'uniforme, les effets de literie, le logement, les munitions, les subsistances. — Il y a des Prestations en nature servies par entreprise, sur enchères publiques, telles que le chauffage, les convois, les effets de literie, les étoffes, les fournitures aux isolés, les transports directs. Il y en a dont les conseils d'administration débattent et acquittent les prix, telles que les effets de coiffure, les effets de grand équipement, certaines parties des effets d'habillement. Il y a des Prestations transmises directement par les soins du ministre; ainsi il décide des marchés et de la livraison des étoffes, de la mise en service des armes d'uniforme de troupe, etc. — La non-perception des Prestations, en temps utile, ne donnait aucun droit à un rappel; il en a été ainsi pendant longtemps; maintenant il est reconnu quelques cas d'indemnités remboursables. — Les Prestations en nature, non compris le logement ou casernement, ne sont dues qu'aux hommes de troupe, sauf quelques exceptions en faveur des officiers sur pied de guerre. — Les Prestations en nature sont régularisées par la comptabilité en nature. — Des femmes ont été, jadis, une sorte de Prestation militaire en nature; nous en avons fourni la preuve.

PRESTATION en rations. V. distribution de rations. V. en rations. V. prestation. V. prestation en nature. V. riz. V. sel.

PRESTATION en route. V. cheval de selle de convoi. V. convoi militaire. V. disponibilité. V. en route. V. étape. V. feuille de route. V. feuille de route de militaire isolé. V. gite. V. milice romaine n° 10. V. prestation. V. riz. V. témoin judiciaire. V. transport direct.

PRESTATION en station. V. en station. V. prestation.

PRESTATION en temps de guerre. V. en temps de guerre. V. prestation.

PRESTATION en temps de paix. V. en temps de paix. V. prestation.

PRESTATION éventuelle. V. éventuel. V. prestation. V. riz.

PRESTATION extraordinaire. V. extraordinaire, adj. V. prestation.

PRESTATION habituelle. V. chauffage. V. habituel. V. liquide. V. pain de munition. V. prestation.

PRESTATION individuelle. V. individuel. V. liquide. V. paye. V. prestation.

PRESTATION journalière. V. journalier, adj. V. prestation. V. prestation en nature.

PRESTATION militaire. V. milice romaine n° 5, 10. V. milice turco-égyptienne n° 4. V. militaire, adj. V. prestation.

PRESTATION (prestations) pécuniaire (B, 1). Sorte de prestations nommées prestations en deniers, quoiqu'il n'existe plus de deniers, dans l'ordonnance de 1823 (19 mars), et prestations en argent dans celle de 1833 (2 novembre, art. 67); car rien de plus rare, en fait de langue militaire, que l'accord des ordonnances entre elles, et que l'application rationnelle des épithètes. Les Prestations pécuniaires comprennent gratifications, indemnités, masses, paye, rappels, remboursement de pertes. Elles ont quelquefois aussi compris les transports directs. — Comme sous-allocation, les indemnités comprennent le cheval de selle de convoi, etc.; la paye comprend appointements, solde, etc. — Les états

DE PAYEMENT, ou de QUINZAINE, les LIVRETS DE SOLDE, les CERTIFICATS DE CESSATION DE PAYEMENT, ont pour objet la légalité, la régularité, la sincérité des Prestations. — Une suppression de Prestations, en tout ou en partie, résulte, en certains cas, d'AMENDES ; un détournement de Prestations résulte de certaines RETENUES d'autres genre. — Pour l'apurement de la COMPTABILITÉ EN DENIERS, la loi est entrée dans la considération des variations de valeurs, par suite des ÉCHANGES DE MONNAIES, en certaines circonstances de guerre. — Les Prestations des CORPS ÉTRANGERS de la GARDE ROYALE étaient hors de proportion avec celles des CORPS FRANÇAIS de la ligne.

PRESTATION USAGÈRE. V. LOGEMENT. V. PRESTATION. V. PRESTATION EN NATURE. V. USAGER.

PRESTATIONNAIRE, adj. V. TRAITEMENT PRESTATIONNAIRE.

PRESTON. V. NOMS PROPRES.

PRÊT, subs. masc. V. ARGENT DE P... V. CARTE DE P... V. DÉPENSE DE P... V. DISTRIBUTION DE P... V. ENREGISTREMENT DE P... V. ÉTAT DE P... V. FEUILLE DE P... V. PAYEMENT DE P... V. RETENUE SUR P... V. SUR P...

PRÊT (term. génér.), ou PRÊT, ou PRÊT MILITAIRE. Ces mots viennent du LATIN *præstare*, comme le témoigne GÉBELIN. — Le Prêt était un PAYEMENT de SOLDE servie à l'avance. Cet usage, fort ancien chez les AVENTURIERS d'ITALIE, n'existe en FRANCE, ou du moins n'est témoigné par des RESCRITS qui soient venus jusqu'à nous, que depuis la première moitié du quatorzième siècle ; mais dès les CROISADES une sorte de Prêt était pratiqué ; telle était la GRANDE PAYE des CHEVALIERS. — L'ordonnance de 1351 (4 février) défendait que le Prêt des GENS D'ARMES leur fût compté pour plus d'un MOIS ; mais il est à remarquer qu'il fut un temps où le MOIS militaire était de quarante-cinq jours. — Nous ne nous occuperons ici du Prêt qu'à partir de l'époque où il est devenu distinct de la PAYE des OFFICIERS. L'ORDONNANCE DE 1633 (14 FÉVRIER) en traitait, et l'on en retrouve le souvenir dans DANIEL (1721, A), DELAFONTAINE (1665, A), GAYA (1670, D), comme exprimant tout ou partie de la SOLDE des HOMMES DE TROUPE : car, suivant les temps, l'USTENCILE était un supplément ou un ACCESSOIRE du Prêt. — Les MONSTRES ou MONTRES de nos ancêtres étaient la mesure préliminaire ou régulatrice du service du Prêt ; les REVUES ont eu ensuite le même but. — Le Prêt des SOLDATS était mis à leur disposition, sauf une RETENUE pour EFFETS D'UNIFORME, jusqu'à l'époque

où l'opinion émise par le MARÉCHAL DE SAXE (1757, A) amena l'usage de faire faire, régulièrement, ordinaire aux TROUPES ; de ce moment les BAS OFFICIERS et autres HAUTES PAYES touchèrent seuls des DENIERS DE POCHE ; quant aux SOLDATS, ils n'avaient DROIT qu'à un DÉCOMPTE trimestriel bien ou mal payé ; le RÈGLEMENT DE 1792 (24 JUIN, art. 15) ne faisait pas encore mention des DENIERS DE POCHE. — Depuis la restauration, le PAYEMENT des DENIERS DE POCHE ne s'effectuait qu'à terme échu, mais non plus par avance ; ainsi, par ce fait, l'expression Prêt est devenue une des inexactitudes de la LANGUE MILITAIRE. — Les ORDONNANCES DE 1768 (1er MARS) et DE 1776 (25 MARS) réglaient les formes et la police du Prêt ; les ORDONNANCES d'ADMINISTRATION en déterminaient le taux. — Quelle que fût la longueur du MOIS, le PAYEMENT du Prêt était servi par le TRÉSOR PUBLIC, soit décadairement, soit aux époques des A-BON-COMPTES DE QUINZAINE. — Pendant la seconde moitié presque entière du dernier siècle, le Prêt n'était servi que pour cinq jours, excepté pour les derniers jours de FÉVRIER ; il ne s'accroissait pas à la fin des MOIS qui avaient plus de trente jours ; une SOLDE de trente-unième jour était acquittée seulement dans les cas où les CORPS étaient EN ROUTE ; mais en GARNISON, il fallait que la TROUPE vécût six jours avec l'ARGENT de cinq jours. Le Prêt est touché chez le PAYEUR, par le TRÉSORIER du CORPS, sur ÉTATS DE QUINZAINE ; il est distribué à qui de droit, par le TRÉSORIER du CORPS, à l'heure fixée par le COLONEL. — Depuis le DÉCRET DE 1790 (6 JUIN) la SOLDE du TRENTE ET UN était payée en toute POSITION ; ainsi il y avait des FEUILLES DE PRÊT de trois, de quatre, de six jours. — L'INSTRUCTION DE L'AN SIX (1er FLORÉAL) posait les principes de la perception du Prêt. — L'ORDONNANCE DE 1825 (19 MARS) changea la règle relative à la durée du Prêt ; elle prétendit le faire faire de quatre en quatre jours, et voulut que la FEUILLE fût à l'avenir nommée ÉTAT QUATRIDIAIRE. Cette feuille mentionnait les FOURNITURES EN NATURE effectuées pendant cette même période. Une CIRCULAIRE DE 1823 (22 MARS) s'étendait sur les avantages de ce système quatridiaire, qui fut aboli par la DÉCISION DE 1828 (31 OCTOBRE). — Les ORDONNANCES DE 1830 (21 FÉVRIER), DE 1833 (20 MAI, 3 DÉCEMBRE et 2 NOVEMBRE) confirmaient ce retour aux anciens usages. — L'ORDONNANCE DE 1855 (JUILLET) modifiait les dispositions mentionnées, à l'égard du Prêt, dans l'ORDONNANCE DE 1833 (2 NOVEMBRE). — Il est du devoir des GÉNÉRAUX de s'assurer s'il ne s'élève aucune plainte touchant l'emploi du

Prêt. — Les AUTEURS qui ont traité des coutumes et des règles qui concernent le Prêt sont : AUDOUIN, M. BALLYET (1817, D), BARDIN (1807, D ; 1809, B), M. BERRIAT (1817, A), BOMBELLES (1746, A), DANIEL (1721, A), DELAFONTAINE (1675, A), DE-NERVO, DESPAGNAC (1751, D), DUBOUSQUET (1769, B), DUPAIN (1783, F), GAYA (1678, B), LACHESNAIE (1758, I, aux mots *Montre, Nombre, Solde*), LECOUTURIER (1825, A), ODIER (1818, E ; 1824, E), QUILLET, le *Dictionnaire de la Conversation*. — Le Prêt se distingue principalement en PRÊT DE COMPAGNIE et en PRÊT DE PETIT ÉTAT-MAJOR.

PRÊT de BAS-OFFICIER. V. BAS-OFFICIER. V. PRÊT.

PRÊT de COMPAGNIE (B, 1). Sorte de PRÊT qui va être surtout examiné par rapport à l'INFANTERIE FRANÇAISE DE LIGNE ; il se grossit, en certains cas, d'ACCESSOIRES DE SOLDE. — La portion du Prêt consacrée aux DÉPENSES de l'ORDINAIRE est inscrite sommairement par le SERGENT-MAJOR, sur le CAHIER D'ORDINAIRE, en présence du CAPORAL D'ESCOUADE. — L'OR-DONNANCE DE 1680 (23 SEPTEMBRE) composait une MASSE DE PROPRETÉ au moyen d'une RE-TENUE d'un sou par jour sur le gain que faisaient les TRAVAILLEURS, ou au moyen de cette même somme sur les bénéfices des SOLDATS montant une GARDE PAYÉE. — Les ORDONNANCES du dernier siècle prescrivaient comment l'ÉTAT DE PRÊT devait être dressé et vérifié, soit par le FOURRIER, soit par le SERGENT-MAJOR, suivant les temps ; elles exigeaient que cet ÉTAT fût signé par le SERGENT-MAJOR et ensuite par le CAPITAINE ou le COM-MANDANT de la COMPAGNIE ; elles le rendaient responsable de la valeur reçue ; elles voulaient que l'argent fût touché à la caisse du QUARTIER-MAITRE, que l'OFFICIER DE SEMAINE rendît compte de la DISTRIBUTION du Prêt au CAPITAINE de la COMPAGNIE, que le montant du Prêt délivré fût inscrit de suite sur le LI-VRE DE COMPAGNIE, ou sur un CAHIER POR-TATIF, que les DENIERS du Prêt ne fussent employés qu'aux besoins de l'ORDINAIRE ; car alors on ne connaissait pas le système des DENIERS DE POCHE. — L'emploi du Prêt devait être dirigé par le CAPORAL D'ESCOUADE ou le CHEF D'ORDINAIRE, et surveillé par le SERGENT DE SUBDIVISION. — L'ARRÊTÉ DE L'AN HUIT (8 FLORÉAL) et le DÉCRET DE L'AN TREIZE (25 GERMINAL) reproduisaient ces principes. — La CIRCULAIRE DE 1816 (22 MAI) voulait que le montant du Prêt fût remis directement au SERGENT-MAJOR par le TRÉSORIER. — La CIRCULAIRE DE 1817 (22 MAI) voulait que les OFFICIERS DE SEMAINE assistassent à sa délivrance, ou le distribuassent eux-mêmes.

L'ORDONNANCE DE 1818 (13 MAI) chargeait de ce maniement le CAPORAL D'ORDINAIRE. — L'ORDONNANCE DE 1823 (19 MARS) voulait que, trimestriellement, il fût dressé un ÉTAT DE TOTALISATION, après la délivrance du dernier Prêt du trimestre ; elle considérait le Prêt comme la troisième partie de la SOLDE ; elle en reconnaissait, comme première et seconde partie, la MASSE DE PETIT ÉQUIPEMENT et les DENIERS D'ORDINAIRE. — Une innovation considérable eut lieu en 1828 : la DÉCISION DU 31 OCTOBRE enjoignait aux CAPITAINES de ne solder qu'à terme échu les DENIERS DE POCHE et les HAUTES PAYES ; elle voulait que, si l'EFFECTIF de la COMPA-GNIE s'augmentait d'un Prêt à l'autre, le CAPITAINE subvînt à l'accroissement de DÉ-PENSE par un emprunt de quelques jours sur le montant des DENIERS DE POCHE restés jusqu'à terme échus entre ses mains ; ainsi le mot Prêt ne s'appliquait plus qu'à faux. — La CIRCULAIRE DE 1833 (20 MAI) confirmait ces dispositions en prescrivant que les DE-NIERS DE POCHE, touchés par le SERGENT-MAJOR, fussent versés en dépôt chez le CAPITAINE, qui ne devait payer qu'à l'expiration des cinq jours les SOUS-OFFICIERS, les HOMMES NE vivant pas à l'ordinaire, les ENFANTS DE TROUPE, les HAUTES PAYES. — Les OFFICIERS DE SECTION sont tenus de donner au CHEF DE BATAILLON DE SEMAINE tous les renseignements qu'il pourrait requérir touchant la régularité de l'emploi du Prêt. — Le CHEF de chaque BATAILLON surveille également l'emploi et l'ENREGISTREMENT du Prêt des COMPAGNIES sous ses ordres.

PRÊT de DÉTACHEMENT. V. DÉTACHEMENT. V. DÉTACHEMENT ADMINISTRATIF. V. FEUILLE DE PRÊT.

PRÊT de PETIT ÉTAT-MAJOR (B, 1). Sorte de PRÊT qui était soumis autrefois à la signature de l'AIDE-MAJOR, comme il l'a été ensuite à celle de l'ADJUDANT-MAJOR ; le Prêt était touché par le plus ANCIEN ADJUDANT.

PRÊT de SOLDAT. V. MARCHE-ROUTE. V. PRÊT. V. SOLDAT.

PRÊT de SOUS-OFFICIER. V. PRÊT. V. SOUS-OFFICIER ; id. Nº 7.

PRÊT d'HOMMES DE TROUPE. V. HOMME DE TROUPE Nº 5, 11. V. PRÊT.

PRÊT MILITAIRE. V. MILITAIRE, adj. V. PRÊT.

PRÉTENTURE, subs. fém. V. CAMP RO-MAIN.

PRÊTER (verb. act.) le COLLET. V. COL-LET. V. DUEL. V. ÉPERON DE BOTTES. V. GANTE-LET.

PRÊTER HOMMAGE. V. HOMMAGE.

PRÊTER le FLANC. V. FLANC. V. RETRAITE EN ÉCHIQUIER.

PRÊTER le GANTELET. V. GANTELET.

PRÊTER SERMENT. V. CAPITAINE DE BANDES. V. GARDE DE PRINCE. V. LÉGION D'HONNEUR. V. SERMENT. V. SOUS-OFFICIER N° 3.

PRÉTEUR (subs. masc.) ROMAIN (F). Mot tout LATIN exprimant un DIGNITAIRE ou un OFFICIER dont les fonctions, d'abord civiles, devinrent en partie militaires. — Les Préteurs de la MILICE ROMAINE étaient au nombre des personnages parmi lesquels on vit les DICTATEURS se choisir leur LIEUTENANT. — Au temps de la guerre contre ANNIBAL, le rang de Préteur équivalait au titre de PROCONSUL, ou à celui de commandant d'une ou de deux LÉGIONS. Substitut, en ce cas, du GÉNÉRAL D'ARMÉE ou d'un CONSUL, le Préteur avait lui-même pour substitut le CENTURION du premier MANIPULE ou un PROPRÉTEUR.—On ignore quelle pouvait être la PAYE du Préteur. — SUÉTONE rapporte qu'AUGUSTE chargea le Préteur des fonctions de QUESTEUR; mais TACITE témoigne que ce système fut de peu de durée. — Les noms du PRÉTOIRE et des PRÉTORIENS, restés comme un souvenir de la haute position du Préteur, attestent l'influence qu'il a exercée; mais les dénominations synonymes de PORTE questorienne et de PORTE PRÉTORIENNE, données à une des issues des CAMPS ROMAINS, accuse le vague ou l'espèce d'alternative des attributions du QUESTEUR et du Préteur; l'un et l'autre ont, suivant les temps, exercé les fonctions de GÉNÉRAUX D'ARMÉE ou de TRIBUN; mais la délimitation précise de leur autorité serait difficile à ressaisir et à décrire, puisque, par exemple, l'épithète *œrarius* a appartenu aussi bien au *prœtor* qu'au *quœstor*.

PRÉTOIRE, subs. masc. V. LÉGAT DU P... V. PORTE DU P... V. PRÉFET DU P...

PRÉTOIRE (F). Mot tout LATIN qui donne idée du QUARTIER GÉNÉRAL d'un CAMP ROMAIN; il était posé sur un *tumulus,* sur une éminence, soit naturelle, soit artificielle, qui dominait et découvrait le reste de l'enceinte, et qu'on nommait aussi *scamnum, suggestum.* — Le Prétoire occupait un terrain en carré long qui pouvait équivaloir à quatre arpents; il n'était pas situé au milieu même du CAMP, mais était à quatre cent cinquante pieds de la PORTE DÉCUMANE; il avait devant lui les TENTES DES LÉGIONS, derrière lui les tentes des alliés, et, de chaque côté, celles des HOMMES DE PIED et de CHEVAL qu'on nommait *electi, extraordinarii.* Une ENSEIGNE ARBORÉE au centre du Prétoire, un manteau de pourpre qui y flottait, y signalaient la tente du GÉNÉRAL, soit

qu'il portât le nom de CONSUL, de DICTATEUR, d'EMPEREUR, de PRÉFET. Entre ce logement et celui des TRIBUNS, il régnait une RUE ou intervalle de cinquante pieds; il y avait cinquante pieds aussi entre les douze TRIBUNS et les LÉGIONS. Dans l'espace opposé étaient contenus les chevaux, les bagages. — Dans l'espace vacant près du pavillon du GÉNÉRAL, du côté du REMPART, étaient le forum, le tribunal où se prononçaient les ALLOCUTIONS, et l'autel consacré aux sacrifices. L'importance, la sainteté du lieu, demandèrent l'appareil d'une GARDE qui y veillât; SCIPION L'AFRICAIN pourvut à la création d'un corps qui y était employé. De cette faible origine sortirent cette GARDE PRÉTORIENNE qui devint une ARMÉE, ces terribles PRÉTORIENS qui décernaient des sceptres et décidaient du sort et de la possession de l'empire, ces puissants PRÉTEURS qui étaient le bras droit des EMPEREURS. — Quelques détails analogues sont insérés dans l'ENCYCLOPÉDIE (1751, C, au mot *Logement)* et dans la plupart des ÉCRIVAINS qui ont traité des CAMPS de la MILICE ROMAINE.

PRÉTORIEN (prétorienne), adj. V. COHORTE P... V. GARDE P... V. LÉGION P... V. PORTE P...

PRÉTORIEN, subs. masc. V. EMPEREUR. V. GARDE ROYALE N° 1. V. MILICE BYSANTINE. V. MILICE ROMAINE N° 2, 5, 10. V. PRÉTOIRE. V. SOUS-CONSUL. V. STRELITZ.

PRÊTRE, subs. masc. V. A P... V. AUMONIER N° 2. V. BONNET DE P... V. ECCLÉSIASTIQUE. V. MASSE MILITAIRE. V. MILICE POLONAISE N° 1.

PRÊTRE D'ARMÉE. V. ARMÉE. V. AUMONIER N° 2.

PREUVE (preuves) (subs. fém.) de DÉLIT. V. CAPITAINE RAPPORTEUR. V. CODE PÉNAL. V. DÉLIT. V. JUGEMENT MILITAIRE. V. JUSTICE MILITAIRE.

PREUVE de NOBLESSE. V. COLONEL GÉNÉRAL DE L'INFANTERIE N° 4. V. MILICE PRUSSIENNE N° 2. V. MILICE SAXONNE N° 1. V. NOBLESSE. V. OFFICIER D'ARTILLERIE N° 1. V. OFFICIER DU GÉNIE N° 2. V. OFFICIER FRANÇAIS N° 5. V. PROMOTION D'OFFICIER. V. QUARTIER. V. RÉGIMENT FRANÇAIS N° 1. V. SERGENT D'INFANTERIE FRANÇAISE DE LIGNE N° 8. V. SOUS-LIEUTENANT N° 2. V. TOURNOI.

PREUX, subs. masc. et adj. (F). Mot sur l'origine duquel les étymologistes ne sont pas d'accord. BULLET et PASQUIER le croient dérivé du verbe CELTIQUE *prouer,* faire des preuves; d'autres prétendent qu'il vient du CELTIQUE *preu* ou *prou,* signifiant avantage remporté sur l'ENNEMI, profit, BUTIN. Un

Preux était un faiseur de prouesses ou de profits. — Quand un connétable faisait de pénnon bannière, il prononçait cette invocation sacramentelle :

Dieu vous en laisse votre Preux (ou prou) faire,

ou, en d'autres termes : *Puissiez-vous tirer un parti brillant de votre position élevée.* — Le vieux dictum : *peu ou prou*, qui veut dire peu ou profitablement, pourrait aussi être cité en témoignage d'étymologie. — Velly, à la date 1341, croit retrouver Preux dans le latin *procer* ou *primus*. Il est vrai que, en quelques provinces, et dans le langage des écoliers, preu et premier sont synonymes. — On pourrait, avec non moins de vraisemblance, supposer que Preux vient de *præda*, puisqu'on retrouve des Preux dans les chevaliers a la proie. — Ducange et Ménage veulent qu'il provienne du latin *procus*, libertin, ou chercheur d'aventures galantes. Ces origines sont moins satisfaisantes que la première. — La qualification de Preux, son application à des chevaliers du moyen age, à des personnages de cour, est un fruit des rêveries des romanciers ; l'expression est passée dans des institutions du treizième siècle, époque où l'on reprenait quelque goût pour la lecture ; de fausses lueurs, une vaine science, égarerent des princes crédules et ignorants ; ils prirent des contes de troubadours pour des points d'histoire ; on vit Henri six d'Angleterre entrer, en 1341, à Paris, précédé de ses neuf Preux de la Table ronde et des neuf Preues leurs compagnes ; il s'en faisait escorter en souvenir des neuf paladins qu'une fable grossière avait attachés à Charlemagne, comme le rapporte le père Anselme. Au nombre de ces Preux de l'empire carlovingien avaient figuré les Machabées, Alexandre le Grand, Jules César, etc. C'est à titre de Preux que César et Alexandre se retrouvent dans nos jeux de cartes. — En 1477, le duc ou roi René, venant visiter la chapelle ardente où reposait Charles le Téméraire, se présenta vêtu à l'antique, avec une barbe d'or, *comme la portoient les anciens Preux après une victoire.* Ce bon duc de Lorraine avait probablement appris dans quelque récit de contes cette vieille coutume. — Dans es tournois, les hérauts proféraient la formule ou la conclamation : *Honneur aux fils des Preux.* — Quelques éclaircissements sur les Preux se trouvent dans Carré (1785, E), Encyclopédie (1751, C), Lecouturier (1825, A), Talbert, Velly.

PRÉVAL. v. noms propres.

PRÉVENIR une surprise. v. surprise.

PRÉVENTION, subs. fém. v. accusé. v. code pénal militaire. v. crime. v. état de prévention. v. prévenu.

PRÉVENU, subs. masc. (C, 5). Mot dont la racine latine est bien connue, ainsi que celle du mot prévention. — Dans le langage moderne de la justice criminelle française, un Prévenu est un inculpé qu'une dénonciation, une requête, une plainte ont livré aux examens préparatoires du corps judiciaire, et qui, par ce motif, a été mis en prison. Un juge d'instruction interroge le Prévenu, qui ensuite est renvoyé de la plainte, ou déclaré accusé ; dans le premier cas, il y a décharge ; dans le second cas, il y a mise en jugement. — Dans l'ordre civil, un Prévenu de délit peut être jugé, sous ce titre, en police correctionnelle ; mais s'il est Prévenu de crime, il est livré à une cour d'assises, et y comparaît sous le titre d'accusé. — Le code pénal militaire n'admet pas ces degrés d'instruction et de juridiction de la justice civile ; il ne différencie pas les crimes et les délits ; de là l'ambiguïté des ordonnances de la guerre ; les unes appellent accusé un Prévenu, les autres dénomment Prévenu un accusé. Nous n'avons pu ni dû faire mieux que la loi pour n'être pas en opposition avec elle. — Un prévenu militaire, soit homme de troupe ou d'un rang plus élevé, est un individu contre lequel il y a présomption d'un délit ou d'un crime, par suite duquel le colonel ou le chef de corps, quelque titre qu'il ait, dresse une plainte qui mentionne les témoins, et motive arrestation. Si la plainte est appuyée d'un soit informé, signé du général commandant de division, il y a dès lors lieu à information par le capitaine rapporteur, qui procède à l'interrogatoire, dresse un acte d'accusation, et le soumet à un conseil permanent ou à tout autre conseil judiciaire compétent. Le Prévenu, passé ainsi à l'état d'accusé dès que commence la procédure, se présente assisté d'un défenseur devant ses juges ; leur jugement déclare absolution, ou prononce application de peine. — Les cas d'annulation de jugement par suite de révision motivent le renvoi du Prévenu devant un tribunal nouveau. — Le nombre des Prévenus appartenant à la classe des enrolés volontaires dépasse de beaucoup celui des Prévenus qui font partie de la classe des hommes appelés au service par la loi. — Un tableau statistique, dressé en 1832, a démontré dans quelles proportions fort différentes il se rencontre des Prévenus, suivant qu'il s'agit d'infanterie, de cavalerie, de troupes du génie, du train des équipages ou de la gendarmerie. En cette même année, la PEINE des TRAVAUX PUBLICS a été appliquée à onze cent quarante-neuf Prévenus. — La classe des REMPLAÇANTS donne, à nombre égal, le plus de Prévenus. — En 1833, il n'y a eu d'exécuté qu'un sixième des Prévenus CONDAMNÉS à la PEINE DE MORT. — Peu d'ÉCRIVAINS ont exercé leur plume à l'égard des Prévenus militaires; M. LEGRAND (1837, A) et ODIER (1818) en disent quelques mots.

PRÉVENU MILITAIRE. V. CAPITAINE RAPPORTEUR. V. MILICE ANGLAISE N° 10. V. MILITAIRE, adj. V. PRÉVENU.

PRÉVENU PRUSSIEN. V. MILICE PRUSSIENNE N° 9. V. PRUSSIEN, adj.

PRÉVENU SUISSE. V. INFANTERIE FRANCO-SUISSE N° 6. V. SUISSE, adj.

PRÉVOST, subs. masc. V. AVENTURIER. V. CHIRURGIEN. V. COLONEL D'INFANTERIE FRANÇAISE DE LIGNE N° 21. V. PRÉVOT.

PRÉVOT, subs. masc. V. EMPLOI DE P... V. GARDE DE P... V. GRAND P... V. LIEUTENANT DE P... V. OFFICE DE P... V. PAYE DE P... V. SERGENT-P... V. USTENCILE DE P...

PRÉVOT (term. génér.), ou PRÉVOST suivant l'ENCYCLOPÉDIE (1751, C), ou PRÉVOT MILITAIRE, ou PROVOST, longtemps usité et resté dans l'ANGLAIS, ou RAGLORE suivant ROQUEFORT, qui n'explique ni le sens primitif et formel, ni la racine de ce dernier mot. — L'expression Prévot est une corruption du LATIN *præpositus*; il signifiait en général second ou suppléant. — Il faut considérer sous trois points de vue les Prévots, savoir, comme personnages politiques, comme OFFICIERS FRANÇAIS, comme NON COMBATTANTS. — En les considérant comme hommes politiques, on s'explique l'affinité qu'ils ont eue avec les BAILLIS, les SÉNÉCHAUX, les VICOMTES, les VIDAMES, les VIGUIERS; HALLAM témoigne de ce genre d'analogie. — Comme OFFICIERS, le rang des Prévots a répondu, suivant les temps, à celui des GÉNÉRAUX FRANÇAIS, à celui des CHATELAINS ou de leurs seconds, à celui des CAPITAINES d'autrefois, à celui des officiers supérieurs de la GENDARMERIE moderne. — Enfin, comme surveillants et chefs de POLICE, il n'existe plus de traces des attributions des Prévots, si ce n'est dans les fonctions si vagues des GRANDS PRÉVOTS, des PRÉVOTS DE DIVISION, des PRÉVOTS MILITAIRES que faisait intempestivement revivre un RÈGLEMENT DE 1809 (11 OCTOBRE) sur le SERVICE DE CAMPAGNE. — HUGUES CAPET dénommait Prévots, ou du moins *præpositi*, les préposés qu'il appelait à un genre d'EMPLOI dont il fut le créateur; il les faisait assesseurs ou BAILLIS des COMTES; il revêtissait ces VICOMTES d'une partie des droits jusque-là exercés directement par les COMTES, sur le MILITAIRE et

sur la JUSTICE. On lit dans M. DULAURE *que les comtes de Paris devenus rois furent remplacés par un Prévot qui résida dans la forteresse du grand Châtelet.* VELLY dit, à la date 1364, *que la charge de Prévot fut conférée par les rois, tantôt à titre de garde, tantôt à titre de ferme; dans ce dernier cas, elles s'adjugeaient au plus offrant.* C'était en quelque sorte acheter une CHARGE de BANNERET. — Le même AUTEUR nous montre, en 1358, *les troupes payées par la capitale, marchant sous les ordres du Prévot de Paris.* — Les Prévots gérèrent avec cette autorité depuis le commencement de la TROISIÈME RACE jusqu'à LOUIS NEUF. L'importance de leurs fonctions commença alors à décroître; les DUCS et les COMTES, jusque-là représentés par eux, se ressaisirent de leurs prérogatives anciennes. — Si, depuis l'affranchissement des COMMUNES, les Prévots déclinèrent comme personnages politiques, d'autres grandissaient comme personnages militaires: les MARÉCHAUX d'écurie étaient jadis devenus Prévots; ces mêmes Prévots devinrent MARÉCHAUX DE FRANCE; ensuite d'autres Prévots, à titre de LIEUTENANTS de ces mêmes MARÉCHAUX, ou comme OFFICIERS DE LA MAISON, devinrent des OFFICIERS D'ÉPÉE à qui était confié le maniement de la JUSTICE, la direction des SUPPLICES. Cette dernière espèce de Prévots s'est maintenue dans la MILICE FRANÇAISE jusque dans le dernier siècle; elle existe même encore nominalement, quoique le titre soit devenu indéfinissable, et que l'EMPLOI soit une anomalie. — On peut consulter à l'égard des Prévots: AUDOUIN, BARDET (1740, A), BILLON (1641, A), BRIQUET (1761, H), M. le colonel CARRION (1824, A), DELAFONTAINE (1675, A), DELAMONT (1671, A), DUANE, DUPAIN (1783, F), DUTILLET, ENCYCLOPÉDIE (1785, C), FLAMITZER, GAYA (1679, A), LACHESNAIE (1758, I, aux mots *Gardes françaises* et *Greffier*), LECOUTURIER (1825, A), M. LEGRAND (1837, A), MANESSON (1685, B), MIRAULMONT, MAURICE DE SAXE (1757, A), PASQUIER, PRAISSAC (1622, A), SINCLAIRE (1773, L), SPATEN, VELLY (t. IV, p. 185), une publication de 1813 (C), le *Dictionnaire de la Conversation.* — Il ne sera question ici, avec quelque développement, des Prévots, qu'en les considérant sous le point de vue de la DISCIPLINE FRANÇAISE, de l'ancienne JURISPRUDENCE des ARMÉES et des JUGEMENTS PRÉVOTAUX. — L'expression sera distinguée en PRÉVOT D'ARMÉE, — DE CONNÉTABLIE, — DE CORPS, — DES BANDES, — DES MARÉCHAUX.

PRÉVOT ANGLAIS. V. ANGLAIS, adj. V. MILICE ANGLAISE N° 2.

PRÉVOT AUTRICHIEN. V. AUTRICHIEN, adj. V. MILICE AUTRICHIENNE N° 2.

PRÉVOT D'ARCHERS. V. ARCHER. V. ARCHER DE CORPS. V. ARCHER DE POLICE. V. ENSEIGNE IDIOPLIQUE. V. INFANTERIE FRANÇAISE N° 2.

PRÉVOT (prévôts) D'ARMÉE (A, 1; F). Sorte de PRÉVOTS qui, suivant les temps, suivant la multiplication de l'EMPLOI, se sont nommés GRANDS PRÉVOTS, PRÉVOTS DES GUERRES, comme les appelle l'ENCYCLOPÉDIE (1751, C), CAPITAINES DE CAMPAGNE, comme les dénomme BASTA (1616), PRÉVOTS DE DIVISION, comme les qualifiaient des usages modernes. — Les Prévôts D'ARMÉE sont surtout considérés ici à part des PRÉVOTS DE CORPS, des PRÉVOTS DES BANDES, etc. — La haute POLICE, l'INSTRUCTION des PROCÈS, l'administration de la JUSTICE les concernaient; ils avaient un pouvoir terrible et exerçaient un arbitraire sanglant; ils poursuivaient d'office ou jugeaient souverainement les DÉLINQUANTS qu'ils surprenaient, ou qui leur étaient déférés par le GÉNÉRAL D'ARMÉE ou le MARÉCHAL DE CAMP. — CHARLES SEPT chercha à mettre un terme aux abus du pouvoir des Prévôts, en confiant à la JUSTICE ordinaire une partie de leurs fonctions, et surtout celles qui n'avaient pas en vue l'ARMÉE; car il y avait alors confusion entre la JUSTICE CIVILE et la JUSTICE DES TROUPES. La discipline n'éprouva que de faibles améliorations de ces essais. — LOUIS ONZE, toujours appliqué à détruire ce que son père avait adopté, LOUIS ONZE, grand partisan d'arbitraire, rétablit la JUSTICE PRÉVOTALE. — L'institution des Prévôts prit une forme plus déterminée sous LOUIS DOUZE. Quand il fut institué des CONSEILS, par l'ORDONNANCE DE 1584 (3 DÉCEMBRE), les Prévôts les présidèrent ou y prirent séance, soit comme ACCUSATEURS, soit comme JUGES. Des Prévôts, soit de CONNÉTABLIE, soit de l'ARMÉE, soit des BANDES, commencèrent à renvoyer à des TRIBUNAUX CIVILS des ACCUSÉS militaires. — Un Prévôt d'armée, ou en d'autres termes le Prévôt d'une ARMÉE, le GRAND PRÉVOT, étaient comparables au PROVOST de la MILICE ANGLAISE, ou au barigel, *bargello*, des ITALIENS. — Sous les avant-derniers règnes, les fonctions de campagne d'un Prévôt français étaient remplies par un des Prévôts du royaume; il en fut surtout ainsi depuis qu'il y eut des PRÉVOTS GÉNÉRAUX de province. Ce Prévôt, appelé à cet emploi, amenait à l'ARMÉE sa COMPAGNIE A CHEVAL, deux LIEUTENANTS, dont un gradué, deux EXEMPTS, un PROCUREUR DU ROI gradué, deux GREFFIERS, un EXÉCUTEUR; il connaissait de toute querelle ou différend survenu de SOLDAT à SOLDAT; il donnait suite aux ACCUSA-

TIONS intentées contre des MILITAIRES, par des HABITANTS se constituant PARTIE PLAIGNANTE; il faisait entériner les BREVETS OU LETTRES DE GRACE; il était JUGE CIVIL par rapport aux DETTES des MILITAIRES, et décidait si les APPOINTEMENTS ou la SOLDE pouvaient, ou non, être saisis au profit des CRÉANCIERS et des HABITANTS; il évoquait et jugeait les cas des OFFICIERS, CAPITAINES y compris, ainsi que les SOLDATS et GOUJATS; il faisait châtier les VAGABONDS et les FEMMES DE MAUVAISE VIE; quant au genre des PEINES à infliger, il prenait les ordres du GÉNÉRAL D'ARMÉE. — Un manuscrit anonyme de 1644 témoigne que telle était la justice d'alors. — Le Prévôt avait au CAMP la direction, la surveillance des PRISONNIERS DE GUERRE; il était chargé de la répartition du BUTIN et des PRISES que rapportaient au CAMP les PARTIS DE GUERRE. — L'INFANTERIE fournissait une GARDE au Prévôt. — Au quinzième siècle, dit M. MONTEIL, *si les Prévôts n'ont pas leur gibet, ordinairement dressé dans une rue du camp, toujours garni de quelques vauriens, on croit qu'ils ne font pas leur devoir.* — Dans le siècle dernier les COMMISSAIRES DES GUERRES étaient, dit M. BALLYET (1817), attachés à la PRÉVOTÉ, en ce sens qu'un COMMISSAIRE était membre des TRIBUNAUX MILITAIRES; mais cette qualité de membre de la PRÉVOTÉ serait une question à éclaircir. — Les Prévôts faisaient BRANCHER, OU PASSER PAR LES ARMES, les hommes des partis bleus, les DÉSERTEURS, les ESPIONS; l'occupation ne leur manquait pas dans la GUERRE DE 1756. — Le DÉCRET DE 1811 (24 DÉCEMBRE, art. 103) autorisait un GOUVERNEUR DE PLACE ASSIÉGÉE à charger des fonctions D'OFFICIER DE POLICE JUDICIAIRE un PRÉVOT MILITAIRE, choisi, autant que possible, parmi les OFFICIERS DE GENDARMERIE. — Dans la GUERRE DE 1823, il y avait dans l'ARMÉE FRANÇAISE, en outre d'un GRAND PRÉVOT, des PRÉVOTS DE DIVISION. — Mais quelle était la nature de ces GRADES? Quels étaient le rang, les devoirs, les attributions, les prérogatives de ces FONCTIONNAIRES? Aucun rescrit, aucune loi connue n'éclaircissaient ce fait; c'était une disposition éventuelle, improvisée, exceptionnelle; c'était un emprunt à quelques traditions trompeuses ou mal appliquées. — On peut consulter sur ces questions: GUILLET (1686, B), LACHESNAIE (1758, 1. au mot *Grand Prévôt*, etc.), TURPIN (1783, O), VELLY, le *Dictionnaire de la Conversation.*

PRÉVOT D'ARMES. V. ARMES. V. ESCRIME.

PRÉVOT DE CONNÉTABLE. V. CONNÉTABLE. V. CONSEIL JUDICIAIRE. V. PRÉVOT DE CONNÉTABLIE.

PRÉVOT (prévôts) de CONNÉTABLIE (F), ou PRÉVOT DE CONNÉTABLE, ou Prévôt du CONNÉTABLE. Sorte de Prévôts qui faisaient partie des OFFICIERS DE MARÉCHAUSSÉE. Ils avaient, dans les ARMÉES où ils étaient employés, la POLICE DES VIVRES et une JURIDICTION spéciale sur les EMPLOYÉS, les GOUJATS, les VIVANDIERS. L'ORDONNANCE DE 1584 (5 DÉCEMBRE) les autorisait à juger les prévenus de CRIMES et DÉLITS après avoir pris l'avis des officiers assemblés en CONSEIL de guerre. — L'ENCYCLOPÉDIE (1751, C) témoigne que des Prévôts de connétablie, après avoir porté jadis le titre de GRAND PRÉVOT DE FRANCE, réclamèrent ensuite, mais en vain, cette ancienne qualification.

PRÉVOT (prévôts) de CORPS (F), ou PRÉVOT PARTICULIER. Sorte de PRÉVOTS distincts, surtout, des PRÉVOTS DE LA CONNÉTABLIE. Ils s'appelèrent d'abord Prévôts des bandes; il en fut conservé, depuis l'extinction des BANDES, dans les GARDES FRANÇAISES et les GARDES SUISSES, dans les RÉGIMENTS DE PRINCE, dans les VIEUX CORPS et les PETITS VIEUX de l'INFANTERIE FRANÇAISE, et dans toute l'INFANTERIE FRANCO-ÉTRANGÈRE; ils y faisaient partie de l'ÉTAT-MAJOR; ils étaient secondés d'un GREFFIER. — Dans la plupart des RÉGIMENTS DE LIGNE où il était légalement reconnu un Prévôt, les COLONELS percevaient eux-mêmes, dans le cours du dernier siècle, la PAYE de ce FONCTIONNAIRE, comme le témoigne POTIER (1779, X); mais ils laissaient vaquer l'EMPLOI. — Le MINISTRE CHOISEUL supprima les Prévôts de l'INFANTERIE FRANÇAISE DE LIGNE, devenus en partie des êtres fictifs; mais l'ORDONNANCE DE 1762 (10 DÉCEMBRE) les conservait dans l'INFANTERIE FRANCO-ÉTRANGÈRE. — L'ORDONNANCE DE 1763 (1er JUIN) continuait à reconnaître deux Prévôts par chaque BATAILLON de GARDES SUISSES, et un à la suite de la COMPAGNIE GÉNÉRALE; ils étaient chargés de l'entretien de la propreté de la CASERNE. — L'ORDONNANCE DE 1764 (29 JANVIER) confirmait l'existence DE l'EMPLOI du Prévôt des GARDES FRANÇAISES et lui donnait un LIEUTENANT et un EXÉCUTEUR. Les ORDONNANCES DE 1776 (25 MARS) et de 1788 (12 AOUT) reconnaissaient encore un Prévôt dans chaque RÉGIMENT D'INFANTERIE ÉTRANGÈRE, parce que ces CORPS avaient leur JUSTICE particulière. — Le Prévôt d'un CORPS était, en vertu de la DÉCLARATION DE 1651 (4 NOVEMBRE), plus favorablement traité, pécuniairement, que l'ENSEIGNE; son USTENCILE était du double; mais ensuite les Prévôts n'eurent dans les TROUPES DE LIGNE que rang d'ENSEIGNE ou de SOUS-LIEUTENANT. Ils étaient aux ordres du MAJOR GÉNÉRAL, ils se livraient à l'INSTRUCTION des PROCÈS et à

tous les détails de la JUSTICE MILITAIRE; ils procédaient à la DÉGRADATION des HOMMES DE TROUPE, et faisaient INFLIGER par les ARCHERS les PUNITIONS et le FOUET AUX SOLDATS, VALETS, VIVANDIERS, coupables de certains méfaits; il faisaient pendre ou PASSER PAR LES ARMES les CRIMINELS CONVAINCUS DE CAS PRÉVOTAUX; ils avaient inspection et autorité sur les MARCHANDS qui s'établissaient ou venaient trafiquer aux CAMPS, et les soumettaient à des rétributions pécuniaires; ils exerçaient la POLICE sur les BAGAGES. — Du reste, on manque d'éclaircissements touchant les rapports hiérarchiques qui ont pu et dû exister entre les Prévôts de corps et le PRÉVOT DE L'ARMÉE. — Il est supposable que, dans les CORPS dépourvus de Prévôts, toutes ces attributions, tous ces droits devenaient ceux du MAJOR. — Au lieu de livrer à la PRÉVOTÉ les MARAUDEURS, le maréchal de SAXE leur infligeait la PEINE DES GALÈRES DE TERRE, PEINE de son invention; au lieu de les faire mettre à mort, SAINT-GERMAIN les faisait bâtonner; car, à ces époques où il n'existait pas de CODE PÉNAL, chaque pouvoir en agissait à sa guise, et tout ce que nous disons des Prévôts est plutôt un résumé de coutumes et de traditions, qu'un exposé de dispositions légales. — On peut consulter à l'égard des Prévôts de corps: DELAFONTAINE (1675, A), DELAMONT (1671, A), GAYA (1670, D), MANESSON (1685, B), LAVALLIÈRE (1693, E), POTIER (1779, X), PRAISSAC (1622, A), SINCLAIRE (1773, L), le *Dictionnaire de la Conversation* et le *Spectateur militaire* (t. XVII, p. 45).

PRÉVOT de DIVISION. V. DIVISION. V. DIVISION D'ARMÉE. V. GRADE D'OFFICIER. V. GRAND PRÉVOT. V. GUERRE DE 1823. V. PRÉVOT. V. PRÉVOT D'ARMÉE.

PRÉVOT de FRANCE. V. FRANCE. V. GRAND PRÉVOT DE FRANCE. V. GRAND PRÉVOT DE L'HOTEL.

PRÉVOT de GENDARMERIE. V. GENDARMERIE. V. GENDARMERIE DE POLICE N° 6.

PRÉVOT de la MARÉCHAUSSÉE. V. MARÉCHAUSSÉE. V. PRÉVOT DES MARÉCHAUX.

PRÉVOT de l'HOTEL. V. CONDAMNÉ A MORT. V. GRAND PRÉVOT. V. GRAND PRÉVOT DE L'HOTEL. V. HOTEL. V. PRÉVOT DES MARÉCHAUX. V. ROI DES RIBAUDS.

PRÉVOT de MARÉCHAL. V. CONNÉTABLIE. V. MARÉCHAL. V. MARÉCHAL DE FRANCE N° 10. V. PRÉVOT DES MARÉCHAUX.

PRÉVOT de MARÉCHAL DES LOGIS. V. MARÉCHAL DES LOGIS D'ARMÉE. V. PRÉVOT DES MARÉCHAUX.

PRÉVOT de MARÉCHAUSSÉE. V. GENDAR-

MERIE DE POLICE N° 6. V. MARÉCHAUSSÉE. V. MILICE BYSANTINE. V. POLICE. V. PRÉVOT DES MARÉCHAUX.

PRÉVOT DE MARÉCHAUX. V. MARÉCHAL. V. PRÉVOT DES MARÉCHAUX.

PRÉVOT DE PARIS. V. GARDE DE PARIS. V. GUET DE PARIS. V. MAIRE DE COMMUNE. V. PARIS. V. PRÉVOT.

PRÉVOT DE POLICE. V. MILICE PIÉMONTAISE N° 1. V. POLICE.

PRÉVOT DE RÉGIMENT. V. CRIME. V. PRÉVOT DES BANDES, V. RÉGIMENT.

PRÉVOT DE SALLE D'ARMES. V. ÉCOLE D'ESCRIME. V. SALLE D'ARMES.

PRÉVOT (prévôts) DES BANDES (F). Sorte de PRÉVOTS dont la création est bien postérieure à celle des PRÉVOTS D'ARMÉE. Ils avaient l'administration de la JUSTICE dans l'ARMÉE FRANÇAISE, et, suivant les temps, ils étaient à la nomination du COLONEL GÉNÉRAL de l'INFANTERIE ou du GRAND PRÉVOT DE LA CONNÉTABLIE; ils n'ont d'abord consisté qu'en deux personnages, le Prévôt des BANDES FRANÇAISES et celui des BANDES SUISSES. — Quoiqu'il ne fût plus reconnu de BANDES depuis longtemps, l'ORDONNANCE DE 1727 (15 JUILLET) appelait encore Prévôt des bandes françaises, le Prévôt des GARDES FRANÇAISES; elle assimilait son rang à celui de lieutenant, et lui allouait quatre rations de vivres et trois de fourrage. — Quand les bandes se transformèrent en RÉGIMENTS nommés VIEUX CORPS, chacun d'eux, ainsi que les RÉGIMENTS DE PRINCE, eut son PRÉVOT PARTICULIER; il en fut de même quand les PETITS VIEUX se formèrent. — Les Prévôts des BANDES devenues régiments, eurent chacun un ou plusieurs LIEUTENANTS et GREFFIERS un certain nombre d'ARCHERS, un EXÉCUTEUR. — L'ORDONNANCE DE 1633 (14 FÉVRIER) plaça sous la JURIDICTION de ces Prévôts les SOLDATS EN GARNISON. — L'ORDONNANCE DE 1651 (4 NOVEMBRE) décidait que quand des CRIMES étaient commis par des GENS DE GUERRE EN GARNISON, au préjudice des HABITANTS, les JUGES ordinaires en connaissaient; mais les Prévôts étaient appelés à l'INSTRUCTION de la cause et assistaient au JUGEMENT. — A défaut de Prévôts, les MAJORS de RÉGIMENT étaient chargés des fonctions prévôtales.

PRÉVOT DES GUERRES. V. GUERRE. V. PRÉVOT D'ARMÉE.

PRÉVOT (prévôts) DES MARÉCHAUX (F), OU PRÉVOT DE LA MARÉCHAUSSÉE, OU PRÉVOT DE MARÉCHAL, comme le dit PHILIPPE DE CLÈVES (1520, A) en parlant du MARÉCHAL DE L'HOST et du MARÉCHAL DES LOGIS, OU PRÉVOT DE MA-RÉCHAUX, comme les appelle l'ENCYCLOPÉDIE (1751, C). Sorte de PRÉVOTS dont l'importance et la position ont infiniment varié. — Peut-être, dans le principe, y a-t-il eu plusieurs Prévôts à la fois; le fait reste douteux. — Le SÉNÉCHAL a eu pour Prévôt le CONNÉTABLE; ce dernier a eu pour Prévôt le MARÉCHAL DE L'HOST OU DE FRANCE; les MARÉCHAUX DE FRANCE, quand ils ont été au nombre de deux, et peut-être même avant le treizième siècle, ont eu un Prévôt; celui-ci, à son tour, devenu PRÉVOT GÉNÉRAL, a eu des PRÉVOTS PROVINCIAUX et des PRÉVOTS PARTICULIERS; ceux-ci eux-mêmes ont eu des LIEUTENANTS ou des subdélégués. — Nous avons déjà dit que tout ce que l'histoire énonce au sujet des GRANDS PRÉVOTS et des Prévôts est plein de contradictions et d'ambiguïté; mais il est probable que le Prévôt de la CONNÉTABLIE ou du CONNÉTABLE, et le Prévôt des maréchaux, n'ont été qu'un seul et même personnage. C'est en considérant ces titres comme n'en faisant qu'un, que l'ENCYCLOPÉDIE (1751, C) regarde l'OFFICIER qui a été connu sous ces différentes qualifications, comme étant devenu GRAND PRÉVOT DE FRANCE, parce qu'une fois attaché à la cour, il parvint, comme cela s'est vu toujours et dans tous les GRADES, à se rendre indépendant de ses CHEFS, à se faire nommer PRÉVOT DE L'HOSTEL, GRAND PRÉVOT DE L'HOSTEL, et à occuper lui-même une des CHARGES DE LA COURONNE. — Le Prévôt des maréchaux répondait, dans le principe, par son titre, son rang, son EMPLOI, à un simple CAPITAINE DE MARÉCHAUSSÉE, puisqu'alors la MARÉCHAUSSÉE DE FRANCE s'élevait à peine à la force d'une COMPAGNIE. Il y avait loin de là à une CHARGE DE LA COURONNE. — Les maréchaux, quand ils n'étaient que les LIEUTENANTS du CONNÉTABLE, ne commandaient qu'en son absence. Dans ce cas, leur Prévôt les représentait dans leurs droits de JURIDICTION; mais il restait sans fonctions en TEMPS DE PAIX, ou quand le CONNÉTABLE exerçait en personne. Il en était ainsi à des époques déjà très-reculées. — Le Prévôt des maréchaux a été reconnu en titre d'OFFICE, et chargé de réprimer judiciairement et manuellement, comme OFFICIER D'ÉPÉE, le brigandage des TROUPES qui déclinaient toute autre autorité que celle du CONNÉTABLE ou des MARÉCHAUX. Ce Prévôt était leur espion en chef, leur substitut en fait de JUSTICE. — CHARLES SIX, sur la fin de son règne, attacha à la suite de la cour le Prévôt, pour y exercer les mêmes fonctions qu'à l'ARMÉE, et accompagner le ROI quand il FAISAIT CAMPAGNE ou quand il assistait aux MARCHES et CHEVAUCHÉES. — Sous CHARLES SEPT, il existait plusieurs Prévôts, puisqu'on lit dans son histoire que ce prince les chargea de TENIR LA CAMPAGNE avec leurs ARCHERS, et de surveiller dans les provinces le licenciement des TROUPES, quand cette mesure devint une conséquence de la création des COMPAGNIES D'ORDONNANCE ; mais ce même prince, s'il chargeait des mesures de police les Prévôts, avait déféré aux justices locales les militaires délinquants ; Louis onze les replaça, au contraire, sous la juridiction des Prévôts, et *ce fut*, dit M. de BARANTE à la date 1480, *une sorte de complète impunité.* — Cet historien et plusieurs autres donnent à Tristan l'ermite, compère de LOUIS ONZE, le titre de Prévôt des maréchaux ; mais ce terrible personnage était, en réalité, un PRÉVOT DE L'HOTEL, un GRAND PRÉVOT. — Le brigandage des TROUPES se perpétuait sous le même monarque ; pour y remédier il autorisa le GRAND PRÉVOT à se donner en quelques provinces des LIEUTENANTS, pris parmi les GENTILSHOMMES de marque, et chargés de convoquer la NOBLESSE pour combattre les COMPAGNIES qui pillaient à main armée ; ces subdélégués exercèrent d'abord en vertu d'une COMMISSION, qui se changea ensuite en une CHARGE. — En 1494, le Prévôt des maréchaux avait des PRÉVOTS PROVINCIAUX qui, à leur tour, devinrent en chef dans leurs provinces, se donnèrent des ARCHERS, se choisirent des LIEUTENANTS. Dans quelques grands gouvernements, tels que la NORMANDIE, etc., le Prévôt s'appela PRÉVOT GÉNÉRAL ; le nombre s'en éleva jusqu'à trente. Dans de moindres circonscriptions, ils s'appelèrent PRÉVOTS PROVINCIAUX. — En cette même année 1494, le Prévôt des maréchaux exerçait dans ROME la POLICE civile et publique et la JUSTICE PRÉVOTALE, comme le témoigne VELLY. — Sous LOUIS DOUZE, chaque province avait son PRÉVOT DE MARÉCHAUSSÉE, ayant sous ses ordres des LIEUTENANTS et des ARCHERS. — Jusqu'à FRANÇOIS PREMIER, la JURIDICTION des Prévôts avait surtout pour objet la répression des DÉLITS des TROUPES, mais elle s'étendit alors sur les VAGABONDS. Cette extension d'attributions donna naissance aux LIEUTENANTS DE ROBE LONGUE, aux LIEUTENANTS DE ROBE COURTE, aux GREFFIERS. — Depuis 1536, quantité d'ORDONNANCES déterminèrent, étendirent les attributions des Prévôts, réglèrent les CAS PRÉVOTAUX, chargèrent ces FONCTIONNAIRES de la recherche des DÉSERTEURS. — L'accroissement des Prévôts et LIEUTENANTS fut une source d'abus et d'irrégularités ; aussi le CONNÉTABLE fut-il chargé de connaître des exactions que pourraient commettre ces FONCTIONNAIRES. — Un ÉDIT DE 1544 (NOVEMBRE) supprimait les PRÉVOTS PRO-

VINCIAUX OU PARTICULIERS. — M. DULAURE nous montre, sous LOUIS TREIZE, les Prévôts des maréchaux n'administrant qu'une justice vénale, *ne faisant pendre que ceux qui n'ont pas d'argent.* — Une ORDONNANCE DE 1670 et la DÉCLARATION DE 1731 (5 FÉVRIER) soumettaient à la JURIDICTION de la PRÉVOTÉ, les ASSASSINS, les INCENDIAIRES, les GENS SANS AVEU. — Dans le dix-huitième siècle, comme le témoigne LACHESNAIE (1758, I, au mot *Robe courte*), les Prévôts des maréchaux étaient OFFICIERS DE ROBE COURTE. — Ils étaient, dans les provinces, chargés de représenter le TRIBUNAL DU POINT D'HONNEUR. — L'abolition des Prévôts eut lieu quand la constitution judiciaire du royaume prit une face nouvelle ; ce fut en 1791. Nous avons expliqué comment eut lieu la résurrection du titre, sinon des fonctions. — Les AUTEURS qui peuvent être consultés à l'égard des Prévôts des maréchaux sont : AUDOUIN, ENCYCLOPÉDIE (1751, C), FURETIÈRE (au mot *Prévost*), MANESSON (1685, B), M. MONTEIL, POTIER (1779, X), VELLY, à la date 1265, le *Dictionnaire de la Conversation.*

PRÉVOT des RIBAUDS. V. RIBAUD. V. ROI DES R...

PRÉVOT d'ESCRIME. V. ÉCOLE D'ESCRIME. V. ESCRIME.

PRÉVOT d'INFANTERIE. V. INFANTERIE. V. PRÉVOT DE CORPS.

PRÉVOT du CONNÉTABLE. V. CONNÉTABLE. V. GRAND PRÉVOT DE L'HOTEL. V. PRÉVOT DE CONNÉTABLIE.

PRÉVOT du ROI DES RIBAUDS. V. ROI DES RIBAUDS.

PRÉVOT GÉNÉRAL. V. CONNÉTABLIE. V. GÉNÉRAL, adj. V. GRAND PRÉVOT DE LA CONNÉTABLIE. V. GRAND PRÉVOT DE L'HOTEL. V. JUSTICE MILITAIRE. V. MARÉCHAUSSÉE. V. PRÉVOT D'ARMÉE. V. PRÉVOT DES MARÉCHAUX.

PRÉVOT MILITAIRE. V. FLAMITZER. V. GOUVERNEUR DE PLACE ASSIÉGÉE. V. MILITAIRE, adj. V. PRÉVOT. V. PRÉVOT D'ARMÉE. V. PROCÉDURE. V. SPATEN.

PRÉVOT PARTICULIER. V. GRAND PRÉVOT DE LA CONNÉTABLIE. V. PARTICULIER, adj. V. PRÉVOT DE CORPS. V. PRÉVOT DES BANDES. V. PRÉVOT DES MARÉCHAUX.

PRÉVOT PIÉMONTAIS. V. MILICE PIÉMONTAISE N° 1. V. PIÉMONTAIS, adj.

PRÉVOT PROVINCIAL. V. MARÉCHAUSSÉE. V. PRÉVOT D'ARMÉE. V. PRÉVOT DES MARÉCHAUX. V. PROVINCIAL.

PRÉVOT WURTEMBERGEOIS. V. MILICE WURTEMBERGEOISE N° 1. V. WURTEMBERGEOIS, adj.

PRÉVOTAL (prévôtale), adj. V. CAS P...

V. CONSEIL P... V. COUR P... V. JUGEMENT P... V. JUSTICE P... V. TRIBUNAL P...

PRÉVOTÉ, subs. fém. V. ARMÉE AGISSANTE Nº 1. V. ARCHER DE LA P... V. CAMPEMENT TACTIQUE. V. COMMISSAIRE DES GUERRES Nº 6. V. EXEMPT DE P... V. GARDE DE LA P... V. GRAND PRÉVOT. V. GREFFIER DE P... V. JURISPRUDENCE. V. JUSTICE MILITAIRE. V. MAISON DU ROI Nº 2. V. MAJOR CAPITAINE Nº 4. V. MARÉCHAUSSÉE. V. PRÉVOT D'ARMÉE. V. PRÉVOT DE CORPS. V. RÉGIMENT DE PRINCE. V. SOLDE DE P... V. SUPPLICE. V. TRÉSORIER DE LA P...

PRÉVOTÉ de l'HOTEL. V. AUMONIER DE CORPS Nº 1. V. CHAPELAIN. V. COMPAGNIE D'ORDONNANCE Nº 1. V. COULEUR NATIONALE. V. COUR PRÉVOTALE. V. GARDES DE LA PRÉVOTÉ. V. GRAND PRÉVOT. V. GRAND PRÉVOT DE L'HOTEL. V. HOPITAL MILITAIRE. V. MAISON DU ROI Nº 2. V. MARÉCHAUSSÉE. V. MIRAULMONT. V. ROI DES RIBAUDS.

PRIÈRE, subs. fém. (F). Mot dérivé du verbe bas LATIN et ITALIEN *pregare*. Ce substantif, pris sous deux acceptions différentes, était employé dans les RÉGLEMENTS DE CAMPAGNE et de POLICE. Dès le temps des MILICES GRECQUES, une Prière était le préliminaire d'une ACTION. — Dans les RÉGIMENTS PROTESTANTS, le terme Prière, pris dans l'acception commune, répondait au mot MESSE MILITAIRE, pratiqué dans les autres CORPS FRANÇAIS ; faire la Prière en public, aux heures voulues, était le devoir du MINISTRE. — Dans tous les corps FRANÇAIS OU FRANCO-ÉTRANGERS à MINISTRE OU à AUMONIER, la Prière avait lieu au CAMP, une demi-heure avant la RETRAITE, soit à la CHAPELLE du RÉGIMENT, si le CORPS en avait une, soit en avant du centre de la TROUPE. — A l'issue de cette Prière du soir, la MUSIQUE exécutait divers morceaux, jusqu'à l'instant de la BATTERIE de la RETRAITE. Ainsi le prescrivait l'ORDONNANCE DE 1788 (12 AOUT) ; mais le RÉGLEMENT DE 1792 (5 AVRIL) gardait, à l'égard de la Prière du soir, le silence. — L'ÉCOLE DE MARS, en 1794, observait cependant la Prière. — Pris dans un autre sens, le mot Prière, synonyme de PRIÈRE CÉLEUSTIQUE, donnait idée d'une BATTERIE DE CAISSE ; c'est en ce cas qu'on disait BATTRE LA PRIÈRE, c'est-à-dire appeler à cette partie du SERVICE DE CAMPAGNE.

PRIÈRE CÉLEUSTIQUE. V. CÉLEUSTIQUE, adj. V. PRIÈRE. V. TAMBOUR IDIOPLIQUE D'INFANTERIE FRANÇAISE Nº 7.

PRIMAIRE, adj. V. ÉCOLE P... V. ENSEIGNEMENT P... V. PREMIER.

PRIMAUTÉ (subs. fém.) de GRADE. V. ADJUDANT-MAJOR DE SEMAINE Nº 1. V. ANCIENNETÉ DE GRADE. V. CAPORAL D'ESCOUADE Nº 1.

V. CHEF DE DÉTACHEMENT DE GUERRE Nº 1, 2. V. CHEF DE DIVISION Nº 2, 3. V. GRADE. V. PREMIER.

PRIME, subs. fém. V. PREMIER.

PRIME de GEOLAGE. V. GEOLAGE. V. PRESTATION.

PRIME de RÉGIE. V. RÉGIE DES VIVRES.

PRIME de RENGAGEMENT. V. HAUTE PAYE DE RENGAGEMENT. V. HAUTE PAYE PÉCUNIAIRE. V. RENGAGEMENT. V. REMPLAÇANT.

PRIME d'ENGAGEMENT. V. AVENTURIER. V. BUTIN. V. CROISADE DE 1270. V. ENGAGEMENT. V. ENGAGEMENT DE RECRUE. V. ENROLÉ VOLONTAIRE. V. ENROLEMENT VOLONTAIRE. V. INFANTERIE FRANCO-SUISSE Nº 4. V. MILICE ANGLAISE Nº 12. V. PAYE. V. RECRUTEMENT. V. SOLDE.

PRIME d'ENTRETIEN. V. ADJUDANT D'INFANTERIE FRANÇAISE DE LIGNE Nº 12. V. ENTRETIEN. V. LÉGISLATION, 1835 (23 DÉCEMBRE). V. MAITRE OUVRIER Nº 5. V. MASSE INDIVIDUELLE.

PRIME d'ESCRIME. V. ESCRIME. V. GARDE D'ESCRIME.

PRIME JOURNALIÈRE. V. ADJUDANT D'INFANTERIE FRANÇAISE DE LIGNE Nº 12. V. JOURNALIER, adj. V. MAITRE OUVRIER Nº 5. V. MASSE INDIVIDUELLE.

PRIMERAIN, subs. masc. V. CHEF DE FILE. V. PREMIER. V. PREMIER RANG.

PRIMIPILAIRE, adj. et subs. masc. V. CENTURIE PRIMIPILAIRE.

PRIMIPILE, subs. masc. V. AIGLE. V. AQUILIFÈRE. V. CENTURION Nº 5. V. CENTURION DE TRIAIRES. V. CENTURION EN CHEF. V. COHORTE DE LÉGION ROMAINE Nº 6. V. MILICE ROMAINE Nº 10. V. POLÉMARQUE. V. PRÉFET DE CAMP. V. PRINCE DE LÉGION ROMAINE.

PRIMISSER. V. NOMS PROPRES.

PRIMITIF, adj. V. ALIGNEMENT P... V. BUT EN BLANC P... V. PREMIER.

PRINCE, subs. masc. V. CENTURIE DE P... V. CENTURION DE P... V. GARDE D'HONNEUR DE P... V. GARDE DE P... V. HONNEURS AUX P... V. MANIPULE DE P... V. RÉGIMENT DE P...

PRINCE (term. génér.). Mot tout LATIN qui, avant de devenir un titre nobiliaire, signifiait simplement : premier ou principal SOLDAT OU SOLDURIER. Il demande à être distingué en PRINCE DE LÉGION ROMAINE et en PRINCE FRANÇAIS.

PRINCE de la MILICE. V. GRAND SÉNÉCHAL. V. MILICE. V. OFFICIER Nº 2.

PRINCE (princes) de LÉGION ROMAINE (F). Sorte de PRINCES ou de SOLDATS principaux dont la dénomination, d'abord juste, devint fausse ensuite. Mais l'usage l'ayant consacrée dans la MILICE ROMAINE, l'habitude la maintint, toute incorrecte qu'elle fût. Plus d'un ÉCRIVAIN en a vainement recherché l'étymologie ; elle n'était pourtant pas difficile à ressaisir, la voici. — La LÉGION primitive avait forme de PHALANGE oblongue, avant de devenir l'ORDRE MANIPULAIRE en ÉCHIQUIER, ou l'ordre sur une PREMIÈRE et une SECONDE LIGNE. Cette PHALANGE de ROME naissante FAISAIT FRONT par un de ses longs côtés et se composait, à l'instar de celle des GRECS, du CORPS DE BATAILLE ou de la force principale, nommée en LATIN *principia ;* de là le nom de Princes, donné aux SOLDATS D'INFANTERIE qui la composaient ; ils_étaient distingués, par cette qualification, des ARMÉS A LA LÉGÈRE, alors nommés HASTAIRES. — Quand les HASTAIRES, de SOLDATS LÉGERS ou de VOLTIGEURS qu'ils étaient, devinrent avant-corps de BATAILLE, ou AVANT-BATAILLE, sous SERVIUS TULLIUS, les VÉLITES furent créés pour les remplacer comme VOLTIGEURS ; les HASTAIRES, devenus PREMIÈRE LIGNE, eurent pour SECONDE LIGNE ou pour RÉSERVE les Princes. Cet ORDRE DE COMBAT en MANIPULES, dont TITE LIVE témoigne, était l'abolition du système phalangique. Une méthode nouvelle compléta l'institution des LIGNES COMBINÉES ; les TRIAIRES, ou TROISIÈME LIGNE, furent créés après le siége de VEYES. Les Princes cessèrent d'être l'arrière-RÉSERVE, et ne furent plus qu'un appui interne, et au besoin un renforcement des HASTAIRES, dans les INTERVALLES MANIPULAIRES desquels ils venaient, au besoin , intercaler leurs MANIPULES, comme ils le firent à la bataille d'Adda. — Quand une LÉGION était créée, le choix des Princes avait lieu après l'opération de la composition des HASTAIRES , comme le dit POLYBE ; les CONSULS les tiraient de la classe des ROMAINS payant un certain cens, robustes et dans la fleur de l'âge : *ætate florentissimâ principes.* — Ainsi les Princes étaient les aînés des HASTAIRES et les puînés des TRIAIRES. En campagne , ils se recrutaient de HASTAIRES admis par forme de RÉCOMPENSE, et ils recrutaient les TRIAIRES. Ces derniers étaient devenus, de fait, les Princes de la LÉGION, mais ils n'en prirent pas le nom. — Les Princes étaient organisés sur DIX RANGS, et obéissaient au PRIMIPILE, ou CENTURION de leur première CENTURIE. — La force numérique des Princes égalait celle des HASTAIRES, et fut, sauf des différences accidentelles, de douze cents SOLDATS ; c'était le double de la force des TRIAIRES, mais celle-ci ne varia jamais. Celle des Princes et des HASTAIRES ne fut pas constamment la même. — Les Princes étaient armés, à la différence près de la DEMI-PIQUE, comme les TRIAIRES. — La

distance qui était ménagée entre la LIGNE des TRIAIRES et celle des Princes, n'a été calculée par les modernes que sur des à peu près ; car on n'en retrouve le chiffre dans aucun ÉCRIVAIN digne de foi. Les images qui en ont été tracées dans ce que nous avons dit de la LÉGION, sont appuyées sur les supputations les plus vraisemblables. — Si le sort des combats trahissait les HASTAIRES, ils se retiraient dans les intervalles des Princes ; si cette LIGNE, ainsi doublée, continuait à avoir du désavantage, elle resserrait ses FILES pour réduire son FRONT, et par l'accession des TRIAIRES elle ne formait plus qu'une LIGNE PLEINE, une MURAILLE. — La création des COHORTES, sous MARIUS, amena l'abolition des Princes et l'extinction de l'ORDRE MANIPULAIRE. TURPIN (1780, O) dit que les Princes furent rétablis sous CÉSAR ; mais ce n'étaient plus les Princes des temps consulaires ; ceux-ci s'appelaient Princes, parce qu'ils étaient en PREMIÈRE LIGNE ; mais, en réalité, leur rang avait décru moralement, et leurs fonctions étaient tout autres ; ils étaient devenus jeteurs de JAVELOTS. — Au temps de VÉGÈCE (390, A), les Princes , suivant la description qu'il en fait, tenaient la PREMIÈRE LIGNE, environnaient et défendaient l'AIGLE et les ENSEIGNES, et étaient des SOLDATS D'ÉLITE qu'on appelait aussi ORDINAIRES, *ordinarii,* et subsignaires, *subsignani.* — Ces questions sont éclaircies ou débattues dans M. le colonel CARRION (1824, A), DESPAGNAC (1751, D), ENCYCLOPÉDIE (1751, C ; id. au mot *Légionnaire*), GUISCHARDT (1758, H), LACHESNAIR (1758, I), MAUBERT (1762, F), POLYBE (150 av. J.-C.), ROHAN (1757, Q), STIERNEMAN , TITE LIVE, TURPIN (1783, O), VÉGÈCE (390, A).

PRINCE DU SANG. V. ARME PRÉSENTÉE. V. COLONEL D'INFANTERIE FRANÇAISE DE LIGNE N° 4. V. COLONEL GÉNÉRAL. V. COMMANDEMENT D'ARMÉE. V. COMPAGNIE D'ORDONNANCE ; id. N° 3. V. COMMISSAIRE DES GUERRES N° 3. V. COMTE N° 4. V. GARDE ROYALE N° 2. V. GÉNÉRAL FRANÇAIS N° 4. V. GÉNÉRALISSIME. V. GOUVERNEUR DE PROVINCE. V. GRAND OFFICIER DE LA COURONNE. V. GRAND PRÉVÔT DE L'HOTEL. V. HABILLEMENT. V. HONNEURS. V. MARÉCHAL DE FRANCE N° 9. V. ORDRE DE SAINT-LOUIS. V. PORTE-DRAPEAU N° 8. V. PRINCE FRANÇAIS. V. RÉGIMENT DE PRINCE. V. SANG. V. TOURNOI.

PRINCE (princes) FRANÇAIS (F). Sorte de PRINCES dont la qualification a désigné, soit les ROIS ou le GRAND SÉNÉCHAL, soit les MAIRES DU PALAIS ou les SEIGNEURS jouissant d'attributs royaux, possesseurs de DOMAINES , portant COURONNE et COTTE D'ARMES, et ayant à leur suite, ou près d'eux, suivant la diversité des modes et des époques, les person-

uages ou les insignes qu'on a nommé AM-
BACTES, HÉRAUTS, LEUDES, POURSUIVANTS D'AR-
MES, et autres TROUPES soumises aux MONTRES
ou REVUES, ou dispensées d'y paraître. —
Il ne sera question ici des Princes que sous
un point de vue historique, et qu'à titre de
FONCTIONNAIRES jadis MILITAIRES et d'OFFI-
CIERS DE TROUPES de l'ARMÉE FRANÇAISE. —
Être Prince, OFFICIER MILITAIRE, JUGE MILI-
TAIRE, était autrefois d'inséparables attribu-
tions ; et dans des temps où l'emploi de MI-
NISTRE DE LA GUERRE n'existait pas, chaque
Prince était MINISTRE dans son ARMÉE. — Les
CHEVAUCHÉES, les CLIENTS qu'un Prince devait
lever à titre féodal, ou qu'il mettait en jeu
dans les GUERRES PRIVÉES, y marchaient sous
ses ordres, ou sous ceux de son BAILLI. —
Un Prince qui, dans un COMBAT, était FAIT
PRISONNIER par un ROTURIER, subissait une
sorte de flétrissure imposée à son CARTEL
D'ARMOIRIES. Se faire honneur du blason du
vaincu, se l'attribuer comme sien, sous le
titre d'ARMES ASSOMPTIVES, devenait le droit
et l'anoblissement du vainqueur. — Il fut
un temps où être BARON était plus qu'être
Prince, et ou les SOULIERS A LA POULAINE et
la TREUMELLE étaient une distinction de
Princes. — Un Prince était ou n'était pas
CHEVALIER ; un CHEVALIER jouissait de PRÉRO-
GATIVES que n'eût pu s'attribuer un Prince ;
aussi, dans le temps où florissait la CHEVA-
LERIE, il n'était pas de Prince, fût-il ECCLÉ-
SIASTIQUE, qui n'aspirât à être membre de
cet ORDRE. — Une ORDONNANCE DE 1306 assimilait, quant aux droits du COMMANDEMENT
dans les ARMÉES, le Prince à l'AMIRAL. — Au
quinzième siècle, tel Prince était DUC, tel
autre était COMTE ; ce sont des détails ou des
règles indéchiffrables. — Suivant le temps,
suivant le rang, le DRAPEAU BLANC ou le DRA-
PEAU DE COULEUR se déployaient pour rendre
les HONNEURS aux Princes ; le PORTE-DRAPEAU
les SALUAIT au bruit de la BATTERIE AUX
CHAMPS, la TROUPE ayant l'ARME PRÉSENTÉE.
— Quoiqu'un monarque soit un Prince, on
appelait cependant, tant la LANGUE est bizarre ;
RÉGIMENTS DE PRINCES, des corps que la COU-
LEUR ou les accessoires de leur HABIT distinguaient des RÉGIMENTS du monarque ou CORPS
ROYAUX. — Un point de JURISPRUDENCE militaire et de légalité civile est, jusqu'ici, non
résolu en FRANCE : les Princes du sang peu-
vent-ils, sans passer par les ÉCOLES MILITAIRES,
occuper, d'emblée, les hauts EMPLOIS de l'AR-
MÉE ? cette question était effleurée, ou plutôt
éludée dans l'ORDONNANCE DE 1818 (13 MAI).
La discussion du budget de 1833 (28 mars),
devant la chambre des députés, témoignait
du silence des RÉGLEMENTS et du besoin d'une
LÉGISLATION à cet égard. — Dans les temps

anciens de la monarchie, les Princes du sang
naissaient GÉNÉRAUX ou tout au moins COLO-
NELS ; d'autres exemples cependant peuvent
être cités : PIERRE LE GRAND et TURENNE
avaient commencé leur éducation comme
SIMPLES SOLDATS ; le duc de Clarence, devenu
Guillaume quatre, et le Prince royal de
PRUSSE, fils du roi régnant en 1835, avaient
été d'abord lieutenants. — On peut consulter, au sujet des Princes, les AUTEURS qui
ont été mentionnés à l'occasion des autres
DIGNITAIRES militaires, et surtout BÉNETON
(1741, A) et GUIGNARD (1725, B).

PRINCE LÉGITIMÉ. V. HONNEURS. V. LÉGI-
TIMÉ.

PRINCE NOIR. V. NOIR, adj. V. NOMS PRO-
PRES.

PRINCE SOUVERAIN. V. COUR. V. HÉRAUT.
V. QUARTIER GÉNÉRAL. V. SERGENTERIE. V. SOU-
VERAIN, adj.

PRINCIPAL (principale), adj. V. AGENT
P... V. AMBULANCE P... V. CHIRURGIEN P... V.
COMMISSAIRE P... V. CONSEIL P... V. CORPS DE
GARDE P... V. COULEUR P... V. EFFET P... V.
MÉDECIN P... V. OFFICIER D'ADMINISTRATION
P... V. OFFICIER P... V. PIÈCE P... V. PORTE
P... V. POSTE P... V. RÉDUIT P...

PRINCIPAL LIEUTENANT. V. LIEUTENANT
GÉNÉRAL Nº 2.

PRINCIPIA, subs. fém. V. CAMP ROMAIN.
V. PRINCE DE LÉGION ROMAINE.

PRINGALLE, subs. fém. V. ESPINGOLE.

PRINGLE. V. NOMS PROPRES.

PRINGOLE, subs. fém. V. ESPINGOLE.

PRINSEP. V. NOMS PROPRES.

PRIORATO. V. NOMS PROPRES.

PRISE, subs. fém. V. CHEVAL DE P... V.
BON DE P... V. REPRÉSAILLES.

PRISE D'ARMES. V. A L'ORDRE DEVANT LA
TROUPE. V. ADJUDANT D'INFANTERIE FRANÇAISE
DE LIGNE Nº 15, 16. V. ADJUDANT-MAJOR DE
SEMAINE Nº 4. V. ADJUDANT-MAJOR D'INFANTE-
RIE FRANÇAISE DE LIGNE Nº 10, 11, 12. V.
ALERTE DE POSTE. V. ALERTE DE PRISE D'ARMES.
V. APPEL DE MUSICIEN. V. APPEL DE POSTE. V.
APPEL DE PRISE D'ARMES. V. APPEL DE TAMBOUR.
V. APPORTER LES DRAPEAUX. V. ARMES. V. AS-
SEMBLÉE CÉLEUSTIQUE. V. ASSEMBLÉE DE TROUPE.
V. AUX ARMES, interj. V. BOUCLIER. V. BUCCINE.
V. CAHIER D'APPEL. V. CAPITAINE D'INFANTERIE
FRANÇAISE DE LIGNE Nº 11. V. CAPORAL DE SE-
MAINE Nº 2. V. CAPORAL D'ESCOUADE Nº 5. V.
CÉRÉMONIE FUNÈBRE. V. CHEF DE BATAILLON D'IN-
FANTERIE FRANÇAISE DE LIGNE Nº 8. V. COLO-
NEL D'INFANTERIE FRANÇAISE DE LIGNE Nº 18,
19, 23. V. COMMANDEMENT VOCAL. V. COMPA-
GNIE D'INFANTERIE FRANÇAISE DE LIGNE Nº 9.

v. consigne a la caserne. v. consigne de police au camp. v. corps de garde de garnison. v. disponible. v. faction. v. garde de police en route. v. général français n° 4. v. homme de garde. v. officier de semaine. v. pelotonnement. v. réception de drapeaux. v. réception d'officier. v. sapeur d'infanterie. v. section administrative. v. sous-officier n° 6, 10.

PRISE d'armes extraordinaire. v. autorités militaires. v. extraordinaire, adj.

PRISE de caserne. v. caserne. v. conservateur de batiment militaire.

PRISE de chauffage. v. arrondissement de prises. v. chauffage.

PRISE de chemin couvert. v. assaillant. v. chemin couvert. v. siége offensif. v. sortie extérieure.

PRISE de contrescarpe. v. contrescarpe.

PRISE de corps de garde. v. corps de garde.

PRISE de dehors. v. assaillant de siége offensif. v. bastion de forteresse. v. dehors. v. puits de mine.

PRISE de demi-lune. v. demi-lune.

PRISE de drapeau. v. aux drapeaux. v. corps au gite. v. drapeau.

PRISE de forteresse. v. art militaire. v. assaut de corps de place. v. assaut offensif. v. attaque de place. v. forteresse.

PRISE de fourrage. v. distribution en route. v. fourrage.

PRISE de guerre. v. cheval de prise. v. butin. v. guerre. v. prévot d'armée.

PRISE de pain. v. distribution de pain. v. distribution en route. v. pain.

PRISE de rations. v. distribution de rations. v. ration.

PRISE de viande. v. caporal d'ordinaire n° 3. v. distribution de viande au camp. v. viande.

PRISE d'ouvrages. v. attaque de place. v. attaque d'ouvrages. v. ouvrage.

PRISON, subs. fém. v. a la p... v. ameublement de p... v. capitaine de visite de p... v. chambre de p... v. concierge de p... v. décès en p... v. dégradation de p... v. détenu en p... v. effet de p... v. en p... v. entrée a la p... v. entrée en p... v. facteur de p... v. homme en p... v. malade en p... v. mouvement de p... v. officier en p... v. paille de p... v. peine de p... v. pistole de p... v. punition de p... v. rentrée de p... v. salle de p... v. sentinelle de p... v. service de p... v. sortie de p... v. traitement de p... v. visite de p... v. vivre p...

PRISON (term. génér.), ou géole, ou prison militaire. Le mot Prison est dérivé, suivant Gébelin, du latin *pressus*, saisi. Mais pourquoi ne viendrait-il pas de *prehensio*, puisqu'il a visiblement la même étymologie que les termes prendre et prise ; il a produit emprisonnement et prisonnier. — Prison s'emploie quelquefois comme synonyme d'établissement, quelquefois comme synonyme d'emprisonnement ; dans cette dernière acception, c'est une punition, si l'homme est repris du fait de la discipline ; c'est une peine, si la justice a prononcé sur un détenu mis en jugement et si l'homme a été condamné à l'incarcération. Il y a ainsi prison disciplinaire et prison pénale, en outre de la prison de guerre. — La Prison ou l'emprisonnement diffèrent, s'il s'agit d'officiers, de sous-officiers ou de simples soldats. — Conformément à l'ordonnance de 1833 (2 novembre), la Prison ne pouvait durer, disciplinairement, plus de quinze jours ; celle d'officier était toujours mise à l'ordre du jour. — S'il s'agit de punitions au camp, en garnison, au gite, s'il s'agit de détention chez l'ennemi, par suite d'un désavantage à la guerre, tous ces genres de Prison modifient l'effectif et sont, ou une fois, ou journellement, l'objet d'une énonciation sur la feuille de rapport. — Les arrêts sont le minimum de la Prison de punition des officiers. — Le cachot est le maximum de la Prison de punition des hommes de troupe. — L'emprisonnement, soit comme punition, soit comme peine des hommes de troupe, modifie leur couchage et leur solde ; la prison pénale leur ôte le droit à la perception du pain de munition du corps. — Le règlement de 1792 (24 juin) défendait l'usage du feu et de la lumière en Prison ; alors on fumait peu ; mais depuis l'usage excessif du tabac, la prohibition du feu a été mal observée ; un des moyens de rendre des plus efficaces la punition de la prison en Prusse, est de priver de pipe et de tabac l'homme enfermé. — L'ordonnance de 1768 (1er mars), celles de police, en général, et surtout celle de 1833 (2 novembre), déterminaient la durée légale ou maximum du temps de la prison. — Les malades en prison doivent être visités par le chirurgien-major du corps. — Les inspecteurs généraux d'armes ont mission d'inspecter toutes prisons militaires, d'en examiner les locaux, l'administration, le régime, l'inscription des accusations sur l'écrou, les moyens de sûreté au moyen du poste et des sentinelles qui y font le service. — La nourriture des prisonniers était réglée par l'arrêté de l'an x (26 floréal).

Cette dépense, la création et l'entretien des prisons, ressortissent au BUDGET. — Le SERVICE des Prisons, c'est-à-dire, leur ADMINISTRATION appliquée aux MILITAIRES incarcérés, a été traité par ODIER (1824, E) et par M. VAUCHELLE; le même sujet, envisagé sous le point de vue historique, légal, hygiénique, a été traité par BARDIN (1807, D; 1809, B), M. BERRIAT (1817, A), COLOMBIER (1772, C), M. COURTIN (1809), ENCYCLOPÉDIE (1785, C, au mot *Chirurgien*), FURETIÈRE, LECOUTURIER (1825, A), LACHESNAIE (1758, I, au mot *Garde du camp*), REVOLAT, WIMPFEN (1780, A). — Le mot sera surtout distingué ici en PRISON DE CASERNE et en PRISON DE PLACE.

PRISON CIVILE. V. CIVIL, adj. V. GEOLAGE. V. PRISON DE PLACE.

PRISON D'ADJUDANT. V. ADJUDANT. V. ADJUDANT D'INFANTERIE FRANÇAISE DE LIGNE N° 22.

PRISON de CASERNE (C, 2, 5; G, 4), ou CHAMBRE DE DISCIPLINE, OU PRISON PARTICULIÈRE, OU SALLE DE DISCIPLINE, OU SALLE DE POLICE. Sorte de PRISON dont l'ÉTABLISSEMENT était prescrit par l'ORDONNANCE DE 1768 (1er MARS), à l'effet d'envoyer, le moins possible, les MILITAIRES aux PRISONS PUBLIQUES; elle y consacrait trois CHAMBRES par BATAILLON. Elle prescrivait d'y tenir au pain, à l'eau et sur la PAILLE, les BAS OFFICIERS OU SOLDATS DÉTENUS. Les mesures de rigueur se sont adoucies; une NOURRITURE meilleure a été accordée, le COUCHAGE s'est composé de DEMI-FOURNITURES. — Les Prisons consistaient, dans les CASERNES de PARIS, en un cenacle garni d'un LIT DE CAMP et ne recevant de jour que par des ouvertures plus élevées que taille humaine. — Une CRUCHE et un BAQUET composaient, autrefois, tout le MOBILIER des Prisons de CASERNE. — Suivant les localités, des CACHOTS, ou plutôt des cellules d'EMPRISONNEMENT SOLITAIRE, sont renfermés sous le même toit, sous une même clef. — Les mêmes RÈGLEMENTS voulaient que les ADJUDANTS qui encourraient la punition de la SALLE DE POLICE, fussent à part des SOUS-OFFICIERS; l'usage de mettre aux ARRÊTS plutôt qu'en prison, les ADJUDANTS punissables, a prévalu. — Le RÈGLEMENT DE 1792 (24 JUIN) prescrivait de ne pas renfermer dans la même Prison les SOUS-OFFICIERS et les HOMMES qui leur sont subordonnés; mais il reste indéterminé si les CAPORAUX doivent être assimilés, en ce cas, aux SOUS-OFFICIERS; nous sommes pour l'affirmative. — Le RÈGLEMENT DE 1824 (20 JUILLET) voulait que les Prisons fussent échaudées et blanchies, tous les ans, au compte de l'État. — La surveillance de la Prison est confiée à l'ADJUDANT-MAJOR DE SEMAINE; l'établissement est, journellement, visité par lui, par le CAPITAINE DE SEMAINE, par l'ADJUDANT DE SEMAINE; il est visité, extraordinairement, par l'INSPECTEUR GÉNÉRAL. — Les CLEFS de la Prison sont ordinairement réunies aux CLEFS D'ENTRÉE de la CASERNE; les unes et les autres sont confiées au CAPORAL du POSTE DE POLICE; il est chargé de faire maintenir dans les Prisons de la CASERNE la propreté; il écoute les réclamations des DÉTENUS; il fait sortir, sur BILLET signé de qui de droit, les PRISONNIERS dont le temps est expiré, ou que des motifs réguliers font mettre momentanément en liberté. — Les dégâts survenus dans les Prisons sont considérés à l'égal des autres DÉGRADATIONS DE CASERNEMENT, et réparés par les mêmes moyens. — COLOMBIER (1772, C) est le plus ancien AUTEUR qui, sous le rapport hygiénique, ait traité des Prisons de SOLDATS; mais c'est une des parties les moins avancées de la chose militaire; il n'y aura de Prisons raisonnablement organisées que quand on y supprimera la CRUCHE que les Prisonniers ivres ou mal intentionnés cassent trop souvent, et quand on aura fait disparaître le baquet qui les infecte; il devrait y être établi un filet d'eau courante et potable et des commodités inodores. Mais ceci n'intéresse que la propreté, l'hygiène, certaines règles architecturales, et si l'on envisage le point de vue moral de la question, on ne saurait trop répéter qu'il n'y aurait de Prison d'un effet efficace que les cellules solitaires, et que toute cohabitation de prisonniers est une école de mauvaises mœurs, un foyer de complots, et la cause habituelle de la dépravation des jeunes soldats.

PRISON de GARNISON. V. GARNISON. V. PRISON DE PLACE.

PRISON de GITE. V. ARRIÈRE-GARDE DE CORPS EN ROUTE EN TEMPS DE PAIX. V. CONSIGNE DE PIQUET DE LOGEMENT. V. CORPS EN ROUTE. V. GITE.

PRISON de GUERRE. V. GUERRE. V. PRISON.

PRISON de l'ENNEMI. V. CAPITULATION DE SIÉGE. V. ENNEMI. V. INDEMNITÉ DE PERTE DE CHEVAL. V. OFFICIER A LA SUITE. V. PRISON.

PRISON de PLACE (C, 3, 5), OU PRISON DE GARNISON, OU PRISON PUBLIQUE de la VILLE. Sorte de Prison que les instructions sur l'inspection générale appellent PRISON MILITAIRE; mais c'est une imperfection de la LANGUE, car les PRISONS DE CASERNE sont aussi des PRISONS MILITAIRES. — Suivant les localités, les Prisons de ce genre sont un ÉTABLISSEMENT à part, ou bien elles font partie des prisons civiles et sont desservies par le même concierge. — En général, le haut des portes des places de guerre, ou certains espaces ménagés dans les fortifications, ont été disposés comme lieux de détention militaire. — L'ordonnance de 1768 (1er mars) voulait qu'il ne fût envoyé à la Prison de la place, que les hommes ayant commis des fautes graves, ou ayant manqué au service de la place; qu'il n'y fût mis des militaires au cachot qu'à défaut de cachots dans la Prison de la caserne; que les lieux de détention des militaires fussent séparés de la prison civile; que les différentes salles et les cachots fussent sans communication entre eux; que les bas officiers et soldats y fussent au pain et à l'eau, et ne pussent recevoir aucuns aliments de dehors ni rien acheter du geôlier. Cette ordonnance prévoyait les cas où ils y tomberaient malades; elle réglait la paille à fournir et l'ameublement des chambres. — Le règlement de 1788 (1er juillet) accordait en conséquence, par prisonnier et par jour, une demi-livre de pain de supplément. — L'ordonnance de 1768 interdisait aux femmes l'entrée des Prisons; elle défendait aux concierges de se refuser à l'élargissement des prisonniers, sous prétexte de non-payement de la rétribution nommée pistole; elle exigeait de ces concierges qu'ils fissent prendre tous les jours l'air aux prisonniers, à l'exception des détenus au cachot. — Elle voulait que les Prisons des bas officiers fussent dans des salles particulières, et déterminait comment devaient être garnies celles des officiers. — Les ordonnances de 1776 (25 mars) sur la police, et de 1788 (1er juillet), voulaient que cette punition ne fût infligée que pour les fautes de nature à faire traduire le prévenu devant un conseil de guerre. — Le règlement de 1792 (24 juin) mentionnait l'antique usage de n'accorder d'autre couchage que la paille. — La législation qui s'est étendue sur la même matière, consistait dans les arrêtés de l'an dix (26 floréal), de l'an onze (29 thermidor), l'instruction de 1806 (4 décembre), la circulaire de 1807 (14 janvier), l'instruction de 1809 (15 décembre, art. 84, 85), l'instruction de 1823 (3 juillet, art. 152). — Le décret de l'an treize (25 germinal, art. 95), l'instruction de l'an treize (12 fructidor) réglaient les frais de geôle. — La police de la Prison d'une garnison est confiée au commandant de la place; il contre-signe les billets d'entrée et de sortie, revêtus de la signature d'un général, ou du colonel du corps auquel appartiennent les détenus. Il rend compte, à qui de droit, du mouvement ad-

ministratif et du service des Prisons. — Un facteur est attaché aux Prisons. Elles sont visitées chaque jour par un capitaine de semaine. — L'arrière-garde des corps en route, en temps de paix, dépose dans la Prison de chaque gîte où elle stationne et en extrait les prisonniers dont la garde lui est confiée. — Toute admission dans la Prison est l'objet d'un écrou qui doit indiquer le motif de la détention du prisonnier, les noms et prénoms, le corps, la compagnie, le nom du signataire de l'ordre de l'emprisonnement; il conviendrait même que le numéro matriculaire y fût mentionné. — Le *Spectateur militaire*, t. xvi, p. 391, témoigne des améliorations physiques et morales qui commencent à s'introduire dans le régime des Prisons militaires.

PRISON de quartier général. V. quartier général.

PRISON de sous-officier. V. adjudant d'infanterie française de ligne n° 22. v. législation. v. prison de caserne. v. sous-officier; id. n° 11.

PRISON d'homme de troupe. v. capitaine d'infanterie française de ligne n° 13. v. caporal d'infanterie française de ligne n° 16. v. couchage de prisonnier. v. homme de troupe n° 5, 9. v. prison de caserne. v. prison de place.

PRISON disciplinaire. v. disciplinaire, adj. v. prison.

PRISON d'officiers. v. ameublement de prison. v. capitaine d'infanterie française de ligne n° 13. v. chambre de p... v. cruche de p... v. colonel d'infanterie française de ligne n° 16. v. commandant de place n° 4. v. épée d'officier en prison. v. lit d'officier. v. officier d'état-major de corps. v. officier d'infanterie française de ligne n° 7. v. officier en prison. v. officier français n° 16. v. pelle à feu. v. prison de place. v. retenue sur appointements. v. ronde d'officier.

PRISON militaire. v. budget. v. femme. v. inspecteur général d'infanterie n° 2. v. milice piémontaise n° 7. v. prison de place. v. milice prussienne n° 9. v. milice turco-égyptienne n° 6. v. militaire, adj. v. prison. v. remplaçant. v. revue d'inspecteur général. v. service de garnison.

PRISON particulière. v. particulier, adj. v. prison de caserne.

PRISON pénale. v. pénal, adj. v. prison.

PRISON publique. v. absence a la générale. v. acte de décès hors du corps. v. accusation. v. bienvenue. v. capitaine rap-

PORTEUR. V. COLONEL D'INFANTERIE FRANÇAISE DE LIGNE N° 29. V. CONDAMNÉ A L'INCARCÉRATION. V. CONSEIL EXTRAORDINAIRE. V. COUP DE PLAT DE SABRE. V. DÉCÈS. V. DÉTENU A LA PRISON PUBLIQUE. V. GENDARMERIE DE POLICE N° 6. V. GÉNÉRAL FRANÇAIS N° 4. V. GÉOLAGE. V. HÉRITIER DE MILITAIRE. V. INSPECTEUR GÉNÉRAL D'INFANTERIE N° 2. V. MINISTRE DE LA GUERRE EN 1761. V. PRISON DE CASERNE. V. PRISON DE PLACE. V. PUBLIC, adj. V. PUNITION. V. SALLE DE DISCIPLINE.

PRISON RIGOUREUSE. V. MILICE PRUSSIENNE N° 9. V. RIGOUREUX, adj.

PRISON SOLITAIRE. V. MILICE ANGLAISE N° 10. V. PRISON DE CASERNE. V. SOLITAIRE, adj.

PRISONNIER, adj. et subs. masc. V. BARAQUE DE P... V. CAPITAINE P... V. COUCHAGE DE P... V. CONVOI DE P... V. DÉCLARATION DE P... V. DEMI-SOLDE DE P... V. DISCIPLINE DE P... V. ÉCHANGE DE P... V. ÉCROU DE P... V. ÉVASION DE P... V. FAIRE DES P... V. GARNISON P... V. HOMME P... V. NOM DE P... V. OFFICIER P... V. RETENUE SUR P... V. RETOUR DE P... V. SOLDE DE P... V. SOLDAT P... V. SUR P... V. TRAITEMENT DE P... V. TENTE DE P...

PRISON A LA CASERNE. V. A LA CASERNE. V. ADJUDANT DE SEMAINE N° 2. V. BILLET D'ÉLARGISSEMENT. V. COUCHAGE DE PRISONNIER. V. DENIER DE POCHE. V. DENIER D'ORDINAIRE. V. MAJOR CAPITAINE N° 4. V. PRISON DE CASERNE.

PRISONNIER AU CAMP. V. AU CAMP. V. BARAQUE DE PRISONNIERS. V. CONSIGNE DE GARDE DE CAMP. V. CONSIGNE DE SENTINELLE DE GARDE DE CAMP. V. GARDE DE CAMP. V. LATRINES DE CAMP. V. QUARTIER GÉNÉRAL.

PRISONNIER (prisonniers) de GUERRE (term. génér.). Le mot Prisonnier dérive, comme on l'a vu, du mot PRISON; l'emploi du terme Prisonnier de guerre est, par conséquent, sans exactitude, puisque l'idée d'un HOMME pris à la GUERRE, ou d'un GUERRIER que le sort des COMBATS a livré au pouvoir de l'ENNEMI, n'implique pas absolument l'idée de la prison, mais seulement de l'ÉTAT DE CAPTIVITÉ. En effet, le Prisonnier, dans cette POSITION, est plutôt aux ARRÊTS qu'incarcéré, et il y a même des Prisonniers sans CAPTIVITÉ: ce sont les PRISONNIERS SUR PAROLE. La LANGUE s'est servie de l'expression Prisonnier, pour ne pas se donner la peine d'en chercher une plus convenable, celle de CAPTIF, par exemple, que les modernes latinistes employaient. — Dans la MILICE ROMAINE, certains DÉLINQUANTS encouraient la PUNITION qui consistait à n'être pas compris, s'ils tombaient Prisonniers, au nombre des Prisonniers rachetables ou échangeables.

— L'histoire des bas siècles a appliqué la dénomination de Prisonnier de guerre, et aux vaincus ayant PORTÉ LES ARMES, et aux HABITANTS inoffensifs et désarmés dont une INVASION désolait les foyers, et que la CHEVALERIE attachait à la queue de ses CHEVAUX. — L'encan des Prisonniers tenait jadis lieu de PAYE. — Depuis l'institution des ARMÉES PERMANENTES, la qualification de Prisonniers de guerre et les rigueurs de la DÉTENTION semblaient devoir être réservées aux HOMMES DE GUERRE ayant MIS BAS LES ARMES; c'était la conséquence d'un progrès en civilisation; mais l'ancienne ambiguïté du terme s'est renouvelée, quand des voyageurs non militaires, quand des ANGLAIS capturés contre la foi publique ont été réunis à Verdun, en 1802 et 1803. Par représailles les Français non guerroyants ont été retenus plus durement encore sur des pontons anglais. — Dans les GUERRES primitives, massacrer les vaincus qu'il n'y avait pas bénéfice à traiter différemment, était l'usage le plus général; les JUIFS, le grand CÉSAR, ATTILA, n'en agissaient pas autrement; ils avaient le prétexte de l'enrichissement ou du salut de l'ARMÉE; ils n'avaient pas l'excuse des cannibales, qui du moins font tourner à vrai profit le meurtre. — La question historique des Prisonniers embrasse cinq périodes. — Celle où, à l'aide du glaive et du meurtre de sang-froid, le vainqueur était dispensé de laisser quelques hardes, quelques aliments au vaincu. Cet expéditif moyen, antérieur à la civilisation, était connu encore de CHARLEMAGNE. Il y a eu ensuite la période pendant laquelle des Prisonniers étaient, à la manière GRECQUE et ROMAINE, réduits à l'esclavage, transformés en bêtes de somme, et contraints d'entretenir l'héritage du SOLDAT ou de porter à la guerre son bagage. Quelquefois des conditions contractuelles tempéraient ce malheur. Quelquefois il fallait SE RENDRE À DISCRÉTION; c'est ce que les Latins appelaient: *Victori se permittere sine proposita conditione.* TAMERLAN ne prêtait l'oreille à aucune condition; il faisait de ses Prisonniers les matériaux vivants d'un RETRANCHEMENT ou d'une construction de luxe. — Il y a eu la période où la RANÇON était le fait d'un contrat particulier, et où les militaires qui s'étaient RENDUS étaient mis en BUTIN commun, comme le dit M. MONTEIL, en traitant du quinzième siècle. Malheur alors aux indigents! on les pendait pour s'en débarrasser, ou on les laissait mourir de faim. — Celle des temps où il était devenu d'usage de ne plus FAIRE PRISONNIERS que des HOMMES DE GUERRE, et où le rachat international était le résultat d'un CARTEL public, comme on ferait un marché par têtes de bétail, en proportionnant l'évaluation à l'importance ou à la valeur vénale de l'individu. Louis quatorze vendait ainsi des HOLLANDAIS à trois livres l'un. — Celle des temps où les gouvernements dressaient, à la PAIX, un mémoire de dépenses alimentaires et vestimentales des OFFICIERS et des SOLDATS tombés à la charge du capteur, jusqu'à dédommagement de qui de droit. — Maintenant que les usages anciens ne sauraient plus être invoqués, maintenant qu'il manque comme autrefois une JURISPRUDENCE écrite, ainsi que l'ont éprouvé les Anglais à Verdun, les Français sur les pontons, les BOUCHES INUTILES du SIÉGE de GÊNES, et bien des Prisonniers espagnols et allemands, nous ne saurions dire ni ce qui est, ni ce qui sera. Ces difficultés, nous les avons fait sentir en parlant du DROIT DE LA GUERRE. — Développons l'examen des diverses phases de la captivité de guerre. — D'abord la cupidité des SOLDATS, le luxe de leurs CHEFS, les disposèrent à laisser vivre ceux que le sort des armes avait trahis, et à tirer parti de leurs bras ou de leurs talents, en les faisant à perpétuité esclaves, eux, leurs serviteurs, leur famille, leurs descendants. Ainsi faisait le peuple de Dieu ; ainsi en agissait le peuple-roi. L'avarice les rendait humains, mais cette humanité intéressée se taisait quelquefois ; ainsi, dans les GUERRES CIVILES où il eût été messéant de réduire en servitude des concitoyens, le COUTELAS tirait d'embarras. — L'ENCYCLOPÉDIE (1751, C) prétend que le christianisme a aboli l'usage de faire esclaves les prisonniers ; présenter comme absolu et universel le fait, est une assertion fausse. — Sous la PREMIÈRE RACE, comme le témoigne GRÉGOIRE DE TOURS, comme l'explique le précurseur de VELLY, à la date 693, et plus d'une fois sous la SECONDE RACE, les Prisonniers étaient faits esclaves ; le BUTIN des SOLDATS de CHARLEMAGNE se composait principalement de SERFS, et la différence entre esclavage ou servitude sous un homme, et servitude ou esclavage de la glèbe, était une bien médiocre amélioration du sort des chrétiens. Nous allons voir d'ailleurs des ventes d'hommes se conclure encore sept siècles plus tard. — L'ORDONNANCE peu ou point suivie DE 1506 donnait au ROI de France, comme part de BUTIN, les Prisonniers et l'or. — Pendant une partie des siècles où règne la TROISIÈME RACE, l'avarice, le caprice, la férocité, comme le témoigne VILLARET, à la date 1356, décident si les Prisonniers seront soumis à RANÇON, objets d'ÉCHANGE, OU PASSÉS PAR LES ARMES ; en voici dans un même personnage un double exemple que cite M. de BARANTE.

— En l'année 1421, le bâtard de Vaurus, qui était de la faction des Armagnacs, et qui faisait partie de la GARNISON de Meaux, en Brie, courait la campagne pour FAIRE des Prisonniers et les rançonner : il attachait à la queue de son cheval les passagers qu'il rencontrait, les laboureurs qu'il arrachait à leur charrue ; il les amenait à un arbre célèbre qu'on appelait l'orme de Vaurus ; il les y faisait torturer et pendre, si leurs parents n'apportaient une grosse rançon ; quelquefois il retenait la rançon et le cadavre, pour l'ajouter à tant d'autres suspendus en tout temps aux branches de son orme. Henri cinq, après s'être emparé de Meaux, défendu vaillamment par Vaurus, pendant un siége longtemps prolongé, se montra aussi inhumain que cet Armagnac, qu'il fit brancher sans QUARTIER, au même arbre, après avoir fait planter sa bannière dans sa poitrine. — Les JANISSAIRES primitifs se composaient de jeunes garçons faits Prisonniers de guerre, ou d'enfants exigés comme tributs ; ainsi des populations chrétiennes fournissaient aux OTTOMANS les plus terribles ENNEMIS du nom chrétien. — Réduire à se RENDRE un GUERRIER à ARMOIRIES, donnait droit à un ROTURIER OU GUERRIER sans ARMOIRIES d'arborer celles du vaincu, sous le nom d'ARMES ASSOMPTIVES. — Compter au MOYEN AGE, sur le champ de bataille, les Prisonniers de la journée, était une des fonctions des HÉRAUTS. — VILLARET, à la date 1429, rappelle que l'on confiait aux VARLETS, aux ÉCUYERS, quelquefois aux AUMÔNIERS, la garde des Prisonniers enchaînés ; à cet effet les ÉCUYERS DE SUITE étaient à l'avance pourvus de CADÈNES. Ce même AUTEUR, à la date 1465, dit qu'on vendait publiquement les Prisonniers ; qu'il en fut livré à six sols six déniers parisis ; que ce trafic se faisait en vue du bénéfice des RANÇONS, et qu'on pendait les Prisonniers qui n'avaient pas le moyen de se racheter. — En 1421, le duc de Bedford payait dix mille livres au comte de Ligny pour prix de JEANNE D'ARC ; c'était, suivant VILLARET, la somme que devait débourser un souverain pour se rendre possesseur d'un Prisonnier : c'est ce qu'avait coûté le roi JEAN. — Le même auteur parle des Prisonniers qu'avaient faits, en 1441, les hommes d'armes de Charles sept et qu'ils ramenaient de Pontoise à Paris, *liés comme des animaux, traînés à la queue de leurs chevaux, à demi nus, sans souliers, mourant de faim ; lorsqu'ils pouvaient en tirer rançon, ils les nourrissaient en quelque hôtellerie, ou les conduisaient dans des forteresses ; autrement ils les jetaient à la rivière.* — COMMINES certifie de même que dans la guerre du bien public, on mettait à mort les Prisonniers qui ne se rachetaient pas. — En 1479, dit M. de BARANTE, LOUIS ONZE régla *que les Prisonniers et le butin seraient mis en un seul total, vendus à la criée, le prix de la vente partagé,* etc. L'ORDONNANCE en fut rendue peu après la bataille de GUINEGASTE. — Louis DOUZE, en ITALIE, faisait accrocher aux CRÉNEAUX les GOUVERNEURS DE PLACE qui lui résistaient. — VIGENÈRE (1605, A) rapporte que : *ès-guerres d'entre François premier et Charles-Quint, un Bourguignon tua à coup d'arquebuse un Picard qu'il tenoit Prisonnier, et qu'en deux ou trois jours il en coûta la vie à plus de cent des leurs qu'on massacra en diverses sortes.* — NAUDÉ, qui écrivait en 1637, tout en convenant que tout est permis au vainqueur envers le vaincu, conseille de ne pas mettre à mort les Prisonniers qui SE RENDENT. — L'ORDONNANCE DE 1590 (3 NOVEMBRE) voulait que les ENNEMIS pris dans un ASSAUT fussent jugés par le MARÉCHAL DE FRANCE, ou par le MARÉCHAL DE CAMP. Cette disposition, qui semble cruelle, était pourtant un acte d'humanité dans un TEMPS DE GUERRE CIVILE ; l'intention de HENRI QUATRE était d'empêcher les vainqueurs de décider, à leur gré, de la vie de ceux dont ils disposaient. — La vente des hommes, GUERRIERS ou non, a duré bien tard. Les ENNEMIS de CHARLES DOUZE, dit son historien, avaient désolé la POMÉRANIE et vendu aux TURCS plus de cent mille HABITANTS. — Depuis que cette coutume si honteuse pour la CHEVALERIE, cette coutume des RANÇONS s'est éteinte, il était d'usage, quand les HOSTILITÉS cessaient, que les signataires du TRAITÉ DE PAIX échangeassent entre eux les comptes de dépenses de leurs Prisonniers. — Dans la GUERRE DE 1741, des CARTELS concertés entre les PARTIES BELLIGÉRANTES réglaient le taux de chaque GRADE et de chaque genre de TROUPE. POTIER (1780, X) transcrit textuellement le CARTEL signé en 1742, et dont les AUTRICHIENS violèrent, à ce qu'il dit, les conditions après la retraite de PRAGUE. — Après la GUERRE DE 1756, CHOISEUL éprouva mille difficultés, comme le démontrent ses Mémoires, pour satisfaire aux réclamations exorbitantes élevées par les ANGLAIS pour frais de Prisonniers. — Le travail relatif à l'élargissement respectif des Prisonniers est ordinairement confié à des COMMISSIONS D'ÉCHANGE. — Après une ATTAQUE DE CONVOI, après le COURONNEMENT d'une PIÈCE DE FORTIFICATION qu'un FOURNEAU DE FOUGASSE menacerait, après l'occupation d'une PLACE EM-

PORTÉE, on exige des Prisonniers qu'on a FAITS, on leur arrache, s'il le faut, les DÉCLARATIONS qui peuvent assurer le succès de l'ACTION ou le salut des HOMMES. — L'usage généralement reçu depuis le dernier siècle, d'accorder en tous pays un TRAITEMENT aux Prisonniers de guerre, a fait renoncer à ces compensations pécuniaires qui occasionnaient réclamations sans bonne foi, discussions fâcheuses, comptabilité sans exactitude, quelquefois sans terme. — La révolution a vu largement renaître les massacres de Prisonniers ; à Lyon on les mitraillait par bataillons ; à Nantes on les noyait par phalanges, et nous avons vu à Menin un général tuer de sa main des émigrés blessés et désarmés. — La guerre péninsulaire de BONAPARTE, la guerre civile suscitée par don Carlos en Espagne, ont été hideuses par les SUPPLICES de Prisonniers. — L'ENCYCLOPÉDIE (1751, C) et POTIER (1780, X) se sont occupés des Prisonniers de guerre sous un point de vue maintenant de peu d'intérêt, c'est-à-dire par rapport aux RACHATS et aux RANÇONS. Nous avons dit quelles étaient celles des maréchaux, celles des lieutenants généraux, etc.; il n'y aurait plus que la question d'ÉCHANGES et celle de droit international qui demanderait à être approfondie; mais notre LÉGISLATION reste muette, et ce point de DROIT n'a guère été traité que par BOECLER (*Miles captivus*) et par GROTIUS. — Sous les autres rapports, on peut consulter l'ORDONNANCE DE 1747 (30 AVRIL), AUDOUIN, BARDIN (1807, D ; 1809, B), M. BERRIAT (1812, A), CHENNEVIÈRE (1750, C), DUPAIN (1783, F), ENCYCLOPÉDIE (1751, C ; 1785, C), GUIGNARD (1725, B), LACHESNAIE (1758, I, aux mots *Parti, Reddition, Surprise*), LAROCHE (1770, L), MAIZEROY (1767, E), ODIER (1824, E), POTIER (1779, X). — Laissons la question historique et philosophique, et considérons cette classe d'ABSENTS sous le point de vue de l'ADMINISTRATION, de la COMPOSITION, du SERVICE et des RÈGLEMENTS actuels. Envisagé ainsi, le sujet se distingue en PRISONNIERS DE GUERRE ÉTRANGERS et en PRISONNIERS DE GUERRE FRANÇAIS.

PRISONNIER (prisonniers) DE GUERRE ÉTRANGER (F), ou PRISONNIERS ENNEMIS. Sorte de PRISONNIERS DE GUERRE considérés dans leurs relations avec la FRANCE et l'ARMÉE FRANÇAISE. — Dans le dernier siècle, les CORPS ÉTRANGERS étaient en partie destinés à recevoir les Prisonniers de guerre qui voulaient PRENDRE DU SERVICE. — La GUERRE DE LA RÉVOLUTION a vu se renouveler les horreurs dont l'antiquité et le MOYEN AGE se sont souillés. Au retour de la malheureuse expédition du général Théobald Dillon, massacré par ses soldats, les assassins couronnèrent leur crime par le meurtre de quelques chasseurs tyroliens faits Prisonniers ; tel fut le motif du décret de 1792 (4 mai), qui plaçait les Prisonniers de guerre sous la sauvegarde de la nation. Le décret de 1792 (5 août), dicté par le même esprit, était approbatif d'un règlement public sur le même sujet rendu le 20 juin. — Des sentiments tout opposés animèrent bientôt le gouvernement ; l'atroce décret de l'an deux (7 prairial) ne se composait que des mots : *Il ne sera fait aucuns Prisonniers anglais ni hanovriens.* Les rédacteurs avaient eu la vergogne de ne pas dire ce qu'on ferait de ces Prisonniers. La proscription légale s'étendit même aux Espagnols. — Le décret de l'an trois (14 frimaire) révoquait celui qui dévouait à la mort les Prisonniers de ces nations ; mais l'armée valait mieux que sa législation ; elle y avait désobéi, ou si l'anathème se réalisa, ce ne fut que par exception ; et les rapports des généraux qui témoignaient de leur soumission à cette loi et de sa mise à exécution, était un mensonge auquel il fallait recourir vis-à-vis d'un gouvernement de sang. — Au reste, il est peu d'armées qui n'aient quelques reproches d'inhumanité à se faire ; le décret de l'an trois (27 frimaire) témoigne que le chef de brigade Legros, qui s'était défendu héroïquement dans la forêt de Mormale contre les Autrichiens, venait d'être fusillé au village de Raime par ordre du duc de Cobourg, parce que ce Prisonnier était né en Brabant. — Les Prisonniers étaient autrefois justiciables, sans forme de procès, des gouverneurs de province. — L'arrêté de l'an huit (17 pluviose) déclarait que les Prisonniers qui commettraient des délits seraient livrés, pour les cas ordinaires, aux conseils permanents, pour les cas de révolte, aux commissions militaires. — L'arrêté de l'an sept (13 floréal) accordait aux prisonniers ennemis moitié de la solde française. — La circulaire de 1811 (28 janvier) avait pour objet de pourvoir aux fournitures d'habillement des Prisonniers. — Un décret de 1811 (25 février) adoptait le meilleur moyen d'assurer la discipline et de pourvoir aux besoins des Prisonniers ; c'était de les former en bataillons ; la demi-solde leur était accordée en outre de cs qu'ils pouvaient gagner comme travailleurs chez les habitants ; mais la mesure pourrait avoir des inconvénients, parce qu'il est des circonstances où de telles agrégations favoriseraient l'esprit de sédition. — La troupe qui, dans les temps de guerre et dans les

instants difficiles, reçoit l'ordre d'accompagner, comme escorte, un convoi de prisonniers de guerre, doit, avant le départ, charger ses armes en leur présence, et, pendant le trajet, elle fait des haltes fréquentes. — La décision de 1855 (17 octobre) voulait qu'un jour d'action les Prisonniers s'employassent aux inhumations. — Dans certaines milices étrangères, les fourriers et les officiers d'administration étant considérés comme non combattants, ne sont pas réputés susceptibles d'être emmenés chez l'ennemi comme Prisonniers de guerre.

PRISONNIER (prisonniers) de guerre français (A, 1 ; B, 1). Sorte de prisonniers qui ne cessent pas d'être considérés comme en activité de service dans l'emploi ou le grade, quant à l'obtention de la pension de retraite, mais non quant aux allocations ; leur position d'absence n'altère pas leur droit d'ancienneté. — L'ordonnance de 1747 (30 avril) réglait, une des premières, ce qui concernait les Prisonniers. La circulaire de 1808 (25 octobre) et le décret de 1809 (17 mars) prévoyaient le cas de leur retour. — Leur absence était ordinairement mentionnée aux controles annuels, aux feuilles d'appel, aux situations. Mais la circulaire de 1811 (6 août) décidait qu'ils cesseraient d'y figurer. — Le règlement de 1816 (24 juillet) enjoignait aux officiers de l'état civil d'inscrire à mesure la disparition des Prisonniers. — Ils étaient autorisés à disposer par délégation d'une partie de leur traitement. — Les prisonniers rentrant en France, ou au corps, devaient se présenter dans les vingt-quatre heures au sous-intendant. — Ils avaient droit à la solde du grade à dater du lendemain du jour de la rentrée, et au traitement de captivité à partir du lendemain du jour où ils avaient perdu leur liberté ; ce qui pouvait leur être dû avant la captivité leur était remboursé. — La position du Prisonnier ne suspend pas la durée du service, ou du moins laisse intacts les droits qui s'y rattachent. — Les capitaines d'infanterie, de retour des prisons, à quelque classe qu'ils appartinssent, n'étaient réadmis que dans la troisième classe. — L'officier, quoique remplacé, dit Odier (1824, E), ne perdait pas son tour d'ancienneté, et pouvait participer même à l'avancement au choix. C'était un abus, puisqu'il se pouvait que, à l'insu de ses compatriotes, il fût mort ou inhabile à resservir. — Les officiers montés et pris avec leur cheval avaient droit à l'indemnité de perte de cheval. — Ce qui concerne les Prisonniers était réglé par l'arrêté de l'an treize (25 germinal), l'ordonnance de 1818.

(2 AOUT), les LOIS DE 1831 (11 AVRIL) et 1832 (14 AVRIL). — L'ORDONNANCE DE 1823 (19 MARS, art. 4, 100, 109, 139) faisait distinction entre les PRISONNIERS RENTRANT SUR PAROLE et ceux rentrant par CARTEL D'ÉCHANGE. Elle disposait que les OFFICIERS SANS TROUPE cesseraient d'être en ACTIVITÉ du jour de leur RENTRÉE, mais que les MILITAIRES DE CORPS restaient en ACTIVITÉ, à moins qu'ils ne fussent relâchés SUR PAROLE. Ces explications, ces exceptions étaient obscures et embrouillées.

PRISONNIER EN GARNISON. V. EN GARNISON. V. PRISON DE PLACE.

PRISONNIER EN PRISON PUBLIQUE. V. BILLET D'ÉLARGISSEMENT. V. COUCHAGE DE PRISONNIER. V. DENIER DE POCHE. V. EN PRISON.

PRISONNIER EN ROUTE. V. ARRIÈRE-GARDE DE CORPS EN TEMPS DE PAIX. V. CONSIGNE DE PIQUET DE LOGEMENT. V. CONVOI POLÉMONO-MIQUE. V. DÉPART DE CORPS. V. EN ROUTE.

PRISONNIER ENNEMI. V. CONNÉTABLE N° 4. V. DROIT DE LA GUERRE. V. GOUVERNEUR DE PROVINCE. V. ENNEMI, adj. V. REDDITION DE PLACE. V. RETRAITE STRATEUMATIQUE.

PRISONNIER MILITAIRE. V. COUCHAGE DE PRISONNIER. V. MILITAIRE, adj. V. PUNITION.

PRISONNIER RENTRANT. V. PRISONNIER DE GUERRE FRANÇAIS. V. RENTRANT.

PRISONNIER SUR PAROLE. V. MINISTRE DE LA GUERRE EN 1743. V. PRISONNIER. V. PRISONNIER DE GUERRE FRANÇAIS. V. SUR PAROLE.

PRIVATION D'ORDINAIRE. V. COCARDE. V. MILICE NÉERLANDAISE N° 6. V. MILICE PRUSSIENNE N° 9.

PRIVÉ (privée), adj. V. GUERRE P...

PRIVILÉGE, subs. masc. V. A PRIVILÉGE. V. ARME PERSONNELLE. V. ARMÉE FRANÇAISE N° 2. V. AUTEUR MILITAIRE (1773, E). V. AUMONIER DE CORPS N° 5. V. AVANCEMENT. V. BANNIÈRE. V. BÉNÉFICE. V. BÉNÉFICIAIRE. V. BREVETER. V. CAVALERIE FRANÇAISE N° 1. V. CONSEIL DE LA GUERRE N° 3. V. CORPS PRIVILÉGIÉ. V. EMPEREUR. V. FÉODALITÉ. V. LIGNE IDIOPLIQUE. V. NOBLESSE. V. PENSION DE RETRAITE. V. POSTE D'HONNEUR. V. RÉCOMPENSE. V. RÉGIMENT DE CAVALERIE FRANÇAISE; id. N° 3. V. RÉGIMENT DE PRINCE. V. SOLDE.

PRIVILÉGE ADMINISTRATIF (B, 1). Le mot Privilége dérive du LATIN *privata lex*; il exprime, en langage d'ADMINISTRATION, un DROIT octroyé, en quelques circonstances, pour l'accomplissement de certaines FOURNITURES EN NATURE AUX ARMÉES. Le terme est pris par opposition à l'expression AGENCE, et il exprimait surtout une ENTREPRISE DE SUBSISTANCES obtenue par faveur.

PRIVILÉGIÉ (privilégiée), adj. V. ARMÉE P... V. ARTILLERIE P... V. CAVALERIE P... V. CORPS P... V. INFANTERIE P... V. TRAIN P...

PRIX D'ARMES. V. ARMES. V. ASSAUT D'ESCRIME. V. ESCRIME.

PRIX DE CIBLE. V. CIBLE. V. MILICE PIÉMONTAISE N° 1. V. TIR D'INFANTERIE. V. TIRER AU PRIX.

PRIX DE CONFECTION. V. CONFECTION D'EFFETS D'HABILLEMENT.

PRIX D'ENGAGEMENT. V. ENGAGEMENT. V. ENGAGEMENT DE RECRUE.

PROBOSCIDE, subs. masc. Mot venu du grec, suivant ROQUEFORT. Il signifiait trompe d'éléphant, et était devenu un MEUBLE DE BLASON, surtout dans les armoiries de croisés allemands, comme le témoigne LACOMBE.

PROBUS. V. NOMS PROPRES.

PROCÉDÉ, subs. masc. (F). Mot qui dérive de la même souche LATINE que PROCÉDURE, PROCÈS, PROCESSION. Il était employé, dans la langue des raffinés d'honneur, des FERRAILLEURS, pour signifier une RENCONTRE sur le pré, abstraction faite du DUEL qui devait s'ensuivre. On voit dans les lettres de Mᵐᵉ de Sévigné que deux Procédés valent COMBAT, et qu'on avait satisfait aux lois de l'honneur, si l'on s'était mutuellement recherché, vu et parlé deux fois; de là vient qu'on appela par ironie Procédé, ou ÉPÉE A PROCÉDÉ, une ÉPÉE qu'il n'était pas aisé de dégaîner; un Procédé, un LOUP, une EXCUSE, étaient une LAME PLATE qu'on montrait comme prétexte en témoignage de la nécessité d'un ajournement de SATISFACTION. — L'adjectif plat, pris comme synonyme de poltron, n'a pas d'autre origine.

PROCÉDURE, subs. fém. V. CONCLUSION DE P... V. CORPS DE P... V. FRAIS DE P... V. PIÈCE DE P... V. SUSPENSION DE P...

PROCÉDURE MILITAIRE (C, 5). Le mot Procédure a la même racine que le mot PROCÉDÉ; il donne idée des FORMES DES PROCÈS évoqués devant la JUSTICE MILITAIRE, FORMES qui ont infiniment varié, à partir du JUGEMENT DE DIEU jusqu'à l'ORDONNANCE OFFICIELLE espagnole de PHILIPPE CINQ, publiée en 1701, et à laquelle l'ARMÉE FRANÇAISE eut recours, comme à un flambeau, jusqu'à la création d'un CODE PÉNAL MILITAIRE. — Il n'y a eu procédure, c'est-à-dire marche légale en fait de PROCÈS criminels d'HOMMES DE GUERRE, que postérieurement au temps où l'arbitraire du GRAND SÉNÉCHAL, du CONNÉTABLE, du ROI DES RIBAUDS, des PRÉVOTS, décidaient des CHATIMENTS, de la vie ou de la GRACE des CONDAMNÉS. — Les Procédures n'ont pris quelque fixité que depuis l'ordonnance criminelle ordinaire de 1670, en partie reproduite dans l'ordonnance sur le service de garnison, et surtout depuis que des conseils judiciaires ont été institués. — Les règles à observer dans les Procédures ont dépendu de la gravité des faits, et de la position des militaires, soit présents, soit contumaces, soit dans les places, soit en campagne ; elles différaient dans les troupes françaises et dans l'infanterie franco-suisse, etc. — Dans le dernier siècle, les habitudes, les traditions décidaient de la direction et de la conduite des Procédures ; les milices anglaise et prussienne étaient, en fait de règles positives, plus avancées que l'armée française. Les troupes de France avaient seulement les ordonnances peu étendues et insuffisantes de 1727 (50 mars et 1er juillet), celle de 1737 (10 janvier), qui commençait à modifier les formes de la Procédure, et celle de 1750 (25 juin). — Le capitaine d'une compagnie à laquelle appartenait un prévenu adressait, sans intermédiaire, au gouverneur de la place une plainte ; ce gouverneur y apposait au pied et y signait les mots : *Soit fait ainsi qu'il est requis ;* le major de place procédait à l'interrogatoire. — L'ordonnance de 1790 (29 octobre) posa des principes plus étudiés ; la loi de l'an cinq (13 brumaire) et le code pénal de l'an cinq (21 brumaire) contribuèrent à les éclaircir et à les améliorer. — Les formes se modifièrent par les lois de l'an cinq (4 fructidor) et de l'an six (15 brumaire, 8 et 11 frimaire, 29 prairial, 27 fructidor), de l'an dix (19 germinal, 23 floréal). — La marche des Procédures a consisté, depuis ces époques, dans une suite d'opérations liées et inséparables ; elles embrassent : ordre légal d'informer en vertu de plainte en délit, instruction sur le vu des pièces de l'accusation, exposé de l'information faite de concert avec le greffier, constatation du corps du délit, interrogatoire du prévenu, audition des témoins, tenue et police de l'audience, direction des débats, résumé de leurs résultats et des explications et récusations du prévenu, développement des charges recueillies par le ministère public, analyse des moyens de la défense et de la valeur des répliques, conclusions sur le tout, énonciation du réquisitoire, position des questions, recensement des avis, dispositif du jugement motivé. — Le commissaire du roi y veille à la régularité des formes. — S'il est constaté qu'il y ait complication de délit, le corps de la Procédure est, en ce cas, adressé au conseil ou au tribunal qui doit en connaî-

tre. — Un condamné ne peut invoquer suspension de procédure sous le prétexte de recours en grace ou de sursis, comme le témoignait la circulaire de l'an onze (10 vendémiaire). — La décision de l'an deux (5 pluviose) prononçait touchant les frais de procédure. Si des experts écrivains, si des officiers de santé étaient appelés par cédules, ils en seraient indemnisés sur mandats de payement. — Les auteurs qui ont traité des Procédures sont : Bardin (1807, D ; 1809, B), M. Berriat (1812, A), Bombelles (1746, A), Chennevières (1740, C), Delafontaine (1675, A), d'Héricourt (1756, G), Encyclopédie (1785, C), Guignard (1725, B), Knorr (1754), Lachesnaie (1758, I, aux mots *Conseil de guerre* et *Instruction*), Legraverend, Ludovici, Odier (1818, E ; 1824, E), Perrier.

PROCÉDURE par contumace. v. contumace. v. par contumace. v. procédure.

PROCÈS, subs. masc., ou procès criminel, ou procès militaire. v. appel de p... v. brancher. v. capitaine rapporteur. v. commissaire des guerres n° 6. v. confirmation de jugement. v. confrontation de témoins. v. débat juridique. v. fait juridique. v. forme de p... v. grand prévôt. v. grand prévôt de la connétablie. v. greffier. v. instruction de p... v. instruire un p... v. jugement contradictoire. v. jugement de Dieu. v. jugement militaire. v. Knorr (1754). v. Ludovici. v. prévôt d'armes. v. prévôt de corps. v. procédé.

PROCÈS criminel. v. criminel, adj. v. procédure. v. procès. v. récolement.

PROCÈS de déserteur. v. capitaine rapporteur. v. déserteur.

PROCÈS franco-suisse. v. franco-suisse. v. infanterie franco-suisse n° 6.

PROCÈS militaire. v. militaire, adj. v. procès.

PROCÈS-verbal (B, 1 ; C, 5). Le mot procès, qui a la même racine que le mot procédé, exprime, par l'addition de l'épithète verbal, un acte, une relation écrite avec la simplicité d'un discours ordinaire, consistant en une pièce faisant foi, présentant, soit le résultat d'une information judiciaire, ou des dires de témoins, soit une constatation officielle et administrative, dressée, ou par des autorités à qui le droit en est conféré, ou par des personnages à ce préposés, des individus versés dans la matière. — Les chefs d'état-major, les commissaires des guerres, les commissaires ordonnateurs, les conseils d'administration, les conservateurs de batiments, les examinateurs autorisés, la

GENDARMERIE, les INSPECTEURS GÉNÉRAUX, les MAIRES DE COMMUNES, les MEMBRES du CORPS de l'INTENDANCE, les OFFICIERS DE L'ÉTAT CIVIL, les OFFICIERS JUDICIAIRES, etc., etc., ont ou avaient caractère pour dresser ce genre d'acte. — Les pertes, avaries, dommages au détriment de l'État ou des corps donnent lieu à un Procès-verbal ; ceux qui sont bien rédigés réunissent la véracité, la peinture exacte des faits, la netteté du narré des débats, la clarté du récit, l'indication suffisante des lieux et dépendances, le style simple, intelligible, sans prolixité. — Quelquefois un Procès-verbal d'administration militaire n'est pas un simple exposé, un précis, pour ainsi dire historique, mais un jugement porté, ou du moins une proposition de jugement soumise à l'autorité appelée à prononcer en dernier ressort. Il est important qu'il soit tenu un REGISTRE où s'inscrive à mesure le relevé des Procès-verbaux. — Les ACTES de l'ÉTAT CIVIL sont des Procès-verbaux sur REGISTRE. — Un Procès-verbal est ouvert par l'indication de la date et du lieu ; il expose le motif, l'ordre ou l'autorisation qui y donnent occasion ; il relate les FAITS et les explique ou les éclaircit par l'exposé des CIRCONSTANCES qui s'y rapportent ; il est appuyé de TÉMOIGNAGES compétents, ou de dires d'EXPERTS ou de parties intéressées ; il se clot par la signature du rédacteur et des TÉMOINS OU EXPERTS qui y ont pris part. — Les Procès-verbaux de DÉLIBÉRATION et de SÉANCES sont précédés des noms et qualités des MEMBRES présents, ou des assistants qui n'en seraient qu'accidentellement partie. — Ils constatent la cause, les OPÉRATIONS, les résultats de la SÉANCE, et les événements imprévus, tels que AVARIE, DÉFICIT, ENQUÊTE, EXPERTISE, PERTES, VÉRIFICATIONS extraordinaires. — L'INSTRUCTION DE L'AN TROIS (16 VENTOSE, art. 10) était la première qui offrît une définition rationnelle et satisfaisante des Procès-verbaux. — Les AUTEURS qui traitent du sujet sont : M. BALLYET (1817, G), CHENNEVIÈRES (1750, C), GUIBERT (Jean), M. LEGRAND (1837, A), ODIER (1818, E ; 1824, E), POTIER (1779, X), M. VAUCHELLE.

PROCÈS-VERBAL D'AVARIE. V. AVARIE. V. AVARIE D'EFFETS EN MAGASIN. V. AVARIE EN ROUTE SUR TERRE. V. AVARIE PAR DÉGRADATION. V. CORPS D'INTENDANCE Nº 8.

PROCÈS-VERBAL de CONSERVATION DE BATIMENT. V. CONSERVATEUR DE BATIMENT. V. DÉPART DE CORPS. V. MAIRE DE COMMUNE.

PROCÈS-VERBAL de DÉCÈS. V. DÉCÈS. V. ÉTAT CIVIL.

PROCÈS-VERBAL de DÉFENSE. V. ADJUDANT DE PLACE Nº 4. V. CONSEIL DE DÉFENSE. V. DÉFENSE DE PLACE. V. OFFICIER D'ÉTAT-MAJOR DE PLACE.

PROCÈS-VERBAL de DÉGRADATION. V. BATIMENT MILITAIRE. V. CASERNE. V. DÉGRADATION DE CASERNEMENT. V. EFFET DE CASERNEMENT. V. RETENUE SUR APPOINTEMENTS.

PROCÈS-VERBAL de DÉLIBÉRATION. V. CONSEIL D'ADMINISTRATION DE RÉGIMENT Nº 5. V. DÉLIBÉRATION.

PROCÈS-VERBAL de DÉSERTION. V. ARME EMPORTÉE PAR DÉSERTEUR. V. DÉSERTION.

PROCÈS-VERBAL de FAUX TÉMOIGNAGE. V. FAUX TÉMOIGNAGE. V. FAUX TÉMOIN.

PROCÈS-VERBAL de FOURNITURE. V. COMMISSAIRE DES GUERRES Nº 6. V. FOURNITURE.

PROCÈS-VERBAL de PERTE D'ARMES. V. ARME PERDUE. V. PERTE D'ARMES. V. SOUS-INTENDANT Nº 5.

PROCÈS-VERBAL de PERTE DE REGISTRES. V. PERTE DE REGISTRES. V. REGISTRE DE CORPS.

PROCÈS-VERBAL de PESÉE D'EFFETS. V. PESÉE D'EFFETS. V. TRANSPORT DIRECT.

PROCÈS-VERBAL de PRESTATION DE SERMENT. V. COLONEL D'INFANTERIE FRANÇAISE DE LIGNE Nº 25. V. OFFICIER FRANÇAIS Nº 15. V. PRESTATION DE SERMENT.

PROCÈS-VERBAL de RÉCEPTION D'ÉTOFFES. V. CONSEIL D'ADMINISTRATION DE RÉGIMENT Nº 5. V. ÉTOFFE D'HABILLEMENT. V. MINISTRE DE LA GUERRE Nº 9. V. RÉCEPTION D'ÉTOFFES.

PROCÈS-VERBAL de MEMBRE DE LA LÉGION. V. MEMBRE DE LA LÉGION. V. RÉCEPTION DE MEMBRE.

PROCÈS-VERBAL de RÉCOLEMENT. V. INFORMATION. V. RÉCOLEMENT.

PROCÈS-VERBAL de REMISE D'ARMES. V. ARME EXCÉDANTE. V. REMISE D'ARMES.

PROCÈS-VERBAL de REMISE DE CASERNEMENT. V. CASERNE. V. CASERNEMENT. V. CONSERVATEUR DE BATIMENTS MILITAIRES. V. DÉPART DE CORPS. V. QUARTIER-MAITRE D'INFANTERIE FRANÇAISE DE LIGNE Nº 2. V. REMISE DE CASERNEMENT.

PROCÈS-VERBAL de RÉPARATION D'ARMES. V. ARME A RÉPARER. V. RÉPARATION D'ARMES.

PROCÈS-VERBAL de SÉANCE DE CONSEIL. V. ASSEMBLÉE DE CONSEIL D'ADMINISTRATION. V. CONSEIL D'ADMINISTRATION. V. SÉANCE DE CONSEIL.

PROCÈS-VERBAL de SEMESTRE. V. CONGÉ DE SEMESTRE D'OFFICIER. V. SEMESTRE.

PROCÈS-VERBAL de SERMENT. V. COLONEL D'INFANTERIE FRANÇAISE DE LIGNE Nº 25. V. SERMENT.

PROCÈS-VERBAL de VISITE D'ARMEMENT.

V. CONSEIL D'ADMINISTRATION DE RÉGIMENT N° 5. V. OFFICIER D'ARTILLERIE N° 5. V. VISITE D'ARMEMENT.

PROCÈS-VERBAL D'ÉTAT D'EFFETS. V. EFFET DE LITERIE. V. ÉTAT D'EFFETS. V. MAGASIN DE CORPS.

PROCÈS-VERBAL D'EXÉCUTION. V. CONSEIL D'ADMINISTRATION DE RÉGIMENT N° 4. V. EXÉCUTION A MORT.

PROCÈS-VERBAL D'EXPERTISE. V. AVARIE EN ROUTE SUR TERRE. V. CONSEIL DE PRÉFECTURE. V. EXPERTISE.

PROCÈS-VERBAL D'INFORMATION. V. CAPITAINE RAPPORTEUR. V. CONFRONTATION DE TÉMOINS. V. DÉFENSEUR D'ACCUSÉ. V. GREFFIER DE CONSEIL DE GUERRE. V. INFORMATION. V. RÉCOLEMENT.

PROCÈS-VERBAL D'INTERROGATOIRE. V. GREFFIER DE CONSEIL. V. INTERROGATOIRE.

PROCESSION. V. CARDINAL. V. HAIE DE P... V. PROCÉDÉ.

PROCESSIONNEL (processionnelle), adj. V. MARCHE P...

PROCLAMATION , (subs. fém.) de GUERRE. V. DÉCLARATION DE GUERRE. V. GUERRE.

PROCLAMATION DE PAIX. V. PAIX.

PROCLAMATION OFFICIELLE. V. LÉGISLATION 1791 (28 OCTOBRE). V. OFFICIEL. V. RÈGLEMENT.

PROCLASTE, subs. masc. V. COUREUR. V. MILICE BYSANTINE.

PROCONSUL , subs. masc. V. CAMP ROMAIN. V. CARTE BLANCHE. V. CONSUL. V. GÉNÉRAL D'ARMÉE N° 2. V. LÉGION ROMAINE N° 6. V. MILICE ROMAINE N° 2. V. OFFICIER N° 2. V. PRÉTEUR. V. SOUS-CONSUL. V. TRIBUN ROMAIN N° 3.

PROCOPE. V. NOMS PROPRES.

PROCURATION , subs. fém. V. CONSEIL D'ADMINISTRATION DE RÉGIMENT N° 3.

PROCUREUR DU ROI. V. ACCUSATEUR MILITAIRE. V. ACTE DE DÉCÈS HORS DU CORPS. V. APPLICATION DE PEINE. V. AUDITEUR. V. CLASSE HIÉRARCHIQUE. V. COMMISSAIRE AUDITEUR. V. COMMISSAIRE DU ROI. V. CONCLUSION DE PROCÉDURE. V. CONNÉTABLIE. V. CONSEIL DE RÉVISION CONSCRIPTIF. V. CONSEIL DE RÉVISION JUDICIAIRE. V. CONSEIL PERMANENT. V. CORPS D'INTENDANCE N° 8. V. DÉCÈS. V. EXÉCUTION A MORT. V. GENDARMERIE DE POLICE N° 1. V. INFANTERIE FRANCO-SUISSE N° 6. V. JUSTICE MILITAIRE. V. PRÉVOT D'ARMÉE. V. RÉCOLEMENT. V. ROI. V. SOUS-INTENDANT N° 6. V. SUBSTITUT DU PROCUREUR DU ROI.

PROCUREUR GÉNÉRAL. V. COMMISSAIRE DU ROI. V. GÉNÉRAL, adj.

PROCUREUR IMPÉRIAL. V. APPLICATION DE PEINE. V. IMPÉRIAL.

PROFESSEUR DE TACTIQUE. V. CAMPIDUCTEUR. V. ÉCOLE TACTIQUE. V. INSTRUCTEUR. V. MILICE CHINOISE N° 5. V. MILICE GRECQUE N° 5. V. TACTIQUE, subs.

PROFESSEUR D'ÉCOLE MILITAIRE. V. ÉCOLE MILITAIRE. V. ÉTAT-MAJOR D'ARMÉE N° 4.

PROFESSION , subs. fém. V. CONTRÔLE ANNUEL DE COMPAGNIE. V. MATRICULE. V. RECRUTEMENT.

PROFESSION D'ENRÔLÉ. V. ENRÔLÉ. V. SIGNALEMENT.

PROFESSION DES ARMES (A, 1, F). Le mot tout LATIN Profession, employé dans le sens de SERVICE, a été synonyme d'ÉTAT MILITAIRE et de MÉTIER DES ARMES. C'était le premier degré de cette trilogie, ÉPÉE, ROBE, tonsure. — On pourrait établir cette différence que pour la NOBLESSE, et sous la foi du SERMENT, en vue d'un TRAITEMENT avantageux, l'ÉPÉE était un ÉTAT, comme elle en est un pour les ÉLÈVES DES ÉCOLES MILITAIRES; que les ARMES sont une profession pour l'HOMME de la CONSCRIPTION qui , à l'instar des TYRONS de l'antique MILICE ROMAINE, est appelé à une armée nationale; que la vie soldatesque est un MÉTIER pour l'AVENTURIER qui se jette dans les rangs d'une ARMÉE quelconque : il cède à l'appât du BUTIN, au prestige des chances de la GUERRE, à l'entrainement de la licence des camps, ou quelquefois, et par exception , à la passion de la gloire; pour lui, la moralité de la cause n'est rien , ou rarement, du moins, elle est de quelque poids, et ce n'est pas la SOLDE qui le décide. — Au temps où être GENTILHOMME et PORTER LES ARMES étaient même chose, le caractère d'ECCLÉSIASTIQUE n'excluait ni le goût, ni les actes de la profession des armes. CHARRON a dit : *L'occupation et profession militaire est noble en sa cause, car il n'y a utilité plus juste ni plus universelle que la protection du repos et grandeur de son pays... C'est la profession distinguée,* a dit MONTESQUIEU (Esprit des Lois, liv. 4, ch. 2), *parce que ses hasards, ses succès, ses malheurs mêmes mènent à la grandeur.* On lit dans JEAN-JACQUES ROUSSEAU : *Il y a des métiers si nobles qu'on ne peut les faire pour de l'argent , sans se montrer indigne de les faire ; tel est celui de l'homme de guerre.* Enfin HALLAM est convaincu que : *Le préjugé, en dépit des philosophes moralistes , mettra toujours la profession des armes au-dessus des autres.* — Mais ces apophthegmes laudatifs ont-ils en vue le MÉTIER DU SIMPLE SOLDAT ou la profession de ses CHEFS? Jean-Jacques, fils d'un ancien soldat, est peut-être ici le seul qui n'adresse pas un hommage, un encouragement aux officiers , aux états-majors , aux généraux. — La profession des armes était, pour ainsi dire, la seule carrière ouverte à la noblesse de France; mais jusques et y compris une grande partie du siècle dernier, le roturier ne tirait pas vanité d'avoir porté le mousquet, le canapsa. Les noms de guerre sous lesquels d'obscurs individus avaient été connus au régiment donnaient peu de relief; ceux qui avaient figuré sous ce déguisement se gardaient de l'avouer à leur retour dans la société; les officiers conservaient seuls, sous les drapeaux, le nom de famille. — Il y a eu, avant l'époque actuelle, des gouvernements, tant anciens que modernes, qui, de cette profession tant exaltée par l'opinion générale, ont fait une des moins heureuses conditions de la vie sociale. Ces gouvernements ne sont pas seulement ceux qui ont soumis leurs troupes à des châtiments barbares, à des peines sans proportions ; leur système de répression trouvait peut-être une excuse dans les mœurs de la nation et de l'époque, dans la race inculte des soldats ; mais le reproche s'adresse surtout aux gouvernements qui, dans des temps plus éclairés, soumettaient au caprice et à l'arbitraire de chefs improvisés, les hommes aventureux qui se vouaient aux armes et les citoyens soumis qui se résignaient au service. De ce défaut d'un système militaire approfondi, solide, maintenu, résultaient cette foule de lacunes et d'imperfections, telles que la pauvreté de la langue des militaires de tout pays, les contradictions entre l'honneur et la loi en cas de duel, l'insuffisance et l'inégalité de la police des armées, les tâtonnements, les inhumanités de l'administration, le peu d'ancienneté des écoles militaires, la lourdeur, la surabondance des évolutions, l'embarras journalier des ministres réduits à suppléer, par la précipitation et les voies de la force, à l'absence des règles, à l'instabilité des règlements, à la versatilité des principes, à l'absence d'un droit public militaire. — La loi gardait le silence touchant le pouvoir et les devoirs des généraux d'armée ; l'intérêt des courtisans avait produit les superfétations et les inconvénients des grades en second ; l'usage suranné des frères lays revivait dans le désœuvrement, l'hébétement des invalides ; il n'était point assuré de pensions de retraite. Une coutume intolérable dans un pays de conscription, une coutume qui se trompait de siècle, maintenait, en cas de peine de mort, l'a-

troce immolation d'un frère par ses frères ; les incertitudes de l'art militaire se perpétuaient par la discordance des documents authentiques, par la stérilité des auteurs classiques, par le manque absolu de dictionnaires officiels, par la vanité, par l'insouciance de certains chefs, qui ne voulaient ni reconnaître, ni étudier les ordonnances, s'il en existait, ni en produire ou y suppléer, s'il en manquait. Le soldat asservi à un perpétuel apprentissage vieillissait dans la contrariété et le dégoût, parce que son bon sens discernait que, faute de théories fondamentales et maintenues , il ne saurait jamais son métier, et qu'il était superflu qu'il s'appliquât à l'apprendre , puisque le savoir de la veille devenait inutile le lendemain. — Cette profession qui, de toutes, a le plus besoin de préceptes écrits et de budgets rigides, en était dépourvue ; elle qui, de toutes, exigerait le plus de discipline, disons même, le plus de vertus, puisqu'elle ne déploie, comme sauve-garde de l'État, ses efforts que dans l'arène des passions et les tempêtes de la guerre, attendait que des principes de conduite lui fussent tracés, qu'une jurisprudence, un droit public la missent à même de réaliser le problème presque chimérique : observer l'ordre au sein du désordre. Cette carrière qui est le sublime du dévouement, ne laissait entrevoir qu'un avenir sans récompenses, puisqu'il n'y a pas un demi-siècle qu'un système de pensions de retraite est fondé. Si la transcendance du métier était proclamée par des moralistes savants, par des publicistes profonds, il était plus mesquinement rétribué que les classes les plus infimes d'artisans. — Cette agrégation de Français, que, dans les circonstances graves, dans les moments suprêmes, le pouvoir caressait, qui, après le sacrifice de son sang, était encensée par les annalistes, par les citadins, et à qui les théâtres, les arcs de triomphe décernaient, après les hostilités, l'ovation, retombait oubliée aussitôt le calme rétabli, végétait dans la mésaisance, croupissait, désœuvrée, dans des cloîtres immondes, et oubliait, dans des travaux de balayage et de vernissage, sa virilité. En Prusse, en Portugal, en Espagne, l'aumône se demandait en uniforme. — Ce qui vient d'être exposé accuse surtout les temps passés et concerne moins l'armée française que d'autres ; on en a la preuve dans ce que nous avons dit des milices espagnole, napolitaine, russe ; mais partout s'est ouverte la voie des améliorations, un avenir plus satisfaisant est réservé aux milices que régiraient un corps complet de doctrine , une

LÉGISLATION d'ensemble et de durée, un CODE DE JUSTICE approprié aux nécessités des temps modernes. — Les ARMÉES modèles seraient celles où une ACADÉMIE MILITAIRE, un CONSEIL conservateur et réparateur, auraient mission de maintenir, d'élaborer, d'améliorer, chez lesquelles le droit aux EMPLOIS CIVILS serait consacré, et où l'AVANCEMENT serait soumis aux obligations des CONCOURS et des EXAMENS publics. — La LANGUE GRECQUE a déployé une rare habileté en quantité d'expressions appliquées par elle à la profession des armes ; la LANGUE ITALIENNE est la plus ancienne, parmi les idiomes modernes, qui se soit occupée didactiquement des ARMÉES, et toutes les autres LANGUES en conservent des traces ; la LANGUE FRANÇAISE, quoique devenue chef d'école, est loin d'avoir égalé ses devancières et d'avoir atteint la perfection du genre. — Les AUTEURS à consulter à l'égard du sujet qui vient d'être traité, sont : COOPER, FUNDERFELDT (1665, A), GALIBERTO, HOLTERMANN, MACHIAVEL (1510, A), MAIZEROY (1771, A), MARTIN (François), MIRABEAU (1788, C), ROBILANT (1757, P).

PROFIL (subs. masc.) de FORTIFICATION (G, 4), ou COUPE, ou ORTHOGRAPHIE, comme l'appelle MANESSON (1685, B), ou PORFIL suivant FURETIÈRE. Le mot Profil est originaire de l'ITALIEN *profillo*. Il donne idée de la coupure supposée d'une FORTERESSE ou d'une PIÈCE DE FORTIFICATION qui serait fendue verticalement, en ligne droite, perpendiculairement à un FRONT.

PROFIT, subs. masc. V. AU PROFIT, etc. V. RETENUE AU PROFIT.

PROFOND (profonde), adj. V. ORDRE P...

PROFONDEUR, subs. masc. V. ALIGNEMENT DE P... V. CORDEAU DE P... V. MANŒUVRE DE P...

PROFONDEUR de CAMP. V. ALIGNEMENT DE CAMP. V. CAMP. V. CAMP DE SIÉGE. V. CAMP MINCE. V. CAMPEMENT. V. CAMPEMENT TACTIQUE.

PROFONDEUR de CAVALERIE. V. CAVALERIE. V. CAVALERIE FRANÇAISE N° 7. V. CHEVAL. V. ESCADRON FRANÇAIS N° 1. V. GENDARMERIE DU MOYEN AGE N° 6. V. LANCE A MAIN. V. REITRE.

PROFONDEUR de COLONNE. V. ABDUCTION EN COLONNE. V. ALIGNEMENT D'ENSEMBLE. V. CHEVAL. V. COLONNE. V. COLONNE COMPACTE. V. COLONNE DE ROUTE. V. COLONNE ÉPAGOGIQUE ; id. N° 2, 4. V. DÉPLOIEMENT. V. DISTANCE. V. ÉVOLUTION SIMPLE. V. FRONT DE BATAILLE. V. FRONT DE BATAILLON. V. LIGNE DE BATAILLE.

PROFONDEUR de LÉGION. V. FILE ROMAINE. V. LÉGION. V. LÉGIONNAIRE N° 5.

PROFONDEUR de PHALANGE. V. CONTRE-MARCHE PHALANGIQUE. V. DIPHALANGARCHIE. V. MILICE GRECQUE N° 6. V. ORDRE DE BATAILLE. V. PHALANGE. V. PHALANGE ANTISTOME. V. PHALANGE GRECQUE. V. OPLITE. V. PELTASTE.

PROFONDEUR de RANGS. V. RANG. V. RANGS DE CAVALERIE.

PROFONDEUR d'ENSEIGNE. V. ENSEIGNE. V. ENSEIGNE AGRÉGATIVE.

PROFONDEUR TACTIQUE. V. ALIGNEMENT D'ENSEMBLE. V. BATAILLE TACTIQUE. V. COIN TACTIQUE. V. DÉFILER. V. DOUBLEMENT DE FILES. V. EMBOLON. V. ENSEIGNE IDIOPLIQUE N° 4. V. ÉVOLUTION SIMPLE. V. FILE. V. FILE DE BATAILLON. V. FORMATION TACTIQUE. V. FRONT TACTIQUE. V. HAIE TACTIQUE. V. HAUTEUR TACTIQUE. V. MOUSQUETAIRE A PIED N° 5. V. ORDRE DE BATAILLE. V. ORDRE MINCE. V. RANGS D'INFANTERIE. V. RANGS OUVERTS. V. SIGNAL TACTIQUE. V. TACTIQUE, subs. V. TAILLE DE MILITAIRE. V. TROISIÈME RANG D'INFANTERIE.

PROFULAXE, subs. masc. V. GARDE DE CAMP. V. GRAND GARDE. V. MILICE BYSANTINE.

PROGRESSION de FEUX. V. FEU. V. FEU DE DEMI-BATAILLON. V. FEU DE DEUX RANGS. V. FEU DE DIVISION. V. FEU DE FILE. V. FEU D'INFANTERIE.

PROHIBÉ (prohibée), adj. V. ABSENCE P... V. ACHAT P...

PROIE, subs. fém. V. A LA PROIE. V. BUTIN. V. CHEVALERIE D'AFFILIATION N° 3. V. CHEVALERIE A LA PROIE. V. GAIN. V. PAYE. V. ROBE.

PROJECTILE, adj. V. ALÈNE P... V. ARME P... V. BALLE P... V. BASTON P... V. BOUGE P... V. BOULET P... V. BRULOT P... V. CORPS P... V. DARD P... V. FLÈCHE P... V. FUSÉE P... V. GLOBE P... V. LANCE P... V. MANGONNEAU P... V. MASSE P... V. MASSUE P... V. MOUCHETTE P... V. OLIVE P... V. PIERRE P... V. PLOMB P... V. POUTRE P... V. SCORPION P... V. TRAIT P...

PROJECTILE, subs. masc. V. COUP DE P..., V. ÉCHANGER DES P... V. FAISCEAU DE P... V. MOUVEMENT DE P... V. PORTÉE DE P... V. TIR DE P...

PROJECTILE (F, G, 2, 3). Mot emprunté à la LANGUE LATINE ; mais, dans cette LANGUE, c'était jadis le neutre *missile* qui répondait aux mots modernes Projectile ou MOBILE. — L'expression ici examinée n'est techniquement en usage que depuis le dix-huitième siècle ; les Français l'ont empruntée aux traités en LATIN des mathématiciens d'ALLEMAGNE ; les termes de détails ou de sous-genre que nous allons réunir existaient dans la LANGUE FRANÇAISE, mais elle manquait d'un terme générique qui les embrassât tous. — Les Projectiles comprennent, ou ont compris, des ARMES A POINTE, des ARMES DE DÉCLIC, des MOBILES de la forme la plus variée ; mais ce sont surtout les Projectiles sphéroïdes qu'on est convenu d'exprimer d'une manière absolue par le substantif MOBILE, ou plutôt le MOBILE est le Projectile en MOUVEMENT. — Une INSTRUCTION ministérielle DE 1824 (10 JANVIER), concernant la conservation des PILES DE BOULETS, les appelait absolument Projectiles ; l'expression était incomplète. Pour être claire, l'INSTRUCTION eût dû les appeler Projectiles sphériques d'artillerie ; car les FUSÉES, ARMES non sphériques, sont aussi des Projectiles ; mais telle est, en fait de LANGUE MILITAIRE, l'insouciance ou l'inattention des COMMIS DE LA GUERRE. — Les Projectiles sont les ARMES, les CORPS, les GLOBES, les MASSES que les ARMES DE JET, l'ARTILLERIE ou la main des GUERRIERS LANCENT sur l'ENNEMI, suivant une TRAJECTOIRE directe ou plus ou moins courbe. L'art de s'en servir, de varier les effets de la PROJECTION constituaient l'acontismologie, la CATAPELTIQUE ; elle est actuellement du domaine de la BALISTIQUE, vieux mot redevenu jeune. — Les Projectiles des anciens ont été, à peu d'exceptions près, d'une faible PORTÉE et d'un TIR peu certain, surtout si on les compare à ceux des PIÈCES D'ARTILLERIE modernes. De là vient que les MILICES anciennes ayant moins ou peu à redouter, excepté dans les SIÉGES, les coups que l'ENNEMI eût pu leur porter de loin, n'avaient pas élevé au rang d'une SCIENCE le choix de l'étude des TERRAINS, des POSITIONS, comme les modernes sont forcés de le faire. — L'antiquité employait pour Projectiles les ASTIOCHES, DEBRA, BOULES OU GLOBES de diverses matières, CESTRES, DARDS, FALARIQUES, FLÈCHES, FRAMÉES, JAVELOTS, LANCES, MALLÉOLES, OLIVES OU GLANDS de PLOMB, PILES, POUTRES. — Elle se servait même de gerbes ou de FAISCEAUX, de HASTES ou de PROJECTILES A POINTE que DÉCOCHAIENT les MACHINES de guerre, et qui étaient la MITRAILLE du temps. — En garantir les combattants était la destination des MANTELETS et des TORTUES. — Il y a eu aussi des MASSUES PROJECTILES ; tels ont été les ANGONS, les CATEIES. — Les HERSES des PORTERESSES étaient des espèces de portes à claire-voie que l'INFANTERIE pouvait ainsi défendre à l'aide de Projectiles. — Le MOYEN AGE a fait emploi d'une partie des Projectiles de l'antiquité ; ses ARBALÈTES, ses FRONDES ont déchargé des cailloux, des JALETS, des MOUCHETTES, des PIERRES ; ses ARQUEBUSES, avant de devenir ARMES A FEU, ses SARBACANES je-

taient les ALÈNES, BONÇONS, BOUGES, CARREAUX, ÉPIEUX, TRAITS et autres ARMES A POINTE ; ses armes NÉVROBALISTIQUES, son ARTILLERIE, ont fait PLEUVOIR des barres de fer rouge, des BASTONS, des BEDAINES, des BRANDONS, des CORSECQUES, des tonnes de matières fécales, des cadavres d'hommes et de chameaux, des MANGONNEAUX, des MATRAS, des meules de grande dimension, des PELOTES de FEU GRÉGEOIS, des SCORPIONS, des TORCHES INCENDIAIRES. — Des quartiers de rochers, d'énormes blocs de marbre étaient mis en MOUVEMENT par les MACHINES de la MILICE VÉNITIENNE et par la primitive ARTILLERIE A FEU. — COLONNA (1280, A) fait mention des PIERRES brûlantes et des TUBES de fer contenant une composition incendiaire. — Les ARMÉES modernes emploient ou ont employé comme Projectiles : les ANGES, BALLES, BALLES A FEU, BALLONS A GRENADES, BARILS ARDENTS, BISCAIENS, BOITES DE MITRAILLE, BOMBES, BOULETS, BOULETS ROUGES, BRULOTS, CARCASSES, COMINGES, FUSÉES A LA CONGRÈVE, GRENADES, OBUS, PLOMB, POMMES DE PIN, POTS A FEU, SACS A FEU. — Les effets des coups des Projectiles actuels varient suivant que les FEUX sont FICHANTS, RASANTS, A TIR COURBE, A TIR DIRECT, DE PLEIN FOUET, etc. La quantité, la rapidité de leurs DÉCHARGES, l'exactitude avec laquelle on calcule les LIGNES DE MIRE et de TIR, la puissance des BATTERIES A RICOCHETS, ont laissé loin de nous les MACHINES des anciens. — Les Projectiles sont plus généralement de forme SPHÉRIQUE que CYLINDRIQUE ou A POINTE ; mais il s'en est vu, dans les derniers siècles, d'OVOÏDES et de CUBIQUES. — Plus un Projectile a de volume, plus sa vitesse a de durée, plus sa PÉNÉTRATION a de profondeur. Cette loi de la pénétrabilité forme tout un long traité, comme en témoigne, en le reproduisant, le *Journal des Sciences militaires* (1855, p. 227). — Les Projectiles d'ARTILLERIE et ceux des FUSILS DE REMPART sont ou PLEINS OU CREUX ; l'usage de ces derniers ne règne que depuis des époques mal connues. VILLARET la reporte au règne de CHARLES SEPT. LAMARTILLIÈRE pense que c'est en 1558 qu'on se servit, pour la première fois, de Projectiles creux. M. MORITZ-MEYER affirme qu'en 1388, *le duc de Bavière jetait des Projectiles creux dans Ratisbonne*. Dès 1361, un globe explosif avait tué un prince danois. — C'est surtout la GUERRE DE LA RÉVOLUTION qui a étendu l'usage de ce genre de TIR. — La LANGUE ANGLAISE, suivant DUANE (1810, E), appelle *shell*, signifiant coquilles, les Projectiles creux, et *shot* les Projectiles en général. — Les calculs de la FORTIFICATION, les combinaisons de la LIGNE DE DÉFENSE ont pour base la supputation du maximum de PORTÉE des divers Projectiles. — Connaître la nature, le jeu, la marche, les effets de tous les genres de Projectiles, est une des notions indispensables à un GÉNÉRAL D'ARMÉE. — Les poids, les dimensions des Projectiles d'ARTILLERIE étaient fixés par les ORDONNANCES de 1752 (7 octobre) et de 1786 ; ils furent maintenus en 1792 suivant l'ancien système duodécimal, et par lignes et pouces. L'obstination funeste que des OFFICIERS routiniers manifestèrent en cette circonstance fut d'un préjudice irréparable pour la propagation générale du système décimal des poids et mesures, ainsi que l'a remarqué judicieusement M. FRANCŒUR. — L'action que les Projectiles exercent en tourmentant les OUVRAGES, les BOYAUX DE SIÉGE, les CHEMINS COUVERTS, en déchirant les surfaces, en sillonnant les TERRAINS, en nettoyant les BRÈCHES, en écrasant les CAVALIERS DE FORTIFICATION, s'appelle BATTRE, ÉCRÉTER, LABOURER, PLEUVOIR ; le maximum de l'effet qu'ils exercent sur les TROUPES se peint par l'emploi des verbes CRIBLER, désoler, écraser. — La GUERRE DE 1832 a donné le spectacle des plus monstrueux Projectiles que l'ARTILLERIE A FEU ait lancés. — Des journalistes ont raconté qu'en 1828 il a été mis sous les yeux de l'institut royal de LONDRES la description d'un moyen de faire jouer des Projectiles sans le secours d'aucun TUBE. Un sieur Servier était parvenu, disait-il, à lancer horizontalement un BOULET d'une PIÈCE DE QUATORZE à une distance de cinq cent vingt pieds avec une once de POUDRE. — Les perfectionnements désirables et possibles du système des Projectiles français étaient loin d'être atteints en 1831, comme le témoigne le *Journal des Sciences militaires* (t. XXIII, p. 47). — Depuis 1814, les ANGLAIS fondaient un grand espoir sur les *shrapnells*. — Les journaux rapportaient, en avril 1836, qu'un sieur Lizoir avait découvert le secret de composer des Projectiles dont la puissance surpasserait tout ce que l'imagination pouvait concevoir de plus prodigieux, i c que n'ayant pas obtenu du gouvernement français l'accueil que son invention lui eût mérité, il était allé l'offrir à don Carlos. — A la même époque, un physicien assurait avoir à sa disposition une ARME A FEU qui fonctionnait sans employer de Projectiles - c'était la foudre. — Les AUTEURS qu'il y aurait lieu de consulter à l'égard du genre, des noms, du jeu, de la PÉNÉTRATION des Projectiles, sont : ANDRÉOSSI, BARDIN (1807, D ; 1814, E), BONAPARTE (Napoléon-Louis, 1836), CARRÉ (1785, E), M. CARRION (1824, A), M. COSTE (1826), M. COTTY (1822, A ; 1832, A), DANIEL (1721, A), DECKER (1837), DUANE, DUPAIN (1785, F, au mot *Canon*), l'ENCYCLOPÉDIE (1751, C, au mot *Jet*), GALILÉE, GASSENDI, GLÉNIE, HEIMIUS, HERBERSTEIN, M. HOYER (1828), KRUEGER (1736), LANDERBERCK, LECOUTURIER (1825, A), LINDQUIST, LOMBARD (1791), MACDONALD, M. MARION, MERSENNE, M. DE MONTGERY, PESCHEL (1825), PIOBERT, PUTÉANUS (1630), M. le général ROGNIAT, SAINT-REMY, SANTBECK, SIMPSON, STARRAT, le *Dictionnaire de la Conversation*, le *Spectateur militaire* (t. XX, p. 105 ; t. XXV, p. 579), le *Mémorial encyclopédique* (Nº 56, p. 450), le *Journal des Sciences militaires* (1836, mars, p. 257, etc.; mai 1837, p. 145 ; juin 1837, p. 284), et les AUTEURS qui ont traité des termes ARMES DE JET, ARTILLERIE, BALISTIQUE, BOUCHES A FEU, MACHINES DE LA GUERRE, POUDRE A FEU, TRAJECTOIRE.

PROJECTILE A FEU. V. A FEU. V. BATTERIE A RICOCHETS. V. BOUCHE A FEU. V. LIGNE DE MIRE. V. POUDRE A FEU. V. SIÉGE DÉFENSIF.

PROJECTILE A POINTE. V. A POINTE. V. ACONTISMOLOGIE. V. ALÈNE. V. ANGON. V. ARME A POINTE. V. ARME DE DÉCLIC. V. ARME D'HAST. V. ARME NÉVROBALISTIQUE. V. CONSECQUE. V. DJÉRID. V. FRAMÉE. V. FUSIL A SOUFFLET. V. HASTE. V. JAVELOT. V. MANIPULE Nº 1. V. PILE. V. SARISSE. V. SIÉGE DÉFENSIF.

PROJECTILE A TIR COURBE. V. A TIR COURBE. V. BOMBE. V. BOYAU DE SIÉGE. V. GRENADE. V. PROJECTILE. V. RICOCHET. V. SARISSE.

PROJECTILE A TIR DIRECT. V. A TIR DIRECT. V. BOULET. V. PROJECTILE. V. RORAIRE.

PROJECTILE CREUX. V. ANDRÉOSSI. V. ARME A FEU. V. ARME A VAPEUR. V. BALISTIQUE. V. BALLON A GRENADES. V. BARIL ARDENT. V. BLINDAGE. V. BOMBE. V. BOUCHE A FEU. V. BOULET CREUX. V. CARCASSE. V. CAPONADE. V. CHEMIN COUVERT. V. COMINGE. V. CREUX, adj. V. CRUCHE A FEU. V. FALARIQUE. V FUSÉE D'AMORCE. V. FUSÉE DE GRAND ÉCHANTILLON. V. FUSÉE DE GUERRE. V. GLOBE PROJECTILE. V. GRENADE. V. GRENADE A CUILLER. V. GRENADE DE REMPART. V. GUERRE DE 1832. V. MILICE AUTRICHIENNE. V. OBUS. V. OFFICIER D'ARTILLERIE Nº 6. V. PIERRE A FEU. V. PIERRE PROJECTILE. V. POT A FEU. V. PROJECTILE. V. SAPE COUVERTE. V. SCHRAPNELL.

PROJECTILE CUBIQUE. V. CUBIQUE. V. GRENADE. V. PROJECTILE.

PROJECTILE CYLINDRIQUE. V. CYLINDRIQUE. V. FUSÉE DE GUERRE. V. PROJECTILE.

PROJECTILE D'ARME A FEU. V. ARME A FEU. V. ATTAQUE DE GUERRE. V. BALLE PROJECTILE. V. BONCON. V. BOUCHE D'ARME A FEU. V. BRICOLE BALISTIQUE. V. CALIBRE. V. CALIBRER.

V. CANON A MAIN. V. CARREAU. V. CAVALERIE FRANÇAISE Nº 7. V. CHAMP DE FEU. V. CHARGE DE POUDRE. V. COMINGE. V. COMMANDEMENT D'ENFILADE. V. COUP D'ARME A FEU. V. COUP DE FUSIL DE MUNITION. V. CULASSE D'ACQUEREAU. V. DRAPEAU D'INFANTERIE FRANÇAISE DE LIGNE. V. FEU CROISÉ. V. FEU FICHANT. V. FEU RASANT. V. FLANQUER. V. FUSÉE DE GRAND ÉCHANTILLON. V. MEURTRIÈRE. V. PARALLÈLE, subs. V. PARAPET. V. PORTÉE D'ARME A FEU. V. POUDRE DE CHARGE. V. TIR DE BUT EN BLANC.

PROJECTILE D'ARME NÉVROBALISTIQUE. V. ARBALÈTE. V. ARME NÉVROBALISTIQUE. V. ASTIOCHE. V. BALISTE. V. BALLE PROJECTILE. V. BÉDAINE. V. BOULTEIS. V. BRANDON. V. CARREAU. V. CATAPULTE. V. CHIROBALISTE. V. CILICE. V. CORDE DE CATAPULTE. V. CRUCHE A FEU. V. FALARIQUE. V. FEU GRÉGEOIS. V. FLÈCHE PROJECTILE. V. JALET. V. MANGONNEAU. V. MATRAS. V. MOLIÈRE. V. MOUCHETTE. V. PILE. V. PORTÉE D'ARC. V. TIR DE BUT EN BLANC. V. TRAIT PROJECTILE.

PROJECTILE D'ARTILLERIE. V. ABATIS DÉFENSIF. V. ANGE. V. ARME A VAPEUR. V. ARME NATURELLE PORTATIVE. V. ARTILLERIE. V. ARTILLERIE D'ARMEMENT. V. ARTILLERIE DE CAMPAGNE. V. ARTILLERIE DE COTE. V. ARTILLERIE DE SIÉGE OFFENSIF. V. BALLE A FEU. V. BALLON A GRENADES. V. BARIL ARDENT. V. BATTERIE DE PLEIN FOUET. V. BATTERIE INCENDIAIRE. V. BATTRE UN BUT. V. BLINDAGE. V. BOND DE RICOCHET. V. BOUCHE A FEU. V. BOUCHE A FEU A TIR COURBE. V. BOULET EN MÉTAL. V. BOULET EN PIERRE. V. BOULET ROUGE. V. CANON D'ARTILLERIE. V. CASEMATE D'ARTILLERIE. V. CAVALIER DE FORTERESSE. V. COMMANDANT DE PLACE ASSIÉGÉE. V. CONTREFORT DE FORTERESSE. V. CONGRÈVE. V. CREVER. V. ENFILADE. V. GARGOUSSE. V. GLACIS D'ABATIS. V. FOSSÉ DE FORTERESSE. V. FUSÉE DE GUERRE. V. FORTERESSE. V. GARDE DE TRANCHÉE. V. GRENADE. V. GRENADE A CUILLER. V. GUERRE DE 1852. V. JUMELLE. V. MAGASIN DE VIVRES. V. MARCHE D'ARMÉE. V. MATTON. V. MILICE DANOISE Nº 5. V. MITRAILLE. V. MORTIER. V. OBUS. V. OBUSIER. V. PARC DE SIÉGE. V. PIÈCE DE CAMPAGNE. V. PIERRE PROJECTILE. V. PORTÉE DE CANON. V. POT A FEU. V. PROJECTILE. V. REVÊTEMENT. V. RICOCHET. V. SIÉGE OFFENSIF. V. SORTIE EXTÉRIEURE. V. TAMBOUR DE FORTIFICATION. V. TIR DE BUT EN BLANC. V. TRAJECTOIRE.

PROJECTILE DE FRONDE. V. BALLE DE FRONDE. V. CESTRE. V. FRONDE. V. FRONDE D'ACHAIE. V. FRONDEUR. V. LIBRILLE. V. MANIPULE Nº 1. V. PANETIÈRE. V. PHALANGE GRECQUE. V. TRIAIRE Nº 4.

PROJECTILE DE RIBAUDEQUIN. V. JAVELOT. V. RIBAUDEQUIN.

PROJECTILE ENFLAMMÉ. V. MACHINE.

PROJECTILE INCENDIAIRE. V. BALLE A FEU. V. BOMBARDEMENT. V. BOMBE. V. BOUCHE A FEU. V. BRULOT PROJECTILE. V. CANON D'ARTILLERIE. V. CARCASSE. V. CARTOUCHE INCENDIAIRE. V. INCENDIAIRE, adj. V. FUSÉE DE GUERRE. V. MILICE AUTRICHIENNE Nº 7. V. MORTIER. V. OBUS. V. TOUR ROULANTE.

PROJECTILE LUMINEUX. V. BALLE A FEU. V. BARIL ARDENT. V. BOMBE. V. BRULOT PROJECTILE. V. FUSÉE LUMINEUSE. V. LUMINEUX. V. POT A FEU.

PROJECTILE OVOÏDE. V. CARCASSE. V. GRENADE. V. OBUS. V. OVOÏDE. V. PROJECTILE.

PROJECTILE PLEIN. V. BOUCHE A FEU. V. BOULET PROJECTILE. V. CARONADE. V. PLEIN, adj. V. PROJECTILE.

PROJECTILE SPHÉRIQUE. V. BALLE PROJECTILE. V. BOULET PROJECTILE. V. FUSIL A SOUFFLET. V. PROJECTILE. V. RICOCHET. V. SPHÉRIQUE.

PROJECTION, subs. fém. V. AMPLITUDE. V. PROJECTILE.

PROLONGATION DE PERMISSION. V. PERMISSION. V. PROLONGE.

PROLONGATION DE PUNITION. V. CONSEIL DE DISCIPLINE. V. MAJOR CAPITAINE Nº 2. V. PUNITION.

PROLONGATION DE CONGÉ. V. CONGÉ. V. CONGÉ LIMITÉ.

PROLONGE, subs. fém. (G, 2), ou PRÉLONGE, suivant BOISTE et LACHESNAIE (1758. 1). Mot visiblement dérivé du LATIN, ainsi que PROLONGATION, PROLONGÉ, PROLONGEMENT. La Prolonge est une longue CORDE que, dans les EXERCICES D'ARTILLERIE, on attache à l'extrémité de l'essieu des PIÈCES; les CANONNIERS s'y attellent par leur BRICOLE, pour les traîner, un JOUR D'ACTION, d'une BATTERIE à une autre, sans le secours de BÊTES DE TRAIT et sans AVANT-TRAIN. De là l'expression MANOEUVRER A LA PROLONGE. C'était ainsi que l'ARTILLERIE A PIED exécutait le FEU DE RETRAITE, au moyen du DEMI-TOUR A LA PROLONGE; l'ARTILLERIE A CHEVAL employait même la Prolonge au FEU DE POURSUITE. — GUSTAVE-ADOLPHE passe pour l'inventeur de cette manière d'exécuter le feu des PIÈCES DE CAMPAGNE. Les FRANÇAIS l'adoptèrent en 1683. M. MEYER (Moritz) suppose cependant que les FRANÇAIS pratiquaient ce moyen dès l'année 1528. — M. JACOBI traite des Prolonges modernes. — Dans l'ARMÉE de FRÉDÉRIC DEUX, c'étaient les SAPEURS D'INFANTERIE qui s'attelaient aux Prolonges des PIÈCES DE BATAILLON. — Dans le MATÉRIEL des CONVOIS PAR TERRE les Prolonges se plaçaient à la suite des pièces. — On a prétendu que la manœuvre à la Prolonge

avait été inventée par Gribeauval en 1764;
nous en doutons. — La milice anglaise a
substitué à l'usage des Prolonges le système
des avant-trains à coffret ou caisson auxiliaire, construits de manière à asseoir et à
transporter neuf canonniers; la pièce, rapidement traînée par ses chevaux, est toujours accompagnée ainsi des hommes destinés à la servir; par là, l'artillerie a pied
a presque acquis la vélocité des artilleurs
a cheval. Mais si le terrain est difficile, le
poids à traîner devient énorme; si l'avant-
train se renverse, accident fréquent, le
personnel de la pièce y court grand risque;
si l'affût est brisé ou battu en rouage, le
transport des hommes cessant d'être possible,
l'action de la batterie est paralysée.—On a
fait, en France, le premier essai de ce système dans une grande manoeuvre exécutée
à Paris, devant le roi, en 1827 (27 octobre). — Des voitures de pavés s'appellent
aussi Prolonges; elles portent dix quintaux
métriques.— Il est traité des Prolonges dans
le *Dictionnaire de la Conversation*.

PROLONGÉ (prolongée), adj. v. face
prolongée. v. prolonge.

PROLONGEMENT (subs. masc.) de
direction. v. adjudant d'infanterie française de ligne n° 17. v. alignement de bataillon en colonne. v. alignement de serre-
files en colonne. v. arrière-jalonnement.
v. capitale de prolongement. v. carrure
d'épaules. v. chef de file. v. colonel d'infanterie française de ligne n° 6. v. drapeau d'infanterie française de ligne. v. direction. v. direction de bataillon en
bataille. v. guide de subdivision. v. inversion. v. marche de bataillon en bataille, en
avant. v. marche de brigade d'infanterie en
bataille.v. porte-drapeau n° 7. v. prolonge.
v. prompte manoeuvre. v. rangs de cavalerie.

PROLONGEMENT de joue de havre-
sac. v. bordure de havresac. v. havresac. v.
joue de havresac.

PROLONGER la colonne. v. colonne.
v. rompement en bataille.

PROMENADE (subs. fém.) militaire
(G, 5). Mot dérivé du verbe promener, formé au moyen age, de la proposition latine
signifiant au dehors, et de l'infinitif mener,
comme on dirait : conduire à l'extérieur.—
Dans les saisons propices, et dans les siècles où florissait la milice romaine, la vigueur,
l'agilité de son infanterie étaient entrete-
nues par des Promenades où elle parcourait au pas de voyage, avec armes et bagages,
dix mille pas, non compris le retour. —
Tite Live rapporte qu'au nombre des exer-

cices que Scipion imposait aux légions, il
leur faisait même faire , à la course, quatre
mille pas. Ces récits semblent fabuleux, si
le soldat devait exécuter sans faire de pose,
et avec armes et bagages, un pareil trajet.—
Végèce (590, A) témoigne que les empereurs
Auguste et Adrien avaient fait revivre l'ancien usage des Promenades militaires; leurs
ordonnances voulaient qu'elles eussent lieu
trois fois par mois, et qu'elles fussent un
simulacre d'actions et de marches de guerre.
— Dans le commencement du dix-huitième
siècle, l'infanterie de l'Europe ne connaissait pas l'usage des Promenades militaires,
quoique ce soit une idée simple, un exercice profitable et sain, une pratique indispensable comme apprentissage ou étude des
marches routes; mais comment ces mesures
de détails eussent-elles été en vigueur,
puisqu'avant 1727 rien encore n'était sta-
tué, comme règles permanentes et principes
généraux, en fait de marches de troupes. —
Depuis ces époques, quelques écrivains trai-
tèrent des Promenades; Lachesnaie (1758 ,
J), Maizeroy (1765, B), contribuèrent à en
faire sentir l'utilité. Choiseul , par l'ordonnance de 1766 (1er janvier), prescrivit aux
corps des Promenades qui devaient avoir
lieu au moins pendant une heure , jamais
plus de trois. — L'ordonnance de 1776 (25
mars) renouvela ces sages injonctions, et
voulait que la troupe marchât avec armes et
bagages. — Le règlement de 1816 (24 juillet) ordonnait qu'en cas de départ prévu de
loin, on s'y préparât par des Promenades;
l'instruction de 1822 (3 juillet) et celles
qui , de même, traitent de l'inspection générale , entraient en quelques détails sur
les Promenades; elles devaient avoir lieu
dans les beaux jours de l'automne ou de
l'hiver. Là décision de 1831 (15 mai) en
prescrivait la pratique et les règles, tant
pour l'infanterie que pour la cavalerie.
L'ordonnance de 1833 (2 novembre , art.
354) maintenait ces dispositions, mais elle
nommait incorrectement, marches militaires,
les Promenades, quoique la langue française
ne puisse admettre cette synonymie. — Les
auteurs qui peuvent être consultés touchant
les Promenades militaires sont : Encyclopédie (1785, B), Lachesnaie (1758, I, au
mot *Manœuvre*), Lecouturier (1825 , A),
Maizeroy (1765 , B) , Potier (1779 , X).
Saint-Germain (1779, C),Turpin (1785, O),
et le *Journal des Sciences militaires*, t.
XXIV, p. 115.

PROMOTION , subs. fém. (A, 1). Mot
dont l'origine latine se révèle d'elle-même.
Il se prend quelquefois comme synonyme
de nomination ; l'un et l'autre indiquent un

mouvement hiérarchique qu'à tort ou à raison, on a nommé AVANCEMENT; mais il y a cette différence que la NOMINATION est une cause, et que la Promotion est un effet. — Les règles écrites, les méthodes raisonnées de Promotions, sont en quelque sorte d'hier, sinon en CHINE. — Il y a des Promotions dans toutes les classes de l'ÉTAT MILITAIRE; il y en a dans les ORDRES DE CHEVALERIE; l'ACCOLADE et la RÉCEPTION en étaient les symboles. — Le DÉCRET DE L'AN DEUX (27 PLUVIOSE) n'autorisait les Promotions d'aucun citoyen, *du grade de caporal à celui de général en chef, s'il ne sait lire et écrire.* Le ridicule de la rédaction répondait à l'inutilité d'un décret en grande partie inexécutable à cette époque. — Conformément aux usages modernes de FRANCE, toute promotion dans les CORPS FRANÇAIS est mentionnée aux FEUILLES D'APPEL, et donne droit au TRAITEMENT DU GRADE; les APPOINTEMENTS ou la SOLDE qui y sont attachés sont servis à compter du jour de la RÉCEPTION, ou à compter du JOUR DU DÉPART pour rejoindre si la NOMINATION donne lieu à un CHANGEMENT DE CORPS. — La CIRCULAIRE DE L'AN TREIZE (15 FLORÉAL) voulait que *l'avancement se distribuât d'une manière plus uniforme et moins arbitraire;* l'aveu était peu honorable pour le MINISTÈRE. — Plusieurs lois que nous avons indiquées ont déclaré que, sans égard à l'ANCIENNETÉ, les ACTIONS D'ÉCLAT pourraient être récompensées par une Promotion. — L'ORDONNANCE DE 1788 (17 MARS), en insérant le mot Promotion dans son intitulé, en a, la première, légalisé l'usage, et le sujet a été traité, mais avec peu d'étendue et sans détails, par BONAN (1781,), M. le col. CARRION (1824, A, tom. II, pag. 164), ENCYCLOPÉDIE (1785, C), GUIBERT (1773, E), LECOUTURIER (1825,), TURPIN (1780, O), M. XILANDER (1825,). — Le terme ne prendra ici quelque développement que sous l'acception de PROMOTION D'OFFICIER.

PROMOTION au GRADE D'OFFICIER. V. GRADE D'OFFICIER. V. GRATIFICATION DE PREMIÈRE MISE. V. OFFICIER DE CAVALERIE N° 1. V. SERGENT D'INFANTERIE DE LIGNE N° 3.

PROMOTION dans la LÉGION D'HONNEUR. V. LÉGION D'HONNEUR.

PROMOTION de BANNERET. V. BANNERET N° 3. V. HÉRAUT D'ARMES N° 4.

PROMOTION de GÉNÉRAUX. V. GÉNÉRAL. V. GÉNÉRAL FRANÇAIS N° 1, 2. V. MINISTRE DE LA GUERRE EN 1819. V. INFANTERIE FRANÇAISE N° 6.

PROMOTION de MARÉCHAL. V. MARÉCHAL DE FRANCE N° 4.

PROMOTION de SERGENT. V. CHEF DE SUBDIVISION ADMINISTRATIVE. V. SERGENT. V. SERGENT D'INFANTERIE FRANÇAISE DE LIGNE N° 3. V. SERGENT D'INFANTERIE FRANÇAISE N° 3.

PROMOTION de SOUS-LIEUTENANT. V. GRATIFICATION DE PREMIÈRE MISE. V. SOUS-LIEUTENANT; id., N° 2. V. SOUS-LIEUTENANT D'INFANTERIE FRANÇAISE DE LIGNE.

PROMOTION de SOUS-OFFICIER. V. AVANCEMENT AU GRADE DE SOUS-SOFFICIER. V. GRATIFICATION DE PREMIÈRE MISE. V. OFFICIER DE CAVALERIE N° 1. V. SOUS-OFFICIER; id., N° 3, 4.

PROMOTION d'HOMMES DE TROUPE. V. HOMME DE TROUPE. V. PROMOTION. V. PROMOTION D'OFFICIER.

PROMOTION (promotions) d'OFFICIER (A, 1). Sorte de PROMOTIONS qui, depuis le règne de FRANÇOIS PREMIER, ont pris des formes qui différaient des règles relatives aux PROMOTIONS D'HOMMES DE TROUPE. — L'amputation d'un PENNON dont un HÉRAUT tranchait la QUEUE, équivalait, jadis, à la Promotion d'un BANNERET. — Le CONNÉTABLE DE FRANCE était, à sa guise, le dispensateur des EMPLOIS. — Les COLONELS GÉNÉRAUX de diverses ARMES ont été investis, plus ou moins, d'une pareille prérogative, ou ont exercé une sorte de sanction ou d'exaction qu'on appelait DROIT D'ATTACHE. — Les souverains ont ressaisi une initiative que l'insouciance des rois fainéants avait abdiquée; et les MINISTRES DE LA GUERRE, héritiers, à plus d'un égard, des droits du CONNÉTABLE et des COLONELS GÉNÉRAUX, ont été chargés de dresser les MÉMOIRES DE PROPOSITIONS soumises au souverain, ou d'en recueillir les éléments, et d'en établir le tableau final. — Dans le dernier siècle, quand un gouvernement se décidait à déployer l'APPAREIL DE LA GUERRE, il publiait des listes de Promotions. Ce système de NOMINATION à la foule, à l'aveuglette, quoique vicieux, avait du moins son excuse; mais un plus grand abus s'est introduit: ce qu'on a nommé ironiquement des fournées, avait pour occasion une fête, une naissance, un mariage, un déménagement de MINISTRE. Ces prodigalités avaient lieu, qu'il y eût ou non des EMPLOIS vacants. On peut, à cet égard, citer les règnes de LOUIS QUINZE et de LOUIS SEIZE, et rappeler les souvenirs de 1821, de 1824, etc., etc.; de là cette pléthore de l'ÉTAT-MAJOR DE FRANCE; il s'y voyait assez de GÉNÉRAUX pour en attacher douze ou quinze au commandement de chaque RÉGIMENT. — FRÉDÉRIC DEUX n'avait aucun égard à la naissance, excepté pour la Promotion au moindre GRADE, et sauf certains corps où l'exhibition des PREUVES DE NOBLESSE n'était pas exigée. Il nommait souverainement aux emplois, mais aux emplois vacants, et sans préjudice au droit d'ancienneté. — En Autriche on faisait peu attention à la naissance; c'était le conseil aulique qui prononçait, il n'en faisait pas abus. Ce n'était pas par la surabondance d'officiers que péchait l'armée autrichienne. — En Angleterre, pays féodal et trafiquant, les grades étaient à la fois une propriété personnelle et un effet de commerce.—En Russie, le caractère de noble n'était pas un droit au grade, puisque le bon plaisir du souverain et un appel aux militaires étrangers pourvoyait aux emplois même les plus élevés.—La France, l'Espagne, le Piémont, étaient les royaumes qui mettaient le plus d'importance à n'octroyer des grades que sur preuves de quartiers; mais l'ordre du tableau était un adoucissement à ce système et ouvrait la carrière à quelques heureux parvenus. — Les idées du siècle sont différentes et plus rationnelles, partout il y a tendance à faire dépendre des examens et des concours les Promotions. Les milices hanovrienne, prussienne, etc., en agissent maintenant ainsi, comme le faisait, il y a quelques milliers d'années, la milice chinoise. — Le numéro de promotion est inscrit sur le brevet et devient un titre de primauté sur les numéros subséquents. — En temps de guerre, une Promotion donne lieu à un supplément de gratification d'entrée en campagne. L'ordonnance de 1825 (19 mars, art. 15) s'occupait de Promotions sous le rapport comptabiliaire.

PROMOUVOIR, verb. act. v. action d'éclat. v. adjudant de semaine n° 5. v. aumonier n° 4. v. avancement. v. colonel d'infanterie française de ligne n° 12. v. colonel général d'infanterie n° 4. v. officier français n° 10.

PROMPTE manœuvre (G, 5). Opération de tactique qui était exprimée par une dénomination peu claire, et qui était du genre des évolutions composées, parce qu'elle résultait d'une combinaison de mouvements exécutés par une partie seulement d'une colonne d'infanterie, dont l'autre partie n'opérait pas de même.—Les Français avaient emprunté la Prompte manœuvre à la tactique prussienne, comme le témoigne Mirabeau (1788, C). L'instruction de 1774 (11 juin) ne la définissait pas d'une manière satisfaisante; l'ordonnance de 1776 (1er juin) et le règlement de 1791 (1er août) la reproduisaient. Elle avait lieu quand, pendant un changement de direction, au pas ordinaire, à distance entière, il importait de jeter rapidement sur l'axe de la direction nouvelle, celles des subdivisions qui faisaient encore coude. — Quand la Prompte manœuvre s'appliquait à un seul bataillon, et elle ne pouvait guère s'appliquer à plusieurs, les six derniers pelotons faisaient par le flanc au pas accéléré, tandis que les premiers pelotons, ayant changé de direction, continuaient, au pas ordinaire, leur marche en colonne. — La Prompte manœuvre pouvait aussi s'effectuer, du moins le règlement le supposait, par la totalité des subdivisions clisant, et prenant le pas accéléré; tel était le cas dans les évolutions de ligne : chacun des bataillons, en arrière de celui sur lequel s'ordonnait le pivotement, se portait ainsi sur le nouveau prolongement. — Le mouvement s'exécutait au commandement général : Prompte manœuvre par le flanc droit; ces mots, répétés par le commandement d'avertissement, étaient suivis de halte, front, marche. — Des tacticiens modernes blâmaient la forme à repos de la Prompte manœuvre, et auraient voulu que la marche n'en fût pas coupée par une halte. — Des réflexions appuyées sur des données algébriques, et quelques opinions critiques, ont été sur ce sujet publiées par le *Spectateur militaire* (t. vii, p. 16; t. ix, p. 462). — L'ordonnance de 1831 (4 mars) qui, à tort ou à raison, ne reconnaissait plus, en manœuvre, le pas ordinaire, abolissait la Prompte manœuvre, opération difficile, décousue, peu utile, puisqu'on ne l'a jamais exécutée devant l'ennemi, qu'on n'y manœuvre plus par pelotons, et qu'on ne s'y sert plus de colonnes à distance entière. — Mesnil-Durand (1780, K) et Mirabeau (1788, C) peuvent être consultés touchant la Prompte manœuvre.

PROMU, adj. v. officier p...

PROMULGATION (subs. fém.) de lois. v. corps d'intendance n° 6. v. loi.

PRONONCÉ (subs. masc.) de jugement. v. accusateur militaire. v. avis judiciaire. v. jugement.

PRONONCER une sentence. v. sentence.

PROPERCE. v. noms propres.

PROPOSITION, subs. fém. v. mémoire de p...

PROPOSITION d'admission a la retraite. v. admission a la retraite. v. pension de retraite.

PROPOSITION d'admission aux invalides, aux vétérans, etc. v. admission. v. compagnie sédentaire. v. inspecteur général d'infanterie n° 5. v. invalide. v. secrétaire archiviste. v. vétéran.

PROPOSITION d'avancement. V. ACTION D'ÉCLAT. V. AVANCEMENT. V. AVANCEMENT AU GRADE D'OFFICIER. V. CAPITAINE D'INFANTERIE FRANÇAISE DE LIGNE N° 14. V. CAPORAL D'INFANTERIE FRANÇAISE DE LIGNE N° 4. V. CHEF DE BATAILLON D'INFANTERIE FRANÇAISE DE LIGNE N° 7. V. COLONEL D'INFANTERIE FRANÇAISE DE LIGNE N° 12. V. COLONEL GÉNÉRAL DES SUISSES. V. CONSEIL D'ADMINISTRATION DE RÉGIMENT N° 5. V. LIEUTENANT-COLONEL D'INFANTERIE FRANÇAISE DE LIGNE N° 6. V. MINISTRE DE LA GUERRE N° 14. V. SOUS-OFFICIER N° 3, 4.

PROPOSITION de CASSATION. V. AVIS EN FAIT DE CASSATION. V. CASSATION. V. SOUS-OFFICIER N° 11.

PROPOSITION de RÉCOMPENSE. V. RÉCOMPENSE.

PROPOSITION de RETRAITE. V. CONTRE-VISITE. V. LIVRET D'INSPECTION. V. PENSION DE RETRAITE. V. RETRAITE.

PROPOSITION d'EMPLOI. V. EMPLOI. V. REVUE D'INSPECTEUR GÉNÉRAL.

PROPRE, adj. V. NOMS PROPRES.

PROPRETÉ, subs. fém. V. BAQUET DE P... V. CORVÉE DE P... V. DÉTAIL DE P... V. MASSE DE P... V. OUTIL DE P... V. TRAVAUX DE P...

PROPRETÉ de CAMP. V. CAMP. V. CORVÉE DE CAMP.

PROPRETÉ de CASERNE. V. ADJUDANT DE SEMAINE N° 5. V. ADJUDANT D'INFANTERIE FRANÇAISE DE LIGNE N° 15. V. CASERNE. V. CORVÉE DE CASERNE. V. CORRIDOR DE CASERNE. V. COUR DE CASERNE. V. OFFICIER DE CASERNEMENT. V. SOUS-OFFICIER D'INFANTERIE FRANÇAISE.

PROPRETÉ de CHAMBRÉE. V. ADMINISTRATION D'ORDINAIRE. V. CAPORAL D'ESCOUADE N° 7. V. CHAMBRÉE. V. OFFICIER DE SEMAINE. V. TENUE.

PROPRETÉ de SOLDAT. V. BAIN. V. FAUTE. V. SOLDAT. V. TENUE.

PROPRÉTEUR, subs. masc. V. MILICE ROMAINE N° 2, 5. V. OFFICIER N° 2. V. PRÉTEUR.

PROPRIÉTAIRE, adj. V. CAPITAINE P... V. COLONEL P... V. MESTRE DE CAMP P...

PROPRIÉTÉ (subs. fém.) de MILITAIRE ABSENT. V. JURISPRUDENCE. V. MILITAIRE ABSENT.

PROSEUTAXE, subs. fém. V. EUTAXE.

PROSTAXE, subs. fém. (F), ou APPOSITION ou accroissement par les côtés. Mot tout grec : *prostaxis*, de *prostassein*, porter contre. Il était usité dans la TACTIQUE des MILICES GRECQUE et BYSANTINE et il ne faut pas le confondre avec PROTAXE, qui signifiait PRÉPOSITION, ORDRE OU ARRANGEMENT en avant. — La Prostaxe était l'ÉVOLUTION ou la disposition d'une TROUPE ordinairement séparée de la PHALANGE ou de la TURME, ou s'y adjoignant momentanément aux dépens de la profondeur, et servant d'APPUI à l'une de ses AILES ou aux deux. — Suivant d'autres opinions, la Prostaxe était une FORMATION qui entremêlait ou insérait des HOMMES DE RÉSERVE dans l'intérieur des SUBDIVISIONS de la PHALANGE, en réoccupant ainsi les vides qui résultaient de l'ÉVOLUTION nommée PAREMBOLE ; le terme Prostaxe aurait répondu ainsi à l'expression moderne MURAILLE TACTIQUE. — MAIZEROY (1771, A, t. I, p. 115) n'explique pas nettement le sens attaché au mot Prostaxe. PRAISSAC (1622, A) a dit : *Quand on commence à ranger la bataille par le milieu, et qu'on fait front aux ailes, cela s'appelle Prostaxe.* Cette définition n'éclaircit guère le sujet.

PROSTITUÉ (prostituée), adj. V. FEMME P...

PROTAXE, subs. fém. (F). Mot GREC signifiant PRÉPOSITION, ORDRE, ARRANGEMENT en avant ; il vient du GREC *protassein*, mettre en front. — DILLON, qui explique cette ÉVOLUTION, a bien soin de ne la pas confondre avec la PROSTAXE. PRAISSAC (1622, A) dit à ce sujet : *Quand, après avoir rangé les piquiers en bataille, on range les gens de trait, en avant d'iceux, Protaxe.* — ROBINSON en traite dans le même sens. — Suivant DILLON, la Protaxe METTAIT EN BATAILLE les ARMÉS A LA LÉGÈRE, en avant du FRONT des PHALANGITES, avec distance égale au quart du FRONT. Les ARMÉS A LA LÉGÈRE devenaient ainsi PROSTATES. — La Protaxe différait peu de la PARATAXE ; elle établissait une avant-ligne, et elle était, par catachrèse, PREMIÈRE LIGNE, FRONT, ORDRE PARATAXIQUE OU PROTAXIQUE.

PROTAXIQUE, adj. V. ORDRE P... V. PROTAXE.

PROTÉGER (verb. act.) un ASSAUT, une EXPÉDITION, une POSITION, une TROUPE. V. APPUYER. V. ASSAUT. V. ASSAUT OFFENSIF. V. CAVALERIE FRANÇAISE N° 8. V. CAVALIER DE FORTERESSE. V. CHAMP DE BATAILLE. V. CHEF DE DÉTACHEMENT DE GUERRE N° 4. V. EXPÉDITION. V. POSITION. V. POSITION STRATEUMATIQUE. V. SORTIE. V. SORTIE D'ASSIÉGÉS. V. TROUPE.

PROTESTANT, adj. V. RÉGIMENT P...

PROTOLOGIE, subs. fém. Mot tout GREC que mentionne ROBINSON, p. 150, pour signifier FRONT OU PREMIER RANG DE PHA-

LANGE ; il le prend dans le même sens que PARATAXE, et lui donne cinq autres synonymes.

PROTOSPATAIRE, subs. masc. v. ÉCUYER. V. ÉCUYER DE SUITE N° 1.

PROTOSTASE, subs. masc. (F), ou PROTOSTATE. Mot tout GREC signifiant président, suivant GUISCHARDT (1758, H). Ce terme servait de dénomination au troisième HOMME d'une FILE de PHALANGITES ; TURPIN (1785, O) rend le même témoignage, mais l'expression a un sens plus étendu.

PROTOSTATE, subs. masc. (F). Mot tout GREC qui était en usage dans les MILICES GRECQUE et BYSANTINE, et que quelques-uns ont écrit PROTOSTASE. ROBINSON (p. 150) appelle ainsi le front ou le premier rang de la PHALANGE ; ailleurs, il regarde le Protostate comme le premier homme à droite de la première ligne. C'est une définition peu claire. DILLON considère le Protostate (*protostates*) comme un conducteur, un guide, un homme de front ou en front. M. le colonel CARRION (1824, A) témoigne qu'en général, un Protostate était un PHALANGITE placé en avant d'un autre, ou en avant d'un ÉPISTATE : ainsi, dans une dimœrie antérieure, un LOCHAGUE était le Protostate par excellence de son STIQUE ; une ÉNOMOTIE était Protostate par rapport à une autre, et il y avait des ÉNOMOTARQUES Protostates. MAIZEROY (1771, A, p. 48) et M. LISKENNE (t. I, p. 512) peuvent être consultés à cet égard. — La PAREMBOLE accoudait à des PROTOSTATES les ÉPISTATES. La protaxe faisait Protostates les ARMÉS A LA LÉGÈRE.

PROUE TACTIQUE. V. COIN TACTIQUE. V. TACTIQUE, adj.

PROUESSE, subs. fém. V. LANGUE FRANÇAISE. V. MINE DU MOYEN AGE. V. PREUX.

PROUST. V. NOMS PROPRES.

PROVINCE, subs. fém. V. COMMANDANT DE P... V. GOUVERNEMENT DE P... V. GOUVERNEUR DE P... V. INTENDANT DE P... V. MAIRE DE COMMUNE. V. RÉGIMENT DE PROVINCE. V. RÉGIMENT D'INFANTERIE FRANÇAISE N° 2, 5. V. RÉGIMENT FRANÇAIS N° 2. V. REVUE ÉCRITE. V. TRÉSOR D'ARMÉE.

PROVINCIAL (provinciale), adj. V. BANNIÈRE P... V. COMMISSAIRE P... V. CONSEIL DE GUERRE P... V. MILICE P... V. PRÉVOT P... V. RECEVEUR P... V. RÉGIMENT P... V. TRÉSORIER P... V. TROUPE P...

PROVISION, subs. fém. V. APPROVISIONNEMENT. V. SIÉGE OFFENSIF.

PROVISION de CHANCELLERIE. V. BREVET. V. CHANCELLERIE. V. CHARGE HIÉRARCHIQUE.

V. COLONEL GÉNÉRAL D'INFANTERIE N° 1. V. COMMANDANT. V. COMMISSAIRE DES GUERRES N° 2. V. CONNÉTABLE N° 1. V. GOUVERNEUR. V. LIEUTENANT GÉNÉRAL N° 4. V. MARÉCHAL GÉNÉRAL DES CAMPS ET ARMÉES.

PROVISION de BOUCHE. V. BOUCHE. V. COMMANDANT DE DIVISION TERRITORIALE N° 4.

PROVISIONNEL (provisionnelle), adj. V. ÉCLUSE P... V. PLACE P...

PROVISOIRE, adj. V. ACQUIT P... V. ARRÊTÉ P... V. COMPAGNIE P... V. CONSIGNE P... V. CORPS P... V. DÉCOMPTE P... V. HOPITAL P... V. RÉGIMENT P... V. SOLDE P... V. TRAITEMENT PROVISOIRE.

PROVOCATEUR à la DÉSERTION. V. DÉSERTION. V. EMBAUCHEUR.

PROVOCATIF (provocative), adj. V. APPEL P... V. CARTEL P...

PROVOCATION, subs. fém. V. APPEL PROVOCATIF.

PROVOST, subs. masc. V. MILICE ANGLAISE N° 2. V. PRÉVOT. V. PRÉVOT D'ARMÉE.

PRUD'HOMME. V. NOMS PROPRES.

PRUNEAU (pruneaux). V. ALIMENT D'HOPITAL. V. LÉGERS ALIMENTS.

PRUSSE. V. NOMS PROPRES.

PRUSSIEN (prussienne), adj. V. AIDE DE CAMP P... V. ARMÉE P... V. ARMEMENT P... V. ARTILLERIE P... V. ARTILLEUR P... V. AUMONIER P... V. BATAILLON P... V. BOMBARDIER P... V. BRIGADE DE P... V. BUDGET P... V. CADET P... V. CANONNIER P... V. CAPITAINE P... V. CAPORAL P... V. CARABINIER P... V. CAVALERIE P... V. CHASSEUR P... V. CHIRURGIEN P... V. CODE PÉNAL P... V. COLONEL P... V. COMMISSAIRE P... V. COMPAGNIE P... V. CORNETTE P... V. CORPS P... V. CUIRASSIER P... V. DISCIPLINE P... V. DIVISION P... V. DRAGON P... V. ÉCOLE P... V. ESCADRON P... V. ÉTAT-MAJOR P... V. FUSILIER P... V. GARDE P... V. GENDARMERIE P... V. GÉNÉRAL P... V. GÉNIE P... V. GRENADIER P... V. HUSSARD P... V. INFANTERIE P... V. INGÉNIEUR P... V. INTENDANT P... V. INVALIDE P... V. LIEUTENANT-COLONEL P... V. LIEUTENANT P... V. MAJOR P... V. MATÉRIEL P... V. MILICE P... V. MILITAIRE P... V. MINEUR P... V. MINISTRE P... V. MOUSQUETAIRE P... V. MUSIQUE P... V. OFFICIER P... V. ORDRE P... V. OUVRIER P... V. PIONNIER P... V. PONTONNIER P. V. PRÉVENU P... V. QUARTIER GÉNÉRAL P... V. RECRUE P... V. RECRUTEMENT P... V. RÉGIMENT P... V. RÈGLEMENT P... V. RÉSERVE P... V. SAPEUR P... V. SELLE P... V. SERGENT P... V. SERGENT-MAJOR P... V. SERVICE P... V. SOLDAT P... V. SOUS-LIEUTENANT P... V. SOUS-OFFICIER P... V. TACTIQUE P... V. TAMBOUR P... V. TIRAILLEUR P... V. TRAIN P... V. TRIBUNAL P... V. TROUPE P... V. VÉTÉRAN P...

PRUSSIEN. v. NOMS PROPRES.

PRYTANÉE, subs. masc. v. ÉCOLE MILITAIRE. v. HOTEL DES INVALIDES.

PSELLISME, subs. masc. v. BÉGAIEMENT.

PSILAGIE, subs. fém. (F). Mot tout GREC et dérivé du nom des PSILITES, c'est-à-dire SOLDATS nus, ou plutôt non armés. Il exprima d'abord l'ensemble de l'INFANTERIE LÉGÈRE d'une PHALANGE de la MILICE GRECQUE; mais cette INFANTERIE LÉGÈRE, ne s'élevant d'abord qu'à deux cent cinquante-six HOMMES, et s'étant accrue ensuite jusqu'à huit mille cent quatre-vingt-douze, la dénomination originelle resta à la SUBDIVISION qu'elle avait caractérisée, et les SUBDIVISIONS plus fortes dont la Psilagie devint un des éléments, furent désignées par les appellations que nous avons mentionnées. — La force numérique des PSILITES, ou FANTASSINS sans BOUCLIERS, et celle des PELTASTES ou PSILITES à BOUCLIERS, ayant répondu en général à la moitié des OPLITES, la Psilagie composait toute l'INFANTERIE LÉGÈRE, quand le total d'un CORPS grec ne comprenait que cinq cent douze OPLITES. — Par la suite, le mot servit à désigner une SUBDIVISION de PELTASTES; la Psilagie était une demi-XÉNAGIE, se composait de deux HÉCATONTARCHIES, et était commandée par un PSILAGUE. — Une gravure de l'ouvrage de M. LISKENNE, p. 512, représente la formation de la Psilagie. ROBINSON en traite aussi, mais d'une manière confuse.

PSILAGUE, subs. masc. v. OFFICIER Nº 2. v. MILICE GRECQUE Nº 7. v. PSILAGIE. v. PSILITE.

PSILE, subs. masc. v. PSILITE.

PSILÉTIQUE, subs. fém. v. INFANTERIE LÉGÈRE Nº 1, 5. v. PSILITE.

PSILITE, subs. masc. (F), ou PSILE, comme le dit l'ENCYCLOPÉDIE (1785, C). Ces mots dérivent du GREC *psilos*, nu, *psiloi*, mince, léger; c'était une figure de rhétorique pour exprimer que, dans la MILICE GRECQUE, c'étaient des SOLDATS ARMÉS A LA LÉGÈRE. — Le mot a produit PSILAGIE, PSILAGUE et psilétique. — LÉON (900, A) se plaint d'une différence mal définie de son temps entre les Psilites et les PELTASTES; mais ELIEN (70, A) en donne l'explication. Les Psilites furent l'INFANTERIE LÉGÈRE originairement attachée aux CORPS grecs, quand ces CORPS étaient de cinq cents hommes environ. A l'époque de l'accroissement de la PHALANGE et du raffinement de la SCIENCE, une partie des Psilites devint ARME DEMI-LÉGÈRE, ou, comme dit M. le colonel CARRION (1824, A), ARMURE LÉGÈRE ou moyenne; elle quitta l'ARC et la FLÈCHE, prit le BOUCLIER nommé PELTE, en reçut le nom de PELTASTES, concourut aux MANOEUVRES jusque-là exécutées par les seuls OPLITES. Le reste des Psilites, moitié moins nombreux que les PELTASTES, égalait le demi-quart de la PHALANGE devenue TÉTRAPHALANGIE, et se montait à quatre mille quatre-vingt-seize hommes; il en était du moins ainsi dans la MILICE de MACÉDOINE. Ces SOLDATS, restés Psilites, étaient des FRONDEURS lançant des PIERRES, des DARDEURS jetant le JAVELOT; c'étaient des ARCHERS comparables aux ARQUEBUSIERS et aux CHASSEURS, aux TIRAILLEURS des temps plus modernes. — La MILICE BYZANTINE du dixième siècle n'avait plus de PELTASTES; elle avait encore des Psilites dont une des ARMES était le MARTIOBARBULE. — On peut consulter sur ces questions : BOUCHAUD (1757, G), M. le colonel CARRION (1824, A), ELIEN (70, A), ENCYCLOPÉDIE (1785, C), LÉON (900, A), LISKENNE (t. I, p. 512 et p. 576, gravure), MAIZEROY (1771, E), ROBINSON, TURPIN (1783, O).

PSILITE A CHEVAL. v. A CHEVAL. v. MILICE GRECQUE Nº 2.

PSORIQUE, adj. v. TRAITEMENT PSORIQUE.

PUANT (puante), adj. v. FEU PUANT.

PUANTEUR, subs. fém. v. BALLE DE P... v. POT DE P...

PUBLIC (publique), adj. v. ADMINISTRATION P... v. CAISSE P... v. CÉRÉMONIE P... v. EFFET P... v. ENQUÊTE P... v. FEMME P... v. FORCE P... v. JUSTICE P... v. MINISTÈRE P... v. PAYEUR P... v. PRISON P... v. TRAVAIL P.... v. TRAVAUX D'UTILITÉ P... v. TRAVAUX P... v. TRÉSOR P... v. UTILITÉ P...

PUBLICATION, subs. fém. v. BAN CÉLEUSTIQUE. V. BAN DE P... v. BAN ET ARRIÈRE-BAN. v. CERCLE D'ORDRE EN ROUTE.

PUBLICATION CIVILE. V. ACTE DE P... v. CIVIL, adj.

PUBLICATION D'ARMISTICE. V. ARMISTICE.

PUBLICATION de MARIAGE. V. ACTE DE P... v. AFFICHE DE P... v. ÉTAT CIVIL. V. MARIAGE.

PUBLICATION DOMICILIAIRE. V. ACTE DE P... v. DOMICILIAIRE, adj.

PUEL; PUFENDORF; PUGA. v. NOMS PROPRES.

PUGILAT, subs. masc. v. PALESTRIQUE. v. PANCRACE.

PUGNE, subs. fém. v. POIGNAIS.

PUGNÉIS, subs. fém. v. POIGNAIS.

PUGNITION, subs. fém. v. punition.

PUGNER, verb. neut. v. combat.

PUIBUSQUE; PUIG; PUISAYE; PUISSANT. v. noms propres.

PUITS, subs. masc. v. a puits. v. corde a puits.

PUITS de caserne. v. caserne.

PUITS (term. génér.). Mot qui est une corruption du *puteus* des Latins; il se distingue en puits de fortification et en puits de mine.

PUITS de fortification (G, 4). Sorte de Puits ou de chicane qu'on nomme aussi trape et trou de loup. On y a recours pour rompre un gué, pour préserver des approches de l'ennemi une ligne fortifiée. — Les Puits ou trous de loup sont ordinairement creusés en quinconce, et dans les entre-deux les terres sont relevées en dos d'âne.

PUITS de mine (G, 4), ou casemate a feu, ou écoute suivant Ganeau. Sorte de Puits ou d'excavation en forme de tuyau, soit oblique, soit perpendiculaire, qui communique de la surface du sol à la profondeur de la mine qu'on veut faire; c'est la descente aux fourneaux, aux galeries, aux rameaux des mines défensives ou offensives. — On pratique aussi des Puits, mais des Puits à eau, dans le voisinage des contre-mines de forteresses, et on met leurs eaux en communication avec l'excavation de l'ennemi, pour opposer ainsi un obstacle de plus au cheminement du mineur. — On a préféré aux contre-mines permanentes, celles qu'au besoin et à volonté on pousse du fond des Puits pour en opposer les fougasses aux contre-mines passagères. — C'était dans la dernière parallèle que les assiégeants creusaient des Puits de mines offensives, avant le système plus expéditif imaginé par Vauban et nommé attachement de mineur; mais ils creusent encore de larges Puits de mine, s'ils croient avoir à se précautionner contre des mines défensives qui joueraient après la prise des dehors. — On appelait contre-puits de véritables fourneaux de peu de profondeur. On appelait cascanes des Puits creusés en vue de donner évent aux mines de l'ennemi, ou de les couper. — On peut consulter sur ces questions : Dubousquet (1769, B), Guillet (1686, B), Manesson (1685, B), Vauban (1704, B), M. Villeneuve (1826).

PULK, subs. masc. (F), ou polk, ou pouix. Mot russe qui donne idée d'un corps de Cosaques au service de la Russie. Dans la milice de cette nation, des agrégations régimentaires nommées Pulks se composent de deux cents hommes environ. — Ils étaient commandés, dit Potier (1779, X), par un chef nommé *Pulkownik;* des corps de Cosaques, suivant ce même écrivain, s'appelaient aussi *korzen.* — Le mot Pulk était usité déjà avant le règne d'Etienne Bathory. Vers 1592, ce prince entretenait des Cosaques sous le nom de *cavalera kwartziana*, comme on dirait, cavalerie de la pinte, parce qu'ils étaient soldés par un impôt de la pinte auquel avaient été condamnés des paysans révoltés. — Dans la composition de certains Pulks d'infanterie, il entrait mille à quatre mille Cosaques. Dans la guerre de 1812, il y avait sous les armes soixante-dix ou quatre-vingts Pulks. En 1826, la Russie soldait quarante-deux Pulks à cheval, en outre des régiments à pied de Cosaques.

PULVÉRIN, subs. masc. (F), ou poulvérin, comme l'écrivent Lachesnaie (1758, I) et Dupain (1783, F). Ce mot, qui tient à la même racine que le mot poudre, s'est introduit dans le français par la filière des idiomes du Midi. Il a deux sens fort distincts, et c'est un des vices de la langue; il signifie : poudre a feu écrasée, détériorée, réduite en poussière; c'est en ce sens qu'on dit que l'action de bourrer avec excès, prive de son énergie la charge, que le Pulvérin entre dans la composition des étoupilles de l'artillerie, etc. Pulvérin signifiait au contraire, autrefois, petite poire a poudre. Il ne va en être question ici que sous cette dernière acception. — Au temps des arquebuses a feu et des mousquets, le Pulvérin était la poudrière où s'enfermait l'amorce; c'était, le plus souvent, une petite corne; la corne d'amorce du soldat d'artillerie est une image de l'ancien Pulvérin. — L'ordonnance de 1685 (14 octobre) voulait que le Pulvérin contînt une demi-livre de poudre. — La grande poire a poudre ou fourniment et le Pulvérin pendaient à côté de la gibecière ou de la grenadière. — Depuis l'usage du fusil et l'abolition des mousquetaires a pied, le Pulvérin était attaché à la hauteur du dessus du cartouche, du côté de la hanche droite du soldat; l'épinglette était suspendue à côté. — L'usage de cet effet d'équipement a duré dans l'infanterie française jusqu'à l'époque où la poudre d'amorce s'est confondue avec la poudre de charge, dans la même cartouche a fusil. C'est ce qui eut lieu en 1741. — Les chasseurs a pied, armés d'une carabine, doivent être porteurs d'un Pulvérin ou d'un fourniment d'une grandeur suffisante pour contenir vingt-cinq décagrammes ou une demi-livre de poudre fine, destinée à amorcer et à charger. — La MILICE COCHINCHINOISE porte dans sa GIBERNE un Pulvérin, comme en rend témoignage le *Bulletin des Sciences militaires* (1826, p. 179), parce que les CARTOUCHES de cette MILICE étant de bois, au lieu d'être de papier, elles ne peuvent être déchirées avec les dents pour faire la part de l'AMORCE. — On peut consulter, à l'égard du Pulvérin, DUPAIN (1783, F), FURETIÈRE, LACHESNAIE (1758, I), LECOUTURIER (1825, A), MANESSON (1685, B), SAINT-REMY, WALHAUSEN. — On retrouve des gravures claires et fidèles du Pulvérin dans GHEYN (1608, A), GIFFART (1696, A), et M. PLANCHÉ.

PUNAISE, subs. fém. (B, 1). Nom que, par allusion à la petitesse de l'insecte ainsi nommé, les fabricants et les fondeurs ont donné aux moindres BOUCLES D'ÉQUIPEMENT. —Il y a des Punaises en cuivre, fondues et limées; il y en a en fer forgé et étamé. Les unes et les autres sont du genre des DEMI-BOUCLES et pèsent quatre grammes; elles ont, dans œuvre, quinze millimètres sur vingt-cinq. Elles sont attachées aux BAUDRIERS, aux GIBERNES, aux HAVRE-SACS; elles arrêtent des CONTRE-SANGLONS.

PUNI, adj. v. CAPORAL P... v. HOMME P... v. MILITAIRE P... v. OFFICIER P... v. SOLDAT P... v. SOUS-OFFICIER P...

PUNIQUE, adj. v. GUERRE P...

PUNITION, subs. fém. v. APPLICATION DE P... v. CESSATION DE P... v. COMMUTATION DE P... v. CORPS DE P... v. GUÊTRE DE P... v. LIVRE DE P... v. LIVRET DE P... v. REGISTRE DE P...

PUNITION (C, 1, 3, 5), ou PUNITION, ou PUNITION DE DISCIPLINE, ou PUNITION MILITAIRE. Mot tout LATIN qui prend, dans beaucoup de traités ou d'ORDONNANCES, un sens général, et qui exprime les moyens de RÉPRESSION de tout genre, qui sont ou ont été pratiqués dans les ARMÉES; ainsi, jusqu'à nos jours, on confondait CHATIMENTS, PEINES, PUNITIONS, SUPPLICES.—Les usages modernes restreignent, au contraire, le terme Punition, le conçoivent surtout comme RÉPRESSION des FAUTES qui sont du ressort de la DISCIPLINE, et le distinguent de la poursuite des DÉLITS qui ressortissent à la JUSTICE; mais quantité de questions sont si peu éclaircies, que la JUSTICE aussi prononce des punitions, et que l'application du mot reste louche, s'il s'agit d'ABANDON DE POSTE, d'ABSENCE A LA GÉNÉRALE, et de tant d'autres CONTRAVENTIONS, DÉSOBÉISSANCES, ou manquements au DEVOIR. De là, en partie, les expressions PUNITIONS GRAVES, PUNITIONS LÉGÈRES. — En prenant d'une manière gé-nérale le terme Punition, MONTESQUIEU a dit : *Dans une monarchie l'exil suffit aux Punitions des grands.* LESSAC (1783, A) a frappé d'un juste blâme cette *maxime aussi fausse, dit-il, que funeste; capable, à elle seule, de perdre un empire, en établissant une impunité réelle dans cette classe d'hommes qui font les destins publics.* — Ce que nous avons dit du vague de la HIÉRARCHIE des modernes et de l'efficacité de la DISCIPLINE vis-à-vis des GÉNÉRAUX, ajoute à l'à-propos de la citation. —En concevant, au contraire, les Punitions dans un sens spécial, LESSAC a dit : *C'est moins leur rigueur qui produit l'exacte discipline, que l'attention scrupuleuse à punir chaque faute modérément, mais irrémissiblement; c'est plus la certitude que la sévérité du châtiment qui contient les hommes.* — De cet examen linguistique passons à un aperçu de l'histoire des Punitions. — Dans la MILICE ROMAINE, les Punitions avaient pour contre-poids les RÉCOMPENSES; c'est un principe que, jusqu'au dix-neuvième siècle, les nations de l'Occident avaient trop peu apprécié. Chez les GAULOIS, dit-on, le dernier arrivé à un RENDEZ-VOUS DE GUERRE était puni de MORT; mais, probablement, le plus ponctuel était glorifié. Les traditions témoignent que, dans nos anciens RÉGIMENTS DE HUSSARDS ALLEMANDS, le SOLDAT qui arrivait le dernier à l'appel, était salué d'un COUP DE CANNE obligé; mais l'équité eût voulu que, réciproquement, le soldat rendu le premier à son devoir reçût une RÉCOMPENSE, ou au moins un éloge. Voilà ce que la LÉGISLATURE oubliait. — On voit dans PHILIPPE DE CLÈVES (1520, A) que dans les PLACES DE GUERRE, les SENTINELLES, les SOLDATS COUPABLES DE FAUTES qui étaient de nature à compromettre le service, étaient suspendus toute une nuit, en dehors des REMPARTS, dans une MANDE ou un gabion foncé, comme dans une cage découverte. — Des Punitions analogues, mais pour des méfaits bien différents, se pratiquaient en HOLLANDE. On voit encore en plusieurs cités de ce pays une cage de fer fixée en dehors de l'hôtel de ville, et où l'on exposait des COUPABLES à la vue du public.— Les Punitions militaires consistent ou ont consisté, suivant les temps, les mœurs, les pays, en AMENDES, ARRÊTS, BABOUIN, BAGUETTES, BIVAC, BRETELLES, CACHOT, CASSATION, CHEVAL DE BOIS, CONSIGNE, CORVÉES, COUPS DE BATON, DE CANNE, DE HALLEBARDE, DE MOUSQUET, DE PLAT DE SABRE, ou d'autres ARMES; EXPOSITION, EXPULSION, KNOUT, MORION, PIQUET, PRISON, privation ou retranchement de NOURRITURE, REDOUBLEMENT DE GARDE, RÉ-

DUCTION AU PAIN ET A L'EAU, RETRAIT DE SABRE, RÉTROGRADATION sur les contrôles, SAIGNÉE, SALADE, SALLE DE POLICE, SAVATE, SCHLAGUE (genre de BASTONNADE ou de FUSTIGATION), SUSPENSION DE GRADE, VERGES, TRAVAUX de divers genres. — Dans le dix-septième et le dix-huitième siècle, celles de ces Punitions qui étaient manuelles, et dont l'usage régnait en FRANCE, concernaient en certains CORPS le PRÉVOT. — Depuis la seconde moitié du dernier siècle, les Punitions, considérées sous le point de vue moral, avaient exercé la plume de plusieurs ÉCRIVAINS. DARUT (1787, D, mémoire sixième) recommande de ne recourir *qu'à celles qui, sans flétrir l'honneur, pouvaient humilier l'amour-propre et ne pas tourner au détriment de la santé.* — L'ENCYCLOPÉDIE (1785, C) regardait comme blâmable, comme impolitique, l'usage d'APPOINTER correctionnellement de SERVICE, ou d'imposer un service hors de tour à des HOMMES en état de FAUTE. — Ces conseils ont germé; les Punitions ont perdu partout de leur rigueur; elles sont plus tempérées dans les États constitutionnels d'outre-Rhin qu'en PRUSSE, et moins acerbes en PRUSSE qu'en AUTRICHE, en AUTRICHE qu'en RUSSIE. — Si le système pénitentiaire est devenu moins rigide, ce n'est pas tant parce que la loi aurait tourné d'elle-même à l'indulgence, ou parce que les mœurs seraient moins rudes, que parce que la DISCIPLINE a bien moins besoin de sévir vis-à-vis de TROUPES où il se trouve à peine quelques sujets tarés; tandis qu'aux époques où la LÉGISLATION des Punitions prenait naissance, les BANDES, ces débris des guerres civiles, étaient un composé d'hommes de sac et de corde, qui ne pouvaient être contenus s'ils ne tremblaient sous le FOUET de leurs CHEFS. — Des AUTEURS ont prétendu que les Punitions doivent être analogues AU CAMP, EN CANTONNEMENT, EN GARNISON, EN ROUTE; elles doivent être, sans doute, dictées toutes par le même esprit, mais ne sauraient être pareilles. Il est indispensable, surtout, qu'elles diffèrent en TEMPS DE PAIX et en TEMPS DE GUERRE; mais c'est un problème que la loi française n'a pas encore résolu. — Bornons-nous ici à quelques recherches qui intéressent particulièrement les TROUPES de FRANCE. — On trouve quelques idées relatives à des Punitions militaires, dans l'ÉDIT DE 1355 (DÉCEMBRE), mais il n'y a rien à en tirer, non plus que des rescrits des seizième et dix-septième siècles, que nous avons cités en traitant de la POLICE. — L'ORDONNANCE DE 1768 (1ᵉʳ MARS) est une des premières qui ait posé de raisonnables règles en fait de Punitions. Elle astreignait le COMMANDANT DE CORPS à rendre compte au COMMANDANT DE PLACE des Punitions en réparation de FAUTES qui intéressaient la sûreté et le BON ORDRE public. Cette ORDONNANCE établissait que les Punitions pouvaient être INFLIGÉES par tout GRADE SUPÉRIEUR, sur le GRADE INFÉRIEUR, et quel que fût le CORPS, soit du punissant, soit du puni. Ce principe a été confirmé dans l'ORDONNANCE DE 1833 (2 NOVEMBRE, art. 266). — Le placement à la QUEUE de la COMPAGNIE accompagnait ordinairement les CASSATIONS. — Il est des cas où l'ANCIENNETÉ DE GRADE donne le droit de punir, comme en est investi le GRADE SUPÉRIEUR. — Les COLONELS étaient dispensés de rendre compte au COMMANDANT DE PLACE, des Punitions qui ne touchaient qu'à la POLICE du CORPS, à moins qu'elles n'emportassent PRISON PUBLIQUE. — Les MAJORS, au temps où ils n'avaient que rang de CAPITAINES, avaient surtout le département des BILLETS D'EMPRISONNEMENT, et pouvaient ou en adoucir la Punition ou en ordonner la PROLONGATION. Ce droit est devenu ensuite du ressort des anciens CONSEILS DE DISCIPLINE, et enfin il a été réservé, avec raison, aux COLONELS et aux GÉNÉRAUX. — L'envoi dans les COMPAGNIES DE DISCIPLINE a lieu en vertu de JUGEMENTS prononcés par les CONSEILS DE DISCIPLINE. — Quand des INFRACTIONS sont commises de concert par plusieurs, l'ANCIEN de la TROUPE est considéré comme plus gravement punissable. — Les MAJORS, depuis qu'ils sont CHEFS DE BATAILLON, sont informés journellement des Punitions par les FOURRIERS, au moyen des FEUILLES DE RAPPORT. — Les Punitions dont la publication peut contribuer au maintien du BON ORDRE et à la POLICE, sont annoncées par la voie de l'ORDRE DU JOUR. L'EMPRISONNEMENT des OFFICIERS est toujours MIS A L'ORDRE. — Les LIEUTENANTS-COLONELS doivent rendre compte de toutes les Punitions au COLONEL. — Les GÉNÉRAUX COMMANDANTS doivent être informés par les COMMANDANTS DE PLACE, des Punitions que ces derniers sont dans le cas d'INFLIGER; les uns et les autres doivent compte au MINISTRE DE LA GUERRE des Punitions auxquelles ils ont condamné des OFFICIERS SUPÉRIEURS. — Les INSPECTEURS GÉNÉRAUX doivent toute leur attention à l'examen du LIVRE OU REGISTRE DE PUNITIONS. — Les RÈGLEMENTS DE 1792 (24 JUIN) et DE 1816 (24 JUILLET) et les ORDONNANCES DE 1818 (13 MAI), DE 1832 (3 MAI), DE 1833 (2 NOVEMBRE) réglaient ce qui concernait les Punitions; celle DE 1832, art. 31, s'occupait d'une manière beaucoup trop succincte des PUNITIONS EN CAMPAGNE, et ne mentionnait plus les corvées, jusque-là répressives des fautes légères. Elle prescrivait une mesure impossible, celle de l'emprisonnement. — L'ordonnance de 1833 mentionnait comme fautes légères, les manques a l'appel, a l'instruction, etc. Elle ajoutait aux punitions d'officiers la réprimande, aux punitions d'hommes de troupe, le retrait du sabre; elle ne mentionnait plus la réduction au pain et a l'eau. Les autres Punitions continuaient à comprendre : arrêts, cachot, consigne, prison, salle de police. — Elle réglait (art. 292) les formes de réclamations permises et n'en autorisait que d'individuelles; ces réclamations pouvaient être adressées aux officiers et aux généraux seuls. — Les Punitions subies pendant le cours du service pouvaient être déférées à l'adjudant de semaine, à l'adjudant-major de semaine, au chef de bataillon de semaine. — Les auteurs qui se sont particulièrement exercés sur ce sujet, sont: Bardin (1807, D ; 1809, B; 1814, E), Beccaria, Behamb, Bohan (1781,H),M. le colonel Chambray (1835), M. de Chénier (1838), Darut (1787, D), Delamont (1693, C), Duane, Encyclopédie, (1751, C; 1785, C), Lachesnaie (1758, I; id., au mot *Prisonnier*), Lecouturier (1825, A , Lessac (1783, A), Maizeroy (1767, E), Mirabeau (1788, C), Odier (1824, E), Potier (1779, X), Ray de Saint-Geniès (1755, A), Saint-Germain (1779, C), Silva (1768, K), Turpin (1785, O), un auteur anonyme (1784, A).

PUNITION au camp. v. au camp. v. corvée au camp. v. prison. v. punition.

PUNITION au gite. v. au gite. v. prison. v. punition.

PUNITION corporelle. v. arme défensive portative. v. corporel, adj. v. milice anglaise n° 10.

PUNITION d'adjudant. v. adjudant. v. adjudant d'infanterie française de ligne n° 22. v. cassation d'adjudant.

PUNITION d'adjudant-major. v. adjudant-major d'infanterie française de ligne n° 15.

PUNITION d'aide-chirurgien. v. aide-chirurgien n° 2.

PUNITION d'aide-major. v. aide-major actuel n° 3.

PUNITION d'armée. v. armée. v. armée française n° 8.

PUNITION d'arrêts. v. arrêts. v. chef de bataillon d'infanterie française de ligne n° 7, 12. v. punition.

PUNITION d'aumonier. v. aumonier de corps n° 10.

PUNITION de cachot. v. cachot. v. colonel d'infanterie française de ligne n° 16. v. denier de poche. v. punition.

PUNITION de caporal. v. caporal de semaine n° 1. v. caporal d'infanterie française de ligne n° 16. v. cassation de caporal. v. corvée de caserne. v. corvée de soupe.

PUNITION de chevalier. v. chevalier. v. chevalier du moyen age n° 8.

PUNITION de chirurgien. v. aide-chirurgien n° 2. v. chirurgien. v. chirurgien-major d'infanterie française de ligne n° 17.

PUNITION de colonel. v. arrêts de rigueur de colonel. v. colonel. v. colonel d'infanterie française de ligne n° 33.

PUNITION de consigne. v. adjudant-major de semaine n° 6. v. consigne.

PUNITION de déserteur. v. déserteur.

PUNITION de discipline. v. abandon de poste. v. colonel d'infanterie française de ligne n° 29. v. discipline. v. emprisonnement. v. exercice extraordinaire. v. homme de troupe n° 9. v. punition. v. salle de discipline.

PUNITION de fourrier. v. fourrier. v. fourrier d'infanterie française de ligne n° 12.

PUNITION de gagiste. v. gagiste.

PUNITION de gardes du corps. v. gardes du corps n° 6.

PUNITION de général. v. général. v. général français n° 7.

PUNITION de grenadier. v. grenadier. v. grenadier d'infanterie française de ligne n° 6.

PUNITION de hussard. v. hussard; id. n° 5.

PUNITION de légion. v. légion. v. légion romaine n° 7.

PUNITION de légionnaire. v. colonel d'infanterie française de ligne n° 29. v. légionnaire. v. membre de la Légion.

PUNITION de lieutenant. v. lieutenant. v. lieutenant d'infanterie française de ligne n° 7.

PUNITION de major. v. colonel d'infanterie française de ligne n° 22. v. intendant militaire n° 3. v. major. v. major chef de bataillon n° 7.

PUNITION de milice anglaise. v. adjudant général anglais. v. milice anglaise n° 10.

PUNITION de milice autrichienne. v. milice autrichienne n° 9.

PUNITION de milice brésilienne. v. milice brésilienne.

PUNITION de MILICE CHINOISE. V. MILICE CHINOISE Nº 7.

PUNITION de MILICE DANOISE. V. MILICE DANOISE Nº 6.

PUNITION de MILICE ESPAGNOLE. V. MILICE ESPAGNOLE Nº 9.

PUNITION de MILICE FRANÇAISE. V. MILICE FRANÇAISE Nº 7. V. PAYE.

PUNITION de MILICE GRECQUE. V. MILICE GRECQUE Nº 7.

PUNITION de MILICE HESSOISE. V. MILICE HESSOISE.

PUNITION de MILICE NÉERLANDAISE. V. MILICE NÉERLANDAISE Nº 6.

PUNITION de MILICE PIÉMONTAISE. V. MILICE PIÉMONTAISE Nº 7.

PUNITION de MILICE POLONAISE. V. MILICE POLONAISE Nº 6.

PUNITION de MILICE PORTUGAISE. V. MILICE PORTUGAISE Nº 5.

PUNITION de MILICE PRUSSIENNE. V. MILICE PRUSSIENNE Nº 9. V. TABAC.

PUNITION de MILICE ROMAINE. V. MILICE ROMAINE. V. MILICE ROMAINE Nº 9.

PUNITION de MILICE RUSSE. V. MILICE RUSSE Nº 8, 9.

PUNITION de MILICE SIKE. V. MILICE SIKE Nº 6.

PUNITION de MILICE SUISSE. V. MILICE SUISSE Nº 7.

PUNITION de MILICE TURCO-ÉGYPTIENNE. V. MILICE TURCO-ÉGYPTIENNE Nº 6.

PUNITION de MILICE TURQUE. V. MILICE TURQUE Nº 8.

PUNITION de MILICE WURTEMBERGEOISE. V. MILICE WURTEMBERGEOISE Nº 7.

PUNITION de PRISON. V. DENIER DE POCHE. V. PRISON. V. PUNITION.

PUNITION de PRISONNIER DE GUERRE. V. PRISONNIER DE GUERRE.

PUNITION de SALLE DE DISCIPLINE. V. ADJUDANT D'INFANTERIE FRANÇAISE DE LIGNE Nº 22. V. DENIER DE POCHE. V. PUNITION. V. SALLE DE DISCIPLINE.

PUNITION de SERGENT. V. SERGENT. V. SERGENT D'INFANTERIE FRANÇAISE DE LIGNE Nº 11.

PUNITION de SERGENT-MAJOR. V. SERGENT-MAJOR Nº 9.

PUNITION de SOLDAT. V. AMENDE D'HOMME DE TROUPE. V. BABOUIN. V. CASERNE. V. CONSIGNE. V. CORVÉE DE CASERNE. V. CORVÉE DE CHAMBRE. V. CORVÉE DE FORTERESSE. V. MORION. V. PIQUET CORRECTIONNEL. V. SAVATE. V. SERGENT-MAJOR Nº 6. V. SOLDAT. V. TOUR DE PIQUE.

PUNITION de SOUS-AIDE-CHIRURGIEN. V. CHIRURGIEN-MAJOR D'INFANTERIE FRANÇAISE DE LIGNE Nº 17. V. SOUS-AIDE-CHIRURGIEN.

PUNITION de SOUS-OFFICIER. V. ADJUDANT-MAJOR D'INFANTERIE FRANÇAISE DE LIGNE Nº 14. V. CASSATION DE SOUS-OFFICIER. V. CASSATION DISCIPLINAIRE. V. COLONEL D'INFANTERIE FRANÇAISE DE LIGNE Nº 29. V. CONSIGNÉ A LA CASERNE. V. CONSIGNÉ A LA CHAMBRE. V. PAIN DE MUNITION. V. SOUS-OFFICIER; id. Nº 11.

PUNITION de SOUS-OFFICIER DE SEMAINE. V. ADJUDANT-MAJOR DE SEMAINE Nº 1. V. SOUS-OFFICIER DE SEMAINE.

PUNITION de TRÉSORIER. V. TRÉSORIER. V. TRÉSORIER DE CORPS Nº 7.

PUNITION d'ÉCUYER. V. ÉCUYER. V. ÉCUYER DE SUITE Nº 4.

PUNITION d'HOMME DE GARDE. V. BABOUIN. V. CORVÉE DE CORPS DE GARDE. V. HOMME DE GARDE. V. PIQUET CORRECTIONNEL.

PUNITION d'HOMME DE TROUPE. V. AMENDE D'HOMME DE TROUPE. V. ARRÊTS. V. BAGUETTES CORRECTIONNELLES. V. BATAILLON D'AFRIQUE. V. BONNET DE POLICE. V. BRETELLES CORRECTIONNELLES. V. CACHOT. V. CAHIER DE PETIT CONGÉ. V. CAPITAINE D'INFANTERIE FRANÇAISE DE LIGNE Nº 13, 18. V. CAPORAL D'INFANTERIE FRANÇAISE DE LIGNE Nº 13. V. CHIRURGIEN DE CORPS. V. CLASSE TACTIQUE. V. COLONEL D'INFANTERIE FRANÇAISE DE LIGNE Nº 16. V. CONSIGNE A LA CASERNE. V. CONSIGNE CORRECTIONNELLE. V. CONSIGNE INTRA-MUROS. V. FUSTIGATION. V. HOMME DE TROUPE Nº 9, 10. V. LIVRE DE PUNITION. V. MASSE DE COMPAGNIE. V. OFFICIER D'INFANTERIE FRANÇAISE Nº 4. V. ORDRE DE CORPS. V. REMPART DE FORTERESSE. V. RETRAITE CÉLEUSTIQUE. V. SERGENT D'INFANTERIE FRANÇAISE DE LIGNE Nº 10. V. SERGENT-MAJOR Nº 8. V. SOUS-OFFICIER Nº 8.

PUNITION d'INFANTERIE. V. INFANTERIE; id. Nº 10. V. INFANTERIE FRANÇAISE Nº 9. V. INFANTERIE FRANCO-SUISSE Nº 6.

PUNITION d'OFFICIER. V. AMENDE D'OFFICIER. V. ARRÊTS. V. BILLET D'ARRÊTS. V. BILLET DE LEVÉE D'ARRÊTS. V. BILLET D'ÉLARGISSEMENT. V. CAPITAINE D'INFANTERIE FRANÇAISE Nº 13, 18. V. CESSATION DE PUNITION. V. CHEF DE BATAILLON D'INFANTERIE FRANÇAISE DE LIGNE Nº 12. V. COLONEL D'INFANTERIE FRANÇAISE DE LIGNE Nº 16, 29. V. COMMANDANT DE PLACE Nº 10. V. ÉPÉE D'OFFICIER. V. GÉNÉRAL DE DIVISION Nº 4. V. INSPECTEUR GÉNÉRAL Nº 5. V. LIVRE DE PUNITIONS. V. MILICE PRUSSIENNE Nº 9. V. MINISTRE DE LA GUERRE Nº 7. V. OFFICIER. V. OFFICIER EN PRISON. V. OFFICIER D'INFANTERIE FRANÇAISE Nº 7. V. OFFICIER FRANÇAIS Nº 16. V. ORDRE DE CORPS. V. RETENUE SUR AP-

POINTEMENTS. V. REVUE D'INSPECTEUR GÉNÉRAL.

PUNITION D'OFFICIER SUPÉRIEUR. V. MINISTRE DE LA GUERRE N° 12. V. OFFICIER SUPÉRIEUR. V. PUNITION.

PUNITION EN CANTONNEMENT. V. EN CANTONNEMENT. V. PUNITION.

PUNITION EN GARNISON. V. EN GARNISON. V. PRISON. V. PUNITION. V. SERVICE DE GARNISON.

PUNITION EN ROUTE. V. ARRIVÉE DE CORPS EN ROUTE. V. CAPORAL D'INFANTERIE FRANÇAISE DE LIGNE N° 16. V. CONSIGNE EN ROUTE. V. EN ROUTE. V. GARDE DE POLICE EN ROUTE. V. GÎTE.

PUNITION GRAVE. V. HOMME DE TROUPE N° 9. V. GRAVE. V. PUNITION.

PUNITION LÉGÈRE. V. HOMME DE TROUPE N° 9. V. LÉGER. V. PUNITION.

PUNITION MILITAIRE. V. BON ORDRE. V. MILITAIRE, adj. V. PUNITION. V. RÈGLEMENT.

PUNTLER, subs. masc. V. ARQUEBUSE A FEU. V. POINT.

PUPILLE (pupilles), subs. masc. V. ADMINISTRATION DE P... V. BATAILLON DE P... V. COLONEL DE P... V. COMPAGNIE DE P... V. COMPOSITION DE P... V. CORPS DE P... V. CRÉATION DE P... V. DÉNOMINATION DE P... V. DÉPOT DE P... V. FORCE DE P... V. INSTRUCTION DE P... V. LOCALISATION DE P... V. OFFICIER DE P... V. RÉGIMENT DES P... V. SOUS-OFFICIER DE P... V. UNIFORME DE P...

PUPILLE (pupilles) (F), OU RÉGIMENT DES PUPILLES DE LA GARDE IMPÉRIALE. Du mot LATIN *pupillus*, signifiant jeune ORPHELIN, s'est formée la DÉNOMINATION d'un CORPS qui, malgré le peu de durée de son existence, mérite qu'on en retrace l'histoire. Celle de bien des peuplades est moins curieuse ; celle-ci fut en trois ou quatre années toute une vie de JANISSAIRES ou de STRELITZ ; on y vit création fortuite, origine obscure, commencement faible et laborieux, organisation à l'aide de levées imposées à des tributaires, accroissement rapide, courage brillant, dévouement aveugle tant que le succès couronne le maître, sédition et défection de la part des officiers hollandais et de la part des SOLDATS nés à l'étranger, révolte quand le sort trahit l'armée française, enfin dislocation et abolition quand la FRANCE met bas les armes ; mais jusque-là abnégation fanatique de jeunes SOLDATS dont l'étendard est le clocher, dont la chambrée est la famille, dont le camp est la patrie. — Quant aux débris des Pupilles d'origine française, ils formèrent dans les cent jours le noyau du vingt-cinquième régiment de ligne ; ce fut un de ceux qui combattit le plus vaillamment à Waterloo ; les derniers cris de vive l'empereur cessèrent avec ses derniers soupirs. — Avant l'institution des Pupilles, rien n'avait été analogue à leur destination, sauf, à quelques égards, l'ÉCOLE DE MARS ; rien ne donnait idée de leur organisation, de leur RECRUTEMENT. Une ressource que notre patrie avait négligée, quoiqu'elle résulte d'une pensée simple, allait offrir d'immenses résultats : une grande ÉCOLE RÉGIMENTAIRE allait être créée ; un asile, une éducation, une profession allaient être assurés à des êtres disgraciés par le sort, aux ENFANTS TROUVÉS, aux ENFANTS DE TROUPE ; peut-être une question militaire et politique jusqu'ici non résolue eût-elle été tranchée ? Faut-il ou non tolérer, exciter le MARIAGE des HOMMES DE TROUPE, et faire au profit de la FORCE ARMÉE les frais de l'éducation militaire de leurs ENFANTS mâles ? Le long silence, l'insouciance fâcheuse de la loi, à cet égard, sont d'autant plus étonnants qu'avant la CONSCRIPTION, le gouvernement ne savait jamais par quels expédients et par quelle voie de RECRUTEMENT alimenter les TROUPES ; on avait écrit cependant des pages intéressantes sur ce sujet ; il avait exercé les recherches de BOHAN (1781, H), DAUTHVILLE (1762, K), l'ENCYCLOPÉDIE (1785, C, aux mots *Désertion, École de régiment, Enfant trouvé*), MALZET, MONTÉCUCULI (1704, D), SERVAN (1780, B). — Le gouvernement français avait eu en exemple les ÉCOLES MILITAIRES où FRÉDÉRIC DEUX faisait élever à ses frais cinq à six mille ENFANTS DE SOLDATS. La ville de Paris avait vu naître, sans la soutenir, cette institution mémorable des ENFANTS DE TROUPE français, que le philanthrope Larochefoucault avait réunis à Liancourt ; mais, dans l'ARMÉE FRANÇAISE, à peine quelques CORPS, à l'instar des GARDES FRANÇAISES, tiraient-ils utilité des ENFANTS DE TROUPE. Nos institutions étaient restées indifférentes à ce moyen puissant de nourrir l'ESPRIT MILITAIRE et de perpétuer les traditions du MÉTIER. L'ANGLETERRE au contraire y avait recours. — Rien d'historique n'a été écrit encore touchant le corps qui va nous occuper, si ce n'est quelques lignes anecdotiques contenues dans la *Sentinelle de l'Armée* (1833 [1er septembre], p. 129). — Examinons ce qui concerne les Pupilles comme CRÉATION, COMPOSITION, DÉNOMINATION, FORCE, UNIFORME, LOCALISATION, INSTRUCTION, ADMINISTRATION. — N° 1. CRÉATION. — A l'époque où Louis Bonaparte était roi de HOLLANDE, il y existait deux BATAILLONS de jeunes Hollandais nommés les VÉLITES ROYAUX. Ce CORPS devait originairement être composé des ENFANTS D'OFFICIERS, SOUS-OFFICIERS et MILITAIRES morts au service ; mais ce moyen de RECRUTEMENT étant insuffisant, les ORPHELINS de SOLDATS de terre et de mer y furent admis, et les ENFANTS TROUVÉS élevés dans les hospices durent forcément en faire partie. — Les vélites royaux avaient été créés pour le SERVICE des INDES, parce que des SOLDATS embarqués jeunes pour des COLONIES peu salubres, s'y acclimataient plus facilement que des RECRUES plus âgés. La perte des COLONIES hollandaises, tombées successivement au pouvoir des ANGLAIS, avait retenu et accumulé à la Haye ces VÉLITES. Leur régiment avait été attaché à la suite de la GARDE ROYALE de Louis, et était sous la tutelle des GRENADIERS A PIED. — La réunion de la HOLLANDE à l'EMPIRE FRANÇAIS ayant motivé la fusion de la MILICE batave dans celle de France, et les RÉGIMENTS de toutes ARMES ayant pris numéro dans la série des CADRES français, les GRENADIERS A PIED vinrent s'incorporer comme troisième RÉGIMENT dans la GARDE IMPÉRIALE; leur corps menait à la remorque son RÉGIMENT Pupille. C'était une cohorte de géants ayant pour queue un manipule de nains; il ne s'y voyait d'hommes faits que des OFFICIERS et quelques SOUS-OFFICIERS. VERSAILLES fut assigné pour GARNISON à ces deux CORPS accolés en un, et qui, du 1er janvier 1811, étaient passés de la solde de la Hollande à celle de la France. — Le 11 du même mois, paraissait un décret sur la législation des enfants trouvés. L'article 16 portait : *élevés à la charge de l'Etat, ils sont entièrement à sa disposition.* C'était le ban de recrutement des Pupilles; c'était une disposition calquée sur la législation hollandaise. — Bientôt NAPOLÉON fit venir à PARIS le corps des ex-VÉLITES hollandais pour passer la revue aux Tuileries. Son intention était de les attacher à la MARINE, parce que des soldats de douze à quinze ans ne pouvaient prendre rang dans l'ARMÉE de ligne. Leur immobilité dans le rang, leur tenue tudesque, leur précision dans les maniements d'armes, leur aplomb dans les manœuvres, émerveillèrent tellement l'empereur, qu'il renonça à son premier projet et dit au ministre Decrès, qui était présent à la revue comme intéressé à son résultat : *Ce corps ne passera pas au service de mer; il fera partie de ma garde.* Un décret de 1811 (11 février) en maintint à deux BATAILLONS la composition; le conseil d'administration des GRENADIERS HOLLANDAIS resta chargé de sa tutelle; les ENFANTS TROUVÉS élevés dans les HOSPICES de tout l'EMPIRE devaient assurer le RECRUTEMENT de cette jeune troupe. Bientôt l'affluence de ces RECRUES rendit insuffisante la dimension des CADRES, et l'ADMINISTRATION excéda les forces d'un con

seil dont une partie des membres ne parlait pas français. — Un DÉCRET DE 1811 (30 AOUT) décida que le CORPS serait porté à neuf BATAILLONS et lui donna la DÉNOMINATION de Pupilles de la GARDE IMPÉRIALE. — Un nouveau DÉCRET rendu à Amsterdam, en 1811 (19 OCTOBRE), équivalut à une émancipation de mineurs, organisa les Pupilles en un CORPS s'administrant lui-même, et le composa de huit BATAILLONS de huit cents hommes chacun, et d'un neuvième BATAILLON de seize cents hommes, nommé BATAILLON de DÉPÔT, et devant résider lui seul à VERSAILLES. — Cette création était réalisée le 11 février 1812. — N° 2. COMPOSITION. — Le RÉGIMENT, depuis son organisation A NEUF BATAILLONS, était composé d'un COLONEL, un major, neuf chefs de bataillon, dix-huit adjudants-majors; un quartier-maître; un chirurgien-major, deux aides-chirurgiens, six chirurgiens sous-aides et quarante compagnies; mais ce nombre d'OFFICIERS n'était que sur le papier. Le choix du COLONEL était difficile et fut long; l'OFFICIER que nomma l'empereur était un major français, connu par des ouvrages militaires classiques qui avaient été traduits en plusieurs langues. Le corps reçut successivement six mille ORPHELINS, la plupart ALLEMANDS, BELGES, HOLLANDAIS, ITALIENS. — Les HOSPICES de FRANCE, de HAMBOURG, des PAYS-BAS, de ROME y versaient à la fois leur contingent. Il n'y avait pas de RECRUTEMENT plus expéditif et plus simple pour le gouvernement, pas de plus laborieux et de plus ardu pour les OFFICIERS; car la plupart des enrôlés ne savaient pas le français, et, sauf quelques OFFICIERS du cadre primitif, les autres ne parlaient que le hollandais. — En décembre 1811, des OFFICIERS de la VIEILLE GARDE furent incorporés dans les Pupilles avec avancement. — Les SOUS-OFFICIERS présents eussent suffi à peine à deux BATAILLONS, et le CORPS était dépourvu de sujets propres aux places vacantes; il était privé de fourriers, dont le grade avait été oublié dans le libellé de l'organisation; il n'en obtint que sur les instances réitérées du COLONEL. Un ordre de l'empereur, du 27 FÉVRIER 1812, fit passer aux Pupilles des sous-officiers de FONTAINEBLEAU. Il n'y avait pas de quartier-maître en titre; il n'en fut nommé un qu'à la fin de mars. Trois chefs de bataillon ne rejoignirent leur poste qu'en avril 1812. — Dans la pénurie de sujets propres aux places de caporaux, le COLONEL obtint que des ENGAGEMENTS VOLONTAIRES pourraient être contractés, de l'assentiment des parents, par des jeunes gens de seize à vingt ans, ayant au moins taille de voltigeurs (un mètre cinq

cent quarante millimètres). Cette porte ouverte, et l'espoir d'un avancement plus
prompt que dans la ligne, attirèrent des RE-
CRUES susceptibles d'obtenir des grades de
SOUS-OFFICIERS ; ils n'obtenaient d'abord que
le nom d'appointé, jusqu'à ce que l'âge légal
d'être caporal fût atteint. — A travers tant
de difficultés, la comptabilité était à jour à
la fin de 1812, l'organisation achevée, les
compagnies complétées en fourriers et caporaux, et un mouvement uniforme était im-
primé à huit GARNISONS. Une multitude de
pauvres enfants, arrivés isolément, et la
plupart psoriques, ne connaissant de leur
patrie que l'idiome étranger qu'ils parlaient,
se présentant dans un état déplorable phy-
siquement et intellectuellement, comprenaient, après un court noviciat, les commandements français, et avaient pris place
à des écoles d'écriture, où le sieur Choron,
instituteur célèbre, avait tenté d'introduire
l'enseignement mutuel; ils avaient réussi,
surtout aux salles d'exercice et aux écoles
d'escrime. — Mais cinq ou six factions demandaient à être contenues : il fallait empêcher les Hollandais de mal mener, par
droit d'anciens, les Italiens; ceux-ci, de se
ruer sur les Allemands; il fallait garantir les
uns et les autres, contre leurs camarades
Français, animés de tout l'orgueil de l'in-
digénat. — L'Autriche ne met pas plus de
soins et de politique à tenir en Italie les
Hongrois, et en Allemagne les corps italiens, qu'il n'en fallait pour chambrer, en-
tremêler, tempérer, discipliner tant de jeunes effervescences, tant d'incultes marmots
se grommelant, se maugréant en patois que,
réciproquement, ils ne comprenaient pas;
aussi les punitions fraternelles, sans intervention directe des chefs, et ce qu'on appelle la savate, jouaient-elles un grand rôle.
— Un an était à peine écoulé, que le corps
éprouvait une réduction dont les désastres
des Français en Russie expliquent la cause.
— L'urgence reconnue de la réorganisation
d'une ARMÉE FRANÇAISE motivait un appel à
toutes les ressources, et les Pupilles, dont
les plus vieux SOLDATS, et en petit nombre,
avaient à peine atteint dix-sept ou dix-huit
ans, allaient avoir à composer un RÉGIMENT
DE TIRAILLEURS tout entier, et à fournir les
CADRES complets de quatre RÉGIMENTS de
JEUNE GARDE. — Le résidu des non-favorisés,
car il n'y avait pas de Pupilles, si débiles
fussent-ils, qui ne se désespérassent de ne
pas aller FAIRE LA GUERRE, était encore assez
nombreux pour composer quatre BATAILLONS,
à qui il fut bien forcé de n'être que des
guerriers d'avenir; c'eût été pitié qu'il en
fût autrement. — Cette réduction eut lieu

en mars 1813. Les trois nouveaux premiers
BATAILLONS furent mis à quatre COMPAGNIES
chacun ; le quatrième comprit six COMPA-
GNIES, dont deux de DÉPOT, auxquels fut
jointe une ÉCOLE de deux cents TAMBOURS et
CORNETS. — Les anciens premier et septième
BATAILLONS, où se trouvait ce qu'il y avait de
plus avancé en âge, ayant formé le régiment
de guerre, étaient devenus septième de tirailleurs. Ce corps figurait à la bataille de
Lutzen ; il y recueillit, dans son carré, le
maréchal Mortier et son état-major; il les y
tint à l'abri des charges de l'ennemi, qui
vint se briser contre le feu de ses quatre
FRONTS ; il fit, avec l'aplomb d'un vieux régiment, les campagnes de Saxe et de France.
— Les anciens quatrième, cinquième, hui-
tième et neuvième BATAILLONS formèrent un
nouveau quatrième BATAILLON de Pupilles ;
les sous-officiers qui n'en firent pas partie
furent incorporés dans les TIRAILLEURS et les
VOLTIGEURS de la GARDE. — Le corps se vit
privé de son COLONEL, envoyé lui-même pour
faire campagne à la tête d'un RÉGIMENT DE
JEUNE GARDE. — En mai 1813, l'excédant du
complet du RÉGIMENT devint le noyau d'un
nouveau bataillon attaché au neuvième régiment de tirailleurs. — Quand les alliés
attaquaient PARIS, les Pupilles venus de VER-
SAILLES couraient à la défense de la barrière
de Clichy. Le pinceau d'Horace Vernet, qui
combattait lui-même sur ce point, a consacré le souvenir de la présence des Pupilles
dans un tableau qui se voit à la chambre
des Pairs. — Le recrutement de 1814 donna
aux Pupilles deux mille quatre cent vingt-
six SOLDATS, provenus des hommes les plus
faibles de la conscription de 1815, ou fournis par les HOSPICES français; car, alors, les
HOSPICES de l'étranger nous étaient fermés.
— En mars 1814, le premier BATAILLON de
Pupilles, dont les trois premières compagnies étaient composées de HOLLANDAIS, la
quatrième de FRANÇAIS et d'ITALIENS, fut dirigé de BREST, où il était en garnison depuis
un an, sur Rennes, où devait se former un
CAMP DE RÉSERVE; les événements politiques
nécessitèrent d'autres dispositions, et ce
bataillon en repartit, après quatre ou cinq
jours, pour SAINT-MALO. En avril, il s'y
trouva en contact avec les HOLLANDAIS renvoyés des corps de l'ARMÉE pour servir,
comme pionniers, à Saint-Servan. A l'insti-
gation de ceux-ci, les Pupilles HOLLANDAIS,
abandonnant leurs armes en faisceaux sur la
place d'armes, arborèrent la cocarde orange
et se refusèrent ouvertement à servir le
gouvernement provisoire de FRANCE. De leur
côté, les Pupilles ITALIENS et PIÉMONTAIS prirent les couleurs de leur nation, mais en

conservant leurs armes. Cette réaction écla-tait au moment où la cocarde française changeait elle-même de couleur. — Il est juste d'observer qu'à cette époque de désor-ganisation la troupe ne recevait plus de solde, et que la subsistance n'était rien moins qu'assurée. — Ce BATAILLON, mutiné fut désarmé à SAINT-MALO, à l'exception de la quatrième COMPAGNIE, qui fut ramenée à VERSAILLES. L'armement et le magasin de ce BATAILLON furent le seul MATÉRIEL de tout le corps des Pupilles qui ait été conservé à l'ARMÉE de FRANCE. — Les COMPAGNIES de DÉPÔT de VERSAILLES furent évacuées, dans la nuit du 30 au 31 mars, sur Orléans et Tours; elles revinrent au DÉPÔT au commen-cement de mai, mais très-affaiblies par la désertion. — Dans ce même mois, des régi-ments de l'armée nouvelle qui s'organisè-rent à PARIS puisèrent à l'envi dans les Pu-pilles; le reste fut dirigé sur CAMBRAY et dans d'autres places du Nord, pour y con-courir à la réorganisation de l'ARMÉE. — Le 15 juin 1814, les HOLLANDAIS restés encore en GARNISON à VERSAILLES, furent congédiés en vertu de l'autorisation accordée par le gouvernement nouveau à leurs compatriotes. — Le second BATAILLON, qui avait tenu gar-nison à BOULOGNE et à Gravelines pendant toute l'année 1813, obtint, le 29 juin 1814, la permission de rentrer en HOLLANDE avec armes et bagages; car on disposait alors avec beaucoup de prodigalité du MATÉRIEL de l'ARMÉE. Le traité international des in-demnités n'a tenu à la FRANCE aucun compte de ce genre de largesses. — Telle fut l'exis-tence trop courte, mais bien pleine, du plus singulier régiment que le gouvernement ait eu à son service. NAPOLÉON s'en était parti-culièrement et souvent occupé. Les pre-mières lignes du présent article révèlent quel genre d'intérêt il y attachait; il n'en eût pas réduit la force si la nécessité ne l'y eût contraint; il l'eût plutôt élargie. Ce RÉ-GIMENT d'agiamoglans, d'icoglans eût été le DÉPÔT de RECRUTEMENT de la JEUNE GARDE, comme celle-ci était appelée à l'être de la VIEILLE-GARDE. Cet essai eût eu d'incalcula-bles résultats, si la dissolution de l'EMPIRE n'eût entraîné celle des institutions mili-taires de l'époque. — N° 5. DÉNOMINATION, FORCE. — Le nom de VÉLITES ne pouvait être laissé aux VÉLITES ROYAUX de HOLLANDE, parce que la GARDE IMPÉRIALE comprenait déjà des corps ayant cette qualification, mais avec une destination différente; de là le titre de Pupil-les, qui fut donné à cette recrue BATAVE. — Un caprice populaire, tourné en ROUTINE, dé-signait le CORPS sous le nom de régiment du roi de Rome, titre qu'il n'a jamais eu réelle-

ment. Mais un autre corps, dont l'existence n'a été que d'une courte durée, s'est réelle-ment appelé le régiment du roi de Rome; il avait été formé à quatre bataillons pen-dant le blocus de Dantzig, par le général Rapp, quand il était gouverneur de cette place et commandant en chef du dixième corps, en août 1813. — On vient de voir successivement les VÉLITES, petit régiment de sept à huit cents hommes, se changer en une phalange de huit mille quatre-vingt-dix hommes, et retomber à trois mille huit cents, après avoir essaimé cinq ou six fois. — Le maximum que ce CORPS avait atteint le met-tait hors de pair; il ne s'était jamais vu, en EUROPE, un aussi gros et aussi petit régi-ment; il ne pouvait être comparé qu'au soixantième RÉGIMENT ANGLAIS, plus fort en SOLDATS, mais moins nombreux en BATAIL-LONS. Ce soixantième se recrutait d'ALLE-MANDS, était de neuf mille hommes et servait aux INDES OCCIDENTALES. — N° 4, UNIFORME. — L'habit et le pantalon des VÉLITES étaient verts. — En HOLLANDE, tous les RÉGIMENTS d'INFANTERIE, par une espèce d'administra-tion de ménage, par une économie de fa-mille, concouraient, dans une proportion déterminée, à l'équipement et à l'habille-ment des VÉLITES; c'étaient des puînés, des mineurs, à qui l'on faisait user les restes de leurs aînés. La mesure était praticable dans un pays de teneurs de livres, dans un royaume plus calculateur que militaire. On voulut donner suite à ce système; il conve-nait à la manière de faire du comte de CES-SAC, alors MINISTRE DIRECTEUR. On prétendit habiller aussi les Pupilles de l'ARMÉE FRAN-ÇAISE avec les vieilles nippes de l'ex-ARMÉE HOLLANDAISE; cette aberration a été une rui-neuse épargne. — Le DÉCRET DE 1811 (30 AOÛT) donna à tout le CORPS le schako, le fu-sil de dragons et l'HABIT-VESTE. Il ordonna que les quatre premiers BATAILLONS de Pu-pilles seraient habillés de vert, avec collet et passe-poils jaunes; que les quatre autres seraient vêtus de blanc, avec collet, pare-ment, passe-poils et retroussis verts; le BA-TAILLON de DÉPÔT était moitié vert, moitié blanc. Le COLONEL était le seul au monde qui eût nécessairement deux uniformes dif-férents, pour ne pas faire disparate avec ses bataillons quand il les visitait ou les passait en revue. — Cette bigarrure bizarre du corps des Pupilles semble, au premier aper-çu, une mesure déraisonnable; mais elle avait son motif, sinon son excuse, dans cette mesquine économie par laquelle le minis-tère voulait tirer parti des étoffes et des vieux habillements restés dans les dépôts HOLLANDAIS, et devenus inutiles à des corps qui, dans leur nouvelle patrie, venaient prendre un nouvel UNIFORME. On transporta donc, à très-grands frais, par terre, par eau, à l'aide de dispendieux emballages, tout le *caput mortuum* des magasins BATAVES. On fit venir du fond de la HOLLANDE à VERSAILLES une immense quantité de vieux effets de toute nature qui ne pouvaient servir à rien, et qui encombrèrent l'ancienne caserne des gardes françaises, sur la place d'armes. On y voyait des boutons de toutes couleurs, dimensions et attributs; des haches qui ne pouvaient être maniées que par des hommes de six pieds; des bonnets à poil destinés à des colosses; des amas de passementerie qui n'avaient jamais été de mode en France, etc., etc. On eût dit une friperie rassemblée dans une juiverie le lendemain d'une déconfiture d'armée. Cette pacotille de guenilles dut être vendue administrativement à la criée; elle fut livrée à vil prix. — A l'aurore de la restauration, des commissaires NÉERLANDAIS évaluèrent à de fortes sommes ce fonds de boutique de chiffonniers; ils considérèrent ces vieilleries comme ayant été l'objet d'une spoliation des propriétés de la Néerlande. Dans son compte balancé de libération, le trésor de FRANCE fut réduit à rembourser ces haillons à un taux exorbitant. — N° 5. LOCALISATION, INSTRUCTION, ADMINISTRATION. — Le RÉGIMENT des Pupilles devait, originairement, avoir huit GARNISONS; mais, à une époque où tout était si transitoire, de pareilles dispositions ne pouvaient être d'une longue durée au milieu du fracas d'une guerre sans terme. — A mesure que les BATAILLONS furent équipés, en 1811 et 1812, ils furent dirigés sur BOULOGNE, BREST, Calais, Caen, CHERBOURG, OSTENDE, SAINT-OMER, etc., pour faire le service de ces places; c'était un arrière-ban d'écoliers qui dispensait d'y tenir des hommes faits. Le BATAILLON de DÉPOT resta à VERSAILLES. — Après la dislocation de 1813, le régiment n'étant plus que de quatre BATAILLONS, les deux premiers BATAILLONS, composés en grande partie de Hollandais, furent envoyés, le premier à BREST, le second à BOULOGNE; les troisième et quatrième, composés en majorité de FRANÇAIS, furent envoyés en HOLLANDE et répartis à Dewinter, HARLEM, UTRECHT, WENLOO; ils firent bientôt partie de l'armée active. Pendant tout le reste de la campagne, ils se distinguèrent dans la défense de Dewinter et de Wenloo, et ne rentrèrent au dépôt de Versailles qu'en mai 1814. — Les VÉLITES ROYAUX étaient, en HOLLANDE, instruits et commandés par des OFFICIERS de la GARDE royale; ils eurent ensuite des OFFICIERS spéciaux, sous les ordres desquels ils vinrent en FRANCE. — Leur tenue, leurs usages septentrionaux ont eu quelque influence sur les habitudes contractées par l'ARMÉE FRANÇAISE; le HAVRE-SAC des FRANÇAIS était sphérique, et empli sans principes et sans soins. La méthode observée par les Pupilles, à la manière du Nord, de ranger les effets en un sac disposé en manière de malle plate, a été remarquée, a fait sensation et est devenue une mode générale. — C'est également le CORPS des Pupilles qui, le premier, a fait usage de FOURNEAUX économiques. — Pendant l'exercice comptabiliaire de 1811, la solde et les masses des Pupilles étaient dans les attributions du ministre de la guerre, comme participant de la comptabilité de la GARDE; elles passèrent, à compter du 1er janvier 1812, dans les mains du ministre directeur. Ce fut l'époque où, comme nous l'avons dit, l'administration intérieure des Pupilles fut disjointe de celle du troisième RÉGIMENT de GRENADIERS, et fut confiée à la gestion du conseil d'administration du CORPS lui-même.

PURGER un GUÉ. V. GUÉ.

PURGER une CONTUMACE. V. ACCUSÉ MILITAIRE. V. CONTUMACE. V. DÉBAT JURIDIQUE. V. JUGEMENT CONTRADICTOIRE.

PURKART; PURMANN; PUTÉANUS; PUTÉO; PUTÉONG; PUTÉORNES; PUYSÉGUR; PYDNE. V. NOMS PROPRES.

PYONNER, verb. act. et neut. V. ESPION.

PYRÉNÉES, subs. fém. plur. V. NOMS PROPRES.

PYRIQUE, adj. V. POUDRE PYRIQUE.

PYRITE, subs. fém. (F). Mot de la langue de la chimie; il est tiré du GREC, et signifie portant du feu. Les Pyrites étaient une composition métallique de fer et d'antimoine, et une espèce de PIERRE A FEU factice; on s'en servait avant l'invention des FUSILS. Une Pyrite était insérée dans le SERPENTIN de la PLATINE d'une ARQUEBUSE, et y METTAIT LE FEU, en produisant des étincelles, au moyen du frottement du rouet. On ne renonça à l'usage des Pyrites, suivant M. MEYER (Moritz), qu'en 1722.

PYROBALISTIQUE, adj. V. ARME P...

PYROBOLE, adj. et subs. masc. V. MACHINE.

PYROBOLIE, subs. fém. V. ARTILLERIE STRATOPÉDIQUE. V. BARK (Joseph). V. FURTTENBACH. V. KAESTNER. V. LIEDBECK.

PYROBOLIQUE, adj. V. ART P... V. COUP P... V. LIGNE P...

PYROBOLISTE, subs. masc. v. ARTIFICIER. V. ARTILLEUR.

PYROBOLOGIE. V. ARTILLERIE STRATOPÉDIQUE. V. BECKER. V. POUDRE A FEU.

PYROLOGIE. V. ARTIFICE. V. ARTILLERIE STRATOPÉDIQUE. V. PYROTECHNIE. V. WICKRATH.

PYROMAQUE, adj. v. SILEX P...

PYROPHILE. V. NOMS PROPRES.

PYROPHOBE, adj. v. ARME P...

PYROPHORIQUE, adj. v. CHARGE P...

PYROTECHNIE, subs. masc. (G, 2, 5), OU PYROLOGIE, OU PYROTECHNIE MILITAIRE. Mot tout GREC, signifiant art du maniement du feu. — La Pyrotechnie des anciens consistait dans une TÉLÉGRAPHIE à feu et dans le jeu de certaines ARMES PYROPHORES; ils se communiquaient des renseignements au moyen de SIGNAUX, consistant en FEUX ou en fumée, comme le témoigne PAUSANIAS et comme le faisait CÉSAR dans les GAULES. Leurs MACHINES lançaient des DARDS ENFLAMMÉS de toute espèce et vomissaient du FEU GRÉGEOIS. — La Pyrotechnie des modernes, considérée militairement, est une branche de l'ARTILLERIE, une étude de l'ARTIFICE, une combinaison d'effets de POUDRE A FEU; les ALLEMANDS l'ont appelée *pyrologia* et *buechsen-meisterey*; mais ce dernier mot exprimait plutôt la science de l'emploi de l'arquebuse. — Il a été créé dans l'ARTILLERIE FRANÇAISE, par l'ORDONNANCE DE 1824 (19 MAI), une ÉCOLE de Pyrotechnie militaire; le RÈGLEMENT auquel elle a été soumise a paru à la date DE 1824 (18 SEPTEMBRE). — Les AUTEURS qui ont traité de la Pyrotechnie sont nombreux, et, en outre de ceux qui ont écrit sur l'ARTIFICE et la POUDRE, en outre de la plupart de ceux qui se sont occupés de l'ARTILLERIE, on peut citer plus spécialement: ALBERTI; BABINGTON, BIRINGUCCIO, M. le général COTTY (1822, A), CRANACH, DAVISSON, DECHALES, DECKER, FRÉZIER, GASSENDI, HANZELET, HARSCH, HENNERT, HOSTE, IZZO, LACHESNAIE (1758, I), LEBAS, LIEBKNECHT, LIPENIUS, MALTHUS, MEYER (Moritz), RAVICHIO, RIEGER, ROMANUS (Ad.), RUGGIERI, RUMPF (1824, F), SIONVILLE (1756, H), SIMIENOWICZ, STARKEY, TAYLOR, WOLF (Christian).

PYROTECHNIE MILITAIRE. V. MILITAIRE, adj. V. PYROTECHNIE.

PYROTECHNIQUE, adj. v. MANIPULÉ P...

PYRRHIQUE, adj. v. DANSE P...

PYRRHUS. V. NOMS PROPRES.

Les chiffres entre parenthèses, qu'on rencontre dans le cours du texte, indiquent le millésime de l'année à laquelle appartiennent la citation ou l'événement.

Les abréviations entre parenthèses, qui sont en tête des articles, sont une concordance du tableau synoptique (*Disc. prélim.*, p. 10) et du vocabulaire sommaire (*Disc. prélim.*, p. 36-37). Ces abréviations donnent le moyen de remonter des conséquences aux principes.

D'autres abréviations indiquent le genre grammatical.

Les caractères italiques dénotent des phrases empruntées.

Les mots en petites capitales sont ainsi configurés comme réclames, comme preuve qu'on peut chercher à la place générale alphabétique le mot représenté en lettres capitales.

QUACEOR, subs. masc. v. QUACHEOR.

QUACHEOR, subs. fém. (F), ou CACEOR, OU CACHEOR, OU CACHIER, OU CHACEOR, OU CHACEOUR, suivant CHRESTIENS; OU CHASCEOR, OU CHASCIÈRE, suivant ROQUEFORT; OU KACHEOR, OU KACHIÈRE, OU KACHIERRE, OU KACIÈRE, OU QUACEOR, OU QUACHÈRES, suivant BOREL (Pierre). Le mot Quacheor appartient aux patois du Midi, il est analogue ou emprunté à l'ITALIEN: *cacciatore*, CHASSEUR. Ce nom, comme le témoigne CARRÉ (1783, E), désignait un CHEVAL DE CHASSE, ou la principale MONTURE d'un CHEVALIER. C'était ainsi un synonyme de CHEVAL DE BATAILLE, de COURSIER, de DESTRIER, parce que la NOBLESSE du MOYEN AGE, dont la CHASSE était la passion, se servait, à la GUERRE et aux TOURNOIS, de ses meilleurs CHEVAUX DE CHASSE, en les abritant, en les déguisant sous les BARDES, le CHANFREIN, la CERVICALE.

QUACHÈRES, subs. masc. v. QUACHEOR.

QUADRIGE, subs. fém. et masc. v. CHAR DE GUERRE. V. PRÉFET DU PRÉTOIRE. V. QUADRILLE. V. TOURNOI.

QUADRIGE, subs. fém. v. BIGE.

QUADRILLE, subs. fém. (F), ou CADRILLE, OU ESCADRE, OU ESCOUADE, OU ESCADRILLE, OU ESQUADRILLE, suivant GANÉAU, OU SQUADRILLE. Mots dérivés de l'ITALIEN *squadra*, ou, suivant MÉNESTRIER, de *squadrigha*.

MÉNAGE les tire de l'ESPAGNOL *quadrilla*. On peut aussi bien les considérer comme diminutifs du français CADRE. — Des Quadrilles étaient de petites TROUPES destinées à figurer dans un CARROUSEL ou un TOURNOI ; c'étaient de petits ESCADRONS divisés en ASSAILLANTS et en TENANTS. Ces AGRÉGATIONS, analogues aux FACTIONS du cirque, ou aux divers GROUPES de la DANSE PYRRHIQUE, étaient reconnaissables par des couleurs, par des emblèmes. Elles étaient ordonnées sur quatre RANGS, et, après avoir paradé sous forme de COMPARSES, elles combattaient par VOLTES ou par ESCARRES : c'est-à-dire, que chaque RANG quittait successivement la place où il avait donné, et cédait, au son de la MUSIQUE, ou au commandement du MARÉCHAL DE TOURNOI, le terrain au RANG suivant. Ce genre d'ENGAGEMENT s'appelait aussi le COUP DE LANCE. — Dans quelques MINES DU MOYEN AGE on s'est escrimé par quadrilles. — BÉNETON (1741, A) prend le mot dans un sens militaire, quand il dit que QUADRILLE, QUADRIGE, ESCOUADE, étaient même chose. DESPAGNAC (1751, D) appelle Quadrille de CAVALERIE une fraction de BRIGADE. — BRANTOME (1600, A) prend le terme sous la signification d'ATTROUPEMENT de SPADASSINS, de SICAIRES. Il dit qu'à Milan, *il ne se passa jour que je visse une vingtaine de Quadrilles de ceux qui avaient querelles, se promener et se rencontrant, se battoient et se tuoient si bien qu'on en voyoit sur le pavé estendus une infinité, encores qu'ils fussent armés* (c'est-à-dire couverts d'armes défensives). — Les AUTEURS qui disent quelques mots des Quadrilles sont : BÉNETON (1741, A), BRANTOME (1600, A), CARRÉ (1783, E), DESPAGNAC (1751, D), LACHESNAIE (1758, I), MÉNAGE, MÉNESTRIER.

QUAGLIA. V. NOMS PROPRES.

QUARANTAINE, subs. fém. V. QUINTANE.

QUAISSE, subs. fém. V. CAISSE. V. CAISSE DE TAMBOUR.

QUALIBRE, subs. masc. V. CALIBRE.

QUALITÉ, subs. fém. V. GENS DE Q... V. HOMME DE Q... V. NOBLESSE. V. QUARTIER.

QUAMEE, subs. fém. V. CHEMISE.

QUAMESE, subs. fém. V. CHEMISE.

QUANS, subs. masc. V. COMTE N° 2.

QUANTON, subs. masc. V. CANTON.

QUAR, subs. masc. V. CHAR.

QUARANTE, subs. masc. V. CENT QUARANTE. V. PIÈCE DE Q...

QUARANTE-CINQ. V. CINQ. V. PIÈCE DE Q...

QUARANTE-HUIT. V. BOULET DE Q... V. CARONADE. V. HUIT. V. PIÈCE DE Q...

QUARANTE RANGS. V. RANGS. V. SUR QUARANTE R...

QUAREAU (quareaux), subs. masc. V. CARREAU.

QUAREL (quarels), subs. masc. V. CARREAU.

QUARELLE, subs. fém. V. BALISTE. V. PIERRE PROJECTILE.

QUARIAU (quariax au plur.), subs. masc. V. CARREAU.

QUARNEAU (quarneaux), subs. masc. V. CRÉNEAU.

QUARNEL (quarnels), subs. masc. V. CRÉNEAU.

QUARNIAU (quarniax au plur.), subs. masc. V. CRÉNEAU.

QUARREAU (quarraulx au plur.), subs. masc. V. CARREAU.

QUARRE, subs. fém. V. CARRE.

QUARRÉ, subs. masc. V. CARRÉ. V. CARRÉ TACTIQUE.

QUARREAU, subs. masc. V. CADRE. V. CARQUOIS. V. CARREAU.

QUARREL, subs. masc. V. CARREAU.

QUARRIAU (quarriax au plur.), subs. masc. V. CARREAU. V. SERGENT D'ARMES.

QUARRIÈRE, subs. fém. V. LICE.

QUARROT, subs. masc. V. CADRE.

QUART, subs. masc. V. LIVRE ET QUART. V. TROIS QUARTS.

QUART-BISCUITÉ, adj. V. BISCUITÉ. V. PAIN QUART-BISCUITÉ.

QUART de CANON, subs. masc. V. BATARDE. V. BOUCHE A FEU A TIR DIRECT. V. CANON. V. CANON D'ARTILLERIE.

QUART de CERCLE. V. BOUCHE A FEU. V. BOUCHE A FEU A TIR COURBE. V. CERCLE.

QUART de CONVERSION. V. ANTISTROPHE. V. AUX CHAMPS. V. CAVALERIE FRANÇAISE N° 7. V. CONTRE-MARCHE INFLEXIONNAIRE. V. CONVERSION. V. CONVERSION A PIVOT FIXE. V. CONVERSION A PIVOT MOBILE. V. ÉPISTROPHE. V. FAITES UN QUART DE CONVERSION. V. FEU DE CHAUSSÉE. V. FEU DE FILE. V. FORMER LES HAIES. V. INFLEXION. V. MILICE GRECQUE N° 6. V. PÉRISTASME. V. REVERSION. V. ROMPEMENT DE PELOTON. V. ROMPEMENT EN ARRIÈRE. V. ROMPEMENT EN BATAILLE. V. TROIS QUARTS DE CONVERSION.

QUART de DÉTACHEMENT. V. DÉTACHEMENT. V. DÉTACHEMENT D'ENTERREMENT. V. SECTION ADMINISTRATIVE.

QUART de DISTANCE. V. CARRÉ A SIX RANGS. V. CARRÉ TACTIQUE. V. DISTANCE.

QUART de MANCHE. V. BATAILLON D'INFAN-

TERIE FRANÇAISE DE LIGNE, N° 7. V. DÉFILER. V. DEMI-QUART DE MANCHE. V. MANCHE. V. MANCHE TACTIQUE. V. MOUSQUETAIRE A PIED N° 5. V. PELOTON D'INFANTERIE. V. PIQUIER N° 4.

QUART de PORTION. V. ALIMENT D'HOPITAL. V. DEMI-QUART DE PORTION. V. PAIN D'HOPITAL. V. PORTION.

QUART de RANG. V. BATAILLON D'INFANTERIE FRANÇAISE DE LIGNE N° 7. V. CONTRE-MARCHE PHALANGIQUE. V. DEMI-RANG. V. DEMI-QUART DE RANG. V. DIVISION DE BATAILLON. V. FEU DE QUART DE RANG. V. FEU D'INFANTERIE. V. GUERRE DE 1701. V. MARCHE TACTIQUE. V. ORDONNANCE D'EXERCICE D'INFANTERIE. V. PAR QUART DE RANG. V. PELOTON, subs. masc. v. RANG. V. ROMPEMENT EN BATAILLE.

QUART de TOUR. V. CONVERSION. V. CONVERSION A PIVOT FIXE. V. PAR QUART DE TOUR. V. TOUR.

QUARTE, subs. fém. (G, 5). Terme d'ESCRIME, emprunté de l'ITALIEN; il a produit le verbe QUARTER. Il exprime une position, un JEU D'ÉPÉE, une GARDE qui au besoin se reproduit au moyen d'un CONTRE. La Quarte sert de PARADE, suivant l'ENCYCLOPÉDIE(1751, C), aux ATTAQUES DANS LES ARMES. — On appelle QUARTE FORCÉE une FLANCONADE, et QUARTE BASSE une PARADE opposée aux ATTAQUES SUR LES ARMES. — FURETIÈRE et LACHESNAIE (1758, I) donnent la définition de la Quarte.

QUARTE BASSE. V. BAS, adj. V. PARADE D'ESCRIME. V. QUARTE.

QUARTE FORCÉE. V. FORCÉ, adj. V. QUARTE.

QUARTERON, subs. masc. V. TROIS QUARTERONS. V. PIÈCE D'UN QUARTERON.

QUARTENIER, subs. masc. (F). Mot dont le terme QUARTIER est la racine. Il rappelle un OFFICE, un EMPLOI en partie civil, en partie militaire. La GARDE BOURGEOISE de PARIS avait, aux quinzième et seizième siècles, des Quarteniers, c'est-à-dire des chefs de QUARTIERS, des CAPITAINES en sous-ordre, qui avaient sous leurs ordres les CINQUANTENIERS et les DIXAINIERS de la garde de Paris.

QUARTENAIRE, adj. V. ORDRE Q...

QUARTER, verb. neut. V. CONTRE-TEMPS. V. QUARTE.

QUARTERON, subs. masc. V. PIÈCE DE TROIS Q... V. PIÈCE D'UN QUARTERON. V. TROIS Q...

QUARTIER, subs. masc. V. A Q... V. AIDE QUARTIER-MAITRE. V. ASSEOIR DES Q... V. ASSISTANT QUARTIER-MAITRE. V. ATTAQUE DE Q... V. BOUTONNIÈRE DE Q... V. DEMANDER Q... V. DÉPUTÉ QUARTIER-MAITRE. V. DÉTENU AU Q... V. ENLÈVEMENT DE Q... V. ENLEVER UN Q... V. ÉTABLIR DES Q... V. FAIRE Q... V. GARDE DE POLICE DE Q... V. GRAND Q... V. PETIT Q... V. PRENDRE DES Q... V. RECEVOIR A Q... V. SANS Q... V. SURPRISE DE Q...

QUARTIER
- DE CAVALERIE.
- GÉNÉRAL.
- MAITRE.
  - QUARTIER MAITRE D'INFANTERIE.
  - MAITRE GÉNÉRAL.
- QUARTIERS DE GUERRE.
  - QUARTIERS D'ASSEMBLÉE.
  - DE CANTONNEMENT.
  - DE FOURRAGES.

QUARTIER, subs. masc. (term. génér.). Mot indéterminé, mal imaginé, mal appliqué, qui signifie GRACE ou clémence, CASERNE, PREUVE ou degré de NOBLESSE, EMPLACEMENT d'une ARMÉE ou d'une partie d'ARMÉE, LIEU D'HABITATION; circonscription où une TROUPE va FOURRAGER, se RAVITAILLE, se pose, se divise, se RAFRAICHIT, passe l'HIVER, CAMPE, CANTONNE; TRIMESTRE DE PENSION, etc., etc.; enfin les hommes ou les troupes composant un Quartier. De là l'expression ENLEVER DES QUARTIERS. — Employé à la mode des langues du Nord, le mot Quartier concourt à composer une qualification militaire, à désigner un GRADE : ainsi QUARTIER-MAITRE est de l'ALLEMAND francisé, après avoir été du français germanisé et estropié. Il signifie enfin portion quelconque d'un objet séparé en quatre, comme une bête de boucherie, ou se composant de quatre Quartiers, comme certains HABILLEMENTS; de là l'expression soldatesque et populaire : tomber sur les quatre Quartiers de quelqu'un. — Quelques preuves de ces assertions vont être fournies. — Comme GRACE et clémence, comme QUARTIER LIBÉRATIF, le mot, quoique tout militaire, ne demande qu'une courte explication; l'emploi en est peu ancien, il est synonyme de quart de SOLDE. Ce rapport entre la vie accordée et une somme convenue vient de ce que, dans les guerres de la révolution des PAYS-BAS, les ESPAGNOLS, conformément à un usage qu'ils avaient aussi en ITALIE, suivant Mariana, étaient convenus avec les HOLLANDAIS que les RANÇONS équivaudraient au quart des ÉMOLUMENTS du PRISONNIER ; tuer le vaincu, c'était ou dédaigner le prix mis à sa vie, ou se débarrasser d'un ENNEMI qui n'avait pas l'argent du rachat. De là, comme le témoigne CHAMBERS, les expressions FAIRE, DEMANDER, accorder, obtenir Quartier, RECEVOIR A QUARTIER, TRAITER SANS QUARTIER. — Le DRAPEAU BLANC DEMANDAIT QUARTIER, le DRAPEAU NOIR était l'annonce d'une lutte SANS QUARTIER. — Dans le sens de qualité de NOBLES ou d'emblèmes de BLASON, le terme rappelle les époques où les degrés nobiliaires étaient constatés par les ARMOIRIES de quatre tombeaux. — Dans le sens de QUARTIER D'INFANTERIE, DE CAVALERIE, etc., ou plus correctement parlant, dans le sens de CASERNE, le mot a pris naissance à l'occasion du CASERNEMENT des GARDES-FRANÇAISES; l'application fausse que l'expression a prise, a vicié sa signification primitive ; c'est un de ces mots que la LANGUE a empruntés sans examen à l'idiome incorrect du SOLDAT. Les ORDONNANCES anciennes, telles que celles de 1691 (8 AOUT et 8 DÉCEMBRE), publiées à une époque où il était en projet de construire des CASERNES, ce qui ne se réalisa que quatre-vingts ans plus tard, faisaient mention ou de CASERNES ou de Quartiers, c'est-à-dire de la portion de la ville de PARIS, ou de ses faubourgs, où logeaient, à défaut de CASERNES, les COMPAGNIES ou le RÉGIMENT. Une fois les CASERNES instituées, le mot Quartier n'avait plus de sens; l'irréflexion et l'ignorance continuèrent cependant à l'employer comme synonyme de CASERNE. — Dans le sens de QUARTIER D'HABITATION, le mot vient de ce que dans le principe PARIS s'est divisé en quatre Quartiers ; quand il s'est agrandi, le même nom s'est conservé à des subdivisions moindres qu'une quarte fraction, et cet usage des Parisiens s'est appliqué à la LANGUE de la GUERRE ; mais dans ce cas c'est surtout au pluriel absolu que se prend l'expression, comme quand on dit : PRENDRE, étendre, quitter ses Quartiers. — Sur les sens si divers de ce mot, on peut consulter : ACADÉMIE FRANÇAISE, BARDET (1740, A), BARDIN (1807, D; 1809, B; 1814, E), M. BERRIAT (1817, A), BOIS-ROGER (1773, G), CARRÉ (1783, E), CARRION (1824, A), COLOMBIER (1772, C), DANIEL (1721, A), DESPAGNAC (1751, D), DUANE (aux mots *quarter, quartier*), DUBOUSQUET (1769, B), DUTAIN (1783,

E), ENCYCLOPÉDIE (1751, C; 1785, C, et suppl.), FRÉDÉRIC DEUX (1761, G), FURETIÈRE, GASSENDI, GUGY (1782, K), GUIBERT (1773, E), GUILLET (1686, B), JABRO (1777, C), KERKNVEYER (1771, R), KHEVENHUELLER (1771, F), LACHESNAIE (1758, I), LALLEMAND (1825), LEBLOND (1758, B), LECOQ, LECOUTURIER (1825, A), LINDENAU (1789, L), MAIZEROY (1767, E), MONTÉCUCULI (1704, D), MUELLER (Louis), POTIER (1779, X), PUYSÉGUR (1748, C), RÉVOLAT, SILVA (1768, K), SIONVILLE (1756, E), TURPIN (1769, C), WERKLEIN, le *Journal des Sciences militaires*, t. XXVIII, p. 506, et un AUTEUR anonyme (1777, A). — Le mot QUARTIER sera distingué ici en QUARTIER D'ARMÉE, — D'ASSEMBLÉE, — DE CANTONNEMENT, — DE CAPOTE, — DE CAVALERIE, — DE DESSUS, — DE FOURRAGE, — DE FRAC, — DE GILET, — DE GUERRE, — DE GUÊTRE, — DE MANCHE, — DE NOBLESSE, — DE PANTALON, — DE PENSION, — DE PIERRE, — DE RAFRAICHISSEMENT, — DE REDINGOTE, — DE REPOS, — DE SIÉGE, — DE SOULIER, — DE TROUPE, — D'ÉTÉ, — D'HABILLEMENT, — D'HABIT, — D'HABITATION, — D'HIVER, — D'INFANTERIE, — DU ROI, — GÉNÉRAL, — GÉNÉRAL ANGLAIS, — GÉNÉRAL AUTRICHIEN, — GÉNÉRAL DE CAMP, — GÉNÉRAL DE CANTONNEMENT, — GÉNÉRAL FRANÇAIS, — GÉNÉRAL PRUSSIEN, — GÉNÉRAL RUSSE, — IMPÉRIAL, — LIBÉRATIF, — MAITRE, — MAITRE ANGLAIS, — MAITRE ANGLO-AMÉRICAIN, — MAITRE AUTRICHIEN, — MAITRE BAVAROIS, — MAITRE CAPITAINE, — MAITRE CHEF DE BATAILLON, — MAITRE DANOIS, — MAITRE DE DIVISION, — MAITRE EN ROUTE, — MAITRE HANOVRIEN, — MAITRE HOLLANDAIS, — MAITRE LIEUTENANT, — MAITRE PIÉMONTAIS, — MAITRE PORTUGAIS, — MAITRE RUSSE, — MAITRE SOUS-LIEUTENANT, — MAITRE TRÉSORIER, — MAITRE TURC, — MAITRE TURCO-ÉGYPTIEN, — MAITRE WURTEMBERGEOIS, — MESTRE, — PÉCUNIAIRE, — QUARTIERS D'ARMÉE, — DE CAMP, — DE LOGEMENT, — DE RAFRAICHISSEMENT, — DE REPOS, — DE SIÉGE, — D'ÉTÉ, — D'HIVER.

QUARTIER D'ARMÉE. V. ARMÉE. V. QUARTIERS.

QUARTIER D'ASSEMBLÉE. V. ASSEMBLÉE. V. QUARTIERS.

QUARTIER DE CANTONNEMENT. V. CANTONNEMENT. V. QUARTIERS.

QUARTIER DE CAPOTE. V. BOUTON DE DEVANT DE CAPOTE. V. CAPOTE. V. CAPOTE DE TROUPE. V. COLLET DE CAPOTE. V. CORPS DE CAPOTE.

QUARTIER DE CAVALERIE (B, 1 ; C, 2). Sorte de QUARTIER ou plutôt de CASERNE, dont le nom est mal déterminé. Le RÈGLEMENT DE 1824 (17 AOUT) se servait, tantôt de l'un de ces mots, tantôt de l'autre ; les OFFICIERS DU

GÉNIE dénomment CASERNE ce genre de Quartier, comme le témoigne le traité de M. BELMAS, inséré au *Journal des Sciences militaires* (27e livraison), et pourtant le GÉNIE fait inscrire les mots : Quartier de cavalerie, sur la porte des ÉTABLISSEMENTS DE TROUPES A CHEVAL, comme on le voit à CAMBRAY.

QUARTIER de DESSUS. V. BOUTONNIÈRE DE QUARTIER. V. CHEVRON D'ANCIENNETÉ. V. DESSUS.

QUARTIER de FOURRAGE. V. FOURRAGE. V. QUARTIERS.

QUARTIER de FRAC. V. BOUTON DE DEVANT DE FRAC. V. BOUTONNIÈRE DE DEVANT DE FRAC. V. FRAC.

QUARTIER de GILET. V. BOUTON A MARTINGALE. V. BOUTONNIÈRE DE DEVANT DE GILET. V. CORPS DE GILET. V. GILET.

QUARTIER de GUERRE. V. GUERRE. V. QUARTIERS.

QUARTIER de GUÊTRE. V. GUÊTRE.

QUARTIER de MANCHE. V. BOUTONNIÈRE DE MANCHE DE FRAC. V. BOUTONNIÈRE DE QUARTIER. V. CHEVRON D'ANCIENNETÉ. V. CORPS DE MANCHE DE CAPOTE. V. CORPS DE MANCHE DE GILET. V. CORPS DE MANCHE D'HABIT. V. MANCHE, subs. fém.

QUARTIER de NOBLESSE. V. BANNERET N° 3. V. GENTILHOMME. V. GRADE D'OFFICIER. V. HÉRAUT D'ARMES N° 4. V. MILICE PIÉMONTAISE N° 1. V. NOBLE. V. NOBLESSE. V. OFFICIER FRANÇAIS N° 5. V. ORDRE DU SAINT-ESPRIT. V. PROMOTION D'OFFICIER. V. SEIGNEUR. V. TOURNOI.

QUARTIER de PANTALON. V. CANONS DE PANTALON DE PETIT UNIFORME. V. PANTALON.

QUARTIER de PENSION. V. PENSION. V. PENSION DE RETRAITE.

QUARTIER de PIERRE. V. MORTIER. V. PIERRE. V. PIERRE PROJECTILE.

QUARTIER de REDINGOTE. V. BOUTON DE DEVANT DE REDINGOTE. V. CORPS DE REDINGOTE. V. REDINGOTE. V. REDINGOTE D'OFFICIER.

QUARTIER de REPOS. V. QUARTIERS.

QUARTIER de SOLDE. V. QUARTIER. V. SOLDE.

QUARTIER de SOULIER. V. AILETTE. V. EMPEIGNE. V. SOULIER.

QUARTIER de TROUPE. V. DISLOCATION. V. FORMATION SOUS LES ARMES. V. MARÉCHAL DES LOGIS N° 5. V. MINISTRE DE LA GUERRE N° 7. V. TROUPE.

QUARTIER d'ÉTÉ. V. ÉTÉ. V. QUARTIERS.

QUARTIER d'HABILLEMENT. V. HABILLEMENT. V. QUARTIER.

QUARTIER d'HABIT. V. BASQUE, subs. fém. V. DOS D'HABIT. V. HABIT. V. PAN D'HABIT. V. PAN POSTÉRIEUR.

QUARTIER d'HABITATION. V. CAPITAINE COMMANDANT. V. FORMATION SOUS LES ARMES. V. GÉNÉRALE. V. HABITATION. V. OFFICIER DE SEMAINE. V. PATROUILLE. V. PAVILLON DE CASERNEMENT. V. RETRAITE CÉLEUSTIQUE. V. SURPRISE DE PLACE. V. TAMBOUR IDIOPLIQUE D'INFANTERIE FRANÇAISE N° 4.

QUARTIER d'HIVER. V. HIVER. V. QUARTIER.

QUARTIER d'INFANTERIE. V. CHIRURGIEN-MAJOR D'INFANTERIE FRANÇAISE DE LIGNE N° 14. V. CUISINIER. V. DÉPART DE CORPS. V. FORMATION SOUS LES ARMES. V. GARDE DE POLICE DE QUARTIER. V. GARNISON. V. HOMME DE GARDE. V. INFANTERIE. V. RANGS D'INFANTERIE.

QUARTIER du ROI. V. QUARTIER GÉNÉRAL. V. ROI.

QUARTIER GÉNÉRAL (E, I, 3 ; H . Sorte de QUARTIER, ou de loge d'un GÉNÉRAL dans une VILLE, un CAMP, ou tout lieu où des TROUPES sont rassemblées sous ses ordres. — Le *scamnum*, le PRÉTOIRE DES ROMAINS était un Quartier général. — Quand la dénomination du MARÉCHAL DE CAMP était rationnelle, et désignative de l'EMPLOI, c'était cet OFFICIER qui décidait du choix et de l'emplacement du Quartier général, et qui donnait l'ordre de son établissement au MARÉCHAL GÉNÉRAL DES LOGIS de l'ARMÉE ; celui-ci chargeait du détail du Quartier général un MAJOR ; il en confiait la POLICE à la MARÉCHAUSSÉE ; il y recueillait les RAPPORTS des CORPS. —Les CAMPS COMPACTES ont été longtemps préférés aux CAMPS MINCES, à cause du placement plus favorable du Quartier général, de la facilité et du peu de longueur des COMMUNICATIONS entre l'état-major et les corps. — On a nommé QUARTIER DU ROI, GRAND QUARTIER GÉNÉRAL, QUARTIER IMPÉRIAL, ceux où un GÉNÉRAL D'ARMÉE, un PRINCE, établissaient leur Quartier. Autrefois des AUMONIERS *ad hoc* y étaient attachés. L'ordre des jésuites avait surtout exercé par privilége cet EMPLOI. — Au CAMP et en CANTONNEMENT, un Quartier général est censé une PLACE ; il y est établi de même des POSTES armés, une PRISON, une POSTE AUX LETTRES ; un COMMANDANT DE PLACE, dont l'EMPLOI rappelle la fonction antique des PRÉFETS DE CAMP, y commande le SERVICE, y dispose les GARDES, y place le CANON D'ALARME, y réunit les ORDONNANCES tant A CHEVAL QU'A PIED, et les PLANTONS de tous les CORPS. — Des OFFICIERS D'ORDONNANCE, des OFFICIERS DU GÉNIE, des GUIDES D'ÉTAT-MAJOR, des CHEFS D'ADMINISTRATION sont attachés au Quartier général ; un GRAND PRÉVÔT, des TROUPES DE GEN-DARMERIE y maintiennent la POLICE, y sur-veillent les PARCS, y tiennent libres les COMMUNICATIONS, ont la haute main sur les PRISONNIERS. — La BATTERIE de la GÉNÉRALE, lorsqu'elle doit avoir lieu, se fait entendre à partir du Quartier général. — On peut pui-ser sur ce sujet des renseignements dans BOIS-ROGER (1773, G), M. BONJOUAN, COLOM-BIER (1772, C), DANIEL (1721, A), ENCYCLO-PÉDIE (1751, C), LACHESNAIE (1758, I; id. au mot *Tente*), LECOUTURIER (1825, A), POTIER (1779, X), et l'ORDONNANCE DE 1832 (3 MAI).

QUARTIER GÉNÉRAL ANGLAIS. V. AN-GLAIS, adj. V. MARCHE D'ARMÉE. V. TIMBALE.

QUARTIER GÉNÉRAL AUTRICHIEN. V. AU-TRICHIEN, adj. V. MILICE AUTRICHIENNE Nº 2.

QUARTIER GÉNÉRAL de CAMP. V. CAMP. V. CAMP COMPACTE. V. CAMP DE GUERRE. V. CAMP MINCE. V. TERRAIN DE CAMPEMENT.

QUARTIER GÉNÉRAL de CANTONNEMENT. V. CANTONNEMENT. V. COMMUNICATION DE CAN-TONNEMENT.

QUARTIER GÉNÉRAL FRANÇAIS. V. AIDE-MAJOR ACTUEL Nº 2. V. CHEVAL DE DÉSERTEUR ÉTRANGER. V. COMMANDANT DE PLACE Nº 12. V. FRANÇAIS, adj. V. GÉNÉRAL DE DIVISION Nº 5. V. GÉNÉRAL FRANÇAIS Nº 4. V. INFAN-TERIE FRANÇAISE Nº 8.

QUARTIER GÉNÉRAL PRUSSIEN. V. MI-LICE PRUSSIENNE Nº 2. V. PRUSSIEN, adj.

QUARTIER GÉNÉRAL RUSSE. V. MILICE RUSSE Nº 1. V. RUSSE, adj.

QUARTIER IMPÉRIAL. V. IMPÉRIAL. V. MAJOR GÉNÉRAL. V. QUARTIER GÉNÉRAL.

QUARTIER LIBÉRATIF. V. LIBÉRATIF. V. MILICE TURQUE Nº 7. V. QUARTIER.

QUARTIER-MAITRE (term. sous-génér.), ou QUARTIER-MESTRE, suivant GANEAU. Mot originairement HOLLANDAIS et ANGLAIS ; il ré-pond au COMMENTARISTE des anciens. Il si-gnifiait, dans les MILICES de ces nations, maî-tre de QUARTIER et de CASERNE, ou OFFICIER SUBALTERNE chargé du LOGEMENT. Ce terme de syntaxe ALLEMANDE blessait, par le ren-versement du génitif, le génie de notre LAN-GUE, aussi bien que de l'ITALIEN, qui avait aussi le *Quartier-mastro* ; l'expression était donc d'un choix peu plausible, d'autant que sa signification positive n'a répondu que deux ans à peine à son étymologie. — Les primitifs Quartiers-maîtres étant considérés comme NON COMBATTANTS, étaient l'objet d'exceptions stipulées dans les CAPITULATIONS DE SIÉGE. — Au dix-septième siècle, les EN-SEIGNES joignaient à leurs fonctions celles qui, plus tard, furent affectées aux Quar-tiers-maîtres. — Nous n'entrerons ici en

quelques détails qu'à l'égard des Quartiers-maîtres de l'INFANTERIE FRANÇAISE DE LIGNE.

QUARTIER-MAITRE ANGLAIS. V. AN-GLAIS, adj. V. MILICE ANGLAISE Nº 2, 7, 12.

QUARTIER-MAITRE ANGLO-AMÉRICAIN. V. ANGLO-AMÉRICAIN, adj. V. MILICE ANGLO-AMÉRICAINE Nº 1.

QUARTIER-MAITRE AUTRICHIEN. V. AU-TRICHIEN, adj. V. MILICE AUTRICHIENNE Nº 8. V. QUARTIER-MAITRE.

QUARTIER-MAITRE BAVAROIS. V. BAVA-ROIS, adj. V. MILICE BAVAROISE Nº 1.

QUARTIER-MAITRE CAPITAINE. V. CAPI-TAINE. V. QUARTIER-MAITRE D'INFANTERIE FRAN-ÇAISE DE LIGNE Nº 3.

QUARTIER-MAITRE CHEF DE BATAILLON. V. CHEF DE BATAILLON. V. QUARTIER-MAITRE D'INFANTERIE FRANÇAISE DE LIGNE Nº 3.

QUARTIER-MAITRE DANOIS, adj. V. MI-LICE DANOISE.

QUARTIER-MAITRE DE DIVISION. V. DIVI-SION. V. MILICE RUSSE Nº 1. V. QUARTIER-MAI-TRE GÉNÉRAL.

QUARTIER-MAITRE D'INFANTERIE FRAN-ÇAISE DE LIGNE (F). Sorte de QUARTIER-MAITRE qui diffère surtout de la généralité des au-tres OFFICIERS, en ce que ses FONCTIONS et son GRADE ont été sans cesse s'exhaussant et prenant plus d'importance ; son EMPLOI a existé pendant cinquante-six ans, et n'est plus qu'une question d'histoire qui a pour suite et pour complément l'histoire des TRÉ-SORIERS DE CORPS. — Les AUTEURS dont le té-moignage peut être invoqué sur ces sujets sont : AUDOUIN, M. BERRIAT (1817, A), CARRÉ (1783, E), M. le colonel CARRION (1824, A), M. DENERVO, DUPAIN (1783, F), GUIBERT (1773, E), KERENVEYER (au mot *Ap-pointements*), KRIEG (1796, I), LACHESNAIE (1781, I), LECOUTURIER (1825, A). — Ce qui concerne les Quartiers-maîtres d'INFAN-TERIE demande à être développé sous les rap-ports que voici : CRÉATION, DÉNOMINATION, RANG, FONCTIONS. — Nº 1. CRÉATION, DÉNO-MINATION. — Le MINISTRE CHOISEUL a ins-titué par l'ORDONNANCE DE 1762 (10 DÉCEM-BRE) les Quartiers-maîtres, et les a attachés à l'ÉTAT-MAJOR DES CORPS ; il imitait en cela les usages des SUISSES, dont il était le co-lonel général. — Les Quartiers-maîtres en-trèrent en fonctions dans les CORPS en 1763 ; mais alors il continuait à être reconnu des TRÉSORIERS DE CORPS ; ainsi ce Quartier-maî-tre ne fut pas établi : OFFICIER COMPTABLE, il était seulement considéré comme chef des FOURRIERS, c'est-à-dire des SERGENTS-MAJORS, puisqu'alors ces deux GRADES n'en faisaient qu'un. Ce chef était aussi préposé aux soins du CASERNEMENT, du LOGEMENT, du CAMPEMENT, des DISTRIBUTIONS. — L'ORDONNANCE DE 1764 (10 AOUT) supprimait le TRÉSORIER, chargeait de son EMPLOI le Quartier-maître, et désignait comme son aide ou son second le PORTE-DRAPEAU. — L'ORDONNANCE DE 1768 (1er MARS) prenait comme synonyme de ce titre la qualification d'OFFICIER DE DÉTAILS. La LOI DE 1790 (22 SEPTEMBRE, 29 OCTOBRE) réglait la nomination et l'avancement des quartiers-maîtres.—Cette pure qualification leur fut longtemps conservée ; le RÈGLEMENT DE 1791 (1er JANVIER) ne les appelait pas encore autrement. — Le DÉCRET DE 1792 (3 AOUT) les dénommait QUARTIERS-MAITRES TRÉSORIERS. La LOI DE L'AN TROIS (14 GERMINAL) s'occupait des formes de leur nomination. — L'ARRÊTÉ DE L'AN QUATRE (18 NIVOSE) reconnaissait un second Quartier-maître par régiment; le premier restait au DÉPOT, l'autre marchait à l'ARMÉE. — Les ORDONNANCES DE 1818 (13 MAI) et 1823 (19 MARS) abolissaient implicitement la qualification de Quartier-maître, en n'employant plus que le terme TRÉSORIER ; mais il y a si peu d'unité dans le langage et les travaux des divers BUREAUX du MINISTÈRE, que le RÈGLEMENT DE 1824 (17 AOUT) faisait encore mention de Quartiers-maîtres. — Nº 2. FONCTIONS. — Le Quartier-maître avant d'avoir le maniement des FONDS, et le soin des ÉCRITURES COMPTABILIAIRES, n'était qu'un distributeur en chef et un MARÉCHAL DES LOGIS D'INFANTERIE, GRADE qui avait existé avant le sien et qui y était conforme. Le Quartier-maître était chargé de la réception et de la remise du CASERNEMENT, ainsi que de la répartition du TERRAIN DE CAMPEMENT ; il constatait en conséquence, en présence du COMMISSAIRE DES GUERRES et d'un INGÉNIEUR, l'état et le MOBILIER des CASERNES à recevoir ou à rendre, et il en signait le PROCÈS-VERBAL. — Quand son EMPLOI prit plus d'importance, quand le PORTE-DRAPEAU lui eut été donné comme adjoint, ce dernier devint, sinon de titre, au moins de fait, le MARÉCHAL DES LOGIS du RÉGIMENT ; le Quartier-maître devint le gérant de la COMPTABILITÉ EN DENIERS, car la COMPTABILITÉ des ÉTOFFES n'était pas de sa compétence. Depuis la publication du code Napoléon il est devenu OFFICIER D'ÉTAT CIVIL quand il marche avec son corps en campagne. — Quoiqu'il fût encore censé chargé d'ALLER AU LOGEMENT, de présider en personne aux DISTRIBUTIONS, d'y maintenir militairement la POLICE, il trouva au-dessous de lui ces soins et se fit représenter par un ADJUDANT, par un BAS OFFICIER, ou par un de ses COMMIS. Il eut dans ses attributions les VIVRES, les LIQUIDES, le CHAUFFAGE, le FOURRAGE ; il fut chargé de tenir les CONTROLES ANNUELS, le CONTROLE DE MOUVEMENT, le CONTROLE GÉNÉRAL DE SIGNALEMENT. Devenu MEMBRE du CONSEIL D'ADMINISTRATION en qualité de SECRÉTAIRE, il y siégeait en face du PRÉSIDENT. Il tenait une des CLEFS de la CAISSE. — Il percevait les FONDS et soldait le corps et les FOURNISSEURS ; mais il lui était interdit de PASSER aucun MARCHÉ, de conclure administrativement aucun ACHAT, de payer aucun A-COMPTE sur APPOINTEMENTS, ou CRÉANCES, à moins que ces CRÉANCES fussent dans un cas prévu et autorisé. Il recueillait les FEUILLES DE DÉCOMPTE, contrôlait les FEUILLES DE SUBSISTANCE, repassait les chiffres des FEUILLES DE PRÊT, libellait les REVUES, et dressait la FEUILLE DE RAPPORT. — Les RÈGLEMENTS redisaient, par routine, qu'en cas d'ABSENCE le Quartier-maître serait momentanément remplacé par le PORTE-DRAPEAU ou l'ADJUDANT ; mais c'était impossible ; il y avait une masse et une triture d'affaires qui étaient au-dessus de leur savoir. Le QUARTIER-MAITRE TRÉSORIER avait grandi, et ses travaux devenaient une science, à mesure des progrès de l'ADMINISTRATION. — La DÉCISION DE L'AN SIX (28 NIVOSE) leur avait accordé deux SOLDATS SECRÉTAIRES au choix du CONSEIL D'ADMINISTRATION ; jusque-là, ils en avaient eu sans que la loi les avouât ; ceux-ci étaient exempts de service et touchaient douze francs par mois aux frais de la MASSE D'ENTRETIEN. — La CIRCULAIRE DE L'AN QUATORZE (20 VENDÉMIAIRE) énonçait les modifications que les fonctions de ces OFFICIERS éprouvaient à raison de la création d'un MAJOR. — L'INSTRUCTION DE 1806 (10 FÉVRIER) fixait les FRAIS DE BUREAU des Quartiers-maîtres. — Au CAMP, c'était à eux à désigner aux BOUCHERS MILITAIRES l'emplacement où ils pouvaient s'établir. — Aux époques de l'examen de la COMPTABILITÉ, les Quartiers-maîtres justifiaient des DÉPENSES relatives à l'HABILLEMENT, et produisaient les bons et les FACTURES du CAPITAINE D'HABILLEMENT. — Depuis le RÈGLEMENT DE 1792 (24 JUIN) les ADJUDANTS-MAJORS devaient remplacer, en cas d'ABSENCE, les Quartiers-maîtres et tenir leurs CONTROLES ; mais c'était une mesure inexécutable, et qui n'a pas été obéie. — Les Quartiers-maîtres étaient chargés de tenir enregistrement des ACTIONS D'ÉCLAT. — Nº 3. RANG. — Les Quartiers-maîtres étaient autrefois en général des OFFICIERS DE FORTUNE. — L'épaulette de SOUS-LIEUTENANT leur avait été donnée, quoiqu'ils fussent considérés comme NON COMBATTANTS. Les CHIRURGIENS-MAJORS, quoique dans le même cas, et avec autant de droits, n'avaient pas obtenu d'assimilation de grade. — L'INSTRUCTION DE 1774

(11 JUIN) décidait que les Quartiers-maîtres défileraient, dans les REVUES, à la QUEUE du RÉGIMENT, à côté du SOUS-AIDE-MAJOR. — Les ORDONNANCES DE 1776 (25 MARS) et 1788 (17 MARS) reconnaissaient LIEUTENANT le Quartier-maître. — Le DÉCRET DE 1792 (5 AOUT) les déclarait susceptibles de devenir CAPITAINES, et, dans ce cas, de prendre une COMPAGNIE. — Le RÈGLEMENT DE 1791 (1er JANVIER) les plaçait sous les ordres des OFFICIERS SUPÉRIEURS; le RÈGLEMENT DE L'AN DEUX (2 FRIMAIRE) les mettait sous l'autorité du CONSEIL D'ADMINISTRATION. — On a vu des Quartiers-maîtres, mais par exception, être CHEFS DE BATAILLON, comme le témoigne l'ARRÊTÉ DE L'AN DIX (25 BRUMAIRE). Depuis lors, tous ceux qui arrivaient à ce GRADE devaient prendre le COMMANDEMENT d'un BATAILLON; c'était une mesure peu plausible, car ils étaient inhabiles à ce genre de fonctions; aussi DUMOURIEZ, lorsqu'il était MINISTRE, proposait-il, pour donner un débouché à leur carrière, de considérer ces OFFICIERS comme la pépinière des COMMISSAIRES DES GUERRES. — La CIRCULAIRE DE L'AN TROIS (6 NIVOSE) les déclarait inhabiles à prendre temporairement le COMMANDEMENT d'un CORPS ou d'une PLACE. — Les Quartiers-maîtres, depuis qu'il leur fut adjoint des OFFICIERS PAYEURS, ne quittaient plus le DÉPOT; mais ils n'étaient pas susceptibles de prendre le COMMANDEMENT DES TROUPES du DÉPOT; ainsi en décidait la CIRCULAIRE DE 1816 (24 JUIN). — Depuis l'institution de l'INTENDANCE, les QUARTIERS-MAITRES CAPITAINES étaient susceptibles de passer ADJOINTS AU CORPS ADMINISTRATIF. — Le Quartier-maître était successivement devenu, de simple FOURRIER en chef, le remplaçant du MAJOR quant à l'ADMINISTRATION, l'agent principal du COLONEL, le SECRÉTAIRE factotum du CONSEIL D'ADMINISTRATION, et souvent l'âme du RÉGIMENT, si l'on en croit M. BALLYET (1817, p. 225). C'est en effet ce que nous avons vu.

QUARTIER-MAITRE EN ROUTE. V. ALLER AU LOGEMENT. V. EN ROUTE. V. FOURRIER EN ROUTE. V. QUARTIER-MAITRE D'INFANTERIE FRANÇAISE DE LIGNE N° 2.

QUARTIER-MAITRE GÉNÉRAL (F). Sorte de QUARTIER-MAITRE, ou de haut FONCTIONNAIRE dont l'EMPLOI et le titre a existé dans presque toutes les armées étrangères; il s'en est vu dans les MILICES ANGLAISE, ANGLO-AMÉRICAINE, AUTRICHIENNE, BAVAROISE, DANOISE, FÉDÉRALE, HANOVRIENNE, HOLLANDAISE, RUSSE, WURTEMBERGEOISE, etc. — Des fonctions analogues étaient même connues chez les TURCS. — En FRANCE, le primitif MARÉCHAL DES LOGIS, nommé plus tard MARÉCHAL GÉNÉRAL DES LOGIS DES CAMPS ET ARMÉES, n'était autre chose qu'un Quartier-maître général.— Les Quartiers-maîtres généraux exerçaient, avec plus ou moins de pouvoir, des fonctions de CHEFS D'ÉTAT-MAJOR D'ARMÉE, avaient la direction des ÉCOLES, calculaient et ordonnaient les MOUVEMENTS DE TROUPES, réglaient tous les détails qui concernaient les MARCHES D'ARMÉES, le TERRAIN des CAMPEMENTS, les CANTONNEMENTS, les LOGEMENTS. — Un des plus anciens documents officiels, où les fonctions du Quartier-maître général soient tracées, est le règlement russe de 1616; citons-en la substance, parce que ses dispositions résumaient les traditions alors admises chez les différents peuples du Nord. — Le Quartier-maître général de l'ARMÉE RUSSE était placé sous les ordres directs du GÉNÉRAL D'ARMÉE; ses fonctions répondaient à celles de CHEF D'ÉTAT-MAJOR ou de MAJOR GÉNÉRAL; il avait GRADE de GÉNÉRAL MAJOR; il était principalement tiré de la classe des GÉNÉRAUX D'ARTILLERIE ou DU GÉNIE, parce que c'étaient les plus instruits; il devait parler la langue du THÉATRE DE LA GUERRE; la FORTIFICATION, la GÉOGRAPHIE, la TOPOGRAPHIE devaient lui être familières; il était chargé de régler les MARCHES, d'en distribuer les ORDRES, de répartir les QUARTIERS, de choisir les CAMPS, de faire construire les TRAVAUX DE CAMPAGNE à défaut d'INGÉNIEURS ORDINAIRES; il déterminait la manière dont se retrancherait l'ARMÉE; il avait sous ses ordres le CORPS D'ARTILLERIE, les GUIDES, les CORPS DE MINEURS; il présidait aux RECONNAISSANCES, aux LEVÉS DE TERRAINS, aux détails des OPÉRATIONS DE GUERRE, à la rédaction des BULLETINS HISTORIQUES. — De nos jours, il y avait en RUSSIE, en outre du Quartier-maître général, des QUARTIERS-MAITRES DE DIVISION. — Dans les ARMÉES FÉDÉRALES, un Quartier-maître général seconde le GÉNÉRAL EN CHEF. — Dans l'ARMÉE CONFÉDÉRÉE, le Quartier-maître général est secondé par un ADJUDANT GÉNÉRAL dirigeant. — La MILICE ANGLO-AMÉRICAINE a un Quartier-maître général et un AIDE-QUARTIER-MAITRE. — Le Quartier-maître général de l'ARMÉE AUTRICHIENNE a sous sa direction le TRAIN D'ÉQUIPAGES (*wagon-train*). — Celui d'ANGLETERRE est un OFFICIER qui, par son rang, ses droits, ses prérogatives, marche l'égal de l'ADJUDANT GÉNÉRAL et est chargé de l'EMBARQUEMENT et du DÉBARQUEMENT DES TROUPES; les LOGEMENTS, CAMPEMENTS, CANTONNEMENTS sont de son ressort; il décide des PLANS à LEVER, des TRAVAUX DE CAMPAGNE à exécuter; il dresse l'état de PERTES D'ÉQUIPAGES; il appelle dans les CORPS les OFFICIERS qui ont fait leur temps dans l'ÉTAT-MAJOR ; l'influence de sa gestion et la régularité de son département ne datent guère que de 1803 ; mais, depuis lors, ses attributions ont pris une extension considérable ; il est secondé par un DÉPUTÉ QUARTIER-MAITRE GÉNÉRAL et un ASSISTANT QUARTIER-MAITRE GÉNÉRAL. — Il y a en outre, dans chaque ARMÉE EN CAMPAGNE, un Quartier-maître général, aidé de ses DÉPUTÉ et ASSISTANT. — Des traducteurs ont composé le mot Quartier-maîtrat, comme le témoigne le *Spectateur militaire* (t. XXII, p. 444), pour exprimer l'état-major, ou le quartier général du Quartier-maître général. — Quelques détails sur ces sujets se trouvent dans M. Ch. DUPIN (1820, B), le général FOY, LACHESNAIE (1758, I), LECOUTURIER (1825, A).

QUARTIER-MAITRE HANOVRIEN. V. HANOVRIEN, adj. V. MILICE HANOVRIENNE Nº 1.

QUARTIER-MAITRE HOLLANDAIS. V. HOLLANDAIS, adj. V. MILICE HOLLANDAISE Nº 2.

QUARTIER-MAITRE LIEUTENANT. V. LIEUTENANT. V. QUARTIER-MAITRE Nº 3.

QUARTIER – MAITRE PIÉMONTAIS. V. MILICE PIÉMONTAISE Nº 1. V. PIÉMONTAIS, adj.

QUARTIER-MAITRE PORTUGAIS. V. MILICE PORTUGAISE Nº 1. V. PORTUGAIS, adj.

QUARTIER – MAITRE RUSSE. V. MILICE RUSSE Nº 1. V. RUSSE, adj.

QUARTIER-MAITRE SOUS-LIEUTENANT. V. QUARTIER-MAITRE D'INFANTERIE FRANÇAISE DE LIGNE Nº 5. V. SOUS-LIEUTENANT.

QUARTIER-MAITRE TRÉSORIER. V. CLEF DE CAISSE A TROIS SERRURES. V. INFANTERIE FRANÇAISE Nº 2. V. MARCHÉ ADMINISTRATIF. V. MILICE FRANÇAISE Nº 2. V. OFFICIER COMPTABLE. V. OFFICIER PAYEUR. V. PAYE. V. QUARTIER-MAITRE D'INFANTERIE FRANÇAISE DE LIGNE Nº 2. V. TRÉSORIER. V. TRÉSORIER DE CORPS.

QUARTIER-MAITRE TURC. V. MILICE TURQUE Nº 2. V. TURC, adj.

QUARTIER-MAITRE TURCO-ÉGYPTIEN. V. MILICE TURCO-ÉGYPTIENNE. V. TURCO-ÉGYPTIEN.

QUARTIER-MAITRE WURTEMBERGEOIS. V. MILICE WURTEMBERGEOISE Nºˢ 1, 5. V. WURTEMBERGEOIS, adj.

QUARTIER-MESTRE. V. MESTRE. V. QUARTIER-MAITRE.

QUARTIER PÉCUNIAIRE. V. PÉCUNIAIRE, adj. V. SOLDE DE RETRAITE.

QUARTIERS D'ARMÉE. V. ARMÉE. V. GÉNÉRALE. V. QUARTIERS DE GUERRE.

QUARTIERS D'ASSEMBLÉE (E, 1; H, 2).

Sorte de QUARTIERS de guerre qui sont le point de concentration des TROUPES destinées à la formation d'une ARMÉE EN CAMPAGNE. Un ARRÊT DE 1645 (15 JUILLET) employait cette expression alors nouvelle, et avisait à l'acquittement des dépenses que cette mesure entraînait. Des détails sur ce genre de Quartiers se trouvent dans le DICTIONNAIRE DE L'ACADÉMIE (au mot *Assemblée*), GUILLET (1686, B), LACHESNAIE (1758, I), POTIER (1779, X).

QUARTIERS DE CAMP. V. CAMP. V. CIRCONVALLATION.

QUARTIERS DE CANTONNEMENT (E, 1; H, 2). Sorte de QUARTIERS DE GUERRE que, suivant DANIEL (1721, A), on appelait ESTABLIES, mais ce mot a eu d'autres sens. — On place ordinairement les Quartiers à couvert d'une RIVIÈRE ou d'un COURS D'EAU ; on les assure au moyen d'une CHAINE de POSTES et de GARDES AVANCÉES; on les pose, s'il se peut, sur le territoire de l'ENNEMI ; le QUARTIER GÉNÉRAL en occupe, autant que possible, le CENTRE ; on les APPUIE de COMMANDEMENTS ou de FORTERESSES. — Les Quartiers doivent se défier des passages censés inaccessibles, et des MARAIS supposés impraticables ; ils doivent être en garde contre les RIVIÈRES gelées. — Ces questions et ce qui intéresse les CANTONNEMENTS de FIN DE CAMPAGNE ont été traités par l'ENCYCLOPÉDIE (1751, C), POTIER (1779, X), SILVA (1778, F), TURPIN (1757, K).

QUARTIERS DE FOURRAGES (H, 1; 2). Sorte de QUARTIERS DE GUERRE où l'on plaçait la CAVALERIE et les ÉQUIPAGES, quand, à la fin d'une campagne, il manquait de FOURRAGES au lieu principal de station de l'ARMÉE. LACHESNAIE (1758, I) et POTIER (1779, X) ont traité ce sujet.

QUARTIERS DE GUERRE (E, 1; H, 2) ou QUARTIERS D'ARMÉE. Sorte de QUARTIERS, d'emplacement, de lieu d'habitation momentanée, qu'on assigne à des TROUPES EN CAMPAGNE, quand elles ne sont pas réunies dans un CAMP, mais établies, disséminées dans des VILLAGES; on a donné ensuite, par extension, ce nom même de Quartiers à ces TROUPES. — L'art d'ASSEOIR des quartiers est d'une haute importance. — Suivant les pays, suivant les usages, les Quartiers de GUERRE ou QUARTIERS DE REPOS se sont nommés QUARTIERS D'ÉTÉ, QUARTIERS D'HIVER; les premiers ne s'accordaient aux TROUPES, suivant POTIER (1780, X), qu'en ITALIE et en ESPAGNE ; les derniers répondaient aux stations que les ROMAINS appelaient *hiberna, hibernacula,* et que les ALLEMANDS nomment *postirungen,* manière d'être posté, comme le témoigne LINDENAU; l'une et l'autre de ces dispositions étaient un intervalle auquel on était forcé par le fait de la saison; la dernière était une pause entre deux CAMPAGNES. — Les Quartiers qu'avoisine ou que peut menacer un ENNEMI entreprenant ne sauraient prendre trop de précaution contre ses attaques; il est rare qu'il ne réussisse à les ENLEVER, à les écraser, s'il réussit à les investir et à diriger contre eux une insulte vigoureuse, inopinée et nocturne, et à leur COUPER LA RETRAITE par ses DÉTACHEMENTS. — Ces sujets ont exercé les recherches de BARDET (1740, A), BOIS-ROGER (1775, G), ENCYCLOPÉDIE (1751, C; 1785, C, au mot *Enlèvement*), DARUT (1787, D), DUBOUSQUET (1769, B), DUPAIN (1785, F), FEUQUIÈRES (1750, A), FRÉDÉRIC DEUX (1761, G), GUGY (1782, K), GUILLET (1686, B), JABRO (1777, G), JOMBERT, KHEVENHUELLER (1771, F), LACHESNAIE (1758, I, aux mots *Passage, Licenciement*, etc.), LALLEMAND (1825,   ), LEBLOND (1758, B), LECOQ, LECOUTURIER (1825, A), LINDENAU (1789, F), MAIZEROY (1766, F; 1767, E), MÉNAGE, MONTÉCUCULI (1704, D), MULLER (Louis), POISSONNIER, POTIER (1779, X), PUYSÉGUR (1748, C), RÉVOLAT, SANTA-CRUZ (1758, A), SILVA (1778, F), SIONVILLE (1756, E), TURPIN (1769, C), WERKLEIN, le *Journal des Sciences militaires*, tom. XXVIII p. 306, le *Dictionnaire de la Conversation*. — Quelques-uns de ces AUTEURS ont parlé de QUARTIERS DE RAFRAICHISSEMENT, DE REPOS, DE SIÉGE; mais les Quartiers de guerre se sont distingués principalement en QUARTIERS D'ASSEMBLÉE, — DE CANTONNEMENT, — DE FOURRAGE.

QUARTIERS de LOGEMENT. V. CONTROLEUR DES GUERRES. V. LOGEMENT.

QUARTIERS de RAFRAICHISSEMENT. V. QUARTIERS DE GUERRE. V. RAFRAICHISSEMENT.

QUARTIERS de REPOS. V. MILICE RUSSE Nº 7. V. QUARTIERS DE GUERRE. V. REPOS.

QUARTIERS de SIÉGE. V. ARMÉE ASSIÉGEANTE. V. COMMUNICATION DE SIÉGE. V. QUARTIERS DE GUERRE. V. QUARTIERS D'HIVER. V. SIÉGE. V. SIÉGE OFFENSIF.

QUARTIERS d'ÉTÉ. V. CAMPAGNE. V. ÉTÉ. V. QUARTIERS DE GUERRE.

QUARTIERS d'HIVER. V. CAMPAGNE. V. CONGÉ D'ANCIENNETÉ. V. GUERRE DE 1635. V. GUERRE DE 1792. V. HIVER. V. INFANTERIE FRANÇAISE Nº 5 (tableau). V. JUSTICE MILITAIRE. V. MINISTRE DE LA GUERRE EN 1743. V. THÉATRE DE LA GUERRE.

QUATORZE, subs. masc. V. BOULET DE Q... V. PIÈCE DE Q...

QUATRE, subs. masc. V. ARTILLERIE D'INFANTERIE. V. BOULET DE Q... V. CANON D'ARTILLERIE. V. CHARGE EN QUATRE TEMPS. V. CHARGE PRÉCIPITÉE. V. COULEVRINE. V. PAR QUATRE. V. PIÈCE DE Q... V. SOIXANTE-QUATRE. V. VINGT-QUATRE.

QUATRE CAS. V. AUX QUATRE CAS. V. CAS.

QUATRE CORNES. V. A QUATRE CORNES. V. CORNE.

QUATRE PELOTONS DE DROITE OU DE GAUCHE, OBSTACLE, interj. V. COMMANDEMENT D'AVERTISSEMENT. V. OBSTACLE. V. PASSAGE D'OBSTACLE EN AVANT. V. PELOTON DE DROITE. V. PELOTON DE GAUCHE.

QUATRE PELOTONS DE DROITE OU DE GAUCHE, EN AVANT, EN LIGNE. V. COMMANDEMENT D'AVERTISSEMENT. V. EN AVANT. V. EN LIGNE. V. PELOTON DE DROITE. V. PELOTON DE GAUCHE. V. PASSAGE D'OBSTACLE.

QUATRE RANGS. V. FEU DE QUATRE R... V. RANG.

QUATRE TEMPS. V. CHARGE EN QUATRE T... V. EN QUATRE T... V. TEMPS.

QUATRE-VINGTS V. PIÈCE DE QUATRE-V... V. VINGT.

QUATRE-VINGT-DOUZE. V. DOUZE. V. PIÈCE DE QUATRE-VINGT-DOUZE. V. VINGT.

QUATRE-VINGT-SEIZE. V. PIÈCE DE QUATRE-VINGT-S... V. SEIZE. V. VINGT.

QUATREBARBES. V. NOMS PROPRES.

QUATRIDIAIRE, adj. V. ÉTAT Q... V. LANGUE FRANÇAISE.

QUATRIÈME BATAILLON. V. BATAILLON. V. BATAILLON DE GUERRE. V. BATAILLON D'INFANTERIE FRANÇAISE DE LIGNE Nº 4, 8. V. COMMANDEMENT VOCAL. V. FANION TACTIQUE. V. RÉGIMENT D'INFANTERIE FRANÇAISE Nº 2 (tableau).

QUATRIÈME CHEF DE BATAILLON. V. ADMINISTRATION DE CORPS. V. CHEF DE BATAILLON D'INFANTERIE FRANÇAISE DE LIGNE Nº 2.

QUATRIÈME CLASSE. V. CLASSE. V. CORPS DE GARDE DE QUATRIÈME C... V. PLACE DE QUATRIÈME C... V. SECRÉTAIRE ARCHIVISTE. V. SOUS-INTENDANT Nº 2. V. SOUS-INTENDANT DE QUATRIÈME C...

QUATRIÈME COLONNE. V. COLONNE. V. COLONNE COMBINÉE.

QUATRIÈME ESCOUADE. V. CAPORAL D'ESCOUADE Nº 1. V. ESCOUADE.

QUATRIÈME PARALLÈLE. V. PARALLÈLE, subs. V. PLACE D'ARMES RENTRANTE.

QUATRIÈME PELOTON. V. ADJUDANT-MAJOR D'INFANTERIE FRANÇAISE DE LIGNE Nº 11. V. DRAPEAU D'INFANTERIE FRANÇAISE DE LIGNE. V. PELOTON.

QUATRIÈME RANG. V. FEU DE QUATRE RANGS. V. LANCE FOURNIE. V. RANG. V. RANGS D'INFANTERIE.

QUATRIÈME SERGENT. V. CHEF DE SUBDIVISION ADMINISTRATIVE. V. COLONNE DE ROUTE. V. GUIDE DE SUBDIVISION. V. ORDONNANCE D'EXERCICE D'INFANTERIE. V. SERGENT D'INFANTERIE FRANÇAISE DE LIGNE N° 5. V. TACTIQUE, subs.

QUATRIÈME TOUR DE SERVICE. V. CORVÉE D'HOMME DE TROUPE. V. CORVÉE D'OFFICIER. V. CORVÉE EN GARNISON. V. TOUR DE SERVICE.

QUEL RÉGIMENT, interj. V. RECONNAISSANCE DE TROUPE ARRIVANTE. V. RÉGIMENT. V. RÉGIMENT FRANÇAIS.

QUEMIN, subs. masc. V. CHEMIN.

QUEMINÉE, subs. fém. V. CHEMINÉE.

QUEMISE, subs. fém. V. CHEMISE.

QUENNON, subs. masc. V. CANON.

QUENS, subs. masc. V. COMTE N° 2.

QUERELLE, subs. fém. V. BRUIT TUMULTUAIRE. V. DUEL. V. MILICE BAVAROISE N° 4. V. SERGENT DE QUERELLE.

QUERELLES. V. NOMS PROPRES.

QUERNEAU, subs. masc. V. CRÉNEAU.

QUERNIAU, subs. masc. V. CRÉNEAU.

QUESCE, subs. fém. V. CAISSE DE TAMBOUR.

QUESSE, subs. fém. V. CAISSE DE PERCUSSION. V. CAISSE DE TAMBOUR. V. TAMBOUR INSTRUMENTAL D'INFANTERIE FRANÇAISE.

QUESTEUR (subs. masc.) ROMAIN (F). Mot tout LATIN, signifiant proprement investigateur. Il désignait un FONCTIONNAIRE qui, dans la cité et dans la MILICE ROMAINE, a exercé un EMPLOI dont les attributions ont sensiblement varié. D'administrateur sédentaire, de personnage politique, il devint un surintendant chargé de tenir la clef du TRÉSOR et de contrebalancer par là la puissance trop absolue du GÉNÉRAL ROMAIN; il monta lui-même au rang de CHEF D'ARMÉE. C'est une image de la lutte sourde et constante qui divise le pouvoir qui administre et le pouvoir qui commande; c'est à qui effacera l'autre, ou l'égalera, ou s'y substituera. La CHARGE de Questeur fut créée par TULLUS HOSTILIUS; celui qui l'exerçait était préposé au maniement des deniers publics, c'était un TRÉSORIER GÉNÉRAL. Il fut ensuite chargé de recevoir les ambassadeurs, de tenir, en temps de paix, les enseignes renfermées au trésor public, de les remettre aux mains du GÉNÉRAL partant pour une EXPÉDITION. Mais ces fonctions ont été peut-être celles de diverses classes de Questeurs, puisqu'il y a eu des Questeurs de l'épargne, *quæstores ærarii*, et des Questeurs politiques, *tribuni quæstores*. — L'emploi de Questeur étant devenu militaire, a participé de celui de PRÉTEUR; on pourrait dire que, suivant les temps, ces OFFICIERS ont permuté en gardant leur titre et échangeant leurs fonctions; SUÉTONE et TACITE en rendent témoignage. — La questure des ARMÉES ne fut jamais, au reste, qu'un office temporaire, dont le titre s'évanouissait quand les fonctions avaient cessé. — A l'armée, les Questeurs ont été les aides des CONSULS, comme CHEFS D'ÉTAT-MAJOR, ou comme INTENDANTS; ils ont même, depuis la multiplication des ARMÉES, et surtout au temps de l'EMPIRE, commandé comme GÉNÉRAUX D'ARMÉE. — De tout temps ils avaient près de leur personne un poste qui veillait à leur sûreté; quand ils devinrent grands juges ou qu'ils eurent atteint l'apogée de leur puissance, ils étaient accompagnés de LICTEURS. — Quand AUGUSTE établit un trésor militaire, le Questeur en eut l'administration; il gérait les MASSES PÉCUNIAIRES des TROUPES, faisait la SOLDE, réglait et répartissait les CONTRIBUTIONS DE GUERRE, présidait à la conservation, à la vente, au partage du BUTIN. Il avait dans son ressort les écritures et documents de l'ÉTAT CIVIL, l'avitaillement des LÉGIONS, des PLACES; il était chargé, dans les contrées envahies, de la recherche des ressources, et se livrait à la poursuite des DÉLITS DES MILITAIRES. C'était, en quelque sorte, un MINISTRE DE LA GUERRE à titre passager, ou tout au moins un MARÉCHAL DE CAMP, en considérant ce dernier GRADE dans son importance primitive. — Mais ce serait tenter l'impossible que de chercher à retracer l'étendue des droits, le taux de la paye, la mesure de l'autorité des Questeurs, de faire connaître à quelles époques et pendant quelle durée de temps et sous quelles autorités ils ont exercé les diverses attributions qui viennent d'être spécifiées. — M. le colonel CARRION (1824, A), ÉCRIVAIN recommandable, croit analogues aux POLÉMARQUES les Questeurs. ODIER (1818, E), auteur si estimable et si savant, s'est évertué vainement aussi à mettre en parallèle, des fonctions modernes et les fonctions de Questeurs; toute comparaison qu'on prétendrait formuler d'une manière positive, toute assimilation précise entre les OFFICIERS D'ÉTAT-MAJOR GÉNÉRAL, les ADMINISTRATEURS, etc., serait trompeuse. — Les Questeurs ont eu pour héritiers de leurs fonctions les DUCS et OFFICIERS de même rang de la MILICE BYZANTINE, et les TRÉSORIERS DE L'EXTRAORDINAIRE DES GUERRES. — Ce qui concerne les Questeurs a été traité dans l'ENCYCLOPÉDIE

(1751, C, au mot *Romain*), et par M. le colonel CARRION (1824, t. I, p. 519).

QUESTION, subs. fém. v. CONSEIL PERMANENT N° 3. V. DÉFENSEUR D'ACCUSÉ. V. POSER LES Q... V. POSITION DE Q... V. PROCÉDURE.

QUESTORIEN (questorienne), adj. v. PORTE QUESTORIENNE.

QUETS, subs. masc. v. GUET.

QUEUE, subs. fém. v. A CONTRE-Q... V. A LA Q... V. A NEUF Q... V. A Q... V. BATAILLON DE Q... V. CHARGER EN Q... V. CHAT A NEUF Q... V. CONTRE-Q... V. EN Q... V. GUIDE DE Q... V. NEUF Q... V. OUVRAGE EN Q...

QUEUE (term. génér.). Mot qui est une corruption du LATIN *cauda*, et qui sera surtout considéré ici comme QUEUE DE BASSINET, — DE BATTANT, — DE BOUTON, — DE BRIDE DE NOIX, — DE CHEVELURE, — DE CAMPAGNE, — DE TRANCHÉE, — D'YRONDE.

QUEUE d'ARBRIER. V. ARBRIER.

QUEUE d'AGRAFE. V. AGRAFE D'HABIT.

QUEUE d'ARONDE. V. ARONDE. V. QUEUE D'YRONDE.

QUEUE d'ARONDELLE. V. ARONDELLE. V. QUEUE D'YRONDE.

QUEUE de BALLE. V. BALLE. V. BALLE DE FUSIL.

QUEUE de BASSINET (B, 1). Sorte de QUEUE ou de prolongement d'un BASSINET DE FUSIL. Cette partie avoisine le CHIEN, tient au REMPART et se termine en ANGLE; elle s'applique, à demi-épaisseur, contre la face intérieure du CORPS de la PLATINE, et est traversée par la VIS du BASSINET.

QUEUE de BATAILLON. V. BATAILLON. V. BATAILLON DE QUEUE. V. BATAILLON D'INFANTERIE DE LIGNE N° 2. V. BRIGADE D'ARMÉE. V. ÉVOLUTION. V. ÉVOLUTION SIMPLE. V. MILICE GRECQUE N° 6. V. ROULEMENT. V. SIÉGE OFFENSIF. V. TAMBOUR IDIOPLIQUE D'INFANTERIE FRANÇAISE N° 6.

QUEUE de BATTANT DE SOUS-GARDE (B, 1). Sorte de QUEUE en fer, ayant forme de l'ablette allongée; elle tient, par son ÉPAULEMENT, aux OREILLES de l'ANNEAU au moyen d'un CLOU RIVÉ; elle adhère à la BRANCHE D'ÉCUSSON, en traverse la FENTE près du PONTET, et s'introduit dans le BOIS où une GOUTILLE l'arrête.

QUEUE de BONNET DE POLICE. V. BONNET A LA DRAGONNE. V. BONNET DE POLICE. V. CORPS DE BONNET. V. POKALEM.

QUEUE de BOUTON MÉTALLIQUE (B, 1). Sorte de QUEUE qui, pour les boutons des HOMMES DE TROUPE, est coulée de même pièce, percée en croix, fraisée et ébarbée. — La Queue du BOUTON D'OFFICIERS est en laiton, rapportée et soudée au CULOT.

QUEUE de BRIDE DE NOIX (B, 1). Sorte de QUEUE qui est le prolongement de cette BRIDE; son extrémité est percée d'un OEIL, pour le passage de la VIS DE GACHETTE.

QUEUE de BRIGADE. V. BRIGADE. V. BRIGADE D'ARMÉE.

QUEUE de CAMP. V. CAMP. V. CAMP DE GUERRE. V. CAMP MINCE. V. CAVALERIE FRANÇAISE N° 8. V. CONTREVALLATION. V. DÉFENSE DE PLACE. V. SENTINELLE DE QUEUE DE CAMP. V. TERRAIN DE CAMPEMENT.

QUEUE de CAPUCE. V. CAPUCE DE GARDE DE SABRE.

QUEUE de CHAPERON. V. BONNET A LA DRAGONNE. V. CHAPERON.

QUEUE de CHAT. V. CHAT. V. CHAT A NEUF QUEUES.

QUEUE de CHEVAL. V. CHEVAL. V. COSAQUE. V. ENSEIGNE D'ÉQUIPEMENT. V. ÉTENDARD. V. MILICE CHINOISE N° 3. V. MILICE TURQUE N° 4. V. PENNON DE GÉNÉRAL.

QUEUE de CHEVELURE (B, 1). Sorte de QUEUE qui a été d'abord une mode particulière aux OFFICIERS. Voici son origine. Les PERRUQUES du temps de Louis QUATORZE avaient cessé, dès 1693, de se prolonger sur le devant de la poitrine, et ne régnaient plus que le long des épaules; elles étaient à tire-bouchons, à boudins, à marteaux, à circonstances. Cette masse de cheveux qui couvrait le dos des GUERRIERS perdit peu à peu de son volume, et finit par se partager en deux branches ou CADENETTES qui, en hiver et dans la vie de salon, flottaient sans être nouées, mais qui, en été et pour la vie des champs ou des camps, étaient nouées, afin de se tenir mieux séparées. On se décida ensuite à les nouer en tout temps, et on en prolongea la ligature en manière de cylindre. Ces branches, d'abord bouffantes, formèrent alors deux Queues, deux CADENETTES ou TRESSES. — La chevelure, ou la PERRUQUE à deux Queues, était surtout en usage dans le militaire ALLEMAND et l'ARMÉE AUTRICHIENNE. *On ne pouvait*, dit l'ENCYCLOPÉDIE (1751, C, au mot *Perruque*), *se présenter devant Marie-Thérèse de Hongrie, sans exhiber ces deux Queues.* Le maréchal de RICHELIEU, qui avait été ambassadeur à VIENNE et qui était fort attaché aux vieux usages de cour, porta, jusqu'à la fin de sa vie, deux Queues qui lui descendaient jusqu'à la ceinture; les portraits qui restent de lui en font foi. — Sous PHILIPPE D'ORLÉANS, régent, époque où commença à passer la mode des perruques bourgeoises, et où les PERRUQUES

A LA BRIGADIÈRE disparurent pour faire place aux cheveux plats, des courtisans portaient les trois Queues, les deux Queues et ensuite une seule ; ce qui fut imité par les OFFICIERS, qui avaient laissé croître leurs cheveux depuis la disparition de la BRIGADIÈRE, et qui prirent, vers ces époques, le CHAPEAU A TROIS CORNES. — Quand les choses de l'UNIFORME prirent de la régularité, la Queue fut donnée, par l'ORDONNANCE DE 1767 (25 AVRIL), aux OFFICIERS DE L'ÉTAT-MAJOR D'INFANTERIE seulement. Quant aux OFFICIERS DE COMPAGNIES, ils avaient la CADENETTE. La Queue était affectée aussi aux DRAGONS enrégimentés, mais non aux DRAGONS DE LÉGIONS OU DRAGONS DES TROUPES LÉGÈRES ; ceux-ci avaient la CADENETTE. — Au sacre de Louis SEIZE, les maréchaux de France avaient encore les trois Queues. — Une partie de la MILICE PRUSSIENNE avait une Queue qui descendait presque aux jarrets ; celle de FRÉDÉRIC DEUX touchait la croupe de son cheval. — Le RÈGLEMENT français DE 1775 (2 SEPTEMBRE) substituait la Queue au CATOGAN ; cette Queue était ornée d'une ROSETTE à sa partie supérieure. — Les ORDONNANCES DE 1779 (21 FÉVRIER) et DE 1788 (1er JUILLET) rendaient aux HOMMES DE TROUPE D'INFANTERIE le CATOGAN et son CRAPAUD. Le RÈGLEMENT DE 1792 (24 JUIN) y substituait la Queue, longue de huit pouces, et ayant six pouces de RUBAN. — Mais, en 1790, tels RÉGIMENTS avaient le CATOGAN à CHEVRETTE, ainsi était Royal Comtois ; tel RÉGIMENT avait la Queue à ROSETTE, ainsi était le régiment d'Anjou. — La GUERRE DE LA RÉVOLUTION amena une mode nouvelle, ou plutôt rajeunie, celle des CHEVEUX coupés ; les OFFICIERS surtout cessèrent d'avoir la Queue, même dans les CORPS où les HOMMES DE TROUPE la conservaient. — En 1804, les HOMMES DE TROUPE de l'INFANTERIE DE BATAILLE DE LIGNE et de l'INFANTERIE LÉGÈRE DE LIGNE commencèrent à avoir les CHEVEUX à la Titus ; mais ce fut une chose de mode ou d'imitation, non une disposition voulue par la loi ou les ORDONNANCES ; aussi y avait-il dans l'ARMÉE peu d'uniformité à cet égard. En 1812, le second RÉGIMENT D'INFANTERIE DE LIGNE, qui servait en ESPAGNE, s'était obstiné à conserver la Queue ; les HUSSARDS la portaient à la manière des mariniers ou des bateleurs, c'est-à-dire nouée très-bas ; la VIEILLE GARDE la portait à l'imitation des GRENADIERS HONGROIS, sauf la POUDRE, que les Hongrois ne connaissaient pas. Elle avait, pendant les cent jours encore, une Queue renflée à grand renfort de POUDRE, grossie au moyen d'un MANDRIN qui s'y cachait, et ne s'entourant de RUBAN que dans une longueur de trois à quatre pouces. Au contraire,

la JEUNE GARDE avait eu, dès sa création, les CHEVEUX ras.

QUEUE DE COHORTE. V. COHORTE. V. COHORTE DE LÉGION ROMAINE N° 5.

QUEUE DE COLONNE. V. ADJUDANT D'INFANTERIE FRANÇAISE DE LIGNE N° 8. V. ADJUDANT-MAJOR EN ROUTE. V. ALIGNEMENT INDIVIDUEL. V. BATTERIE EN ROUTE. V. CARRÉ TACTIQUE. V. COLONEL EN ROUTE. V. COLONNE. V. COLONNE DE ROUTE. V. COLONNE ÉPAGOGIQUE N° 4. V. COLONNE TACTIQUE. V. COLONNE TRANCHÉE. V. CONTRE-MARCHE ÉPAGOGIQUE. V. DÉFILEMENT EN TIROIR. V. DISPOSITION CONTRE LA CAVALERIE. V. DISTANCE. V. FEU DE CHAUSSÉE. V. FORMATION EN BATAILLE. V. INVERSION. V. PAS CADENCÉ. V. PASSE-PAROLE. V. SERREMENT DE COLONNE. V. SUBDIVISION DE QUEUE. V. TAMBOUR IDIOPLIQUE D'INFANTERIE FRANÇAISE N° 4.

QUEUE DE COMPAGNIE (B, 1), ou QUEUE DE LA COMPAGNIE. Sorte de QUEUE, c'est-à-dire de dernier article du CONTROLE ANNUEL d'une COMPAGNIE. Cette expression s'applique ici à l'ADMINISTRATION d'une COMPAGNIE D'INFANTERIE FRANÇAISE DE LIGNE et à un certain genre de PUNITIONS. — On se sert du mot Queue de compagnie pour donner idée des dernières inscriptions faites sur le CONTROLE ANNUEL. Etre MIS à la Queue de la compagnie, c'est être inscrit comme soldat et le dernier, soit en cas de CHANGEMENT DE COMPAGNIE ou de CASSATION, soit quand, pour la première fois, on est attaché à la COMPAGNIE. Un SERGENT cassé peut être rejeté à la Queue de la COMPAGNIE.

QUEUE DE CONTRE-FORT. V. CONTRE-FORT DE FORTERESSE.

QUEUE DE CONTROLE. V. CONTROLE. V. CONTROLE ANNUEL DE COMPAGNIE. V. CORVÉE. V. CORVÉE DE SOUPE. V. CORVÉE D'HOMME DE TROUPE.

QUEUE DE CONVOI. V. ATTAQUE DE CONVOI. V. AVANT-GARDE DE CONVOI. V. CONVOI. V. CONVOI PAR TERRE.

QUEUE DE CORPS DE PLATINE. V. CORPS DE PLATINE DE FUSIL.

QUEUE DE CULASSE. V. BOIS DE FUSIL. V. BOUTON DE CULASSE. V. CANON D'ARME PORTATIVE. V. CULASSE DE FUSIL. V. ENCASTREMENT DE QUEUE. V. POIGNÉE DE FUSIL. V. SUPPORT DE CULASSE.

QUEUE DE DÉTENTE. V. DÉTENTE.

QUEUE DE FILE. V. FILE. V. FILE DE BATAILLON.

QUEUE DE GACHETTE. V. GACHETTE DE PLATINE. V. MARQUE DE FUSIL.

QUEUE DE LA COMPAGNIE. V. ADMINISTRA-

TION DE COMPAGNIE. V. CASSATION DE SOUS-OFFICIER. V. COMPAGNIE. V. METTRE A LA QUEUE. V. QUEUE DE COMPAGNIE.

QUEUE de PENNON. V. GIROUETTE. V. PENNON. V. PROMOTION D'OFFICIER.

QUEUE de PHALANGE. V. INFLEXION. V. MILICE GRECQUE Nº 6. V. PHALANGE. V. PHALANGE GRECQUE.

QUEUE de PLATINE. V. CORPS DE PLATINE. V. PLATINE.

QUEUE de RANG. V. RANG. V. SERGENT.

QUEUE de RÉGIMENT. V. INTERVALLE D'INFANTERIE EN COLONNE. V. QUARTIER-MAITRE D'INFANTERIE FRANÇAISE DE LIGNE Nº 2. V. RÉGIMENT D'INFANTERIE FRANÇAISE ; id. Nº 4.

QUEUE de ROSACE. V. CORPS DE SCHAKO. V. ROSACE.

QUEUE de SCHAKO. V. SCHAKO. V. SCHAKO A FLAMME.

QUEUE de TRANCHÉE (H, 1). Sorte de QUEUE qui est la partie la première construite d'une TRANCHÉE de SIÉGE OFFENSIF : c'est le lieu qui sert de DÉPOT aux MUNITIONS, et où sont rassemblés les AMAS D'OUTILS. C'est à la Queue de la TRANCHÉE, ou dans son voisinage, que s'établissent les AMBULANCES, les AUMONIERS, les BRANCARDS, les PORTE-BRANCARDS, que l'OFFICIER DE TRANCHÉE y place dans des endroits sûrs. Une TROUPE DE CAVALERIE y stationne.

QUEUE d'YRONDE (H, 1), ou QUEUE D'ARONDE, ou d'ARONDELLE, ou d'IRONDE suivant GANEAU. Sorte de QUEUE, c'est-à-dire d'OUVRAGE DE FORTIFICATION, qu'on a appelée ainsi à raison de l'analogie qu'elle a avec la forme d'une QUEUE D'ARONDE ou d'hirondelle ; c'était un genre de DEHORS qui n'est plus en usage. — Il y a eu des DEMI-BASTIONS et des CORNES en forme de Queue d'yronde. — C'est sous une acception différente que des CONTREFORTS DE FORTERESSE étaient nommés CONTREFORTS A QUEUE D'YRONDE. — On a distingué des CONTRE-QUEUES les Queues d'yronde, en ce que les premières étaient à GORGE plus élargie et avaient à peu près la forme d'un M majuscule, dont les jambages extérieurs vont en s'écartant, tandis que la CONTREQUEUE ressemblerait à un M mal fait, dont les jambages extérieurs iraient en se rapprochant. — A l'égard de cette PIÈCE DE FORTIFICATION, on peut consulter : BELAIR (1792), DESPREZ (1755, B), DUPAIN (1783, F), GUILLET (1686, B), GUIGNARD (1725, B), LACHESNAIE (1758, I), SIONVILLE (1756, E).

QUEUE d'YRONDE DE CONTRE-FORT. V. CONTRE-FORT DE FORTERESSE. V. CONTRE-QUEUE D'YRONDE DE CONTRE-FORT.

QUEUE ÉCOURTÉE. V. A QUEUE ÉCOURTÉE. V. CHEVAL A Q... V. ÉCOURTÉ.

QUEUE TACTIQUE. V. APOGOGUE. V. ATTAQUE DE CONVOI. V. AUX CHAMPS. V. BATAILLON D'INFANTERIE FRANÇAISE DE LIGNE Nº 2. V. DÉFILEMENT EN TIROIR. V. ÉVOLUTION SIMPLE. V. OURAGUE. V. PHALANGE GRECQUE. V. SERRE-FILE. V. TACTIQUE, adj. et subs.

QUEUE TRONQUÉE. V. BONNET DE POLICE. V. TRONQUÉ, adj.

QUEVAL, subs. masc. V. CHEVAL. V. LANGUE ROMANE.

QUEVALIER, subs. masc. V. CAVALIER DE TROUPE. V. CHEVALIER. V. CHEVALIER DU MOYEN AGE Nº 2. V. LANGUE ROMANE.

QUEVELART, subs. masc. V. CAVALIER.

QUEVREFEU, subs. masc. V. COUVREFEU.

QUI A L'ORDRE, interj. V. A L'ORDRE. V. AVANCE QUI A L'ORDRE.

QUI VA LA. V. QUI-VA-LA.

QUI VIVE. V. QUI-VIVE.

QUIBERON. V. NOMS PROPRES.

QUIEF, subs. masc. V. CHEF.

QUIÉRASQUE, V. NOMS PROPRES.

QUIÉVETAIN, subs. masc. V. CHEF. V. CHEVETAIN.

QUIÉVETAINE, subs. masc. V. CHEVETAIN.

QUIJADA; **QUILLET**. V. NOMS PROPRES.

QUILLON, subs. masc. (B, 1). Mot de la langue des armuriers, analogue au mot quille, parce qu'il exprime une partie droite à extrémité arrondie. Ce mot, qu'on retrouve dans FURETIÈRE, GASSENDI, LACHESNAIE (1758, I), servait à dénommer la partie de la CROISETTE qui fait le prolongement de la BRANCHE, et règne en arrière de la POIGNÉE du BRIQUET. Il était droit, à l'ancien modèle. Il était pendant et recourbé en dessous, au modèle de l'an onze ; un BOUTON le terminait. — Il a été d'usage d'accompagner d'une MANCHETTE le Quillon.

QUILLON de BRAQUEMART. V. BRAQUEMART.

QUINCONCE, subs. masc. V. ALIGNEMENT DE PROFONDEUR. V. CAMP. V. CAMPEMENT TACTIQUE. V. COHORTE DE LÉGION ROMAINE Nº 5. V. COIN TACTIQUE. V. ÉCHIQUIER. V. INTERVALLE DE CAVALERIE. V. INTERVALLE TACTIQUE. V. LÉGION ROMAINE Nº 5. V. MILICE BYSANTINE. V. MILICE PRUSSIENNE Nº 8. V. ORDRE DE BATAILLE. V. PUITS DE FORTIFICATION. V. SECONDE LIGNE DE BATAILLE. V. TACTIQUE, subs.

QUINCONCE A POINTES. V. A POINTE. V. CHAUSSE-TRAPE. V. CHICANE. V. HERSE D'ATTRAPE. V. OUVRAGE DE CAMPAGNE.

QUINCY. V. NOMS PROPRES.

QUINGÉNAIRE, adj. V. COHORTE Q...

QUINQUAGÉNAIRE, adj. V. OFFICIER Q...

QUINTA, subs. fém. V. CONSCRIPTION. V. MILICE ESPAGNOLE N° 2.

QUINTAINE, subs. fém. V. QUINTANE.

QUINTANE, subs. fém. (F), ou QUAINTAINE, OU QUINTAINE, OU QUINTE, OU QUITAINE. Mot qu'on retrouve dans le LATIN et dans toutes les LANGUES dont il a été la souche ; il est resté dans l'ANGLAIS, *quintain, quintin*. Son acception primitive est mal éclaircie ; les sens divers qu'il a eus sont nombreux. Ce n'était pas un terme de guerre, mais un terme d'éducation militaire, et la dénomination d'un passe-temps des CHEVALIERS DU MOYEN AGE. — On retrouve les expressions *quintane* et *quintanus contax* dans les lois de JUSTINIEN. Il y est dit que c'était une invention d'un certain Quintus, et un jeu de hasard qui n'était pas prohibé par la loi ; mais il ne paraît pas qu'il y eût du rapport entre cette Quintane et celle dont il va être question. — Les historiens latins de JÉRUSALEM, et sur leurs traces BARBAZAN, parlent des Quintanes que, dans les CAMPS, les CHEVALIERS faisaient planter à la PORTE de leur TENTE, pour s'exercer à l'ESCRIME et pour COURRE LA QUINTANE, comme on disait alors. La Quintane était ainsi un tronc, un poteau, un pilier, un pieu contre lequel ils s'étudiaient au maniement du GLAIVE ou de la LANCE. Telle était la Quintane d'ITALIE ; telle était celle des CARROUSELS, contre laquelle la CHEVALERIE courait à cheval. — MÉNAGE regarde la Quintane comme une statue, une effigie, un mannequin qu'on attaquait par forme d'apprentissage ; ainsi, suivant lui, Quintane et FAQUIN seraient synonymes. Mais il est plus exact de dire que le FAQUIN a été le raffinement de la Quintane, et y a succédé. — Originairement, était-ce le rassemblement, l'action des jouteurs, ou bien était-ce l'instrument de ce jeu qu'on appelait ainsi ? Car de l'une de ces acceptions sera provenue l'autre ; nous l'ignorons, et les opinions des savants sont très-partagées. — DUCANGE prétend que ce nom vient du nom de la cinquième PORTE d'un CAMP ROMAIN (*quintana porta*), et des banlieues où l'on se rendait pour se livrer à ce jeu, banlieues qui s'appelaient, dit-il, QUINTES ou QUAINTAINES. — BOREL (Pierre) est d'avis que c'était un EXERCICE qui n'avait lieu que tous

les cinq ans ; de là son nom. Plaçons au rang des suppositions hasardées et douteuses celle-ci. — D'autres ÉCRIVAINS se sont persuadés que c'était une COMPARSE de CARROUSEL, un groupe de cinq combattants ; d'autres ont appelé Quintane le lieu de l'exercice, le jour où l'on s'exerce, le rassemblement qui s'exerce. — Au temps de la FÉODALITÉ, il y avait des CHATELLENIES dont les VASSAUX, quand ils demandaient permission de se marier, ne l'obtenaient qu'à la condition de venir figurer à la Quintane et d'y JOUTER avec des BATONS, soit sur terre, soit sur l'eau ; c'était, à ce qu'affirme JABRO (1777, G), un genre de divertissement qu'avaient institué des SEIGNEURS TERRIENS. — Le mot Quintane est passé dans le langage des maîtres de manége d'ESPAGNE et d'ITALIE. On a supposé que c'était, ainsi que la QUINTE D'ESCRIME, un cinquième jeu, ou mouvement, ou exercice, suivant un système ou des usages dont on a perdu la trace. — La Quintane a survécu aux TOURNOIS. Les écoles d'ÉQUITATION créées par LOUIS TREIZE, dans la vue de rendre les élèves propres au CARROUSEL, leur montraient encore la Quintane. — On disait faire sa Quintane, de même qu'on pourrait dire étudier en telle ou telle classe. — En prenant dans le sens de FAQUIN la Quintane, ROQUEFORT lui donne pour synonyme JAQUEMAR. — A l'égard de la Quintane, on peut consulter : BARBAZAN, BOREL (Pierre), CARRÉ (1783, E), DESPAGNAC (1751, D), DUANE, DUCANGE, FURETIÈRE, JABRO (1777, G), MÉNAGE, MÉNESTRIER, PLUVINEL, ROQUEFORT, VIGENÈRE.

QUINTE (subs. fém.) d'ESCRIME. V. ESCRIME. V. FLANCONNADE. V. QUINTANE.

QUINTE-CURCE. V. NOMS PROPRES.

QUINTENIER, subs. masc. V. MILICE BYSANTINE. V. SOUS-OFFICIER N° 1.

QUINTICLAVE, subs. masc. V. INSTRUMENT DE MUSIQUE.

QUITAINE, subs. fém. V. QUINTANE.

QUINTUS-ICILIUS. V. NOMS PROPRES.

QUINZAINE, subs. fém. (B, 1). Ce mot, dont l'étymologie ne demande pas d'explication, s'applique à certains ÉTATS DE SITUATION ou au maniement de la solde. Ici, il est synonyme de DEMI-MOIS DE SOLDE. C'est une coupure périodique de PAYEMENT légal servi par A BON COMPTE. — L'expression Quinzaine est une des irrégularités de la LANGUE, puisque tel ÉTAT DE PAYEMENT, qu'on nomme FEUILLE DE QUINZAINE, n'embrasse que treize jours ; il en est ainsi du quinze au vingt-huit FÉVRIER. — Les ÉTATS DE QUINZAINE comprennent : ACCESSOIRES DE SOLDE, HAUTE PAYE,

MASSES, PRESTATIONS PÉCUNIAIRES, PRÊT. Les valeurs qui les représentent sont confiées par les CONSEILS D'ADMINISTRATION, comme A-COMPTES, au TRÉSORIER. — La Quinzaine est une subdivision d'EXERCICE; le PAYEUR en délivre le MONTANT, en échange d'ACQUIT PROVISOIRE; ce MONTANT pourvoit à la SOLDE de la TROUPE et se distribue, de seconde main, conformément aux FEUILLES DE PRÊT. — Le système du PAYEMENT décadaire, succédant au PAYEMENT mensuel, a précédé le PAYEMENT par quinzaine; ce système décadaire était une conséquence des embarras du trésor et des vicissitudes du prix des assignats.

QUINZE, subs. masc. v. SOIXANTE ET QUINZE.

QUINZE CENTS. V. BOMBARDE. V. CENT. V. PIÈCE DE QUINZE CENTS.

QUINZE du MOIS. V. ABSENT AUTORISÉ. V. MOIS.

QUIRÉE, subs. masc. V. BUFFLE DÉFENSIF. V. HABILLEMENT.

QUISARME, subs. fém. V. GUISARME.

QUITOUS, subs. masc. V. QUITUS.

QUITTANCE, subs. fém. V. A BON COMPTE. V. BOUCHER DE GARNISON. V. BOULANGER DE GARNISON. V. DÉCLARATION DE QUITTANCE. V. PAYEMENT. V. QUITUS.

QUITTE, adv. et subs. V. ACQUIT. V. ACQUITTÉ. V. QUITUS.

QUITTER ses RANGS. V. RANG. V. RANC TACTIQUE.

QUITUS, subs. masc. (B, 1), ou KITUS, ou QUITOUS suivant Roquefort, ou QUITTE. Le mot Quitus est, suivant GÉBELIN, une corruption du LATIN *quietus*, pris dans le sens d'ACQUITTÉ. Ce terme de finance, introduit dans le français par les ITALIENS de LOMBAR-DIE, s'est transformé lui-même dans le mot QUITTANCE, devenu vulgaire, mais s'est maintenu dans la langue des trésoriers; il exprime, militairement, l'ARRÊTÉ de COMPTE, l'APUREMENT qui acquitte définitivement un COMPTABLE.

QUI-VA-LA, interj. v. QUI-VIVE.

QUI-VIVE, interj. et subs. masc. (E). Mot tout italien dont l'origine se révèle d'elle-même. Depuis l'ORDONNANCE DE 1768 (1er MARS) ce cri a succédé à QUI-VA-LA; mais il était usité, depuis les EXPÉDITIONS en ITALIE, dans le SERVICE DE CAMPAGNE; de là cette vieille expression : ETRE SUR LE QUI-VIVE. — La RECONNAISSANCE des TROUPES ARRIVANTES, des PATROUILLES, des RONDES, se fait au cri de QUI-VIVE. — En TEMPS DE GUERRE, la CONSIGNE enjoint aux SENTINELLES de FAIRE FEU, s'il n'est pas fait de réponse au troisième Qui-vive; la CONSIGNE des SENTINELLES EN GARNISON, DE NUIT, la prescrivait aussi. — Un CAPORAL DE CONSIGNE, un CAPORAL DE PATROUILLE crient Qui-vive à toute rencontre de MILITAIRES en armes, comme indice qu'ils vont, s'il y a lieu, RECONNAITRE; ils crient, à cet effet : AVANCE QUI A L'ORDRE. — Il était d'usage, en campagne, de faire suivre le Qui-vive du CRI : HALTE-LA; mais l'usage s'est de lui-même établi de crier, au contraire : HALTE-LA, Qui-vive. — Lorsqu'un CORPS EN ROUTE arrive sur le GLACIS d'une PLACE, ou bien en cas de rencontre de deux CORPS, le TAMBOUR-MAJOR répond au Qui-vive en indiquant le NOM ou le NUMÉRO de son RÉGIMENT.

QUOQUART, subs. masc. V. COCARDE.

QUOTE, subs. fém. V. COTTE.

QUOY, interj. V. COY. V. HALTE-LA.

Les chiffres entre parenthèses, qu'on rencontre dans le cours du texte, indiquent le millésime de l'année à laquelle appartiennent la citation ou l'événement.

Les abréviations entre parenthèses, qui sont en tête des articles, sont une concordance du tableau synoptique (*Disc. prélim.*, p. 10) et du vocabulaire sommaire (*Disc. prélim.*, p. 36-37). Ces abréviations donnent le moyen de remonter des conséquences aux principes.

D'autres abréviations indiquent le genre grammatical.

Les caractères italiques dénotent des phrases empruntées.

Les mots en petites capitales sont ainsi configurés comme réclames, comme preuve qu'on peut chercher à sa place générale alphabétique le mot représenté en lettres capitales.

RA, subs. masc. V. BATTEMENT CÉLEUSTIQUE. V. BATTERIE DE CAISSE. V. ROULEMENT.

RA DOUBLE. V. BATTEMENT CÉLEUSTIQUE. V. BATTERIE DE CAISSE. V. DOUBLE, adj.

RA SIMPLE. V. BATTERIE DE CAISSE. V. SIMPLE, adj.

RAAB. V. NOMS PROPRES.

RAANCHON, subs. fém. V. RANÇON.

RAANÇON, subs. fém. V. RANÇON.

RAENCHON, subs. fém. V. RANÇON.

RAENÇON, subs. fém. V. RANÇON.

RAENTION, subs. fém. v. RANÇON.

RABACHE, subs. fém. (F). Mot provenu, suivant GÉBELIN, du CELTIQUE *rabe*, qui signifiait gras de jambe. La Rabache était, suivant ROQUEFORT, une espèce de CALEÇON qui enveloppait les cuisses et les jambes, et qui servait de GRÈGUES et de GRÈVES aux HOMMES DE PIED. C'était un genre de CALEÇON collant. — Les SERGENTS D'ARMES du quinzième siècle portaient la Rabache. Le HAUT-DE-CHAUSSE et la CULOTTE ont succédé à cette pièce d'HABILLEMENT.

RABAT de CALOTE DE SCHAKO. V. CALOTE DE SCHAKO.

RABAT de COL. V. COL. V. COL DE TROUPE. V. COL D'OFFICIER.

RABAT de CORPS DE GACHE. V. CORPS DE GACHE DE CAISSE.

RABATTAGE de COIFFE DE BONNET. V. COIFFE DE BONNET DE POLICE.

RABATTU (rabattue), adj. V. ARMES R... V. ÉPÉE R... V. TRANCHANT R...

RABE; **RABELAIS**; **RABUTIN**; **RACCHETTI**; **RACCHIA**. V. NOMS PROPRES.

RACCOLEUR, subs. masc. V. RACOLEUR.

RACE, subs. fém. V. NOMS PROPRES. V. PREMIÈRE R... V. SECONDE R...

RACHAT, subs. masc. V. ASSAILLANT DE SIÉGE OFFENSIF. V. BAN ET ARRIÈRE-BAN. V. BILLET DE LOGEMENT. V. CAPITAINE DE DISTRIBUTION. V. CLOCHE DE FORTERESSE. V. CONVOI A LA SUITE. V. CORPS D'INTENDANCE N° 7. V. PRISONNIER DE GUERRE. V. RANÇON. V. RATION.

RACHITISME, subs. masc. (D, 5). Mot dérivé du GREC *rachitis*, et exprimant une noûure des os, INFIRMITÉ emportant INVALIDITÉ absolue et motivant CAS DE RÉFORME.

RACINE de CONTRE-FORT. V. CONTRE-FORT DE FORTERESSE.

RACLER, verb. act. V. PIERRE A FEU.

RACOLAGE, subs. masc. V. FOUR DE R. . V. RACOLEUR.

RACOLEUR, subs. masc. (F), ou RACCOLEUR. Mot qui appartient aux réduplicatifs du verbe ACCOLER, joindre ensemble. Il est emprunté de l'ITALIEN : *raccoglier sotto le insigne*. Il était pris en mauvaise part, et s'appliquait aux RECRUTEURS que les RÉGIMENTS détachaient et tenaient à gages, dans les grandes villes, pour y FAIRE DES HOMMES, comme on disait alors; ils y procédaient *per fas et nefas*. La tromperie, la débauche, la dépravation, l'ivresse, quelquefois la violence étaient les moyens de ce RECRUTEMENT; aussi regardait-on les RECRUES fournies par le RACOLAGE comme l'écume des villes populeuses. On appelait FOUR certains lieux de prostitution dans lesquels les jeunes gens étaient attirés par des femmes perdues qui connivaient avec les racoleurs; ceux-ci se faisaient passer pour leurs maris ou leurs amants, et par toute sorte de comédies jouées, par des menaces, par des provocations, ils faisaient accroire à des hommes troublés par les fumées du vin, et que de force on avait décorés du PLUMET, que le seul moyen de sauver leur vie était de signer un ENGAGEMENT. — Le quai de la Ferraille, à PARIS, était célèbre pour ce genre de traite humaine, ou de commerce; car c'en était un. LACHESNAIE (1758, 1) a traité des Racoleurs.

RADA. V. NOMS PROPRES.

RADEAU, subs. masc. (H). Mot dérivé, suivant GÉBELIN, du LATIN *ratis*, et suivant MÉNAGE, de *rada*, *radella*, *radellum*. Un Radeau est un BATEAU plat, confectionné à la hâte et sur place, et propre à transporter des TROUPES A PIED et même des PIÈCES DE CANON. — De toute antiquité l'art de construire des Radeaux soit sur OUTRES, soit de toute espèce, a été connu de la MILICE CHINOISE. — Les ROMAINS effectuaient les PASSAGES DE RIVIÈRES en composant des Radeaux de leurs BOUCLIERS liés ensemble. — Dans les temps modernes, on a établi des Radeaux comme PONTS DE CAMPAGNE; on s'en sert comme COMMUNICATIONS DE FORTERESSE, principalement de 1716 à 1774, à ce qu'affirme le *Journal de l'armée* (1835, t. III, p. 354). — Les AUTEURS qui ont traité des Radeaux sont: BONNEVILLE (1762, L), DRIEU, DUPAIN (1785, F), FOLARD, FOUCAULT, LACHESNAIE (1758, I), POTIER (1779, X), le *Journal des Sciences militaires* (1834, p. 47 et 65).

RADIATION, subs. fém. V. ABSENT AUTORISÉ. V. ABSENT SANS CAUSE CONNUE. V. ACTE DE REMPLACEMENT. V. ACTIVITÉ DE SERVICE. V. AGE APOMAQUE D'OFFICIER. V. CAPITAINE D'INFANTERIE FRANÇAISE DE LIGNE N° 26. V. CHEF DE SUBDIVISION ADMINISTRATIVE. V. COLONEL D'INFANTERIE FRANÇAISE DE LIGNE N° 37. V. CONDAMNATION JUDICIAIRE. V. CONTROLE ANNUEL. V. DÉPART DE CORPS. V. ÉTAT DE SITUATION. V. HOMME A L'HÔPITAL. V. JUGEMENT MILITAIRE. V. LONGUE ABSENCE. V. MATRICULE. V. RÉFORME. V. REMPLAÇANT. V. SERVICE JOURNALIER. V. TROUPE.

RADIEUX, adj. V. BATAILLON RADIEUX.

RADJAH, subs. masc. V. LANGUE PERSANE. V. MILICE SYKE N° 2.

RAENÇON. V. RANÇON.

RAFFINAGE de POUDRE. V. COMMISSAIRE DES GUERRES N° 6. V. POUDRE. V. POUDRE A FEU..

RAFRAICHIR, verb. act. V. QUARTIER. V. BATAILLE STRATEUMATIQUE. V. RAVITAILLER.

RAFRAICHISSEMENT. V. CANTONNEMENT DE FIN DE CAMPAGNE. V. MILICE ROMAINE N° 10. V. QUARTIERS DE RAFRAICHISSEMENT.

RAGLORE, subs. masc. V. PRÉVOT.

RAGUEAU. V. NOMS PROPRES.

RAIE (raies) de CARABINE (B, 1). Le mot Raie, diminutif du LATIN *radius*, s'applique, dans le cas présent, à une sorte de vis femelle à pas fort allongé, pratiquée dans l'intérieur d'un CANON de CARABINE, comme elle l'était plus anciennement dans les ESCOPETTES, dans les BUTTIÈRES. — Les Raies de la CARABINE française d'uniforme sont creusées longitudinalement et spiralement, de manière à avoir toujours entre elles une distance égale, et à parcourir une révolution entière, depuis la BOUCHE de la CARABINE jusqu'à sa CULASSE. Ce travail a pour objet de donner à la BALLE FORCÉE dans un CALPIN, une TRAJECTION pirouettante. — Le CALIBRE se mesure du fond des Raies. — En anglais, rayer un CANON se dit : *to rifle*; de là vient le mot de l'ARMÉE ANGLAISE : RIFLEMAN, riflemen, locution qui est une contraction de celle-ci : homme à CANON à RAIES, à moins qu'il ne vienne du mot RIFLE, pillage, parce qu'originairement le butin était la paye des SOLDATS LÉGERS.

RAIE d'ÉPAULETTE. V. ÉPAULETTE. V. ÉPAULETTE D'ADJUDANT. V. ÉPAULETTE DE CAPITAINE. V. ÉPAULETTE DE LIEUTENANT. V. ÉPAULETTE DE SOUS-LIEUTENANT. V. ÉPAULETTE D'OFFICIER. V. LIEUTENANT D'INFANTERIE FRANÇAISE DE LIGNE N° 5. V. OFFICIER EN SECOND.

RAIE d'ESCOPETTE. V. ESCOPETTE.

RAILLON, subs. masc. V. FLÈCHE PROJECTILE.

RAILLONADE, subs. fém. V. FLÈCHE PROJECTILE.

RAINOISE, subs. fém. V. BUTTIÈRE. V. CARABINE.

RAISE, subs. fém. et masc. (F), ou REISE, ou REIZE, ou RÈSE, suivant GÉBELIN et MÉNAGE. Mots analogues, suivant ROQUEFORT, à EXPÉDITION militaire, ou à INCURSION sur l'ENNEMI; sous cette acception MÉNAGE le retrouve dans le bas LATIN *reisa*; il s'est conservé dans l'ANGLAIS *raise*, LEVÉE D'HOMMES, ENRÔLER DES HOMMES. — Gébelin suppose ces expressions provenues du LATIN *rixa*, ce qui est peu vraisemblable; cependant il est vrai que Raise a été synonyme de bruit, de querelle, de tumulte. — Raise viendrait, suivant WACHTER, de l'ALLEMAND *reise*, EXPÉDITION, et par métonymie il a signifié ensuite TROUPE OU MILICE.

RAISIN, subs. masc. V. GRAPPE DE R...

RAKETIER, subs. masc. V. RAQUETIER.

RALLIEMENT, subs. masc. V. AIGLE. V. ALLIANCE. V. ARME FÉODALE. V. ASSAILLANT DE SIÉGE. V. AUX DRAPEAUX. V. BANNIÈRE. V. BANNIÈRE PAROISSIALE. V. BATAILLE STRATEUMATIQUE. V. BATTERIE DE CAISSE. V. BATTRE LE RALLIEMENT. V. CARRÉ DE RALLIEMENT. V. CHARGE D'INFANTERIE. V. COMBAT STRATEUMATIQUE. V. CORPS DE RALLIEMENT. V. ÉTENDARD. V. JALONNEUR. V. MANŒUVRE. V. MOT. V. MOT DE RALLIEMENT. V. RETRAITE STRATEUMATIQUE. V. SIGNE DE RALLIEMENT. V. STRATÉGIE.

RALLIEMENT sur la RÉSERVE. V. RÉSERVE. V. SONNERIE D'INFANTERIE.

RALLIEMENT sur le BATAILLON. V. BATAILLON. V. SONNERIE D'INFANTERIE.

RALLIER, verb. act. et neut. (H, 2). Ce mot, dont le substantif ALLIANCE donne l'origine, ne s'employait, avant la GUERRE DE LA RÉVOLUTION, que comme verbe actif; il signifiait : remettre en ordre des corps rompus, éparpillés. Les TROUPES DE TERRE, imitatrices en cela de la MARINE, emploient actuellement le terme dans le sens : se réunir à une TROUPE. M. ROCQUANCOURT en fournit de fréquents exemples. Cette admission du verbe neutre dans la LANGUE des armes est une homonymie blâmable, un néologisme inutile; il n'y a que les idées nouvelles qui demandent des mots nouveaux, et il était plus simple, plus clair de continuer à dire, rejoindre une TROUPE, s'y réunir.

RAM. V. NOMS PROPRES.

RAMASSER une TROUPE. V. CHEF DE DÉTACHEMENT DE GUERRE N° 2. V. TROUPE.

RAMÉ (ramée), adj. V. BOULET RAMÉ. V. BALLE RAMÉE.

RAMEAU de CONTRE-MINE. V. CONTRE-MINE. V. CONTRE-MINE DE CHEMIN COUVERT. V. CONTRE-MINE PERMANENTE.

RAMEAU de FORTIFICATION. V. FORTIFICATION. V. TRANCHÉE.

RAMEAU de MINE. V. ARAIGNÉE. V. BASTION PLEIN. V. CAMOUFLET. V. CASEMATE A FEU. V. GALERIE DE MINE. V. GALERIE MEURTRIÈRE. V. MINE. V. MINE A FEU. V. MINE DÉFENSIVE. V. MINEUR FRANÇAIS. V. PUITS DE MINE. V. POUDRE PUANTE.

RAMEAU (rameaux) de MONTAGNES (G, 4, 7) ou RAMEAU GÉOLOGIQUE. Le mot Rameau, presque littéralement pris du LATIN, s'applique ici, par analogie, aux subdivisions latérales ou terminales des CONTRE-FORTS et des CHAINONS d'une certaine étendue, et forment ou les AFFLUENTS de la principale

VALLÉE ou les VALLONS qui l'entrecoupent. Les prolongements des Rameaux se nomment COLLINES, dans la langue de la GÉOLOGIE.

RAMEAU GÉOLOGIQUE. V. GÉOLOGIE. V. GÉOLOGIQUE. V. RAMEAU DE MONTAGNES.

RAMELLI. V. NOMS PROPRES.

RAMENER (verb. act.) une TROUPE (H). Ce réduplicatif du verbe MENER, dont nous avons indiqué l'étymologie, s'emploie, presque exclusivement, au passif; les ESCARMOUCHES, les CHARGES DE CAVALERIE qui ne réussissent pas, sont Ramenées, c'est-à-dire repoussées, forcées à la RETRAITE, poursuivies.

RAMILLIES. V. NOMS PROPRES.

RAMONAGE, subs. masc. V. CHEMINÉE DE CASERNE.

RAMPAR, subs. masc. V. LANGUE FRANÇAISE. V. RAMPE. V. REMPART.

RAMPARÉ (ramparée), adj. V. PLACE D'ARMES REMPARÉE.

RAMPARER, verb. act. V. CAMP RETRANCHÉ. V. CARABINE. V. LANGUE FRANÇAISE. V. REMPART.

RAMPART, subs. masc. V. RAMPE. V. REMPART.

RAMPE, subs. fém. (term. génér.). Mot que quelques étymologistes font dériver du LATIN *repere*, ramper; mais s'il en provient, ce n'est pas directement; il s'est francisé par la filière de l'ITALIEN. — Dans la FORTIFICATION ITALIENNE, *rampa* signifiait primitivement TALUS; de là est dérivé *ramparo*, traduit successivement en français par RAMPAR, RAMPART, REMPART, parce qu'un REMPART est le TALUS que forme la masse résultant de l'extraction de la terre d'un FOSSÉ et qui compose la CONTRESCARPE. — Le mot Rampe appartient ou à des TRAVAUX PERMANENTS, ou à divers genres de TRAVAUX, ou à des OPÉRATIONS DE SIÉGE, et se distingue en RAMPE DE BRÈCHE et en RAMPE DE FORTIFICATION.

RAMPE de BRÈCHE (H, 1). Sorte de RAMPE formée par les ruptures et les éboulements occasionnés, dans un SIÉGE OFFENSIF, par la continuité des SALVES; cette pente, en s'adoucissant, finit par ouvrir une voie aux COLONNES des ASSAILLANTS et permettre l'ASSAUT d'une BRÈCHE DE BASTION, quelquefois même d'une BRÈCHE DE COURTINE.

RAMPE (rampes) de FORTIFICATION (G, 4). Sorte de RAMPES servant de COMMUNICATION entre l'ESCARPE des TERRE-PLEINS, les PLACES D'ARMES du CHEMIN COUVERT, la GORGE des DEHORS, etc. Suivant les localités on se sert d'ESCALIERS au lieu de rampes; c'est de là que débouchent les sorties. — On appelle RAMPE DE REMPART une inclinaison en pente douce, pratiquée à la partie inférieure du TALUS, pour faciliter le voiturage des PIÈCES DE CANON.

RAMPE de MINE. V. MINE. V. MINE A FEU.

RAMPE de REMPART. V. RAMPE DE FORTIFICATION. V. REMPART.

RAMPONT; RAMSAY; RAMUS; RANBY. NOMS PROPRES.

RANCHE, subs. fém. V. RANG TACTIQUE.

RANCHIER, subs. masc. V. RANCON.

RANCHON, subs. fém. V. RANÇON.

RANCON, subs. masc. (F), ou RANCHON, ou RANÇON avec cédille, suivant GANEAU et GÉBELIN, ou RENCON. Le mot Rancon (c'est ainsi qu'il est écrit sans cédille dans M. RAYMOND) répond à l'ITALIEN *rancone*, petite FAUX, ou *rampicone*, crochet, ou au LATIN *runcina*, instrument tranchant. Il a laissé, comme MEUBLE DE BLASON, le substantif RANCHIER, signifiant : LAME DE FAUX. — Le Rancon était un FAUCHON A HAMPE, une SERPE D'ARMES à long manche, ou, suivant GANEAU, une HAMPE ayant un fer en fleur de lis. RABELAIS le mentionne au nombre des ARMES DE LONGUEUR de son temps; BOREL (Pierre) le regarde comme une ARME D'ABORDAGE ou de MARINE, comme un genre de HALLEBARDE en usage au temps de LOUIS ONZE; d'autres AUTEURS disent que c'était un ANGON à triple FER. — C'était, suivant DUANE et NICOT, une ARME en FOURCHE ou à CROC; c'était un ANGON, suivant l'*Encyclopédie du* dix-neuvième *siècle*, au mot *Arme*.

RANÇON, subs. masc. V. RANCON.

RANÇON, subs. fém. V. CARTEL DE R... V. PAYER R...

RANÇON (F), ou RAANCHON, ou RAANÇON, ou RAENCHON, ou RAENÇON, suivant BARBAZAN, ou RAENTION, ou RANCHON, ou REANÇON; mots que BARBAZAN et ROQUEFORT dérivent du LATIN *redemptio*; DUCANGE et MÉNAGE le tirent de l'ALLEMAND *ran et sona*. — On a appelé Rançon, le RACHAT que des GENS DE GUERRE exigent de leurs PRISONNIERS, soit militaires ou non. La quantité de synonymes du mot Rançon témoigne le grand et presque universel usage de la chose; cette spéculation de brigands, cet odieux casuel de CONDOTTIERI, cette traite, pratiquée par les anciennes MILICES, est aussi vieille que l'invention des espèces monnayées, et l'est bien plus que l'invention de la PAYE. — Les CAPITULAIRES de CHARLEMAGNE défendaient à la CHEVALERIE et aux GENS

D'ARMES de se racheter par l'abandon du FAUCON ou de l'ÉPÉE ; toute autre valeur pouvait être cédée, *excepto accipitre et spathâ*. — Les Rançons étaient une des AIDES aux quatre cas, c'est-à-dire qu'un SUZERAIN tombé, par les chances de la GUERRE, aux mains de l'ENNEMI, était en droit de lever, dans son FIEF, une TAILLE pour son RACHAT. — L'histoire du MOYEN AGE et de la FÉODALITÉ nous montre sans cesse des princes dont la capture, soit de haute lutte, soit par trahison, était l'objet d'une Rançon ou en or, ou en domaines ; les SEIGNEURS s'entre-dépouillaient ainsi. — LOUIS NEUF, JEAN, FRANÇOIS PREMIER, BAYARD, nous ont laissé de mémorables souvenirs de Rançons. — M. MONTEIL relate les pièces comptables de la Rançon de lord Sommerset (Submercet), qui avait valu à son vainqueur dix mille écus d'or, l'an 1455 ; ce même ÉCRIVAIN affirme qu'en 1479, *les prisonniers commencent à devenir un butin mis en commun.* — *Les Suisses,* dit M. de BARANTE, à la date de 1474, *accoutumés à leurs cruelles guerres contre les Autrichiens, n'avaient jamais su ce que c'était que mettre à Rançon ; ils n'accordaient merci à personne.* — Il faut se garder de tirer de circonstances particulières des inductions générales ; il n'a jamais existé réellement de DROIT écrit, de JURISPRUDENCE de la GUERRE, et ce qu'on alléguerait comme absolu, en fait de coutumes, de règles et de Rançons, pourrait être sans cesse démenti par mille exemples irrécusables. — Un détail curieux et authentique de la levée des Rançons, par les troupes lorraines de GUISE le Balafré, en 1587, est consigné dans le *Journal de l'Institut historique,* t. III, p. 20. Ce récit rappelle les abominations que commettaient de nos jours les chauffeurs : *Les Lorrains géhennoient par chapeaux de cordes nouées à l'entour de la teste, et serrées jusqu'à faire sortir le sang ; lioient les pauvres captifs, par les génitoires, fort estroitement, et ayant jecté les cordes sur quelques poutrages, tiroient de sorte que les génitoires venoient jusque sur les genoux. Cette géhenne leur estoit fort commune et agréable.* — BRANTOME (1600, A) fournit les preuves que de son temps il était reçu que la Rançon ne devait pas excéder le montant annuel des GAGES, pensions ou salaire du PRISONNIER ; mais cette loi de convention était sans cesse violée, et celui qui n'avait pas d'espèces ou de répondants était le plus ordinairement traité sans QUARTIER. — On lit dans ce même ÉCRIVAIN : *Quand Guignes (la ville de) fut prise, milord Grey y fut pris. Le roi et M. de Guise le donnèrent à Strozzi, pour en tirer Rançon ; il se tint plus content de ce présent que si on lui eust fait un don de dix fois plus ; car il ne tira de ce prisonnier que huit mille escus* (plus de cinquante mille francs de notre temps). — PASQUIER témoigne que JEANNE D'ARC, tombée au pouvoir des ANGLAIS, fut réclamée par Henri d'ANGLETERRE, se prétendant alors roi de FRANCE ; il requérait, en vertu de coutumes anciennes, la possession de ce PRISONNIER, parce que JEANNE pouvant être rangée dans la classe des GUERRIERS dont la Rançon excédait dix mille livres, le monarque en payant cette somme au capteur pouvait se faire adjuger la pucelle comme une part légitime de butin royal. C'était un genre de monopole, si le monarque croyait en tirer un plus lucratif parti. Mais toutes ces prétendues coutumes sont chimériques. En 1475, *le prince d'Orange tombe aux mains du bailli de Lyon, il le céda au roi moyennant quarante mille écus d'or,* suivant le récit de M. de BARANTE. — Une des fautes de LOUVOIS fut de rendre, à raison de trois francs par tête, les PRISONNIERS DE GUERRE HOLLANDAIS dans la GUERRE DE 1672 ; le CARTEL de ces Rançons, rédigé en français, était de 1675. — On convenait, dans les GUERRES du dernier siècle, de certains arrangements relatifs aux Rançons des personnages des ARMÉES contendantes : ainsi, en vertu d'un CARTEL signé à FRANCFORT, entre la FRANCE et l'ANGLETERRE, le 18 JUIN 1743, la Rançon d'un MARÉCHAL DE FRANCE se PAYAIT à raison de cinquante mille livres ; celle d'un LIEUTENANT GÉNÉRAL, de quinze mille. Cette évaluation mercantile des militaires d'un rang élevé était ignoblement fiscale. — Dans la GUERRE DE 1741, et tant que les COMPAGNIES et les SOLDATS étaient au compte des CAPITAINES, ils devaient racheter leurs PRISONNIERS DE GUERRE ; sinon, le CAPITAINE d'une autre COMPAGNIE, en en soldant le RACHAT, devenait propriétaire de ces PRISONNIERS. — Les AUTEURS qui ont fourni quelque lumière à l'égard des Rançons sont : Bœclerc (*Miles captivus*), CARRÉ (1783, E), ENCYCLOPÉDIE (1751, C, au mot *Prisonnier*), FURETIÈRE (au mot *Aide-chevel*), GROTIUS, GUIGNARD (t. II, p. 388), LECOUTURIER (1825, A), POTIER (1779, X, aux mots *Michel* et *Prisonnier de guerre*), VELLY.

RANG, subs. masc. V. A TROIS R... V. A VOS RANGS. V. ABANDON DE R... V. ABANDON DES R... V. ALIGNEMENT DE R... V. ARRIÈRE-R... V. AVOIR R... V. BREVET POUR PRENDRE R... V. CARRÉ A SIX R... V. CARRÉ A TROIS R... V. CINQ R... V. CINQUIÈME R... V. COMPRESSION DE R...

V. CONDENSATION DE R... V. DEMI-QUART DE R... V. DEMI-R... V. DERNIER R... V. DEUX R... V. DISTANCE DE R... V. DOUBLEMENT DE R... V. EMBOITEMENT DE R... V. ÉCLAIRCIR LES R... V. ENTRER DANS LES R... V. ÉPAISSEUR DE R... V. ESPACE DE R... V. FEU DE CINQ R... V. FEU DE DEUX R... V. FEU DE QUATRE R... FEU DE R... V. FEU DE TROIS R... V. FAUSSER LES R... V. FORMATION DE RANG DE TAILLE. V. GARDER SES R... V. HOMME DE R... V. HORS R... V. OFFICIER DE R... V. ORDRE SUR DEUX R... V. ORDRE SUR DIX R... V. ORDRE SUR DOUZE R... V. ORDRE SUR HUIT R... V. ORDRE SUR NEUF R... V. ORDRE SUR QUARANTE R... V. ORDRE SUR QUATRE R... V. ORDRE SUR SEIZE R... V. ORDRE SUR SIX R... V. ORDRE SUR TROIS R... V. ORDRE SUR VINGT-CINQ R... V. ORDRE SUR VINGT R... V. OUVRIR LES R... V. PAR R... V. PREMIER R... V. PRENDRE R... V. PROFONDEUR DE R... V. QUARANTE R... V. QUART DE R... V. QUATRE R... V. QUATRIÈME R... V. QUEUE DE R... V. QUITTER SES R... V. REPRENDRE SES R... V. REPRENDRE SON R... V. SECOND R... V. SUR DEUX, DIX, DOUZE, HUIT, NEUF, QUARANTE, QUATRE, SEIZE, SIX, TROIS, VINGT-CINQ, VINGT R... V. ROMPEMENT DE RANGS. V. ROMPEZ VOS R... V. ROMPRE LES R... V. SECOND R... V. SERREMENT DE R... V. SERRER LES R... V. SERREZ VOS R... V. SIX R... V. SIXIÈME R... V. SOLDAT DE R... V. TENIR R..., V. TROIS RANGS. V. TROISIÈME R...

RANG
- HIÉRARCHIQUE.
- HONORIFIQUE.
- TACTIQUE.
  - RANG DE BATAILLE.
  - RANG DE TAILLE.
  - RANGS DE CAVALERIE.
  - RANGS D'INFANTERIE. — RANGS OUVERTS.

RANG (term. génér.), OU RANG MILITAIRE. Le mot Rang dérive, suivant GÉBELIN, du CELTIQUE *ranc*. Sa forme monosyllabique témoigne, en effet, que sa souche doit être CELTIQUE OU GAULOISE. La LANGUE MILITAIRE l'a prêté au langage vulgaire ; c'est du moins plus croyable que l'assertion inverse. Son orthographe a été longtemps mal déterminée, puisque DELATOUR (1514, A) et les AUTEURS du même temps écrivent renger, le verbe qu'on écrit actuellement RANGER. — Il a produit les mots ARRANGEMENT, RANGÉE, RANGEMENT, RANGER. DUANE (1810, E) en traite au mot *Rank*. — De purement MILITAIRE qu'il était, il est devenu un terme de DIGNITÉ, une expression de PRÉSÉANCE, tout en continuant à avoir une acception tactique. Il a rapport, sous forme de singulier absolu, à la HIÉRARCHIE, à des lois de CLASSEMENT, au PAS que des TROUPES ont l'une sur l'autre. Pris également au pur singulier, il répond à LOCALISATION OU CLASSEMENT dans un RANG TACTIQUE : ainsi, une locution à la fois ambiguë et technique indique qu'un SOLDAT occupe un Rang dans le Rang, qu'il a un Rang à NUMÉRO dans un Rang numérique ; c'est à cet égard qu'on emploie l'expression RANG DE TAILLE. — Le mot Rang a rapport, sous forme de singulier et de pluriel, à la TACTIQUE ; il a rapport, sous forme de pluriel absolu, au SERVICE : c'est ainsi qu'on dit EN-TRER, rentrer dans les Rangs de l'ARMÉE. Pris de même au pluriel, il est synonyme de TROUPE ou d'ARMÉE, en prenant la partie pour le tout : c'est ainsi qu'on dit ÉCLAIRCIR LES RANGS, voir fondre ses Rangs, ABANDON DE RANGS. — Le mot Rang sera distingué ici en RANG D'ADJUDANTS, — D'ADJUDANTS GÉNÉRAUX, — D'ADJUDANTS-MAJORS, — D'ANCIENNETÉ, — D'ARMÉE, — D'ARMURIERS, — D'ARTILLERIE, — D'AUMONIERS, — DE BARONS, — DE CAPITAINES, — DE CAPORAUX, — DE CAVALERIE, — DE CENTURIONS, — DE CHEFS DE BATAILLON, — DE CHEFS DE MUSIQUE, — DE CHEVALIERS, — DE CHIRURGIENS-MAJORS, — DE COLONELS, — DE COLONEL GÉNÉRAL, — DE COMMANDANT DE DIVISION, — DE COMMANDEMENT, — DE COMPAGNIES, — DE COMTES, — DE CONNÉTABLE, — DE CORPS PRIVILÉGIÉS, — DE GARDE DE DRAPEAU, — DE GARDE IMPÉRIALE, — DE GARDE NATIONALE, — DE GARDE ROYALE, — DE GARDES DU CORPS, — DE GENDARMES, — DE GENDARMERIE, — DE GÉNÉRAUX, — DE GÉNIE, — DE GRADE, — DE LIEUTENANTS, — DE LIEUTENANTS-COLONELS, — DE MAITRES-OUVRIERS, — DE MAJORS, — DE MARÉCHAL DES LOGIS, — DE MARÉCHAUX DE FRANCE, — DE MESTRES DE CAMP, — DE MILICE ANGLAISE, — DE MILICE ESPAGNOLE, — DE MINISTRE, — DE PIQUE, — DE PORTE-DRAPEAU, — DE QUARTIERS-MAITRES, — DE SERGENTS, — DE SERGENTS-MAJORS, — DE SOUS-LIEUTENANTS, — DE SOUS-INTENDANTS,

— DE SOUS-OFFICIERS, — DE TENTES, — DE TROUPES, — DE VAGUEMESTRE, — D'ÉCUYERS, — DEMI-OUVERT, — D'ENSEIGNES, — D'INFANTERIE, — D'INGÉNIEURS, — D'INTENDANTS, — DISTINCTIF, — D'OFFICIER, — D'OFFICIER GÉNÉRAL, — DU GÉNIE, — HIÉRARCHIQUE, — HONORIFIQUE, — INFÉRIEUR, — MILITAIRE, — OUVERT, — SUPÉRIEUR, — TACTIQUE, — RANGS A LA POINTE DE L'ÉPÉE, — DE MOUSQUETAIRES, — DE PIED FERME, — DEMI-OUVERTS, — EN MARCHE, — EN ROUTE, — SERRÉS.

RANG d'ADJUDANTS D'INFANTERIE. V. ADJUDANT D'INFANTERIE FRANÇAISE DE LIGNE Nº 14.

RANG d'ADJUDANTS GÉNÉRAUX. V. ADJUDANT GÉNÉRAL.

RANG d'ADJUDANTS-MAJORS. V. ADJUDANT-MAJOR D'INFANTERIE FRANÇAISE DE LIGNE Nº 9.

RANG d'ANCIENNETÉ. V. ADJUDANT-MAJOR DE SEMAINE Nº 6. V. ANCIENNETÉ. V. AVANCEMENT. V. BATAILLON D'INFANTERIE FRANÇAISE DE LIGNE Nº 2. V. CASSATION DE SOUS-OFFICIER. V. COUR MARTIALE. V. FORMER LES HAIES. V. INSPECTEUR GÉNÉRAL D'INFANTERIE Nº 5. V. MARIAGE. V. PARADE GÉNÉRALE. V. PHALANGE GRECQUE. V. RANG DE TAILLE. V. RANG HIÉRARCHIQUE. V. RÉGIMENT D'INFANTERIE FRANÇAISE Nº 1. V. REVUE. V. REVUE SUR LE TERRAIN. V. TIERCEMENT.

RANG d'ARMÉE. V. ARMÉE. V. ARMÉE FRANÇAISE Nº 5.

RANG d'ARMURIERS. V. ARMURIER DE CORPS Nº 5.

RANG d'ARTILLERIE. V. ARTILLERIE. V. ARTILLERIE IDIOPLIQUE. V. INFANTERIE FRANÇAISE Nº 6.

RANG d'AUMONIER. V. AUMONIER DE CORPS Nº 6.

RANG de BARONS. V. BARON Nº 3.

RANG de BATAILLE (G, 6). Sorte de RANG TACTIQUE suivant lequel, en vertu de règles constitutives ou de dispositions passagères, les TROUPES sont disposées en LIGNE ou en COLONNE UN JOUR DE BATAILLE. — L'ORDONNANCE DE 1832 (3 MAI) fixait en campagne le Rang de bataille ou plutôt la préséance des TROUPES; mais l'expression Rang de bataille n'a qu'un sens mal déterminé, et un JOUR DE BATAILLE, c'est à l'utilité et au coup d'oeil, non à de vaines PRÉSÉANCES, à de mesquines combinaisons de RANG HONORIFIQUE, à déterminer dans quel ORDRE doivent être placées les TROUPES.

RANG de CAPITAINE. V. CAPITAINE. V. CAPITAINE D'INFANTERIE FRANÇAISE DE LIGNE Nº 6. V. CORPS D'INTENDANCE. V. SOUS-LIEUTENANT Nº 6.

RANG de CAPORAL. V. CAPORAL. V. CAPORAL D'INFANTERIE FRANÇAISE DE LIGNE Nº 11.

RANG de CAVALERIE. V. CAVALERIE FRANÇAISE Nº 6. V. RANGS. V. SECOND RANG DE C... V. TROISIÈME RANG DE C...

RANG de CENTURIONS. V. CENTURION Nº 5.

RANG de CHEFS DE BATAILLON. V. CAPITAINE D'INFANTERIE FRANCO-SUISSE DE GARDE ROYALE. V. CHEF DE BATAILLON D'INFANTERIE FRANÇAISE DE LIGNE Nº 8.

RANG de CHEFS DE MUSIQUE. V. CHEF DE MUSIQUE.

RANG de CHEVALIERS. V. CHEVALIER. V. CHEVALIER DE SAINT-LOUIS. V. CHEVALIER DU MOYEN AGE Nº 1, 7.

RANG de CHIRURGIENS-MAJORS. V. CHIRURGIEN-MAJOR D'INFANTERIE FRANÇAISE DE LIGNE Nº 9.

RANG de COLONELS. V. COLONEL. V. COLONEL D'INFANTERIE FRANÇAISE DE LIGNE Nº 21. V. CORPS D'INTENDANCE Nº 4.

RANG de COLONEL GÉNÉRAL. V. COLONEL GÉNÉRAL DE L'INFANTERIE Nº 4.

RANG de COMMANDANTS DE DIVISION. V. COMMANDANT DE DIVISION Nº 2.

RANG de COMMANDEMENT. V. COMMANDEMENT. V. FOURRIER D'INFANTERIE FRANÇAISE Nº 3.

RANG de COMPAGNIES. V. COMPAGNIE. V. COMPAGNIE D'INFANTERIE FRANÇAISE DE LIGNE Nº 8.

RANG de COMTES. V. COMTE Nº 4.

RANG de CONNÉTABLE. V. CONNÉTABLE Nº 6.

RANG de CORPS PRIVILÉGIÉ. V. CORPS PRIVILÉGIÉ.

RANG de GARDE DE DRAPEAU. V. ADJUDANT-MAJOR D'INFANTERIE FRANÇAISE DE LIGNE Nº 11. V. GARDE DE DRAPEAU.

RANG de GARDE IMPÉRIALE. V. GARDE IMPÉRIALE Nº 3.

RANG de GARDE NATIONALE. V. GARDE NATIONALE.

RANG de GARDE ROYALE. V. GARDE ROYALE Nº 4.

RANG de GARDES DU CORPS. V. GARDES DU CORPS Nº 6.

RANG de GENDARMES. V. GENDARME DU MOYEN AGE Nº 6.

RANG de GENDARMERIE. V. GENDARMERIE. V. GENDARMERIE DE LA MAISON. V. GENDARMERIE DE POLICE Nº 5.

RANG de GÉNÉRAUX. V. GÉNÉRAL. V. GÉNÉRAL FRANÇAIS Nº 4. V. INFANTERIE FRANCO-

suisse de garde royale. v. intendant militaire nº 3.

RANG de génie. v. génie. v. génie
idioplique nº 4. v. infanterie française
nº 6.

RANG de grade. v. grade. v. revue sur
le terrain.

RANG de lieutenants. v. lieutenant.
v. lieutenant d'infanterie française nº 5.

RANG de lieutenants-colonels. v. lieutenant-colonel d'infanterie nº 7.

RANG de maîtres ouvriers. v. maître
ouvrier nº 4.

RANG de majors. v. corps d'intendance
nº 4. v. major. v. major capitaine nº 3.
v. major de place nº 2. v. major lieutenant-
colonel nº 2.

RANG de maréchal des logis d'armée.
v. maréchal des logis d'armée nº 4.

RANG de maréchaux de France. v. maréchal de France nº 9.

RANG de mestres de camp. v. mestre de
camp nº 4.

RANG de milice anglaise. v. milice anglaise nº 6.

RANG de milice espagnole. v. milice
espagnole nº 6.

RANG de ministre. v. ministre. v. ministre de la guerre nº 13.

RANG de pique. v. pique. v. service
journalier.

RANG de porte-drapeau. v. porte-drapeau nº 4.

RANG de quartiers-maîtres. v. quartier-
maître d'infanterie française de ligne nº 3.

RANG de sergents. v. sergent d'infanterie française de ligne nº 8.

RANG de sergents-majors. v. sergent-
major nº 6.

RANG de sous-intendants. v. sous-
intendant nº 1, 7.

RANG de sous-lieutenants. v. sous-lieutenant; id. nº 1, 6.

RANG de sous-officiers. v. sous-officier;
id. nº 7.

RANG de taille (G, 6). Sorte de rang
tactique considéré comme l'application des
règles de l'arrangement des simples soldats
dans chaque compagnie d'infanterie. — La
formation par rang de taille est l'opération
préliminaire du pelotonnement. — Placer
dans les Rangs les hommes en raison de leur
stature, est une coutume peu ancienne,
dont l'exemple est dû à la milice prussienne;
ce système a été, tour à tour, admis en
France, aboli, rétabli, modifié. — Les com-

pagnies d'infanterie de Frédéric deux n'é-
taient pas disposées toutes suivant un même
mode de Rang de taille; celles de la droite
du bataillon se rangeaient de droite à gauche; celles du centre se rangeaient des deux
ailes vers le centre, celles de gauche se rangeaient de gauche à droite. Ainsi, dans la
marche par le flanc, soit par la droite, soit
par la gauche, la mesure du pas de la tête
était la même, puisque des hommes de taille
pareille occupaient l'extrémité des flancs.
— Despagnac (1751, D) témoigne que, de
son temps, le Rang de taille n'était pas pratiqué encore dans l'infanterie française. —
L'ordonnance de 1755 (6 mai) admettait
encore la formation par rang d'ancienneté, c'est-à-dire, que la première escouade
qui tenait la droite dans les formations,
était composée des sept plus anciens soldats, et ainsi de suite; le plus ancien soldat tenait la droite; les moins anciens occupaient le second rang. Cet arrangement
était moins flatteur à l'œil; la symétrie y
perdait, c'était une imitation des coutumes
de la phalange grecque. — Les ordonnances
de 1764 (20 mars) et de 1766 (1er janvier)
adoptèrent le Rang de taille. L'instruction
de 1769 (1er mai) maintenait ce principe;
celle de 1771 (19 juin) n'établissait le Rang
de taille que par escouade, et n'admettait le
Rang de taille général que pour les parades
et les revues; encore n'y assujettissait-elle
pas les compagnies de grenadiers. Suivant
ce document, chaque rang devait se composer d'escouades toujours les mêmes. —
Le Rang de taille reprit faveur dans l'instruction de 1774 (11 juin); il était également
prescrit aux fusiliers dans l'instruction
de 1775 (26 avril). — Le règlement de
1776 (1er juin) voulait le placement en
raison des tailles, en formant une seule
haie, les plus grands hommes progressivement à droite; cette haie se pliait en trois,
et la tierce partie de moindre taille était au
second rang, ou dans le tiroir, comme on
disait alors. — L'instruction de 1788 (20 mai)
modifiait la méthode en ce qu'elle voulait
que, dans chaque rang, la taille allât en
décroissant vers le centre; qu'ainsi, le plus
grand homme fût à la droite du premier rang;
le second homme, par sa taille, à la gauche
du même rang; le troisième, par sa taille,
était le second de la droite, etc.; les moins
grands étaient au second rang. — Dans des
milices étrangères la cavalerie observe encore ce système, par rapport à l'arrangement des chevaux de chaque escadron; il
en est ainsi dans la cavalerie autrichienne;
c'est l'inverse dans la cavalerie anglaise.
— Le règlement de 1791 (1er aout) reve-

nait au Rang de taille de 1776. — L'ORDON-
NANCE DE 1831 (4 MARS) compliquait peu
plausiblement le système, en formant le
Rang de taille par files, non par rangs ; elle
plaçait le plus grand HOMME à la DROITE du
PREMIER RANG ; celui qui le suit par la TAILLE,
à la DROITE du TROISIÈME RANG ; le troisième
HOMME, à la droite du SECOND RANG, etc., de
manière que la première FILE fût composée
des trois plus grands, et la dernière de la
COMPAGNIE, des trois plus petits ; du moins
on le suppose ; l'ORDONNANCE ne s'en expliquait que confusément. — GUIBERT (1773,
E) désapprouvait la formation par Rang de
taille et lui préférait l'ARRANGEMENT par ordre de vétérance ; ou même il eût voulu
que les plus grands HOMMES occupassent le
TROISIÈME RANG et les plus petits le PREMIER.
Cet ordre en glacis lui paraissait le plus
favorable au jeu de la MOUSQUETERIE. —
BOHAN (1781, H) et MAUVILLON (1780, H)
se conformaient à cette opinion, et DELIGNE
(1780, I) voulait même qu'à la manière pro-
posée par SILVA (1778, E), le TROISIÈME RANG
fût armé de FUSILS plus longs. — Mais l'ordre par droit de vétérance a l'inconvénient de
se prêter mal au PAS CADENCÉ et à l'ACCOUDE-
MENT. — Il a été d'usage de charger l'ADJU-
DANT de veiller à la régularité du Rang de
taille, et de faire procéder à cette FORMA-
TION au moyen d'un APPEL dressé *ad hoc.*
— Le CAHIER D'APPEL PORTATIF comprenait un
ROLE par Rang de taille. — Les CAPORAUX,
quoiqu'ils soient HOMMES DE RANG, ne sont
pas rigoureusement placés par Rang de
taille, mais sont aux AILES du PREMIER et du
TROISIÈME RANG, de la manière la plus ana-
logue à leur STATURE, sans y prendre NU-
MÉRO avec les SOLDATS. — Pour les REVUES
ADMINISTRATIVES, l'on forme LES HAIES par
RANG D'ANCIENNETÉ, et non de taille. — Les
AUTEURS auxquels on peut recourir à l'égard
du Rang de taille sont : BARDIN (1807, D),
BOHAN (1781, H), DELIGNE (1780, I), DES-
PAGNAC (1751, D), DUANE (1810, E), EN-
CYCLOPÉDIE (1785, C, au mot *Alignement*),
GUIBERT (1773, E), KERALIO (1757, F ; 1770,
H), LEBLOND (1758, B), MAUVILLON (1780,
H ; 1788, C), PICTET (1761, I), POTIER
(1779, X, au mot *Escouade*), SILVA (1773,
F ; 1778, F), TURPIN (1783, O), la *Senti-
nelle de l'Armée* (t. II, p. 855.]

RANG de TAMBOURS-MAJORS. V. TAMBOUR-
MAJOR ; id. N° 7.

RANG de TENTES. V. MILICE SIKE N° 4.
V. TENTE.

RANG de TRIAIRES. V. TRIAIRE ; id. N° 3.

RANG de TRIBUNS. V. TRIBUN ; id. N° 5.

RANG de TROUPES. V. PARADE GÉNÉRALE.

V. RÉGIMENT FRANCO-ÉTRANGER. V. SERVICE EN
GARNISON. V. TROUPE.

RANG de VAGUEMESTRE. V. VAGUEMESTRE.

RANG d'ÉCUYERS. V. ÉCUYER. V. ÉCUYER
DE SUITE N° 3.

RANG (rangs) DEMI-OUVERT. V. DEMI-
OUVERT. V. MARCHE DE BATAILLON EN COLONNE.

RANG d'ENSEIGNES. V. ENSEIGNE. V. EN-
SEIGNE IDIOPLIQUE.

RANG d'INFANTERIE. V. CARRURE. V. IN-
FANTERIE ; id. N° 6, 8. V. INFANTERIE FRAN-
ÇAISE N° 6. V. INFANTERIE FRANCO-SUISSE N° 5.
V. INFANTERIE LÉGÈRE N° 7. V. ORDRE DE BA-
TAILLE. V. PAS CADENCÉ. V. PELOTON D'INFAN-
TERIE. V. RANGS D'INFANTERIE. V. REDOUTE DE
CAMPAGNE. V. RÉGIMENT FRANCO-ÉTRANGER.
V. SECOND RANG D'INFANTERIE. V. SECTION TAC-
TIQUE. V. SERGENT. V. SERGENT-MAJOR N° 10.
V. SYNTAGME. V. SYNASPISME. V. TORTUE DE
CAMPAGNE. V. TORTUE D'ESCALADE. V. TORTUE
TACTIQUE. V. TROISIÈME RANG D'INFANTERIE.

RANG d'INFANTERIE LÉGÈRE. V. INFAN-
TERIE LÉGÈRE N° 6.

RANG d'INGÉNIEURS GÉOGRAPHES. V. IN-
GÉNIEUR GÉOGRAPHE N° 5.

RANG d'INTENDANT. V. INTENDANT. V.
INTENDANT MILITAIRE N° 3. V. SOUS-INTEN-
DANT MILITAIRE N° 2.

RANG DISTINCTIF. V. DISTINCTIF, adj. V.
RANG HIÉRARCHIQUE.

RANG d'OFFICIER. V. BREVET D'OFFICIER
SANS EMPLOI. V. CAPITAINE D'INFANTERIE FRAN-
ÇAISE DE LIGNE N° 16. V. COMMANDEMENT
HIÉRARCHIQUE. V. GRADE. V. GRADE D'OFFICIER.
V. INFANTERIE FRANCO-SUISSE DE GARDE ROYALE.
V. OFFICIER. V. OFFICIER D'ARTILLERIE N° 4.
V. OFFICIER FRANÇAIS N° 11, 15. V. TAILLE DE
MILITAIRE.

RANG d'OFFICIER GÉNÉRAL. V. OFFICIER
GÉNÉRAL. V. SOUS-INTENDANT N° 7.

RANG du GÉNIE. V. GÉNIE. V. GÉNIE
IDIOPLIQUE N° 4.

RANG HIÉRARCHIQUE (A, 1 ; G, 1), OU RANG
DISTINCTIF, comme l'appelle M. BERRIAT
(1825, F). Sorte de RANG qui résulte du plus
ou du moins d'importance du GRADE, des
attributions que la HIÉRARCHIE attache à
l'EMPLOI, du caractère des FONCTIONS et du
DROIT AUX HONNEURS. C'est en ce sens qu'on
dit : AVOIR, PRENDRE, TENIR RANG. — Le CODE
MILITAIRE décide du Rang. Les Rangs sont
les échelons de la SUBORDINATION. — Le rang
hiérarchique est quelquefois une conséquence du RANG D'ANCIENNETÉ ; ainsi, il est
des cas où l'ANCIENNETÉ de SERVICE décide
du Rang et donne le COMMANDEMENT ou
même le BREVET. — Certaines PEINES pri-

vent momentanément du Rang, ou le font perdre tout à fait. — On peut consulter sur ces questions BRIQUET (1761, H), DUPAIN (1783, au mot *Place d'honneur*), M. GONVOT, ODIER (1818; 1824, E, t. IV, p. 215).

RANG HONORIFIQUE (E, 2). Sorte de RANG qui se manifeste par un COSTUME, des BRODERIES, des MARQUES DISTINCTIVES, des ATTRIBUTS DE BOUTONS, des DÉCORATIONS, des INSIGNES, etc. ; il décide du PAS, des PRÉSÉANCES dont jouissent, dans les CÉRÉMONIES, les MILITAIRES ou les corps entre eux, et même les AUTORITÉS MILITAIRES, quand elles sont convoquées dans des réunions où sont également appelées les AUTORITÉS CIVILES. — Le DÉCRET DE L'AN DOUZE (24 MESSIDOR) a réglé la matière.—Le rang que prendraient les CORPS entre eux, le rang de la LIGNE, par rapport à la GARDE NATIONALE, sont aussi un Rang honorifique qu'on a assez improprement rendu par l'expression RANG DE BATAILLE. Le principe à poser à ce sujet n'est guère plus clair. C'est une question ardue et mal débrouillée, sur laquelle le MINISTÈRE DE LA GUERRE a maintes fois changé d'avis, et touchant laquelle il y a eu toujours dissentiment dans son sein même. On en trouve la preuve dans le *Spectateur militaire* (t. XXIII, p. 598, note). En vain invoquerait - on les dispositions vagues, nombreuses, changeantes que renferme notre mobile LÉGISLATION ; il faut invoquer une LÉGISLATION moins obscure. Voici les documents insuffisants en général et contradictoires souvent qui pourraient être consultés : ORDONNANCE DE 1699 (1er MAI), ORDONNANCE DE 1729 (5 JUILLET), ORDONNANCE DE 1757 (24 FÉVRIER), ORDONNANCE DE 1768 (1er MARS), ORDONNANCE DE 1769 (10 MARS), ORDONNANCE DE 1778 (28 AVRIL), ORDONNANCE DE 1788 (17 MARS), DÉCRET DE 1790 (15 DÉCEMBRE), RÈGLEMENT DE 1791 (1er JANVIER), ORDONNANCE DE 1791 (16 FÉVRIER), ORDONNANCE DE 1791 (1er AVRIL), LOI DE 1791 (10 JUILLET), RÈGLEMENT DE 1792 (5 AVRIL), DÉCRET DE 1793 (1er FÉVRIER), DÉCRET DE L'AN DEUX (9 PLUVIOSE), DÉCISION DE L'AN SIX (29 BRUMAIRE), DÉCRET DE L'AN DOUZE (22 VENTOSE), DÉCRET DE L'AN TREIZE (2me COMPLÉMENTAIRE), ORDONNANCE DE 1815 (10 SEPTEMBRE), DÉCISION DE 1816 (20 JANVIER et 15 AOUT), ORDONNANCE DE 1830 (26 FÉVRIER), ORDONNANCE DE 1831 (19 FÉVRIER), ORDONNANCE DE 1831 (4 MARS), ORDONNANCE DE 1832 (5 MAI).

RANG INFÉRIEUR. V. GRADE EN SECOND. V. INFÉRIEUR, adj.

RANG MILITAIRE. V. BANNIÈRE. V. BOUTON MÉTALLIQUE. V. COMPAGNON. V. GENTILHOMME. V. LEUDE. V. MARQUIS. V. MILITAIRE, adj. V. NOBLE. V. PAYE. V. RANG. V. SOULIER A LA POULAINE.

RANG OUVERT. V. RANGS OUVERTS.

RANG SUPÉRIEUR. V. GARDE IMPÉRIALE N° 5. V. GRADE EN SECOND. V. SUPÉRIEUR, adj. V. SERGENT GÉNÉRAL.

RANG (rangs) TACTIQUE (term. sousgénér.), OU RANCHE, suivant DUBELLAY (1549, A, p. 46), OU RANGÉE. Sorte de RANGS qui sont les éléments de l'ARRANGEMENT des HOMMES, de la mesure du TERRAIN INDIVIDUEL, de la disposition des TROUPES pour les EXERCICES, la PARADE, les MANOEUVRES, le COMBAT, les MARCHES. — Les Rangs sont parallèles au FRONT et perpendiculaires aux FILES. — Autrefois certaines REVUES consistaient à compter les Rangs. — Le commandement A VOS RANGS, a pour objet d'appeler sur leur terrain les hommes, ou de faire cesser la dispersion momentanée des Rangs. Dans le même sens on disait GARDER, REPRENDRE, QUITTER ses Rangs. — Les CONDOTTIERI ont, les premiers, ressuscité des règles relatives à la disposition des Rangs. — La CONDENSATION OU COMPRESSION des Rangs, et leur DILATATION OU ESPACEMENT, ont été l'objet de longs tâtonnements. — Les RANGS D'INFANTERIE et DE CAVALERIE ont presque toujours différé de nombre. — On peut recourir, sur ces matières, à LACHESNAIE (1758, I, au mot *Ordre*), et à PUYSÉGUR (1748, C). — Le mot demande à être distingué en RANG DE BATAILLE, rang de taille, rangs de cavalerie, rangs d'infanterie.

RANGÉ (rangée), adj. V. BATAILLE R...

RANGÉE, subs. fém. V. RANG TACTIQUE.

RANG de BARAQUES. V. BARAQUE. V. CAMP. V. CAMP DE BARAQUES.

RANG de HUTTES. V. CAMP. V. CAMP DE HUTTES. V. HUTTE.

RANG de TENTES. V. CAMP. V. CAMP DE TENTES. V. CAMP ROMAIN. V. CORDEAU DE FRONT. V. MILICE SIKE N° 4. V. STRIE. V. TENTE.

RANGEMENT d'ARMÉE. V. ARMÉE. V. ARMÉE AGISSANTE N° 4. V. ARROY. V. AUTEUR MILITAIRE (1602, B).

RANG d'INFANTERIE. V. ABDUCTION ALLONGÉE. V. COMBAT D'INFANTERIE. V. COMPAGNIE D'INFANTERIE FRANÇAISE DE LIGNE N° 9. V. INFANTERIE. V. RANGS D'INFANTERIE. V. RANGS OUVERTS.

RANGER, verb. act. et récip. V. ARMES DE SERVICE. V. ARROY. V. CONVERSION ROMPANTE. V. COUR DE CASERNE. V. ÉTENDARD. V. LIGNE TACTIQUE. V. MARÉCHAL DE BATAILLE. V. MONOTAXE. V. RANG.

RANGER EN BATAILLE. V. EN BATAILLE. V. REVUE SUR LE TERRAIN.

RANGER SOUS LES ARMES. V. MÉDAILLON. V. SILENCE. V. SOUS LES ARMES.

RANGS, subs. masc. plur. V. CENT R... V. CINQ R... V. DEUX R... V. DIX R... V. DOUZE R... V. HUIT R... V. TRENTE R...

RANGS A LA POINTE DE L'ÉPÉE. V. A LA POINTE DE L'ÉPÉE. V. RANG TACTIQUE.

RANGS de CAVALERIE (G, 6). Sorte de RANGS TACTIQUES dont l'étendue, ou front, ou PROLONGEMENT, la HAUTEUR ou profondeur, les DISTANCES ou intervalles ont varié perpétuellement. — Ce qu'on raconte de la disposition des COINS, des EMBOLONS, des LOSANGES, des ORBES ou GLOBES, des TRIANGLES, des CAVALERIES antiques, est obscur et contesté, et rend inexplicables l'espèce et les proportions de leurs RANGS. — La CAVALERIE de la MILICE GRECQUE se disposa d'abord sur huit Rangs. L'ILE était un CARRÉ de huit Rangs et de huit FILES. Cette HAUTEUR diminua ensuite de moitié, et la CAVALERIE de la MILICE ROMAINE se forma, en général, aussi sur quatre Rangs. — Au MOYEN AGE, les QUADRILLES de TOURNOIS étaient de ce même nombre. — La CHEVALERIE, les GENS D'ARMES, les LANCES FOURNIES, ne combattaient au contraire, en FRANCE, que sur un Rang ; s'ils avaient un SECOND RANG, ou plusieurs ARRIÈRE-RANGS, comme on le vit à BOUVINES, c'étaient des CAVALIERS d'une classe inférieure, des ARCHERS, des VALETS. — En ALLEMAGNE, en ESPAGNE, chez les SARRASINS, la CAVALERIE était, au contraire, épaisse, quand celle de nos ancêtres se rangeait en mince ruban. CHARLES-QUINT, à la manière des MAURES, tenait la sienne sur dix ou huit Rangs ; cet usage de la MILICE ESPAGNOLE fut imité par Maurice de NASSAU, par WALHAUSEN (1606, A). — Les GENDARMES FRANÇAIS ne formaient qu'un Rang jusqu'au temps de HENRI DEUX. Vers le milieu de ce règne, le roi voyant avec quelle facilité les REITRES renversaient un ORDRE si frêle, admit le système opposé ; il passa brusquement de l'ORDRE EN HAIE à l'ordre PROFOND, et établit sur dix Rangs ses CHEVAUX ; de là le nom espagnol d'ESCADRON, ou troupe d'autant de Rangs que de files, qui fut donné aux UNITÉS ou AGRÉGATIONS TACTIQUES à l'espagnole. Ils exécutaient les CHARGES par le départ successif de leurs Rangs. Le Rang qui avait CHARGÉ venait, par une VOLTE, se reformer en arrière du TROISIÈME RANG. Cette manœuvre s'appelait le COUP DE LANCE. — HENRI QUATRE réduisit la HAUTEUR des ESCADRONS à huit, puis à six, et même à cinq. — GUSTAVE-ADOLPHE amincit sa CAVALERIE de huit à cinq, à quatre, à trois, et même à deux, quand la faiblesse de l'EFFECTIF y contraignait. — Déjà on avait commencé dans d'autres ARMÉES à ne combattre que sur trois Rangs. — Quand GUSTAVE-ADOLPHE tenait tête aux Impériaux, leurs CAVALIERS étaient encore sur huit Rangs ; ce fut une cause des désavantages qu'éprouvèrent WALSTEIN à LUTZEN, TILLY à LEIPZIG. — Alexandre FARNÈSE et Maurice DE NASSAU, à ce que disent FOLARD (1727, A) et BASTA (1612), passèrent de l'ORDRE sur huit à l'ordre sur six CHEVAUX ; le front et les FLANCS de l'ESCADRON se composaient de LANCIERS ; le reste, d'ARCHERS ou d'ARQUEBUSIERS. — Au lieu du COUP DE LANCE, la CAVALERIE FRANÇAISE exécutait de la même manière, dans la GUERRE DE 1665, les COUPS D'ARMES A FEU. Le même mécanisme, imité de la caracole, se conserva plus tard dans le FEU DE CHAUSSÉE de l'INFANTERIE. — MONTÉCUCULI (1704, D) se prononçait pour la FORMATION sur trois Rangs. M. le général LAROCHE-AYMON (Annuaire des Armées, 1836, p. 428) affirme qu'en 1741, au combat de Sahay, en Bohême, la CAVALERIE AUTRICHIENNE était formée sur sept Rangs ; c'étaient probablement des CORPS qui avaient exécuté un doublement. — La CAVALERIE de cette MILICE pratiquait encore, dans la seconde moitié du siècle dernier, l'ORDRE sur trois Rangs ; il en était de même dans quelques CORPS de la MILICE PRUSSIENNE. — L'INSTRUCTION DE 1753 (14 MAI) voulait que la CAVALERIE FRANÇAISE fût exercée sur deux et sur trois Rangs. Les réglements postérieurs n'en ont plus reconnu que deux. — La CAVALERIE de la MILICE RUSSE a renoncé, la dernière, et de nos jours, à MANŒUVRER sur trois Rangs. — Au camp de Kalish, comme le témoigne le *Spectateur militaire* (t. XX, p. 634), ses Kurdes, ses Cosaques, ses musulmans, ses Tartares, ne manœuvrent que sur un Rang, et défilent ainsi par pelotons de dix-huit à trente hommes.

RANGS DEMI-OUVERTS. V. DEMI-OUVERT. V. RANGS OUVERTS.

RANGS de MOUSQUETAIRES. V. FEU A GÉNUFLEXION. V. MOUSQUETAIRE. V. MOUSQUETAIRE A PIED N° 5.

RANGS de PHALANGE. V. PHALANGE. V. PHALANGE GRECQUE. V. PAREMBOLE. V. SYNASPISME.

RANGS de PIED FERME. V. DE PIED FERME.

RANGS de PIQUIERS. V. PIQUIER. V. RANGS D'INFANTERIE. V. RANGS OUVERTS.

RANGS de TAMBOURS. V. TAMBOUR. V. TAMBOUR IDIOPLIQUE D'INFANTERIE FRANÇAISE N° 4.

RANGS D'INFANTERIE (term. sous-génér.). Sorte de RANGS TACTIQUES dont le chiffre a varié de quarante, ou même de cent, à DEUX. — On prétend que les CORPS ÉGYPTIENS ont été de cent Rangs ; mais c'est la nuit des temps. — La PHALANGE primitive formait un CORPS CARRÉ de quarante Rangs, du moins HOMÈRE autorise à le croire ; la MILICE ATHÉNIENNE était sur trente Rangs ; les perfectionnements de la TACTIQUE GRECQUE diminuèrent cette PROFONDEUR. — Les OPLITES LACÉDÉMONIENS formaient, suivant les temps, douze ou huit Rangs ; d'autres contrées de la Grèce en avaient dix. PHILIPPE et ALEXANDRE instituèrent SEIZE RANGS qui, au besoin, s'épaississaient de huit Rangs de PELTASTES ; ce qui portait la DILOCHIE à vingt-quatre Rangs. Par un mécanisme différent, la DIPHALANGARCHIE se doublait quelquefois à trente-deux Rangs par l'adjonction, dos à dos, des OURAGUES de deux TROUPES ou de deux XÉNAGIES. — Le système MACÉDONIEN appartient au temps où la MILICE GRECQUE a été dans tout son éclat ; c'est l'époque qui a surtout été étudiée et décrite ; voilà pourquoi quantité d'AUTEURS parlent de l'ORDRE sur seize Rangs comme d'un fait absolu, tandis que cette FORMATION n'a été qu'un fait local, une particularité. — Cette PHALANGE MACÉDONIENNE, ses HÉMISTRIGES, ses SARISSES, ses SIGNAUX, furent, en partie, le modèle que se proposèrent, au quinzième siècle, les régénérateurs de l'INFANTERIE dans notre Occident. — La MILICE ROMAINE, avant l'adoption du système manipulaire, était organisée à la GRECQUE ; mais, à la création des MANIPULES, les HASTAIRES des LÉGIONS furent mis sur DIX RANGS ; les PRINCES, sur un nombre égal ; quant aux TRIAIRES, troisième LIGNE qui était moitié moins nombreuse que les deux LIGNES qui les précédaient, il reste douteux s'ils avaient moitié moins de FILES ou moitié moins de Rangs. — On est mal instruit touchant le nombre des Rangs de la MILICE ROMAINE au temps de ses COHORTES, de sa décadence, de ses COINS OU TÊTES DE PORC ; on voit dans VÉGÈCE (590, A), ou du moins sa lecture fait conjecturer que les Rangs ont été au nombre de DIX, de SIX, de TROIS ; on ne sait qu'imparfaitement aussi suivant quel ORDRE se rangeaient les ARCHERS, au temps du grand usage des ARMES NÉVROBALISTIQUES. — L'INFANTERIE SUISSE qui, la première, reprit des formes étudiées, s'ordonnait, le plus généralement, en BATAILLONS CARRÉS A CENTRE PLEIN, de VINGT RANGS de PIQUIERS, ayant en avant du PREMIER RANG ses CAPITAINES. MANESSON (1685, B) représente une COLONNE COMPACTE de ce genre dans une gravure qui rappelle les anciens usages helvétiques et FRANÇAIS. Quand les bataillons étaient si épais, c'était l'époque

où, au contraire, les COMPAGNIES D'ORDONNANCE ne combattaient que SUR UN RANG. — Suivant le système de MACHIAVEL (1510, A), le nombre fondamental des Rangs devait être de CINQ, et se doubler à DIX. — Les HOLLANDAIS établissaient constitutivement le nombre de leurs Rangs à DIX. — Quand un certain nombre d'ARQUEBUSIERS et de MOUSQUETAIRES commencèrent à appuyer les PIQUIERS, les variations successives que l'ORGANISATION de ces diverses TROUPES éprouva, firent varier la quantité de Rangs. — En présenter la description d'une manière générale est difficile, parce que, quand les RÉGIMENTS D'INFANTERIE se composèrent de SOLDATS en partie armés de PIQUES, en partie porteurs de PETITES ARMES A FEU, les Rangs de ces deux genres d'ARMES n'étaient pas disposés suivant des règles pareilles. Leur ORDRE, leur nombre, leurs espèces, leur épaisseur, variaient et souvent ne se ressemblaient pas de RÉGIMENT à RÉGIMENT. Il y avait des usages, il n'y avait pas de lois ; et il faut se défier de tout ce qui a été dit comme absolu par les écrivains à ce sujet. — Au temps de l'institution des MANCHES, les PIQUIERS se rangeaient sur DOUZE OU DIX RANGS, et les ARQUEBUSIERS, ESCOPÉTIERS OU MOUSQUETAIRES, sur moitié moins de Rangs, mais partagés par de plus grands ESPACES, ce qui favorisait un PORT D'ARMES presque horizontal. — Au reste, ces principes, ou plutôt ces usages, ont éprouvé bien des exceptions. — Le nombre de DOUZE ou de DIX RANGS de PIQUIERS se pratiquait encore, dans l'ARMÉE FRANÇAISE, le jour de ROCROY. — Suivant les systèmes SUISSE, ESPAGNOL, HOLLANDAIS, systèmes auxquels se conformèrent les FRANÇAIS, les Rangs de PIQUIERS étaient, pour la MARCHE et la PARADE, entr'ouverts d'homme à homme, et ne se resserraient que pour le COMBAT ; on en opérait, à volonté, l'ACCOUDEMENT OU la dilatation, par les opérations nommées DOUBLEMENT et DÉDOUBLEMENT ; l'EMBOITEMENT diminuait de moitié le nombre des Rangs ; le DÉBOITEMENT reconstituait la FORMATION dans son état primitif, et rétablissait le maximum du nombre des Rangs. Ainsi le DOUBLEMENT des FILES était l'inverse du DOUBLEMENT des Rangs ; en d'autres termes, le DOUBLEMENT des Rangs était le DÉDOUBLEMENT DE FILES, *et vice versâ.* — Les Rangs de MOUSQUETAIRES s'épaississaient ou se diminuaient par le même mécanisme. — L'amincissement des Rangs, à partir de la bataille de ROCROY, amena l'institution des SECONDES LIGNES DE BATAILLE. — Depuis la renaissance de l'INFANTERIE, au quinzième siècle, la dimension des PIQUES a d'abord varié à raison de l'ORDRE ou du numéro des Rangs ; les PI-

QUES des derniers Rangs avaient le plus de longueur. On a vu revivre ce souvenir dans le projet, plusieurs fois reproduit, de proportionner suivant les Rangs la longueur des BAIONNETTES. — La MILICE FRANÇAISE a eu DOUZE, DIX, NEUF, HUIT Rangs, tant qu'elle a fait usage de PIQUES; elle n'en a plus eu successivement que SIX, QUATRE, TROIS, DEUX, depuis l'adoption du FUSIL A BAIONNETTE. — Les COMPAGNIES ou les PELOTONS D'INFANTERIE étaient le refuge des CAVALIERS démontés, qu'on nommait ANSPESSADES; du moins, l'opinion s'en est accréditée. Le DRAGON qui perdait son CHEVAL venait de même s'y ranger, et y prenait la droite des PIQUES ou des ARMES A FEU, suivant qu'il était armé de l'une ou de l'autre manière. — Tourner spiralement un Rang de PIQUIERS BORDANT LA HAIE, c'est-à-dire rouler sur lui-même en LIMAÇON tout un corps de PIQUIERS établis sur un seul Rang, était le moyen de former le BATAILLON ROND, MANŒUVRE défectueuse, ridicule, regardée même presque comme imaginaire, et pourtant décrite et représentée maintes fois dans les vieux AUTEURS. — Il y a eu autrefois aussi une ÉVOLUTION de MOUSQUETAIRES, qui s'appelait BORDER LA HAIE. — Quand les BANDES ou ENSEIGNES étaient sur HUIT RANGS, le PREMIER s'appelait CHEF DE FILE; le QUATRIÈME RANG, SERRE-DEMI-FILE; le CINQUIÈME RANG, DEMI-FILE; les autres, ARRIÈRE DEMI-FILE, et le dernier, SERRE-FILE. — Ces termes avaient deux acceptions, l'une plutôt adjective, l'autre plutôt substantive. Deux mots vont éclaircir cette idée. On disait, au temps des huit Rangs, notre dernier Rang est SERRE-FILE, notre quatrième est SERRE-DEMI-FILE. On disait, en considérant comme isolée la FILE, le quatrième PIQUIER de la FILE en est le SERRE-DEMI-FILE, le dernier piquier en est le SERRE-FILE. — Quand l'INFANTERIE fut sur six Rangs, le TROISIÈME était SERRE-DEMI-FILE. — Dans l'ancienne MILICE SUISSE, au temps des huit RANGS, les TRABANS gardaient au quatrième RANG les ENSEIGNES. — Cette FORMATION sur huit Rangs, les dénominations qui s'y appliquaient, les ÉVOLUTIONS qui s'y appropriaient, étaient empruntées de l'antique MILICE GRECQUE; le BATAILLON pouvait ainsi se fendre en deux dans sa longueur, pour s'allonger d'autant en s'amincissant de moitié, ou former, par une VOLTE, deux FRONTS, comme la PHALANGE ANTISTOME. — Les PIQUIERS de MONTÉCUCULI (1704, D) étaient à SIX RANGS; mais ses BATAILLONS étaient vraiment à HUIT, parce qu'il mettait en PREMIER RANG ses RONDACHES, au SECOND, ses MOUSQUETAIRES. Chaque gouvernement, chaque GÉNÉRAL, on pourrait presque dire chaque province avait, en tout cela, ses usages propres. — Les ORDONNANCES du dix-septième siècle appelaient RANGS A LA POINTE DE L'ÉPÉE, ceux qui se rapprochaient l'un de l'autre au minimum de leur ESPACE; c'était comme si l'on eût dit : la pointe de l'ÉPÉE d'un CHEF DE FILE (en prenant dans le sens moderne CHEF DE FILE) touchant la jambe de l'homme qui le suit. Au COMMANDEMENT : HALTE, les Rangs SERRAIENT A LA POINTE DE L'ÉPÉE. C'était à peu près ce que plus tard on a appelé ORDRE SERRÉ, OU MASSE. — A mesure que l'AMINCISSEMENT constitutif, réglementaire, réduisait le nombre des Rangs et en accroissait l'étendue, l'ACCOUDEMENT et la réduction de la DISTANCE en résultaient et devenaient les éléments indispensables de l'ALIGNEMENT, de la solidité, du PELOTONNEMENT, ensuite de la facilité des CONVERSIONS; l'adoption du HAVRE-SAC à double BRETELLE et l'invention du PAS OBLIQUE en furent une conséquence; une LOCALISATION différente et mieux combinée fut assignée aux OFFICIERS; jusque-là ces officiers tenus en PREMIER Rang étaient les premiers tués un JOUR DE COMBAT, ce qui était de la plus funeste conséquence. — La manière d'organiser les Rangs en groupes ou PELOTONS consistait à FORMER d'abord les HAIES. — Donnons chronologiquement idée des changements que le nombre des Rangs a éprouvés. — Les PIQUIERS de LOUIS DOUZE sont sur DOUZE RANGS. — A IVRY, l'INFANTERIE de HENRI est sur DIX. — En 1609, époque où le BATAILLON n'est pas encore inventé, et où les compagnies sont de cent vingt PIQUIERS et de quatre-vingts MOUSQUETAIRES, les PIQUIERS SONT SUR DIX RANGS. — Depuis 1610, ils sont SUR HUIT RANGS, et les MOUSQUETAIRES SUR QUATRE. — Les ESCADRES de GUSTAVE-ADOLPHE étaient de SIX RANGS; les MILICES ALLEMANDES commençaient à se conformer au système de ce grand CAPITAINE. — Sous la minorité de LOUIS QUATORZE, les Rangs français sont encore à HUIT; c'était le nombre d'abord adopté par TURENNE, qui avait ainsi modifié le système HOLLANDAIS dont il était, du reste, l'imitateur. — L'ESPACE entre les Rangs différait suivant qu'on était en MARCHE, ou de pied ferme en ORDRE DE PARADE, ou en ORDRE DE BATAILLE proprement dit. — Dans la GUERRE DE 1667, des CORPS DE PIQUIERS sont encore SUR HUIT RANGS, divisés par DEMI-FILES; mais, dès 1665, il y avait eu des CORPS ordonnés SUR SIX et SUR CINQ RANGS; cet ARRANGEMENT était celui de la GUERRE DE 1672. — Les principes alors en vigueur voulaient que les COMPAGNIES partant isolément du QUARTIER, pour le RASSEMBLEMENT, fussent SUR SIX RANGS; les cinq premiers étaient porteurs d'ARMES A FEU, le dernier ou sixième était armé de PIQUES. Les PIQUIERS venaient former, en se réunissant, une TROUPE DE CENTRE, et la totalité du BATAILLON se trouvait sur CINQ RANGS. — En 1678, les HOMMES DE PIED se tenaient sur CINQ OU QUATRE RANGS; pendant ce siècle, les PIQUIERS sont plus ordinairement en ORDRE SERRÉ; les ARQUEBUSIERS et MOUSQUETAIRES, plus ordinairement en ORDRE OUVERT. — En 1688, et pendant cette GUERRE, l'INFANTERIE est SUR CINQ et SUR QUATRE RANGS. — Pendant les deux derniers siècles, le nombre des Rangs des RÉGIMENTS et des BATAILLONS variait pendant le cours des CAMPAGNES, à raison de l'affaiblissement de l'EFFECTIF; ainsi, il y avait plus de Rangs au commencement des CAMPAGNES qu'à la fin, afin que l'étendue des FRONTS se ressemblât et déguisât l'affaiblissement. — Pendant la GUERRE DE 1701, époque où il n'y a plus de PIQUIERS, le BATAILLON se divise par DEMI-RANG, QUART DE RANG, DEMI-QUART DE RANG; c'était un système substitué à la division par MANCHES. — L'ORDONNANCE DE 1703 (2 MARS) disposait les FUSILIERS, soit sur quatre, soit sur TROIS RANGS; l'usage plus symétrique des FEUX D'INFANTERIE amène, de nécessité, cet AMINCISSEMENT, ou plutôt l'une de ces causes agit ou réagit tour à tour sur l'autre. PUYSÉGUR (1748, C, p. 60) témoigne que cette ORDONNANCE établissait, en ORDRE OUVERT, un ESPACE de treize pieds entre les Rangs. Les SOUS-OFFICIERS (alors officiers) n'avaient pas de place déterminée. — Dans la GUERRE DE 1733 l'infanterie agit encore sur QUATRE RANGS. — Pendant la GUERRE DE 1741, au contraire, les PRUSSIENS ne sont que SUR TROIS RANGS; cette innovation était due au prince de Dessau, si l'on en croit M. COURTIN (1833, E, au mot *Armée*). — L'ORDONNANCE DE 1750 (7 MAI) mettait les FANTASSINS FRANÇAIS sur QUATRE RANGS, et voulait qu'ils FISSENT FEU à la fois tous quatre. — Les capitaines, jusque-là HOMMES HORS RANGS, devenaient HOMMES DE RANGS, dans l'ordre en bataille, mais cessaient dans les FEUX, ou dans l'ORDRE EN COLONNE, OU PAR LE FLANC. — MAIZEROY (1773, A, B), SILVA (1768, K), TURPIN (1783, O.), sectateurs de FOLARD (1727, A) et de l'ORDRE PROFOND, ou de la COLONNE CONDENSÉE, plaidaient, dans une polémique animée, les uns en faveur de l'ORDRE QUATERNAIRE, ou même pour un ORDRE plus épais, comme préférable pour l'exécution des CHARGES, l'ASSIETTE DES CAMPS COMPACTES, la FORMATION en double HAIE, et la concordance entre le développement des FRONTS, la portée de la voix et l'étendue de la vue des CHEFS. — Mais le système de l'ORDRE MINCE prévalait; il amenait le PAS CADENCÉ, l'aisance des CON-

VERSIONS; le système des subdivisions, la suppression des CHEFS DE DEMI-FILES, des ARRIÈRES-DEMI-FILES et de tant d'autres détails exprimés par des dénominations devenues presque inintelligibles. — En 1755 (6 MAI), l'ORDRE SUR QUATRE RANGS se modifie par l'essai de l'ORDRE SUR TROIS; l'ORDONNANCE DE 1766 (1er JANVIER) faisait MANOEUVRER ordinairement SUR TROIS, et quelquefois SUR SIX RANGS. — L'INSTRUCTION de 1769 (1er MAI) exerçait, en quelques occasions, l'INFANTERIE LÉGÈRE en mettant les FILES à SIX DE HAUTEUR, excepté les GRENADIERS; à cet effet, un DOUBLEMENT DE FILES avait lieu par DÉBOITEMENT, puis on serrait vers le centre. — L'ORDONNANCE DE 1771 (19 JUIN) voulait que la première et la seconde ESCOUADE formassent le PREMIER RANG; que les troisième et quatrième composassent le SECOND RANG; les cinquième et sixième, le TROISIÈME RANG. C'était une symétrie impraticable pendant la GUERRE. — L'INSTRUCTION DE 1774 (11 JUIN) connaissait encore l'ORDRE SUR SIX RANGS, formés coude à coude et espacés d'un intervalle égal à l'épaisseur des HOMMES, ou à un pied et demi. Cette COMPRESSION fut le signal de l'abolition des DOUBLEMENTS et des DÉDOUBLEMENTS, et du placement plus régulier des OFFICIERS DE COMPAGNIE dans les Rangs. — Le RÈGLEMENT DE 1776 (25 MARS) faisait MANOEUVRER SUR TROIS RANGS seulement. Ils étaient plus serrés que de nos jours, parce que le fantassin ne PORTAIT qu'extraordinairement le SAC. — L'amincissement a amené l'accourcissement des CANONS DE FUSIL; ceux de l'INFANTERIE ANGLAISE ont été les plus courts de tous, parce qu'elle n'était que SUR DEUX RANGS. — La difficulté des FEUX HYPOCLASTIQUES OU A GÉNUFLEXION, le ridicule alors reconnu des FEUX A TERRE, le danger des FEUX DE TROIS RANGS, la complication et le décousu des FEUX DE CHAUSSÉE, l'impossibilité des FEUX OBLIQUES sur plus de TROIS RANGS, avaient contribué au successif AMINCISSEMENT, et les FEUX DE BATAILLON étaient devenus FEUX DE DEUX RANGS, FEUX DE FILES, FEUX DE RANGS. En 1791 (1er AOUT) et 1831 (4 MARS) l'infanterie ne MANOEUVRAIT plus que SUR TROIS et SUR DEUX RANGS; mais la composition était si indéterminée, il y avait si peu d'harmonie entre les ORDONNANCES, que celle DE 1818 (13 MAI) prescrivait aux TROUPES EN ROUTE de marcher SUR TROIS RANGS, quoique le RÈGLEMENT DE 1791 (1er AOUT) voulût qu'en tout temps l'INFANTERIE LÉGÈRE, et en TEMPS DE PAIX l'INFANTERIE DE BATAILLE, fussent SUR DEUX RANGS. — C'est depuis ces époques que l'abolition du TROISIÈME RANG, admise en principe dans plusieurs INFANTERIES, est devenue une question si débattue, si irrésolue. — Le CARRÉ du RÈGLEMENT DE 1791 était à SIX RANGS; mais les CARRÉS D'EGYPTE n'étaient que de trois Rangs. Cette différence a été déterminante, et l'ORDONNANCE DE 1831 (4 MARS) ne reconnaissait plus que le système des CARRÉS D'EGYPTE. — MAUVILLON (1780 , H) prétend qu'en 1778 FRÉDÉRIC DEUX fut sur le point d'adopter l'ORDRE SUR DEUX RANGS; c'est une assertion douteuse. — A Waterloo, les CARRÉS des ANGLAIS n'étaient que sur deux Rangs. — Les professeurs modernes se déclarent partisans de l'ORDRE SUR DEUX RANGS; cette thèse est soutenue par BONAPARTE et par GOUVION , par MM. CHAMBRAY , FRIRION , PELET; c'est l'anglomanie militaire du dix-neuvième siècle; les MILICES HOLLANDAISE et SUISSE, autrefois modèles, ont donné le signal de l'imitation; l'INFANTERIE de l'une et de l'autre n'était plus, en 1831 , que sur DEUX RANGS, à l'instar de la MILICE ANGLAISE. — Examinons les inconvénients et les avantages des deux systèmes ou ORDRES : l'un BINAIRE , l'autre TRINAIRE. Le pour et le contre sont débattus dans le *Spectateur militaire*, t. XII , p. 341. — La FORMATION SUR TROIS RANGS paralyse le TROISIÈME RANG pendant les FEUX , à moins que le PREMIER RANG ne s'agenouille pour TIRER; mais les FEUX A GÉNUFLEXION ont perdu toute estime, moins parce qu'ils ne valent rien , que parce qu'ils veulent une INFANTERIE dressée dans la perfection. — La FORMATION SUR DEUX RANGS occupe un tiers de terrain de plus; c'est un immense désavantage, puisque déjà les lignes de bataille sont trop frêles à TROIS RANGS. — La FORMATION SUR TROIS RANGS offre plus de ressources contre le CHOC de la CAVALERIE , surtout si le PREMIER RANG s'agenouille, non pour TIRER , mais pour présenter la BAIONNETTE , tandis que le SECOND et le TROISIÈME RANG FONT FEU. — Les MILICES AUTRICHIENNE , BADOISE , PIÉMONTAISE , PRUSSIENNE , semblent avoir résolu le problème en employant le TROISIÈME RANG EN TIRAILLEURS ; il revient, au besoin , renforcer la LIGNE. Ce système obvie au fâcheux allongement du FRONT d'une TROUPE à DEUX RANGS ; mais il demande des hommes très-obéissants , parfaitement dressés , et qu'on puisse livrer à eux-mêmes. — L'INFANTERIE RUSSE tire , au contraire , de son SECOND RANG ses TIRAILLEURS. — Les ARMÉES du NORD sont dispensées ainsi d'une surcharge et d'une anomalie , puisqu'elles n'ont que faire de COMPAGNIES DE VOLTIGEURS. — Mais en MANOEUVRE sérieuse , le départ d'un Rang se dispersant pour tirailler est une occasion d'agitation , de trouble , de bruit qui peut avoir de fâcheuses conséquences. — La MILICE ANGLAISE

n'a que deux Rangs ; mais le faible nombre, la rare agglomération de son INFANTERIE , rendent moins sensibles les désavantages de l'allongement. — BONAPARTE s'est déclaré pour les deux Rangs , pour justifier une mesure qu'il avait adoptée par nécessité, quand il lui importait d'imposer à l'ENNEMI par l'étendue du FRONT et de lui en imposer par une force simulée. M. le général Philippe de SÉGUR (1826 , 1834) en explique l'occasion et les causes; les ressources du génie de NAPOLÉON et l'habile emploi des MASSES remédiaient à cette fragilité de ses LIGNES. — GOUVION , homme de talent , mais qui ne voyait pas toujours juste , et qui était peu rompu aux détails , prétend que le grand vice du RÈGLEMENT DE 1791 consistait surtout dans la forme des FEUX ; mais les théories de ce document tenaient d'obligation à l'ensemble d'un système admirable. Il prétend , en assez incorrect langage , que : *ce n'est pas exagérer de dire que le troisième Rang met hors de combat le quart des hommes blessés un jour d'affaire.* On peut lui répondre en français équivalent : *Ce n'est pas exagérer de dire que l'assertion de Gouvion est une rêverie. Il en fut ainsi* , dit ce célèbre capitaine , *à Lutzen et à Bautzen ; Napoléon prit alors la résolution de ne faire combattre les troupes que sur deux Rangs ; il adopta cette mesure à la bataille de Leipzig et pendant les batailles de France.* Les RÉGIMENTS que commandait , à LEIPZIG , le rédacteur du présent article , y combattaient sur trois Rangs qui ne se succédèrent point. — BONAPARTE avait besoin d'un prétexte pour faire croire à son ARMÉE elle-même qu'elle était nombreuse encore. — Dans la FORMATION sur deux Rangs , comparée à celle sur trois , REPRENDRE SES RANGS , est d'un tiers plus long ; les trouées de l'ORDRE EN BATAILLE sont d'un tiers plus fréquentes , puisqu'il est dans la même proportion plus facile de ne pas GARDER SES RANGS ; la défaite d'une armée est donc d'un tiers plus probable. — La FORMATION SUR DEUX RANGS convenait mal à l'ORDRE EN CARRÉ , puisque , même sur TROIS RANGS , le carré était regardé comme faible par des militaires habiles; l'adoption de l'ORDRE BINAIRE nécessiterait donc un DOUBLEMENT qui fortifiât le CARRÉ ; cette difficulté est la cause de l'espèce d'indécision et de système bâtard qui se manifeste dans l'ORDONNANCE DE 1831 (4 MARS); elle tolère , mais n'ose pas prescrire la FORMATION SUR DEUX RANGS ; elle a le plus grave tort que puisse avoir un RÈGLEMENT : elle manque de volonté. — Après cette incursion dans le domaine systématique, résumons ce que la question a de légal et d'usager en FRANCE. — Les ROULEMENTS font REPRENDRE le Rang. — La manière de réparer les trouées occasionnées dans les Rangs, pendant les COMBATS CONTRE INFANTERIE, a été l'objet d'études et de combinaisons depuis long-temps négligées ; il restait douteux si c'était vers le FRONT du BATAILLON, ou vers le centre de chaque Rang, qu'il fallait faire appuyer les HOMMES pour remplir les vides. — Les BANS DE ROUTE avaient en partie pour objet de défendre aux HOMMES DE PIED de quitter leurs Rangs. — Le RÈGLEMENT DE 1791 (1er AOUT) espaçait de trois pieds les Rangs au PAS DE ROUTE ; leur ESPACE au PAS CADENCÉ était de quinze à dix-huit pouces ; et dans les COLONNES, DE ROUTE, il était de vingt-six pouces. — La COLONNE DE ROUTE marche à Rangs ouverts et à FILES OUVERTES tant soit peu. — La mesure, la COMPOSITION des Rangs des SUBDIVISIONS organisées pour les MANOEU-VRES et pour les MARCHES DE BATAILLON EN COLONNE, sont réglées au moyen de l'opération qu'on nomme ÉGALISATION DE PELOTONS. — Dans les CHANGEMENTS DE DIRECTION EN COLONNE, l'accord du PAS DE PIVOT et des autres PAS maintient l'adhésion des Rangs ; dans l'action de TOURNER, ou dans les TOUR-NEMENTS, les Rangs au contraire se désu-nissent momentanément. — L'ÉVOLUTION nommée ABDUCTION PAR LE FLANC est d'une exécution difficile, parce que, par une sorte d'anomalie, ou au moins d'exception, les Rangs deviennent FILES. — En certaines circonstances, le PREMIER RANG de la GARDE DU DRAPEAU quitte le PREMIER RANG du BA-TAILLON. — Le RÈGLEMENT DE 1791 (1er AOUT) ne RENVERSAIT les Rangs que pour les FEUX et la MARCHE EN BATAILLE. L'ORDONNANCE DE 1831 (4 MARS) maintenait non-seulement les INVERSIONS et les RENVERSEMENTS de 1791, mais elle renversait même les COLONNES. Nous sommes loin de croire plausible l'in-novation. — Cette ordonnance négligeait d'indiquer quels Rangs doivent occuper les CLAIRONS. — L'allongement ou, comme on disait jadis, le DÉFILER des Rangs, est une conséquence inévitable de la MARCHE PAR LE FLANC ; cette MARCHE ne doit, par cette rai-son, être pratiquée que rarement. — GA-NEAU appelle ARRIÈRE-RANG le DERNIER RANG ; mais le SECOND RANG aussi est un ARRIÈRE-RANG par rapport au PREMIER. — Les AUTEURS qui se sont exercés à l'égard des Rangs de l'infanterie sont : BARDIN (1807, D), BILLON (1641, A), BOMBELLES (1746, A), BOTTÉE (1758, F), BOUCHAUD (1757, G), M. le co-lonel CARRION (1824, A), M. le marquis DE CHAMBRAY (1824, 1830), DELAFONTAINE (1675, A), DELANOUE (1760, F), DELIGNE

(1780, I), DESPAGNAC (1751, D), DUBELLAY (1548, A), DUBOUSQUET (1769, B), ENCYCLO-PÉDIE (1785, C, au mot *Chef de file*), FO-LARD (1727, A), FRIRION (1822, E), GAYA (1679, A), GOUVION, GUIBERT (1773, E), GUILLET (1686, B), KERENVEYER (1771, R), LACHESNAIE (1758, I), LEBLOND (1758, B), MACHIAVEL (1510, A), MAIZEROY (1773, A, B ; 1765, B ; 1766, F), MANESSON (1685, B), MAURICE DE SAXE (1757, A), MAUVILLON (1780, H), MESNIL-DURAND (1780, K), MI-RABEAU (1788, C), MONTÉCUCULI (1704, D), M. le général PELET (1827), PICTET (1761, I), PUYSÉGUR (1748, C), M. le général RO-GNIAT (1816, B), ROHAN (1757, O), SILVA (1778, F), SINCLAIRE (1773, L), TRAVERSE (1758, D), TURPIN (1783, O), le *Spectateur militaire* (t. XIX, p. 400 ; t. XXIV, p. 153, 533), le journal *l'Armée* (p. 155, 170, 178), la *Sentinelle* (t. III, p. 571).

RANGS EN MARCHE. V. EN MARCHE. V. FILE OUVERTE. V. RANGS D'INFANTERIE. V. RANGS OUVERTS.

RANGS EN ROUTE. V. BAN DE ROUTE. V. EN ROUTE. V. RANGS D'INFANTERIE.

RANGS OUVERTS (G, 6). Sorte de RANGS D'INFANTERIE organisés suivant un des deux modes de RANGEMENT OU d'ARRANGEMENT qui sont ou ont été le fondement et le préliminaire des MANOEUVRES, des MARCHES, des MA-NIEMENTS D'ARMES. — Les GARDES ne s'assem-blaient, autrefois, qu'à Rangs ouverts sur les PLACES D'ARMES DES GARNISONS. — L'ORDRE DE BATAILLE des PIQUIERS était ouvert en MARCHE ; il était serré pour le COMBAT, ou se serrait quand on leur commandait : HALTE. L'ORDRE DE BATAILLE des HOMMES DE PIED combattant avec des ARMES A FEU, a été, d'abord et long-temps, à RANGS OUVERTS et à FILES OUVERTES ; c'était leur formation normale. Ils n'ont été ordonnés à RANGS SERRÉS que depuis l'adop-tion de l'ORDRE MINCE et des ÉVOLUTIONS à la PRUSSIENNE. — La MARCHE DE BATAILLON EN COLONNE était, autrefois, à RANGS DEMI-OUVERTS ou à quatre pieds, ou bien à Rangs ouverts ou à huit pieds. — DE PIED FERME, l'INFANTERIE OUVRAIT LES RANGS, soit en avant, soit en arrière ; il n'en est plus de même. — Dans le dix-septième siècle, comme le témoigne LOSTELNEAU (1647, B), les CONTRE-MARCHES A LA GRECQUE, les DÉFILEMENTS DE PA-RADE, les CONVERSIONS DE BATAILLONS EN BA-TAILLE ne s'exécutaient qu'à Rangs ouverts. De ce système résultaient la facilité, la sy-métrie d'un FEU DE RANGS plus théâtral que militaire ; ce FEU permettait à chaque rang qui avait TIRÉ de s'écouler en arrière par l'entre-deux des FILES. — PUYSÉGUR (1748, C, p. 93, note), qui écrivait au temps où, d'eux-mêmes et à défaut d'ordonnances, des corps adoptaient le PAS CADENCÉ et commençaient à SERRER leurs rangs à la POINTE DE L'ÉPÉE en plusieurs cas, et par exemple quand il s'agissait de ROMPRE, conseillait à l'INFANTERIE de ne MANOEUVRER qu'à Rangs ouverts, hormis pour charger l'ENNEMI. FRÉDÉRIC DEUX a fait prévaloir le contre-pied de ce système. — En 1766 (1er JANVIER), époque où le principe de ne pas occuper plus de FRONT que de PROFONDEUR n'était pas encore généralement consacré, l'INFANTERIE FRANÇAISE agissait encore à Rangs ouverts; mais elle serrait les rangs à tout CHANGEMENT DE DIRECTION EN COLONNE, ou quand elle marchait en ORDRE DE BATAILLE sur l'ENNEMI, ou quand elle devait se FORMER EN BATAILLE. — L'INSTRUCTION DE 1769 (1er MARS), relative à l'INFANTERIE LÉGÈRE, ouvrait les rangs, soit à deux, soit à quatre pas, suivant que le COMMANDEMENT en était fait; c'était le seul moyen de la faire MANOEUVRER au PAS DE COURSE. — En 1774 (11 juin), les Rangs ouverts s'appelaient ORDRE DE PARADE; ils étaient distants de quatre pas et s'appuyaient sur des HOMMES D'ENCADREMENT. Une particularité de cette INSTRUCTION était d'ouvrir les rangs en marchant. — Le MANIEMENT D'ARMES nommé ARME SOUS LE BRAS GAUCHE ne peut avoir lieu qu'à Rangs ouverts. — Depuis le RÈGLEMENT DE 1791 (1er AOUT), l'arrangement à Rangs ouverts n'avait lieu que pour rendre les HONNEURS FUNÈBRES, que pour l'étude élémentaire des ALIGNEMENTS SUCCESSIFS, et pour les détails du MANIEMENT D'ARMES sans BAIONNETTE. — L'ORDRE à Rangs ouverts avait lieu en COLONNE DE ROUTE, et quelquefois cette COLONNE exécutait ainsi les CONVERSIONS A PIVOT MOBILE; quelquefois elle se SERRAIT pour les exécuter. — L'INFANTERIE ne DÉFILAIT plus qu'à RANGS SERRÉS, et OUVRAIT, pour l'INSPECTION DES ARMES, ses rangs à quatre pas ou huit pieds, et par une MARCHE EN ARRIÈRE. — On peut consulter, touchant les Rangs ouverts : BILLON (1641, A), BOMBELLES (1746, A; 1754, D), BOTTÉE (1750, B), DESPAGNAC (1751, D), KÉRENVEYER (1771, R), LEBLOND (1758, B), LOSTELNEAU (1647, B), MIRABEAU (1788, C), PICTET (1761, I), PUYSÉGUR (1748 C), SINCLAIRE (1773, L).

RANGS SERRÉS. V. A RANGS SERRÉS. V. AILE TACTIQUE. V. ALIGNEMENT. V. ARME A VOLONTÉ. V. BORDER LA HAIE. V. COLONNE SERRÉE. V. CONTRE-MARCHE ÉPAGOGIQUE. V. CONTRE-MARCHE PHALANGIQUE. V. DÉFILEMENT DE PARADE. V. DÉFILER. V. DOUBLE HAIE. V. DOUBLEMENT. V. ÉCOLE DE BATAILLON. V. ESCADRON FRANÇAIS N° 4. V. ESPACE DE RANGS. V. MANIEMENT D'ARMES. V. MARCHE DE BATAILLON EN COLONNE. V. ORDRE DE BATAILLE. V. ORDRE DE PARADE. V. ORDRE MINCE. V. SERRÉ, adj. V. TACTIQUE, subs.

RANIS; RANTZAU; RANZOW. V. NOMS PROPRES.

RAPIÈRE, subs. fém. (F), ou RAPIEST, ou ROUPIÈRE, ou ROUPIÈRE suivant BOREL (Pierre). Ces mots, qui, suivant CARRÉ (1783, E) et ROQUEFORT, signifiaient LONGUE ÉPÉE OU ÉPÉE à longue LAME, ont produit le substantif maintenant inusité RAPIÉREUR, synonyme de BRETAILLEUR ou de SPADASSIN, et le verbe RAPIÉRER, hors d'usage aussi. — MÉNAGE et ROQUEFORT tirent le terme Rapière de l'ALLEMAND *rapier*, et WACHTER de *schrappier*. — La Rapière était une ARME D'ESTOC, ou, comme l'appelle WALTER-SCOTT, un ESTOC, en usage surtout sous HENRI QUATRE et sous LOUIS TREIZE. Tolède était célèbre pour la fabrication des Rapières. — L'expression Rapière est devenue dérisoire, à cause de l'extravagante manie du DUEL qui a régné du quinzième au dix-septième siècle, et de l'esprit de fanfaronade de tous ceux qui portaient RAPIÈRE ou épée ESPAGNOLE. — A l'égard des Rapières, consultez BOREL (Pierre), CARRÉ (1783, E, p. 168, 249), M. le général COTTY (1822), FURETIÈRE, HUND, MÉNAGE, ROQUEFORT, WACHTER, l'*Encyclopédie du dix-neuvième siècle* (au mot *Arme*). Ce dernier ouvrage prend comme synonymes BRETTE et Rapière.

RAPIÉRER, verb. neut. V. RAPIÈRE.

RAPIÉREUR, subs. masc. V. RAPIÈRE.

RAPIEST, subs. masc. V. RAPIÈRE.

RAPPART. V. NOMS PROPRES.

<table>
<tr><td rowspan="2">RAPPEL</td><td>CÉLEUSTIQUE . . . . . .</td><td>RAPPEL AUX CONSIGNÉS.</td></tr>
<tr><td>PÉCUNIAIRE. . . . . .</td><td>RAPPEL DE JOURNÉES D'HOPITAL.</td></tr>
</table>

RAPPEL, subs. masc. (term. génér.). Ce réduplicatif du mot APPEL s'applique financièrement, tactiquement, policièrement; il a produit RAPPELER, signifiant, à l'infinitif actif, BATTRE OU SONNER un Rappel, et rappeler, signifiant, à l'infinitif passif, ENTRER EN RAPPEL ou être remboursé de l'ARRIÉRÉ. Il sera distingué ici en RAPPEL AUX CLAIRONS, — AUX TAMBOURS, — CÉLEUSTIQUE, — DE DISTRIBUTIONS, — DE GARNISAIRE, — DE PERMISSIONNAIRE, — DE PRESTATIONS, — DE RENTRANT, — DE SEMESTRIER, — DE SOLDE, — D'EFFETS D'UNIFORME, — EN ROUTE, — PÉCUNIAIRE.

RAPPEL AUX CLAIRONS. V. CLAIRON. V. SONNERIE D'INFANTERIE.

RAPPEL AUX CONSIGNÉS (C, 3). Sorte de RAPPEL CÉLEUSTIQUE, dont l'objet est de rassembler les CONSIGNÉS, soit pour en constater la présence, soit pour les employer aux CORVÉES DE PROPRETÉ. Cette BATTERIE, qui sert aussi à annoncer le BALAYAGE DE GRANDE CORVÉE, consiste en un ROULEMENT, une BRELOQUE, un Rappel.

RAPPEL AUX TAMBOURS. V. A L'ORDRE AUX TAMBOURS. V. TAMBOUR. V. TAMBOUR IDIOPLIQUE.

RAPPEL CÉLEUSTIQUE (G, 6), ou APPEL CÉLEUSTIQUE, puisque l'ORDONNANCE DE 1831 (4 MARS) confondait ces deux mots. Sorte de RAPPEL qui répond à ce que les ITALIENS appelaient *chiamata*, qu'on a traduit, mais sous un autre sens, par CHAMADE. — Le Rappel est une BATTERIE ou une SONNERIE qui équivalait à un ordre donné à des MILITAIRES ou à des TROUPES, de se rassembler pour des mesures de POLICE, pour accomplir un SERVICE, pour fournir à une GARDE, pour se rendre à l'ORDRE, pour PRENDRE LES ARMES, etc. — Les INSTRUMENTS DE MUSIQUE accompagnaient autrefois le Rappel des TAMBOURS, et jusqu'à l'ORDONNANCE DE 1766 (1er JANVIER), c'était une BATTERIE D'ÉVOLUTIONS, comparable aux SIGNAUX que donnaient les BUCCINES des anciens. — Le Rappel était la quatrième BATTERIE DE DÉPART, la troisième BATTERIE DES CORVÉES DE CASERNE, la seconde de la BATTERIE A L'ORDRE aux SERGENTS DE SEMAINE. — Le Rappel était aussi un genre de SALUT, une BATTERIE D'HONNEUR vis-à-vis des GÉNÉRAUX DE DIVISION, une SONNERIE D'INFANTERIE. — L'OFFICIER COMMANDANT qui veut faire RAPPELER en donne le SIGNAL, en mettant la lame de l'épée sur l'épaule droite ; le TAMBOUR-MAJOR fait un signe analogue. — A tout Rappel BATTU, le devoir des CAPORAUX D'ESCOUADE est de faire partir incontinent les HOMMES commandés. — On peut consulter, à l'égard des Rappels : BARDIN (1807, D), DUPAIN (1783, F), LACHESNAIE (1758, I, aux mots *Appel, Batterie, Exercice, Roulement, Tambour*), l'ENCYCLOPÉDIE (1785, C, au mot *Appel*). — Le Rappel céleustique

sera surtout distingué ici en RAPPEL AUX CONSIGNÉS.

RAPPEL DE DISTRIBUTIONS. V. APPROVISIONNEMENT D'ARMÉE. V. DISTRIBUTION.

RAPPEL DE GARNISAIRE. V. GARNISAIRE.

RAPPEL DE JOURNÉES D'HOPITAL (B, 1). Sorte de RAPPEL PÉCUNIAIRE qu'on a aussi appelé DÉCOMPTE DE JOURNÉES D'HOPITAL ou DÉCOMPTE D'HOPITAL. — Tout MILITAIRE EN ACTIVITÉ DE SERVICE y a droit sur l'exhibition de SON BILLET DE SORTIE D'HOPITAL. Ce Rappel s'exerce depuis le jour inclus de l'ENTRÉE A L'HOPITAL jusqu'au jour exclus de la SORTIE, en y comprenant, s'il y a lieu, l'aller et le retour. — Le Rappel n'est pas réclamable si la SORTIE a été suivie d'une ABSENCE ILLÉGALE, ou si le MILITAIRE est en CONGÉ SANS SOLDE.

RAPPEL DE PERMISSIONNAIRE. V. PERMISSION. V. PERMISSIONNAIRE.

RAPPEL DE PRESTATION. V. DÉTENU EN PRISON PUBLIQUE. V. FEUILLE DE ROUTE DE MILITAIRE ISOLÉ. V. PRESTATION. V. PRESTATION EN NATURE. V. PRESTATION PÉCUNIAIRE.

RAPPEL DE RENTRANT. V. DÉTENU MIS EN JUGEMENT. V. RENTRANT.

RAPPEL DE SEMESTRIER. V. CERTIFICAT DE SEMESTRIER. V. SEMESTRIER.

RAPPEL DE SOLDE. V. CONDAMNÉ. V. CONGÉ AVEC SOLDE. V. CONGÉ LIMITÉ. V. DÉCÉDÉ. V. DÉMISSION. V. DÉSERTEUR. V. DÉTENU EN PRISON PUBLIQUE. V. DETTE COMPTABILIAIRE. V. FEUILLE DE ROUTE DE MILITAIRE ISOLÉ. V. HÉRITIER DE MILITAIRE. V. HOMME DE TROUPE N° 5. V. OFFICIER FRANÇAIS N° 10. V. PERMISSIONNAIRE. V. RETENUE SUR PRÊT. V. SOLDE. V. SOUS-OFFICIER N° 11. V. TRAITEMENT D'ACTIVITÉ.

RAPPEL EN ROUTE. V. BATAILLON EN ROUTE. V. CAPORAL EN ROUTE. V. COLONEL EN ROUTE. V. CORPS AU GITE. V. ÉCLOPPÉ. V. EN ROUTE. V. HALTE DE ROUTE.

RAPPEL D'EFFETS D'UNIFORME. V. ABSENT. V. EFFET D'UNIFORME.

RAPPEL PÉCUNIAIRE (B, 1). Sorte de RAPPEL qui donne lieu à un remboursement dû à des MILITAIRES qui n'ont pas joui de certaines PRESTATIONS auxquelles ils avaient DROIT, ou dont l'acquittement a été retardé par des causes que la loi détermine et que la COMPTABILITÉ constate. — Les PRESTATIONS PÉCUNIAIRES qui n'ont pu être servies sont l'objet d'un DÉCOMPTE réglé au profit des MILITAIRES ISOLÉS, de ceux EN CONGÉ, de ceux RENTRANT AU CORPS, etc., s'ils représentent une FEUILLE DE ROUTE en règle ; en ce cas, ils ont DROIT à être RAPPELÉS ou à ENTRER EN RAPPEL à l'instant de la RENTRÉE AU CORPS.

LES PRESTATIONS EN NATURE ne donnent droit à aucun Rappel. — L'ORDONNANCE DE 1825 (19 MARS) descendait dans les détails des cas de Rappel. Suivant cette ORDONNANCE, *les Rappels appartenant à la solde courante* sont ORDONNANCÉS en même temps et sur les mêmes MANDATS. — Les Rappels pécuniaires seront surtout examinés ici comme RAPPELS DE JOURNÉES D'HOPITAL.

RAPPELER, verb. act. et neut. V. APPELER CÉLEUSTIQUEMENT. V. CORVÉE EN ROUTE. V. DÉTENU MIS EN JUGEMENT. V. RAPPEL. V. RAPPEL CÉLEUSTIQUE. V. RAPPEL PÉCUNIAIRE. V. TAMBOUR INSTRUMENTAL D'INFANTERIE FRANÇAISE.

RAPPORT, subs. masc. V. BILLET DE R... V. FEUILLE DE R... V. HEURE DE R... V. RECEVOIR LE R... V. RENDRE LE R... V. SALLE DE R...

RAPPORT | JOURNALIER { RAPPORT DE COMPAGN. { RAPPORT GÉNÉRAL.

RAPPORT (term. génér.), ou RAPPORT MILITAIRE. Le mot Rapport, dont l'étymologie ne demande pas à être expliquée, donne idée d'un COMPTE rendu hiérarchiquement, touchant le SERVICE, sous forme sommaire ou explicite, d'une manière périodique ou éventuelle, soit en un lieu ou une SALLE *ad hoc*, et à HEURE déterminée, soit extraordinairement, suivant le besoin, mais toujours par écrit. — Les Rapports mentionnent les événements qui intéressent l'ARMÉE, les PUNITIONS infligées, les ÉLARGISSEMENTS consommés ou réclamés, les PERMISSIONS sollicitées, les DEMANDES soumises au CHEF, les RÉCEPTIONS faites ou à faire, les ABSENCES non autorisées, la SITUATION NUMÉRIQUE des CORPS ou des fractions de CORPS, les ARRIVÉES, RENTRÉES ou DÉPARTS de TROUPES, ou de DÉTACHEMENTS, ou d'HOMMES ISOLÉS. Ils ont également lieu EN STATION, EN MARCHE, EN CAMPAGNE, EN GARNISON, AU CAMP; ils forment le document accidentel ou JOURNALIER de STATISTIQUE officielle, où l'AUTORITÉ puise tous les renseignements qu'exigent le BON ORDRE, la POLICE, l'ADMINISTRATION, la GUERRE. Sans Rapports réguliers, point d'ARMÉE RÉGULIÈRE, point de GUERRE RÉGULIÈRE. — Par métonymie, le mot a signifié une action, un lieu, un papier. — LECOUTURIER (1825, A) dit, au mot PLAINTE, qu'en fait de DISCIPLINE il n'y a que des Rapports, et que ce n'est qu'à l'égard de la JUSTICE qu'il est dressé PLAINTE. Cependant il y a des PLAINTES disciplinaires, puisque des formes analogues à celles de la JUSTICE sont maintenant observées en cas d'INFRACTIONS graves ou réitérées envers la DISCIPLINE. — Nous avons rendu compte d'un usage établi dans la MILICE ANGLAISE, et que la nôtre eût dû imiter. Un Rapport mensuellement fourni par les CORPS est une espèce d'accusé de réception, récapitulant sommairement les ORDRES reçus, les communications transmises, et relatant le fonds de leur teneur; cette déclaration ôte tout prétexte à la désobéissance, toute excuse du genre de celle que si souvent on formule mensongèrement sous ces phrases : On ne m'en a rien dit; je n'en savais rien; je ne m'en souvenais pas. — Les AUTEURS qui ont traité des Rapports et de leur mécanisme, sont : BARDIN (1807, D; 1809, B; 1814, E), M. BERRIAT (1817, A), BOMBELLES (1746, A, t. I, p. 144), l'ENCYCLOPÉDIE (1785, C), ODIER (1818, E, p. 236; 1824, E), M. le général THIÉBAULT (an huit), WERKLEIN. — En nous bornant ici à ce qui intéresse l'INFANTERIE FRANÇAISE, et principalement le SERVICE DE GARNISON, nous distinguerons le sujet comme RAPPORTS A L'ÉTAT-MAJOR, — AU CAMP, — AU MINISTRE, — DE COLONEL, — DE COMMANDANT DE PLACE, — DE DÉTACHEMENT, — DE POSTE, — DE RONDE, — DES VINGT-QUATRE HEURES, — EN CAMPAGNE, — EN ROUTE, — HIÉRARCHIQUE, — INTÉRIEUR, — JOURNALIER, — MILITAIRE, — OFFICIEL, — PARTICULIER.

RAPPORT à l'ÉTAT-MAJOR DE PLACE. V. AUBETTE. V. CAPORAL CHEF DE POSTE. V. CAPORAL DE CONSIGNE. V. CHEF DE POSTE D'HOMMES DE GARDE N° 4. V. COMMANDANT DE PLACE N° 7. V. ÉTAT-MAJOR DE PLACE. V. ORDRE DE PLACE. V. RÉCEPTION D'OFFICIER.

RAPPORT AU CAMP. V. CAMP. V. AU CAMP. V. RAPPORT.

RAPPORT au MINISTRE. V. MINISTRE DE LA GUERRE N° 7.

RAPPORT de COLONEL. V. COLONEL. V. COLONEL D'INFANTERIE FRANÇAISE DE LIGNE N° 24, 29, 52.

RAPPORT de COMMANDANT DE PLACE. V. COMMANDANT DE PLACE N° 42.

RAPPORT de COMPAGNIE (B, 1; C, 5; E). Sorte de RAPPORT JOURNALIER inscrit au bas de l'ÉTAT DE SITUATION ou de la FEUILLE de vingt-quatre heures. — Le Rapport est signé du CAPITAINE ou du COMMANDANT de la COMPAGNIE; il relate les MOUVEMENTS des vingt-quatre heures; il est accompagné des ÉTATS demandés par la voie de l'ORDRE, ainsi que des FEUILLES DE ROUTE des MILITAIRES ISOLÉS, des CERTIFICATS des RENTRANTS, des BILLETS DE SORTIE D'HOPITAL, etc.; il rend compte de l'état du FONDS des MASSES des CONDAMNÉS et des DÉSERTEURS; il indique l'espèce et le NUMÉRO des ARMES PERDUES OU EMPORTÉES; il réclame l'autorisation des DISPENSES D'APPEL DE SOIR. — Les Rapports étaient, autrefois, reçus et examinés par le major, et résumés en rapport général par l'adjudant de semaine. D'autres règles étaient établies par l'ordonnance de 1833 (2 novembre). Le chef de bataillon de semaine préside, dans la salle de rapport, à la remise des Rapports que lui présentent les sergents-majors ; le major en transcrit les mutations, et les rapports particuliers se transforment en rapport général.

RAPPORT de détachement. v. chef de détachement embarqué. v. détachement.

RAPPORT de poste. v. adjudant de semaine n° 3. v. adjudant de place n° 4. v. aubette. v. caporal de consigne. v. chef d'avancée. v. chef de poste de police. v. chef de poste d'hommes de garde n° 2, 4. v. état-major de place. v. major de place n° 2. v. officier d'état-major de place.

RAPPORT de ronde. v. commandant de place n° 9. v. ronde.

RAPPORT des vingt-quatre heures. v. rapport. v. rapport journalier. v. vingt-quatre heures.

RAPPORT en campagne. v. en campagne. v. rapport. v. Thiébault (an huit). v. Werklein.

RAPPORT en route. v. en route. v. marche route. v. rapport.

RAPPORT hiérarchique. v. hiérarchie militaire. v. hiérarchique. v. rapport. v. rapport journalier.

RAPPORT général (B, 1 ; C, 3 ; E). Sorte de rapport journalier auquel il pourrait être donné une dénomination plus convenable, car ce serait le Rapport adressé et résumé au quartier général qui devrait s'appeler ainsi ; mais les ordonnances l'ont désigné, à tort ou à raison, sous ce nom pour le distinguer du rapport particulier. Les inexactitudes de cette espèce fourmillent dans la langue militaire. — Le Rapport général a pour point de réunion, pour lieu de séances, une chambre de caserne ou de pavillon ; faute d'autre emplacement convenable, le logement du chef de bataillon de semaine se transformerait en salle de rapport. Il résume les rapports de compagnie ; il est dressé sous la direction du chef de bataillon de semaine ; il est remis au colonel par le lieutenant-colonel ; un double en est rendu au major par l'adjudant de semaine. — Le colonel, en cas d'absence, reçoit une analyse des Rapports ; elle lui est adressée par le commandant du corps par intérim. — La complication, les cascades de la transmission des Rapports tenaient surtout à la nécessité de tirer de quelques grades peu utiles un

parti qui semblât utile ; mais un colonel qui n'interrogerait ni les sergents-majors, ni les capitaines, resterait mal éclairé touchant bien des détails énoncés au Rapport ou qui peut-être y seraient omis.

RAPPORT intérieur. v. feuille de rapport. v. intérieur. v. rapport journalier.

RAPPORT journalier (term. sous-génér.), ou rapport hiérarchique. Sorte de rapport que l'ordonnance de 1833 (2 novembre) nommait ainsi ; celle de 1823 (19 mars) l'appelait rapport des vingt-quatre heures ; d'autres documents l'appelaient rapport intérieur. — La régularité des Rapports et la combinaison de leurs formes ne datent que de l'émission peu ancienne des règlements de police et de service en garnison. — Au temps où les majors étaient capitaines, au temps où ils étaient lieutenants-colonels, les détails du Rapport les concernaient. — L'ordonnance de 1818 (13 mai) chargeait du dépouillement des pièces du Rapport les adjudants-majors de semaine, les adjudants de semaine et le major ; elle y appelait l'aide-major, le chirurgien-major, le tambour-major, les sergents-majors ; elle les réunissait sous la direction du chef de bataillon de semaine ; ce chef remettait au lieutenant-colonel le résumé du Rapport, et se rendait avec lui chez le colonel pour prendre ses ordres touchant les demandes de la feuille de rapport, les petits congés, les permis d'absence, etc. — L'ordonnance de 1833 (2 novembre) apportait quelques modifications à ces règles ; elle adjoignait à l'adjudant un fourrier de semaine, et chargeait ce dernier de remettre au major les rapports de compagnie, et de communiquer l'ordre du jour au chef de bataillon, à l'adjudant-major, au chirurgien. — Le Rapport se rend et se reçoit à une heure déterminée, soit à l'état-major du corps, soit à l'état-major général. — C'est ordinairement à la suite du Rapport que l'ordre du jour est communiqué et inscrit. — Le Rapport journalier se distingue surtout en rapport de compagnie et en rapport général.

RAPPORT militaire. v. adjudant général anglais. v. militaire, adj. v. rapport.

RAPPORT officiel. v. législation (1829, 6 mars ; 1830, 10 novembre ; 1831, 18 mars ; 1832, 5 avril ; 1833, 1er mai et 9 décembre). v. officiel.

RAPPORT particulier. v. particulier, adj. v. rapport. v. rapport de compagnie.

RAPPORTEUR (subs. masc.) de conseil d'administration. v. conseil d'adminis-

TRATION DE RÉGIMENT Nº 1. V. MAJOR-CAPITAINE Nº 5. V. MAJOR CHEF DE BATAILLON Nº 12. V. MAJOR LIEUTENANT-COLONEL Nº 5.

RAPPORTEUR de CONSEIL DE RÉVISION. V. CONSEIL DE RÉVISION CONSCRIPTIF. V. CONSEIL DE RÉVISION JUDICIAIRE. V. SOUS-PRÉFET.

RAPPORTEUR de TRIBUNAL MILITAIRE. V. ACCUSATEUR. V. ACTE DE DÉCÈS HORS DU CORPS. V. AUDITEUR. V. CAPITAINE RAPPORTEUR. V. CHEF DE BATAILLON RAPPORTEUR. V. COMMISSAIRE AUDITEUR. V. CONCLUSION DE PROCÉDURE. V. CONDAMNATION JUDICIAIRE. V. CONFRONTATION. V. CONSEIL JUDICIAIRE. V. CONSEIL PERMANENT Nº 1. V. CORPS DE DÉLIT. V. CRIME. V. DÉCLARATION DE TÉMOIN JUDICIAIRE. V. JUSTICE MILITAIRE. V. MARÉCHAL DES LOGIS D'ARMÉE Nº 5. V. MILICE NÉERLANDAISE Nº 6. V. MILICE PIÉMONTAISE Nº 7. V. OFFICIER RAPPORTEUR. V. RÉVISION JUDICIAIRE. V. TRIBUNAL MILITAIRE.

RAQUETIER, subs. masc. (F), ou FUSÉEN, ou RAKETIER, ou RAQUETTIER. Ces mots nouvellement francisés signifient, en TACTIQUE, SOLDAT TIRANT DES FUSÉES DE GUERRE ou des FOUGETTES; il est traduit de l'ALLEMAND *raketier*, analogue à l'ANGLAIS *rocket*, que le FRANÇAIS a imité dans les substantifs d'une orthographe encore mal déterminée : RAQUETTE, ROCHETTE, ROQUET, ROQUETTE. — En 1617, l'ALLEMAND se servait déjà dans le même sens des mots *rachetten*, *racketen*, *ragetten*, *raketen*. — L'ALLEMAND *raketier* se retrouve dans l'ITALIEN *rachettière* que GRASSI (1817, H) mentionne dans son dictionnaire. — Quelques ÉCRIVAINS croient que les Raquetiers s'appellent ainsi, parce que leurs FUSÉES ressemblent à une Raquette à jouer. — Les ARTILLEURS employés aux BATTERIES À LA CONGRÈVE, le rocket-corps, ou rocket-troop des ANGLAIS, ou corps de Raquetiers à cheval, les hommes de l'INFANTERIE, TIREURS DE RAQUETTES, forment, depuis le dix-neuvième siècle, une arme particulière dans plusieurs ARMÉES, imitatrices en cela des coutumes ANGLAISES, ou plutôt INDIENNES et CHINOISES. Il existe des Raquetiers dans les MILICES AUTRICHIENNE, DANOISE, POLONAISE, RUSSE, SAXONNE, etc. — L'INFANTERIE FRANÇAISE ne fait pas encore usage de FUSÉES; l'ARTILLERIE FRANÇAISE en a porté pour la première fois, à la GUERRE, dans l'EXPÉDITION D'ALGER. — LEIPZIG est la première grande BATAILLE où les ARMÉES DE TERRE se soient servies en Europe de cette ARME; le bulletin suédois de cette AFFAIRE témoigne que le roi BERNADOTTE fit, contre les FRANÇAIS, un avantageux emploi des Raquetiers ANGLAIS placés sous la direction de lord Stewart (depuis ambassadeur à Paris); les *Raquettes*, dit ce document, *produisirent l'effet le plus dé-*cisif. — Les RUSSES ont fait un grand emploi des RAQUETTES dans la guerre contre les TURCS, en 1828. Les FRANÇAIS entreprenaient, dans la même année, l'expédition de MORÉE sans y porter ce genre d'ARME. — Des BATTERIES DE FUSÉES s'entre-combattaient, en 1851, dans la guerre entre les RUSSES et les POLONAIS. — En 1854, la MILICE SUÉDOISE avait une COMPAGNIE de Raquetiers. — L'ARMÉE AUTRICHIENNE est celle de toutes qui a mis le plus de persévérance et de mystère dans l'étude théorique des RAQUETTES, et dans les expériences de leur TIR à la CIBLE. Leur nom y a donné naissance à celui de la bourgade, peu éloignée de Vienne, *Raketendorf*. — En traitant des FUSÉES, nous avons fait connaître les noms des AUTEURS qui se sont occupés de ce genre de recherches; quant aux mots nouveaux que contient le présent article, ils sont surtout traités dans M. le général COTTY (1822, A), GRASSI (1817, H), M. de MONTGÉRY et les publications périodiques militaires des diverses langues.

RAQUETTE, subs. fém. V. FUSÉE DE GUERRE. V. MILICE ANGLAISE Nº 5. V. MILICE AUTRICHIENNE Nº 2. V. RAQUETIER. V. ROCHETTE. V. ROQUET. V. TIREUR DE RAQUETTES.

RAQUETTIER, subs. masc. V. RAQUETIER.

RASANT (rasante), adj. V. DÉFENSE R... V. FEU R... V. FLANC R... V. FORTIFICATION R... V. LIGNE R... V. TIR R...

RASCHINE. V. NOMS PROPRES.

RASE CAMPAGNE. V. ABRI POLÉMONOMIQUE. V. ACCEPTER LE COMBAT. V. ATTAQUE DE FRONT EN R... V. ATTAQUE EN R... V. CAMPAGNE. V. CAPITULATION EN R... V. DÉFENSIVE. V. FEU TACTIQUE. V. GUERRE DE MONTAGNES. V. GUERRE EN R... V. HÉRAUT. V. INSULTE. V. PLACE A GARNISON. V. PORTÉE DE CANON. V. PORTÉE DE FUSIL. V. REDOUTE DE CAMPAGNE. V. SURPRISE.

RASER, verb. act. V. BARBE. V. BARBE D'HOMME DE TROUPE. V. DÉMANTELER. V. FORTIFICATION.

RASOIR, subs. masc. V. BARBIER.

RASSAUDRE, verb. act. V. ASSAILLIR.

RASSAURE, verb. act. V. ASSAILLIR.

RASSEMBLEMENT, subs. masc. V. CAMP DE R... V. CAS DE R... V. LIEU DE R... V. PIED DE R...

RASSEMBLEMENT AVEC ARMES. V. APPEL DE PRISE D'ARMES. V. AVEC ARMES.

RASSEMBLEMENT d'armée. V. ANNÉES DE CAMPAGNE. V. ARMÉE. V. ARMÉE AGISSANTE Nº 1. V. ARMÉE FRANÇAISE Nº 5. V. AUMONIER DE CORPS. V. BRIGADE D'ARMÉE. V. BRIGADE DE ligne. v. campagne. v. commandeur en chef. v. corps d'armée. v. corps d'intendance. v. Decker (1836). v. état-major d'armée n° 5. v. guerre. v. hopital militaire. v. indemnité de fourrages. v. infanterie communale n° 1. v. milice autrichienne n° 7. v. milice prussienne n° 2. v. ministre de la guerre n° 7, 14.

RASSEMBLEMENT de compagnie. v. appel dans les chambres. v. compagnie. v. compagnie d'infanterie française n° 9, 10.

RASSEMBLEMENT de corps. v. adjudant-major de semaine n° 4. v. rappel de service. v. apporter les drapeaux. v. assemblée céleustique. v. cercle d'ordre. v. colonel d'infanterie française de ligne n° 18. v. corps. v. musicien n° 6.

RASSEMBLEMENT de gardes. v. adjudant de semaine n° 4, 7. v. adjudant-major de semaine n° 3, 4. v. assemblée céleustique. v. brigade d'infanterie. v. caporal de semaine n° 2. v. division d'infanterie. v. front de bandière. v. garde. v. garde armée. v. garde au camp. v. garde en garnison. v. place d'armes en garnison. v. parade de troupes. v. planton. v. poste d'hommes de garde.

RASSEMBLEMENT de tambours. v. batterie de caserne. v. tambour. v. tambour idioplique.

RASSEMBLEMENT de troupes. v. agrégation. v. armée agissante n° 1. v. assemblée. v. assemblée de troupes. v. batterie céleustique. v. cantonnement. v. cavalerie. v. champ de bataille. v. corps d'armée. v. corps de troupes. v. drapeau d'infanterie française de ligne. v. évolution de ligne. v. extraordinaire des guerres. v. formation sous les armes. v. général de division n° 5. v. générale. v. infanterie communale n° 2. v. maniement d'armes. v. mestre de camp n° 2. v. ministre de la guerre n° 7. v. musique. v. rangs d'infanterie. v. revue. v. troupe.

RASSEMBLEMENT illégal. v. gendarmerie de police n° 6. v. illégal.

RASSEMBLEMENT sans armes. v. corvée. v. sans armes.

RASSEMBLEMENT séditieux. v. attroupement. v. drapeau rouge. v. gendarmerie de police n° 6. v. séditieux.

RASSEMBLEMENT sur pied de guerre. v. armée française n° 3. v. sur pied de guerre.

RASTADT. v. noms propres.

RAT, subs. masc. v. raté.

RATÉ, subs. masc. (G, 6), ou faux feu suivant l'Académie, ou rat. Gébelin juge que Raté provient peut-être du latin *ratus* (qui s'est imaginé); d'autres supposent qu'il vient de *erratum*; ce sont autant de rêveries. — Les mots rats, Ratés, pris dans le sens de non réussite d'un coup d'arme à feu, ont été trivialement empruntés par le soldat français au jeu populaire du rat, jeu dont l'origine remonte au temps où des gladiateurs, nommés *andabalæ*, combattaient les yeux bandés. — Dans l'ignoble passe-temps du rat, des hommes courant ou rampant à quatre pattes, les yeux bandés, dans un cercle circonscrit par un cordeau, se cherchent, s'esquivent dans des nuages de poussière; l'un d'eux doit frapper d'une lanière sur un autre qui, pour l'attirer et le tromper, imite, avec une cresselle, le cri d'un rat. Le joueur armé manque le plus souvent son coup; il frappe à faux, c'est un rat ou un Raté; sa punition est de changer le rôle de battant contre le rôle de battu. — Rabelais, un des premiers, a pris rat dans le sens de méprise; de là, la locution reçue : *Avoir des rats.* — Ne nous occupons ici que des ratés du fusil d'infanterie. — Ces défectuosités du tir tiennent à des circonstances diverses, à la détérioration de la face de batterie, à la non-inflammation de l'amorce, à l'irrégularité du jeu respectif des ressorts, à la résistance du pied de batterie, au défaut d'énergie d'une platine cambouisée, à l'engorgement de la lumière, à la mauvaise qualité ou au délabrement de la pierre, à l'humidité ou à la médiocre nature de la poudre, à la disposition de l'atmosphère, si elle est chargée de vapeurs. Ces causes différentes ont amené la distinction qui s'est établie entre les ratés de canon et les ratés d'amorce ou de platine. — Des expériences ont prouvé qu'en temps ordinaire une platine a silex donnait un Raté sur sept coups. — Pour porter remède à l'une des causes des Ratés, au défaut d'harmonie des ressorts de la platine, on a inventé le blémomètre, et elles ne produisaient plus, dit-on, sur vingt-six coups, qu'un Raté. — Soit que cette amélioration ne fût pas telle qu'on le prétendait, soit que le blémomètre inventé depuis trente ans eût été abandonné, le *Journal de l'Armée* (t. ii, p. 180) évaluait encore à un sur sept le nombre des Ratés, tout en supposant de bonne qualité la poudre et favorables les conditions atmosphériques; cependant d'autres renseignements que fournit le *Spectateur militaire* n'accusaient plus qu'un Raté sur quinze coups. — Le grave inconvénient des Ratés a disposé les amateurs de chasse, dont cependant les fusils, bien plus sûrs, rataient bien moins, à chercher un remède aux Ratés, et les FUSILS A PISTON ont vu le jour. — Depuis que l'avantage des AMORCES FULMINANTES a été démontré, on s'est appliqué, dans plusieurs ARMÉES, à essayer d'en introduire l'usage dans l'INFANTERIE, et, suivant quelques données, on est parvenu à tirer cent coups sans un Raté. — Des expériences soigneusement faites dans la MILICE HANOVRIENNE, en 1829 et 1830, ont prouvé que les Ratés des FUSILS A PISTON n'y ont été que d'un sur deux cent quatre-vingt-dix coups, tandis que les FUSILS A SILEX avaient donné un Raté sur quinze coups. — Suivant le *Constitutionnel* (1833, 30 juin), les Ratés des FUSILS A PISTON n'étaient augmentés ni par l'humidité ou la pluie, ni même en mouillant exprès les PLATINES et introduisant de l'eau dans les LUMIÈRES. — Vingt-deux FUSILS A PERCUSSION, ayant tiré onze mille coups, n'auraient produit que quatorze Ratés, dont huit de PLATINE et six de CANON; tandis que, toutes proportions égales, des FUSILS A SILEX auraient donné huit cent six Ratés, dont deux cent sept de PLATINE et cinq cent quatre-vingt-dix-neuf de CANON. — Trois cents FUSILS A PISTON, ayant brûlé vingt-sept mille CARTOUCHES, auraient produit vingt et un Ratés de PLATINE et soixante douze de CANON; tandis que, dans les mêmes conditions, des FUSILS A SILEX auraient amené dix-huit cent vingt-six Ratés, dont quatorze cent quarante-huit de PLATINE et trois cent soixante dix-huit de CANON. — On tire presque sans Ratés le fusil KOPTIPTEUR. — On peut consulter, au sujet des Ratés : BARDIN (1807, D), le *Journal de l'Armée* (t. II, p. 180), le *Spectateur militaire* (t. XII, p. 395), le *Journal des Armes spéciales* (t. I, p. 19).

RATÉ d'AMORCE. V. AMORCE. V. RATÉ.

RATÉ de CANON. V. CANON. V. CANON DE FUSIL. V. RATÉ.

RATÉ de FUSIL. V. FUSIL. V. FUSIL D'INFANTERIE. V. RATÉ.

RATÉ de PLATINE. V. CANON DE FUSIL. V. PLATINE. V. PLATINE A BATTERIE. V. PLATINE A FUSIL. V. RATÉ.

RATELIER, subs. masc. V. FUSIL AU RATELIER.

RATELIER (term. génér.). Mot dérivé du LATIN *rastellum*, râteau, parce qu'un Râtelier d'étable reçoit une râtelée de fourrage. — A raison de quelques similitudes de formes, on a employé le mot Râtelier sous une acception fort différente du sens primitif; il n'en sera question ici que comme RATELIER D'ARMES DE CHAMBRÉE.

RATELIER d'ARMES. V. ARMEMENT DE TROUPE. V. ARMES. V. BARAQUE. V. CROSSE DE FUSIL. V. EFFET A DEMEURE. V. FAISCEAU DE CAMPEMENT. V. GRAND RESSORT DE PLATINE. V. MAGASIN DE CORPS.

RATELIER (râteliers) d'ARMES DE CHAMBRÉE (B, 1; C, 3). Sorte de RATELIERS qui représentent et remplacent le meuble que jadis on appelait ARMAIRE OU ARMOIRE, et qu'au camp on appelait PIQUET A PIQUE. Ce piquet portait un anneau dans lequel s'enfilaient verticalement les PIQUES de la chambrée, comme le témoigne GANEAU. — Les Râteliers d'ARMES sont des EFFETS A DEMEURE, qui garnissent les CHAMBRES DE SOLDATS dans les CASERNES D'INFANTERIE; ils sont destinés à recevoir les FUSILS des HOMMES de la CHAMBRÉE; ils s'y placent le CHIEN abattu, et en correspondance d'une ÉTIQUETTE indicative du NOM du SOLDAT. — Il serait préférable que, au lieu d'une ÉTIQUETTE, le bas du Râtelier présentât en saillie un numéro, afin que chaque soldat pût, de nuit, prendre son ARME en tâtant, en reconnaissant, sans lumière, le numéro auquel elle répond. Ce mode s'adapterait, avec non moins d'utilité, aux RATELIERS des CORPS DE GARDE. — Les Râteliers des CHAMBRÉES sont solidement fixés ou scellés aux murailles; ils sont élevés à un mètre au-dessus du sol; ils reçoivent les FUSILS dégarnis de leur baïonnette; ils sont posés dans une direction presque verticale, la CROSSE en bas; dix FUSILS occupent un mètre courant. — Dans quelques CASERNES, les FUSILS se placent horizontalement; dans ce cas, le Râtelier reçoit dix-sept ARMES dans une longueur d'un mètre quatre-vingts centimètres. Mais ce mode est vicieux; il y a trop de fusils qui, dans cette position, ont à souffrir de la poussière, des éclaboussures, des chocs. — La CIRCULAIRE DE 1816 (15 JANVIER) fixait le prix des Râteliers d'armes. — En 1820, il avait été question d'établir dans chaque CHAMBRÉE un Râtelier mobile, en manière de FAISCEAU D'ARMES.

RATELIER d'ARMES de CORPS DE GARDE. V. AUX DRAPEAUX. V. CAPORAL DE GARDE. V. CHEF DE GARDE MONTANTE EN GARNISON. V. CORPS DE GARDE. V. RATELIER D'ARMES DE CHAMBRÉE. V. SERGENT D'INFANTERIE FRANÇAISE DE LIGNE N° 10. V. SURPRISE DE PLACE.

RATELIER de HAVRE-SAC. V. EFFET A DEMEURE. V. HAVRE-SAC.

RATER, verb. neut. V. MÈCHE DE MOUSQUET. V. RATER.

RATHER. V. NOMS PROPRES.

RATION, subs. fém. V. CRÉDIT EN R... V. DÉCOMPTE DE R... V. DISTRIBUTION DE R... V. DOUBLE R... V. EN R... V. FOURNITURE DE

R... V. PRESTATION EN R... V. PRISE DE R... V. SUPPLÉMENT DE R... V. TARIF DE R...

RATION (B, 1), OU RATION MILITAIRE. Le mot Ration est peu ancien, mais se trouve mentionné cependant dans FURETIÈRE ; avant de l'employer, on se servait du mot PLACE DE VIVRES, PLACE D'ÉTAPE. — Les TROUPES DE TERRE ont emprunté à la MARINE le terme Ration ; il est devenu français par l'intermédiaire de l'ESPAGNOL *racion*, dérivé du LATIN *ratio*, pris dans le sens de compte ou de supputation, et, par extension, dans le sens de mesure, de portion, de proportion. VÉGÈCE (590, A) employait le mot pour donner idée des ALLOCATIONS dues aux SOLDATS ROMAINS, aux CANDIDATS, aux ARMURÉS DOUBLES, c'est-à-dire jouissant d'un SUPPLÉMENT à titre de TORQUATS DUPLAIRES OU SESQUIPLAIRES. — Les détails donnés à l'égard des DISTRIBUTIONS, des PRESTATIONS, des SUBSISTANCES, expliquent en grande partie le sujet. — La nature et le poids des Rations sont fixés par des TARIFS ; leur quantité se proportionne aux ÉTATS DE SITUATION. — Les documents qui, les premiers, se sont étendus au sujet des Rations, étaient les INSTRUCTIONS DE L'AN TROIS (16 VENTOSE) et DE L'AN CINQ (1er VENTOSE et 29 FRUCTIDOR). — Les Rations ne sont dues qu'aux HOMMES PRÉSENTS faisant partie de l'EFFECTIF ; elles ne peuvent être l'objet d'aucun RACHAT. — Les DENRÉES une fois reçues ne peuvent, sous aucun prétexte, être reportées au COMMIS DISTRIBUTEUR pour être échangées par lui. — Un CAPITAINE DE SEMAINE OU DE DISTRIBUTION, accompagné, s'il est besoin, d'une ESCORTE, préside à la délivrance des Rations et aplanit toutes difficultés qui surviendraient entre les PARTIES PRENANTES et le PRÉPOSÉ. — Les FEUILLES DE JOURNÉES DE COMPAGNIE mentionnent l'espèce et le montant des Rations allouées. Les FEUILLES DE SUBSISTANCE offrent le relevé des Rations distribuées. Leur DÉCOMPTE est trimestriel. — La DÉCISION DE L'AN CINQ (17 VENDÉMIAIRE), l'ARRÊTÉ DE L'AN DIX (9 VENDÉMIAIRE), les DÉCRETS DE 1810 (30 JUIN) et DE 1813 (22 FÉVRIER), la CIRCULAIRE DE 1832 (31 MARS), réglaient le TARIF des Rations et fixaient le taux du remboursement de celles qui auraient donné lieu à un TROP PERÇU. — Il a été spécialement traité des Rations par AUDOUIN, BARBIN (1807, D ; 1814, E), M. BERRIAT (1817, A), BRIQUET (1761, H), M. CANCRIN, DUANE, DUPRÉ D'AULNAY, l'ENCYCLOPÉDIE (1751, I), LACHESNAIE (1758, I, aux mots *Fourrage, Ration,* etc.), LEGOUPIL, ODIER (1818, E ; 1824, E), POTIER (1779, X, au mot *Viande*), M. VAUCHELLE.

RATION D'AUMONIER. V. AUMONIER DE CORPS N° 5.

RATION de BISCUIT. V. BISCUIT. V. FOUR DE CAMPAGNE.

RATION de BOEUF SALÉ. V. BOEUF SALÉ.

RATION de BOIS DE CHAUFFAGE. V. BOIS BLANC. V. BOIS DE CHAUFFAGE. V. BOIS DE CHAUFFAGE D'ORDINAIRE. V. CHAUFFAGE EN STATION.

RATION de BRIQUETTES. V. BRIQUETTE DE CHARBON.

RATION de CAPITAINE. V. CAPITAINE. V. CAPITAINE D'INFANTERIE FRANÇAISE DE LIGNE N° 10.

RATION de CHAUFFAGE. V. BOIS DE CHAUFFAGE. V. CHAUFFAGE. V. CHAUFFAGE DE CANTONNEMENT. V. CHAUFFAGE DE CAMPAGNE. V. CHAUFFAGE D'OFFICIER. V. CHAUFFAGE EN STATION. V. CHEF DE BATAILLON D'INFANTERIE FRANÇAISE DE LIGNE N° 6. V. CHIRURGIEN-MAJOR D'INFANTERIE FRANÇAISE DE LIGNE N° 7. V. COMBUSTIBLE. V. COMBUSTIBLE DE CUISINE DE CASERNE. V. COMBUSTIBLE DE CUISINE DE SOLDAT. V. COMBUSTIBLE DE CUISINE DE SOUS-OFFICIER. V. INFIRMERIE. V. MUSICIEN N° 5. V. SOUS-OFFICIER N° 7.

RATION de CHEF DE BATAILLON. V. CHEF DE BATAILLON D'INFANTERIE FRANÇAISE DE LIGNE N° 7.

RATION de CHIRURGIEN-MAJOR. V. CHIRURGIEN-MAJOR D'INFANTERIE FRANÇAISE DE LIGNE N° 7.

RATION de FOURRAGE. V. AUMONIER DE CORPS N° 5. V. AVOINE. V. BOTTE DE FOURRAGE. V. BOTTE DE PAILLE. V. CAVALERIE FRANÇAISE N° 5, 6. V. CAVALERIE LÉGÈRE. V. CHASSEUR A CHEVAL. V. CHEF DE BATAILLON D'INFANTERIE FRANÇAISE DE LIGNE N° 6. V. CHEVAL D'OFFICIER. V. CHIRURGIEN-MAJOR D'INFANTERIE FRANÇAISE DE LIGNE N° 7. V. COLONEL D'INFANTERIE FRANÇAISE DE LIGNE N° 9. V. COMMISSAIRE DES GUERRES N° 4. V. DANZIGER. V. DRAGON FRANÇAIS N° 5. V. ÉPEAUTRE. V. ÉTAPE. V. ÉTAT-MAJOR DE PLACE. V. FOIN. V. FOURRAGE. V. FOURRAGE DE DISTRIBUTION. V. FOURRAGE VERT. V. HUSSARD N° 5. V. INDEMNITÉ DE FOURRAGE. V. LIEUTENANT-COLONEL D'INFANTERIE FRANÇAISE DE LIGNE N° 5. V. MAÏS. V. MILICE PRUSSIENNE N° 6. V. MILICE ROMAINE N° 5. V. MILICE TURCO-ÉGYPTIENNE N° 4. V. MULET DE BAT. V. OFFICIER FRANÇAIS N° 16. V. TAMBOUR-MAJOR N° 6.

RATION de LARD SALÉ. V. LARD SALÉ. V. SALAISONS.

RATION de LÉGUMES FRAIS. V. LÉGUMES FRAIS.

RATION de LÉGUMES SECS. V. COLONEL D'INFANTERIE FRANÇAISE DE LIGNE N° 9. V. LÉGUMES SECS. V. OFFICIER D'INFANTERIE FRANÇAISE N° 3.

RATION de PAILLE. V. FOURRAGE DE DISTRIBUTION. V. PAILLE.

RATION de PAIN. V. BOULANGER MILITAIRE. V. CAISSON A PAIN. V. CAISSON DE VIVRES. V. COLONEL D'INFANTERIE FRANÇAISE DE LIGNE N° 9. V. DÉTENU EN PRISON PUBLIQUE. V. DOUBLE RATION DE PAIN. V. ÉTAPE. V. FEUILLE DE SUBSISTANCE. V. FOUR DE CAMPAGNE. V. INFANTERIE FRANÇAISE N° 5. V. MILICE ANGLAISE N° 5. V. MILICE WURTEMBERGEOISE N° 4. V. MOULIN A BRAS. V. OFFICIER D'INFANTERIE FRANÇAISE N° 5. V. PAIN. V. PAIN DE MUNITION. V. PAIN D'HOPITAL. V. RÉGIE DES VIVRES. V. SOLDE.

RATION de RIZ. V. COLONEL D'INFANTERIE FRANÇAISE DE LIGNE N° 9. V. OFFICIER D'INFANTERIE FRANÇAISE N° 5. V. RIZ.

RATION de ROUTE. V. CAPITAINE DE SEMAINE. V. DENRÉE DE ROUTE. V. ROUTE.

RATION de SALAISONS. V. SALAISONS.

RATION de SEL. V. COLONEL D'INFANTERIE FRANÇAISE DE LIGNE N° 9. V. OFFICIER D'INFANTERIE FRANÇAISE N° 5. V. SEL.

RATION de VIANDE. V. ÉTAPE. V. MILICE ANGLAISE N° 5. V. VIANDE.

RATION de VIN. V. ÉTAPE. V. VIN.

RATION de VIVRES. V. CHEF DE BATAILLON D'INFANTERIE FRANÇAISE DE LIGNE N° 6. V. CHIRURGIEN-MAJOR D'INFANTERIE FRANÇAISE DE LIGNE N° 7. V. CHAUFFAGE DE CAMPAGNE. V. CHOUCROUTE. V. COLONEL D'INFANTERIE FRANÇAISE DE LIGNE N° 9. V. COMMISSAIRE DES GUERRES N° 4. V. DOUBLE RATION DE VIN. V. ÉTAPE. V. GUERRE DE 1833. V. LIQUIDE. V. MILICE ROMAINE N° 5. V. MILICE TURCO-ÉGYPTIENNE N° 4. V. MILICE TURQUE N° 5. V. MOINS PERÇU. V. NOURRITURE. V. TAMBOUR-MAJOR N° 6.

RATION d'EAU-DE-VIE. V. EAU-DE-VIE. V. MILICE POLONAISE N° 4. V. REVUE D'HONNEUR.

RATION d'ÉTAPE. V. ÉTAPE.

RATION d'ÉTÉ. V. BOIS DE CHAUFFAGE. V. CHAUFFAGE. V. CHAUFFAGE EN NATURE. V. ÉTÉ.

RATION d'HIVER. V. BOIS DE CHAUFFAGE. V. CHAUFFAGE. V. HIVER.

RATION d'OFFICIER. V. CHEF DE BATAILLON D'INFANTERIE FRANÇAISE DE LIGNE N° 6. V. COLONEL D'INFANTERIE FRANÇAISE DE LIGNE N° 9. V. OFFICIER. V. OFFICIER D'INFANTERIE FRANÇAISE N° 5. V. PAIN DE MUNITION. V. RÉGIMENT D'ARTILLERIE N° 2.

RATION d'ORDINAIRE. V. COMBUSTIBLE DE CUISINE DE SOLDAT. V. ORDINAIRE.

RATION EN ROUTE. V. CAPITAINE DE SEMAINE. V. DENRÉE DE ROUTE. V. EN ROUTE.

RATION MILITAIRE. V. MILICE TURCO-ÉGYPTIENNE N° 4. V. MILITAIRE, adj. V. RATION.

RATISBONNE. V. NOMS PROPRES.

RAUCOUX; RAUE. V. NOMS PROPRES.

RAVAGE. V. CRIME.

RAVATON. V. NOMS PROPRES.

RAVELIN, subs. masc. (F; G, 4), ou RÉVELIN suivant BOREL (Pierre). Ces mots se rattachent à des étymologies sur lesquelles les savants ne sont pas d'accord. — GÉBELIN prétend que ce terme est en partie composé du CELTIQUE *val*, signifiant REMPART ; nous ajoutons peu de foi à cette origine. MÉNAGE veut qu'il dérive de l'ITALIEN *rivellino*, qui peut se traduire par bravade, ou menace de battre quelqu'un ; cette racine n'est pas beaucoup plus satisfaisante. Enfin GRASSI (1817, H) fait dériver de cette même LANGUE l'expression, et l'écrit *ravellino;* mais il la croit sortie du verbe LATIN *revellere,* détacher, parce que, dit-il, c'est le premier des OUVRAGES détachés. Cette opinion de GRASSI, tout attaquable qu'elle soit, servirait du moins à expliquer pourquoi l'on a dit d'abord RÉVELIN, qui se serait corrompu en Ravelin ; c'est sous cette dernière orthographe que l'emploie BRANTOME (1600, A), qui appelle mangeurs de Ravelins les matamores, les bravaches des guerres du Piémont. — RABELAIS (Sciomachie), dans la description qu'il fait d'un simulacre de FORTERESSE construite à ROME pour une fête, en 1569, emploie l'expression révelin dans le sens de terrain à l'extérieur du FOSSÉ, ou d'ESPLANADE comme on disait jadis. — Pour défendre, peu après la fin du MOYEN AGE, les PORTES des VILLES contre l'explosion du PÉTARD, et les préserver des premières INSULTES des ASSAILLANTS, on imagina de construire, en avant des communications de la COURTINE, un petit ÉPERON, un MOINEAU qui en fut comme le bouclier ; cette défense s'appela Ravelin. — Lorsqu'il fut ensuite possible et nécessaire d'opposer aux ASSIÉGEANTS une plus grande quantité de PIÈCES DE CANON, les Ravelins prirent des dimensions plus étendues. Cet agrandissement amena un système plus complet et une addition de DEHORS plus avancés ; ainsi des Ravelins furent précédés de BONNETS DE PRÊTRE, de TENAILLONS, BONNETTES, etc. — Il fut en général construit un Ravelin entre deux BASTIONS ; ceux-ci flanquèrent ses FACES ; ce fut alors que le Ravelin prit le nom de DEMI-LUNE ; il y en eut à CONTRE-GARDE ; il y en eut en forme de CONTRE-QUEUE D'YRONDE ; il y en eut à BATTERIES CASEMATÉES. — Quantité d'AUTEURS prennent l'un pour l'autre, Ravelin ou DEMI-LUNE ; MANESSON (1685, B) en explique la différence. Le Ravelin est même chose que la DEMI-LUNE moderne; il diffère de la DEMI-LUNE primitive, à raison de l'emplacement où il est construit, ainsi qu'à raison de la forme de son ESCARPE intérieure et de ses DEMI-GORGES; quand la DEMI-LUNE ancienne, bâtie non devant une COURTINE, mais devant un BASTION, cessa d'être en usage, les SOLDATS, en dépit des INGÉNIEURS, appelèrent indifféremment Ravelin, ou DEMI-LUNE, la PIÈCE correspondant au milieu d'une COURTINE: de là, la synonymie vicieuse à laquelle on s'est habitué. — Les Ravelins étaient des OUVRAGES nommés aussi PIÈCES HAUTES; ils contenaient l'AVANCÉE; leur communication avec la PORTE de l'ENCEINTE était gardée par une SENTINELLE qu'on a appelée aussi SENTINELLE DE DEMI-LUNE. — On peut consulter à l'égard des Ravelins : BELAIR (1792), DANIEL (1721, A), DAVRIGNAC, DUBOUSQUET (1769, B), ENCYCLOPÉDIE (1785, C), FREITAG, FURETIÈRE, GRASSI (1817, II), GUIGNARD (1725, B), LACHESNAIE (1758, I), LECOUTURIER (1825, A), MANESSON (1685, B), MÉNAGE, ROBILLANT, SIONVILLE (1756, E).

RAVENNES ; RAVICHIO. V. NOMS PROPRES.

RAVIN, subs. masc. (G, 7 ; H). Ce mot, qui a la même étymologie que RAVINE, et qui a produit RAVINAGE, RAVINER, est, suivant GÉBELIN, le LIT semé de graviers que la RAVINE se creuse; c'est une déchirure qui sillonne une PENTE, une MONTAGNE, un CHEMIN CREUX, et qui reçoit passagèrement des EAUX d'orage. — Le Ravin est une RAVINE souvent à sec; la RAVINE est un Ravin inondé. — L'INFANTERIE EN CAMPAGNE FOUILLE les Ravins pour s'assurer qu'ils ne masquent pas une EMBUSCADE; elle profite, s'il y a lieu, des Ravins dans un SIÉGE OFFENSIF quand elle travaille à l'OUVERTURE de la TRANCHÉE; elle s'en sert dans une AFFAIRE comme d'APPUIS; dans un CAMP RETRANCHÉ, elle prend ses dispositions pour PLONGER dans les Ravins environnants. — Un JOUR D'ACTION, les CHIRURGIENS-MAJORS s'établissent, si faire se peut, à l'abri d'un Ravin. — Les CARTES TOPOGRAPHIQUES, si elles sont soigneusement exécutées, indiquent les Ravins. — Il est parlé des Ravins par M. le colonel CARRION (1824, A), DUBOUSQUET (1769, B), DUPAIN (1783, F), ENCYCLOPÉDIE (1785, C), GASSENDI, LACHESNAIE (1758, I, aux mots Halte, Passage), SIONVILLE (1756, E), TRAVERSE (1758, D).

RAVINAGE, subs. masc. V. RAVINE.

RAVINE, subs. fém. V. ÉPÉE.

RAVINE (G, 7 ; H). Mot que DUCANGE et MÉNAGE tirent du bas LATIN *ravina*; BARBAZAN croit qu'il vient de *rapina*, parce qu'une Ravine enlève, emporte. — Une Ravine est un alluvion dont un RAVIN est le LIT passager. Ces mots expriment des ACCIDENTS mentionnés dans les traités de TOPOGRAPHIE, explorés par les RECONNAISSANCES, et fréquemment indiqués dans les relations et les BULLETINS D'OPÉRATIONS DE GUERRE. — Une Ravine profonde, ou dont le fond est mal connu, s'appelle une FONDRIÈRE, ou une CRIQUE. — Les Ravines entament un sol rocailleux et rapide, et suivent la PENTE primitive de la MONTAGNE; ce sont des AFFLUENTS de TORRENTS, ou bien elles forment elles-mêmes TORRENTS à partir du premier plan de la PENTE. — DUPAIN (1783, F), FURETIÈRE, LACHESNAIE (1758, I, au mot *Tranchée*) mentionnent les Ravines.

RAVINER, verb. act. V. RAVIN.

RAVITAILLEMENT, subs. masc. V. RAVITAILLER. V. SIÉGE.

RAVITAILLER, verb. act. (H). Mot qui a été le réduplicatif du verbe AVITAILLER, maintenant hors d'usage, et tirant son origine du LATIN *victualia*, vivres. Ces expressions ont eu pour substantifs RAVITAILLEMENT, RENVICTAILLEMENT, que mentionne l'ENCYCLOPÉDIE (1785, C). — Ravitailler un DONJON, une PLACE ASSIÉGÉE, un QUARTIER, c'est les RAFRAICHIR, c'est-à-dire les fournir de TROUPES FRAICHES, renouveler les MUNITIONS, les VIVRES qui leur manquent, ou qu'elles ont consommées pendant un SIÉGE. Ravitailler une GARNISON est ordinairement le rôle d'une ARMÉE DE SECOURS.

RAY. V. NOMS PROPRES.

RAYÉ (rayée), adj. V. CANON R... V. CARABINE R... V. CONDAMNÉ R... V. FUSIL R... V. HOMME R...

RAYÉ, subs. masc. V. ABSENT. V. ABSENT SANS CAUSE CONNUE. V. ARME DE PARTANT. V. ARME DE RAYÉ. V. CAHIER D'APPEL. V. COMPTE DE RAYÉ. V. CONDAMNÉ A L'INCARCÉRATION. V. CONGÉ OUTRE-PASSÉ. V. CONTROLE. V. EFFET DE RAYÉ. V. FONDS DE MASSE D'HOMME DE TROUPE. V. HOMME A L'HOPITAL. V. HOMME DE TROUPE N° 5. V. LONGUE ABSENCE. V. MAGASIN DE CORPS. V. MINISTRE DE LA GUERRE N° 9.

RAYMOND ; RAYNAL ; RAYNOUARD. V. NOMS PROPRES.

RAYON (subs. masc.) d'ATTAQUE. V. ATTAQUE. V. COMMANDANT DE PLACE N° 5. V. FORTERESSE.

RAYON DE CHAMBRE DE CASERNE. V. BONNET A POIL. V. CAPOTE DE TROUPE. V. CASERNE. V. CHAMBRE DE CASERNE. V. CHAMBRE DE SOUS-OFFICIER. V. CLOU A SOULIER. V. CORPS PRIVILÉGIÉ. V. EFFET A DEMEURE. V. GARDE ROYALE

Nº 5. V. HABIT. V. PLANCHE DE CHAMBRE. V. TABLETTE.

RAYON de DÉFENSE. V. COMMANDEMENT TERRITORIAL. V. DÉFENSE. V. FORTERESSE. V. GOUVERNEUR DE PLACE DE GUERRE.

RAYON de FORTERESSE. V. ESPLANADE. V. FORTERESSE.

RAYON de MAGASIN. V. MAGASIN. V. MAGASIN DE CORPS.

RAYURE de CARABINE. V. CARABINE.

RÉ. V. NOMS PROPRES.

RÉANÇON, subs. fém. V. RANÇON.

REBEC. V. NOMS PROPRES.

RÉBELLION. V. CRIME. V. MERLIN.

REBELLO. V. NOMS PROPRES.

REBOUCHÉ (rebouchée), adj. V. FER R...

REBOURS, subs. masc. V. A R..., V. FEU A R...

REBUFFE. V. NOMS PROPRES.

REBUFFE, subs. masc. V. BATARDE. V. CANON D'ARTILLERIE.

REBUT, subs. masc. V. LETTRE DE R...

RECÉLEUR de DÉSERTEUR. V. DÉSERTEUR.

RÉCÉPESSÉ, subs. masc. V. BON, subs. V. CAPITAINE DE DISTRIBUTION. V. COMPTABILITÉ. V. CONVOI A LA SUITE. V. LIEUTENANT D'ARMEMENT. V. MANUFACTURE D'ÉTOFFES. V. PAYEMENT. V. PRESTATION. V. RECONNAISSANCE.

RECEPT, subs. masc. V. FORTERESSE. V. PILLAGE. V. SEIGNEUR.

RÉCEPTION, subs. fém. V. BAN DE R... V. CÉRÉMONIE DE R... V. FORMULE DE R...

```
                       ⎧ DE CHEVALIER.
                       ⎪ DE DRAPEAUX.
RÉCEPTION              ⎨                                    ⎧
                       ⎪                          RÉCEPTION ⎨ D'OFFICIER.
                       ⎩ DE MILITAIRE GRADÉ. . . .          ⎩
```

RÉCEPTION (term. génér.). Mot tout LATIN qui se rapporte à des usages anciens, à des règles administratives, à des méthodes de la GUERRE DE SIÉGE offensif, à des formes du SERVICE DE CÉRÉMONIAL. Il sera distingué en RÉCEPTION D'ADJUDANT, — D'AUMONIER, — DE BANNERET, — DE BRÈCHE, — DE CAPORAL, — DE CAPORAL-TAMBOUR, — DE CASERNE, — DE CHEVALIER, — DE CHEVALIER DE LA LÉGION, — DE CHEVALIER DE SAINT-LOUIS, — DE CHIRURGIEN-MAJOR, — DE COMMISSAIRE DES GUERRES, — DE CONNÉTABLE, — DE DENRÉE, — DE DRAP, — DE DRAPEAUX, — DE FOURRIER, — DE HÉRAUT D'ARMES, — DE MILITAIRE GRADÉ, — DE MEMBRE DE LA LÉGION, — DE ROI D'ARMES, — DE SERGENT, — DE SERGENT-MAJOR, — DE SOUS-OFFICIER, — DE TAMBOUR-MAJOR, — D'ÉCUYER, — D'EFFETS, — D'ÉTOFFES.

RÉCEPTION d'ADJUDANT. V. ADJUDANT. V. ADJUDANT D'INFANTERIE FRANÇAISE DE LIGNE Nº 5, 22. V. ADJUDANT-MAJOR DE SEMAINE Nº 1.

RÉCEPTION d'AUMONIER. V. AUMONIER DE CORPS Nº 4. V. COLONEL D'INFANTERIE FRANÇAISE DE LIGNE Nº 50.

RÉCEPTION de BANNERET. V. BANNERET; id. Nº 3. V. HÉRAUT D'ARMES Nº 4.

RÉCEPTION de CAPORAL. V. APPEL GÉNÉRAL DE MATINÉE EN GARNISON. V. CAPORAL. V. CAPORAL D'INFANTERIE FRANÇAISE DE LIGNE Nº 5.

RÉCEPTION de CAPORAL-TAMBOUR. V. ADJUDANT DE SEMAINE Nº 5. V. ADJUDANT-MAJOR DE SEMAINE Nº 1. V. CAPORAL-TAMBOUR.

RÉCEPTION de CASERNE. V. CASERNE.

RÉCEPTION de CHEVALIER (F). Sorte de RÉCEPTION qui ne concerne ici que la CHEVALERIE du MOYEN AGE. Ce genre de PROMOTION ne remonte qu'à LOUIS SEPT ou à PHILIPPE AUGUSTE, et à peine voit-on quelques Réceptions mémorables après celle de FRANÇOIS PREMIER. — Une Réception était une série de CÉRÉMONIES longues, nombreuses, ridicules ; par un abus de dévotion, ou plutôt par une profanation, on y jouait avec les sacrements, les couleurs de l'Eglise, la tonsure ; il s'y voyait vêtements blancs, agenouillement, bain baptismal, retraite et méditation ascétiques, PARRAIN, messe, soufflet de confirmation, onction, confession, communion, serment de vivre et mourir dans la religion chrétienne. La marche de l'initiation était de raser, à la manière des ecclésiastiques, le récipiendaire, le mettre au bain, verser de l'eau sur ses épaules, le conduire au lit, le vêtir d'une robe blanche à capuchon ; on l'enfermait ensuite pendant la nuit dans une chapelle, c'était la VEILLE D'ARMES ; le matin il oyait la messe, puis allait se coucher et reposait. On l'éveillait pour passer une chemise blanche, et, en certains pays, il prenait des chausses noires, une robe rouge et une ceinture blanche. Il comparaissait ainsi vêtu devant son PARRAIN, qui lui donnait l'ACCOLADE, lui ceignait l'ÉPÉE, lui attachait les ÉPERONS d'or en commençant par le pied gauche; il l'admonestait. Ensuite le récipiendaire se rendait à la chapelle pour y prononcer les SERMENTS de défendre la foi et de rechercher les aventures périlleuses; il se mettait à table avec les CHEVALIERS convoqués pour cette solennité, mais sans avoir droit de boire ni manger. De ces momeries est sorti, dit-on, l'ORDRE DU BAIN. — La pompe, les CÉRÉMONIES, les fêtes qui embellissaient la Réception des personnages éminents, étaient payées au moyen de l'espèce de TAILLE nommée AIDE-CHEVEL; l'admission dans l'ordre de la CHEVALERIE était l'un des quatre cas de cette AIDE. — Mais quand on improvisait, dans un CARROUSEL ou un TOURNOI, des chevaliers, quand on en faisait par fournées, un JOUR D'ACTION, comme cela s'est répété si fréquemment, et comme furent faits les CHEVALIERS DU LIÈVRE, le CÉRÉMONIAL en usage se bornait à peu près à frapper de quelques petits COUPS D'ÉPÉE le néophite agenouillé, et à lui donner l'ACCOLADE. C'était la vraie manière de l'ADOUBER, de le SIGNORIR. Il ne faut regarder que comme des caprices, des exceptions, des rêveries, ces pompeux récits de romanciers touchant les formes sacramentelles des Réceptions. LACURNE et MARCHANGY ont eu la bonhomie d'y croire comme à des vérités positives; ils ont eu la puérilité de redire de nos jours, comme choses du domaine de l'histoire, les fables que CERVANTES avait si ingénieusement ridiculisées à jamais. — On peut, à l'égard des Réceptions de chevaliers, consulter : BÉNÉVOIS, CARRÉ (1783, E), CERVANTES, DANIEL (1721, A), ENCYCLOPÉDIE (1785, C), LACURNE, MAIZEROY (1767, E), MARCHANGY, VOLTAIRE (t. XVIII, p. 412).

RÉCEPTION de CHEVALIER DE LA LÉGION D'HONNEUR. V. BREVET DE LÉGION. V. CHEVALIER DE LA LÉGION D'HONNEUR.

RÉCEPTION de CHEVALIER DE SAINT-LOUIS. V. ACCOLADE. V. CHEVALIER DE SAINT-LOUIS.

RÉCEPTION de CHIRURGIEN-MAJOR. V. CHIRURGIEN-MAJOR D'INFANTERIE FRANÇAISE DE LIGNE N° 5.

RÉCEPTION de COMMISSAIRE DES GUERRES. V. COMMISSAIRE DES GUERRES N° 3.

RÉCEPTION de CONNÉTABLE. V. CONNÉTABLE N° 5. V. PRÉFET DU PRÉTOIRE.

RÉCEPTION de DENRÉES. V. ACTE ADMINISTRATIF. V. DENRÉE. V. DENRÉE DE SIÉGE DÉFENSIF.

RÉCEPTION de DRAP. V. DRAP. V. DRAP DE TROUPE.

RÉCEPTION de DRAPEAUX (E, 2). Sorte de RÉCEPTION qui suit la BÉNÉDICTION. Conformément à la CIRCULAIRE DE 1814 (12 AOUT) et à l'ORDONNANCE DE 1817 (29 JUILLET), ces CÉRÉMONIES avaient lieu en présence de l'INTENDANT MILITAIRE, ou d'un MEMBRE de l'INTENDANCE. — Le COLONEL du CORPS y préside si un OFFICIER GÉNÉRAL n'est présent; il fait rendre aux DRAPEAUX ou ÉTENDARDS les HONNEURS accoutumés, remet ces INSIGNES aux PORTE-DRAPEAUX, fait BATTRE un BAN, prononce une HARANGUE, fait passer l'arme dans la main gauche (temps d'exercice non prévu par les ordonnances, et qu'il eût convenu qu'elles eussent réglé et démontré); il fait prononcer le SERMENT AU DRAPEAU. — Il y a, en outre, des Réceptions ordinaires de drapeaux à toutes grandes PRISES D'ARMES de tout le CORPS; celles-ci ont lieu sans l'intervention du CORPS de l'INTENDANCE ni des AUTORITÉS MILITAIRES. — Cette CÉRÉMONIE est la suite de l'opération qu'on appelle, faute d'un substantif qui puisse s'y employer, APPORTER LES DRAPEAUX; quand ils arrivent, le CHEF DU CORPS, après s'être assuré que les OFFICIERS-MAJORS ont mis ordre à tous les détails de la FORMATION SUR LE TERRAIN, que l'ALIGNEMENT est rectifié, et que les TAMBOURS et MUSICIENS ont regagné leur PLACE DE BATAILLE, il commande au CORPS de PORTER et de PRÉSENTER LES ARMES, et à tous les TAMBOURS de BATTRE AUX DRAPEAUX. A ce COMMANDEMENT, les PORTE-DRAPEAUX quittent, au PAS ACCÉLÉRÉ, leur ESCORTE, et se portent devant le FRONT DU CORPS, vis-à-vis la PLACE que chacun d'eux doit occuper. La COMPAGNIE qui les a escortés part alors, au PAS ACCÉLÉRÉ, en marchant par SECTION OU PAR LE FLANC, se dirige en arrière du FRONT, et va reprendre sa PLACE EN LIGNE. Les PORTE-DRAPEAUX se rendent vis-à-vis leur PLACE DE BATAILLE, et sont SALUÉS DE L'ÉPÉE par chacun des OFFICIERS SUPÉRIEURS devant lesquels ils passent. Le CHEF DE CORPS, voyant les PORTE-DRAPEAUX arrêtés vis-à-vis leur PLACE, et y FAISANT FACE, fait cesser la BATTERIE DE CAISSE; à ce SIGNAL, ils entrent au PELOTON DE DRAPEAU. Le CHEF DE CORPS fait alors PORTER LES ARMES. — Nous avons donné quelque étendue à ces détails, dont s'occupaient les RÈGLEMENTS DE 1766 (1er JANVIER), DE 1774 (11 JUIN), DE 1776 (1er JUIN), mais qui avaient été omis dans les ordonnances plus modernes.

RÉCEPTION de FOURRIER. V. CAPITAINE D'INFANTERIE FRANÇAISE DE LIGNE N° 14. V. FOURRIER D'INFANTERIE FRANÇAISE DE LIGNE N° 5.

RÉCEPTION de HÉRAUT D'ARMES. V. HÉRAUT D'ARMES N° 1.

RÉCEPTION de MARÉCHAL. V. MARÉCHAL. V. MARÉCHAL DE FRANCE N° 4.

RÉCEPTION de MEMBRE DE LA LÉGION. V. DÉCORATION DE LA LÉGION. V. MEMBRE DE LA LÉGION. V. PROCÈS-VERBAL DE RÉCEPTION.

RÉCEPTION de MILITAIRE GRADÉ (E, 2). Sorte de RÉCEPTION qui donne idée d'une CÉRÉMONIE annoncée, suivant sa nature et son importance, par des FANFARES, des BATTERIES DE CAISSE, un BAN. Elle a lieu à la suite d'une PROMOTION; elle est exprimée par une FORMULE que le CODE MILITAIRE détermine; elle est scellée par une ACCOLADE et un SALUT; elle est close par une batterie de caisse ou une sonnerie. — Autrefois, RECEVOIR était une des fonctions des HÉRAUTS. — Dans les derniers siècles, RECEVOIR était plus que RECONNAITRE; les règlements faisaient RECONNAITRE, mais non recevoir les APPOINTÉS; la nuance entre ces deux verbes s'est effacée, ils sont devenus synonymes. — Conformément à l'ORDONNANCE DE 1788 (1er JUILLET), le militaire dont la Réception avait lieu était en GRANDE TENUE, et placé en avant du centre de la COMPAGNIE, ou du BATAILLON, ou du RÉGIMENT, suivant le GRADE, à la gauche de celui qui le faisait RECONNAITRE; ce dernier avait l'épée à la main, et disait : *Soldats*, ou bien, *caporaux et soldats*, ou *officiers, sous-officiers et soldats, vous reconnaîtrez pour .... et lui obéirez en tout ce qu'il vous commandera pour le service du roi.* — Les Réceptions seront surtout distinguées ici en RÉCEPTION D'OFFICIER.

RÉCEPTION de ROI D'ARMES. V. CONNÉTABLE N° 7. V. ROI D'ARMES.

RÉCEPTION de SERGENT. V. CAPITAINE D'INFANTERIE FRANÇAISE DE LIGNE N° 14. V. SERGENT. V. SERGENT D'INFANTERIE FRANÇAISE DE LIGNE N° 2.

RÉCEPTION de SERGENT-MAJOR. V. CAPITAINE D'INFANTERIE FRANÇAISE DE LIGNE N° 14. V. SERGENT-MAJOR N° 2.

RÉCEPTION de SOUS-OFFICIER. V. AVANCEMENT. V. CASSATION DE SOUS-OFFICIER. V. GARDE EN GARNISON. V. GRANDE TENUE. V. ORDRE DE CORPS. V. SOUS-OFFICIER; id. N° 3, 4.

RÉCEPTION de TAMBOUR-MAJOR. V. ADJUDANT-MAJOR DE SEMAINE N° 1. V. TAMBOUR-MAJOR.

RÉCEPTION de TRÉSORIER. V. TRÉSORIER. V. TRÉSORIER DE CORPS N° 2.

RÉCEPTION d'ÉCUYER. V. ÉCUYER. V. ÉCUYER DE SUITE N° 1.

RÉCEPTION d'EFFETS. V. COMMISSAIRE AUX RÉCEPTIONS. V. EFFET. V. EFFET D'UNIFORME. V. MAJOR CHEF DE BATAILLON N° 5.

RÉCEPTION d'ÉTOFFES. V. CONSEIL D'ADMINISTRATION DE RÉGIMENT N° 4, 5. V. ÉTOFFE. V. CONSEIL DE PRÉFECTURE. V. ÉTOFFE D'HABILLEMENT DE TROUPE. V. MARCHÉ D'HABILLEMENT. V. PROCÈS-VERBAL DE RÉCEPTION.

RÉCEPTION (réceptions) d'OFFICIERS (E). Sorte de RÉCEPTIONS dont la forme a été longtemps indéterminée; elle a été réglée par l'ORDRE DU JOUR DE 1809 (11 OCTOBRE); c'est l'action de RECEVOIR, prise dans le même sens que RECONNAITRE. — Les Réceptions d'OFFICIERS doivent, autant que possible, être proclamées par un OFFICIER d'un GRADE supérieur à celui du RÉCIPIENDAIRE; elles sont mises à l'ORDRE, la CÉRÉMONIE en est annoncée par un BAN; le RÉCIPIENDAIRE, décoré de son HAUSSE-COL et l'ÉPÉE à la main, fait face à la TROUPE réunie sous LES ARMES; le PARRAIN qui le reçoit prononce la FORMULE voulue, salue de l'ÉPÉE, donne l'ACCOLADE, le chapeau à la main, ou la main au shako, et fait exécuter une FERMETURE DE BAN. — Longtemps il a été de règle que la Réception fût précédée du SERMENT. — Le jour inclus de la Réception est le point de départ du payement des APPOINTEMENTS, ainsi que le prescrivait l'ORDONNANCE DE 1823 (19 MARS). — Avant la création des INSPECTEURS GÉNÉRAUX à titre permanent, ou avant 1678, les COMMISSAIRES DES GUERRES étaient chargés des Réceptions et s'appropriaient, pour prix de cette peine, l'ÉPÉE de l'OFFICIER admis. — Il fut un temps où la délivrance du HAUSSE-COL donné à l'OFFICIER était un des symboles de sa PROMOTION. C'était ainsi que RECEVAIT LOUIS QUATORZE. — L'ORDONNANCE DE 1768 (1er MARS) ne permettait les Réceptions d'officiers qu'après avoir obtenu l'agrément du COMMANDANT DE PLACE, parce qu'alors la plupart des TROUPES n'étant pas casernées, ce genre de CÉRÉMONIE nécessitait une sorte d'appareil extérieur, une PRISE D'ARMES publique dont l'ÉTAT-MAJOR devait être informé. — Maintenant les Réceptions d'OFFICIERS ayant lieu ordinairement dans l'intérieur des CASERNES, sont une affaire de famille qui n'exige pas que la permission en soit demandée à la haute AUTORITÉ MILITAIRE; elle en est suffisamment informée par la voie des rapports. — Une CIRCULAIRE DE L'AN TREIZE (15 FLORÉAL) n'autorisait la CÉRÉMONIE de Réception qu'après l'expédition et l'arrivée des LETTRES DE SERVICE. L'ordonnance de 1823 (19 mars, art. 15) voulait que ces LETTRES ou le titre de la PROMOTION fût visée du SOUS-INTEN-

DANT. — Les Réceptions ont quelquefois eu lieu au centre d'un CERCLE , quelquefois au milieu d'un CARRÉ à face interne ; mais quand l'emplacement le permet, c'est devant un FRONT DE BATAILLE que salue l'officier reçu. — Les Réceptions d'ADJUDANT sont à peu près pareilles à celles d'officiers. — Il a été traité des Réceptions par M. BERRIAT (1817, A), LECOUTURIER (1825, A), ODIER (1818, E).

RÉCEPTIONNAIRE, subs. masc. (B, 1). Mot qui a sa racine dans l'expression RÉCEPTION DE DENRÉES. Quelques écrits et la *Sentinelle de l'Armée*, nº 2, commencent à employer ce terme dans le sens de PARTIE PRENANTE.

RECET, subs. masc. V. BUTIN. V. FORTERESSE.

RECETER, verb. act. V. FORTERESSE.

RECETTE, subs. fém. V. ADMINISTRATEUR MILITAIRE. V. CAHIER D'ORDINAIRE V. CAPITAINE D'HABILLEMENT Nº 3. V. COMPTABILITÉ DE CORPS. V. COMPTE PÉCUNIAIRE. V. CONSEIL D'ADMINISTRATION DE RÉGIMENT Nº 4, 5. V. DÉFICIT. V. DÉPENSE ADMINISTRATIVE. V. DÉPENSE COMPTABILIAIRE. V. FACTURE. V. HABILLEMENT. V. JOURNAL DE RECETTE. V. LIVRE DE RECETTE. V. LIVRET DE RECETTE. V. REGISTRE CENTRAL. V. REGISTRE DE DÉLIBÉRATIONS. V. REGISTRE DE RECETTE. V. REGISTRE JOURNAL. V. SOUS-INTENDANT Nº 8.

RECEVEUR (subs. masc.) des TAILLES. V. TAILLE. V. TRÉSORIER.

RECEVEUR PROVINCIAL. V. PROVINCIAL. V. TRÉSORIER.

RECEVOIR (verb. act.) A CAPITULATION. V. A CAPITULATION. V. CAPITULATION DE GUERRE.

RECEVOIR A QUARTIER. V. A QUARTIER. V. QUARTIER.

RECEVOIR BATAILLE. V. BATAILLE. V. BATAILLE STRATEUMATIQUE. V. CARTE BLANCHE.

RECEVOIR GARNISON. V. GARNISON.

RECEVOIR la CHARGE. V. CHARGE. V. CHARGE D'INFANTERIE.

RECEVOIR la CONSIGNE. V. CONSIGNE. V. CONSIGNE D'INJONCTION.

RECEVOIR l'APPEL. V. APPEL. V. APPEL DE POLICE. V. CERCLE DE POLICE.

RECEVOIR l'ASSAUT. V. ASSAUT. V. ASSAUT DE CORPS DE PLACE.

RECEVOIR le MOT. V. AVANCE A L'ORDRE. V. CERCLE DU SOIR. V. MOT. V. RONDE. V. RONDE-MAJOR. V. TRIBUN ROMAIN Nº 6.

RECEVOIR le CASERNEMENT. V. CASERNE. V. CASERNEMENT.

RECEVOIR le RAPPORT. V. RAPPORT. V. RAPPORT JOURNALIER.

RECEVOIR le SALUT. V. GRADE SUPÉRIEUR. V. SALUT.

RECEVOIR le SERMENT. V. SERMENT.

RECEVOIR le SERVICE. V. SERVICE. V. SERVICE DE SEMAINE.

RECEVOIR les DRAPEAUX. V. APPORTER LES DRAPEAUX. V. DRAPEAU. V. RÉCEPTION DES DRAPEAUX.

RECEVOIR l'ORDRE. V. ORDRE. V. ORDRE TESSERAIRE.

RECEVOIR un MILITAIRE GRADÉ. V. MILITAIRE GRADÉ. V. RÉCEPTION DE MILITAIRE. V. RÉCEPTION D'OFFICIER.

RECHANGE, subs. masc. V. AFFUT DE R... V. CORPS DE R... V. PIÈCE D'ARMES. V. PIÈCE DE R... V. PIERRE DE R...

RECHANGE de CULASSE. V. CULASSE. V. FUSIL A LA MONTALEMBERT.

RÉCHAUD (subs. masc.) de REMPART (H, 1). Le mot Réchaud, provenu comme réduplicatif du LATIN *callidus*, exprime ici un lampion de fer où brûlent nuitamment, dans les SIÉGES DÉFENSIFS, de l'ARTIFICE, du goudron, des TOURTEAUX, des CERCLES GOUDRONNÉS, à l'effet d'éclairer les OUVRAGES et les FOSSÉS d'une PLACE ASSIÉGÉE. GASSENDI, LACHESNAIE (1758, I), POTIER (1779, X), en ont fait mention.

RECHET, subs. masc. V. FORTERESSE.

RÉCIDIVE, subs. fém. V. ABSENCE A LA GÉNÉRALE. V. ABSENCE AVEC RÉCIDIVE. V. AVEC RÉCIDIVE. V. CAS DE R... V. DÉSERTEUR PAR RÉCIDIVE. V. FAUTE. V. INSUBORDINATION. V. MARAUDAGE. V. PAR RÉCIDIVE. V. SECONDE RÉCIDIVE.

RÉCIENTE. V. NOMS PROPRES.

RÉCIPIENDAIRE, subs. masc. V. BREVET DE LÉGION. V. LÉGION D'HONNEUR. V. PARRAIN DE RÉCIPIENDAIRE. V. RÉCEPTION D'OFFICIER.

RÉCIPROQUE, adj. V. CHARGE R... V. RICOCHET R...

RECLAIM (subs. masc.) ou RÉCLAME (F). Mot emprunté du LATIN, ainsi que RÉCLAMATION. Il se prenait, au MOYEN AGE, dans le sens de CRI DE GUERRE et était resté dans la langue de la fauconnerie. C'était le rappel adressé à l'oiseau volant.

RÉCLAMATION, subs. fém. V. ADJUDANT DE SEMAINE Nº 4. V. ADJUDANT-MAJOR DE SEMAINE Nº 4. V. CAPITAINE D'INFANTERIE FRANÇAISE DE LIGNE Nº 13. V. CHEF DE BATAILLON DE SEMAINE. V. CHEF DE BATAILLON D'INFANTERIE FRANÇAISE DE LIGNE Nº 11. V. COLONEL D'INFANTERIE FRANÇAISE DE LIGNE Nº 30.

v. EFFET D'UNIFORME. v. GÉNÉRAL FRANÇAIS N° 5. v. FEUILLE DE MOUVEMENT. v. HOMME DE TROUPE N° 4. v. LIEUTENANT-COLONEL D'INFANTERIE FRANÇAISE DE LIGNE N° 9. v. MAJOR CHEF DE BATAILLON N° 12. v. MILITAIRE, subs. v. MINISTRE DE LA GUERRE N° 7. v. PUNITION. v. RECLAIM. v. SERGENT CHEF DE POSTE. v. SOUS-INTENDANT MILITAIRE.

RÉCLAME, subs. masc. v. RECLAIM.

RÉCLUSION, subs. fém. v. MILICE NÉERLANDAISE N° 6. v. PEINE.

RÉCOLEMENT, subs. masc. (F). Mot dérivé du LATIN *recolere*, relire, repasser, vérifier. Autrefois l'expression se prenait, en certain cas, dans le sens de collationner, signifiant vérifier ou CONTROLER des écritures. — Le terme Récolement, employé dans la langue de l'ancienne JUSTICE MILITAIRE, a cessé d'être en usage dans les PROCÈS CRIMINELS ; c'était une OPÉRATION JUDICIAIRE dont l'objet était de constater, au moyen d'une COMPARUTION itérative et d'une seconde lecture, si les TÉMOINS qui avaient été ouïs au commencement de l'INFORMATION persistaient dans la DÉCLARATION inscrite au PROCÈS-VERBAL, et s'ils n'avaient rien à ajouter ou à changer à leur DÉPOSITION. Le Récolement avait lieu en présence de l'ACCUSÉ, aussitôt que le PROCUREUR DU ROI avait rendu ses CONCLUSIONS touchant l'INFORMATION ; un PROCÈS-VERBAL DE RÉCOLEMENT était dressé en conséquence. — Le Récolement était suivi de la CONFRONTATION, ou plutôt ces deux OPÉRATIONS se fondaient en une. — Depuis la publicité des JUGEMENTS, depuis que les TÉMOINS sont appelés devant le CONSEIL JUDICIAIRE, les Récolements et CONFRONTATIONS ont lieu maintenant de fait, mais ne se mentionnent plus dans la loi. — Il est question de Récolement dans BRIQUET (1761, H), CHENNEVIÈRES (1750, C), DEVILLE (1672, B), ENCYCLOPÉDIE (1785, C, t. II, p. 63), dans FURETIÈRE, dans LACHESNAIE (1758, 1, aux mots *Déserteur* et *Greffier*).

RECOMMANDÉ, adj. v. CAMARADE R...

RÉCOMPENSE, subs. fém., (C, 4 ; F), ou RÉCOMPENSE MILITAIRE. Le réduplicatif Récompense dérive du mot LATIN *compensare*, mettre en équilibre, dédommager ; il pourrait se traduire par ultra-compensation ; il a succédé au mot WAIGE, depuis longtemps en désuétude. Suivant la forme des RÉMUNÉRATIONS qui ont été en usage dans les ARMÉES DE TERRE, suivant les lieux et les temps, les Récompenses ont consisté dans une quote-part de butin ; plus tard, en une SOLDE convenue ; plus tard, en un accroissement de PAYE, soit sous forme de PRIVILÉGE, soit personnelle, soit régimentaire ; c'était la com-pensation des dangers, le dédommagement des CAMPAGNES, le prix du sang. — Quand l'ORGANISATION des TROUPES s'est perfectionnée, les Récompenses sont devenues ou PÉCUNIAIRES ou HONORIFIQUES, ou de ces deux genres à la fois. — XÉNOPHON, dans sa Cyropédie, énumérait les Récompenses décernées aux GUERRIERS par CYRUS ; il s'était fait une loi inflexible de n'avoir égard qu'au mérite, de n'accorder rien par faveur ; ce qui attachait merveilleusement, dit son historien, les OFFICIERS à leurs devoirs. — Il y a deux véhicules, suivant Lycurgue, qui forment et dressent la jeunesse, savoir : le CHATIMENT, aussi prompt que la FAUTE, et l'équitable répartition des Récompenses ; ainsi, la crainte enchaîne, l'amour de la gloire enflamme. — Les MILICES GRECQUE et ROMAINE ont poussé au plus haut point la théorie et l'application des RÉCOMPENSES LUCRATIVES et DISTINCTIVES ; mais ces dernières, surtout, furent longtemps le plus en honneur ; la bravoure éclatante, les succès importants obtenaient des CHAINES D'OR, nommées, suivant Raymond, CATELLES, des CORNICULES, des COURONNES, des DISTINCTIONS, des statues. Le souvenir de l'ACTION récompensée était perpétué par de flatteuses inscriptions, par de significatifs emblèmes ; la COLONNE MURALE, décernée pour la prise d'un LIEU FORT, figurait des créneaux ; la COLONNE CAMPESTRE, accordée à qui s'était emparé d'un camp, figurait des palissades. — Aucun peuple n'a surpassé celui de Rome dans l'art de varier, d'approprier, d'ennoblir les Récompenses ; elles se distinguaient en *donativum, pretium, congiarium* ; la première, ou *donativum*, était une GRATIFICATION pécuniaire, une largesse collective ; la seconde, ou *pretium*, une ALLOCATION personnelle et en monnaie ; la troisième, un supplément de NOURRITURE, une FOURNITURE de vin ou d'huile, une DOUBLE RATION DE VIVRES, qui quelquefois se convertissait en argent : *congiarium* venait de *congius*, qui signifiait mesure de capacité affectée aux liquides. Des détails sur le DONATIF, comme l'appelle GANEAU, et sur les autres formes de libéralité, se trouvent dans CASAUBON, HUET, SAUMAISE (*Vie d'Héliogabale*), SUÉTONE, VIGENÈRE. — Quelquefois un EXPLOIT était payé par l'admission dans une ARME plus honorée : ainsi, mais rarement, un HASTAIRE, franchissant la classe des PRINCES, devenait TRIAIRE ; un MARIN devenait HOMME DE PIED. — Les Récompenses étaient ordinairement proclamées au milieu de l'appareil des ALLOCUTIONS. — FLORUS s'étend à l'égard des divers modes de Récompenses que les ROMAINS avaient empruntés des Etrusques ; Polybe (150 avant J.-C.) en entretient fréquemment ses lecteurs ; Aulugelle cite un certain Dentatus à qui ses blessures avaient mérité quatre-vingt-trois couronnes, bracelets ou colliers ; César accordait deux cent mille sesterces au centurion Scéva, dont le bouclier avait été frappé de deux cents trente flèches. — Sous le règne des empereurs, dont le titre aussi ne fut d'abord qu'une Récompense, avant d'être devenu une usurpation, des drapeaux, des piques, des vexilles étaient délivrés solennellement comme marques et souvenirs de brillants succès à la guerre. Jabro (1777, G) a supposé que c'est à l'imitation de ces usages qu'en France, les maréchaux et les colonels généraux avaient été autorisés à entourer de drapeaux leurs armoiries ; mais rien n'appuie cette hypothèse. — Depuis le règne d'Auguste, la plus éclatante des Récompenses, le triomphe des généraux d'armée cessa d'être décerné ; le despotisme n'eût pu voir sans ombrage les ovations dont l'éclat eût momentanément éclipsé le diadème. Des écrivains se sont persuadés que l'abolition de cette imposante cérémonie fut la cause première du dépérissement de la milice et de la dépravation de l'art. — Sous les successeurs d'Auguste, des sentiments élevés et désintéressés n'animèrent plus les soldats d'un peuple dégénéré ; les Récompenses des vétérans ne consistèrent plus qu'en argent, non en propriétés territoriales ; c'était favoriser des prolétaires oisifs au lieu de créer des citoyens laborieux.—Au nombre des dons en argent était le *clavarium*, c'est-à-dire argent représentatif des clous de souliers. — Montesquieu remarque que les Récompenses ne furent jamais si prodiguées qu'au temps de l'empire ; le premier exemple des libéralités démesurées avait été donné par César, qui préparait aux dépens du trésor l'asservissement de la patrie. L'affreux Domitien prostitua encore plus les Récompenses ; la cupidité prit la place d'une noble ambition ; le partage des dépouilles, le pillage des pays conquis, devinrent, dans une armée avilie, l'objet des vœux et le but des efforts ; l'avarice des légions finit par regarder un vil lucre comme un droit acquis ; leurs séditions exigèrent les libéralités ; c'était demander l'aumône le poignard à la main, et cette conquête de leur indiscipline nourrissait de nouvelles séditions.—A leur tour, les Barbares vainqueurs des Romains ne virent dans la guerre que l'enrichissement par le pillage. — Sous la première et la seconde race, les Récompenses militaires du Fran-

çais étaient lucratives, distinctives, personnelles ; c'était le partage de la conquête et la répartition des fiefs à usufruits ; il y avait dans cette marche, sinon plus de morale, du moins plus d'art et une apparence de justice. La décadence du trône français permit que ces Récompenses, de personnelles et révocables qu'elles étaient, devinssent héréditaires ; la féodalité naquit de cette usurpation.—Tant que ce régime a duré, il n'y a plus eu de jurisprudence des Récompenses ; car l'équarrissement d'un pennon, l'anoblissement, la création des bacheliers et des chevaliers, étaient plutôt des faveurs que des Récompenses. — Le gouvernement français, depuis le rétablissement d'une royauté nerveuse, est le premier qui se soit occupé de l'encouragement et des secours que les militaires usés, vieillis, mutilés, étaient en droit d'attendre ; les maladreries de Louis neuf, les oblats ou moines lais des quatorzième et quinzième siècles, les mortes-payes dont s'entourent les chatelains, les anoblissements promis aux soldats des légions de François premier, les frères de l'Oursine de Henri quatre, la commanderie de Saint-Louis que le successeur de Henri établit à Saint-Germain, l'hotel des Invalides et la croix de Saint-Louis sous Louis quatorze, l'école militaire et la noblesse militaire créées par Louis quinze, sont autant de témoignages de l'importance qui s'attachait, depuis le règne de Philippe Auguste, à une pensée lentement mûrie, mais toute française, celle de rémunérer les bons et vieux services des défenseurs de l'Etat. Il n'est pas un gouvernement qui, en cela, n'ait imité la France, et les ordres de chevalerie, d'abord mystiques, remémoratifs ou galants, sont devenus presque tous militaires. — Mais jusqu'à nos jours la loi était restée vague, incomplète ou muette ; les obsessions, les faveurs, les chances heureuses se disputaient des lots que l'autorité répartissait sans équité. Dans le cours du dernier siècle les officiers d'artillerie, ceux du génie, les chirurgiens militaires ont commencé plus ou moins tard à participer au bénéfice des Récompenses, et c'est pour ainsi dire d'hier que les grades d'adjudants et de fourriers sont reconnus aux invalides. — Dans la guerre si malhabilement conduite de 1741, les Récompenses étaient prodiguées sans succès, pour relever le moral d'une armée découragée.— Nul ministre, si l'on en croit Bohan (1781, H), ne distribua plus habilement que le duc de Choiseul les Récompenses ; sous son ministère elles allaient, dit-il, au-devant du mérite ; mais il y a un peu à rabattre de ces éloges ; les habitudes de cour et l'arbitraire des COMMIS décidaient des Récompenses ; aussi, dans leur style minaudier, les BUREAUX les appelaient-ils GRACES. — MAURICE DE SAXE (1757, A) dit que le soin de récompenser *mériterait une institution solide*, et SAINT-GERMAIN, si le temps ne lui eût manqué, projetait d'introduire dans ses réglements un chapitre des Récompenses. — Le célèbre rapport d'Alexandre LAMETH témoigne que, jusqu'à la GUERRE DE LA RÉVOLUTION, les GRACES, soit pécuniaires, soit honorifiques, étaient la proie de l'intrigue et l'occasion de bouleversements qui faisaient le désespoir de l'ARMÉE. — LESSAC (1783, A) disait : *Les souverains, de nos jours, décorent d'un ruban futile ceux de leurs sujets qu'ils veulent distinguer ; encore semblent-ils s'être plutôt proposé de parer la vanité que d'honorer le mérite, puisque les premières de ces distinctions sont la prérogative de la noblesse.* — Un DÉCRET de l'ASSEMBLÉE LÉGISLATIVE DE 1792 (19 JUILLET) enjoignait au comité militaire de lui proposer un mode de récompenser *les actions qui servent à la patrie*. — Le gouvernement républicain avait aboli DÉCORATIONS, MÉDAILLONS, CHEVRONS D'ANCIENNETÉ, il n'avait laissé debout que l'HOTEL DES INVALIDES ; mais il avait assis et régularisé le mode parcimonieux, il est vrai, mais équitable des PENSIONS DE RETRAITE accordées aux BLESSURES ou au grand AGE. — Pendant l'ère républicaine les GÉNÉRAUX D'ARMÉE, et même DE DIVISION, avaient la haute main dans la distribution des Récompenses du CHAMP DE BATAILLE. — BONAPARTE qui, n'était que général, tranchait du souverain, ou au moins du DICTATEUR, s'était arrogé le droit de récompenser, à la manière ROMAINE, les CORPS d'une valeur éprouvée, par un ANOBLISSEMENT collectif ; les qualifications de *terrible, invincible, un contre dix*, étaient devenues des titres d'une NOBLESSE mal imaginée, puisque les successeurs des braves se croyaient autorisés à se dire braves sans l'avoir prouvé. Cette Récompense, plausible peut-être comme un stimulant puissant chez les Romains, auxquels le DUEL était inconnu, ensanglanta les rencontres de RÉGIMENTS FRANÇAIS et leurs GARNISONS ; aussi, depuis qu'il fut empereur, NAPOLÉON renonça à une mesure que son enthousiaste jeunesse avait essayée, mais que la prudence n'avait pas dictée. — Une LOI DE L'AN HUIT (11 VENDÉMIAIRE) promettait une Récompense nationale aux actions héroïques des officiers ou soldats. — Dans l'ACTE CONSTITUTIONNEL DE L'AN HUIT (22 FRIMAIRE, art. 87), BONAPARTE insérait que des Récompenses nationales seraient décernées aux guerriers qui auraient rendu d'éclatants services. — Le DIRECTOIRE et le régime consulaire avaient admis la concession de la DOUBLE PAYE et des ARMES D'HONNEUR ; c'était le retour aux DISTINCTIONS PERSONNELLES et aux faveurs lucratives ; la LÉGION D'HONNEUR, qui succéda à ce mode, fut un retour aux GRACES de cour. Les GÉNÉRAUX ne furent plus autorisés qu'à formuler des PROPOSITIONS de Récompenses, non à en accorder. — Le gouvernement impérial avait maintenu l'exiguïté des RETRAITES RÉPUBLICAINES, mais cette exiguïté était mitigée, pour quelques-uns, par un mode qui ressuscitait les largesses du bon plaisir, les DOTATIONS à la fois distinctives et lucratives ; les MAJORATS étaient le rajeunissement de la NOBLESSE héréditaire et le préliminaire d'une nouvelle FÉODALITÉ royale. Au-dessous de la DÉCORATION de FRANCE se classaient la COURONNE DE FER et l'ORDRE DE LA RÉUNION ; au-dessus s'élevait l'institution des TROIS-TOISONS, ordre moitié guerrier et moitié claustral. — En 1811, quand SUCHET, le seul des GÉNÉRAUX qui ait donné en ESPAGNE de l'éclat aux armes françaises par la quantité et l'importance des succès, par l'habileté de l'administration, eut passé duc et maréchal, après la prise de Valence, et eut été doté d'un demi-million de rente, l'armée d'Aragon reçut de la munificence de Napoléon, en vertu d'un décret, deux cents millions. C'était une largesse à la manière des successeurs d'Auguste. — L'importance du système des Récompenses a été appréciée par Bentham (1802, 1811), Filangieri, MACHIAVEL (1510, A). — Juvénal a dit, satire dix :

Quis enim virtutem amplectitur ipsam, præmia
[si tollas......
Quel bien obtiendras-tu, si tu n'y mets un prix.

—SANTA-CRUZ (1758, A, t. III, p. 20) proposait que les charges municipales des villages fussent de préférence données à de vieux militaires ; cette générosité purement honorifique eût entraîné plus d'un inconvénient. BONAPARTE rendit plus positive une pensée analogue : c'était une concession d'EMPLOIS dans l'ordre civil, EMPLOIS émolumentés et proportionnels auxquels, après d'honorables SERVICES, les MILITAIRES étaient autorisés à aspirer. Les ORDONNANCES qui consacraient ces avantages étaient le contre-poids des exigences du SERVICE FORCÉ ; c'était le dédommagement légitime du tribut du sang, l'encouragement à l'accomplissement des devoirs de la plus dure des PROFESSIONS. La FRANCE seule a répudié ce véhicule, quand les milices d'Autriche, de Hollande, de Prusse, de Hesse, de Russie, de Wurtemberg s'empressaient de l'adopter. Ce moyen a utilement fleuri dans ces divers pays. — Si ce droit d'obtention d'emploi eût pris racine en France, les pensions au compte du trésor eussent été moins écrasantes pour le budget. — Mais, sous le règne même du fondateur, l'opposition sourde, les menées adroites des employés civils, classe à népotisme, milice monacale, plusieurs ministères avaient réussi à paralyser en grande partie les effets de cette habile et sage mesure, et, à la restauration, ce système rémunérateur fut aboli par l'esprit de parti. — Le gouvernement de cette époque avait fait revivre l'ordre de Saint-Louis, aboli celui de Hollande, rétrocédé celui d'Italie et semé à profusion celui de la Légion ; il avait transgressé les lois sur les payes de retraites, en gorgeant de pensions des protégés qui apportaient à cette curée des titres mensongers ou des droits imaginaires. Si le taux des Récompenses accordées aux véritables ayants droit était le plus exigu de l'Europe, la dette du grand livre devenait la plus énorme de l'Europe, alors même que le pouvoir répondait, par son bilan, aux réclamations des légionnaires, et réalisait à rebours la distribution du milliard promis, en 1792, aux défenseurs de la patrie. — Des lois postérieures ont en partie remédié à la mesquinerie des pensions ; mais la Légion d'honneur restait créancière. — Depuis la révolution de 1830, le ministère, à l'aide de notes entortillées, d'insinuations déguisées, de réticences judaïques, a paralysé, sinon éteint, l'ordre de Saint-Louis. — Les écrivains dont la liste va être offerte ont traité des Récompenses des armées. Tous, à l'instar de Xénophon et de Lycurgue, les regardent comme la sommité d'une échelle, dont les degrés inférieurs sont les peines et les punitions. Rémunérations et répressions sont, suivant eux, les pivots, les garanties de la discipline. Tous ont reconnu combien était ardue et délicate la matière. Darut (1789, B), qui a consacré un chapitre de son ouvrage à cet examen, disait : *Récompenser une armée est difficile ; on n'en a même pas les moyens ; on est forcé à n'en récompenser que les individus, et le hasard, plus que la justice, y préside.* — On doit, dit Odier (1824, E), *distribuer authentiquement les Récompenses et les motiver, ensorte que nul ne puisse les attribuer à la faveur.* — On lit dans le *Journal des Sciences militaires* (t. xv, p. 180) cette pensée, où percent des allusions critiques : *En donnant des Ré-*

compenses et de l'avancement, on n'a d'autre but que de satisfaire à des exigences particulières, sans faire attention à l'effet moral produit sur les troupes ; et l'on s'étonne de la décadence de l'esprit militaire. — Quoi qu'en dise l'esprit de censure, la législation des Récompenses militaires s'est partout améliorée. Depuis cette époque elles consistent, ou ont consisté en France, dans le droit à certains commandements, aux hautes payes, à l'admission aux Invalides ou aux compagnies sédentaires, dans la Légion d'honneur, dans les gardes, dans la garde, dans la gendarmerie, dans l'obtention d'un emploi d'officier d'état-major de place, dans l'allocation d'une pension après trente années de service ou à la suite d'infirmités, de blessures, de cécité ; quelquefois elles n'ont consisté que dans une somme une fois payée, comme le témoignait la décision de 1817 (30 avril). — Le texte des lois a appelé Récompenses les retraites qui, en réalité, ne sont qu'un salaire, un dédommagement, comme s'exprimait la loi de 1790 (14 décembre), l'acquittement d'une dette contractée par l'État, la réalisation d'une indemnité bien gagnée ; car, comme le dit Bentham dans le *Traité des Peines et des Récompenses,* la Récompense commence où l'indemnité finit. — La démission des officiers avant trente années révolues de service éteignait le droit aux Récompenses. — Suivant quelques opinions, l'avancement serait une Récompense ; mais c'est surtout quand il est accordé extraordinairement qu'il doit être considéré ainsi. Dans le cours ordinaire de la vie militaire, il peut être un droit acquis à des services loyaux, mais sans éclat ; il n'en sera autrement que quand on ne pourra l'obtenir, comme on le voit déjà en plus d'une milice, qu'à la suite de concours entre émules et d'examens subis par les aspirants. Alors se réalisera le précepte de Feuquières (1750, A) : *Récompensez selon les services ; avancez selon les talents.* — La marche suivant laquelle sont sollicitées et obtenues les Récompenses est celle-ci. — Les conseils d'administration valident, par leurs signatures, les propositions aux Récompenses ; les inspecteurs généraux sont, pendant le cours de leurs revues, les examinateurs du droit des postulants et de la régularité des demandes ; ils ordonnent à cet effet, s'il y a lieu, des contre-visites, où leur sont présentés les infirmes déjà visités en présence du conseil d'administration ; le ministre résume et contrôle l'avis des inspecteurs, et le roi prononce ; une ordonnance autorise les Récompenses. — L'or-

DONNANCE DE 1816 (10 JUILLET) défendait aux corps de TROUPES de décerner aucune Récompense. — Disons quelques mots des coutumes des étrangers, en fait de Récompenses. — Les COLONISATIONS à la ROMAINE, avortées en FRANCE, mais réalisées en AUTRICHE, en PERSE, en RUSSIE, en SUÈDE, en TURQUIE, ont été instituées sous forme d'encouragement et de Récompenses, et participaient des anciens FIEFS OU BÉNÉFICES. — La MILICE ANGLAISE jouit des plus libérales Récompenses ; le partage régulier du BUTIN en fait, en temps de guerre, une notable partie. — Les retraites des GÉNÉRAUX, dans la MILICE AUTRICHIENNE, celles de tous les OFFICIERS dans la MILICE PRUSSIENNE, l'emportent sur celles de FRANCE. — Depuis 1814, les INVALIDES de la MILICE RUSSE obtiennent des Récompenses. Si les RETRAITES des OFFICIERS sont faibles dans cette ARMÉE, quantité d'entre eux en sont dédommagés par des MAJORATS. — Les MILICES ANGLAISE, BADOISE, BAVAROISE, ESPAGNOLE, NÉERLANDAISE, PIÉMONTAISE, PRUSSIENNE, RUSSE, SUISSE, comptent les MÉDAILLES au nombre des Récompenses des HOMMES DE TROUPE. Dans la MILICE WURTEMBERGEOISE, les OFFICIERS aussi ont droit aux MÉDAILLES, comme c'était l'usage en RUSSIE depuis PIERRE LE GRAND. En WURTEMBERG, ces médailles sont personnelles ; elles sont collectives dans les autres ARMÉES. — Les AUTEURS qui ont appliqué à la question des Récompenses leurs recherches, sont : M. BERRIAT (1817, A), BOHAN (1781, H), BOUTHILLIER, M. CARRION (1824, A), CASAUBON, M. le colonel CHAMBRAY (1835), M. COURTIN (1823, E), DANIEL (1721, A), DARUT (1789, B), DESPAGNAC (1751, D), DUANE (au mot *Reward*), ELIEN, l'ENCYCLOPÉDIE (1751, C, au mot *Tactique des Romains*, et 1785, C, supplém., au mot *Forces*), FEUQUIÈRES (1750, A), FLORUS, FOY, GANEAU, GOETZMAN (1777), GUIBERT (1775, E), GUIGNARD (1725, B), JAUBO (1779, au mot *Triomphe*), LACHESNAIE (1758, I), LATRILLE, LECOUTURIER (1825, A), LESSAC (1783, A), MAINGARNAUD (1822, B), MAIZEROY (1767, E), ODIER (1818, E ; 1824, E), PLUTARQUE, POTIER (1779, X, au mot *Projet*), ROBINSON, SAINT-GERMAIN (1779, C), SAUMAISE, SERVAN (1780, B), SILVA (1768, K), SUÉTONE, TURPIN (1783, O), VIGENÈRE, VIRGILE, XÉNOPHON (*Cyropédie*), ZURLAUBEN (1760, G), le *Dictionnaire de la Conversation* (au mot *Couronne*).

RÉCOMPENSE COLLECTIVE. V. COLLECTIF. V. RÉCOMPENSE.

RÉCOMPENSE DÉCORATIVE. V. DÉCORATIF, adj. V. MILICE ESPAGNOLE N° 2.

RÉCOMPENSE DISTINCTIVE. V. DISTINC-

TIF, adj. V. MINISTRE DE LA GUERRE EN 1761. V. RÉCOMPENSE.

RÉCOMPENSE HONORIFIQUE. V. HONORIFIQUE. V. PAYE. V. RÉCOMPENSE.

RÉCOMPENSE LUCRATIVE. V. LUCRATIF, adj. V. RÉCOMPENSE.

RÉCOMPENSE MILITAIRE. V. CORPS D'INTENDANCE N° 1. V. GAGISTE. V. GARDE ROYALE N° 2. V. GARDES DU CORPS N° 2. V. MILICE SYRE N° 2. V. RÉCOMPENSE. V. RÈGLEMENT. V. SOUS-OFFICIER N° 4.

RÉCOMPENSE PÉCUNIAIRE. V. INSTRUCTEUR. V. PÉCUNIAIRE, adj. V. RÉCOMPENSE.

RÉCOMPENSE PERSONNELLE. V. PERSONNEL, adj. V. RÉCOMPENSE.

RECONNAISSANCE, subs. fém. V. ACTE DE R… V. ALLER EN R… V. BATTRE UNE R… V. CRI DE R… V. EN R… V. FAIRE UNE R… V. GRANDE R… V. PETITE R… V. POUSSER UNE R…

RECONNAISSANCE (term. génér.). Mot dont l'étymologie LATINE est connue. Ce terme s'emploie comme synonyme de RÉCÉPISSÉ ou de REÇU, s'il s'agit de la COMPTABILITÉ des TROUPES ou des ACTES de l'ÉTAT CIVIL applicables à l'ARMÉE ; sa signification diffère, s'il s'agit du service des POSTES ou GARDES ARMÉS et de la STRATÉGIE. Il n'en sera question ici avec quelques détails que dans le sens d'OPÉRATIONS DE GUERRE. — Quantité d'ÉCRIVAINS prennent les Reconnaissances militaires dans le sens de DÉCOUVERTES ; c'est à cet égard qu'on dit : ALLER EN RECONNAISSANCE ; FAIRE, POUSSER une Reconnaissance. Ces mots sont synonymes en quelques circonstances ; mais, dans bien des cas, une Reconnaissance n'est pas une DÉCOUVERTE. C'est l'INFANTERIE ou la CAVALERIE qui VA A LA DÉCOUVERTE ; c'est le CORPS D'ÉTAT-MAJOR qui est spécialement chargé des Reconnaissances.

RECONNAISSANCE COMPTABILIAIRE. V. BON. V. COMPTABILIAIRE, adj. V. COMPTABILITÉ.

RECONNAISSANCE DE BRÈCHE. V. ASSAILLANT DE SIÉGE OFFENSIF. V. BRÈCHE. V. BRÈCHE OFFENSIVE.

RECONNAISSANCE DE BUREAU DE POSTE. V. BUREAU DE POSTE. V. CHARGEMENT D'ARGENT DE MILITAIRE.

RECONNAISSANCE DE GUERRE. V. GUERRE. V. MILICE AUTRICHIENNE N° 6. V. QUARTIER-MAITRE GÉNÉRAL. V. RECONNAISSANCE EN CAMPAGNE. V. RÉGIMENT FRANÇAIS N° 2. V. STRATÉGIE.

RECONNAISSANCE DE PATROUILLE. V. AVANCE A L'ORDRE. V. AVANCE QUI A L'ORDRE.

v. CAPORAL DE CONSIGNE. v. HAUT LES ARMES.
v. PATROUILLE.

RECONNAISSANCE de RONDE. v. AVAN-
CE A L'ORDRE. v. AVANCE QUI A L'ORDRE. v. CA-
PORAL DE CONSIGNE. v. CHEF DE POSTE D'HOMMES
DE GARDE N° 4. v. HAUT LES ARMES. v. RONDE.
v. RONDE MAJOR. v. RONDE SUPÉRIEURE. v.
SERGENT D'INFANTERIE FRANÇAISE DE LIGNE
N° 12.

RECONNAISSANCE de SIÉGE OFFENSIF
(H, 1). Sorte de RECONNAISSANCE FAITE, lors
de l'INVESTISSEMENT, par les OFFICIERS du GÉ-
NIE et de l'ARTILLERIE, pour juger de l'état de
la FORTERESSE, de ses OUVRAGES, de ses DÉ-
FENSES; ils s'avancent, soit de nuit, soit sous
des déguisements, vers les points fortifiés,
pour faire l'examen et l'étude de la disposition générale et relative des diverses PIÈCES,
et juger quels sont les TRAVAUX et les
moyens de l'ENNEMI, quels sont ceux qu'il
faut y opposer, et quels paraissent être les
desseins du COMMANDANT DE LA PLACE ASSIÉ-
GÉE. — BARDET (1740, A), DUPAIN (1757, B),
l'ENCYCLOPÉDIE (1785, C, t. III; id. suppl.),
GUILLET (1686, B), LACHESNAIE (1758, I,
aux mots *Siége* et *Tranchée*), SIONVILLE
(1756, E), ont traité de ce genre de Reconnaissance.

RECONNAISSANCE (reconnaissances)
de TERRAIN (H, 2). Sorte de RECONNAISSANCES
qui sont quelquefois des RECONNAISSANCES EN
CAMPAGNE, quelquefois des explorations par
forme d'étude, ou même des travaux de
paix enseignés dans les ÉCOLES D'ÉTAT-MAJOR.
— Les Reconnaissances ont pour objet d'es-
timer l'étendue des pays, les MOUVEMENTS,
les ACCIDENTS du sol; de juger les points où
l'on pourrait asseoir des ÉTABLISSEMENTS MI-
LITAIRES; de s'assurer des inconvénients et
des avantages des lieux, par rapport aux MA-
NŒUVRES à y exécuter, à l'état des PONTS, aux
MARCHES à y entreprendre, au genre d'ARMES
à y employer, au nombre des TROUPES à y
mettre en jeu sur un CHAMP DE BATAILLE. —
Les Reconnaissances, si elles ont lieu en
TEMPS DE GUERRE, doivent concorder avec les
projets du GÉNÉRAL, influer sur l'ORDRE DE
BATAILLE qu'il choisira, l'éclairer sur le plus
ou moins de solidité des POSITIONS où il as-
seoira ses TROUPES; c'est donner une idée de
leur importance. — Les Reconnaissances
tirent un puissant secours des levés, ou LE-
VERS TOPOGRAPHIQUES, et des calculs de la STA-
TISTIQUE; la justesse du COUP D'OEIL ou le LE-
VER à la vue y sert bien plus que les opérations trigonométriques. — Les Reconnaissances ont surtout à dégager l'inconnue que
voici : Quel genre d'OPÉRATIONS militaires le
TERRAIN permet-il, soit à un parti, soit à

l'autre? La solution du problème suppose,
de la part du MILITAIRE en Reconnaissance,
l'appréciation du genre de TACTIQUE propre
à chaque ARME, et une notion des effets et
des ressources de la FORTIFICATION PASSAGÈRE.
— Les Reconnaissances concernent, suivant
l'objet qu'elles embrassent, les INGÉNIEURS
GÉOGRAPHES, les OFFICIERS DE TROUPES LÉGÈRES,
les OFFICIERS du CORPS D'ÉTAT-MAJOR; mais il
n'y a pas de jeunes OFFICIERS, quelle que soit
leur ARME, qui ne doivent étudier, comme
essentiel, l'art de POUSSER UNE RECONNAIS-
SANCE et d'en dresser le précis, en le divisant en une rédaction de rapport et en un
aperçu de la TOPOGRAPHIE des lieux visités.
Une circulaire de 1837 (22 mai) témoignait
des progrès de cette partie dans les CORPS
FRANÇAIS. — On appelle aussi Reconnaissances les MÉMOIRES descriptifs et les tracés
graphiques de ce genre d'OPÉRATIONS. C'est,
en ce cas, un examen et un compte rendu
de la physionomie du THÉÂTRE de la GUERRE,
de ses COMMUNICATIONS, anfractuosités, COURS
ou nappes d'EAUX, FLAQUES OU RAVINES,
QUAIS, PONTS, digues, ruptures de CHEMINS.
Le détail qui est donné spécifie les agroupements d'habitations, le genre de la végé-
tation, l'influence possible des ACCIDENTS
géologiques sur les chances de la GUERRE. —
Les FOURRAGES, OU FOURRAGEMENTS, doivent
être précédés d'une Reconnaissance. — La
Reconnaissance descriptive donne à connaître comparativement le CHEMIN fait et la
durée de la MARCHE; quelquefois cette durée
se mesure au moyen de l'ODOMÈTRE ou du
PÉDOMÈTRE, c'est-à-dire de la quantité d'en-
jambées. Mais la supputation du temps que
le trajet exige, à un PAS égal, soit à pied,
soit à cheval, est la donnée la moins incertaine; car on court risque de se tromper en
prenant le nombre de PAS pour base de calcul, puisque, même égaux quant à la CA-
DENCE, ils peuvent différer en résultats si le
TERRAIN est plat ou anfractueux, s'il est sec,
glissant, bourbeux. Le PAS, d'ailleurs, se
raccourcit ou se ralentit en proportion de la
fatigue. — Les Reconnaissances de terrains
où coulent des rivières doivent constater
quels sont leur force, leur COURS, leur LIT.
— Les recherches sur la théorie des Reconnaissances sont si peu anciennes, que GUI-
BERT (1773, E) disait qu'il serait important
de donner à l'ÉTAT-MAJOR *un traité sur la
science de la Reconnaissance des terrains, combinée avec la tactique.* — La
CIRCULAIRE DE 1837 (24 MAI), qui honorait le
ministère du général BERNARD, et qui semblait promettre qu'à l'avenir ce serait en
vertu de CONCOURS que l'AVANCEMENT AU CHOIX
serait acquis aux OFFICIERS D'INFANTERIE, CON-

sacrait l'importance du travail des Reconnaissances, et encourageait ces OFFICIERS à se
livrer sérieusement à ce genre d'étude. —
Un carnet commodément porté, à l'instar de
ceux de la MILICE ANGLAISE, est indispensable
à tout OFFICIER en Reconnaissance. Ce portefeuille, susceptible de permettre qu'il y
minute ses observations et crayonne au besoin, comme renseignements à l'appui, un
croquis ou linéaire, ou géométral, ou pers-
pectif, est bien autrement utile que la giberne qu'on a donnée, comme un frivole
ornement, aux OFFICIERS D'ÉTAT-MAJOR. —
Les AUTEURS qui ont traité des Reconnaissances du terrain, sont : M. AILENT (*Mémorial du dépôt*, 4e numéro), BACKENBERG,
BOURCET, BRUECH, CARLET DE LA ROZIÈRE,
CHATELAIN, DECKER (1827), DOORMAN, l'EN-
CYCLOPÉDIE (1751, C), FERRETTUS (Francesco),
FOERSTER (1825, K), FEUQUIÈRES (1750, A),
FRÉDÉRIC DEUX (1821, A), GASSENDI, GRAND-
MAISON (t. 1, p. 99), GRIMOARD (1809, D),
M. GRIVET, M. JACQUINOT, LALLEMAND, M. le
général LAROCHE-AYMON (1817, C), LEBAS,
LECOQ, LECOUTURIER (1825, A), M. le colonel OKOUNEFF, M. le général PRÉVAL (1827),
M. RAVICHIO (1827), ROHAN (1757, Q), SILVA
(1768, K, p. 119), STAFF, M. le général
THIÉBAULT, URBAIN, M. le général VANDER-
MEER, WERKLEIN, le *Journal des Sciences
militaires* (1826, t. II), le *Mémorial du
dépôt de la guerre* (t. IV), le *Journal militaire autrichien* (1820), le *Spectateur
militaire* (t. XXVII, p. 257; t. XXVIII, p. 273),
le *Journal des Sciences militaires* (1833,
t. XXVIII, p. 285 et 355).

RECONNAISSANCE de TROUPES ARRI-
VANTES (E, 3). Sorte de RECONNAISSANCE qui
a lieu à l'ARRIVÉE d'un CORPS qui s'approche
d'une PLACE FORTE. La Reconnaissance en est
faite par un OFFICIER DE PLACE ou par un SOUS-
OFFICIER de la TROUPE qui réside sur les
LIEUX; il se porte à trois cents pas en avant
des SENTINELLES, FAIT HALTE, crie à la TROUPE
ARRIVANTE : HALTE-LA ! QUI-VIVE? QUEL RÉGI-
MENT? Si, au troisième CRI, la TROUPE avance
toujours, le détachement qu'il commande
FAIT FEU et se retire à la PREMIÈRE BARRIÈRE.
Dans le cas contraire, l'OFFICIER qui est en
tête de la TROUPE EN ROUTE, ou son TAMBOUR-
MAJOR, répondent : FRANCE ! et ils déclarent
le nom ou le NUMÉRO du CORPS. Le CAPORAL
de l'AVANCÉE s'approche de la TROUPE et reste
près d'elle, tandis que le COMMANDANT du
CORPS arrivant va parler au CHEF du POSTE de
la porte de la VILLE. La TROUPE, pendant ce
pourparler, répare ses armes, rajuste son
habillement. — Les AUTEURS qui ont traité
ce sujet sont : BARDIN (1807, D), BOMBELLES

(1746, A), LACHESNAIE (1758, I, au mot
Garde qui monte).

RECONNAISSANCE d'ENFANT. V. ACTE
DE R... V. ENFANT. V. ÉTAT CIVIL.

RECONNAISSANCE d'OFFICIER DE SAN-
TÉ. V. OFFICIER DE SANTÉ.

RECONNAISSANCE (reconnaissances)
EN CAMPAGNE (E, 1; H, 2). Sorte de RECON-
NAISSANCES que quelques ÉCRIVAINS ont distinguées comme GRANDES et comme PETITES;
ils ont appelé COUREURS et DÉCOUVREURS les
MILITAIRES ou les DÉTACHEMENTS qu'on employait, en campagne, à ce genre de SERVICE,
et que dirigeait ordinairement le MARÉ-
CHAL DES LOGIS DE L'ARMÉE. — La CAVALERIE
LÉGÈRE et les TIRAILLEURS sont, en général,
chargés des Reconnaissances. — Les RECON-
NAISSANCES DE GUERRE sont considérées à part
des RECONNAISSANCES DE TERRAIN; ces dernières s'occupent plutôt des circonstances
géologiques et appartiennent à des questions
plus générales, plus étendues, plus savantes;
les autres ont pour objet de sonder le pays,
de TATER L'ENNEMI, d'éclairer ses démarches
et ses DISPOSITIONS, de juger sa POSITION, ses
projets d'ATTAQUE, la direction de ses MAR-
CHES; de s'assurer des TERRAINS les plus favorables au CAMPEMENT, les plus convenables
comme CHAMP DE BATAILLE. Ces soins, pour
ainsi dire quotidiens, qui intéressent une
ARMÉE AGISSANTE, sont confiés à des CHEFS DE
DÉTACHEMENTS dont la TROUPE se proportionne
à l'importance ou au danger de la mission,
et qui est protégée par des PARTIS, par un
CAMP VOLANT. — De simples CHEFS DE POSTE
POUSSENT, si leur POSITION le demande, des
Reconnaissances autour de leur POSTE. — Il
était d'usage d'entreprendre les Reconnaissances plutôt en plein midi qu'à toute autre
heure, parce que ce n'est pas l'instant de la
plus grande surveillance, et que les PA-
TROUILLES alors sont rentrées et reposent.
— Il a été traité des Reconnaissances par
M. BERRIAT, BONJOUAN, M. le général BU-
GEAUD (1831, A), CHATELAIN (1833), DUFOUR
(G.-H.), l'ENCYCLOPÉDIE (1785, C, et suppl.,
au mot *Découverte*), GREVEN, LALLEMANT
(1825), M. LEGRAND (1837, A, au mot *Iti-
néraire*), LESPINASSE, LOSSOW, MIRABEAU
(1788, C), POTIER (1779, X), POULTIRET
(1786, B), M. le général PRÉVAL (1827),
SCHARNHORST (1790, E), SINCLAIRE (1773, L),
le *Dictionnaire de la Conversation*.

RECONNAITRE, verb. act. et neut. V.
APPOINTÉ. V. AUMONIER DE CORPS Nº 4. V. BRÈ-
CHE OFFENSIVE. V. CAMP. V. CAMP DE GUERRE.
V. CHAMP DE BATAILLE. V. COLONEL D'INFANTE-
RIE FRANÇAISE DE LIGNE Nº 30. V. DÉCOUVERTE.
V. PATROUILLE. V. POSITION STRATEUMATIQUE.

V. QUI VIVE. V. RÉCEPTION DE MILITAIRE GRADÉ. V. RÉCEPTION D'OFFICIER. V. RONDE.

RECOUDRE, verb. act. et récip. V. FORMER LES DIVISIONS.

RECOURS (subs. masc.) EN CASSATION. V. CASSATION JUDICIAIRE. V. EN CASSATION.

RECOURS EN GRACE. V. CONDAMNÉ. V. EN GRACE. V. GRACE. V. JUSTICE MILITAIRE. V. MILICE PIÉMONTAISE N° 7. V. PEINE. V. PROCÉDURE.

RECOUS (recousse), adj. V. RECOUSSE.

RECOUSSE, subs. fém. (F), ou RESCOSSE, OU RESCOUSSE. Mots qu'on a prétendu venir du LATIN *recuperatio*; mais l'assertion est douteuse, et FURETIÈRE mentionne le mot sans en indiquer la racine. Il est analogue à l'adjectif RECOUS, RESCOUS, qui s'employait, comme le témoigne BARBAZAN, pour désigner un GUERRIER délivré, secouru. Le CRI A LA RECOUSSE indiquait l'urgence d'un SECOURS; il en était un SIGNAL de détresse. — Au MOYEN AGE, les sons de la MUSIQUE de guerre et les mouvements des PENNONS avaient, en grande partie, pour objet d'APPELER A LA RECOUSSE. — Le mot Recousse, inconnu maintenant dans les TROUPES DE TERRE, s'est conservé dans les usages du commerce maritime et de la MARINE. Un VAISSEAU tombé au pouvoir de l'ENNEMI, mais depuis un certain temps seulement, est RECOUS OU RECOUX, c'est-à-dire délivré, s'il est repris par son premier possesseur.

RECOUVREMENT (subs. masc.) de CRÉANCE. V. CRÉANCE. V. CRÉANCE DE MILITAIRE. V. EN RECOUVREMENT.

RECOUVREMENT de GIBERNE. V. GIBERNE.

RECOUVREMENT de SAC DE CAMPAGNE. V. BORDURE DE SAC. V. SAC DE CAMPAGNE.

RECOUX (recousse), adj. V. RECOUSSE.

RECRAND, adj. et subs. masc. (F), ou RECRANT, OU RECRANZ, OU RECREANT, OU RECREUS suivant ROQUEFORT. — Ces mots, dont l'étymologie n'est pas connue, ont signifié : exténué, excédé de fatigue, hors d'état de continuer à combattre. — L'ACADÉMIE mentionne dans le même sens RECRU, quoiqu'il soit en désuétude. Ces termes auraient été la souche, suivant quelques ÉCRIVAINS, du substantif RECRUE, pris dans le sens de peu capable ou de débile. — Les Recrands cherchaient un refuge dans les BATAILLONS RONDS. — Etre qualifié de RECRANT était, pour la CHEVALERIE, une intolérable injure, qui répondait à un terme vulgaire et moderne, au mot CLAMPIN.

RECRANT, subs. masc. V. RECRAND.

RECRANZ, subs. masc. V. RECRAND.

RECREANT, subs. masc. V. RECRAND.

RECREUE, subs. fém. V. RECRUE. V. RECRUTEMENT.

RECREUS. V. RECRAND. V. RECRUE.

RECRU, adj. V. RECRAND. V. RECRUE.

RECRUE, subs. fém. et masc. V. ALLER EN R... V. DRESSER LES R... V. ÉCOLE DE R... V. EFFET DE R... V. EN R... V. ENGAGEMENT DE R... V. ENVOYER EN R... V. ÉTAT DE R... V. FAIRE DES R... V. HOMME DE R... V. INSTRUCTION DE R... V. MASSE DE R... V. PREMIÈRE MISE DE R... V. SOLDAT DE R...

RECRUE (B, 1), ou BISOGNE suivant ROQUEFORT, OU CONSCRIT comme disaient les SOLDATS, OU JEUNE SOLDAT comme l'a mis en vogue le MINISTRE GOUVION, OU RECREUE comme l'écrivait JOINVILLE au temps de SAINT-LOUIS, OU SOLDAT DE RECRUE comme l'appelaient BOMBELLES (1746, A), et, à son instar, les RÈGLEMENTS du temps. — Le mot Recrue est d'une orthographe équivoque et d'un genre douteux. Quelques-uns, l'employant au masculin, l'ont écrit RECRU, ce qui était plus rationnel que le mode que l'ACADÉMIE a adopté. L'ORDONNANCE DE 1766 (1ᵉʳ JANVIER) et l'ARRÊTÉ DE L'AN DOUZE (19 VENDÉMIAIRE) le faisaient masculin, en lui conservant l'e muet qui le termine; c'était la syncope du terme jusque-là en usage, HOMME DE RECRUE, terme qu'employait encore l'ORDONNANCE DE 1833 (2 NOVEMBRE, art. 96). L'ORDONNANCE DE 1825 (19 MARS, art. 5 et 526) le faisait féminin. — Pour remédier aux incertitudes, aux contradictions, convenons qu'une Recrue est une LEVÉE; ainsi le comprenait JOINVILLE, de là les locutions ALLER, ENVOYER EN RECRUE; qu'un Recrue est un HOMME, de là l'emploi du terme, sous cette forme, depuis 1766, ainsi que dans l'ORDONNANCE DE 1818 (15 MAI) et dans l'INSTRUCTION DE 1822 (5 JUILLET, art. 166). — Le caprice du SOLDAT a jeté ce mot, comme tant d'autres, dans la LANGUE MILITAIRE; il était d'abord analogue au participe accru, et venait du LATIN *recrudescere*, ou du verbe recroître suivant LEDUCHAT. Racine, dans une lettre qu'il écrivait à son fils en 1691 (15 novembre), blâmait, comme barbare, le verbe RECRUTER. — Le substantif Recrue répond aux termes LATINS *junior* et *tyro*, et à l'ITALIEN *tirone*, qu'on a traduit par TIRON, TYRON. — Il a produit, sous forme estropiée, les expressions RECRUTEMENT, RECRUTEUR, RECRUTER; ce dernier terme n'était pas *du bel usage* du temps de FURETIÈRE, comme il le témoigne. — AUDOUIN (t. II, p. 52) supposait que cette expression provenait de RECRANT, RECREUS; d'autres, avec moins d'invraisemblance, la tiraient du LA-

TIN *recrudescere*, renouveler. MÉNAGE rapportait ce mot aux anciens usages de l'ARMÉE HOLLANDAISE, et prenait l'adjectif Recru dans le sens d'accru et comme l'opposé de décru ; mais il vient du verbe ITALIEN *reclutare, reclutato*, d'où le substantif féminin *recluta*. Ce terme, emprunté à la COMPOSITION des MILICES de l'ITALIE, ne signifiait d'abord que l'action du RECRUTEMENT à prix d'argent, que l'APPEL adressé à des VOLONTAIRES. L'usage du terme se répandait surtout sous LOUIS TREIZE ; il figure dans l'ORDONNANCE DE 1628 (18 AOUT). Par synecdoque, il a ensuite désigné, non plus l'action de LEVER des TROUPES, de grossir des CADRES, mais l'HOMME ENRÔLÉ ; et, de nos jours, la LANGUE a admis cette acception, toute corrompue et mal imaginée que fût la locution. — Les ROMAINS employaient, dans le sens de Recrue ou d'étudiant en TACTIQUE, les substantifs *tyro, tyrunculus*, dont nos ancêtres eussent mieux fait d'approprier aux TROUPES la traduction TYRON. — Les ESPAGNOLS se servaient de l'expression *bisono*, dont le vieux français avait fait BISOIGNE, BISOGNE, qu'on retrouve dans BRANTOME (1600, A). On disait, jadis, s'enforçait de gens, dans le sens de FAIRE des Recrues. — BUSSY RABUTIN raconte, dans ses Mémoires secrets, que deux gentilshommes, qu'il nomme et qui vivaient de filouteries, ayant su qu'il avait touché douze mille livres pour FAIRE les Recrues de son RÉGIMENT, c'est-à-dire les LEVÉES (car alors, HOMME et Recrue n'étaient pas encore synonymes), parvinrent à lui voler une partie de cette somme. — Dans la bouche du SOLDAT et dans quelques RÈGLEMENTS (car la LÉGISLATION s'est pliée à admettre le parler défectueux du SOLDAT), Recrue signifie HOMME de NOUVELLE LEVÉE, dont la TAILLE a été constatée sous la TOISE, dont le SIGNALEMENT a été dressé ; SOLDAT faisant son noviciat et non encore AGUERRI, FANTASSIN qui n'est pas encore entré à l'ÉCOLE DE BATAILLON. — Les MILICIENS de LOUIS QUATORZE étaient des Recrues forcés. Ce prince, dans ses dernières GUERRES, ne sachant plus comment avoir des Recrues, faisait poursuivre et traquer les HOMMES, à la manière de la presse anglaise. — La GUERRE DE 1741 avait épuisé les moyens de RECRUTEMENT et les Recrues. — Les derniers Recrues de la FRANCE impériale n'avaient que le souffle. — BOMBELLES (1746, A) et ses contemporains empruntaient à la LANGUE de la vénerie le terme AMEUTER les HOMMES DE RECRUE ; c'était les plier au joug, les assouplir à la vie de SOLDAT. — Les CAPITAINES, étant autrefois propriétaires de leurs COMPAGNIES, étaient chargés d'en faire chercher et d'en trouver les Recrues. L'ORDONN.

DE 1762 (10 DÉC.) les dispensa de ce soin ; mais chaque OFFICIER EN SEMESTRE était tenu de FAIRE, pour le RÉGIMENT, deux HOMMES. — L'ORDONNANCE DE 1788 (1er JUILLET) voulait que les Recrues portassent, sur le côté gauche de la poitrine, la lettre R, faite en drap d'une couleur tranchante et cousue sur l'HABIT ; elle voulait qu'ils conservassent cette marque jusqu'à ce qu'ils fussent admis définitivement à la COMPAGNIE, ce qui n'avait lieu qu'après le SERMENT prêté par eux à la REVUE du GÉNÉRAL COMMANDANT LA DIVISION. Jusqu'à cette CÉRÉMONIE D'INITIATION, le Recrue ne pouvait sortir de la CASERNE sans être accompagné de son CAPORAL ou d'un SOLDAT de confiance. — Nous avons dit par quel signe était reconnaissable, aux REVUES, le Recrue de la MILICE PRUSSIENNE. — L'AGE d'admissibilité des Recrues a de tout temps été, dans les gouvernements réguliers, l'objet d'une loi d'Etat. SALLUSTE conseille de les METTRE SOUS LES ARMES dès qu'ils ont l'AGE de les PORTER ; mais des règles moins vagues ont été posées, et le nombre des ANNÉES décide de l'époque de l'IMMATRICULATION. — L'ORDONNANCE DE 1776 (25 MARS) s'occupait des Recrues et de la manière de les DRESSER. — Avant la GUERRE DE LA RÉVOLUTION, il existait une MASSE DE RECRUES, dont l'objet était de pourvoir aux dépenses des ENGAGEMENTS et aux honoraires des RACOLEURS. — A l'instar de la PRUSSE ancienne, un nouveau système s'est établi : la PREMIÈRE RÉQUISITION et la CONSCRIPTION ont alimenté de Recrues l'ARMÉE. A l'instar de la PRUSSE moderne, le système des RÉSERVES avait pris faveur, et les études de la STATISTIQUE avaient eu, en partie, pour objet d'y proportionner l'appel des Recrues. Une sage innovation, empruntée aux mœurs anglaises, a fait intervenir l'AUTORITÉ CIVILE dans le dressement du contrat des ENRÔLÉS VOLONTAIRES. — L'ENROLEMENT des Recrues n'est régulier qu'après une VISITE qu'en passe le CHIRURGIEN-MAJOR, et n'est définitif qu'après la REVUE de l'INSPECTEUR GÉNÉRAL. — Pendant la GUERRE DE LA RÉVOLUTION, tels RÉGIMENTS DE MARCHE étaient des ramas de Recrues de toutes ARMES. — La CIRCULAIRE DE 1816 (16 MARS) renouvelait l'injonction d'informer les recrues, à leur arrivée, des dispositions pénales. — La DÉCISION DE 1825 (26 DÉCEMBRE) prescrivait de ne les admettre à l'ÉCOLE D'ESCRIME qu'après six mois à dater de leur ENTRÉE AU SERVICE. — L'ÉCOLE DU DÉMONTAGE s'ouvre une des premières aux Recrues. La POSITION SANS ARMES et SOUS LES ARMES leur est d'abord enseignée ; l'EXERCICE DE DÉTAIL leur est montré tous les jours. Suivant la saison et les facilités, la NATATION et la GYMNASTIQUE occupent leurs loisirs. La surveillance de ces diverses branches d'INSTRUCTION est confiée à l'OFFICIER DE SECTION, à l'OFFICIER DE SEMAINE, au PORTE-DRAPEAU. — Tout Recrue entrant dans un corps a droit à une PREMIÈRE MISE DE PETIT ÉQUIPEMENT, à une FOURNITURE D'HABILLEMENT, de SOULIERS et autres EFFETS, à la formation d'une MASSE; la surveillance de cette partie regarde le MAJOR. — Le RÈGLEMENT DE 1822 (30 MARS) affectait, dans chaque CORPS, un certain nombre de FUSILS RÉFORMÉS à l'usage des Recrues. — Le CODE PÉNAL adoucit quelques-unes de ses dispositions quand elles concernent des Recrues; il leur est fait LECTURE de ce CODE peu après leur ARRIVÉE, et ensuite périodiquement. — L'INSTRUCTION DE 1821 (5 JUILLET) distinguait les Recrues en JEUNES SOLDATS, c'est-à-dire CONSCRITS servant pour leur compte, en REMPLAÇANTS et en ENROLÉS VOLONTAIRES. — Les modernes ordonnances ont réprimé cette exaction autrefois connue sous le nom de BIEN VENUE. — Un ÉTAT des Recrues arrivés aux corps est mensuellement fourni au MINISTRE. — On a appelé DÉPOTS les lieux de rassemblement des Recrues. — Le RÉGIMENT des PUPILLES DE LA GARDE se composait d'une abondante Recrue, que lui fournissait un système neuf alors, et bientôt abandonné. — La CIRCULAIRE DE 1816 (5 OCTOBRE) ordonnait la VACCINATION des Recrues qui n'avaient pas encore été soumis à cette opération. — Les AUTEURS qu'on peut consulter à l'égard des Recrues, sont: AUDOUIN, BIRON (le docteur), BOMBELLES (1746, A), M. le colonel CANRION (t. II, p. 522), CHENNEVIÈRES (1750, C), COLOMBIER (1772, p. 157), DAUTHVILLE (1762, K), l'ENCYCLOPÉDIE (1785, C, supplém., p. 183), FURETIÈRE, GUYNET, LACHESNAIE (1758, I; id. au mot *Taille*), SINCLAIRE (1775, L, t. II, p. 95), VÉGÈCE (390, A).

RECRUE ANGLAIS. V. ANGLAIS., adj. V. MASSUE. V. MILICE ANGLAISE Nº 2. V. SALUT. V. SOLDE.

RECRUE de CAVALERIE. V. ACADÉMIE MILITAIRE. V. CAVALERIE. V. COMMUNICATION STRATEUMATIQUE. V. DÉPOT DE LA GUERRE. V. LETTRE AVOCATOIRE. V. OFFICIER INFÉRIEUR. V. POELNITZ. V. TAILLE DE MILITAIRE.

RECRUE d'INFANTERIE. V. ABDUCTION ÉPAGOGIQUE. V. ACADÉMIE MILITAIRE. V. AGE D'ENROLEMENT VOLONTAIRE. V. AGE MILITAIRE. V. ANNÉE DE SERVICE ORDINAIRE. V. BATAILLON D'INFANTERIE FRANÇAISE Nº 2. V. BONNET A POIL. V. CAPORAL D'ESCOUADE Nº 2. V. COMMUNICATION STRATEUMATIQUE. V. DÉPOT DE LA GUERRE. V. FRONT DE BATAILLE. V. GARDES FRANÇAISES Nº 1, 2. V. HABILLEMENT. V. INFANTERIE. V. LETTRE AVOCATOIRE. V. MUSIQUE. V. OFFICIER INFÉRIEUR. V. SERGENT D'INFANTERIE FRANÇAISE DE LIGNE Nº 11. V. TÊTE A DROITE.

RECRUE PRUSSIEN. V. MILICE PRUSSIENNE Nº 2, 7. V. PRUSSIEN, adj.

RECRUTEMENT, subs. masc. V. CAPITAINE DE R... V. CONSEIL DE R... V. DÉPOT DE R... V. LIEUTENANT DE R... V. MAJOR DE R... V. OFFICIER DE R... V. RÈGLEMENT DE R... V. SOUS-OFFICIER DE R...

RECRUTEMENT (A, 1). Mot dont le substantif RECRUE donne l'étymologie; il exprime un mode de LEVÉES MILITAIRES, et le moyen de FAIRE DES HOMMES par les ENGAGEMENTS VOLONTAIRES, ou par ENROLEMENTS FORCÉS. Le Recrutement est d'un usage aussi vieux que la civilisation; mais le mot est si peu ancien que, quoiqu'il soit antérieur à RECRUTEUR, FURETIÈRE ne le mentionne pas; il se contente de citer le verbe RECRUTER, tout nouveau de son temps, et qui, dit-il, *n'est pas du bel usage*. LACHESNAIE (1758 I,) semble ignorer aussi l'existence du substantif Recrutement. — Les formes que le Recrutement a prises, et la marche de ses opérations, ont infiniment varié; elles ont amené presque toutes les puissances de l'OCCIDENT à recourir à cette CONSCRIPTION (*evocatio*) qui alimentait, il y a trente-quatre siècles, l'ARMÉE JUIVE; il y a vingt-cinq siècles, les PHALANGES GRECQUES; il y a vingt siècles, les LÉGIONS ROMAINES. — Les castes militaires de l'INDE, de l'EGYPTE, des GAULES étaient les sources du Recrutement dans ces divers pays. — L'APPEL du BAN ET ARRIÈRE-BAN était le Recrutement féodal; l'institution des COMMUNES et la création des COMPAGNIES D'ORDONNANCE furent l'essai du Recrutement royal; l'ENGAGEMENT à prix d'argent fut le Recrutement que pratiquaient les CONDOTTIERI et qui fut imité généralement. — Des SOUDOYERS, des TROUPES MERCENAIRES commençaient vers le règne de CHARLES CINQ à observer quelque DISCIPLINE; elle se perdit quand CHARLES SIX fut tombé en démence. On appelait PORQUIR, SAUDOYERS, SOUDOYERS, PORQUERRE, ou POURQUERRE (du LATIN *perquirere*) l'action de RECRUTER des soldats, de S'ENFORÇAIR de GENS DE GUERRE. — Les TIMARIOTS, les ZEMINDARIS, les COLONISATIONS des milices AUTRICHIENNE, RUSSE, SUÉDOISE, alimentaient un Recrutement auxiliaire chez les uns, principal chez les autres. — Les LEVÉES françaises commençaient à se faire, sous LOUIS ONZE, au son du TAMBOUR; on appelait AVENTURIERS, les HOMMES qui se présentaient pour SERVIR; il s'en était offert abondamment, tant que le PILLAGE avait tenu lieu de solde ; mais la modicité de la paye et la perspective de l'état de paix attiraient peu de Français sous les drapeaux ; aussi Louis onze fut-il réduit à demander des soldats à des contrées pauvres et populeuses: il acheta des Suisses ; il eut recours, comme l'avait fait son père, aux volontaires écossais. — Telle fut l'origine des capitulations ; autre mode de levée externe qui, selon la forme que le code donne à la constitution, a, suivant les temps, été ou cessé d'être parallèle au mode du Recrutement interne. — Depuis ces époques, le Recrutement à titre vénal était en usage, sans préjudice aux appels de milices des communes, de francs archers et de vassaux assujettis au service féodal. — Chaque capitaine de bande était entrepreneur de Recrutement, achetait ses hommes à prix débattu, et les vendait le plus cher qu'il pouvait au souverain ou à la principauté. — A la manière des aventuriers d'Italie, l'engagement ne se contractait, le plus ordinairement, que pour un mois. — Depuis le règne de Charles huit, les Arnautes, les stradiots sont les mercenaires que le Recrutement du temps emprunte aux usages de l'Italie. Le brigandage autorisé était leur viatique et leur émolument. — Brantome (1600, A), dans le passage suivant, donne une idée de la manière dont se faisait le Recrutement sous François premier et Henri deux. — Le *roi* (Henri deux) *lui fist* (à Salvoison) *une faveur peu ouïe, ni peu veue, car il lui donna permission de la faire amasser* (sa compagnie d'infanterie de trois cents hommes) *dans l'armée de Brissac, et y battre le tambour, comme si c'eût été dans les champs et villes, et congé à tous les soldats de s'y venir enrooller, sans encourir punition, après le mois achevé, cela s'entend.* — Ce passage prouve que l'engagement n'était que d'un mois ; que les corps privilégiés qui, de nos jours, s'emparent périodiquement de l'élite de l'infanterie, étaient alors chose inconnue ; que battre le tambour (c'est-à-dire recruter) était défendu à l'armée, et permis seulement dans les villes et campagnes. — L'ordonnance de 1533 (12 février) est une des plus anciennes qui s'étende à ce sujet. Les ordonnances comminatoires de 1543 (septembre), de 1544 (janvier), de 1583 (26 décembre), étaient prohibitives de toutes levées faites autrement qu'au nom et par ordre du roi. — Dans les guerres civiles qui précèdent le couronnement de Henri quatre, la nécessité d'admettre des aventuriers se renouvelle : les lansquenets et les reîtres accourent en France, où l'appât du butin et le sac des villes les attirent. — Depuis son couronnement, Henri quatre ne parvint à recruter au sein du royaume que par des voies odieuses. Sully nous montre les Français ne marchant aux armées que courbés sous le bâton et menacés du gibet. — Henri deux, dans ses dernières ordonnances, voulait que l'engagement fût [de trois mois. — Sous Louis treize et Louis quatorze, les abus n'étaient guère moindres que sous leurs prédécesseurs. — L'ordonnance de 1636 (6 aout) suspendait tous travaux de bâtisse, pour réduire les maçons à se faire soldats ; l'ordonnance de 1643 (10 juillet) recommandait d'enrôler, par préférence, et de force, *les vagabonds, gens sans aveu et fainéants.* C'était la reproduction d'une ordonnance de François premier rédigée dans les mêmes termes. — Un jugement du tribunal des maréchaux, de 1656 (20 mars), témoigne que plusieurs *officiers, pour faire plus facilement levées ou recreues, font des traitez avec aucuns exempts, archers, et aultres, pour leur livrer des hommes, au lieu de faire battre le tambour ; les dicts exempts prennent des enfants, escoliers, artisans, sous prétexte de leur trouver des conditions, de faire porter des paquets, et les mettent en lieux écartés ; les retiennent, par force, es maisons particulières, après les avoir enfermés, sans permettre qu'ils donnent avis de leur rétention ; les font sortir de nuit, pour les livrer aux capitaines, et en faire un commerce auquel plusieurs loueurs de chambres et gargottiers contribuent.* — Ces maisons s'appelaient des fours, ces suppôts de police étaient des marchands de détenus et de vagabonds. — Dans les campagnes, sur l'ordre de l'intendant de la province, on traquait les paysans avec des troupes, comme on enferme les bêtes fauves dans des taillis à l'aide de limiers. On lit dans Lemontey, p. 425 : *On vit la cour délivrer des commissions à plusieurs capitaines, après les désastres de Ramillies, pour se former des compagnies par tous les moyens de la force et de la ruse, et ces aventuriers, poursuivant leur proie dans les forêts et les vallées les plus profondes, en régimenter, sans autre forme, les laboureurs capturés et livrés comme de misérables Africains à des chasseurs d'hommes.* — Le monarque recourait à d'autres moyens aussi iniques. — Chaque corps de métier était tenu de donner la liste des artisans sans ouvrage ; on s'emparait de leur personne, on les faisait soldats ; les nobles et les bourgeois étaient obligés de déclarer le nombre de leurs domestiques mâles ; un édit enrôlait ceux que le gouvernement regardait comme superflus. — Depuis 1665, Louvois commença à établir des formes plus régulières de Recrutement. On lit dans Dangeau, que le roi, dégoûté de l'insuffisance des ressources, mécontent du faible nombre et de la qualité misérable des recrues, se décida, en 1668, à mettre sur pied les milices provinciales. L'ordonnance de 1692 (1er août) était prohibitive de tout enrolement par violence ; mais de criants abus se perpétuèrent bien plus tard. — On en a la preuve dans le même journal de la cour de Louis quatorze, 1695 (10 juin). *Il y avoit plusieurs soldats et même des gardes du corps qui, dans Paris, et sur les chemins voisins, prenoient par force des gens qu'ils croyoient être en état de servir ; ils les menoient dans des maisons qu'ils avoient pour cela dans Paris, où ils les enfermoient, et ensuite les vendoient, malgré eux, aux officiers qui faisoient des recrues. Ces maisons s'appeloient des fours ; on prétend qu'il y avoit vingt-huit de ces fours-là dans Paris.* — En vertu de l'ordonnance de 1682 (1er août), tout engagement pour moins de trois ans fut interdit ; le terme en fut prolongé jusqu'à six ans par l'ordonnance de 1716 (2 juillet). — L'abolition des bans, les frais ruineux des engagements depuis l'extension de leur durée, mirent longtemps Louis quatorze et l'administration dans des embarras toujours renaissants. — Il y avait encore quantité de fours sous Louis quinze ; les racoleurs y exerçaient une sorte de presse tolérée, quoique non ostensiblement approuvée du gouvernement. La mauvaise foi, la vie désordonnée de ces embaucheurs, les avaient mis en tel discrédit, que le terme recruteur devint le synonyme adouci du terme populaire racoleur. Sous ce nouveau titre, s'ils se permirent moins de violence, ils attiraient encore les jeunes gens par des promesses aussi pompeuses que ridicules ; outre les douceurs d'une joyeuse vie, ils leur assuraient le perfectionnement de leur éducation sous des maîtres de toute espèce ; ils leur garantissaient des grades promptement obtenus ; ils faisaient même accroire à des badauds échappés du séminaire, ou des laboratoires de dissection, qu'ils ne serviraient qu'en qualité d'aumôniers ou de chirurgiens. — Ces moyens révoltants, ces ruses odieuses et criminelles jetaient dans les régiments l'écume des grandes villes ; car quiconque, étant victime des racoleurs, pouvait disposer de quelques ressources, se rachetait de leurs mains. — Les ministres

Dargenson et Belle-Isle s'efforcèrent de tempérer ces désordres. — L'ordonnance de 1760 (26 mars) travaillait à réprimer les surprises en fait de Recrutement. — Despagnac (1751, D) témoigne qu'on ne pouvait de son temps engager, pour moins de six ans, que d'anciens soldats, et que l'engagement des hommes de moins de seize ans était nul, ainsi que tout engagement non signé de l'engagé, ou de deux témoins si cet enrôlé ne savait écrire. — L'ordonnance de 1762 (10 décembre) déchargeait des soins du Recrutement les capitaines, et confiait ce travail à l'état-major des corps ; c'est l'époque d'une des améliorations dues, comme tant d'autres, au ministère de Choiseul. — La durée du service par engagement avait été successivement d'un mois, de trois mois ; il avait été de deux ans pour les miliciens, de six et de huit ans pour les troupes de ligne ; il avait été souvent à vie, par suite de l'arbitraire des capitaines et de l'ambiguité ou de la discordance des ordonnances. — Dans les grandes guerres de Louis quatorze, le service n'avait pour terme que l'invalidité ou la mort. Ce prolongement porté à huit ans, ou devenant illimité, était et une nécessité militaire, et une difficulté politique. Malgré les levées de miliciens, l'armée n'atteignait jamais le chiffre prescrit par les ordonnances de composition, et le gouvernement ne savait comment réparer les pertes d'hommes que la guerre moissonnait. Ces embarras obligèrent Louis quatorze et Louis quinze à recourir aux mercenaires étrangers ; l'armée française était, sous leur règne, une armée de toutes nations ; les subsides du royaume s'écoulaient ruineusement au dehors. — Le décret de 1789 (16 mars) ne reconnaissait plus que la seule voie de l'enrolement volontaire ; les décrets de 1789 (4 août) et de 1791 (4 mars) abolissaient la milice. L'intention était plus philanthropique que la mesure n'était rationnelle ; aussi l'assemblée constituante se vit-elle bientôt obligée de consacrer, après de profondes discussions, le principe de la conscription. — Il était impossible que la guerre de la révolution marchât avec les anciens errements. — L'imminence de la banqueroute rendait impraticable le recours aux primes, aux subsides ; d'ailleurs, il n'y avait plus de portes ouvertes au Recrutement chez l'étranger ; l'enthousiasme général vint y suppléer. La loi de 1791 (25 mars), le décret de 1791 (22 avril), le règlement de 1792 (1er janvier), firent surgir d'innombrables bataillons de volontaires. Le décret de 1792 (25 janvier) s'occupait du Recrutement des

TROUPES DE LIGNE. A l'époque où se refroidissait l'énergie, des temps désastreux survinrent. La LEVÉE en masse fut prononcée par la LOI DE 1793 (24 FÉVRIER); l'ARMÉE alors était un refuge où la peur et la nécessité RECRUTÈRENT la bravoure et le dévouement; les CONTINGENTS, la PREMIÈRE RÉQUISITION, réparèrent les consommations d'HOMMES. Un nouveau système naissait, et allait être l'adoucissement de l'ancien *compelle intrare*; le Recrutement allait avoir pour moyen accessoire l'ENROLEMENT LIBRE non vénal, pour ressort principal le SERVICE FORCÉ et les AMENDES DE DÉSERTEURS. La CONSCRIPTION allait nourrir la GUERRE et avoir pour auxiliaires les LÉGIONS BATAVES, BELGES, ÉTRANGÈRES, ITALIQUES, POLONAISES, HANOVRIENNES... Le trésor n'achetait plus d'étrangers, mais l'enthousiasme et une sorte de naturalisation les embauchaient; on revoyait ce qu'on avait vu chez les CARTHAGINOIS, les ROMAINS, les GAULOIS, les FRANCS. L'art d'électriser les voisins, de les entraîner en satellites, est le secret des grandes conquêtes; la politique du temps faisait française l'ARMÉE, en déclarant FRANÇAIS les peuples qui la RECRUTAIENT. — Au milieu de la conflagration du continent, l'ENGAGEMENT et le RENGAGEMENT à prix d'argent n'étaient plus possibles nulle part; cette vente d'HOMMES ne se maintenait que dans la seule MILICE ANGLAISE, elle y était poussée même jusqu'à une vente à vie. — Sous l'empire de la LOI DE L'AN SIX (19 FRUCTIDOR), le CONGÉ à faire était de cinq ans; mais comme les gouvernements ne donnent et ne peuvent donner en TEMPS DE GUERRE que des CONGÉS DE RÉFORME, la loi de LIBÉRATION était fictive. Des CONSEILS DE RECRUTEMENT suivaient les détails du TIRAGE et répartissaient les CONSCRITS; des COMPAGNIES AUXILIAIRES étaient l'entrepôt des HOMMES admis. — Aux temps impériaux, à ces époques brillantes où le pouvoir faisait appel, non plus au patriotisme, mais à la gloire et à la cupidité, quand la profession des armes semblait la seule carrière ouverte à l'ambition, les ressources jusque-là mises en œuvre et la CONSCRIPTION même ne suffisaient plus; l'ARMÉE redevenait un composé de toutes nations; le système n'était plus d'enfanter des compatriotes par l'amalgame des territoires, mais d'annexer des royaumes emportés dans le tourbillon d'une orbite commune. — Un Recrutement jusque-là inusité était essayé, c'était celui des PUPILLES de la GARDE; il rappelait quelque chose de l'organisation des MAMELOUCKS et des JANISSAIRES. — Des calculs faits à partir du couronnement de Louis SEIZE prouvent qu'en temps ordinaire, les EN-ROLEMENTS LIBRES n'ont jamais dépassé annuellement seize mille hommes dont PARIS fournissait le tiers; d'autres renseignements ont élevé jusqu'à vingt mille ce total. C'est le tiers à peine de ce que les REMPLACEMENTS exigent. Malgré cette insuffisance démontrée, le gouvernement de la restauration, pour qui les leçons de l'expérience étaient perdues, prétendit abolir la CONSCRIPTION et le TIRAGE AU SORT, et revenir aux PRIMES D'ENGAGEMENT de l'ancien régime. — En 1815, eut lieu le système du Recrutement départemental, c'est-à-dire agrégeant dans un seul CORPS les produits d'un seul département; l'intérêt du pays réprouvait cependant ce mode d'INCORPORATION tant de fois essayé; le motif non avoué de cette mesure donnait au gouvernement des BATAILLONS de Vendéens, de Bretons, de méridionaux, pour les cas d'une lutte entre deux cocardes (1). — L'ARMÉE, remise à flot par la CONSCRIPTION des cent jours, se traîna comme elle put jusqu'en 1817, ou plutôt il n'y avait pas d'armée, mais seulement une maison militaire, une GARDE ROYALE, des CORPS SUISSES. — La loi réglait, à cette époque, le montant annuel du TIRAGE à quarante mille HOMMES et la durée du SERVICE à six ans; elle chargeait chaque MAJOR des soins intérieurs du Recrutement. — Le MINISTÈRE imagina alors les APPELS par LEVÉES, les LEVÉES par TIRAGE au sort, les RÉSERVES. Ces expressions APPEL et Recrutement, se glissant comme techniques, se naturalisant comme légales, étaient cauteleuses et mensongères; elles voilaient, sous un nom nouveau, l'inévitable rétablissement de la CONSCRIPTION qu'en réalité la LOI DE 1818 (10 MARS) ressuscitait. Ces néologismes prouvaient moins la logique du MINISTÈRE que sa déférence pour des paroles prononcées légèrement en 1814; on retrouvait moins sa sincérité que sa dextérité dans la déclaration où il regardait la CONSCRIPTION comme l'accessoire des LEVÉES, l'ENROLEMENT non vénal comme le principal des LEVÉES. C'était le contre-pied du possible. — Le Recrutement par ENROLEMENT VOLONTAIRE, soit vénalement, soit sans PRIME, ne peut que devenir plus insuffisant chaque jour, malgré l'abaissement de la TAILLE exigée; c'est le résultat forcé du morcellement des propriétés, de la diffusion de l'instruction, des progrès de l'industrie, du prix plus élevé de la main d'œuvre, de l'avilissement progressif de la SOLDE; et, pourtant,

(1) NOTE DE L'ÉDITEUR. — Le véritable motif qui inspira au ministre Gouvion Saint-Cyr cette organisation, fut d'atténuer les effets du licenciement qu'il fallut opérer après les désastres de 1815, et en présence de l'occupation étrangère. (Voir la note p. 3067.)

les FORCES démesurées de l'étranger ne permettaient pas de DÉSARMER. — L'institution des VÉTÉRANS, imitée de la LANDWEHR prussienne, car alors le MINISTÈRE n'inventait que des mots, naissait ou plutôt avortait en 1818. — L'abandon du système des AGRÉGATIONS départementales, et le retour au mode des APPELS amalgamant dans la généralité des troupes les produits militaires de la population française, furent le fruit de l'ORDONNANCE DE 1820 (25 OCTOBRE); elle amena l'abolition des LÉGIONS, la reconstruction des RÉGIMENTS D'INFANTERIE, et le retour à cette fusion du Recrutement qui efface l'esprit de province, et façonne les SOLDATS d'un même royaume à une vie, à un langage, à des mœurs plus uniformes. — L'ORDONNANCE DE 1820 (20 DÉCEMBRE) établissait dans chaque DÉPARTEMENT un DÉPÔT DE RECRUTEMENT ; c'était le lieu où devait se faire l'IMMATRICULATION des hommes d'un CONTINGENT. — Des dispositions relatives à l'acquittement de la SOLDE des MILITAIRES EN RECRUTEMENT ressortaient de l'ORDONNANCE DE 1823 (19 MARS). —La LOI DE 1824 (9 JUIN) réglait, à raison de soixante mille hommes, la LEVÉE annuelle de CONSCRITS alors nommés JEUNES SOLDATS; le prolongement de la durée du SERVICE FORCÉ était la conséquence de cette modification. — L'ORDONNANCE DE 1825 (10 MARS) et la disposition réglementaire DE 1831 (11 FÉVRIER) ne plaçaient comme COMMANDANTS DE DÉPÔTS de Recrutement que des CHEFS DE BATAILLON et des CAPITAINES du CORPS D'ÉTAT-MAJOR, ou des CHEFS DE BATAILLON et des CAPITAINES de toutes ARMES EN NON ACTIVITÉ. Ces OFFICIERS ne pouvaient être employés dans leur département natal. — Les dispositions relatives au Recrutement étaient réglées de nouveau par la LOI DE 1832 (21 MARS) et par l'INSTRUCTION DE 1832 (30 MARS). — L'ORDONNANCE DE 1836 (1er JANVIER) instituait un DÉPÔT DE RECRUTEMENT dans chaque chef-lieu de département. L'ORDONNANCE ¦DE 1836 (3 JANVIER) et la CIRCULAIRE DU 28 JANVIER en déterminaient le PERSONNEL et l'organisation. Mais il restait à satisfaire à une question grande et simple : des hommes habitués aux CHEVAUX ne devraient-ils pas recruter la CAVALERIE et les CORPS A CHEVAL ? des hommes de montagnes être départis à l'INFANTERIE LÉGÈRE? des artisans en bois et en fer, être dévolus au PERSONNEL de la TROUPE de l'ARTILLERIE et du GÉNIE, sans acception de stature ou plus ou moins haute? — Depuis le MINISTÈRE de GOUVION on agite la question de savoir si l'on se rapprochera du système des étrangers, qui n'exige qu'un SERVICE de courte durée, ou si les CONGÉS ne s'obtiendront

qu'après six ou huit ANNÉES ; mais si, comme en PRUSSE, trois ans étaient regardés comme le maximum légal des ENROLEMENTS FORCÉS, cette période suffirait-elle pour former des SOUS-OFFICIERS, et quel dédommagement offrir à des OFFICIERS consumant leur jeunesse dans l'occupation rebutante de maîtres d'école à vie ! — Les recherches d'AUDOUIN (t. II, p. 55), de DARU (en l'an 10), de DESPOMELLES, de MOREAU, les débats de l'ASSEMBLÉE CONSTITUANTE en 1790, et les discussions relatives à la LOI DE 1818 (10 MARS) ont jeté de vives lumières sur le Recrutement et le genre de COMPOSITION à préférer. Ces documents ont été insérés dans l'ouVRAGE intitulé : *Discours, Rapports, Opinions prononcés à la tribune* de 1789. (1818, 1822). Néanmoins le meilleur mode à adopter est encore un des plus difficiles problèmes de l'ÉTAT MILITAIRE et de l'ART MILITAIRE. Prélévera-t-on un GRENADIER sur SIX SOLDATS, enfants débiles tombés dans l'infanterie parce que les autres ARMES n'en ont pas voulu? les REMPLAÇANTS seront-ils favorisés quant à l'admission? seront-ils restreints quant au nombre? seront-ils fournis par des compagnies de commerce ou par les REMPLACÉS? seront-ils tirés des VIEUX SOLDATS, ou des MERCENAIRES dont l'aptitude physique est le seul titre? Rétablira-t-on l'ancienne faculté de se rédimer? soumettra-t-on à une prestation en numéraire les appelés que le tirage au sort favorise? Faut-il désirer que le Recrutement soit facile? il ne l'est que chez les peuples malheureux. Faut-il former des vœux pour l'enrichissement des peuples? l'opulence et la déconsidération du MÉTIER DES ARMES ont amené la chute de CARTHAGE et l'abâtardissement de BYSANCE. Faut-il recourir aux armes des étrangers, pour le soulagement des indigènes? l'usage de TROUPES ÉTRANGÈRES a tué ROME et NAPOLÉON. — Revenons quelque peu sur nos pas pour recueillir des souvenirs, des renseignements statistiques concernant le Recrutement. — En 1809, il était constaté qu'il naît annuellement, en France, quatre cent quatre-vingt-dix-huit mille huit cent vingt-quatre enfants mâles; mais à l'ÂGE légal de l'ENROLEMENT il n'y avait, après satisfaction aux lois d'EXEMPTION et de DISPENSE, que cinquante-cinq sur cent, ou que les deux cinquièmes de la matière recrutable qui pussent être appelés à l'ARMÉE ; le cinquième de ce disponible serait de quarante mille HOMMES, voilà pourquoi on appliquait ce chiffre aux LEVÉES annuelles. — En 1828, le chiffre de soixante mille hommes, car il avait été porté à ce taux, ne put être obtenu à raison du nombre des DISPENSÉS ou des EXEMPTÉS; le déficit fut de trois cent trente-neuf hommes sur la classe de 1827. — En 1829, époque où la population de FRANCE dépassait trente-deux millions d'habitants, on calculait les LEVÉES, en TEMPS DE PAIX, à raison d'un SOLDAT sur cent trente-sept âmes, et en TEMPS DE GUERRE, à raison d'un sur quatre-vingts. — Le RAPPORT DE 1829 (6 MARS) témoignait que le Recrutement des TROUPES et la rotation des RECRUES de l'ARMÉE DE TERRE sont devenus l'objet de comptes annuellement rendus et de renseignements curieux; le MINISTRE présentait des tableaux comparatifs et des résumés numériques où sont exposés l'ancienneté des SERVICES, les différences de la TAILLE des individus, la quantité d'HOMMES du TIRAGE sachant lire et écrire; le nombre de ces derniers, sur deux cent quatre-vingt-trois mille huit cent vingt-deux, a été de cent mille sept cent quatre-vingt-sept; celui des HOMMES appelés sachant seulement lire, s'est monté à treize mille sept cent quatre-vingt-quatorze. — Le département qui donnait à la CONSCRIPTION le plus d'ILLETTRÉS, était le département des Côtes-du-Nord; il s'y en trouvait à peine un sur quatre. — Les HOMMES dont la VUE ou la conformation étaient défectueuses, mais dont la complexion était forte, étaient incorporés dans les TRAINS; s'ils étaient faibles, ils entraient dans des CORPS D'INFIRMIERS OU DE PIONNIERS. — A des époques plus modernes le nombre des FRANÇAIS de vingt ans était à la population comme un est à cent, et se montait à trois cent mille ou un peu plus, dont cinq mille inhabiles. Si cette supputation était exacte, les appels de soixante mille hommes équivalaient ainsi au cinquième environ de la matière recrutable. — Contre toute raison, l'ARME principale et par excellence, l'INFANTERIE est celle que le Recrutement favorise le moins dans la répartition des JEUNES SOLDATS. — Les PROFESSIONS qui fournissaient au Recrutement en 1833, étaient de l'espèce et dans la proportion qui suivent: ouvriers en bois, 4,800; en fer, 5,200; en pierre, 1600; manœuvres, 45,200; clercs ou commis, 1600; tailleurs, 1600; hommes de rivière, 800; professions diverses, 16,800; vivant de leur bien, 5,200. — Odier (1824, E) témoigne que sur six cent quarante-six HOMMES, le Recrutement par APPEL fournit:

CARABINIERS

CARABINIERS A CHEVAL.	2
CUIRASSIERS A CHEVAL.	5
DRAGONS A CHEVAL.	19
CHASSEURS A CHEVAL ET HUSSARDS.	17
TRAIN.	30
ARTILLERIE.	45
OUVRIERS.	10
INFANTERIE DE LIGNE OU LÉGÈRE.	518
	646

—Nous nous sommes suffisamment étendu, à l'occasion du mot MILICE, concernant les proportions comparées du produit du Recrutement chez les différentes nations; le même sujet est traité dans l'ENCYCLOPÉDIE (1785, C, t. III, p. 160). — Le *Journal de l'Armée* (t. III, p. 241) témoigne qu'en 1835 le Recrutement n'était presque alimenté que par des REMPLAÇANTS. — Les dépenses administratives du Recrutement sont indiquées dans l'OUVRAGE de M. VAUCHELLE. — Nous nous sommes étendu sur le Recrutement considéré comme une opération politico-mécanique; mais si on le conçoit comme opération morale, et comme un terme officiel de la langue des bureaux de la guerre, le Recrutement est une branche de l'ORGANISATION. — Les ÉCRIVAINS qui peuvent être consultés avec fruit sur le fond et l'ensemble du projet sont : M. ALLENT, AMIOT (1830), ANTHE, ARGENVILLERS (1815. H), ARTHUR ROCHE, AUDOUIN (t. II, p. 53; t. IV, p. 51), BALLYET (1817, D, p. 429), BEURMANN (1836,B), BERRIAT (1812, A ; 1825, F), M. le général BLEIN, BOHAN (1781, H), BORIE, BUREAUX DE PUZY, M. CARRION (1824, A, t. II, p. 4), CHENNEVIÈRES (1750, C), COCHE, COLOMBIER (1772, C, p. 157), M. COURTIN (1823,E), DALRYMPLE, DANIEL (1721,A), DARU (an dix), DELAHAIE (1815), DELBREL, DELIGNE (1781, H, t. II, p. 94), DÉRODE, DESPOMELLES, DESPAGNAC (1751, D), DUBOIS-CRANCÉ, ENCYCLOPÉDIE (1785, C, t. II, p. 185, 1re col.; id. supp.), le général FOY, HERBIN DESSAU, JACQUINOT, JOYEUX, KAUSLER (1827), LACHESNAIE (1758, I, au mot *Semestre*), LAMARQUE (1820, D; 1826, C), LAMETH (Alex.), LECOUTURIER (1825, A), LIANCOURT, MAIZEROY (1767, E; 1771, A; 1773, B, *Préface*), M. MARBOT (1805, F), M. MAUDUIT, MAURICE DE SAXE (1757, A), MIRABEAU (1788, C), MOREAU, MONTÉCUCULI (1704, D), ODIER (1818, E; 1824, E), PAILLARD, M. le colonel PAIXHANS, PÉTIGNY, M. PUEL, RACCHIA, ROHAN (1757, Q), SAINT-GERMAIN (1779, C), SALVANDI, SCHEFFER, SERVAN (1780, B, p. 55, etc.), SERVATIUS, M. SICARD (1830, A), SILVA (1778, F), SWANTON, M. VAUCHELLE, M. VAUDONCOURT (1825, D), VÉGÈCE (350, A), WANGGO, le *Spectateur militaire*, t. x, p. 157; t. xiv, p. 307; t. xvi, p. 550; t. xvii, p. 68; t. xxii, p. 641), le *Manuel du Recrutement* (1826, F), le *Journal des Sciences militaires* (t. xxv, p. 221), la *Sentinelle de l'Armée* (t. ii, p. 139, 154, 315; t. iii, p. 170), le *Spectateur militaire* (t. xxiv, p. 591; t. xxv, p. 273; la *Revue des Armées* (t. i, p. 97).

RECRUTEMENT ANGLAIS. V. ADJUDANT GÉNÉRAL ANGLAIS. V. ANGLAIS, adj. V. MILICE ANGLAISE Nº 2, 12. V. ENROLEMENT VOLONTAIRE.

RECRUTEMENT ANGLO-AMÉRICAIN. V. ANGLO-AMÉRICAIN, adj. V. CONSCRIPTION.

RECRUTEMENT AUTRICHIEN. V. ANTHE. V. AUTRICHIEN, adj. V. CONSCRIPTION. V. ENROLEMENT VOLONTAIRE. V. MILICE AUTRICHIENNE Nº 2. V. RECRUTEMENT.

RECRUTEMENT BAVAROIS. V. BAVAROIS, adj. V. MILICE BAVAROISE Nº 1.

RECRUTEMENT de GENDARMERIE. V. GENDARMERIE. V. GENDARMERIE DE POLICE Nº 1. V. MINISTRE DE LA GUERRE Nº 7.

RECRUTEMENT ESPAGNOL. V. CONSCRIPTION. V. ESPAGNOL, adj. V. MILICE ESPAGNOLE Nº 2.

RECRUTEMENT FORCÉ. V. FORCÉ, adj. V. INTENDANT DE PROVINCE. V. MILICE PRUSSIENNE Nº 1.

RECRUTEMENT FRANCO-SUISSE. V. CAPITAINE D'INFANTERIE FRANCO-SUISSE. V. CAPITULATION SUISSE. V. FRANCO-SUISSE.

RECRUTEMENT HONGROIS. V. CONSCRIPTION. V. HONGROIS, adj. V. MILICE ESPAGNOLE Nº 2.

RECRUTEMENT NAPOLITAIN. V. MILICE NAPOLITAINE Nº 1. V. NAPOLITAIN, adj.

RECRUTEMENT NORWÉGIEN. V. MILICE NORWÉGIENNE. V. NORWÉGIEN, adj.

RECRUTEMENT PARAGUÉEN. V. MILICE PARAGUÉENNE. V. PARAGUÉEN, adj.

RECRUTEMENT PORTUGAIS. V. CONSCRIPTION. V. PORTUGAIS, adj.

RECRUTEMENT PRUSSIEN. V. MILICE PRUSSIENNE Nº 1, 2, 10. V. PRUSSIEN, adj.

RECRUTEMENT RUSSE. V. MILICE RUSSE Nº 1, 2. V. RECRUTEMENT. V. RUSSE, adj.

RECRUTEMENT SAXON. V. MILICE SAXONNE Nº 1. V. RECRUTEMENT. V. SAXON, adj.

RECRUTEMENT SUÉDOIS. V. MILICE SUÉDOISE Nº 1. V. SUÉDOIS, adj.

RECRUTEMENT SUISSE. V. INFANTERIE FRANCO-SUISSE Nº 5. V. SUISSE, adj.

RECRUTEMENT TURC. V. JANISSAIRE. V. TURC, adj.

RECRUTEMENT TURCO-ÉGYPTIEN. V. MILICE TURCO-ÉGYPTIENNE Nº 2. V. TURCO-ÉGYPTIEN, adj.

RECRUTEMENT VÉNITIEN. V. MILICE VÉNITIENNE. V. VÉNITIEN, adj.

RECRUTEMENT WURTEMBERGEOIS. V. MILICE WURTEMBERGEOISE. V. WURTEMBERGEOIS, adj.

RECRUTER, verb. act. et récipr. V. CAVALERIE. V. FRANC ARCHER. V. HUSSARD Nº 2. V. LANSQUENET. V. LEVÉE. V. MAMELOUCK Nº 1. V. MILICE AUTRICHIENNE Nº 2. V. PHALANGE GRECQUE. V. RECRUTEMENT.

RECRUTEUR, subs. masc. V. ACTE D'ENGAGEMENT. V. ENGAGEMENT DE RECRUE. V. HABILLEMENT. V. MANCHETTE DE SABRE. V. MILICE PRUSSIENNE Nº 2. V. MILICE ROMAINE Nº 10. V. RACOLEUR. V. RECRUTEMENT. V. RÉGIMENT FRANCO-ÉTRANGER. V. SOLDAT.

RECTANGULAIRE, adj. V. CONTREFORT R...

RECTIFICATION, subs. fém. V. FEUILLE DE R...

RECTIFIER (verb. act.) l'ALIGNEMENT. V. ALIGNEMENT. V. ALIGNEMENT DE BATAILLON STATIONNAIRE. V. CHEF DE PELOTON. V. ÉCOLE DE PELOTON. V. GUIDES A VOS CHEFS DE FILE. V. PELOTON D'INFANTERIE, subs. masc. V. RECTIFIEZ, etc. V. RENTREZ. V. SORTEZ.

RECTIFIEZ l'ALIGNEMENT (G, 6). COMMANDEMENT D'EXÉCUTION qui est quelquefois précédé de l'avertissement : CHEF DE PELOTON, etc. — Dans l'ÉCOLE DE PELOTON, un CHEF DE PELOTON rectifie l'ALIGNEMENT par un moyen abrégé, en dressant sur sa propre personne le PREMIER RANG.

REÇU, subs. masc. V. COMPTABILITÉ. V. RECONNAISSANCE.

RECUL, subs. masc. V. A R... V. CANON D'ARTILLERIE. V. TIR D'INFANTERIE.

RECULONS, subs. masc. plur. V. A R... V. CONVERSION A R...

RÉCUSATION, subs. fém. (C, 5). Ce mot, dont la souche LATINE est connue, était usité dans les PROCÉDURES MILITAIRES. — Il exprimait un DROIT laissé à l'ACCUSÉ, mais qu'il ne pouvait exercer vis-à-vis des TÉMOINS que pendant la CONFRONTATION ; il n'était plus autorisé à y recourir, une fois la PROCÉDURE entamée. — A partir de 1667, les ORDONNANCES DE JUSTICE parlaient vaguement de ce DROIT; mais aucune phrase du texte des lois ne le définissait. Un ouvrage intitulé *Conférences de Bornier* (Paris, 1774) cherchait à combler cette lacune, et considérait comme cause de Récusation les mauvais traitements avérés, la parenté prouvée, la haine manifestée par des menaces, etc.

REDAN (redans), subs. masc. V. BATTERIE A R... V. FACE A R... V. LIGNE A R... V. ORDRE A R...

REDAN (G, 4; H), comme l'écrivent l'Académie et CUGNOT, ou redant, comme l'emploie SIONVILLE (1756, E), ou REDENT, comme l'orthographiait Ganeau, non sans raison, puisque le mot est dérivé de l'italien *denti*, signifiant dents ou pointes de crémaillère défensive. D'autres écrivains, prenant la partie pour le tout, nomment Redan une ligne a redans, un ordre brisé, et l'ont écrit, au singulier, redens, redans. Saint-Remy prend dans le même sens ouvrage a scie, c'est-à-dire ligne composée de courtines et de Redan. — Un Redan est un ouvrage de fortification de campagne qui est alternativement à saillants et à rentrants dont les faces se flanquent; voilà pourquoi on a aussi appelé crémaillère ce retranchement. — Un Redan est quelquefois un fort de campagne, une pièce isolée, composée de deux faces se joignant en angle saillant vers la campagne; mais le nom de flèche convient mieux à ce genre de dehors; et, plus ordinairement parlant, un Redan est une pièce adhérente à une autre pièce, les unes et les autres ayant leurs pointes plus ou moins saillantes et égales, plus ou moins rapprochées. — En fortification permanente, on a appelé Redan un bastion n'ayant que deux faces. M. Legrand (1857, A) appelle lunettes des Redans à flancs ou flanqués. — Le parapet des chemins couverts est à Redans. — On a construit des Redans détachés, et en forme de demi-lune, pour masquer les portes d'une ligne fortifiée, pour flanquer une contrevallation. — L'ordonnance de 1788 (12 aout) voulait que les gardes du camp se couvrissent d'un Redan. — La mesure des angles d'une ligne de Redans varie suivant les formes du terrain et les probabilités de l'attaque; leurs faces ont la propriété de fournir des tirs obliques et des feux croisés. — Les auteurs qui ont traité des Redans sont : Boisroger (1773, G, p. 94), M. Canteloube (1848, F), Clairac, Duane, Encyclopédie (1751, C; 1785, C), Feuquières, Furetière, Gassendi, Gaya (1679, A), Guillet (1686, B), Lacheskaif (1758, I, aux mots *Ligne* et *Parapet*), Leblond (1762, G, p. 74), Lecointe (1759, B), Manesson (1685, B), Potier (1779, X), Sionville (1756, E).

REDAN flanqué. v. flanqué. v. lunette. v. redan.

REDANS, subs. masc. v. redan.

REDANT, subs. masc. v. redan. v. sortie d'assiégés.

REDDITION, subs. fém. (term. génér.). Mot tout latin qui s'emploie dans la langue de la comptabilité et de la guerre de siége. Le mot sera surtout distingué en reddition de place.

REDDITION de comptes. v. achat administratif. v. administration d'armée. v. commissaire des guerres n° 6. v. comptabilité. v. comptabilité de corps. v. compte. v. compte de clerc a maitre. v. régie.

REDDITION de place (H, 1). Sorte de reddition d'une forteresse remise, à la suite d'un siége, à l'armée victorieuse, en vertu de la capitulation des défenseurs aux abois. — Tous les cas qui se rapportaient aux Redditions de place étaient jadis dans la juridiction du connétable. — La suspension réciproque des actes d'hostilités est le préliminaire des pourparlers définitifs; ils ont pour conséquence la cession du poste dans l'état où il se trouve, la remise du matériel d'artillerie, des munitions, du plan de la forteresse, la déclaration des mines existantes, des fougasses chargées, la promesse que les prisonniers du parti vainqueur seront rendus, que les malades restant par cette cause dans la place seront secourus et soignés, que ceux qui pourront partir seront emmenés sur voitures couvertes, que les propriétés seront respectées et les habitants ménagés et traités avec humanité. — Le serment d'investiture exigé autrefois des gouverneurs de place leur imposait, au péril de leur tête, la loi de ne se rendre qu'après avoir essuyé trois assauts sur la brèche du corps de la place. Le code pénal de 1793 (12 mai) reproduisait cette disposition. Mais la supériorité que, depuis ces époques, l'art de l'attaque a acquise, et l'irrésistible puissance des bombardements, ont fait inévitablement fléchir la rigueur de ce principe, et le code de l'an cinq (21 brumaire) ne parlait plus que d'un assaut. Dans tous les cas, un conseil d'enquête est chargé de constater si le conseil de défense et le commandant de place ont épuisé, pour retarder leur défaite, tous les efforts de la résistance. Si le conseil d'enquête opine défavorablement, le fait de la Reddition est déféré à la justice militaire; une commission ou un conseil extraordinaire sont chargés de prononcer. — Dans la milice hollandaise, une Reddition non justifiable entraînerait le supplice de la corde. — Autrefois le drapeau blanc, déployé par un héraut, ou le bruit de la chamade, étaient les signaux par lesquels l'assiégé se déclarait prêt à entrer en négociation. Il subsiste encore des vestiges de ces usages. — A la suite de cet aveu de l'impossibilité d'une plus longue défense, le chef de l'armée assiégeante faisait sortir de la tranchée l'officier qui ce jour-là y commandait, et l'envoyait seul et armé de sa seule épée, à titre de parlementaire, jusqu'au lieu où avait été battue la chamade; là, le tambour qui venait de battre lui indiquait jusqu'où il pouvait s'avancer. —

MANESSON (1685, B) retrace minutieusement les règles qui étaient observées jadis par la TROUPE qui rendait la PLACE, afin d'éviter, dans l'évacuation, tout conflit entre vainqueurs et vaincus; il ne dit pas si c'était un résumé des règlements en vigueur; nous pensons plutôt que c'était un exposé de préceptes que lui avait dictés son expérience en divers pays. De nos jours, aucun principe sur ce système d'évacuation n'a exercé la plume de nos législateurs. — Le DÉCRET DE 1792 (26 JUILLET) interdisait aux HABITANTS toute réquisition adressée au COMMANDANT DE PLACE tendant à provoquer la Reddition de la FORTERESSE. — La restitution des DÉSERTEURS entrés comme transfuges dans la PLACE qui se REND, est quelquefois une des conditions exigées du vainqueur; quelquefois il accorde à la GARNISON prisonnière de sortir MÈCHE ALLUMÉE, DRAPEAU DÉPLOYÉ, et avec les HONNEURS DE LA GUERRE; quelquefois il consent à ce qu'elle soit suivie de quelques CHARIOTS COUVERTS. — Toute une GUERRE, celle DE 1832, qui a duré moins d'un mois à partir de l'OUVERTURE DE LA TRANCHÉE, n'a eu d'autre but, d'autre résultat que la Reddition d'une CITADELLE. — Les AUTEURS dont la plume s'est exercée concernant les Redditions de place sont: M. BERRIAT (1817, A, t. II, p. 459, 470, 705), l'ENCYCLOPÉDIE (1785, C, t. I, p. 86, au mot *Approvisionnement*), KHEVENHUELLER (1771, F, p. 128), LACHESNAIE (1758, I; id. au mot *Gouverneur*), LEBLOND (1762, G, p. 284), MANESSON (1685, B), POTIER (1779, X).

REDDITION de POSTE. V. CAPITULATION DE POSTE. V. MILICE HOLLANDAISE Nº 5. V. POSTE.

REDELYKHEID. V. NOMS PROPRES.

REDENS, subs. masc. V. REDAN.

REDENT, subs. masc. V. ANGON A MAIN. V. REDAN.

REDINGOTE, subs. fém. V. BOUTON DE R... V. BOUTONNIÈRE DE R... V. COLLET DE R... V. CORPS DE R... V. DEVANT DE R... V. PAREMENT DE R... V. POCHE DE R... V. QUARTIER DE R... V. TAILLE DE R...

REDINGOTE (term. génér.), ou LÉVITE, OU REDINGOTE D'UNIFORME. Mot d'origine ANGLAISE, signifiant VÊTEMENT D'HOMME DE CHEVAL, *ridingcoat*. Il est en usage depuis 1725, suivant M. BONTEMPS (1838). On prend quelquefois le mot CAPOTE dans le même sens; mais, correctement parlant, la Redingote est la CAPOTE D'OFFICIER, la CAPOTE D'HOMMES DE TROUPE est leur Redingote. Cette règle a subi cependant quelques exceptions, puisque l'ORDONNANCE DE 1776 (31 MAI) donnait aux HOMMES DE TROUPE une Redingote,

et que, de nos jours, il a été fait usage de ce VÊTEMENT par les HOMMES DE TROUPE de la GARDE ROYALE. — La DÉCISION DE 1821 (19 SEPTEMBRE) donnait la Redingote aux SOUS-OFFICIERS de l'INFANTERIE DE LIGNE, qui, jusque-là, n'avaient eu que la CAPOTE. — On peut consulter à l'égard des Redingotes: l'ENCYCLOPÉDIE (1785, C) et LECOUTURIER (1825, A). — Le mot sera surtout distingué ici en REDINGOTE D'ADJUDANT et en REDINGOTE D'OFFICIER.

REDINGOTE d'ADJUDANT (B, 1). Sorte de REDINGOTE qui, en vertu d'une DÉCISION DE 1826 (31 DÉCEMBRE), devait être pareille, sauf la qualité de l'étoffe, à celle d'OFFICIER; avoir de même des BRIDES D'ÉPAULETTES en or ou en argent.

REDINGOTE de SOUS-OFFICIER. V. INFANTERIE FRANÇAISE DE LIGNE Nº 5. V. REDINGOTE. V. SOUS-OFFICIER; id. Nº 5.

REDINGOTE de TAMBOUR-MAJOR. V. TAMBOUR-MAJOR Nº 4.

REDINGOTE d'HOMME DE TROUPE. V. ATTRIBUT DE MANCHES. V. BRIDE D'HABILLEMENT. V. CAPOTE DE SOUS-OFFICIER. V. CAPOTE DE TROUPE. V. EFFET D'HABILLEMENT. V. HOMME DE TROUPE. V. MINISTRE DE LA GUERRE EN 1775. V. REDINGOTE. V. RETROUSSIS D'HABIT. V. REVERS D'HABIT.

REDINGOTE d'OFFICIER (B, 1). Sorte de REDINGOTE que quelques circulaires ministérielles du dix-neuvième siècle ont appelée CAPOTE, quoiqu'il convienne de distinguer ces deux EFFETS, puisque la Redingote est à TAILLE plus juste. — La Redingote est garnie d'ÉPAULETTES et de CONTRE-ÉPAULETTE, et se porte en PETITE TENUE. — L'usage des Redingotes était prescrit déjà par le RÈGLEMENT DE 1767 (25 AVRIL); il voulait que cet HABILLEMENT fût de la même couleur que l'HABIT; mais la question relative aux détails de ce genre d'HABILLEMENT est restée longtemps indécise; ce qui s'y rapporte était, dans les différents CORPS, laissé à l'arbitraire. — La DÉCISION DE 1815 (5 DÉCEMBRE) était la première qui entrât dans les détails des proportions et des formes de la Redingote des OFFICIERS de l'INFANTERIE FRANÇAISE DE LIGNE; elle la voulait en drap gris, à COLLET montant, à PAREMENTS en bottes, sans COULEURS DISTINCTIVES, et d'une longueur telle qu'elle descendît à trois cent vingt millimètres de terre; la décision fixait les dimensions du CORPS et des QUARTIERS, le croisement du DEVANT, le placement des POCHES et des BRIDES D'ÉPAULETTES, l'espèce des BOUTONS et des BOUTONNIÈRES. — Une DÉCISION DE 1847 (2 OCTOBRE) transmettait aux CORPS des ÉCHANTILLONS du DRAP employé à ce genre d'HAbillement; il était à peu près beige; l'année suivante il était bleu céleste. — Un usage plus ancien a prévalu: l'usage de porter de même couleur habit et redingote. La décision de 1821 (6 février) la voulait en bleu de roi. — La décision de 1821 (14 novembre) voulait que l'épée fût portée sur la Redingote, avec un ceinturon noir si l'officier était en tenue du matin; elle voulait que l'épée fût portée avec le baudrier de dessous si la Redingote était mise sur l'habit. — Une décision de 1826 (26 avril) disposait qu'il serait pratiqué au côté gauche de la Redingote une fente horizontale pour donner passage à la poignée du sabre.

REDINGOTE d'uniforme. V. général français n° 8. V. redingote. V. uniforme.

REDONNER, verb. neut. V. donner.

REDOUBLÉ, adj. v. pas r...

REDOUBLEMENT de garde. V. garde. V. garde armée. V. punition.

REDOUBLER la garde. V. garde. V. garde armée. V. nuit de repos.

REDOUTE, subs. fém. v. attaque de r... v. demi-r... v. enterrer une r... v. face de r... v. fossé de r... v. gorge de r... v. grande r... v. petite r... v. réduit de r...

REDOUTE (term. génér.). Mot que l'art de la fortification doit, comme le témoigne Voltaire (*Dictionnaire philosophique*, au mot *Langue*), à l'italien *ridotto* ou *ridutto*, provenant du verbe *ridurre*, s'introduire, s'enfermer, se réunir. A son tour, la langue allemande nous a emprunté Redoute, que le langage incorrect des soldats avait fait féminin. — On désigne en général sous le nom de Redoutes les ouvrages de peu d'étendue dans lesquels une troupe de défenseurs peut trouver abri et prendre poste; tels sont ou étaient une place d'armes, un bastion détaché, un fer a cheval, une palanque, une lunette, un fortin, un paté, etc. Davignac appelle demi-redoute les plus petits ouvrages de ce genre. — Saint-Remy, Sionville (1756, E) et quantité d'auteurs ont pris comme synonymes Redoute et réduit; on leur a supposé une commune origine; mais ces mots ont pourtant chacun un sens distinct et une étymologie à part; on en trouve la preuve dans leur orthographe, puisque, dans la première de ces expressions, l'*e* n'est point accentué, et que, dans la seconde, l'*e* de la syllabe analogue est surmonté d'un accent. Comment confondre leur acception, puisqu'il y a des réduits de redoute?— Les Redoutes sont le plus ordinairement, disent la plupart des écrivains, des ouvrages carrés de douze à trente mètres de faces, que la capitale coupe d'angle en angle; ce sont celles que Gassendi appelle redoutes simples. — Mais il y en a quantité d'autres qui sont de forme variée, qui sont ou non garnies d'artillerie; il y en a de détachées, et se défendant elles-mêmes; il y en a de flanquées ou de protégées par d'autres constructions; il y en a eu qui étaient liées à des lignes fortifiées; il y a eu des redoutes rondes, comme le conseille Maizeroy (1775, B) et comme le décrit Lecointe (1759, B); il y en a eu en étoile, en triangle; il y en a à gorge ouverte ou fermée, à chemin couvert et à fossé ou à simple parapet, à fraise, à palissades, à crémaillère, à machicoulis; il y en a qui sont armées de batteries a barbettes; d'autres, au contraire, sont casematées ou à ciel fermé: telles étaient, suivant Belair (1792), les Redoutes de Luxembourg; il y en a en terre, en maçonnerie; Gassendi en décrit de composées, c'est-à-dire défendues par un couvre-face et une flèche; Leblond (1762) mentionne même des redoutes flottantes. — On peut consulter sur ces différences: Antoni, Belair (1792, au mot *Crémaillère*), Clairac (1752, A), Daniel (1721, A), Davrignac, Deville (1674), Duane (au mot *Redoute*), Encyclopédie (1785, C), Furetière, Gassendi (1819), Gaudi (1778, E), Gaya (1679, A), Grassi (1817, H), Guignard (1725, B), Guillet (1686, B), Lachesnaie (1758, I), Leblond (1762, G), Lecointe (1759, B), Lecouturier (1825, A), Maizeroy, Manesson (1685, B), Ménage, Potier (1779, X), Sionville (1756, E), Touzac. — Les Redoutes peuvent surtout être distinguées ici en redoute de camp, — de campagne, — permanente.

REDOUTE a flèche. V. a flèche. V. flèche de fortin. V. redoute.

REDOUTE a fossé. V. a fossé. V. redoute.

REDOUTE a crémaillère. V. a crémaillère. V. crémaillère. V. redoute de campagne.

REDOUTE a machicoulis. V. a machicoulis. V. redoute. V. redoute permanente.

REDOUTE carrée. V. battre un but. V. carré, adj. v. redoute. v. redoute de campagne.

REDOUTE casematée. v. blockhaus. v. casematé.

REDOUTE composée. v. composé, adj. v. redoute permanente.

REDOUTE contre-minée. v. contre-mine de chemin couvert. v. contre-miné, adj. v. redoute permanente.

REDOUTE (redoutes) de camp retranché (H, 1). Sorte de redoutes construites à cent soixante mètres de distance les unes des autres, palissadées, à chemin couvert, à fossé. On en fortifie les glacis et les flancs au moyen d'ouvrages a scie, de chausse-trapes, de trous de loup.— Quelques notions à cet égard se trouvent dans Boisroger (1773, G) et l'Encyclopédie (1785, C, au mot *Camp retranché*).

REDOUTE (redoutes) de campagne (G, 4), ou redoute de fortification passagère. Sorte de redoutes ou de fortins que l'on construit, soit comme appuis fixes, soit pour mettre hors d'insulte des cantonnements ou des postes. — Au moyen age, on liait par des Redoutes les bastilles. — Jusqu'à la fin du règne de Louis quatorze, on appelait Redoutes des pièces dont l'image se trouve dans Daniel (1721, A) et dans Manesson (1685, B). Elles étaient petites, de formes diverses, hautes à la manière de l'ancienne fortification, et liées aux lignes d'approches, de circonvallation, de contrevallation, etc. On eût pu les comparer aux gros grains d'un chapelet. L'influence des opinions du maréchal de Saxe, qui voulait que les ouvrages qu'il nommait Redoutes fussent assez spacieux pour contenir un bataillon *de cinq cents hommes*, fit renoncer aux Redoutes jusque-là en usage. De 1716 à 1774, on leur préféra les grandes redoutes, pièces ou forts isolés, ouvrages espacés à distance calculée, détachés en avant des lignes, et se défendant réciproquement. On continua à employer des Redoutes comme appuis de tranchées; elles terminaient et flanquaient la seconde parallèle. — On asseoit, si faire se peut, les Redoutes modernes sur un point dominant; on les environne d'un fossé, on fraise leur parapet, on en rend l'accès difficile au moyen d'abatis formés de gros arbres répartis sur les points les plus accessibles, on les munit d'abrivent, on leur donne le plus souvent la forme carrée, comme celle dont le tracé est le plus prompt; mais, comme cette figure ne se défend pas par elle-même, comme elle ne se prête pas au tir oblique, parce que le soldat est enclin à ne faire feu que directement, il y a des écrivains et des praticiens qui ont préféré et proposé la forme circulaire, l'emploi des Redoutes en crémaillère, ou, comme l'a fait Maurice de Saxe (1757), des Redoutes dont les quatre angles se prolongent en bastions. — Sinclaire (1773, L, p. 85 et 177) explique la manière de tracer rapidement les redoutes carrées et celles en forme de flèches; cet auteur proportionne l'étendue de leurs côtés

défensifs au front de la troupe disposée sur deux rangs. — Maizeroy (1767, E) développe les règles de leur attaque, devenue presque irrésistible depuis qu'il suffit de quelques obusiers pour rendre inhabitables les Redoutes qui sont à ciel ouvert. — Les Redoutes servent dans les siéges défensifs et offensifs aussi bien qu'en rase campagne; on y a recours pour la défense des gués, des ponts, des défilés, pour repousser des sorties, pour flanquer des lignes de troupes; on dirige les faces ou la capitale des Redoutes vers le point qu'il importe de battre. — Si une Redoute est avoisinée par d'autres ouvrages, la direction de ses faces doit être telle qu'elles puissent être défendues par ces ouvrages. Dans ce même cas de proximité, on lie par des communications les différents ouvrages fortifiés; on en assure ainsi les derrières; on proportionne les Redoutes au terrain, au service, au nombre d'hommes qu'elles sont destinées à contenir. — Leblond (1762, G) conseille d'établir, au besoin, des redoutes flottantes portées sur quatre pontons. — Feuquières (1750, A) conseille de n'entreprendre les passages de rivière en retraite que sous la protection de Redoutes, en en confiant la défense à un chef éprouvé. — Des Redoutes élevées de nuit, près de Pultawa, décidèrent de la défaite de Charles douze. — Dans la guerre de 1833, les blockhaus avaient chacun, comme enceinte et comme défense, une Redoute. — On peut consulter, à l'égard des Redoutes passagères : Bardin (1814, E), Deligne (1780, t. i, p. 78), Despagnac (*Vie du maréchal de Saxe*), Encyclopédie (1751, C, aux mots *Défilé* et *Exercice*), Faesch (1761, G), Feuquières, Gaudi (1778, E), Hoyer (1815), Khevenhueller (1771, F), Lachesnaie (1758, I, au mot *Ligne de contrevallation*), Laroche (1770, L), Leblond (1762, G), Lecointe (1759, B), Maizeroy (1766, F), Manesson (1685, B), Maurice de Saxe (1757, A), Sionville (1756, E), Touzac, Trosberg.

REDOUTE de fortification passagère. v. fortification passagère. v. général d'armée n° 9. v. redoute de campagne.

REDOUTE de tranchée. v. tranchée.

REDOUTE détachée. v. détaché. v. redoute.

REDOUTE fermée. v. fermé. v. redoute.

REDOUTE flottante. v. flottant. v. redoute. v. redoute de campagne.

REDOUTE (redoutes) permanente (G, 4). Sorte de redoutes situées à l'extérieur d'une forteresse. Il existe une lettre de Racine à Boileau sur les Redoutes de Luxembourg. —

Il y avait, en France, des postes isolés qu'on appelait Redoutes. Vauban (1706) les comprend au nombre des forteresses de la cinquième classe ; il en reconnaissait vingt-neuf existantes dans le dix-septième siècle ; il les rangeait à part des réduits, parce qu'elles étaient plus ordinairement construites en terre, et que les troupes les gardaient plutôt comme un poste que comme une garnison ; leur terrain était de peu d'étendue. — Les Redoutes dont il est question ici sont surtout celles que Leblond (1762, G) mentionne comme petites redoutes, et dont Desprez (1755, E) trace l'emplacement et l'image ; elles sont situées à portée de fusil, vis-à-vis les angles saillants et rentrants d'un glacis. Il y en a de contre-minées, comme le témoigne Gassendi ; leurs contre-mines répondent à celles du chemin couvert. Il y en a de voûtées et à l'épreuve de la bombe. Il y en a à meurtrières et à machicoulis ; mais l'usage n'en est pas commun. Il y en a de composées. Il y en a qui communiquent au glacis par une caponnière qui part de l'angle saillant des places d'armes. Il y en a en manière de blockhaus qui y correspondent par des souterrains ; elles sont quelquefois enveloppées elles-mêmes d'un chemin couvert, et ont la forme d'un carré, d'un bastion ou d'une demi-lune ; leur fossé forme une espèce d'avant-fossé ; leur communication avec le chemin couvert est masquée par un tambour. — Il y a eu des Redoutes communiquant à une tourelle. Il fut construit des travaux de ce genre, en 1792, à Metz. On les appelle aussi réduits de sureté. — Les Redoutes sont construites de manière que l'ennemi ne puisse les prendre a revers ni en couper la retraite aux défenseurs, et que, s'il s'en rend maitre, il ne puisse s'en servir comme d'un rempart. — L'Encyclopédie (1785, C) regarde les Redoutes comme propres à garantir des écluses, à retarder les approches, à enfiler les travaux de l'as-

siégeant. — Grassi (1817, II) nomme Redoutes des bastions tenant lieu de citadelles. Certaines tours permanentes sont aussi des redoutes. — Il est question de Redoutes permanentes dans Clairac (1752, A), Davrignac, Desprez (1755, B, p. 34), Dubousquet (1769, B), Encyclopédie (1751, C), Gassendi, Grassi (1817, II), Leblond (1762, G), Manesson (1685, B), Potier (1779, X), Vauban (1706), le *Spectateur militaire* (t. xxvii, p. 279).

REDOUTE ronde. v. crémaillère. v. redoute. v. rond, adj.

REDOUTE simple. v. redoute. v. simple.

REDRESSEMENT de canon de fusil. v. armurier de corps n° 3. v. canon de fusil.

REDRESSEMENT en ligne. v. abduction en colonne. v. ligne.

REDRESSER le combat. v. combat. v. combat stratelmatique. v. dresser.

REDRESSEZ vos armes (G, 6). Commandement mixte, suspensif d'un feu de peloton, ou autre feu d'infanterie, près de s'accomplir. Les principes de ce maniement d'armes sont démontrés dans les écoles de soldat, de peloton, de bataillon, soit quand le maitre d'exercice ou le chef de bataillon en donnent l'ordre, soit quand un roulement annonce la cessation du feu.

REDUCTION, subs. fém. v. abduction. v. colonne ouverte.

REDUCTION au pain et a l'eau. v. a l'eau. v. au pain. v. cachot. v. punition. v. salle de discipline.

REDUCTION de monnaie. v. échange de monnaie. v. monnaie.

REDUIRE une place. v. assiégeant. v. attaque de guerre. v. attaque d'emblée. v. citadelle. v. forteresse. v. place. v. siége offensif.

REDUIT, subs. masc. v. fossé de r... v. rempart de r...

	PASSAGER.	**RÉDUIT** DE BASTION. / DE CHEMIN COUVERT. / DE DEMI-LUNE.
RÉDUIT		
	PERMANENT.	**RÉDUIT.** CASEMATÉ. / DE CITADELLE. / DE DEMI-LUNE. / DE FOSSÉ. / DE LUNETTE. / PRINCIPAL

REDUIT (term. génér.). Mot dérivé du latin *reductus*, et donnant idée d'une pièce de fortification que les Italiens ont nommée *rifugio, ricetto, rastrello*. On a aussi traduit par Réduit les substantifs ita-liens *ridotto, ridutto*. Quelques écrivains en ont inféré que redoute et Réduit étaient même chose; mais une redoute est plutôt un dehors, un Réduit n'est pas toujours un dehors. — Un Réduit, généralement par-lant, est une construction à parapet, un retranchement de peu de cotés, et de plus ou moins de capitale, un parallélogramme, dans lesquels se retirent les défenseurs d'un ouvrage plus important et qui y est atte-nant. Un chef de poste fermé se jette dans le Réduit quand il est forcé à cette retraite, et qu'il veut fournir une seconde défense ou une défense ultérieure. — On a aussi appelé Réduits les retirades pratiquées en certains siéges. — Il y a des Réduits qui sont une manière d'échappatoire; il y en a qui sont fermés de toutes parts, et dans les-quels les défenseurs placent leur dernier espoir; il y a des Réduits à fossé; il y en a de casematés, de crénelés, de terrassés. — Les auteurs qui peuvent être consultés à l'égard des Réduits sont : Belair (1792), Duane, Encyclopédie (1785, C), Ganeau, Lachesnaie (1758, I), Manesson (1685, B), Meciszenski, Potier (1779, X), Vauban (1706), le *Dictionnaire de la Conversa-tion*. — Le mot Réduit se distingue en ré-duit crénelé, — de place d'armes, — de redoute, — de sureté, — passager, — per-manent.

RÉDUIT casematé (G, 4), ou casemate a feu, ou réduit de redoute. Sorte de réduits permanents qui s'établissent, suivant Belair (1792), dans le milieu des grandes redoutes jetées en avant des chemins couverts. Il y avait des Réduits de ce genre à Luxem-bourg.

RÉDUIT crénelé. V. crénelé. V. réduit.

RÉDUIT de bastion (G, 4; H, 1), ou reti-rade. Sorte de réduit passager qu'un assiégé construit à la hâte, dans un bastion qu'une brèche praticable exposerait à être enlevé.

RÉDUIT de chemin couvert (G, 4; H, 1), ou réduit de place d'armes. Sorte de réduit passager construit en bois, dans une place d'armes rentrante, à l'instant où il y a né-cessité de défendre cette place. Ce Réduit est impuissant contre le couronnement de vive force, ou pied à pied; mais ses feux peuvent protéger la berme et favoriser la retraite des défenseurs, s'écoulant par les escaliers du fossé. Une image d'un Réduit de ce genre est tracée dans l'*Annuaire des armées* (1836). L'importance que les Ré-duits ont prise est due à Cormontaingne.

RÉDUIT de citadelle (G, 4; H, 1). Sorte de réduit permanent que Manesson (1685,

B, p. 66) appelle aussi chateau, ou donjon, ou gouvernement. C'est une construction située au cœur de la citadelle dont elle est isolée par un fossé. Manesson y place un beffroi.

RÉDUIT de demi-lune (G, 4; H, 1). Sorte de réduit, ou passager, ou permanent, con-sistant en une petite demi-lune construite dans une grande. C'est un ouvrage crénelé ou à meurtrières, de peu de cotés, ou un parallélogramme dans lequel est le corps de garde, et où l'assiégé, contraint de céder la demi-lune à l'ennemi, combat et prolonge la défense. — On peut à cet égard consulter Grassi (1817, H, au mot *Redoute*), Lecou-turier (1825), l'*Annuaire des armées* (1836).

RÉDUIT de fossé (G, 4; H, 1). Sorte de réduit permanent construit dans un fossé de forteresse.

RÉDUIT de lunette (G, 4; H, 1). Sorte de réduit permanent qui, suivant Belair (1792), était construit dans les lunettes a flancs retirés de Berg-op-Zoom, de Ma-dras, etc.

RÉDUIT de place d'armes. V. parallèle; subs. v. place d'armes rentrante. V. réduit casematé. V. réduit de chemin couvert.

RÉDUIT de redoute. V. redoute. V. ré-duit casematé.

RÉDUIT de sureté. V. redoute perma-nente. V. sureté.

RÉDUIT passager (term. sous-génér.). Sorte de réduit qui se distingue en réduit de bastion, — de chemin couvert, — de demi-lune.

RÉDUIT permanent (term. sous-génér.). Sorte de réduit distingué en réduit case-maté, — de citadelle, — de demi-lune, — de fossé, — de lunette, — principal.

RÉDUIT principal (G, 4; H, 1). Sorte de réduits permanents fermés de toutes parts, battant la ville et la campagne, et qui sont au nombre des forteresses que Vauban (1706) classe comme de quatrième ordre, et comme étant ainsi plus qu'une redoute, parce que ces Réduits contiennent habituel-lement des troupes et sont plus générale-ment revêtus. Du temps de Vauban, il exis-tait cinquante-sept Réduits, en outre de vingt-neuf redoutes. — Les Réduits de Landau, de Neubrisack, avaient un rempart et un parapet. — Tels Réduits sont des forts qui, dans des places peu spacieuses, telles que Landau, tiennent lieu de cita-delles, et présentent une retraite aux troupes qui seraient forcées de s'y renfer-mer. Il y a des places où une citadelle peut tirer d'un Réduit une nouvelle force ; telles étaient Strasbourg, Lille, etc. Ces Réduits sont à l'opposite de la citadelle.

RÉFECTOIRE (subs. masc.) de caserne. V. caserne. V. milice prussienne n° 10.

RÉFÉRENDAIRE, subs. masc. V. milice autrichienne n° 2.

RÉFFÉ, subs. masc. V. arrière-fief.

RÉFLEXION, subs. fém. V. par r...

REFOREMENT de canon de fusil. V. armurier de corps n° 5. V. canon de fusil.

RÉFORME, subs. fém. v. a r... v. cartouche de r... v. cas de r... v. congé de r... v. en r... v. solde de r... v. traitement de r... v. visite de r...

RÉFORME (term. génér.), ou réforme de militaire. Mot dont le verbe former donne l'étymologie, et qui s'emploie dans le sens d'opération administrative, en vertu de décision gouvernementale ou ministérielle. — Pendant les derniers siècles, comme le témoigne Potier (1779, X), la Réforme était un désarmement partiel, un congédiement de troupes ; ou bien, une libération, une refonte qui diminuait l'effectif de certains corps ; ou bien, un licenciement qui supprimait un nombre déterminé de régiments, laissait vacants des emplois, annulait des grades. — Les grenadiers de France furent le produit d'une Réforme. — Quelquefois une Réforme était seulement la diminution d'une classe de fonctionnaires gradés, renvoyés, soit avec, soit sans indemnités ou pension de retraite ; c'était, en ce cas, le résultat de ces tâtonnements, un de ces remue-ménage qu'on appelait constitutions, et qui s'accomplissaient en vertu de mesures générales.—Anciennement, licencier ou casser, verbes qui ne se prenaient pas en mauvaise part, donnaient idée de la notification d'une Réforme ; Furetière le dit. — Le système du pied de paix et du pied de guerre n'existait pas autrefois ; l'armée était dépourvue d'une constitution véritable ; aucunes mesures rémunératoires n'acquittaient le prix des services et des campagnes. Par suite de ces causes, les Réformes ne se ressemblaient jamais ; le chiffre des renvois se proportionnait à la pénurie du trésor ; il en résultait une suppression souvent inique, toujours préjudiciable aux officiers, à l'art et à l'État ; un brusque dégagement de soldats avait lieu ; ils étaient renvoyés avec un écu et leurs vieux habits ; ils inondaient les routes au grand préjudice des habitants et des voyageurs. — Chaque traité de paix amenait une Réforme qui restreignait, amalgamait, bouleversait les

cadres. — La Réforme de 1610 fut un amalgame de soldats d'infanterie dans les compagnies restant sur pied ; elles étaient tombées à trente-cinq hommes ; elles furent grossies à raison de deux cents ; le régiment de Picardie fut porté à vingt compagnies de cent hommes l'une. — Il pouvait être prononcé des Réformes par les commissaires des guerres, en vertu des ordonnances de 1640 (18 octobre) et de 1676 (26 août). — La paix d'Utrecht, en 1713, les années 1733, 1748, donnèrent lieu à de nouvelles mesures plus ou moins semblables. Choiseul atteste, dans ses mémoires, que, en 1770, il était encore payé par l'État des pensions de réforme créées en 1717. — L'histoire des Réformes, avant le milieu du dernier siècle, ne saurait être retracée complétement par aucune plume, parce que des édits sans publicité, des rescrits transmis sous forme de notes de cour, et tombés en oubli, décidaient souverainement. Quant à cette dernière réforme, d'Héricourt (1756, t. III, p. 160) peut être consulté. — La Réforme de 1763 s'opéra sur des principes plus sages que les précédents ; le ministre, en l'ordonnant, embrassa la question des économies actuelles, des économies ultérieures ; il balança les intérêts de l'État et ceux des militaires, fit moins de mécontents, conserva les cadres, en en réduisant la force, afin que l'État fût dispensé plus tard de mettre dispendieusement sur pied des états-majors, et qu'il ne fût pas obligé de créer brusquement quantité de grades le jour d'une guerre à venir. — Depuis la guerre de la révolution, le mot Réforme a donné idée d'une mesure plutôt individuelle que générale ; il n'a plus exprimé une radiation par masses, une annulation d'emplois militaires *in globo*, mais une suspension absolue ou momentanée d'activité de service ; elle était absolue pour l'homme de troupe et avait lieu sur un mémoire de proposition, mais elle laissait aux officiers la chance d'être remis en activité et ne les privait pas de toute paye. Les soldats s'appelaient militaires réformés ; les officiers, militaires en réforme. Elle était, pour les premiers, avec ou sans indemnités ou pension suivant qu'ils y avaient droit ou non ; elle était, pour les autres, avec solde de réforme ; elle était, pour l'homme de troupe, un congé absolu constatant l'incapacité de servir plus longtemps, et énonçant les blessures, l'invalidité qui y donnaient lieu ; elle était pour l'officier un témoignage que ses services cessaient momentanément d'être utiles. — L'éléphantiase, l'épilepsie, la manie, la paralysie, etc., sont les infirmités qui motivent les Réformes des hommes de troupe. La nécessité en est constatée par des visites passées sous les yeux du conseil d'administration et par des contre-visites présidées par les inspecteurs d'armes. — Il y avait des réformes absolues; il y en avait de temporaires ou de relatives. — Il y avait un autre genre de Réforme, c'était celle des conscrits prononcée, s'il y avait lieu, par des membres du service de santé; elle avait lieu avant qu'ils ne rejoignissent. Le gouvernement impérial exigeait d'eux une indemnité pécuniaire qui dédommageàt l'Etat et l'armée des services qu'ils étaient inhabiles à leur rendre. — Prononcer en définitive à l'égard des Réformes est une des attributions du ministre de la guerre. Un de ses bureaux, qui était chargé du dispositif des Réformes, se nommait du nom singulier le matériel. — Les auteurs qui ont dit quelque chose des Réformes sont : Audouin, Bardin (1807, D; 1809, B), M. Berriat (1825, F), Carrion (1824, A), Denervo, d'Héricourt (1756, G), Dubousquet (1769, B), Encyclopédie (1785, C), M. Gonvot, Lecouturier (1825, A), Odier (1818, E; 1824, E), Puel, Puységur (1748, C), Saint-Germain (1779, C), Servan (1780, B), Souville (1810). — Le mot Réforme va prendre quelque développement comme réforme d'officier.

RÉFORME absolue. v. absolu. v. réforme.

RÉFORME avec traitement. v. avec traitement. v. position individuelle. v. réforme d'officier.

RÉFORME de conscrit. v. conscrit. v. réforme.

RÉFORME de militaire. v. militaire, adj. v. réforme.

RÉFORME d'homme de troupe. v. blessure. v. effet de rayé. v. homme de troupe n° 10. v. réforme.

RÉFORME (réformes) d'officier (B, 1). Sorte de réformes dont la législation ou plutôt les usages ne peuvent guère être étudiés avant le dix-septième siècle. — La paix de Vervins, en 1598, donna lieu à une réduction considérable d'officiers français; Henri quatre accorda une solde de Réforme à une partie d'entre eux, afin de pouvoir les rappeler bientôt au service, parce qu'une guerre en Allemagne entrait dans ses combinaisons. — La révocation de l'édit de Nantes fut suivie de Réformes d'officiers protestants qui peuplèrent d'hommes de mérite, de cœur et d'expérience les armées étrangères. — On appelait, suivant Potier (1779, X), officiers réformés, ceux dont la charge ou l'emploi avaient été supprimés. Ainsi les Réformes qui eurent lieu dans le dernier siècle jetèrent, comme le témoigne Furetière, plusieurs capitaines dans une même compagnie, plusieurs colonels dans un même corps; de là l'usage des colonels a la suite, des officiers en second et de tant d'autres abus. — Sous le régime impérial, les soldes de réforme se payaient trimestriellement. L'instruction de l'an six (1er floréal) et la loi de l'an onze (8 floréal) fixaient ce traitement à raison de la moitié du maximum de la retraite à laquelle aurait droit le réformé. — Depuis la restauration, la Réforme mettait un terme à la position qu'on appelait disponibilité. — La loi de 1831 (11 avril) traitait des Réformes. — Jusqu'à la décision de 1832 (16 juillet), la Réforme était un renvoi en vertu d'une mesure ministérielle; elle était motivée, ou par l'état de la santé, ou par l'incapacité morale, ou par la conduite blâmable du militaire renvoyé. — Des règles nouvelles étaient déterminées par la loi de 1834 (19 mai). On appelait officiers en réforme ceux qui quittaient spontanément le service avec indemnités services pendant quelques années; ceux qui, ayant servi vingt ans, attendaient la retraite dans leurs foyers; ceux qui obtenaient, pour un temps illimité, la permission d'être inactifs sans solde; ceux qui se trouvaient sans emploi par licenciement du corps. — Etre mis en réforme donnait lieu administrativement à une position nouvelle.

RÉFORME relative. v. réforme. v. relatif.

RÉFORME temporaire. v. réforme. v. temporaire.

RÉFORMÉ (réformée), adj. v. arme r... v. capitaine r... v. fusil r... v. mestre de camp r... v. militaire r... v. officier r... v. soldat r...

RÉFORMER (se). v. conversion a pivot fixe. v. langue française.

REFOULOIR, subs. masc. (G, 2), ou fouloir suivant Potier (1779, X) et Furetière. Ce dernier mot valait mieux que l'autre, qui s'est corrompu en réduplicatif dans le patois des soldats. Il vient, ou du latin *fullo*, signifiant foulon, apprêteur de draps, ou de l'italien *fola*, foule. — Le Refouloir, comme l'appellent Carré (1783, E), Gassendi, Lecouturier (1825, F), est un instrument d'artillerie servant à bourrer la charge, le tampon d'une pièce de canon; c'est une hampe armée d'une tête cylindrique. — Suivant les temps, suivant le calibre des bouches a feu, [le Refouloir et l'écouvillon ont servi à part l'un de l'autre, ou n'ont fait qu'un seul et même instrument.

RÉFRACTAIRE, subs. masc. (C, 5). Mot dérivé du latin *refractarius, refragatio;* il est surtout employé dans le langage de la justice militaire depuis la loi de l'an onze (6 floréal) et l'arrêté de l'an douze (19 vendémiaire). Il remplaçait l'expression fuyard, en usage au temps de la milice conscriptive; il signifiait absolument retardataire spontané, récalcitrant, qui se soustrait au service militaire et encourt, par là, la peine réservée aux déserteurs. La mutilation volontaire était considérée comme un genre de désertion de réfractaire. — La circulaire de 1808 (8 décembre) témoigne qu'il existait des dépôts de conscrits réfractaires. — Les rapports du ministre de la guerre témoignaient, en 1830, que sur vingt-trois appelés il y a un récalcitrant. — L'instruction de 1832 (30 mars) substituait à la dénomination de Réfractaire celle d'insoumis. — L'instruction de 1832 (12 octobre) déclarait déserteur l'insoumis qui dépassait le terme fixé pour son arrivée au corps; mais le jeune soldat non rendu à son corps un mois après l'époque où il aurait dû y arriver, était poursuivi comme insoumis; c'était une obscurité de plus en fait de législation pénale. — Les départements de l'Ouest ont de tout temps, et même pendant la restauration, été infestés de Réfractaires qui se jetaient dans les bandes et s'y façonnaient au brigandage. — A l'égard des Réfractaires on peut consulter : Bardin (1809, B), M. Berriat (1812, A), Encyclopédie (1785, C, au mot *Fuyard*), Lecouturier (1825, A), le *Dictionnaire de la Conversation* (au mot *Conscrit*).

REFUS (subs. masc.) d'information. V. formule de refus. V. information.

REFUS d'obéissance. V. crime. V. obéissance.

REFUSÉ, adj. V. capitulation de siége.

REFUSER (verb. act.) la bataille, l'aile, le combat, le flanc, le front, la ligne. V. ailé. V. aile strateumatique. V. attaque oblique. V. bataille. V. bataille strateumatique. V. camp mince. V. combat. V. combat strateumatique. V. éviter. V. flanc. V. flanc tactique. V. front. V. front de bataille. V. ligne. V. ligne tactique. V. marche contre-oblique. V. ordre concave. V. ordre oblique. V. passage de lignes.

REGAL. V. noms propres.

REGART, subs. masc. V. ronde. V. sentinelle.

REGGIO. V. noms propres.

RÉGIE, subs. fém. (term. génér.) Ce mot, venu du latin *regere*, conduire, gouverner, exprime ici un mode d'administration militaire, une gestion que l'Etat confie à une compagnie ou à un directeur, chargés de l'accomplissement d'un service public dont le trésor acquitte les dépenses. — Le terme Régie se prend, soit comme l'ensemble de leurs opérations, soit comme le personnel des fonctionnaires placés à la tête d'une compagnie chargée de ce genre d'opérations. — Il y a des Régies à honoraires fermes; il y en a dont l'habile gestion bonifie légalement les honoraires. — Suivant la définition donnée par le dictionnaire de l'Académie (1836), une Régie est une administration tenue de rendre compte. La définition est bien vague. On en pourrait dire autant des agences, toujours tenues à reddition de compte de clerc à maitre. On en pourrait même dire autant des entreprises, qui sont l'opposé des Régies. — Suivant ce même dictionnaire, les régies intéressées sont celles qui ont part à un produit; mais, militairement parlant, les régies intéressées sont celles qui tirent utilité d'une dépense inférieure à ce qu'elle eût pu être. — Suivant M. Vauchelle, la régie intéressée peut se comparer à une agence de banquier; la régie simple, à une agence d'employés. Cet écrivain prend, en général, Régie par opposition à voie économique directe. — Suivant la définition plus complète que donne Odier (1824, E), une régie intéressée était une direction d'achats effectuée aux frais de l'Etat, sous la surveillance des commissaires, moyennant nantissement et bénéfices. Le chef ou les membres d'une régie intéressée étaient des banquiers, des commissionnaires, des prêteurs de fonds, travaillant, moyennant garantie, pour le compte de la cour. — Une régie intéressée achète, fait confectionner, délivre des matières; une régie simple délivre les matières que le gouvernement achète ou recueille et qu'il lui confie. — Une Régie est sous la direction immédiate du ministre de la guerre, ou sous celle d'un directeur général responsable envers le ministre. — Le système des Régies diffère de celui des entreprises ou des traités, en ce que les entrepreneurs, ou, comme on disait autrefois, les traitants, courent des chances commerciales de pertes et de gains, à moins qu'ils ne les laissent au compte des sous-traitants. Les Régies ordinaires ne courent pas de chances. Les régies intéressées ont la chance d'une bonification d'émoluments, suivant le plus ou moins d'habileté en administration. — Les Régies sagement conduites sont avantageuses à l'État, occasionnent moins de fraudes au préjudice du MILITAIRE, et reposent sur un ordre méthodique ; mais elles veulent des COMPTES réguliers et des PAYEMENTS toujours servis à point, ce qui les rend difficilement praticables en TEMPS DE GUERRE, et trop souvent les GÉRANTS, assurés du PAYEMENT de leurs HONORAIRES, mettent peu de zèle à s'acquitter de leurs fonctions ; les RÉGIES INTÉRESSÉES ont été inventées pour y remédier et stimuler le zèle des coopérateurs. Un des inconvénients des Régies est l'amoncelement des PIÈCES JUSTIFICATIVES. — Le parlement de Paris, dans une remontrance de 1759 (3 septembre), se plaignait des gains immodérés faits jusqu'alors *dans les fermes, traités et entreprises*, et sollicitait du roi, *des Régies, non aucuns traités.* — MONTESQUIEU s'est déclaré en faveur des Régies ; l'ENCYCLOPÉDIE (1751, C, au mot *Ferme du roi*) s'est prononcée dans le sens contraire. — En 1829, dans les discussions du budget à la chambre des députés, le MINISTRE DE LA GUERRE déclarait les Régies préférables au mode des ENTREPRISES ; plusieurs orateurs inclinaient, au contraire, pour le SERVICE par ENTREPRISES avec cautionnement. — M. BALLYET (1817, D), M. LEGRAND (1837, A), MORIN (1798), ODIER (1818, E), M. VAUCHELLE ont traité des diverses Régies. — Le mot Régie sera surtout considéré ici comme RÉGIE DES VIVRES.

RÉGIE des POUDRES. V. POUDRE. V. POUDRE A FEU.

RÉGIE des SUBSISTANCES. V. MILICE ANGLAISE Nº 5. V. RÉGIE DES VIVRES. V. SUBSISTANCE.

RÉGIE des VIVRES (B, 1), ou RÉGIE DES SUBSISTANCES. Sorte de RÉGIE dont le système a alterné avec celui des ENTREPRISES ; celles-ci, dans chaque ARMÉE, étaient gérées, comme le témoigne LACHESNAIE (1758, I), par un DIRECTEUR GÉNÉRAL qui était le mandataire de l'ENTREPRENEUR. Les Régies, au contraire, ont été sous la GESTION d'un DIRECTEUR GÉNÉRAL qui était le mandataire du gouvernement ou le préposé du MINISTRE. — Un RÈGLEMENT DE 1790 (23 FÉVRIER) confiait à des ENTREPRENEURS la Régie. — Un DÉCRET DE 1809 (19 OCTOBRE) créait une Régie présidée par un DIRECTEUR GÉNÉRAL. — Suivant ODIER (1818, E), il y aurait lieu à comparer aux Régies civiles les AGENCES militaires ; il propose que ces AGENCES soient des RÉGIES INTÉRESSÉES, c'est-à-dire qu'elles jouissent de PRIMES en outre d'HONORAIRES fixés. Ces PRIMES se proportionneraient aux bonifications obtenues sur les prix moyens d'une année.

Ainsi : *Soit le prix moyen du pain dans le commerce, de vingt centimes la ration, l'agence ou la Régie n'aura pas de prime, si les dépenses élèvent à ce même prix la ration qu'elle aura fournie.* — Avec les écus ou le crédit du trésor, les Régies achètent et emmagasinent, distribuent et comptent ; leur COMPTABILITÉ est compliquée et lente, leur PERSONNEL est considérable et engourdi. — Les RÉGIES INTÉRESSÉES participent des avantages et des inconvénients des ENTREPRISES et des RÉGIES SIMPLES. Ces dernières sont plus propres à l'ÉTAT DE PAIX d'un royaume riche ; les RÉGIES INTÉRESSÉES sont la ressource, sous forme usuraire, des pays dont les finances sont embarrassées ; les ENTREPRISES sont le va-tout de la guerre, temps pendant lequel est impossible la Régie, exercée par les soins mêmes des CORPS MILITAIRES. — Une DÉCISION DE 1817 (21 MAI) substituait une Régie générale des SUBSISTANCES et des FOURRAGES au mode d'ENTREPRISES ; six mois après, une DIRECTION générale la remplace, c'est-à-dire que le MINISTRE DE LA GUERRE, au lieu d'en avoir directement la haute main, a pour délégué un DIRECTEUR GÉNÉRAL, une espèce de sous-ministre. — En 1819, les EMPLOYÉS de la Régie en deviennent les AGENTS principaux ; cette innovation occasionne de vives plaintes de la part des COMPTABLES et des GARDE-MAGASINS, qui se disent ruinés. — La place de DIRECTEUR est supprimée en 1825, et la Régie redevient une des DIVISIONS du MINISTÈRE. Mais, de tous ces modes, lequel était préférable ? L'incertitude à cet égard n'est pas dissipée. — En 1829, les SUBSISTANCES sont en Régie ou régime mixte. — Les AUTEURS qui peuvent être consultés, sont : ANDREU (1762, I), BALLYET (1817, D ; id. p. 255, 500, 501), DUPRÉ D'AULNAY, GUIBERT (1775, E), LACHESNAIE (1758, I), POTIER (1779, X), M. VAUCHELLE.

RÉGIE d'HABILLEMENT. V. HABILLEMENT.

RÉGIE INTÉRESSÉE. V. COMPTE DE CLERC A MAITRE. V. ENTREPRISE DE FOURNITURES. V. GESTION. V. RÉGIE. V. RÉGIE DES VIVRES.

RÉGIE SIMPLE. V. GESTION. V. RÉGIE. V. SIMPLE, adj.

RÉGIME (subs. masc.) d'HOPITAL. V. HOPITAL. V. HOPITAL MILITAIRE. V. RÉGIMENT.

RÉGIME INTÉRIEUR. V. ARME PERSONNELLE. V. INTÉRIEUR, adj.

RÉGIME MAIGRE. V. BOUILLON MAIGRE. V. MAIGRE.

RÉGIME SANITAIRE. V. HOPITAL MILITAIRE. V. SANITAIRE.

RÉGIMEN, subs. masc. V. RÉGIMENT.

RÉGIMENT, subs. masc. v. ADMINISTRATION DE R... v. AILE DE R... v. ANCIEN R... v. CADET DE R... v. CAFÉ DE R... v. CAISSON DE R... v. CANON DE R... v. CHEF DE R... v. COMMANDANT DE R... v. COMMANDEMENT DE R... v. COMPAGNIE DE R... v. COMPOSITION DE R... v. CONSEIL D'ADMINISTRATION DE R... v. CONSEIL DE R... v. COULEUR DE R... v. CRÉATION DE R... v. DÉNOMINATION DE R... v. DÉTACHEMENT DE R... v. DISTINCTION DE R... v. DRAPEAU DE R... v. DROIT DE R... v. ÉLÉMENT DE R... v. EMPLOYÉ DE R... v. ENSEIGNE DE R... v. FAIRE UN R... v. FONCTION DE R... v. FORCE DE R... v. FRONT DE R... v. GREFFIER DE R... v. INSTRUCTION DE R... v. LOCALISATION DE R... v. MARQUE DISTINCTIVE DE R... v. MEMBRE DE R... v. MENTOR DE R... v. NOMBRE DE R... v. NUMÉRO DE R... v. OFFICIER DE R... v. PAR R... v. PIQUET DE R... v. QUEL R... v. QUEUE DE R... v. SERVICE DE R... v. TACTIQUE DE R... v. TENUE DE R... v. TÊTE DE R... v. TRÉSORIER DE R... v. UNIFORME DE R...

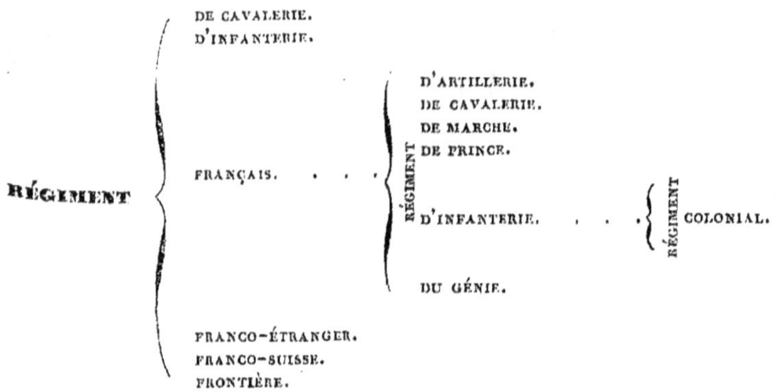

RÉGIMENT, subs. masc. (term. génér.), ou RÉGIME suivant BÉNETON (1741, A), ou RÉGIMEN suivant DEBRY (1615, A). Les mots Régiment et ses analogues proviennent, suivant BÉNETON (1741, A), du LATIN *regimen*, *regere*, parce que, dit-il, de même qu'on appelle RÉGIMES les fruits en grappes, tels que ceux du dattier, tels que le raisin, etc., on aurait appelé de même des HOMMES assemblés comme par grappes. Cette déduction de BÉNETON est une rêverie. — Suivant AUDOUIN (t. II, p. 283), Régiment viendrait du génitif LATIN *regis* et de l'ALLEMAND *mann*, HOMME. Cette assertion d'Audouin est le chef-d'œuvre de l'érudition prétentieuse et absurde. — Le *Journal de l'Institut historique* (t. VI, p. 72) témoigne que, dans le quinzième siècle, le style des ordonnances employait dans le sens de : être sous le RÉGIME d'une autorité, la locution : être sous le Régiment. En effet, RÉGIME, régimen, Régiment ont été synonymes. — Le mot Régiment étant originaire d'ESPAGNE, puisqu'avant CHARLES-QUINT le RÉGIMENT IMMÉMORIAL ou à date perdue y existait, on retrouve la liaison qui existait entre Régiment, CORRÉGIMENT, COMARQUE, CORRÉGIDOR. Le Régiment était la TROUPE d'une COMARQUE ou arrondissement ; le CORRÉGIMENT était la TROUPE fournie par plusieurs COMARQUES ; le CORRÉGIDOR était l'administrateur et le juge d'une ou plusieurs COMARQUES et de leurs TROUPES. — Le mot Régiment a produit le verbe peu ancien ENRÉGIMENTER, et a eu pour origine *regimen* et *regimentum* des LATINS. Ces mots ont d'abord signifié, suivant ROQUEFORT, conduite, façon d'agir ; ils sont passés du LATIN dans l'ESPAGNOL, sous l'acception de gouvernement, circonscription territoriale, district, mairie. Les expressions ESPAGNOLES et ITALIENNES, *regimiento*, *reggimento*, signifiaient à la fois et une CAPITAINERIE et le CORPS DE TROUPE qui était préposé à la garde, à la défense du pays, du syndicat, de la CAPITAINERIE. De même on disait, de nos jours, je SERS dans Orléans, dans Berry, pour donner à entendre qu'on était au SERVICE dans les Régiments de Berry ou d'Orléans ; c'était la partie prise pour le tout. Plusieurs Régiments ou territoires d'ESPAGNE, formaient une espèce de faisceau politique ou d'ÉTAT MILITAIRE qu'on appelait CORRÉGIMENT ; de là, peut-être, le nom des corrégidors qui gouvernaient cet ensemble de districts, à moins que, comme l'affirme le général FOY, il ne vienne du LATIN *corrigere*. A la manière ESPAGNOLE, les ANGLAIS, possesseurs de la GUYENNE, et qui avaient conservé sans altération, et depuis les Romains, leur mot *ré-gimen*, avaient divisé le territoire par Régiments, de même que la France s'était divisée en gouvernements ou généralats. Ainsi il y eut quatre gouvernements : Picardie, Champagne, Navarre et Piémont ; les troupes de ces gouvernements en prirent le nom. En perdant leurs possessions en France, les troupes de la Grande-Brêtagne laissèrent aux Gascons cet usage du mot Régiment, signifiant lieu gardé et troupe qui garde. Quand Charles huit, quand les Valois appelèrent à leur service, de l'infanterie gasconne, les sujets du roi de Navarre, les Aquitains, les hommes des frontières du Nord, devenus les meilleures troupes de France et le noyau de l'armée régulière, y apportèrent, y propagèrent l'usage de leur mot Régiment, signifiant ensemble ou caterve. D'abord il servit à désigner une réunion de bandes, soit de piétons ou de gens-darmes, temporairement placées sous un seul chef. Quand ces agrégations, de passagères qu'elles étaient, devinrent permanentes, elles restèrent désignées par un nom qui, jusque-là simplement générique, devenait classique. Nous multiplierons les preuves de ces assertions, car ce sujet n'a pas encore été étudié à fond ; l'art militaire sort de l'enfance, sa langue et ses origines sont à tirer à clair. — On s'étonnera peut-être que les Anglais, ayant eu de tout temps l'usage du mot *regimen*, synonyme de district et de troupe, aient emprunté aux Français le mot Régiment, synonyme de troupe ; mais, s'il en faut croire Duane (1810, E), ils n'ont de Régiments que depuis 1660, et tous leurs termes militaires ont été imités de ceux dont l'armée de Louis quatorze faisait emploi ; comme en bien des cas, comme bien d'autres peuples, ils ont repris, sous forme modifiée, les expressions par eux données sous forme originale. — Machiavel (1510, A) dit au sujet des légions de François premier, et bien avant qu'il n'existât des Régiments français : *Les Régiments français sont de six mille hommes.* C'est une preuve de l'antériorité des termes italiens et espagnols que francisait Brantome. — La création de nos régiments d'infanterie est en effet postérieure à l'institution des régiments espagnols, italiens, suisses, allemands, comme le témoigne Despagnac (1751, D). — En 1552, le duc d'Albe insultait, à la tête d'un régiment de lansquenets, la ville de Metz. — Brantome (1600, A) raconte qu'en 1554, à Renty, il y avait deux régiments de gendarmerie, l'un commandé par d'Enghien, l'autre par Turenne. — Ce même écrivain tourne en dérision les

termes *impropres et saugrenus* de ceux qui, pour dire un Régiment, disent un régime. Brantome tranche avec cette même légéreté sur quantité de questions qu'il ne comprend pas. Bien des grands seigneurs ont suivi, en fait de langage de guerre, les traces de notre abbé soldat ; tels furent le maréchal de Saxe et le prince de Ligne. — Brantome, pour mentionner une agrégation momentanée de bandes ou de compagnies, disait que Biron (le maréchal, père du décapité) *mena en Languedoc et en Provence les Régiments de Sarrelabous et de Raimolle.* Cela signifiait qu'il était le commandant d'une troupe temporairement amalgamée. Il dit qu'en 1562, à la bataille de Dreux, il y avait en chaque bataillon, c'est-à-dire en chaque corps d'armée, un régiment de gendarmerie. Il y avait donc, à cette action, trois Régiments, c'est-à-dire trois brigades de cavalerie ; car, alors, l'usage était de former en trois corps une armée agissante. — Il dit qu'en 1574, Henri trois lui avait envoyé en Guyenne *douze cents reistres, et le Régiment de Bussy qui montait à deux mille hommes très-bons.* — Les écrivains ont redit que les Régiments français n'existaient que depuis le dix-septième siècle ; c'est se contenter de renseignements bien superficiels. — Le nom de Régiment, donné par le fait de la mode longtemps avant d'être donné du fait de la loi, commence à figurer dans nos auteurs, peu après que Henri deux eut essayé de reconstituer l'armée à peu près sur le modèle des légions de François premier. Ainsi, ce mot se trouve dans Daubigné, dans Lancelot, etc. — Le mot Régiment a eu longtemps une acception indéterminée et des formes peu fixes. L'Encyclopédie (1751, C) le définit : *un composé d'un certain nombre de compagnies à pied ou à cheval ;* et pourtant, depuis près d'un siècle, un Régiment était un ensemble de bataillons ou d'escadrons. L'Encyclopédie regardait le Régiment comme un corps d'une force tout à fait vague ; malheureusement il en avait été longtemps ainsi. Le régiment de Picardie avait monté jusqu'à cent vingt compagnies, ou six mille hommes ; tandis que tel régiment de cavalerie française était de trois cents hommes, et tel régiment de cavalerie allemande de deux mille. — Les Régiments rappellent ce qu'anciennement on appelait rout ou route. Ils peuvent, de nos jours, se définir : cadres ou agrégations de militaires, associés sous le point de vue de l'administration, de la discipline, des manœuvres et du service ; ensemble d'hommes soumis à un régime militaire identique, subordonnés à un même

COMMANDEMENT, se distinguant en CORPS D'OFFICIERS et en HOMMES DE TROUPE, et se composant, suivant l'ARME, de BATAILLONS, d'ESCADRONS, de BATTERIES. — Il a existé des AGRÉGATIONS RÉGIMENTAIRES qui n'étaient pas précisément des Régiments, mais y étaient, à quelques égards, analogues. — Un Régiment est vêtu d'un même UNIFORME. Pourtant, par exception, il a existé un RÉGIMENT à deux HABITS D'UNIFORME ; c'était celui des PUPILLES de la GARDE. — Toute diversité de Régiment à Régiment d'une même ARME est une erreur de la CONSTITUTION MILITAIRE. — En certains temps et en certains pays, les Régiments ont été regardés comme une propriété mobiliaire. Ainsi, Auguste deux, roi de POLOGNE, céda à FRÉDÉRIC-GUILLAUME, roi de PRUSSE, deux beaux RÉGIMENTS DE DRAGONS, manœuvrant habilement et richement montés. Nous avons vu à DRESDE, dans le palais de Hollande, les deux vases du Japon qui furent donnés en troc de cette TROUPE, bêtes et gens, ARMES et harnais. — Un autre abus existait : avant d'avoir âge d'homme, on pouvait compter et même SERVIR comme OFFICIER. — Il y avait des Régiments dans lesquels certains offices étaient des CHARGES. — Il y avait des MILICES où l'on appelait RÉGIMENTAIRES les CHEFS de Régiments ; il en a été ainsi en SUÈDE, en RUSSIE, etc. Le GRAND RÉGIMENTAIRE de la MILICE POLONAISE équivalait à un COLONEL GÉNÉRAL. — Quantité de dispositions légales appellent vaguement CORPS, des AGRÉGATIONS qui, sans être des Régiments, ont cependant, en fait d'ADMINISTRATION et de SERVICE, une analogie intime avec les Régiments ; ce sont des LÉGIONS, des BATAILLONS sur un pied à part, quelquefois même des COMPAGNIES ne dépendant pas d'un BATAILLON. Nous avons appelé CORPS RÉGIMENTAIRES ce genre de TROUPE. — Les AUTEURS qui éclairent le sujet qui vient d'être traité, sont : Béneton (1741, A), Bohan (1781, H), Brantôme (1600, A), Carré (1785, E), Chambers, Daru (an treize), Davila, Daudigné, Debry (1615, 1650), Despagnac (1751, D), Duane, l'Encyclopédie (1751, C), Furetière, Guibert (1773, E), Guignard (1725, B), Hellmodt (1779, K), Lancelot, Pinard, Puységur (1748, C), M. le général Rogniat (1816, B), Roussel (1765, C), Turpin (1780, O). — Le mot Régiment sera distingué ici en RÉGIMENT A CHEVAL, — A CINQ BATAILLONS, — A DEUX BATAILLONS, — A HUIT BATAILLONS, — A NEUF BATAILLONS, — A PIED, — A QUATRE BATAILLONS, — A SIX BATAILLONS, — A TROIS BATAILLONS, — A UN BATAILLON, — ALLEMAND, — ANGLAIS, — ANGLO-AMÉRICAIN, — AU CAMP, — AUTRICHIEN, — BADOIS, — BAVAROIS, — BELGE, — BLEU, — BRÉSILIEN, — CANTABRE, — CAPITULÉ, — CARRÉ, — CATHOLIQUE, — CHEF DE BRIGADE, — CHEF DE TRANCHÉE, — COLOMBIEN, — COLONEL, — COLONEL GÉNÉRAL, — COMBINÉ, — COMMISSAIRE GÉNÉRAL, — CORSE, — CROATE, — DANOIS, — D'ARQUEBUSIERS, — D'ARTILLERIE A CHEVAL, — D'ARTILLERIE A PIED, — D'ARTILLERIE DE GARDE ROYALE, — D'AVENTURIERS, — DE BATAILLE, — DE BATAILLE DE LIGNE, — DE BOMBARDIERS, — DE CAMPAGNE, — DE CARABINIERS, — DE CAVALERIE, — DE CAVALERIE DE BATAILLE, — DE CAVALERIE DE GARDE IMPÉRIALE, — DE CAVALERIE DE GARDE ROYALE, — DE CAVALERIE DE LIGNE, — DE CAVALERIE DE RÉSERVE, — DE CAVALERIE LÉGÈRE, — DE CAVALERIE LÉGÈRE DE LIGNE, — DE CAVALERIE LÉGÈRE DE GARDE ROYALE, — DE CHAMPAGNE, — DE CHASSEURS, — DE CHASSEURS A CHEVAL, — DE CHASSEURS A CHEVAL DE GARDE ROYALE, — DE CHASSEURS A PIED, — DE CHASSEURS D'AFRIQUE, — DE CHEVAU-LÉGERS, — DE CHIENS, — DE CROATES, — DE CUIRASSIERS, — DE CUIRASSIERS DE GARDE ROYALE, — DE CUIRASSIERS DE LIGNE, — DE DRAGONS, — DE DRAGONS DE GARDE ROYALE, — DE FLANQUEURS, — DE FUSILIERS, — DE GARDE IMPÉRIALE, — DE GARDE ROYALE, — DE GARNISON, — DE GENDARMERIE, — DE GENTILSHOMMES, — DE GOUVERNEURS, — DE GRENADIERS, — DE GRENADIERS A CHEVAL DE GARDE IMPÉRIALE, — DE GRENADIERS A CHEVAL DE GARDE ROYALE, — DE GROSSE CAVALERIE, — DE HOHENLOHE, — DE HUSSARDS, — DE JEUNE GARDE, — DE LA GARDE DE PARIS, — DE LA REINE, — DE LANCIERS, — DE LANSQUENETS, — DE LA TOUR D'AUVERGNE, — DE LIGNE, — DE MARINE, — DE MILICE, — DE MINEURS, — DE MOUSQUETAIRES, — DE MOYENNE GARDE, — DE NAVARRE, — DE NORMANDIE, — DE PARIS, — DE PICARDIE, — DE PIÉMONT, — DE PROVINCE, — DE PUPILLES, — DE SAPEURS, — DE SEIGNEUR, — DE TIRAILLEURS, — DE TRAIN, — DE VÉLITES, — DE VIEILLE GARDE, — DE VOLTIGEURS, — D'ÉLITE, — DES FUSILIERS DU ROI, — DES GARDES ÉCOSSAISES, — DES GARDES FRANÇAISES, — DES GARDES SUISSES, — DES PUPILLES, — DES VÉLITES, — D'INFANTERIE, — D'INFANTERIE DE BATAILLE, — D'INFANTERIE DE GARDE ROYALE, — D'INFANTERIE DE LIGNE, — D'INFANTERIE FRANÇAISE DE BATAILLE, — D'INFANTERIE FRANÇAISE DE BATAILLE DE LIGNE, — D'INFANTERIE FRANÇAISE DE GARDE ROYALE, — D'INFANTERIE FRANÇAISE DE LIGNE, — D'INFANTERIE FRANCO-ÉTRANGÈRE, — D'INFANTERIE FRANCO-SUISSE, — D'INFANTERIE FRANCO-SUISSE DE GARDE ROYALE, — D'INFANTERIE FRANCO-SUISSE DE LIGNE, — D'INFANTERIE LÉGÈRE, — D'ISEMBOURG, — DU ROI, — DU TRAIN D'ARTILLERIE DE LA GARDE, — ÉCOSSAIS, — EN BATAILLE, — EN CAMPAGNE, — EN COLONNE, — EN GARNISON, — EN ROUTE, — ESPAGNOL, —

ÉTRANGER, — FRANÇAIS, — FRANCO-ÉTRANGER, — FRANCO-SUISSE, — FRONTIÈRE, — GREC, — HAÏTIEN, — HANOVRIEN, — HELLÉNIQUE, — HESSOIS, — HOLLANDAIS, — HONGROIS, — IMMÉMORIAL, — IRLANDAIS, — ITALIEN, — LÉGER, — MESTRE DE CAMP, — MEXICAIN, — NAPOLITAIN, — NÉERLANDAIS, — NORWÉGIEN, — PERSAN, — PIÉMONTAIS, — POLONAIS, — PORTUGAIS, — PROTESTANT, — PROVINCIAL, — PROVISOIRE, — PRUSSIEN, — ROYAL, — RUSSE, — SAXON, — SUÉDOIS, — SUISSE, — SYKE, — TURC, — TURCO-ÉGYPTIEN, — WALLON, — WURTEMBERGEOIS, — et, enfin, en RÉGIMENTS ROYAUX.

RÉGIMENT A CHEVAL. V. A CHEVAL. V. BATTERIE D'ARTILLERIE. V. HABIT. V. MILICE ESPAGNOLE N° 2.

RÉGIMENT A CINQ BATAILLONS. V. A CINQ BATAILLONS. V. ÉTAT-MAJOR DE CORPS N° 2.

RÉGIMENT A DEUX BATAILLONS. V. A DEUX BATAILLONS. V. BATAILLON D'INFANTERIE FRANÇAISE DE LIGNE N° 4. V. BATAILLON DE GARDE-DRAPEAU. V. CHEVALET DE PIQUET. V. COLONEL D'INFANTERIE FRANÇAISE DE LIGNE N° 6. V. COMPAGNIE DE CHASSEURS D'INFANTERIE. V. DRAPEAU BLANC. V. DRAPEAU D'INFANTERIE FRANÇAISE DE LIGNE. V. ÉTAT-MAJOR DE CORPS N° 2. V. MILICE ANGLAISE N° 2. V. MINISTRE DE LA GUERRE EN 1774 (8 JUIN). V. MUSICIEN N° 3. V. RÉGIMENT D'INFANTERIE. V. RÉGIMENT D'INFANTERIE FRANÇAISE N° 2. V. TIERCEMENT.

RÉGIMENT A HUIT BATAILLONS. V. A HUIT BATAILLONS. V. MILICE ANGLAISE N° 2. V. RÉGIMENT D'INFANTERIE.

RÉGIMENT A NEUF BATAILLONS. V. A NEUF BATAILLONS. V. PUPILLES DE LA GARDE N° 1, 2.

RÉGIMENT A PIED. V. A PIED. V. BATTERIE D'ARTILLERIE. V. ORDONNANCE D'UNIFORME.

RÉGIMENT A QUATRE BATAILLONS. V. A QUATRE BATAILLONS. V. CHEVALET DE PIQUET. V. COLONEL D'INFANTERIE FRANÇAISE DE LIGNE N° 6. V. COMPAGNIE HORS RANG. V. DRAPEAU BLANC. V. INFANTERIE FRANCO-SUISSE N° 3. V. MINISTRE DE LA GUERRE EN 1774 (8 JUIN). V. MUSICIEN N° 3. V. MUSIQUE. V. RÉGIMENT D'INFANTERIE. V. RÉGIMENT D'INFANTERIE FRANÇAISE N° 2. V. SAPEUR D'INFANTERIE.

RÉGIMENT A SIX BATAILLONS. V. A SIX BATAILLONS.

RÉGIMENT A TROIS BATAILLONS. V. A TROIS BATAILLONS. V. BATAILLON GARDE-DRAPEAU. V. CHEVALET DE PIQUET. V. COMPAGNIE HORS RANG. V. COLONEL D'INFANTERIE FRANÇAISE DE LIGNE N° 6. V. DRAPEAU BLANC. V. DRAPEAU D'INFANTERIE FRANÇAISE. V. MUSICIEN N° 3. V. MUSIQUE. V. ORDONNANCE D'EXERCICE D'INFANTERIE. V. ORDRE TERNAIRE. V. RÉGIMENT D'INFANTERIE. V. RÉGIMENT D'INFANTERIE FRANÇAISE N° 2. V. SAPEUR D'INFANTERIE. V. TIERCEMENT.

RÉGIMENT A UN BATAILLON. V. A UN BATAILLON. V. ARMÉE FRANÇAISE N° 2 (tableau). V. BATAILLON D'INFANTERIE FRANÇAISE N° 4. V. BATAILLON RÉGIMENTAIRE. V. CHEVALET DE PIQUET. V. COLONEL D'INFANTERIE FRANÇAISE DE LIGNE N° 6. V. CORPS A UN BATAILLON. V. GUERRE DE 1701. V. MILICE ANGLAISE N° 2. V. MINISTRE DE LA GUERRE EN 1774 (8 JUIN). V. ORDONNANCE D'EXERCICE D'INFANTERIE. V. RÉGIMENT D'INFANTERIE. V. RÉGIMENT D'INFANTERIE FRANÇAISE N° 2.

RÉGIMENT ALLEMAND. V. ALLEMAND, adj. V. NACAIRE. V. ORDONNANCE D'EXERCICE D'INFANTERIE. V. RÉGIMENT. V. RÉGIMENT D'INFANTERIE. V. RÉGIMENT D'INFANTERIE FRANÇAISE N° 2 (tableau).

RÉGIMENT ANGLAIS. V. ANGLAIS, adj. V. BATAILLON RÉGIMENTAIRE. V. BUFFLE DÉFENSIF. V. CHARGE D'INFANTERIE. V. MILICE ANGLAISE N° 2, 3, 7, 8, 9, 12. V. PUPILLES DE LA GARDE N° 3. V. SALUT. V. TABLE D'OFFICIERS. V. TIRAILLEUR. V. TRAVAUX MILITAIRES.

RÉGIMENT ANGLO-AMÉRICAIN. V. ANGLO-AMÉRICAIN. V. MILICE ANGLO-AMÉRICAINE; id. N° 1, 3.

RÉGIMENT AU CAMP. V. COMMANDANT DE QUARTIER GÉNÉRAL. V. DRAPEAU AU CAMP. V. GARDE AU CAMP. V. GARDE DE CAMP. V. GARDE DE POLICE AU CAMP. V. RÉGIMENT FRANÇAIS N° 6.

RÉGIMENT AUTRICHIEN. V. AIDE-CHIRURGIEN N° 1. V. AUTRICHIEN, adj. V. COLONEL D'INFANTERIE FRANÇAISE DE LIGNE N° 4. V. ENSEIGNE AGRÉGATIVE. V. FOURRIER D'INFANTERIE FRANÇAISE DE LIGNE N° 2. V. MILICE AUTRICHIENNE N° 1, 2, 3, 4, 6, 7, 10, 11. V. MILICES ITALIENNES. V. SCHAKO.

RÉGIMENT BADOIS. V. BADOIS, adj. V. MILICE BADOISE.

RÉGIMENT BAVAROIS. V. BAVAROIS, adj. V. MILICE BAVAROISE N° 1.

RÉGIMENT BELGE. V. BELGE, adj. V. MILICE BELGE.

RÉGIMENT BLEU. V. BLEU. V. RÉGIMENT DE CAVALERIE FRANÇAISE N° 5.

RÉGIMENT BRÉSILIEN. V. BRÉSILIEN, adj. V. MILICE BRÉSILIENNE.

RÉGIMENT CANTABRE. V. CANTABRE, adj. V. TAMBOURIN.

RÉGIMENT CAPITULÉ. V. CAPITULÉ. V. CODE PÉNAL SUISSE.

RÉGIMENT CARRÉ. V. BATAILLON CARRÉ. V. CARRÉ, adj.

RÉGIMENT CATHOLIQUE. V. CATHOLIQUE. V. RÉGIMENT FRANÇAIS N° 6.

RÉGIMENT CHEF DE BRIGADE. V. BRIGADE D'ARMÉE. V. CHEF DE BRIGADE.

RÉGIMENT CHEF DE TRANCHÉE. V. ATTAQUE DE FRONT DE PLACE. V. CHEF DE TRANCHÉE. V. COLONEL DE TRANCHÉE. V. SIÉGE OFFENSIF. V. TRANCHÉE.

RÉGIMENT COLOMBIEN. V. COLOMBIEN, adj. V. MILICE COLOMBIENNE.

RÉGIMENT COLONEL. V. COLONEL, adj. V. DRAGON FRANÇAIS N° 1. V. RÉGIMENT DE CAVALERIE FRANÇAISE.

RÉGIMENT COLONEL GÉNÉRAL. V. COLONEL GÉNÉRAL. V. COLONEL GÉNÉRAL D'INFANTERIE N° 5. V. COMPAGNIE COLONELLE. V. COMPAGNIE GÉNÉRALE. V. CORNETTE DE COLONEL GÉNÉRAL. V. COULEUR NATIONALE.

RÉGIMENT COLONIAL (A, 1). Sorte de RÉGIMENTS D'INFANTERIE FRANÇAISE qui, autrefois, à tort ou à raison, jouissaient de peu d'estime, soit par un effet du système d'ENROLEMENT qui alimentait ces corps, soit par le fait de leur COMPOSITION. On y était admis, pour ainsi dire, à tout AGE, à toute TAILLE; des militaires INSOUMIS, des enfants de famille vivant dans le désordre y étaient envoyés. Il existait huit Régiments coloniaux, en 1792 et 1793; ils appartenaient à l'ARMÉE SÉDENTAIRE, et prirent rang dans la LIGNE, sous les numéros 106, 107, 108, 109, 110, 111, 112. — L'ORDONNANCE DE 1828 (17 AOUT) rétablissait trois Régiments coloniaux; ils furent mis, en 1828, au compte du département de la marine, et y donnaient lieu à une dépense de six millions.

RÉGIMENT COMBINÉ. V. COMBINÉ. V. RÉGIMENT DE MARCHE.

RÉGIMENT COMMISSAIRE GÉNÉRAL. V. COMMISSAIRE GÉNÉRAL. V. COULEUR NATIONALE.

RÉGIMENT CORSE. V. CORSE, adj. V. RÉGIMENT D'INFANTERIE FRANÇAISE N° 2 (tableau).

RÉGIMENT CROATE. V. COLONISATION. V. CORPS ÉTRANGER. V. CROATE.

RÉGIMENT DANOIS. V. DANOIS, adj. V. MILICE DANOISE N° 1, 5.

RÉGIMENT D'ARQUEBUSIERS. V. ARDALÉTRIER A CHEVAL. V. ARQUEBUSIER. V. ARQUEBUSIER A CHEVAL. V. CAVALERIE FRANÇAISE N° 1.

RÉGIMENT (régiments) D'ARTILLERIE (A, 1). Sorte de RÉGIMENTS FRANÇAIS qui constituent les CADRES de cette branche du PERSONNEL qu'on a nommée ARTILLERIE IDIOTIQUE; leur organisation sous forme de Régiments a succédé au système d'organisation par COMPAGNIES. D'abord et longtemps, ils n'ont servi qu'à pied; ils avaient, en TEMPS DE GUERRE, leurs PIÈCES conduites par des CHARRETIERS; ils se sont ensuite partagés en RÉGIMENTS A PIED et en RÉGIMENTS A CHEVAL, secondés les uns et les autres par des TROUPES du train; enfin ils sont devenus un amalgame d'HOMMES A PIED, d'HOMMES A CHEVAL et de SOLDATS DU TRAIN. Ils ne sont assurément pas au terme de leur transformation. — Ces détails sont développés dans l'ENCYCLOPÉDIE (1751, C, au mot *Fusilier*), dans M. CARRION (t. II, p. 415, al. dernier), dans M. COTTY (1822, A, au mot *Notice*), dans DANIEL, dans GASSENDI, dans MAIZEROY (1775, E, p. 526). La question va prendre ici quelques développements sous les rapports : CRÉATION, COMPOSITION, FORCE, NOMBRE. — N° 1. CRÉATION. — Six COMPAGNIES levées en 1668 sont la souche de notre artillerie. — Quatre autres COMPAGNIES prennent FUSIL A BAIONNETTE A MANCHE, c'est-à-dire sans DOUILLE, en 1671, et sont en partie SAPEURS, en partie CANONNIERS. — Vingt-six COMPAGNIES sont enrégimentées, en 1672, sous le nom de RÉGIMENT DE FUSILIERS DU ROI. Ce corps était de deux bataillons; deux de ses COMPAGNIES étaient destinées au jet de la GRENADE. VAUBAN eut une grande part à cette organisation. — Les Régiments ne se divisaient pas encore constitutivement par BATAILLONS; mais, en 1677, celui des FUSILIERS se partagea en quatre BATAILLONS de quinze COMPAGNIES chacun; cette TROUPE s'accrut bientôt à six BATAILLONS; chacun d'eux portait le nom de son CHEF. — En 1693, le nom de Régiment ROYAL d'artillerie fut donné à l'ensemble de l'artillerie. — En 1721, une incorporation, une refonte, répartissent en cinq BATAILLONS l'artillerie; le Régiment de FUSILIERS cessa d'exister; chaque BATAILLON devint un CORPS RÉGIMENTAIRE de huit COMPAGNIES et une TROUPE à résidence fixe; des SAPEURS en faisaient partie. — En 1758, ces BATAILLONS, portés au nombre de sept, prirent le nom de BRIGADES : celles-ci, en 1765, se changèrent en autant de Régiments; mais ces Régiments ne portaient qu'un seul et même NUMÉRO, le numéro soixante-quatre, parce que toute l'arme étaient censée le soixante-quatrième RÉGIMENT D'INFANTERIE; elle ne différait de l'INFANTERIE que par la COULEUR DE FOND de l'uniforme, la GRENADE de RETROUSSIS, le nom de CORPS ROYAL. Ce corps n'est parvenu à se détacher de l'INFANTERIE que depuis la GUERRE DE LA RÉVOLUTION, quoique, de fait, cette séparation se fût réalisée bien plus anciennement. — En 1793, des RÉGIMENTS A PIED et des RÉGIMENTS A CHEVAL commencèrent à exister. — N° 2. COMPOSITION. — Nous avons vu les Régiments être d'abord partagés par COMPAGNIES, ensuite par BATAILLONS, devenir des BRIGADES, redevenir des Régiments, se partager en ARTILLERIE VOLANTE, LÉGÈRE, DE BATAILLE. — Depuis le consulat, une ARTILLERIE de la GARDE se distingue de l'ARTILLERIE DE LIGNE. Depuis la création des AIDES-MAJORS, une règle sage voulait que les jeunes OFFICIERS du CORPS D'ÉTAT-MAJOR vinssent faire quelque résidence dans les Régiments d'artillerie. — Depuis la restauration, il y avait des RÉGIMENTS A PIED et A CHEVAL D'ARTILLERIE DE GARDE ROYALE. — Les Régiments d'artillerie sont surtout ceux qui, depuis la restauration, ont donné quelque vogue à la GYMNASTIQUE. — En 1828, il y avait sur pied huit RÉGIMENTS D'ARTILLERIE A PIED, quatre D'ARTILLERIE A CHEVAL, un RÉGIMENT A PIED DE GARDE ROYALE de huit COMPAGNIES et d'une COMPAGNIE D'OUVRIERS. — En 1829 (5 août), ce n'était plus par COMPAGNIES, ni par BATAILLONS, ce n'était plus par CORPS A PIED OU A CHEVAL que se partageaient les Régiments d'artillerie; c'était par BATTERIES A PIED, par BATTERIES MONTÉES, par BATTERIES A CHEVAL, par BATTERIES DE SIÉGE; chaque Régiment comprenait trois BATTERIES A CHEVAL, SIX A PIED, MONTÉES, et sept de SIÉGE OU NON MONTÉES. — A l'abolition du régime de la restauration, à la suppression de la GARDE ROYALE, il n'était plus reconnu que des RÉGIMENTS D'ARTILLERIE DE LIGNE. — Depuis l'amalgame des ARTILLERIES A PIED et A CHEVAL, les OFFICIERS ont roulé des BATTERIES à pied aux BATTERIES A CHEVAL, ou l'inverse; excellent moyen, a dit un ÉCRIVAIN critique, mais judicieux, de n'avoir nulle part d'OFFICIERS parfaits. — Par cette fusion de deux SOUS-ARMES en une seule TROUPE, par cette invention d'un CORPS métis, le corps d'artillerie s'est soustrait à toute assimilation avec l'INFANTERIE et la CAVALERIE; il est devenu CORPS PRIVILÉGIÉ plus qu'il ne l'était jusque-là; il a assuré des avantages plus marqués à ses OFFICIERS, un plus grand nombre d'ÉPAULETTES A TORSADES y a été introduit. Le nom de CHEF D'ESCADRON, nom peu logique dans un CORPS où il n'y a pas d'escadrons, le mot déjà trop homonymique, BATTERIE, mal habilement substitué à celui de COMPAGNIE, ont effacé les dernières traces de similitude avec l'ORGANISATION de l'INFANTERIE; des APPOINTEMENTS meilleurs, des RATIONS plus larges, le TRAITEMENT DE CAVALERIE, ont été prodigués; l'Etat, il est vrai, n'a plus eu de chefs de bataillon à payer, mais a eu à subvenir à toutes les prestations bien plus coûteuses des CHEFS D'ESCADRON, accrus sans mesure. Chaque Régiment d'artillerie s'est donné une MUSIQUE dont l'utilité est contestable et que quelques ÉCRIVAINS ont regardée comme le joujou de l'état-major, puisque les musiciens ne sauraient marcher à la suite des BATTERIES ni s'en faire entendre à la GUERRE. Le CORPS ROYAL est un de ceux qui

se sont emparés de la fleur de la jeunesse conscrite, et qui ont réduit l'INFANTERIE à se contenter, pour son RECRUTEMENT, des hommes que les CORPS PRIVILÉGIÉS ne veulent pas. Vienne la GUERRE, et les effets se chargeront de la censure des causes. — Depuis l'organisation en BATTERIES, l'ARTILLERIE DE LA GARDE formait un Régiment de cinq BATTERIES A PIED et de CINQ A CHEVAL. — N° 3. FORCE, NOMBRE. — Le Régiment des FUSILIERS DU ROI fut, suivant les temps, de quatre et de SIX BATAILLONS; les AUTEURS qui parlent de la FORCE à laquelle il s'éleva, sont mal d'accord, comme nous l'avons dit en parlant de l'ARTILLERIE; il ne composait, dit-on, en 1749, qu'un total de mille cinq cent cinquante HOMMES, non compris BOMBARDIERS et MINEURS; ceux-ci n'entrèrent dans le Régiment qu'en 1720. — En 1765, les sept Régiments sur pied ne composaient pas beaucoup plus de sept mille HOMMES. — En 1778 (30 janvier), quatre RÉGIMENTS PROVINCIAUX étaient créés et comprenaient neuf mille six cent cinquante-deux HOMMES; ils furent réformés en 1791, ainsi que les autres TROUPES PROVINCIALES. — Lil LOI DE L'AN TROIS (DIX-HUIT FLORÉAL) reconnaissait huit RÉGIMENTS A PIED et huit RÉGIMENTS A CHEVAL, non compris douze COMPAGNIES D'OUVRIERS et un BATAILLON DE PONTONNIERS. — En l'an SEPT (23 FRUCTIDOR), il était reconnu huit Régiments d'ARTILLERIE A PIED, non compris deux BATAILLONS DE PONTONNIERS et de SAPEURS. — En 1825 (27 FÉVRIER), il y avait huit RÉGIMENTS A PIED et quatre RÉGIMENTS A CHEVAL à sept compagnies chacun. En 1828, les Régiments d'ARTILLERIE A CHEVAL étaient à huit COMPAGNIES. — L'ARTILLERIE A CHEVAL de la GARDE consistait en un Régiment de quatre COMPAGNIES. Sur pied de paix, sa FORCE, OFFICIERS non compris, était de trois cent cinquante HOMMES. Sur PIED DE GUERRE, elle devait être de quatre cent vingt-deux hommes. Le nombre des officiers devait, en tout temps, être de vingt-huit. — L'ARTILLERIE A PIED de la garde était sur pied de paix, OFFICIERS non compris, de six cent treize HOMMES; elle devait être, SUR PIED DE GUERRE, de huit cent soixante et un HOMMES. En tout temps, ses OFFICIERS devaient être au nombre de quarante-sept. — En 1829, l'ARTILLERIE DE LIGNE était de dix Régiments, chacun de trois BATTERIES A CHEVAL et de treize BATTERIES A PIED; leur complet sur pied de guerre était de deux mille six cent cinq HOMMES, et sur pied de paix, de quatorze cent cinquante-neuf hommes. — Le total des BATTERIES de la GARDE ROYALE devait être, sur PIED DE GUERRE, de mille six cent cinquante-six hommes, et sur PIED DE

PAIX, de huit cent quatre-vingt-cinq hommes. — L'*Annuaire de l'état militaire de 1850* témoigne que les Régiments étaient portés à dix, et que leur nouvelle ORGANISATION ne comprenait encore que les numéros deux, trois, quatre, sept, neuf, et que les autres, de un à dix, étaient à former. Ils devaient être tous à douze cents hommes. — L'ORDONNANCE DE 1830 (26 NOVEMBRE) créait un onzième Régiment. — En 1832, la FORCE de toute l'artillerie pouvait répondre au service de sept cents à sept cent cinquante PIÈCES DE CAMPAGNE. — L'ORDONNANCE DE 1833 (18 SEPTEMBRE) élevait à quatorze le nombre, déjà si considérable, des Régiments d'artillerie. Le MINISTRE SAINT-GERMAIN, dans ses mémoires (1779, C, p. 20), affirmait que six Régiments d'artillerie à deux BATAILLONS devaient suffire à l'ARMÉE FRANÇAISE. GASSENDI (1819, p. 309) regardait comme indispensable huit Régiments au moins; c'est le nombre que BONAPARTE en a employé. — Douze Régiments étaient regardés comme suffisants avant le ministère du maréchal SOULT, et ce nombre n'a pas tardé à être dépassé. — La FORCE des Régiments variait, en 1835, de mille deux cent trente à mille cinq cent quatre-vingts HOMMES.

RÉGIMENT d'ARTILLERIE A CHEVAL. V. A CHEVAL. V. ARMÉE FRANÇAISE N° 2. V. ARTILLERIE A CHEVAL.

RÉGIMENT d'ARTILLERIE A PIED. V. ARMÉE FRANÇAISE N° 2. V. ARTILLERIE A PIED. V. ARTILLERIE IDIOPLIQUE (tableau). V. BATAILLON D'ARTILLERIE A PIED. V. BATTERIE D'ARTILLERIE. V. BATTERIE IDIOPLIQUE. V. GARDE IMPÉRIALE N° 2. V. RÉGIMENT D'ARTILLERIE N° 2, 3.

RÉGIMENT d'ARTILLERIE DE GARDE ROYALE. V. ARMÉE FRANÇAISE N° 2. V. ARTILLERIE DE GARDE ROYALE. V. GARDE ROYALE. V. RÉGIMENT D'ARTILLERIE N° 2.

RÉGIMENT d'AVENTURIERS. V. AVENTURIER. V. COMPAGNIE D'AVENTURIERS. V. INFANTERIE N° 1.

RÉGIMENT de BATAILLE. V. BATAILLE. V. BATAILLON DE CHASSEURS. V. BRIGADE D'ARMÉE. V. INFANTERIE LÉGÈRE N° 2. V. RÉGIMENT DE CAVALERIE FRANÇAISE N° 4. V. RÉGIMENT D'INFANTERIE FRANÇAISE N° 2.

RÉGIMENT de BATAILLE DE LIGNE. V. ARMÉE FRANÇAISE N° 2. V. BATAILLE. V. ÉPAULETTE EN DRAP. V. LIGNE. V. RÉGIMENT DE CAVALERIE FRANÇAISE N° 4.

RÉGIMENT des OMBARDIERS. V. BOMBARDIER.

RÉGIMENT de CAMPAGNE. V. CAMPAGNE. V. COMPAGNIE DE GRENADIERS D'INFANTERIE FRANÇAISE DE LIGNE N° 1. V. MILICE PRUSSIENNE

N° 2, 4. V. RÉGIMENT D'INFANTERIE. V. RÉGIMENT D'INFANTERIE FRANÇAISE N° 2.

RÉGIMENT de CARABINIERS. V. ARMÉE FRANÇAISE N° 2. V. CARABINE. V. CARABINIER. V. CARABINIER A CHEVAL. V. ÉPAULETTE D'OFFICIER PARTICULIER. V. ESCADRON FRANÇAIS N° 3. V. GRADE D'OFFICIER. V. GRENADIER D'INFANTERIE FRANÇAISE N° 2. V. GROSSE CAVALERIE N° 1. V. MINISTRE DE LA GUERRE EN 1824. V. RÉGIMENT DE CAVALERIE FRANÇAISE N° 2, 3. V. TORSADE D'ÉPAULETTE.

RÉGIMENT (régiments) de CAVALERIE (A, 1). Sorte de RÉGIMENTS qui ont succédé dans les divers pays aux BANDEROLES, aux BANNIÈRES DE CHEVAUX, aux CORNETTES, aux COMPAGNIES D'ORDONNANCE. Vers le commencement du dix-septième siècle, ou un peu plus anciennement, ils commencent à être institués en ESPAGNE et en ALLEMAGNE. Ceux des MILICES ALLEMANDES comprenaient jusqu'à seize et dix-huit cents CAVALIERS; c'étaient les plus forts. — Les principes de la COMPOSITION des Régiments de cavalerie ont varié tellement que la définition du terme demande des études infinies. Des ÉCRIVAINS posent, comme règle, qu'en TEMPS DE GUERRE, les HOMMES et les CHEVAUX y doivent être en même nombre; qu'en TEMPS DE PAIX, les CADRES doivent avoir moins de CHEVAUX que d'HOMMES; l'on a cependant admis le contre-pied de cette dernière règle. On suppute les DÉPOTS des Régiments comme devant égaler un neuvième de leur force. — Convient-il que la cavalerie se réunisse à part en des CAMPS D'INSTRUCTION, ou y soit en contact avec d'autres ARMES? Doit-elle administrer ses FOURRAGES ou s'en reposer sur les entrepreneurs? Ces questions, longtemps débattues, attendent encore une satisfaisante solution. — Proportionner la dimension des Régiments à la capacité et aux ressources des GARNISONS et des CASERNES, est un problème qui ne paraît pas avoir été résolu encore d'une manière complète. — En certains SERVICES, des corps de PIONNIERS A CHEVAL étaient destinés à préparer les voies à la cavalerie faisant route.

RÉGIMENT de CAVALERIE DE BATAILLE. V. CAVALERIE DE BATAILLE. V. GROSSE CAVALERIE N° 1.

RÉGIMENT de CAVALERIE DE GARDE IMPÉRIALE. V. CAVALERIE DE GARDE IMPÉRIALE.

RÉGIMENT de CAVALERIE DE GARDE ROYALE. V. CAVALERIE DE GARDE ROYALE. V. GARDE ROYALE N° 2.

RÉGIMENT de CAVALERIE DE LIGNE. V. CAVALERIE DE LIGNE. V. PLUMET. V. SELLE DE CAVALERIE.

RÉGIMENT de CAVALERIE DE RÉSERVE.

V. CAVALERIE DE RÉSERVE. V. RÉGIMENT DE CAVALERIE FRANÇAISE Nº 2.

RÉGIMENT (régiments) de CAVALERIE FRANÇAISE (A, 1). Sorte de RÉGIMENTS FRANÇAIS qui ont été, suivant les temps, partagés ou non en catégories, les unes à PRIVILÉGES, les autres non. Il a existé de la CAVALERIE DE LIGNE, par opposition à la cavalerie nommée cavalerie de la GARDE DES CONSULS, de la GARDE IMPÉRIALE, de la GARDE ROYALE. Ces divers genres se sont surtout partagés en CAVALERIE DE BATAILLE, OU GROSSE CAVALERIE, et en CAVALERIE LÉGÈRE ; il y a même eu de la CAVALERIE DEMI-LÉGÈRE, OU CAVALERIE MIXTE. — Les Régiments de cavalerie, considérés abstraction faite de l'ARME, vont être examinés ici sous les rapports suivants : CRÉATION, COMPOSITION, DÉNOMINATION, FORCE, NOMBRE. — Nº 1. CRÉATION. — Jusqu'au seizième siècle, la cavalerie française ne s'agrégeait que par BANDEROLES, COMPAGNIES, CORNETTES, ESCADRONS, GUIDONS, etc. Mais, en 1554, on ENRÉGIMENTAIT de la GENDARMERIE, et Audouin retrouve un RÉGIMENT DE DRAGONS mentionné sous cette appellation dès le règne de HENRI TROIS. Il existait, en 1585, un RÉGIMENT D'ARQUEBUSIERS A CHEVAL. — Il est souvent question de Régiments de cavalerie dans les pièces justificatives et les lettres d'ambassadeurs que renferment les *Mémoires pour servir à l'histoire du cardinal de Richelieu*. — Nos ROIS avaient à leur service des Régiments de CAVALERIE ÉTRANGÈRE ; tels étaient, en 1631, Batilly, Egenfeld, Heucourt, Hums, Rantzau. Ces corps arboraient les ARMOIRIES de leur COLONEL, et avaient leur ARTILLERIE comme quelques RÉGIMENTS D'INFANTERIE avaient la leur. — En 1636 ou 1637, si l'on s'en rapporte à CHAMBERS, à l'ENCYCLOPÉDIE (1751, C), à presque tous les ÉCRIVAINS, les HOMMES DE CHEVAL commencèrent à s'ENRÉGIMENTER ; mais cette assertion est ambiguë. Les annalistes auraient dû particulariser plus exactement le fait, en disant que ce furent les ARQUEBUSIERS, les CHEVAU-LÉGERS et quelque GENDARMERIE, qui alors commencèrent à s'organiser en RÉGIMENTS DE FUSILIERS, de MOUSQUETAIRES, etc.: la GROSSE CAVALERIE ne prit cette même forme que bien plus tard. Des COMPAGNIES D'ORDONNANCE continuèrent encore à être sur pied, mais avaient renoncé à la LANCE et pris le PISTOLET. Ce fut surtout après la PAIX DE 1659 que la plus grande quantité d'entre elles se transformèrent en RÉGIMENTS DE GROSSE CAVALERIE. Les Régiments portant CUIRASSE furent créés en 1666. L'un d'entre eux, le RÉGIMENT DE CUIRASSIERS, existait encore de nos jours sous le NUMÉRO huit. — L'ENCYCLOPÉDIE (1785, C, au mot

Cavalerie), témoigne d'après DANIEL (1721, A), qu'il s'était à peine écoulé un an depuis l'adoption du système régimentaire, que déjà l'on agitait la question d'en revenir à l'ancienne distribution par COMPAGNIES et par ESCADRONS ; mais l'encadrement par Régiments fut maintenu, parce que la préférence généralement donnée à ce mode par la MILICE ESPAGNOLE, et par les MILICES ÉTRANGÈRES de qui nous l'avions emprunté, influa sur le mode à préférer. — L'ENCYCLOPÉDIE néglige de nous apprendre si cette incertitude du ministère, touchant les règles de COMPOSITION à admettre, doit se rapporter à l'année 1638 ou à l'année 1669. C'est souvent avec cette légèreté que l'histoire jette au hasard ses données. M. ROCQUANCOURT lui-même nous laisse douter de l'époque dont il veut parler, quand il dit que *nous prîmes des Allemands la formation en régiments et en escadrons, peu de temps après qu'ils en eurent fait l'essai.* — Nº 2. COMPOSITION. — La cavalerie des ARMÉES AGISSANTES commença à COMBATTRE sous forme de Régiment au temps de CONDÉ et de TURENNE ; mais ne marchant, pour ainsi dire, alors que du même pas que l'INFANTERIE, ne combattant presque jamais que du PISTOLET, ses CHARGES étaient d'abord peu redoutables. — Suivant les temps, elle a arboré la CORNETTE du COLONEL GÉNÉRAL ; elle a compris un CORNETTE par chaque COMPAGNIE jusqu'en 1668. — La GUERRE DE 1672 est la première où la cavalerie, à peu d'exceptions près, ait commencé à combattre sans ARMES DÉFENSIVES. — Jusqu'en 1678, les Régiments étaient de deux, de trois, de quatre ESCADRONS, à trois COMPAGNIES l'un ; les ESCADRONS étaient, dans la GUERRE DE 1688, de quatre COMPAGNIES. Au commencement du siècle, l'ESCADRON est reporté à quatre COMPAGNIES ; l'ORDONNANCE DE 1749 (15 MARS) constituait à deux ESCADRONS et quatre COMPAGNIES les Régiments. A la paix, les ESCADRONS retombèrent à trois COMPAGNIES de cinquante hommes chacun. Chaque ESCADRON était commandé par un CAPITAINE. Le MAJOR avait titre de LIEUTENANT-COLONEL, comme le témoigne GANEAU. — Le mot BRIGADE a eu des sens fort dissemblables ; il a été synonyme d'ESCOUADE et a exprimé une bien plus forte AGRÉGATION. — La variabilité de la COMPOSITION des Régiments de cavalerie que chaque MINISTRE, chaque transition du TEMPS DE PAIX ou du TEMPS DE GUERRE, modifiaient dans ses formes, avait amené l'usage de supputer par ESCADRONS, non par Régiments, quand il s'agissait d'un DÉNOMBREMENT D'ARMÉE. — Il n'a été attaché que très-tard aux Régiments des CHIRURGIENS émolumentés aux frais du trésor. — Avant la CONSTITUTION de 1776, les Régiments étaient de quatre ou de six ESCADRONS ; les ESCADRONS étaient de quatre ou de six COMPAGNIES. — L'ORDONNANCE DE 1776 (25 MARS) établissait à cinq ESCADRONS les Régiments ; chaque ESCADRON n'était que d'une COMPAGNIE ; la cinquième était considérée comme AUXILIAIRE. En 1779 (29 FÉVRIER), les Régiments étaient de quatre ESCADRONS. — L'ORDONNANCE DE 1791 (1er JANVIER) reconnaissait vingt-quatre Régiments de GROSSE CAVALERIE, de quatre cent trente hommes chaque ; elle leur donnait trois ESCADRONS. — Le DÉCRET DE L'AN DEUX (21 NIVOSE) portait à quatre ESCADRONS et huit COMPAGNIES les vingt-neuf Régiments de GROSSE CAVALERIE ; ce qui les mettait à sept cent quatre HOMMES, ÉTAT-MAJOR y compris. — Dans la GUERRE DE RUSSIE, chaque Régiment était de deux à cinq ESCADRONS ; chaque BRIGADE DE CAVALERIE se composait d'un à trois Régiments ; les DIVISIONS DE CAVALERIE étaient de quatre à sept Régiments ; chacune enfin des DIVISIONS formait un CORPS qui montait jusqu'à quatre-vingts ESCADRONS. — De 1791 à 1815, les Régiments ont eu quatre, cinq ou sept ESCADRONS. — Le DÉCRET DE L'AN DEUX (15 PLUVIOSE) reconnaissait deux RÉGIMENTS DE CARABINIERS et vingt-sept RÉGIMENTS DE GROSSE CAVALERIE. — En l'an onze, il y avait sur pied dix-huit RÉGIMENTS DE GROSSE CAVALERIE, qui bientôt allaient devenir RÉGIMENTS DE CUIRASSIERS. — La GUERRE DE 1792 a donné le spectacle inusité des Régiments ayant, suivant les temps, des SAPEURS CHARPENTIERS portant BONNET A POIL ; de même, suivant les temps, suivant les CORPS, les Régiments avaient ou non une MUSIQUE. — Une disposition sagement conçue a voulu que les jeunes OFFICIERS du CORPS D'ÉTAT-MAJOR passassent un certain laps de temps dans des Régiments de cavalerie. — L'ORDONNANCE DE 1825 (27 FÉVRIER) mettait tous les Régiments à six ESCADRONS, chaque ESCADRON n'était plus que d'une COMPAGNIE. Cette uniformité tenait, sans doute, à une intention louable, produisait des simplifications en ADMINISTRATION et une certaine harmonie sur le papier ; mais, à la GUERRE, les RÉGIMENTS DE GROSSE CAVALERIE et de CAVALERIE LÉGÈRE doivent-ils être de même mesure ? C'était une question que le MINISTRE DE LA GUERRE aurait dû soumettre à des GÉNÉRAUX DE CAVALERIE (1). — Depuis 1850, des CHASSEURS

SPAHIS étaient institués. — L'ORDONNANCE DE 1831 (19 FÉVRIER) changeait, obscurcissait les désignations, et reconnaissait douze RÉGIMENTS DE CAVALERIE DE RÉSERVE, dont deux de CARABINIERS, dix de CUIRASSIERS ; dix-huit de cavalerie de ligne, dont douze de DRAGONS, six de LANCIERS ; vingt de CAVALERIE LÉGÈRE, dont quatorze de CHASSEURS, six de HUSSARDS. — En 1834, tous les Régiments étaient réduits à cinq ESCADRONS. — N° 3. DÉNOMINATION. — Une remarque importante touchant ce sujet doit précéder toutes les autres ; ce qu'on appelait d'abord CAVALERIE, c'était la CAVALERIE LÉGÈRE, puisqu'on appelait GENDARMERIE ce qui maintenant est représenté par la GROSSE CAVALERIE. Il n'y a eu, à l'époque de la naissance des Régiments, que deux genres de TROUPES A CHEVAL : la cavalerie qui succédait à l'ancienne GENDARMERIE, (ainsi le mot changeait de sens), et la CAVALERIE LÉGÈRE qui succédait aux ALBANAIS, ARBALÉTRIERS, ARGOULETS, CARABINS, FUSILIERS, MOUSQUETAIRES, etc. Il suit de là que d'abord, et longtemps, le terme absolu cavalerie était synonyme, non plus de CAVALERIE LÉGÈRE, mais de GROSSE CAVALERIE ou de CAVALERIE DE BATAILLE ; le terme était spécial, il n'était pas générique. Quand des circonstances fortuites introduisirent les DRAGONS, les HUSSARDS, (car le hasard plus que le raisonnement a créé ces disparates), les TROUPES A CHEVAL se partageaient en cavalerie, DRAGONS et HUSSARDS. Par analogie, et en même temps par abus, un CAVALIER était autre chose qu'un DRAGON, qu'un HUSSARD ; de là vient que, dans la langue officielle, le CAVALIER s'appelait MAITRE, et qu'il était connu dans le patois soldatesque sous le sobriquet de GROS FRÈRE. Quand ensuite il a été créé des CHASSEURS, des LÉGIONS, des LANCIERS, de l'ARTILLERIE VOLANTE, toutes TROUPES ou SOUS-ARMES qui n'avaient qu'une spécialité mal déterminée ou qu'une assimilation confuse, alors l'usage a changé encore une fois, sans que la LANGUE sût pourquoi, sans que l'AUTORITÉ s'en mêlât. Cavalerie est devenu terme générique ; ce qu'on appelait cavalerie, on a commencé à l'appeler CAVALERIE DE BATAILLE et GROSSE CAVALERIE ; les DRAGONS sont de-

(1) Ce n'est pas de 1825 (27 février), c'est de 1815 (30 août) que datent les escadrons actuels d'une compagnie. On s'étonne que l'auteur ait pu oublier que cette organisation eut l'approbation des ministres Soult et Gouvion Saint-Cyr, et celle du comité de la guerre de 1814, appuyée de l'avis de quatorze généraux de cavalerie sur quinze consultés par ce comité. C'est ce qui résulte d'un mémoire du général Préval, publié en 1816, et dans lequel on lit que les escadrons d'une compagnie ont toujours subsisté en Allemagne, qu'ils existèrent en France de 1776 à 1788, et qu'ils ne furent abandonnés à cette dernière époque que *pour donner aux capitaines en second,* a dit Guibert, *un état plus agréable.* Au surplus, une épreuve de 35 ans (de 1815 à 1850) a consacré définitivement cette institution, confirmée en 1831 (ordonnance du 19 février), et adoptée principalement en vue de la guerre. (NOTE DE L'ÉDITEUR.)

venus une CAVALERIE MIXTE, les autres Régiments ont été autant de fractions de CAVALERIE LÉGÈRE ; enfin on s'est ingéré d'inventer le mot CAVALERIE DE RÉSERVE, terme mal imaginé, qui a pour objet de représenter l'ensemble des RÉGIMENTS DE CARABINIERS et DE CUIRASSIERS, qui certes ne viendront jamais, eux tous et à la fois, former la RÉSERVE de quelque ARMÉE que ce soit. — Ajoutons à ces critiques que rien n'a été plus changeant que le système de dénomination individuelle des Régiments : ils ont été tour à tour étiquetés, si l'on nous permet l'emploi de ce mot, comme RÉGIMENTS DU ROI, DE LA REINE, DU DAUPHIN, des enfants de France ; comme RÉGIMENTS COLONELS , c'est-à-dire commandés par le COLONEL GÉNÉRAL en personne ou le MESTRE DE CAMP GÉNÉRAL ; comme Régiment COMMISSAIRE , c'est-à-dire commandé par le COMMISSAIRE GÉNÉRAL ; comme RÉGIMENTS DE PRINCES, Régiments de seigneurs, RÉGIMENTS PROVINCIAUX, Régiments à NUMÉRO. La vanité, la servilité, le caprice, la soif des PRIVILÉGES en décidaient , jamais la raison ni le calcul. — On appelait RÉGIMENTS ROYAUX ceux qui avaient pour COLONELS la REINE, le ROI, les enfants de France. On les appelait aussi RÉGIMENTS BLEUS, d'où est venue l'expression BLEU DE-ROI, et pourtant il fut un temps où les Régiments de la REINE étaient ROUGES ; GANEAU en rend témoignage. — Il ne fut plus reconnu, depuis la GUERRE DE LA RÉVOLUTION, que des Régiments caractérisés par le rang numéral. Mais, quoique le mot Régiment de cavalerie se maintint alors que le mot RÉGIMENT D'INFANTERIE s'abolissait, en l'an trois, les COLONELS de cavalerie recevaient la qualification de CHEFS DE BRIGADES, quoiqu'ils ne commandassent pas de BRIGADES ni de DEMI-BRIGADES. Telles sont les aberrations risibles de la LANGUE et les tâtonnements déplorables de l'ART. — Le régime de la restauration trouva établis des principes plus sages, mais ne les maintint pas, parce que l'esprit de cour les réprouvait ; on vit reparaître le ridicule et l'abus des RÉGIMENTS DES PRINCES, des Régiments à appellations départementales. — L'ORDONNANCE DE 1825 (17 AOUT) rétablissait les dénominations par numéro, depuis le premier jusqu'au dernier de chaque ARME ; elle supprimait les appellations départementales, elle laissait au seul RÉGIMENT des HUSSARDS qui avait le numéro premier, le titre de Régiment de Chartres, comme si notre législation ne pouvait se soustraire à ces créations d'exception, à ces enfantillages qui font le désespoir des esprits méthodiques. — Nº 4. FORCE, NOMBRE. — Les primitifs régiments français qui

succédaient à des ESCADRONS de mille hommes l'un, n'outrepassaient guère quatre, cinq, six cents chevaux ; mais la force de tous était fort inégale. — Sous TURENNE les COMPAGNIES, autrefois plus fortes , n'étaient que de cinquante à soixante MAITRES ; six à douze COMPAGNIES formaient un Régiment. En 1718, la CAVALERIE FRANÇAISE se composait de soixante-douze Régiments. Plusieurs d'entre eux figurèrent au CAMP DE LUNÉVILLE. — M. SICARD dit, que les ORDONNANCES DE 1734 (1ᵉʳ AVRIL et 1ᵉʳ JUILLET) portaient à cinquante-cinq le nombre des RÉGIMENTS DE GROSSE CAVALERIE ; il veut probablement parler des Régiments de toutes ARMES. — Il dit qu'il y avait, par l'organisation de 1749, soixante-six Régiments , y compris dix-sept RÉGIMENTS DE DRAGONS ; il y en avait, avant 1762, soixante-quatre. — En 1762 (10 DÉCEMBRE), il y en avait , non compris la maréchaussée, cinquante un ; — en 1774, soixante-trois, y compris dix-huit de DRAGONS ; — en 1776 (25 MARS) quarante-huit ; — en 1784 (25 JUILLET), soixante-sept ; — en 1788 (17 MARS), cinquante-six ; — en l'AN DEUX (15 PLUVIOSE), ou 1794 (10 janvier), soixante-quinze ; — en 1799 (JUILLET), quatre-vingt-quatre ; — en 1804 (SEPTEMBRE), quatre-vingt-deux ; — en 1807, soixante-dix-huit, suivant le général FOY ; — en 1808, quatre-vingt-six ; — en 1812, quatre-vingt-sept ; — en 1813 (5 AVRIL), quatre-vingt-onze ; — en 1814 (12 MAI), soixante ; — en 1815 (50 AOUT), cinquante-cinq ; — en 1825 (27 FÉVRIER), cinquante-six , y compris huit RÉGIMENTS DE GARDE ROYALE ; — en 1831 (FÉVRIER), cinquante. — La GARDE ROYALE est abolie ; des LANCIERS sont créés en cette même année. — L'ORDONNANCE DE 1825 formait les RÉGIMENTS DE CAVALERIE DE BATAILLE DE LIGNE à neuf cents HOMMES SUR PIED DE GUERRE, à sept cents HOMMES SUR PIED DE PAIX ; elle avait formé chaque Régiment de la GARDE, soit DE BATAILLE, soit de CAVALERIE LÉGÈRE, à neuf cent vingt HOMMES SUR PIED DE GUERRE, à sept cent vingt hommes sur PIED DE PAIX. — En août 1850, l'EFFECTIF des Régiments de cavalerie était porté à sept cents HOMMES. — Une DÉCISION DE 1855 (21 AOUT) mettait les Régiments de cavalerie à sept cent quarante HOMMES, sauf ceux des chasseurs d'Afrique. — Sur ces diverses questions, on peut consulter les recherches de M. le général LA ROCHE-AYMON (*Annuaire des Armées*, 1856, p. 459), et les opinions de M. le général PRÉVAL.

RÉGIMENT DE CAVALERIE LÉGÈRE. V. CASERNE. V. CAVALERIE FRANÇAISE Nº 2. V. CAVALERIE LÉGÈRE. V. CORPS A CHEVAL. V. DIVISION D'ARMÉE. V. DIVISION D'INFANTERIE. V. RÉGIMENT DE CAVALERIE FRANÇAISE Nº 2.

RÉGIMENT de CAVALERIE LÉGÈRE DE LIGNE. V. CAVALERIE LÉGÈRE. V. CAVALERIE LÉGÈRE DE LIGNE. V. ESCADRON FRANÇAIS N° 3. V. OFFICIER D'ÉTAT-MAJOR GÉNÉRAL. V. RÉGIMENT DE CAVALERIE FRANÇAISE N° 4.

RÉGIMENT de CAVALERIE LÉGÈRE DE GARDE ROYALE. V. CAVALERIE LÉGÈRE. V. CAVALERIE LÉGÈRE DE GARDE ROYALE.

RÉGIMENT de CHAMPAGNE. V. CHAMPAGNE. V. INFANTERIE FRANÇAISE N° 2. V. RÉGIMENT D'INFANTERIE FRANÇAISE N° 1.

RÉGIMENT de CHASSEURS. V. ARMÉE FRANÇAISE N° 2. V. CHASSEUR.

RÉGIMENT de CHASSEURS A CHEVAL. V. ARME DE LANCIERS. V. ARMÉE FRANÇAISE N° 2. V. CAVALERIE FRANÇAISE N° 2. V. CAVALERIE LÉGÈRE. V. CHEVAU-LÉGER. V. CHASSEUR A CHEVAL. V. CHEVELURE MILITAIRE. V. DIVISION D'INFANTERIE. V. LANCIER. V. LÉGION DE LOUIS QUINZE. V. SCHAKO D'HOMME DE TROUPE.

RÉGIMENT de CHASSEURS A CHEVAL de GARDE ROYALE. V. ARMÉE FRANÇAISE N° 2. V. CAVALERIE DE GARDE ROYALE. V. CHAPEAU A DEUX CORNES. V. GARDE ROYALE N° 2.

RÉGIMENT de CHASSEURS A PIED. V. BATAILLON DE CHASSEURS. V. BRIGADE D'ARMÉE. V. CHASSEUR A PIED. V. RÉGIMENT D'INFANTERIE FRANÇAISE.

RÉGIMENT de CHASSEURS D'AFRIQUE. V. CHASSEUR D'AFRIQUE. V. RÉGIMENT DE CAVALERIE FRANÇAISE N° 4.

RÉGIMENT de CHEVAU-LÉGERS. V. CHEVAU-LÉGER. V. LANCIER.

RÉGIMENT de CHIENS. V. CHIEN DE GUERRE. V. TACTIQUE, subs.

RÉGIMENT de CROATES. V. CROATE.

RÉGIMENT de CUIRASSIERS. V. ARMÉE FRANÇAISE N° 2. V. ARMURE PLATE. V. CAVALERIE DE BATAILLE. V. CAVALERIE FRANÇAISE N° 2. V. CUIRASSE DE CAVALERIE. V. CUIRASSIER. V. DIVISION D'ARMÉE. V. GUERRE DE 1672. V. RÉGIMENT DE CAVALERIE FRANÇAISE N° 1, 2, 3. V. RÉGIMENT DE PRINCE. V. ARMÉE FRANÇAISE N° 2.

RÉGIMENT de CUIRASSIERS DE GARDE ROYALE. V. CAVALERIE DE GARDE ROYALE. V. GARDE ROYALE N° 2. V. CUIRASSIER.

RÉGIMENT de CUIRASSIERS DE LIGNE. V. ARMÉE FRANÇAISE N° 2. V. CUIRASSIER DE LIGNE.

RÉGIMENT de DRAGONS. V. ARMÉE FRANÇAISE N° 2. V. ARTILLERIE A CHEVAL. V. CAVALERIE DE BATAILLE. V. CAVALERIE DE LIGNE. V. CAVALERIE LÉGÈRE. V. CHASSEUR A CHEVAL. V. CHEVAU-LÉGER. V. DIVISION D'ARMÉE. V. DRAGON FRANÇAIS N° 3, 4, 5. V. ESCADRON FRANÇAIS N° 3. V. HUSSARD N° 1. V. LÉGION DE LOUIS QUINZE. V. RÉGIMENT. V. RÉGIMENT DE CAVALERIE FRANÇAISE N° 4. V. SELLE DE CAVALERIE. V. SIÉGE OFFENSIF.

RÉGIMENT de DRAGONS DE GARDE ROYALE. V. ARMÉE FRANÇAISE N° 2. V. CAVALERIE DE GARDE ROYALE. V. DRAGON DE GARDE ROYALE. V. GARDE ROYALE N° 2.

RÉGIMENT de FLANQUEURS. V. FLANQUEUR. V. GARDE IMPÉRIALE N° 2. V. LANGUE FRANÇAISE.

RÉGIMENT de FUSILIERS. V. FUSILIER. V. RÉGIMENT DE CAVALERIE FRANÇAISE N° 1, 3. V. RÉGIMENT DE FUSILIERS.

RÉGIMENT de GARDE IMPÉRIALE. V. GARDE IMPÉRIALE N° 2. V. PORTE-DRAPEAU N° 1. V. TAMBOUR-MAJOR N° 7.

RÉGIMENT de GARDE ROYALE. V. ARMÉE FRANÇAISE N° 2. V. CHEVRON D'ANCIENNETÉ. V. GARDE ROYALE N° 2. V. GYMNASTIQUE. V. INFANTERIE FRANÇAISE N° 2. V. RÉGIMENT DE CAVALERIE FRANÇAISE N° 4. V. SERPENT. V. SOULIER CORIOCLANE.

RÉGIMENT de GARNISON. V. GARNISON. V. MILICE PRUSSIENNE N° 2. V. RÉGIMENT D'INFANTERIE.

RÉGIMENT de GENDARMERIE. V. GENDARMERIE. V. RÉGIMENT.

RÉGIMENT de GENTILSHOMMES. V. BLANC D'HABILLEMENT. V. COULEUR DE FOND D'HABILLEMENT. V. GENTILHOMME. V. HABILLEMENT. V. RÉGIMENT D'INFANTERIE FRANÇAISE N° 3, 5. V. RÉGIMENT FRANÇAIS N° 4.

RÉGIMENT de GOUVERNEUR. V. GOUVERNEUR. V. GOUVERNEUR DE PROVINCE.

RÉGIMENT de GRENADIERS. V. ARMÉE FRANÇAISE N° 2. V. CAVALERIE DE GARDE ROYALE. V. CORPS PRIVILÉGIÉ. V. GARDE ROYALE N° 2. V. GRENADIER. V. GRENADIER DE FRANCE. V. GRENADIERS ROYAUX. V. PUPILLES N° 1, 5.

RÉGIMENT de GRENADIERS A CHEVAL de GARDE IMPÉRIALE. V. GARDE IMPÉRIALE N° 2. V. GRENADIER A CHEVAL.

RÉGIMENT de GRENADIERS A CHEVAL de GARDE ROYALE. V. ARMÉE FRANÇAISE N° 2. V. CAVALERIE DE GARDE ROYALE. V. GRENADIER A CHEVAL.

RÉGIMENT de GROSSE CAVALERIE. V. CAVALERIE DE BATAILLE. V. CARABINE. V. CARABINIER A CHEVAL. V. GARDES DU CORPS N° 5. V. GROSSE CAVALERIE N° 1. V. RÉGIMENT DE CAVALERIE FRANÇAISE N° 1, 2, 4. V. TIMBALE.

RÉGIMENT de HOHENLOHE. V. HOHENLOHE. V. INFANTERIE FRANCO-ÉTRANGÈRE. V. CAVALERIE LÉGÈRE. V. CHASSEUR A PIED. V. CHEVELURE MILITAIRE. V. ORDONNANCE DE 1815 (6 SEPTEMBRE). V. RÉGIMENT D'INFANTERIE FRANÇAISE N° 1, 2.

RÉGIMENT de HUSSARDS. V. ARMÉE FRANÇAISE N° 2. V. ESCADRON FRANÇAIS N° 3. V. HUSSARD; id. N° 1, 2, 3, 4, 5. V. LÉGION DE LOUIS QUINZE. V. PUNITION. V. RÉGIMENT DE CAVALErie française n° 5. v. selle de cavalerie.

RÉGIMENT de jeune garde. v. garde impériale n° 2. v. jeune garde. v. pupille n° 2.

RÉGIMENT de la calotte. v. calotte disciplinaire.

RÉGIMENT de la garde. v. garde. v. pupille n° 1.

RÉGIMENT de la garde de Paris. v. garde de Paris.

RÉGIMENT de la reine. v. habillement. v. régiment de cavalerie française n° 5. v. régiment de prince. v. régiment d'infanterie française n° 5. v. reine de France,

RÉGIMENT de lanciers. v. armée française; id. n° 2. v. cavalerie de garde royale. v. cavalerie de ligne. v. cavalerie française n° 2. v. chasseur a cheval. v. garde royale n° 2. v. habillement. v. lance de lancier. v. lancier. v. ministre de la guerre en 1850 (18 novembre). v. ordonnance officielle. v. Saint Paul. (M.). v. régiment français.

RÉGIMENT de lansquenets. v. lansquenet. v. régiment.

RÉGIMENT de la Tour d'Auvergne. v. corps étranger. v. la Tour d'Auvergne.

RÉGIMENT de ligne. v. amalgame. v. arme de lanciers. v. armée française n° 2. v. bibliothèque de corps. v. cohorte de légion romaine. v. compagnie sédentaire. v. corps privilégié. v. épaulette en drap. v. garde royale n° 2. v. gardes françaises n° 1, 4. v. hache de sapeur. v. infanterie française n° 5 (tableau). v. ligne. v. plumet. v. régiment d'infanterie française de ligne n° 2. v. régiment français n° 2. v. régiment franco-suisse. v. sergent d'armes.

RÉGIMENT (régiments) de marche (E, 4; H, 2), ou régiment provisoire. Sorte de régiments français temporairement composés de recrues, de militaires rejoignant, d'hommes sortant des hopitaux. — Les Russes donnent à ces amalgames momentanés le nom de régiments combinés; cette expression ne vaut pas celle de régiments provisoires. — A l'époque de la guerre d'Espagne et de celle de Russie, des hommes de divers corps, amalgamés provisoirement en régiments d'infanterie ou de cavalerie, étaient ainsi réunis pour la route et reconduits à leurs drapeaux. — Les événements de la guerre s'opposaient souvent à ce que le versement de ces recrues dans les corps respectifs s'effectuât, et des cadres sans solidité, sans homogénéité, sans enseignes, restaient plus ou moins longtemps sur pied. — En 1823, des

dépots de corps se rendaient en Espagne sous le nom de régiments provisoires. — Odier (1824, E) préconise l'usage des Régiments de marche; mais un administrateur devrait, moins que tout autre fonctionnaire, s'en montrer partisan : car si, dans les mouvements d'une grande guerre et pendant des opérations lointaines, on est forcé de recourir à ce moyen pour alimenter l'armée, cette ressource est détestable administrativement, et donne naissance à tous les embarras d'une comptabilité inextricable. — La guerre de 1850 a renouvelé ce mode défectueux, parce que l'infanterie légère n'était composée que de deux bataillons, et n'avait dû emmener que les hommes propres à faire la guerre.

RÉGIMENT de marine. v. infanterie française n° 5. v. marine. v. régiment d'infanterie française n° 2 (tableau).

RÉGIMENT de milice. v. compagnie de grenadiers d'infanterie française de ligne n° 1. v. conscription. v. grenadiers royaux. v. milice provinciale. v. régiment d'infanterie française n° 2.

RÉGIMENT de mineurs. v. mineur français.

RÉGIMENT de mousquetaires. v. mousquetaire. v. régiment de cavalerie française n° 1, 5.

RÉGIMENT de moyenne garde. v. garde impériale n° 2. v. moyenne garde.

RÉGIMENT de Navarre. v. infanterie française n° 2. v. Navarre. v. régiment. v. régiment d'infanterie française n° 1.

RÉGIMENT de Normandie. v. Normandie. v. régiment d'infanterie française n° 1, 2.

RÉGIMENT de Paris. v. bataillon d'infanterie française de ligne n° 4. v. Paris.

RÉGIMENT de Picardie. v. bataillon octogone. v. compagnie d'infanterie française de ligne n° 1, 5. v. gardes françaises n° 1. v. infanterie française n° 2, 5 (tableau, à la date de 1600). v. législation en 1588 (18 aout). v. maison du roi n° 2. v. Montluc. v. Picardie. v. régiment. v. régiment d'infanterie française n° 1, 3, 4.

RÉGIMENT de Piémont. v. bande noire. v. infanterie française n° 2. v. Piémont. v. régiment d'infanterie française n° 1.

RÉGIMENT (régiments) de prince (F). Sorte de régiments français qui avaient pour colonel un prince du sang. C'était une trace des usages de la féodalité, et un vestige des compagnies d'ordonnance. Ce mode en reproduisait les abus. Tout y était privilége ou exception. Il y était reconnu une prévôté et un prévôt des bandes. Le blanc avait primitivement été la couleur spéciale de l'habillement de l'infanterie des princes; les armoiries du colonel brillaient sur le drapeau et étaient empreintes sur le bouton du corps; la livrée du prince était l'habillement des tambours ou trompettes. Les officiers étaient choisis, appelés, avancés sous le patronage du prince. Ils étaient ses clients, bien plus que les hommes du roi ou de la France. Des places venaient-elles à vaquer, par exemple, dans les Régiments du duc d'Orléans? C'étaient ses protégés, c'étaient ceux que recommandaient les gens de sa maison, c'étaient les habitants d'Orléans ou de Montargis qui obtenaient les places. — Le pouvoir du ministre de la guerre venait se briser contre les vouloirs d'un personnage puissant, d'un étourdi, d'un enfant, quelquefois même contre les lubies d'un général en jupons; la surveillance du département de la guerre ou de ses délégués était impuissante, et leurs remontrances sans efficacité. — Le duc de Penthièvre avait trois Régiments, un de cavalerie, un de dragons, un d'infanterie. Ce prince étant à la fois et grand amiral et gouverneur de la Bretagne, il voulait que ses Régiments fussent à demeure dans son gouvernement, et que son infanterie résidât dans un port de mer. Si des arrangements différents eussent mieux convenu au ministre, ce fonctionnaire n'eût pas été assez puissant pour contrebalancer le crédit ou pour triompher des caprices et de la désobéissance d'un dignitaire si éminent. — En certains cas, le ridicule le disputait à l'absurde. A des époques où le trône n'avait pas de reine, il y avait des régiments de la reine; un jour le colonel des cuirassiers de la reine *travaillait avec la dauphine;* c'est-à-dire était venu lui soumettre des rapports. Si ce n'était pas du fait de la loi, c'était du fait des usages de la cour, ou plutôt c'était la résurrection du prétendu droit des reines de France, droit qui, la reine absente, revenait à la dauphine. — Le colonel et la duchesse d'Angoulême ne tombèrent pas d'accord sur des questions de police ou de service; trois jours après, le colonel n'avait plus le commandement de son Régiment. — Ainsi, plus de règle générale, plus d'unité possible; partout s'élevait autel contre autel. — Maurice de Saxe (1757, A) désapprouvait le système des Régiments de princes; Maurice, cependant, avait tout à fait organisé et façonné à son vouloir sa légion de Saxe.

RÉGIMENT de province. v. blanc d'habillement. v. province.

RÉGIMENT de pupilles. v. bataillon d'infanterie française de ligne nᵒ 4. v. garde impériale nᵒ 2. v. pupille; id. nᵒ 2, 4, 5. v. régiment. v. sous-officier nᵒ 3. v. tirailleur.

RÉGIMENT de sapeurs. v. génie idioplique nᵒ 1. v. sapeur.

RÉGIMENT de seigneur. v. seigneur.

RÉGIMENT de tirailleurs. v. garde impériale nᵒ 2. v. pupille nᵒ 2. v. tirailleur.

RÉGIMENT de train. v. train. v. train d'artillerie. v. train des équipages.

RÉGIMENT de vélites. v. garde impériale nᵒ 2. v. vélite.

RÉGIMENT de vieille garde. v. garde impériale nᵒ 2. v. vieille garde.

RÉGIMENT de voltigeurs. v. garde impériale nᵒ 2. v. langue française. v. voltigeur.

RÉGIMENT d'élite. v. corps privilégiés. v. élite.

RÉGIMENT des fusiliers du roi. v. artillerie idioplique. v. compagnie de fusiliers. v. compagnie d'ouvriers. v. fusilier du roi. v. régiment d'artillerie nᵒ 1, 3. v. sapeur d'artillerie.

RÉGIMENT des gardes écossaises. v. garde écossaise.

RÉGIMENT des gardes françaises. v. armée française nᵒ 2. v. colonel d'infanterie française de ligne nᵒ 32. v. colonel général de l'infanterie nᵒ 4. v. compagnie de grenadiers nᵒ 3. v. Daubarède (1614, C). v. exercice d'infanterie. v. garde. v. garde de Paris. v. gardes du corps nᵒ 6. v. gardes françaises nᵒ 2, 4. v. gentilhomme à drapeau. v. maréchal de bataille. v. ministre de la guerre en 1761. v. quartier. v. régiment d'infanterie française nᵒ 1, 2.

RÉGIMENT des gardes suisses. v. colonel général des Suisses. v. compagnie générale. v. danse de l'épée. v. gardes suisses.

RÉGIMENT des pupilles. v. pupilles. v. régiment de pupilles.

RÉGIMENT des vélites. v. garde impériale nᵒ 2. v. vélite.

RÉGIMENT (régiments) d'infanterie (A, 1). Sorte de régiments qui ont existé longtemps avant ceux de cavalerie. — Dans les pays à forteresses, le nombre des Régiments se calcule à raison du nombre de bastions; du moins quelques supputations de ce genre ont eu lieu en France. Une place à six bastions était regardée comme exigeant deux Régiments à trois bataillons. Ce principe est peu ancien, puisqu'avant la guerre de 1667 il n'y avait pas de bataillons permanents ; les mots bataillon, détachement et rassemblement accidentel avaient un même sens. — L'infanterie espagnole se divisait en Régiments de treize compagnies ; douze d'entre elles étaient distribuées en trois gardes ou terzes de quatre compagnies l'une ; chaque garde ou terze entrait, tour à tour, en service ou en tranchée ; les organiser sur le terrain était l'attribution d'un sergent de bataille ; la treizième compagnie, qui était en dehors des terzes, gardait les drapeaux, tenait la tête du régiment, en était comme le pivot, le dépôt, ou lui survivait seule en cas de licenciement. — Ces terzes ont été l'origine des bataillons à constitution permanente, ou du moins ont donné l'idée de la création des régiments a trois bataillons ; tels étaient, en général, les régiments allemands. La compagnie garde-drapeau, ou treizième compagnie dans l'infanterie d'Espagne, a été l'origine des compagnies colonelles, ou du moins a été la pensée originaire de ce système. La forme des camps de huttes des Nassau, l'intervalle qui les partageait en deux, a été l'origine des régiments a deux bataillons. — L'organisation et la force d'un Régiment doivent se régler sur le système le plus convenable au maintien de sa discipline. — Le front d'un Régiment doit se proportionner à l'étendue de la voix de son commandant ; mais la variabilité des règles admises dans tous les services témoigne que, généralement, l'art militaire n'est pas arrêté encore sur la forme ni sur l'étendue qu'il est préférable de donner à un front de Régiment. — Montécuculi (1692, A), un des législateurs militaires dont les opinions ont été d'une puissante influence, formait de quinze cents hommes ses Régiments. Ceux des Anglais, en temps de paix, sont d'un bataillon, et en général, en temps de guerre, de deux bataillons ; il y en avait a trois bataillons, un a quatre, un a huit. Nous citons cette particularité comme preuve que tous les usages militaires actuels d'Angleterre se ressentent encore des formes qui étaient propres aux armées de Louis quatorze ; telle était, en effet, la constitution encore indéterminée de l'état militaire de ce prince. — Le système des régiments a trois bataillons a longtemps prévalu chez les étrangers d'outre-Rhin. — Dans l'armée prussienne, il existait des régiments de garnison ; c'étaient des corps d'un ordre inférieur à celui des régiments de campagne, comme le témoignent un auteur anonyme (1777, A) et Mirabeau (1788, C). — Les

Régiments, dans tous les pays, n'ont été distribués en bataillons permanents que fort tard. Si des auteurs, tels que Gay-Vernon et le colonel Carrion (1824, A), avancent que les bataillons auraient été créés vers 1635, ne les en croyez pas ; le mot existait ; mais non la chose telle qu'on l'entend aujourd'hui. Bataillon était synonyme de grosse bataille, de détachement momentané ou de masse d'infanterie d'une durée passagère. Ainsi, quelquefois un bataillon était un composé de deux Régiments ; ce n'est que dans la seconde moitié du règne de Louis quatorze que le terme, jusque-là indéterminé, est devenu technique. — Le mot Régiment d'infanterie se distinguera ici en régiment colonial.

RÉGIMENT d'infanterie de bataille. v. infanterie de bataille n° 2. v. ordre en échelon. v. ordre profond. v. ordre quaternaire. v. régiment d'infanterie française ; id. n° 2.

RÉGIMENT d'infanterie de garde royale. v. bataillon de chasseurs. v. bataillon de garde royale. v. bataillon d'infanterie légère. v. cymbale. v. garde royale n° 2. v. infanterie de garde royale. v. serpent.

RÉGIMENT d'infanterie de ligne. v. chirurgien de corps. v. compagnie de canonniers. v. compagnie de grenadiers n° 1. v. infanterie de ligne. v. infanterie française de ligne n° 2, 4. v. guerre de 1741. v. ligne. v. major de brigade. v. ministre de la guerre en 1774 (8 juin). v. sapeur d'infanterie française. v. sergent de bande. v. serpent.

RÉGIMENT (régiments) d'infanterie française (term. sous-génér.). Sorte de régiments français, dont aucun écrivain n'avait, avant le siècle actuel, décrit l'histoire d'une manière étudiée, complète, appuyée de preuves ; aucun d'eux n'avait compris qu'il fallait, sous peine d'être inintelligible dans les choses d'ensemble, expliquer dans leurs détails les variations nombreuses que le sens du mot avait éprouvées. — Croire que, sous Henri quatre et Louis treize, un Régiment était un cadre subordonné aux mêmes grades qu'aujourd'hui, et partagé en bataillons et en compagnies, serait une erreur grossière. Le terme Régiment avait d'abord l'acception indéterminée qu'on donne, de notre temps, aux mots agrégation, groupe, troupe ; il exprimait une agglomération d'enseignes, c'est-à-dire de petits cadres momentanément associés, sous les ordres d'un mestre de camp ; il a été synonyme de légion sous Henri deux. — Il n'y a eu d'abord, chez nos ancêtres, que des Régiments d'infanterie française, des RÉGIMENTS D'INFANTERIE FRANCO-ÉTRANGÈRE, des RÉGIMENTS FRANCO-SUISSES. — A la création des GARDES FRANÇAISES, des auteurs comprenaient ce corps dans l'INFANTERIE FRANÇAISE, d'autres ne l'y comprenaient pas. Les GRENADIERS DE FRANCE, Régiment de forme à part, ont fait partie de l'infanterie, de 1748 à 1771. — Depuis la création des RÉGIMENTS DE CHASSEURS A PIED, il y a eu des RÉGIMENTS D'INFANTERIE DE BATAILLE, des RÉGIMENTS D'INFANTERIE LÉGÈRE. Depuis la création des BATAILLONS DE VOLONTAIRES, on a appelé LIGNE les Régiments d'infanterie. Depuis la création des DEMI-BRIGADES, celles-ci, sauf l'appellation, étaient en réalité des Régiments, et il n'y a plus eu que de la LIGNE, divisée en INFANTERIE DE BATAILLE et en INFANTERIE LÉGÈRE. Depuis la création de la GARDE CONSULAIRE, il y a eu de l'INFANTERIE DE LIGNE, tant DE BATAILLE que LÉGÈRE, par opposition à l'INFANTERIE DE LA GARDE, tant DE BATAILLE que LÉGÈRE. Depuis la création des LÉGIONS, l'INFANTERIE DE BATAILLE et l'INFANTERIE LÉGÈRE ne s'encadraient plus dans des Régiments distincts, mais se classaient dans de mêmes CADRES. A la création de la GARDE ROYALE, ce même principe devait s'y appliquer. Depuis la révolution, qui a supprimé la GARDE ROYALE, il n'y a plus que de l'INFANTERIE FRANÇAISE DE BATAILLE et de l'INFANTERIE FRANÇAISE LÉGÈRE; car il restait inexpliqué si la LÉGION ÉTRANGÈRE était TROUPE DE LIGNE OU TROUPE LÉGÈRE. — Les AUTEURS qui éclairent une partie de ces questions, sont : AUDOUIN (t. II, p. 283; t. III, p. 154), BILLON (1641, A, p. 518), BOHAN (1781, H, p. 21), CARRÉ (1783, E), M. CARRION (1824, A), COURTIN (1823, E), DELAFONTAINE (1675, A), DESPAGNAC (1751, D, t. III, p. 179), D'HÉRICOURT (1756, G), l'ENCYCLOPÉDIE (1785, C; id. au mot *Troupe*), FROMENT (1790, A), GUIBERT (1773, E), GUIGNARD (1725, B), GUILLET (1686, B, au mot *Infanterie*), LACHESNAIE (1758, I), LEBLOND (1758, B), M. LOVERDO, M. MAINGARNAUD (1822, B), MANESSON (1685, B, t. III, p. 16), MIRABEAU (1788, C), MONTIGNY (1775, I), POTIER (1779, X), PRAISSAC (1622, A), QUINCY (1741, E, t. II, p. 50), RAY DE SAINT-GENIÈS (1755, A), RÉGAL (1749, A), ROUSSEL (1765, C), SINCLAIRE (1773, L, p. 110), le *Spectateur militaire* (t. XVII, p. 55). — Démontrons ces propositions, en traitant le sujet sous les rapports : CRÉATION, COMPOSITION, FORCE, NOMBRE, DÉNOMINATION, SERVICE, TACTIQUE, UNIFORME, ADMINISTRATION. — Nº 1. CRÉATION. — Le langage vulgaire ou soldatesque appelait déjà Régiment ce que le langage ré-

glementaire continuait à appeler LÉGION et BANDE; de là, les incertitudes, les conflits des historiens touchant l'époque vraie de la création des Régiments. — Un Régiment était, dans le principe, une AGRÉGATION accidentelle, créée pour la GUERRE, licenciée à la PAIX. — L'ORDONNANCE DE 1557 (22 MARS), que REBUFFE intitule : *Sur le fait des légionnaires dressés en 1557*, avait pour objet *de dresser et mettre sus une force de gens de pied*; mais elle ne parlait que de légions. La bataille de SAINT-QUENTIN avait écrasé les BANDES FRANÇAISES; il fallait les rétablir. Le duc de GUISE, qui venait de reprendre Calais, l'entreprit. L'année suivante, une LÉGION provinciale fut créée; c'était PICARDIE. — HENRI DEUX constitua cette TROUPE sur le modèle des RÉGIMENTS ESPAGNOLS, résidant près des frontières de la PICARDIE. La LÉGION prit bientôt le nom de Régiment; mais ce fut une chose d'imitation, non une conséquence de la loi; ce fut la loi qui se conforma à l'habitude; aussi est-il question de Régiments dans l'ORDONNANCE DE 1558, qui est relative aux AUMONIERS. Mais l'EXTRAORDINAIRE DES GUERRES appelle légion de PICARDIE, de CHAMPAGNE, de NORMANDIE, les CORPS levés sous ce prince. MONTLUC (1575, A) appelait Régiment la LÉGION de PICARDIE, dont il était COLONEL; ce fut le premier Régiment de FRANCE, après le RÉGIMENT DES GARDES; mais PICARDIE a lui-même été GARDES FRANÇAISES avant d'être tiraillé, travaillé et tourmenté, ainsi que les GARDES, par des suppressions, des organisations, des réductions de toutes les années. — AUDOUIN (t. II, p. 89) prétend que le RÉGIMENT DE PICARDIE a seul été créé avant le dix-septième siècle; c'est une assertion évidemment erronée. — M. COURTIN (1823, E) se trompe donc quand il prétend (au mot *Division*) que ce n'est que sous CHARLES NEUF que les Régiments commencèrent à porter ce nom; mais il est vrai que, sous son règne, le nombre s'en augmenta, et que ce fut surtout dans la GUERRE DE 1610 que les BANDES S'ENRÉGIMENTÈRENT. — Dès l'année 1558, les VIEILLES BANDES de CHAMPAGNE, NAVARRE, PIÉMONT S'ENRÉGIMENTÈRENT; mais le ministère lui-même, comme le témoigne l'ENCYCLOPÉDIE (1751, C), se déclarait inhabile à les classer par ancienneté. — En 1562, toute l'INFANTERIE FRANÇAISE était en trois CORPS, chacun sous un MESTRE DE CAMP; c'était cette concentration sous un seul CHEF qui produisait ce nom de Régiment, à peu près dans le sens d'ARMÉE affectée à une province. Un COLONEL GÉNÉRAL, et primitivement même deux COLONELS GÉNÉRAUX commandaient toute l'INFANTERIE. — Une ORDON-

NANCE DE 1588 (18 AOUT) mentionnait les RÉGIMENTS DE PICARDIE, de Rubenpré et de Rigneux ; le premier était commandé, dès sa création, par MONTLUC ; les derniers servaient en Poitou. Les VIEUX CORPS furent mis sur pied peu après, comme le témoigne RAY DE SAINT-GENIÈS (1755, A). — La difficulté d'assigner un NUMÉRO D'ANCIENNETÉ aux trois premiers VIEUX CORPS, PICARDIE non compris, amena de longs débats, dont une ordonnance de 1666 rend témoignage. Dans le doute, tant les traditions sont fugitives, l'ordonnance décida, pour prévenir des contestations trop souvent sanglantes, que le sort réglerait le rang de CHAMPAGNE, de NAVARRE et de PIÉMONT ; chacun d'eux devenait, à son tour, l'ancien. Quant aux deux derniers VIEUX, savoir, NORMANDIE et la MARINE, leur RANG ne fut l'objet d'aucune difficulté. — Il est spécialement question de Régiments d'infanterie dans l'EXTRAORDINAIRE DES GUERRES, en 1562 ; il faut, en ce cas, prendre le mot dans le sens de rassemblement éventuel d'HOMMES DE GUERRE, et non dans le sens de CADRE permanent. —Dans les récits du siége de Saint-Jean d'Angély, en 1569, dans l'ORDONNANCE DE 1588 (18 AOUT), un taux de SOLDE est fixé ; un PRÉVOT, son GREFFIER et ses ARCHERS sont attachés aux Régiments ; un CHAPELAIN et un CHIRURGIEN y figurent par chaque COMPAGNIE ; mais le nombre des COMPAGNIES n'y est pas déterminé. PICARDIE était de dix-sept ENSEIGNES, CHAMPAGNE de quatorze, etc. Alors l'OFFICIER nommé enseigne était un vrai PORTE-DRAPEAU, et le titre de CLERC y était la dénomination de l'AUDITEUR. — En 1597 (6 mars), Auvergne était créé. — Quant à l'infanterie non ENRÉGIMENTÉE, elle s'appelait BANDES, ou COMPAGNIES, ou GARNISONS : c'étaient des espèces de COMPAGNIES RÉGIMENTAIRES. — A la paix de VERVINS, en 1598, les Régiments furent tous réformés et licenciés, sauf quatre, auxquels resta, par cette raison, le nom de VIEUX CORPS. Il ne fut conservé des autres que les COMPAGNIES COLONELLES et MESTRES DE CAMP, de 1600 à 1609. — Peu avant sa mort, HENRI QUATRE, réorganisant une ARMÉE, recompléta quelques-uns des CADRES, dont il n'existait plus que la COLONELLE ; ils furent dénommés PETITS VIEUX. Il créa d'autres Régiments, qui furent appelés les BATARDS. — Plusieurs Régiments sont créés ou complétés en 1630. — L'ORDONNANCE DE 1825 (27 FÉVRIER) donnait à tous les Régiments une formation égale. Cette uniformité semble tenir à un plan louable ; mais il reste à savoir s'il convient que l'INFANTERIE LÉGÈRE, pour mériter vraiment ce nom, pour remplir les fonctions spéciales qui la concernent, doive être formée en CORPS aussi gros que l'INFANTERIE DE BATAILLE. — Un RÉGIMENT DE HOHENLOHE a fait partie de l'ARMÉE FRANÇAISE, en vertu de l'ORDONNANCE DE 1815 (6 SEPTEMBRE) ; il prenait le nom de LÉGION. Par l'ORDONNANCE DE 1816 (9 JUIN), il était dissous ; par ORDONNANCE DE 1831 (5 JANVIER), il devenait vingt et unième Régiment d'INFANTERIE LÉGÈRE. — N° 2. COMPOSITION, FORCE, NOMBRE. — On a vu combien la CONSTITUTION DE PICARDIE, celle des GARDES FRANÇAISES, celle des VIEUX CORPS a été troublée, incertaine, mal connue. Les primitifs Régiments avaient pour unités, ou pour MEMBRES, des BANDES, des ENSEIGNES, plus tard des COMPAGNIES, plus tard encore des BATAILLONS ; car, pendant un siècle, le BATAILLON n'était pas un ÉLÉMENT constitutif, un membre permanent, mais un instrument passager de service, un DÉTACHEMENT de guerre. Tel Régiment n'était, en TEMPS DE PAIX, que d'une compagnie, parce qu'il ne restait sur pied que la COMPAGNIE COLONELLE ou la COMPAGNIE MESTRE DE CAMP. Les OFFICIERS SURNUMÉRAIRES étaient renvoyés. Le CAPITAINE de cette COMPAGNIE, tout en restant CAPITAINE, devenait le MESTRE DE CAMP du Régiment quand d'autres COMPAGNIES s'adjoignaient à la COLONELLE. — Le Régiment des GARDES tint toujours la tête des Régiments regardés comme les plus ANCIENS ; mais l'ordre d'ancienneté des trois plus anciens VIEUX CORPS et leur droit de PRÉSÉANCE entre eux furent l'objet de débats qui n'ont jamais été entièrement assoupis. — La création des six VIEUX fut le modèle des cinq PETITS VIEUX ; ces derniers avaient de même un DRAPEAU BLANC, un PRÉVOT, un EXÉCUTEUR, et n'étaient point licenciés à la PAIX, comme l'étaient les BATARDS, c'est-à-dire les CORPS d'institution postérieure. — On a dit que, sous TURENNE, tels Régiments se composaient d'un DEMI-BATAILLON, d'autres d'un BATAILLON, d'autres de deux BATAILLONS. L'assertion, pour être exacte, veut une interprétation. TURENNE avait senti, comme avant lui l'avait senti GUSTAVE-ADOLPHE, que le moyen de combattre avec méthode était d'ordonner par groupes le plus égaux possible son ARMÉE. Ainsi, pour le COMBAT, il partageait en deux GROUPES tels de ses Régiments, ou il en amalgamait momentanément tels autres, pour pouvoir en tirer systématiquement utilité. — Mais ce ne fut que depuis l'ORDONNANCE française DE 1661 (28 JUILLET) que la répartition des TROUPES en Régiments commença à prendre de la fixité. — Ce ne fut réellement que pendant la GUERRE DE 1665 que les Régiments de plus de dix COMPAGNIES commencèrent à se subdiviser d'une manière permanente en BATAILLONS. — La constitution des Régiments demeurait si capricieuse, que Vauban était capitaine dans deux Régiments à la fois, ce qui lui avait été accordé afin qu'il touchât double paye, en dédommagement des frais plus considérables auxquels l'astreignaient ses fonctions d'ingénieur. — Les souvenirs anciens des temps de guerre avaient été si peu soigneusement recueillis, que Daniel (1721, A) retrouva, dans un compte de l'extraordinaire des guerres de 1690, la preuve qu'il avait existé, vers cette époque, un Régiment d'aventuriers dont aucun écrivain n'avait rappelé l'institution ou retracé les services. Daniel croit que c'était un corps soldé comme les autres Régiments. — Louis quatorze, sentant et la difficulté et l'importance de former des officiers pour ses Régiments, y attacha des cadets en qualité d'élèves ou d'aspirants ; mais cet essai remplit mal ses vues. — Sous son règne, les lieutenants et les enseignes, d'abord au choix des capitaines, commencèrent à être à la nomination du prince. Les drapeaux, donnés primitivement à chaque compagnie par son capitaine, se réduisirent en nombre, et devinrent drapeaux ou du roi, ou du colonel, ou de la province. Dans les régiments français, des colonels étaient brigadiers, d'autres étaient inspecteurs. Dans des régiments étrangers, des maréchaux de camp étaient colonels ; les lieutenants-colonels étaient chefs de bataillon. — Depuis ces époques, les sous-lieutenants ont remplacé les enseignes ; les adjudants ont succédé aux sous-aides-majors ; des états-majors de corps ont été établis ; des chirurgiens de corps, des quartiers-maitres, des chefs de bataillon ont été créés ; les chirurgiens-majors ont eu des aides ; l'embrigadement a eu lieu ; l'aigle, puis le coq y sont devenus enseignes ; des compagnies de dépôt, des bataillons de dépôt, des bataillons de guerre, de l'artillerie et des artilleurs sont entrés dans la composition ; des conseils d'administration, des conseils de régiment, des lieutenants d'armement, des officiers comptables en ont fait partie ; des aides-majors détachés du corps d'état-major y ont fait un stage ; des adjudants, des adjudants-majors en sont devenus les pivots des manœuvres ; des bibliothèques y ont été essayées ; des maitres d'armes y étaient tolérés et plus tard favorisés, alors même que le duel y était le plus rigoureusement défendu ; des armuriers y ont été reconnus ; des musiciens gagistes, d'abord en petit nombre, y ont remplacé les fifres et ont été soumis à un chef de musique ; des employés de diverses fonctions, des adjoints au capitaine d'habillement, des adjoints au trésorier y ont concouru au mécanisme ad-

ministratif ; des écoles d'enseignement y ont été ouvertes aux enfants de troupe ; des classes de lecture, d'écriture, d'arithmétique y ont été organisées ; des cornets, remplacés par des clairons, y ont été admis ; des compagnies hors rangs y ont été attachées, et leur nombre n'a pas moins varié que celui des tambours. — Guibert (1775, E) avait proposé au conseil de la guerre de créer douze Régiments a quatre bataillons, voulant les avoir, disait-il, comme ailes et contre-forts d'un ordre de bataille. Il avait proposé d'en reconnaitre douze à un seul bataillon, pour être employés dans les garnisons qui ne peuvent contenir plus d'un bataillon. — Le comité militaire de la constituante opinait, en 1790, pour la formation à quatre bataillons ; il se fondait sur l'unité d'instruction et de discipline en temps de paix, sur l'ensemble d'impulsion en temps de guerre ; il s'appuyait sur l'opinion du prince Henri de Prusse ; il jugeait que les Régiments, s'ils étaient plus faibles, étaient hors d'état de manœuvrer sur un front calculé conformément aux principes des évolutions ; il en tirait la conséquence que les officiers ne sauraient se former le coup d'oeil ; qu'enfin un Régiment se fondait bientôt à la guerre, ou dans les marches, s'il n'était qu'un cadre sans solidité. — Mais combien de points fondamentaux sont restés douteux ! Quel est le nombre préférable de bataillons ? Turpin (1783, O) se prononçait pour les Régiments a quatre bataillons, dont trois de campagne ; Guibert les voulait a deux ou a quatre bataillons, comme divisibles en nombre carré. Des auteurs, tels que M. Volz, penchent pour les Régiments a un bataillon ; mais ce mode exigerait une création démesurée d'officiers généraux. Faudrait-il donc aussi, par analogie, ne grouper la cavalerie que par escadrons, l'artillerie que par batteries ? M. Ch. Dupin et le général Marbot se sont déclarés, avec raison, contre le bataillon régimentaire ou contre le bataillon-Régiment. — Des professeurs ont regardé la formation a trois bataillons comme la meilleure, comme seule propre à la guerre, parce que toute manœuvre suppose un centre et des ailes, et parce que le colonel se trouve naturellement placé en bataille derrière le drapeau central, qui est pivot principal et guide général des évolutions. Les Régiments d'un moindre nombre de bataillons, disent ces écrivains, ne sont bons qu'à la garde des places. — Il n'y a pas plus d'unanimité à l'égard des drapeaux, du nombre à en admettre, de l'emplacement à leur assigner. — Les incertitudes en tout genre sont telles, que le titre de SERGENT a eu des acceptions diverses ; qu'en moins d'un demi-siècle le mot MAJOR a eu trois sens différents ; que l'on doute si les CAPORAUX sont ou non sous-OFFICIERS ; qu'on ne s'est pas entendu encore sur les mots RÉGIMENT DE LIGNE, RÉGIMENT DE BATAILLE. Quantité d'AUTEURS ont employé à faux ces dénominations ; en voici la preuve. — La moderne INFANTERIE PERMANENTE s'est d'abord divisée par Régiments ; chacun d'eux était un ensemble de PIQUIERS et de MOUSQUETAIRES ; un même CORPS était de deux ARMES. Les Régiments se sont ensuite distingués, sinon par la dénomination, au moins par le fait, en RÉGIMENTS DE LIGNE et en RÉGIMENTS DES GARDES ; ensuite en RÉGIMENTS DE LIGNE, RÉGIMENTS DES GARDES, RÉGIMENTS DE MILICE ; ensuite en Régiments d'infanterie et en BATAILLONS DE CHASSEURS ; ensuite en RÉGIMENTS D'INFANTERIE DE BATAILLE et en RÉGIMENTS D'INFANTERIE LÉGÈRE ; ensuite en RÉGIMENTS DE LIGNE, tant D'INFANTERIE DE BATAILLE que d'INFANTERIE LÉGÈRE, par opposition aux VOLONTAIRES et aux GARDES NATIONALES ; ensuite en DEMI-BRIGADES, par opposition aux GARDES CONSULAIRE et IMPÉRIALE, qui comprenaient aussi de l'INFANTERIE DE BATAILLE et de l'INFANTERIE LÉGÈRE. Le DÉCRET DE 1808 (18 FÉVRIER) leur donnait une forme nouvelle. Les LÉGIONS DÉPARTEMENTALES, instituées par GOUVION SAINT-CYR, qui renouvelait ainsi l'enfance de l'ART (1), faisaient confusion des deux ARMES, et il en devait être ainsi dans la GARDE ROYALE. — Donnons, dans le tableau qui va suivre, une preuve des perpétuelles transmutations que la COMPOSITION, la FORCE, le NOMBRE des Régiments ont éprouvés.

ANNÉES.	NOMBRE DE RÉGIMENTS.	BATAILLONS PAR RÉGIMENTS.	OBSERVATIONS.
1557.	1		N'est que de quatre COMPAGNIES.
1598.			Les Régiments, tant FRANÇAIS qu'ÉTRANGERS, sont de un, de deux, de huit, de vingt COMPAGNIES. Il n'existe pas encore de BATAILLONS.
1600.			De une, de deux, de dix COMPAGNIES. Il n'y a de complet que les GARDES et PICARDIE. Les Régiments à une ou à deux COMPAGNIES gardent les CITADELLES.
1610.	4		Y compris deux Régiments de GARDES FRANÇAISES, un de GARDES SUISSES et PICARDIE ; le reste s'appelait les GARNISONS.
1618.			Guyenne n'est que de deux COMPAGNIES.
1620.			PICARDIE est à vingt COMPAGNIES de cent HOMMES.
1640.	100		Création des PETITS VIEUX, de NORMANDIE, de la marine, etc.
1643 (15 janvier).			Une lettre du roi à LETELLIER réduit à vingt compagnies les BATARDS et n'y laisse que deux ENSEIGNES ; les VIEUX et PETITS VIEUX n'éprouvent pas de réduction.
1660.		1,2	TURENNE organise les siens à deux BATAILLONS.

(1) Voir les notes p. 3067 et 4625.

ANNÉES.	NOMBRE DE RÉGIMENTS.	BATAILLONS PAR RÉGIMENTS.	OBSERVATIONS.
1663.			Les régiments de vingt compagnies sout portés à quarante.
1666.	46		Les Régiments prennent un rang numéral.
1668.		1,2,3,4	Quelques Régiments commencent à se diviser par bataillons, en général de dix compagnies.
1672.			Le total des officiers est de cinquante-deux. Origine des compagnies d'élite.
1678.		2	Les bataillons sont de huit compagnies, les compagnies de cent hommes et plus.
1688.			Vingt-six Régiments sont créés pendant le cours de cette guerre.
1693.			Les dragons cessent de rouler avec l'infanterie.
1701.	162	1,2,4	Non compris la maison militaire, treize compagnies par bataillon. Cent Régiments à un bataillon de six cents hommes sont créés sans résultat profitable.
1714.	264	1,2	Y compris corps étranger, gardes, artillerie et bombardiers ; la plupart des Régiments étaient d'un seul bataillon.
1719.	98	2	Les bataillons sont de neuf et de dix-sept compagnies ; les gardes n'y sont pas compris.
1734 (1er avril). .	121	4	Y compris les gardes et l'artillerie.
1737 (8 janvier). .	99	3	
1742 (1er août). .		4	
1746 (14 nov.). .		5	
1748.	101	1,4	Vingt-quatre Régiments sont à un bataillon. Il y a neuf régiments suisses, douze allemands, deux italiens, un corse, huit irlandais et écossais, quatre wallons.
1749 (10 février).	139	1,2,4	
1755 (1er août). .		2	
1756.	119		Y compris infanterie étrangère.

ANNÉES.	NOMBRE DE RÉGIMENTS	BATAILLONS PAR RÉGIMENT.	OBSERVATIONS.
1759.		1,2,4	Dix-neuf Régiments sont à quatre BATAILLONS; vingt-deux à deux, les autres à un seul.
1762 (10 déc.). . .	65	1,2,3,4	Douze Régiments français sont à quatre BATAILLONS; trente-deux, à deux BATAILLONS; sept à un BATAILLON. Des noms de provinces étaient donnés à tous; dix-sept Régiments étaient au service de la MARINE, non compris onze SUISSES, vingt-deux ÉTRANGERS; il y a trois OFFICIERS par soixante-trois HOMMES. — Institution du PIED DE GUERRE et du PIED DE PAIX. Suivant AUDOUIN, il y avait cent dix-neuf Régiments, dont vingt-deux à deux BATAILLONS, six à un seul.
1763.			Suppression des Régiments à un BATAILLON.
1769 (1er mars). .		2	
1771 (17 juin). . .		2,4	
1774.	94	2,4	Il y a huit Régiments ALLEMANDS, deux IRLANDAIS, un ITALIEN, deux CORSES et onze SUISSES; douze Régiments français sont à quatre BATAILLONS. DUMUY amalgame les Régiments à un BATAILLON.
1775 (26 avril). .	93	2,4	Les RÉGIMENTS A UN BATAILLON sont supprimés. — Cinquante-six Régiments sont à deux BATAILLONS; douze Régiments sont à quatre BATAILLONS. SAINT-GERMAIN est contraint, par les exigences de la cour, à cette FORMATION disparate.
1776 (25, 31 mai et 19 juillet).	105	2,4	Le seul RÉGIMENT DU ROI a quatre BATAILLONS. Ici ne sont pas compris RÉGIMENTS ÉTRANGERS et MAISON DU ROI.
1784 (12 juillet). .	108	2,4	DÉDOUBLEMENT. Le PREMIER BATAILLON comprend une COMPAGNIE de GRENADIERS; le SECOND, une COMPAGNIE de CHASSEURS; un seul Régiment reste à quatre BATAILLONS, ainsi que les GARDES FRANÇAISES.
1788 (17 mars). .	102	2,4	PIED DE GUERRE, mille quatre cent soixante-deux hommes; PIED DE PAIX, mille deux cent seize hommes; deux cent six BATAILLONS; soixante dix-neuf Régiments français et vingt-trois ÉTRANGERS, non compris l'ARTILLERIE et les GARDES. Le seul RÉGIMENT DU ROI était à quatre BATAILLONS. Il y a douze RÉGIMENTS D'INFANTERIE LÉGÈRE.
1791 (1er janvier).	82	1,2	On peut regarder comme RÉGIMENT A UN BATAILLON les BATAILLONS DE VOLONTAIRES. La force du Régiment est de mille vingt-neuf hommes.

ANNÉES.	NOMBRE DE RÉGIMENTS OU DEMI-BRIGADES.	BATAILLONS' PAR RÉGIMENT.	OBSERVATIONS.
1793 (21 février) ou AN DEUX (2 frim.).	196	3	Les Régiments deviennent DEMI-BRIGADES, mais cet AMALGAME ne s'effectue pas complétement. La force est de deux mille quatre cent trente-sept hommes, OFFICIERS et CANONNIERS compris; ÉTAT-MAJOR non compris; les VOLONTAIRES et GARDES NATIONALES s'amalgament.
AN TROIS.	140	2,3	Les désastres de la GUERRE réduisent une partie des DEMI-BRIGADES à deux BATAILLONS.
AN SEPT (25 messid.)	126		Dont vingt-six d'INFANTERIE LÉGÈRE; plus six DEMI-BRIGADES HELVÉTIQUES.
AN HUIT (9 fructid.)		2,3	
AN ONZE (25 prairial) ou 1803 (24 sept.).	134	3,4	Le complet des DEMI-BRIGADES s'augmente, suivant leur résidence, de cent à deux cents hommes. Dix-neuf sont à quatre BATAILLONS. Trente et un sont à trois BATAILLONS, ainsi que toute l'INFANTERIE LÉGÈRE. Total : soixante et onze à trois BATAILLONS.
1808.	169	5	Les DEMI-BRIGADES redeviennent Régiments. Il y a un BATAILLON DE DÉPOT.
1811.		5,9	Un Régiment est à neuf BATAILLONS, c'est celui des PUPILLES. Il est de huit mille quatre-vingt dix hommes.
1812 (1er sept.). .	207		Trente-cinq numéros de Régiments sont vacants; SIX RÉGIMENTS DE MARINE sont assimilés à la LIGNE.
1813 (20 janvier).	243		Les COHORTES mises en activité se transforment en RÉGIMENTS DE LIGNE, et les RÉGIMENTS DE MARINE passent au SERVICE DE TERRE.
1814.	105	3,4,5	Quatre RÉGIMENTS SUISSES et un RÉGIMENT ÉTRANGER font partie de l'ARMÉE.
1815 (16 juillet). .	99		Les LÉGIONS DÉPARTEMENTALES remplacent les Régiments, et se composent de BATAILLONS DE BATAILLE et de BATAILLONS DE CHASSEURS; l'INFANTERIE LÉGÈRE cesse d'être à part de l'INFANTERIE DE BATAILLE DE LIGNE; il devait être attaché des COMPAGNIES D'ÉCLAIREURS aux LÉGIONS.
1815 (6 sept.). . .			LICENCIEMENT des RÉGIMENTS FRANCO-ÉTRANGERS. Création du RÉGIMENT DE HOHENLOHE, formé de plusieurs LÉGIONS étrangères et composé de trois BATAILLONS.

ANNÉES.	NOMBRE DE RÉGIMENT.	BATAILLONS PAR RÉGIMENT.	OBSERVATIONS.
1820 (22 octobre).	60	2,3	Les LÉGIONS s'éteignent. Les Régiments renaissent. Quarante RÉGIMENTS DE BATAILLE sont à trois BATAILLONS ; vingt sont à deux BATAILLONS ; l'INFANTERIE LÉGÈRE est à deux BATAILLONS. Ici ne sont compris ni les SUISSES ni la GARDE.
1822.	92		Y compris SUISSES et GARDE ROYALE.
1823 (2 février). .	88		Création de quatre RÉGIMENTS DE LIGNE à trois BATAILLONS, n°s 61, 62, 63, 64.
1825 (27 février).	84	2,3	PIED DE PAIX, mille huit cents HOMMES ; PIED DE GUERRE, deux mille sept cent quatre-vingts hommes ; vingt Régiments sont d'INFANTERIE LÉGÈRE ; il y a de plus six français de GARDE ROYALE, deux SUISSES de GARDE ROYALE et les SUISSES DE LIGNE ; les RÉGIMENTS D'INFANTERIE DE BATAILLE sont à trois BATAILLONS ; l'INFANTERIE LÉGÈRE reste provisoirement à deux BATAILLONS.
1829 (3 août). . .			L'EFFECTIF réduit à mille trois cent soixante-quinze HOMMES. Il y a vingt Régiments d'INFANTERIE LÉGÈRE, seize à deux BATAILLONS et quatre à trois BATAILLONS.
1830 (17, 28 août et 6 septembre).			Toute l'INFANTERIE LÉGÈRE organisée à trois BATAILLONS ; création des RÉGIMENTS DE LIGNE 65e et 66e d'INFANTERIE DE BATAILLE, par ORDONNANCE DU 17 AOUT ; leur EFFECTIF est à quinze cents hommes.
1830 (18 sept.). .	86	3,4	Les Régiments d'INFANTERIE FRANÇAISE DE BATAILLE sont portés de trois BATAILLONS à quatre BATAILLONS et à trois mille HOMMES. Ceux d'INFANTERIE LÉGÈRE restent à trois BATAILLONS. Il y a vingt Régiments d'INFANTERIE LÉGÈRE à trois BATAILLONS ; chacun d'eux est de deux mille cinq cent soixante-dix-neuf combattants, OFFICIERS non compris.
1831 (5 janvier). .	87		Transformation du RÉGIMENT DE HOHENLOHE en vingt et unième RÉGIMENT D'INFANTERIE LÉGÈRE ; il avait été réduit à deux BATAILLONS en 1829, et par suite des conventions relatives aux EXTRADITIONS, il allait s'éteignant.
1831 (17 janvier).		3,4	La force est de trois mille six cent vingt HOMMES DE TROUPE dans les Régiments à quatre BATAILLONS, ou RÉGIMENTS D'INFANTERIE DE BATAILLE.

ANNÉES.	NOMBRE DE RÉGIMENTS.	BATAILLONS PAR RÉGIMENT.	OBSERVATIONS.
1831 (4 mai). . .			Création du soixante-septième RÉGIMENT DE BATAILLE.
1831 (7 mai).. . .	88	3,4	Les Régiments sont à trois mille six cent vingt HOMMES et à deux mille sept cent vingt-trois HOMMES; soixante-sept RÉGIMENTS DE BATAILLE sont à quatre BATAILLONS; vingt et un RÉGIMENTS LÉGERS sont à trois BATAILLONS.
1832 (8 septembre)			La force d'un RÉGIMENT DE BATAILLE à quatre BATAILLONS est de deux mille douze HOMMES, ou de trois mille quatre cent quarante-huit HOMMES, OFFICIERS non compris. Le nombre de ces RÉGIMENTS à quatre BATAILLONS est de soixante-sept. Il y en a huit en Morée, à Alger, aux colonies. Le total de l'INFANTERIE LÉGÈRE peut être de quarante-neuf mille hommes.
1833 (janvier). . .			Deux mille quatre cents HOMMES sont la FORCE des Régiments.
1834.	88	3	Les QUATRIÈMES BATAILLONS supprimés.
1835 (21 août). .			Sauf ceux d'AFRIQUE, les Régiments sont à deux mille cinquante HOMMES.

— Nº 3. DÉNOMINATION. — Les DÉNOMINATIONS de LÉGIONS et de BANDES étaient pratiquées encore, quand déjà celle de Régiment se répandait depuis 1557. M. le colonel CARRION (1824, A) témoigne (*Annales militaires* [mars 1819], p. 216) que ce fut en 1562 que fut dissoute la LÉGION de Guyenne, rétablie ensuite en 1567 sous le nom de Régiment. — L'ORDONNANCE DE 1595 (21 FÉVRIER) avait trait au LOGEMENT des BANDES et Régiments. — Le terme Régiment, déjà répandu depuis longtemps chez les SUISSES et les ALLEMANDS, devenait d'un usage habituel sous CHARLES NEUF, comme le remarque DANIEL (1721). LANCELOT, parlant de la bataille de DREUX, livrée en 1562, et DAVILA, dans le récit de cette même ACTION, mentionnent les RÉGIMENTS DE PICARDIE et de Bretagne. Daubigné parle aussi de PICARDIE dans ce qu'il dit du blocus de Paris, qui eut lieu peu avant cette BATAILLE. — Les RÉGIMENTS FRANÇAIS, abstraction faite des GARDES, portèrent d'abord, comme nom désignatif du CORPS, celui d'un GOUVERNEMENT, tandis que les RÉGIMENTS ÉTRANGERS étaient désignés par le nom de leur COLONEL. La création des PETITS VIEUX amena l'usage des noms de PROVINCES. La création des BATARDS donna lieu aux désignations par noms de PRINCES, de COLONELS, de VILLES. — On appelait RÉGIMENTS DE GENTILSHOMMES ceux qui, sans être ROYAUX NI DE PRINCES, portaient le nom de leur COLONEL. — La désignation par ordre de NUMÉRO fut seule admise en 1791 (20 FÉVRIER); les noms de PRINCE et de PROVINCE s'effacèrent. — Le DÉCRET DE 1793 (21 FÉVRIER) créait la désignation de Régiment d'INFANTERIE DE LIGNE. — En 1794, le substantif DEMI-BRIGADE, expression inexacte et mal imaginée, amenait la proscription du substantif Régiment, qui par le DÉCRET DE L'AN ONZE (1er VENDÉMIAIRE) refleurissait. — En 1815, nouvelle abolition du mot Régiment. Les LÉGIONS DÉPARTEMENTALES devaient les remplacer. Il en fut ainsi jusqu'en 1820, où reparurent les Régiments à NUMÉRO et quelques RÉGIMENTS DE PRINCES. — N° 4. SERVICE, TACTIQUE. — Originairement, la manière de servir des Régiments d'infanterie dépendait en partie, et suivant les temps, du COLONEL GÉNÉRAL, des COLONELS INSPECTEURS, du MARÉCHAL DES LOGIS DE L'ARMÉE, etc.; mais le SERVICE était dépourvu de règles jusqu'au ministère de DARGENSON; ce fut lui qui en posa les bases et en détermina les formes. Il y aurait double emploi à répéter ici ce que nous en avons dit aux articles : ALLER AU CAMPÉMENT, ARTILLERIE D'INFANTERIE, BATAILLON DE GUERRE, BATAILLON GARDE-DRAPEAU, BON ORDRE, BRIGADE, CÉRÉMONIE DE RÉCEPTION DE DRAPEAU, CHEF DE BRIGADE, CHEVALET DE PIQUET, COMMANDANT DE DIVISION TERRITORIALE, COMMANDEMENT DU SERVICE, CONDAMNÉ, CONSEIL DE DISCIPLINE, CONSIGNE, DÉFILEMENT, DIVISION D'INFANTERIE, EXERCICE, FACTION, FACTIONNAIRE, FANION, FEU A GÉNUFLEXION, GARNISON, GRENADE A MAIN, HAIE TACTIQUE, MARÉCHAL DES LOGIS D'INFANTERIE, MESSE MILITAIRE, OFFICIER DE SERVICE, PEINE DE MORT, PELOTON D'INFANTERIE, PIQUET AU CAMP, PROMOTION, SERVICE CONSCRIPTIF, SIÉGE OFFENSIF, TRAVAUX MILITAIRES. — Les VIEUX CORPS, ainsi que nous l'avons dit en parlant de leur CRÉATION, se disputaient l'ANCIENNETÉ, cette PRÉROGATIVE alors si importante en fait de TACTIQUE. Dans l'incertitude où la cour restait touchant leurs DROITS mal établis et débattus avec aigreur, elle avait confié au sort le soin de décider de la primauté des CORPS qui marchaient après PICARDIE, dont l'ANCIENNETÉ n'était pas contestée. Le MINISTÈRE, après que le sort eut prononcé, fit ROULER les Régiments, c'est-à-dire que, triennalement, chacun des trois Régiments devenait le premier par rapport aux deux autres. Si l'ARMÉE avait eu une bataille à livrer le 1er janvier, et que ces CORPS y eussent assisté, il eût fallu changer l'ORDRE DE BATAILLE du 31 décembre, recomposer les BRIGADES, etc., tant les plus simples notions de l'ART DE LA GUERRE restaient imparfaites. Mais, sans ce palliatif, sans ce roulement, ces CORPS en fussent peut-être VENUS AUX MAINS les uns contre les autres, fût-ce en présence de l'ENNEMI et sous son FEU. — La fin du dix-septième siècle amena la suppression des MANCHES DE Régiments, et la création des BATAILLONS à titre permanent et technique. — Le dix-huitième siècle a vu s'introduire l'usage du PAS CADENCÉ, découverte touchant la date de laquelle aucun théoricien n'avait, jusqu'ici, accusé juste. — Le mot Régiment était considéré, dans l'ORDONNANCE D'EXERCICE DE

1776 (1er JUIN, tit. 8, art. 4), comme ressortissant à la TACTIQUE, et il entrait dans l'énoncé des COMMANDEMENTS. C'était par Régiment que s'exécutaient des CONVERSIONS EN BATAILLE et des ROMPEMENTS. Mais en vertu d'un système contraire, l'ORDONNANCE DE 1788 (20 MAI) et le RÈGLEMENT DE 1791 (1er AOUT) n'employaient plus que comme constitutif et administratif le terme Régiment. — On lit dans LEBLOND (1748, B) et dans l'ENCYCLOPÉDIE (1751, C) : *Comme ils (les Régiments) sont très-différents, en France, par le nombre d'hommes dont ils sont composés, la division de (la manière de subdiviser) l'ordre de bataille par Régiments ne conviendrait pas; c'est pour cela que l'union qu'ils composent s'appelle brigade d'armée.* — De nos jours, les Régiments n'ont presque pas caractère tactique, c'est-à-dire que, sur un TERRAIN DE MANŒUVRES où se trouvent plusieurs Régiments, c'est par BATAILLONS, non par Régiments, que les BRIGADES manœuvrent, hormis les seuls cas de la FORMATION ou de la MARCHE DES ÉCHELONS PAR RÉGIMENTS, et de la manœuvre des CARRÉS par Régiment. — Un des perfectionnements de la TACTIQUE a été l'organisation des Régiments en BRIGADES et en DIVISIONS; mais l'avantage de ce système s'est en partie évanoui par suite de l'inégalité de FORCE et de COMPOSITION des Régiments et par l'imperfection des RÈGLEMENTS D'EXERCICE, qui sans transition ont sauté de l'ÉCOLE DE BATAILLON aux ÉVOLUTIONS DE LIGNE, au lieu de créer intermédiairement une ÉCOLE DE BRIGADE et une ÉCOLE DE DIVISION. — Les Régiments doivent pratiquer, aussi familièrement par la DROITE que par la gauche, la MARCHE EN COLONNE; un sage principe voulait que, pendant le cours des MARCHES-ROUTES d'une durée prolongée, la TÊTE et la QUEUE des Régiments fussent alternativement en avant; quant aux DÉFILEMENTS D'HONNEUR, ils ont toujours lieu par la DROITE. — Depuis la création des COMPAGNIES DE GRENADIERS, et vers 1680, le PIQUET était comme une COMPAGNIE momentanée, ayant même nombre de FILES que la COMPAGNIE DE GRENADIERS, et prenant place à l'autre AILE de la LIGNE DE BATAILLE. — Un RÉGIMENT EN BATAILLE était originairement un CORPS DE BATAILLE, un CARRÉ PLEIN d'autant de RANGS que de FILES; rien ne déterminait la mesure des INTERVALLES EN COLONNE; il n'y avait point encore de POSTES D'HONNEUR pour le COMBAT, puisque, au moyen de voltes individuelles sur place, le CORPS faisait FRONT partout. — Le système de l'amincissement ou ORDRE MINCE amena d'autres usages, tels que le CARRÉ VIDE, les INVERSIONS, le FLIB-

GELMAN. — Le CAMP DE VAUSSIEUX fut institué comme une arène où seraient concurremment essayées les méthodes de la TACTIQUE ancienne et de la TACTIQUE nouvelle. — Bien des incertitudes en fait de TACTIQUE resteraient à dissiper, et entre autres celle-ci : quel est le BATAILLON GARDE-DRAPEAU, ou garde-coq d'un Régiment ? — L'ORDONNANCE DE 1833 (5 JUILLET) faisait mention de TIRAILLEURS sous le nom de FRANCS TIREURS. La chose est restée en projet. — Nº 5. UNIFORME, ADMINISTRATION. — Des séries de COULEURS DISTINCTIVES des corps furent maintes fois établies, changées, abolies. — Les CORPS qu'on appelait RÉGIMENTS DE GENTILSHOMMES, avant de vêtir le BLANC, avaient été vêtus, depuis Louis TREIZE, d'habits, de VESTES, de CULOTTES, de COULEURS arbitrairement choisies, mais non des COULEURS réservées aux Régiments du ROI, de la REINE, ou des PRINCES. Ces derniers CORPS étaient en outre reconnaissables par les CHEVRONS DE LIVRÉE de leurs TAMBOURS et CLARINETS. — Rien n'a éprouvé plus de changement que les ÉPAULETTES ; le CASQUE a été plus d'une fois essayé et abandonné ; le HAVRE-SAC a subi des modifications nombreuses. — En 1665, des COULEURS TRANCHANTES furent affectées, comme MARQUES DISTINCTIVES, à l'HABILLEMENT ; il ne resta des anciennes PIÈCES D'ARMURE que le HAUSSE-COL. — La GUERRE DE SEPT ANS consacra l'usage de la COCARDE. Les HOMMES, les COMPAGNIES, les BATAILLONS ont été ingénieusement distingués depuis l'invention du POMPON à numéro de cuivre, et depuis le rétablissement des DRAPEAUX D'ORDONNANCE. — Les INSTRUMENTS A VENT, perfectionnés, multipliés, sont devenus l'objet d'une DÉPENSE toujours croissante ; les RÈGLEMENTS ont de nos jours commencé à faire mention de GROSSES CAISSES. — Des GRENADES, des CANONS, des ESPINGOLES, des HACHES, des ESPONTONS, des FUSILS D'OFFICIER ont fait partie des ARMES des Régiments. Des CORDEAUX DE CAMPEMENT leur étaient aussi alloués. — Les MOUSQUETS, les HALLEBARDES, ont fait place aux ÉPÉES DE SOLDATS, aux SABRES, aux FUSILS DE TROUPE ; ces dernières ARMES ont eu depuis la GUERRE DE LA RÉVOLUTION un NUMÉRO pour MARQUE. — Les CHEVEUX coupés ont succédé à la QUEUE. — La VÉNALITÉ des Régiments français d'INFANTERIE a existé depuis LOUIS QUATORZE jusqu'à la suppression de la FINANCE, en 1776. BRIQUET (1761, H, t. IV, p. 313) et LACHESNAIE (1758, I, au mot *Prix*) disent à quel prix il était permis de vendre les VIEUX CORPS, les PETITS VIEUX, et ceux de moindre valeur pécuniaire. — L'ORDONNANCE DE 1762 (10 DÉCEMBRE) fixait ces prix, pour les plus anciens, à quarante mille livres,

pour les autres à vingt mille livres. Les RÉGIMENTS ÉTRANGERS et les LÉGIONS ne s'achetaient pas, ou du moins rien d'officiel ne le prévoyait. — Sous le règne suivant, quoique la VÉNALITÉ fût abolie, on pouvait s'avancer à l'aide des CONCORDATS ; on pouvait devenir COLONEL moyennant finances, puisqu'en achetant une COMPAGNIE DES GARDES FRANÇAISES on montait au rang de COLONEL, et qu'à l'aide de quelque faveur on pouvait facilement obtenir le COMMANDEMENT d'un CORPS en quittant les GARDES. — Une question qui intéresse l'ÉTAT CIVIL, l'ADMINISTRATION, le DROIT PUBLIC MILITAIRE, serait celle de l'autorisation, de la restriction, ou de la prohibition du MARIAGE DES MILITAIRES servant dans les Régiments. — L'ADMINISTRATION intérieure des Régiments, le maniement des MASSES, la mesure des DURÉES LÉGALES ont d'abord ressorti uniquement aux CAPITAINES. L'administration s'est ensuite partagée entre l'ORDINAIRE et l'EXTRAORDINAIRE DES GUERRES ; elle a été ensuite abandonnée aux MAJORS, sous la surveillance des COMMISSAIRES DES GUERRES ; les OFFICIERS COMPTABLES en géraient les DÉTAILS. Elle a été confiée depuis 1776 à des CONSEILS D'ADMINISTRATION fréquemment modifiés quant à leurs attributions, et quant au choix, au rang, au nombre de leurs MEMBRES ; successivement, un QUARTIER-MAITRE, des OFFICIERS PAYEURS, un TRÉSORIER, des ADJOINTS AU TRÉSORIER, y ont eu le maniement des FONDS ; un CAPITAINE D'HABILLEMENT, un ADJOINT à ce CAPITAINE, un OFFICIER D'ARMEMENT y ont eu la gestion des étoffes, matières et effets. — Il y a eu cette différence entre le régime impérial et la restauration, que la LÉGISLATION fulminait sans cesse contre les DÉPENSES DE LUXE, et que depuis 1814 les MINISTRES DE LA GUERRE ont été les promoteurs des DÉPENSES de ce genre, et surtout des DÉPENSES dont l'INFANTERIE FRANCO-SUISSE a été l'objet. — L'INDEMNITÉ des FRAIS DE CULTE a été une des innovations de l'époque. — Suivant les temps, l'ADMINISTRATION du CASERNEMENT, ou du moins ses DÉTAILS ont concerné les PORTE-DRAPEAUX, les FOURRIERS, les QUARTIERS-MAITRES, etc. — Les EFFETS DE RECRUES, les HABITS qu'ils apportaient du foyer paternel, ont été longtemps l'occasion d'abus et de gaspillages, avant d'avoir été l'objet de dispositions prévoyantes et équitables. — Les soins apportées à la confection des EXTRAITS DE REVUES, à la répression des RETENUES ILLICITES, à l'examen des EFFETS D'IMPUTATION, au maniement des MASSES COMPTABILIAIRES, à la passation des MARCHÉS, ont été des OPÉRATIONS difficiles, délicates, importantes de l'ADMINISTRATION des Régiments.

RÉGIMENT D'INFANTERIE FRANÇAISE DE BATAILLE. V. ARMÉE FRANÇAISE N° 2. V. CASQUE DE CUIR. V. CHASSEUR A PIED. V. INFANTERIE DE BATAILLE N° 2. V. INFANTERIE FRANÇAISE DE BATAILLE. V. OPLITE. V. RÉGIMENT D'INFANTERIE FRANÇAISE N° 2.

RÉGIMENT D'INFANTERIE FRANÇAISE DE BATAILLE DE LIGNE. V. AUMONIER N° 5. V. BLANC D'HABILLEMENT. V. DIVISION D'ARMÉE. V. INFANTERIE DE BATAILLE N° 2. V. LÉGION DÉPARTEMENTALE. V. PAIX DE 1598.

RÉGIMENT D'INFANTERIE FRANÇAISE DE GARDE ROYALE. V. ARMÉE FRANÇAISE N° 2. V. BATAILLON DE GARDE ROYALE. V. CLARINETTE. V. FUSIL A PISTON. V. INFANTERIE FRANÇAISE DE GARDE ROYALE N° 1. V. INFANTERIE LÉGÈRE N° 2.

RÉGIMENT D'INFANTERIE FRANÇAISE DE LIGNE. V. AUMONIER DE CORPS N° 5. V. CLARINETTE. V. COMPAGNIE D'INFANTERIE FRANÇAISE N° 2. V. CYMBALE. V. FUSIL A PISTON. V. GARDE ROYALE N° 2. V. INFANTERIE FRANÇAISE DE LIGNE N° 2. V. INFANTERIE FRANCO-ÉTRANGÈRE. V. MUSICIEN N° 7. V. MUSIQUE. V. PORTE-AIGLE. V. QUARTIER-MAITRE N° 2.

RÉGIMENT D'INFANTERIE FRANCO-ÉTRANGÈRE. V. APLOMB. V. BONNET A POIL. V. COLONEL EN SECOND. V. COMPAGNIE D'INFANTERIE FRANÇAISE N° 12. V. DRAPEAU BLANC. V. FIFRE. V. INFANTERIE FRANÇAISE N° 3 (tableau). V. INFANTERIE FRANCO-ÉTRANGÈRE. V. MOUSTACHE. V. PRÉVOT DE CORPS.

RÉGIMENT D'INFANTERIE FRANCO-SUISSE. V. COMPAGNIE GÉNÉRALE. V. CONSEIL GÉRANT. V. GRENADIÈRE D'ÉQUIPEMENT. V. INFANTERIE FRANCO-SUISSE N° 2, 3, 4. V. INFANTERIE FRANCO-SUISSE DE GARDE ROYALE. V. JUGE DE RÉGIMENT. V. MINISTRE DE LA GUERRE EN 1761. V. MUSICIEN N° 7. V. ORDRE DE SAINT-LOUIS. V. RÉGIMENT FRANCO-SUISSE.

RÉGIMENT D'INFANTERIE FRANCO-SUISSE DE GARDE ROYALE. V. INFANTERIE FRANCO-SUISSE DE GARDE ROYALE.

RÉGIMENT D'INFANTERIE FRANCO-SUISSE DE LIGNE. V. BOUCHE A FEU DE RÉGIMENT SUISSE. V. CONSEIL GÉRANT. V. INFANTERIE FRANCO-SUISSE DE LIGNE. V. ORDRE DE SAINT-LOUIS.

RÉGIMENT D'INFANTERIE LÉGÈRE. V. ARMÉE FRANÇAISE N° 2. V. COMPAGNIE DE VOLTIGEURS D'INFANTERIE LÉGÈRE N° 1. V. DIVISION D'ARMÉE. V. INFANTERIE LÉGÈRE; id. N° 2. V. LÉGION DÉPARTEMENTALE. V. RÉGIMENT D'INFANTERIE FRANÇAISE N° 2 (tableau).

RÉGIMENT D'ISEMBOURG. V. CORPS ÉTRANGER. V. ISEMBOURG.

RÉGIMENT DU DAUPHIN. V. DAUPHIN. V. RÉGIMENT DE CAVALERIE FRANÇAISE N° 3.

RÉGIMENT (régiments) DU GÉNIE (A, 1).

Sorte de RÉGIMENTS FRANÇAIS et de CORPS SPÉCIAUX qui dépendent du CORPS DU GÉNIE. Les ORDONNANCES DE 1814 (12 MAI), DE 1815 (22 SEPTEMBRE), DE 1815 (27 OCTOBRE) préludaient à leur institution. — L'ORDONNANCE DE 1824 (27 OCTOBRE) reconnaissait trois Régiments du GÉNIE à trois BATAILLONS en huit COMPAGNIES; les deux premières formées de MINEURS, les six dernières de SAPEURS; une COMPAGNIE de DÉPOT y était jointe. — L'ORDONNANCE DE 1829 (13 DÉCEMBRE) réduisait les Régiments du GÉNIE à deux BATAILLONS en sept COMPAGNIES, dont une de SAPEURS, six de MINEURS. Elle leur attachait une COMPAGNIE D'OUVRIERS, et y ajoutait en TEMPS DE GUERRE trois compagnies du train. La force totale des Régiments du génie était, sur PIED DE PAIX, de deux cents officiers et de quatre mille quatre cent seize SAPEURS OU MINEURS; l'effectif sur PIED DE GUERRE était de deux cent vingt-cinq OFFICIERS et de six mille cinq cent quatre SAPEURS. — Un Régiment était, sur PIED DE PAIX, de soixante-sept OFFICIERS et de quatorze cent quarante-quatre HOMMES DE TROUPE, et sur PIED DE GUERRE il était de soixante-quinze OFFICIERS et de deux mille cent quarante HOMMES. Il en était ainsi en 1830. — Les OFFICIERS de ces CORPS étaient dispensés de concourir au SERVICE de la PLACE. — Ils jouissaient de la PENSION DE RETRAITE du grade supérieur, en vertu du privilége et des conditions que nous avons énoncés. — Le TIR de la GRENADE, les TRAVAUX DE CAMPAGNE sont l'objet des études des Régiments du génie; la confection des objets considérés comme MATÉRIAUX DE SIÉGE, tels que PALISSADE, etc., sont l'objet de démonstrations qui ont lieu dans les ATELIERS de ces CORPS. — Les OFFICIERS du CORPS D'ÉTAT-MAJOR viennent, au temps de leur noviciat, s'associer aux études, aux exercices des Régiments du génie. — M. GRIVET a tracé l'historique des TROUPES DU GÉNIE.

RÉGIMENT DU ROI. V. AUMONIER DE CORPS N° 5. V. BOUTON A ATTRIBUTS. V. BRIGADE. V. CAMP. V. COMPAGNIE DE GRENADIERS D'INFANTERIE FRANÇAISE DE LIGNE N° 1. V. DANSE DE L'ÉPÉE. V. DRAPEAU DE COLONELLE. V. GARNISON. V. GRENADE. V. GRENADIERS D'INFANTERIE FRANÇAISE N° 1, 2. V. GUERRE DE 1672. V. RÉGIMENT D'INFANTERIE FRANÇAISE N° 5. V. RÉGIMENT DE CAVALERIE FRANÇAISE N° 3. V. RÉGIMENT D'INFANTERIE FRANÇAISE N° 2 (tableau). V. ROI.

RÉGIMENT DU TRAIN D'ARTILLERIE DE LA GARDE. V. ARMÉE FRANÇAISE N° 2. V. ARTILLERIE DE GARDE ROYALE.

RÉGIMENT ÉCOSSAIS. V. CONTROLEUR DE

RÉGIMENT ÉCOSSAIS. V. ÉCOSSAIS, adj. V. RÉGI-
MENT D'INFANTERIE FRANÇAISE N° 2 (tableau).

RÉGIMENT EN BATAILLE. V. EN BATAILLE.
V. RÉGIMENT D'INFANTERIE FRANÇAISE N° 4. V.
SAPEUR D'INFANTERIE. V. SERMENT.

RÉGIMENT EN CAMPAGNE. V. CHEVAL DE
VIVANDIER. V. EN CAMPAGNE. V. MARÉCHAL DE
CAMP N° 6.

RÉGIMENT EN COLONNE. V. COLONNE.
V. COLONNE D'ATTAQUE. V. SAPEUR D'INFAN-
TERIE.

RÉGIMENT EN GARNISON. V. CAFÉ DE
RÉGIMENT. V. EN GARNISON. V. INSPECTEUR GÉ-
NÉRAL N° 4. V. RÉGIMENT FRANÇAIS N° 6. V.
RÉGIMENT FRANCO-ÉTRANGER.

RÉGIMENT EN ROUTE. V. EN ROUTE. V.
FOURRIER EN ROUTE. V. MARCHE-ROUTE. V. QUI
VIVE. V. TRÉSORIER DE CORPS EN ROUTE.

RÉGIMENT ESPAGNOL. V. ESPAGNOL., adj.
V. MILICE ESPAGNOLE N° 2, 5, 7, 8, 11. V.
RÉGIMENT. V. RÉGIMENT D'INFANTERIE. V. RÉGI-
MENT D'INFANTERIE FRANÇAISE N° 1. V. SER-
GENT-MAJOR N° 2.

RÉGIMENT ÉTRANGER. V. COLONEL DE
RÉGIMENT ÉTRANGER. V. COMPAGNIE D'INFANTE-
RIE FRANÇAISE DE LIGNE N° 12. V. ÉTRANGER,
adj. V. FIFRE. V. MINISTRE DE LA GUERRE EN
1761. V. RÉGIMENT D'INFANTERIE FRANÇAISE
N° 2, 5. V. RÉGIMENT FRANCO-ÉTRANGER. V.
TAMBOUR IDIOPLIQUE D'INFANTERIE FRANÇAISE
N° 5.

RÉGIMENT (régiments) FRANÇAIS (term.
sous-génér.). Sorte de RÉGIMENTS considérés
abstraction faite de l'ARME à laquelle ils
appartiennent ; car ordinairement ils dépendent d'une ARME. On a vu cependant tel
Régiment de l'ARMÉE FRANÇAISE être lui-
même une ARME; il en était ainsi sous la
restauration, quand il n'existait qu'un seul
RÉGIMENT DE LANCIERS, celui des LANCIERS DE LA
GARDE.—Il a été traité des Régiments français
par AUDOUIN, BOHAN (1781, H), M. le colonel CARRION (1824, A), ENCYCLOPÉDIE
(1785, C ; id. au mot *Colonel*), LACHESNAIE
(1758, I, fin du dernier volume); LECOUTU-
RIER (1825, A), MANESSON (1685, B), PUY-
SÉGUR (1748, C, p. 57), le *Spectateur militaire* (t.   p. 66). — Le mot va se présenter sous les distinctions suivantes : CRÉA-
TION, COMPOSITION, DÉNOMINATION, FORCE,
NOMBRE, UNIFORME, LOCALISATION, FONCTIONS,
INSTRUCTION, SERVICE, ADMINISTRATION. —
N° 1. CRÉATION, COMPOSITION. — En parlant
de chaque ARME et de chaque espèce de
CORPS de la MILICE FRANÇAISE, nous avons
indiqué les époques de leur CRÉATION, et les
moyens de leur RECRUTEMENT. — Au temps

des RACOLEURS, et jusqu'à l'institution de
la CONSCRIPTION, la COMPOSITION des Régiments
français laissait infiniment à désirer. — Des
OFFICIERS qu'on appelait des MENTORS, étaient
comme les parrains des jeunes ASPIRANTS
nommés CADETS ou des jeunes SOUS-LIEUTE-
NANTS. Ces tuteurs avaient la direction, la
surveillance de leur conduite pendant leur
noviciat. — Le *Journal de l'Armée* (t. II,
p. 152), prétend qu'en 1560, l'*infanterie et
la cavalerie furent définitivement subdi-
visées en Régiments, bataillons et escadrons*. — A l'égard des BATAILLONS, il y a
erreur de plus d'un siècle ; à l'égard des
compagnies, il y a oubli ; car des CORPS conservèrent leur dénomination de COMPAGNIES ;
telles furent celles des GENTILSHOMMES AU BEC
DE CORBIN. — D'abord des Régiments se
donnèrent des SERGENTS-MAJORS tout différents des SERGENTS-MAJORS actuels. — L'é-
poque où florissait l'ESCRIME, était celle où
naissaient les Régiments. De là, l'usage des
MAITRES D'ARMES de Régiments. — Le SER-
MENT a, de tout temps, été regardé comme
une garantie de la fidélité des CORPS. Cette
religion fut le mobile prétendu de l'émigra-
tion militaire ; elle fut l'excuse des subal-
ternes ; elle fut mise en oubli par leurs chefs,
à l'aurore du régime impérial. — Le ministre de SÉGUR, adoptant une mesure qui
a été vivement censurée, n'admettait d'OF-
FICIERS et de CADETS que sur PREUVES DE NO-
BLESSE ; les PROMOTIONS différaient même
suivant le degré de NOBLESSE. — En 1790,
les BAS OFFICIERS sont devenus SOUS-OFFI-
CIERS. — Depuis le commencement de la
GUERRE DE LA RÉVOLUTION, il a été attaché
d'une manière uniforme et permanente des
CHIRURGIENS aux Régiments ; il n'en avait pas
encore été ainsi jusque-là. — Avant la création du CORPS D'ÉTAT-MAJOR, des OFFICIERS
D'ORDONNANCE étaient détachés des Régiments à l'effet de remplir ces fonctions. —
Depuis que les COMPAGNIES ont eu des FOUR-
RIERS, et cela remonte peu haut, ceux des
Régiments français ont exercé un emploi
qui a sans cesse varié ; il y en a autant à
dire des MAJORS GÉNÉRAUX, des MAJORS PAR-
TICULIERS. — Pendant le cours de la restauration, des AUMONIERS avaient été rappelés
dans les Régiments. — N° 2. DÉNOMINATION.
— Si les ÉCRIVAINS ne sont pas unanimes à
l'égard de la CRÉATION des Régiments, cela
tient à ce que le mot ne devint commun,
universel, légal, que vers le règne de CHAR-
LES NEUF, quoique, en réalité, il existât des
Régiments dès le règne de HENRI DEUX. — Il
avait existé autrefois des agroupements ou
agrégations à peu près identiques sous le
nom de ROUTS. — Le *Journal de l'Armée*

(t. ii, p. 132) dit qu'en 1558 *Henri deux substitue le nom de Régiment à celui de bandes*; l'assertion manque d'exactitude. — Les Espagnols distinguaient par des noms de provinces, ou de royaumes, ou de dignitaires, leurs terzes ou régiments d'infanterie. En cela, la France imita l'Espagne. — Les Régiments français ont été originairement désignés par un nom de province, par ceux d'un seigneur, d'un prince, d'un chef; de là, le classement des anciens corps en régiments royaux, provinciaux, de gentilshommes, de princes, etc. — Jusqu'au temps de la Fronde, chaque prince avait son Régiment comme il avait sa forteresse. — L'ordonnance de 1670 (26 mars) graduait les Régiments au moyen d'une dénomination par numéro, dans chaque arme ou sous-arme, en outre de la désignation par épithète. On appelait régiments royaux ceux dont le roi, la reine, les enfants de France étaient colonels honoraires. — Dans les reconnaissances voulues par les règlements du service en garnison et en campagne, le cri : quel régiment? provoquait une réponse indicative du nom de la troupe arrivante ou passante qu'il s'agissait de reconnaître. — L'expérience avait démontré combien était variable, et par conséquent contraire à un sage système, ce mode d'indication des Régiments; à chaque mutation de colonel, ou de mestre de camp, la formule désignative s'évanouissait, ou bien il y avait régiment du dauphin, régiment de la reine, dans des temps où il n'existait ni reine ni dauphin. — La révolution de 1789 simplifia le moyen, corrigea l'abus, en ne reconnaissant plus d'autre dénomination que l'ordre numéral. — La loi commença, depuis 1793 (21 février), à appeler régiment de ligne, ceux d'infanterie dont l'amalgame allait avoir lieu; l'usage s'établit ensuite d'appeler cavalerie de ligne, celle qui différait de la gendarmerie. Cette qualification se conserva à l'époque de la formation de la garde de la convention, du corps législatif, du directoire, des consuls; et enfin, quand furent mises sur pied la garde impériale et la garde royale, la ligne était l'opposé de tous ces genres de troupe. — La restauration avait fait revivre l'usage, depuis longtemps oublié, des noms de princes; quelques Régiments en reçurent leur qualification, bientôt abolie par le retour de Bonaparte. — A la seconde restauration les légions d'infanterie prirent le nom du département; cette coutume eut peu de durée, mais la cavalerie continuait à porter des noms de princes et de pays, après que l'abolition des légions avait rétabli dans les

troupes a pied le classement par numéro; car rien n'est rare, dans l'armée française, comme l'uniformité de système. — La désignation par noms propres se gravait mieux dans la mémoire, mais était plus susceptible de changements fréquents, donnait lieu à des lazzis, à des querelles, et laissait incertain le rang de primauté; la désignation numérale avait l'inconvénient d'être difficile à retenir, et de faire synonymie d'arme à arme. — N° 3. Force, nombre. — Nous aurions pu rechercher quel a été, période par période, le nombre des Régiments de toutes armes que la France a tenus à son service; mais l'enquête eût été futile, à raison de la dissemblance et des perpétuelles variations de la constitution de l'armée et de la force numérique des corps. Quantité de corps d'ailleurs étaient des espèces de Régiments, sans en avoir le nom; il tombe cependant sous notre plume qu'en 1714, la France possédait deux cent soixante-quatre Régiments; elle en avait, en 1811, deux cent quarante-quatre; à la révolution de 1830, il n'y en avait sur pied que cent quarante-huit, la plupart incomplets, et réduits bientôt à cent trente-sept par suite du licenciement de la garde. Le tableau que nous avons donné des divers chiffres de l'armée française donneront une idée plus claire des besoins militaires du pays, de ses ressources, de ses efforts, de sa puissance. — N° 4. Uniforme. — L'Encyclopédie (1751, C) témoigne que les régiments royaux étaient en général en bleu; les régiments de princes, en général en gris; ceux de gentilshommes, de couleurs diverses et capricieusement choisies par les colonels. — Les Régiments ont en outre été reconnaissables, depuis leur origine, par des distinctions générales, par des marques particulières, par des drapeaux, des enseignes, des fanions; mais ces divers moyens de les caractériser ont été sans cesse changeants. — Quelques Régiments avaient autrefois leurs canons, leurs caissons, leurs tentes, leurs manteaux d'armes, leurs mulets de bat, leurs cordeaux de campement. — Depuis que des principes mieux entendus ont pris faveur, depuis que chaque colonel a cessé d'être le ministre de la guerre de son Régiment, les règles de l'uniforme et ses lois de détails ont émané du ministère de la guerre; elles ont été notifiées aux corps par des envois de modèles et de prototypes, par des descriptions, des devis, des tracés. — Mais un code, une calchographie, des tarifs durables, des devis permanents, des règles unes auraient dû être adoptées, et de nos jours encore, la garde et la ligne différaient en quantité de détails : ainsi, pour en donner un exemple sur mille, il était alloué des serpents dans les musiques de la garde, il n'en était pas autorisé dans la ligne. Un membre du corps de l'intendance qui passait dans la garde avait à y faire une nouvelle étude de la législation. —Mais malgré toutes les précautions qu'on prendrait en France pour donner au costume de la tenue, uniformité et durée, rien peut-être ne prévaudrait contre les ruses du commerce, les efforts de l'industrie qui provoquent au changement, et contre les caprices et les illusions de la coquetterie française. — No 5. Localisation, fonctions. — On a fait courir le bruit que, sous l'avant-dernier ministre de la restauration, tel Régiment a obtenu ou conservé telle ou telle garnison, parce que la campagne du colonel était voisine de la ville. — On a prétendu que la promesse d'obtenir au bénéfice de telle localité une école militaire, une garnison, avait ouvert les portes de la législature à plus d'un postulant. — C'est peut-être une accusation gratuite de journaliste, mais dans tous les temps des abus de ce genre ont existé. — L'administration de la justice militaire n'a d'abord regardé que les officiers de régiment ; y concourir est ensuite devenu une fonction d'hommes de troupe. — Les fonctions des Régiments dépendent du genre de l'arme, ou de la catégorie, ou du service plus spécial, auxquels ils appartiennent ; ainsi le mot se distinguera en régiments d'artillerie, — de cavalerie française, — de marche, — de prince, — d'infanterie française, — du génie. — No 6. Instruction, service, administration. — Avant le milieu du dernier siècle, l'instruction tactique était tellement encore dans l'enfance, qu'il n'existait pas encore de système réglementaire qui déterminât la forme des commandements vocaux. — Des écoles de divers degrés sont, ou préparatoires, telles que l'école de Saint-Cyr, ou spéciales, ou régimentaires ; des rudiments ont été affectés par les ministres de la guerre à l'enseignement des hommes de troupe ; des leçons d'espadon leur ont été données ; des bibliothèques ont été à plusieurs reprises essayées pour l'agrément et l'instruction des officiers ; mais cette voie de perfectionnement commence à peine à s'ouvrir. — Les services éclatants rendus à la guerre ont été l'objet de récompenses quelquefois collectives. — Depuis la guerre de la révolution, le service de guerre s'est fait par division. Dans les garnisons, le major de place le commandait. —Depuis le ministère de Gouvion, de jeunes officiers

du corps de l'état-major général venaient, alternativement, faire une sorte de stage dans les Régiments. — Tenir en ordre de bataille la droite du Régiment, ne perdre aucun des avantages de l'ordre du tableau, aucun des droits aux préséances et aux honneurs dans le cours du service, ont été l'objet des plus âcres discussions, des plus extravagantes prétentions. — Les Français ont toujours eu la droite des régiments franco-étrangers. — Des conseils de discipline, en prenant ce mot dans une acception qui a rapport aux infractions contre les lois du service, ont existé dans les Régiments en divers temps et sous diverses formes. — La messe militaire pour les corps catholiques, la prière pour les régiments protestants, ont été au nombre des obligations du service. — Au camp, les Régiments se gardent par des piquets, par des postes. — Avant le règne de Henri quatre, il n'était pas ouvert d'hôpitaux aux malades des Régiments français. — Sous le règne de Louis quatorze, les Régiments français se vendaient à prix débattu ; ce prince en régla le taux. Cette vénalité se maintenait sous Louis quinze, mais allait s'éteignant depuis Choiseul ; les concordats, autre genre de vénalité, s'y substituaient. — Maurice de Saxe, quoique breveté en France comme maréchal de camp, avait acheté pour cent mille francs le Régiment de Sparre. Le prix que les Régiments eurent plus tard était bien moindre, comme le témoignent Briquet (1761, H), Lachesnaie (1758, I), Turpin (1785, O, p. 460). — Avant le ministère de Dargenson, un Régiment français était pour le colonel et le major une ferme plus ou moins productive. Ce ministre y mit ordre, ou du moins y travailla. — Une mesure administrative, jusqu'ici tentée sans succès, consistait à attacher à la suite de chaque Régiment des moulins portatifs ; ce moyen, infructueusement tenté par les Français, en Russie, en Portugal, avait eu pour objet de remédier aux désordres, aux pénuries que les guerres d'invasion entraînent. La soupe à la gélatine a été essayée avec aussi peu de succès. — L'institution des infirmeries permanentes a été maintes fois essayée dans des corps en garnison, sans que le succès y ait répondu. —Les dépenses de luxe, longtemps prohibées par les ministres, ont, au contraire, semblé encouragées par eux depuis la restauration. Les retenues sur appointements ont été longtemps une source d'abus. — Les Régiments français se distingueront en régiment d'artillerie, — de cavalerie, — de marche, — de prince, — d'infanterie, — du génie.

RÉGIMENT (régiments) FRANCO-ÉTRAN-GER (F). Sorte de RÉGIMENTS considérés à part des RÉGIMENTS SUISSES, et ayant consisté en Régiments d'INFANTERIE et de CAVALERIE ; ils existent depuis HENRI TROIS dans l'ARMÉE FRANÇAISE ; ils y ont introduit l'usage des MUSIQUES DE CORPS ; ils avaient leur JUSTICE, leurs prisons particulières. — LOUIS QUA-TORZE accrut sans mesure le nombre des RÉGIMENTS ÉTRANGERS ; la difficulté du RECRU-TEMENT en FRANCE et la continuité de ses GUERRES le contraignirent à cette mesure ; il ouvrit un refuge aux mécontents et aux vagabonds de tous les pays. ALLEMANDS, CORSES, HONGROIS, PIÉMONTAIS, POLONAIS, SUÉDOIS, vinrent s'ENRÉGIMENTER SOUS toutes sortes de dénominations. Vingt-cinq mille HOLLANDAIS se battaient à sa SOLDE, et ses RECRUTEURS allaient jusque sur les frontières de la TURQUIE séduire les SOLDATS impériaux. En 1719, les corps ÉTRANGERS formaient le sixième des TROUPES FRANÇAISES. — LOUIS QUINZE em-ploya dans la GUERRE DE 1756, des Saxons, des BAVAROIS, des WURTEMBERGEOIS, des IRLANDAIS, des HONGROIS, des SUISSES, des ALLEMANDS, des ITALIENS. — LOUIS SEIZE n'eut pas à re-courir aussi dispendieusement aux ARMES des peuples voisins, et ne TINT SUR PIED que peu de cavalerie étrangère. La FRANCE, pendant les premières campagnes de la révolution, ne confia sa défense qu'à des nationaux. — Nous n'énumérons pas les RÉGIMENTS ÉTRAN-GERS qui ont porté les armes pour la cause de NAPOLÉON ; il faudrait citer les deux pé-ninsules, le DANEMARCK et la POLOGNE, l'AUTRICHE, les royaumes outre Rhin, la CROATIE et la DALMATIE. — Les CORPS ÉTRAN-GERS ne venaient, par ordre de préséance, qu'après les SUISSES. — L'ORDONNANCE DE 1768 (1er MARS) ne permettait aux RÉGI-MENTS ÉTRANGERS de prendre rang, en GAR-NISON, qu'après le plus ancien RÉGIMENT FRANÇAIS de même ARME.

RÉGIMENT (régiments) FRANCO-SUISSE (F). Sorte de Régiments qui, depuis la CAPI-TULATION de 1444 souscrite par LOUIS ONZE, alors dauphin, ont été, à diverses reprises, à diverses conditions, cédés au gouverne-ment de FRANCE par les louables CANTONS, et employés sous forme d'INFANTERIE, d'abord nommée BANDES, COMPAGNIES, ENSEIGNES, dans lesquels étaient compris quelques TRA-BANS. — Licenciés en 1792, rappelés par le DIRECTOIRE sous le nom de DEMI-BRIGADES HELVÉTIQUES, conservés par BONAPARTE, re-constitués en Régiments largement rétri-bués par la restauration, les Suisses ont été congédiés après la révolution de 1830, mais sans emporter leurs ARMES et leur ARTILLERIE. — Les SUISSES ne prenaient rang qu'après les plus anciens RÉGIMENTS FRANÇAIS ; mais ceux de la GARDE du souverain passaient avant les RÉGIMENTS DE LIGNE. — A la fin du règne de LOUIS QUATORZE, huit Régiments suisses à trois BATAILLONS comprenaient qua-torze mille quatre cents hommes. Ils étaient, avant leur abolition, en 1792, au nombre de treize mille sept cent dix-neuf hommes. — Ils se composaient, en 1798, de dix-huit mille hommes. — Les GRENADIERS suisses ont, les premiers, porté la pièce d'équipe-ment qu'on a d'abord nommée DEMI-GI-BERNE. — Les RÉGIMENTS SUISSES ont, les premiers, eu des ADJUDANTS, mais avec le rang d'OFFICIERS. Ces ADJUDANTS remplissaient les fonctions d'AIDES-MAJORS dont l'emploi n'avait pas été créé dans les CORPS SUISSES ; ils ont, les derniers, eu des APPOINTÉS. — Les TAMBOURS suisses, quand ils battaient la retraite, étaient placés à la suite et séparé-ment des TAMBOURS français ; les TAMBOURS des corps étrangers ne venaient qu'après ceux des SUISSES. — L'ORDONNANCE DE 1816 (18 AOUT) donnait aux Régiments franco-suisses des INSPECTEURS PARTICULIERS et de l'ARTILLERIE. — Des détails plus étendus se trouvent dans M. SICARD.

RÉGIMENT FRANCO-SUISSE DE GARDE ROYALE. V. GARDE ROYALE. V. MUSICIEN N° 7.

RÉGIMENT (régiments) FRONTIÈRE (F), OU TSCHAIKISTES suivant le *Spectateur mili-taire* (t. XXII, p. 444). Sorte de RÉGIMENTS fréquemment mentionnés dans l'histoire d'AUTRICHE et dans les récits de ses GUERRES avec la TURQUIE. — Ce que nous avons dit du double sens que le mot RÉGIMENT a eu primitivement est applicable au cas présent ; ainsi on a appelé Régiment frontière et un GÉNÉRALAT contigu à la FRONTIÈRE, et la TROUPE affectée à la défense de ce GÉNÉRALAT. — En prenant le mot dans le sens de CORPS ou de TROUPE, il donne idée de cette portion de la MILICE AUTRICHIENNE qui se compose de COLONISATIONS rassemblées en vue d'op-poser une barrière aux TURCS, et de garantir de leurs incursions la CROATIE. — La créa-tion des Régiments frontières, considérés comme des districts territoriaux, date de 1578 ; leur nombre s'est élevé à dix-sept ; le principal et le plus riche était le GÉNÉRALAT de Warasdin. — Depuis 1778, ils ont cessé de dépendre de la HONGRIE, et se sont distin-gués en GÉNÉRALATS ou bannats. — Les OFFI-CIERS des TROUPES qui gardaient ces bannats étaient en grande partie étrangers au pays ; ils percevaient une solde ; mais les simples SOLDATS avaient, au lieu de solde, des béné-fices ou des DOTATIONS terriennes. — A me-sure que les COLONIES de ces FRONTIÈRES eurent pris de l'importance, une CONSCRIPTION, qui peut-être a donné idée du système conscriptif de la PRUSSE, commença à alimenter les Régiments. — Anciennement la CROATIE n'avait fourni pour la GUERRE que des corps formés de VOLONTAIRES, tels que ceux qui figurent dans la GUERRE DE TRENTE ANS, sous les ordres du célèbre Jean de West. On les appelait CROATES; mais ils comprenaient aussi des DALMATES, des Bosniaques, etc., renommés comme TIRAILLEURS. Ils portaient vulgairement le nom de MANTEAUX ROUGES (*rothen-mentel*); ils ont, les premiers, porté le SCHAKO. — Depuis 1748, et pour la première fois, les Régiments frontières qui étaient destinés à la garde du pays commencèrent à être appelés aux ARMÉES. Les embarras éprouvés par MARIE-THÉRÈSE la contraignirent à cette mesure, et les CROATES devinrent, au besoin, une importante fraction de l'ARMÉE active. — En 1754, une nouvelle organisation donnée aux Régiments frontières par le prince de Hildburghausen s'est maintenue jusqu'à nos jours. — Il a été traité des Régiments frontières par SERVAN (1780, B) et le général TRAUTMAN. — Des recherches sur ce sujet se trouvent dans le *Spectateur militaire* (t. XI, p. 377; t. XX, p. 167; t. XXIII, p. 440 et 545), dans le *Dictionnaire de la Conversation* (au mot *Frontière*), dans les Mémoires du maréchal de Raguse (t. I).

RÉGIMENT GREC. V. GREC, adj. V. MILICE HELLÉNIQUE.

RÉGIMENT HAITIEN. V. HAITIEN, adj. V. MILICE HAITIENNE.

RÉGIMENT HANOVRIEN. V. FUSIL A PISTON. V. HANOVRIEN, adj. V. MILICE HANOVRIENNE N° 1, 2.

RÉGIMENT HELLÉNIQUE. V. CHILIARCHIE. V. HELLÉNIQUE, adj. V. MILICE HELLÉNIQUE.

RÉGIMENT HESSOIS. V. HESSOIS, adj. V. MILICE HESSOISE.

RÉGIMENT HOLLANDAIS. V. HOLLANDAIS, adj. V. MILICE HOLLANDAISE N° 2. V. PUPILLES N° 1, 4.

RÉGIMENT HONGROIS. V. HONGROIS, adj. V. SCHAKO.

RÉGIMENT IMMÉMORIAL. V. IMMÉMORIAL. V. MILICE ESPAGNOLE N° 2. V. RÉGIMENT.

RÉGIMENT IRLANDAIS. V. ATTAQUE PAR STRATAGÈME. V. CORPS ÉTRANGER. V. IRLANDAIS, adj. V. RÉGIMENT D'INFANTERIE FRANÇAISE N° 2 (tableau). V. SURPRISE DE PLACE.

RÉGIMENT ITALIEN. V. ITALIEN, adj. V. RÉGIMENT. V. RÉGIMENT D'INFANTERIE FRANÇAISE N° 2 (tableau).

RÉGIMENT LÉGER. V. COMPAGNIE FRANCHE. V. GUERRE DE 1756. V. LÉGER, adj. V. MILICE ANGLAISE N° 2. V. NATATION. V. RÉGIMENT D'INFANTERIE FRANÇAISE N° 2 (tableau).

RÉGIMENT MESTRE DE CAMP. V. MESTRE DE CAMP. V. COULEUR NATIONALE.

RÉGIMENT MEXICAIN. V. MEXICAIN, adj. V. MILICE MEXICAINE.

RÉGIMENT NAPOLITAIN. V. MILICE NAPOLITAINE N° 1. V. NAPOLITAIN, adj.

RÉGIMENT NÉERLANDAIS. V. MILICE NÉERLANDAISE N° 1. V. NÉERLANDAIS, adj.

RÉGIMENT NORWÉGIEN. V. GYMNASTIQUE. V. MILICE NORWÉGIENNE. V. NORWÉGIEN, adj.

RÉGIMENT PERSAN. V. MILICE PERSANE N° 1. V. PERSAN, adj.

RÉGIMENT PIÉMONTAIS. V. MILICE PIÉMONTAISE N° 1. V. PIÉMONTAIS, adj.

RÉGIMENT POLONAIS. V. MILICE POLONAISE N° 1, 4, 6. V. NATATION. V. POLONAIS, adj.

RÉGIMENT PORTUGAIS. V. BATAILLON RÉGIMENTAIRE. V. MILICE ANGLAISE N° 8. V. MILICE PORTUGAISE N° 1, 2. V. PORTUGAIS, adj. V. SERGENT-MAJOR N° 2.

RÉGIMENT PROTESTANT. V. PRIÈRE. V. PROTESTANT. V. RÉGIMENT FRANÇAIS N° 6.

RÉGIMENT PROVINCIAL. V. ARTILLERIE IDIOPLIQUE (tableau). V. CHARPENTIER. V. INFANTERIE FRANÇAISE N° 1. V. MILICE PROVINCIALE. V. PROVINCIAL. V. RÉGIMENT D'ARTILLERIE N° 3. V. RÉGIMENT DE CAVALERIE FRANÇAISE N° 3. V. RÉGIMENT FRANÇAIS N° 2.

RÉGIMENT PROVISOIRE. V. PROVISOIRE. V. RÉGIMENT DE MARCHE. V. GUERRE DE 1792.

RÉGIMENT PRUSSIEN. V. BATAILLON DE DÉPOT. V. MILICE PRUSSIENNE N° 2, 4, 7. V. MUSIQUE. V. PRUSSIEN, adj. V. TENTE.

RÉGIMENT ROYAL. V. ARTILLERIE IDIOPLIQUE. V. BOMBARDIER. V. COMPAGNIE DE BOMBARDIERS. V. LIVRÉE. V. MILICE SUÉDOISE. V. RÉGIMENT DE CAVALERIE FRANÇAISE N° 3. V. RÉGIMENT FRANÇAIS N° 2 et 4. V. ROYAL.

RÉGIMENT RUSSE. V. COLONISATION. V. COLONNE PAR BATAILLON. V. MILICE RUSSE N° 1, 2, 3, 4, 6, 9, 10. V. PULK. V. RUSSE, adj.

RÉGIMENT SAXON. V. MILICE SAXONNE N° 1. V. SAXON, adj.

RÉGIMENT SUÉDOIS. V. ARTILLERIE D'INFANTERIE. V. BRIGADE D'ARMÉE. V. CASAQUE D'ARMES. V. LETTRE AVOCATOIRE. V. MILICE SUÉDOISE N° 1. V. SUÉDOIS, adj.

RÉGIMENT SUISSE. V. ADJUDANT DE RÉGIMENT SUISSE. V. ADJUDANT-MAJOR DE RÉGIMENT SUISSE. V. ARTILLERIE A PIED DE LIGNE. V. AUMONIER DE CORPS N° 5. V. BATAILLON DE

RÉGIMENT SUISSE. V. BRETELLES CORRECTIONNELLES. V. CAPITAINE DE RÉGIMENT SUISSE. V. CAPITAINE EN SECOND. V. CAPITULATION SUISSE. V. CAPORAL DE RÉGIMENT SUISSE. V. CHIRURGIEN DE RÉGIMENT SUISSE. V. COLONEL D'INFANTERIE FRANCO-SUISSE DE LIGNE. V. COLONEL EN SECOND. V. COMPAGNIE CANTONALE. V. COMPAGNIE D'ARTILLERIE D'INFANTERIE FRANCO-SUISSE. V. INFANTERIE FRANÇAISE DE LIGNE N° 3, 4. V. INFANTERIE FRANCO-ÉTRANGÈRE. V. INFANTERIE FRANCO-SUISSE N° 1, 2, 4, 5. V. MILICE NAPOLITAINE N° 1. V. MILICE NÉERLANDAISE N° 1. V. RÉGIMENT. V. RÉGIMENT D'INFANTERIE FRANÇAISE N° 2 (tableau). V. RÉGIMENT FRANCO-ÉTRANGER. V. SUISSE, adj.

RÉGIMENT SUISSE DE GARDE ROYALE N° 2. V. INFANTERIE FRANCO-SUISSE DE GARDE ROYALE. V. SUISSE, adj.

RÉGIMENT SUISSE DE LIGNE. V. BOUCHE A FEU DE RÉGIMENT SUISSE DE LIGNE. V. INFANTERIE FRANCO-SUISSE DE LIGNE. V. LIGNE. V. SUISSE, adj.

RÉGIMENT SYKE. V. MILICE SYKE N° 2, 3. V. SYKE.

RÉGIMENT TURCO-ÉGYPTIEN. V. MILICE TURCO-ÉGYPTIENNE N° 2, 5, 6. V. TURCO-ÉGYPTIEN, adj.

RÉGIMENT TURC. V. JANISSAIRE. V. MILICE TURQUE N° 1, 2, 4, 5. V. TURC, adj.

RÉGIMENT WALLON. V. RÉGIMENT D'INFANTERIE FRANÇAISE N° 2 (tableau). V. WALLON.

RÉGIMENT WURTEMBERGEOIS. V. MILICE WURTEMBERGEOISE N° 1, 2, 6, 9. V. LANCE DE LANCIER. V. MUSIQUE. V. WURTEMBERGEOIS, adj.

RÉGIMENTAIRE, adj. V. AGRÉGATION R... V. ARTILLERIE R... V. AUMONIER R... V. BANDE R... V. BATAILLON R... V. BUREAU R... V. COMMANDANT R... V. COMPAGNIE R... V. CONSEIL R... V. CORPS R... V. DRAPEAU R... V. ÉCOLE R... V. ENSEIGNE R... V. ESCADRON R... V. HOPITAL R... V. INDEMNITÉ R... V. INFIRMERIE R... V. JUSTICE R... V. MASSE R... V. MATRICULE R...

RÉGIMENTAIRE, subs. masc. V. RÉGIMENT.

RÉGISSEUR D'HOPITAL. V. HOPITAL. V. HOPITAL MILITAIRE.

RÉGISSEUR GÉNÉRAL DES POUDRES et SALPÊTRES. V. GÉNÉRAL, adj. V. POUDRE. V. POUDRERIE. V. SALPÊTRE.

REGISTRE, subs. masc. V. EXTRAIT DE R... V. PERTE DE R...

REGISTRE | DE CORPS. REGISTRE DE COMPTABILITÉ. . . REGISTRE CENTRAL. DE CAISSE. DE DÉLIBÉRATIONS. DE L'EFFECTIF. JOURNAL.

REGISTRE (term. génér.), ou REGITRE. Mot tout LATIN qui, dans l'origine, était, suivant GÉBELIN, un composé des termes *de re gesta*, comme signifiant inscription de ce qui s'est fait. — VELLY, à la date 1249, est, au contraire, d'avis que l'expression vient du LATIN *regestum, quasi, iter gestum*. — Le terme Registre était analogue au mot RÔLE, auquel répondait le verbe INROTULER, que mentionne dans ce sens M. ROQUEFORT. — Des ÉCRIVAINS ont fait synonymes, mais à tort, Registre et CONTROLE. — Un Registre est, ou un album qui attend des inscriptions, ou des transcriptions authentiques tracées par qui de droit, ou bien c'est un volume typographiquement divisé par cases, colonnes, tableaux, ou enfin c'est un tome rempli de renseignements ou documents administratifs, et conservé dans des ARCHIVES. — Des CONTROLES sont, au contraire, des séries de renseignements tenus doubles. — Les Registres militaires ont succédé aux TAILLES à souche, aux TAILLES FISCALES; ils datent de l'époque où naissent les ARMÉES RÉGULIÈRES. Sans en chercher les preuves dans des siècles très-reculés, sans parler des *librarii* des ROMAINS, *librarii* qui étaient les teneurs de Registres des CORPS, on trouve le témoignage des ÉCRITURES militaires dès le temps des LEUDES. Les Registres ou RÔLES alors tenus, ou souvent les simples TAILLES, ou TAILLON à la manière des boulangers, étaient comme la matricule et le répertoire de leurs SERVICES accomplis ou à accomplir. ODIER (1824, E) s'est étendu en renseignements utiles à l'égard des Registres. — Si, parmi tant de Registres SURABONDANTS, a dit M. BAILLYET (1817, D, p. 258), il en manquait un, c'était un Registre sommaire des PROCÈS-VERBAUX que dressaient les COMMISSAIRES DES GUERRES et les SOUS-INTENDANTS, Registre qui aurait dû être paraphé par l'ORDONNATEUR ou l'INTENDANT, être tenu au fur et mesure des OPÉRATIONS, et être arrêté dans les tournées des CHEFS DES ADMINISTRATIONS et des INSPECTEURS D'ARMES. *Ce Registre n'était tenu presque nulle part.* — Avant 1817, dit ce même écrivain (p. 246), le nombre des Registres d'un corps d'infanterie, y compris ceux des sergents-majors, n'étaient pas de moins de quinze ; ceux d'un corps de cavalerie, pas de moins de vingt. — Le mot sera examiné ici comme registre d'actes d'état civil, — d'armement, — d'articles, — de casernement, — de compagnie, — de conseil permanent, — de corps de garde de garnison, — de corps de garde de police, — de correspondance, — de décès, — de délibérations de conseil de défense, — de délibérations de conseil de santé, — de détails, — de discipline, — de distributions, — de facteur, — de l'effectif, — de l'état civil, — de magasin, — de masse de chauffage, — de masse de compagnie, — de masse de linge et chaussure, — de masse générale, — de masses, — de moralité, — de mouvement, — de musique, — de mutations, — de payement, de détachement, — de petit équipement, de police, — de punitions, — de recettes, — de remplacement, — de rengagement, — de réparations, — de retenues, — de rondes, — de service, — de service de place, — de signalement, — de situation, — de travailleurs, — de vaguemestre, — de visite, — d'écroue, — d'effectif, — d'enseignement mutuel, — d'état civil, — d'états de service d'officiers, — d'habillement, — d'officier payeur, — d'ordres, — général, — -journal d'habillement, — -matricule.

REGISTRE central (B, 1). Sorte de registre de comptabilité que mentionnaient l'ordonnance de 1823 (19 mars, art. 714) et la décision de 1824 (3 novembre). La tenue en était prescrite au trésorier. Il était renouvelé chaque année ; il se partageait en deux volumes, l'un destiné à l'inscription des recettes, l'autre à celle des dépenses. Chaque volume était divisé en trimestres, et chaque trimestre en deux chapitres, l'un comprenant les recettes et dépenses de la portion du corps où réside le conseil d'administration et donnant, article par article, un relevé du registre de caisse et du journal du trésorier ; l'autre comprenant les recettes et dépenses des détachements ayant un conseil éventuel.

REGISTRE d'actes d'état civil. v. acte d'état civil. v. état civil. v. officier d'état civil.

REGISTRE d'armement. v. armement. v. armement de corps. v. conseil d'administration n° 5. v. inspecteur général d'infanterie n° 5. v. lieutenant d'armement. v. officier d'armement. v. sous-intendant n° 8.

REGISTRE d'articles. v. article d'argent. v. chargement d'argent. v. vaguemestre.

REGISTRE de caisse (B, 1), ou livre de caisse comme l'appelle Odier (1824, E). Sorte de registre de comptabilité qui est un des documents principaux de la comptabilité des corps. Les inscriptions doivent avoir lieu date par date, en toutes lettres, en séance de conseil, par la main du trésorier. — Les entrées de deniers et les dépenses ou remises de fonds faites au trésorier pour dépenses autorisées, y doivent être inscrites de suite, comme le témoignaient M. Berriat, M. Denervo, l'instruction de l'an trois (16 ventose), l'ordonnance de 1823 (19 mars) ; cette ordonnance et la décision de 1824 (3 novembre) en donnaient le modèle. — Un relevé du Registre de caisse est inséré dans le registre central. — La vérification du Registre de caisse, sa confrontation avec le registre-journal, ont lieu toutes les fois que le conseil d'administration le juge à propos. Le major le confronte avec le livret de payement. Le sous-intendant ou un membre du corps de l'intendance le vérifie, dans les cinq premiers jours de chaque trimestre, en séance du conseil. L'inspecteur général l'examine annuellement. — La décision de 1828 (31 octobre) renouvelait une disposition maintes fois prescrite, et qui voulait que le Registre de caisse ne sortît de la caisse à trois serrures que pour l'apposition des inscriptions qu'il doit recevoir. M. Legrand (1837, A) dit quelques mots de ce genre de Registre. — M. Drémaux critique la manière dont le livre de caisse est tenu.

REGISTRE de casernement. v. casernement. v. porte-drapeau.

REGISTRE de compagnie. v. administration de compagnie. v. armement de troupe. v. compagnie. v. congédié. v. controle annuel de compagnie. v. effet d'uniforme. v. fourrier d'infanterie française de ligne n° 9. v. livre de compagnie. v. livret individuel.

REGISTRE (registres) de comptabilité (B, 1). Sorte de registres de corps qui sont justificatifs des dépenses comparées aux recettes. Ils sont cotés, paraphés, signés par un sous-intendant. Il en examine, lors de sa revue, les écritures au commencement de chaque trimestre. Ces Registres sont revus annuellement par l'intendant militaire, et ils sont soumis aux vérifications, aux rectifications, au visa de l'inspecteur général ; il y appose, lors de sa revue, l'arrêté de comptabilité. — L'instruction de 1811 (28 décembre) déterminait le nombre et l'espèce des Registres de comptabilité. — L'ordonnance de 1823 (19 mars) partageait en quatre classes les Registres de comptabilité : ceux du CONSEIL, nommés DE CAISSE, — DE DÉLIBÉRATION ; — ceux du TRÉSORIER, nommés CENTRAL, — D'EFFECTIF, — DE MASSE DE LINGE ET CHAUSSURE ; ceux de l'OFFICIER D'HABILLEMENT, dont cette ordonnance avait le tort de ne pas fournir les détails ; ceux des COMMANDANTS DE COMPAGNIES, nommés LIVRE DE COMPAGNIE, LIVRET INDIVIDUEL, LIVRET D'ORDINAIRE ; hormis ces derniers, les autres Registres restaient aux ARCHIVES DES CORPS. — En 1831, on comptait vingt Registres de comptabilité dans chaque CORPS, non compris MATRICULE, CONTROLES, COMPTES avec divers, DISTRIBUTIONS D'EFFETS, RÉINTÉGRATION D'EFFETS D'HABILLEMENT, et tout ce qui est tenu à jour, pour le SERVICE, l'ADMINISTRATION, l'EXERCICE, par les OFFICIERS COMPTABLES et les OFFICIERS DE DÉTAILS. — On peut consulter à l'égard des Registres de comptabilité : BARDIN (1807, D), BERRIAT (1817, A), HUSSON, M. LEGRAND (1837, A), ODIER (1818, E ; 1824, E). — Ici le mot sera distingué en REGISTRE CENTRAL, — DE CAISSE, — DE DÉLIBÉRATIONS, — DE L'EFFECTIF, — —JOURNAL.

REGISTRE de CONSEIL DE DISCIPLINE. V. CONSEIL DE DISCIPLINE.

REGISTRE de CONSEIL PERMANENT. V. CAPITAINE RAPPORTEUR. V. COMMUTATION DE PEINE. V. CONSEIL PERMANENT N° 3. V. JUGEMENT MILITAIRE.

REGISTRE (registres) de CORPS (term. sous-génér.). Sorte de REGISTRES qui ont été longtemps disparates. — Le RÈGLEMENT DE 1792 (1er JANVIER) était un des premiers qui prescrivît le nombre, le genre, la nature des Registres à tenir par les CONSEILS D'ADMINISTRATION des CORPS. — Le montant de la DÉPENSE qu'entraîne l'entretien et l'acquisition des Registres, était acquitté conformément aux dispositions de la CIRCULAIRE DE 1827 (24 JANVIER). — Les pertes de Registres doivent être l'objet de PROCÈS-VERBAUX dressés sans délai, et légalisés par qui de droit. — Les COLONELS, les MAJORS, les OFFICIERS DE DÉTAILS et d'ÉTAT CIVIL, les SOUS-OFFICIERS COMPTABLES ou employés à l'ADMINISTRATION, les CHEFS D'ESCOUADE eux-mêmes, sont chargés, chacun en ce qui les touche, des Registres dont les ORDONNANCES leur attribuent la tenue ou la surveillance. — Les Registres sont le dépôt où se consignent tous les faits, tous les intérêts, tous les événements qui concernent les CORPS, les individus qui en font partie, les ENFANTS D'HOMMES DE TROUPE ; mais la loi défend d'y relater les cas d'EXÉCUTIONS A MORT ; la simple insertion : *Un tel décédé tel jour*, y est per-

mise. — Si des EXTRAITS d'enregistrements réclamés par divers sont de nature à être fournis, ils ne sont valables qu'appuyés de la signature du MAJOR et revêtus du CACHET du CONSEIL D'ADMINISTRATION. — Les REVUES D'INSPECTEURS GÉNÉRAUX ont, en grande partie, pour objet de constater l'état et la tenue des Registres. — Abstraction faite du REGISTRE DE POLICE, de SERVICE, etc., les Registres de corps à examiner ici avec quelques détails sont surtout les REGISTRES DE COMPTABILITÉ.

REGISTRE de CORPS DE GARDE DE GARNISON. V. CAPORAL DE CONSIGNE. V. CAPORAL DE PATROUILLE. V. CORPS DE GARDE DE GARNISON.

REGISTRE de CORPS DE GARDE DE POLICE. V. ADJUDANT DE SEMAINE N° 1. V. CORPS DE GARDE DE POLICE. V. GARDE DE POLICE EN GARNISON. V. LIVRE DE POLICE.

REGISTRE de CORRESPONDANCE. V. ADJUDANT DE PLACE N° 4. V. CHEF DE DÉTACHEMENT ADMINISTRATIF N° 3. V. CORRESPONDANCE.

REGISTRE de DÉCÈS. V. CANTINE DE COMPTABILITÉ. V. DÉCÈS.

REGISTRE de DÉLIBÉRATIONS DE CONSEIL D'ADMINISTRATION DE CORPS (B, 1). Sorte de REGISTRE DE COMPTABILITÉ destiné à présenter le résumé de toutes les opérations administratives du CORPS. Elles n'y doivent être couchées qu'en assemblée de CONSEIL, être écrites sans intervalles ni lacunes, et être signées en SÉANCE. Il y est fait mention des résolutions discutées et adoptées par le CONSEIL, des RECETTES EN DENIERS, des DÉPENSES DE CORPS, des ENTRÉES EN MAGASIN, des PAYEMENTS effectués, des résultats de la vérification mensuelle du SOUS-INTENDANT, des comptes rendus à chaque SÉANCE, par le MAJOR, touchant les DÉSERTEURS et hommes disparus, ainsi que le détail de l'état de leur MASSE ; des cas où il aurait été fait omission de RECETTES à inscrire sur les Registres *ad hoc* ; de tous les cas de REJETS DE PIÈCES irrégulières et de la communication des FEUILLES DE RETENUES, soit admises, soit rejetées. Les ARRÊTÉS DE COMPTABILITÉ y sont trimestriellement transcrits ; les oppositions qu'un SOUS-INTENDANT apporterait à l'exécution d'une décision qui n'obtiendrait pas son approbation seraient énoncées sur le Registre. — Le Registre de DÉLIBÉRATIONS ne devait, conformément à la DÉCISION DE 1824 (3 NOVEMBRE), être, en aucun cas, laissé entre les mains des COMPTABLES par le CONSEIL D'ADMINISTRATION ; il devait être renfermé à la fin des SÉANCES dans la CAISSE A TROIS SERRURES. — Le Registre des DÉLIBÉRATIONS des CONSEILS est la base des examens de l'INSPECTEUR GÉ-

NÉRAL. Le libellé en doit être d'accord avec les inscriptions des divers REGISTRES. — Si des délibérations trouvaient de l'opposition, ceux des MEMBRES du CONSEIL qui les improuveraient auraient droit de consigner et de signer leurs observations sur le Registre même. Ils se dégageraient par là de la responsabilité que pourrait faire encourir aux autres MEMBRES la décision, si elle était irrégulière. — On peut recommander au lecteur les explications que fournissent M. LEGRAND (1837, A) et ODIER (1824, E).

REGISTRE de DÉLIBÉRATIONS DE CONSEIL DE DÉFENSE. V. CONSEIL DE DÉFENSE. V. DÉLIBÉRATION.

REGISTRE de DÉLIBÉRATION DE CONSEIL DE SANTÉ. V. CONSEIL DE SANTÉ. V. DÉLIBÉRATION DE CONSEIL, etc.

REGISTRE de DÉTAILS. V. CONTROLE ANNUEL DE COMPAGNIE. V. DÉTAIL. V. LIVRE DE COMPAGNIE. V. SERGENT-MAJOR N° 8. V. SOUS-INTENDANT N° 8.

REGISTRE de DISTRIBUTIONS. V. CHEF DE DÉTACHEMENT ADMINISTRATIF N° 3. V. COMBUSTIBLE DE CUISINE. V. DISTRIBUTION. V. DISTRIBUTION DE RATIONS. V. INSPECTEUR GÉNÉRAL D'INFANTERIE N° 4. V. REGISTRE DE COMPTABILITÉ.

REGISTRE de FACTEUR. V. FACTEUR. V. LETTRE CHARGÉE.

REGISTRE de l'EFFECTIF (B, 1), ou REGISTRE D'EFFECTIF. Sorte de REGISTRE DE COMPTABILITÉ qui, conformément à l'ORDONNANCE DE 1823 (19 MARS), devait être tenu par le TRÉSORIER DU CORPS. Il se divisait en deux parties; l'une offrait, jour par jour, premièrement, la SITUATION NUMÉRIQUE; deuxièmement, les dates des DISTRIBUTIONS DE RATIONS et leur quantité. L'autre partie présentait les noms des ABSENTS faisant partie de l'EFFECTIF; elle donnait au SOUS-INTENDANT le moyen de contrôlement de la SITUATION de la REVUE GÉNÉRALE et des SITUATIONS inscrites dans la première partie. M. Legrand (1837, A) et ODIER (1824, E, t. III, p. 250) traitent de ces détails.

REGISTRE de MAGASIN. V. MAGASIN. V. MAGASIN DE CORPS. V. SOUS-INTENDANT N° 8.

REGISTRE de MASSE DE CHAUFFAGE. V. MASSE DE CHAUFFAGE. V. MASSE DE COMPAGNIE.

REGISTRE de MASSE DE LINGE ET CHAUSSURE. V. MASSE DE LINGE ET CHAUSSURE. V. REGISTRE DE COMPTABILITÉ. V. SOUS-INTENDANT N° 8.

REGISTRE de MASSE GÉNÉRALE. V. MASSE GÉNÉRALE.

REGISTRE de MASSES. V. DÉPENSE DE MASSES. V. DÉPENSE DE REGISTRE. V. MASSE. V. MASSE COMPTABILIAIRE. V. PAYEMENT.

REGISTRE de MORALITÉ. V. COLONEL D'INFANTERIE FRANÇAISE DE LIGNE N° 19. V. LIEUTENANT-COLONEL D'INFANTERIE FRANÇAISE N° 9. V. MORALITÉ.

REGISTRE de MOUVEMENTS. V. COMBUSTIBLE DE CUISINE DE CASERNE. V. CONTROLE ANNUEL. V. MOUVEMENT. V. TRÉSORIER DE CORPS.

REGISTRE de MUSIQUE. V. MUSIQUE.

REGISTRE de MUTATIONS. V. MUTATION.

REGISTRE de PAYEMENT DE DÉTACHEMENT. V. CHEF DE DÉTACHEMENT ADMINISTRATIF N° 3. V. PAYEMENT DE DÉTACHEMENT.

REGISTRE de PETIT ÉQUIPEMENT. V. CAPITAINE D'HABILLEMENT N° 3. V. PETIT ÉQUIPEMENT.

REGISTRE de POLICE. V. ADJUDANT DE SEMAINE N° 1. V. CORPS DE GARDE DE POLICE. V. GARDE DE POLICE EN GARNISON. V. LIVRE DE POLICE. V. POLICE. V. REGISTRE DE CORPS.

REGISTRE de PUNITIONS. V. INSPECTEUR GÉNÉRAL D'INFANTERIE N° 5. V. LIVRE DE PUNITION. V. PUNITION.

REGISTRE de RECETTES et DÉPENSES. V. CONSOMMATION COMPTABILIAIRE. V. DÉPENSE. V. FACTURE. V. PAYEMENT. V. RECETTE.

REGISTRE de REMPLACEMENT. V. ACTE DE REMPLACEMENT. V. CORPS D'INTENDANCE N° 8. V. REMPLACEMENT. V. SOUS-INTENDANT N° 8.

REGISTRE de RENGAGEMENT. V. ACTE DE RENGAGEMENT. V. CORPS D'INTENDANCE N° 8. V. RENGAGEMENT. V. SOUS-INTENDANT N° 8.

REGISTRE de RÉPARATIONS. V. LIEUTENANT D'ARMEMENT. V. RÉPARATION D'ARMEMENT. V. SOUS-INTENDANT N° 8.

REGISTRE de RETENUES. V. RETENUE. V. SOUS-INTENDANT N° 8.

REGISTRE de RONDES et PATROUILLES. V. OFFICIER DE RONDE. V. MAJOR DE PLACE N° 3, 4. V. PATROUILLE. V. RONDE.

REGISTRE de SERVICE. V. REGISTRE DE CORPS. V. SERVICE. V. SERVICE JOURNALIER.

REGISTRE de SERVICE DE PLACE. V. ADJUDANT DE PLACE N° 4. V. SERVICE DE PLACE.

REGISTRE de SIGNALEMENTS. V. CANTINE DE COMPTABILITÉ. V. CAPITAINE D'INFANTERIE FRANÇAISE DE LIGNE N° 23. V. CONTROLE DE SIGNALEMENT. V. CONTROLE GÉNÉRAL DE SIGNALEMENT. V. SIGNALEMENT.

REGISTRE de SITUATION. V. ÉTAT DE SITUATION. V. SITUATION.

REGISTRE de TRAVAILLEURS. V. CAPITAINE D'INFANTERIE FRANÇAISE DE LIGNE N° 24. V. TRAVAILLEUR. V. TRAVAILLEUR DE CORPS.

REGISTRE de vaguemestre. v. membre de conseil d'administration. v. sous-inspecteur. v. sous-intendant nº 8. v. vaguemestre.

REGISTRE de visite. v. inspecteur général d'infanterie nº 4. v. visite de magasin.

REGISTRE d'écroue. v. accusation. v. concierge de prison. v. écroue de prisonnier.

REGISTRE d'effectif. v. effectif. v. registre de l'effectif. v. trésorier de corps.

REGISTRE d'enseignement mutuel. v. enseignement mutuel. v. inspecteur général d'infanterie nº 5.

REGISTRE d'état civil. v. acte d'état civil. v. altération d'effets publics. v. état civil. v. officier d'état civil. v. procès-verbal.

REGISTRE d'états de service d'officiers. v. cantine de comptabilité. v. état de service. v. inspecteur général d'infanterie nº 5.

REGISTRE d'habillement. v. capitaine d'habillement nº 3. v. équipement d'homme de troupe. v. habillement. v. inspecteur général d'infanterie nº 5. v. sous-intendant nº 8.

REGISTRE d'officier payeur. v. cantine de comptabilité. v. officier payeur.

REGISTRE d'ordres. v. adjudant de place nº 4. v. livre d'ordres. v. ordre. v. ordre du jour. v. secrétaire archiviste.

REGISTRE général. v. capitaine d'habillement nº 3. v. général, adj. v. sous-intendant nº 8.

REGISTRE-journal (B, 1), ou journal de trésorier. Sorte de registre de comptabilité qui était mentionné dans l'ordonnance de 1776 (25 mars). — L'ordonnance de 1825 (19 mars) en déterminait l'usage. Les relevés en devaient être insérés dans le registre central. — Les décisions de 1824 (5 novembre) et de 1828 (31 octobre) en donnaient un nouveau modèle. — Le Registre-journal énonce tous les comptes d'un corps; ils y sont inscrits en toutes lettres, jour par jour, sans lacune, sans distinction de fonds. Il relate le payement des feuilles de prêt, les délivrances des fonds de masses, les recettes ou sommes remises au trésorier par le conseil et les dépenses autorisées par le conseil. Les recettes y doivent concorder avec les inscriptions du registre de caisse. Les dépenses y doivent être conformes aux pièces et acquits relatifs aux masses, à la solde, aux frais de bureau. — Le Registre doit être vérifié et visé par le major, être arrêté par le conseil le premier de chaque mois, présenter la balance du mois précédent, et faire connaître en quelles valeurs ou espèces le trésorier a représenté les sommes dont il demeurait reliquataire. — Le Registre est vérifié dans les cinq premiers jours de chaque trimestre, en séance de conseil, par le sous-intendant ou par un membre du corps d'intendance. — On peut ajouter à ces renseignements ceux qu'on puiserait dans Odier (1824, E).

REGISTRE-journal d'habillement. v. capitaine d'habillement nº 3. v. journal d'habillement. v. inspecteur général d'infanterie nº 4. v. intendant militaire nº 4. v. sous-intendant nº 8.

REGISTRE-matricule. v. administration de corps. v. matricule. v. service des colonies. v. troupe.

REGITRE, subs. masc. v. registre.

RÈGLE (subs. fém.) militaire. v. code militaire. v. général d'armée nº 9. v. gouvernement stratonomique. v. législation. v. militaire, adj. v. règlement. v. role.

RÉGLÉ (réglée), adj. v. batterie r... v. feu r... v. infanterie r... v. pas r... v. troupe r...

RÈGLEMENT, subs. masc. (A, B, E, H), ou règlement militaire, ou règlement officiel, ou régulation, resté dans l'anglais, ou reiglement suivant Pasquier, ou role. Ces mots viennent du substantif règle, qui est d'origine latine. — Les Réglements vont être examinés sous le sens de rescrits français, d'injonctions gouvernementales, de prescriptions d'intendants de province. — L'armée française a des ordonances depuis que la langue française existe. Elle n'a des Règlements que depuis le milieu du quatorzième siècle. Elle confond souvent les termes ordonnance et Règlement. Les signataires de ces documents, les commis qui les transcrivaient, employaient, suivant leur caprice, ces intitulés, ou même bien d'autres énonciations. Elles sont encore à comparer, à nuancer, à définir. Il faut accuser de ce vice de langage, non l'armée, mais l'insouciance des anciens ministres. Le style de leur chancellerie qui, à cet égard, était sans idées arrêtées, fournit la preuve que, parfois, un Règlement est plus qu'une ordonnance. Ainsi il y en a eu de signés de la main même de Louis quatorze; tel était le règlement de 1665 (25 juillet). D'autres promulgations témoignent que, quelquefois, une ordonnance pouvait être signée de la seule main d'un ministre ou d'un colonel général de l'infanterie. Ainsi l'ordonnance publiée en 1570, sous le seul nom de

Strozzi , était en réalité une loi d'Etat , puisqu'elle emportait peine capitale. D'Épernon aussi, en 1636 (1er octobre), rendait de souveraines ordonnances. — Il y a eu, comme on le voit en 1574 (1er février), des ordonnances sur le Règlement des troupes, c'est-à-dire sur la régularité de leur discipline à cette époque. Règlement, qui succédait à régulation, devenait synonyme de rescrit officiel ; mais, militairement, il s'était pris jusque-là comme l'opposé de dérèglement, et comme synonyme de régularité (dans le sens moral); de même, ordre se prenait à la fois comme injonction aux troupes et comme bon ordre des troupes. — Il y a eu des ordonnances portant Règlements : telles étaient celles de 1591 (25 février) et de 1823 (19 mars). Rien ne justifiait ce pléonasme, ou n'éclaircissait cette particularité. — Il y a des matières qui ont été, tour à tour, traitées sous forme d'ordonnance et sous la qualification de Règlement : tels sont le service de campagne, le service intérieur, les manoeuvres. — On doute s'il faut dire Règlement de ..... ou Règlement sur ..... Le dictionnaire de l'Académie voulait qu'on employât la première de ces locutions, et il cite à ce sujet le mot règlement de police. Odier (1824 , E) dit aussi règlement de campagne, règlement de police. — Ce qui n'est pas un point douteux, c'est que le Règlement est moins que la loi, et pourtant quantité d'écrivains l'ont regardé comme ayant force de loi, et emportant les mêmes obligations, entraînant les mêmes peines. — Suivant l'opinion plausible de plus d'un jurisconsulte, le Règlement doit être un développement ministériel de l'ordonnance royale, qui est elle-même un développement organique et administratif de la loi. — Une partie de cette règle découlait de la charte de mil huit cent trente. — Montécuculi (1692 , A) mentionnait comme corps de lois intéressant la profession des armes, les Règlements des Suédois, des Hollandais, des Brandebourgeois et de Maximilien deux ; ces mandements avaient été consacrés par la diète de Spire en 1570. L'ouvrage de Montécuculi en était comme un résumé, et un des écrits de ce grand capitaine a eu force de Règlement dans la milice autrichienne avant qu'elle adoptât ceux de Régal (1717, A), de Khevenhueller (1759, C), de Daun. — Jusqu'au règne de Frédéric deux, la Prusse était également privée de Règlements émanés directement de la couronne; l'Espagne, au contraire, avait, depuis le commencement du siècle, une législation qu'elle devait à la plume du maréchal de Puységur

(1702, A), tandis que l'Angleterre n'a eu de royales regulations de terre qu'à partir des dernières années du même siècle. — Dans l'armée française, les Règlements sont de peu antérieurs à Charles cinq, époque où quelques compagnies de gendarmerie étaient l'origine ou la pensée primitive d'une armée permanente. — Les Règlements de pénalité appartiennent aux Valois; les étapes et l'uniforme datent de Louis treize. — Les premiers règlements de service en garnison, en campagne, en route, sont dus à Louis quatorze ; ceux qui concernent le logement ne remontent qu'à 1666. — Gaya (1670, D), Delafontaine (1665, A), Desparre, Lavallière (1671, C), avaient travaillé à extraire de la législation du temps un corps de doctrine ; leurs ouvrages ne sont plus lisibles. Le casernement ne remonte qu'à la régence de Philippe d'Orléans. — Lostelneau (1674 , B) et Bombelles (1719, B) se sont livrés, les premiers, aux études de détails en fait d'évolutions. Le signal donné par le dernier de ces écrivains inspira au ministère les règlements d'exercice parus sous Louis quinze. Ceux d'administration, faibles essais, voyaient en même temps le jour. Briquet (1761, H) et Chennevières (1742, D) avaient travaillé à les traduire en une sorte de code, maintenant oublié. — Les Règlements de Choiseul, dit M. le colonel Carrion, *sont regardés comme un chef-d'œuvre d'industrie*. Il est vrai que quelques-uns d'entre eux offraient les premières lueurs de la comptabilité ; mais cette science, cette économie n'a réellement pris naissance que de nos jours. — Le code Théodosien, les lois saliques et Gombette, les formules, les conciles, les capitulaires, les établissements, les assises de Jérusalem ont été les premières sources de nos Règlements. — Des documents que l'on comprend sous le titre générique de Règlements et d'ordonnances se sont nommés : actes, arrêts, arrêtés, avis, circulaires, codes, décisions, déclarations, délibérations, descriptions, décrets, édits, institutions, instructions, lettres patentes, lettres royaux (royales), lois, mandements, notes, notices, ordres concernant les trans-corporations, ordres du jour, proclamations, senatus-consultes, statuts. — Des marchés ministériels pouvaient aussi y être assimilés, puisque la publicité de leurs clauses, la notification de leurs dispositions, avaient pour objet l'intérêt des troupes et la conduite administrative à tenir dans des cas litigieux. — Quantité de rescrits n'avaient aucune qualification et commençaient par une sorte d'épigraphe; tels étaient ceux de 1533 (18 octobre), 1534 (18 février), 1537 (20 mai). — Il y avait des Règlements n'ayant de date que l'année et le mois ; ainsi l'ordonnance de 1304 était simplement datée d'*avril après Pasques flouries*. Dans d'autres, il n'y avait d'indiqué que l'année ; telle était celle de 1638. Dans d'autres, le pays seul était énoncé, tels que les édits de Blois, de Fontainebleau, etc. Ce ramas de renseignements était indéchiffrable. — De règne en règne, le ministère s'est proposé de le débrouiller. Chaque jour de retard ajoute à la difficulté d'y porter la lumière. — Nous donnerons numériquement la comparaison de ces divers genres de rescrits ; mais le chiffre n'en saurait être rigoureusement vrai, puisque tels d'entre eux ont pour titre ordre et Règlement, ou bien ordonnance portant Règlement, ou bien ordonnance sur le Règlement, ou bien Règlement et instruction, etc. — L'armée française n'ayant jamais eu que des constitutions éphémères, la conception et la rédaction des Règlements n'ont jamais eu d'harmonie ; ils ont été faits comme si chacun d'eux ne devait pas concorder avec un nombre déterminé d'autres Règlements ; c'était bâtir sans plan ; c'était s'occuper des distributions d'une maison sans s'être rendu compte de son assiette, de sa forme, de son étendue, de sa destination. Avant de rédiger des Règlements on eût dû se demander combien en créer, quelle qualification leur donner, et à quel point d'un travail d'ensemble les rattacher. — Notre législation militaire, après avoir, telle quelle, devancé de plusieurs siècles celle du reste de l'Europe, est restée inférieure, en quelques parties, à la législation des autres milices. Dans les Règlements de France, les choses de juridiction, de jurisprudence, de droit de la guerre, de neutralité, les cas d'intervention, les formes d'échanges de prisonniers, étaient autant de particularités omises. Il n'y était pas fait la part de l'armée agissante, la part des armées en repos. Les fautes et les punitions y étaient soigneusement énumérées, les mots récompense et partage de butin ne s'y trouvaient pas. Si les devoirs y étaient burinés, les droits ne s'y lisaient pas. Le système pénitentiaire n'y satisfaisait ni à l'esprit ni aux besoins du siècle. La tactique de l'infanterie (car celle de la cavalerie y était provisoire, celle de l'artillerie y était oubliée) avait seule atteint, depuis Louis seize, et grâce au conseil de la guerre, une perfection qu'il sera difficile de dépasser. Mais l'escrime à cheval, enseignée par les Règlements autrichiens, prussiens, hessois, par la

théorie anglaise de 1796, restait totalement négligée en France. Quelques ouvrages qui en traitaient se répandirent ; l'un d'eux, recopié par un ministre de la restauration, a été l'occasion d'un procès en plagiat, procès que le département de la guerre a perdu. La législation comptabiliaire était la plus récente et la plus développée ; elle révélait le savoir et servait les intérêts des modernes administrateurs, corps qui, sans le vouloir, sacrifiait aux accessoires le principal. Un écrivain éclairé, longtemps militaire, longtemps administrateur, Lecouturier (1826, *Journal des Sciences militaires*, 9e livraison), avait dit à ce sujet : *Les Règlements portent le cachet de ceux qui les ont rédigés, ils favorisent l'administration, parce que c'est elle qui les a faits.* — Les règlements de 1768 (1er mars), de 1788 (1er juillet), de 1792 (24 juin), de 1793 (12 mai) voulaient que le premier dimanche de chaque mois il fût fait aux troupes lecture des articles principaux des Règlements particuliers ; c'était une intention sage que la mobilité de la législation, la multiplication de ses actes et le vague de la décision rendaient inexécutable. — Les codes de 1791 et de l'an cinq autorisaient les généraux en chef à promulguer un Règlement particulier pour le bon ordre de leur armée ; c'était une trace des anciens usages. Il fallait bien qu'en l'absence de toutes lois, de tout système de répression, chaque commandant d'une grande troupe indiquât ce qu'il permettait, tolérait, défendait, et publiât les peines qu'encouraient les militaires coupables de l'abandon du poste, ou se livrant sans ordre au pillage après les assauts. Ce Règlement avait force de loi pendant la durée du commandement du général ; mais la peine de mort n'y pouvait être comprise. Un des griefs articulés dans la sentence de l'infortuné Custine fut d'avoir ordonné la peine de mort. — Cette promulgation d'un Règlement était pour les généraux un droit brillant, pour leur armée une mesure utile, pour l'histoire et l'art un enregistrement précieux. Mais était-elle applicable en un pays et dans un temps où rien n'était plus indécis, plus contesté que la mesure de l'autorité déléguée aux généraux ? Dumouriez, Custine, les princes français à Coblentz, sont les seuls qui aient composé et fait imprimer un Règlement de cette nature. Si la désuétude d'une disposition morte avant d'être abrogée n'eût paralysé ce vœu de la loi, chaque général, à une époque qui les usait si vite, eût donc pu annuler les dispositions prises par ses devanciers, et une armée agissante aurait eu à faire le perpétuel apprentissage d'une législation sans cesse modifiée. — C'est au souverain, c'est au ministre à intimer seuls les Règlements; c'est à l'intendance, conformément à l'ordonnance de 1817 (29 juillet), à les promulguer. Mais si chaque général élevé au commandement d'une armée nous eût laissé un témoignage de sa manière de voir en fait de discipline, c'eût été un dépôt de curieux renseignements et une sorte de statistique morale des armées, car les systèmes de répression sont le miroir du genre des fautes les plus usuelles. — Nous venons de nous occuper des Règlements sous le point de vue historique et moral; mais la législation considère aussi, sous le point de vue matériel et comme pièces d'archives, les Règlements; elle veut que ceux que doivent emporter avec elles et observer en campagne les troupes faisant la guerre, soient contenus dans les cantines de comptabilité. — Un moyen d'établir des renvois directs sur les rescrits techniquement et absolument dénommés Règlements dans la législation de l'armée, va résulter de l'ordre chronologique que voici : — 1351 (dernier avril), 1477, 1494, 1498, 1517 (20 janvier), 1560 (11 décembre), 1574 (15 septembre), 1588 (août), 1589 (1er janvier et juillet), 1592 (17 mars), 1595 (24 février), 1619 (29 avril), 1626 (16 janvier et 11 mars), 1628 (12 octobre), 1629 (9 octobre), 1633 (14 février), 1634 (9 septembre), 1636 (26 mars), 1637 (8 novembre), 1638 (15 mai), 1641 (8 septembre), 1642 (25 février), 1643 (22 mai et 14 novembre), 1649 (21 janvier et 4 décembre), 1650 (8 octobre), 1651 (4 novembre), 1686 (4 avril), 1689 (16 avril), 1691 (8 août), 1720 (30 juillet), 1723 (1er mai), 1734 (20 avril), 1749 (1er juillet), 1750 (2 mai), 1753 (15 ou 17 février), 1759 (12 janvier), 1760 (17 février), 1765 (25 avril), 1767 (25 avril), 1774 (8 juin), 1775 (2 septembre), 1779 (21 février), 1781 (22 mai), 1786 (1er octobre), 1791 (20 février, 31 mars et 1er août [il y en a deux de même date], et 5 août, et 20, et 27, et 28, et 30 septembre, et 12 octobre, et 13 novembre), 1792 (1er janvier [il y en a deux de même date], et 2 janvier, et 15 mars, et 1er avril, et 5 avril [il y en a trois de même date], et 10, et 14, et 17 avril, et 1er, et 20, et 24 juin), 1793 (5 et 22 mars, 31 décembre), an deux (2 frimaire, 30 thermidor et 2 fructidor), an quatre (12 et 22 germinal, 30 floréal et 20 fructidor), an six (25 germinal), an sept (2 nivôse et 22 ventôse), an huit (30 frimaire, 16 et 17 ventôse, et 1er et 25 fructidor, et 9 brumaire), an douze (1er vendémiaire et 16 brumaire), an treize (1er vendémiaire [il y en a deux à cette même date]), 1806 (10 février [il y en a deux à cette même date]), 1809 (31 août et 11 octobre), 1811 (11 juin), 1813 (1er avril), 1815 (14 octobre), 1817 (24 août), 1818 (2 août), 1819 (28 avril), 1822 (28 et 30 septembre), 1823 (8 février, 1er mars et 31 décembre), 1824 (1er janvier, 20 juillet et 17 août, et 18 et 24 septembre), 1824 (20 décembre), 1826 (5 août, 22 et 24 septembre, et 17, 24 et 29 décembre), 1827 (12 février et 1er septembre), 1831 (1er avril et 2 juillet), 1833 (26 janvier). — Les auteurs qu'on peut consulter touchant les Règlements sont : Audouin (t. iii, p. 216, 243), M. Balixet (1817, D), Bardin (1807, D; 1809, B), M. Berriat (1817, A), Bohan (1781, H, préface), Bombelles (1719, B), Briquet (1761, H), M. le colonel Carrion (1825, A), Chennevières (1742, D), Deligne (1780, 1), Delamont (1693, C), Denervo, Despagnac (1751, D), d'Héricourt (1756, E), Duane (au mot *Regulation*), Frédéric deux (1760, E), Guibert (1773, E), Jarro (1779, G), Kerenveyer (1771, R), Khevenhueller (1726, C), Lafeuillade, Lecouturier (1825, A), Maizeroy (1771, A), Montécuculi (1692, A), Montgeon (1615, D), Morin, Odier (1818, E; 1824, E), Potier (1779, X), M. le général Préval (1824), M. Quillet, Régal (1717, A), M. Rumpf (1824, F), Saint-Germain (1779, C), Sala, M. Vauchelle, Walther (1783, C), Wimpfen (1780, A), et les ouvrages anonymes (1695, A; 1821, C).

RÈGLEMENT comptabiliaire. v. a bon compte. v. comptabiliaire.

RÈGLEMENT d'administration. v. administration. v. règlement. v. retenue.

RÈGLEMENT d'armement. v. armement. v. législation, 1750 (2 mai), 1767 (25 avril), an neuf (7 thermidor), an treize (1er vendémiaire), 1826 (24 septembre).

RÈGLEMENT de campagne. v. campagne. v. combat strateumatique. v. grenadier d'infanterie française n° 8. v. législation, 1760 (17 février). v. sergent d'infanterie française de ligne n° 10. v. service d'armée. v. service de campagne.

RÈGLEMENT de campement. v. camp de tentes. v. campement. v. législation, 1778 (juillet), an douze (16 brumaire). v. sergent d'infanterie française de ligne n° 10.

RÈGLEMENT de casernement. v. casernement. v. législation, 1791 (12 octobre), an deux (30 thermidor), 1824 (17 août).

RÈGLEMENT de chauffage. v. chauffage. v. législation, an huit (1er fructidor).

RÈGLEMENT de composition. v. composition. v. législation, 1363 (6 mars), 1619 (29 avril), 1788 (17 mars), 1791 (20 février), 1791 (1er avril). v. recrue.

RÈGLEMENT de comptabilité. v. comptabilité. v. législation, 1806 (10 février).

RÈGLEMENT de convoi. v. convoi. v. convoi polémonomique. v. législation, 1793 (22 mars), an onze (16 pluviose), an quatorze (18 frimaire).

RÈGLEMENT de décompte. v. décompte. v. décompte de liquidation.

RÈGLEMENT de discipline. v. discipline. v. législation, 1588 (aout), 1626 (16 janvier). v. milice espagnole n° 7.

RÈGLEMENT de formation. v. formation. v. législation, 1791 (20 février).

RÈGLEMENT de garnison. v. garnison. v. règlement de service en garnison.

RÈGLEMENT de général d'armée. v. abandon pour piller. v. général d'armée n° 8. v. général en chef n° 2. v. règlement.

RÈGLEMENT de justice. v. justice. v. législation, 1560 (11 décembre), 1588 (aout).

RÈGLEMENT de logement. v. législation, 1595 (21 février), 1629 (9 octobre), 1637 (8 novembre), 1641 (4 octobre), 1642 (25 février), 1651 (4 novembre), 1791 (12 octobre), 1792 (23 mai), an deux (30 thermidor), 1824 (17 aout). v. logement.

RÈGLEMENT de manoeuvres. v. manoeuvre. v. règlement.

RÈGLEMENT de marche. v. corps de garde de passage. v. dégat. v. départ de corps en route. v. distribution en route. v. feuille de route de corps. v. garde de police en route. v. garde nationale. v. gendarmerie de police n° 6. v. halte de route. v. hote. v. législation, 1588 (aout), 1626 (16 janvier), 1792 (5 avril), an huit (25 fructidor). v. marche. v. marche-route.

RÈGLEMENT de police. v. législation, 1574 (1er février et 15 septembre), 1588 (aout), 1592 (17 mars), 1641 (4 octobre), 1642 (25 février), 1792 (24 juin), 1816 (24 juillet). v. milice piémontaise n° 5. v. police. v. prière. v. rapport journalier. v. retenue. v. travailleur.

RÈGLEMENT de postes aux lettres. v. poste aux lettres.

RÈGLEMENT de recrutement. v. législation, 1792 (1er janvier). v. recrutement.

RÈGLEMENT de revues. v. législation, 1517 (24 janvier), 1533 (18 octobre), 1792 (15 mars). v. revue.

RÈGLEMENT de route. v. marche-route. v. règlement de marche. v. route.

RÈGLEMENT de service. v. législation, 1351 (dernier avril), 1363 (6 mars), 1367 (février), 1592 (17 mars), 1451 (1er décembre), 1494 (8 mai), 1635 (9 septembre). v. service. v. service journalier.

RÈGLEMENT de service des postes aux lettres. v. article d'argent. v. législation, 1809 (31 aout). v. règlement de postes. v. service de postes.

RÈGLEMENT de service en campagne. v. arme personnelle n° 5. v. camp de guerre. v. cavalerie légère. v. corps d'armée. v. division d'armée. v. législation, 1591 (25 février), 1753 (17 février), 1760 (17 février), 1792 (5 avril), 1809 (11 octobre). v. ministre de la guerre en 1830 (18 novembre). v. parti de guerre. v. régiment français n° 2. v. service de campagne. v. service en campagne.

RÈGLEMENT de service en garnison. v. abonnement au théâtre. v. adjudant-major d'infanterie française de ligne n° 10. v. butin. v. législation. v. régiment français n° 2. v. service de garnison. v. service en garnison.

RÈGLEMENT de service en route. v. législation, an huit (25 fructidor). v. service en route.

RÈGLEMENT de service intérieur. v. législation, 1792 (24 juin), 1816 (24 juillet). v. service intérieur.

RÈGLEMENT de solde. v. législation, 1477, an huit (8 floréal), 1791 (1er janvier et 20 février). v. solde.

RÈGLEMENT de subsistances. v. législation, 1625 (30 octobre), 1629 (9 octobre), 1641 (4 octobre), 1642 (25 février), 1790 (23 février), 1792 (5 avril), an cinq (29 fructidor), an six (25 germinal). v. subsistance.

RÈGLEMENT de tactique. v. cavalerie française n° 7. v. garde nationale. v. milice espagnole n° 7. v. ordonnance d'exercice. v. passage de ligne. v. règlement d'exercice. v. tactique.

RÈGLEMENT de transports. v. législation, an quatorze (18 frimaire), 1815 (22 février, 27 mars et 1er avril), 1823 (8 février). v. transport.

RÈGLEMENT d'école régimentaire. v. colonel d'infanterie française de ligne n° 13. v. école régimentaire. v. major chef de bataillon n° 7.

RÈGLEMENT d'équipement. v. équipement. v. législation, 1767 (25 avril).

RÈGLEMENT d'étape. v. étape. v. règlement.

RÈGLEMENT d'exercice. v. adjudant-
major d'infanterie française de ligne n°10.
v. aller aux drapeaux. v. armes bas. v. artillerie d'infanterie. v. ban céleustique. v.
bras de soldat. v. breloque. v. capitaine en
route. v. cible. v. contre-marche tactique.
v. défilé. v. division d'infanterie. v. évolution. v. exercice. v. feu en retraite. v.
file de bataillon. v. fusil d'infanterie. v.
fusilier. v. général de brigade. v. général
de division n° 5. v. grande manoeuvre. v.
haie. v. intervalle d'infanterie. v. Khevenhueller (1726, C). v. légion départementale. v. législation, 1703, 1731 (28 mai),
1753 (29 juin), 1757 (16 octobre), 1769
(1er mai), an treize (1er vendémiaire). v. milice anglaise n° 8. v. milice autrichienne
n° 7. v. milice piémontaise n° 6. v. ministre
de la guerre en 1701. v. ordonnance d'exercice d'infanterie. v. position tactique. v.
saint Ildephonse. v. talons humains. v.
théorie.

RÈGLEMENT d'habillement. v. habillement. v. législation, 1734 (18 janvier),
1767 (25 avril), 1775 (2 septembre), 1779
(21 février), 1786 (1er octobre). v. ordonnance d'uniforme. v. parement d'habillement. v. passe-poil. v. tenue.

RÈGLEMENT d'honneurs. v. cérémonial. v. honneurs. v. législation militaire,
1750 (25 juin). v. poste d'honneur.

RÈGLEMENT d'organisation. v. organisation.

RÈGLEMENT d'uniforme. v. code militaire. v. directoire d'habillement. v. ministère de la guerre. v. règlement d'habillement. v. ordonnance d'uniforme. v. sac de
campagne d'officier. v. tenue. v. uniforme.
v. torsade d'épaulette.

RÈGLEMENT militaire. v. milice autrichienne n° 6. v. milice espagnole n° 7.
v. militaire, adj. v. règlement.

RÈGLEMENT officiel. v. chef ouvrier.
v. officiel. v. règlement.

RÉGLEMENTAIRE, adj. v. instruction r...

RÉGNIER. v. noms propres.

REGUEST, subs. masc. v. guet.

REGUET, subs. masc. v. guet.

RÉGULARITÉ, subs. fém. v. bon ordre.
v. règlement.

RÉGULATION, subs. fém. v. adjudant
général anglais. v. législation. v. règlement.

RÉGULIER (régulière), adj. v. armée
r... v. artillerie r... v. attaque r... v.
bastion r... v. cavalerie r... v. chevalerie
r... v. chevalier r... v. corps r... v. feu r...
v. fortification r... v. guerre r... v. infanterie r... v. ordre r... v. place r... v. siége
r... v. transport r.

RÉGULUS. v. noms propres.

RÉHABILITATION. v. baguettes correctionnelles. v. condamnation judiciaire.
v. drapeau.

REHORDER, verb. act. v. hordis. v.
forteresse. v. rempart.

**REICH; REICHE; REICHLING;
REIDE.** v. noms propres.

REIGLEMENT, subs. masc. v. législation, 1535 (12 février). v. règlement.

REILLON, subs. masc. v. flèche projectile.

REIMS. v. noms propres.

REIN (subs. masc.) de chien. v. dos de
chien. v. chien.

RÉINCORPORATION, subs. fém. v.
incorporation. v. ministre de la guerre
n° 7. v. régiment d'infanterie française
n° 5.

REINE, subs. fém. v. régiment de la
r... v. régiment de prince. v. régiment français n° 2.

REINHARDT; REINHOLD. v. noms
propres.

RÉINTÉGRATION. v. disponibilité.

REISE, subs. fém. et masc. v. raise.

REISTRE. v. ost. v. reitre.

REITRE (reitres), subs. masc. (F), ou
reytre suivant l'orthographe inexacte dont
se sert M. le colonel Carrion (1824, A), ou
reistre comme l'écrivait fautivement Brantome (1600, A), puisque le mot dérive des
substantifs allemands *ritter* ou *reiter*. —
Ce même écrivain pense que leur nom aurait produit celui de riste, genre de manteau ou de collet, qui s'est nommé aussi
carabate ou cravate suivant Borel (Pierre).
— Le *Journal de l'Armée* (t. iii, p. 228) et
quantité d'autres écrivains appellent pisto-
liers les Reitres du seizième siècle, parce
qu'ils combattaient avec le pistole. Cette
arme a feu, ce pistole ou ce pistolet pour
lequel ils avaient abandonné la lance, était
a rouet; mais quelques pistoles commençaient à être a pierre. Ce dernier genre devint l'arme des mousquetaires, créés à l'imitation des Reitres. — Les Reitres étaient
une cavalerie légère qui montait de petits

CHEVAUX, sans BARDES ni CAPARAÇON. Ces SOL-DATS avaient la BARBE longue, et portaient l'ARMURE DE FER PLEIN, vernie en noir; ils avaient une CUIRASSE forte et une longue ÉPÉE; ils marchaient au son des ATTABALES ou des petits TAMBOURS, et se formaient en CORNETTES ou ESCADRONS. La force de chaque corps, commandé par un COLONEL (car déjà ce titre de COLONEL était en usage dans cette TROUPE), s'élevait à cinq ou six cents hommes. *Ils estoient*, dit Brantôme, *armez jusques aux dents, et bien empistolez.* — On voit même, à Montcontour, les ESCADRONS de Reîtres être forts de mille hommes. — Des AUTEURS rapportent qu'ils ne combattaient qu'en voltigeant, ne tenaient pas en présence des GENS D'ARMES, ne les attaquaient qu'en les TOURNANT, n'avaient en vue que le PILLAGE, et rendaient peu de services réels. — MONTLUC (1575, A), au contraire, dépeint les Reîtres comme des SOLDATS SE GARDANT habilement et COURANT AUX ARMES avec célérité. — Ce qui vient d'être dit de leur TAC-TIQUE n'est pas unanimement avoué. D'au-tres historiens les représentent comme se formant sur vingt ou trente RANGS, FAISANT régulièrement et par RANGS des FEUX SUCCES-SIFS, CHARGEANT en bon ordre l'ÉPÉE A LA MAIN, et ayant plus d'une fois enfoncé l'or-donnance des GENS D'ARMES. — L'histoire témoigne qu'à MONTCONTOUR les Reîtres de l'ARMÉE royale combattirent ainsi par le FEU, mais sur une moindre PROFONDEUR, et qu'à IVRY, en 1590, ils n'étaient que sur cinq RANGS. Les FEUX que chaque RANG exécutait en se portant en avant, et se retirant en-suite en arrière pour venir recharger, ont été imités dans la TACTIQUE par des HOMMES DE PIED comme FEUX DE CHAUSSÉE. — Ne nous arrêtons exclusivement à aucune de ces opi-nions; car il y a eu des Reîtres à plus d'une époque, à la solde de plus d'une puissance, et il serait difficile, actuellement, de démê-ler lesquelles des CORNETTES de Reîtres étaient, les unes plutôt un CORPS solide, les autres plutôt un genre de VOLTIGEURS. — Le RECRUTEMENT des Reîtres était une espèce de BAN de ROTURE. — Originairement un *ritter*, c'est-à-dire un CHEVALIER domanial, un pos-sesseur de FIEF, faisait un choix parmi les SERFS qui relevaient de sa SEIGNEURIE. Il les affranchissait au moyen de CÉRÉMONIES qui rappelaient l'ancienne INITIATION germani-que; c'était pour eux une sorte de baptême d'ANOBLISSEMENT. Il les déclarait *reutter*, mot provenu du verbe *reuten*, monter à cheval, synonyme de *meister* (MAITRE A CHE-VAL) et analogue à GENDARME ou à ÉCUYER. Il attachait à chacun d'eux, comme PALE-FRENIER, ou GOUJAT à pied, ou TRABAN, un

landsknecht tiré des SERFS du plus bas étage. — On a supposé que ce nom de *meister*, porté par les Reîtres, avait donné naissance à celui des MAHEUTRES, autre genre de TROUPE des mêmes époques. — Quand les CHEFS de ces CAVALIERS, que les FRANÇAIS ont appelés Reîtres, n'avaient pas occasion de FAIRE LA GUERRE chez eux, ils passaient marché, à l'instar de la milice suisse, avec les souve-rains ou les Etats qui avaient le goût ou le besoin de guerroyer. Ces BANDES allaient SERVIR au dehors sous des seigneurs ou des princes ordinairement puînés, ou sous des bâtards de grandes maisons. C'était un ves-tige de ces CONDOTTIERI et de ces AVENTU-RIERS D'ALLEMAGNE, dont l'ITALIE avait, pen-dant plusieurs siècles, acheté l'épée. Les Reîtres se vendaient de même au plus of-frant, et se faisaient payer le plus cher pos-sible. — Dès le quinzième siècle, les valets des Reîtres s'étaient séparés de leurs MAITRES, et avaient formé eux-mêmes des troupes à pied nommées LANSQUENETS. — Il y avait dans ce même siècle des Reîtres formés en BANDES NOIRES; on les appelait *schwartz-reiter*, CAVALERIE NOIRE. Voilà pourquoi, di-sent les historiens, on les désignait sous le nom de DIABLES NOIRS. — CHARLES-QUINT eut, de tout temps, des Reîtres à sa solde; cet usage d'ESPAGNE les mit en vogue et fut imité en FRANCE. — Au milieu du seizième siècle, des DRAGONS furent créés en vue de résister aux Reîtres. — Depuis CATHERINE DE MÉDICIS jusqu'au règne de LOUIS TREIZE, des Reîtres ont été au service de FRANCE. — Une CAPITULATION DE 1577 (18 JUILLET) avait été signée pour la LEVÉE de sept mille deux cents Reîtres; douze COLONELS étaient chargés, chacun, d'en recruter six cents. — En géné-ral, les Reîtres étaient des SAXONS, des Brunswickois, des ALLEMANDS de Deux-Ponts, professant le luthéranisme et venus au se-cours de leurs coreligionnaires français; pourtant on les vit combattre pour les partis opposés; il y en avait, à IVRY, dans les deux ARMÉES adverses. — Le comte d'Egmont, qui défit à SAINT-QUENTIN, en 1577, l'ARMÉE FRANÇAISE, était à la tête des Reîtres, accom-pagné de cinq cents LANCES. — HENRI DEUX, en PICARDIE, PASSAIT EN REVUE neuf mille Reîtres en 1558. — On lit dans BRANTOME qu'au siége de Rouen, en 1562, *le comte Reingrave fit une charge avec cent che-vaux Reîtres qu'il avoit.* — Il en fut ame-né un corps nombreux à l'armée protestante en 1587. — GUISE le Balafré battit à MON-TARGIS les Reîtres du baron Doné, et, s'il en faut croire BRANTOME, *de cinquante mille que Doné avoit amenés, quand ils arri-vèrent à Genève, qui étoit leur refuge, ils n'estoient pas cinq cents chevaux.* — Suivant ce même écrivain, *la paix cousta bon* (celle que fit la mère de Charles neuf), *car il fallut payer les Reistres* (ceux du prince palatin, que menait Casimir, son fils), *qui montoient à plus de huit mille lansquenets.* Il ajoute : *Les plus grandes peines qu'il a eues jamais en ses armées* (Coligny), *c'estoit à contenter les Reistres; encore je sçais ce que j'ai ouï jurer à l'amiral, que s'il estoit à refaire, il n'appelleroit jamais tels gens pour son service; ils estoient trop fâcheux, avares et importuns.* — Les Reîtres ont eu un colonel général; de là, le nom de cornette générale donné à un de leurs corps. — Les Reîtres ont laissé dans notre langue le mot havre-sac, qui, dans la leur, signifiait sac à avoine. — Un affreux massacre de Reîtres a laissé des souvenirs encore subsistants dans le château d'Auneau, peu distant de Chartres. Les fossés de ce manoir, qui servit de quartier général au duc de Guise, ont été comblés par les rots, les cabassets, les armures des morts. Pendant deux siècles, les forgerons du pays s'y sont approvisionnés du métal que demandaient la ferrure des chevaux et la fabrication des instruments de labourage. Les greniers du château regorgent encore de débris de cuirasses; il en existe même une quantité dans le cabinet de M. Collin, à Paris. — Voltaire parle de cette sanglante journée dans le discours de Henri quatre à la reine d'Angleterre. Guise, dit-il,

> Accabla dans Auneau mes alliés surpris,
> Et, couvert de lauriers, se montra dans Paris.

— Les auteurs qu'on peut consulter au sujet des Reîtres, sont : Béneton (1742, p. 508), Borel (Pierre), Brantome (1600, A), Carré (1783, E, p. 169), M. le colonel Carrion (1824, A), Despagnac (1751, D, t. iii, p. 217), Furetière, Goetzman (1771, t. i, p. 52), Lachesnaie (1758, I, t. iii, p. 282, 1re col.), Lecouturier (1725, A), le *Dictionnaire des Siéges et Batailles* (au mot Renty), le *Journal des Sciences militaires* (1834, p. 226).

REIZE, subs. fém. et masc. v. raise.

REJET (subs. masc.) de pièce comptable. v. comptabilité de corps. v. feuille de retenue. v. pièce comptable. v. registre de délibérations.

REJOINDRE (verb. act.) le corps, les drapeaux, etc. v. absent illégalement. v. corps. v. démission. v. drapeau. v. drapeau d'infanterie française de ligne. v. ordre de rejoindre. v. promotion. v. régiment de marche.

RÉJOUISSANCE, subs. fém. v. boite de R...

RELAIS (subs. masc.) de forteresse. v. berme de fortification. v. forteresse.

RELAIS de route. v. marche en poste. v. route.

RELATIF (relative), adj. v. infirmité r... v. réforme r...

RELÉGUÉ, subs. masc. v. pension de retraite.

RELEVANT (relevante), adj. v. garde r... v. sentinelle r...

RELEVÉ (relevée), adj. v. sentinelle r...

RELEVÉ (subs. masc.) d'appel. v. adjudant de semaine n° 4. v. adjudant-major de semaine n° 4. v. appel. v. colonel d'infanterie française de ligne n° 23. v. lieutenant-colonel d'infanterie française de ligne n° 10.

RELEVÉ de bons. v. bon de réparations.

RELEVÉ de mutations. v. capitaine d'infanterie française de ligne n° 24. v. mutation.

RELEVÉ d'inventaire d'effets de décédés. v. capitaine d'infanterie française de ligne n° 24. v. effet de décédé en garnison. v. inventaire d'effets de décédé.

RELEVÉE (subs. fém.) de la garde. v. faction. v. garde.

RELEVÉE de sentinelle. v. appel au corps de garde. v. buccine. v. caporal de pose. v. porte de forteresse. v. sentinelle.

RELEVER bannière. v. bachelier. v. bannière. v. bannière de chevalier.

RELEVER de faction. v. caporal de pose. v. faction.

RELEVER de service. v. service. v. service de semaine.

RELEVER d'un fief. v. fief.

RELEVER la garde. v. consigne de guerre. v. cornet instrumental. v. garde. v. garde armée. v. grand'garde. v. instrument de musique. v. officier chef de poste. v. poste d'hommes de garde. v. siége offensif.

RELEVER la tranchée. v. chamade. v. tranchée.

RELEVER le fief. v. fief. v. relief.

RELEVER le gage, le gant. v. chevalerie d'affiliation n° 4. v. gage. v. gage de bataille. v. gant. v. gantelet.

RELEVER un poste, une sentinelle. v. caporal de pose. v. chef de salle de discipline. v. consigne de poste au camp. v. corps de garde. v. poste, subs. masc. v. poste d'hommes de garde. v. sentinelle.

RELEVEZ (impérat.) vos armes (G, 6). Commandement mixte employé pour la première fois dans une ordonnance non publiée de 1778. Ce maniement d'armes équivalait à cette locution : *Relevez de terre votre fusil.* — On disait, suivant l'instruction de 1774 (11 juin) : *Reprenez votre fusil.*

RELIEF, subs. masc. (B, 1 ; C, 4 ; F ; G, 4). Ce mot, venu du latin *relevare, relevamen, relevamentum,* a été d'abord tout féodal ; c'était un cas d'aide-chevel. Le successeur appelé à un fief avait droit d'exiger une redevance, de prélever un tribut. C'était un Relief ; l'acquitter, c'était relever le fief. La noblesse, tombée en roture par perte de titre, par dégradation judiciaire, par exercice de profession non noble, reprenait son rang, se relevait par lettres de relief. — La restauration offrait des lettres de ce genre à un industriel célèbre qui avait été décoré du titre de baron ; il se refusa à être relevé. — La justice civile s'est servi du mot Relief dans le sens de sursis ; de là cette locution : Etre relevé d'une obligation. — L'art de la sculpture, de la broderie ont employé Relief comme bosse, demi-bosse, bas-relief ; de là l'expression relever en bosse, et, par analogie dans le sens moral, avoir de l'éclat, de la splendeur. — L'italien, créateur de la langue de la fortification, a appelé *rilevo, rilievo,* ce que le corps du génie français a traduit par Relief ; c'est la partie d'un ouvrage en saillie au-dessus du terrain sur lequel il repose ; c'est la mesure de son élévation et de ses diverses saillies verticales : cette élévation est le relief absolu ; le commandement que l'ouvrage exerce est le relief relatif. On rend l'image du Relief par des modèles sculptés qu'on nomme plans en relief, et qui sont le grand moyen d'étude du défilement. — Enfin, la législation militaire de 1788 appelait ordonnance de relief celle en vertu de laquelle un trésorier payait une solde de réforme, une pension de retraite. Le mot, en ce sens, se prenait dans son acception originaire : soulagement, réparation d'une déchéance ou d'un retard, ordre de payement d'un arriéré. — Le *Dictionnaire de la Conversation* traite du Relief, et Duane témoigne que, dans ce sens, il est resté dans l'anglais.

RELIGIEUX (religieuse), adj. v. cérémonie r...

RELIGIEUX (subs. masc.) lay. v. hotel des Invalides. v invalide. v. lay. v. moine lay.

RELIMEMENT, subs. masc. v. capucine de fusil.

RELIQUAT, subs. masc. v. arrêté de comptabilité. v. comptabilité de corps.

RELMONT. v. noms propres.

RELUQUAIRE, subs. masc. v. espion.

REMBOITEMENT, subs. masc. v. déboitement.

REMBOITER, verb. récip. v. carabinier d'infanterie. v. feu de file.

REMBOURSEMENT (subs. masc.) de pertes. v. indemnité de perte de cheval. v. indemnité de perte d'équipement. v. perte. v. prestation pécuniaire.

REMETTEZ la baguette. v. baguette. v. charge en douze temps. v. commandement mixte.

REMETTEZ la baionnette (G, 6). Commandement mixte qui équivaut à cette phrase : Otez du canon de fusil sa baionnette pour la Remettre dans son fourreau. Ce maniement d'armes s'exécutait par le soldat d'infanterie ayant l'arme portée ; il se démontrait en sept temps dans l'ordonnance de 1769 (1er mai), et se faisait au commandement : Baionnette en son lieu. Il s'est ensuite démontré dans l'école du soldat en un temps et trois mouvements. — Le verbe Remettre la baïonnette est une des locutions auxquelles la langue n'a pas su donner un substantif, à moins que ce ne soit rengainement.

REMETTRE la semaine. v. semaine. v. service de semaine.

REMISE (subs. fém.) d'armes à l'arsenal. v. arme. v. arme excédante. v. arsenal. v. consommation d'effets d'armement. v. consommation par remise d'armes. v. corps régimentaire n° 7. v. ministre de la guerre n° 9. v. procès-verbal de remise d'armes.

REMISE d'armes au magasin. v. arme de partant. v. arme en magasin. v. armes. v. magasin de corps. v. sergent-major n° 8.

REMISE de caserne et de casernement. v. adjudant en garnison. v. bois de lit. v. caporal d'escouade n° 7. v. caserne. v. casernement. v. certificat de bien vivre. v. clef de chambre de caserne. v. fourrier d'infanterie française de ligne n° 13. v. porte-drapeau n° 6. v. procès-verbal de remise. v. sergent-major n° 7. v. sous-intendant n° 7, 8.

REMISE de corps de garde. v. corps de garde.

REMISE de fonds. v. fonds. v. registre de caisse.

REMISE de peine. v. congé de grace. v. grace. v. peine.

REMISE sur fourniture. v. chef d'ordinaire. v. fourniture.

REMONTAGE (subs. masc.) de fusil. v. caporal d'escouade n° 6. v. chien de fusil. v. démontage de fusil. v. fusil. v. monte-ressort.

REMONTE, subs. fém. v. appareil de guerre. v. arme personnelle n° 2. v. budget. v. cavalerie. v. cavalerie française n° 9. v. corps de remonte. v. dépot de la guerre. v. dépot de remonte. v. législation, 1832 (15 octobre.). v. masse comptabiliaire. v. masse de remonte. v. milice prussienne n° 2. v. ministère de la guerre. v. ministre de la guerre n° 16; id. en 1761, — en 1830 (18 novembre). v. remplacement de remonte. v. statistique.

REMPARER, verb. act. v. rempart de forteresse.

REMPART, subs. masc. v. affut de r... v. artillerie de r... v. batterie de r... v. berme de r... v. canonnière de r... v. consigne de sentinelle de r... v. contre-mine de r... v. cordon de r... v. crête de r... v. épée de r... v. face de r... v. feu de r... v. fourche de r... v. fraiser un r... v. fusil de r... v. grenade de r... v. massif de r... v. mousquet de r... v. pièce de r... v. pied de r... v. rampe de r... v. réchaud de r... v. rue du r... v. sentinelle de r... v. tablette de r... v. terrasse de r... v. terre-plein de r...

REMPART — DE FORTERESSE. — DE PLATINE. { REMPART — DE BASSINET. — DE BATTERIE. }

REMPART, subs. masc. (term. génér.), ou rempart, suivant Philippe de Clèves (1520, A), ou rampart, suivant Manesson (1685, B), Ménage, Sionville (1756, E). Ce mot Rampart, comme le témoigne Duane, est resté dans l'anglais. — Le mot Rempart est une corruption des substantifs rampar, rampart, traduits de l'italien *ramparo*, qui était en usage avant que *riparo*, cité par Ménage, lui ait été préféré. Ce n'était, dans le principe, qu'un terme de fortification, avant que l'art de l'armurier l'eût emprunté à l'art de l'ingénieur. — Le mot va être distingué en rempart casematé, — de camp retranché, — de contre-garde, — de demi-lune, — de forteresse, — de platine, — de ravelin, — de redoute, — de réduit, — de tenaillon, — demi-revêtu, — d'enveloppe,

— en terre, — gazonné, — mixte, — portatif, — revêtu.

REMPART casematé. v. casemate a feu. v. casematé. v. rempart de fortification.

REMPART de bassinet (G, 1). Sorte de rempart de platine qui est une partie intégrante du bassinet d'un fusil de munition ; il forme angle au-dessus de la queue du bassinet ; il porte en dessous une marque.

REMPART de batterie (G, 1). Sorte de rempart de platine qui est une partie renforcée du corps de platine ; il est à l'opposite de la bouterolle : il est taraudé, pour le pas de la vis de batterie, d'une manière correspondante à la bride de bassinet ; il s'applique le long du pan de la lumière ; il appuie contre le talon du grand ressort et contre le pied de la batterie.

REMPART de camp retranché. v. camp retranché.

REMPART de contre-garde. v. contre-garde.

REMPART de demi-lune. v. demi-lune.

REMPART (remparts) de forteresse (G, 4), ou péribole, ou terrail, suivant Roquefort. Sorte de rempart qui est une arme défensive de toute antiquité. De là, le long usage des verbes remparer que cite Furetière, et ramparer, qui dans Dubellay (1535, A) signifiait fortifier, rehorder, couvrir d'un rempart. Un sens à peu près pareil était celui des verbes batiller, bastiller, provenus du substantif bastille, et les verbes hourdeyer, hourdir, provenus de hour. — Un Rempart est une construction formant l'enceinte ou le principal coté de défense d'un dehors, d'un ouvrage, d'un poste défendu, d'une ville ; c'est ou un massif en terrasse, à talus plus ou moins incliné, ou un mur qu'on appelle revêtement, mais qui dans quelques fortifications anciennes était mur plein. — Les Romains donnaient au Rempart le nom de *agger*, de *munitio* (munition), de *vallum*, d'abord traduit par vallation, comme le prouve le mot circonvallation. Quinte-Curce appelle le Rempart *lorica*, signifiant proprement cuirasse, arme défensive. — Les Grecs disaient *eruma* ou *herkos* ; quelques savants en ont composé les substantifs érymomachie et hercotectonique. — Le bas latin rendait Rempart par *barum, barium*, qui au moyen âge s'étaient francisés dans l'expression en désuétude, bary, barry que cite Roquefort. — Le latin *paramentum*, qui y répondait, a laissé dans la langue des architectes le substantif parement, et dans la

LANGUE MILITAIRE la locution ÉPÉE DE PARE-MENT, ou ÉPÉE DE REMPART; les ROMAINS avaient de même leur PILE de Rempart. — On voit dans AMIOT (1782, O) les CHINOIS ceindre de REMPARTS, bien avant l'ère chrétienne, leurs VILLES, et garantir les endroits faibles du Rempart, au moyen d'un CLAYONNAGE de bambous recouverts de cuir. Ce genre de DÉFENSE, pratiqué dès la plus haute antiquité, était connu des GRECS, et répondait à l'emploi du cilice ou FELTRE des ROMAINS. — AMIOT dépeint aussi les REMPARTS PORTATIFS que les CHINOIS appelaient MURAILLES de bois, et qui servaient à clore les CAMPS ou à fermer une BRÈCHE. — On retrouve ce même moyen de défense portative dans les ARMÉES du MOYEN AGE, et principalement au SIÉGE d'ORLÉANS, comme le témoigne M. JOLLOIS. — A raison du genre et du jeu de leurs ARMES, les anciens ne faisaient la plupart du temps usage que de MURAILLES très-élevées, formant à rez terre une ou plusieurs ENCEINTES à l'entour du CORPS de la PLACE. Elles étaient quelquefois composées d'arbres ou de poutres symétriquement croisés, et dont les vides étaient remplis par des pierres de taille; telles étaient les fortifications des GAULOIS, et particulièrement celles de BOURGES; elles bravaient ainsi l'incendie et la BRÈCHE. — On trouve cependant dans l'antiquité quelques exemples de REMPARTS EN TERRE, en GAZONNAGE, en FASCINES, garnis d'une PALISSADE, accompagnés d'une BERME fraisée, et précédés d'une espèce de CHEMIN COUVERT. — HÉRON (217 avant J.-C.) nous apprend que les constructeurs de FORTIFICATIONS préféraient l'usage de la brique à celui de la pierre; VAUBAN partageait cette opinion. — Il était de principe que la MILICE GRECQUE défendît les Remparts corps à corps avec l'ÉPÉE et le BOUCLIER, et non avec sa fragile sarisse qui, à raison de cette coutume, était réputée moins noble que le BOUCLIER et l'ÉPÉE, parce qu'elle était moins défensive, moins sûre. — La TORTUE D'ESCALADE était, dit-on, le moyen d'assaillir les Remparts. — Les anciens avaient en outre pour cette attaque des MACHINES nommées chats (*catus, gatus*), CORBEAUX démolisseurs, EXOSTRES, FAUX A MURAILLES, PLUTEUS, SAMBUQUES, TOLLENONS; les ASSIÉGÉS y opposaient les CLIDES, les FLÈCHES ARDENTES, le LOUP; mais c'était plus par le PIED que par la CRÊTE que les anciens Remparts étaient insultés, ils redoutaient surtout la TARIÈRE, le BÉLIER, le MUSCULE, les ÉTANÇONS. — Si l'on en croit la cosmographie de Munster, les Remparts de Berne étaient défendus par des OURS, comme le CAPITOLE, RHODES et SAINT-MALO l'ont été par des CHIENS. — Les Remparts étaient autrefois une ligne de MURAILLES surmontées de TOURS, couronnées d'une PAVESADE, accompagnées de BRÉTÈCHES, précédées de BARBACANES, entrecoupées de CRÉNEAUX et de MACHICOULIS, percées d'ARCHIÈRES ou de CANONNIÈRES. — Depuis le seizième siècle, les Remparts sont devenus un ensemble de BASTIONS et de COURTINES. — Depuis l'invention de l'ARTILLERIE, des MOUSQUETS, des FUSILS DE REMPART, des GRENADES, des OBUS, l'ART DE LA FORTIFICATION a abaissé la hauteur des anciennes DÉFENSES; il a mis, pour ainsi dire, l'ESCARPE à l'ombre de la CONTRESCARPE; il ne se contente plus d'une CHEMISE entremêlée de TORRIONS, il ne se borne plus, comme le faisaient jadis les GENS D'ARMES, à défendre le Rempart à coups d'ÉPÉE, de FOURCHE, d'ARBALÈTE, de COULEVRINE A MAIN; il tire un parti plus habile de l'INFANTERIE et du CORPS D'ARTILLERIE; il a substitué aux CRÉNEAUX les CORBEILLES, aux MACHICOULIS les EMBRASURES, aux MOINEAUX les BERMES, aux enveloppes circulaires la forme polygonale de plus ou moins de PANS, suivant le TERRAIN à protéger; il a composé de la courtine et de son complément chaque COTÉ extérieur; il a appelé BRANCHE DE FORTIFICATION une longueur donnée de Rempart; il a abandonné les anciens PASSE-VOLANTS et les a remplacés par les BATTERIES DE GROSSE ARTILLERIE, montées sur des AFFUTS particuliers, et entremêlées de PIÈCES d'un calibre plus faible. — Il a formé le TERRE-PLEIN du Rempart au moyen de l'amoncellement des terres extraites du FOSSÉ ou de la TRANCHÉE. Ce rapport entre une TRANCHÉE et un Rempart, qui sont réciproquement un produit l'un de l'autre, a fait synonymes Rempart et RETRANCHEMENT, quoiqu'un Rempart soit plutôt une chose ajoutée que retranchée; mais ainsi s'est faite la LANGUE. — De ces Remparts, les uns ont été en terre, les autres ont été ou revêtus ou DEMI-REVÊTUS. — On a appelé REMPARTS MIXTES ceux qui ne sont ni tout à fait en maçonnerie comme ceux des anciens, ni entièrement en terre comme ceux de la FORTIFICATION PASSAGÈRE. — La fortification moderne a appuyé le terreplein sur un mur de deux mètres d'épaisseur et du double de hauteur; ce genre de Rempart recèle des CONTRE-MINES qui règnent le long des FACES DES BASTIONS; il supporte des CAVALIERS ou des TRAVERSES; il est surmonté de GUÉRITES; il est percé de poternes closes par des guichets et servant aux SORTIES. — Quelques Remparts sont CASEMATÉS. — Les dimensions d'un Rempart varient suivant sa destination et son emplacement; cette DÉFENSE doit s'élever assez pour exercer commandement sur les dehors, raser les gla-cis, garantir l'intérieur de la place, n'être vue que le moins possible des batteries en-nemies et n'être dominée d'aucun côté. — L'épaisseur totale du massif composant le Rempart, et mesuré à sa partie haute, est ordinairement de dix-huit mètres ; sa hau-teur commune est de trois à six mètres. Sa face ou talus intérieur a une fois et demie sa hauteur, et se talute du côté de la place à raison d'une inclinaison pareille au talus naturel des massifs de terre non revêtus. — Le bord extérieur et supérieur du terre-plein soutient le parapet ; son bord exté-rieur et inférieur constitue la ligne magis-trale. — La face extérieure du Rempart et du parapet est ou gazonnée ou revêtue en maçonnerie. Dans le premier cas, le Rempart exige une berme, ou fausse braie, un rang de palissades, une fraise, ou une haie vive, afin que si le canon y fait brèche, les débris ne forment pas rampe. Dans le dernier cas, le revêtement est consolidé par des contre-forts ou éperons, et couronné d'un cordon que la tablette surmonte. — Les Remparts revêtus ou gazonnés ont chacun leurs avantages et leurs inconvé-nients : ainsi, ceux qui ne sont pas revêtus entraînent moins de dépenses, les répara-tions en sont plus simples, plus promptes, mais ils sont faciles à brusquer par une es-calade, ou à emporter d'assaut, et ils favo-risent l'évasion des déserteurs. Les rem-parts revêtus sont, en temps de guerre, plus sûrs, ayant moins de talus. — On a donné la préférence aux remparts mixtes ou à demi-revêtement, c'est-à-dire maçonnés du fond du fossé jusqu'au rez-de-chaussée, ou au cordon, et gazonnés à partir du terre-plein jusqu'au haut du parapet ; on les fraise en temps de guerre. — Il est d'usage et de règle que le Rempart fasse partie du terrain mi-litaire national, ou terrain fortificatoire, ainsi que la rue du rempart et les zones qui forment la ceinture de la place. — Le ter-rain de ces zones se mesure à partir de la crête du parapet du chemin couvert, et s'é-tend sur les glacis à la distance de trente-huit mètres. La rue du Rempart est large de sept mètres quatre-vingts centimètres au moins, et se mesure à partir du pied du talus du Rempart. — Au moyen age, comme le témoigne Philippe de Clèves (1520, A), les militaires coupables de fautes contre le service et la sûreté de la place, étaient, par punition, exposés en dehors des Remparts dans un panier suspendu. — Des cloches étaient disposées le long des Remparts, afin que les sentinelles et les corps de garde pus-sent correspondre, par ce moyen, dans di-verses circonstances prévues. — Le com-mandant d'une place assiégée réduite à se rendre, faisait battre la chamade sur le Rempart. — Le chemin de ronde suit le Rempart ; la consigne des sentinelles leur enjoint de s'opposer à ce que les militaires de ronde quittent ce chemin pour abréger leur route. — Veiller à la conservation des Rem-parts, en prévenir les dégradations, rentre dans les devoirs et les fonctions des com-mandants de place, des officiers de ronde, des sentinelles, des postes qui gardent les portes, etc., etc. — En style pittoresque, poétique, on nomme le ou les Remparts, tout ce qui sert de masque et de défense à un lieu fort, à un pays : ainsi démanteler un Rempart, c'est culbuter ou raser tout un ensemble de fortification. Mais en style absolu, didactique, l'acception est plus res-treinte, puisque les cornes, les dehors et quantité d'autres ouvrages de fortification dont nous avons parlé, ont aussi leur Rem-part. — Les Remparts ont donné leur nom à un genre de feu d'infanterie qui s'exécu-tait encore dans le siècle dernier. Ils ont donné leur nom aux piles des anciens et aux réchauds que, en cas de siége, les assié-gés allument de nuit. — Si des Remparts ont, en temps de guerre, des ruptures, des dégradations, on y obvie, dans les cas pres-sés, en y plaçant des abatis, des chevaux de frise. — Les règlements sur la défense des places veulent qu'en cas d'attaque au cœur de la place, les Remparts soient pour-vus du nombre de brancards qui peuvent être nécessaires au transport des blessés. — Dans les villes de garnison, les casernes sont ordinairement situées près des Remparts ou dans la rue du rempart. — En tout temps, une chaîne de sentinelles veille sur le Rem-part sous les ordres des chefs de poste des portes. — La diane et la retraite sont bat-tues sur le rempart pour annoncer l'ouver-ture et la fermeture des portes. — Rien de si rare, en guerre, que l'emploi d'échelles d'escalade proportionnées à la hauteur des remparts insultés. — Pendant le cours d'un siége, sortir des Remparts est interdit au gouverneur. — L'orgue a feu, cette arme qui a rendu célèbre l'abominable Fieschi, était inventée depuis deux siècles pour la défense des Remparts. — Une révolution dans le système de défense des Remparts résultera probablement de la découverte des armes a vapeur. — On a appelé passe-volants, des canons de bois mis en batterie, comme épouvantails, sur des Remparts. — Les auteurs qui peuvent jeter du jour sur le sujet sont : Amiot (1782, O), Belair (1792, au mot *Fausse braie*), Deville (1674),

DUBELLAY (1535, A), DUPAIN (1757, B), FU-
RETIÈRE, M. GRIVET, GUIGNARD (1725, B),
GUILLET (1686, B), HÉRON (217 avant J.-C.),
LACHESNAIE (1758, I), LANTERI, LECOUTURIER
(1825, A), MANESSON (1685, B), MÉNAGE,
PHILIPPE DE CLÈVES (1520, A), QUINTE-CURCE,
ROQUEFORT, SIONVILLE (1756, E), VAUBAN,
VÉGÈCE (390, A), VITRUVE.

REMPART (remparts) DE PLATINE (term.
sous-génér.). Sorte de REMPARTS qui se distinguent, dans le FUSIL DE MUNITION de l'IN-
FANTERIE FRANÇAISE, en REMPART DE BASSINET
et en REMPART DE BATTERIE.

REMPART de RAVELIN. V. RAVELIN.

REMPART de REDOUTE. V. REDOUTE.

REMPART de RÉDUIT. V. RÉDUIT. V. RÉ-
DUIT PRINCIPAL.

REMPART de TENAILLON. V. TENAILLON.

REMPART DEMI-REVÊTU. V. DEMI-RE-
VÊTU. V. REMPART DE FORTERESSE. V. TALUS.

REMPART d'ENVELOPPE. V. ENVELOPPE
DÉFENSIVE.

REMPART EN TERRE. V. EN TERRE. V.
REMPART DE FORTERESSE. V. TALUS.

REMPART GAZONNÉ. V. GAZONNÉ. V.
REMPART DE FORTERESSE.

REMPART MIXTE. V. MIXTE. V. REMPART
DE FORTERESSE.

REMPART PORTATIF. V. PORTATIF. V.
REMPART DE FORTERESSE.

REMPART REVÊTU. V. ESCARPE. V. REM-
PART DE FORTERESSE.

REMPLAÇANT, subs. masc. V. HABIL-
LEMENT DE R...

REMPLAÇANT MILITAIRE (A, 1). Ce
mot, dont le substantif PLACE est la visible
étymologie, est une expression très-moderne, quoique la chose exprimée soit très-
ancienne. Il ne date, linguistiquement parlant, que de la CONSCRIPTION; mais ROME avait
les OPTIONS qui étaient des espèces de Remplaçants, mais le BAN ET ARRIÈRE-BAN, qui
était la CONSCRIPTION du MOYEN AGE, a pratiqué le REMPLACEMENT, tout comme l'a fait
la CONSCRIPTION, qui est le BAN des temps actuels; car il n'est pas de RECRUTEMENT par
LEVÉES FORCÉES qui ne comporte, de nécessité,
des SUBSTITUANTS et des SUBSTITUÉS. — Le prix
du REMPLACEMENT autorisé et le taux du rachat
du SERVICE du BAN étaient réglés par l'ORDON-
NANCE DE 1503 (20 JANVIER). — Au temps
de la décadence de la milice romaine, le
Remplacement à prix d'or fut permis; le code
théodosien témoigne que le gouvernement
s'en chargeait. Le prix avait varié de vingt-
cinq sous d'or à trente-six sous ou une demi-
livre d'or; on en trouve les preuves dans la

loi de Théodose et Honorius, rendue en 410
(6 février) à Ravennes, dans la loi rendue à
Antioche par Valens en 375 (4 juin), dans la
loi donnée à Padoue par Honorius et Ar-
cadius en 397 (21 septembre). — Au quinzième siècle, dit M. MONTEIL, tel HOMME
D'ARMES remplaçait un, ou deux, ou quatre
personnages fieffés, suivant que chacun de
ces remplacés devait au BAN DU ROI, un CA-
VALIER, un demi-CAVALIER, un quart de CA-
VALIER. L'ORDONNANCE DE 1701 (26 JANVIER)
permettait le REMPLACEMENT moyennant
soixante-quinze francs, somme apparemment
suffisante alors pour l'achat d'un Remplaçant. — Dans les MILICES AUTRICHIENNE, BA-
DOISE, BAVAROISE, PRUSSIENNE, WURTEMBER-
GEOISE, les REMPLACEMENTS s'opèrent par le
RENGAGEMENT des HOMMES DE TROUPE susceptibles de LIBÉRATION; la PRIME DE CE RENGA-
GEMENT, que supportent les SUBSTITUANTS, est
de quinze cents à deux mille francs; ce taux
de deux mille francs a été regardé aussi
comme étant en FRANCE la moyenne pro-
portionnelle du prix des REMPLACEMENTS en
temps ordinaire. — Une question vivement
débattue, dans une polémique jusqu'ici mal
éclaircie, resterait à résoudre. Convient-il
de tolérer les compagnies mercantiles,
les agents intermédiaires qui se font entrepreneurs des REMPLACEMENTS DE SOLDATS;
ou bien les gouvernements eux-mêmes doivent-ils se livrer aux spéculations de ce
moyen d'ENGAGEMENT, de ce genre de fourniture d'HOMMES? Les ÉCRIVAINS qui se déclarent contre la liberté de ce commerce,
attribuent aux produits qui en proviennent
le dénigrement souvent injuste qui frappe
la classe des ENRÔLÉS Remplaçants, parce
que leur admission n'est jamais préparée par
des précautions convenables, ni justifiée par
les garanties désirables. Les AUTEURS qui
prétendent que le MINISTÈRE devrait appeler
par des PRIMES, et constituer, pour ainsi dire,
en soldats rentiers les HOMMES DE TROUPE li-
bérés du SERVICE, soutiennent une proposition d'une application bien difficile et qui
exigerait qu'on qualifiât sous un titre différentes Remplaçants, puisque, à tort ou non,
une répulsion fâcheuse poursuit la dénomination qu'ils portent, et même leur donne
grossièrement le surnom de vendus. — Un
de ces ÉCRIVAINS, le lieutenant CARRION-NISAS,
disait en 1827, au sujet des Remplaçants:
*Ils ont vendu leur personne, ils ne tien-
nent ni aux propriétés, ni aux institutions; ils sont regardés comme des espèces d'esclaves par leurs camarades et
leurs concitoyens, par le gouvernement
même qui leur refuse l'entrée dans la
garde; envieux, désespérés, ils sont dans*

la plus fausse des positions ; ce sont des parias armés. — Il n'était pas admis de Remplaçants dans la vieille garde impériale, parce qu'elle ne se composait que de soldats tirés de la ligne. Quand la garde royale se forma, elle se composa d'hommes de la conscription, et pourtant il n'y fut pas admis non plus de Remplaçants, parce que cette garde tenait à s'écarter le moins possible des errements que la garde impériale avait suivis. Ce fut un abus, une erreur, une injustice, parce que la garde, témoignant pour cette classe de militaires de l'éloignement, du dégoût même, elle les refoulait dans la ligne, et surtout dans l'infanterie, à qui elle semblait dire : *Ce sont des hommes assez bons pour vous, nous n'en voulons point.* Ainsi, dans un pays où l'égalité des droits était consacrée et où tous les Français pouvaient parvenir à tous les emplois, il en fallait donc excepter les emplois de soldat de la garde et de sous-officier de la garde. Voilà le fruit du système des priviléges. — Cependant, vers la fin de la restauration, les Remplaçants qui avaient accompli deux ans de bons services dans la ligne pouvaient avoir accès dans la garde royale, s'ils remplissaient les autres conditions exigées. — Du reste, par les lois de l'ancienneté ou en récompense d'actions signalées, les Remplaçants pouvaient devenir officiers dans la ligne ; mais le préjugé est si tyrannique, que, dans une position faite pour les honorer, ils ne pouvaient se laver d'une espèce de tache originelle. Oubliait-on que le premier grenadier de France, que la Tour d'Auvergne avait été Remplaçant ? — Il est vrai que les Remplaçants n'arrivaient dans les corps que sous le coup d'une répugnance qui, par rapport à une grande partie d'entre eux, était fondée. La circulaire de 1832 (5 août) témoignait quelle quantité de Remplaçants était impropre au service, quelle quantité *peuplait les hospitaux* ; les plaintes des colonels, les comptes rendus par les inspecteurs généraux touchant les abus du remplacement, prouvaient que les prisons et les conseils de discipline regorgeaient de Remplaçants ; les compagnies de discipline aussi en étaient en grande partie composées. — En 1832, le nombre total des prévenus mis en jugement appartenait à la classe des Remplaçants dans la proportion de plus d'un tiers ; c'était d'autant plus déplorable, que leur qualité de Remplaçant donnait lieu, en plus d'un cas, à une aggravation de peine. — Le duc de Broglie, dans un rapport fait à la chambre des pairs et prononcé en 1829, témoignait que le nombre des enrolés volontaires et des Rempla-

çants s'élevait au douzième de la force de l'armée, et que, depuis dix ans, le nombre total des militaires condamnés par la justice, pour divers délits, répondait à peu près au tiers du nombre des Remplaçants ; c'est-à-dire que, depuis dix ans, il était de neuf mille cent quatre-vingt-huit Remplaçants ou volontaires, sur vingt-six mille quatre-vingt-treize Remplaçants ou volontaires. — Dans les quatre derniers mois de 1838, les conseils de guerre séants à Paris avaient infligé cent quatorze condamnations, dont soixante et treize frappaient des remplaçants ou des volontaires, tandis qu'il n'en était dirigé que quarante et une sur la classe dix fois plus nombreuse des conscrits. — Ces preuves, ces témoignages démontrent de combien l'emporte une armée citoyenne et conscriptionnelle sur une armée d'enrolés volontaires et d'aventuriers. — Si l'on s'en rapporte à des recherches en fait de statistique militaire, le nombre des Remplaçants répondait annuellement au sixième du recrutement annuel ; mais cette évaluation est trop faible. — Suivant d'autres opinions encore moins exactes, il a été un temps où le nombre des Remplaçants, additionné avec celui des rengagés, ne dépassait pas, dans les années les plus productives, plus de six à sept mille hommes. — Mais, au contraire, les discussions législatives de 1829 ont prouvé que, en 1828, le quart du recrutement était fourni par la voie du remplacement. En 1835, le nombre s'en était élevé au total de vingt et un mille cent soixante et dix-neuf. En 1836, il s'en trouvait dans toute l'armée soixante-quatre mille ; le plus grand nombre d'entre eux tombait dans l'infanterie. Cette arme, qui en comptait au moins un sur trois soldats, était ainsi la moins nationalement composée ; l'artillerie était l'arme qui avait le moins de Remplaçants. — Jetons un coup d'œil sur le côté légal du sujet. L'aptitude à servir comme Remplaçant était constatée sur des certificats fournis par le maire de la commune. — Les inscriptions sur la matricule du corps où est admis un Remplaçant présentent ses noms et ceux de son remplacé. — Les décrets de l'an huit (16 ventôse) et de l'an treize (8 fructidor), et l'instruction de 1816 (1ᵉʳ février), s'occupaient des premiers de la question. — Les instructions de 1818 (3 décembre), celle de 1819 (11 juin), celle de 1822 (3 juillet) voulaient que les inspecteurs généraux passassent revue de tous les Remplaçants admis depuis la dernière inspection ; qu'ils les rangeassent en deux classes, ceux admis par le corps, ceux admis par le conseil de révision, et qu'ils renvoyassent, avec FEUILLE DE ROUTE, ceux qui seraient reconnus impropres au SERVICE, après avoir fait inscrire le renvoi et la cause au dos de l'ACTE DE REMPLACEMENT. — L'INSTRUCTION DE 1818 (5 DÉCEMBRE) et la CIRCULAIRE DE 1818 (10 DÉCEMBRE) déclaraient que se faire remplacer pouvait être autorisé, mais ne résultait pas d'un droit acquis aux SOLDATS. — Cette dernière INSTRUCTION n'admettait pas d'HOMMES MARIÉS à être Remplaçants. — La CIRCULAIRE DE 1820 (21 JUILLET) chargea les CONSEILS D'ADMINISTRATION de dresser les DEMANDES DE REMPLACEMENT, et de les soumettre au GÉNÉRAL COMMANDANT LE DÉPARTEMENT. Jusque-là ce soin regardait les PRÉFETS, qui annonçaient, par une FEUILLE DE DÉPART, la mise en route des Remplaçants ; les préfets étaient informés de l'ARRIVÉE du Remplaçant par un CERTIFICAT D'INCORPORATION. — L'ORDONNANCE DE 1823 (19 MARS, art. 132), dans l'énumération des droits à la HAUTE PAYE, ne tenait pas compte aux Remplaçants de la durée du temps de SERVICE antérieurement passé dans d'autres CORPS ; c'était une réprobation mesquine et injuste. — La CIRCULAIRE DE 1828 (8 DÉCEMBRE) disposait que l'ÉTAT numérique des Remplaçants rejoignant le CORPS devait être adressé trimestriellement au MINISTRE par la POSTE. — Tout REMPLACÉ n'obtenait sa RADIATION que sur le vû du double de l'ACTE DE REMPLACEMENT ; il était responsable, pendant un an, de son Remplaçant pour le cas de DÉSERTION. — Le Remplaçant n'était point dispensé de servir, alors même qu'avant le jour où il se serait mis en route pour le CORPS, le REMPLACÉ fût venu à mourir. — Pour contrebalancer l'inconvénient reconnu du REMPLACEMENT illimité, des décisions ministérielles ont chargé les CONSEILS DE RECRUTEMENT de n'admettre les Remplaçants qu'après un examen en quelque sorte discrétionnaire ; mais le palliatif était de peu d'effet. — Tout Remplaçant devait, dans le principe, avoir satisfait à la CONSCRIPTION ; avoir été valablement libéré ; n'avoir pas plus de trente ans, s'il n'avait pas encore servi ; n'avoir pas plus de trente-cinq ans, s'il avait été MILITAIRE. — La CIRCULAIRE DE 1832 (30 MARS) exigeait qu'il eût au moins vingt ans, au plus trente, et la TAILLE fixée pour l'ARME dans laquelle aurait été immatriculé ou à laquelle était destiné le REMPLACÉ. Si un Remplaçant mourait en route, loin du CORPS, sa MORT devait être annoncée au COLONEL par qui de droit. — En cas de DÉSERTION d'un Remplaçant, le COLONEL en devait donner, sur-le-champ, avis au CORPS D'INTENDANCE. — La CIRCULAIRE DE 1834 (25 JUIN) déclarait inadmissibles, comme Remplaçants, les MI-

LITAIRES RÉFORMÉS. Cette circulaire s'étendait sur tous les détails relatifs aux REMPLACEMENTS et aux Remplaçants. — La LOI DE 1832 (21 MARS) et la DÉCISION DE 1836 (11 MAI) traitaient de la responsabilité des Remplacés dans le cas de la DÉSERTION des Remplaçants. L'ORDONNANCE DE 1837 (28 JANVIER) y ajoutait quelques dispositions nouvelles. — En janvier 1836, le contingent de 1835 comprenait six mille quatre cent quatre-vingt-dix-neuf Remplaçants. — En janvier 1838, il était de quatorze mille trente-huit, dont trois mille cent cinquante-huit seulement étaient anciens soldats. Sur un effectif de deux cent soixante-six mille six cent quarante et un hommes de troupe, il se trouvait soixante-deux mille cinq cent quarante-sept Remplaçants ; la proportion répondait à peu près à un quart du total. — Les ÉCRIVAINS ou les OUVRAGES dans lesquels ces questions sont traitées, sont : M. ARGENVILLERS, BARDIN (1809, B), BERRIAT (1812, A ; 1817, A), CARRION-NISAS (le fils), M. DESAUBIERS, LECOUTURIER (1825, A), le *Journal des Sciences militaires* (33ᵉ livraison), le *Spectateur militaire* (t. XIV, p. 307 ; t. XV, p. 395 et 396 ; t. XXV, p. 55 ; t. XXVI, p. 636), le *Dictionnaire de la Conversation* (au mot Conscription, p. 257), le *Journal de l'Armée* (t. IV, p. 118 et 222), la *Sentinelle de l'Armée* (n° 3), l'*Armée* (journal), p. 73.

REMPLACÉ, subs. masc. V. ACTE DE REMPLACEMENT. V. ENGAGEMENT DE RECRUE. V. ENRÔLÉ. V FEUILLE DE DÉPART DE REMPLAÇANT. V. MATRICULE. V. RECRUTEMENT. V. REMPLAÇANT. V. REMPLACEMENT. V. REMPLACEMENT D'ENRÔLÉ. V. SOUS-INTENDANT N° 8.

REMPLACEMENT, subs. masc. V. ACTE DE R... V. AUTORISATION DE R... V. CAPITAINE DE R... V. COMPAGNIE DE R... V. CONGÉ PAR R... V. DEMANDE DE R... V. EFFET DE R... V. EN R... V. INDEMNITÉ DE R... V. PAR R... V. REGISTRE DE R... V. SERGENT DE R...

REMPLACEMENT (term. génér.). Ce mot, dont l'étymologie appartient visiblement au substantif PLACE, a des acceptions fort différentes, suivant qu'il a trait à l'ADMINISTRATION, à l'ORGANISATION, à la POLICE, à la TACTIQUE. Quant au premier cas, des explications suffisantes ont été données ; dans le second cas, le Remplacement est d'OFFICE et pourvoit à une VACANCE absolue ; dans le troisième cas, il est TEMPORAIRE et donne lieu à une représentation momentanée ; dans le dernier cas, quelques ÉCRIVAINS prennent comme synonyme, Remplacement pris comme IDIOPLIQUE ou TACTIQUE, et SOUS-OFFICIER DE REMPLACEMENT. — Le mot ne sera examiné ici que dans le sens de REMPLACEMENT D'ENROLÉ.

REMPLACEMENT d'absent. v. absent. v. ordre du tableau.

REMPLACEMENT d'adjudant de place. v. adjudant de place n° 3.

REMPLACEMENT d'adjudant d'infanterie française de ligne. v. adjudant d'infanterie française de ligne n° 9.

REMPLACEMENT d'adjudant-major d'infanterie française de ligne. v. adjudant-major d'infanterie française de ligne n° 7.

REMPLACEMENT d'armes. v. arme emportée. v. arme perdue. v. armes.

REMPLACEMENT d'armurier. v. armurier de corps n° 2.

REMPLACEMENT d'aumonier. v. aumonier de corps n° 10.

REMPLACEMENT de capitaine. v. capitaine. v. capitaine d'infanterie française de ligne n° 8. v. colonel d'infanterie française de ligne n° 17.

REMPLACEMENT de caporal. v. caporal d'infanterie française de ligne n° 7.

REMPLACEMENT de caporal de semaine. v. caporal de semaine n° 2.

REMPLACEMENT de caporal d'escouade. v. caporal d'escouade n° 1.

REMPLACEMENT de chef de bataillon de semaine en garnison. v. chef de bataillon de semaine en garnison n° 1.

REMPLACEMENT de chef de bataillon d'infanterie française de ligne. v. chef de bataillon d'infanterie française de ligne n° 5.

REMPLACEMENT de chef de détachement de guerre. v. chef de détachement de guerre n° 2.

REMPLACEMENT de chef de peloton. v. chef de peloton.

REMPLACEMENT de chirurgien-major. v. chirurgien-major d'infanterie française n° 6.

REMPLACEMENT de colonel. v. colonel. v. colonel a la suite. v. colonel d'infanterie française de ligne n° 7.

REMPLACEMENT de culasse. v. armurier de corps n° 3. v. canon de fusil. v. culasse de fusil.

REMPLACEMENT de denrées. v. denrée de distribution. v. denrée de siége défensif. v. riz.

REMPLACEMENT de fourreau de sabre. v. fourreau de sabre.

REMPLACEMENT de fourrier d'infanterie. v. fourrier d'infanterie française de ligne n° 5.

REMPLACEMENT de grenadier d'infanterie. v. capitaine de grenadiers n° 4. v. grenadier d'infanterie française de ligne n° 3, 5.

REMPLACEMENT de lieutenant-colonel d'infanterie. v. lieutenant-colonel d'infanterie française de ligne n° 4.

REMPLACEMENT de lieutenant d'infanterie. v. lieutenant d'infanterie française de ligne n° 4.

REMPLACEMENT de major d'infanterie. v. major chef de bataillon n° 3.

REMPLACEMENT de remonte. v. cavalerie française n° 9. v. remonte.

REMPLACEMENT de sergent. v. sergent. v. sergent d'infanterie française de ligne n° 2.

REMPLACEMENT de sergent-major. v. comptabilité de compagnie. v. sergent-major n° 4.

REMPLACEMENT de soldat. v. remplacement d'enrolé. v. soldat.

REMPLACEMENT de sous-intendant. v. sous-intendant n° 4.

REMPLACEMENT de sous-officier. v. capitaine d'infanterie française de ligne n° 14. v. colonel d'infanterie française de ligne n° 17. v. sous-officier; id. n° 6.

REMPLACEMENT de trésorier. v. trésorier. v. trésorier de corps n° 3.

REMPLACEMENT d'effets d'habillement. v. effet d'habillement. v. habillement. v. habit. v. inspecteur général d'infanterie n° 5.

REMPLACEMENT d'effets d'uniforme. v. capitaine d'infanterie française de ligne n° 26. v. comptabilité en nature. v. durée légale. v. effet d'uniforme. v. état de situation d'effets. v. masse de linge et chaussure. v. sac a distribution.

REMPLACEMENT d'emploi. v. emploi. v. inspecteur général d'infanterie n° 5.

REMPLACEMENT d'enrolé (A. 1), ou REMPLACEMENT de soldat, ou REMPLACEMENT militaire, comme s'exprime vaguement notre langue; car tous les autres Remplacements que nous indiquons sont également militaires. — Sorte de remplacement qui consiste, en vertu de stipulations contractuelles, dans la substitution d'un volontaire à un appelé prêt à entrer au service, ou à un homme de troupe déjà au service. — Le Remplacement est le complément indispensable du système conscriptif; l'intérêt de la population, le bien-être de la société, réclament l'admission des remplaçants comme adoucissement à une législation rigoureuse, mais nécessaire; la discipline, la nationalité de l'armée souffrent, au contraire, de cette transaction; le législateur se trouve placé au milieu de ce froissement, et le problème reste difficile aux yeux des professeurs en fait d'art militaire. N'interrogez que les militaires, ils diront, comme Odier (1824, E): *On doit tenir la porte à peine entr'ouverte au Remplacement*. Consultez l'agriculture, l'industrie, les pères de famille, et ils demanderont qu'on favorise le Remplacement ou qu'on le fonde dans les rengagements. Ainsi, le Remplacement est l'occasion d'une lutte entre la cité et l'armée; il faut que la loi les départage, et longtemps elle a flotté incertaine. — La loi de 1793 (24 février), qui levait le contingent de trois cent mille hommes, permettait le Remplacement; celle de 1793 (23 août) l'interdisait; la loi de l'an deux (28 germinal) l'autorisait; celle de l'an deux (24 messidor) s'y opposait; la loi de l'an six (19 fructidor) s'y refusait; la loi de l'an huit (17 ventose) levait cette défense. Les lois primitives sur la conscription ne souffraient de Remplacement qu'entre les hommes de même département, en vertu d'autorisation du préfet. Les circulaires de l'an huit (15 prairial) et de l'an neuf (15 nivose) ne reconnaissaient plus de Remplacement d'hommes enrolés qu'autant que le ministère de la guerre en aurait accordé l'autorisation, en suite des propositions ou demandes adressées par les conseils d'administration et transmises, après examen, par les inspecteurs généraux au ministre. Mais quantité de circulaires témoignent que bien des corps n'en tenaient pas compte, et que c'était même l'objet de bénéfices illicites. — Les décrets de l'an treize (8 nivose et 8 fructidor) développaient les règles à suivre, les indemnités à payer. — Le décret de 1807 (6 janvier) distinguait les remplaçants dans les départements et les remplaçants au corps. Les remplacés au département étaient tenus à fournir un autre remplaçant, si l'inspecteur général le réformait pour inadmissibilité antérieure au Remplacement; c'était, au contraire, aux dépens du chef du corps que devaient être remplacés les remplaçants qui auraient été indûment admis. — Sous le régime impérial, les amendes de déserteurs étaient censées représenter le prix d'achat d'un remplaçant. — La circulaire de 1816 (22 août) appelait indemnité de remplacement une somme que les remplacés devaient payer à

la trésorerie, comme représentative de l'habillement du remplaçant. — La circulaire de 1816 (21 novembre) entrait de nouveau dans ces questions. — Par la circulaire de 1820 (21 juillet), le ministre conférait aux généraux commandants de département le droit de le représenter quant à l'admission des remplaçants. — Le Remplacement toléré par une substitution d'hommes du même département entraînait peu d'abus; mais le régime de la restauration, peu soucieux de rendre la milice de France plus nerveuse, favorisa, en 1815, les Remplacements au corps. Dès lors une traite au petit pied prit naissance; l'ordre administratif et l'ordre judiciaire se mirent en opposition sur la question de la légalité ou de l'illégitimité de ce commerce de chair humaine, exercé par des compagnies qui tenaient dépôt de remplaçants, les achetaient et les revendaient par têtes; elles les tiraient surtout du Nord et de l'Est, pour les livrer aux Bretons ou aux Méridionaux. Le département de la guerre est encombré de projets tendant à remédier à ces abus; mais la question est délicate, les oppositions difficiles à concilier, et le mal va se propageant. Plus d'un écrivain a dit: Exigez des appelés à qui répugne le service une somme de rachat, à l'aide de laquelle le gouvernement opérera des rengagements. Mais ce mode de recrutement serait l'anéantissement du principe vital de la conscription; cet impôt, plus facile à lever qu'à rendre profitable, serait impraticable en temps de guerre. — La loi de 1832 (21 mars) et la décision de 1836 (30 janvier) traitaient du système de Remplacement. — L'ordonnance de 1857 (28 janvier) ne permettait pas qu'il eût lieu pour moins de trois ans, et donnait le modèle des actes de remplacement dans les corps; les sous-intendants étaient tenus d'en garder inscription. — Le *Journal de l'Armée* (t. III, p. 202 et 211) dénonçait les abus du Remplacement et les qualités défectueuses des remplaçants, et affirmait qu'en 1835 le recrutement donnait, sur les quarante mille hommes de l'armée, deux fois plus de remplaçants que par le passé. — Le principe du Remplacement est admis dans les milices autrichienne, bavaroise, wurtembergeoise, etc. — Il est interdit dans les milices espagnole, napolitaine, etc. — Les auteurs qui ont débattu ces questions, ou exposé ces principes, sont: Argenvillers, Bardin (1809, B), M. Berriat (1812, A), Carrion fils (1827), l'Encyclopédie (1751, C, supplém., au mot *Recrutement*), Lecouturier (1825, A), M. Mauduit, Odier (1824, E), M. Paillard, M. Vauchelle, le

Dictionnaire de la Conversation (au mot *Conscription*), la *Sentinelle de l'Armée* (t. ii, p. 45 et 153; t. iii, p. 170), le *Journal de l'Armée* (t. iii, p. 211, 334, 338, 339 et 344; t. iv, p. 143 et 202), le *Spectateur militaire* (t. xxii, p. 641; t. xxiii, p. 405 et 519; t. xxiv, p. 591; t. xxv, p. 275; t. xxvi, p. 636), la *Revue des Armées* (t. i, p. 97).

REMPLACEMENT d'habillement. v. habillement.

REMPLACEMENT d'intendant. v. intendant. v. intendant militaire n° 2.

REMPLACEMENT d'office. v. office. v. remplacement.

REMPLACEMENT d'officier. v. capitaine d'infanterie française de ligne n° 14. v. colonel d'infanterie française de ligne n° 17. v. général en chef n° 2. v. officier. v. revue d'inspecteur général.

REMPLACEMENT idioplique. v. chef de peloton. v. conducteur d'aile. v. coup de baguette. v. feu en arrière. v. guide de bataille. v. guide de subdivision. v. homme d'encadrement. v. idioplique. v. remplacement. v. sergent de remplacement. v. sous-officier de remplacement.

REMPLACEMENT militaire. v. adjudant général anglais. v. militaire, adj. v. remplacement d'enrolé.

REMPLACEMENT tactique. v. remplacement. v. tactique, adj.

REMPLACEMENT temporaire. v. capitaine d'infanterie française de ligne n° 14. v. remplacement. v. temporaire.

REMPLACER, verb. act. v. acte de remplacement. v. place.

REMPLAGE, subs. masc. v. poteau de remplage.

REMPORTER une victoire. v. victoire.

REMUER le camp. v. camp. v. décampement. v. tente.

RÉMUNÉRATION (subs. masc.) militaire (C. 4). Ce mot, tout latin, est mentionné ici comme un des ressorts du gouvernement des troupes et comme l'aiguillon de la vaillance des armées. — Il y a cette distinction à faire entre Rémunération et récompense, que la seconde est l'objet décerné, et que la première est l'acte ou l'intention qui le décernent. L'une des expressions est générique; la récompense découle de la Rémunération, et celle-ci, par une voie bien opposée, tend au même but que la répression. — Tous les peuples classiques ont eu recours, en dehors de la paye, à ce véhicule des actions honorables; il serait blâmable, certes, que l'autorité ne conduisît les hommes que la menace à la bouche; la rudesse convient mal, surtout vis-à-vis des nations avides d'éloges. — Mais il n'importe pas moins que ceux qui exercent le commandement se gardent d'avilir les récompenses en les multipliant, de nourrir, par la valeur vénale du prix accordé, l'esprit de basse cupidité, et d'accueillir les demandes que la médiocrité n'est que trop empressée à former. — Les Rémunérations n'ont jamais eu plus de relief et d'influence que quand elles ont été plutôt honorifiques que pécuniaires. Dans la milice romaine, des armes d'honneur, des piques, des couronnes civiques, murales, obsidionales, plus précieuses idéalement qu'intrinsèquement, furent d'abord le prix des belles actions: les plus puissants stimulants sur l'imagination des guerriers romains étaient l'ovation ou le triomphe; mais ces enivrantes cérémonies ne pouvaient convenir qu'à un peuple dont les inclinations sanguinaires ne connaissaient d'enrichissement que par la guerre, et de gloire que par les conquêtes. Si l'art d'exciter l'enthousiasme guerrier fut poussé loin chez les Romains, le beau temps de leur milice était passé quand prévalut l'usage de délivrer des bracelets précieux, des colliers d'or, des gratifications pécuniaires, une double paye. — L'admission dans l'ordre de la chevalerie a été la Rémunération primitive en usage dans la monarchie française, et le prix des faits d'armes du moyen age. Être rémunéré, ou être noble, était même chose, si ce n'est que les souverains se décernaient de leurs propres mains la récompense de l'anoblissement. C'était le fait des usages, non des lois; elles n'ont songé à assurer aux militaires des récompenses que depuis l'institution des légions de François premier. Mais l'abolition de ces corps laissa se perdre le principe des Rémunérations. Henri quatre, Louis quatorze, Louis quinze travaillèrent, mais superficiellement, à faire revivre cet usage. Bonaparte en a porté au plus haut degré la théorie. — Jabro (1777, G) dit : *Les grandes récompenses, dans une monarchie et dans une république, sont un signe de leur décadence, parce qu'elles prouvent que leurs principes sont corrompus; que d'un côté l'idée de l'honneur n'y a plus tant de force; que, de l'autre, la qualité de citoyen s'est affaiblie.* Cette proposition, si l'on en croit plus d'un censeur, a été justifiée par la chute de l'empire de Napoléon. — Les lois à mettre au jour touchant les récompenses les plus appropriées à l'esprit du temps, aux mœurs de la nation, aux dédommagements que revendique la conscription, seraient dignes d'être méditées par une académie militaire; mais partout des caprices de cabinet en ont décidé, et nulle part elles n'ont fait partie, que d'une manière mal déterminée, de cette branche de l'art, qui en est le chapitre écrit, le code avoué. — Dans ce silence des règles nous regarderons la Rémunération comme embrassant l'avancement, les décorations, certaines transcorporations, les retraites avec pension, et en général toutes les récompenses. — Quitter le service par démission, est une renonciation aux Rémunérations; être déserteur, c'est faire abandon de tout droit à des Rémunérations pour services antérieurs. — Un genre de Rémunération militaire abolie en France, mais imité et resté dans la milice prussienne, consistait dans le droit d'obtenir un emploi civil. — Les auteurs qui ont traité des règles et des usages des Rémunérations sont : Brézé (1779), Encyclopédie (1785, C, t. ii, p. 190), Gaigne (au mot *Corona*), Jabro (1777, G), Servan (1780, p. 407).

RÉMUNÉRATOIRE, adj. v. couronne rémunératoire.

REMY; REMYFORT. v. noms propres.

RENARD. v. cattus.

RENARD de platine. v. platine. v. platine a batterie.

RENARDEAU, subs. masc. v. machine. v. milice romaine n° 4.

RENAUD. v. noms propres.

RENCON, subs. masc. v. rancon.

RENCONTRE, subs. fém. v. action partielle. v. bataille double. v. cartel provocatif. v. combat en champ clos. v. combat strateumatique. v. duel. v. épée de rencontre. v. manteau d'habillement. v. milice bavaroise n° 4. v. procédé.

RENCONTRE de guerre (H). Le mot Rencontre vient de la préposition latine *contra*, prise dans le sens de vis-à-vis. On a d'abord dit, et avec plus de raison, encontrer et encontre, témoin cette locution : aller à l'encontre; mais le terme italien *rincontro*, pris dans le sens de combat, s'est francisé, comme presque tous les mots de guerre de l'Italie. — Les Rencontres sont de petits combats, des affaires sans importance, à l'égard desquels on peut consulter un auteur militaire (1619, D), Brantome (1600, A), Bussy-Rabutin, Dubousquet (1769, B), Encyclopédie (1785, C, t. iii,

p. 461), Feuquières (1750, A), Furetière, Khevenhueller (1771, F, p. 68), Lachesnaie (1758, I, t. iii, p. 285), Lecouturier (1785, A), Potier (1779, X), Rimpler (1719, A).

RENCONTRE balistique. v. balistique, adj. v. but en blanc.

RENDABLETTÉ, subs. fém. v. seigneur.

RENDEMENT (subs. masc.) de compte. v. budget. v. compte.

RENDEZ-VOUS, subs. masc. v. adjudant-major de semaine n° 4. v. base d'opérations. v. bataille strateumatique. v. caporal de semaine n° 2. v. caporal en route. v. cas d'alarme. v. chef de détachement de guerre n° 5. v. colonel de tranchée. v. duel. v. garde armée. v. grand'-garde. v. homme de garde. v. mot de ralliement. v. officier de garde. v. poste d'alarme. v. sergent chef de poste.

RENDRE, verb. récip. v. a discrétion. v. armes et bagages. v. assaut de corps de place. v. autorités civiles. v. capitulation de guerre. v. capitulation de siége. v. chef de poste fermé. v. glacis de fortification. v. langue française. v. prisonnier de guerre.

RENDRE combat. v. combat.

RENDRE compte, ou des comptes, verb. neut. v. budget. v. chef de détachement administratif n° 1. v. compte. v. compte de clerc a maitre.

RENDRE l'appel. v. appel. v. appel de prise d'armes.

RENDRE le mot. v. commandant de place n° 5. v. mot.

RENDRE le rapport. v. rapport. v. rapport journalier.

RENDRE le salut. v. salut. v. salut a feu. v. salut sans armes.

RENDRE les armes. v. armes.

RENDRE les honneurs. v. batterie de caisse. v. cavalerie française n° 8. v. chef de bataillon d'infanterie française n° 10. v. corps d'intendance n° 6. v. honneur. v. morion correctionnel. v. ordonnance d'exercice d'infanterie. v. piquet au camp. v. pivotement de tête. v. poste d'honneur. v. prince français. v. retraite céleustique. v. tambour idioplique d'infanterie française n° 6. v. tambour instrumental d'infanterie française.

RENDRE maitre, verb. act. et récip. v. abord. v. maitre.

RENDRE un combat. v. combat.

RENDRE un jugement. v. discipline. v. jugement. v. jugement militaire. v. répression militaire.

RENDRE une place. v. assaut de corps de place. v. assaut offensif. v. commandant de place assiégée. v. gantelet. v. place. v. reddition de place. v. rempart de forteresse.

RENDRE une sentence. v. sentence.

RÊNE, subs. fém. v. bride. v. fouet de rênes. v. selle de cavalerie. v. tambour instrumental.

RENÉ. v. noms propres

RENFLEMENT (subs. masc.) géologique (G, 7), ou appendice. Le mot Renflement, dont l'origine se conçoit aisément, donne idée de la plus grande épaisseur ou de la partie fort bombée d'un chainon ou d'un contre-font ; c'est aussi une proéminence par rapport au plan d'un chemin ou d'un cours d'eau, ce qui y occasionne des sinuosités ou des déviations.

RENFORCÉ (renforcée), adj. v. courtine renforcée.

RENFORCER la garde. v. garde. v. garde armée.

RENFORT, subs. masc. v. siége défensif. v. troupe de renfort.

RENGAGÉ, adj. et subs. masc. v. absence prohibée. v. acte de rengagement. v. armée française nº 2. v. congé d'ancienneté. v. demi-chevron. v. haute paye pécuniaire. v. homme de troupe nº 10, 11. v. rengagement.

RENGAGEMENT, subs. masc. v. acte de r... v. haute paye de r... v. premier r... v. prime de r... v. registre de r... v. témoin de r...

RENGAGEMENT (A, 1). Ce mot, ainsi que les termes rengagé, rengager, dérivent visiblement du substantif gage. Le Rengagement est l'une des branches ou des voies de l'organisation des troupes ; il est le fait d'un acte énonçant le consentement librement souscrit par un homme de troupe ayant fait son congé, ou se décidant, avant l'instant de sa libération, à ne pas suspendre son service. — Le Rengagement est un des besoins de l'armée, de la société, du gouvernement ; il est la plus avantageuse opération du recrutement, puisqu'il donne des soldats et des sous-officiers tout faits. — Le Rengagement est presque aussi ancien que l'engagement, puisque les aventuriers se rengageaient de mois en mois ; mais le sujet ne demande à être traité que depuis l'époque où les règles de l'engagement ont cessé d'être arbitraires ou confuses. —

L'ordonnance de 1749 (1er août) et même des ordonnances plus anciennes encourageaient les Rengagements. — L'ordonnance de 1788 (17 mars) supprimait la haute paye dont jouissaient les rengagés ; c'était une maladresse et même une faute. — Les lois de 1791 (25 mars) et de 1792 (1er janvier) s'occupaient de nouveau de la matière. — Le prix du Rengagement s'acquitta ensuite, partie en argent ou en prime, et partie en haute paye. — La circulaire de l'an deux (26 brumaire) les interdisait en effet ; alors rien ne s'y prêtait, ni la force démesurée des armées, ni l'état du trésor, ni les assignats, ni le recrutement révolutionnaire. Le mot cessa pour ainsi dire d'être militaire. — La loi de l'an six (19 pluviose) rétablissait les hautes payes ; c'était un acheminement à une législation sur les Rengagements. — Un arrêté de l'an dix (5 thermidor) et la circulaire de l'an douze (6 fructidor) en faisaient revivre le système, et reconnaissaient une haute paye de premier rengagement et une haute paye d'ancienneté. — L'ordonnance de 1818 (3 décembre, art. 6), l'instruction du même jour (art. 53), la circulaire de 1818 (10 décembre), la circulaire de 1819 (11 juin, art. 26) s'étendaient à ce sujet ; elles donnaient aux Rengagements une durée différente, suivant l'arme, suivant qu'il s'agissait de la ligne ou de la garde. — L'ordonnance de 1821 (9 juin), la circulaire de 1821 (27 aout), l'ordonnance de 1822 (22 mars) et la décision du 6 novembre accordaient aux rengagés une prime annuelle, ainsi que les chevrons d'ancienneté, nommés demi-chevron, chevron, double chevron, triple chevron. — Les circulaires de 1822 (22 mars, 27 juin) s'étendaient en longs détails. — L'ordonnance de 1824 (1er décembre) ne reconnaissait que deux genres de Rengagements, l'un de deux ans, l'autre de quatre ans. Le premier ne pouvait être souscrit qu'après deux ans d'activité ; le second ne pouvait l'être qu'après l'accomplissement du premier. — De 1822 à 1828 on a appelé prime de rengagement et haute paye acquittable à l'avance, le montant du prix du Rengagement ; alors quelques écrivains attribuaient en partie au zèle peu éclairé de quelques aumoniers le peu de résultat des Rengagements. — L'ordonnance de 1830 (21 février) supprimait la prime acquittable à l'avance. — L'ordonnance de 1832 (28 avril) permettait les Rengagements d'une durée de deux ans. — La loi de 1832 (21 mars) n'autorisait les Rengagements que pendant le cours de la dernière année de service. — L'instruction de 1832 (30 mars) expliquait que leur durée serait de deux à cinq ans.—L'ordonnance de 1832 (28 avril) déterminait le montant des hautes payes de premier, second et troisième chevron, donnait le modèle de l'acte de rengagement, ne le tolérait point après trente ans de service et cinquante ans d'age, exigeait que le Rengagement contracté pendant la dernière année de service ne comptât qu'à partir de l'expiration du service antérieur. — A cette époque on regardait le nombre annuel des rengagés comme se montant à peine à trois mille cinq cents ; dans quantité de corps ce moyen de recrutement était pour ainsi dire nul ; c'était dans l'artillerie qu'il fournissait le plus.—L'ordonnance de 1834 (20 juin) apportait aux dispositions de 1852 quelques modifications, et prescrivait de n'admettre que des rengagés sains et robustes. — Il résultait de l'ensemble des dispositions, que la surveillance des Rengagements regardait les inspecteurs généraux, que les actes de Rengagement dans le même corps devaient être signés de deux témoins, que les congédiés ne pouvaient se rengager en d'autres corps, ni entrer comme remplaçants qu'avec l'intervention d'un sous-intendant, et qu'en exhibant un certificat de bonne conduite délivré par le conseil d'administration de leur ancien corps, et les déclarant aptes au genre de service pour lequel ils se proposaient. — Les hommes pourvus d'un grade pouvaient le conserver s'ils se rengageaient dans le même corps. — Un ou plusieurs Rengagements étaient une des conditions d'admission dans les compagnies sédentaires. — Cette législation, on le voit, était si mobile qu'elle était pour ainsi dire insaisissable. Son défaut de stabilité entrait peut-être pour quelque chose dans le peu de succès des mesures prises pour encourager les Rengagements ; leurs résultats étaient pour ainsi dire nuls par plus d'une cause que dévoile l'opuscule de M. de Cappe. Les efforts du gouvernement pour retenir de vieux soldats sous le drapeau ont-ils été aussi habiles qu'il l'eût fallu ? Rendre le service moins fastidieux, diminuer le nombre peu utile de quantité de postes, abréger les puériles études de la tactique, chercher à faire des hommes et non des machines, répandre une instruction convenable et plus attrayante, faciliter aux hommes de bonne conduite, mais à eux seulement, les moyens de se proposer pour le remplacement des enrôlés disposés à transiger avec la loi sur les levées, favoriser l'avancement des sous-officiers rengagés, multiplier les semestres accordés aux bons sujets ; ces moyens eussent eu peut-être plus d'in-

fluence que de faibles primes n'avaient d'appât. — Les milices néerlandaise, saxonne, etc., pratiquent les Rengagements. — En 1822 (29 juillet), le général Foy prononçait à la chambre une opinion touchant les Rengagements. Les auteurs qui ont traité du même sujet sont : M. le lieutenant Carrion Nisas (1827), M. Berriat, M. de Cappe, M. Derode, Lecouturier (1825, A), le *Spectateur militaire* (t. xvi, p. 531), le *Journal de l'armée* (t. iv, p. 202, 204).

RENGAGEMENT de sous-officiers. v. rengagement. v. sous-officier ; id. n° 1.

RENGAGER, verb. act. v. rengagement.

RENGAINEMENT (subs. masc.) de baionnette. v. baionnette. v. baionnette au canon.

RENGAINER, verb. act. et neut. v. épée.

RENGE, subs. masc. v. baudrier. v. ceinturon.

RENGERS. v. noms propres.

RENGRAINEMENT, subs. masc. v. grain de canon.

RENNELL ; RENOL. v. noms propres.

RENOUVELLEMENT (subs. masc.) d'armes. v. arme d'uniforme de troupe.

RENTRANT, adj. v. angle r... v. détachement r... v. homme r... v. militaire r... v. officier r... v. place d'armes r... v. prisonnier r...

RENTRANT, subs. masc. v. arme de r... v. billet de sortie d'hopital. v. capitaine d'infanterie française de ligne n° 18. v. caporal d'escouade n° 5. v. cartouche de service. v. chemin couvert. v. décompte de r... v. drille. v. feuille de route de militaire isolé. v. forteresse. v. hopital militaire. v. major lieutenant-colonel n° 5. v. rappel de r... v. rappel pécuniaire. v. rapport de compagnie. v. scie tactique.

RENTRÉ, adj. et subs. v. absent. v. déserteur rentré. v. non rentré.

RENTRÉE à la caserne, au corps. v. absent. v. adjudant de semaine n° 4. v. archives de corps. v. aux drapeaux. v. capitaine prisonnier de guerre. v. caporal d'escouade n° 5. v. caserne. v. corps de troupes. v. détachement administratif. v. homme a l'hopital. v. ministre de la guerre n° 7. v. permissionnaire. v. prisonnier de guerre français. v. rappel pécuniaire. v. rapport.

RENTRÉE au logement. v. au logement. v. retraite céleustique.

RENTRER, verb. neut. V. EFFET D'UNIFORME. V. FAIRE RENTRER.

RENTREZ (G, 6). COMMANDEMENT D'EXÉCUTION adressé aux FILES d'un PELOTON par le CHEF de ce PELOTON ; il les désigne numériquement, et les fait reculer sur l'ALIGNEMENT qu'elles ont perdu ; c'est un des moyens de RECTIFIER L'ALIGNEMENT dans la MARCHE DE BATAILLON EN BATAILLE EN AVANT.

RENTY. V. NOMS PROPRES.

RENVERDIE, subs. fém. V. ASSAUT. V. ATTAQUE. V. COMBAT.

RENVERSÉ (renversée), adj. V. ARME R... V. COLONNE R... V. LIGNE R... V. MARCHE R... V. ORDRE R... V. PELOTON R... V. PLI R... V. POSITION R...

RENVERSEMENT TACTIQUE. V. ASPECT. V. CARRÉ TACTIQUE. V. INFANTERIE N° 8. V. MOUVEMENT ÉVOLUTIF. V. RANGS D'INFANTERIE. V. TACTIQUE, adj.

RENVERSER (verb. act.) une COLONNE, une LIGNE (G, 6). Ce verbe, dont le LATIN *vertere* est la racine, donne idée du MOUVEMENT D'INFANTERIE par lequel une COLONNE VOLTE du côté opposé à celui que son PREMIER RANG regardait ; il donne aussi idée du MOUVEMENT par lequel une LIGNE DE BATAILLE en ORDRE NATUREL, ou par son PREMIER RANG, se forme en ORDRE RENVERSÉ, ou le TROISIÈME RANG en avant. — Remettre la troupe dans son état primitif s'appelle rétablir l'ORDRE NATUREL. — Avant l'ORDONNANCE DE 1831 (4 MARS), avoir la GAUCHE EN TÊTE était, pour une COLONNE, ce qu'une POSITION RENVERSÉE est pour une LIGNE. On renversait les RANGS d'une SUBDIVISION de COLONNE, uniquement dans la FORMATION du CARRÉ, quand cette SUBDIVISION devait FAIRE FACE EN ARRIÈRE ; dans tout autre CAS, on faisait contre-marcher, ou bien l'on opérait le DÉFILEMENT EN TIROIR. Ainsi, c'était par son PREMIER RANG que la COLONNE prenait un aspect opposé, ou se changeait en COLONNE RENVERSÉE. — Des théoriciens modernes ont opiné, à tort ou à raison, pour que la COLONNE fît DEMI-TOUR A DROITE, comme le fait la LIGNE DE BATAILLE : c'est perdre en précision ce qu'on gagne en promptitude. Le retour à des principes plus sains y fera renoncer, puisqu'on ne peut pas commander d'ALIGNEMENT à une TROUPE dont les RANGS sont renversés. La COLONNE SERRÉE devient une masse inextricable, tous les côtés y sont changés, l'ALIGNEMENT n'a plus de base, la théorie de l'emploi des GUIDES s'évanouit.

RENVERSEZ le FUSIL, interj. V. ARME SOUS LE BRAS GAUCHE. V. FUSIL. V. MANIEMENT D'ARMES.

RENVICTAILLEMENT, subs. masc. V. RAVITAILLER.

RENVOI, subs. masc. V. CONGÉ DE R...

RENVOYER les DRAPEAUX. V. ALLER AUX DRAPEAUX. V. DRAPEAU.

RENWICH. V. NOMS PROPRES.

REPAITRE, verb. neut. V. REPAS DE CORPS.

RÉPARATION, subs. fém. V. BILLET DE R... V. BON DE R... V. CAHIER DE PETIT CONGÉ. V. CHEF DE DÉTACHEMENT DE GUERRE N° 2. V. CONSEIL D'ADMINISTRATION DE RÉGIMENT N° 6. V. DÉTACHEMENT DE CORPS. V. ÉTAT DE R... V. FRAIS DE R... V. GRANDE R... V. MASSE DE R... V. MENUE R... V. PETITE R... V. TRÉSORIER DE CORPS N° (fonctions ou devoirs).

RÉPARATION d'ARMEMENT. V. ABONNEMENT AVEC LES MAITRES OUVRIERS. V. ADOUCISSEMENT DE CANON DE FUSIL. V. ARMEMENT. V. ARMURIER DE CORPS N° 3. V. BON DE RÉPARATION D'ARMEMENT. V. CAPITAINE D'HABILLEMENT N° 3. V. CAPUCINE DE FUSIL. V. CONSEIL D'ADMINISTRATION DE RÉGIMENT N° 5. V. CORPS DE PLATINE. V. DÉCULASSEMENT. V. FACE DE BATTERIE. V. GACHETTE. V. MASSE DE LINGE ET CHAUSSURE. V. OFFICIER D'ARMEMENT. V. PIÈCE D'ARMES. V. SOUS-INTENDANT N° 8.

RÉPARATION d'ARMES. V. AJUSTAGE. V. ARME A RÉPARER. V. ARME AU CAMP. V. ARME DE TROUPE. V. ARME EXCÉDANTE. V. ARME D'UNIFORME DE TROUPE. V. ARMEMENT DE TROUPE. V. ARMES. V. ARMURIER DE CORPS N° 3. V. BAIONNETTE DE FUSIL. V. BASSINET DE FUSIL. V. BATTERIE DE PLATINE. V. BOIS DE FUSIL. V. BON DE RÉPARATION D'ARMEMENT. V. BRIDE DE NOIX. V. CANON DE FUSIL. V. CAPORAL D'ESCOUADE N° 5. V. CHIEN DE FUSIL. V. CONSEIL D'ADMINISTRATION DE RÉGIMENT N° 3, 4. V. CULASSE. V. EMBOUCHOIR. V. ENTURE. V. FUSIL D'INFANTERIE. V. GRAND RESSORT. V. INFANTERIE FRANÇAISE N° 11. V. INSPECTEUR GÉNÉRAL D'INFANTERIE N° 4. V. MAJOR CHEF DE BATAILLON N° 10. V. MANUFACTURE D'ARMES. V. PIÈCE D'ARMES. V. RESSORT DE FUSIL. V. SERGENT D'INFANTERIE FRANÇAISE DE LIGNE N° 10. V. SERVICE DES COLONIES. V. TARIF DE RÉPARATIONS.

RÉPARATION de BRIQUETS. V. BRIQUETS.

RÉPARATION de CHAUSSURE. V. ARRIVÉE DE CORPS AU SÉJOUR. V. CAPITAINE D'INFANTERIE FRANÇAISE DE LIGNE N° 18. V. CHAUSSURE.

RÉPARATION de DÉGRADATIONS. V. CASERNEMENT. V. DÉGRADATION. V. DÉGRADATION DE CASERNEMENT. V. LIVRET INDIVIDUEL.

RÉPARATION de MONTE-RESSORT. V. MONTE-RESSORT.

RÉPARATION de RESSORTS DE FUSIL. V. RESSORT DE GACHETTE.

RÉPARATION d'effets de casernement. v. effet de casernement.

RÉPARATION d'effets d'uniforme. v.
capitaine d'infanterie française de ligne
nº 25, 26. v. conseil d'administration de
régiment nº 4. v. effet d'uniforme. v.
homme de troupe nº 4. v. inspecteur général
d'infanterie nº 4. v. milice prussienne
nº 10. v. séjour.

RÉPARATION d'équipement. v. buffleterie. v. capitaine d'habillement nº 5. v.
chaussure. v. conseil d'administration de
régiment nº 4. v. effet de grand équipement. v. effet d'équipement. v. équipement.
v. giberne. v. grand équipement. v. masse
de linge et chaussure. v. masse d'entretien.

RÉPARATION d'habillement. v. bon
de réparation d'habillement. v. capitaine
d'habillement nº 3. v. capitaine d'infanterie française de ligne nº 26. v. conseil
d'administration de régiment nº 4. v. effet
d'habillement. v. fourrier d'infanterie
française de ligne nº 9, 13. v. habillement.
v. habit. v. masse d'entretien. v. masse
d'habillement. v. masse générale. v. masse
individuelle. v. milice piémontaise nº 4. v.
sergent d'infanterie française de ligne
nº 10. v. tailleur de compagnie. v. troupe
embarquée.

RÉPARATION d'instruments. v. instrument de musique.

RÉPARÉ (réparée), adj. v. effet r...

RÉPARER, verb. act. v. a réparer. v.
arme a réparer. v. brèche. v. brèche offensive.

REPAS, subs. masc. v. adjudant d'infanterie française de ligne nº 11. v. appel
de soupe. v. appel de repas. v. capitaine de
police en garnison. v. capitaine de semaine.
v. capitaine de visite de caserne. v. caporal
d'escouade nº 5. v. caporal d'ordinaire
nº 2. v. chef de poste d'hommes de garde
nº 3. v. garde armée. v. milice grecque
nº 6. v. officier de semaine. v. poste d'hommes de garde.

REPAS de corps (F). Le mot Repas, corruption du verbe repaistre, repaître, donne
ici idée d'une réunion de table à laquelle
un corps de troupe en convie un autre. Ces
rendez-vous fraternels ont été, suivant les
temps, ou défendus ou tolérés. L'ordonnance de 1776 (25 mars) les interdisait,
celle de 1788 (1er juillet) autorisait seulement les officiers d'un corps en station à
se partager les officiers d'un corps arrivant,
et à les faire asseoir à la table de leur ordinaire; c'était une mesure sage et sensée,
mais souvent inexécutable, si le corps arrivant était beaucoup plus nombreux que
celui qui le recevait. Le règlement de 1792
(25 juin) s'opposait, sans réserve, à tous
repas de corps et à toutes retenues sur appointements pour acquitter ce genre de
frais et ceux de certains abonnements. —
Pendant la guerre de la révolution les
règlements étaient peu respectés, et quoique
celui de 1792 fût censé en vigueur, il y a
eu de fréquents exemples de Repas de corps
et de prélèvements illégaux sur les émoluments des officiers. C'étaient trop souvent
de dispendieux festins, entrecoupés d'une
étourdissante musique et animés par de
larges libations. Nous dirons avec regret
que dans certains corps mieux émolumentés que d'autres, on ne regardait comme
distingués et honorables les Repas d'officiers, que quand on les terminait en brisant
tout, même les vitres et les glaces; c'était
le nec plus ultra d'une réception fastueuse
et polie, comme le témoigne avec quelques
détails la *Sentinelle* (t. iii, p. 525). — L'ordonnance de 1833 (2 novembre, art. 528)
se prononçait contre les Repas de corps, et,
dans le même paragraphe, elle les souffrait,
sauf quelques restrictions.

REPAS d'homme de troupe. v. homme
de troupe nº 11.

REPENTIR, subs. masc. v. délai de
repentir. v. jour de repentir.

REPÈRE (subs. masc.) géologique (G, 7).
Le mot Repère est emprunté du latin
reperire, trouver. C'est un signe de reconnaissance que présente, d'elle-même, la
campagne, tels qu'un roc, un bouquet d'arbres, une habitation, un poteau, etc.

RÉPÉTITION (subs. fém.) musicale. v.
chef de musique. v. musical.

REPLACEMENT de tenon. v. tenon a
baïonnette.

REPLIER un pont. v. pont. v. pont de
campagne.

REPLIER une troupe, se replier. v.
plier. v. troupe.

RÉPLIQUE (subs. fém.) judiciaire. v.
judiciaire. v. procédure.

REPLOYER (verb. act. et récip.) une
troupe. v. déploiement. v. troupe.

RÉPONDRE (verb. act.) a l'appel. v.
appel. v. appel de police.

RÉPONDRE au salut. v. salut. v.
salut a feu.

RÉPONDRE aux camarades. v. basse
continue. v. batterie de caisse. v. camarade.

REPORT, subs. masc. v. balance.

REPOS, interj. et subs. masc. v. a re-

POS. V. AU REPOS. V. ARME A TERRE. V. ARME AU BRAS. V. CAMP DE REPOS. V. CRAN DE REPOS. V. NUIT DE REPOS. V. QUARTIER DE REPOS.

REPOS, interj. (G, 6). Le mot Repos, dont le verbe POSER est la racine, est, dans le cas présent, ou un COMMANDEMENT GÉNÉRAL, ou un COMMANDEMENT D'EXÉCUTION. Dans l'un et l'autre cas, il autorise les HOMMES DE PIED à ne plus garder la POSITION ni l'IMMOBILITÉ. C'était aussi un commandement dans l'intérieur de la CHAMBRÉE, fait à la suite d'un SALUT SANS ARMES.

REPOS de CHIEN DE FUSIL. V. AU REPOS. V. BEC DE GACHETTE. V. CHIEN DE FUSIL. V. CHIEN DE SURETÉ. V. CRAN DE REPOS. V. GACHETTE. V. PLATINE A BATTERIE.

REPOS d'EXERCICE. V. A VOS RANGS. V. ADJUDANT-MAJOR D'INFANTERIE FRANÇAISE DE LIGNE N° 12. V. ARME A TERRE. V. ARME AU BRAS. V. EN PLACE, REPOS. V. EXERCICE. V. FAISCEAU D'ARMES. V. GARDE A VOUS. V. MANIEMENT D'ARMES.

REPOSÉ (reposée), adj. v. ARME R...

REPOSER (verb. récip.) SUR LES ARMES. V. CÉRÉMONIE DE RÉCEPTION DE DRAPEAU. V. GARDE A VOUS, POUR REPOSER. V. ORDONNANCE D'EXERCICE D'INFANTERIE. V. SUR LES ARMES

REPOSEZ-VOUS SUR VOS ARMES (G, 6). COMMANDEMENT GÉNÉRAL, OU COMMANDEMENT MIXTE qui, prononcé à la tête d'une BRIGADE D'INFANTERIE, est un COMMANDEMENT D'AVERTISSEMENT; PUYSÉGUR (1748, C) en est l'inventeur; il annonce à l'HOMME DE PIED qui a l'ARME PORTÉE, qu'il doit placer, la crosse à terre, son FUSIL à sa droite. — Dans l'ÉCOLE DE SOLDAT, ce MANIEMENT D'ARME se démontre en deux MOUVEMENTS.

REPOUSSER, verb. neut. V. BUFFLE D'ÉQUIPEMENT.

REPOUSSER (verb. act.) la CHARGE, l'ABORDAGE, l'ASSAUT, l'EMBUSCADE, l'ENNEMI, une SORTIE. V. ABORDAGE. V. ASSAUT. V. ASSAUT OFFENSIF. V. CHARGE. V. CHARGE IMPULSIVE. V. EMBUSCADE. V. ENNEMI. V. LANGUE FRANÇAISE. V. SAC A FEU. V. SORTIE. V. SORTIE D'ASSIÉGÉS.

REPRENDRE du SERVICE. V. SERVICE. V. SERVICE PERSONNEL.

REPRENDRE les DISTANCES. V. DISTANCE.

REPRENDRE le PAS. V. PAS. V. PAS CADENCÉ.

REPRENDRE son RANG, ses RANGS. V. RANG. V. RANG TACTIQUE. V. RANGS D'INFANTERIE. V. ROULEMENT.

REPRENDRE un POSTE, une FORTERESSE. V. FORTERESSE. V. POSTE. V. POSTE PÉRIBOLOGIQUE.

REPRÉSAILLES, subs. fém. plur. (F, H). Mot dérivé de l'ITALIEN *rappresaglia*, ou, suivant FURETIÈRE, *represaglia*, qui est un itératif provenu du primitif *presa*, PRISE. Les ANGLAIS ont composé *represals* à l'imitation du mot français. — Les Représailles étaient, linguistiquement parlant, l'action d'exercer à la GUERRE des reprises, de se ressaisir de ce qu'on a perdu, d'exercer militairement une loi de talion; mais l'acception du mot a changé. — Au MOYEN AGE, temps où naissait le mot Représailles, la GUERRE et les SIÉGES n'étaient autre chose que l'exercice du vol, qu'on appelait GAIN; mais comme il n'y a qu'un pas de l'intention de reprendre son bien à l'action de se venger des voleurs en saccageant le pays, en tuant ceux qui ont tué, comme il est de la nature des choses que la vengeance surpasse l'insulte, la fureur détruisait ce qu'elle ne pouvait prendre, et les GUERRIERS ne marchaient qu'en FAISANT LE DÉGAT; voilà pourquoi l'expression Représailles donne aujourd'hui idée de destructions, de violences, d'exécutions trop souvent sanglantes, et d'un ensemble de crimes, sous couleur de punir une injustice, une offense, une barbarie. — On peut, à l'égard des Représailles, consulter l'ENCYCLOPÉDIE (1751, C), LACHESNAIE (1758, I), ODIER (1818, E), POTIER (1779, X).

REPRÉSENTATIF (représentative), adj. v. INDEMNITÉ R...

REPRÉSENTATION. V. FRAIS DE R...

RÉPRESSION (subs. fém.) MILITAIRE (G, 5). Ce mot tout LATIN exprime une action qui est un des moyens principaux du GOUVERNEMENT DES TROUPES, et qui exerce (du moins il en devrait être ainsi) une puissance parallèle à celle de la RÉMUNÉRATION. Décerner les RÉCOMPENSES méritées, et sévir contre les INFRACTIONS aux LOIS et aux devoirs, ont été dans la MILICE ROMAINE les véhicules, le secret de l'agrandissement, de l'illustration, des succès. — Dans la MILICE FRANÇAISE, la Répression des méfaits, des écarts, des manquements aux DEVOIRS, a affecté depuis plus d'un demi-siècle deux formes, et c'est un progrès si l'on compare ce fait aux coutumes de l'antiquité; mais la conduite des ARMÉES et la POLICE DES CORPS y a perdu en force ce qu'elle y a gagné en moralité. Ces deux formes sont la DISCIPLINE et la JUSTICE; l'une inflige, *proprio motu*, des PUNITIONS proportionnées aux FAUTES et prévues par les RÈGLEMENTS; l'autre rend des JUGEMENTS et prononce des PEINES que la LOI détermine, et que le CODE PÉNAL applique suivant la nature et la gravité des DÉLITS et des CRIMES. — Pendant longtemps en FRANCE, et maintenant encore dans quelques pays, les moyens répressifs étaient du genre de ceux qui avaient été pratiqués par des peuples qui s'enorgueillissaient d'être libres et qui restèrent longtemps républicains. — La Répression menaçait tous les GUERRIERS sans distinction de rang. Ainsi, hors de ROME, le CONSUL, le DICTATEUR, étaient seuls à l'abri des BAGUETTES ou de la HACHE des FAISCEAUX du LICTEUR. De même, en Russie, PIERRE premier bâtonnait ses GÉNÉRAUX EN CHEF. — A des époques plus modernes, la BASTONNADE, la FUSTIGATION, les COUPS DE PLAT DE SABRE, ou le BATON de la HALLEBARDE, ont été, mais à l'égard des HOMMES DE TROUPE seulement, le nerf de la Répression. Des mœurs plus adoucies ont presque généralement réduit à l'EMPRISONNEMENT les CHATIMENTS auxquels l'AUTORITÉ a recours; mais l'INSUBORDINATION d'un caractère grave, la DÉSERTION A L'ENNEMI, les attentats contre les personnes ou l'État, ont continué inévitablement à donner lieu aux applications de la PEINE DE MORT. — Les lois répressives ont, chez plus d'une nation, laissé subsister une lacune qui n'est pas encore comblée; c'est une trace, un reflet de l'ancienne prépotence féodale. Ces lois écrasaient de leur rigueur l'HOMME DE TROUPE, mais elles n'y soumettaient pas ses CHEFS, et loin de passer indifféremment, sur quiconque exerce la PROFESSION DES ARMES, ce niveau de fer que maniaient ROME et PIERRE LE GRAND, elles restaient indifférentes aux méfaits des hauts OFFICIERS DE TERRE, ou semblaient préjuger infaillible cette classe de GUERRIERS; ou si la loi poursuivait à l'égal des HOMMES DE TROUPE les OFFICIERS de GRADE peu élevé, elle n'atteignait jamas les personnages d'un ordre éminent. On retrouve dans les sophismes publiés par MONTESQUIEU (*Esprit des lois*) touchant la noblesse et ses prérogatives, la cause de cet abus, tandis que les arrêts de la JUSTICE MILITAIRE devraient, au contraire, être d'autant plus sévères que le GRADE serait plus élevé. Appointer de SERVICE, exercer la CONTRAINTE PAR CORPS, infliger la RÉPRIMANDE, prononcer la SUSPENSION DE GRADE, le RETRAIT D'EMPLOI, c'est appliquer le minimum des RÉPRESSIONS disciplinaires. A l'autre extrémité de cette échelle, le maximum des Répressions légales consiste dans l'EXPULSION et la DÉGRADATION, pires que la MORT.

RÉPRIMANDE, subs. fém. V. COLONEL D'INFANTERIE FRANÇAISE DE LIGNE N° 16. V. MILICE PIÉMONTAISE N° 7. V. PUNITION. V. RÉPRESSION.

REPRISE, subs. fém. V. A REPRISES.

REPRISE de BATTERIE. V. AUX CHAMPS. V. BAN DE RÉCEPTION. V. BATTERIE. V. BATTERIE A REPRISES. V. BATTERIE DE CAISSE. V. ROULEMENT.

REPRISE de COMMANDEMENT. V. COMMANDEMENT D'EXÉCUTION.

REPRISE d'HOSTILITÉS. V. ARMISTICE. V. DÉNONCER. V. DÉNONCIATION. V. JURISPRUDENCE MILITAIRE. V. ORDRE GÉNÉRAL.

REQUÊTE, subs. fém. V. CONSEIL JUDICIAIRE. V. INFORMATION.

RÉQUISITION, subs. fém. (term. générique). Mot tout LATIN, qui exprime un genre de prélévement forcé, touchant lequel on peut surtout consulter : AUDOUIN (t. I, p. 318; t. II, p. 39, 41, 50), M. BERRIAT ODIER (1818, p. 48; 1824, E, t. v, p. 287, 544). Le terme ne demande ici quelques détails que comme RÉQUISITION CONSCRIPTIVE.

RÉQUISITION CONSCRIPTIVE (F), ou RÉQUISITION MILITAIRE. Sorte de RÉQUISITION essayée d'abord par le DÉCRET DE 1793 (24 FÉVRIER), qui mettait sous les armes la levée de trois cent mille hommes, connue sous la désignation de CONTINGENT; cette mesure fut suivie des DÉCRETS DE 1793 (16 et 23 AOUT) rendus sur la proposition de Barrère. Ces rescrits sur la LEVÉE EN MASSE sont les plus curieux monuments de l'époque. — L'INSTRUCTION DE 1793 (1er SEPTEMBRE) organisa la Réquisition; c'était l'APPEL de tous les HOMMES en état de marcher, sans distinction d'âge ni de profession. Les FONCTIONNAIRES seuls étaient dispensés de SERVIR. Cette convocation générale de BAN ET ARRIÈRE-BAN, ce remède extrême pouvait seul alimenter cette GUERRE gigantesque de la RÉVOLUTION, à une époque où l'ENROLEMENT LIBRE était loin de fournir des RECRUES. — Quoique la loi mît tous les FRANÇAIS en Réquisition, elle n'opérait la LEVÉE que sur les hommes de dix-huit à vingt-cinq ans; de là le nom de PREMIÈRE RÉQUISITION qui fut donné à ce RECRUTEMENT; le reste des FRANÇAIS attendait son tour de départ. — La LOI DE L'AN SIX (24 BRUMAIRE) se prononçait rigidement contre *les fuyards de la Réquisition.* — La LOI DE L'AN SIX (19 FRUCTIDOR) qui créait la CONSCRIPTION, fit oublier bientôt le nom de la RÉQUISITION et des RÉQUISITIONNAIRES. — Tels ont été les moyens acerbes, mais commodes, prompts et inépuisables, qui ont été l'avant-coureur et le modèle de cette CONSCRIPTION maintenant exploitée chez presque toutes les nations, à l'instar de l'ARMÉE FRANÇAISE. — On peut consulter sur ce sujet : ARGENVILLERS, DARU (an dix), ENCYCLOPÉDIE (1751, C, supplément), LECOUTURIER (1825, A).

RÉQUISITION CONTRIBUTIVE. V. ADMINISTRATION D'ARMÉE. V. ARTILLERIE D'INFANTERIE. V. AUTORITÉS CIVILES. V. COMMANDANT DE PLACE N° 6. V. CONTRIBUTIF. V. GARNISAIRE. V. GÉNÉRAL D'ARMÉE.

RÉQUISITION D'AUTORITÉS CIVILES. V. AUTORITÉS CIVILES.

RÉQUISITION DE MATIÈRES. V. ENTREPRISE DE FOURNITURES. V. MATIÈRE.

RÉQUISITION DE MEMBRE DE L'INTENDANCE. V. CORPS D'INTENDANCE N° 6. V. MEMBRE DE L'INTENDANCE.

RÉQUISITION DE VOITURES. V. TRAIN. V. TRANSPORT. V. VOITURE.

RÉQUISITION JUDICIAIRE. V. ACCUSATEUR MILITAIRE. V. COMMANDANT DE DIVISION TERRITORIALE N° 2. V. CONSEIL PERMANENT N° 1. V. JUDICIAIRE.

RÉQUISITION MILITAIRE. V. COMMANDANT DE PLACE N° 6. V. LEVÉE. V. MILITAIRE, adj. V. RÉQUISITION CONSCRIPTIVE.

RÉQUISITIONNAIRE, subs. fém. V. RÉQUISITION CONSCRIPTIVE.

RÉQUISITOIRE, subs. masc. V. ACCUSATEUR MILITAIRE. V. PROCÉDURE.

RÉREFIÉ, subs. masc. V. ARRIÈRE-FIEF.

RÉRÉGUET, subs. masc. V. GUET. V. PATROUILLE. V. RONDE.

RESCOSSE, subs. fém. V. RECOUSSE.

RESCOUS (rescouse), adj. V. RECOUSSE.

RESCOUSSE, subs. fém. V. RECOUSSE.

RESCRIT, subs. masc. V. LÉGISLATION. V. MARCHÉ ADMINISTRATIF. V. MOINE-LAY. V. PRÊT. V. RÈGLEMENT.

RÉSE, subs. fém. et masc. V. RAISE.

RÉSERVE, subs. fém. V. ARCHER DE R... V. ARMÉE DE R... V. ARTILLERIE DE R... V. BATTERIE DE R... V. CADRE DE R... V. CAMP DE R... V. CAVALERIE DE R... V. CHEF D'ÉTAT-MAJOR DE R... V. COMMANDANT DE R... V. COMPAGNIE DE R... V. CORPS DE R... V. ÉTAT-MAJOR DE R... V. HOMME DE R... V. LÉGION DE R... V. PARC DE R... V. PETITE R... V. QUARTIER GÉNÉRAL DE R... V. SERVICE DE R... V. VÉTÉRAN DE R...

RÉSERVE (term. génér.), ou RÉSERVE MILITAIRE. Ce mot, dont le verbe LATIN *servare* est la racine, exprime ou un APPROVISIONNEMENT de MATÉRIEL, ou une RETENUE PÉCUNIAIRE, ou une combinaison de TACTIQUE, ou un ensemble d'HOMMES DE GUERRE qu'une sage prévision ordonne pour un usage prévu. — La GUERRE de 1832 a eu une armée de Réserve sous les armes. — Il y a des ARMES auxquelles on a donné, à tort ou à raison, le nom de Réserve. Ainsi, depuis peu, la FRANCE a une CAVALERIE DE RÉSERVE. — Les acceptions diverses que prend, ou a prises le mot, exigent qu'il soit distingué en RÉSERVE CONSCRIPTIVE et en RÉSERVE DE BATAILLE.

RÉSERVE AUTRICHIENNE. V. AUTRICHIEN, adj. V. MILICE AUTRICHIENNE N° 7.

RÉSERVE BAVAROISE. V. BAVAROIS, adj. V. MILICE BAVAROISE N° 1. V. RÉSERVE CONSCRIPTIVE.

RÉSERVE CONSCRIPTIVE (A, 1). Sorte de RÉSERVE dont la forme et l'espèce dépendent de la CONSTITUTION de l'ARMÉE, de la nature de son RECRUTEMENT, du genre de son SERVICE. Les uns appellent Réserve des CORPS SÉDENTAIRES ; d'autres un CONTINGENT supplémentaire de CONSCRIPTION ; ainsi la LOI DE 1832 (21 MARS, art. 3) rangeait dans la Réserve les HOMMES des CLASSES appelées et non réunies sous les DRAPEAUX. Le MINISTRE GOUVION avait, plus anciennement, nommé Réserve une sorte d'ARMÉE dormante, composée de SOLDATS rendus à la vie privée, mais ne jouissant que d'une demi-LIBÉRATION. La Réserve de 1832 se formait de RECRUES à appeler pour un besoin supposable ; la Réserve de 1818 était un ensemble de VIEUX SOLDATS à rappeler au SERVICE en CAS DE GUERRE ; ces vétérans, tout à fait distincts des COMPAGNIES SÉDENTAIRES, devaient, comme on l'a dit en style pompeux de tribune, être, dans les circonstances extrêmes, l'ARRIÈRE-GARDE de l'ARMÉE et l'AVANT-GARDE de la nation. Cette institution du maréchal GOUVION fut essayée en 1825 ; mais la loi qu'il avait provoquée, fut violée par une ordonnance, et le gouvernement, au lieu de n'astreindre les VÉTÉRANS qu'à un SERVICE territorial, prit sur lui de les incorporer dans l'ARMÉE. Le mauvais succès de cette entreprise amena l'abandon du système. — Cette LANDWEHR française, que GOUVION avait empruntée au Nord, devait se composer, comme cela se voit dans la MILICE PRUSSIENNE, des HOMMES ayant satisfait aux lois du SERVICE ordinaire, mais astreints à une prolongation de SERVICE DE TERRE pendant un temps déterminé. En 1832, au contraire, et par l'ORDONNANCE DE 1833 (5 JUILLET), le maréchal Soult ouvrait un vain contrôle matricule de soldats en herbe et imberbes ; il composait la Réserve d'un mélange de RECRUES et de quelques VIEUX SOLDATS ; mais une Réserve ne doit être composée que d'HOMMES formés et pliés à la DISCIPLINE, puisque les événements qui exigeraient la LEVÉE de la Réserve ne permettraient pas qu'on prît le temps de la dresser aux armes. Un CONTRÔLE DE RÉSERVE qui ne contiendrait que des noms de RECRUES serait une précaution sans utilité et sans but. — Le système français de 1818, qui, à l'instar de la Prusse, réunit au besoin des soldats formés et instruits, a été admis dans les milices bavaroise, espagnole, néerlandaise, piémontaise, russe, suédoise, suisse, wurtembergeoise, etc. — Les colonisations russes étaient une Réserve à la romaine. — On peut à l'égard de la Réserve consulter M. Argenvillers, Daru, le général Girardin, Lebreton (1835, D), M. Mauduit, le *Journal de l'Armée* (t. ii, p. 55), le *Spectateur militaire* (t. xvii, p. 92).

RÉSERVE danoise. v. danois, adj. v. milice danoise nº 1.

RÉSERVE d'armée. v. armée. v. sous-intendant nº 4. v. stratégie.

RÉSERVE d'artillerie. v. artillerie. v. artillerie de campagne. v. parc d'artillerie.

RÉSERVE de bataille (H). Sorte de réserve dont le nom est peu ancien; il était ignoré ou inusité au temps où écrivait le célèbre Delanoue (1559, A). Ainsi cet écrivain ne se sert, pour exprimer cette idée, que du terme subside, qui était la pure traduction de l'expression dont les Romains se servaient pour rendre l'idée d'une Réserve d'armée. — L'emploi des Réserves a été une des premières conceptions de l'art militaire de terre, une des premières précautions des affaires de plaine. — Cyrus avait, à Thymbrée, une Réserve ou une arrière-garde d'hommes d'élite; elle avait ordre, dit Xénophon (370 avant J.-C.), de veiller sur les avant-lignes, si elles paraissaient s'intimider, et de tuer les fuyards. — Les princes d'abord, les triaires ensuite furent la Réserve dans l'ordonnance de la légion romaine. C'était à eux à réparer, par une sorte de passage de lignes, le désordre qu'une attaque de front eût pu occasionner; mais cette Réserve n'était plus un composé de princes ou de triaires, mais un corps à part du gros de l'armée. — A Pharsale, César dut à un corps de réserve sa victoire sur Pompée. — Végèce (390, A) attribue l'invention des subsides ou Réserves aux Lacédémoniens qui, en cela, servirent de modèle aux Carthaginois, comme ceux-ci en servirent aux légions. — Végèce recommande l'usage d'une seconde ligne tenue en Réserve; c'était surtout le rôle des extraordinaires. Ce fait s'explique par la révolution qu'avait éprouvée la tactique romaine, qui au temps de cet écrivain était si différente de la légion consulaire ou des cohortes des premiers Césars. Végèce dit que des réserves de cavalerie et d'infanterie peuvent contribuer puissamment au

gain des batailles. — Alors le genre des armes permettait de présenter sur le champ de bataille, ou tout auprès, les Réserves, qui maintenant en doivent être tenues plus loin. — Les agathoerges ont été, dans la milice grecque, ou dans celle des Bysantins, une classe de cavalerie légère. — Les chevaliers du moyen age étaient trop peu éclairés en tactique pour apprécier l'importance des Réserves. — La bataille de Dreux donna, suivant M. le général de la Roche-Aymon (*Annuaire*, 1836, p. 423), le premier exemple d'une Réserve française. — Brantome (1600, A) prétend que Guise le Balafré et Coligny désapprouvaient l'emploi des Réserves, c'est-à-dire d'une arrière-ligne, ou d'un arrière-corps; car on commençait à faire usage de trois corps, savoir : l'avant-garde, la bataille, l'arrière-garde ou troisième ligne; c'était la méthode mise en vogue par la tactique des Suisses. — Henri quatre passe pour être le premier qui ait apprécié l'importance des réserves de cavalerie, et qui en ait fait l'un des éléments de ses succès à la guerre; mais il faut rendre à chacun ce qui lui est dû; les gens d'armes des derniers temps du moyen age n'ignoraient pas la précaution des Réserves. Les Suisses, hommes d'infanterie, avaient en Réserve leur corps le plus solide; l'infanterie de Henri quatre était trop peu sûre pour un pareil service; sa gendarmerie, plus brave, plus éprouvée, convenait bien mieux à cette destination toute de confiance. Brantome sous-entend ainsi la réserve d'infanterie dans ce prétendu dédain que manifestaient Guise et Coligny. Ils comptaient trop peu sur les hommes de pied pour ne les pas tenir en masse. Aussi n'eut-on, jusqu'au siècle suivant, que des Réserves de chevaux. — On a fait honneur à Gustave-Adolphe de l'invention des Réserves; il les enseigna en effet à la milice suédoise; mais un mécanisme analogue était bien plus anciennement pratiqué par Maurice de Nassau. — Dans les guerres de Louis quatorze, se précautionner de Réserves n'était pas une règle absolue; mais les historiens nous apprennent que quand les généraux en formaient une, ils la tenaient à une distance double de celle qui espaçait la première et la seconde ligne; ainsi la Réserve était en arrière, à une distance de six cents pas. — Quincy (1726, D), cependant, attribuait à Turenne l'invention des réserves d'infanterie; on a vu ce qu'il faut qu'on en pense. — La préférence donnée depuis Turenne à l'ordre mince, a rendu de plus en plus indispensables, en stratégie, les Réserves. Frédéric deux en a tiré le plus savant parti. — Suivant les cas, les Réserves tiennent à un PLAN DE CAMPAGNE; telle fut l'ARMÉE DE RÉSERVE. Plus ordinairement elles tiennent à une conception du moment même; cette fonction est, en ce dernier cas, celle des CORPS PRIVILÉGIÉS, des GRENADIERS, de la GROSSE CAVALERIE ou autres troupes sûres. — BONAPARTE ne combattait jamais, hormis peut-être en ITALIE, sans avoir assis une robuste Réserve d'INFANTERIE, qu'en plusieurs occasions il tenait en COLONNE PAR BATAILLON. MOREAU a employé comme Réserves des DIVISIONS DE CAVALERIE. — La force ou le nombre des Réserves ne sauraient être déterminés; on les place, suivant le terrain, ou sur les flancs du CORPS D'ARMÉE, ou aux ailes d'une DIVISION, ou bien en arrière de la SECONDE LIGNE, hors de la portée de l'ARTILLERIE, mais compactes, aussi centrales que possible par rapport au GROS de l'ARMÉE, et sous la main du GÉNÉRAL; c'est à son COUP D'OEIL à décider de leur place comme de leur mise en jeu. Leur destination est d'influer sur les événements, autant par leur présence que par leur coopération; leur objet est moins d'attendre le CHOC, et de combattre sur place, que de le donner en se portant rapidement où le besoin le demande; habilement maniées, elles peuvent décider du succès d'une affaire; mais si on les HARCÈLE, si on les attaque ouvertement, elles doivent opposer une résistance invincible, frapper les derniers coups, et protéger au besoin une RETRAITE qui deviendrait inévitable. — L'ORDONNANCE DE 1832 (3 MAI) déclarait la GROSSE CAVALERIE, partie intégrante de la Réserve d'une ARMÉE, sous la protection de TROUPES LÉGÈRES ou d'INFANTERIE; cette ORDONNANCE reconnaissait un CHEF D'ÉTAT-MAJOR comme attaché à la Réserve d'une ARMÉE, et un LIEUTENANT GÉNÉRAL comme chargé de ce COMMANDEMENT; elle plaçait comme COMMANDANT DU QUARTIER GÉNÉRAL de la Réserve un OFFICIER D'ÉTAT-MAJOR. De même, dans les MILICES du Nord, la Réserve est commandée par un FELDZEUGMEISTER. — Les AUTEURS qui peuvent être consultés touchant les Réserves sont : BOISROGER (1773, G), BONNEVILLE (1762, L), BRANTOME (1600, A), M. CANTELOUBE (1818, F), DELANOUE (1760, F), DUPAIN (1783, F), ENCYCLOPÉDIE (1751, C; 1785, C, et supplément), LACHESNAIE (1758, I), LEBLOND (1748, B), M. le général LOVERDO, MAIZEROY (1767, E; 1771), MONTÉCUCULI (1704, D), QUINCY (1726, D), SERVAN (1780, B), SINCLAIRE (1771, F; 1773, L), TRAVERSE (1758, D), TURPIN (1783, O), VÉGÈCE (390, A), ZURLAUBEN (1760, G), le *Dictionnaire de la Conversation*.

RÉSERVE DE CARRÉ. V. CARRÉ. V. CARRÉ TACTIQUE. V. ORDONNANCE D'EXERCICE D'INFANTERIE.

RÉSERVE DE CAVALERIE. V. ARTILLERIE A CHEVAL. V. CAMP VOLANT. V. CARABIN. V. CAVALERIE. V. CAVALERIE FRANÇAISE N° 7. V. CHARGE DE CAVALERIE. V. GENDARMERIE DE LA MAISON. V. RÉGIMENT DE CAVALERIE FRANÇAISE N° 3. V. RÉSERVE DE BATAILLE.

RÉSERVE DE GENDARMERIE. V. GENDARMERIE. V. GENDARMERIE DE LA MAISON.

RÉSERVE DE SIÉGE DÉFENSIF. V. BORDER LE PARAPET. V. SIÉGE DÉFENSIF.

RÉSERVE DE SIÉGE OFFENSIF. V. PLACE D'ARMES DE SIÉGE OFFENSIF. V. SECONDE PARALLÈLE. V. SIÉGE OFFENSIF.

RÉSERVE DE TIRAILLEURS. V. ORDONNANCE D'EXERCICE D'INFANTERIE. V. RALLIEMENT SUR LA RÉSERVE. V. TIRAILLEUR.

RÉSERVE DE TRANCHÉE. V. GARDE DE TRANCHÉE. V. TRANCHÉE. V. TRANCHÉE DE SIÉGE OFFENSIF.

RÉSERVE D'ESCORTE. V. ESCORTE. V. ESCORTE DE CONVOI.

RÉSERVE D'INFANTERIE. V. INFANTERIE. V. PIQUE. V. RÉSERVE DE BATAILLE.

RÉSERVE ESPAGNOLE. V. ESPAGNOL, adj. V. MILICE ESPAGNOLE N° 1, 2. V. RÉSERVE CONSCRIPTIVE.

RÉSERVE GRECQUE. V. GREC, adj. V. MILICE GRECQUE N° 2. V. RÉSERVE DE BATAILLE.

RÉSERVE MILITAIRE. V. MILITAIRE, adj. V. RÉSERVE.

RÉSERVE NÉERLANDAISE. V. MILICE NÉERLANDAISE N° 1, 2. V. NÉERLANDAIS, adj. V. RÉSERVE CONSCRIPTIVE.

RÉSERVE PÉCUNIAIRE. V. PÉCUNIAIRE. V. RETENUE.

RÉSERVE PIÉMONTAISE. V. MILICE PIÉMONTAISE N° 1. V. PIÉMONTAIS, adj. V. RÉSERVE CONSCRIPTIVE.

RÉSERVE PRUSSIENNE. V. MILICE PRUSSIENNE N° 2, 3, 8. V. PRUSSIEN, adj. V. RÉSERVE CONSCRIPTIVE. V. RÉSERVE DE BATAILLE.

RÉSERVE ROMAINE. V. LÉGION ROMAINE N° 3. V. MILICE ROMAINE N° 2, 3, 7. V. RÉSERVE DE BATAILLE. V. ROMAIN, adj.

RÉSERVE RUSSE. V. MILICE RUSSE N° 2. V. RÉSERVE CONSCRIPTIVE. V. RUSSE, adj.

RÉSERVE SUÉDOISE. V. MILICE SUÉDOISE N° 1, 2, 6. V. RÉSERVE CONSCRIPTIVE. V. SUÉDOIS, adj.

RÉSERVE SUISSE. V. MILICE SUISSE N° 2. V. RÉSERVE CONSCRIPTIVE. V. SUISSE, adj.

RÉSERVE WURTEMBERGEOISE. V. MILICE

WURTEMBERGEOISE Nº 1. V. RÉSERVE CONSCRIPTIVE. V. WURTEMBERGEOIS, adj.

RÉSIDENCE, subs. fém. V. COMMANDANT DE PLACE Nº 12. V. GARNISON DE RÉSIDENCE.

RÉSISTANCE, subs. fém. V. CHICANE. V. MOINDRE R...

RESPECT, subs. masc. V. MARQUE DE R... V. POLICE.

RESPECTUEUX, adj. V. ACTE R...

RESPONSABILITÉ, subs. fém. V. HIÉRARCHIE MILITAIRE.

RESPONSABILITÉ d'ADJUDANT DE SEMAINE. V. ADJUDANT DE SEMAINE Nº 5.

RESPONSABILITÉ d'ADJUDANT D'INFANTERIE FRANÇAISE DE LIGNE. V. ADJUDANT D'INFANTERIE FRANÇAISE DE LIGNE Nº 20.

RESPONSABILITÉ de CAPITAINE D'INFANTERIE FRANÇAISE DE LIGNE. V. CAPITAINE D'INFANTERIE FRANÇAISE DE LIGNE Nº 20. V. COMPTABILITÉ DE DÉTACHEMENT. V. CONSEIL D'ADMINISTRATION DE RÉGIMENT Nº 5.

RESPONSABILITÉ de CAPORAL D'ESCOUADE. V. CAPORAL D'ESCOUADE Nº 6. V. DÉSERTEUR.

RESPONSABILITÉ de CHEF DE DÉTACHEMENT ADMINISTRATIF. V. CHEF DE DÉTACHEMENT ADMINISTRATIF Nº 3. V. COMPTABILITÉ DE DÉTACHEMENT. V. DÉGRADATION DE CASERNEMENT.

RESPONSABILITÉ de COLONEL D'INFANTERIE FRANÇAISE DE LIGNE. V. COLONEL D'INFANTERIE FRANÇAISE DE LIGNE Nº 32.

RESPONSABILITÉ de COMMISSAIRE DES GUERRES. V. COMMISSAIRE DES GUERRES Nº 8. V. CORPS DE GARDE DE GARNISON.

RESPONSABILITÉ de CONSEIL D'ADMINISTRATION DE RÉGIMENT. V. CONSEIL D'ADMINISTRATION DE RÉGIMENT Nº 6. V. DÉLIBÉRATION DE CONSEIL D'ADMINISTRATION.

RESPONSABILITÉ de FOURRIER D'INFANTERIE FRANÇAISE DE LIGNE. V. FOURRIER D'INFANTERIE FRANÇAISE DE LIGNE Nº 11.

RESPONSABILITÉ de LIEUTENANT D'INFANTERIE FRANÇAISE DE LIGNE. V. LIEUTENANT D'INFANTERIE FRANÇAISE DE LIGNE Nº 7.

RESPONSABILITÉ de MAJOR CHEF DE BATAILLON. V. MAJOR CHEF DE BATAILLON Nº 7.

RESPONSABILITÉ de MINISTRE DE LA GUERRE. V. MINISTRE DE LA GUERRE Nº 16.

RESPONSABILITÉ de SERGENT D'INFANTERIE FRANÇAISE DE LIGNE. V. SERGENT.

RESPONSABILITÉ de SERGENT-MAJOR D'INFANTERIE FRANÇAISE DE LIGNE. V. SERGENT-MAJOR D'INFANTERIE FRANÇAISE DE LIGNE.

RESSAUT (subs. masc.) GÉOLOGIQUE (G. 8). Le mot Ressaut, dont le verbe SAUTER est la racine, donne l'idée du relèvement brusque d'une ARÊTE GÉOLOGIQUE, d'une CRÊTE de MONTAGNE.

RESSEMELAGE, subs. masc. V. MILICE PRUSSIENNE Nº 6. V. SOULIER.

RESSERRER le SIÉGE, l'INVESTISSEMENT, une PLACE. V. APPROCHES. V. INVESTISSEMENT. V. PLACE. V. SIÉGE. V. SIÉGE DÉFENSIF. V. SIÉGE OFFENSIF.

RESSORT, subs. masc. V. A R... V. BANDE DE R... V. BRANCHE DE R... V. GRAND R... V. MONTE-R... V. ŒIL DE R... V. PETIT R... V. PIVOT DE R...

RESSORT | DE FUSIL . . . . . . { RESSORT DE GARNITURE. / DE PLATINE . . . . { RESSORT DE BATTERIE. / DE GACHETTE.

RESSORT (term. génér.). Mot dont la racine est mal connue. Il est sans analogie directe avec d'autres langues. Il peut provenir du vieux verbe sortir, signifiant faire dépendre; ce verbe sortir est encore usité dans des arrêts : *Voulons qu'il sorte son plein effet* (que son plein effet en dépende, en soit la conséquence). Peut-être le mot Ressort a-t-il deux étymologies différentes, suivant qu'il appartient à l'ART DE L'ARMURIER, ou qu'il exprime une JURIDICTION, une dépendance gouvernementale. Il ne sera ici l'objet de quelques recherches que comme désignant des PIÈCES qui font partie des ARMES A FEU PORTATIVES ou ARMES MÉCANIQUES analogues. Peut-être, dans ce dernier cas, Ressort vient-il des verbes sortir, ressortir, parce que le Ressort d'une serrure en fait sortir ou ressortir le pêne. — On peut consulter à l'égard des Ressorts de cette espèce : BARDIN (1807, D), M. le général COTTY (1822, A), ENCYCLOPÉDIE (1751, C, au mot *Mousquet à rouet*), GASSENDI, *la décision de 1822 (30 mars)*. — Les Ressorts seront distingués ici en RESSORTS D'ARBALÈTE, — D'ARQUEBUSE, — DE BAGUETTE, — DE CAPUCINE, — DE FUSIL, — DE GRENADIÈRE, — DE PLATINE A ROUET, — D'EMBOUCHOIR.

RESSORT d'arbalète. v. arbalète. v. clef d'arbalète. v. noix d'arbalète. v. tir.

RESSORT d'arquebuse. v. arquebuse. v. arquebuse a feu. v. platine d'arquebuse.

RESSORT de baguette. v. baguette. v. baguette de fusil. v. cuilleron. v. ressort de garniture.

RESSORT de batterie (G, 1). Sorte de ressort de platine ainsi nommé par opposition au grand ressort; il est arrêté au moyen d'un pivot; il est percé d'un œil qui reçoit sa vis. Le pied ou talon de la batterie roule sur la branche la plus longue du Ressort ou branche mobile; l'autre branche se termine en une patte en goutte de suif dont la position est à la hauteur de l'extrémité de la branche de pontet. Son coude répond à l'extrémité antérieure de la platine. — L'instruction de 1806 (19 juin) traitait des Ressorts.

RESSORT de capucine. v. capucine de fusil. v. garniture. v. ressort de garniture.

RESSORT (ressorts) de fusil (term. sous-génér.). Sorte de ressorts qui sont en acier de fusion ou en acier trempé. Les formes, le prix, les réparations en sont mentionnées et tarifées dans la décision de 1822 (30 mars, *Journal militaire*, t. lxv). Ils se distinguent en ressort de garniture et en ressort de platine.

RESSORT de gachette (G, 1), ou petit ressort. Sorte de ressort de platine situé à l'opposite du grand ressort. Son effet est de faire appuyer la gachette contre la noix, au moyen du mouvement du bec de la gachette. Sa grande branche est percée de l'œil qui en reçoit la vis; il porte un tenon. Son coude avoisine l'extrémité antérieure de la platine. — Le règlement de l'an treize (1er vendémiaire) en tarifait les réparations.

RESSORT (ressorts) de garniture (G, 1). Sorte de ressorts de fusil qui consistent en ressort de baguette ou cuilleron et en ressorts de capucine et d'embouchoir. Ce dernier genre de Ressort est un morceau de fil d'acier trempé, courbé à crochet. Il est interdit aux soldats de le déplacer. Le Ressort de la grenadière de voltigeurs est placé dans l'entre-deux des anneaux. — Quelques détails à cet égard sont dans l'instruction de 1806 (19 juin).

RESSORT de grenadière. v. boucle de grenadière. v. garniture. v. grenadière d'armement. v. ressort de garniture.

RESSORT (ressorts) de platine a batterie (term. sous-génér.). Sorte de ressorts de fusil formés de bandes d'acier coudées que le jeu de la détente met en action. Deux de ces Ressorts sont intérieurs; l'un s'appelle grand ressort à cause de la longueur de ses branches, l'autre est extérieur; leurs branches sont percées d'un œil pour le passage d'une vis; ils ont un pied ou un point d'appui qu'on nomme assez inexactement pivot; ces pivots transpercent le corps de la platine et y rodent, c'est-à-dire, en terme d'armurerie, y accomplissent la révolution ou le mouvement de rotation qui leur est propre. Le monte-ressort sert, par l'application de sa branche, à les placer et à les déplacer en en pliant le coude. La puissance d'action des Ressorts et le degré de la chasse qu'ils opèrent se mesurent au moyen du blémomètre. Le défaut d'harmonie et d'à-propos des Ressorts occasionne en partie les ratés du chien. — Les Ressorts de platine se distinguent en ressort de batterie et en ressort de gachette.

RESSORT de platine a rouet. v. platine a rouet. v. rouet.

RESSORT d'embouchoir. v. embouchoir. v. ressort de garniture.

RESTER (verb. neut.) sur le carreau (F). Vieille locution que le temps a rendue singulière, ridicule même, s'il s'agit d'un combat de mer. On ne peut en expliquer l'étymologie qu'en disant que carreau a été synonyme de carrière ou de lice.

RESTUYER (verb. act.) l'épée. v. épée.

RETZOW. v. noms propres.

RÉTABLIR le combat. v. combat. v. combat strateumatique.

RÉTABLIR l'ordre naturel. v. alignement individuel. v. ordre naturel. v. renverser une colonne, etc.

RETAILLER (verb. act.) la gachette. v. gachette.

RETAILLER la lance. v. anspessade. v. gendarme du moyen age nº 7. v. infanterie nº 1. v. lance. v. lance a main.

RETARD d'arrivée. v. arrivée. v. coupon d'indemnité de route.

RETARDATAIRE, subs. masc. (A, 1; C, 3). Mot créé depuis le commencement du dix-neuvième siècle, et primitivement employé dans les circulaires du directeur général de la conscription. Son étymologie s'explique d'elle-même. Il a été imaginé pour donner idée des conscrits qui ne se présentaient pas aux époques voulues par la loi. La circulaire de 1810 (24 juillet) établissait les cas où les Retardataires devenaient réfractaires, si leur absence n'était justifiée par des CERTIFICATS D'OFFICIERS DE SANTÉ. — L'ORDONNANCE DE 1823 (19 mars, art. 133) ne comptait le SERVICE des APPELÉS Retardataires qu'à compter du jour de l'INCORPORATION. — La POLICE MILITAIRE a également appelé Retardataires les militaires qui outre-passent un CONGÉ, et se mettent dans le cas d'être rayés des CONTROLES à raison de la longueur de l'ABSENCE. — Les Retardataires d'un CORPS qui FAIT ROUTE trouvent au CORPS DE GARDE DE POLICE leurs BILLETS DE LOGEMENT, que le FOURRIER y a déposés.

RÉTENTION (subs. fém.) d'URINE. V. CAS DE RÉFORME. V. INFIRMITÉ. V. URINE.

RETENTURE, subs. fém. V. CAMP ROMAIN.

RETENUE, subs. fém. V. BREVET DE R... V. EFFET DE R... V. FEUILLE DE R... V. REGISTRE DE R... V. TARIF DE R...

RETENUE (term. génér.), ou RETENUE PÉCUNIAIRE. Ce mot, dont le verbe TENIR est la souche, a été irrégulièrement composé, puisque, dans l'esprit des LANGUES LATINE et FRANÇAISE, le terme semblerait devoir exprimer le contraire de PRÉLÈVEMENT ou de déduction sur PRESTATIONS. — Nous avons donné une idée des Retenues auxquelles était soumise la PAYE de la MILICE ROMAINE; cette précaution (on peut presque dire cette science) y était poussée loin. — Les Retenues militaires sont ou des RÉSERVES ou des amendes que nous n'envisagerons ici que comme légales, mais qui ont été longtemps arbitraires, et que la loi qualifie, en certains cas, d'ILLICITES. — Le CONNÉTABLE et, depuis le quatorzième siècle, les MARÉCHAUX, frappaient la SOLDE des TROUPES de Retenues les plus abusives. Deux siècles plus tard, le COLONEL GÉNÉRAL DE L'INFANTERIE s'attribuait, sous le nom d'AUMONES, une Retenue établie sur la SOLDE des GARDES FRANÇAISES. — Depuis que des RÈGLEMENTS d'administration et de police ont eu vigueur, la LÉGISLATION s'est appliquée à régulariser et à rendre profitable l'action des Retenues; mais elle en a quelquefois exagéré le système au point d'obscurcir la COMPTABILITÉ qu'elle cherchait à éclaircir. — Il y a eu, dans les derniers siècles, bien des genres de Retenues; il s'en est vu sous formes d'AMENDES : — POUR ACQUITTER DES FRAIS D'ARRÊTS DE RIGUEUR, — POUR ABONNEMENT AU CAFÉ, — POUR DÉGRADATIONS DE CASERNEMENT OU DE PRISON, — POUR CONTRIBUTIONS PERSONNELLES, — POUR PRIX DE LA PAILLE DE CAMPEMENT, — pour formation d'une MASSE D'HABILLEMENT, — pour prix de BREVET, — pour DROIT DE SCEAU; — en faveur de l'AUMONIER, — en faveur du CHIRURGIEN-MAJOR, — en faveur du COMMISSAIRE DES

GUERRES, — le jour de la PRESTATION DU SERMENT, — sous forme de CONCORDATS, etc. — Ces Retenues frappaient sur les OFFICIERS. — Il y avait des Retenues sur les HOMMES DE TROUPE qui s'exerçaient pour prix d'ARMEMENT, — d'HABILLEMENT, — d'ÉQUIPEMENT, — DE PAIN DE MUNITION, — de LINGE ET CHAUSSURE, — d'ORDINAIRE. — Au nombre de ces Retenues, celles qui étaient légales et ÉVENTUELLES, et se percevaient sur les APPOINTEMENTS et le PRÊT, ne pouvaient excéder le CINQUIÈME de la SOLDE. — Il y avait des Retenues plus générales; telles étaient celles qui soldaient les JOURNÉES D'HOPITAUX, — la MUSIQUE, — certaines offrandes ou cadeaux d'honneur, — les PASSES DE SAC, etc.; telles étaient les Retenues qui avaient en vue la DOTATION DES INVALIDES, — les DÉPENSES DE CORPS, — le prélèvement sur l'ORDINAIRE DES GUERRES, — sur les PENSIONS DE RETRAITE. — Les Retenues qui tournaient au profit du TRÉSOR étaient privilégiées. — Les RETENUES PERMANENTES, telles que celles qui tournaient au profit de la DOTATION DES INVALIDES, celles qui frappaient sur les DÉPENSES DU CORPS, celles qui affaiblissaient les RETRAITES, étaient blâmées avec raison par ODIER (1818, E), par M. VILLENEUVE (1829), etc. Mais, au contraire, des Retenues de toute équité étaient celles qui portaient sur des MILITAIRES de tout rang, en réparation de dommages ou de désordres commis par eux. — Dans chaque corps, le TRÉSORIER dresse, en vertu des ordres qu'il en reçoit, l'état de répartition des Retenues imposables à divers; le MAJOR le vérifie, et le remboursement s'en opère. — La SOLDE DE RETRAITE, quoique déclarée insaisissable, était cependant, en vertu d'une décision ministérielle, susceptible de subvenir, en suite d'un JUGEMENT CIVIL, aux aliments d'ENFANTS et d'ÉPOUSE que délaisserait le père. En ce cas, un tiers de la PENSION y pouvait être affecté. — La LOI DE 1791 (10 JUILLET) réglait les cas où il serait exercé des Retenues pour IMPOSITIONS DIRECTES et personnelles. — Le RÈGLEMENT DE 1792 (24 JUIN) défendait toute Retenue pour ABONNEMENTS, REPAS DE CORPS, TRAITEMENT EXTRAORDINAIRE, mais le permettait en cas de DÉGRADATIONS. — La LOI DE 1792 (23 MAI), celle de L'AN DEUX (2 THERMIDOR), la DÉCISION DE L'AN TROIS (16 PLUVIOSE), la LOI DE L'AN TROIS (19 PLUVIOSE), la LOI DE L'AN CINQ (23 FLORÉAL), la CIRCULAIRE DU PAYEUR GÉNÉRAL DE 1806 (1er JANVIER), la CIRCULAIRE DE 1808 (25 OCTOBRE), avaient ébauché les règles relatives aux Retenues; l'ORDONNANCE DE 1823 (19 MARS) les a résumées, et a porté dans cette matière quelques lumières. — Des Retenues longtemps exercées sur la SOLDE pour JOURNÉES D'HOPITAL cessaient d'avoir lieu, en vertu du DÉCRET DE L'AN TREIZE (25 GERMINAL). — Le MINISTRE déclarait que, après six mois expirés, toutes réclamations élevées par des CORPS qui auraient été dans le cas de subir extraordinairement des réductions ou Retenues, étaient inadmissibles. — Les INDEMNITÉS DE PERTES EN CAMPAGNE, les GRATIFICATIONS D'ENTRÉE EN CAMPAGNE, ne sont pas passibles de Retenues. — Les Retenues au profit des PARTICULIERS sont déduites par PRÉCOMPTE, c'est-à-dire que le reçu, qui représente le montant du solde à retenir, est donné comme comptant par le TRÉSORIER à l'OFFICIER dont la PAYE éprouve un retranchement. — Les Retenues pour FRAIS DE MUSIQUE ont été longtemps exigées des OFFICIERS ; nous avons même connu des RÉGIMENTS où il était arbitrairement retenu un sou par mois aux HOMMES DE TROUPE. La CIRCULAIRE DE 1827 (22 JANVIER) interdisait toute Retenue pour FRAIS DE MUSIQUE. — Un des devoirs des INSPECTEURS GÉNÉRAUX est de s'assurer s'il n'a pas été fait aux OFFICIERS ou aux HOMMES DE TROUPE des RETENUES ILLICITES, fussent-elles volontaires. L'ORDONNANCE DE 1823 (19 MARS) en rendait responsables les MEMBRES des CONSEILS D'ADMINISTRATION. — La MILICE WURTEMBERGEOISE, quoique pourtant, à bien des égards, elle puisse être citée comme un modèle, était cependant une de celles où les Retenues étaient multipliées outre mesure. — Les AUTEURS qui peuvent être consultés à l'égard des Retenues sont : AUDOUIN, BARDIN (1807, D ; 1809, B), M. BERRIAT (1817, A), BRIQUET (1761, H), CHENNEVIÈRES (1750, C), DENERVO, ENCYCLOPÉDIE (1785, C), KÉRALIO (1757, F), LACHESNAIE (1758, I), LECOUTURIER (1825, A), MORIN (1798), ODIER (1818, E), POTIER (1779, X), M. QUILLET, M. VILLENEUVE. — Les Retenues se distinguent en RETENUES AU PROFIT DE L'ÉTAT, — SUR APPOINTEMENTS, — SUR DÉPENSES, — SUR PRÊT, — SUR TRAITEMENT DE LA LÉGION.

RETENUE (retenues) AU PROFIT DE L'ÉTAT (B, 1). Sorte de RETENUES que l'ORDONNANCE DE 1823 (19 MARS) prescrivait. — Ces Retenues étaient en partie des RETENUES SUR APPOINTEMENTS, et comprenaient les FEUILLES DE RETENUE, les IMPUTATIONS de deux pour cent, sur APPOINTEMENTS, au profit de l'HOTEL DES INVALIDES, et les RETENUES AU PROFIT DU TRÉSOR.

RETENUE AU PROFIT DE L'HOTEL DES INVALIDES. V. HOTEL DES INVALIDES. V. ORDINAIRE DES GUERRES. V. PENSION DE RETRAITE.

RETENUE AU PROFIT DES PARTICULIERS. V. PARTICULIER. V. RETENUE. V. RETENUE SUR APPOINTEMENTS.

RETENUE AU PROFIT DU TRÉSOR. V. RETENUE. V. RETENUE AU PROFIT DE L'ÉTAT. V. RETENUE SUR APPOINTEMENTS. V. TRÉSOR PUBLIC.

RETENUE DE PETIT ÉQUIPEMENT. V. ADJUDANT D'INFANTERIE FRANÇAISE DE LIGNE N° 12. V. FEUILLE DE SUBSISTANCE. V. PETIT ÉQUIPEMENT. V. SERGENT D'INFANTERIE FRANÇAISE DE LIGNE N° 6. V. SOLDE. V. TRAITEMENT DE GUERRE.

RETENUE D'HOPITAL. V. HOMME À L'HOPITAL. V. HOPITAL MILITAIRE. V. RETENUE.

RETENUE D'ORDINAIRE. V. CAHIER D'ORDINAIRE. V. ORDINAIRE. V. ORDINAIRE DE SOLDAT. V. RETENUE SUR PRÊT.

RETENUE ÉVENTUELLE. V. ÉVENTUEL. V. RETENUE.

RETENUE ILLICITE. V. ILLICITE. V. INSPECTEUR GÉNÉRAL D'INFANTERIE N° 4. V. RÉGIMENT D'INFANTERIE FRANÇAISE N° 5. V. RETENUE.

RETENUE MILITAIRE. V. MILITAIRE, adj. V. RETENUE.

RETENUE PÉCUNIAIRE. V. OFFICIER DE CAVALERIE N° 3. V. PÉCUNIAIRE. V. RETENUE.

RETENUE PERMANENTE. V. PERMANENT. V. RETENUE.

RETENUE POUR ALIMENTS. V. ALIMENT. V. PAIN DE MUNITION. V. RETENUE.

RETENUE POUR DÉGRADATIONS. V. BATIMENT MILITAIRE. V. DÉGRADATION DE CASERNEMENT. V. MAJOR CHEF DE BATAILLON N° 10.

RETENUE POUR DETTES. V. CRÉANCIER D'HOMME DE TROUPE. V. DETTE. V. DETTE DE MILITAIRE. V. DETTE D'OFFICIER. V. RETENUE. V. RETENUE SUR APPOINTEMENTS. V. SOUS-OFFICIER N° 10.

RETENUE POUR DOTATION DES INVALIDES. V. DOTATION DES INVALIDES. V. ÉTAT-MAJOR DE PLACE. V. RETENUE SUR DÉPENSES.

RETENUE POUR FRAIS DE MUSIQUE. V. FRAIS DE MUSIQUE. V. INSPECTEUR GÉNÉRAL D'INFANTERIE N° 4. V. MASSE DE MUSIQUE. V. RETENUE. V. RETENUE SUR APPOINTEMENTS.

RETENUE (retenues) SUR APPOINTEMENTS (B, 1). Sorte de RETENUES qu'on pouvait aussi appeler RETENUES SUR OFFICIER. Les unes s'opéraient en vertu de la loi ; d'autres étaient de tolérance et regardaient l'ADMINISTRATION D'ÉTAT-MAJOR. Maintenant elles sont exercées ou en vertu des injonctions du MINISTRE DE LA GUERRE, ou en conformité des ordres du COLONEL. — Nous avons donné ci-avant un aperçu de ces divers genres de Retenues. — L'ORDONNANCE DE 1768 (1er MARS) autorisait les Retenues pour ABONNEMENT AU THÉATRE. — POTIER (1779, X, au mot *Instruments*) nous apprend que de son temps, quoique les Retenues pour frais de musique fussent défendues, il n'en était pas moins exercé d'onéreuses pour l'entretien des musiques des régiments français. — L'ordonnance de 1788 (1er juillet) et la loi de 1791 (10 juillet) défendaient toute Retenue sur appointements, à moins qu'elles n'eussent pour objet la subsistance, l'habillement, le logement; c'était la prohibition tacite des abonnements au théâtre. La même ordonnance décidait que lorsqu'un officier serait mis en prison, en punition de ses dettes, la moitié de ses appointements serait consacrée au payement de ses créanciers. — Des dispositions différentes eurent lieu ensuite. Les Retenues pour dettes, exercées en vertu d'un jugement civil, ne devaient pas excéder le cinquième des appointements d'activité et le dixième de la solde de congé ou de non activité, ainsi que le témoigne Odier (1818, E). — L'instruction de l'an trois (16 ventose) voulait que le prix des dégradations de casernement dont les officiers auraient à supporter la Retenue, fût acquitté aussitôt qu'un procès-verbal les aurait constatées. — L'officier a l'hôpital a, de tout temps, subi une Retenue. — La circulaire de 1809 (8 septembre) déclarait que les Retenues par suite d'oppositions juridiques pourraient s'exercer sans l'intervention du ministre. — Le décret de 1811 (20 avril) imposait aux appointements une Retenue de deux pour cent au profit de l'hôtel des Invalides; la circulaire de 1811 (1er juin) réglait le mode de cette Retenue. — Une des Retenues les moins injustes était une bursalité rajeunie qui frappait d'un droit pécuniaire la délivrance d'un brevet, et mettait arrêt sur le premier mois des appointements d'un grade nouveau. — L'ordonnance de 1822 (3 juillet), sur l'inspection, permettait une Retenue d'un jour de solde pour frais de musique; l'abolition de cette Retenue était ordonnée à partir de janvier 1828. — L'ordonnance de 1825 (19 mars) maintenait la Retenue de deux pour cent au profit de la caisse des invalides; elle était exercée sur la solde, sur les suppléments de solde, sur l'indemnité de représentation, sur les pensions de retraite. — Cette ordonnance divisait les Retenues sur appointements en retenue au profit de l'Etat et en retenue au profit des particuliers; telles étaient celles pour dettes, représentées par billets, et poursuivies en vertu d'oppositions et d'actions pour dettes. Le remboursement, en ce cas, avait lieu par précompte ou moins payé, c'est-à-dire en prélevant sur la somme qui reviendrait au débiteur poursuivi, le montant payable au créancier

poursuivant, mais sans qu'il en résultât, en écritures comptabiliaires, une déduction sur l'état de payement ou sur la revue. — L'ordonnance de 1823 (19 mars, art. 445) traitait des Retenues exercées à la diligence des sous-intendants; elles étaient d'un cinquième de la solde brute, à moins de dispositions différentes ordonnées par le ministre de la guerre. — Les déficits constatés par l'examen de la comptabilité des corps sont l'occasion d'une Retenue sur les officiers membres du conseil d'administration. — La loi de 1836 (9 juillet), l'ordonnance de 1837 (25 décembre), la décision de 1838 (7 mai) exigeaient que les oppositions juridiques fussent signifiées entre les mains des comptables, et non adressées aux conseils d'administration. — Au commencement du régime de la restauration, l'obtention d'un brevet était l'occasion d'une retenue au profit du trésor. — La circulaire de 1817 (30 avril) autorisait une Retenue de deux journées de solde au plus, mais librement consentie, pour formation d'une masse d'habillement d'officiers. — En certaines milices, les armes d'officiers et leurs autres effets d'uniforme leur sont fournis par l'Etat, en vertu de Retenues; il en était ainsi dans la milice néerlandaise.

RETENUE sur deniers de poche. v. amende. v. denier de poche. v. école d'escrime. v. homme de troupe n° 5. v. salle de discipline.

RETENUE (retenues) sur dépenses de corps (A,[1]. Sorte de retenues qui avaient été prescrites par l'ordonnance de 1814 (12 décembre); elles étaient au nombre de celles qui avaient pour objet la dotation de l'hôtel des Invalides. — Les Retenues de ce genre tiennent à un système déraisonnable; elles sont une bévue en administration. Un ministre dit à un régiment: *Voici cent francs pour votre habillement; mais il ne vous est permis de dépenser, dans les marchés que vous passerez, que quatre-vingt-dix-huit francs. En conséquence, vous allez me rendre, en matières et en écritures, deux francs qu'il me faut pour les invalides.* Ne serait-il pas simple de répondre au ministre: *Que votre excellence donne ce qu'elle voudra aux invalides, et qu'elle ne nous alloue que quatre-vingt-dix-huit francs, puisqu'elle croit que c'est tout ce qui nous est nécessaire; autrement elle embrouille notre comptabilité et nous met en dépense inutile de temps, d'encre et de papier.* — La circulaire de 1817 (10 janvier) n'en décidait pas moins que toutes dépenses, même pour achat d'effets confectionnés ou de matières, étaient passibles de la Retenue de deux pour cent. — L'ordonnance de 1819 (20 octobre) supprimait les Retenues sur dépenses et sur marchés.

RETENUE sur garnisaires. v. effet de petit équipement. v. garnisaire.

RETENUE sur homme de troupe. v. adjudant d'infanterie française de ligne n° 2. v. capitaine d'infanterie française de ligne n° 25. v. caporal d'infanterie française de ligne n° 16. v. dégradation de salle de discipline. v. denier de petit équipement. v. effet d'imputation. v. effet d'uniforme. v. emprisonnement de militaire. v. état de payement. v. homme de troupe n° 5. v. infanterie française n° 5 (tableaux). v. livret individuel. v. masse de compagnie. v. masse de propreté. v. milice romaine n° 5. v. ordinaire. v. prêt de compagnie. v. retenue. v. retenue sur prêt v. salle de discipline. v. sur homme de troupe.

RETENUE sur officier. v. amende d'officier. v. café. v. colonel d'infanterie française de ligne n° 12, 16, 36. v. dégradation de casernement. v. dette d'officier. v. inspecteur général d'infanterie n° 4. v. membre de conseil d'administration. v. musicien. v. musique. v. officier. v. officier d'infanterie française n° 2, 3. v. officier français n° 10, 16. v. paille de campement. v. retenue. v. retenue sur appointements. v. sur officier.

RETENUE sur pension de retraite. v. pension de retraite. v. retenue. v. sur pension.

RETENUE sur prêt (B, 1). Sorte de retenue aussi ancienne que la solde. — Les ordonnances de 1671 (20 novembre) et de 1672 (25 avril) ne permettaient, pour subvenir aux achats d'armement et d'équipement, *que la Retenue du sol accoutumé;* ce qui prouve que l'usage en était plus ancien. Cette Retenue cessa vers 1750; la dépense en tomba alors au compte de l'Etat. —L'ordonnance de 1691 (4 novembre) retenait deux sous par jour pour le pain. A cette même époque, l'habillement, le combustible, l'ordinaire, étaient également l'objet de Retenue, et, jusqu'à la guerre de la révolution, le soldat ne jouissait d'aucuns deniers de poche; sa paye coulait en Retenues; il subissait même une Retenue bien extraordinaire : c'était la suppression de toute allocation le trente et un du mois. — L'ordonnance de 1776 (25 mars) fixait la Retenue pour linge et chaussure, à huit deniers pour soldats et caporaux, et à seize deniers pour sergents et fourriers. — Le décret de 1809 (13 avril) portait, dans l'infanterie, la Re-

tenue à douze centimes pour sous-officier, et à sept centimes et demi pour soldat. — L'ordonnance de 1818 (13 mai) soumettait les sous-officiers aux mêmes Retenues, pour dettes, que les officiers, c'est-à-dire à raison d'un cinquième; mais les créanciers n'y avaient droit qu'autant que la dette avait été contractée du consentement du capitaine de la compagnie. — L'ordonnance de 1825 (19 mars) décidait que les Retenues pour pertes, pour dégradations, etc., étaient l'objet d'une répartition dans les corps et d'une sous-répartition dans les compagnies. — Maintenant les Retenues ont lieu pour aliments, pour petit équipement, pour réintégration d'objets détournés ou disparus, pour dégradations, pour formation de certaines masses. — Une partie des Retenues que supportent les bénéfices perçus par des garnisaires tournait au profit de la partie du prêt qu'on appelle l'ordinaire. — Le montant des Retenues est réglé par tarifs : elles ont lieu dans toutes les positions où se perçoit la solde, mais non dans le cas de rappel après captivité chez l'ennemi.—Une Retenue forme la masse de linge et chaussure; son montant est porté au crédit de cette masse.

RETENUE sur prisonnier. v. cahier d'ordinaire. v. prisonnier. v. sur prisonnier.

RETENUE sur solde. v. masse comptabiliaire. v. ministre de la guerre n° 8. v. solde. v. sous-intendant n° 8. v. sur solde.

RETENUE sur solde de sous-officiers. v. solde de sous-officier. v. sur solde.

RETENUE sur traitement de la Légion d'honneur. Sorte de retenue qui était de deux pour cent, et qui concourait à la dotation des invalides. — Cette Retenue, qui ne datait que de la restauration, était en opposition avec les statuts primitifs de l'ordre.

RETENUE sur travailleurs. v. cahier d'ordinaire. v. sur travailleur. v. travailleur de corps.

RÉTIAIRE, subs. masc. v. arme a lacs. v. filet d'armes. v. milice buénos-ayrienne.

RETIRADE, subs. fém. (G, 4; H, 1). Mot dérivé de l'italien *ritirata*, retraite, et pourtant l'italien rend Retirade par *bastia*, petit bastion; mais ces singularités en linguistique se rencontrent fréquemment. — Le mot Retirade est tombé en désuétude dans la langue des officiers du génie, et a été remplacé par le mot réduit, auquel il était préférable. — Dès le quinzième siècle, on voit des ASSIÉGÉS recourir à la défense des Retirades. — Une Retirade était un RETRANCHEMENT intérieur et improvisé, composé de deux FACES et d'un ANGLE RENTRANT ; c'était une CONSTRUCTION à FOSSÉ et à PARAPET qu'un ASSIÉGÉ, près d'être FORCÉ dans une PIÈCE DE FORTIFICATION ou dans un BASTION PLEIN, s'empressait de construire, en GABIONS et en FASCINES, à la GORGE de la PIÈCE attaquée ou vis-à-vis la BRÈCHE, pour la disputer pied à pied à l'ENNEMI quand il aurait ruiné les autres DÉFENSES de l'OUVRAGE. — On a construit, comme Retirades de BASTIONS, des TOURS PERMANENTES. — Les anciens ont tiré plus de parti des Retirades que les modernes. On voit souvent, dans les récits de l'histoire, que les ASSIÉGEANTS, maîtres d'une partie de la VILLE, étaient loin encore de la posséder tout entière. SAGONTE, attaquée par ANNIBAL, élevait à mesure des MURAILLES derrière les MURAILLES emportées. La ville, dit TITE LIVE, se rendit faute de terrain à défendre. — Dans des temps moins anciens, on a construit maintes fois des Retirades comme un témoignage de persévérance dans la DÉFENSE du CORPS d'une PLACE ; mais il est peu d'exemples qu'on s'en soit sérieusement servi. La surprise que cet obstacle inattendu cause à l'ASSIÉGEANT, la lassitude de l'ASSIÉGÉ, réduit à sa dernière ressource, sont ordinairement les préludes d'une CAPITULATION, et plus souvent la perte du CHEMIN COUVERT décide, en général, de celle de la PLACE. Cependant Saint-Jean d'Acre, attaqué par le conquérant de l'EGYPTE, rendit vaine, en face d'une Retirade, la vaillance de ses TROUPES, et la défense héroïque des Retirades de SARAGOSSE sera l'objet de l'admiration de tous les siècles. — Il a été traité des Retirades par DESPREZ (1755, B, p. 286), DUANE, l'ENCYCLOPÉDIE (1785, C, t. III, p. 463), FEUQUIÈRES (1750, A), FOLARD (1761, A, p. 63), GUIGNARD (1725, B, t. II, p. 262), GUILLET (1686, B), LACHESNAIE (1758, I, aux mots *Brèche et Retranchement*), MACHIAVEL (1546, B, p. 87), MAIZEROY (1773, E, p. 265), MANESSON (1685, B, t. II, p. 68 ; t. III, p. 288), POTIER (1779, X), SAINT-REMY.

RETIRÉ (retirée), adj. v. FLANC R... v. OFFICIER R...

RETIREZ (interj.) VOS ARMES (G, 6). Ancien COMMANDEMENT MIXTE de l'EXERCICE du FUSIL D'INFANTERIE, que mentionne PUYSÉGUR (1748, C).

RETONDEUR, subs. masc. v. ARMAGNAC. v. AVENTURIER. v. TONDEUR.

RETOUR, subs. masc. v. CROCHET DE R...

RETOUR AU CORPS. v. AU CORPS. v. COLONEL D'INFANTERIE FRANÇAISE DE LIGNE N° 19. v. CONDAMNÉ A L'INCARCÉRATION. v. CONTROLE ANNUEL DE DÉTACHEMENT. v. DÉTACHEMENT DE CORPS.

RETOUR de CONGÉ. v. CONGÉ. v. LEVÉE DE COMPAGNIE.

RETOUR de DEMI-LUNE. v. DEMI-LUNE A FLANCS.

RETOUR de FACE DE BASTION. v. ÉPAULEMENT DE FORTIFICATION. v. FACE DE BASTION.

RETOUR de MINE. v. ARAIGNÉE. v. MINE. v. MINE A FEU.

RETOUR de PARALLÈLE. v. PARALLÈLE. v. PLACE D'ARMES DE SIÉGE OFFENSIF.

RETOUR de PRISONNIER. v. COLONEL D'INFANTERIE FRANÇAISE DE LIGNE N° 30. v. PRISONNIER.

RETOUR de TRANCHÉE. v. TRANCHÉE. v. ZIGZAG.

RETOURNÉ (retournée), adj. v. GILET R... v. HABIT R...

RETOURNER (verb. act.) A LA CHARGE. v. A LA CHARGE. v. CHARGE IMPULSIVE.

RETRAIER, verb. neut. et récip. (H). Vieux mot tout LATIN, *retrahere*, qu'on trouve dans Guillaume GUYART, et qui signifiait FAIRE RETRAITE.

RETRAIT, subs. masc. v. RÉDUIT PERMANENT.

RETRAIT de LETTRES. v. FACTEUR. v. LETTRE.

RETRAIT de SABRE. v. PUNITION. v. SABRE.

RETRAIT d'EMPLOI. v. DESTITUTION. v. EMPLOI. v. MINISTRE DE LA GUERRE. v. OFFICIER FRANÇAIS N° 16. v. RÉPRESSION MILITAIRE.

RETRAIT d'ÉTOFFE. v. ÉTOFFE. v. ÉTOFFE D'HABILLEMENT. v. HABILLEMENT.

RETRAITE, subs. fém. v. A LA R... v. ADMISSION A LA R... v. AGE DE R... v. APPEL APRÈS LA R... v. APPEL DE R... v. APTITUDE A LA R... v. BATTRE EN R... v. BATTRE LA R... v. CANON DE R... v. CARRÉ DE R... v. CLOCHE DE R... v. COLONNE DE R... v. COUP DE R... v. COUPER LA R... v. DROIT A LA R... v. EN R... v. FAIRE R... v. FEU DE R... v. HEURE DE R... v. LIGNE DE R... v. MANOEUVRE DE R... v. MARCHE DE R... v. MARCHER EN R... v. PAS DE R... v. PAYEMENT DE R... v. PENSION DE R... v. PROPOSITION D'ADMISSION A LA R... v. PROPOSITION DE R... v. SOLDE DE R... v. SONNER LA R... v. TRAITEMENT DE R...

RETRAITE
{
CÉLEUSTIQUE.
D'ESCRIME.
STRATEUMATIQUE. . . . . { RETRAITE RETRAITE EXCENTRIQUE.
TACTIQUE. . . . . { EN ÉCHIQUIER.
}

RETRAITE (term. génér.). Mot qui vient de l'ITALIEN et de la même souche que RETIRADE. On ne retrouve dans BRANTOME (1600, A) que le nom RETIRADE, dans le sens de Retraite de TROUPES. Cette dernière expression a donné naissance à des homonymes d'une acception tout autre, puisqu'elle signifie aussi AIR DE MUSIQUE, BATTERIE, SONNERIE, ALLOCATIONS PÉCUNIAIRES à titre de RÉMUNÉRATION. — Le mot Retraite va être distingué en RETRAITE AU CAMP, — BOURGEOISE, — CÉLEUSTIQUE, — D'ADJUDANT, — D'ARMÉE, — D'ARMURIER, — D'ASSIÉGÉ, — DE BOURGEOIS, — DE CAPITAINE, — DE CAPORAL, — DE CHEF DE BATAILLON, — DE CHIRURGIEN, — DE COLONEL, — DE FORTIFICATION, — DE GÉNÉRAL, — DE GUERRE, — DE LIEUTENANT GÉNÉRAL, — DE MARÉCHAL DE CAMP, — DE MEMBRE DE L'INTENDANCE, — DE NAGEURS, — DE NUIT, — DE POLICE, — DE SERGENT, — DE SERGENT-MAJOR, — DE SOIR, — DE SOUS-OFFICIER, — DÉFENSIVE, — D'ESCRIME, — DEVANT L'ENNEMI, — D'HOMME DE TROUPE, — D'OFFICIER, — D'OFFICIER DE SANTÉ, — D'OFFICIER GÉNÉRAL, — EN BATAILLE, — EN CARRÉ, — EN ÉCHIQUIER, interj. — EN GARNISON, — EN ROUTE, — PÉCUNIAIRE, — STRATEUMATIQUE, — TACTIQUE.

RETRAITE AU CAMP. V. ARME AU CAMP. V. AU CAMP. V. AUMONIER DE CORPS N° 8. V. CONSIGNE DE GARDE DE CAMP. V. CONSIGNE DE PIQUET AU CAMP. V. CONSIGNE DE POLICE AU CAMP. V. EXTINCTION DE FEU. V. MANTEAU D'ARMES. V. MUSIQUE. V. PIQUET AU CAMP. V. PRIÈRE. V. RETRAITE CÉLEUSTIQUE.

RETRAITE BOURGEOISE. V. BEFFROI. V. BOURGEOIS, adj. V. RETRAITE CÉLEUSTIQUE.

RETRAITE CÉLEUSTIQUE (C, 3 ; E). Sorte de RETRAITE, c'est-à-dire de BATTERIE ou de SONNERIE d'un usage bien ancien, puisque les MILICES GRECQUES appelaient *anaklesis* le SIGNAL analogue que donnaient leurs SONNERIES, leurs CROTALES. — La Retraite est une trace de l'ancien COUVRE-FEU ; les ORDONNANCES DE 1665 (25 JUILLET) et de 1707 (1er AVRIL) la prescrivaient. — On confond sous un seul et même mot, et c'est un des vices de la LANGUE, le SIGNAL de la Retraite et son résultat ; voilà pourquoi nous distinguons de la RETRAITE DE POLICE, ou DU SOIR, la Retraite céleustique, ou qui DONNE SIGNAL. Celle-ci a lieu pour la RENTRÉE des HOMMES DE TROUPE à leur LOGEMENT ; elle est exécutée au BRUIT de la CAISSE ou du CANON, ou au son des INSTRUMENTS ; elle équivaut à une INJONCTION de se rendre au logis, sous peine d'une PUNITION de discipline. — Jusqu'au dernier siècle, les ORDONNANCES étendaient même l'INJONCTION de la Retraite aux HABITANTS des VILLES DE GARNISON, et une CLOCHE du BEFFROI leur annonçait la RETRAITE BOURGEOISE, c'est-à-dire la FERMETURE DES PORTES. Le son de cette CLOCHE équivalait à un ordre de ne plus sortir des habitations, ou de ne plus marcher par les rues sans être muni de feu ou de lumière. C'était une utile précaution de POLICE à une époque où peu de VILLES étaient pavées, et où presque aucune n'était éclairée par des réverbères. — L'ORDONNANCE DE 1768 (1er MARS) voulait que les TAMBOURS de l'INFANTERIE FRANCO-ÉTRANGÈRE fussent à part des TAMBOURS de l'INFANTERIE FRANÇAISE. → L'heure de la Retraite et la clôture des PORTES était celle où les CHEFS D'AVANCÉE faisaient pousser les BARRIÈRES, où les HOMMES DE GARDE mettaient la CAPOTE et le BONNET DE POLICE, où cessaient, dans l'intérieur de la VILLE, les BRUITS DE CAISSE et l'obligation de RENDRE LES HONNEURS, où commençaient les RONDES et PATROUILLES ; c'était l'instant où il était défendu aux CABARETIERS de donner plus longtemps à boire aux SOLDATS et de laisser ouverts leurs CABARETS. Il était du devoir des CAPORAUX DE PATROUILLE d'y tenir la main, et de veiller à ce que les HOMMES DE TROUPE se retirassent. → Une partie de ces usages est tombée en désuétude ; mais la BATTERIE DE CAISSE qui porte le nom de Retraite s'exécute comme par le passé. — Si la TROUPE est EN ROUTE, le lieu où doit être BATTUE ou SONNÉE la Retraite est indiqué au TAMBOUR-MAJOR par l'ADJUDANT. — En GARNISON et dans les VILLES FORTES, les CHEFS DE POSTE des portes la font SONNER OU BATTRE, sur les REMPARTS, par les CORNETS OU TAMBOURS de leur GARDE. Si la VILLE est d'une grande étendue, il est assigné, pour l'exécution de la Retraite, des quartiers différents aux TAMBOURS et CLAIRONS des divers CORPS; si elle est petite, ils se réunissent sur la PLACE D'ARMES, près du CORPS DE GARDE, et c'est leur point de départ, chaque groupe de TAMBOURS se dirigeant vers la CASERNE ou le LOGEMENT du CORPS. Une demi-heure après leur RENTRÉE, la GRANDE PORTE de la CASERNE se ferme, les trois ROULEMENTS pour l'APPEL du soir et l'EXTINCTION des FEUX avaient lieu, les CANTINES se fermaient, les ADJUDANTS DE SEMAINE faisaient la visite des CORRIDORS. — Quelquefois, dans les VILLES, on rappelait à leurs QUARTIERS les TROUPES en plein jour au son de la Retraite, afin d'éviter de BATTRE la GÉNÉRALE. — Au CAMP, des règles particulières étaient adoptées. L'ORDONNANCE DE 1788 (12 AOUT) voulait que la Retraite y fût battue une demi-heure après la PRIÈRE. L'ORDONNANCE DE 1832 (3 MAI) autorisait le COMMANDANT GÉNÉRAL à en fixer l'HEURE; le SIGNAL en est donné par la DROITE; un COUP DE CANON l'y annonce. — Le 19 mai 1838, il se jouait à Berlin une Retraite monstre en l'honneur de l'empereur Nicolas. Les musiques prussiennes d'infanterie et de cavalerie, les tambours et fifres de neuf régiments formaient un total de mille soixante et quatorze instrumentistes; ils étaient rangés en carré long faisant face en dedans, de manière à en occuper trois côtés; le quatrième était fermé par l'état-major; le maître de musique en chef occupait le centre, et donnait aux maîtres en second qui précédaient chaque groupe les signaux de son bâton de mesure. Le concert, commencé par l'air : *Dieu bénisse l'empereur*, se terminait par la prière du soir et la batterie de Retraite russe. — Des renseignements touchant les Retraites françaises se trouvent dans AUDOUIN (tom. III, p. 216), BARDIN (1807, D), l'ENCYCLOPÉDIE (1785, C, et supplém.), GUIGNARD (1725, B, p. 253), LACHESNAIE (1758, I, aux mots : *Battre, Exercice, Fermeture, Honneurs, Marche, Ordre, Retraite, Ronde, Sentinelle, Tambour*).

RETRAITE D'ADJUDANT. V. ADJUDANT D'INFANTERIE FRANÇAISE DE LIGNE N° 14.

RETRAITE D'ARMÉE. V. ARMÉE. V. RETRAITE EXCENTRIQUE. V. RETRAITE STRATEUMATIQUE. V. STRATAGÈME. V. TAMBOUR INSTRUMENTAL D'INFANTERIE. V. TOPOGRAPHIE.

RETRAITE D'ARMURIER. V. ARMURIER DE CORPS N° 2.

RETRAITE D'ASSIÉGÉ. V. ASSIÉGÉ. V. CHEMIN COUVERT. V. DÉFENSE DE PLACE. V. FOSSÉ SEC. V. OUVRAGE DE CAMP. V. RÉDUIT DE CHEMIN COUVERT. V. RÉDUIT PRINCIPAL. V. SIÉGE DÉFENSIF.

RETRAITE DE BOURGEOIS. V. BEFFROI. V. BOURGEOIS, adj.

RETRAITE DE CAPITAINE. V. AUMONIER DE CORPS N° 5. V. CAPITAINE. V. CAPITAINE D'INFANTERIE FRANÇAISE DE LIGNE N° 10.

RETRAITE DE CAPORAL. V. CAPORAL. V. CAPORAL D'INFANTERIE FRANÇAISE DE LIGNE N° 9. V. PENSION DE R...

RETRAITE DE CHEF DE BATAILLON. V. CHEF DE BATAILLON D'INFANTERIE FRANÇAISE DE LIGNE N° 6. V. CHIRURGIEN-MAJOR D'INFANTERIE FRANÇAISE DE LIGNE N° 7. V. SOUS-LIEUTENANT N° 6.

RETRAITE DE CHIRURGIEN-MAJOR. V. CHIRURGIEN-MAJOR D'INFANTERIE FRANÇAISE DE LIGNE N° 7, 9.

RETRAITE DE COLONEL. V. CHEF DE BATAILLON D'INFANTERIE FRANCO-SUISSE DE GARDE ROYALE. V. COLONEL. V. COLONEL D'INFANTERIE FRANÇAISE DE LIGNE N° 9.

RETRAITE DE FORTIFICATION. V. BERME DE FORTIFICATION. V. FORTIFICATION.

RETRAITE DE GÉNÉRAL. V. GÉNÉRAL. V. GÉNÉRAL FRANÇAIS N° 4.

RETRAITE DE GUERRE. V. CAPITULATION DÉSHONORANTE. V. DÉROUTE. V. GUERRE. V. RETRAITE STRATEUMATIQUE.

RETRAITE DE LIEUTENANT GÉNÉRAL. V. CORPS D'INTENDANCE N° 4. V. LIEUTENANT GÉNÉRAL N° 4, 5.

RETRAITE DE MARÉCHAL DE CAMP. V. CORPS D'INTENDANCE N° 4. V. MARÉCHAL DE CAMP N° 4.

RETRAITE DE MEMBRE DE L'INTENDANCE. V. CORPS D'INTENDANCE N° 2, 4. V. MEMBRE DE L'INTENDANCE.

RETRAITE DE POLICE. V. POLICE. V. RETRAITE CÉLEUSTIQUE. V. ROULEMENT.

RETRAITE DE NAGEURS. V. NAGEUR. V. NATATION.

RETRAITE DE NUIT. V. NUIT. V. RETRAITE STRATEUMATIQUE.

RETRAITE DE SERGENT. V. SERGENT. V. SERGENT D'INFANTERIE FRANÇAISE DE LIGNE N° 6.

RETRAITE DE SERGENT-MAJOR. V. ADJUDANT D'INFANTERIE FRANÇAISE DE LIGNE N° 14. V. SERGENT-MAJOR N° 5.

RETRAITE DE SOIR. V. RETRAITE CÉLEUSTIQUE. V. ROULEMENT. V. SOIR.

RETRAITE DE SOUS-OFFICIER. V. SERGENT D'INFANTERIE FRANÇAISE DE LIGNE N° 6. V. SOUS-OFFICIER; id. N° 7.

RETRAITE DÉFENSIVE. V. DÉFENSIF. V. DÉROUTE. V. RETRAITE STRATEUMATIQUE.

RETRAITE D'ESCRIME (E, 5). Sorte de RETRAITE qui consiste en une marche rétrograde de deux pas, de manière à être momentanément hors de la portée des BOTTES de l'adversaire.

RETRAITE DEVANT L'ENNEMI. V. DEVANT L'ENNEMI. V. ENFANT PERDU N° 5. V. FAIRE POINTE. V. MANŒUVRE DE FLANC.

RETRAITE D'HOMME DE TROUPE. V. ANNÉE DE SERVICE D'HOMME DE TROUPE.

RETRAITE D'OFFICIER. V. AVANCEMENT AU GRADE D'OFFICIER. V. BREVET HONORAIRE. V. CONCORDAT. V. DISPONIBILITÉ. V. ÉCOLE MILITAIRE DE SAINT-CYR. V. INFANTERIE FRANCO-SUISSE N° 4, 5. V. OFFICIER. V. OFFICIER FRANÇAIS N° 10. V. OFFICIER RETRAITÉ.

RETRAITE D'OFFICIER DE SANTÉ. V. CONSEIL DE SANTÉ. V. OFFICIER DE SANTÉ. V. SOUS-AIDE-CHIRURGIEN.

RETRAITE D'OFFICIER GÉNÉRAL. V. MINISTRE DE LA GUERRE EN 1835. V. OFFICIER GÉNÉRAL.

RETRAITE EN BATAILLE. V. EN BATAILLE. V. RETRAITE TACTIQUE.

RETRAITE EN CARRÉ. V. MILICE GRECQUE N° 6. V. RETRAITE STRATEUMATIQUE.

RETRAITE EN ÉCHIQUIER (G, 6). Sorte de RETRAITE TACTIQUE dont le mécanisme a donné l'idée du PASSAGE DE LIGNE, ou du moins en a précédé l'usage. — MIRABEAU (1788, C) démontre comment les PRUSSIENS exécutaient cette Retraite, soit sur une, soit sur deux LIGNES. — En imitation de la TACTIQUE PRUSSIENNE, le RÈGLEMENT DE 1791 (1ᵉʳ AOUT) admettait la Retraite en échiquier dans les ÉVOLUTIONS DE LIGNE ; il la faisait exécuter par un CORPS de huit BATAILLONS sur une LIGNE. Une moitié de cette LIGNE faisait alternativement DEMI-TOUR A DROITE, au COMMANDEMENT GÉNÉRAL : RETRAITE EN ÉCHIQUIER, A CENT PAS, BATAILLONS IMPAIRS, OU BATAILLONS PAIRS ! COMMENCEZ LE MOUVEMENT. — Cette rupture formait momentanément deux LIGNES D'ÉCHIQUIER qui se réunissaient en une seule LIGNE quand le SIGNAL en était donné par un ROULEMENT. — L'ORDONNANCE DE 1831 (4 MARS) maintenait l'usage de cette ÉVOLUTION, mais ne bornait plus à cent PAS la MARCHE RÉTROGRADE, la longueur du trajet devenant facultative. — Quelques ÉCRIVAINS regardaient la Retraite en échiquier comme peu praticable, dangereuse même un JOUR D'ACTION, parce que les BATAILLONS, momentanément disloqués, PRÊTENT des FLANCS à l'ENNEMI, qui pourrait, s'il était audacieux et en force, les entamer ou les ROMPRE. Une Retraite de ce genre est une OPÉRATION délicate qui veut des TROUPES de grand sang-froid et parfaitement manœuvrières. — Quoi qu'il en soit, l'ORDONNANCE DE 1831 maintenait d'une part cette Retraite qui ne peut s'effectuer qu'au PAS ORDINAIRE, et d'autre part elle abolissait le PAS ORDINAIRE. C'était, dans ce document, une contradiction de plus, d'autant que, à la même époque, les règlements de cavalerie venaient de supprimer la Retraite en échiquier. — On peut consulter à l'égard de cette MANŒUVRE : GISORS (1759, D), MAUVILLON (1788), MIRABEAU (1788, C).

RETRAITE EN ÉCHIQUIER A CENT PAS, etc., interj. V. COMMANDEMENT GÉNÉRAL. V. RETRAITE EN ÉCHIQUIER.

RETRAITE EN GARNISON. V. CAPORAL DE PATROUILLE. V. CORRIDOR DE CASERNE. V. EN GARNISON. V. PERMISSIONNAIRE. V. RETRAITE CÉLEUSTIQUE.

RETRAITE EN ROUTE. V. CONSIGNE EN ROUTE. V. EN ROUTE. V. RETRAITE CÉLEUSTIQUE. V. SÉJOUR.

RETRAITE EXCENTRIQUE (H, 2), ou MOUVEMENT EXCENTRIQUE. Sorte de RETRAITE STRATEUMATIQUE dont il est fait mention dans les traités de plusieurs théoriciens modernes. Ils appellent ainsi les Retraites des ARMÉES dont les CORPS se dirigent sur diverses LIGNES diagonales, par rapport à la perpendiculaire de la LIGNE DE BATAILLE, au lieu de se retirer tous ensemble dans le sens de la LIGNE D'OPÉRATIONS, sauf à se réunir ensuite par des MARCHES OU MOUVEMENTS CONCENTRIQUES. L'ARMÉE PRUSSIENNE fit, dans la campagne de 1806, la fâcheuse expérience des vices de ce système. — On peut consulter à l'égard de ces Retraites : BULOW (1806, B), M. le général JOMINI (1818, H), M. le général PELET.

RETRAITE PÉCUNIAIRE. V. ARMÉE FRANÇAISE N° 9. V. INFANTERIE FRANCO-SUISSE DE LIGNE. V. PAYE. V. PÉCUNIAIRE. V. PENSION DE RETRAITE. V. RETRAITÉ, adj.

RETRAITE STRATEUMATIQUE (H, 2), ou RETRAITE D'ARMÉE, OU RETRAITE DÉFENSIVE, OU RETRAITE DE GUERRE, OU RETRAITE DEVANT L'ENNEMI. Sorte de RETRAITE exprimée par une dénomination qui n'a guère plus de deux siècles d'existence, puisqu'on disait jusque-là RETIRADE, qui répondait au latin receptus. On lit dans TITE LIVE *signum receptus datum est*. — Le mot CONCLAMATION, qu'on trouve dans GANEAU, exprimait un ordre, un SIGNAL de Retraite ; *conclamare vasa* équivalait à ordonner de rassembler les écuelles pour LEVER LE CAMP. — Une Retraite est la MARCHE rétrograde ou la CONTRE-MARCHE d'une TROUPE maintenue en bon ordre. Cette MARCHE est ainsi l'opposé d'une FUITE qui EST une rétrogradation A VAU DE

ROUTE. — Les Retraites ont lieu, soit pour éviter un COMBAT sans fruit, soit pour sortir d'une POSITION désavantageuse d'où l'on courrait risque d'être chassé, soit quand, à l'issue d'une ATTAQUE EN RASE CAMPAGNE où l'on n'a pas pas réussi, ou d'une ATTAQUE NOCTURNE qu'on ne pouvait pas prévoir, il n'y a plus à TENIR TÊTE à un ENNEMI devant qui il a fallu PLIER. — Le problème que l'ART DE LA GUERRE doit en ce cas résoudre, consiste à se retirer sous la protection des RÉSERVES TENUES à l'avance SUR PIED ; à approprier au terrain l'appui que la CAVALERIE et l'INFANTERIE se prêtent tour à tour dans les PASSAGES DE DÉFILÉ EN RETRAITE ; à savoir s'éloigner sans ÉCHECS, sans désordre ; à éviter d'être attaqué dans sa marche, ou du moins à rendre sanglantes pour l'ENNEMI les pertes de la TROUPE RAMENÉE. — Pour être toujours prêt à la résistance, chaque CHEF DE BATAILLON se tient, avec ses TAMBOURS, ses CORS, ses CORNETS, en arrière de sa TROUPE. En vertu d'un principe analogue, le GRAND SÉNÉCHAL, le CONNÉTABLE, le MARÉCHAL devaient jadis se tenir à l'ARRIÈRE-GARDE. — Les peuples froids et mesurés passent pour plus propres à l'habile exécution des Retraites, que les peuples vifs et ardents, qui réussissent plutôt dans des BATAILLES. La MILICE RUSSE a brillé par la perfection des Retraites. — Les AUTRICHIENS aussi y sont habiles ; mais des RETRAITES DE NUIT leur ont valu de désastreuses DÉFAITES. — Les prévisions qu'une Retraite méthodique exige sont du ressort du CHEF D'ÉTAT-MAJOR. Les PASSAGES des RIVIÈRES, exécutés sans se laisser ENTAMER, sont le chef-d'œuvre des Retraites. — FOLARD (1727) regarde les Retraites entreprises dans des PAYS DE MONTAGNES comme les plus dangereuses et les plus difficiles ; mais il n'en est pas qui ne vaille mieux, a dit Bonaparte, qu'une CAPITULATION EN RASE CAMPAGNE. — Des Retraites sont ou simulées ou entreprises pour cacher des projets d'OFFENSIVE sur un autre THÉÂTRE DE GUERRE. — On a exécuté des RETRAITES EN CARRÉ ; telle fut, la plupart du temps, celle qui illustra Xénophon, et qui dura quinze mois sur une espace de mille lieues. — Ce sont aussi des RETRAITES EN CARRÉ, à la manière des MILICES GRECQUES, que décrivent et recommandent MAIZEROY (1767, t. II, p. 293) et SILVA (1768, K, p. 125). — Au nombre des SIGNAUX que donnait la MUSIQUE des anciens était le SIGNAL de la Retraite. — Les Retraites doivent être soutenues et ASSURÉES par une ARRIÈRE-GARDE vigoureuse ; elle sème, à mesure, d'obstacles les BOIS qu'elle traverse. La MARCHE doit être lente, et occuper de préférence des lieux dominants. Les TROUPES les plus exposées à être HARCELÉES par l'ENNEMI doivent, de CAMPEMENT en CAMPEMENT, être remplacées aux dépens des TROUPES marchant en tête pour égaliser les chances, répartir la fatigue, et pouvoir se montrer toujours prêt à recourir aux ÉVOLUTIONS, à faire VOLTE FACE, à reprendre l'OFFENSIVE quand on rencontre sur la LIGNE DE RETRAITE un CHAMP DE BATAILLE, un DÉBOUCHÉ qui présente des avantages. — Une Retraite qui ne laisse aux mains de l'ENNEMI par qui on est MENÉ BATTANT, ni DRAPEAU, ni ARTILLERIE, ni BAGAGES, ni PRISONNIERS, équivaut à une VICTOIRE, est même plus honorable peut-être. Le grand GÉNÉRAL ne se montre jamais avec plus d'éclat que quand il sait réparer, par l'habileté de la Retraite, les chances de la fortune, contenir l'adversaire par qui il est RAMENÉ, et le faire repentir même des entreprises où il s'abandonnerait sans prudence. — On lit dans BONAPARTE (MONTHOLON, t. v) : « La législation doit-elle autoriser un général, cerné, loin de son armée, par des forces très-supérieures, et lorsqu'il a soutenu un combat opiniâtre, à disloquer son armée la nuit, en confiant à chaque individu son propre salut, en indiquant le point de ralliement plus ou moins éloigné ? Cette question est-elle douteuse ? Mais un général qui prendrait un tel parti, dans une situation désespérée, sauverait les trois quarts de son monde ; et, ce qui est plus précieux, se sauverait du déshonneur de remettre ses armes par un contrat qui stipule des avantages pour les individus au détriment de l'armée. » — Cette opinion de BONAPARTE lui était suggérée par la manière dont les GUÉRILLAS faisaient la guerre, et par le mécontentement que lui avait fait éprouver la CAPITULATION de BAYLEN. Voilà pourquoi il ajoute : « Jamais de capitulation en pleine campagne, si vous voulez avoir des soldats et une armée ; une capitulation qui sauverait soixante mille hommes ne vaudra pas le tort que fait à l'Etat la violation de ce principe. » — Le RÈGLEMENT DE 1792 (5 AVRIL) offrait quelques règles concernant les Retraites. — A l'égard des Retraites, de leurs effets, de leurs ressources, de leurs dangers, consultez : BARDET (1740, A), BOISROGER (1773, G), BOMBELLES (1746, A), BOTTÉE (1750, B), BRÉZÉ (1779), CARRION (1824, A), M. DE CHAMBRAY (1827), CLAUSEWITZ, DARU (1821), DARUT (1787, D), DECKER (1828), DELIGNE (1780, C), DUBOUSQUET (1769, B), ENCYCLOPÉDIE (1785, C), FRÉDÉRIC (1761, G), FOLARD (1727, A), FRONTIN (86, A), GUGY (1782, K), JABRO (1777, G), JACQUINOT, JOMINI (1811, E), KUEVER-

UELLER (1771, F), LACBESNAIE (1758, I), LAROCHE (1770, L), LECOUTURIER (1825, A), LOLOOZ (1766, A), MAIZEROY (1766, F), MANESSON (1685, B), MAURICE DE SAXE (1757, A), MONTHOLON, PELET (1827), PICTET (1761, I), POTIER (1779, X), PUYSÉGUR (1748, C, p. 157), QUINCY (1741, E), SILVA (1778, F), SINCLAIRE (1773, L), SIONVILLE (1756, E), TRAVERSE (1758, D), VÉGÈCE (590, A), XÉNOPHON (370 avant J.-C.), le *Dictionnaire de la Conversation*. — Les Retraites demandent quelques explications de plus, comme RETRAITES EXCENTRIQUES.

RETRAITE TACTIQUE (G, 6). Sorte de RETRAITE dont les ORDONNANCES D'EXERCICE déterminent les cas et règlent le jeu. Celle de 1831 (4 MARS) faisait exécuter, non plus par le centre, mais par les AILES, le passage de défilé en Retraite. — Les PASSAGES DE LIGNES sont aussi un moyen de Retraite. — La Retraite en bataille se dirige au moyen d'arrière-jalonneurs. — Dans le dernier siècle, la BATTERIE de la Retraite indiquait l'ÉVOLUTION qui consistait à MARCHER EN RETRAITE. — Ici la Retraite tactique demande à être distinguée en RETRAITE EN ÉCHIQUIER.

RETRAITÉ, adj. (A, 1). Mot dont le substantif retraite pécuniaire est la racine. L'adjectif Retraité n'est en usage que depuis le dix-neuvième siècle. — Une DÉCISION DE 1822 (21 DÉCEMBRE) fait mention des OFFICIERS et autres MILITAIRES Retraités.

RETRANCHÉ (retranchée), adj. v. CAMP R... v. LIGNE R... v. PORTE R...

RETRANCHEMENT, subs. masc. (G, 4, 6; H, 1), ou LICE, ou RETRENCHEMÉNT, resté dans la LANGUE ANGLAISE, ou TERRAIL suivant ROQUEFORT. Le mot Retranchement répond aux termes latins *munitio, terra aggesta, agger, vallum*. De ce dernier substantif est venu VALLATION, comme du premier nom nous est resté, mais sous un sens détourné, MUNITION. — FROISSART emploie dans le sens de Retranchement les expressions TRANCHIS, TRANCHIR. A l'époque où il écrivait, et plus anciennement, c'étaient les TRANCHEORS qui étaient chargés de la construction des Retranchements et des TRAVAUX DES CAMPS DE SIÉGE. — Les mots TRANCHÉE, Retranchement, et leurs analogues en LATIN, se sont appliqués à divers genres d'OUVRAGES DE FORTIFICATION. Positivement parlant, un Retranchement est le résultat d'une TRANCHÉE dont la terre fouillée se change en un REMPART. Cet amoncellement de terre est précisément, suivant ISIDORE, le *vallum* des LATINS. Mais, par l'extension que le terme a prise, on peut regarder aussi comme des Retranchements un REMPART sans FOSSÉ, un

ABATIS, un BOYAU, un CHEVAL DE FRISE, un OUVRAGE INTÉRIEUR ou EXTÉRIEUR, un RÉDUIT, etc. — En général, un Retranchement est un obstacle au moyen d'une TRANCHÉE, dont la terre, consolidée à l'aide de FASCINES, ou de GAZONNAGES, ou de REVÊTEMENT, forme élévation en TALUS du côté qu'il importe de défendre; il en résulte le plus ordinairement, à l'extérieur, FOSSÉ et REMPART, et à l'intérieur, PARAPET A BANQUETTE. — SE RETRANCHER, c'est se mettre sur la DÉFENSIVE au moyen de Retranchements. De là les expressions CAMP RETRANCHÉ, POSTE RETRANCHÉ. Etre RETRANCHÉ jusqu'aux dents, c'est n'avoir que les yeux au-dessus du PARAPET. — Considérons ici les Retranchements, non sous le rapport de la DÉFENSE DES PLACES pourvues de Retranchements, mais comme des OUVRAGES DE CAMPAGNE ou des POSTES du genre de ceux que les ROMAINS nommaient *stativa*. — Les LÉGIONS excellaient dans l'art de construire des Retranchements, dans la disposition des ANTESTATURES, des CLAVICULES, dans le tracé des CAMPS ROMAINS. LES BÉNÉFICIAIRES étaient comme les piqueurs de ces TRAVAUX perfectionnés à l'imitation des méthodes des MILICES GRECQUES, qui appelaient *cruma* ce genre de DÉFENSES. — Vers le temps où commençait à se corrompre la MILICE de ROME, elle perdait l'habitude de ces TRAVAUX devenus, il est vrai, plus difficiles à exécuter par l'encombrement des ATTIRAILS, par la grosseur des ARMÉES, par la multitude de la CAVALERIE, par l'amollissement des SOLDATS. — Plus d'une fois des Retranchements se construisirent avec des cadavres humains. Ainsi CÉSAR, à ce que rapporte VALÈRE MAXIME, assiégeant Monda, en ESPAGNE, et manquant de matériaux, fit un *agger* de corps morts qu'il fit FRAISER avec des LANCES COURTES. — APPIAN (150, A) témoigne qu'Antoine se RETRANCHA de même vis-à-vis de Brutus. Josèphe dépeint Vespasien usant de la même ressource dans la guerre de SYRIE. ATTILA, en CHAMPAGNE, recourait à ce même moyen de DÉFENSE. — MAHOMET DEUX bâtissait des TOURS au moyen de têtes coupées, et disposées le visage en dehors. — TAMERLAN, après le sac d'Ispahan, en 1387, avait consacré soixante-dix mille têtes de vaincus à des monuments du même genre. On lui avait vu, disent les biographies, pousser la férocité jusqu'à enfermer deux mille PRISONNIERS vivants entre les briques et le mortier d'un OUVRAGE DE FORTIFICATION. — Les FRANÇAIS, avant PHILIPPE-AUGUSTE, se retranchaient au moyen de PAVESADES. Ce prince passe pour avoir fait revivre l'usage des Retranchements à la manière antique, ou du moins ORIENTALE. C'était une conséquence de l'usage du FEU GRÉGEOIS. — M. Raymond, dans le dictionnaire qu'il a publié, appelle TABORS des Retranchements construits à la hâte avec des bagages. Ce nom était probablement un souvenir de ces défenses improvisées des hussites sur le mont Thabor. — On a essayé maintes fois de construire des RETRANCHEMENTS PORTATIFS pour en faire usage sur des rivages lointains. Les PAULX des ANGLAIS au treizième siècle étaient aussi, suivant VELLY (année 1424), un genre de RETRANCHEMENT PORTATIF. — On a appelé GUERRE DE RETRANCHEMENTS celle dont la marche timide, les ACTIONS compassées, ne procèdent que de LIGNE en LIGNE FORTIFIÉE; mais il est des circonstances, il est des TROUPES qui ne permettent pas une guerre plus audacieuse. Le prince EUGÈNE, partisan des PALANQUES turques, jugeait qu'il n'avait évité, en face des OTTOMANS, de grands désastres qu'en se retranchant soigneusement. « *Qui croirait,* » disait-il (1827, D), *que j'ai appris quelque chose des Turcs, et ceux-ci des Romains; cela leur est resté des colonies.* » — La MILICE TURQUE était renommée surtout par son opiniâtreté à défendre les Retranchements. Dans les MARCHES qu'elle exécutait, c'était la CAVALERIE qui les construisait; de manière que, à son arrivée, l'INFANTERIE n'eût plus qu'à s'y établir et les garder. — La bonté des Retranchements consiste dans la petite quantité de leurs FLANCS, dans la juste proportion de leurs dimensions avec le nombre d'hommes dont on peut disposer pour leur DÉFENSE. Ainsi leur étendue doit être telle que, BORDÉS de TROUPES, il ne reste de vide que l'espace d'un homme entre deux. — On contrarie, si faire se peut, les APPROCHES au moyen d'ABATIS, ou même on ne se RETRANCHE que d'ABATIS, si l'on n'a à redouter que des CHARGES DE CAVALERIE. On hérisse de FRAISES l'extérieur des Retranchements, si l'on a à se précautionner contre l'ESCALADE. On ajoute un Retranchement à certaines TENAILLES A FLANCS, on dispose une LIGNE des Retranchements en REDANS pour le plus grand effet du FEU DE l'INFANTERIE; et, sur la mesure des PORTÉES de ce FEU, on calcule les dimensions à leur donner. On augmente, s'il le faut, la force des Retranchements, au moyen de BONNETTES, de REDOUTES, de FORTINS carrés, surtout si le POSTE peut craindre une ATTAQUE EN COURONNE. — C'est ordinairement en se dirigeant vers les SAILLANTS des Retranchements, que les COLONNES D'INFANTERIE les INSULTENT. Quelques mots touchant la manière de résister ont été dits au sujet des CHEFS DE POSTE FERMÉ. —

Recourir à l'emploi des RETRANCHEMENTS DE CAMPAGNE est devenu plus rare depuis l'usage des GRANDES GARDES et des GUERRES D'ENVAHISSEMENT. — Les AUTEURS qui donnent des lumières et des détails sur les Retranchements sont : BARDET (1740, A), BARDIN (1814, E), BELAIR (1792), BOIS-ROGER (1775, G), CANTELOUBE (1818, F), CUGNOT (1769, G), DANIEL (1721, A), DARU (t. III, p. 605), DESPAR (1753, A), DEVILLE (Antoine), DUBOUSQUET (1769, B), DUFOUR, ENCYCLOPÉDIE (1785, C, au mot *Approvisionnement*), FRÉDÉRIC DEUX (1761, G), FURETIÈRE, GREVEN, GUIGNARD (1725, B), GUILLET (1686, B), LACHESNAIE (1758, I), LAROCHE-AYMON (1804, D), LECOUTURIER (1825, A), M. LEGRAND (1837, A), LOLOOZ (1776, H), MAIZEROY (1766, F; 1767, E), MANESSON (1685, B), MUELLER (Louis), PESCHEL (1832), ROGNIAT (1816, B), ROZARD, SCHARNHORST (1811, A), SCHLIEBEN, SILVA (1768, K), SINCLAIRE (1775, L), SIONVILLE (1756, E), SUASSO, TRINCANO, VAUBAN, WENZELL, ZACH.

RETRANCHEMENT de CAMPAGNE. V. CAMP RETRANCHÉ. V. CAMPAGNE. V. RETRANCHEMENT. V. SURPRISE. V. TAMBOUR DE FORTIFICATION.

RETRANCHEMENT PORTATIF. V. CHEVAL DE FRISE. V. PORTATIF. V. RETRANCHEMENT.

RÉTRANCHER, verbe act. et récip. V. ARMÉE ASSIÉGEANTE. V. ATTAQUE DE CONVOI. V. BATAILLON ROND. V. CAMP RETRANCHÉ. V. CHEF DE POSTE FERMÉ. V. CORPS PRIVILÉGIÉ. V. LANGUE FRANÇAISE. V. POSTE RETRANCHÉ. V. RETRANCHEMENT. V. SE RETRANCHER.

RETRENCHEMENT, subs. masc. V. RETRANCHEMENT.

RÉTROGRADATION, subs. fém. V. CASSATION DISCIPLINAIRE. V. MILICE PRUSSIENNE N° 9. V. MILICE RUSSE N° 8. V. PUNITION. V. RETRAITE STRATEUMATIQUE.

RÉTROGRADE, adj. V. MARCHE R...

RETROUSSIS, subs. masc. V. A RETROUSSIS. V. AGRAFE DE R... V. AIGLE DE R... V. ATTRIBUT DE R... V. BRODERIE DE R... V. BOUTONNIÈRE DE R... V. ÉTOILE DE R... V. FLEUR DE LIS DE R...

RETROUSSIS, subs. masc. (terme générique). Mot dont le substantif TROUSSE donne l'étymologie, parce qu'on trousse et retrousse des herbes qu'on met en bottes. — Le mot sera seulement détaillé ici comme RETROUSSIS D'HABIT.

RETROUSSIS de BOTTES. V. BOTTE. V. BOTTES A RETROUSSIS.

RETROUSSIS de CAPOTE. V. BOUTON DE PATTE DE CAPOTE. V. BOUTONNIÈRE DE RE-

TROUSSIS DE CAPOTE. V. CAPOTE. V. RETROUSSIS D'HABIT.

RETROUSSIS de CASAQUE. V. CASAQUE. V. CASAQUE D'ARMES. V. RETROUSSIS D'HABIT.

RETROUSSIS de DRAGONS. V. DRAGON. V. DRAGON FRANÇAIS N° 4. V. SIÉGE OFFENSIF.

RETROUSSIS de FRAC. V. BASQUE DE FRAC. V. FRAC. V. RETROUSSIS D'HABIT.

RETROUSSIS de GROSSE CAVALERIE. V. GROSSE CAVALERIE N° 4. V. SIÉGE OFFENSIF.

RETROUSSIS de JUSTAUCORPS. V. JUSTAUCORPS. V. RETROUSSIS D'HABIT.

RETROUSSIS de KURTKA. V. KURTKA. V. MILICE POLONAISE N° 5. V. RETROUSSIS D'HABIT.

RETROUSSIS de SCHAKO. V. SCHAKO.

RETROUSSIS de SURTOUT. V. RETROUSSIS D'HABIT. V. SURTOUT.

RETROUSSIS d'HABIT (B, 1). Sorte de RETROUSSIS consistant en une partie apparente de la DOUBLURE du bas des BASQUES de l'HABIT D'UNIFORME. — On retrouve l'usage des Retroussis dans la dernière moitié du dix-septième siècle. Ainsi les CASAQUES DE CAVALERIE dont GHEYN (1608, A) donne l'image, avaient non pas quatre, mais deux Retroussis se rattachant à une AGRAFE ou à un BOUTON, à la manière des modernes CAPOTES D'HOMMES DE TROUPE. — De même le KURTKA polonais n'avait que deux Retroussis. — Depuis la régence, les HABITS D'UNIFORME en avaient quatre. — L'ORDONNANCE DE 1747 (19 JANVIER) ne reconnaissait pas encore le mot Retroussis; elle disait : *Les justaucorps seront croisés sur le derrière en surtout.* Cette croisure n'était pas encore ornée d'ATTRIBUTS en 1766; les gravures de BAUDOUIN (1767, C) et de LATTRÉ en fournissent la preuve. — Les Retroussis étaient en général de la couleur du fond de l'HABIT ou du FRAC, mais cette règle avait des exceptions, surtout dans la CAVALERIE. — Les Retroussis étaient en serge et non plaqués; une AGRAFE les assemblait. La GARDE CONSULAIRE jugea à propos de se les donner en drap, et de les fixer ou de les plaquer au moyen de coutures. Les TROUPES DE LIGNE imitèrent cette innovation depuis le DÉCRET DE 1812 (19 JANVIER). — L'ORDONNANCE DE 1822 (8 MAI) fournissait les Retroussis avec les deux morceaux de drap formant la DOUBLURE; cette ORDONNANCE en réglait la forme. — Depuis 1828, les Retroussis d'HABIT de l'INFANTERIE FRANÇAISE DE BATAILLE étaient GARANCE. Ceux de l'INFANTERIE LÉGÈRE, étaient JONQUILLE, ceux de la cavalerie étaient de diverses couleurs. — Il en est du Retroussis comme de toutes les modes militaires. Des motifs dont l'utilité est palpable leur ont donné naissance; depuis le raccourcissement de l'HABIT qui, sous LOUIS QUATORZE, était une espèce de longue REDINGOTE, l'utilité des Retroussis d'INFANTERIE avait cessé; mais la coquetterie et le caprice les ont conservés, afin de barioler l'HABIT et de le différencier de l'habit bourgeois. Les Retroussis ont repris une sorte d'utilité quand ils ont porté des ATTRIBUTS distinctifs.

RETZOW. V. NOMS PROPRES.

RÉUNION, subs. fém. V. ORDRE DE LA R...

RÉUNION de CORPS. V. CORPS. V. ADJUDANT DE SEMAINE N° 4, 7.

RÉUNION d'OFFICIERS. V. OFFICIER. V. OFFICIER D'ÉTAT-MAJOR DE CORPS.

RÉUNION EXTRAORDINAIRE. V. CHIRURGIEN-MAJOR D'INFANTERIE N° 9. V. EXTRAORDINAIRE, adj.

REUSNER; REUSS. V. NOMS PROPRES.

REUTER. V. NOMS PROPRES.

RÉVEIL, subs. masc. V. APPEL DE MATIN EN GARNISON. V. AUX CHAMPS. V. BATTERIE DE CAISSE. V. CAPORAL DE SEMAINE N° 2. V. CAPORAL D'ESCOUADE N° 2. V. CASERNE. V. DIANE. V. ÉCOLE DE MARS N° 4. V. ORDONNANCE D'EXERCICE D'INFANTERIE. V. ROULEMENT. V. ROULEMENT DE R... V. SONNERIE D'INFANTERIE.

RÉVEIL AU CAMP. V. APPEL AU CAMP. V. AU CAMP. V. DIANE.

RÉVEIL AU GITE. V. AU GITE. V. CORPS AU GITE.

RÉVEIL MATIN. V. BOUCHE A FEU A TIR DIRECT. V. BRISEMUR. V. CAVALERIE FRANÇAISE N° 8. V. DIANE.

REVEL. V. NOMS PROPRES.

RÉVÉLATION (subs. masc.) de MOT D'ORDRE. V. MOT D'ORDRE. V. PEINE.

RÉVÉLATION de COMPLOT. V. COMPLOT.

REVELIN, subs. masc. V. RAVELIN.

REVENANT-BON, subs. masc. V. BON, adj. V. MASSE DE LINGE ET CHAUSSURE.

REVENIR A LA CHARGE. V. A LA CHARGE. V. CHARGE IMPULSIVE. V. CHEMIN COUVERT.

REVERONI. V. NOMS PROPRES.

REVERS, subs. masc. V. A REVERS. V. AGRAFE DE R... V. BATAILLE A R... V. BATTERIE A R... V. BATTERIE DE R... V. BATTRE DE R... V. BOTTES A R... V. BOUTON DE R... V. BOUTONNIÈRE DE R... V. COMMANDEMENT DE R... V. COMMANDER DE R... V. CROISER LES R... V. DONNER (se) DES R... V. ÉCUSSON DE R... V. EN REVERS. V. FEU DE R... V. HABIT A R... V. HABIT

SANS R... V. POINTE DE R... V. PRENDRE A R...
V. PRENDRE DE R... V. PRENDRE DES R... V.
SANS R... V. VOIR DE R...

REVERS (term. génér.). Mot provenu
de la LANGUE LATINE quant à l'acception vulgaire que le français lui donne; mais,
quant à son acception en BALISTIQUE, en ES-
CRIME, en FORTIFICATION, c'est à l'ITALIEN que
notre langue l'a emprunté. — Un Revers
est un événement, une catastrophe, qui tra-
versent ou renversent un plan; tels sont les
Revers qu'on éprouve à la GUERRE. — C'est
une TRAJECTION ou un COUP DE FEU qui voit,
BAT, COMMANDE de Revers; tels sont les Revers que l'ARTILLERIE travaille à se DONNER,
et que le GÉNIE travaille à intercepter. —
C'est un objet qui offre le côté opposé par
rapport à un côté principal; tels sont les RE-
VERS DE MONTAGNES. — C'est un COUP corps
à corps, qui est le contraire d'un COUP ordinaire; tels sont les Revers dont frappe
une ÉPÉE TRANCHANTE ou un SABRE maniés les
ongles en dessous. — C'est une ÉTOFFE, une
matière, repliés ou censés l'être; tels sont
les REVERS DE BOTTES, etc. — Il suffira ici de
distinguer le sujet en REVERS DE TRANCHÉE et
en REVERS D'HABIT.

REVERS A POINTE. V. A POINTE. V. BA-
TAILLON DE CHASSEURS. V. CHASSEUR A CHEVAL.
V. COMPAGNIE FRANÇAISE. V. INFANTERIE LÉ-
GÈRE N° 5. V. REVERS D'HABIT.

REVERS CARRÉ. V. CARRÉ, adj. V. BA-
TAILLON DE CHASSEURS. V. INFANTERIE DE BA-
TAILLE N° 5. V. REVERS D'HABIT.

REVERS COURBE. V. COURBE. V. GILET. V.
REVERS D'HABIT.

REVERS CROISÉ. V. CROISÉ, adj. V. ÉQUI-
PEMENT D'HIVER. V. GARDE EN GARNISON. V.
LÉGISLATION. V. REVERS D'HABIT.

REVERS de BATTERIE. V. ARTILLERIE STRA-
TOPÉDIQUE. V. BATTERIE. V. BATTERIE DE REVERS.

REVERS de BOTTES. V. BOTTES. V. BOTTES
A RETROUSSIS.

REVERS de KURTKA. V. KURTKA. V. MI-
LICE RUSSE N° 4.

REVERS de PARALLÈLE. V. AMAS DE MA-
TÉRIAUX. V. BOYAU DE SIÉGE OFFENSIF. V. PA-
RALLÈLE.

REVERS de MONTAGNE. V. ARÈTE GÉOLO-
GIQUE. V. CHAINE DE MONTAGNES. V. MON-
TAGNE.

REVERS de PLACE D'ARMES. V. AMAS D'OU-
TILS. V. PLACE D'ARMES DE SIÉGE OFFENSIF.

REVERS de TRANCHÉE (G, 4). Sorte de
REVERS qui se forme de MATÉRIAUX fournis
par l'excavation des terres jetées du côté de
la PLACE ASSIÉGÉE, ou du côté que l'ENNEMI

occupe. Le Revers est le côté du PARAPET qui
est à l'opposite de celui qui regarde l'AS-
SIÉGÉ. C'est de là, ou des PLACES D'ARMES, et
en gravissant la BANQUETTE, que les CONTRE-
SORTIES doivent partir pour résister aux
SORTIES.

REVERS d'ESCRIME. V. ESCRIME. V. RE-
VERS.

REVERS d'HABIT (B, 1). Sorte de REVERS
dont l'usage date de l'époque où les HABITS
D'UNIFORME étaient des CASAQUES, ou des espèces de REDINGOTES doublées de SERGE de COU-
LEUR DISTINCTIVE, et croisant sur la poitrine.
— Sous LOUIS QUATORZE les CASAQUES étaient
devenues des justaucorps; sous le RÉGENT et
sous Louis quinze, les larges croisures des JUS-
TAUCORPS s'étaient retournées en forme de Revers longs, étroits, garnis de clinquant. On
reconnut l'utilité et la possibilité de distinguer les uns des autres les CORPS DE LIGNE,
en variant la couleur des Revers. Le clinquant et les BRANDEBOURGS disparurent des
HABITS DE TROUPES DE LIGNE, et ne furent conservés que sur les HABITS DES GARDES FRAN-
ÇAISES et de la MAISON MILITAIRE, parce que ces
HABITS restèrent SANS REVERS, et n'eurent plus
qu'une croisure juste au lieu d'une croisure
large. Il fut cousu des AGRAFES qui permettaient de retourner et d'arrêter la DOUBLURE
sur le DEVANT du CORPS de l'HABIT. L'ORDON-
NANCE DE 1747 (19 JANVIER) en donne la
preuve. Le RÈGLEMENT DE 1767 (25 AVRIL)
accourcissait les Revers; ils ne descendirent
plus que jusqu'à la hauteur des POCHES; un
PASSE-POIL les bordait. Au moyen de sept
PETITS BOUTONS et de sept BOUTONNIÈRES, on
les tenait à volonté apparents ou cachés. Au-
dessous d'eux, trois GROS BOUTONS fermaient
le JUSTAUCORPS sur les cuisses. — Le cordonnet du HAUSSE-COL des OFFICIERS s'attachait au bouton d'en haut ou de l'ÉCUSSON des
Revers; l'ÉPINGLETTE des HOMMES DE TROUPE
se suspendait à l'une des BOUTONNIÈRES de
droite. Ce RÈGLEMENT voulait que les Revers
fussent portés CROISÉS, à partir de l'époque
des DISTRIBUTIONS D'EFFETS D'ÉQUIPEMENT D'HI-
VER. — En 1772, comme on le voit dans
MONTIGNY (1772, 1), les Revers s'étaient ac-
courcis, et continuaient à être DROITS; les
trois GROS BOUTONS ne fermaient plus le CORPS
D'HABIT que sur l'abdomen; les BASQUES de
la VESTE commençaient à devenir visibles.
— En 1776, SAINT-GERMAIN supprimait les
Revers et remplaçait le JUSTAUCORPS par
l'HABIT VESTE. — Vers ces époques, la COU-
LEUR des Revers décidait de celle des MÉ-
DAILLONS DE VÉTÉRANS. — Le RÈGLEMENT DE
1779 (21 FÉVRIER) rétablissait les Revers; il
leur donnait, suivant les TAILLES, quinze à

dix-huit pouces de long, et trois pouces et demi dans leur plus grande largeur. Ils consommaient un douzième de drap. — Depuis le règlement de 1786 (1er octobre), les Revers avaient commencé à se cambrer; les trois gros boutons ne servaient plus à rien, et difficilement les Revers pouvaient se porter croisés, si ce n'est dans leur partie supérieure. La tête de leur écusson continuait à se tailler à trois pointes. — En 1792 et 1793 les corps francs, les compagnies franches, les légions, costumés suivant les caprices de leurs chefs, prirent le revers a pointe, ou taillé en sifflet par le bas, et terminé par en haut, non en écusson, mais en rond; c'était une imitation du Revers des chasseurs a cheval, car les anciens bataillons de chasseurs a pied avaient le revers à écusson par en haut et carré par en bas. Cette mode de revers a pointe par en bas devint particulière à l'infanterie légère à partir de 1794. — Jusque-là, on appelait frac ou surtout un habit sans revers ni poches simulées. On appelait grand uniforme un habit a revers et à poches simulées. — Jusqu'à l'époque de l'étrécissement ridicule des devants de corps de l'habit, les Revers s'étaient maintenus légèrement cintrés. Les modes apportées par la garde consulaire les avaient presque transformés en deux demi-cercles; ils tournaient sous les emmanchures. — Depuis cette variation de formes, les dispositions de plusieurs ordonnances étaient devenues inexécutables, tant il est vrai que tout dans la législation se tient et se commande, et qu'elle devient boiteuse et menteuse, sitôt que des modifications partielles, irréfléchies, en troublent l'ensemble. Ainsi il n'y avait plus moyen de se conformer au vouloir de l'ordonnance de 1768 (1er mars) et des règlements de 1786 (1er octobre), de 1792 (24 juin), etc., etc.; documents qui, alors, avaient encore vigueur, et qui prescrivaient que, suivant le genre du service, la saison, l'espèce des gardes à monter, les Revers fussent croisés ou non. — De plus graves inconvénients en sont résultés. Un habit qui, d'abord casaque, puis justaucorps fermé, n'habillait plus que le dos et les bras, exigeait un autre habit; la capote a dû revivre; c'était le rajeunissement de la casaque, car voilà le cercle où tournent les modes en fait de costumes. Mais deux vêtements suffisent au soldat, un de plus est un embarras et une dépense perdue. Eh bien! pendant quarante ans, on s'est demandé : conservera-t-on, supprimera-t-on e gilet devenu une surcharge, et que des corps avaient, que d'autres n'avaient pas? Comptez ce que valent pendant quarante

ans, trois ou quatre millions par an, et tout cela à cause de la forme des Revers. — En 1810, l'indispensable nécessité d'un règlement nouveau sur l'habillement se faisait sentir. Bonaparte ordonna qu'un projet d'uniforme fût rédigé; il en parut deux fragments dans les décrets de 1812 (19 janvier et 7 février); ces documents ressuscitaient l'habillement à la Saint-Germain, ou du moins son habit-veste à revers droits, tant pour l'infanterie de bataille de ligne et l'artillerie que pour l'infanterie légère. Toute la cavalerie, sauf les hussards, portait le même Revers. — La restauration amena d'autres modes en fait de tenue; il en reste un témoignage dans l'ouvrage le plus complet, le plus exact qui ait été rédigé et gravé touchant l'uniforme (1818). — L'infanterie française de la garde royale tenant à s'habiller à l'anglaise, on lui donna au lieu de Revers les brandebourgs. Les corps de ligne, toujours curieux de se rapprocher des corps d'élite, autant que ceux-ci le sont à se différencier de la ligne, sollicitèrent la suppression des Revers et l'obtinrent, tandis que l'artillerie, le génie, la gendarmerie, la cavalerie les conservaient; tel fut, à l'accoutumée, le décousu de nos ordonnances d'uniforme, qui ne font jamais les choses en grand et d'ensemble, car, si les Revers sont inutiles à l'infanterie, à quoi servent-ils dans les autres armes. — La circulaire de 1832 (25 janvier) voulait que dans les troupes qui conservaient l'habit a revers, les Revers n'y fussent pas adhérents, et qu'en petite tenue, la doublure seule en fût apparente. — La plus moderne des milices, la milice syke avait l'habit différencié par la couleur du Revers.

REVERS d'habit de commissaire. v. commissaire des guerres n° 3. v. habit de commissaire.

REVERS d'oreillon. v. poterne. v. oreillon de bastion.

REVERS d'ouvrage. v. affaire de poste. v. crique de fortification. v. ouvrage de fortification.

REVERS droit. v. cavalerie française n° 5. v. droit, adj. v. revers d'habit.

REVERS géologique. v. chaine de montagnes. v. géologique.

RÉVERSION, subs. fém. (F). Mot tout latin, exprimant une évolution que pratiquait la milice grecque. L'objet de ce mouvement était de réoccuper un terrain d'exercice que la troupe venait de quitter en se déplaçant par une conversion a pivot fixe. Ainsi, les Grecs, après une conversion de pied ferme, opéraient la Réversion en fai-

SANT DEMI-TOUR et accomplissant un QUART DE CONVERSION à gauche. — Les modernes ne conversant pas par le TROISIÈME RANG, ou du moins ne devant pas converser par ce rang, car les vrais principes s'y opposent, remédient à l'absence du moyen de la TACTIQUE GRECQUE, soit en exécutant, après avoir ROMPU, une seconde CONVERSION pour reprendre l'ORDRE DE BATAILLE, soit en recourant à ce MOUVEMENT si prolixement dénommé dans la locution : FAIRE EN ARRIÈRE A DROITE OU A GAUCHE en bataille, ce qui est une CONVERSION A RECULONS. — Dans le premier de ces cas, l'ancienne PLACE DE BATAILLE n'est pas précisément celle que reprend la LIGNE, mais c'est de peu d'importance. — Touchant les Réversions, on peut recourir à MACHAULT (1615, C, p. 59) et à MAIZEROY (1771, A, p. 114).

REVÊTEMENT, subs. masc. v. DEMI-REVÊTEMENT.

REVÊTEMENT (G, 4), OU REVÊTISSEMENT, suivant GANEAU, GUIGNARD (1725, B), MANESSON (1685, B). Mot réduplicatif dont la souche est dans le verbe LATIN *vestire*. Il appartient à la langue de la FORTIFICATION. Il signifie, suivant l'ENCYCLOPÉDIE (1751, C), travail en maçonnerie, FASCINAGE, GAZONNAGE enveloppant un RETRANCHEMENT. Mais il convient d'en donner une autre définition, et pour se conformer aux usages de la langue, il faut regarder Revêtement comme distinct de GAZONNAGE et de FASCINAGE. — Le mot Revêtement donne positivement idée de la maçonnerie qui a pour racines des CONTRE-FORTS ou des ÉPERONS ; cette maçonnerie permet d'escarper des faces extérieures qui sont de nature à être vues par l'ENNEMI et à être INSULTÉES par ses PROJECTILES ; de là, la distinction établie entre des OUVRAGES REVÊTUS et ceux qui ne le sont pas, et n'offrent qu'une simple CHEMISE en CLAIRS ou en terre. — Les Revêtements de l'ENCEINTE des PLACES DE GUERRE ont eu, en général, dix mètres de hauteur, parce qu'on a regardé comme presque impossible l'usage d'ÉCHELLES D'ESCALADE de plus de dix mètres de longueur. — Ordinairement les Revêtements ne dépassent pas le pied du PARAPET ou le CORDON. — Il n'a été donné à certains OUVRAGES que des DEMI-REVÊTEMENTS, c'est-à-dire ne régnant que jusqu'à la moitié ou aux deux tiers du REMPART ; en ce cas, on en garnit de FRAISES le bord supérieur, car, si les OUVRAGES à demi revêtus sont meilleurs contre l'ARTILLERIE, ils sont moins sûrs contre les SURPRISES. — Dans les FORTIFICATIONS du MOYEN AGE, des Revêtements étaient formés de pierres de taille qui, chacune de

même dimension, étaient extérieurement bombées, ou à pointe de diamant ; tels étaient les REMPARTS d'ORLÉANS. — Dans la FORTIFICATION moderne, les Revêtements sont ou, en pierres se formant en surface plane, ou, mieux encore, ils sont en briques ; on a préféré le Revêtement de ce dernier genre, comme moins susceptible de crouler si l'OUVRAGE est BATTU EN BRÈCHE. — La destruction d'un Revêtement que renverse l'ENNEMI, décide, en certains cas, l'ASSIÉGÉ à recourir à la ressource d'une COUPURE, qui quelquefois est elle-même construite à Revêtement. — L'ATTACHEMENT du MINEUR était le moyen d'échancrement du pied du Revêtement. — Les Revêtements d'ESCARPE et de CONTRESCARPE forment un léger talus à partir du fond du FOSSÉ ; ils ont ordinairement un mètre d'épaisseur en leur partie supérieure, deux mètres et demi à leur partie inférieure. — Dans les PLACES à FOSSÉS SECS, des GALERIES DE MINE ou des CONTRE-MINES PERMANENTES sont pratiquées défensivement à trois ou quatre mètres du Revêtement. Il est pratiqué offensivement des MINES DOUBLES qui aboutissent en dessous du Revêtement. — L'art du DÉFILEMENT s'applique à tenir masqués les Revêtements. — Les FAUSSES BRAIES ont été abandonnées, à raison des désordres que la chute du Revêtement BATTU par l'ENNEMI y occasionnait. — L'amoncèlement des débris du Revêtement a le désavantage de rendre plus facile le PASSAGE des FOSSÉS INONDÉS. — Il est traité des Revêtements dans BELAIR (1792), l'ENCYCLOPÉDIE (1751, C ; 1785, C, p. 497), FURETIÈRE, GASSENDI (au mot *Batterie*), LACHESNAIE (1758, I), POTIER (1779, X), REDELYKHEID.

REVÊTEMENT de BARAQUE. v. BARAQUE.

REVÊTEMENT de CONTRESCARPE. V. CONTRESCARPE. V. REVÊTEMENT.

REVÊTEMENT d'ESCARPE. V. ESCARPE. V. REVÊTEMENT.

REVÊTISSEMENT, subs. masc. v. REVÊTEMENT.

REVÊTU (revêtue), adj. v. CONTRESCARPE R... v. DEMI-R... v. ESCARPE R... v. FORTIFICATION R... v. OUVRAGE R... v. PLACE R... v. REMPART R...

REVEUE, subs. fém. v. REVUE.

RÉVISEUR, subs. masc. v. MARQUE DE FUSIL.

RÉVISION, subs. fém. v. CONSEIL DE RÉVISION CONSCRIPTIF. v. CONSEIL DE RÉVISION JUDICIAIRE. v. COUR DE RÉVISION.

RÉVISION JUDICIAIRE (C, 5). Ce réduplicatif du mot VUE, est analogue du mot

REVUE, a sa souche dans le mot LATIN *videre*, voir. Il ressortit à la JUSTICE MILITAIRE, et exprime cette sorte de confirmation ou d'improbation qu'en vertu d'un APPEL, et à la suite d'un AVERTISSEMENT, un CONSEIL DE RÉVISION donne à un JUGEMENT MILITAIRE prononcé par un CONSEIL PERMANENT. — L'INSTRUCTION DE L'AN QUATRE (18 PRAIRIAL), les LOIS DE L'AN QUATRE (18 FRUCTIDOR) et DE L'AN SIX (15 BRUMAIRE) déterminaient les formes de cette Révision ; elle devait s'exercer sur les questions suivantes : — Celui qui a nommé et convoqué le CONSEIL en avait-il le droit? — La personne jugée était-elle justiciable d'un CONSEIL DE GUERRE? — Était-il composé du nombre de MEMBRES voulu par la loi? — Les MEMBRES avaient-ils les qualités et GRADES requis? — S'agissant d'un DÉLIT emportant PEINE DE MORT, y a-t-il eu une liste double des MEMBRES qui ont jugé? Cette liste et sa réduction ont-elles été faites suivant la loi? — Le RAPPORTEUR avait-il le GRADE requis? était-il le RAPPORTEUR naturel du PRÉVENU? Le RAPPORTEUR a-t-il instruit contre le PRÉVENU? a-t-il fait son rapport? a-t-il donné ses CONCLUSIONS? — L'ACCUSÉ a-t-il eu connaissance des DÉLITS qu'on lui imputait? a-t-il eu la faculté de répondre et de donner ses moyens de DÉFENSE? — Les SÉANCES ont-elles été publiques? — Le PRÉSIDENT a-t-il prononcé le JUGEMENT à haute voix? — Le CONSEIL a-t-il prononcé sur le DÉLIT pour lequel il a été convoqué? — Le JUGEMENT a-t-il été rendu à la majorité des voix? Le CONDAMNÉ a-t-il été CONVAINCU du DÉLIT? — A-t-on infligé au COUPABLE une PEINE manifestement disproportionnée au CRIME?

REVOL; REVOLAT. v. NOMS PROPRES.

RÉVOLTE, subs. fém. v. ABANDON EN TROUPE. v. CAS DE RÉVOLTE. v. CHEF DE RÉVOLTE. v. COMMISSION MILITAIRE. v. CRIME. v. DRAPEAU ROUGE. v. ÉTAT DE RÉVOLTE. v. MILICE ANGLAISE N° 10. v. MILICE ESPAGNOLE N° 9. v. ORDONNANCE OFFICIELLE. v. PEINE. v. PRISONNIER DE GUERRE ÉTRANGER. v. SIÉGE DÉFENSIF.

RÉVOLTE COMBINÉE. v. ACTE SÉDITIEUX. v. COMBINÉ.

RÉVOLUTION. v. GUERRE DE LA R...

RÉVOLUTIONNAIRE. v. ARMÉE R...

RÉVOULT, subs. fém. v. ÉVOLUTION. v. REVUE.

REVUE, subs. fém. v. APPEL DE R... v. BAN DE R... v. COMITÉ CENTRAL DES R... v. COMMISSAIRE AUX R... v. CONFECTION DE R... v. CONSOMMATION DE R... v. DÉFILEMENT DE R... v. EN R... v. ÉTAT DE R... v. EXPÉDITION DE R... v. EXTRAIT DE R... v. FAIRE LA R... v. FEUILLE DE R... v. GRANDE R... v. INSPECTEUR AUX R... v. LIVRET DE R... v. ORDONNANCE DE R... v. ORDRE DE R... v. PASSATION DE R... v. PASSER EN R... v. PASSER LA R... v. PASSER R... v. RÈGLEMENT DE R... v. ROLE DE R... v. SALUT DE R... v. SOUS-INSPECTEUR AUX R... v. TERRAIN DE R...

```
            ┌ D'ADMINISTRATION. . . ┌ REVUE ÉCRITE. . . . . . ┌ REVUE DE LIQUIDATION.
            │                       │                         └ D'EFFECTIF.
REVUE ──────┤                       └ SUR LE TERRAIN.
            │
            └ D'INSPECTEUR GÉNÉRAL. ┌ REVUE D'HONNEUR.
```

REVUE (term. génér.), ou MONSTRE, ou MONTRE, comme on l'a dit pendant sept siècles, ou REVEUE, comme l'écrivent FURETIÈRE et GUILLET, ou RÉVOULT, comme le témoigne ROQUEFORT, ou REVUE DE TROUPES. — Si l'on disait à un docteur en grammaire : il y a un peuple qui croit claire et souple sa langue, mais qui, jusqu'ici, n'a su trouver ou créer qu'un seul et même mot pour exprimer EFFECTIF prétendu ou justifié, mesure journalière de POLICE et de SERVICE, CERTIFICAT D'EXISTENCE d'un CORPS réuni, ou d'un OFFICIER ISOLÉ, MONTRE DE FORCES, DÉPLOIEMENT D'APPAREIL, visite d'EFFETS D'UNIFORME, PIÈCE COMPTABLE, EXPÉDITION de renseignements, LIQUIDATION par exercice, OPÉRATION éventuelle, OPÉRATION périodique, moyen de SUBSISTANCE, PAYEMENT régularisé, etc., etc.; le légiste en linguistique à qui l'on s'adresserait, croirait qu'il s'agit d'une peuplade et d'une langue naissantes. C'est, au contraire, d'une langue vieille de neuf siècles qu'il est question. — Le mot Revue a la même racine que RÉVISION ; l'un et l'autre expriment des investigations qui ne sont pas sans analogie, quoique les éléments, les moyens, les effets en soient différents; mais le terme RÉVISION est plus juste, parce qu'il donne idée d'une chose déjà vue ; tandis qu'une Revue n'est pas toujours une opération itérative, puisqu'on PASSE EN REVUE des RECRUES ou des CORPS qui viennent d'être créés; puisqu'à son avénement un SEIGNEUR passait en Revue le BAN ; mais ainsi est faite la LANGUE. — Si le mot Revue ne vient pas de l'ITALIEN *revista*, du moins il le rappelle et le représente à quelques égards. Des AUTEURS croient qu'il serait, comme on le voit en bien d'autres cas, un produit de deux étymologies, et que ce qu'on appelle GRANDE REVUE serait la modification du vieux terme RÉVOULT, signifiant jadis ÉVOLUTION, PARADE ; ROQUEFORT, en cela, nous sert d'autorité ; il résulterait de cette remarque inattendue et singulière, qu'il y aurait eu synonymie entre Revue et révolte, provenus également du LATIN *revolvere*, évoluer, ou se retourner. — Nous nous occuperons surtout ici des REVUES DE TROUPES, c'est-à-dire de l'examen collectif d'un ou de plusieurs CORPS de l'INFANTERIE FRANÇAISE. Mais il y a, en outre, pour l'ÉTAT-MAJOR GÉNÉRAL, et pour divers, des REVUES INDIVIDUELLES, ou des REVUES DE MILITAIRES ISOLÉS. — Sous le point de vue d'ADMINIS-TRATION, la MARINE se servait des substantifs REVEUE, Revue ; les TROUPES DE TERRE les empruntèrent. Ainsi l'ORDONNANCE DE 1523 (12 AOUT) traitait des REVUES. BRANTOME (1600, A) contribuait à mettre en usage ce mot. L'ORDONNANCE DE 1657 (8 NOVEMBRE) le consacrait tout à fait, et pourtant les mots MONSTRE et MONTRE que Revue commençait à remplacer, sont restés vulgaires et termes d'ordonnances bien plus tard. — Le mot Revue est surtout très-moderne, si on l'applique à de grandes réunions de TROUPES.— M. VAUCHELLE a senti l'ambiguïté du mot Revue ; il a cherché à remédier à l'insouciance des règlements et du MINISTÈRE, en caractérisant et en divisant le terme comme Revue sur le terrain, — sur place, — sur pièces. Ce qui va suivre démontrera que cette distinction, qui n'embrasse que la question administrative et la PAYE, n'est pas suffisante. — Les ITALIENS qui, à tant d'égards, peuvent être considérés comme nos professeurs militaires, observaient des usages qu'il convient de rappeler. Que ne les avons-nous mieux imités ! Notre expression Revue ne confondrait pas, comme elle le fait, et l'opération sur le terrain, et la feuille écrite qui la relate et les résultats moraux qui en découlent. La LANGUE ITALIENNE considérait, comme GRASSI (1817, H) en fournit la preuve, les Revues d'hommes armés comme étant de trois espèces : les économiques ou d'AD-MINISTRATION, les MILITAIRES proprement dites, les INSPECTIONS. Elle appelait *mostra*, les premières, ou les REVUES D'OFFICIERS D'AD-MINISTRATION ; elle appelait *rassegna*, les GRANDES REVUES, les Revues des GÉNÉRAUX, et celles qui ont pour objet l'instruction d'ensemble des TROUPES ; enfin les INSPEC-TIONS s'appelaient *rivista*, elles étaient du ressort des OFFICIERS SUPÉRIEURS, elles étaient un diminutif de *rassegna*. — Les ADMINIS-TRATEURS français ont préféré franciser *ri-vista*, parce que l'emploi de ce mot donnait à entendre que leurs Revues étaient autant un acte de commandement et d'INSPECTION qu'une OPÉRATION ADMINISTRATIVE ; cette cumulation, en effet, a existé d'abord, a cessé ensuite ; il en est resté cette disposition à se jalouser qui divisait les COMMISSAIRES et les GÉNÉRAUX, et qui s'expliquait dans ce passage de BOHAN (1781, H): *Les Revues conviennent mieux aux officiers généraux qu'aux commissaires des guerres, parce que ces derniers n'ont que le droit de compter et que les premiers inspectent et commandent.* — Passons des examens linguistiques aux aperçus historiques. — Les Revues de la MILICE ROMAINE s'appelaient ARMILUSTRES ; elles étaient annoncées au son de la BUCCINE. — Sous la PREMIÈRE RACE, les Revues françaises, ou les RASSEMBLEMENTS qu'on y peut comparer, se faisaient au CHAMP DE MARS, ou au CHAMP DE MAI. — Au MOYEN AGE, les Revues du BAN ET ARRIÈRE-BAN se passaient près du CHATEAU SEIGNEU-RIAL et dominant. — Les Revues de la GENSDARMERIE, SOUS FRANÇOIS PREMIER, étaient, comme le dit DUBELLAY (1535, A), au nombre de quatre par an, dont deux EN ARMES, c'est-à-dire en costume de fer, et deux EN ROBE, c'est-à-dire, en POURPOINT et MANTEAU. — Tel fut le germe des REVUES D'ADMINIS-TRATION de TRIMESTRE en TRIMESTRE ; mais le nombre des Revues par année a maintes fois varié. — Quand une REVUE DE GÉNÉRAL avait lieu dans la MILICE PRUSSIENNE, les RE-CRUES y étaient reconnaissables au moyen d'un branchage vert attaché à leur COIFFURE ; ils DÉFILAIENT ensuite à part, comme on le voit dans KÉRALIO (1757, F, p. 251) ; c'était l'initiation du SOLDAT se décorant du SIGNE DE CAMPAGNE. — Les Revues des BAN-DES FRANÇAISES ont concerné les MARÉCHAUX GÉNÉRAUX DES LOGIS. — En thèse générale, et suivant les usages modernes, les Revues françaises se passent en GRANDE TENUE et en HAIE, ou en ORDRE OUVERT, car l'INFANTERIE ne reste en ORDRE SERRÉ que pour les GRANDES PARADES. Les Revues ont pour objet de mettre sous les yeux de l'AUTORITÉ tous les MI-LITAIRES d'un ou de plusieurs CORPS, de constater leur FORCE NUMÉRIQUE, d'annoter les disparitions des DÉSERTEURS, de s'assurer de l'espèce des HOMMES, de leur TENUE, de leur tournure, de l'état de leurs EFFETS D'UNIFORME, de la quantité de leurs CHEVAUX, de leur savoir-faire en TACTIQUE. — Si l'ORDRE DE PASSER EN REVUE une TROUPE EN GARNISON survient, le COMMANDANT DU CORPS en est informé la veille par le COMMANDANT DE PLACE. Ce genre de Revue a ordinairement lieu sur la PLACE D'ARMES. — On a appelé REVUES DE RIGUEUR des Revues inattendues, subites, devant s'exercer sans exception sur tout le PERSONNEL d'un CORPS ou d'une ARMÉE. — Les anciennes ordonnances connaissaient des REVUES DE FIN DE CAMPAGNE, et des REVUES D'ENTRÉE EN CAMPAGNE. — L'INSTRUCTION DE 1816 (16 SEPTEMBRE) s'occupait des REVUES DE DÉTAILS. — La manière de PASSER les REVUES DE COLONELS, de GÉNÉRAUX, de SOUS-INTENDANTS, d'INTENDANTS, et les REVUES MENSUELLES OU TRIMESTRIELLES, était mentionnée dans l'ORDONNANCE DE 1833 (2 NOVEMBRE). — L'ORDONNANCE DE 1837 (25 DÉCEMBRE) remaniait le sujet sans éclaircir la matière. — Les unes se passent par RANG DE TAILLE ; les autres par RANG D'ANCIENNETÉ. — De cette locution militaire, PASSER LA REVUE, est provenu son analogue, PASSER UN HOMME, des hommes, une SOLDE, c'est-à-dire déclarer constant le DROIT, octroyer la PRESTATION. — Les AUTEURS qui ont embrassé le sujet sont : AUDOUIN (t. II, p. 29), BARDIN (1807, D ; 1809, B), BOHAN (1781, H), CARNÉ (1785, E, p. 169), CARRION (1824, A), DANIEL (1721 (t. I, p. 222), DESPAGNAC (1751, D), DHÉRICOURT (1756, G), DUBELLAY (1559, A), DUBOUSQUET (1769, B), Encyclopédie militaire (1770, p. 161), FURETIÈRE, GOETZMAN, GRASSI (1817, H), GUIGNARD (1725, B), GUILLET (1686, B), JABRO (1777, G), KÉRALIO (1757, F), LACHESNAIE (1758, I, aux mots *Exercice, Fourniture de l'étape, Garde, Montre*), LECOUTURIER (1825, A). — Les Revues se distinguent en REVUES : ACCIDENTELLE, — ADMINISTRATIVE, — ANNUELLE, — COLLECTIVE, — COMPTABILIAIRE, — D'ARMÉE, — D'ARMEMENT, — D'ADMINISTRATION, — D'ARRIVÉE, — DE BAN ET ARRIÈRE-BAN, — DE BUTIN, — DE CAPORAL, — DE CLOTURE, — DE CAVALERIE, — DE COLONEL, — DE COMMISSAIRE, — DE COMPAGNIE, — DE COMPTABILITÉ, — DE CORPS, — DE CORPS DE GARDE, — DE CORPS EN ROUTE, — DE DÉPART, — DE DÉTACHEMENT, — DE DÉTAILS, — DE FIN DE CAMPAGNE, — DE GENDARME, — DE GÉNÉRAL, — DE LINGE ET CHAUSSURE, — DE MILITAIRE ISOLÉ, — DE MONTE-RESSORT, — DE PETIT ÉQUIPEMENT, — DE RIGUEUR, — DE SÉJOUR, — DE SOUS-INSPECTEUR, — DE SOUS-INTENDANT, — DE SUBSISTANCE, — DE TRANSPORT, — DE TRIMESTRE, — DE TROUPE, — D'ÉCLOPPÉ, — DÉCOMPTÉE, — D'EFFETS D'UNIFORME, — DÉFINITIVE, — D'ENSEMBLE, — D'ENTRÉE EN CAMPAGNE, — D'ESCOUADE, — D'ÉTAT-MAJOR, — D'HABILLEMENT, — D'HOMMES DE SERVICE, — D'INFANTERIE, — D'INSPECTEUR GÉNÉRAL, — D'INSPECTION, — D'INSPECTION ADMINISTRATIVE, — D'INTENDANT, — D'OFFICIER, — D'OFFICIER D'ADMINISTRATION, — D'OFFICIER DE SECTION, — D'OFFICIER D'INTENDANCE, — EN ARMES, — EN CAMPAGNE, — EN ROBE, — EN ROUTE, — EN STATION, — FINALE, — GÉNÉRALE, — INDIVIDUELLE, — MENSUELLE, — MILITAIRE, — PÉRIODIQUE, — PRÉLIMINAIRE, — PRÉPARATOIRE, — ROYALE, — TRIMESTRIELLE.

REVUE ACCIDENTELLE. V. ACCIDENTEL. V. REVUE D'ADMINISTRATION. V. REVUE SUR LE TERRAIN.

REVUE ADMINISTRATIVE. V. ADMINISTRATIF. V. COMPAGNIE D'ÉLITE N° 4. V. DÉPENSE DE CORPS. V. HAUT-BOIS. V. HOMME DE GARDE. V. HOMME DE TROUPE N° 11. V. INFANTERIE FRANCO-SUISSE N° 4. V. INTENDANT MILITAIRE N° 4. V. MARCHE-ROUTE. V. MASSE DE CAMPEMENT. V. ORDRE DE BATAILLE D'INFANTERIE. V. REVUE D'ADMINISTRATION. V. REVUE DE LIQUIDATION. V. REVUE SUR LE TERRAIN. V. SOUS-INTENDANT N° 8.

REVUE ANNUELLE. V. ANNUEL. V. ARRÊTÉ DÉFINITIF. V. REVUE D'INSPECTEUR GÉNÉRAL.

REVUE COLLECTIVE. V. COLLECTIF. V. REVUE D'ADMINISTRATION.

REVUE COMPTABILIAIRE. V. COMPTABILIAIRE. V. REVUE D'ADMINISTRATION.

REVUE (revues) D'ADMINISTRATION (term. sous-génér., ou REVUE ADMINISTRATIVE, ou REVUE COMPTABILIAIRE, ou REVUE DE COMMISSAIRE, ou REVUE DE COMPTABILITÉ, comme l'appelait la DÉCISION DE 1822 (8 AVRIL), ou REVUE DE SOUS-INSPECTEUR, ou REVUE DE SOUS-INTENDANT, ou REVUE DE SUBSISTANCE, ou REVUE D'INSPECTEUR, ou REVUE D'INTENDANT. Sorte de REVUES qui sont ACCIDENTELLES OU PÉRIODIQUES, INDIVIDUELLES OU COLLECTIVES ; elles s'appelaient MONSTRES depuis [le commencement du treizième siècle ; si on les considère comme ROYALES, elles datent du règne de PHILIPPE LE BEL ; mais elles sont bien plus anciennes, si on les considère comme féodales ou commerciales. Nous appelons ROYALES celles qui ont été officiellement ordonnées dans l'intérêt du TRÉSOR ROYAL et en vue de contrôler les REGISTRES DE COMPTABILITÉ des TROUPES PERMANENTES, ou du moins RÉGULIÈRES ; nous appelons féodales celles que des SUZERAINS faisaient PASSER par leurs BAILLIS OU SÉNÉCHAUX, dans le cas de la levée du BAN, pour s'assurer si les FIEFS DE TENURE inférieure payaient leur tribut en hommes au FIEF dominant, et si les DOMAINES SOUSinféodés n'envoyaient pas de FAUSSES LANCES ou ne présentaient pas des HOMMES DE PAILLE ; nous appelons commerciales celles que des CHEFS DE TROUPES VÉNALES, des CONDOTTIERI, des CAPITAINES PROPRIÉTAIRES passaient comme un négociant fait l'inventaire de ses magasins et la récapitulation de ses valeurs. Ces revues, dont le relevé écrit était un COMPTE rarement fidèle, au lieu de tourner à l'avantage de l'épargne publique, étaient un mémoire enflé que se faisaient solder à leur profit les CHEFETAINS ENTREPRENEURS de guerre et les CHEFS D'AVENTURIERS agissant comme vendeurs d'hommes. — Les plus anciens ROLES DE MONTRES qu'on ait retrouvés sont de 1340. — Les ORDONNANCES DE 1355 (DÉCEMBRE) et DE 1375 (15 JANVIER) avaient pour objet de remédier aux abus des MONTRES ; leurs ÉCRITURES et leur examen commençaient à être confiés à des COMMIS ad hoc, ou à des LIEUTENANTS AUX MONTRES, tantôt à fonctions passagères, tantôt à fonctions permanentes. — Dans le quinzième siècle, la MILICE ANGLAISE donnait l'exemple de Revues passées avec une certaine méthode ; ses préposés aux MONTRES rassemblaient sur un même point les TROUPES répandues en FRANCE dans des GARNISONS ; ils tenaient un ROLE où étaient inscrits les HOMMES DE GUERRE ; ils y radiaient les noms des ABSENTS et pointaient ou piquaient le nom des PRÉSENTS. Ces ROLES étaient scellés en queue, c'est-à-dire qu'il y était attaché un sceau volant. En traitant de l'ADMINISTRATION MILITAIRE des ANGLAIS nous avons témoigné combien la science des Revues de la GRANDE-BRETAGNE est devenue ensuite inférieure à celle des Revues de FRANCE. — Les ORDONNANCES DE 1412 (JANVIER), DE 1415 (25, 26, 27 MAI), confirmèrent les dispositions plus anciennes, en vue d'établir plus de régularité dans la GENDARMERIE ; mais les désordres du règne de CHARLES SIX, et l'esprit de prépotence et de domination de tant de hauts personnages qui s'arrachaient les lambeaux de la FRANCE, rendirent vaines les tentatives d'amélioration. Aucune Revue des COMPAGNIES D'ORDONNANCE ne s'effectuait avec régularité. — Le CONNÉTABLE et le GRAND MAITRE DES ARBALÉTRIERS eurent chacun la nomination des COMMISSAIRES chargés de la MONTRE des gens de leur hôtel, ce qui équivalait à une dispense de Revue ; les MARÉCHAUX DE FRANCE eurent chacun la nomination de quatre LIEUTENANTS préposés au détail des Revues des autres TROUPES de l'ARMÉE. Ces COMMIS, disaient les ORDONNANCES, *devaient être sages, experts, idoines ;* mais il était rare qu'ils fussent idoines et surtout désintéressés. — Il s'é-

coula plus d'un siècle sans qu'il fût promulgué de documents nouveaux, et sans que le travail des MONSTRES produisît d'améliorations ; LOUIS ONZE prononça même, en faveur de hauts DIGNITAIRES, une dispense de soumettre à des REVUES ROYALES leur MAISON MILITAIRE. On sent quel gaspillage en résultait, quand le CONNÉTABLE pouvait se faire compter la SOLDE de quatre cents HOMMES D'ARMES qu'il TENAIT ou ne TENAIT pas SUR PIED. — Jusqu'au commencement du seizième siècle, les ÉCHEVINS, magistrats, notables, GOUVERNEURS, OU OFFICIERS DE LA MAISON DU ROI avaient été chargés de l'accomplissement des MONTRES ; rien n'était plus inégal, plus imparfait qu'un pareil système de PASSATION DE REVUE. La création des COMMISSAIRES AUX REVUES, institués en titre d'office, eut lieu comme moyen d'obtenir de plus sûrs résultats ; il leur fut donné des COMMIS OU CLERCS chargés de les aider, et qui s'acquittèrent ensuite, en grande partie, de la besogne des COMMISSAIRES dont l'emploi était devenu une sinécure. — L'ÉDIT DE 1514 (21 JANVIER) chargeait des Revues les COMMISSAIRES ORDINAIRES ; les ORDONNANCES DE 1550 (15 JUILLET) et DE 1553 (18 OCTOBRE) décidaient à l'égard des Revues de la GENSDARMERIE ; l'ORDONNANCE DE 1559 (20 AOUT) déterminait comment devaient être expédiés les ROLES des MONSTRES par les COMMISSAIRES et les CONTROLEURS DES GUERRES. — L'inégalité de FORMATION des TROUPES, le système disparate des LANCES FOURNIES, les résistances, soit ouvertes, soit secrètes, que les CAPITAINES opposaient aux investigations des COMMIS, les incertitudes touchant la durée du temps pendant lequel elles étaient TENUES SUR PIED, rendirent de peu d'effet les mesures réglementaires. — L'ORDONNANCE DE 1549 (12 NOVEMBRE) réglait en quel nombre d'HOMMES et en quel ÉQUIPAGE serait reçue à MONSTRE la LANCE FOURNIE. — Les ORDONNANCES DE 1553 (25 DÉCEMBRE) et 1557 (22 MARS) avaient trait aux Revues des BANDES. Le SERMENT militaire se renouvelait à chacune de ces Revues. — L'ORDONNANCE DE 1560 (15 JANVIER) avait en vue les COMPAGNIES et RÉGIMENTS ; elle continuait à se servir des mots ROLES, comme signifiant CONTROLES OU EXTRAITS DE REVUES. — L'ORDONNANCE DE 1620 (26 SEPTEMBRE) employait indifféremment les mots montre et Revue. — Des disparates de tout genre ont existé à l'égard des Revues ; les REVUES D'OFFICIERS, c'est-à-dire leurs PAYEMENTS, n'ont pas été de même nombre que les Revues ou PAYEMENTS D'HOMMES DE TROUPE. — Le nombre de jours dont les rescrits officiels composaient arbitrairement les MOIS et les MONTRES n'était pas toujours le même. POTIER (1779, X) donne la transcription d'un ROLE sur parchemin de 1614 (15 MARS) qui composait de trente-six jours le mois ; dans le dix-huitième siècle, comme nous l'avons déjà démontré, les ORDONNANCES connaissaient, à l'ancienne manière hollandaise, des MOIS de quarante-cinq jours. — Sous LOUIS QUATORZE ce n'étaient plus les CONTROLEURS DES GUERRES qui étaient chargés des Revues, mais c'étaient les INSPECTEURS GÉNÉRAUX eux-mêmes qui s'acquittaient souvent de cette besogne ; voilà pourquoi les ORDONNANCES voulaient que les ENSEIGNES et ÉTENDARDS assistassent aux Revues, et que les OFFICIERS s'y présentassent en *tenue convenable* ; jusque-là il en avait été tout autrement. — Les Revues se faisaient d'abord, non sur APPEL, mais en comptant les HOMMES, et les faisant DÉFILER pour les recompter RANGS par RANGS, et un par un, par précaution contre les PASSE-VOLANTS. Voilà quelle a été l'origine de ce DÉFILEMENT qui a occasionné tant et de si vains débats. — L'ORDONNANCE DE 1633 (14 FÉVRIER) soumettait les TROUPES aux REVUES EN ROUTE. — Le MINISTÈRE de LETELLIER fut une ère nouvelle en fait de principes et de CONFECTION DE REVUES. — Les ORDONNANCES DE 1643 (3 FÉVRIER et 22 MAI) témoignaient des abus qui se commettaient dans la CONFECTION des Revues ; elles travaillaient à y porter remède. — Les ORDONNANCES DE 1655 (28 AVRIL) et DE 1665 (25 JUILLET) commencèrent surtout à introduire plus d'ordre dans cette partie. Louvois, pour y parvenir, tenait souvent en ROUTE les TROUPES, puis il contremandait brusquement la direction du voyage. Il trompait ainsi les calculs des dilapidateurs, en envoyant sur divers points des COMMISSAIRES AUX MONTRES que les corps ne s'attendaient pas à y trouver ; il contrariait par là de coupables collusions, car, dans les GARNISONS, les CHEFS s'entendaient avec les fournisseurs, avec les COMMISSAIRES, et de RÉGIMENT à RÉGIMENT ils se prêtaient ou se donnaient des PASSE-VOLANTS ; ce qui était d'autant plus facile qu'il n'existait pas de CASERNES. — A dater de là, les Revues s'exercèrent non-seulement en station, mais un peu avant le départ des CORPS prêts à se mettre en MARCHE, et se renouvelèrent au SÉJOUR et à l'ARRIVÉE. Les EXTRAITS en furent relevés avec plus de soin, mais il n'existait pas encore tellement de régularité qu'il ne fallût recourir répressivement aux BANS DE REVUES. — Depuis le dix-septième siècle l'expression Revue succéda définitivement au terme MONTRE. — L'ORDONNANCE DE 1749 (1er JUILLET) avait encore pour objet la répression des PASSE-VOLANTS, et ordonnait de

deux en deux mois les Revues. — Pendant la GUERRE DE 1756 point de Revues, si ce n'est celles des GÉNÉRAUX. GUIBERT (1775, E) attribue à cette violation des lois de désastreuses dilapidations. — Sous le MINISTÈRE de CHOISEUL, la révolution qui fit passer au compte du roi les COMPAGNIES, et qui changeait en COMPTES DE CLERC A MAITRE l'espèce d'ABONNEMENT ou de fermage dont les CAPITAINES avaient joui jusque-là, donna une forme nouvelle, une tout autre importance aux Revues, et motiva les EXPÉDITIONS OU EXTRAITS DE REVUES DÉCOMPTÉES, ou les DÉCOMPTES DE LIQUIDATION par TRIMESTRE. — Le RÈGLEMENT DE 1764 (20 MARS) était promulgué dans cette intention, et ordonnait des REVUES MENSUELLES. — La CIRCULAIRE DE 1765 (13 AVRIL) ordonnait de deux en deux mois des REVUES D'INTENDANTS DE PROVINCE, mais cet essai ne se réalisa pas, et les ORDONNANCES négligèrent même de faire participer au mécanisme des Revues les COMMISSAIRES ORDONNATEURS, qui restèrent sans influence sur ce moyen d'ADMINISTRATION. — Depuis l'institution des MASSES, la LIQUIDATION des Revues décidait de l'acquittement de la MASSE GÉNÉRALE. — Le RÈGLEMENT DE 1792 (15 MARS, art. 18) traitait de la manière de défiler à la fin des Revues de COMMISSAIRES. — L'INSTRUCTION DE L'AN TROIS (16 VENTOSE) disait des Revues : *Ce travail est le plus essentiel en comptabilité, et c'est ordinairement le plus mal fait, le plus négligé.* — Cette INSTRUCTION voulait TRIMESTRIELLES les Revues. Les RÈGLEMENTS DE L'AN SIX (23 GERMINAL) et DE L'AN HUIT (26 VENTOSE) voulaient qu'elles eussent lieu le dernier jour de chaque TRIMESTRE. Le DÉCRET DE L'AN TREIZE (25 GERMINAL) prescrivait de les PASSER au moins une fois par MOIS, et leur donnait la dénomination fort inexacte de REVUE D'EFFECTIF, car toutes les Revues ont pour objet de constater l'EFFECTIF. — Le RÈGLEMENT DE L'AN HUIT (25 FRUCTIDOR) et la CIRCULAIRE DE L'AN DOUZE (10 PRAIRIAL) tendaient à remédier aux irrégularités des REVUES DE PASSAGE et de SÉJOUR. — L'INSTRUCTION DE L'AN TREIZE (12 FRUCTIDOR) chargeait un COMITÉ CENTRAL de recueillir et de vérifier les Revues passées par les SOUS-INSPECTEURS. — La DÉCISION DE 1806 (4 JANVIER) s'occupait des Revues des CORPS EN ROUTE. Les ÉCLOPPÉS, les MALADES devaient s'y trouver. — La DÉCISION DE 1806 (16 AOUT) renouvelait l'injonction de PASSER REVUE de l'EFFECTIF des CORPS DE GARDE dans les GARNISONS. — La CIRCULAIRE DE 1808 (9 SEPTEMBRE) témoignait avec mécontentement combien les Revues des SOUS-INSPECTEURS étaient défectueusement établies. L'ARRÊTÉ

DE 1808 (24 SEPTEMBRE) s'étendait sur les moyens d'y remédier. — L'INSTRUCTION DE 1810 (1er SEPTEMBRE) appelait REVUE GÉNÉRALE DE COMPTABILITÉ le relevé écrit de trois REVUES MENSUELLES. — L'ORDONNANCE DE 1825 (19 MARS) s'étendait à l'égard des REVUES MENSUELLES des SOUS-INTENDANTS. Elle exigeait qu'en GARNISON les POSTES fussent relevés, pour que les HOMMES DE GARDE pussent être présents sur le TERRAIN, ainsi que les OUVRIERS du corps, les simples PERMISSIONNAIRES, les DÉTENUS A LA SALLE DE DISCIPLINE. Elle enjoignait au CHIRURGIEN-MAJOR de dresser, signer et remettre un ÉTAT DES MALADES A LA CHAMBRE ; elle voulait qu'à la suite de la Revue, le MEMBRE de l'INTENDANCE qui avait constaté l'EFFECTIF sur le TERRAIN, visitât, pour parfaire l'examen, l'INFIRMERIE. — Les SOUS-INTENDANTS, ou les FONCTIONNAIRES qui les représentent, PASSENT Revue des CORPS au DÉPART, au GITE, si la TROUPE EN ROUTE y a séjour, et à l'ARRIVÉE. Ces REVUES ACCIDENTELLES ne sont que des REVUES D'EFFECTIF ou de SUBSISTANCE ; mensuellement les mêmes FONCTIONNAIRES en passent en STATION ; ces dernières comprennent l'examen des LIVRETS INDIVIDUELS, la visite des MAGASINS, la PRESTATION DU SERMENT. — La DÉCISION DE 1835 (8 JUILLET) s'occupait du DÉFILEMENT après la Revue. — La note de 1836 (29 janvier) traitait des époques des Revues de l'INTENDANCE. — L'ORDONNANCE DE 1858 (2 JANVIER) traitait des Revues d'administration. — On peut étudier les autres particularités des Revues françaises dans M. BERRIAT, dans AUDOUIN (t. II, p. 255, 292), BOMBELLES (1746, A, t. II, p. 56), BRIQUET (1761, H), CHENNEVIÈRES (1750, C), DANIEL (1721, A), DESPAGNAC (1751, D, t. II, p. 423), D'HÉRICOURT (1756, G), GUIBERT (Jean), GUIGNARD (1725, B), JABRO (1777, G), LACHESNAIE (1758, I, aux mots *Logement, Marche*), MONTEIL, ODIER (1818, p. 303), POTIER (1779, X), VAUCHELLE. — Quant aux modernes usages concernant les Revues, le sujet demande à être divisé en REVUE ÉCRITE et en REVUE SUR LE TERRAIN.

REVUE d'ARMÉE. V. ARMÉE. V. GÉNÉRAL DE DIVISION N° 3.

REVUE d'ARMEMENT. V. ARMEMENT. V. ARMEMENT DE TROUPE. V. ARMEMENT D'UNIFORME. V. FUSIL D'INFANTERIE. V. INSPECTEUR GÉNÉRAL D'INFANTERIE N° 4. V. NUMÉRO DE FUSIL.

REVUE d'ARRIVÉE. V. ADJUDANT DE SEMAINE EN ROUTE. V. ARRIVÉE. V. ARRIVÉE DE CORPS. V. COMMISSAIRE DES GUERRES N° 7. V. FEUILLE DE REVUE. V. FEUILLE DE ROUTE DE

CORPS. V. REVUE D'ADMINISTRATION. V. REVUE SUR LE TERRAIN. V. SOUS-INTENDANT N° 7.

REVUE de BAN ET ARRIÈRE-BAN. V. BAN ET ARRIÈRE-BAN.

REVUE de BUTIN. V. BUTIN. V. CAVALERIE FRANÇAISE N° 5. V. PETIT ÉQUIPEMENT. V. REVUE D'INSPECTEUR GÉNÉRAL.

REVUE de CAPORAL D'ESCOUADE. V. CAPORAL D'ESCOUADE N° 5.

REVUE de CAVALERIE. V. CAVALERIE. V. CAVALERIE FRANÇAISE N° 5, 9. V. HACKETT.

REVUE de CLOTURE. V. CLOTURE. V. REVUE D'INSPECTEUR GÉNÉRAL.

REVUE de COLONEL. V. COLONEL. V. COLONEL D'INFANTERIE FRANÇAISE DE LIGNE N° 25, 28. V. HAVRE-SAC. V. REVUE. V. REVUE D'INSPECTEUR GÉNÉRAL.

REVUE de COMMISSAIRE. V. ANSPESSADE. V. COMMISSAIRE. V. COMMISSAIRE AUDITEUR. V. COMMISSAIRE DES GUERRES ; id. N° 7. V. CONGÉ. V. ÉTAPE. V. INSPECTEUR GÉNÉRAL N° 1. V. REVUE D'ADMINISTRATION. V. REVUE SUR LE TERRAIN. V. TABAC.

REVUE de COMPAGNIE. V. COMPAGNIE. V. PETIT ÉQUIPEMENT.

REVUE de COMPTABILITÉ. V. COMPTABILITÉ. V. DÉCOMPTE DE LIQUIDATION. V. MAGASIN DE CORPS. V. REVUE D'ADMINISTRATION. V. REVUE D'INSPECTEUR GÉNÉRAL. V. SERVICE DES COLONIES.

REVUE de CORPS. V. ABSENT SANS CAUSE CONNUE. V. CORPS. V. HABILLEMENT. V. REVUE D'ADMINISTRATION.

REVUE de CORPS DE GARDE. V. COMMISSAIRE DES GUERRES N° 4. V. CORPS DE GARDE DE GARNISON.

REVUE de CORPS EN ROUTE. V. ARRIVÉE DE CORPS DANS UNE FORTERESSE. V. COMMANDANT DE PLACE N° 10. V. CORPS EN ROUTE.

REVUE de DÉPART. V. COMMISSAIRE DES GUERRES N° 7. V. DÉPART DE CORPS. V. REVUE. V. REVUE D'ADMINISTRATION. V. REVUE SUR LE TERRAIN. V. SOUS-PRÉFET.

REVUE de DÉTACHEMENT. V. DÉTACHEMENT. V. DÉTACHEMENT ADMINISTRATIF. V. DÉTACHEMENT EN ROUTE.

REVUE de DÉTAIL. V. ARMEMENT DE CORPS. V. CASSÉ. V. COMPAGNIE D'INFANTERIE FRANÇAISE DE LIGNE N° 10. V. DÉTAIL. V. EFFET D'UNIFORME. V. INSPECTEUR GÉNÉRAL D'INFANTERIE N° 5. V. REVUE. V. REVUE D'INSPECTEUR GÉNÉRAL.

REVUE de FIN DE CAMPAGNE. V. FIN DE CAMPAGNE. V. REVUE.

REVUE de GENDARME. V. COMPAGNIE D'ORDONNANCE N° 5. V. GENDARME. V. GENDARME DU MOYEN AGE N° 6. V. REVUE ÉCRITE.

REVUE de général. v. drapeau d'infanterie française. v. général. v. revue. v. revue d'administration. v. revue d'inspecteur général. v. revue sur le terrain.

REVUE de linge et chaussure. v. aide-major actuel n° 2. v. chef de bataillon d'infanterie française de ligne n° 11. v. colonel d'infanterie française de ligne n° 28. v. décompte d'excédant de masse. v. havre-sac. v. linge et chaussure. v. masse de linge et chaussure. v. officier de compagnie.

REVUE (revues) de liquidation (B, 1), ou revue décomptée, ou revue définitive, ou revue finale, ou revue générale. Sorte de revues écrites, dont les ordonnances de 1825 (19 mars) et de 1833 (1er août) réglaient les formes et indiquaient la destination. Ce sont des pièces comptables qui forment le complément de toutes les autres revues administratives; elles sont la justification des consommations de décompte; elles se confectionnent au lieu où réside le conseil d'administration du corps; elles offrent la récapitulation des controles annuels; elles constatent les droits énoncés dans les feuilles de journées, donnent le relevé trimestriel des journées d'absence et de présence, et en caractérisent les catégories nombreuses et trop souvent changeantes; elles constituent, sous forme de cahier, un décompte de liquidation, dont les résumés sont étudiés et les chiffres vérifiés par le major d'abord, et par le sous-intendant ensuite, avant d'être soumis aux examens du ministre. Si les résultats numériques présentés au pied des Revues sont reconnus exacts, la Revue est la décharge des parties prenantes et comme un satisfecit officiel; si les récapitulations sont déclarées n'être pas justes, ou si les vérifications témoignent un débet, le trop perçu tombe au compte du corps. Une circulaire de 1837 (17 février) apportait quelques modifications à la forme de ces Revues. — Il est traité des Revues de liquidation par Odier (1818, E, p. 292; 1824, E, p. 241) et par M. Vauchelle.

REVUE de militaire isolé. v. militaire isolé. v. revue.

REVUE de monte-ressort. v. monte-ressort.

REVUE de petit équipement. v. compagnie d'infanterie française de ligne n° 10. v. effet de petit équipement. v. escouade. v. major chef de bataillon n° 4. v. livret individuel. v. petit équipement.

REVUE de rigueur. v. revue. v. rigueur.

REVUE de séjour. v. revue d'administration. v. revue sur le terrain. v. séjour.

REVUE de sous-inspecteur. v. major lieutenant-colonel n° 5. v. revue d'administration. v. sous-inspecteur.

REVUE de sous-intendant. v. appel de grand état-major. v. corps d'intendance n° 6, 9. v. drapeau d'infanterie française. v. écloppé. v. revue. v. revue d'administration. v. revue sur le terrain. v. salut avec armes. v. salut de drapeau. v. sergent-major n° 8. v. sous-intendant n° 7. v. sous-officier n° 5.

REVUE de subsistances. v. chirurgien-major de corps n° 15. v. revue d'administration. v. sous-préfet. v. subsistance.

REVUE de transport. v. transport.

REVUE de travailleur. v. travailleur.

REVUE de trimestre. v. revue d'administration. v. trimestre.

REVUE de troupes. v. gardes françaises n° 6. v. officier de compagnie. v. revue. v. troupe.

REVUE d'écloppés. v. écloppé. v. revue d'administration.

REVUE décomptée. v. décompté. v. revue d'administration. v. revue de liquidation.

REVUE d'effectif (B, 1). Sorte de revue écrite, mais non absolument périodique; elle est prise, par conséquent, dans un sens plus restreint que la revue d'administration; elle est un simple relevé des controles annuels; elle mentionne les hommes à l'hôpital, en congé et en permission. — Il n'est délivré de feuille de route à un corps sur son départ qu'en conformité des énonciations de la revue d'effectif, dont un extrait est libellé sur la feuille de route. — Les revues d'effectif n'étaient passées, dans la milice prussienne, que par l'autorité qui commande, non par celle qui administre.

REVUE d'effets d'uniforme. v. armement de troupe. v. capitaine d'infanterie française n° 18. v. effet d'uniforme. v. escouade. v. habillement. v. revue d'inspecteur général. v. tournevis.

REVUE définitive. v. conseil d'administration de régiment n° 4. v. définitif. v. revue d'inspecteur général. v. revue de liquidation.

REVUE d'ensemble. v. ensemble. v. revue d'inspecteur général.

REVUE d'entrée en campagne. v. campagne. v. entrée en campagne. v. revue.

REVUE d'escouade. v. caporal d'escouade n° 5. v. escouade.

REVUE d'état-major. v. état-major

DE CORPS N° 3. V. FEUILLE D'APPEL D'ÉTAT-MAJOR.

REVUE D'HABILLEMENT. V. HABILLEMENT.

REVUE D'HOMMES DE SERVICE. V. CAPORAL D'ESCOUADE N° 5. V. HOMME DE SERVICE.

REVUE D'HONNEUR (B, 1; C, 3; E). Sorte de REVUE D'INSPECTEUR GÉNÉRAL qui est comme l'adieu que ce FONCTIONNAIRE adresse au CORPS qu'il vient de soumettre aux examens particuliers que nous avons indiqués. L'INTENDANT MILITAIRE s'y trouve, les OFFICIERS et les HOMMES en GRANDE TENUE y sont rangés, non administrativement, mais tactiquement. — A la suite de cette espèce de CÉRÉMONIE, une RATION D'EAU-DE-VIE était délivrée aux HOMMES DE TROUPE. — Autrefois, aussi, il y avait des Revues d'honneur; D'HÉRICOURT (1756, t. v, p. 151) le témoigne, et il en était mention dans les ORDONNANCES OU RÈGLEMENT D'EXERCICE DE 1766 (1er JANVIER), DE 1774 (11 JUIN), DE 1776 (1er JUIN). C'était un témoignage de déférence, un HONNEUR rendu à des PRINCES, à des DIGNITAIRES. Quelquefois même des dames ont passé des Revues d'honneur.

REVUE D'INFANTERIE. V. CHEF DE BATAILLON D'INFANTERIE FRANÇAISE DE LIGNE N° 5. V. INFANTERIE; id. N° 9. V. INFANTERIE FRANÇAISE N° 7. V. REVUE. V. REVUE D'INSPECTEUR GÉNÉRAL D'ARMES. V. REVUE SUR LE TERRAIN. V. SOUS-OFFICIER N° 10.

REVUE D'INSPECTEUR GÉNÉRAL D'ARMES (term. sous-génér.). Sorte de REVUE considérée ici par rapport à l'INFANTERIE FRANÇAISE. Elle a lieu ordinairement au mois de mai, et elle a pour circonscription ou ressort une ou plusieurs DIVISIONS MILITAIRES. Elle est comme la révision annuelle et, s'il y a lieu, la sanction des REVUES TRIMESTRIELLES que le CORPS a passées; elle est la vérification des résumés du travail des MEMBRES de l'INTENDANCE; elle est précédée d'une REVUE DE COLONEL; elle était, autrefois, entamée par une REVUE PRÉPARATOIRE, avant de devenir REVUE DÉFINITIVE. Elle embrasse : ADMINISTRATION GÉNÉRALE et ADMINISTRATION DE CORPS, ARMEMENT, AVANCEMENT, DISCIPLINE, HIÉRARCHIE, INCORPORATION, ORGANISATION, POLICE, RÉCOMPENSES, REMPLACEMENT, TACTIQUE, TENUE. — Les Revues d'inspecteurs sont la justice distributive de la louange ou du blâme; aussi s'appellent-elles, dans la MILICE SUÉDOISE, Revues d'approbation et de cassation. — Les REVUES D'INSPECTION ont été instituées en FRANCE, d'abord sous un point de vue tactique, et, subsidiairement, comme moyen de remédier aux imperfections, aux inexactitudes des Revues des COMMISSAIRES DES GUERRES. — Les premiers essais en ce genre sont dus à LOUVOIS, à DARGENSON, à CHOISEUL. — GUIGNARD (1725, t. i, p. 202) témoigne que, de son temps déjà, quelques principes étaient posés touchant les fonctions des inspecteurs; mais BONNEVILLE (1762) tourne amèrement en ridicule la manière dont ces Revues se passaient à l'époque où il écrivait. — Il était d'usage que les troupes se tinssent en bataille; elles ne se mettaient en HAIE qu'au cas où l'inspecteur l'ordonnait. — Depuis la GUERRE DE LA RÉVOLUTION, les formes des inspections ont pris de la fixité et de l'uniformité. Les principaux documents qui en ont approfondi et successivement développé le système, sont ceux-ci : AN QUATRE (1er VENTOSE), AN CINQ (4 FLORÉAL), AN SEPT (3 THERMIDOR), AN DIX (15 PRIMAIRE), 1813 (12 MAI), 1814 (25 MAI), 1816 (16 SEPTEMBRE), 1817 (30 AVRIL), 1819 (12 JUIN), 1821 (5 JUILLET), 1833 (2 NOVEMBRE). — Un cahier à texte et à tableaux, nommé LIVRET D'INSPECTION, que le MINISTÈRE adresse annuellement aux INSPECTEURS, trace leur marche et règle le travail de leur Revue, pour l'accomplissement de laquelle ils ont été, suivant les temps, aidés par un MARÉCHAL DE CAMP. — Ils sont secondés par les INTENDANTS ou les SOUS-INTENDANTS MILITAIRES, comme ils l'étaient, plus anciennement, par les INSPECTEURS AUX REVUES. Après qu'une REVUE PRÉLIMINAIRE et une REVUE PRÉPARATOIRE ont eu lieu, la Revue d'inspection est annoncée au COLONEL suffisamment à l'avance. Elle commence par une présentation du corps sur le terrain : c'est la REVUE D'ENSEMBLE et de COMPTABILITÉ; elle a lieu en HAIE. — L'inspecteur fait, de sa propre bouche, l'APPEL du GRAND ÉTAT-MAJOR; il fait un premier examen des OFFICIERS, et se fait présenter leurs CHEVAUX. — Les HOMMES DE TROUPE sont examinés ensuite un à un, ainsi que leurs EFFETS D'UNIFORME; en conséquence, ils ont leur HAVRE-SAC ouvert et à leurs pieds. — La Revue continue ensuite dans des SÉANCES intérieures ou en présence du CONSEIL D'ADMINISTRATION. — Là, sont examinés les ENRÔLÉS, les INFIRMES, les REMPLAÇANTS, les RECRUES, le chiffre des INCORPORATIONS, les ENFANTS DE TROUPE, les SOUS-OFFICIERS, les TABLEAUX D'AVANCEMENT, les DÉMISSIONS, les propositions ou déclarations hygiéniques du CHIRURGIEN-MAJOR, etc.; c'est la REVUE DE DÉTAIL. — Vient ensuite la REVUE DE COMPTABILITÉ, à laquelle assiste le CONSEIL D'ADMINISTRATION. Là, sont réunis et successivement étudiés et confrontés toutes les PIÈCES et ACQUITS COMPTABLES, les CONTROLES ANNUELS, les BONS DE SUBSISTANCE, les FEUILLES DE JOURNÉES, le LIVRET D'ARMEMENT, les EXTRAITS MORTUAIRES, les ACTES D'ENGAGEMENT et DE

REMPLACEMENT, les COMPTES de l'HABILLEMENT et de l'ARMEMENT, la totalité des REGISTRES du CORPS, et la COMPTABILITÉ des COMPAGNIES. — Ces explorations sont suivies de la VISITE des ÉTABLISSEMENTS, tels que CASERNES, ÉCOLES, HÔPITAUX, INFIRMERIES, PRISONS, SALLES DE DISCIPLINE, ATELIERS. — Quand l'inspecteur s'est assuré du savoir des OFFICIERS, de leurs NOTES, de leurs PUNITIONS et de l'INSTRUCTION tactique du CORPS, sa Revue donne lieu aux remises des BREVETS, à la délivrance des CONGÉS ABSOLUS, aux PROPOSITIONS D'EMPLOIS dans l'ÉTAT-MAJOR DES PLACES. — Tous les résultats de la Revue sont consignés dans des imprimés dont l'INSPECTEUR est pourvu; elle se clot par un ARRÊTÉ DÉFINITIF, et se termine par le rassemblement du CORPS, rangé, non plus en HAIE, mais en ORDRE DE BATAILLE, et par de GRANDES MANOEUVRES. — Il a été traité des Revues d'inspecteur par ODIER (1824, E, t. IV) et par BERRIAT (t. IV, p. 563). — Nous dirons à part quelques mots de la REVUE D'HONNEUR, qui complète la Revue de l'inspecteur général.

REVUE D'INSPECTION. V. ÉCOLE RÉGIMENTAIRE. V. FEUILLE DE JOURNÉE. V. HIÉRARCHIE. V. LIVRET D'INSPECTION. V. REVUE D'INSPECTEUR. V. SERMENT. V. TRANSCORPORATION.

REVUE D'INSPECTION ADMINISTRATIVE. V. HÔPITAL MILITAIRE. V. INSPECTION ADMINISTRATIVE. V. INTENDANT MILITAIRE N° 4.

REVUE D'INTENDANT. V. CORPS D'INTENDANCE N° 6, 9. V. DRAPEAU D'INFANTERIE FRANÇAISE. V. INTENDANT. V. INTENDANT MILITAIRE N° 2. V. REVUE. V. REVUE D'ADMINISTRATION. V. REVUE SUR LE TERRAIN.

REVUE D'OFFICIER. V. OFFICIER. V. REVUE D'ADMINISTRATION.

REVUE D'OFFICIER D'ADMINISTRATION. V. OFFICIER D'ADMINISTRATION. V. REVUE.

REVUE D'OFFICIER DE SECTION. V. CAPORAL D'ESCOUADE N° 5. V. OFFICIER DE SECTION ADMINISTRATIVE.

REVUE D'OFFICIER D'INTENDANCE. V. APPEL DE GRAND ÉTAT-MAJOR. V. CHEVAL D'OFFICIER. V. CUISINIER. V. OFFICIER D'INTENDANCE. V. REVUE D'ADMINISTRATION.

REVUE ÉCRITE (B, 1), ou FEUILLE DE REVUE, ou ROLE, comme on l'appelait jadis. Sorte de REVUES D'ADMINISTRATION qui ont succédé aux TAILLES, et qui sont l'analyse et le libellé des REVUES SUR LE TERRAIN; elles récapitulent le nombre des PRÉSENTS et des ABSENTS, déterminent et énoncent les POSITIONS des uns et des autres, annotent les causes des ABSENCES, spécifient la nature des DROITS de chacun, totalisent les JOURNÉES, constatent les CRÉDITS, autorisent la délivrance des DENIERS DE PETIT ÉQUIPEMENT et la perception des MASSES RÉGIMENTAIRES. Un double de ces Revues est adressé au MINISTRE. — Une synonymie qu'on ne saurait trop réprouver donnait également le nom de Revues aux ÉTATS DE PAYEMENT portant MANDAT. — L'usage des ROLES, recueillis primitivement par des DIGNITAIRES, et plus tard adressés en cour, est aussi ancien que l'existence des CORPS organisés avec quelque régularité. On en trouve la preuve dans l'ORDONNANCE DE 1413 (25 MAI) et dans M. MONTEIL (article *Homme d'armes*). — Au seizième siècle, les ROLES étaient des espèces de FEUILLES D'ÉMARGEMENT; ils devaient recevoir la signature de chaque GENDARME. Ces ROLES étaient à sceau volant, c'est-à-dire suspendu par un cordonnet ou un enroulement de parchemin, traversant une entaille percée dans le corps de la FEUILLE DE REVUE. — L'ORDONNANCE DE 1549 (20 AOÛT) décidait comment devaient être expédiés les rôles des monstres par les COMMISSAIRES et CONTROLEURS DES GUERRES. — Ces rôles, ou du moins leurs doubles, étaient adressés, suivant les temps, les usages, la hiérarchie, au CONNÉTABLE, aux MARÉCHAUX, aux COLONELS GÉNÉRAUX, au secrétaire d'Etat à ce compétent; aux époques plus modernes, ils étaient transmis au MINISTRE DE LA GUERRE. — L'ordonnance de 1705 (22 janvier) commençait à substituer le nom d'EXTRAITS DE REVUE à l'expression ROLE. — L'ORDONNANCE DE 1750 (25 JUIN) chargeait les COMMISSAIRES DES GUERRES de faire signer les résultats des Revues par le COMMANDANT ou le GOUVERNEUR de la place, ou, à son défaut, par les ÉCHEVINS. — Suivant une routine fort ridicule, l'ORDONNANCE DE 1764 (20 MARS) ne comprenait pas au nombre des JOURNÉES à payer aux TROUPES EN GARNISON le dernier jour des MOIS qui en avaient TRENTE ET UN; c'était un jour sans PRÊT. Ce n'était qu'en cas de MARCHE que les HOMMES DE TROUPE recevaient le montant de cette JOURNÉE, parce que, quand les CORPS voyageaient dans les PROVINCES, c'étaient elles ou l'EXTRAORDINAIRE, mais non le TRÉSOR ROYAL, qui supportaient les DÉPENSES DE SUBSISTANCE. — En TEMPS DE PAIX, les COMMISSAIRES DES GUERRES recueillaient des QUARTIERS-MAITRES les Revues écrites, ou bien ils les dressaient eux-mêmes s'il s'agissait de MILITAIRES SANS TROUPE; ils transmettaient directement les doubles au MINISTÈRE DE LA GUERRE; ils en envoyaient un simple extrait aux COMMISSAIRES ORDONNATEURS. Ceux-ci ne s'occupaient directement des Revues que quand l'ARMÉE FAISAIT CAMPAGNE. — Depuis le siècle dernier, les PRÉFETS, en l'absence d'AUTORITÉS MILITAIRES ou d'AUTORITÉS

ADMINISTRATIVES à ce préposées, visaient les Revues. — Incomplètes, inexactes, mensongères, les Revues furent en souffrance depuis 1792 jusqu'au consulat. Telle Revue se faisait un an trop tard; telle autre était ajournée à la fin d'une CAMPAGNE qui ne finissait pas; telle autre ne s'entreprenait même pas, soit que les éléments en fussent tombés au pouvoir de l'ENNEMI ou détruits par quelque accident de guerre, soit que le CORPS se fût éteint avant la CAMPAGNE terminée. — Le travail des Revues sortit alors des attributions du COMMISSARIAT, pour passer dans le domaine de l'INSPECTION AUX REVUES; l'INSTRUCTION DE 1808 (24 SEPTEMBRE) en réglait les détails. On se berçait de l'espoir que cette institution remédierait aux imperfections de cette branche de l'ADMINISTRATION; mais, suivant M. BALLYET (1817, D), *en fait d'arriéré dans ce genre, l'année 1814 et les précédentes sont aussi bien pourvues en résultats négatifs que les années six et sept.* — Les mêmes causes d'imperfections subsistaient aux époques plus récentes, où se renouvelèrent la rapidité des MOUVEMENTS, la discordance des ORDRES donnés, l'insuffisance, l'impossibilité ou la mollesse de la SURVEILLANCE. Jusqu'en 1814, dit le même ÉCRIVAIN (p. 189), *les Revues reposèrent sur des données incertaines, et ont fini par ne plus se faire du tout.* — Depuis la restauration, le CORPS D'INTENDANCE a eu pour principale attribution les Revues; mais on a éprouvé déjà combien, malgré le zèle et la capacité de ce CORPS, les Revues seraient inévitablement abandonnées ou négligées pendant la durée d'une CAMPAGNE; les TROUPES y mourraient de faim, si les GÉNÉRAUX ne prenaient, de gré ou de force, des moyens pour les faire subsister. — La régularité des Revues est chose si difficile, que la CIRCULAIRE DE 1851 (7 JUIN) faisait le déplorable aveu que, en pleine paix, la CONSOMMATION de quelques Revues était en arrière d'un an. — A la vue de pareilles difficultés, ODIER (1824, E) s'est persuadé que, dans les ARMÉES AGISSANTES, les FEUILLES DE QUINZAINE pourraient et devraient, comme on l'a déjà vu, tenir lieu de Revues. Nous doutons, en effet, que l'ORDONNANCE DE 1852 (3 MAI) obvie aux impossibilités dont nous avons donné idée à l'égard des REVUES EN CAMPAGNE. — La CIRCULAIRE DE 1822 (8 AVRIL), qui voulait que les PIÈCES COMPTABLES fussent annulées au bout de deux ans et vendues comme VIEUX PAPIERS, ne comprenait pas dans cette disposition les Revues, et en maintenait le dépôt dans les ARCHIVES du CORPS. — Les modernes REVUES D'ADMINIS-

TRATION, que quelques-uns appellent REVUES GÉNÉRALES, ont eu pour bases et éléments, et comme PIÈCES A L'APPUI, les BONS DE SUBSISTANCE, les CONTROLES ANNUELS, les DÉCLARATIONS DE QUITTANCE, les EXTRAITS MORTUAIRES, les FEUILLES DE JOURNÉES, — DE SUBSISTANCE, — D'APPEL; elles ont pour objet d'établir le DROIT que, militairement, les PARTIES PRENANTES ont au PRÊT, aux GRATIFICATIONS DE CAMPAGNE, aux PRESTATIONS, etc. — Les SOUS-INTENDANTS rédigent cette REVUE GÉNÉRALE; elle devient le témoignage authentique des POSITIONS, des MOUVEMENTS et de l'EFFECTIF; elle récapitule, trimestriellement, le montant des PAYEMENTS et des FOURNITURES qui ont eu lieu; elle donne naissance, si le cas échoit, aux FEUILLES DE RETENUE et de RECTIFICATION; elle devient la justification des ALLOCATIONS; elle balance le CRÉDIT et le DÉBIT par le DÉCOMPTE DE LIQUIDATION; elle déclare les TROP ou les MOINS PERÇUS, en présentant au MINISTÈRE tous ses moyens de vérification. — Consultez sur ces Revues M. BALLYET (1817, D), BERRIAT (1812, A), DENERVO, MORIN (1793), ODIER (1818, E; 1824, E), QUILLET. — Il y a particulièrement à traiter d'un genre de Revues écrites; ce sont les REVUES DE LIQUIDATION.

REVUE EN ARMES. V. EN ARMES. V. REVUE.

REVUE EN CAMPAGNE. V. EN CAMPAGNE. V. REVUE ÉCRITE. V. SERGENT DE BATAILLE.

REVUE EN ROBE. V. EN ROBE. V. HABIT. V. REVUE.

REVUE EN ROUTE. V. DRAPEAU EN ROUTE. V. ÉCLOPPÉ. V. EN ROUTE. V. MAIRE DE COMMUNE. V. MARCHE-ROUTE. V. PERMISSIONNAIRE. V. REVUE D'ADMINISTRATION.

REVUE EN STATION. V. EN STATION. V. REVUE SUR LE TERRAIN.

REVUE FINALE. V. FINAL. V. REVUE DE LIQUIDATION.

REVUE GÉNÉRALE. V. CAPITAINE D'INFANTERIE FRANÇAISE DE LIGNE N° 18. V. ENFANT D'HOMME DE TROUPE N° 3. V. GÉNÉRAL, adj. V. REGISTRE DE L'EFFECTIF. V. REVUE DE LIQUIDATION. V. REVUE ÉCRITE. V. SERGENT-MAJOR N° 10. V. SOUS-INTENDANT N° 8. V. TRAVAILLEUR.

REVUE INDIVIDUELLE. V. INDIVIDUEL. V. REVUE D'ADMINISTRATION.

REVUE MENSUELLE. V. MENSUEL. V. REVUE. V. REVUE D'ADMINISTRATION. V. REVUE SUR LE TERRAIN.

REVUE MILITAIRE. V. MILITAIRE, adj. V. REVUE. V. REVUE SUR LE TERRAIN. V. SERGENT DE BATAILLE.

REVUE PÉRIODIQUE. V. PÉRIODIQUE. V. RE

VUE D'ADMINISTRATION. V. REVUE SUR LE TERRAIN.

REVUE PRÉLIMINAIRE. V. COLONEL D'INFANTERIE FRANÇAISE DE LIGNE N° 28. V. PRÉLIMINAIRE, adj. V. REVUE D'INSPECTEUR GÉNÉRAL.

REVUE PRÉPARATOIRE. V. INSPECTEUR GÉNÉRAL D'INFANTERIE N° 1. V. PRÉPARATOIRE. V. REVUE D'INSPECTEUR GÉNÉRAL.

REVUE ROYALE. V. REVUE. V. REVUE D'ADMINISTRATION. V. REVUE D'INSPECTEUR GÉNÉRAL D'ARMES. V. ROYAL.

REVUE (revues) SUR LE TERRAIN (B, 1). Sorte de REVUES D'ADMINISTRATION. Mais il y a aussi des Revues sur le terrain qui sont purement MILITAIRES, et non ADMINISTRATIVES. Elles ne demandent pas d'explication. —Les Revues sur le terrain vont être considérées ici par rapport aux usages français, postérieurement aux époques où l'on se servait de TAILLES à souche. Elles se passent, non en ORDRE ordinaire de BATAILLE, mais EN COLONNE et EN HAIE. L'ÉTAT-MAJOR s'y tient par RANG DE GRADES, à la droite du PREMIER BATAILLON; les OFFICIERS DE COMPAGNIE, à la droite de leur COMPAGNIE; les HOMMES DE TROUPE disposés, non par RANG DE TAILLE, mais par RANG D'ANCIENNETÉ. — La Revue commence par l'APPEL du GRAND ÉTAT-MAJOR. Cet APPEL, ainsi que celui des OFFICIERS, est prononcé de la bouche même du FONCTIONNAIRE PASSANT REVUE. L'APPEL du PETIT ÉTAT-MAJOR est fait par un ADJUDANT. L'APPEL des HOMMES DE TROUPE regarde le SERGENT-MAJOR. — Depuis LOUIS QUATORZE, les REVUES ACCIDENTELLE, DE DÉPART, DE SÉJOUR, D'ARRIVÉE, se sont effectuées; mais la périodicité des REVUES EN STATION a varié. Elles ont autrefois eu lieu tous les trente-six jours ou tous les quarante-cinq jours. Sous LOUIS QUINZE, elles ont été, tantôt MENSUELLES, tantôt de deux en deux MOIS, comme le voulait l'ORDONNANCE DE 1776 (25 MARS), tantôt TRIMESTRIELLES. Les ORDONNANCES D'EXERCICE DE 1766 (1er JANVIER), DE 1774 (11 JUIN), DE 1776 (1er JUIN) réglaient la manière dont l'INFANTERIE devait se RANGER sur le TERRAIN. Il fut un temps, ainsi que nous l'avons dit, où les MAJORS DE PLACE étaient chargés d'assister aux Revues, pour s'assurer si les COMMISSAIRES les passaient régulièrement. — Au temps où écrivait LACHESNAIE (1758, I), les INSPECTEURS GÉNÉRAUX, s'ils PASSAIENT REVUE, trouvaient le CORPS RANGÉ EN BATAILLE et les saluant d'un MOUVEMENT DE TÊTE A DROITE OU A GAUCHE; si c'était une REVUE DE COMMISSAIRE, ce FONCTIONNAIRE trouvait le CORPS RANGÉ, non EN BATAILLE, mais EN ORDRE DE REVUE. Depuis ce règne, les ADMINISTRATEURS ont prétendu

trouver le CORPS les attendant, SOUS LES ARMES, EN ORDRE DE BATAILLE. Cette exigence, ou cet empiétement, ont été une source de débats amers et ridicules. La présence du DRAPEAU et le DÉFILEMENT D'HONNEUR ont aussi donné lieu à des réclamations futiles et fâcheuses. Ces dissensions se retrouvaient dans l'opposition de quelques lois entre elles. Ainsi l'ORDONNANCE DE 1749 (1er JUILLET) voulait que, après la Revue, les TROUPES DÉFILASSENT devant les COMMISSAIRES DES GUERRES et que les TAMBOURS BATTISSENT AUX CHAMPS, ou, en d'autres termes, qu'on DÉFILAT au PAS ORDINAIRE. L'ORDONNANCE DE 1763 (art. 7) portait, au contraire, que *les tambours ne battront qu'autant que le commandant de place ou le colonel l'ordonneront.* L'ORDONNANCE DE 1776 (25 MARS), dictée dans le même esprit, disait: *Si les commissaires jugent à propos de faire défiler les régiments pour une vérification plus exacte des compagnies, elles défileront.* — C'était une tournure indirecte que prenaient les rédacteurs de l'ORDONNANCE pour témoigner que, depuis que les COMMISSAIRES avaient cessé d'exercer des fonctions analogues à celles d'INSPECTEURS généraux, les CORPS DÉFILAIENT, non comme tenus de rendre des HONNEURS exigibles par les seuls GÉNÉRAUX, mais comme se prêtant par là à un itératif examen, et mettant à même les COMMISSAIRES de constater plus sûrement l'EFFECTIF, et de dérouter mieux la manœuvre frauduleuse des PASSE-VOLANTS; car, suivant les expressions de POTIER (1779, X), *depuis 1373, les Revues ont toujours tendu à prévenir, empêcher, punir les abus, malversations, fraudes qui se sont toujours commis par les chefs des troupes, les commissaires et contrôleurs des guerres, ou commissionnés, ou érigés en titre d'office.* — POTIER (1779, X), qui porte ce sévère jugement, est d'autant plus croyable qu'il était lui-même COMMISSAIRE ORDONNATEUR.—En 1788, le CONSEIL DE LA GUERRE tranchait la question de vanité qui faisait litige, et prescrivait que, pour la PASSATION des Revues, les COMMISSAIRES trouveraient sur le terrain les COMPAGNIES rompues, FORMANT LES HAIES, et ayant leurs OFFICIERS à leur droite. Les ORDONNANCES de cette époque n'autorisaient ni la mise en bataille ni le DÉFILEMENT. — Les détails qui appartiennent à ce sujet ont été remaniés, étendus, expliqués par les documents de 1791 (14 OCTOBRE), AN TROIS (28 FLORÉAL), AN HUIT (8 PLUVIOSE), AN TREIZE (25 GERMINAL), 1818 (2 FÉVRIER), 1823 (19 MARS). — L'INTENDANCE, en héritant des fonctions du COMMISSARIAT et de l'INSPECTION, a laissé loin d'elle, quant au rang et à l'importance, les corps auxquels elle succédait. Le procès de la mise en bataille, du DRAPEAU flottant et du DÉFILEMENT et des saluts, s'est ranimé. Mais la loi a prononcé en faveur de l'INTENDANCE qui, en cette affaire, a été tant soit peu législatrice. — La DÉCISION DE 1835 (28 JUILLET) voulait que le DRAPEAU fût porté à toute REVUE D'ADMINISTRATION ; que, après la Revue d'un INTENDANT, la FORMATION EN COLONNE eût lieu ; que, de sa personne, le COLONEL DÉFILAT ; que, après la Revue du SOUS-INTENDANT, le COLONEL fît défiler le CORPS sous la conduite du COMMANDANT EN SECOND. Mais il restait douteux si le SALUT du DRAPEAU et le SALUT de l'ÉPÉE du chef défilant étaient dus comme ils le sont pour le ROI, les PRINCES et les GÉNÉRAUX. — Laissons de côté ces déplorables querelles pour expliquer le but administratif, l'utilité, les résultats des Revues sur le terrain. Elles se résolvent en REVUES ÉCRITES. Elles sont régulatrices en fait d'ALLOCATIONS. Elles sont démonstratives de l'équilibre des DROITS et des PRESTATIONS. Elles décident de la nature et de la quotité des FOURNITURES dues à raison de l'existence actuelle et démontrée des PARTIES PRENANTES et présentes. Là vérité des allégations s'y prouve par les CONTROLES, les DÉNONCIATIONS de DÉSERTION, les listes certifiées de MALADES et d'HOMMES DE GARDE. — Les ÉCRIVAINS à consulter touchant les Revues sur le terrain sont : M. BALLYET (1817, D, p. 524, 526), M. BERRIAT (1812, A), ODIER (1824, E, t. IV), POTIER (1779, X), M. VAUCHELLE.

REVUE TRIMESTRIELLE. V. APPEL D'OFFICIER DE COMPAGNIE. V. COMPTABILITÉ DE CORPS. V. DÉCOMPTE DE FONDS DE MASSE. V. ÉTAT QUATRIDIAIRE. V. FEUILLE D'APPEL DE COMPAGNIE. V. FEUILLE DE JOURNÉE DE COMPAGNIE. V. REVUE D'ADMINISTRATION. V. REVUE D'INSPECTEUR GÉNÉRAL D'ARMES. V. REVUE SUR LE TERRAIN. V. SERMENT. V. SOUS-INTENDANT N° 8. V. TRIMESTRIEL.

REWUZICI ; REY ; REYBAUD ; REYHER ; REYNIER. V. NOMS PROPRES.

REYTRE, subs. masc. V. REITRE.

REZ-DE-CHAUSSÉE, subs. masc. V. TRAVAUX DE FORTIFICATION.

RÈZE, subs. masc. et fém. V. RAISE.

RHANE. V. NOMS PROPRES.

RHÉDA, subs. fém. V. CHAR DE GUERRE.

RHIN ; RHINDACENUS ; RHODES. V. NOMS PROPRES.

RHOMBE, subs. masc. V. ILE ÉQUESTRE. V. MILICE ROMAINE N° 6. V. ORDRE EN LOSANGE. V. TACTIQUE, subs.

RHOMBOIDE, subs. masc. V. ILE ÉQUESTRE.

RHOTE. V. NOMS PROPRES.

RHUMEL ; RHUMELIUS. V. NOMS PROPRES.

RIBADEQUIN, subs. masc. V. RIBAUDEQUIN.

RIBADOQUIN, subs. masc. V. RIBAUDEQUIN.

RIBALDEQUIN, subs. masc. V. RIBAUDEQUIN.

RIBAU, subs. masc. V. RIBAUD.

RIBAUD, subs. masc. V. PRÉVOT DES R… V. ROI DES R…

RIBAUD (F), ou BAUD suivant POTIER (1780, X, au mot *Prévôt*), et suivant FURETIÈRE, qui le retrouve dans l'ANGLAIS *bawd*, ou RIBAU, ou RIBAULD, et au pluriel ribaulx. FAUCHET et l'ENCYCLOPÉDIE (1751, C, au mot *Prévôt de France*) prétendent que BAUD ou RIBAUD signifiaient homme vigoureux et déterminé ; c'était apparemment un mot d'origine CELTIQUE que la LANGUE du MOYEN AGE latinisa en *ribaldus*, et que le français adopta par traduction ou abréviation. Le terme se retrouve en ITALIEN et en ANGLAIS, et il a d'abord signifié dans ces langues SOLDAT, et ensuite mauvais sujet ou débauché. — Dans ses enthousiastes exagérations, le sophiste MARCHANGY (*Tristan le Voyageur, ou la France au quinzième siècle*) a prétendu que les Ribauds étaient composés des plus honorables barons ; c'est une erreur comme tout ce qu'il a dit de la chevalerie dans sa *Gaule poétique*. — On lit dans des AUTEURS de la basse latinité cette définition : *Servientes exercitus, qui publicâ linguâ dicuntur ribaldi :* serviteurs ou SERGENTS de l'ARMÉE, vulgairement nommés Ribauds. Des traducteurs en ont conclu que VALET D'ARMÉE ou Ribaud étaient même chose ; mais il y a à considérer que *servientes*, d'où est venu le mot SERGENT, donnait idée des SOLDATS dénommés ainsi par opposition aux *equites*, c'est-à-dire aux CAVALIERS ou aux CHEVALIERS. — Des TROUPES LÉGÈRES, nommées *ribaldi*, figuraient dans les ARMÉES de PHILIPPE AUGUSTE, et dataient probablement de plus loin ; Guillaume LEBRETON les désigne sous la qualification de *agmen inerme*, c'est-à-dire TROUPE ARMÉE A LA LÉGÈRE, et employée aux ESCARMOUCHES, comme plus tard l'ont été les GRENADIERS primitifs, ainsi que le remarque DESPAGNAC (1751, D). LEBRETON parle ailleurs des MANIPULES de Ribauds, et les compare aux PIQUICHINS. Ces Ribauds qu'il mentionne étaient par conséquent un genre d'INFANTERIE portant, suivant CARRÉ (1783, E), ARC, COUTEAU, CÓRNABOUX en sautoir et MASSUE. Mais il y a eu des ribauds a cheval; tels étaient ceux que Philippe Auguste s'était attachés comme gardes du corps, ainsi qu'on le voit dans Rigord. Ils combattirent, à Bouvines, sous une armure moins complète que celle des chevaliers, comme le rapporte l'*Encyclopédie des Gens du monde* (au mot *Bouvines*). — Des annalistes ont prétendu que, à cette bataille, la gendarmerie flamande se trouvant face à face avec les Ribauds français, les méprisa trop pour les tuer, mais qu'elle se contenta d'abattre leurs chevaux; c'est là une des fables du vieux temps. — Les Ribauds de la garde de Philippe Auguste ont été la souche de la maison du roi, ou du moins des troupes de prévôté ou de gendarmerie judicielle. Ils portaient la massue et le couteau d'armes, avaient pour habillement le ribauderin à chaperon, et étaient sous les ordres du roi des ribauds. Les désordres auxquels ils se livrèrent avaient fait de leur nom un terme d'injure dès le règne de Louis neuf. Matthieu Paris le témoigne à l'occasion de la réunion des Ribauds aux pastoureaux en 1251. — En 1266, dit Carré, Mainfroy, vaincu près Bénévent et renversé de cheval, périt sous la massue des Ribauds. — Il y avait d'autres Ribauds, mais servant comme fantassins, dans la milice française sous Philippe le Bel et au temps du roi Jean. C'étaient des bandes d'aventuriers qui combattaient comme enfants perdus, et qu'une expression méprisante qualifiait de ribaudaille. C'est le terme dont se servaient, à Crécy, les chevaliers, qui eux-mêmes s'y conduisirent si malhabilement. — Les Ribauds de la garde furent remplacés, suivant Potier (1780, X), par les gardes de la prévôté de l'hotel, au temps de Louis onze. Mais cet écrivain, se contredisant dans un autre passage, prétend que le nom de Ribaud était celui qu'on donnait aux mauvais sujets que le roi des ribauds était chargé d'éloigner ou de chasser du palais du roi. — Des écrivains ont confondu les malandrins avec les Ribauds; cela vient de ce que Ribaud ne désignait pas spécialement un genre de troupe, comme on se l'est persuadé jusqu'ici, mais répondait génériquement et généralement à soldat ou guerrier. — On voit dans Monstrelet que ribauder c'était tirer de l'arc à l'abri d'un pavois; ce qui explique pourquoi le nom de ribaudequin fut donné à un genre de machine que manœuvraient les Ribauds, c'est-à-dire des soldats armés d'arc. — Clopinel dit que, de son temps, on appelait Ribauds les crocheteurs, les portefaix; mais c'était peut-être dans le sens d'hommes robustes. — Au reste, ce qui concerne les Ribauds n'est pas assez clairement exprimé dans l'histoire pour qu'on puisse s'en former une idée bien nette. En vain consulterait-on pour y remédier : Borel (Pierre), Carré (1783, E, p. 188), Clopinel, Commines, Daniel (1721, A), Despagnac (1751, D), Ducange, Dutillet, Encyclopédie (1751, C), Fauchet, Gouye (1748), Lachesnaie (1758, I), Lebreton, Matthieu Paris, Ménage, Monstrelet, Pasquier, Potier (1779, X), Rigord, Velly (t. iii et v), Voltaire (t. xviii, p. 284), le *Dictionnaire de la Conversation*.

RIBAUD à cheval. v. a cheval. v. ribaud.

RIBAUDAILLE, subs. fém. v. ribaud.

RIBAUDE, subs. fém. v. ribaudequin.

RIBAUDEAU, subs. masc. v. ribaudequin.

RIBAUDEQUER, subs. masc. v. ribaudequin.

RIBAUDEQUIEN, subs. masc. v. ribaudequin.

RIBAUDEQUIER, subs. masc. v. ribaudequin.

RIBAUDEQUIN, subs. masc. (F), ou ribadequin, ou ribadoquin suivant Ganeau et Potier (1779, X), ou ribaldequin, ou ribaude, ou ribaudequer, suivant l'Encyclopédie (1785, C), ou ribaudequien, ou ribaudequier, ou ribauderin suivant Duane et Monstrelet, ou ribauldr, ou ribauldequin, ou ribodequin suivant Furetière. — Le Ribaudequin tirait son nom du nom des ribauds. C'était primitivement une arbalète de passe, un scorpion, un grand arc de quatre à cinq mètres de long, qu'on bandait à l'aide d'un tour ou tourniquet, et dont on se servait pour la défense des murailles. Cette machine, qui lançait des traits, avait pour fut une poutre creusée d'une rainure dans laquelle glissait son projectile, qui consistait en un carreau ou un javelot de deux mètres de long, ainsi que le témoignent Carré (1783, E) et M. le général Cotty (1822) . — Dans l'armée que commandait en 1411 Jean sans Peur, pendant les guerres civiles, il y avait, dit M. de Barante, *un nombre considérable de Ribaudequins que traînait un cheval, et qui lançaient des javelots d'une force terrible.* — Le même nom de Ribaudequin fut ensuite donné à une bouche a feu a tir direct, qui lançait d'abord des boulets en pierre. Il en est question dans M. le général Cotty, dans Gassendi, dans Lachesnaie (1758, I, au mot *Ribadequin*). Suivant Saint-Remy, telles de ces pièces étaient de divers échantillons ; les unes avaient six pieds de long, et portaient une DEMI-LIVRE DE BALLES ; les autres étaient de huit pieds de long et d'une LIVRE ou d'une LIVRE ET DEMIE DE BALLE. Suivant M. MEYER (MORITZ), elles étaient d'une LIVRE ET QUART. Suivant HANZELET, elles étaient d'une LIVRE TROIS QUARTS. FURETIÈRE dit d'après FROISSART qu'elles étaient portées sur des brouettes qu'on appelait RIBAUDEAU, ce qui leur aurait fait donner le nom de Ribaudequins. Nous ne partageons pas cette opinion et ne croyons pas plausible, non plus, la distinction que M. le général COTTY établit, en mentionnant le RIBODEQUIN comme ARME A FEU, et le Ribaudequin comme ARME NÉVRO-BALISTIQUE. — MONSTRELET témoigne qu'un genre d'HABILLEMENT de guerre s'est appelé aussi RIBODEQUIN, ou RIBAUDERIN. — A l'égard de ces différentes questions on pourrait recourir à BOREL (Pierre), CARRÉ (1783, E), M. le général COTTY (au mot *Arbalète*), DUANE (1810), ENCYCLOPÉDIE (1751, C ; 1785, C), FAUCHET, FROISSART, FURETIÈRE, GANEAU, GASSENDI, HANZELET, LACHESNAIE (1758, I), M. MEYER (MORITZ), MONSTRELET, POTIER (1779, X), SAINT-REMY.

RIBAUDE, subs. fém. v. RIBAUDEQUIN.

RIBAUDER, verb. neut. v. PAVOIS. v. RIBAUD.

RIBAUDERIN, subs. masc. v. RIBAUD. v. RIBAUDEQUIN.

RIBAUDURE, subs. fém. v. MARCHÉ D'HABILLEMENT.

RIBAULD, subs. masc. v. RIBAUD.

RIBAUDE, subs. fém. v. RIBAUDE-QUIN.

RIBAUDEQUIN, subs. masc. v. RI-BAUDEQUIN.

RIBAUPERRE. v. NOMS PROPRES.

RIBODEQUIN, subs. masc. v. RIBAU-DEQUIN.

RICHARD ; **RICHARDSON** ; **RICHELIEU** ; **RICHEMONT** ; **RICHER** ; **RICHETET**. v. NOMS PROPRES.

RICOCHABLE, adj. v. RICOCHET.

RICOCHER, verb. neut. v. OBUSIER. v. RICOCHET.

RICOCHET, subs. masc. v. A RICOCHET. v. BATTERIE A R... v. BATTRE A R... v. BOND DE R.. v. COUP A R... v. FEU A R... v. TIR A R...

RICOCHET (G, 2 ; II). Mot dont l'étymologie est inconnue, et qui est peu ancien dans la LANGUE militaire ; elle l'a emprunté de ce jeu qui consiste à lancer sur la surface de l'eau des pierres plates, parce qu'on a comparé aux ressauts des galets les BONDS d'un PROJECTILE sphérique, après qu'il a touché terre ; c'est ce que l'ITALIEN appelle *rimbalzo*. Cette dissemblance de l'expression dans les deux LANGUES prouve son peu d'ancienneté, et explique l'obscurité de son origine. — Le Ricochet d'ARTILLERIE est le rejaillissement à plusieurs reprises d'un BOULET, d'une BOMBE, d'un OBUS tirés à faible CHARGE et à petite PORTÉE, sous un angle tel qu'après une courte parabole le PROJECTILE éprouve un choc qui le fasse rebondir. — Tout BOULET TIRÉ au-dessous de quinze degrés, ricoche jusqu'à déperdition de force projectile, et jusqu'au point nommé ÉGOUT. Mais s'il part d'un COMMANDEMENT au-dessus de quinze ou vingt pieds, sur une superficie de trois cents toises, dit SERVAN (1780, B), le BOULET s'enterre. — VAUBAN a inventé en 1688, au siége de Philisbourg et [de Manheim, et a perfectionné en 1697 au SIÉGE d'Ath, le TIR A RICOCHET pour l'ATTAQUE du CHEMIN COUVERT ; c'était découvrir le problème que voici : La puissance d'action d'un PROJECTILE peut être en raison inverse de la force de sa CHARGE. On a ensuite étendu l'usage de ce TIR à la GUERRE DE PLAINE, au jet des FUSÉES DE GUERRE, à l'emploi de l'OBUSIER. — En 1723, CORMONTAINGNE essayait à Strasbourg les perfectionnements du TIR A RICOCHET de la BOMBE et des OBUSIERS. — Suivant l'opinion de la plupart des théoriciens, le TIR A RICOCHET et le TIR A BRICOLE, autre espèce de Ricochet, ont donné à l'ART de l'ATTAQUE des PLACES une grande prépondérance sur l'ART de la DÉFENSE, parce que, dans les SIÉGES, ils portent les PROJECTILES en dedans des PARAPETS des FACES prolongées et dans les intervalles des TRAVERSES, en désolent les DÉFENSEURS, les chassent et achèvent d'ÉTEINDRE LES FEUX de l'ENNEMI. — Le BLINDAGE seul met à l'abri du Ricochet, ou bien quelquefois il est barré par un CAVALIER. — Toutefois les professeurs allemands et TEMPELHOF se sont prononcés contre ce moyen d'ATTAQUE. — Dans les SIÉGES OFFENSIFS du dix-huitième siècle, on s'est servi du Ricochet, mais, à quelques SIÉGES, peu, à quelques-uns, tard ; d'autres fois on n'y a pas eu recours. — Ce qu'on appelle PRENDRE DES RICOCHETS, c'est diriger l'ARTILLERIE sur le prolongement des DÉFENSES d'une FORTIFICATION, c'est ENFILER les principales rues d'une VILLE ASSIÉGÉE, c'est enfin atteindre des points que des BATTERIES DE PLEIN FOUET ne sauraient toucher. — Ce qu'on appelle, comme le fait CORMONTAINGNE, lieu ou point ricochable, c'est le point que peut BALAYER un Ricochet. — Un OUVRAGE est ou n'est pas ricoché, quand le BOULET de l'ENNEMI peut, ou non, le LABOURER. — LES BATTERIES DE COTE jettent leurs Ricochets du haut d'un COMMANDEMENT, et les dirigent en effleurant l'eau. — Suivant le degré de vigueur du COUP, les Ricochets sont ou TENDUS ou MOUS. — On appelle RICOCHETS RÉCIPROQUES ceux qui se rencontrent en sens opposé sur le même prolongement. Cet effet, fort rare, ne peut s'obtenir qu'au moyen de l'INVESTISSEMENT complet d'UNE PLACE dont les rues sont droites. — On peut consulter sur l'emploi et les effets du Ricochet : M. AUGOYAT, BELAIR (1792), BIDONE, M. le colonel CARRION (1824, A), COSTE, CORMONTAINGNE, M. le général COTTY (1822, A ; id. au mot *Batterie de côte*), DECKER (1857), DESPREZ (1755, B, p. 226), DUANE (1810, E), ENCYCLOPÉDIE (1785, C, au mot *Place d'armes*), GASSENDI, LACUESNAIE (1758, I ; id. aux mots *Place d'armes*, *Portée des pièces*), LEBLOND (1762), LECOUTURIER (1825, A), MAIZEROY (1775, B), MERKES, MORETTI, MOUZÉ, M. OTTO, SERVAN (1780, B), SILVA (1768, K), SIONVILLE (1756, E, t. III), le *Journal des Sciences militaires* (1826, t. III, p. 103 et 15e livraison).

RICOCHET D'ARTILLERIE. V. ARTILLERIE. V. RICOCHET. V. SORTIE EXTÉRIEURE.

RICOCHET MOU. V. MOU, adj. V. RICOCHET.

RICOCHET RÉCIPROQUE. V. RICOCHET.

RICOCHET TENDU. V. RICOCHET. V. TENDU.

RIDEAU, subs. masc. V. A RIDEAU.

RIDEAU de LIT. V. COUCHETTE. V. LIT. V. LIT D'OFFICIER. V. OFFICIER D'INFANTERIE N° 3.

RIDEAU de TENTE. V. TENTE. V. TENTE D'HOMMES DE TROUPE.

RIDEAU de TERRAIN. V. ATTAQUE DE CONVOI. V. BATAILLE STRATEUMATIQUE. V. BATTERIE MASQUÉE. V. CAMP. V. CAVIN. V. CONVOI PAR TERRE. V. COUVRIR. V. DÉROBER UN MOUVEMENT. V. EMBUSCADE. V. INFANTERIE N° 8. V. ORDRE CONCAVE. V. TERRAIN.

RIDEAU de TIRAILLEURS. V. STRATÉGIE. V. TIRAILLEUR.

RIDEAU de TORTUE. V. TORTUE MÉCANIQUE.

RIDEAU de TROUPES. V. AVANT-GARDE D'ARMÉE AGISSANTE. V. CHARGE DE CAVALERIE. V. COURTINE. V. MARCHE D'ARMÉE. V. TROUPE.

RIDEMAN; RIDOLFI; RIEDMANN; RIEFFEL; RIEGER. V. NOMS PROPRES.

RIEREBAN. V. ARRIÈRE-BAN.

RIEREFIÉ, subs. masc. V. ARRIÈRE-FIEF.

RIEREFIEF, subs. masc. V. ARRIÈRE-FIEF.

RIEREGUET, subs. masc. V. GUET.

RIESS. V. NOMS PROPRES.

RIEULLE, subs. fém. V. ÉCU.

RIFFAUT. V. NOMS PROPRES.

RIFLEMAN (rifleman), subs. masc. V. ARMÉE FRANÇAISE N° 5. V. RAIE DE CARABINE. V. TIRAILLEUR.

RIGAULT; RIEGEL. V. NOMS PROPRES.

RIGODON, subs. masc. V. BATTERIE DE CAISSE. V. BATTRE LE RIGODON. V. FUSTIGATION. V. MARIONNETTES.

RIGOLE de TENTE. V. TENTE.

RIGORD. V. NOMS PROPRES.

RIGOUREUX (rigoureuse), adj. V. PRISON R...

RIGUEUR, subs. fém. V. ARRÊTS DE R... V. REVUE DE R...

RIMPLER. V. NOMS PROPRES.

RIOS. V. NOMS PROPRES.

RIOT, subs. masc. V. COMBAT. V. DUEL.

RIOTE, subs. fém. V. COMBAT. V. DUEL.

RIOTER, verb. act. et récip. V. CHAMAILLER.

RIOTER, verb. act. et récip. V. CHAMAILLER.

RIOTTE, subs. masc. V. COMBAT. V. DUEL.

RIPA. V. NOMS PROPRES.

RIPOSTE, subs. fém. V. APPEL D'ESCRIME. V. CONTRE-POINTE D'ESCRIME. V. CONTRE-RIPOSTE. V. ESCRIME.

RIPOSTER, verb. neut. V. LANGUE FRANÇAISE.

RISBAN, subs. masc. (G, 4). Mot tout ALLEMAND OU FLAMAND, *rissbank*, signifiant banquette ou assises de pierres qui ferment une ouverture. L'ACADÉMIE (1835) a laissé passer dans son dictionnaire une faute typographique, dans le passage où elle dit qu'un Risban est une élévation de terre qui défend un FORT ; tandis qu'un Risban est un FORT qui défend un port. Wailly et Richelet fournissent la preuve de cette erreur d'orthographe. — Les fondations d'un Risban sont protégées, au besoin, par des RISBERMES. — Le fameux Risban de DUNKERQUE était, comme le témoigne LACHESNAIE (1758, I), un FORT MARITIME en maçonnerie, que quarante-six PIÈCES DE CANON défendaient, et qui communiquait, par un pont et par une jetée, avec la ville.

RISBERME, subs. fém. (G, 4). Mot

moitié ALLEMAND ou FLAMAND et moitié français. Il appartient à la FORTIFICATION MARITIME. Il signifie BERME, ou bordure d'ouvertures ou de crevasses ; c'est un GLACIS en manière d'escalier à girons larges et inclinés. Les jetées en FASCINAGE que la mer tourmente sont confectionnées en Risberme, pour opposer plus de résistance au mouvement des vagues. Le pied des RISBANS et des FORTS MARITIMES est défendu par des Risbermes en grilles de charpentes, lardées de pilotis, et recouverts d'un cailloutage qui forme ainsi une grève artificielle, une espèce de chaussée.

RISTE. V. COLLET D'HABILLEMENT. V. CRAVATE. V. MANTEAU D'HABILLEMENT. V. REITRE.

RISWICH ; RITCHIE. V. NOMS PROPRES.

RIVAN ; RIVAULT. V. NOMS PROPRES.

RIVÉ (rivée), adj. V. CLOU RIVÉ.

RIVET, subs. masc. V. LACER LE HARNAIS.

RIVET de GACHE. V. GACHE.

RIVIÈRE, subs. fém. V. APPUI FIXE. V. BERGE. V. BORD DE RIVIÈRE. V. CAMP DE GUERRE. V. CAMP DÉFENSIF. V. CAMP VOLANT. V. CANTONNEMENT. V. CHATEAU. V. COCHIUS. V. CONVOI PAR EAU. V. CORPS D'ÉTAT-MAJOR. V. ÉCLUSE PROVISIONNELLE. V. ÉPERON DE FORTIFICATION. V. FORTERESSE. V. FORTIN. V. GÉNÉRAL D'ARMÉE N° 9. V. GÉOLOGIE. V. GUÉ. V. LIT DE RIVIÈRE. V. MARCHE EN GROUPE. V. OUVRAGE A CORNES. V. PASSAGE DE RIVIÈRE. V. PONT DE CAMPAGNE. V. PONT MILITAIRE. V. PONTON. V. PONTONNIER. V. QUARTIERS DE CANTONNEMENT. V. SCAPHANDRE. V. STRATIOTIDE. V. SUR RIVIÈRE. V. TACTIQUE. V. TERRAIN DE CAMPEMENT. V. TÊTE DE PONT.

RIVIÈRE ENCAISSÉE. V. BERGE. V. CHENAL. V. ENCAISSÉ.

RIVIUS. V. NOMS PROPRES.

RIVOLI. V. NOMS PROPRES.

RIXE, subs. fém. V. APPEL DE POLICE.

RIZ, subs. masc. (B, 1), ou RIS suivant FURETIÈRE. Mot dérivé de l'ITALIEN *riso*, abréviation du GREC et du LATIN *oryza*. En ITALIEN, l's se prononce z ; voilà pourquoi les Français, par imitation de consonnance, ont écrit Riz. — Le Riz est une plante céréale et un GRAIN D'APPROVISIONNEMENT qui forme la base de la NOURRITURE ou l'un des principaux COMESTIBLES des MILICES CHINOISE, TURCO-ÉGYPTIENNE, TURQUE. — LES TROUPES FRANÇAISES ont fait emploi de Riz, en TEMPS DE GUERRE et EN ROUTE, depuis LOUIS QUATORZE. LOUVOIS avait conçu le projet, comme le témoigne l'ENCYCLOPÉDIE (1758, C) de

faire délivrer aux TROUPES de la poudre ou FARINE de Riz, à raison de deux onces par homme ; le transport en eût été plus facile que celui du Riz en GRAIN, à raison du moindre volume. — POTIER (1779, X) témoigne que, dans la GUERRE DE 1741 et dans celle de SEPT ANS, on distribuait, tous les VENDREDIS, deux onces de Riz à chaque SOLDAT, en remplacement de VIANDE, parce que les TROUPES ne FAISAIENT pas gras ce jour-là. Cet usage du MAIGRE a cessé depuis la GUERRE D'AMÉRIQUE inclusivement. — Jusqu'à l'époque de la GUERRE DE LA RÉVOLUTION, le Riz n'était considéré que comme une DENRÉE accordée en GRATIFICATION et comme une PRESTATION éventuelle ; mais les CORPS EN ROUTE jouissaient de deux onces de Riz, qui leur étaient délivrées à l'ÉTAPE, en remplacement du PAIN DE SUPPLÉMENT. — Depuis le RÈGLEMENT DE 1792 (5 AVRIL) et l'INSTRUCTION DE L'AN CINQ (1er VENTOSE) sur les SUBSISTANCES, le Riz est devenu l'objet d'une FOURNITURE fixe, accordée même aux OFFICIERS, mais, à diverses reprises, suspendue ou rétablie. — Suivant l'état des MAGASINS, les LÉGUMES SECS ou le Riz se donnaient réciproquement par forme de REMPLACEMENT. — Dans les HOPITAUX, le Riz, préparé au gras ou au lait, était considéré comme faisant partie des LÉGERS ALIMENTS. — Depuis la GUERRE DE LA RÉVOLUTION, la RATION de Riz était d'une once par homme et par jour ; mais une CIRCULAIRE DE L'AN DEUX (7 PRAIRIAL) remplaçait cette denrée par quatre onces de PAIN DE SUPPLÉMENT. — La CIRCULAIRE DE L'AN SEPT (25 FLORÉAL) se prononçait à l'égard de la DISTRIBUTION du Riz ; l'ARRÊTÉ DE L'AN NEUF (25 FRUCTIDOR) en fixait la RATION à trois décagrammes. Le DÉCRET DE 1810 (30 JUIN) traitait de ce même objet. — Dans la GUERRE DE 1823, c'était d'ANGLETERRE qu'on faisait venir le Riz destiné aux TROUPES en ESPAGNE. C'était une bien malhabile mesure. — La RATION de Riz ou autre SURROGAT était la même, comme le témoignent les marchés d'Ouvrard et les mémoires qu'il a publiés. — Dans la GUERRE DE 1835 et dans la pointe essayée contre Mascara, le Riz se délivrait à l'instant du départ des EXPÉDITIONS, par sacs cachetés et individuels. — M. Julia de Fontenelle a évalué à quatre-vingt-onze parties sur cent la portion nutritive de ce genre de DENRÉE. — L'ENCYCLOPÉDIE (1785, C, au mot *Subsistances*) peut être consultée touchant les anciennes règles ou les anciens usages relatifs au Riz.

RIZZI. V. NOMS PROPRES.

RLA, subs. masc. V. RA.

ROBE, subs. fém. V. EN ROBE.

ROBE (F), ou LIVRÉE, ou ROBBE, suivant FURETIÈRE. Ces mots proviennent du bas LATIN *raubœ*, biens ou choses, suivant MARCULFE, ou de *ropa*, ameublement, suivant GÉBELIN ; on les retrouve dans l'ESPAGNOL d'où nous sont venus ROUPE et ROUPILLE, et dans l'ITALIEN *roba*, chose ou effet mobilier. En général le mot français Robe signifiait encore au treizième siècle, BUTIN et PROIE. Voilà pourquoi, dans le langage du soldat, BUTIN et chose sont synonymes ; il dit c'est mon BUTIN, comme il dirait c'est ma chose, c'est ma propriété. Le mot Robe, pris dans cette acception, a donné naissance au verbe DÉROBER. — L'expression a changé ensuite de signification ; elle est devenue le nom d'un HABILLEMENT de GENTILHOMME et du VÊTEMENT des GENS D'ARMES et des COMPAGNIES D'ORDONNANCE, quand elles n'étaient pas en GRANDE TENUE. Cette Robe était de la couleur de l'ÉTENDARD et se portait à certaines MONSTRES OU REVUES. Pris sous cette acception, le terme a produit ROUPE et ROUPILLE, analogues, comme on le voit, au vieux mot *ropa*. — Dans la LANGUE militaire, le mot s'était conservé, jusqu'à la fin du dernier siècle, dans la locution ROBE COURTE. Ce qui concernait les OFFICIERS ainsi désignés, est expliqué dans LACHESNAIE (1758, I, au mot *Robe courte*). — Maintenant les termes ÉPÉE et Robe, quand la langue s'en sert par synecdoque, donnent au contraire, par opposition, l'un l'idée de la PROFESSION DES ARMES, l'autre, l'idée de la magistrature que BRANTOME (1600, A) désignait plus complétement par la locution ROBE LONGUE ; mais il règne, touchant cette dernière expression, une singulière obscurité, puisque l'ÉDIT DE 1576 prenait comme synonymes, ROBE D'ARMES et ROBE LONGUE.

ROBE COURTE. V. CONSEILLER DE ROBE COURTE. V. COURT, adj. V. GENDARMERIE DE POLICE N° 1. V. LIEUTENANT DE ROBE COURTE. V. MARÉCHAUSSÉE. V. OFFICIER DE ROBE COURTE. V. ROBE.

ROBE D'ARMES. V. ARMES. V. CASAQUE D'ARMES. V. FREMAILLET. V. GRANDE TENUE. V. HOQUETON. V. MANTEAU D'HABILLEMENT. V. ROBE.

ROBE LONGUE. V. ARMURE. V. CASAQUE D'ARMES. V. GENDARMERIE DU MOYEN AGE N° 6. V. LIEUTENANT DE ROBE LONGUE. V. LIEUTENANT GÉNÉRAL DE ROBE LONGUE. V. LONG, adj. V. ROBE.

ROBBE, subs. fém. V. BUTIN. V. ROBE.

ROBERT ; **ROBERTS** ; **ROBERTSON.** V. NOMS PROPRES.

ROBILANT ; **ROBINS** ; **ROBINSON** ; **ROBIRA** ; **ROBSON.** V. NOMS PROPRES.

ROC, subs. masc. (F), ou ROCE, ou ROCHE. Ces mots, pris dans un sens militaire et héraldique, viennent de l'ESPAGNOL *roque*, qui signifie dans cette LANGUE, TOUR DE FORTIFICATION. — ROQUEFORT emploie le mot Roc dans le sens de FORTERESSE ou de PIÈCE DE FORTIFICATION. De là est venu ROCANTIN dans le sens de gardien d'une FORTERESSE. — Un vestige de l'usage du mot Roc, signifiant une TOUR, se retrouve dans le verbe roquer, qui signifiait faire marcher d'une certaine manière le Roc ou la tour du jeu d'échecs. — Par analogie, un Roc est un MEUBLE DE BLASON.

ROC de LANCE. V. LANCE. V. LANCE A MAIN.

ROC GÉOLOGIQUE. V. GÉOLOGIQUE. V. MONTAGNE.

ROCANTIN, subs. masc. V. MORTE-PAYE. V. ROC.

ROCCA. V. NOMS PROPRES.

ROCE, subs. masc. V. MORTE-PAYE. V. ROC.

ROCHAMBEAU ; **ROCHE.** V. NOMS PROPRES.

ROCHE, subs. masc. V. FORTERESSE. V. ROC.

ROCHE-AYMON. V. NOMS PROPRES.

ROCHEFORT. V. NOMS PROPRES.

ROCHET, subs. masc. (F), ou ROQUET. Mot dérivé de l'ESPAGNOL *roquete*, signifiant chevron OU MEUBLE DE BLASON. CARRÉ (1783, E) et MÉNAGE parlent des Rochets et des ROCHETS COURTOIS, sans indiquer clairement ce que c'était. — Un FER DE ROQUET, OU A ROQUET, était un FER DE LANCE de l'espèce nommée FER COURTOIS. Au lieu d'être pointu et coupant il était en forme de chevron non aiguisé. — Peut-être la forme recourbée des Rochets est-elle cause du nom donné par les mécaniciens à des roues à Rochets, dont les dents, au lieu d'être droites, sont courbes.

ROCHET COURTOIS. V. COURTOIS, adj. v. ROCHET.

ROCHETTE, subs. fém. V. A ROCHETTE.

ROCHETTE (F, G, 2), ou RAQUETTE, ou ROQUET, ou ROQUETTE. Ces mots, qui se retrouvent dans l'ANGLAIS *rocket*, sont dérivés du bas LATIN. Le substantif ITALIEN *rochetta* était usité déjà en 1380, comme le témoigne M. MEYER (Moritz). Il est devenu le nom synonyme des FUSÉES DE GUERRE, et la souche du mot RAQUETIER. — On peut consulter à cet égard : ANDERSON, DUANE (1810, E, au mot *Rocket*), M. MEYER (Moritz), M. de MONTGERY, M. MOORE (Williams), le *Journal des Sciences mili-*

taires, 1826, 45e livraison, et 1835, p. 45.

ROCHETTE à PLASTRON. v. A PLASTRON.

ROCHETTE d'ARTILLERIE DE COTE. v. ARTILLERIE DE COTE.

ROCHETTE de BRÈCHE. v. ARTILLERIE DE SIÉGE OFFENSIF. v. BRÈCHE. v. BRÈCHE OFFENSIVE.

ROCHETTE FARCIE. v. ARTILLERIE DE SIÉGE OFFENSIF. v. FARCI, adj. v. FORTERESSE.

ROCOUX; ROCQUANCOURT; ROCQUES; ROCROI. v. NOMS PROPRES.

RODER, verb. neut. v. RESSORT DE PLATINE A BATTERIE. v. RONDE.

RODOLPHE. v. NOMS PROPRES.

RODT. v. NOMS PROPRES.

ROÉ, subs. fém. v. ROELLE.

RODBEL. v. NOMS PROPRES.

RODE; RODER. v. NOMS PROPRES.

RODERER. v. NOMS PROPRES.

ROELLE, subs. fém. (F), ou petite ROUE, ou ROUELLE. Ces mots sont, suivant BARBAZAN, un diminutif de ROE, ancien mot signifiant ROUE. — ROQUEFORT pense que ces mots ont été synonymes de RONDELLE et d'écu, et il s'appuie, à cet égard, du témoignage de JOINVILLE. Il dit aussi que sous PHILIPPE AUGUSTE on nommait ROUÈLE une ARME A MANCHE, à large LAME, et que cette ARME a pris ensuite la forme d'un POIGNARD. Celui qu'on nommait DAGUE A ROUELLE s'appelait-il ainsi parce que sa LAME à l'orientale était en forme de portion de ROUE, ou bien parce qu'au bas de sa poignée était une espèce de petite roue comparable à celle des SALADES? — On a nommé BOUTEROLLE, ou BOUT A ROELLE, la garniture inférieure d'un FOURREAU D'ARME BLANCHE. — Au reste la variété d'orthographe, l'obscurité des descriptions, le manque de délinéations, expliquent les contradictions dont le mot Roelle a été l'objet.

ROENNE; ROESCH. v. NOMS PROPRES.

ROGATOIRE, adj. v. COMMISSION ROGATOIRE. v. JUSTICE MILITAIRE.

ROGEL; ROGGENBURG; ROGNEAT; ROLLAN; ROLDE; ROBER. v. NOMS PROPRES.

ROI, subs. masc. v. AIDE DE CAMP DU R... v. BANNIÈRE DU R... v. BLEU DE R... v. BRIGADIER DES ARMÉES DU R... v. COMMISSAIRE DU R... v. COUR DU R... v. EMPLOI AU CHOIX DU R... v. ESCORTE DU R... v. ÉTENDARD DU R... v. FUSILIER DU R... v. GARDE D'HONNEUR DU R... v. GARDE DU R... v. GENS DU R... v. GRENADIER GARDE A PIED DU CORPS DU R... v. GUERRE DU R... v. HONNEURS AU R... v. HOTEL DU R... v. INGÉNIEUR DES CAMPS ET ARMÉES DU R... v. LIEUTENANT DE R... v. LIEUTENANT DU R... v. LOGIS DU R... v. MAISON DU R... v. MARÉCHAL DES CAMPS ET ARMÉES DU R... v. MARÉCHAL DU R... v. ORDRES DU R... v. PAGE DU R... v. PENNON DU R... v. PLACE A LA NOMINATION DU R... v. PROCUREUR DU R... v. QUARTIER DU R... v. RÉGIMENT DU R... v. SERGENT DU R... v. SOUS-LIEUTENANT DE R... v. TRÉSORIER DU R...

ROI (term. génér.), ou ROY. Ce mot, d'origine toute LATINE, a longtemps désigné génériquement CHEF, ou premier. PASQUIER et GUIGNARD (1725, B, p. 477) témoignent combien de personnages d'une autorité quelconque se sont si longtemps intitulés Rois. Guignon, Roi et maître des violons et joueurs d'instruments de France, ne fut détrôné qu'en 1773, et le ROI DE FRANCE LOUIS QUINZE ne se permit pas d'abolir, en vertu du bon plaisir, le royal titre de Guignon : il acheta une abdication à laquelle on ne put décider cette majesté rivale que moyennant indemnité. — Mais il ne va être question ici que des Rois dont la qualification a quelque chose de militaire, et principalement du ROI D'ARMES et du ROI DES RIBAUDS.

ROI D'ARCHERS. v. ARCHER. v. GARDE DE PARIS. v. INFANTERIE n° 9.

ROI D'ARMES (F), ou ROI DES HÉRAUTS D'ARMES. Sorte de roi ou de DIGNITAIRE dont quelques ÉCRIVAINS font remonter l'OFFICE aux premiers temps de la monarchie et au règne de Dagobert. LACOLOMBIÈRE prétend qu'au temps de Robert, le Roi d'armes s'appelait Robert Dauphin. D'autres AUTEURS ne mentionnent des Rois d'armes qu'à partir de LOUIS LE GROS; il serait plus exact de ne rapporter leur origine qu'à l'invention des ARMOIRIES. — Le Roi d'armes était un des domestiques ou SERGENTS principaux, et un CONSEILLER DE LA MAISON DU ROI. — De tous les Rois qui n'exerçaient pas la royauté, le Roi d'armes est le seul dont la dénomination se soit conservée jusqu'à nos jours; mais une partie de ses attributions devinrent celles d'un JUGE D'ARMES DE LA NOBLESSE. — Le Roi d'armes de FRANCE prenait comme sobriquet le CRI D'ARMES Montjoie saint Denis, et à mesure que la FÉODALITÉ eut érigé en souveraineté les PROVINCES, et qu'il fut institué des Rois d'armes provinciaux, chacun d'eux eut pour nom le CRI du pays. — La RÉCEPTION du Roi d'armes de FRANCE était soumise à des formalités pour l'accomplissement desquelles le CONNÉTABLE et le ROI en personne intervenaient. Cette CÉRÉMONIE est décrite en détail dans GELYOT, LACHESNAIE (1758, 1), LACURNE. — Le costume du Roi d'armes consistait en une TOQUE à plumes. Il portait, suivant PASQUIER, une cotte de velours pers (bleu) pourfilée devant et derrière des ARMOIRIES de France. Suivant d'autres, tels que LACHESNAIE, sa COTTE D'ARMES était de velours violet. Il avait un COLLIER supportant un LAMAYEUL; c'était, suivant le même auteur, un médaillon en émail qui offrait l'effigie du souverain. La COTTE différait du TABAR des HÉRAUTS, en ce qu'elle offrait en inscription brodée sur la manche gauche, le titre: Roi d'armes, et sur la manche droite, le CRI consacré; trois FLEURS DE LIS brodées sur la poitrine et sur le dos du VÊTEMENT, étaient surmontées d'une COURONNE également brodée en or. — Quant aux Rois d'armes provinciaux, leur TABAR, dit FAVYN, s'appelait TUNIQUE. — Dans le dernier siècle, dit CARRÉ (1783, E), c'était sans BRODEQUINS ni CEINTURE, qu'en TEMPS DE PAIX il se présentait dans les CÉRÉMONIES. — Le Roi d'armes montait un CHEVAL BLANC, comme ambassadeur du ROI ou du CHEF, dont le CHEVAL BLANC était un des attributs. Il tenait à la main une MASSE D'ARMES ou un bâton à manche de velours violet, semé de FLEURS DE LIS et surmonté d'une COURONNE fermée. — L'autorité dont le Roi d'armes était revêtu le plaçait à la tête des HÉRAUTS et des POURSUIVANTS D'ARMES; il en présidait le chapitre. Il fut un temps où il avait pour second un MARÉCHAL D'ARMES, comme le témoigne VELLY à la date de 1380. — Dans les missions qu'il accomplissait, la personne du Roi d'armes était sacrée, parce qu'il représentait le souverain. Il intimait les DÉCLARATIONS DE GUERRE; il portait et proclamait les MANIFESTES; il présidait aux opérations et à la police des PAS D'ARMES; il était le conservateur, le tabellion des titres de la CHEVALERIE DÉCORATIVE et de l'armorial des GENTILSHOMMES. En vertu de sa JURIDICTION sur les ARMOIRIES, il devait avoir *par escript congnoissance de tous nobles, tant princes que seigneurs et autres pour lors vivants, et de leurs noms, surnoms, blazons, timbres nobles, fiefs*, etc. — Les Rois d'armes ayant été pris parmi des personnages peu habiles, ils se déconsidérèrent, et ils ne furent plus que des mannequins à costume bizarre, figurant sans utilité à la tête des CORTÉGES. Voilà pourquoi, en 1614, la NOBLESSE, rassemblée aux états généraux, présentait à LOUIS TREIZE une requête pour l'institution d'un JUGE D'ARMES. Cet emploi fut créé en 1615. — Les Rois d'armes des ORDRES DE CHEVALERIE portaient le COLLIER de l'ordre. — En ANGLETERRE, un Roi d'armes de l'ordre de la Jarretière figure encore dans quelques CÉRÉMONIES de la chambre des lords, et

trois Rois d'armes sont attachés au collège héraldique. — On peut consulter, touchant les Rois d'armes: CARRÉ (1783, E), DUCANGE (1733), l'ENCYCLOPÉDIE (1751, C), FAVYN, GÉLIOT, LACHESNAIE (1758, I; id. au mot *Héraut*), LACOLOMBIÈRE, LACURNE, LECOUTURIER (1825, A), MÉNAGE (au mot *Héraut*), MORERY (au mot *Héraut*), POTIER (1779, X), DE VARENNES (*le Roy d'armes*), VELLY (t. VI, p. 112; t. XI, p. 82, 83, 86, 87, 89, 90; t. XIV, p. 428).

ROI DE FRANCE. V. ABANDONNEMENT. V. ADJUDANT DE PLACE Nº 2. V. ADJUDANT-MAJOR D'INFANTERIE FRANÇAISE DE LIGNE Nº 3. V. ADMINISTRATION MILITAIRE. V. AIDE DE CAMP Nº 1. V. ARCHER. V. ARMÉE FÉODALE. V. ARMÉE FRANÇAISE Nº 2. V. ARMÉE PERMANENTE. V. ARMÉE PRÉSENTÉE. V. ARMÉE ROYALE. V. ARMEMENT DE TROUPE. V. ARMISTICE. V. AUMÔNIER DE CORPS Nº 1, 4. V. AUX CHAMPS. V. AVANCEMENT. V. AVANCEMENT EN TEMPS DE GUERRE. V. BAILLI. V. BAN DE PUBLICATION. V. BAN ET ARRIÈRE-BAN. V. BANDE AGRÉGATIVE. V. BANDE DE LÉGION DE FRANÇOIS PREMIER. V. BANDON. V. BANNERET. V. BANNIÈRE DE CHEVALIER. V. BANNIÈRE DE FRANCE. V. BANNIÈRE DU ROI. V. BARON; id. Nº 2. V. BÂTON DE COMMANDEMENT. V. BLANC NATIONAL. V. BOURGEOIS. V. BREVET. V. BUTIN. V. CAMP DE GUERRE. V. CAMPAGNE. V. CAPITAINE DE VOLTIGEURS D'INFANTERIE FRANCO-SUISSE. V. CAPITAINE D'HABILLEMENT Nº 2. V. CAPITAINE D'INFANTERIE FRANÇAISE DE LIGNE Nº 4. V. CARROUZE. V. CARTEL PROVOCATIF. V. CASQUE. V. CAVALERIE FRANÇAISE Nº 1, 8. V. CHAMP CLOS. V. CHANCELIER. V. CHAPEAU A TROIS CORNES. V. CHÂTELAIN. V. CHÂTELET. V. CHEF DE BATAILLON D'INFANTERIE FRANCO-SUISSE DE GARDE ROYALE. V. CHEVALIER DU MOYEN AGE Nº 1, 8, 9. V. CHIRURGIEN DE CORPS. V. CHIRURGIEN-MAJOR D'INFANTERIE FRANÇAISE DE LIGNE Nº 1, 4. V. COCARDE. V. COLONEL D'INFANTERIE FRANÇAISE DE LIGNE Nº 4, 12. V. COLONEL GÉNÉRAL DE LA GARDE ROYALE. V. COLONEL GÉNÉRAL DE L'INFANTERIE Nº 4, 5. V. COLONEL GÉNÉRAL DES SUISSES. V. COMMANDANT DE PLACE Nº 4. V. COMMANDEMENT D'ARMÉE. V. COMMISSAIRE DES GUERRES Nº 1. V. COMMUNES. V. COMMUTATION DE PEINE. V. COMPAGNIE D'ORDONNANCE Nº 2. V. CONNÉTABLE Nº 1, 2, 3, 4, 5, 6, 8. V. CONSEIL DE LA GUERRE. V. CONSTITUTION. V. CORDE D'ARC. V. CORNETTE DE GÉNÉRAL. V. CORNETTE ROYALE. V. CORPS D'INTENDANCE Nº 10. V. CORPS EN ROUTE SUR PIED DE PAIX. V. CORPS ROYAL. V. COTTE D'ARMES. V. COULEUR D'HABILLEMENT. V. COULEUR NATIONALE. V. CRAIE. V. CRAVATE DE DRAPEAU. V. CRI D'ARMES. V. CROATE. V. CROIX DE SAINT-LOUIS. V. CUIRASSIER. V. DANSE DE L'ÉPÉE. V. DAPIFER. V. DÉCOMPTE DE LIQUIDATION. V. DEUIL. V. DRAPEAU BLANC. V. DRAPEAU

TRICOLORE. V. DUC N° 1. V. ÉCHARPE MILITAIRE. V. ÉCUYER FIEFFÉ. V. EMPEREUR. V. EMPLOI. V. ENSEIGNE IDIOPLIQUE N° 5. V. ESCARPE. V. EXTRAORDINAIRE DES GUERRES. V. FEUDATAIRE. V. FORCE ARMÉE. V. FRANCE. V. GARDE ARMÉE. V. GARDE NATIONALE. V. GARDES DU CORPS N° 5. V. GARDES SUISSES. V. GARNISON. V. GENDARME DU MOYEN AGE N° 1. V. GÉNÉRAL. V. GÉNÉRAL D'ARMÉE N° 3, 6. V. GÉNÉRAL FRANÇAIS N° 2, 4. V. GENTILHOMME DU DRAPEAU. V. GONFALON. V. GOUVERNEUR. V. GOUVERNEUR DE PLACE DE GUERRE N° 5. V. GOUVERNEUR DE PROVINCE. V. GRACE. V. GRADE. V. GRADE D'OFFICIER. V. GRAND MAITRE DES ARBALÉTRIERS. V. GRAND OFFICIER DE LA COURONNE. V. GRAND PRÉVÔT. V. GRAND SÉNÉCHAL. V. GRANDE TENUE. V. GUERRE. V. GUERRE PRIVÉE. V. HAUBERT. V. HÉRAUT. V. HÉRAUT D'ARMES N° 1. V. HIÉRARCHIE MILITAIRE. V. HONNEURS. V. HOST. V. INFANTERIE COMMUNALE N° 1. V. INFANTERIE FRANCO-SUISSE N° 5, 6. V. INSPECTEUR GÉNÉRAL D'INFANTERIE N° 2. V. JUSTICE MILITAIRE. V. LÉGION DE FRANÇOIS PREMIER. V. LÉGION D'HONNEUR. V. LÉGISLATION. V. LEUDE. V. LIEUTENANT GÉNÉRAL N° 1. V. LIVRÉE. V. MAIRE DU PALAIS. V. MAITRE DE L'ARTILLERIE. V. MAITRE DES ARBALÉTRIERS. V. MARÉCHAL DE FRANCE N° 1, 5, 7, 8, 9. V. MARÉCHAL DE L'HOST. V. MARÉCHAL DES LOGIS D'ARMÉE N° 4. V. MILICE ANGLAISE N° 5. V. MILICE BYSANTINE. V. MILICE FRANÇAISE N° 2. V. MINISTÈRE DE LA GUERRE. V. MINISTRE DE LA GUERRE N° 7, 10, 13; id. EN 1824. V. MOINE LAY. V. MONTRE ADMINISTRATIVE. V. MORTE-PAYE. V. MOT. V. NOBLESSE. V. OFFICIER FRANÇAIS N° 5. V. ORDINAIRE DES GUERRES. V. ORDINAIRE D'HOMME DE TROUPE. V. ORDONNANCE OFFICIELLE. V. ORDRE DE BATAILLE. V. ORDRE DU JOUR. V. ORDRE DU TABLEAU. V. ORIFLAMME. V. PAIR DE FRANCE. V. PATRICE. V. PAYE. V. PEINE. V. PENNON ROYAL. V. PORTE-DRAPEAU N° 8. V. PRÉFET DU PRÉTOIRE. V. PREMIER COMMIS. V. PRÉVÔT. V. PRÉVÔT DES MARÉCHAUX. V. PRINCE FRANÇAIS. V. PRISONNIER DE GUERRE. V. RÉCOMPENSE. V. RÉGIMENT DE CAVALERIE FRANÇAISE N° 1. V. RÉGIMENT DE PRINCE. V. RÉGIMENT D'INFANTERIE FRANÇAISE N° 2, 5. V. RÉGIMENT FRANÇAIS N° 2. V. REVUE SUR LE TERRAIN. V. ROI D'ARMES. V. ROI DES RIBAUDS. V. SALUT. V. SECRÉTAIRE ARCHIVISTE. V. SEIGNEUR. V. SÉNÉCHAL. V. SERF. V. SERGENT D'ARMES. V. SERGENT D'INFANTERIE FRANÇAISE N° 2. V. SERGENT FIEFFÉ. V. SERGENTERIE. V. SERMENT. V. SERVICE FÉODAL. V. SERVITUDE FORTIFICATOIRE. V. SIÉGE. V. SOUS-LIEUTENANT N° 2. V. STRADIOT. V. TABLIER DE TIMBALE. V. TAILLE CONSCRIPTIVE. V. TAMBOUR IDIOPLIQUE D'INFANTERIE FRANÇAISE N° 5. V. TAMBOUR INSTRUMENTAL. V. TAMBOUR INSTRUMENTAL D'INFANTERIE FRANÇAISE. V. TENTE. V. TOUR D'ANCIENNETÉ. V. TRABAN. V. TRÉSOR D'ARMÉE. V. TRÉSORIER.

V. TRIBUNAL. V. TRIBUNAL DU POINT D'HONNEUR.

ROI DE LA GUERRE. V. ADMINISTRATION MILITAIRE. V. CONNÉTABLE N° 2. V. GUERRE. V. POLÉMONOMIE.

ROI DES ARBALÉTRIERS. V. ARBALÉTRIER. V. GARDE DE PARIS. V. MAITRE DES ARBALÉTRIERS.

ROI DE ROME. V. ROME. V. TRIBUN ROMAIN N° 1, 3.

ROI DES HÉRAUTS D'ARMES. V. HÉRAUT D'ARMES N° 2. V. ROI D'ARMES.

ROI DES RIBAUDS (F), OU PRÉVÔT DES RIBAUDS, comme il s'appela au quinzième siècle et comme l'ont qualifié plusieurs vieux arrêts. Sorte de ROI ou de CHEF DE TROUPE (puisque ROI et CHEF ont, dans la MILICE FRANÇAISE, été synonymes) qui exerçait d'abord l'emploi de concierge ou de portier du palais de nos ROIS. Toutes les fonctions de cour, et surtout celles, quelque infimes fussent-elles, qui avaient quelque chose de militaire, ayant été le marchepied d'un anoblissement, il n'est pas surprenant qu'un CHEF d'hommes armés qui veillaient aux issues du palais soit devenu un personnage haut placé, un JUGE MILITAIRE, un des COMMANDANTS de la GARDE du souverain; il en était ainsi dès l'an 1190, ou même dès les temps de la suppression de l'office des MAIRES DU PALAIS. — Un ÉDIT DE 1280 (23 FÉVRIER) réglait la paye du Roi des Ribauds et restreignait ses attributions; ainsi, il y a inexactitude de la part de ceux qui prétendent que ce FONCTIONNAIRE n'a existé que depuis PHILIPPE LE BEL. — Une ORDONNANCE de PHILIPPE LE LONG DE 1317 (17 NOVEMBRE) déterminait ses fonctions. Elles s'exerçaient en dehors de l'HOTEL, dans un certain cercle de JURIDICTION; c'était *Crasseire* ou grosse colère qui alors était en exercice. — Dans le treizième siècle, le Roi des ribauds prélevait à son profit, dit VELLY, une amende de cinq sous sur chaque FEMME D'ARMÉE surprise en adultère; il percevait *deux sous par semaine sur tous longis de bourdeaulx et des femmes bourdelières.* — En un registre de 1380, il est fait mention, dit FURETIÈRE (au mot *Ribaud*), que leur Roi *avait jurisdiction sur les jeux de dez, de berlans, et les bordeaux qui estoient en l'ost et chevauchée du Roy.* — Beaucoup d'AUTEURS et DUTILLET croient que le Roi des RIBAUDS a exercé la PRÉVOTÉ DE L'HOTEL, depuis le règne de PHILIPPE LE BEL jusqu'à celui de CHARLES SIX; mais le fait est contesté par FAUCHET. — Cet écrivain, ainsi que PASQUIER, parlent très-diversement du même personnage. — Quelques-uns croient que l'emploi fut supprimé en 1422, époque de la mort de Charles six, et remplacé par le grand prévot de l'hotel. Boutillier (Somme rurale) cependant, qui écrivait vers 1470, mentionne un Roi des ribauds en fonction de son temps, et comme s'acquittant, au besoin, du rôle de bourreau. Il est sûr que l'emploi existait en 1448, et qu'il y avait plus anciennement un prévot de l'hotel. — Potier (1779, X, au mot *Prévot*) dit que le Roi des ribauds était le chef des sergents de la maison du roi, qu'il était secondé par un prévot, et que ses fonctions consistaient à tenir éloignés de la résidence du roi les intrus et les gens suspects. Ailleurs, ce même écrivain considère le Roi des ribauds comme le chef des archers du grand prévot de l'hotel, et dit que ces archers furent remplacés, sous Louis onze, par les gardes du grand prévot; mais, dans ce que rapporte cet écrivain, il y a confusion d'époques. — L'Encyclopédie (1751, C) regarde le Roi des ribauds comme ayant *été un des archers du prévot de l'hôtel, par la suite confondu parmi les archers du prévot*. Elle est d'avis que les sergents du Roi des ribauds *subsistèrent encore quelque temps sous le prévot de l'hôtel, mais furent supprimés lorsque Louis onze créa des gardes sous le prévot de l'hôtel.*— Dutillet compare cette charge à celle de prévot de l'hotel, quoiqu'elle en ait été distincte. Ducange la regarde comme peu relevée. Le *Trésor des chartes* témoigne que le Roi des ribauds partageait la dépouille des condamnés avec le prévot de l'hotel, et qu'il était personnellement chargé de l'exécution de certains supplices. — Il fut un temps où le Roi des ribauds concourait à répartir les logements, prononçait, comme juge souverain, à l'égard *des ribauds et ribaudes*, donnait la chasse aux filous et vagabonds; il avait la haute main sur les maisons de jeux de hasard, exerçait la police sur les maisons de prostitution qui suivaient la cour ou les armées en campagne; il mettait hors des portes du palais ceux qui n'avaient pas droit d'y rester aux heures des repas, n'ayant pas bouche en cour, et ceux qui auraient cherché à s'y cacher pendant la nuit; il prêtait main-forte pour l'exécution des jugements rendus par le prévot ou bailli ayant juridiction à la suite de la cour; quant à lui, suivant Pasquier, il n'avait pas précisément juridiction. Mais à chaque assertion de ce genre il faudrait faire distinction des époques, car il fut un temps où il administrait une justice prévôtale et présidait aux supplices. — Ce que son emploi avait de peu honorable donna, lors de l'abolition des ribauds, un

sens abject, trivial, licencieux à leur dénomination, d'autant que, suivant Dutillet, un des droits de ce singulier fonctionnaire était d'appeler à tour de rôle, pendant tout le mois de mai, les filles de joie pour faire son lit. Cette corvée était celle des femmes qui, s'il en faut croire Dulaure, avaient titre de prostituées royales. — Dutillet et Brantome (1600, A) témoignent que le titre de Roi des ribauds se changea, à la mort de Charles six, en celui de grand prévot. L'Encyclopédie (1751, C, au mot *Prévot*) soutient le contraire, et affirme que les anciens fonctionnaires de cour, au titre desquels fut substitué celui de grand prévot, avaient sous leurs ordres le Roi des ribauds. — D'une lecture attentive voici ce qu'on peut inférer. — Au temps de la langue latine, du français naissant, et dès le douzième siècle, on appelait, en général, ribaud un soldat qui n'était pas homme d'armes. Les ribauds de la maison étaient à pied et à cheval; leur chef s'appelait Roi, plutôt du fait des routines, ou à raison de la pauvreté de la langue, qu'en vertu de dispositions officielles; il avait pour lieutenant un prévot, pour supérieur un bailli de la cour. Il reçut de la législation des quatorzième et quinzième siècles le titre de grand prévot, ou de prévot de l'hotel, et en devint le bailli. Ses fonctions s'agrandirent, l'approchèrent davantage de la personne du monarque; il fut le prévot du dedans et y eut juridiction; son ancien lieutenant resta le prévot du dehors, et conserva, par la puissance de la coutume populaire, le vieux titre de Roi des ribauds, quoiqu'il ne l'eût pas dans les actes authentiques; il resta revêtu des attributions d'une charge rémunérée par des avantages avilissants, et dont la qualification avait commencé à se déconsidérer dès le règne de Louis neuf. — Mais ce prévot, ce Roi, cet officier de la maison, qui commandait une sorte de maréchaussée, n'avait aucune autorité sur des bandes de ribauds qui portaient les armes, dans les quatorzième et quinzième siècles, comme archers a pied; c'étaient, suivant Carré (1783, E), des troupes de valets chargés d'achever les blessés. S'il est permis de s'exprimer ainsi, il y eut des ribauds d'élite, ou de la maison, et des ribauds de ligne. — Une troupe ayant été instituée sous Louis onze, sous le nom de garde de la prévôté, on en a conclu que les ribauds avaient été abolis; mais il est bien plus supposable que leur qualification seulement changea, pour qu'on ne se servit plus d'un titre tombé dans le mépris; que leur nombre prit un certain accroissement, et que leur service se fit avec plus de régularité. — VOLTAIRE (*Essai sur les mœurs*) dit que, de magistrat, le Roi des ribauds devint un fou de cour; nous n'en avons pas retrouvé ailleurs la preuve. — Il y avait aussi à DOUAI (ville qui alors n'appartenait pas à la FRANCE) un roi des Ribauds; c'était un valet de ville, ou un agent de police qui avait le droit de donner à jouer; on le lui retira en lui donnant en dédommagement un droit sur les maisons de débauche. Il cessa d'être fait mention de ce personnage et de ses attributions depuis le règne de CHARLES-QUINT. — Sur le sujet ici traité, la plupart des AUTEURS se contredisent et débrouillent mal ou confondent les époques suivant les sources où ils ont puisé; les uns dépeignent une charge distinguée, les autres retracent un emploi ignoble. — Ces AUTEURS sont : BRANTOME (1600, A), CARPENTIER, CARRÉ (1783, E), DANIEL (1721, A), DUCANGE, DULAURE, DUTILLET, ENCYCLOPÉDIE (1751, C), FAUCHET, FURETIÈRE (au mot *Ribaud*), GOUVE (1751), GUIGNARD (1725, B), PASQUIER, POTIER (1779, X), RAGUEAU, SAUVAL, VELLY (t. III, p. 528; t. IV, p. XVIII, t. X, p. 245).

ROJAS; ROLAND. V. NOMS PROPRES.

ROLE, subs. masc. (B, 1; E), ou ROLLE comme l'écrivait l'ORDONNANCE DE 1539 (20 AOUT), ou ROSLE, ou ROULE, ou ROULET, ou RULE, resté dans l'ANGLAIS et y signifiant RÈGLE, parce que les RÈGLES OU RÈGLEMENTS étaient inscrits dans des Rôles. — Le mot Rôle dérive du LATIN *rotulus*, *rotulum*, rouleau, parce que les anciens manuscrits se tenaient roulés. De là vient aussi, suivant ROQUEFORT, les vieux verbes ENROTULER, INROTULER, inscrire en un REGISTRE, ou ENROLER. — Dans le quatorzième siècle, tel Rôle de chicane se composait d'une bande de parchemin de cent cinquante pieds de long, à la manière des manuscrits qu'on voit encore dans l'ORIENT. — Le mot Rôle a eu quelque analogie avec le mot TAILLE; il a produit les termes CONTRE-RÔLE, CONTROLE, CONTROLEUR, ENROLÉ, etc. Il n'est presque plus employé militairement que dans la locution TOUR DE ROLE. — Le mot Rôle, devenu synonyme de CONTROLE, n'avait pas autrefois le même sens; ainsi, le MARÉCHAL DES LOGIS D'ARMÉE tenait les Rôles et CONTROLES; les uns étaient les APPELS ÉNUMÉRATIFS originaux, les autres en étaient le résumé ou le CONTROLEMENT. — Touchant l'ancien sens militaire du mot Rôle, on peut consulter : DUPAIN (1783, F), LACHESNAIE (1758, I), ODIER (1818, E, p. 293), VELLY (t. XVIII, p. 218). V. Revue écrite —

ROLE d'ANCIENNETÉ. V. ANCIENNETÉ. V. CAHIER D'APPEL. V. COMPAGNIE D'INFANTERIE FRANÇAISE DE LIGNE N° 8.

ROLE d'APPEL. V. APPEL. V. CAHIER D'APPEL. V. CAHIER PORTATIF.

ROLE de CAMARADES DE LIT. V. CAHIER PORTATIF. V. CAMARADE DE LIT.

ROLE de CONTRE-APPEL. V. CONTRE-APPEL. V. CAHIER D'APPEL.

ROLE de CORVÉE. V. ADJUDANT AU CAMP. V. CORVÉE.

ROLE de LOGEMENTS EN ROUTE. V. ALLER AU LOGEMENT. V. BILLET DE LOGEMENT D'OFFICIER EN ROUTE. V. CHEF DE POSTE DE POLICE EN ROUTE.

ROLE de MONTRE. V. MONTRE. V. MONTRE ADMINISTRATIVE. V. REVUE D'ADMINISTRATION.

ROLE de RANG DE TAILLE. V. CAHIER D'APPEL. V. CAHIER PORTATIF. V. RANG DE TAILLE.

ROLE de REVUE. V. EXTRAIT DE REVUE. V. MONTRE ADMINISTRATIVE. V. PAYE. V. REVUE. V. REVUE D'ADMINISTRATION. V. REVUE ÉCRITE.

ROLE de SEMAINE. V. ADJUDANT-MAJOR DE SEMAINE N° 5, 6. V. SEMAINE.

ROLE de SERVICE. V. ACTE CATALOGIQUE. V. ADJUDANT AU CAMP. V. ADJUDANT DE SEMAINE N° 7. V. CAHIER D'APPEL. V. GARDE ARMÉE. V. SERVICE DE SEMAINE. V. SERVICE JOURNALIER.

ROLE de SIGNAL. V. COMMISSAIRE DES GUERRES N° 6. V. CONTROLE ANNUEL. V. CONTROLE DE SIGNALEMENT. V. CONTROLE SIGNALÉTIQUE. V. SIGNAL. V. SIGNALEMENT.

ROLE de SUBDIVISION. V. CAHIER D'APPEL. V. CAHIER PORTATIF. V. SUBDIVISION. V. SUBDIVISION ADMINISTRATIVE.

ROLLAT, subs. masc. V. FORTERESSE.

ROLLE, subs. masc. V. ADMINISTRATION MILITAIRE. V. COMMISSAIRE DES GUERRES N° 6. V. CONTROLE DE SIGNALEMENT. V. CONTROLE SIGNALÉTIQUE. V. FEUILLE D'APPEL. V. ROLE. V. SIGNALEMENT.

ROMAIN (romaine), adj. V. A LA ROMAINE. V. ARCHER R... V. ARMEMENT R... V. ARMÉE R... V. BRACELET R... V. CAMP R... V. CAVALERIE R... V. CAVALIER R... V. CHEVALIER R... V. COHORTE R... V. COLLIER R... V. CORPS R... V. EMPEREUR R... V. EMPIRE R... V. ENSEIGNE R... V. FAISCEAU R... V. FILE R... V. GÉNÉRAL R... V. HÉRAUT R... V. INFANTERIE R... V. LÉGION R... V. LÉGIONNAIRE R... V. MILICE R... V. MUSIQUE R... V. OFFICIER R... V. ORDINAIRE R... V. PANIER R... V. PAYE R... V. PIÉTON R... V. PIONNIER R... V. PRÉFET R... V. PRÉTEUR R... V. QUESTEUR R... V. RÉSERVE. V. SERREFILE R... V. SERVICE R... V. SOLDAT R... V. SUBDIVISION R... V. TACTIQUE R... V. TRIBU R... V. TRIBUN R...

ROMAIN. v. NOMS PROPRES.

ROMAINE, subs. fém. v. SERGENT-MAJOR Nº 8.

ROMAN (romane), adj. v. LANGUE R...

ROMANCE, adj. v. LANGUE R...

ROMANA ; ROMANUS ; ROME ; RO-MORANTIN. v. NOMS PROPRES.

ROMPANT (rompante), adj. v. CONVER-SION R...

ROMPEMENT (sub. masc.).
{ DE PELOTON.
DE RANGS.
EN BATAILLE. . . . . { ROMPEMEN EN ARRIÈRE A DROITE.
PAR DEUX.
PAR LA DROITE. }
}

ROMPANT (term. génér.), ou ROMPEMENT TACTIQUE. Le mot ROMPEMENT dérive du LATIN *rumpere*. Il a paru, pour la première fois, dans FURETIÈRE à qui l'ACADÉMIE l'a emprunté ; mais alors le verbe ROMPRE n'était employé dans la LANGUE MILITAIRE que pour signifier entamer, disperser l'ENNEMI. TRAVERSE (1758, D, p. 60) ne connaissait pas encore l'emploi du verbe ROMPRE, pris sous une acception de TACTIQUE ; BARDET (1740, A) et BOMBELLES (1754, D) sont, parmi les écrivains militaires, les premiers qui s'en soient servis. — Ce terme a ensuite exprimé diverses ÉVOLUTIONS D'INFANTERIE que les ordonnances ont longtemps négligé de caractériser par des qualifications spéciales. — Le mot demande à être distingué en ROMPEMENT DE PELOTONS, — DE RANGS, — EN BATAILLE, — EN COLONNE, — PAR LA GAUCHE, — TACTIQUE.

ROMPEMENT de PELOTON (G, 6). Sorte de ROMPEMENT qui n'a lieu qu'en MARCHE ; il réduit de moitié le FRONT d'une COLONNE PAR PELOTONS. Suivant le RÈGLEMENT DE 1791, il était ou simultané ou successif. Dans le premier cas, le COMMANDEMENT D'AVERTISSEMENT: ROMPEZ LE PELOTON, était un COMMANDEMENT GÉNÉRAL. Dans le second cas, ce COMMANDEMENT était fait successivement par chaque chef de PELOTON, c'est ainsi que le DOUBLEMENT DE SECTION s'opérait dans la COLONNE DE ROUTE. — C'était ou la PREMIÈRE SECTION, ou la SECONDE qui FAISAIT TÊTE, suivant que la COLONNE marchait ou en ORDRE NATUREL, ou en ORDRE RENVERSÉ. Dans le dernier cas, la SECONDE SECTION prenait le devant ; cette règle tenait à la nécessité de maintenir la COLONNE dans un arrangement tel que si elle FAISAIT HALTE pour se reformer par QUART DE CONVERSION, elle le pût, sans que l'ORDRE NATUREL en fût troublé. Ce Rompement s'accomplissait au moyen d'une MARCHE OBLIQUE exécutée du CÔTÉ OPPOSÉ AU GUIDE.

ROMPEMENT de RANGS (G, 6). Sorte de ROMPEMENT qui opérait la dislocation momentanée de la TROUPE, et qui s'effectuait au son de la BRELOQUE ou au COMMANDEMENT ROMPEZ VOS RANGS.

ROMPEMENT EN ARRIÈRE A DROITE (G, 6), ou en ARRIÈRE A GAUCHE. Sorte de ROMPEMENT EN BATAILLE qui opère un ENCOLONNEMENT au moyen d'une MARCHE PAR LE FLANC. Il a lieu par DIVISIONS, ou par PELOTONS, au PAS ORDINAIRE, ou au PAS ACCÉLÉRÉ, etc. Il peut servir quand le défaut d'espace s'oppose à ce qu'on ROMPE par QUART DE CONVERSION. Ainsi une LIGNE dont le PREMIER RANG borde un fossé, ne peut ROMPRE qu'en arrière.

ROMPEMENT EN ARRIÈRE A GAUCHE. V. EN ARRIÈRE A GAUCHE. V. ROMPEMENT EN ARRIÈRE A DROITE.

ROMPEMENT EN BATAILLE (term. sous-génér.), ou ROMPEMENT EN COLONNE. Sorte de ROMPEMENT que les ORDONNANCES modernes rendaient prolixement par la locution : PASSER DE L'ORDRE EN BATAILLE A L'ORDRE EN COLONNE. Ce genre d'ÉVOLUTION changeait l'EMBATAILLEMENT ou l'ORDRE DE BATAILLE, en ENCOLONNEMENT ou en ORDRE EN COLONNE. — ROMPRE EN BATAILLE, ou ROMPRE LA LIGNE, c'est la fractionner par SUBDIVISIONS, pour mouvoir plus aisément la TROUPE à l'ancienne manière de l'ÉPAGOGUE. Dans la première moitié du dernier siècle, on exécutait cette ÉVOLUTION au son des BATTERIES DE CAISSE de quatre manières, savoir : PAR DEMI-RANG, PAR QUART DE RANG, PAR PELOTON, PAR SECTION, ou DEMI-QUART DE RANG. — Pour Rompre par DEMI-RANG, il était exécuté deux ROULEMENTS suivis de deux COUPS DE BAGUETTES ; pour ROMPRE par QUART DE RANG, les ROULEMENTS étaient suivis de trois COUPS DE BAGUETTES ; ils étaient suivis de quatre COUPS DE BAGUETTES pour ROMPRE PAR PELOTON ; ils étaient suivis de cinq COUPS pour ROMPRE PAR SECTION. — Suivant l'ORDONNANCE DE 1766

(1ᵉʳ janvier), qui multipliait, sans utilité, des moyens que plus tard on a simplifiés avec raison, on rompait par régiment, bataillon, demi-bataillon, division, peloton ou section. — Les Rompements s'exécutaient par des combinaisons compliquées : on portait en avant la subdivision qui devait être en tête de la marche, on faisait faire un quart de conversion aux subdivisions qui devaient marcher à la suite de la subdivision de la tête, quand la colonne s'ébranlait. Elles regagnaient diagonalement celle qui marchait en avant, et elles se redressaient sur sa direction. — Les instructions de 1769 (1ᵉʳ mai) et de 1774 (11 juin) faisaient encore Rompre par divisions et par pelotons. — Le règlement de 1791 modifia ces principes ; on ne rompit plus que par pelotons et par sections ; la subdivision de la tête ne se porta plus en avant, hormis à la suite du commandement : Rompre par la droite, pour marcher vers la gauche, ou l'inverse. — Le Rompement par conversion avait lieu de pied ferme, à pivot fixe, au pas ordinaire ; il se suspendait un peu avant l'accomplissement d'un quart de conversion ; il se terminait au commandement : Alignement. — Les Rompements étaient le moyen préparatoire de prolonger la colonne à droite ou à gauche, tandis que les ploiements étaient un moyen de la prolonger en avant ou en arrière. — Depuis le règlement de 1791, le rompement par sections différait du rompement par pelotons, en ce que le chef de peloton, au lieu de se porter au centre de son peloton, se portait au centre de la première section, et en ce que le chef de la seconde section arrivait à sa place nouvelle par la gauche du peloton. L'évolution différait encore en ce que l'aile pivotante de la section n'avait pas de sous-officier pour appui. Ainsi, par peloton, le premier rang était encadré, mais par section il n'en était pas de même. Ce Rompement avait lieu au commandement : Par section a droite, ou a gauche. Il eût pu s'appeler ensectionnement ; mais la langue militaire éludait la création d'un mot technique et disait verbeusement : rompre en colonne par section. — Les Rompements ne produisaient, depuis 1791, que des colonnes par pelotons ou par sections ; les ploiements produisaient des colonnes, soit à différentes distances, soit en masse, soit par divisions ou par pelotons. — Bonaparte, qui s'écartait souvent des ordonnances, a fait rompre, maintes fois, par divisions et au pas accéléré ; car ce grand capitaine se rappelait les ordonnances antérieures à la guerre de la révolution, et n'avait, pour ainsi dire, pas eu le temps de

s'appesantir sur les détails du règlement de 1791. — Le règlement de 1791 (1ᵉʳ août) semblait se contredire dans l'école du soldat nº 252 et dans l'école de peloton nº 152, à l'occasion des principes du pivotement des Rompements. — Les écrivains qui ont traité de ces questions diverses sont : Bardet (1740, A), Bardin (1807, D), Bombelles (1754, D), Encyclopédie (1785, C, 2ᵉ vol., p. 157), Kerenveyer (au mot *Conversion*), Lachesnaie (1758, I ; id., au mot *Roulement*), Leblond (1758, B). Les Rompements en bataille se distinguent en rompement en arrière a droite, — par deux, — par la droite.

ROMPEMENT en colonne. V. en colonne. V. rompement en bataille.

ROMPEMENT par deux (G, 6). Sorte de rompement en bataille qui était analogue à celui qui est en usage dans la cavalerie. Mirabeau (1788, C) témoigne que de son temps il était pratiqué encore par l'infanterie de l'armée prussienne ; mais la tactique française y avait renoncé depuis un siècle.

ROMPEMENT par la droite pour marcher vers la gauche (G, 6). Sorte de rompement en bataille qui, suivant les instructions de 1769 (1ᵉʳ mai) et de 1774 (11 juin), s'exécutait par le départ successif des subdivisions. Chacune ne quittait sa ligne qu'à son tour, ce qui évitait un circuit qui est une espèce de marche processionnelle, ou de contre-marche inflexionnaire ; mais cela demandait une justesse et une combinaison de temps et de distance qu'il était difficile d'obtenir. Aussi, depuis le règlement de 1791 (1ᵉʳ août), cette évolution ne différait de l'autre manière de rompre, que parce que la première subdivision se portait en avant deux fois l'étendue de son front, et qu'ainsi elle marquait le point où toutes les subdivisions rompues devaient venir changer de direction après s'être portées en avant. Dans les évolutions de ligne, chaque bataillon ne part que successivement comme le faisait isolément autrefois chaque subdivision. — Dans les évolutions de ligne, chaque bataillon, à son tour, exécutait sur place ce mouvement, quand le bataillon qui l'avoisinait, s'étant mis en marche, commençait à le démasquer. Le rompement par la gauche pour marcher vers la droite s'exécute d'une manière analogue.

ROMPEMENT par la gauche. V. par la gauche. V. rompement par la droite.

ROMPEMENT par peloton. V. par peloton. V. rompement en bataille.

ROMPEMENT PAR SECTION. V. PAR SECTION. V. ROMPEMENT EN BATAILLE.

ROMPEMENT TACTIQUE. V. TACTIQUE, adj. V. TACTIQUE, subs. V. ROMPEMENT.

ROMPEZ le CERCLE, interj. V. CERCLE. V. CERCLE DE POLICE.

ROMPEZ le PELOTON. V. CHEF DE PELOTON. V. COMMANDEMENT D'AVERTISSEMENT. V. COMMANDEMENT GÉNÉRAL. V. DOUBLEMENT DE SECTION. V. ROMPEMENT DE PELOTON. V. PELOTON.

ROMPEZ VOS RANGS. V. COMMANDEMENT D'AVERTISSEMENT. V. RANG. V. ROMPEMENT DE RANGS.

ROMPRE, verb. act. et neut. V. A VAU DE ROUTE. V. ARME COURTOISE. V. ÉPAGOGUE. V. LANGUE FRANÇAISE. V. ORDONNANCE D'EXERCICE D'INFANTERIE. V. ROMPEMENT.

ROMPRE, verb. neut. V. ESCRIME.

ROMPRE AU FAQUIN. V. AU FAQUIN. V. FAQUIN.

ROMPRE BOIS. V. BOIS. V. CHARGER L'ENNEMI. V. LANCE A MAIN.

ROMPRE EN ARRIÈRE. V. EN ARRIÈRE. V. DIVISION DE BATAILLON. V. ROMPEMENT EN ARRIÈRE.

ROMPRE EN BATAILLE. V. AILE MARCHANTE DE SUBDIVISION. V. CHEF DE SUBDIVISION TACTIQUE. V. COMPAGNIE D'INFANTERIE FRANÇAISE DE LIGNE Nº 9. V. CONVERSION A PIVOT FIXE. V. DEMI-BATAILLON. V. EN BATAILLE. V. MARCHE DE BATAILLON EN COLONNE PAR LE FLANC. V. ORDONNANCE D'EXERCICE D'INFANTERIE. V. RANGS OUVERTS. V. REVERSION. V. ROMPEMENT EN BATAILLE.

ROMPRE EN COLONNE. V. AILE MARCHANTE DE SUBDIVISION. V. AILE PIVOTANTE DE SUBDIVISION. V. BORDER LA HAIE. V. COLONNE. V. ROMPEMENT EN BATAILLE.

ROMPRE EN VISIÈRE. V. EN VISIÈRE. V. LANCE A MAIN.

ROMPRE la CONSIGNE. V. CONSIGNE. V. CONSIGNE D'INJONCTION.

ROMPRE la LIGNE. V. BATTERIE DE CAISSE. V. CARRÉ PARALLÈLE. V. CONTRE-MARCHE. PARATAXIQUE. V. INVERSION. V. LIGNE. V. LIGNE DE BATAILLE. V. ROMPEMENT EN BATAILLE.

ROMPRE le CARRÉ. V. CARRÉ. V. CARRÉ TACTIQUE. V. DISPOSITION CONTRE LA CAVALERIE.

ROMPRE le CERCLE. V. CERCLE. V. CERCLE DE PARADE DE PLACE. V. CERCLE DE POLICE. V. CERCLE DE SOIR. V. CERCLE D'ORDRE.

ROMPRE le FAQUIN. V. CHEVALIER DU MOYEN AGE Nº 6. V. FAQUIN.

ROMPRE le PELOTON. V. DÉDOUBLEMENT TACTIQUE. V. EMPELOTONNEMENT. V. FORMER LES PELOTONS. V. MARQUER LE PAS. V. PELOTON D'INFANTERIE.

ROMPRE l'ENNEMI. V. ENNEMI. V. ORDRE OBLIQUE. V. PLIER.

ROMPRE les ARRÊTS. V. ARRÊTS.

ROMPRE les CHEMINS. V. CHEMIN. V. CHEMIN MILITAIRE.

ROMPRE les FAISCEAUX. V. FAISCEAU. V. ORDONNANCE D'EXERCICE D'INFANTERIE.

ROMPRE les RANGS. V. APPEL DE SOIR EN ROUTE. V. DIANE. V. RANG. V. CHEF DE GARDE MONTANTE EN GARNISON.

ROMPRE l'INVESTISSEMENT. V. ÉTAT DE SIÈGE. V. INVESTISSEMENT.

ROMPRE PAR BATAILLON. V. BATAILLON D'INFANTERIE FRANÇAISE DE LIGNE Nº 7. V. PAR BATAILLONS. V. ROMPEMENT EN BATAILLE.

ROMPRE PAR COMPAGNIE. V. COMPAGNIE D'INFANTERIE FRANÇAISE DE LIGNE Nº 9. V. FORMER LES HAIES. V. PAR COMPAGNIE.

ROMPRE PAR DEMI A DROITE. V. CHANGEMENT DE POSITION. V. PAR DEMI A DROITE.

ROMPRE PAR DEMI A GAUCHE. V. CHANGEMENT DE POSITION. V. PAR DEMI A GAUCHE.

ROMPRE PAR DEMI-BATAILLON. V. DEMI-BATAILLON. V. ORDONNANCE D'EXERCICE D'INFANTERIE. V. PAR DEMI-BATAILLON. V. ROMPEMENT EN BATAILLE.

ROMPRE PAR DEMI-RANG. V. DEMI-BATAILLON. V. DEMI-RANG. V. ORDONNANCE D'EXERCICE D'INFANTERIE. V. PAR DEMI-RANG.

ROMPRE PAR DEMI-SECTION. V. CHEF DE PELOTON. V. FOURRIER D'INFANTERIE FRANÇAISE DE LIGNE Nº 5. V. PAR DEMI-SECTION.

ROMPRE PAR DEUX. V. CAVALERIE FRANÇAISE Nº 7. V. PAR DEUX. V. ROMPEMENT PAR DEUX.

ROMPRE PAR DIVISIONS. V. DIVISION DE BATAILLON. V. ORDONNANCE D'EXERCICE D'INFANTERIE. V. PAR DIVISION.

ROMPRE PAR LA DROITE. V. COMMANDEMENT GÉNÉRAL. V. COMMANDEMENT VOCAL. V. INFLEXION. V. PAR LA DROITE. V. ROMPEMENT EN BATAILLE. V. ROMPEMENT PAR LA DROITE.

ROMPRE PAR PELOTONS. V. COLONNE DE ROUTE. V. CONDUCTEUR D'AILE. V. DOUBLE HAIE. V. FORMER LES DIVISIONS. V. MARCHE DE BATAILLON PAR LE FLANC. V. PAR PELOTON. V. ROMPEMENT EN BATAILLE.

ROMPRE PAR QUART DE RANG. V. ORDONNANCE D'EXERCICE D'INFANTERIE. V. PAR QUART DE RANG. V. QUART DE RANG. V. ROMPEMENT EN BATAILLE.

ROMPRE PAR QUATRE. V. CAVALERIE FRANÇAISE Nº 7. V. INFANTERIE FRANÇAISE Nº

MILICE ANGLAISE N° 8. V. PAR QUATRE. V. TACTIQUE, subs.

ROMPRE PAR RÉGIMENT. V. PAR RÉGIMENT. V. ROMPEMENT EN BATAILLE.

ROMPRE PAR SECTION. V. CHEF DE SECTION TACTIQUE. V. COLONNE DE ROUTE. V. CONDUCTEUR D'AILE. V. PAR SECTION. V. ROMPEMENT EN BATAILLE. V. SECTION. V. SECTION TACTIQUE.

ROMPRE PAR SUBDIVISION. V. MARCHE DE BATAILLON PAR LE FLANC. V. MOULINET. V. ORDONNANCE D'EXERCICE D'INFANTERIE PAR SUBDIVISION.

ROMPRE un GUÉ. V. CHAUSSE-TRAPE. V. GUÉ.

ROMPRE une LANCE. V. LANCE. V. LANCE A MAIN.

ROMPRE une LIGNE. V. CHANGEMENT DE FRONT SUR DEUX LIGNES. V. CONVERSION EN BATAILLANTE. V. LIGNE. V. SERGENT DE REMPLACEMENT.

ROMPU (rompue), adj. V. BATON R... V. ORDRE R... V. POINTE R...

ROMORANTIN; ROMULUS; RONCEVAUX. V. NOMS PROPRES.

RONCHE, subs. masc. V. ROUSSIN.

RONCHEN, subs. masc. V. ROUSSIN.

RONCI, subs. masc. V. ROUSSIN.

RONCIE, subs. fém. V. FAUX.

RONCIN, subs. masc. V. ROUSSIN.

RONCES, subs. masc. V. ROUSSIN.

ROND (ronde), adj. V. BATAILLON R... V. BATON R... V. CHAPEAU R... V. PELLE R... V. POUDRE R... V. REDOUTE R... V. TABLE R... V. TOUR R...

ROND (subs. masc.) TACTIQUE. V. ARCHER A PIED. V. GLOBE TACTIQUE. V. PAGE DE LANCE FOURNIE. V. TACTIQUE, adj. V. TACTIQUE, subs. V. TRIANGLE TACTIQUE.

RONDACHE, subs. fém. (F), ou RONDAGE. Le mot Rondache est provenu de l'ITALIEN *rondaccia*, reproduit dans l'ALLEMAND *rundatsche*. WACHTER le dérive avec assez peu de vraisemblance du TEUTON *tartsch*, analogue au substantif TARGE; mais la Rondache et la TARGE étaient de forme différente. — La Rondache était un grand BOUCLIER rond, imité de la PELTE grecque ou du CLYPE romain. Elle était en usage au temps de CHARLEMAGNE, comme le témoigne M. ALLOU (au mot *Bouclier*). Elle a été portée par les HOMMES DE PIED et DE CHEVAL. Louis NEUF se rendait, en 1245, à l'abbaye de Cluny, escorté d'une COMPAGNIE DE RONDACHERS à cheval. M. CARRION (1824, A) se trompe donc, en mentionnant absolument

la Rondache comme BOUCLIER D'INFANTERIE. SULLY reconnaissait, en 1600, les dehors du château de Montmélian en se couvrant d'une Rondache. MONTÉCUCULI avait dans ses COMPAGNIE A PIED, fortes de cent cinquante hommes, huit RONDACHERS. — On a pris l'un pour l'autre RONDELLE et Rondache; mais la RONDELLE était moins grande, et cette dénomination était plus ancienne que l'autre, suivant M. ALLOU (1837). — DEVILLE (Antoine) conseillait encore, dans le dix-septième siècle, de s'aider de Rondaches à l'épreuve du mousquet dans les SIÉGES OFFENSIFS, et BILLON (1641, A) propose d'entourer d'un RANG de Rondaches le BATAILLON CARRÉ. — FURETIÈRE et GASSENDI considèrent la Rondache comme un BOUCLIER ESPAGNOL; mais nous ne voyons pas qu'il ait été plus particulièrement à l'usage de ce peuple que de tout autre. Il est vrai que, au temps où écrivait FURETIÈRE, les ESPAGNOLS, dit-il, s'en servaient encore de nuit. — Jusqu'au siècle actuel, la MILICE TURQUE faisait emploi de Rondaches, et la MILICE PERSANE n'y a pas renoncé encore. — On peut, sur l'emploi de cette ARME DÉFENSIVE, consulter CARRÉ (1783, E) et MAIZEROY (1767, A).

RONDACHER, subs. masc. V. PIQUIER N° 3. V. RONDACHE. V. SIÉGE OFFENSIF. V. SOLDAT.

RONDAGE, subs. fém. V. RONDACHE.

RONDE, subs. fém. V. BILLET DE R... V. CAPORAL DE R... V. CONTRE-R... V. DE R... V. ESCORTE DE R... V. ÊTRE DE R... V. FAIRE LA R... V. HEURE DE R... V. MARRON DE R... V. MÈCHE DE R... V. MILITAIRE DE R... V. OFFICIER DE R... V. OFFICIER SUPÉRIEUR DE R... V. PASSAGE DE R... V. RAPPORT DE R... V. RECONNAISSANCE DE R... V. REGISTRE DE R... V. SERGENT DE R... V. SERVICE DE R... V. SOUS-OFFICIER DE R... V. TIRER LES R...

RONDE (term. génér.), ou FACTION, ou GUET, ou REGARD, ou RÉREGUET suivant ROQUEFORT. Le mot Ronde, peu ancien en FRANÇAIS, a été emprunté, suivant MÉNAGE, de l'ESPAGNOL *ronda*, qui signifiait fausse braie; de là le verbe *rondar*, FAIRE LA RONDE, ou parcourir la FAUSSE BRAIE, et, par corruption, le verbe français RODER, l'un et l'autre analogues à l'ESPAGNOL *rondador* et *rondelero*, que DUROSQUET (1769, B) et quelques traités français ont rendus par le masculin RONDEUR, et par la traduction PORTEFALOT de la Ronde. — COVARRUVIAS prétend que l'ESPAGNOL *ronda*, pris pour *rotunda*, vient de ce que les anciennes PLACES DE GUERRE étaient de forme ronde; l'assertion n'est pas géométriquement exacte. — Le mot Ronde commençait à se franciser au temps de Henry Estienne, ainsi que cet auteur en rend témoignage. Il exprime, et le genre de service qui consiste à faire le tour d'une enceinte, et le militaire chargé de ce service, et le chemin qu'il tient. Ainsi, de toutes les langues qui viennent d'être citées, le français est le moins riche, puisqu'il applique trois significations à un seul et même mot. — Il s'agit surtout ici des rondes en garnison et de nuit ; mais il se fait aussi des rondes au camp, en campagne et de jour. On peut, à l'égard de ces dernières, consulter Lecointe (1759). — Les rondes en garnison ont été de deux espèces, suivant que les systèmes de fortification ont admis ou supprimé les corridors qu'on nommait bermes ou pas de souris. D'abord, faire la ronde, c'était suivre ce passage le long du pied de l'escarpe, ou bien, mais à une époque moins ancienne, c'était suivre le chemin de ronde au-dessus du cordon du rempart ; actuellement, au contraire, c'est parcourir le dedans du parapet qui surmonte le rempart. — Le mot Ronde, considéré comme action, se rendait, en bas latin, suivant Roquefort, par les termes *alaia, alata, alatoria ;* cette dernière expression, empruntée à la vénerie, avait rapport au manége d'un limier. Le vieux français, suivant le même écrivain, désignait par les expressions cercle, ou cercle de nuit, l'action de s'acquitter de la Ronde. — On voit, dans les *Voyages d'Anacharsis* (t. iii, p. 142), quels soins les Grecs apportaient à l'accomplissement des Rondes ; ils ont servi en cela de modèles aux Romains. Les Rondes de la milice grecque étaient moins un moyen de surprise qu'un moyen d'éveil ; elles étaient annoncées par la cloche ; ce système se retrouvait chez les Turcs dont la daul ou les tam-tams tenaient nuitamment en alerte les sentinelles. — Les Romains exprimaient le service et l'objet de la Ronde par *vigiliæ ;* le terrain de la Ronde par *pomœrium ;* le personnage de Ronde par *circitor.* D'abord, comme le témoigne Polybe (150 avant J.-C.), ce furent les cavaliers légionnaires, les chevaliers romains, plus tard ce furent les corniculaires, les centurions, les tribuns euxmêmes, qui s'acquittèrent du service des Rondes ; elles avaient surtout en vue la régularité et le bon ordre des postes d'hommes de garde en garnison, ou dans des camps à demeure. — Les Rondes de la milice romaine, au lieu de déposer aux postes comme signe de leur passage, un marron, recevaient du poste une tessère, une tablette qu'elles rendaient le lendemain matin au tribun. Polybe (150 avant J.-C.) explique

ces circonstances, et indique les punitions qui étaient infligées, en cas de rapports inexacts faits par des officiers de ronde. — Le règlement de 1661 (12 octobre), les ordonnances de 1665 (25 juillet), 1673 (8 mars), 1683 (7 janvier), 1707 (1er avril), 1750 (25 juin) réglaient le service des Rondes ; elles se tiraient au sort comme la garde ; elles ne devaient marcher qu'avec du feu, ou une mèche allumée, et, depuis 1750, qu'avec un falot ; elles devaient suivre la banquette sans abréger le chemin, sans étrangler le bastion, c'est-à-dire, suivant Bombelles (1719, B) et suivant Ganeau, qu'elles ne devaient pas se contenter de traverser à leur gorge les bastions en en négligeant le pourtour. — Le militaire de ronde devait entrer dans chaque guérite du rempart pour voir dans le fossé de la place ; s'arrêter de temps à autre pour écouter ; passer l'inspection des factionnaires ; s'enquêter de ce qu'ils pourraient avoir appris ou reconnu depuis leur pose ; leur faire répéter leur consigne, et dénoncer au chef de poste les sentinelles surprises en faute. — La reconnaissance des Rondes différait suivant qu'il s'agissait de rondes major ou supérieures, ou, simplement, de rondes d'officiers ou de sergents ; de là cette différence des cris : A l'ordre, ou avance qui a l'ordre ; hors de garde, ou hors la garde. — Le militaire qui allait à la reconnaissance de la Ronde, commandait : Haut les armes, aux fusiliers qui l'accompagnaient. — Le major de place désignait, la veille, les militaires de Ronde, après avoir commandé le service des gardes. Le jour même de la Ronde, le sort désignait à quelle heure chaque militaire commandé commencerait sa tournée ; à cet effet, les officiers, réunis au cercle de la parade, ou, en leur absence, leur fourrier, tiraient au sort, sans distinction de grade, le billet de ronde ou le marron. Les sergents tiraient ensuite les leurs. Ces précautions tendaient à prévenir toute machination qui aurait pu compromettre le salut de la place. — Le service des Rondes ne devait pas se renouveler plus d'une fois par quinzaine pour chaque militaire commandé. L'heure de la Ronde dépendait de la saison. — Si des Rondes se rencontraient, elles criaient : Halte-là ; qui vive. La réponse désignait de quelle espèce elles étaient. Le militaire du moindre grade donnait le mot à l'autre, en tenant d'une main la garde de son épée, et en en présentant la pointe vers la poitrine de celui qui s'était approché au qui vive. En cas d'égalité de grade, le militaire du plus ancien régiment recevait le mot, ou, s'il s'élevait quelque difficulté, celui qui avait crié le premier, recevait le mot, ou, enfin, l'une des Rondes donnait la première partie du mot, l'autre Ronde disait la seconde partie; voilà surtout pourquoi le mot se composait de plusieurs paroles. — L'ordonnance de 1768 prévoyait le cas où des Rondes arrêteraient des militaires absents fautivement de la caserne; mais il n'y a que les Rondes ayant escorte qui pourraient faire faire, par leur escorte, cette arrestation. — Les Rondes des villes de guerre n'avaient pas accès dans la citadelle. — Suivant le grade du personnage de Ronde, la Ronde était reconnue, ou par le seul caporal de consigne, ou par le chef du poste en personne, après la reconnaissance du caporal de consigne. — Les Rondes devaient être assez nombreuses pour que, depuis la retraite battue, ou la fermeture, jusqu'à l'ouverture des portes, il y en eût toujours une sur le rempart. — Des Rondes partielles s'appelaient rondes volantes. Des Rondes ordinaires de sergents ne différaient pas, quant à la forme du service et quant à la manière d'être reconnues, de celles des officiers particuliers. — Le point de départ était déterminé par l'ordre de la place; c'était aussi le point où venait se terminer la Ronde. Mais dans des places de trop grande étendue, chaque Ronde n'en parcourait que la moitié. — Ces règles avaient été en partie maintenues par l'ordonnance de 1768 (1er mars), qui a réglé, pendant trois quarts de siècle, la matière; mais elle avait aboli l'usage de faire redire aux sentinelles leur consigne. — Les officiers et sergents de ronde étaient tenus d'apposer leur signature sur un registre *ad hoc*, déposé au corps de garde, en y indiquant l'heure de la Ronde. Il leur était enjoint de ne pas laisser de blanc entre les inscriptions précédentes et la leur. Ils devaient déposer le marron dans la boîte en l'y enfilant eux-mêmes. — S'il devait être fourni escorte et falot, l'un et l'autre étaient renouvelés de poste en poste. — Dans des circonstances critiques, on pourvoyait de cornets acoustiques les Rondes, afin qu'elles pussent avoir connaissance des moindres bruits faits dans le fossé, et même au delà du chemin couvert. — Guignard (1725, B) parle de rondes roulantes qui se faisaient de son temps; c'étaient des espèces de factions d'officiers tenus de se promener, pendant une certaine durée de temps, sur une certaine portion de rempart. — Les auteurs à interroger au sujet du service des Rondes sont : Bardet (1740, A), Bardin (1807, D), Bombelles (1746, A), Bonjouan, Daniel (1721, A), Desciau (1615, B), d'Hé-

ricourt (1756, G), Duane (1810, E, au mot *Round*), Dubousquet (1769, B), Gaigne (1801, C), Ganeau, Guignard (1725, B), Guillet (1686, B), Kéralio (1769, H), Lachesnaie (1758, I), Lecointe (1759, B), Lecouturier (1825, A), Manesson (1685, B), Ménage, Quincy (1741, E), Robinson, Suidas, Thucydide. — Les Rondes se distinguent ou se sont distinguées en rondes de sous-officiers, — d'officiers, — major, — supérieure, — volante.

RONDE au camp. V. au camp. V. camp. V. ronde.

RONDE de caporal. V. caporal. V. caporal d'infanterie française nº 12. V. ronde. V. ronde de sous-officier.

RONDE de colonel. V. colonel. V. colonel de piquet.

RONDE de commandant de place. V. chef de poste d'hommes de garde en garnison nº 4. V. commandant de place nº 9. V. corps de garde de garnison. V. ronde supérieure.

RONDE de commissaire des guerres. V. ronde supérieure. V. commissaire des guerres nº 4. V. ronde-major.

RONDE de gouverneur. V. gouverneur. V. gouverneur de place de guerre nº 5. V. ronde supérieure.

RONDE de jour. V. jour. V. ronde.

RONDE de nuit. V. colonel de piquet. V. gouverneur de place nº 5. V. nuit. V. ronde. V. ronde-major.

RONDE de sergent. V. billet de ronde. V. falot. V. ronde de sous-officiers. V. sergent.

RONDE de sous-officiers (E, 5). Sorte de ronde faite par des sergents, et quelquefois par des caporaux. — Les rondes de sergents sont un genre de service indépendant quelquefois de celui des postes, (et, dans ce cas, les sergents de grenadiers en étaient exempts par l'ordonnance de 1768), ou bien elles sont faites par des sergents de garde placés à un poste commandé par un officier. — Les sous-officiers de Ronde sont tenus de porter eux-mêmes leur falot. — D'Héricourt (1756, G) témoigne que, de son temps, les Rondes de sergents se faisaient en sens contraire de celles des officiers; elles s'appelaient par cette cause contrerondes. Cet usage était peu ancien, puisque Guignard (1725, B) témoigne que les Rondes quelconques ne se faisaient jamais que dans un même sens.

RONDE d'inspecteur général. V. inspecteur général nº 4. V. ronde supérieure.

RONDE (rondes) d'officiers (E, 5). Sorte

de RONDES qui étaient commandées aux OFFICIERS D'INFANTERIE; c'était un TOUR particulier de SERVICE; un BILLET DE RONDE en indiquait l'heure et la marche. Quelquefois les Rondes étaient faites comme SERVICE DE JOUR; quelquefois elles l'étaient par des OFFICIERS DE GARDE. Elles partaient en général du POSTE de la PLACE D'ARMES. L'OFFICIER devait être en HAUSSE-COL, et, depuis l'ORDONNANCE DE 1768 (1er MARS), il devait faire à pied ce SERVICE; plus anciennement, il pouvait être fait à cheval, mais seulement en vertu d'autorisation spéciale. — Les Rondes d'OFFICIERS étaient reconnues comme RONDES SIMPLES, c'est-à-dire, non par les OFFICIERS DE GARDE, mais par le CAPORAL DE CONSIGNE ou par le CAPORAL CHEF DE POSTE; elles lui DONNAIENT LE MOT après le CRI : AVANCE QUI A L'ORDRE. — Des OFFICIERS DE CAVALERIE n'auraient été employés à ce SERVICE que par urgence et à défaut d'autres OFFICIERS. — L'ORDONNANCE DE 1750 (25 JUIN) prononçait un mois de PRISON contre les OFFICIERS qui ne s'acquitteraient pas régulièrement de leurs Rondes; elle voulait qu'ils fissent porter, à leurs frais, devant eux un FALOT, parce qu'il n'était permis qu'aux RONDES MAJOR et SUPÉRIEURES de prendre, de POSTE en POSTE, un FUSILIER pour les éclairer. — L'ORDONNANCE DE 1768 (1er MARS) autorisait les OFFICIERS DE RONDE à se faire éclairer par un FUSILIER DE GARDE. — Une décision de 1834 (septembre) astreignait les OFFICIERS DE COMPAGNIES D'ÉLITE à concourir, avec ceux de FUSILIERS, à ce genre de SERVICE dont ils avaient été dispensés jusque-là.

RONDE du GUET. V. GUET. V. GUET DE PARIS. V. RONDE.

RONDE EN CAMPAGNE. V. CHIEN DE GUERRE. V. EN CAMPAGNE. V. RONDE.

RONDE EN GARNISON. V. EN GARNISON. V. MARRON DE SERVICE. V. POSTE D'HOMMES DE GARDE EN GARNISON. V. RONDE.

RONDE-MAJOR (E, 3). Sorte de RONDE qui était faite après l'ORDRE DONNÉ et la FERMETURE DES PORTES au CERCLE DU SOIR. Le MAJOR DE PLACE, ou un AIDE-MAJOR, s'acquittaient de cette fonction. Elle était la première des RONDES DE NUIT; elle était faite, soit à pied, soit à cheval, comme les RONDES SUPÉRIEURES; elle avait pour objet de constater si le MOT avait été reçu et compris tel qu'il avait été donné. Voilà pourquoi le MAJOR ou l'OFFICIER qui le représentait recevait le MOT du CHEF DU POSTE après le CRI : AVANCE A L'ORDRE; tandis que les RONDES SIMPLES étaient, au contraire, tenues de DONNER LE MOT après le CRI : AVANCE QUI A L'ORDRE. — La Ronde-major commençait, tantôt par un POSTE,

tantôt par un autre. L'heure de cette Ronde n'était pas toujours la même. L'OFFICIER qui la faisait s'assurait de l'état du CORPS DE GARDE et de la régularité de POSE des SENTINELLES, de leur tenue, de l'état des ARMES, du nombre des hommes présents; s'il rencontrait une PATROUILLE, il se faisait donner par le CAPORAL le MOT entier. — Les ADJUDANTS DE PLACE ont fait la Ronde-major après la suppression des MAJORS et des AIDES-MAJORS DE PLACE. — La Ronde-major était quelquefois accompagnée du COMMISSAIRE DES GUERRES, comme le témoignent CHENNEVIÈRES et GUIGNARD (1725, B). — L'ORDONNANCE DE 1768 (1er MARS) décidait que la Ronde-major ne serait reçue d'une manière particulière, c'est-à-dire, reconnue d'abord par le CAPORAL DE CONSIGNE, ensuite par le CHEF DE POSTE en personne, que dans la première tournée, mais non dans la seconde; si elle se répétait, elle n'était plus considérée que comme une RONDE SIMPLE d'OFFICIER. — Le CHEF DE POSTE qui en faisait la RECONNAISSANCE se faisait accompagner de deux FUSILIERS, les ARMES APPRÊTÉES, et ne s'avançait qu'à quatre pas de la SENTINELLE placée DEVANT LES ARMES.

RONDE ROULANTE. V. RONDE. V. ROULANT, adj.

RONDE SIMPLE. V. RONDE. V. RONDE D'OFFICIER. V. RONDE MAJOR. V. SIMPLE, adj.

RONDE SUPÉRIEURE (E, 3). Sorte de RONDE faite par des OFFICIERS GÉNÉRAUX, le COMMANDANT DE PLACE, le GOUVERNEUR, l'INSPECTEUR GÉNÉRAL, le LIEUTENANT DE ROI, ou des OFFICIERS SUPÉRIEURS. Elles sont reconnues comme la RONDE-MAJOR, si ce n'est que le CHEF DU POSTE, éclairé par le CAPORAL DE CONSIGNE, et accompagné de quatre FUSILIERS, si le POSTE comportait ce nombre, devait se porter jusqu'à la hauteur de sa SENTINELLE AVANCÉE. Si ces Rondes se renouvelaient plusieurs fois, elles étaient chaque fois reçues de même. Elles se faisaient ordinairement à cheval, aux heures et dans la direction qui convenait au personnage de Ronde. — Les hommes de chaque POSTE sortaient et se mettaient sous les armes. — Les Rondes des OFFICIERS GÉNÉRAUX étaient accompagnées d'une ESCORTE de quatre FUSILIERS.

RONDE VOLANTE (E, 3). Sorte de RONDE dont s'acquittaient, de POSTE en POSTE seulement, un SERGENT, ou un CAPORAL, qui n'était pas COMMANDANT DE POSTE.

RONDÈLE, subs. fém. V. RONDELLE.

RONDELET. V. NOMS PROPRES.

RONDELIER, subs. masc. V. RONDELIER.

RONDELLE, subs. fém. (F), ou ROELLE, ou RONDÈLE suivant BOREL (Pierre). Le mot Rondelle, si on l'applique aux CUIRASSES, exprime une partie d'ARMURE décrite et dessinée dans l'ouvrage de PLANCHÉ. — Le mot Rondelle, si on l'applique au MATÉRIEL de l'ARTILLERIE, sert de dénomination à diverses pièces ou garnitures dont les détails se trouvent dans M. COTTY (1822, A), GASSENDI, MANESSON (1685, B). — Il ne va être question ici de Rondelles que sous l'acception d'ARMES DÉFENSIVES portées par les RONDELLIERS. — Le mot vient de l'ITALIEN *rotello*, suivant GRASSI (1817, II), ou de *rotella*, *ruotella*, suivant Antonini. C'était un genre de BOUCLIER, une petite RONDACHE. Suivant CARRÉ (1783, E), il s'en fabriquait à PARIS, rue de la Rondelle, rue que, par corruption, on a nommée de l'Hirondelle. — Le primitif BOUCLIER de l'INFANTERIE ROMAINE était la Rondelle qu'ils nommaient CLYPE. — M. le colonel CARRION (1824, A) regarde la Rondelle comme un BOUCLIER DE CAVALERIE; LACHESNAIE (1758, I), comme un BOUCLIER D'INFANTERIE. Nous sommes avec LACUESNAIE de ce dernier avis, puisque les ordonnances, ainsi que CARRÉ (1783, E) en fournit la preuve, donnaient la Rondelle à ceux des FRANCS ARCHERS qui étaient PIQUIERS; des ARCHERS et des ARQUEBUSIERS A PIED l'ont aussi portée. — Plusieurs ÉCRIVAINS, tels que DANIEL (1721, A), définissent la Rondelle comme un ÉCU rond ou ovale; tous sont d'accord que la RONDACHE était un BOUCLIER rond. Cependant CARRÉ, M. CARRION et M. COTTY mentionnent ces mots comme synonymes. M. ALLOU (au mot *Bouclier*) définit la Rondelle comme un petit BOUCLIER rond; mais il y en avait et d'une autre forme et de grandes, puisque BRANTOME (1600, A), en parlant du capitaine Monins, disait : *On le reconnaîtra à une grande Rondelle couverte toute de velours vert.* — Il y avait des Rondelles moyennes, il y en avait de petites; telles étaient les RONDELLES A POING, c'est-à-dire à POIGNÉE. CARRÉ (1783, E) en offre l'image. Elles étaient creuses, hémisphériques et à MANCHE. On n'en peut comparer mieux la forme qu'à celle de certains champignons à tige menue ou à une manière de parasol. Aussi conjecturons-nous que l'on en faisait usage pour MONTER A L'ASSAUT. — La Rondelle était un BOUCLIER de bois recouvert de cuir ou de nerfs en fils. Au douzième siècle, il était en bois de tremble, et l'INFANTERIE en faisait usage comme les HOMMES DE CHEVAL faisaient usage de l'ÉCU. Elle se portait, pendant la durée des marches, suspendue à la ceinture, et pendait à droite en avant de la DAGUE. —

Les GÉNÉRAUX de CHARLES-QUINT se servaient d'une Rondelle nommée BROQUEL. — On opposait, sous CHARLES NEUF, le BROQUEL aux FLÈCHES encore en usage à cette époque dans l'ARMÉE ANGLAISE. — Les montagnards écossais ont porté, des derniers, la Rondelle. — DUBELLAY (1549, A) raconte que, à la journée de RAVENNES, les ESPAGNOLS, à l'aide de leurs Rondelles, mirent en grand péril les LANSQUENETS français, sous la PIQUE desquels ils réussirent à se glisser. — Des Rondelles armées exclusivement d'une pointe à leur centre se sont nommées THAULACHES.

RONDELLE A POING. V. A POING. V. RONDELLE.

RONDELLE d'ARTILLERIE. V. ARTILLERIE. V. RONDELLE.

RONDELLE de CUIRASSE. V. CUIRASSE. V. CUIRASSE DE FER PLEIN. V. RONDELLE.

RONDELLE de FLEURET. V. FLEURET. V. MOUCHE.

RONDELLIER, subs. masc. (F), ou RONDELIER suivant BOREL (Pierre), ou RONDILLER suivant CARRÉ (1783, E). Ces mots tirent leur origine de la RONDELLE, en prenant ce féminin dans le sens de BOUCLIER. — Les Rondelliers, comme le témoigne DUBELLAY (1549, A), étaient des SOLDATS A PIED qui portaient une rondelle, non pour leur propre sûreté, mais pour garantir des SERGENTS MILITAIRES, des ARCHERS, des ARBALÉTRIERS, des ARQUEBUSIERS A PIED, des ÉCHELEURS, contre les TRAITS ou les PIERRES de l'ENNEMI, parce que le genre de service de ces derniers ne leur permettait pas de se charger d'une RONDELLE. Cet ÉCRIVAIN conseillait même d'entourer d'un rang de Rondelliers les PIQUIERS, et d'armer de GRENADES ces Rondelliers. — Les ÉCHELLES TACTIQUES étaient accompagnées de Rondelliers.

RONDEUR, subs. masc. V. GARDE ARMÉE. V. RONDE.

RONDILLER, subs. masc. V. RONDELLIER.

RONSIN, subs. masc. V. ROUSSIN.

RONXUS; **RONSARD**; **ROQUE**. V. NOMS PROPRES.

ROQUET, subs. masc. (F), ou ROQUETTE suivant le *Bulletin des Sciences militaires* (1824, p. 371). Nom donné à l'enveloppe ou au corps d'une FUSÉE DE GUERRE, et, par syncope, à la FUSÉE même; c'est la traduction du bas latin *rochetta*. — FURTTENBACH se servait, dans le même sens, des mots *rajetten*, aujourd'hui *racketten*. — Colliado, en 1586, appelait, en ESPAGNOL, les fusées *cohete*; les ANGLAIS et le colonel CONGRÈVE disent *rocket*, qu'ils prononcent à peu près

RAQUETTE, d'où est venu le nom des RAQUE-
TIERS. — Le mot ROCHET, pris comme syno-
nyme de Roquet, a été le nom donné à un
FER de LANCE; de là les expressions ancien-
nes COURTOIS ROQUET, FER DE ROQUET, LANCE A
ROQUET.

ROQUETTE, subs. fém. v. ROQUET.

RORAIRE, subs. masc. (F). Mot tout
LATIN, *rorarius, rorarium,* emprunté de
roratio, signifiant rosée. *Rorarii appella-
bantur,* dit FESTUS, *quod ut ante imbrem
rorare solet, sic illi prodibant cum mis-
silibus quœ, rarenter sparsi, emittebant
in hostem :* De même que la rosée précède
la pluie, les SOLDATS, nommés Roraires,
combattaient en ordre épars, et écrasaient
de PROJECTILES l'ENNEMI. — Au lieu de cette
définition alambiquée que donne FESTUS, il
est plus vrai et plus simple de dire que les
Roraires couvraient d'une pluie de PIERRES
l'ENNEMI. — Le mot LATIN avait laissé dans
l'ITALIEN le substantif *rorario;* il servait à
désigner les TROUPES A PIED de la MILICE RO-
RAINE au temps de la décadence, époque où
elles étaient devenues si nombreuses. — Les
Roraires étaient ARMÉS A LA LÉGÈRE; c'était
surtout des FRONDEURS qui ENTAMAIENT L'AC-
TION avant que la LÉGION ne DONNAT.

ROROWTH. v. NOMS PROPRES.

ROSACE, subs. fém. v. BOURDALOU. V.
JUGULAIRE. V. SCHAKO.

**ROSARD ; ROSBACH ; ROSBEC ;
ROSE.** v. NOMS PROPRES.

ROSE, adj. et subs. masc. v. COULEUR
TRANCHANTE.

ROSE (subs. fém.) TACTIQUE. V. ÉVOLU-
TION. V. TACTIQUE, adj.

ROSENTHAL. v. NOMS PROPRES.

ROSETTE, subs. fém. (term. génér.).
Mot employé à raison de quelque analogie
avec la forme d'une rose. Il est usité en AR-
TILLERIE, sous plusieurs acceptions, comme
le témoigne GASSENDI. Il ne sera défini ici
que comme ROSETTE DE BAGUE, — DE CHEVE-
LURE, — DE GRENADIÈRE.

ROSETTE de BAGUE (B, 1). Sorte de RO-
SETTE dont la destination est de contribuer
à attacher au FUSIL DE MUNITION la BAION-
NETTE. La Rosette se compose des pattes ou
équerres de l'extrémité de la BAGUE DE
BAIONNETTE. Elles se réunissent en manière
de mains jointes. Elles sont percées, l'une
d'un ŒIL, l'autre d'un TROU A VIS. Cette dernière forme un demi-créneau, afin de venir
buter contre l'ÉTOUTEAU.

ROSETTE de CHEVELURE (B, 1). Sorte de
ROSETTE qui ornait le haut de la QUEUE des

MILITAIRES. C'était une espèce de petite cocarde en cuir noir, bouilli, moulé, à rayons.
Une épingle y était fixée à son centre et à
demeure. Cette épingle, courbée, s'intro-
duisait verticalement dans les cheveux à la
naissance du RUBAN.

ROSETTE de CUBITIÈRE. V. ARMURE PLATE.
V. CUBITIÈRE.

ROSETTE de GENOUILLÈRE. V. ARMURE
PLATE. V. GENOUILLÈRE.

ROSETTE de GRENADIÈRE (B, 1). Sorte de
ROSETTE formée de la réunion des parties
coudées du BATTANT DE GRENADIÈRE d'un FUSIL
D'INFANTERIE. La Rosette est traversée par le
CLOU RIVÉ de l'ANNEAU.

ROSLE, subs. masc. v. ROLE.

ROSTRAL (rostrale), adj. v. COURONNE
R...

**ROSNY ; ROSSBACH ; ROSSETTI ;
ROSTAING ; ROSTRENEN.** v. NOMS PRO-
PRES.

ROTE, subs. fém. v. ROUTE.

ROTIN, subs. masc. (B, 1). Jonc de HOL-
LANDE qui s'emploie refendu, et qui entre
dans la confection des CAISSES DE TAMBOUR, et
sert comme BAGUETTE DE COLBACH.

ROTTBERG. v. NOMS PROPRES.

ROTTE, subs. fém. v. BANDE AGRÉGATIVE.
V. DÉROUTE. V. ROUT.

ROTTEK ; ROTTENBURG. v. NOMS
PROPRES.

ROTURE, subs. fém. v. BUTIN. V. GRADE
EN SECOND. V. INFANTERIE FRANÇAISE N° 2. V.
MONTRE ADMINISTRATIVE. V. REITRE. V. ROTU-
RIER.

ROTURIER, subs. masc. (F), ou HOMME
COUTUMIER, ou HOMME DE ROUT. Le mot Roturier dérive du bas LATIN *ruta* qui, suivant ROQUEFORT, répondait au sens du mot
ROTURE, et que le vieux français a transformé
en ROUT, ROUTE. — Suivant GÉBELIN, le mot
Roturier viendrait de l'ITALIEN *rottura,* rupture, dont la LANGUE ROMANE avait fait le
mot ROUPTE. Cet ÉCRIVAIN prétend que l'expression résulte de l'obligation où était le
Roturier de rompre la terre par le labourage; mais il semble qu'en ce cas GÉBELIN
confond le Roturier et le SERF. Or, les Roturiers n'étaient pas SERFS; c'était la partie
non NOBLE de la nation; cette partie se composait d'HOMMES DE POESTE, de bourgeois de
condition libre, suivant CARRÉ (1785, E), ou
des descendants des affranchis, tandis que
les descendants des conquérants formaient
le corps de la NOBLESSE. Les Roturiers portant armes étaient susceptibles d'être justiciables du TRIBUNAL DU POINT D'HONNEUR. Le
Roturier, dit DUCANGE, moins favorisé en

cela que l'ecclésiastique, était un particulier inhabile à tenir FIEF, et à avoir par conséquent TROUPES et VASSAUX. Il ne pouvait, dit VELLY, à l'année 1270, avoir ÉPERONS ; il ne devait servir que dans l'INFANTERIE. Une TAILLE à souche, faute d'autre moyen d'inscription, était la cote de son SERVICE. — Une démarcation entre ROTURE et FIEF, NOBLESSE et SERVAGE, est aussi ancienne que la civilisation. Il y eut des Roturiers et des NOBLES au temps des primitifs GAULOIS ; il en fut ainsi chez les FRANCS, spoliateurs des GAULOIS et des ROMAINS. Le fond de ce système politique devint celui des FRANÇAIS : il en sera éternellement ainsi chez tous les peuples ; leur destin est d'être travaillés de l'oppression du despotisme, ou de la fièvre de la démocratie, quand ils ne jouissent pas de la monarchie tempérée. — Les Roturiers étaient des individus que le SEIGNEUR avait droit de convoquer pour en former le BAN et surtout l'ARRIÈRE-BAN ; sous cette forme de SERVICE ils devenaient ROUTIERS ; s'ils se rendaient coupables de DÉSERTION, le SERVAGE ou l'état de SERFS était la PEINE qu'ils encouraient. Ce fut, suivant BEAUMANOIR, la cause de la multiplication des serfs en FRANCE. Les Roturiers n'y jouissaient d'aucun des avantages réservés aux GENTILSHOMMES ; mais ils étaient, comme eux, forcés de prendre part aux GUERRES PRIVÉES. Ils ne combattaient dans le SERVICE FÉODAL qu'avec le BATON D'ARMES, ou tout au plus, dit CARRÉ (1783, E), avec l'ARMURE LÉGÈRE, le COUTEAU et le MAIL D'ARMES. Dans les DUELS, nommés COMBATS DE JUGEMENT, ou JUGEMENTS DE DIEU, ils subissaient, comme MILITAIRES, des PEINES d'un genre particulier. Ainsi les Roturiers, les HOMMES DE CORPS qui figuraient comme PASSE-VOLANTS aux MONTRES, étaient punis de PEINES MUTILANTES. Les Roturiers, à moins qu'ils ne fussent parvenus au GRADE DE SERGENT D'INFANTERIE, n'étaient pas admis dans les COMPAGNIES de GENDARMES ou de GENTILSHOMMES, ni dans la MAISON DU ROI ; mais ils s'anoblissaient par des GRADES MILITAIRES, par l'obtention d'ARMES ASSOMPTIVES, si, en GUERRE ils faisaient PRISONNIER un PRINCE, un GENTILHOMME ayant ARMOIRIES. — Pendant longtemps les Roturiers ont été les seuls INGÉNIEURS MILITAIRES des ARMÉES, parce que la NOBLESSE était trop peu disposée à l'étude pour voir dans la GUERRE autre chose que l'art de FRAPPER D'ESTOC et de taille. Dans les derniers siècles encore, c'étaient en général de savants Roturiers qui étaient OFFICIERS D'ARTILLERIE et DU GÉNIE. — LES LANSQUENETS, tirés primitivement de la classe des SERFS, furent plus tard des Roturiers servant comme VOLONTAIRES. — Des LEVÉES FORCÉES de Roturiers alimentaient, dans les derniers siècles, la MILICE ESPAGNOLE ; la NOBLESSE n'était pas soumise à ce genre d'APPEL. — L'anoblissement des PAGES en FRANCE, leur introduction dans l'état militaire, était une des voies d'ANOBLISSEMENT ouvertes à quelques familles Roturières. — LES CONCORDATS ont été une voie d'anoblissement de descendance. — Sous LOUIS QUINZE, des PENSIONS DE RETRAITE étaient données par préférence aux Roturiers parvenus à l'épaulette, comme devenus inhabiles à toute autre PROFESSION que celle des ARMES. — HALLAM dit avec plus d'orgueil que de réflexion : Nous n'avons pas de mot ANGLAIS qui rende le sens de Roturier. Qu'est-ce donc que le mot anglais *people*, s'il ne signifie ROTURE, et n'y a-t-il pas en faveur de la FRANCE cette différence que ce ne sont que ses lois seigneuriales qui y ont institué la FÉODALITÉ, tandis que ce sont des lois royales, celles de GUILLAUME LE BATARD, qui l'ont introduite en ANGLETERRE ? — Les AUTEURS qu'il conviendrait de consulter touchant la question militaire qui se rattache aux Roturiers sont : BEAUMANOIR, CARRÉ (1783, E), DUCANGE, GÉBELIN, HALLAM, ROQUEFORT, M. SISMONDI, VELLY.

ROUAGE, subs. masc. V. AFFUT. V. BATTRE EN R... V. EN ROUAGE.

ROUCHIN, subs. masc. V. ROUSSIN.

ROUCIN, subs. masc. V. ROUSSIN.

ROUE, subs. fém. V. A ROUE. V. ROELLE. V. ROULEMENT.

ROUE d'AFFUT. V. AFFUT.

ROUE de BALISTE. V. BALISTE. V. BALISTE A ROUE.

ROUE de TORTUE. V. TORTUE OFFENSIVE.

ROUE de TOUR. V. HÉLÉPOLE. V. TOUR. V. TOUR ROULANTE.

ROUE d'OBUSIER. V. OBUSIER. V. OBUSIER DE MONTAGNES.

ROUELE, subs. fém. V. ROELLE. V. SALADE A ROELLE.

ROUELLE, subs. fém. V. ÉCU.

ROUEN. V. NOMS PROPRES.

ROUET, subs. masc. V. A ROUET. V. ARQUEBUSE A R... V. CHAINETTE DE R... V. CLEF DE R... V. CROSSE DE R... V. ESSIEU DE R...

ROUET (F), ou ROUET A FEU. Ce mot, dont l'étymologie se révèle d'elle-même, a exprimé une PIÈCE appartenant à certaines ARMES MÉCANIQUES, à des ARQUEBUSES, des BUTTIÈRES, des FUSILS, des MOUSQUETS, des PÉTRINALS, des PISTOLETS. — Le Rouet était une petite ROUE plate et pleine, en acier ; elle faisait partie de la PLATINE ; elle produisait, par sa rotation, l'inflammation de la

CHARGE ; les ANGLAIS appelaient cette platine *fire-lock*, ou serrure à feu. — M. MEYER (MORITZ) a décrit les PLATINES A ROUET eomme inventées en 1517 à Nuremberg, et comme perfectionnées en 1587 ; mais il se voit au musée de l'artillerie de PARIS une ARME A ROUET qui paraît être de l'année 1504. — L'*Echo britannique* regarde les ROUETS D'ARQUEBUSE comme une invention ITALIENNE. DUBELLAY (1549, A) dit qu'on se servit pour la première fois d'ARMES A ROUET à PARME, où les ESPAGNOLS et les troupes papales attaquaient le marquis de Foix. — Il y avait des ROUETS A DÉCLIN ; il y en avait qui, en se montant, armaient le CHIEN. Il se voit, au musée de PARIS, une PLATINE DE 1592 qui est à MÈCHE et à Rouet. — Une CHAINETTE, attachée à l'extrémité intérieure de l'ESSIEU du Rouet, s'enroulait à l'entour de cet ESSIEU lors de la rotation du Rouet. Une CLEF de fer, en forme de tourne à gauche, servait à cette opération ; on insérait à cet effet, dans son carré, l'extrémité extérieure de l'ESSIEU ; elle faisait agir la CLEF ; on bandait le RESSORT et faisait mouvoir un coulisseau de cuivre qui servait de couvercle à l'AMORCE, et se détournait de dessus le BASSINET pour que le feu pût s'y communiquer ; on y appuyait alors le SILEX ou la PYRITE tenue dans les MACHOIRES SUPÉRIEURE et INFÉRIEURE du CHIEN ou du SERPENTIN. La détente, qu'on faisait jouer, faisait partir le Rouet, qui, en frottant la PYRITE ou le caillou, donnait des étincelles qui enflammaient l'AMORCE. — Du reste, le système de ce genre de PLATINE a varié beaucoup dans ses détails. Il en est traité dans CARRÉ (1783, E), M. COTTY (1822, A, au mot *Arquebuse*), ENCYCLOPÉDIE (1751, C), GASSENDI, LACHESNAIE (1758, I). — MAROLLES témoigne qu'on faisait encore usage du Rouet, mais pour la chasse seulement, en 1650.

ROUET à DÉCLIN. V. A DÉCLIN. V. ROUET.

ROUET A FEU. V. A FEU. V. ROUET.

ROUET d'ARQUEBUSE. V. ARQUEBUSE. V. ARQUEBUSE A FEU. V. DÉCLIN. V. ROUET. V. ROUETIER.

ROUET de BUTTIÈRE. V. BUTTIÈRE. V. ROUET.

ROUET de FUSIL. V. FUSIL. V. ROUET.

ROUET de MOUSQUET. V. MOUSQUET. V. ROUET.

ROUET de PÉTRINAL. V. PÉTRINAL. V. ROUET.

ROUET de PISTOLET. V. PISTOLET. V. ROUET.

ROUETIER, subs. masc. (F), ou ARQUEBUSIER A PIED. Nom qu'on donnait, au temps de LOUIS TREIZE, aux soldats qui se servaient d'ARQUEBUSES A ROUET. LEDUCHAT et MENAGE (au mot *schapan*), témoignent qu'en ALLEMAGNE on rendait la même idée par le mot schnaphan, qui était à la fois le nom de l'ARME A ROUET et du TIREUR OU CHENAPAN.

ROUFFLE, subs. masc. (F). Mot resté dans l'ANGLAIS *ruffel*. C'est une de ces expressions d'introuvable étymologie, qui ont été créées par le caprice du soldat, ou par un effet de quelque harmonie imitative. — Le mot ANGLAIS donne idée d'une BATTERIE DE CAISSE qui s'exécute comme SALUT D'HONNEURS. C'est une suite de vibrations légèrement renflées ou adoucies dont le rhythme n'est pas soumis à la CADENCE des BATTERIES de MARCHE, et qui est plus traînant que le ROULEMENT. — La FRICASSÉE, que les ANGLAIS appelaient long roulement, était une espéce de Rouffle. — Les vieux SOLDATS FRANÇAIS appelaient, par analogie, Rouffle de COUPS DE FEU, un ROULEMENT de feu, une simultanéité de DÉCHARGES, une manière de SALUT. — A l'égard de ce genre de BATTERIE DE CAISSE, on peut consulter DUANE (1810, E) aux mots *Ruffel* et *Tambour*.

ROUGE, adj. V. BOULET R... V. CARTOUCHE R... V. CORDON R... V. COULEUR R... V. DRAPEAU R... V. ÉCHARPE R... V. MAISON R... V. MANTEAU R... V. RUBAN R... V. SAPIN R... V. TALONS R...

ROUGE, subs. masc. V. ARBORER. V. ARMOIRIES. V. BANNIÈRE PAROISSIALE. V. CHAPERON DE COIFFURE. V. CHEVALIER DU MOYEN AGE N° 4. V. COULEUR NATIONALE. V. CROISADE DE 1188. V. ÉCHARPE MILITAIRE. V. GARANCE. V. INFANTERIE FRANÇAISE DE LIGNE N° 5. V. MILICE ANGLAISE N° 4. V. RÉGIMENT DE CAVALERIE FRANÇAISE N° 3.

ROUGE NATIONAL. V. BLANC NATIONAL. V. BLEU NATIONAL. V. COULEUR NATIONALE. V. DRAPEAU TRICOLORE. V. ÉCHARPE MILITAIRE. V. NATIONAL. V. ORIFLAMME. V. TRICOLORE.

ROUGETERRE ; ROUKE. V. NOMS PROPRES.

ROULAGE, subs. masc. V. CERCLE DE R...

ROULANT (roulante), adj. V. AFFUT R... V. ARMÉE R... V. BALLE R... V. BASTILLE R... V. BOULET R... V. CAISSE R... V. CHEVAL DE FRISE R... V. FEU R... V. GABION R... V. GRENADE R... V. GUÉRITE R... V. HÉRISSON R... V. MOULIN R... V. PONT R... V. RONDE R... V. TOUR R...

ROULE, subs. masc. V. ROLE.

ROULÉ (roulée), adj. V. BOUTON R...

ROULEAU, subs. masc. V. BOUCLE DE GIBERNE.

ROULEMENT, subs. masc. V. TROIS ROULEMENTS.

ROULEMENT (term. génér.), ou ROULEMENT CÉLEUSTIQUE. Mot dont le substantif ROUE donne l'étymologie. Il exprime un genre de BATTERIE DE CAISSE qui était déjà usité en FRANCE au quinzième siécle comme annonce ou BAN. Il a servi ensuite comme BATTERIE D'ÉVOLUTIONS ; c'était une espèce de COMMANDEMENT PRÉPARATOIRE ; il servait à donner le SIGNAL DES CONVERSIONS PARATAXIQUES, des ROMPEMENTS EN BATAILLE, de la RETRAITE EN ÉCHIQUIER. Un nombre déterminé de Roulements, comme le témoigne DESPAGNAC (1751, D, t. II, p. 69), signifiait qu'on devait FAIRE A DROITE OU A GAUCHE. Les ITALIENS appelaient *avviso* le Roulement, comme ils eussent dit avis donné, ou moyen de donner avis. — Les ORDONNANCES françaises mentionnent les Roulements depuis le milieu du dernier siècle ; celle DE 1753 (17 FÉVRIER) en déterminait les règles.—En certains cas le Roulement s'exécutait à la suite de la BATTERIE AUX CHAMPS, ou de l'ASSEMBLÉE ; maintenant il est de l'espèce des batteries à BATONS RONDS ; il est un composé de COUPS DE BAGUETTES, ou COUPS DE MAIN que les TAMBOURS nommaient RA ; il équivaut à un ordre de REPRENDRE son RANG, de faire silence, de se préparer à MANOEUVRER, ou de FAIRE HALTE. — S'il s'agit de mesures de POLICE et d'ADMINISTRATION, un Roulement annonce ou concourt avec d'autres BATTERIES, ou d'autres Roulements, à annoncer le RÉVEIL, la SOUPE, les INSPECTIONS DE DÉTAILS, les CORVÉES DE CASERNE, l'EXTINCTION DES FEUX, le RAPPEL AUX CONSIGNÉS, l'APPEL DU SOIR, l'APPEL GÉNÉRAL, le CERCLE D'ORDRE AU CAMP, le DÉCAMPEMENT ; il sert, en dernière reprise, à la FERMETURE d'un BAN. — Le Roulement du SOIR, en GARNISON, est exécuté par le TAMBOUR DE POLICE, une demi-heure après la RETRAITE. — S'il s'agit de MANOEUVRES D'INFANTERIE, le Roulement précède ou remplace un COMMANDEMENT PRÉPARATOIRE. Un Roulement fort court annonce la CESSATION des FEUX DE PELOTON, DE DEUX RANGS, et autres FEUX D'INFANTERIE ; il motive l'exécution du TEMPS : Redressez vos armes, si, déjà, le COMMANDEMENT : Apprêtez vos armes et JOUE, avaient été faits. — Pendant une ROUTE, un Roulement fait à la QUEUE d'un BATAILLON est le signal d'une HALTE à exécuter par le CORPS entier. — Le MAJOR DE PLACE annonçait par un Roulement le DÉFILEMENT de la PARADE. — Dans les BATTERIES CONCERTANTES, à la TÊTE d'une TROUPE en marche, un TAMBOUR D'AILE soutient la BATTERIE par un Roulement qui en est comme la BASSE CONTINUE. — Dans les CONVOIS FUNÈBRES, au lieu de BATTERIES A CADENCE qui règlent la MARCHE, il est exécuté des Roulements sourds et courts, entrecoupés de silences ou d'AIRS DE MUSIQUE lugubre. —Un genre de Roulement s'appelait ROUFFLE. — Les AUTEURS qu'on peut consulter touchant l'espèce et l'emploi des Roulements sont : BARDIN (1807, D ; 1809, B), BERRIAT (1817, A), DESPAGNAC (1751, D), ENCYCLOPÉDIE (1785, C), LECOUTURIER (1825, A). — Le Roulement vient d'être considéré comme BRUIT DE CAISSE ; mais c'est aussi, dans les EXERCICES DE DÉTAILS, un COMMANDEMENT, une locution impérative que l'INSTRUCTEUR prononce à défaut de TAMBOUR.

ROULEMENT, interj. (G, 6). COMMANDEMENT D'EXÉCUTION qui, dans l'ÉCOLE DE SOLDAT et dans celle DE PELOTON, indique qu'un FEU D'INFANTERIE doit cesser. Ce mot et le mot COUP DE BAGUETTE suppléent, dans ces ÉCOLES, au roulement et au COUP DE BAGUETTE par lesquels, dans les autres ÉCOLES, les TAMBOURS annoncent la CESSATION du FEU DE DEUX rangs ou du FEU DE PELOTON.

ROULEMENT AU CAMP. V. AU CAMP. V. ROULEMENT.

ROULEMENT CÉLEUSTIQUE. V. CÉLEUSTIQUE, adj. V. ROULEMENT.

ROULEMENT d'APPEL. V. APPEL. V. APPEL DU SOIR EN GARNISON. V. APPEL GÉNÉRAL DE MATINÉE. V. RETRAITE CÉLEUSTIQUE. V. ROULEMENT.

ROULEMENT de CESSATION DE FEU. V. CESSATION DE FEU. V. FEU EN AVANÇANT. V. ROULEMENT.

ROULEMENT de FERMETURE DE BAN. V. BAN. V. BAN CÉLEUSTIQUE. V. FERMETURE DE BAN. V. ROULEMENT. V. RÓUFFLE.

ROULEMENT de MATIN. V. MATIN. V. ROULEMENT. V. SERGENT-MAJOR Nº 7.

ROULEMENT de RÉVEIL. V. APPEL DE MATIN EN GARNISON. V. CAPORAL DE SEMAINE Nº 2. V. CAPORAL D'ESCOUADE Nº 2. V. RÉVEIL. V. ROULEMENT.

ROULEMENT de SOUPE. V. ROULEMENT. V. SOUPE. V. SOUPE DE MATIN. V. SOUPE DE SOIR.

ROULEMENT d'EXTINCTION DE FEUX. V. COMMANDEMENT INSTRUMENTAL. V. EXTINCTION DE FEU. V. ROULEMENT.

ROULEMENT EN GARNISON. V. EN GARNISON. V. ROULEMENT.

ROULEMENT EN ROUTE. V. BATAILLON EN ROUTE. V. EN ROUTE. V. HALTE DE ROUTE. V. ROULEMENT.

ROULER, verb. neut. V. ARME PERSONNELLE Nº 2. V. CHEF DE BATAILLON A LA SUITE. V. LIEUTENANT GÉNÉRAL Nº 6. V. OFFICIER A LA SUITE. V. RÉGIMENT D'INFANTERIE FRANÇAISE Nº 4. V. SERVICE DE SEMAINE. V. SERVICE DE JOUR. V. SERVICE JOURNALIER.

ROULEREUR (rouleresse), adj. v. TOUR ROULERESSE.

ROULET, subs. masc. v. ROLE.

ROULETTE (subs. fém.) d'ARBALÈTE. V. ARBALÈTE. V. NOIX D'ARBALÈTE.

ROULETTE de POMPON. V. CORPS DE POMPON. V. POMPON.

ROUPE, subs. fém. v. CAPOTE. V. ROBE. V. ROUPILLE.

ROUPÉERE, subs. fém. v. RAPIÈRE.

ROUPIÈRE, subs. fém. v. RAPIÈRE.

ROUPILLE, subs. fém. (F), ou ROUPE. Mot tout ESPAGNOL, *ropilla*, signifiant CAPOTE OU CASAQUE D'ARMES. Des étymologistes le regardent comme un diminutif du bas LATIN *rauba, raupa, ropa*, termes qui désignaient originairement une ROBE.

ROUPTE, subs. fém. v. DÉFAITE. V. DÉROUTE. V. ROTURIER. V. ROUT. V. ROUTIER.

ROUR; ROUSE; ROUSSEAU; ROUSSEL. V. NOMS PROPRES.

ROUSSIN, subs. masc. (F), ou RONCHI, OU RONCHIN, OU RONCI, OU RONCIN, OU RONCIS suivant BARBAZAN (1808), OU ROUCHIN, OU ROUCIN, OU ROUXIN. Mots dérivés, suivant DUCANGE, du LATIN *roncinus, runcinus*, ou, suivant BOREL (Pierre), de l'ALLEMAND *ross*, CHEVAL OU PALEFROY.—Le Roussin était, suivant CARRÉ (1783, E), un cheval de service, un vigoureux animal que les VASSAUX étaient tenus de fournir, tout ferré, à leur SEIGNEUR, et qui servait de BATIER ou de MONTURE à l'écuyer ou même au CHEVALIER dans ses voyages. Suivant BEAUMANOIR et VELLY (à l'année 1270), à chaque mutation de VASSAL ou de SEIGNEUR, le Roussin était une redevance. — Eustache DESCHAMPS prétend que les Roussins étaient les CHEVAUX de labour des VILAINS. M. le colonel CARRION (1824, A) regardait les Roussins comme des chevaux entiers que montait une partie de la cavalerie. — Les COMPAGNIES D'ORDONNANCE, comme le témoigne BUSSY-RABUTIN, avaient leurs GENS D'ARMES montés sur des Roussins.

ROUT, subs. masc. v. HOMME DE ROUT.

ROUT (routs), subs. masc. et fém. (F), OU HOURT, suivant DUBELLAY (1549, A), ou ROTTE, OU ROUPTE, OU ROUTE, comme les appelaient BARBAZAN et le RÈGLEMENT DE 1351 (DERNIER AVRIL); ce règlement voulait les GENS D'ARMES *par grosses routes*; ainsi, il y a eu des ROUTS D'INFANTERIE et des Routs de GENDARMES. — Les Routs étaient ou des CORPS RÉGIMENTAIRES, ou des CORPS D'ARMÉE OU DE BATAILLE, composés de ROUTIERS, d'AVENTURIERS, de ROTURIERS. M. SICARD en fixe

à l'an 1180 l'apparition. — Le mot Rout a été autrefois un terme de DÉNOMBREMENT D'ARMÉE, comme l'ont été, suivant les temps, les mots CATERVE, COHORTE, RÉGIMENT. Le terme a été analogue au substantif bas LATIN *ruptuarius*; il a été en usage avant l'existence des COMPAGNIES D'ORDONNANCE.—On lit dans une vieille chronique : *Brabantionum copias quas Rutas vocant, accersivit* : il leva des CORPS de BRABANÇONS, qu'on appelle Routs ou ROUTES.—Ce fut pour s'opposer aux dévastations que ces Routs commettaient, que l'INFANTERIE COMMUNALE fut principalement mise sur pied. — Ducange dit, au mot *Rupta*, qu'une route est *ruptuarium, seu rusticorum cohors* : un assemblage d'hommes de glèbe; une cohorte de paysans. Roquefort dérive le mot du bas latin *ruta*; et au contraire, Gébelin le tire du celtique *rhawd, rhowter*, troupe, d'où seraient venus l'anglais *rout*, que les Français prononcent *raoutte*, le verbe ALLEMAND *rotten*, et le vieux mot français *arouter*, mettre en troupe. — L'adverbe A VAU DE ROUTE a été, en partie, composé du substantif *rout*. — BARBAZAN (1808) dit que : *Une route est un chemin frayé; de là on a donné le nom de routes (route agrégative) à des compagnies d'hommes.* Il n'est pas aisé de se rendre compte de l'analogie que cet AUTEUR prétend trouver entre ces termes; le mot route (CHEMIN) a, de tout temps, été féminin, et les mots Rout, ROUTE, depuis longtemps oubliés dans l'ARMÉE FRANÇAISE, ont été en général masculins.

ROUTE. V. A L'ORDRE EN R... V. A VAU-DE R... V. ABSENCE EN R... V. ADJUDANT-MAJOR EN R... V. APPEL DE R... V. APPEL EN R... V. ARRÊTS DE RIGUEUR EN R... V. BAN DE R... V. BATAILLON EN R... V. CHAUFFAGE EN R... V. CHEF DE BATAILLON DE SEMAINE EN R... V. CHEF DE BATAILLON EN R... V. CHIRURGIEN EN R... V. COLONEL EN R... V. COLONNE DE R... V. COMPAGNIE EN R... V. CORPS DE GARDE DE POLICE EN R... V. CORPS EN R... V. DISTANCE DE R... V. EN R... V. FAUSSE R... V. FEUILLE DE R... V. GUIDE DE R... V. HALTE DE R... V. INDEMNITÉ DE R... V. JOURNÉE DE R... V. MARCHE R... V. ORDRE DE R... V. PAS DE R... V. PIED DE R... V. RATION DE R... V. RÈGLEMENT DE R... V. RELAIS DE R... V. SERVICE DE R... V. SITUATION DE R... V. SOLDE DE R... V. SUPPLÉMENT DE SOLDE DE R... V. TENUE DE R... V. TRAITEMENT DE R...

ROUTE, subs. fém. (H, I), ou ROTE, ou ROTTE, OU ROUTE MILITAIRE. Le mot Route, pris dans le sens de CHEMIN ou de MARCHE, dérive, suivant GÉBELIN, du CELTIQUE *rhod*, marcher; mais sous des significations différentes que nous avons indiquées, telles que

Route AGRÉGATIVE, il est originairement LA-TIN. — On prend parfois, comme synony-mes, Route et FEUILLE DE ROUTE; il en est surtout question ici comme ROUTE D'INFAN-TERIE. Ce que nous avons dit touchant les DÉROUTES, les ROUTIERS, les MARCHES EN TROU-PE, ou isolées, les MARCHES-ROUTES, les CHE-MINS, le CHEMINEMENT, les devoirs de la GEN-DARMERIE, le TRAIN, etc., nous dispensera d'entrer ici dans de plus grands détails. Ils ont été traités dans BARDIN (1807, D; 1809, B), M. le colonel CARRION (1824, A), CHEN-NEVIÈRES (1750, C), D'HÉRICOURT (1756, G), ENCYCLOPÉDIE (1785, C), GUIBERT (1773, E), KÉRALIO (1770, H), KROENKE, LACHESNAIE (1758, I), LÉCOUTURIER (1825, A), MÉNAGE, ODIER (1824, E), SILVA (1768, K). — Sous le rapport des TRAVAUX du GÉNIE, M. GRI-VET a traité la question des Routes. — Le mot Route, pris dans le sens de DÉROUTE, de perte de BATAILLE, de suite A VAU DE ROUTE, s'est plus généralement écrit sous l'orthogra-phe ROUTTE.

ROUTE AGRÉGATIVE. V. AGRÉGATIF. V. BATAILLE TACTIQUE. V. ROTURIER. V. ROUT.

ROUTE dans l'INTÉRIEUR. V. AIDE-MAJOR ACTUEL N° 2. V. DANS L'INTÉRIEUR. V. DIANE. V. FOURRAGE DE DISTRIBUTION. V. LOGEMENT EN ROUTE. V. MASSE DE BOULANGERIE. V. SERVICE DE ROUTE.

ROUTE d'ARMÉE. V. APPROCHES. V. ARMÉE. V. A VAU DE ROUTE. V. AVENTURIER. V. BERME. V. BOIS FORESTIER. V. CAVALERIE FRANÇAISE N° 8. V. CHAUFFAGE EN ROUTE. V. CHAUSSÉE. V. CHEF DE DÉTACHEMENT DE GUERRE N° 2. V. CHEF D'ESCORTE DE CONVOI. V. CHEMINEMENT ÉQUESTRE. V. COLONNE COMBINÉE. V. COLONNE SKEUOPHORIQUE. V. COMMUNICATION STRATEU-MATIQUE. V. CONNÉTABLE. V. CONVOI PAR TERRE. V. DÉFENSE EN RASE CAMPAGNE. V. DÉ-FILÉ. V. DENRÉE DE ROUTE. V. FOURRAGE DE DISTRIBUTION. V. FRONT D'ATTAQUE. V. GEN-DARMERIE DE POLICE N° 6. V. MARÉCHAL DES LOGIS D'ARMÉE N° 5. V. MÉTATEUR. V. SIGNAL STRATEUMATIQUE. V. TOPOGRAPHIE.

ROUTE de CONVALESCENT. V. CONVALES-CENT. V. FEUILLE DE ROUTE DE CONVALESCENT.

ROUTE de CORPS. V. A L'ORDRE EN ROUTE. V. ABSENCE EN ROUTE. V. ADJUDANT-MAJOR EN R... V. APPEL EN R... V. ARRÊTS DE RIGUEUR EN R... V. BAN DE R... V. BATAILLON EN R... V. CHAUFFAGE EN R... V. CHEF DE BATAILLON DE SEMAINE EN R... V. COLONEL EN R... V. CO-LONNE DE R... V. COMPAGNIE EN R... V. CORPS. V. CORPS EN R... V. ENFANT D'HOMME DE TROUPE N° 5. V. ÉTAPE. V. EXTRAORDINAIRE DES GUERRES. V. FEUILLE DE ROUTE DE CORPS. V. GENDARMERIE DE POLICE N° 6. V. GITE. V. GUIDE DE R... V. HALTE DE R... V. INDEMNITÉ DE R... V. MAGASIN DE CORPS. V. MARCHE-ROUTE. V. PAS DE R... V. PERMISSION. V. POSITION AD-MINISTRATIVE. V. ORDRE DE ROUTE. V. RÉGI-MENT DE MARCHE. V. ROULEMENT. V. SÉJOUR. V. SERGENT-MAJOR N° 7. V. SUBSISTANCE.

ROUTE de DÉSERTEUR. V. DÉSERTEUR. V. FEUILLE DE ROUTE DE DÉSERTEUR.

ROUTE de DÉTACHEMENT. V. DÉTACHE-MENT. V. FEUILLE DE ROUTE DE DÉTACHEMENT.

ROUTE de MILITAIRE ISOLÉ. V. FEUILLE DE ROUTE DE MILITAIRE ISOLÉ. V. HOMME DE TROUPE N° 5. V. MILITAIRE ISOLÉ. V. POSITION ADMI-NISTRATIVE.

ROUTE de NUIT. V. MARCHE DE NUIT. V. NUIT.

ROUTE d'ÉTAPE. V. CONVOI A LA SUITE. V. ÉTAPE. V. TRANSPORT. V. TRANSPORT DI-RECT.

ROUTE d'INFANTERIE. V. GILET. V. IN-FANTERIE. V. INFANTERIE FRANÇAISE N° 10. V. ROULEMENT. V. ROUTE.

ROUTE d'OFFICIER. V. FEUILLE DE ROUTE D'OFFICIER. V. OFFICIER.

ROUTE EN CAMPAGNE. V. EN CAMPAGNE. V. CHEMIN MILITAIRE.

ROUTE FALSIFIÉE. V. FALSIFIÉ. V. FEUILLE DE ROUTE DE MILITAIRE ISOLÉ.

ROUTE MILITAIRE. V. AIDE-MAJOR ACTUEL N° 2. V. COLONNE SKEUOPHORIQUE. V. COMBAT STRATEUMATIQUE. V. CORPS D'ÉTAT-MAJOR. V. FOURRIER D'INFANTERIE FRANÇAISE DE LIGNE N° 9. V. GÉNIE STRATOPÉDIQUE. V. MENSEUR. V. MILITAIRE, adj. V. ROUTE. V. TRAVAUX MILI-TAIRES.

ROUTE PAR EAU. V. INDEMNITÉ DE ROUTE. V. PAR EAU.

ROUTE PAR TERRE. V. INDEMNITÉ DE ROUTE. V. PAR TERRE.

ROUTE PAVÉE. V. BERME DE CHEMINS. V. PAVÉ, adj.

ROUTE STRATÉGIQUE. V. STRATÉGIQUE. V. TRAVAUX MILITAIRES.

ROUTIER, subs. masc. (F). Mot sur l'étymologie duquel on n'est pas d'accord; mais il paraît indubitable qu'il est analo-gue aux mots ROUPTE, ROUT, ROUTE, ROUTTE, ensemble de SOLDATS; il est même, suivant quelques-uns, synonyme de ROTURIER. — Les Routiers, ceux du moins qui PORTAIENT spontanément LES ARMES, étaient des ramas de paysans que le goût du brigandage et l'espoir de l'impunité rangeaient sous des CHEFS ou CHEVETAINES, en général CHEVA-LIERS ou bâtards de grandes maisons. Les COMPAGNIES qu'ils formaient sous le règne de PHILIPPE AUGUSTE, combattaient en brigands, sans foi ni loi. — Des écrivains, tels que Potier (1780, X), disent que leur nom venait de ce qu'ils brisaient et rompaient tout ; cette étymologie est imaginaire. — M. Sismondi prend l'une pour l'autre les expressions Brabançons et Routiers ; ces derniers, qu'il appelle assez improprement rompus, qu'il traduit de *ruptuarii*, portaient à ce qu'il croit ce titre, parce que les chefs qui les enrôlaient les trouvaient dispersés et débandés ; nous ne partageons pas ce sentiment. — Pithou (*Histoire des comtes de Champagne*) suppose que leur dénomination vient de l'allemand *root, rot, rote*, signifiant solde. Cette origine n'est guère mieux fondée, et Ducange, aux mots *Rupta* et *Brigancii*, est d'une autre opinion. — Matthieu Paris appelle *ruptuarii* les Routiers, et Guillaume Lebreton désigne leur troupe par le terme *rupta, ruptaria*, troupe des routuriers. Il donne à entendre qu'il y en avait qui faisaient office d'archers, et même de bourreaux. Jabro (1777, G) se range à cet avis. — D'autres écrivains appelaient ces soldats *rotarii, rutarii*. — Il y a eu des routiers a pied, il y en a eu a cheval. Des compagnies de cette dernière espèce étaient armées de pied en cap. — En 1185, des Routiers français ont eu, pour antagonistes, des chaperons, autre espèce de Routiers eux-mêmes. — Des Routiers anglais servaient, en 1199, Richard Coeur de Lion. — En 1229, Louis neuf travaillait à l'extermination des Routiers du royaume, mais leur destruction n'est que momentanée ; ils pullulaient encore sous Charles six. — Dans le quinzième siècle, et jusqu'à création des compagnies d'ordonnance, comme on le voit dans M. de Barante, les bandes d'aventuriers ou de Routiers qui désolaient la France s'appelaient indifféremment armagnacs, cotereaux, écorcheurs et malandrins ; s'il existait des nuances, elles échappent aux recherches historiques. — Les auteurs qu'on peut consulter sur les définitions du mot Routier et sur l'histoire de ces aventuriers, sont : M. de Barante, Béneton (1742, A), Borel (Pierre), Carré (1783, E), Despagnac (1751, D), Ducange (au mot *Ruptuarius*), Furetière, Goetzmann (1777), Jabro (1777, G), Lebreton, Matthieu Paris, Monstrelet, Pithou, Potier (1779, X), M. Sismondi, Velly (années 1172, 1184), Zurlauben (1760, G).

ROUTIER a cheval. V. a cheval. V. routier.

ROUTIER a pied. V. a pied. V. routier.

ROUTTE, subs. fém. (F), ou route, comme l'orthographiait le règlement de 1351 (dernier avril). Ces mots dérivent du latin *ruptura*, signifiant désarroi, brisure. Charrier et Dubellay (1548, A) l'emploient sous l'acception de déroute, et en ont composé la locution a vau-de-routte ; d'autres écrivains l'ont cru la racine du mot routier.

ROUVROY ; ROUX ; ROVIGO ; ROWLANDSON. v. noms propres.

ROUXIN, subs. masc. v. roussin.

ROWOURTH ; ROXAS. v. noms propres.

ROY, subs. masc. v. roi.

ROYAL (royale, royaux, adj.). v. a la royale. v. armée r... v. bannière r... v. cantine r... v. carabiniers r... v. cérémonie r... v. chateau r... v. cornette r... v. corps r... v. enseigne r... v. épée r... v. étendard r... v. fort r... v. gendarmerie r... v. grenadiers r... v. heaume a la r... v. juge r... v. légion r... v. lettres royaux. v. maison r... v. moustache a la r... v. ordre r... v. parapet r... v. paye r... v. pennon r... v. régiment r... v. service r... v. revue r... v. sergenterie r... v. solde r... v. trésor r...

ROYAL-artillerie. v. artillerie. v. artillerie idioplique. v. sapeur d'artillerie. v. sapeur du génie.

ROYALE, subs. fém. v. a la royale. v. barbe. v. comité permanent. v. ministre de la guerre en 1855. v. mouche.

ROYOU ; ROZARD ; ROZENTHAL ; ROZET ; ROZIÈRE. v. noms propres.

RUBAN, subs. masc. v. cantine d'ambulance. v. livrée.

RUBAN de chevalerie. v. chevalerie. v. chevalerie d'affiliation n° 3. v. chevalerie-décorative. v. noblesse. v. ordre de la légion. v. ordre de Saint-Lazare. v. ordre de Saint-Louis. v. récompense.

RUBAN de la Légion d'honneur. v. Légion d'honneur. v. ordre de la Légion d'honneur.

RUBAN de queue. v. chevelure. v. chevelure militaire. v. queue de chevelure. v. rosette de chevelure.

RUBAN rouge. v. ordre du Lis. v. rouge.

RUDER. v. noms propres.

RUDIAIRE, subs. masc. (F). Mot provenu, suivant Roquefort, du latin *rudis*, baguette d'espadon ou épée de bois. Les Rudiaires, dans la milice romaine, étaient des gladiateurs habiles en escrime ; c'étaient des vétérans, reconnus maitres d'armes.

RUE de camp. v. balayage de camp. v. camp. v. camp de huttes. v. camp d'instruction. v. camp romain. v. cordeau de front.

V. CORDEAU DE PROFONDEUR. V. GRANDE RUE DE CAMP. V. PETITE RUE DE CAMP. V. PRÉTOIRE. V. PRÉVOT D'ARMÉE. V. TENTE D'HOMMES DE TROUPE.

RUECKER ; RUEHLE. V. NOMS PROPRES.

RUELLE de CAMP. V. CAMP. V. CAMP D'INSTRUCTION. V. CORDEAU DE FRONT. V. CORDEAU DE PROFONDEUR. V. TENTE D'HOMME DE TROUPE.

RUGGIERI ; RUGGIERO ; RUGY. V. NOMS PROPRES.

RUINANT (ruinante), adj. V. BATTERIE R...

RUINE, subs. fém. V. A RUINE. V. EN RUINE. V. MINE A RUINE.

RUINER un OUVRAGE, un PAYS. V. ASSAUT DE CORPS DE PLACE. V. BATTERIE EN RUINE. V. CAVALERIE LÉGÈRE. V. DÉFENSE PÉRIBOLOGIQUE. V. MINE A FEU. V. OUVRAGE. V. OUVRAGE DE FORTIFICATION. V. PAYS.

RUISSEAU, subs. masc. V. COLLINE. V. GUÉ.

RUIVAMBA. V. NOMS PROPRES.

RULE, subs. masc. V. ROLE.

RUMFORD ; RUMPF ; RUNDEEL. V. NOMS PROPRES.

RUPTURE, subs. fém. V. CERCLE DE RUPTURE. V. MINE A FEU.

RUPTURE de TRAITÉ. V. ACTE D'HOSTILITÉS. V. TRAITÉ.

RUS ; RUSCELLI ; RUSCHELER. V. NOMS PROPRES.

RUSE (subs. fém.) de GUERRE (H). Le mot Ruse viendrait, suivant GÉBELIN, du LATIN *rus*, *ruris*, campagne ; cette assertion ne paraît pas facile à justifier. — On a considérablement écrit sur les Ruses et les STRATAGÈMES. FRÉDÉRIC DEUX lui-même (1761, G) en a traité. L'art de ruser est la grande ressource des petites ARMÉES, et le principal secret de la PETITE GUERRE : on plaçait nuitamment des MÈCHES D'ARQUEBUSES, là où il n'y avait pas d'ARQUEBUSES ; on répandait des noix sous une ORGUE DE MORT ; on recourait à un faux CRI DE GUERRE. Ces mesquines ressources sont tombées dans un tel oubli, que le mot Ruse lui-même s'efface de la LANGUE des ARMES. Dans l'état actuel de la GUERRE, il n'y a plus de Ruses qui puissent être méditées ou enseignées comme principes. C'est au génie du GÉNÉRAL D'ARMÉE à deviner ce que la circonstance demande, ce que le succès exige. Les DIVERSIONS, la brusquerie des INSULTES, la rapidité des MARCHES, les DÉMASQUEMENTS subits, l'OFFENSIVE portée sur le point le moins prévu, sont, en STRATÉGIR, les véritables Ruses. — Les AUTEURS qui peuvent être consultés touchant les Ruses de guerre, sont BREZÉ (1779), DELAFÉ, ENCYCLOPÉDIE (1751, C), FRÉDÉRIC DEUX (1761, G), FRONTIN (86, A), HOFFMANN (1805), KAISERER, LACHESNAIE (1758, I), LANCELOT, MAIZEROY (1767, E), MAURICE DE SAXE (1757, A), NAUDÉ, POLT (1815), POLYEN (1691, A), POTIER (1779, X), ROCCA, RUMPF (1824, F), SANTA-CRUZ (1738, A).

RUSSE, adj. V. ADJUDANT GÉNÉRAL R... V. ARCHER R... V. ARMÉE R... V. ARTILLERIE R... V. AUDITEUR R... V. BAS OFFICIER R... V. BATAILLON R... V. BATTERIE R... V. BRIGADIER R... V. CADET R... V. CAPITAINE R... V. CARABINIER R... V. CAVALERIE R... V. CHASSEUR R... V. CHEF D'ÉTAT-MAJOR R... V. CHEVALIER R... V. COLONEL R... V. COMPAGNIE R... V. CORNETTE R... V. CORPS R... V. CUIRASSIER R... V. DIVISION R... V. DRAGON R... V. DRAPEAU R... V. ÉCOLE R... V. ÉLÈVE R... V. ENSEIGNE R... V. ESCADRON R... V. ÉTAT-MAJOR R... V. GARDE R... V. GENDARMERIE R... V. GÉNÉRAL R... V. GÉNIE R... V. GRENADIER R... V. GUIDE R... V. HOPITAL R... V. HULLAN R... V. HUSSARD R... V. INFANTERIE R... V. INGÉNIEUR R... V. INVALIDE R... V. LANCIER R... V. LANGUE R... V. LIEUTENANT R... V. LIEUTENANT-COLONEL R... V. LYCÉE R... V. MILICE R... V. MINISTRE R... V. MOUSQUETAIRE R... V. MUSICIEN R... V. OFFICIER R... V. OUVRIER R... V. PAYE R... V. PIONNIER R... V. PONTONNIER R... V. QUARTIER GÉNÉRAL R... V. QUARTIER-MAITRE R... V. RECRUTEMENT R... V. RÉGIMENT R... V. RÉSERVE R... V. SECTION R... V. SOLDAT R... V. SOUS-LIEUTENANT R... V. SOUS-OFFICIER R... V. TAMBOUR R... V. TIRAILLEUR R... V. TRAIN R... V. TROUPE R... V. VÉTÉRAN R...

RUSSE ; RUSSELL ; RUSSENSTEIN ; RUSSIE. V. NOMS PROPRES.

RUSTE, subs. masc. V. ARMURE. V. FER DE RUSTE. V. LANCE A MAIN. V. RUSTRE.

RUSTINGH. V. NOMS PROPRES.

RUSTRE, subs. masc. (F), ou RUSTE. Ces mots, venus du LATIN, et désignant des campagnards, ont ensuite qualifié des AVENTURIERS armés d'une LANCE, et qui servaient comme INFANTERIE. — LACHESNAIE (1758, I) fait mention de ces TROUPES, et BOREL (Pierre) prend RUSTRERIE comme synonyme de brigandage ; c'est indiquer la conduite que tenaient les Rustres. — La LANCE de ces SOLDATS composait, à peu près, toutes leurs ARMES, et son fer était percé dans son milieu. Ce FER ou peut-être l'image des feuilles de fer qui garnissait les COTTES

RUSTRÉES, sont restés comme MEUBLE DE BLA-SON, sous le nom de Ruste ; ils y sont repré-sentés par une losange, au milieu de la-quelle est figuré un trou.

RUSTRÉ (rustrée), adj. v. COTTE RUSTRÉE. v. RUSTRE.

RUSTRERIE, subs. fém. v. RUSTRE.

RYMER. v. NOMS PROPRES.

Les chiffres entre parenthèses, qu'on rencontre dans le cours du texte, indiquent le millésime de l'année à laquelle appartiennent la citation ou l'événement.

Les abréviations entre parenthèses, qui sont en tête des articles, sont une concordance du tableau synop-tique (*Disc. prélim.*, p. 10) et du vocabulaire sommaire (*Disc. prélim.*, p. 36-37). Ces abréviations donnent le moyen de remonter des conséquences aux principes.

D'autres abréviations indiquent le genre grammatical.

Les caractères italiques dénotent des phrases empruntées.

Les mots en petites capitales sont ainsi configurés comme réclames, comme preuve qu'on peut chercher à sa place générale alphabétique le mot représenté en lettres capitales.

S'ABANDONNER v. ABANDONNER. v. ATTAQUE DE LIGNES. v. CHARGE DE CAVALERIE. v. DONNER.

SABBATHIER. v. NOMS PROPRES.

SABLE, subs. masc. v. SABRE.

SABLIÈRE, subs. fém. v. BARAQUE. v. GRAND SEUIL. v. PETIT SEUIL.

SABORD, subs. masc. v. ABORDAGE. v. CASEMATE A FEU. v. EMBRASURE.

SABOT, subs. masc. (term. génér.). Mot dont l'étymologie ne nous est pas connue. Son acception principale donne idée d'une CHAUSSURE en bois ; mais il a eu, par ana-logie, plusieurs autres sens. Il se distingue ici en SABOT A BOULET et SABOT DE CHAUS-SURE.

SABOT A BOULET (G, 2). Sorte de SABOT qui consiste dans une espèce de mandrin ordinairement en bois d'aulne ou de hêtre ; il est creusé de manière à épouser une partie de la sphéricité du BOULET DE CANON qui y est attaché. Les BOULETS ENSABOTTÉS ont été inventés en 1772. Suivant d'autres as-sertions, ce genre de Sabots aurait été in-venté en 1600. M. COTTY et GASSENDI peu-vent être consultés à cet égard.

SABOT (sabots) de CHAUSSURE (B, I ; F). Sorte de SABOTS en usage dans la CAVALERIE, pour le PANSAGE et les soins d'ÉCURIE. — Au temps de la pénurie des SOULIERS, les AR-RÊTÉS DE L'AN DEUX (8 FRUCTIDOR) et de L'AN TROIS (15 BRUMAIRE) ordonnaient, pour le SERVICE des GARNISONS, la fabrication d'un million de paires de Sabots sans retenue sur la SOLDE. — L'ARRÊTÉ DE L'AN DOUZE (19 VEN-DÉMIAIRE) ne reconnaissait pour toute chaus-sure aux CONDAMNÉS AU BOULET, et renfermés dans des ATELIERS DE DÉSERTEURS, que l'usage des Sabots, de même qu'aux anciens FORÇATS des GALÈRES DE TERRE. — Une DÉCISION DE

L'AN TREIZE (26 NIVOSE) accordait, à titre de GRATIFICATION, une paire de Sabots à tous les HOMMES DE TROUPE des CAMPS DE BOULOGNE, Bruges et Montreuil.

SABOT de LANCE. v. LANCE. v. LANCE DE LANCIER.

SABRAQUE, subs. fém. v. HUSSARD N° 4. v. SCHABRAQUE.

SABRE, subs. masc. v. A SABRE. v. BAU-DRIER DE S... v. CAISSE A S... v. CORDON DE S... v. CORPS DE GARDE DE S... v. COUP DE S... v. CROCHET DE GARDE DE S... v. CROISÉE DE S... v. FIL DE S... v. HAMPE DE S... v. FOURREAU DE S... v. GARDE DE S... v. LANCE DE S... v. MANCHE DE S... v. MANCHETTE DE S... v. MANIEMENT DE S... v. MARQUE DE S... v. MONTURE DE S... v. PANIER DE S... v. PLAT DE S... v. POIGNÉE DE S... v. POINTE DE S... v. PORTER LE S... v. SCIE DE S... v. SOIE DE S... v. TAILLANT DE S... v. TIRER LE S... v. TRANCHANT DE SABRE.

SABRE (term. génér.). Mot dérivé, sui-vant VOLTAIRE, du CELTIQUE ; l'ENCYCLOPÉDIE (1751, C) le tire de l'ALLEMAND *sabel*, ou de l'ESCLAVON *sabla*. GÉBELIN veut qu'il soit venu de l'ARABE *saph*, dans les idio-mes du NORD, et que l'ITALIEN l'ait changé en *sciabla*, *sciabola*. WACHTER le re-trouve dans le bas LATIN *sabel*. — Le mot Sabre n'était pas usité dans la LANGUE FRANÇAISE, avant les expéditions des VA-LOIS en ITALIE, et la *sciabla* ou *sciabola* des ITALIENS est devenue le Sabre français, à moins que son nom n'ait été introduit dans les TROUPES FRANÇAISES par les SUISSES, depuis LOUIS ONZE, comme peut le faire conjec-turer le genre masculin de ce terme, qui fût une corruption du *saebel* helvétien. On s'expliquerait par là pourquoi, dans ce siècle et le siècle suivant, on disait et on écrivait en français *sable*, au lieu de Sabre, comme le prouve le traité de WALHAUSEN

(1615, A, p. 56, lig. dern.). Les Mille et une nuits, de Galland, ont contribué plus qu'on ne le croirait à répandre l'usage de ce mot qui, militairement, n'est pour ainsi dire devenu officiel et technique que de nos jours. Les ordonnances de Louis treize voulaient que les cavaliers fautifs fussent punis à coups d'épée et ne parlaient pas de coups de plat de sabre, et pourtant ils portaient le Sabre. Les ordonnances de Louis quatorze parlent de l'épée des mousquetaires a cheval, et ne prononcent pas le mot Sabre, quoique ce fût leur arme. — Considéré comme arme de taille, comme analogue au damas, au cimeterre, comme propre aux coups de taille et de revers, le Sabre est originaire de l'Orient ; la Chine, la Perse, l'Inde ont excellé dans sa fabrication. — Quoique le mot que nous examinons n'existât pas depuis la création de la langue française, la chose cependant existait; on peut dire même qu'il n'y avait que des Sabres et point d'épées. Ces mots, qui se prennent actuellement par opposition l'un à l'autre, se confondaient alors. On ne faisait pas cette distinction que l'une est arme a pointe et non tranchante, et que l'autre est surtout une arme a taillant. Tant que la guerre s'est faite à cheval, presque uniquement, il y avait surtout deux armes : l'épée, c'est-à-dire, en réalité, le Sabre; on le maniait d'estoc, ou en pointant, et de taille, ou en coupant. L'autre arme était le glaive, la lance, la longue épée. En effet, qu'aurait-on fait à cheval d'une épée courte? Mais quand la chevalerie est, pour ainsi dire, descendue de cheval, quand l'infanterie a pris vogue, quand le duel a pied a fait fureur, alors le glaive s'est accourci ; le Sabre du cavalier est devenu estoc, et n'a plus été propre qu'à pointer. C'est réellement de là que date l'opposition ou la distinction entre les mots épée et Sabre; celui-ci est resté, sans nom bien déterminé, aux mains de la cavalerie; l'autre est passé dans l'infanterie, sous les noms d'épée d'officier et d'épée de soldat. — On a cherché à caractériser, par des noms maintenant oubliés tout à fait, cette différence entre l'arme qui pique et celle qui tranche. Dans le sens du Sabre on a dit : agien-clich, baudelaire, branc, braquemar, briquet, candjiar, cimeterre, cleymore, clich, coutal, damas, demi-espadon, épée a deux mains, espadon, épée a haut taillier, estramaçon, falcaire, fauchon, froberge, galapentin, goiz, goy, hachier, harpé, machère, palas, sabre-poignard, taillade, taillade, vase, yatagan. Ce sont les variétés d'un terme dont on peut aujourd'hui regarder Sabre comme le géné-

rique, mais dont il n'est pas d'antiquaire qui osât entreprendre les définitions de détails. — Après cet aperçu. relatif surtout à la dénomination qu'il s'agissait d'analyser, reprenons de plus haut l'histoire du Sabre. Le bas-reliefs de Thèbes, en Egypte, et les monuments de cette contrée, témoignent de l'antiquité du sabre courbe. Les peintures d'Herculanum montrent une espèce de damas dans la main de Persée secourant Andromède. — Le Sabre des Gaulois était une longue lame droite, tranchante, sans pointe. Le Sabre des Francs était une arme robuste, courte, à double taillant, suivant Plutarque. — Le Sabre des Romains était, au beau temps de leur milice, ibérien, court, droit ; il devint *ensis falcatus*, épée en forme de faux, depuis la corruption de leurs armées, la multiplication de la cavalerie, l'imitation des usages orientaux. — Le fameux Sabre espagnol que tous les historiens n'appellent que l'épée espagnole, et que Rome adopta, était d'une forme que rappelle le sabre-poignard moderne. — Le Sabre indien, persan, chinois, a été, de toute antiquité, recourbé plus ou moins en demi-lune, ayant manche, dos, faux tranchant, pointe. Il coupait de son côté convexe quand il ne coupait pas de son côté concave; dans le premier cas, il était à contre-pointe. — La forme de l'épée royale, de l'épée de connétable, c'est-à-dire du Sabre à deux tranchants et à croisée, ou croisette, rappelait les usages de Bysance, où les princes de France avaient puisé leur cérémonial. Cette épée était une arme propre, tout au plus, à hacher et à dénouer quelques lesches des cottes, ou de l'armure du temps. Elle était trop pesante pour permettre de se tenir en garde, comme le veulent les lois de l'escrime. — En 845, sous Charles le Chauve, à la bataille de Ballon, en Bretagne, on combattit avec des épées larges, courtes et sans pointe; il y avait là une trace de coutumes romaines et gauloises, parce que les armées ne se composaient pas uniquement encore de cavalerie. — Au temps de Philippe Auguste, l'épée n'est tranchante que d'un côté; c'est un vrai Sabre à dos; il était court, comme le décrit Guillaume Guyart ; mais peut-être le regardait-il comme court par rapport à la longueur des glaives. — A la bataille de Bénévent, sous le règne de Louis neuf, les Français se servaient encore d'épées courtes, contre les Allemands et les Sarrasins armés de longues épées. Mais, dans ce qui est dit de ces longues épées des Sarrasins, il faut voir une allusion au glaive, à la lance, à la palache; car il n'est pas à notre connaissance que jamais les Orientaux aient renoncé à leur SABRE COURBE. Cela démontre avec quelle réserve il faut lire les récits de l'histoire; les narrateurs, les traducteurs nous égarent sans cesse par l'emploi de mots faux et défectueux. — Le Sabre à GARDE compliquée, ARME bâtarde, n'a pris faveur que depuis l'abandon du GANTELET et la manie des DUELS. Nous disons arme bâtarde, parce qu'il faut que la CAVALERIE opte entre le Sabre à MANCHE qui coupe les têtes, ou le Sabre à POIGNÉE légère qui perce la poitrine. Prétendre qu'un CAVALIER puisse combattre d'ESTOC et de TAILLE, c'est brouiller les genres, et confondre les rôles de la CAVALERIE LÉGÈRE et de la CAVALERIE GRAVE. Par des allusions triviales, l'idiome soldatesque a appelé depuis 1800, BANCAL, le Sabre de CAVALERIE LÉGÈRE; LATTE, le Sabre de GROSSE CAVALERIE; il avait appelé, depuis le milieu du dernier siècle, BRIQUET, le SABRE D'INFANTERIE. — Le SABRE D'INFANTERIE et de CAVALERIE a été, suivant les temps ou la mode, porté en BAUDRIER ou en CEINTURON. Quant au Sabre qu'on a nommé ÉPÉE A DEUX MAINS, il s'est porté sur le dos. — Une instruction de 1835 évaluait le Sabre de canonnier monté, modèle de 1829, à dix-neuf francs quarante et un centimes; le Sabre de cavalerie de bataille, modèle de 1822, à vingt-trois francs vingt et un centimes; le Sabre de cavalerie légère, modèle de 1822, à vingt-deux francs dix centimes; le Sabre-poignard modèle de 1832, à huit francs. Ces disparates de prix, ces différences de formes et d'époques, ces dissemblances entre plusieurs modèles et leurs perpétuelles variations, sont au nombre des plaies graves de l'ADMINISTRATION française. — Les AUTEURS qui peuvent être interrogés touchant l'ancienneté, le genre, la forme, l'emploi, le maniement du Sabre, sont : AUDOUIN, BARDIN (1807, D), BERRIAT (1817, A), BOTTÉE (1750, B), CABBÉ (1783, E), CHENNEVIÈRES (1750, C), COTTY (1822, A), EISELIN, ENCYCLOPÉDIE (1785, C, au mot *Arme*), M. FRANCOEUR au mot (*Arme bl.*), GASSENDI, KERENVEYER (1771, R, au mot *Arme*), LACHESNAIE (1758, I, aux mots *Grenadier, Inspection*, etc.), LEBLOND (1758, B), LECOUTUBIER (1825, A), LEGRAND (1837, A), MANESSON (1685, B), MÉNAGE, PORTER, ROBINSON, ROQUEFORT, ROUX (J.-W.), SCHMIDT (1750), SCHMIDT (J.-A., 1780), SCHMIDT (1797), SCHMIDT (J.-F., 1817), TAILOR, VENTURINI, M. WILKINSON, l'*Encyclopédie du dix-neuvième siècle*, au mot *Arme*; la *Sentinelle de l'Armée* (t. v, p. 27). — Le mot Sabre demande à être particulièrement distingué comme SABRE A HAMPE, — DE SAPEUR D'INFANTERIE, — D'HOMME DE TROUPE, — D'HONNEUR, et enfin comme SABRE-POIGNARD.

SABRE A HAMPE (F), suivant l'ENCYCLOPÉDIE (1785, C, t. I, p. 161, 1re col.). Sorte de SABRE emmanché au lieu d'être à POIGNÉE. Cette ARME DE DEMI-LONGUEUR était en usage de toute antiquité dans la MILICE CHINOISE et ÉGYPTIENNE, chez les ORIENTAUX, chez les MAURES. — On voyait à JEND'HEUR un SABRE A HAMPE d'un travail précieux; sa HAMPE, recouverte en cuir fauve, a cinq pieds trois pouces de long; sa LAME avait à peu près la forme du Sabre-briquet en usage sous le règne impérial.

SABRE A LA MAIN. V. A LA MAIN. V. AVANCEZ. V. FUSIL D'INFANTERIE.

SABRE A LA MONTMORENCY.

SABRE A SCIE. V. A SCIE. V. ARME DE SAPEURS D'INFANTERIE. V. MILICE AUTRICHIENNE N° 4. V. SABRE DE SAPEUR. V. SAPEUR D'INFANTERIE.

SABRE-BAIONNETTE. V. BAIONNETTE. V. BAIONNETTE DE CARABINE.

SABRE-BRIQUET. V. BRIQUET. V. LANGUE FRANÇAISE. V. MANCHETTE DE SABRE. V. SUPPLICE.

SABRE COURBE. V. CAVALERIE LÉGÈRE. V. COURBE, adj. V. HUSSARD N° 4. V. MAMELOUCK N° 3. V. MILICE ESPAGNOLE N° 8. V. MILICE PRUSSIENNE N° 4. V. MILICE SUÉDOISE N° 4. V. MILICE TURQUE N° 4. V. MINISTRE DE LA GUERRE EN 1821. V. SABRE D'HOMME DE TROUPE, V. SPAHI.

SABRE D'ABORDAGE. V. ABORDAGE.

SABRE D'ADJUDANT. V. ADJUDANT. V. ADJUDANT D'INFANTERIE FRANÇAISE DE LIGNE N° 7.

SABRE D'ARTILLERIE. V. ARTILLERIE. V. ARTILLERIE IDIOPLIQUE. V. GARDE D'ARME BLANCHE.

SABRE DE BAS OFFICIER. V. BAS OFFICIER.

SABRE DE CAVALERIE. V. BOUT DE FOURREAU. V. CAVALERIE. V. CAVALERIE FRANÇAISE N° 5, 7. V. CAVALERIE LÉGÈRE. V. CHAPE DE FOURREAU DE SABRE. V. DARD DE FOURREAU DE S... V. DÉNOMBREMENT D'ARMÉE. V. ÉCOLE DE MARS N° 3. V. ÉPÉE. V. FUSIL D'INFANTERIE. V. LANCIER. V. MAMELOUCK N° 3. V. MILICE PRUSSIENNE N° 4. V. MILICE RUSSE N° 4. V. MINISTRE DE LA GUERRE EN 1821. V. V. SALUT. SCHAKO D'INFANTERIE. V. TAMBOUR INSTRUMENTAL.

SABRE DE CHASSEUR A CHEVAL. V. CHASSEUR A CHEVAL. V. ÉCOLE DE MARS N° 3. V. MINISTRE DE LA GUERRE EN 1821.

SABRE DE CHASSEUR D'INFANTERIE. V. CHASSEUR D'INFANTERIE.

SABRE DE DÉSERTEUR. V. DÉSERTEUR.

SABRE de dragon. v. dragon. v. dragon français n° 4. v. dragonne.

SABRE de grenadier. v. avancez. v. briquet. v. compagnie de grenadiers n° 4. v. épée de soldat. v. grenadier. v. grenadier d'infanterie française de ligne n° 4, 6 et 7. v. outil de campagne.

SABRE de hussard. v. hussard n° 4. v. mamelouck n° 3. v. sabretache.

SABRE de maître-ouvrier. v. maître-ouvrier n° 2.

SABRE de sapeur d'infanterie (F), ou sabre a scie. Sorte de sabre dont le modèle avait été adopté en 1784 par les comités des inspecteurs. C'était à la fois une arme a manche et un outil de charpentier. Sa lame était droite, arrondie par le bout, longue de vingt pouces, large de deux pouces et demi. Son dos était taillé en dents de scie. — La guerre de la révolution a fait tomber en désuétude cet usage. Il eût été bien plus utile de le rétablir que d'imaginer les sabres-poignards.

SABRE de sous-officier. v. congédié. v. maître-ouvrier n° 2. v. sabre d'homme de troupe. v. sous-officier ; id. n° 5, 8. v. tambour-major.

SABRE de tambour. v. tambour d'infanterie française.

SABRE de tambour-major. v. baudrier de tambour-major. v. tambour-major n° 4.

SABRE de troupe. v. armement de troupe. v. baudrier de sabre de troupe. v. baudrier de troupe. v. chape de fourreau de sabre. v. sabre d'homme de troupe. v. troupe.

SABRE de voltigeur. v. briquet. v. voltigeur d'infanterie française de ligne.

SABRE demi-courbe. v chasseur a cheval. v. demi-courbe.

SABRE d'homme de troupe (B, 1). Sorte de sabre particulièrement considéré ici comme arme d'infanterie, et comme une partie de l'armement de troupe. Il a succédé à l'usage de l'épée. Les ordonnances l'ont appelé, suivant les temps, sabre-briquet, briquet, sabre-poignard. — Le règlement de 1767 (25 avril) décidait que les grenadiers, fourriers, sergents, caporaux, sapeurs, musiciens et tambours, en seraient armés. Sa lance était courbe et avait vingt-deux pouces de long et seize lignes de large. — Le Sabre était porté au moyen d'un ceinturon. — L'ordonnance de 1788 (1er juillet) voulait que dans la chambrée, le Sabre fût suspendu à un clou, au-dessus de la giberne, et qu'il fût tiré du fourreau pour le moment de la visite des officiers. — Depuis le règlement de 1786 (1er octobre), le Sabre se portait au moyen d'un baudrier, dans le pendant duquel était retenue la chape du fourreau. — Il fut un temps où la fustigation s'administrait à coups de plat de sabre ; mais le Sabre qui y servait était à lame de baleine. — Le règlement de l'an treize (1er vendémiaire) tarifait les réparations du sabre de troupe. Le règlement de 1806 (10 février) et l'instruction de 1806 (19 juin) s'occupaient de détails relatifs aux Sabres. — La garde impériale et la garde royale avaient des Sabres d'une forme particulière ; c'est un des inévitables et dispendieux abus que les corps privilégiés entraînent après eux. — L'infanterie légère française a porté le Sabre jusqu'en 1807. — Le Sabre de l'infanterie française de ligne a changé de forme en 1792, en l'an neuf, en l'an onze, en 1816, en 1832. Une marque est empreinte sur sa garde, son fourreau et sa lame. Cette dernière marque est poinçonnée au talon de la lame, près de la soie ; elle consiste en deux lettres qui sont les initiales du nom de l'inspecteur et du controleur de la manufacture où l'arme a été fabriquée. Le Sabre présente en outre un numéro d'armement. — Le Sabre des sous-officiers et des hommes d'élite leur était autrefois laissé quand ils étaient congédiés ; on a reconnu l'abus de cette déraisonnable largesse, et l'ordonnance de 1815 (16 janvier) annulait cette disposition. — La décision de 1824 (18 février) fixait à cinquante ans la durée du Sabre. Les relevés des consommations d'armes depuis cinquante ans pourraient démontrer combien sont vaines de pareilles mesures. Il faudrait, en outre, pour qu'elles pussent être exécutables, que tout un armement ne pût pas être changé, d'un trait de plume, par un caprice ministériel, sans enquête, sans raison, comme cela s'est vu en 1830. — La décision de 1835 (8 mai) et la note de 1853 (11 mai) réglaient le prix des réparations du modèle de 1816, et la dépense qu'entraînait le travail de l'armurier pour ôter et donner le fil aux lames. — Le retrait, ou la privation du droit de porter le sabre pendant une durée de temps déterminée, est une des punitions de la milice prussienne, milice dans laquelle toute l'infanterie porte le sabre. — Dans la milice anglaise, au contraire, les sergents seuls portent le sabre, mais n'en sont armés que pendant la durée de leur service.

SABRE d'homme d'élite. v. congédié. v. homme d'élite.

SABRE d'honneur (F). Sorte de sabre qui

faisait partie des ARMES D'HONNEUR délivrées avant la création de la LÉGION D'HONNEUR. Il en était décerné aux OFFICIERS pour ACTIONS D'ÉCLAT. Les HOMMES DE TROUPE n'étaient susceptibles d'en obtenir un que pour des ACTIONS d'une valeur extraordinaire. Ces Sabres étaient à garniture d'argent et d'une forme particulière, mais analogue à ceux qu'on porte à cheval; ils formaient ainsi disparate avec le genre d'ARMES des différentes TROUPES, tandis qu'ils n'auraient dû, au contraire, en différer que par la richesse du métal, non par les dimensions et les formes.

SABRE D'INFANTERIE. V. ARC. V. ARME A GARDE. V. ARME DE BAS OFFICIER. V. ARMEMENT DE TROUPE. V. CHARGE DE SOLDAT. V. DENT DE CHAPE. V. ÉPÉE DE SOLDAT. V. INFANTERIE. V. INFANTERIE N° 8. V. LAME DE SABRE. V. MAGASIN DE CORPS. V. MILICE NÉERLANDAISE N° 5. V. PONTET. V. PORTE-BAIONNETTE. V. SABRE D'HOMME DE TROUPE.

SABRE D'OFFICIER. V. AME DE SABRE D'O... V. ARME D'OFFICIER D'INFANTERIE. V. CALOTTE DE S... V. CHAPE DE FOURREAU DE SABRE. V. CHAPITEAU DE CHAPE DE FOURREAU DE S... V. COMPAGNIE SÉDENTAIRE. V. CORPS DE CHAPE DE FOURREAU DE SABRE. V. CORPS DE MONTURE. V. CROCHET DE GARDE DE SABRE. V. DRAGONNE D'OFFICIER. V. ÉPÉE D'OFFICIER DÉCÉDÉ. V. GUERRE DE 1792. V. LAME DE SABRE D'OFFICIER. V. MILICE RUSSE N° 4. V. MILICE WURTEMBERGEOISE N° 5. V. OFFICIER. V. OFFICIER D'INFANTERIE FRANÇAISE N° 7.

SABRE D'OFFICIER D'INFANTERIE. V. ARME D'OFFICIER D'INFANTERIE. V. BISEAU DE LAME D'ARME BLANCHE. V. BRANCHE DE GARDE DE SABRE. V. CEINTURON D'OFFICIER. V. CHEF DE POSTE D'HOMMES DE GARDE N° 3, 4. V. COLONEL D'INFANTERIE FRANÇAISE DE LIGNE N° 16. V. CROCHET DE CHAPE. V. CROCHET DE GARDE DE SABRE. V. FOURREAU DE SABRE D'OFFICIER. V. GARDE DE SABRE D'INFANTERIE. V. LIEUTENANT D'INFANTERIE FRANÇAISE DE LIGNE N° 3. V. MILICE RUSSE N° 4. V. MINISTRE DE LA GUERRE EN 1821. V. OFFICIER D'INFANTERIE FRANÇAISE N° 2. V. REDINGOTE D'OFFICIER.

SABRE DROIT. V. ARME PERSONNELLE N° 5. V. CLEYMORE. V. COUTEAU D'ARMES. V. DRAGON FRANÇAIS N° 4. V. DROIT, adj. V. GROSSE CAVALERIE N° 4. V. MILICE PRUSSIENNE N° 4. V. MILICE TURQUE N° 4. V. MINISTRE DE LA GUERRE EN 1821.

SABRE HONGROIS. V. HUSSARD N° 1, 4. V. HONGROIS, adj. V. PANDOURE. V. PANSTÉRÈCHE.

SABRE-POIGNARD (B, 1). Sorte de SABRE que la LANGUE FRANÇAISE aurait dû dénommer d'une manière plus satisfaisante, car le mot POIGNARD porte une idée repoussante, et sous-entend lâcheté et traîtrise. L'ARME qui va nous occuper n'est, au reste, ni un SABRE, ni un POIGNARD; c'est l'ÉPÉE ESPAGNOLE et ROMAINE; c'est ce qu'on appelle MACHÈRE; c'est l'ÉPÉE DE L'ÉCOLE DE MARS de 1795; c'est un diminutif de l'ancien SABRE DE SAPEUR D'INFANTERIE; c'est une ARME DE TAILLE et à MANCHE, pareille à celle de l'ancien CORPS ROYAL DE L'ARTILLERIE, avant qu'on ne l'eût mélangé d'HOMMES DE CHEVAL. C'est un BRIQUET sans GARDE, à deux TRANCHANTS. — Le public n'a jamais été mis dans le secret des motifs qui ont déterminé, en 1830, le MINISTRE DE LA GUERRE à adopter cette ARME lourde et ingrate. L'exposé des considérant en aurait été curieux. — Les ARSENAUX contenaient une fois plus de BRIQUETS neufs qu'il n'en eût fallu pour approvisionner toute l'ARMÉE FRANÇAISE, quand cette innovation prit faveur dans le MINISTÈRE DE LA GUERRE. On y colora cette mesure du besoin de distribuer les vieux Sabres de l'INFANTERIE de l'ARMÉE aux GARDES NATIONAUX. — Les antagonistes de ce changement et les MAITRES D'ESPADON et de CONTRE-POINTE dont il tuait la profession ont prétendu, avec plus d'humeur sans doute que de justice, que l'ARME nouvelle ne sera qu'une clef plus commode des portes à ouvrir et des coffres à explorer. — En 1832, on commença à délivrer le Sabre-poignard comme une ARME DE SOUS-OFFICIER, de GRENADIERS, de VOLTIGEURS, de TAMBOURS; on lui donna le nom de MODÈLE de 1831. — Le *Constitutionnel*, qui penchait pour la désapprobation, publiait, le 25 janvier 1833, que *les marchés des Sabres seront l'objet des investigations les plus approfondies. On porte le nombre des Sabres-poignards à confectionner, à plus de cinq cent mille; ceux qui sont déjà confectionnés, à cent cinquante mille, et ceux qui sont distribués à la troupe, à quarante-cinq mille.* — Il y avait, dans cet exposé, de l'aigreur et de l'exagération, d'autant que ces investigations ont été sans résultat. Elles se sont à peu près bornées aux observations d'un ancien général d'artillerie qui, à la tribune des députés le 6 juin 1836, citait, au sujet du budget, cette fabrication, *comme une preuve du peu de jugement avec lequel les comités prennent leurs décisions.* — Ce député (le général Demarçay) feignait d'oublier qu'une volonté plus forte que celle des COMITÉS avait prononcé. — Le même journal prétendait, le 26 novembre 1832, que la dépense des Sabres-poignards avait *échancré* de dix millions le budget; mais la dépense alors était moins forte, il n'existait en 1833 que deux cent mille Sabres-poignards, et une instruction ministérielle de 1835 en tarifait le prix à huit francs l'un. — M. Legrand (1837, A) donne une idée du Sabre-poignard. La *Sentinelle de l'Armée* (t. IV, p. 10) en fait une critique fondée.

SABRER, verb. act. V. CHARGE DE CAVALERIE. V. TAILLE OFFENSIVE.

SABRES, subs. masc. plur. abs. V. ARMÉE FRANÇAISE N° 4. V. BAIONNETTES, V. EFFECTIF.

SABRETACHE, subs. fém. et masc. (B, 1), ou SABRETASCHE. Mot dérivé de l'ALLEMAND *sabel-tasche*, signifiant POCHE DU SABRE; c'était la POCHE volante, l'espèce de GIBERNE que les HUSSARDS portaient à gauche et suspendue au CEINTURON du SABRE; elle leur était indispensable, puisque la mode ne voulait pas que leurs vêtements eussent des POCHES. — LACHESNAIE (1758, 1) dit vaguement que les HUSSARDS portent à gauche une espèce de SAC ou de GIBECIÈRE; ce qui prouve qu'avant le milieu du dernier siècle le mot de Sabretache n'était pas encore usité. — L'ORDONNANCE DE 1767 (25 AVRIL) faisant du genre masculin Sabretache, ce genre était rationnel, eu égard à son origine allemande; mais l'usage et le langage vicieux ont voulu qu'il devînt féminin, et l'argot a triomphé de la LANGUE avec autorisation du MINISTÈRE. — La Sabretache, apportée en OCCIDENT par les HONGROIS qui étaient TURCOMANS d'origine, a été une imitation des usages des ORIENTAUX et des ARABES. Les Kabaïles ont, encore de nos jours, des Sabretaches ou des musettes en cuir richement travaillées, et appelées djbirn : ils y enferment de l'orge pour le cheval, et quelques galettes. Il y a seulement cette différence que ces Sabretaches se portent suspendues à l'arçon de la selle. C'est moins embarrassant et plus raisonnable; mais il faut bien que le HUSSARD mette quelque part la pipe qu'il porte au cabaret. — La forme de la Sabretache, ses ornements, sa matière ont considérablement varié; son intérieur a toujours été une POCHE en cuir ; son recouvrement a été d'abord recouvert en drap, avec galons, avec broderies; ensuite, en vache vernissée, avec écusson, avec armoiries en cuivre. — Les Français portent presque pendante à terre la Sabretache, elle gêne un peu leur démarche. Des DRAGONS ANGLAIS la portent à la hauteur de la hanche; c'est plus raisonnable, surtout si l'on suppose l'homme à pied. — Il a été traité de la Sabretache ou SABRETASCHE par Lecouturier (1825, A). Une description étendue et une gravure de grandeur naturelle de la Sabretache en usage pendant le régime de la restauration, se trouve dans un ouvrage moderne (1818, B).

SABRETASCHE, subs. fém. V. SABRETACHE.

SAC, subs. masc. V. A SAC. V. HAVRE-SAC. V. METTRE A S... V. METTRE LE S.., V. PASSE DE S... V. PORTER LE S...

$$\text{SAC} \left\{ \begin{array}{l} \text{DE VILLE.} \\ \text{PÉRIPHORE.} \end{array} \right. \quad \cdots \quad \left\{ \begin{array}{l} \text{A DISTRIBUTION.} \\ \text{A FEU.} \\ \text{A TERRE.} \\ \text{DE CAMPAGNE.} \end{array} \right\} \text{SAC}$$

SAC (term. génér.). Mot qui, suivant l'ENCYCLOPÉDIE (1751, C), viendrait de l'HÉBREU. Des propositions si absolues ne sauraient être justes quand le mot a plusieurs acceptions, par conséquent plusieurs étymologies, comme c'est ici le cas. Le mot LATIN *saccus* explique suffisamment d'où vient notre mot français, pris dans son sens le plus vulgaire, et, par exemple, comme synonyme de HAVRE-SAC, comme PROJECTILE, comme l'un des MATÉRIAUX de PARAPET; mais s'il est pris comme synonyme de SACCAGEMENT, sa racine n'est pas la même. — Le substantif Sac, pris dans son application commune ou primitive, a été la souche des verbes SACHER, SAQUER. — Il convient de distinguer le mot en SAC A BALLES, — A GRENADES, — A LAINE, — A MARMITE, — A MITRAILLE, — A OUTILS, — A PAILLE, — A PAIN, — A PEAU, — A PIEDS, — A PIERRES, — A POUDRE, — DE CAMPEMENT, — DE FRONDEUR, — DE HUSSARD, — DE PEAU, — DE TOILE, — DE VILLE, — PÉRIPHORE.

SAC A BALLES. V. A BALLES. V. ARQUEBUSE A SERPENTIN. V. BALLE EN BOUCHE. V. BANDOULIÈRE. V. CHARGE DE MOUSQUET A MAIN. V. FOURNIMENT. V. GIBECIÈRE. V. INFANTERIE FRANÇAISE N° 4. V. MILICE DANOISE N° 3. V. MOUSQUET. V. MOUSQUETAIRE A PIED N° 3. V. POIRE A POUDRE.

SAC (sacs) A DISTRIBUTIONS (B, 1), ou SAC A PIEDS, ou SAC DE CAMPEMENT (comme le dénommait le TARIF DE 1831 [13 NOVEMBRE], concernant les EFFETS DE COUCHAGE), ou SAC DE TOILE. Sorte de sacs PÉRIPHORES, en forte toile grise, qui faisaient partie des EFFETS DE PETIT ÉQUIPEMENT. Ils se délivraient aussi comme FOURNITURE DE CAMPAGNE, à raison d'un par homme. Le Sac était haut de quatre pieds. Il servait au transport du PAIN DE MUNITION et de LÉGUMES. Le SOLDAT AU CAMP, ou AU BIVAC, se couchait dans ce Sac pendant la nuit; voilà pourquoi il s'appelait aussi SAC A PIEDS. — L'ORDONNANCE DE 1778 (28 AVRIL) et le RÈGLEMENT DE 1779 (21 FÉVRIER) consacraient cette manière de l'employer. — Le DÉCRET DE L'AN DEUX (2 FRUCTIDOR) en accordait un par homme et par an. — La DÉCISION DE L'AN DIX (4 BRUMAIRE) réglait leur confection. — La CIRCULAIRE DE L'AN CINQ (15 NIVOSE) restreignait, dans l'intérieur, ce nombre à quatre Sacs pour vingt hommes. — L'ARRÊTÉ DE L'AN HUIT (8 FLORÉAL) accordait comme PREMIÈRE MISE, en TEMPS DE GUERRE, un Sac à chaque HOMME DE RECRUE. — La DÉCISION DE 1808 (20 JANVIER) en accordait un par huit hommes en TEMPS DE PAIX. Le CHEF D'ORDINAIRE en était responsable. Dans l'un et l'autre cas, la dépense première était au compte de la MASSE D'HABILLEMENT; le REMPLACEMENT, à la charge de la MASSE DE LINGE ET CHAUSSURE. — La DÉCISION DE 1822 (26 FÉVRIER) en fixait le prix à trois francs soixante-dix centimes. — La DÉCISION DE 1831 (2 JUIN) les classait au nombre des EFFETS au compte de la MASSE D'ENTRETIEN.

SAC (sacs) A FEU (H, 1), OU SAC A POUDRE, comme l'appellent l'ENCYCLOPÉDIE (1785, C), LACHESNAIE (1758, I), LEBLOND (1762); mais il y a amphibologie, puisque, comme le témoigne encore la CIRCULAIRE DE L'AN SIX (29 BRUMAIRE), un Sac de peau blanche était consacré à la POUDRE A POUDRER. — Les Sacs à feu étaient une sorte de SACS PÉRIPHORES dans le genre des BALLES A FEU, des BALLONS A GRENADES et des CARCASSES. On les employait à la DÉFENSE DU CORPS DES PLACES et à REPOUSSER L'ASSAUT. Ils contenaient quatre à cinq livres de POUDRE, et PRENAIENT FEU au moyen d'une FUSÉE; on les jetait ou à la main ou au moyen du MORTIER. On s'en est servi, pour la première fois, suivant GANEAU, au SIÉGE de VALENCIENNES, en 1677. Il en fut employé plus de quatre mille au SIÉGE de DOUAI, en 1710. — Des GRENADIERS FRANÇAIS, trompés par la ressemblance, prirent pour des Sacs à terre tombés par hasard les Sacs à feu de BERG-OP-ZOOM, en 1747, et il en résulta d'affreux ravages. — Au fond du Sac on met quelquefois une BOMBE DE SIX POUCES pour servir de CULOT, afin d'obliger la FUSÉE à rester en l'air. — On s'est servi de Sacs à feu en guise de PÉTARDS.

SAC A GRENADES. V. A GRENADES. V. BATAILLON D'INFANTERIE FRANÇAISE Nº 5. V. CENT-SUISSES. V. COMPAGNIE DE GRENADIERS Nº 4, 5. V. DEMI-GIBERNE. V. GIBECIÈRE. V. GIBERNE. V. GRENADIER D'INFANTERIE FRANÇAISE Nº 4. V. GRENADIÈRE D'ÉQUIPEMENT.

SAC A LAINE. V. A LAINE. V. ÉPAULEMENT. V. PARAPET. V. SAC A TERRE.

SAC A MARMITE. V. A MARMITE. V. MARMITE DE CAMPAGNE. V. USTENCILE DE CAMPEMENT.

SAC A MITRAILLE. V. A MITRAILLE. V. MITRAILLE.

SAC A OUTILS. V. A OUTILS. V. OUTIL DE CAMPAGNE.

SAC A PAILLE. V. A PAILLE. V. DEMI-FOURNITURE. V. EFFET DE COUCHAGE DE CAMPEMENT. V. PAILLE.

SAC A PAIN. V. A PAIN. V. PANETIÈRE.

SAC A PEAU. V. A PEAU. V. HAVRE-SAC.

SAC A PIEDS. V. A PIEDS. V. SAC A DISTRIBUTION. V. DRAPS DE LIT DE TROUPE.

SAC A PIERRES. V. A PIERRES. V. FRONDEUR. V. GIBECIÈRE. V. GIBERNE.

SAC A POUDRE. V. A POUDRE. V. DÉFENSE DE CORPS DE PLACE. V. HAVRE-SAC. V. MINE A FEU. V. PETIT ÉQUIPEMENT. V. SAC A FEU.

SAC (sacs) A TERRE (H). Sorte de SACS PÉRIPHORES fabriqués en grosse toile. Ils ont un pied de diamètre sur trente pouces, ou deux pieds de hauteur. Leur usage est de toute antiquité. VÉGÈCE (390, A) témoigne que les PERSES en faisaient à la GUERRE le même usage qu'on en fait de nos jours. Leur MILICE était, à cet effet, pourvue d'avance de Sacs vides. — On emplit de terre passée à la claie ce genre de Sacs. S'ils sont vides, on les conserve et on les transporte dans des tonnes; s'ils sont pleins, on les réunit aux AMAS DE MATÉRIAUX DE SIÉGE dans les PARALLÈLES, dans les PAVAS DE SIÉGE; on les oppose aux irruptions des ASSIÉGEANTS, à la manière des anciennes ANTESTATURES, des anciens PAVOIS; on en couronne les CAVALIERS DE TRANCHÉE, les PARALLÈLES; on en compose des BARRICADES, des ÉPAULEMENTS; on les entremêle dans les BATTERIES DE GABIONS; on en forme l'entre-deux des GABIONS DE SAPE; on en obstrue des BRÈCHES; on en recouvre des BLINDES; on s'en sert comme de pied d'appui aux PÉTARDS; on en construit des LOGEMENTS A FEU; on en revêt des BATTERIES en terre; on les emploie, après la prise de la CONTRESCARPE, en manière de PARAPETS, de petits CRÉNEAUX, d'EMBRASURES à fusil. — On y a recours principalement dans les pays de rocs. Ainsi fit-on à PORT-MAHON, à CONS-

TANTINÉ. A ce dernier SIÉGE, il arriva ce qui est advenu si souvent; la quantité de Sacs fut insuffisante. — A défaut de Sacs à terre dans le travail des SAPES volantes, on se sert de FAGOTS DE SAPE. — Dans d'autres travaux, on substitue aux Sacs à terre les SACS A LAINE, comme le témoignent GASSENDI et LACHESNAIE. — Nous avons donné un exemple du danger qu'il y aurait à prendre des SACS A FEU pour des Sacs à terre. — Les AUTEURS qui rendent raison de l'utilité et de l'emploi des Sacs à terre sont : BELAIR (1792), BERRIAT (1817, A), CARRÉ (1783, E), M. COTTY (1822, A), DUBOUSQUET (1769, B), ENCYCLOPÉDIE (1785, C), GASSENDI, GUIGNARD (1725, B), GUILLET (1686, B), JABRO (1777, G), LACHESNAIE (1758, I, au mot *Logement*), MANESSON (1685, B), SIONVILLE (1756, E). M. VILLENEUVE.

SAC de CAMPAGNE D'OFFICIER (B, 1), ou SAC D'OFFICIER. Sorte de SAC PÉRIPHORE dont l'usage était établi dans l'INFANTERIE de l'ARMÉE RUSSE. C'est une espèce de petit HAVRE-SAC. Le projet de RÈGLEMENT D'UNIFORME de 1817, comme le témoigne un AUTEUR moderne (1818, B), donnait à chaque OFFICIER PARTICULIER de l'INFANTERIE FRANÇAISE une espèce de CARNASSIÈRE dont le DEVANT ou la PATELETTE était en cuir jaune. Le Sac était attaché aux ANNEAUX d'une BANDEROLE qui se partageait en grand et en petit COTÉ. L'OUVERTURE fermait au moyen de CONTRE-SANGLONS et de BOUCLES. L'intérieur était partagé par une cloison analogue à celle du HAVRE-SAC, formé de toiles pâtées, garnies d'une bordure. La PIÈCE DE DERRIÈRE du Sac appuyait sur le flanc droit de l'officier. — La DÉCISION DE 1821 (28 AVRIL) traitait d'une manière négligée et incomplète du SAC DE CAMPAGNE, et en laissait facultatif l'emploi.

SAC de CAMPEMENT. V. CAMPEMENT. V. SAC A DISTRIBUTION.

SAC de FRONDEUR. V. FRONDEUR. V. GIBERNE.

SAC de HUSSARD. V. HUSSARD. V. SABRETACHE.

SAC de PEAU. V. ÉCOLE DE MARS. V. HAVRE-SAC. V. PEAU.

SAC de TOILE. V. GUERRE DE 1830. V. SAC A DISTRIBUTION. V. TOILE.

SAC de VILLE (F). Sorte de SAC dont l'ENCYCLOPÉDIE (1751, C, au mot *Saccager*) donne l'étymologie. Ce terme viendrait, suivant CASENEUVE et WACHTER, du TEUTON *sax* ou *sas*, qui signifiaient poignard, d'où *sackeman*, voleur ou meurtrier. Le vieux français SACQUEMAN, qui en a été la traduc-

tion, aurait produit, selon eux, le verbe SACCAGER; cette étymologie est douteuse. — Le mot ALLEMAND *sack* n'a aucun rapport avec poignard; il s'est compliqué, ainsi que le mot ITALIEN *sacco*, d'une idée de pillage. Le TEUTON *sackeman*, homme de Sac, l'ITALIEN *saccomano*, qui en est emprunté, le français, homme de Sac et de corde, qui y répond, comportent l'image d'un Sac qu'on remplit de BUTIN. Le TEUTON l'a pris du LATIN; l'ITALIEN l'a pris de l'ALLEMAND; le français l'a pris de l'ITALIEN, quand les SUISSES et les LANSQUENETS de CHARLES HUIT mettaient si cruellement A SAC les villes italiques dont ils s'emparaient. En français, le mot corde, qui s'unit au mot Sac, présente à l'esprit la pensée, non de la corde pour tenir fermé le Sac, ou servir de lien à des trousses, mais la corde pour enchaîner les captifs, ou tenir en respect les femmes récalcitrantes. — Les ITALIENS disaient *dare il sacco, mettere a sacco*, et en avaient composé *saccheggiare*; nous en avons fait METTRE A SAC, OU SACCAGER. — Le cri ARLAN a été un signe, un encouragement, un ordre de SACCAGEMENT. — Les ORDONNANCES DE 1590 (3 NOVEMBRE) et 1591 (25 FÉVRIER) s'occupaient des cas de Sac à la suite d'ASSAUTS. HENRI QUATRE, par celle de 1590, ne voulait pas que le Sac pût durer plus de vingt-quatre heures; c'était déjà une durée de temps fort honnête. La LÉGISLATION moderne ne s'en occupe qu'indirectement, paraît y voir un DROIT DE LA GUERRE, et semble laisser, à cet égard, CARTE BLANCHE aux GÉNÉRAUX EN CHEF, puisque, dans les expéditions en Algérie et à Mascara, des pays, des villes ont été mis à Sac. Cette insouciance de la loi est une des lacunes en fait d'ART MILITAIRE DE TERRE. Quant à la MARINE, elle coule bas l'ENNEMI, elle écrase de ses MOBILES un PORT; c'est un Sac, sauf le PILLAGE. — Les plus célèbres Sacs, ou SACCAGEMENTS, car ce dernier mot vaudrait mieux, ont été ceux de TROIE, JÉRUSALEM, ROME, MAGDEBOURG, OCZAKOW. — On peut consulter touchant ce mot : CASENEUVE, l'ENCYCLOPÉDIE (1751, C), LACHESNAIE (1758, I), MÉNAGE, WACHTER.

SAC d'INFANTERIE. V. ESPACE DE RANGS. V. HALTE DE ROUTE. V. HAVRE-SAC. V. INFANTERIE. V. ORDRE SERRÉ. V. SOULIER. V. SOUS-INTENDANT N° 8.

SAC d'OFFICIER. V. OFFICIER. V. SAC DE CAMPAGNE.

SAC PÉRIPHORE (term. sous-génér.), ou SACHE. Sorte de SAC ou de poche propres au transport de divers objets. ROQUEFORT tire ce mot du bas LATIN *bisaccium*, BESACE. Nous en avons indiqué une racine plus rationnelle. Quant à l'adjectif tout grec PÉRIPHORE, il signifie portatif, ou susceptible d'être transporté de côté et d'autre. — Le Sac périphore se distingue en SAC A DISTRIBUTION, — A FEU, — A TERRE, — DE CAMPAGNE.

SACBUTE, subs. fém. V. SAMBUQUE INSTRUMENTAL. V. SACHEBOUTE.

SACCAGEMENT, subs. masc. V. SAC.

SACCAGER, verb. act. V. ARLAN. V. SAC. V. SAC DE VILLE.

SACCOPER (*Panoplie*, p. 172).

SACER, verb. neut. V. SACHER.

SACHANRE, subs. masc. V. ÉPÉE. V. ÉPIEU.

SACHE, subs. masc. V. GLAIVE. V. SAC PÉRIPHORE. V. SACHÉ, subs. masc. V. SACHER, verbe.

SACHÉ, subs. masc. (F), ou SACHE, ou SACHÉE. Ces substantifs sont dérivés, suivant ROQUEFORT, du LATIN *saccus*, SAC. Il les donne, ainsi que CARRÉ (1783, E), comme synonymes de FOURREAU D'ÉPÉE OU DE SABRE, et comme analogues au verbe SACHER.

SACHEBOUTE, subs. fém. (F), ou HALLEBUTTE, OU SACBUTE, OU SACQUEBUTTE, ou SACQUEBOUTE, OU SAQUEBOUTE, OU SAQUEBUTE suivant FURETIÈRE. L'étymologie de ces mots serait à trouver. — GANEAU et ROQUEFORT mentionnent SACHEBOUTE et SAQUEBUTE dans le sens de LANCE, ou de HARPIN, ou d'ANGON, propres à accrocher, à SACHER, à faire tomber à terre les HOMMES DE CHEVAL. CARRÉ (1783, E) regarde le substantif SACQUEBOUTE comme synonyme d'ARQUEBUSE ; tandis que d'autres ÉCRIVAINS déclarent synonymes SACBUTE, SAQUEBUTE et l'INSTRUMENT DE MUSIQUE MILITAIRE qu'on nommait SAMBUQUE. — En parlant des SACQUEBUTTES, nous donnons une preuve de plus de la difficulté de l'explication.

SACHÉE, subs. fém. V. FOURREAU. V. SACHÉ, subs. V. SACHER, verb.

SACHER (verb. act.) l'ÉPÉE (F), ou ÉVAGINER, OU SACER, OU SACHIER, OU SACQUER, OU SAICHER suivant LEDUCHAT, OU SAICHIER suivant BARBAZAN (1808), OU SAQUER, OU SAQUIER. Toutes ces expressions signifiaient TIRER L'ÉPÉE, le GLAIVE de son SACHÉ, de son FOURREAU. BARBAZAN prend dans le même sens DÉSACHIER, ce qui semble impliquer contradiction à cause du *de* privatif. — Les verbes SAQUER, Sacher, l'un en idiome picard, comme l'appelle GÉBELIN, l'autre en idiome de provinces plus centrales, viennent, suivant DUCANGE, du LATIN *saccare*, tirer d'un

sac ; et, suivant GANEAU, de l'ESPAGNOL *sacar*, signifiant tirer, et emprunté de l'ARABE. — De ces deux verbes il nous est resté le substantif saccade. — GANEAU regarde le verbe SAQUER comme analogue à SACQUEBUTTE et à SACHEBOUTE, parce que ce genre de LANCE tirait à terre le cavalier qu'elle accrochait. — On peut déduire des explications que donnent sur ce sujet BOREL (Pierre), CARRÉ (1783, E), MONET, NICOT, quelle analogie existait entre ces verbes et les substantifs SAC, SACHE, SACHÉ, SACHÉE.

SACHET d'ARTILLERIE. V. ARTILLERIE. V. GARGOUSSE.

SACHET de MITRAILLE. V. MITRAILLE.

SACHIER, verb. act. V. SACHER.

SACQUEBOUTE, subs. fém. V. SACHEBOUTE.

SACQUEBUTTE, subs. fém. (F). Mot dont l'étymologie mal connue est difficile à deviner, ainsi que celle de SACHEBOUTE, qui en paraît synonyme. Peut-être le mot était-il un barbarisme sorti de la plume de quelque malencontreux copiste ? Ce mot a été analogue au verbe SACHER, et synonyme d'ARQUEBUSE ; il a été aussi, suivant M. MONTEIL, la dénomination d'un genre de TROMPETTE dont il est question dans RABELAIS, qui en parle comme d'un INSTRUMENT de son temps ; ce serait le SAMBUQUE.

SACQUEMAN, subs. masc. V. SAC DE VILLE.

SACQUER, verb. act. V. SACHER.

SACRE, subs. masc. (F). Mot dérivé de l'ITALIEN *sagro*, *sagretto*, restés dans l'ANGLAIS *saker*, dont parle DUANE (1810, E). Des AUTEURS prennent comme synonymes Sacre et SACRET, qui ont servi l'un et l'autre à d'anciennes BOUCHES A FEU A TIR DIRECT. SAINT-REMY, et d'après lui GASSENDI, regardent le SACRET comme ayant été une PIÈCE DE QUATRE longue de douze pieds, et le Sacre comme ayant été une PIÈCE DE CINQ, longue de treize pieds. — TARTAGLIA mentionne le Sacre comme ayant été une PIÈCE DE DOUZE. Il en était ainsi, suivant M. MEYER (Moritz), en 1546 ; mais c'était, dit-il, en 1572, une PIÈCE DE DIX. — GANEAU décrit le Sacre comme plus faible que la BATARDE et le PÉLICAN, et comme étant DE SIX livres de balles. — Le Sacre et le SACRET étaient des ARMES DE MARINE et de galères vénitiennes. — On peut consulter à cet égard M. COTTY (1822, A), DUANE (1810, E), FURETIÈRE, GANEAU, GASSENDI, LACHESNAIE (1758, I, t. III, p. 354), M. MEYER (Moritz), SAINT-REMY, TARTAGLIA.

SACRÉ (sacrée), adj. V. COHORTE S...

SACREMENT, subs. masc. v. SAINT S...

SACRET, subs. masc. v. SACRE.

SACROVIRE; **SAENZ**. v. NOMS PROPRES.

SAÈTE, subs. fém. v. SAETTE.

SAETTE, subs. fém. (F), ou SAÈTE, SAGET, SAGETTE, SAGICTION, SAGITE, SAGITTE, SAGITTON, SAIÈTE, SAIETTE, SAJÈTE, SAJETTE, SAYETTE, SÉÈTE, SÉETTE, SÉETVE, SEYÈTE, SEYETTE. Mots dérivés du LATIN *sagitta*, ou de l'ITALIEN *saetta*, et qui, dans les usages de la MILICE FRANÇAISE, ont signifié DARD, FLÈCHE, TRAIT. Ils ont produit les substantifs SAGETTEOUR, SAGETTEUR, SAGITAIRE, SAGITTAIRE, signifiant également TIREUR DE FLÈCHES et fabricant de FLÈCHES. — On peut consulter à l'égard de ces divers mots : BARBAZAN (1808), BOREL (Pierre), CARRÉ (1785, E), M. COTTY (1822, E), ENCYCLOPÉDIE (1785, C), FURETIÈRE, MAROT, MÉNAGE, et les AUTEURS qui ont traité de la LANGUE ROMANE.

SAGAIE, subs. fém. v. ARZEGAIE.

SAGE, subs. fém. v. SAYON.

SAGET. v. NOMS PROPRES.

SAGET, subs. masc. v. SAETTE.

SAGETTE, subs. fém. v. SAETTE.

SAGETTEOUR, subs. masc. v. SAETTE.

SAGETTEUR, subs. masc. v. SAETTE.

SAGICTION, subs. masc. v. SAETTE.

SAGITE, subs. fém. v. SAETTE.

SAGITAIRE, subs. masc. v. SAETTE.

SAGITTAIRE, subs. masc. v. MILICE ANGLAISE N° 8. v. MILICE ROMAINE N° 2. v. SAETTE.

SAGETTE, subs. fém. v. SAETTE.

SAGITTON, subs. masc. v. SAETTE. v. TRAIT D'ARBALÈTE. v. TRAIT PROJECTILE.

SAGNOR, subs. masc. v. SEIGNEUR.

SAGONTE; **SAGUNDINO**. v. NOMS PROPRES.

SAICHER, verb. act. v. SACHER.

SAICHER, verb. act. v. SACHER.

SAIE, subs. fém. v. SAGON.

SAIETE, subs. fém. v. SAETTE.

SAIETTE, subs. fém. v. SAETTE.

SAIGNÉE, subs. fém. v. MILICE ROMAINE N° 9. v. PUNITION. v. SOUS-AIDE-CHIRURGIEN.

SAIGNER (verb. act.) un FOSSÉ. v. FOSSÉ DE FORTERESSE.

SAIGNOR, subs. masc. v. SEIGNEUR.

SAILLANT (saillante), adj. v. ANGLE S... v. PLACE D'ARMES S...

SAILLANT, subs. masc. v. ATTAQUE DE PLACE. V. ATTAQUE DE POSTE. V. COLONNE D'ATTAQUE. V. FACE D'OUVRAGE. V. FORTERESSE. V. REDAN. V. RETRANCHEMENT. V. SCIE TACTIQUE.

SAILLANT de CHEMIN COUVERT. V. ARÊTE DE GLACIS. V. CAVALIER DE TRANCHÉE. V. CHEMIN COUVERT. V. PREMIÈRE PARALLÈLE. V. TRANCHÉE.

SAILLIE, subs. fém. v. SORTIE D'ASSIÉGÉS.

SAIGNOR, subs. masc. v. SEIGNEUR.

SAIGNOUR, subs. masc. v. SEIGNEUR.

SAINT-ANDRÉ; **SAINT-AUBAN**; **SAINT-CHAMANS**; **SAINT-CYR**; **SAINT-DENIS**; **SAINT-DIDIER**; **SAINT-DOMINGUE**; **SAINT-ESPRIT**; **SAINT-ÉTIENNE**; **SAINT-FERDINAND**; **SAINT-FOIX**; **SAINT-GABRIEL**; **SAINT-GENIES**; **SAINT-GEORGES**; **SAINT-GERMAIN**; **SAINT-GUILLAUME**; **SAINT-ILDEPHONT**; **SAINT-JEAN-D'ANGELY**; **SAINT-JULIEN**; **SAINT-LAZARE**; **SAINT-LÉOPOLD**; **SAINT-LOUIS**; **SAINT-MALO**; **SAINT-MARTIN**; **SAINT-MAURICE**; **SAINT-NESMONT**; **SAINT-MICHEL**; **SAINT-OMER**. v. NOMS PROPRES.

SAINT ORDRE. v. CHEVALERIE D'AFFILIATION N° 2. v. ORDRE.

SAINT-PAUL; **SAINT-QUENTIN**; **SAINT-REMY**. v. NOMS PROPRES.

SAINT-SACREMENT V. ALERTE DE S... V. AUX ARMES. V. ÉLÉVATION DU S... V. HONNEUR AU S... V. SACREMENT. V. SALUT.

SAINT-SAVEN; **SAINT-SÉBASTIEN**; **SAINT-STANISLAS**; **SAINTE-CHAPELLE**; **SAINTE-CROIX**; **SAINTE-HÉLÈNE**; **SAINTE-MARTHE**; **SAINTE-PALAYE**; **SAINTE-SUZANNE**; **SAINTES**. v. NOMS PROPRES.

SAINTURE, subs. fém. v. CEINTURE.

SAINTURIER, subs. masc. v. CEINTURE.

SAION, subs. masc. v. ACCUSATEUR MILITAIRE.

SAISIE, subs. fém. v. DETTE D'OFFICIER.

SAJÈTE, subs. fém. v. SAETTE.

SAJETTE, subs. fém. v. SAETTE.

SALA. v. NOMS PROPRES.

SALADE, subs. fém. (F), ou CÉLADE suivant ROQUEFORT et le premier traducteur de MACHIAVEL, ou CÉLATE, ou SALE, ou SALLADE, ou SERLADE, suivant l'ENCYCLOPÉDIE (1751, C, au mot *Bourguignote*). — Le mot Salade est pris ici dans le sens de CASQUE et de PUNITION. Les savants ne sont pas d'accord touchant son étymologie. Des AUTEURS veulent qu'il soit un souvenir de la CROISADE DE 1188, qu'il vienne du nom de SALADIN, et qu'il ait pris naissance en même temps que la COTTE SALADINE ; mais c'est peu croyable, puisque les ITALIENS, nos maîtres en fait de LANGUE MILITAIRE, l'appelaient *celata*. Leurs ARQUEBUSIERS, au service de France pendant le MOYEN AGE, l'ont probablement introduit dans notre LANGUE, où CELATE, CELADE se sont corrompus en Salade. — ISIDORE mentionne, dans le même sens, le bas LATIN *salatta*, et il appelle *salattarius* un valet dont l'emploi était de porter la Salade et certaines ARMES DÉFENSIVES de son maître. Il le désigne par l'épithète de *portitor armorum*. — DUCANGE lire Salade de l'ESPAGNOL *celada*. DUANE et ROQUEFORT, considérant qu'il s'est d'abord appelé CELATE, le dérivent du latin *cœlatus*, gravé, quoique quantité de Salades ne fussent pas gravées. L'assertion d'ISIDORE démontre imaginaire cette origine. — BOREL (Pierre) et NICOT croient retrouver Salade dans le bas LATIN *sila*, *silata*, *selata*. — MM. MEYRICK et PLANCHÉ veulent que le nom de cette PIÈCE D'ARMURE vienne de l'ALLEMAND *schale*, ou de l'ANGLAIS *schell*, coquille ; cette supposition paraît peu fondée. — GÉBELIN avance que Salade et CALOTTE viennent également, l'un et l'autre, du CELTIQUE *cal*, signifiant bonnet ; mais, de nos jours, on a peu de foi dans les racines linguistiques que GÉBELIN se persuadait avoir retrouvées. — VOLTAIRE (*Dictionnaire philosophique*, au mot *Langue*) ne doute pas qu'il ne soit d'origine ITALIENNE ; il n'est pas impossible en effet que les ITALIENS l'aient pris du verbe LATIN *celare*, cacher, comme on dirait cache chef, *testa celata*.—L'ENCYCLOPÉDIE (1785, C) regarde la Salade comme étant une BOURGUIGNOTE ou un POT EN TÊTE. La comparaison est inexacte et incomplète. Il y a eu des Salades analogues à des BOURGUIGNOTES, c'étaient les SALADES DE CAVALERIE, espèces de CASQUES FERMÉS ; il y a eu des Salades analogues à des POTS, c'étaient des SALADES D'INFANTERIE, ou des CASQUES OUVERTS. ROQUEFORT prétend que la Salade était un léger CASQUE qui fut d'abord en fer battu et ensuite en cuir bouilli. La proposition est facile à réfuter ; jamais SALADE A VISIÈRE n'a été en cuir. — LEDUCHAT témoigne qu'on appelait Salades les SOLDATS porteurs de cette COIFFURE. Son usage général voulait en effet que la dénomination d'un homme armé et la dénomination de son ARME principale fussent identiques. — ROQUEFORT affirme que le mot Salade signifiait quelquefois HEAUME ou GRAND CASQUE, quelquefois partie du devant du CASQUE ; la seconde partie de cette proposition est erronée. —

La Salade peut se définir CASQUE A COUVRENUQUE, avec ou sans VISIÈRE, et le plus souvent sans CRÊTE. — M. PLANCHÉ, qui a publié diverses images graphiques de Salades, indique le COUVRE-NUQUE, qu'il appelle *projection behind*, comme caractéristique de la Salade. Ce qui était plus caractéristique, c'était l'adjonction ou l'absence d'un MASQUE. — Le mot *celate* figure déjà dans une ORDONNANCE DE 1306 (JUIN) ; elle était la COIFFURE des ARBALÉTRIERS dans le siècle précédent. Il en est fréquemment question sous CHARLES SEPT et sous LOUIS ONZE. Jusqu'au milieu du quinzième siècle cette simple expression était synonyme de SALADE DE CAVALERIE ou de SALADE A VISIÈRE. Les ordonnances de ces deux princes commencent à mentionner des SALADES A VISIÈRE, parce qu'il y avait des SALADES D'INFANTERIE qui étaient sans VISIÈRES ; elles faisaient mention aussi de Salades crestées (à CRÊTE), ce qui prouve qu'elles n'étaient pas toutes sans CRÊTE, comme quantité d'ÉCRIVAINS l'ont avancé. Elles mentionnent aussi des CABASSETS, des SECRETTES, des CERVELIÈRES et des HABILLEMENTS DE TÊTE à la bourguignonne. — Les AUTEURS qui ont traité du sujet qui vient de nous occuper sont : M. ALLOU, BILLON (1641, A), BOREL (Pierre), BRANTOME (1600, A), CARRÉ (1785, E), M. le colonel CARRION (1824, A), M. le général COTTY (1822, A), DANIEL (1721, A), DELAROQUE (1676), DESPAGNAC (1751, D), DUANE (1810, E), DUBOUSQUET (1769, B), DUCANGE, DUCHOUL (1555, A), ENCYCLOPÉDIE (1785, C), FURETIÈRE, GAYA (1675, D), GÉBELIN, GOETZMAN (1777), LACHESNAIE (1758, I), LEDUCHAT, MAIZEROY (1765, B), M. MEYRICK, MONTLUC (1575, A), M. PLANCHÉ, ROHAN (1757, Q), ROQUEFORT, VOLTAIRE (t. VII, p. 481), l'*Encyclopédie du dix-neuvième siècle* (au mot *Armure*). — Il faut distinguer le mot SALADE en SALADE A ROELLES, — A VISIÈRE, — A VUE COUPÉE, — D'ARBALÉTRIER, — DE CAVALERIE, — D'INFANTERIE.

SALADE A ROELLES (F). Sorte de SALADE ainsi nommée parce qu'elle avait, comme ROELLES OU ROUELLES, ou petites roues, deux plaques en forme de CACHE-OREILLE.

SALADE A VISIÈRE (F). Sorte de SALADE ou de CASQUE FERMÉ, en usage depuis PHILIPPE LE BEL jusqu'à LOUIS TREIZE. Les auteurs l'ont en général décrite comme un HEAUME, le plus ordinairement sans CRÊTE, comme un CASQUE plus léger que le HEAUME du combat. LACOLOMBIÈRE le compare à un ARMET, à un CASQUE FERMÉ. — CHARLES SEPT, au siège de Harfleur, combattait, dit VELLY, la Salade en tête. — La Salade du roi de

Bourgogne, lors de l'entrevue qu'il eut à Paris avec Louis onze, valait, si l'on en croit l'assertion probablement exagérée de Duclercq, cent mille couronnes d'or ; c'était assurément une salade à visière, à laquelle le nom de bourguignote eût pu être donné. Mais le mot bourguignote, pris comme un adjectif, était ici sous-entendu, puisqu'il y avait des salades bourguignotes qui, suivant la remarque de Roquefort, étaient des heaumes plats. — Brantome (1600, A) mentionne la Salade de Pescaire garnie d'un panache, *et si couvert*, dit-il, *de papillotes, que rien de plus*. Ces papillotes étaient des enjolivements en plumes. — Il nous montre, à Pavie, Bonnivet haussant la visière de sa Salade. — Ce même écrivain raconte que, sous François premier, Delespare, frère de Lautrec, ayant été envoyé en Navarre, *reçut tant de coups sur sa Salade, qu'il en perdit la veue*. — Ces récits de Brantome ne concernent véritablement que de grands casques, des casques a masque, à nasal, à visière. — Bulton (1611, A) parle des Salades, encore en usage de son temps, dont la visière se levait ou s'abaissait. — M. Allou est d'avis qu'on peut graduer comme il suit l'importance et la solidité des armures de tête du seizième siècle : il met d'abord l'armet à bavière ; en second lieu, la Salade, et en dernier ordre le cabasset, qui était plus léger. Cet écrivain aurait dû ajouter qu'il avait en vue la Salade à visière, car la gradation qu'il établit ne saurait s'appliquer à la salade d'infanterie.

SALADE A VUE COUPÉE (F). Sorte de salade dont les ordonnances font mention depuis Henri deux jusqu'à Charles neuf. On ne connaît pas de différence entre cette Salade et le casque a vue coupée.

SALADE BOURGUIGNOTE. V. BOURGUIGNOTE. V. SALADE A VISIÈRE.

SALADE CRESTÉE. V. CRESTÉ, adj. V. BOURGUIGNOTE. V. SALADE.

SALADE D'ARBALÉTRIER (F). Sorte de salade sans visière qui, pour les arbalétriers a pied, était échancrée à droite, afin de faciliter le placement de l'arbrier de l'arbalète quand l'arbalétrier visait. — Les Salades des arbalétriers a cheval étaient à visière dans le treizième siècle.

SALADE de cavalerie (F). Sorte de salade qui était à l'usage de certaines troupes. Les archers a cheval de Charles sept avaient une Salade à longue cornette. Les stradiots étaient coiffés d'une Salade, ainsi que les coutilliers bourguignons. — La Salade des chevau-légers des Valois, suivant ce que rapporte Guillaume Dubellay, *était forte*

et bien coupée, et à vue coupée. Ces Salades étaient en général à masque plus ou moins complet. — Gaya (1678, A) rapporte que les chevau-légers de Louis treize portaient en route la Salade suspendue à l'arçon de la selle.

SALADE d'infanterie (F). Sorte de salade qui était sans visière ; elle a été portée depuis le milieu du quinzième siècle par les francs archers créés en 1448. En 1467, la garde nationale de Paris portait salades, disent les chroniques. Les coulevriniers bretons en étaient également coiffés. — Elle était à l'usage des piquiers du dix-septième siècle ; elle différait peu du morion ou du pot, suivant l'Encyclopédie ; de là vient cette locution, donner une Salade, équivalant à cette autre, donner le morion, et signifiant infliger une punition, administrer la bastonnade. — Les moines parisiens du temps de la Ligue portaient Salade, dit la satire Ménippée. C'était une Salade d'infanterie.

SALADE SANS VISIÈRE. V. CABASSET. V. SALADE. V. SALADE D'ARBALÉTRIER. V. SALADE D'INFANTERIE. V. SANS VISIÈRE.

SALADEN. V. NOMS PROPRES.

SALADINE, subs. fém. V. CATARACTE DE FORTERESSE. V. CEINTURE MILITAIRE. V. COTTE D'ARMES. V. CROISADE DE 1188. V. MOUSQUETAIRE DE LA GARDE.

SALAISONS, subs. fém. plur. (B, 1). Ce mot, dont le substantif latin *sal*, sel, est la racine, exprime, en langage administratif, un genre de denrées de siège défensif ; elles sont rangées ainsi au nombre des approvisionnements extraordinaires ; elles se composent de boeuf salé et de lard salé, de poisson, de fromage, etc. Elles sont amassées dans les magasins militaires, et y demeurent le plus longtemps possible dans la saumure. Elles se distribuent par rations ; celles de lard sont de six onces. — L'instruction de l'an cinq (1er ventose) et le règlement de 1852 (1er septembre) éclairent suffisamment ce sujet, qui a été en outre traité par M. Bardin (1809, B), Berriat (1817, A), Lachesnaie (1758, I), Odier (1824, E, t. vii).

SALE, subs. fém. V. SALADE.

SALÉ (salée), adj. V. BOEUF S... V. LARD S... V. POISSON S... V. SEL. V. VIANDE S...

SALEBEEN ; **SALEMBÉNE** ; **SALISBERRY**. V. NOMS PROPRES.

SALÈQUE, adj. V. LOI S... V. TERRE S...

SALIADE, subs. fém. V. SALADE.

SALLE, subs. fém. (term .génér.). Mot dérivé du bas latin ou de l'italien *sala.*

Il sera distingué ici en SALLE D'ASSEMBLÉE, — DE DISCIPLINE, — DE THÉORIE, — D'EXERCICE.

SALLE (salles) d'assemblée d'officiers (F). Sortes de SALLES, soit régimentaires, soit communes à toute une GARNISON, qui, conformément aux intentions de l'ORDONNANCE DE 1788 (1er JUILLET), devaient être instituées pour éloigner les OFFICIERS de la vie de café. Cette ORDONNANCE formait surtout le vœu que les OFFICIERS fussent, de préférence, réunis par leur COLONEL, pour jouer à de simples jeux de commerce, et pour lire, soit les papiers publics, soit de bons LIVRES, et particulièrement des LIVRES MILITAIRES. — L'ORDONNANCE DE 1788 était la première où fut jetée en germe la pensée d'une institution de BIBLIOTHÈQUE MILITAIRE.

SALLE d'armes. V. ARMES. V. ARSENAL. V. CABINET D'ARMES. V. CLASSE TACTIQUE. V. DUEL. V. ÉCOLE D'ESCRIME. V. ÉTABLISSEMENT D'INSTRUCTION. V. MAITRE D'ARMES. V. MOUCHE. V. PRÉVOT DE SALLE. V. SALLE D'EXERCICE.

SALLE de danse. V. DANSE. V. ÉCOLE D'ESCRIME. V. ÉTABLISSEMENT D'INSTRUCTION. V. SALLE D'EXERCICE.

SALLE de DISCIPLINE (C, 5), ou CHAMBRE DE DISCIPLINE, ou SALLE DE POLICE. Sorte de SALLE ou de PRISON de CASERNE où sont détenus les HOMMES DE LA TROUPE qui ont manqué aux règles de la POLICE intérieure du CORPS. Cette PUNITION est analogue à celle de la GARDE DE POLICE du CAMP. — Les Salles de discipline et leurs CACHOTS n'ont été institués, comme le témoigne BOHAN (1781, H), que depuis le ministère de CHOISEUL ; jusque-là, les SOLDATS fautifs étaient jetés dans les PRISONS et les CACHOTS PUBLICS. — L'ORDONNANCE DE 1768 (1er MARS) reconnaissait trois Salles de discipline par BATAILLON, les consacrait à la répression des FAUTES ordinaires et LÉGÈRES, voulait que les hommes qui subissaient cette PUNITION, fussent-ils SOUS-OFFICIERS, y fussent AU PAIN ET A L'EAU. Elle déterminait quels EFFETS D'AMEUBLEMENT et de COUCHAGE y seraient fournis, comment et par qui VISITE de la Salle de discipline devrait être faite. — Au temps des COUPS DE PLAT DE SABRE, la Salle de discipline était le lieu ordinaire de l'exécution. — Le SERVICE, autrefois, était suspendu par la PUNITION de la Salle de discipline, mais cette règle avait dû céder mainte fois à la nécessité et aux exigences du SERVICE. — L'ORDONNANCE DE 1788 (1er JUILLET) nommait CHAMBRES DE PUNITION les Salles de discipline, et voulait qu'elles eussent un LIT DE CAMP en bois, pareil à ceux des CORPS DE GARDE, et qu'elles fussent munies de PAILLASSES et de COUVERTURES. Les hommes y devaient être en SARRAUX. — Les RÈGLEMENTS DE 1792 (24 JUIN) et 1816 (24 JUILLET) et l'ORDONNANCE DE 1818 (13 MAI) en confiaient les CLEFS au CAPORAL DE POLICE, et voulaient qu'elles fussent pourvues de CRUCHES à eau et de BAQUETS ; que les DÉGRADATIONS du local ou de ses EFFETS fussent au compte des DÉTENUS ; que le BALAYAGE eût lieu à la diligence du CHEF de la GARDE DE POLICE ; qu'il n'y fût souffert ni pipes, ni FEU, ni LUMIÈRE ; qu'aucune BOISSON ENIVRANTE n'y pût être introduite ; qu'aucune ARME DE TROUPE n'y fût apportée ; que toute ENTRÉE à la Salle de discipline et toute sortie fussent l'objet d'un ORDRE écrit et d'une inscription régulière ; que la PUNITION ne dispensât d'aucun SERVICE, sauf celui de SOUS-OFFICIER ; que la Salle de discipline ne s'ouvrît que par l'ORDRE du SERGENT DE POLICE ; que les CAPORAUX, SERGENTS, ADJUDANTS et OFFICIERS pussent seuls y avoir accès ; qu'elle entraînât une RETENUE DE DENIERS DE POCHE ; qu'elle fût aggravée, si le cas l'exigeait, par RÉDUCTION de NOURRITURE ; qu'elle fût visitée deux fois par jour par le SERGENT DE POLICE. — Des Salles particulières étaient affectées à l'emprisonnement des SERGENTS et ADJUDANTS ; quant aux CAPORAUX, ils étaient confondus parmi les SOLDATS punis, et c'était un grand vice, comme plus tard c'en était un de confondre l'ADJUDANT avec les SOUS-OFFICIERS. L'ORDONNANCE DE 1833 (2 NOVEMBRE) apporta à ces règles quelques modifications. — Le RÈGLEMENT DE 1824 (17 AOUT) voulait qu'annuellement elles fussent échaudées et blanchies au compte de l'État. — Ces mesures, ces usages, se sont en général maintenus. — Tout OFFICIER est en droit de punir de Salle de discipline tout HOMME DE TROUPE du CORPS. Les CAPITAINES peuvent aggraver la peine par la RÉDUCTION AU PAIN ET A L'EAU. — Les HOMMES s'y tiennent en SARRAU ou en CAPOTE et en BONNET DE POLICE ; ils ont des DEMI-FOURNITURES depuis 1807 (14 décembre). — L'ADJUDANT-MAJOR DE SEMAINE, les ADJUDANTS, le CHEF DE POSTE DE POLICE, sont principalement chargés de la surveillance des DÉTENUS. Le CAPORAL DE POLICE préside à l'exécution de leurs CORVÉES. Les CAPORAUX DE SEMAINE conduisent à la Salle de discipline et en extraient les DÉTENUS. — Le maximum de la PUNITION est d'un mois. — L'état hygiénique des Salles de discipline est l'objet des examens du CHIRURGIEN-MAJOR, et ses observations à cet égard sont prises en considération par l'INSPECTEUR GÉNÉRAL, à l'époque de sa REVUE. — Si un OFFICIER DE SANTÉ envoie par urgence à l'HOPITAL un DÉTENU, le SERGENT-MAJOR en doit être informé sans délai.—Il est question de Salles de discipline dans les traités de BARDIN (1807, D; 1809, B), BERRIAT (1817, A), BOHAN (1781, H), dans l'ENCYCLOPÉDIE (1785, C, au mot *Chirurgien*, tom. III, p. 106), dans ODIER (1824, E, tom. IV), et dans un ouvrage anonyme (1784, A).

SALLE de DISCIPLINE de SOUS-OFFICIER. V. ADJUDANT D'INFANTERIE FRANÇAISE N° 22. V. CAPITAINE D'INFANTERIE FRANÇAISE DE LIGNE N° 15. V. CAPORAL D'INFANTERIE FRANÇAISE DE LIGNE N° 16. V. SALLE DE DISCIPLINE. V. SOUS-OFFICIER N° 11.

SALLE de LECTURE. V. ÉTABLISSEMENT D'INSTRUCTION. V. LECTURE.

SALLE de POLICE. V. POLICE. V. SALLE DE DISCIPLINE.

SALLE de PRISON. V. PRISON. V. PRISON DE PLACE.

SALLE de RAPPORT. V. CHAMBRE DE CASERNE. V. CHEF DE BATAILLON DE SEMAINE EN GARNISON N° 5. V. RAPPORT. V. RAPPORT DE COMPAGNIE. V. RAPPORT GÉNÉRAL. V. SALLE DE THÉORIE.

SALLE de THÉORIE (G, 6). Sorte de SALLE où se font les démonstrations de la THÉORIE tactique enseignée dans les corps. Une CHAMBRE de CASERNE y est ordinairement consacrée, et conformément à la DÉCISION DE 1834 (2 avril), elle doit aussi servir de SALLE DE RAPPORT.

SALLE (salles) d'EXERCICE (G, 6). Sorte de SALLES, ou de cénacles, considérées ici par rapport aux études pratiques de la TACTIQUE de l'INFANTERIE EN GARNISON. — Le lieu des exercices gymnastiques et tactiques des GRECS s'appelait XISTE, suivant JABRO (1777, G). — La MILICE BYZANTINE avait des MANÉGES couverts et des basiliques ou hangars pour l'INFANTERIE. — Ce n'est que postérieurement à 1760, que des CASERNES françaises ont commencé à contenir des ÉTABLISSEMENTS de ce genre. Il en fut construit pour les GARDES FRANÇAISES, mais comme chacune de leurs CASERNES n'étaient destinées qu'à une ou deux COMPAGNIES, la dimension de la Salle d'exercice était proportionnée à ce nombre. — GUIBERT (1806, G) raconte que, de son temps, il se voyait dans l'électorat de Hesse-Darmstadt à Pirmsenz : *Un grand bâtiment appelé maison d'exercice, dans lequel est une Salle immense, chauffée l'hiver par vingt-cinq poêles, et dans laquelle le landgrave exerce ses troupes ; un bataillon peut y manœuvrer en entier et deux en détail.* — De nos jours, la Salle d'exercice de Moscou, bâtie par le général Béancourt, était la plus vaste de toutes celles qu'on connaissait ; elle avait 180 mètres de longueur, 54 mètres de largeur et 15 mètres de hauteur. Mille HOMMES DE CAVALERIE et deux mille HOMMES D'INFANTERIE pouvaient y MANOEUVRER ensemble, mais habituellement il ne s'y exerçait en même temps qu'un ESCADRON et un BATAILLON. Ce bâtiment élégant et solide était décoré de colonnes de l'ordre ionique. — Les COLONISATIONS de la MILICE RUSSE sont également pourvues de Salles d'exercice d'une dimension immense. — La MILICE PRUSSIENNE, si longtemps dépourvue de CASERNES, en possédait en 1850 dont les Salles d'exercice étaient vastes et commodes. — Les Salles d'exercice de la MILICE ANGLAISE contiennent un MÉTROBATE. — Dans les CASERNES françaises, les Salles d'exercice devraient pouvoir contenir un BATAILLON en bataille. Elles devraient être aussi l'arène des jeux gymnastiques, et elles pourraient se convertir, à certaines heures, en SALLES DE DANSE, et en SALLES D'ARMES. — Des moyens faciles d'exhausser et d'éclairer ces Salles devraient être recherchés. Une horloge, un MÉTROBATE, y devraient être établis, une tribune devrait s'y élever, pour permettre à un chef de donner de là ses ordres, et de voir d'un coup d'œil son monde. — Il n'y a pas d'AUTEURS qui aient traité des Salles d'exercice, si ce n'est MAIZEROY (1773, A, p. 43) qui en a dit quelques mots, et ce qu'on lit sur le même sujet dans le *Spectateur militaire* de 1827.

SALLE d'HOPITAL. V. HOPITAL. V. HOPITAL MILITAIRE.

SALLUSTE ; SALMASIUS. V. NOMS PROPRES.

SALPÊTRE, subs. fém. (G, 2). Mot dérivé, suivant l'ENCYCLOPÉDIE (1751, C), du bas LATIN *salpetra*, signifiant pierre à sel, ou pierre salée ; il est resté dans l'ANGLAIS *saltpêtre*. — Ce mot n'est devenu militaire que depuis l'invention de la POUDRE A FEU et de la POUDRE PUANTE ; il est un de leurs principaux éléments ; il a donné leurs noms aux SALPÉTRIERS, aux RÉGISSEURS GÉNÉRAUX, COMMISSAIRES GÉNÉRAUX, INSPECTEURS GÉNÉRAUX, SURINTENDANT des POUDRES et Salpêtres. — Une ORDONNANCE DE 1584 obligeait les villes et villages d'en fournir annuellement huit cent mille livres. — FOURCROY, dans son rapport de l'an trois à la convention, nous apprend qu'en neuf mois douze millions de Salpêtre *remplissent les magasins, ou poudreries ; tandis qu'avant, à peine chaque année voyait-on un million de sel sortir de quelques points du sol.* — Les détails étendus que le mot Salpêtre comporte, et qui seraient déplacés ici, ont occupé M. Berriat (1817, A), Carré (1783, E), M. le général Cotty (1822, A), — les Encyclopédistes (1751, C ; 1785, C), Furetière, Gassendi, Lachesnaie (1758, I), Lecouturier (1825, A), Mirabeau (1788, C) et tous les auteurs qui ont écrit sur la poudre.

Salpêtrier, subs. masc. V. artillerie idioplique. V. poudre a feu. V. salpêtre.

Saltzer ; Saluces. V. noms propres.

Saluer. V. bonnet a poil. V. drapeau d'infanterie de ligne. V. épée. V. esponton. V. prince français. V. réception de drapeaux. V. salut. V. salut avec armes. V. salut sans armes.

Salut, subs. masc. V. recevoir le s... V. rendre le s... V. répondre au s...

Salut (terme générique), ou salut militaire. Ce mot tout latin est pris dans un sens analogue à salutation ; mais il s'écarte infiniment de l'acception primitive, puisqu'il est de haut cérémonial de saluer à coups de canon, et que les salves sont un salut. — Le Salut est un acte de déférence et de discipline, un honneur rendu, une sorte d'hommage hiérarchique, un gage de subordination, ou une simple politesse, un pur échange d'égards. Le Salut s'adresse à des villes, à un pavillon, à un drapeau, à des fonctionnaires, à des signes vénérés, tels que le saint sacrement, à un supérieur, ou même à un égal. — La manière de saluer, si l'on est sous les armes ou non, est différente. Il a été d'une politesse recherchée de ne remettre une missive, un message qu'à la pointe d'un sabre ou d'un fer de pique ; c'est pourquoi des lettres se fermaient avec des rubans, ou des lacets de soie, et l'usage de présenter les armes pour saluer n'a pas d'autre origine que l'ancienne manière de cacheter les enveloppes. — On a salué en dressant le bois ; on a salué de l'esponton ; on a salué en s'inclinant et en ôtant le chapeau, depuis qu'il est devenu tricorne, car le chapeau rabattu, ou a la Henri quatre, ne se quittait pas même à table, comme le témoigne Guignard (1725, B) ; s'en débarrasser eût été une impolitesse de la part d'un militaire envers un chef ; moins on était élevé en grade, plus le chapeau devait rester cloué. On le tenait bas, si l'on parlait au roi, ou à un chef ; on y portait la main, si on prêtait l'oreille aux ordres ou aux discours d'un chef. — Si l'on a salué du chapeau, c'est parce qu'il s'est

retroussé à cornes. S'il s'est relevé à cornes, c'est pour qu'on pût se débarrasser d'un chapeau dans les temps de grande chaleur. — On salue de la main, de l'épée, du fusil, du sabre, de la lance, suivant qu'on est à pied ou à cheval, suivant qu'on est sous les armes ou non. — En Prusse, le soldat qui rencontrait un officier, s'arrêtait, faisait face, restait droit, n'ôtait pas le chapeau ; c'était une règle dictée par l'économie : il s'agissait d'user le moins possible le feutre. — En Autriche, en Hongrie, pays dont le schako est originaire, le soldat ne saluait qu'en y appliquant le dos de la main droite. — Dans la milice anglaise, le Salut était le premier chapitre, la première leçon de l'exercice enseigné aux recrues. Les règlements (*general regulations*) y attachaient une haute importance. Ce Salut n'est pas une politesse particulière d'un soldat envers les officiers du régiment, mais le signe de déférence d'un subordonné à l'égard de tous ses supérieurs dans toute l'armée. M. Ch. Dupin (1821) entre sur ce sujet dans des détails étendus. — En France, il a été agité avec raison s'il ne conviendrait pas d'honorer d'un Salut le militaire blessé en combattant à l'armée. Une disposition légale de l'an trois (14 fructidor) l'ordonnait. Mais l'intention, bonne en elle, resta sans résultat, faute d'un signe qui fit connaître si un amputé ou un mutilé était blessé du fait de la guerre. — Les ordonnances de 1727 (20 avril), de 1750 (25 juin), et surtout celle de 1755 (2 juin) que mentionne Ganeau, étaient les premières qui eussent trait à quelques détails des Saluts et des honneurs. — Le grade supérieur devait, disent les ordonnances, rendre au grade inférieur le Salut. — La présentation d'armes de toute une troupe est en général un Salut d'entrée d'honneur ; mais il est d'usage dans les revues, de ne les présenter qu'au roi. Le décret de l'an douze (24 messidor) est au surplus dépourvu d'un chapitre qui explique quels sont les Saluts des revues. — Dans le silence des règlements, on a supposé que les hommes coiffés du bonnet a poil ne devraient pas, quand ils saluent, se découvrir, mais qu'en bonnet de police on le doit. — Les auteurs qui ont traité des usages et des règles du Salut sont : Bardet (1740, A), Bardin (1807, D ; 1809, B), Bombelles (1754, D, p. 201), Despagnac (1751, D, t. II, p. 73), d'Héricourt (1756, G, t. I, p. 154 ; t. II, p. 109), Guignard (1725, B, t. I, p. 422), Lachesnaie (1758, I, aux mots *Exercice, Inspection, Maniement d'armes*), Lecouturier (1825, A), Puységur (1748, C, p. 48), la *Sentinelle de l'Armée* (t. III, p. 207).

— Le mot Salut sera distingué en SALUT A FEU, — AVEC ARMES, — DE DRAPEAU, — D'ESCRIME, — SANS ARMES.

SALUT A FEU (E, 2). Sorte de SALUT qui consiste dans des détonations d'ARTILLERIE, en l'honneur d'un personnage, d'un BATIMENT DE MER, d'un LIEU FORT, d'un PORT à qui cette civilité est due en vertu d'un CÉRÉMONIAL routinier et d'une JURISPRUDENCE assez mal déterminée. S'il s'agit d'un FORT MARITIME, d'un VAISSEAU, ils RENDENT LE SALUT, ou, comme on dit plus techniquement, ils y RÉPONDENT par un nombre égal de COUPS A POUDRE. — Du temps de HENRY ESTIENNE, le mot SALVE, qui venait d'être emprunté à l'ITALIEN, prenait à peu près le même sens, mais il donnait idée d'une simultanéité de COUPS, tandis que le SALUT a surtout lieu COUPS par COUPS. — La CHARGE DE POUDRE dont les uns et les autres se composent est égale au quart du poids du BOULET. — On appelle aussi Salut une SALVE DE COUPS DE FUSIL, un ROUFFLE, comme on disait jadis, qui est le dernier adieu à un mort de distinction, à un CAMARADE D'ARMES, dont l'ENTERREMENT a lieu avec les HONNEURS DE LA GUERRE. — Il a été traité de ce genre de Saluts et de salves par CARRÉ (1785, E, p. 175), M. COTTY (1822, A), FURETIÈRE, GASSENDI, GUILLET (1686, B), HENRY ESTIENNE, LACHESNAIE (1758, I, au mot *Honneur*), LECOUTURIER (1825, A).

SALUT AU DRAPEAU. V. AU DRAPEAU. V. DRAPEAU D'INFANTERIE FRANÇAISE. V. RÉCEPTION DE DRAPEAU. V. SALUT AVEC ARMES.

SALUT AVEC ARMES (E, 2). Sorte de SALUT qu'une TROUPE D'INFANTERIE en ARMES, qu'une SENTINELLE, adressent à un SUPÉRIEUR qui les rencontre ou les inspecte. — Le Salut en armes consiste dans certaines BATTERIES DE CAISSE, dans le PORT ou la PRÉSENTATION D'ARMES. — Si les HOMMES DE TROUPE porteurs de leur FUSIL, et marchant isolés, rencontraient des SUPÉRIEURS, ils dressaient l'ARME en passant près d'eux. — Si les HOMMES étaient appelés par un OFFICIER GÉNÉRAL, un COMMANDANT DE PLACE, un OFFICIER SUPÉRIEUR, ou par leur CAPITAINE, ou s'ils sollicitaient de ces CHEFS une audience ou lui adresseaient une requête, ils s'en approchaient les ARMES PRÉSENTÉES. L'usage s'en est maintenu. Les règlements à cet égard se taisaient; mais il reste douteux si la PRÉSENTATION D'ARMES serait due au CAPITAINE. — Une nouvelle manière de SALUER était introduite par l'INSTRUCTION DE 1769 (1er MAI) : c'était un MANIEMENT D'ARMES qui répondait à la PRÉSENTATION actuelle des ARMES, et qui compliquait à l'ALLEMANDE le signe de déférence; il se divisait en quatre TEMPS : on portait et présentait le fusil, en tournant sur le talon gauche; on inclinait le canon, on le redressait, on redescendait l'ARME. Il y avait une manière analogue de SALUER en marchant. — Cette INSTRUCTION et avec elle ce Salut si compliqué sont tombés en oubli.

— La CONSIGNE donnée aux SENTINELLES a, en partie, pour objet de leur faire connaître quels HONNEURS elles ont à rendre, quand et à qui elles doivent tel ou tel genre de Salut. — Le Salut de l'ESPONTON appartient au règne de LOUIS QUATORZE ; c'était une espèce de tour d'adresse de baladin. L'OFFICIER D'INFANTERIE défilait demi-courbé, gesticulant d'une main avec son ESPONTON, et tenant de l'autre son petit TRICORNE à peu de distance de sa volumineuse PERRUQUE A LA BRIGADIÈRE. GIFFARD (1696, A) et PUYSÉGUR (1748, C, p. 68) en rendent témoignage. — Le SALUT D'ÉPÉE était prescrit et démontré aux OFFICIERS par l'ORDONNANCE DE 1766 (1er JANVIER), par les RÈGLEMENTS DE 1776 (1er JUIN) et 1791 (1er AOUT), reproduit en 1831; il s'exécutait en quatre TEMPS. — Le SALUT D'ÉPÉE n'était obligatoire, on peut même dire n'était permis, que dans la main des OFFICIERS SUPÉRIEURS. Ils présentaient et abaissaient la LAME, soit de PIED FERME, soit en DÉFILANT devant un SUPÉRIEUR, devant le DRAPEAU. Quant aux OFFICIERS PARTICULIERS, ils ne devaient ce genre de Salut que quand, de PIED FERME, un SUPÉRIEUR leur adressait la parole. — Avant la création de l'INTENDANCE, les SENTINELLES NE PRÉSENTAIENT LES ARMES qu'aux INSPECTEURS EN CHEF AUX REVUES. Le CORPS D'INTENDANCE a demandé que les ARMES fussent PRÉSENTÉES, même aux SOUS-INTENDANTS, et en effet, ces FONCTIONNAIRES marchent à la gauche des COLONELS ; mais les règlements n'expliquent pas si les OFFICIERS SUPÉRIEURS DÉFILANT devant un MEMBRE DE L'INTENDANCE, qui ne serait pas assimilé à leur GRADE, ou même au-dessus, devraient le SALUT D'ÉPÉE, et si le PORTE-DRAPEAU devrait le Salut de son INSIGNE.

SALUT DE DRAPEAU (E, 2). Sorte de SALUT que le PORTE-DRAPEAU est tenu de faire EN ROUTE, EN DÉFILANT, OU DE PIED FERME, AUX PRINCES FRANÇAIS, AUX MARÉCHAUX, et dans les REVUES SUR LE TERRAIN que passent des GÉNÉRAUX ; mais il restait mal éclairci si le Salut était dû aux REVUES DE SOUS-INTENDANTS. — Dans ce cas, il incline son DRAPEAU presque jusqu'à terre, en en retenant l'étoffe pour qu'elle ne traîne pas. — L'ORDONNANCE DE 1766 (1er JANVIER), avait prononcé à cet égard. Le RÈGLEMENT DE 1791 (1er AOUT) enseignait, pour ce genre de Salut, la théorie du MANIEMENT du DRAPEAU.

SALUT d'ARMES. V. ARMES. V. SALUT D'ES-CRIME. V. SOUS-INTENDANT.

SALUT de PIED FERME. V. DE PIED FERME. V. SALUT AVEC ARMES. V. SALUT DE DRAPEAU.

SALUT de PORT D'ARMES. V. AUMONIER DE CORPS Nº 6. V. BLESSÉ. V. CHEVALIER DE LA LÉGION D'HONNEUR. V. CHEVALIER DE SAINT-LOUIS. V. CHIRURGIEN DE CORPS. V. CHIRURGIEN-MAJOR DE CORPS Nº 9. V. COMMANDEUR DE LA LÉGION D'HONNEUR. V. GRAND OFFICIER DE LA LÉGION D'HONNEUR. V. HONNEURS. V. PORT D'ARMES. V. OFFICIER DE SANTÉ. V. SALUT AVEC ARMES.

SALUT de PORTE-DRAPEAU. V. DRAPEAU D'INFANTERIE FRANÇAISE DE LIGNE. V. PORTE-DRAPEAU Nº 8. V. SALUT AVEC ARMES.

SALUT de PRÉSENTATION D'ARMES. V. GÉNÉRAL FRANÇAIS Nº 4. V. GRAND CROIX DE LA LÉGION D'HONNEUR. V. HONNEURS. V. INSPECTEUR EN CHEF. V. PRÉSENTATION D'ARMES. V. PRÉSENTEZ VOS ARMES. V. SALUT. V. SALUT AVEC ARMES.

SALUT de REVUE. V. REVUE. V. REVUE SUR LE TERRAIN. V. SALUT.

SALUT de SENTINELLE. V. SALUT AVEC ARMES. V. SENTINELLE.

SALUT de SOUS-OFFICIER. V. ADJUDANT D'INFANTERIE FRANÇAISE DE LIGNE Nº 21. V. SALUT SANS ARMES. V. SOUS-OFFICIER; id. Nº 10.

SALUT de SUBORDONNÉ. V. SALUT. V. SALUT SANS ARMES. V. SUBORDONNÉ.

SALUT de TAMBOURS. V. AUX CHAMPS. V. GÉNÉRAL EN CHEF Nº 2. V. GÉNÉRAL FRANÇAIS Nº 4. V. MARÉCHAL DE FRANCE Nº 8. V. RAPPEL CÉLEUSTIQUE. V. SALUT AVEC ARMES. V. TAMBOUR. V. TAMBOUR IDIOPHIQUE.

SALUT d'ÉPÉE. V. ÉPÉE. V. REVUE SUR LE TERRAIN. V. SALUT AVEC ARMES.

SALUT d'ESCRIME (G, 5), ou SALUT D'ARMES, comme l'appelle l'ENCYCLOPÉDIE (1751, C). Sorte de SALUT que se font mutuellement deux TIREURS se disposant à un ASSAUT. Ils rompent deux mesures, mettent la main gauche au CHAPEAU, ou à la COIFFURE, se découvrent s'ils ont un CHAPEAU, et présentent à droite et à gauche le FLEURET.

SALUT d'ESPONTON. V. ESPONTON. V. SALUT AVEC ARMES.

SALUT d'HOMME DE TROUPE. V. ADJUDANT D'INFANTERIE FRANÇAISE DE LIGNE Nº 21. V. HOMME DE TROUPE. V. OFFICIER DE SANTÉ. V. OFFICIER D'INFANTERIE FRANÇAISE Nº 4. V. SALUT AVEC ARMES. V. SALUT SANS ARMES.

SALUT d'OFFICIER. V. OFFICIER. V. OFFICIER D'INFANTERIE FRANÇAISE Nº 4, 7. V. SALUT AVEC ARMES. V. SALUT SANS ARMES.

SALUT EN DÉFILANT. V. EN DÉFILANT. V. SALUT DE DRAPEAU. V. SALUT AVEC ARMES.

SALUT EN MARCHANT. V. EN MARCHANT. V. SALUT AVEC ARMES. V. SALUT SANS ARMES.

SALUT EN ROUTE. V. EN ROUTE. V. SALUT DE DRAPEAU.

SALUT MILITAIRE. V. MILITAIRE, adj. V. OFFICIER D'INFANTERIE FRANÇAISE Nº 4. V. ORDONNANCE D'EXERCICE D'INFANTERIE. V. SALUT. V. SCHAKO.

SALUT SANS ARMES (E, 2). Sorte de SALUT qui avait lieu, ou dans la CHAMBRE, ou EN MARCHANT, quand un SUPÉRIEUR passait devant un SUBORDONNÉ. L'ORDONNANCE DE 1788 (1ᵉʳ JUILLET) prescrivait aux BAS OFFICIERS, rencontrant un OFFICIER GÉNÉRAL, le COMMANDANT DE PLACE, un OFFICIER SUPÉRIEUR de CORPS, ou leur CAPITAINE, de se lever s'ils étaient assis, de s'arrêter s'ils marchaient; d'ôter le CHAPEAU, en le tenant abattu du côté droit, sans inclinaison de tête ni de corps. — Cette même ORDONNANCE voulait que, dans les mêmes circonstances, les autres HOMMES DE TROUPE s'arrêtassent devant ces mêmes personnages, leur fissent face, sans porter la main au CHAPEAU. — Les HOMMES DE TROUPE, rencontrant tous autres GRADES, devaient SALUER, sans s'arrêter, mais en portant une main à plat sur le côté du CHAPEAU opposé à la personne saluée. — Cette même ordonnance voulait que le personnage salué RENDIT LE SALUT, au BAS OFFICIER, en ôtant le CHAPEAU, aux autres HOMMES DE TROUPE, en portant la main au CHAPEAU. — L'ORDONNANCE supposait ces personnages reconnaissables par leurs INSIGNES; mais s'ils n'en n'étaient pas revêtus, le Salut de cette espèce serait-il dû? — Si les mêmes MILITAIRES en grade entraient dans les CHAMBRÉES, les HOMMES DE TROUPE devaient se lever; s'ils étaient debout, se placer au pied de leur lit, et mettre la main droite au CHAPEAU, ou près de la tête, jusqu'à ce que le CHEF D'ESCOUADE leur fît le commandement: REPOS. — Pour tous autres OFFICIERS que les personnages indiqués plus haut, les HOMMES DE LA CHAMBRÉE devaient se tenir debout, sans quitter la place où ils se trouvaient. — Si un OFFICIER GÉNÉRAL, SUPÉRIEUR, ou autres, appelaient un BAS OFFICIER, ou un SOLDAT, le MILITAIRE appelé devait s'avancer avec empressement jusqu'à deux ou trois pas de son CHEF, lui prêter attention, en mettant CHAPEAU bas, s'il était BAS OFFICIER, ou sinon, y portant la main; il demeurait dans cette attitude jusqu'à ce que l'OFFICIER eût fini de parler. — Nous venons de faire mention de BAS OFFICIERS, parce qu'en 1788 il n'y avait pas encore de SOUS-OFFICIERS, et nous avons dû recourir à l'ordonnance de 1788, parce qu'aucune autre n'était descendue dans ces détails, qui ne sont pas sans importance et sans utilité. Les rédacteurs du règlement provisoire de 1816 (24 juillet) s'étaient hasardés à en traiter. Les rédacteurs de l'ordonnance de 1818 (15 mai) n'ont pas osé maintenir ce qui en avait été dit; ils craignaient que l'on criât à la servilité.

SALVE, subs. fém. v. ajuster. v. attaque de chemin couvert, a force ouverte. v. batterie de brèche. v. battre en salve. v. bénédiction de drapeau. v. bordée. v. brèche de bastion. v. cérémonie. v. cérémonie de réception de drapeau. v. charge de cavalerie. v. décharge d'arme pyrobalistique. v. décharge de cérémonie funèbre. v. en salve. v. feu de salve. v. honneurs. v. glais. v. grenade a cuiller. v. mousquet. v. rampe de brèche. v. salut a feu. v. siége offensif. v. signal.

SAMBUE, subs. fém. (F), ou sanbue. Mot dont on ignore l'étymologie, et qui, suivant Borel (Pierre) et Carré (1785, E), donnait idée du caparaçon d'un cheval bardé, de la housse d'un cheval d'armes, du harnois d'un palefroi.

SAMBUQUE (term. génér.), substantif qui est de l'un et de l'autre genre, suivant qu'il dérive du latin *sambucus,* ou de *sambuca,* qui, suivant Gébelin, venait de l'oriental *sabuka.* — On peut, à l'égard des Sambuques, consulter Carré (1785, E), M. le général Cotty (1822, A), Furetière, Gassendi, Lachesnaie (1758, I), Ménage, Monchablon. — Il convient de distinguer le mot en sambuque de guerre et en sambuque instrumental.

SAMBUQUE (subs. fém.) de guerre (F). Sorte de sambuque, qui était une des machines de guerre des Romains; ils l'appelaient *sambuca,* parce qu'elle ressemblait, comme le témoignent Plutarque et Polybe (150 avant J.-C.), au tétracorde ou à l'espèce de harpe qui se nommait aussi Sambuque. — La Sambuque de guerre était un pont-levis ou a bascule, un moyen d'escalade, que les traducteurs ont exprimé par le terme harpe d'armée assiégeante. Elle surmontait une bastille ou une tour roulante, construites ou amenées par les assiégeants. Ce pont, retenu par des cordes, s'abaissait, au moyen de poulies, sur le rempart d'une ville attaquée, et en ouvrait ainsi l'accès à l'ennemi. — Végèce (390, A) a traité de ces Sambuques, mais les passages où il s'en occupe sont obscurs, ou peut-être tronqués; ils contrastent avec d'autres définitions qu'il donne du même mot et de l'exostre. —

Folard (1727, A) a prétendu renouveler ce genre de machine, ou du moins ses effets: il composait la Sambuque d'une échelle de trente pieds. — La sambuque de mer a été décrite par Polybe (150 avant J.-C.) et par l'Encyclopédie (1751, C); elle a partagé la célébrité des noms de Marcellus et d'Archimède. Ce mathématicien déjoua, au siége de Syracuse, l'artifice de ce mécanisme; il consistait dans une ou plusieurs échelles couchées sur deux galères accouplées par des cordages ou des chaînes. Ces échelles étaient susceptibles de se dresser et de s'accrocher au sommet des tours. — Appian (150, A), en parlant du siége de Rhodes par Mithridate, a dépeint la même machine comme analogue à celle de Marcellus. — On peut consulter touchant les Sambuques de guerre: Appian (150, A), Athénée (260, A), Encyclopédie (1751, C), Folard (1727, A), Lachesnaie (1758, I), Juste-Lipse (1596, A), Plutarque, Polybe (150 avant J.-C.), Tite Live, Végèce (390, A).

SAMBUQUE (subs. fém.) de mer. v. mer. v. sambuque de guerre.

SAMBUQUE (subs. fém.) de terre. v. exostre. v. sambuque de guerre. v. terre.

SAMBUQUE (subs. masc.) instrumental (F), ou sacbute, ou sacheboute, ou sacquebutte, ou saquebute. Sorte de sambuque (*sambucus*) signifiant sureau, ou flûte de sureau. Il se retrouve dans l'italien *zambuco;* il a produit, dit-on, sarbacane; il a été la dénomination d'un instrument de musique militaire du genre des clairons.

SAMEDI, subs. masc. v. arme d'uniforme de troupe. v. armement de troupe. v. balayage de grande corvée. v. balayage du samedi. v. banc de caserne. v. banc de chambre. v. blanchiment de buffleterie. v. blanchissage de chambrée. v. blanchisseuse de corps. v. bois de lit de troupe. v. capitaine d'infanterie de ligne nº 18, 26. v. caporal d'escouade nº 6. v. caporal d'infanterie française de ligne nº 15. v. chambre de soldat. v. colonel d'infanterie française de ligne nº 14, 25. v. corridor de caserne. v. couverte d'homme de troupe. v. équipement d'homme de troupe. v. exercice d'infanterie. v. habillement. v. matelas. v. officier de section administrative. v. table de caserne.

SAMNITES: SAMUEL; SAN-MICHELI. v. noms propres.

SANBUE, subs. fém. v. housse de harnachement. v. sambue.

SAN-CASSINI. v. noms propres.

SANDALE, subs. fém. v. chaussure. v.

ÉCOLE D'ESCRIME. V. MAITRE D'ARMES. V. SOU-LIER.

SANDER. V. NOMS PROPRES.

SANDJIAK, subs. masc. V. JANISSAIRE, V. MILICE TURQUE N° 4, V. TIMARIOT.

SANG, subs. masc. V. A FEU ET A S... V. A S... V. PRINCE DU S...

SANG-DE-DIEU, subs. masc. (F). Mot provenu de l'ITALIEN; il signifiait, suivant ROQUEFORT, « COURTE ÉPÉE, imitée de celle des nobles VÉNITIENS. » Le jurement italien *sangue di dio* était l'origine de cette dénomination bizarre.

SANGLANT (sanglante), adj. V. HASTE S...

SANGLÉ (sanglée), adj. V. FOND S...

SANGLON, subs. masc. V. CONTRE-SANGLON.

SANGRO. V. NOMS PROPRES.

SANITAIRE, adj. V. COMPAGNIE S... V. CORDON S... V. ÉTABLISSEMENT S... V. MESURE S... V. RÉGIME S... V. SERVICE S... V. TRAITEMENT S...

SANS ARMES. V. ARMES. V. POSITION SANS A... V. RASSEMBLEMENT SANS A... V. SALUT SANS A... V. SERVICE SANS A...

SANS AVEU. V. AVEU. V. GENS SANS A...

SANS CAUSE CONNUE. V. ABSENT S... V. CAUSE CONNUE.

SANS EMPLOI. V. EMPLOI. V. GRADE SANS E... V. OFFICIER SANS E...

SANS MOUVEMENT. V. FEU SANS M... V. MOUVEMENT.

SANS PERMISSION. V. ABSENCE SANS P... V. PERMISSION.

SANS QUARTIER. V. QUARTIER. V. TRAITER SANS Q...

SANS REVERS. V. HABIT S... V. REVERS.

SANS TROUPE. V. CADRE SANS T... V. CORPS S... V. MILITAIRE S... V. TROUPE.

SANS VISIÈRE. V. SALADE S... V. VISIÈRE.

SANSCRIT (sanscrite), adj. V. LANGUE S...

SANT, subs. masc. V. CEINTURE.

SANTA-CRUZ; SANTHECK. V. NOMS PROPRES.

SANTÉ, subs. fém. V. ALBERTI. V. BEHREN. V. BLAIR. V. CANTARUTTI. V. COLOMBIER (1766, X; 1775, A; 1779, Q). V. CONSEIL DE SANTÉ. V. COSTE. V. OUTEPSH. V. EICKHEIMER. V. ENEHOIM. V. ÉTAT DE SANTÉ. V. EWALDT. V. HILSCHER. V. HOFFMANN (Frédéric). V. LECOINTE (1779). V. MARSHALL (1782).

V. MONRO. V. OFFICIER DE SANTÉ. V. POISSONNIER. V. PORTIUS. V. REVOLAT. V. SERVICE DE SANTÉ. V. SNÉEBERGER. V. STORCH.

SANTON, subs. masc. V. ARME MATÉRIELLE. V. ÉPIEU.

SANUTI. V. NOMS PROPRES.

SAPE, subs. fém. V. A LA S... V. AIDE DE S... V. ATTAQUE DE S... V. BATTRE EN S... V. CHEF DE S... V. DEMI-S... V. DOUBLE S... V. EN S... V. FAGOT DE S... V. FASCINE DE S... V. FOSSÉ DE S... V. GABION DE S... V. MARCHER A LA S... V. PAR S... V. POUSSER LA S... V. SAUCISSON DE S... V. TÊTE DE S... V. TRAVERSE DE S...

SAPE (term. génér.), ou SAPPE, comme l'écrivent l'ENCYCLOPÉDIE (1751, C), FURETIÈRE, GUIGNARD (1725, B). Le mot Sape a produit le verbe SAPER et le substantif SAPEUR. Il signifiait, dans l'origine, une excavation, un trou fait en vue de démolir un édifice; le langage vulgaire et même le style recherché en ont conservé la locution SAPER dans le sens de MINER, pour renverser, pour détruire; ici, au contraire, SAPER c'est construire. — On peut déduire des antécédents de la LANGUE FRANÇAISE, que SAPER est une corruption de CÉPER. Le mot latin *sepes*, haie ou taillis, aurait produit les substantifs CÉPÉE et les verbes CÉPER, RECÉPER, c'est-à-dire couper, raser. NICOT prétend que cep signifiait pied, et que céper ou SAPER, c'était démolir une muraille par le pied; c'était le rôle des TRENCHEURS. D'autres étymologistes pensent que le substantif Sape est d'origine ITALIENNE. BRANTOME (1600, A) le tire de *sapa*, qui, à NAPLES, signifiait PIOCHE; ce serait l'action ou ses produits pris pour l'outil. GÉBELIN le dérive de l'ORIENTAL *sap*, qui aurait produit le bas LATIN *sapa*. MÉNAGE et GANEAU le font venir du bas LATIN *sappa*, qui se retrouve dans l'ITALIEN *zappa*. — La Sape est une DÉFENSE passagère confectionnée à CROCHET et sans S'ENFILER; elle est le TRAVAIL des MINEURS et des SAPEURS dans un SIÉGE OFFENSIF; c'est aussi l'action de l'ASSIÉGEANT. Il faut l'examiner, comme cause et comme résultat, comme une sorte de DÉFILEMENT. — Une SAPE VOLANTE est une GABIONNADE préparatoire sur la surface du sol, une ébauche de PARAPET. — Une SAPE PLEINE, c'est-à-dire creusée et élargie à la dimension voulue, est un FOSSÉ A PARAPET et ordinairement A CIEL OUVERT; c'est une TRANCHÉE d'abord étroite pratiquée à peu de distance de l'ENNEMI; c'est la conclusion du CHEMINEMENT, la terminaison des APPROCHES, le préliminaire de l'ATTAQUE des OUVRAGES EXTÉRIEURS et du CHEMIN COUVERT. VAUBAN passe pour être l'inventeur de ce genre de

TRAVAUX DE SIÉGE. Il s'appliqua à continuer la TRANCHÉE à couvert, quand il devenait dangereux de travailler à découvert; il la faisait POUSSER à l'abri de CLAIES, de FAGOTS, de FASCINES, de GABIONS, de SACS A TERRE, et y employait des hommes dressés à ce genre de besogne; il la faisait continuer ou perfectionner par des TRAVAILLEURS ordinaires aussitôt qu'elle avait un mètre de profondeur et de largeur. — Sans doute on avait travaillé d'une manière analogue dans des temps bien plus reculés, puisque le TRAVAIL de la DOLOIRE, celui de la SAPE A CIEL OUVERT, celui de la SAPE SOUTERRAINE, qu'on nommait VIGNE, n'étaient pas inconnus des anciens. Le MOYEN AGE recourait de même à l'artifice des MINES pour faire BRÈCHE. PHILIPPE DE CLÈVES (1520, A) parle d'arriver à la Sape dans des fosses qui n'ont pas de MOINEAUX. Mais, avant VAUBAN, il n'y avait pas d'école d'ARTILLERIE où fût enseigné l'art des MINES et des Sapes; au lieu de GABIONS FARCIS, on se servait de MANTELETS. — Jusqu'en 1673, l'INFANTERIE seule était chargée du travail très-imparfait des Sapes et du COURONNEMENT DU CHEMIN COUVERT. Ce grand homme est le premier qui en ait calculé les règles, qui en ait posé les principes, qui ait fait MARCHER A LA SAPE les ASSIÉGEANTS, à partir de loin. — Les SAPES VOLANTES et les SAPES PLEINES sont les plus usitées. — Autrefois les sapeurs commençaient par creuser le sol; maintenant ils ne le fouillent qu'après avoir roulé devant eux les GABIONS FARCIS. — La Sape part ordinairement de la SECONDE PARALLÈLE ou du PIED DU GLACIS; chaque SAPEUR roule devant lui un petit GABION, OU GABION DE SAPE, qu'il dresse sur la ligne voulue et qu'il place à l'aide d'une FOURCHETTE ou d'un CROCHET; il l'emplit de terre épierrée, soit qu'on la lui apporte, soit qu'il la tire du fond du FOSSÉ; il garnit de SACS A TERRE ou de FAGOTS DE SAPE l'entre-deux des GABIONS; il les surmonte de FASCINES couchées. — Au besoin, on garantit la Sape au moyen de CHANDELIERS DE TRANCHÉE; on la coupe de TRAVERSES; on l'appuie de CAVALIERS DE TRANCHÉE; on y ménage des PLACES D'ARMES. — Les Sapes doivent se croiser et se communiquer souvent. — Malgré toute l'habileté, toutes les précautions désirables, le TRAVAIL de la Sape est lent; celui de sa TÊTE est périlleux. L'opération est souvent contrariée par le genre de matériaux, tourmentée par des CONTRE-MINES, retardée par la perte de sujets habiles et braves qui, dans cet instant, sont précieux et qui sont toujours trop rares. — On appelle SAPE DOUBLE, celle qui exige qu'on y ménage deux PARAPETS à quatre mètres l'un de l'autre. — Les AUTEURS qui peuvent donner des lumières sur ces questions, sont: AUDOUIN, BARDET (1740, A, t. IX), BRANTOME 1600, A), CARNOT (1810, A), M. CARRION (1824, A), DESPAGNAC (1751, D), DESPREZ (1735, B), DUBOUSQUET (1769, B), DUPAIN (1757, B), DURTUBIE, l'ENCYCLOPÉDIE (1751, C; 1785, C), FEUQUIÈRES (1750, A), FURETIÈRE, GANEAU, GASSENDI, GRASSI (1817, H), GUIGNARD (1725, B), GUILLET (1686, B, p. 304), HAUSER, LACHESNAIE (1758, I; id. aux mots *Place d'Armes* et *Tête de sape*), LAISNÉ, LEBLOND (1762, G), LECOUTURIER (1825, A), LEGRAND (1857, A), MAIZEROY (1770, E), MALTHUS, MANESSON (1685, B), MÉNAGE, NICOT, PHILIPPE DE CLÈVES (1520, A), POTIER (1779, X), RUGGIERI, SIONVILLE (1756, E), VAUBAN (1704, B), WENZELL et les *Annales militaires* (mars, 1819). — Nous pousserons un peu plus loin les explications, mais seulement à l'égard de la SAPE COUVERTE, — PLEINE, — VOLANTE.

SAPE A CIEL OUVERT. V. A CIEL OUVERT. V. SAPE.

SAPE COUVERTE (G, 4), OU SAPE SOUTERRAINE. Sorte de SAPE à laquelle l'ASSIÉGEANT a recours quand il arrive à une grande proximité de l'ENNEMI, et que la SAPE SIMPLE ne suffirait pas pour soustraire au danger des PROJECTILES CREUX, des FEUX D'ARTIFICE ou du FEU DES PIERRIERS; il s'en sert pour pratiquer la DESCENTE du FOSSÉ; il la construit, soit en creusant la terre, comme le dit GANEAU, soit en BLINDANT une SAPE SIMPLE, ou l'ÉTANÇONNANT et la recouvrant de deux pieds de terre.

SAPE DOUBLE. V. DOUBLE. V. DOUBLE SAPE. V. SAPE.

SAPE ENTIÈRE. V. ENTIER. V. SAPE.

SAPE PLEINE (G, 4), OU SAPE ENTIÈRE. Sorte de SAPE qui est la continuation ou le perfectionnement de la SAPE VOLANTE, quand on l'a creusée et élargie; on y travaille pendant le jour. On donne à ce CHEMINEMENT à peu près trois mètres de largeur; on en donne quatre à ses PLACES D'ARMES. A petite PORTÉE DE MOUSQUET, on ne marche qu'à Sape pleine pour arriver de la SECONDE à la TROISIÈME PARALLÈLE.

SAPE SIMPLE. V. SAPE COUVERTE. V. SIMPLE.

SAPE SOUTERRAINE. V. SAPE COUVERTE. V. SOUTERRAIN, adj.

SAPE VOLANTE (G, 4), OU DEMI-SAPE. Sorte de SAPE qui se commence à partir de la SECONDE PARALLÈLE d'un SIÉGE OFFENSIF, au point où le FEU des PETITES ARMES devient à craindre. Cette Sape est comme l'amorce de là SAPE PLEINE ou complète. — La Sape volante marche de nuit. A cet effet, des OFFICIERS du GÉNIE font porter et poser sur la ligne qu'ils ont déterminée, des FASCINES qu'on y couche en file pour tracer l'emplacement des GABIONS par lesquels les SAPEURS remplacent à découvert ces FASCINES; ils remplissent à mesure les GABIONS en y jetant de la terre. Il s'élève ainsi plus régulièrement un PARAPET, construit avec moins de main-d'œuvre et de dangers que quand les TRAVAILLEURS jettent simplement de la terre devant eux, comme ils le faisaient avant VAUBAN. — Deux TRAVAILLEURS sont attachés à chaque GABION.

SAPER, verb. act. et neut. V. DOLOIRE. V. SAPE. V. SERPE. V. TRENCHÉOR.

SAPEUR, subs. masc. V. ARME DE S... V. BARBE DE S... V. BATAILLON DE S... V. BONNET DE S... V. BRIGADE DE S... V. CAPORAL DE S... V. CAPORAL S... V. COMPAGNIE DE S... V. CORPS DE S... V. CROCHET DE S... V. ÉQUIPEMENT DE S... V. ÉTUI DE HACHE DE S... V. FOURCHETTE DE S... V. GIBERNE DE S... V. HACHE DE S... V. OFFICIER DE S... V. OUTIL DE S... V. RÉGIMENT DE S... V. SABRE DE S... V. SERVICE DE S... V. SCIE DE S... V. V. TABLIER DE S...

SAPEUR (term. génér.), ou SAPPEUR suivant FURETIÈRE. Le mot Sapeur, dont le substantif SAPE explique l'origine, donne idée d'un MILITAIRE pourvu d'OUTILS, tels que HACHES, PELLES, PIOCHES, SERPES, SCIES, à l'aide desquels il puisse préparer des ABATIS, rompre des PALISSADES ou des PONTS, enfoncer les PORTES d'une VILLE, creuser des TRANCHÉES. Il en était ainsi de temps immémorial, puisque ces TRAVAUX ou ces destructions sont de nécessité dans tous les genres de GUERRE. — Ainsi, les ROMAINS donnaient idée d'un Sapeur par le mot *cunicularius*, qui n'est pas sans analogie avec le terme CUNETTE. — Avant l'invention du système de FORTIFICATION moderne, avant que l'art de la SAPE ne fût inventé, enfin avant 1671, les HOMMES DE PIED, dont les ARMÉES attendaient les SERVICES qui viennent d'être indiqués, y étaient désignés sous les noms de TRENCHÉORS (faiseurs de TRANCHÉES), GASTADOURS (faiseurs de ravage), PIONNIERS, CHARPENTIERS, OUVRIERS. La FORTIFICATION moderne, ses DÉFENSES RASANTES et son ARTILLERIE perfectionnée, qui ne permettent plus d'aller de prime abord, insulter et assaillir les PORTES des lieux défendus, amenèrent la science des TRAVAUX DE SIÈGE OFFENSIF, nécessitèrent la pratique des BLINDAGES, des SAPES, des DEMI-SAPES. Un métier de violence devint un métier de ruses et d'industrie; le rôle, jusque-là offensif du SOLDAT, se chan-

gea en un rôle autant défensif que d'agression, et le Sapeur, se détachant des PIONNIERS et des MANŒUVRES, devint un artisan presque artiste. — Le langage des ÉCRIVAINS, comme cela arrive toujours, prit l'initiative sur celui de la loi jusqu'en 1750; elle appelait OUVRIERS du CORPS ROYAL les MILITAIRES qu'on a appelés, suivant les temps, SAPEURS D'ARTILLERIE OU SAPEURS DU GÉNIE. — En d'autres ARMÉES, on les appelait CHARPENTIERS, et ce sont les SOLDATS-CHARPENTIERS de FRÉDÉRIC DEUX que les GARDES FRANÇAISES et SUISSES, et ensuite tous les RÉGIMENTS D'INFANTERIE, ont imités en donnant une HACHE à des GRENADIERS, d'abord appelés SOLDATS CHARPENTIERS, et qui ne se sont appelés Sapeurs que depuis le ministère de SAINT-GERMAIN. — La GUERRE DE LA RÉVOLUTION avait mis à la mode (car les COLONELS, non la loi, en décidaient) une institution maintenant abandonnée; c'était celle des SAPEURS DE CAVALERIE, imités des PIONNIERS A CHEVAL de la RUSSIE. — On a longtemps appelé POMPIERS, et depuis le régime impérial SAPEURS-POMPIERS, le respectable CORPS qui, dans PARIS, s'est illustré, dans le service des incendies, par tant de dévouement, de bravoure et de désintéressement. L'addition du titre de Sapeurs n'a fait qu'alourdir une désignation claire et honorable; cette dénomination à substantifs accolés est devenue irrationnelle, puisque les POMPIERS n'ont rien de commun avec la science de la SAPE des siéges. — L'ORDONNANCE DE 1835 (19 DÉCEMBRE) n'a pas été mieux avisée, en appelant inintelligiblement SAPEURS CONDUCTEURS les SOLDATS DU TRAIN DU GÉNIE. — Les AUTEURS qui donnent quelques renseignements sur les Sapeurs, sont : M. BERRIAT (1817, A), CARRÉ (1823, E), M. le général COTTY (1822, A), FOY, FURETIÈRE (au mot *Sapeur*), LECOUTURIER (1825, A), MAIZEROY (1773, A), M. RUMPF (1824, F). — Le mot Sapeur sera distingué en SAPEUR D'ARTILLERIE, — D'INFANTERIE, — DU GÉNIE.

SAPEUR A CHEVAL. V. A CHEVAL. V. PIONNIER A CHEVAL.

SAPEUR ANGLAIS. V. ANGLAIS, adj. V. MILICE ANGLAISE N° 3.

SAPEUR AUTRICHIEN. V. AUTRICHIEN, adj. V. MILICE AUTRICHIENNE N° 1, 2, 3.

SAPEUR CONDUCTEUR. V. CONDUCTEUR. V. SAPEUR. V. TRAIN DES ÉQUIPAGES. V. TRAIN DU GÉNIE.

SAPEUR (sapeurs) D'ARTILLERIE (F). Sorte de SAPEURS créés en 1671; ils composaient la quatrième COMPAGNIE du RÉGIMENT des FUSILIERS DU ROI, créé en 1672, RÉGIMENT devenu plus tard ROYAL-ARTILLERIE, et qui était le CORPS D'ARTILLERIE existant à cette époque. — Ils perdirent, en 1791, la qualification de Sapeurs, et devinrent CANONNIERS. — Il fut ensuite créé des SAPEURS DU GÉNIE.

SAPEUR DE CAVALERIE. V. CAVALERIE. V. CAVALERIE FRANÇAISE N° 2. V. GÉNÉRAL D'ARMÉE N° 6. V. MILICE PORTUGAISE N° 1.

SAPEUR DE LA GARDE. V. CORPS PRIVILÉGIÉ. V. GARDE. V. GARDE IMPÉRIALE N° 2.

SAPEUR (sapeurs) D'INFANTERIE (A, 1). Sorte de SAPEURS dont le savoir, dont l'éducation, n'avaient rien de commun avec l'art de la SAPE; aussi ne se sont-ils appelés Sapeurs que depuis le dernier quart du dernier siècle. — En 1710, il était créé par RÉGIMENT SIX PORTE-OUTILS. La GUERRE DE LA SUCCESSION, qui était près de finir, avait prouvé le besoin de cette espèce de SOLDATS pourvus d'OUTILS DE CAMPAGNE, nécessité toujours oubliée en TEMPS DE PAIX. — L'ORDONNANCE DE 1747 (19 JANVIER) établissait dix SOLDATS PORTE-HACHES, par chaque COMPAGNIE DE GRENADIERS. La GUERRE DE 1741 en avait fait sentir le besoin. — L'ORDONNANCE DE 1766 (19 AVRIL) créait deux SOLDATS CHARPENTIERS par COMPAGNIE. Ils devaient être établis en CAS DE GUERRE. La GUERRE DE SEPT ANS en avait démontré l'importance; ils remplaçaient les PORTE-HACHES. — L'ORDONNANCE DE 1767 (25 AVRIL) leur donnait une forte HACHE, un SABRE A SCIE, un TABLIER peau noire et se retroussant à AGRAFE, un BONNET A POIL sans PLAQUE, moins haut de trois pouces que celui des GRENADIERS. La MASSE D'HABILLEMENT subvenait à la première FOURNITURE de cet ÉQUIPEMENT, et la MASSE DE RÉPARATIONS pourvoyait à l'entretien et au raccommodage. — L'ORDONNANCE DE 1771 (19 JANVIER) supprimait les PORTE-HACHES; celle DE 1776 (25 MARS), relative à la COMPOSITION, n'en faisait plus mention. Les Sapeurs avaient été reconnus de nouveau, mais pour le TEMPS DE GUERRE seulement, par l'ORDONNANCE DE CAMPAGNE DE 1778 (28 AVRIL), sous le même titre et en même quantité qu'en 1766. Cette précaution avait en vue la GUERRE D'AMÉRIQUE. — Depuis 1780, il y a eu des Sapeurs en TEMPS DE PAIX comme en TEMPS DE GUERRE, jusqu'à la GUERRE DE LA RÉVOLUTION, époque où ils disparurent. Le consulat les établit. — Les PORTE-HACHES français étaient une imitation de ceux de PRUSSE; dans le SERVICE de ce royaume, ils étaient l'attelage et les CANONNIERS des PIÈCES D'INFANTERIE. — En FRANCE, l'ESPINGOLE OU TROMBLON court, qui se chargeait à POSTES, se portait la bouche en haut, au moyen d'une BRETELLE, sur le dos du Sapeur. Depuis les derniers lustres du dernier siècle, il croisait la BANDEROLE de l'ÉTUI de la HACHE. — Rien ne réglait le genre de SERVICE des Sapeurs français. — Il était d'usage (mais les ordonnances et la TACTIQUE ne le disaient pas) que, en ORDRE DE BATAILLE, ils se tinssent au milieu des INTERVALLES des BATAILLONS, à la hauteur du SECOND RANG, pour ne pas masquer les POINTS D'ALIGNEMENT. Lorsque la TROUPE était EN MARCHE OU EN ROUTE, ou bien quand il s'agissait de DÉFILER, ou enfin en présence de l'ENNEMI et en COLONNE, les Sapeurs de tous les BATAILLONS du RÉGIMENT se réunissaient à sa droite, et s'en tenaient éloignés d'une étendue de FRONT DE SECTION; ils se plaçaient sur deux rangs, ils DÉFILAIENT en avant du TAMBOUR-MAJOR, à la distance d'une étendue de FRONT DE PELOTON. — Le DÉCRET DE 1808 (18 FÉVRIER) confirmait l'institution des Sapeurs et en fixait le nombre. C'était une imitation de ceux de la GARDE CONSULAIRE qui s'en était donné d'elle-même. — L'ORDONNANCE DE 1851 (4 MARS) était le premier des documents sur la TACTIQUE qui parlât de Sapeurs; elle voulait que, en ORDRE DE BATAILLE, ils se tinssent à droite du RÉGIMENT. — La disposition était blâmable, puisque, en MANŒUVRE, il faut que chaque ADJUDANT, ou ADJUDANT-MAJOR, puisse avoir sous la main ses Sapeurs pour en faire des JALONNEURS. — Depuis la GUERRE DE LA RÉVOLUTION, la tolérance des MINISTRES, ou la volonté des COLONELS, ont tour à tour permis ou interdit au Sapeur le port de la BARBE. — La GARDE CONSULAIRE a fait revivre les Sapeurs; la mode a tenu lieu de loi. Dans cette GARDE, les BARBES étaient naturelles et magnifiques; elles étaient postiches dans la GARDE IMPÉRIALE, imitatrice en cela de la GARDE NATIONALE de PARIS. On achetait ces parures de carnaval aux fournisseurs de l'Opéra. — Valeter comme ORDONNANCES, dormir comme PLANTONS, servir de joujoux aux PARADES DE GARNISON, s'employer aux EXERCICES comme HUISSIERS D'ARMES ou gardiens de FAISCEAUX, y figurer l'entrée des ponts, le rétrécissement d'un PASSAGE DE DÉFILÉ, le rideau ou la cavité d'un OBSTACLE, constituaient à peu près l'utilité du SERVICE des Sapeurs, utilité que contestait le *Journal des Sciences militaires* (t. XXI, p. 269). — Exempts de GARDE et de PIQUET AU CAMP, ils étaient cependant tirés des hommes les plus robustes, les plus éprouvés. — Les Sapeurs ont eu pour chef un CAPORAL, tour à tour reconnu, aboli, rétabli. — L'APPEL des Sapeurs, la constatation de leur présence AUX PRISES D'ARMES, la direction de leurs fonctions tactiques, regardaient les ADJUDANTS-MAJORS et ADJUDANTS.

— La circulaire de l'an douze (11 fructidor) donnait aux Sapeurs le mousqueton a baionnette, à canon long de sept cent soixante millimètres, et à lance de baionnette de quatre cent quatre-vingt-sept millimètres. Une autre décision du même jour leur donnait la giberne a la corse, qu'ils ont portée jusqu'en 1812. La circulaire de 1818 (31 juillet) leur retirait cette arme. — Par décision de 1825 (28 novembre), le ministre ne tirait les Sapeurs que des compagnies d'élite, et leur accordait les insignes particuliers aux grenadiers et aux carabiniers. — Les circulaires de 1827 (1er et 24 janvier) allouaient aux Sapeurs l'indemnité appelée sou de barbe, quoique aucun réglement ne parlât de barbe; bientôt ce mot n'avait plus de sens, la barbe leur étant interdite. — L'ordonnance de 1830 (21 février) mettait au compte de la masse d'entretien les effets d'équipement, composés du bonnet a poil, gants a parements, hache, porte-hache, tablier. — L'ordonnance de 1831 (4 mars) plaçait les Sapeurs sur deux rangs, en ordre de bataille, à la droite du régiment, ayant leur gauche à quatre pas du premier peloton. — L'ordonnance de 1851 (7 mai) reconnaissait dix-sept Sapeurs dans les régiments a quatre bataillons, et treize dans les régiments a trois bataillons. — La note de 1855 (28 novembre) déterminait leur tenue, traitait des haches de distinction en drap de couleur tranchante, cousues sur la manche, et leur donnait une morne ou mornette, s'ajustant au bord du fer de leur hache, pour prévenir le danger d'en être blessé par son tranchant. — La charge d'un Sapeur allait jusqu'à trente-deux kilogrammes, quand il avait sur lui sa hache, sa giberne à étui, son mousqueton et ses autres effets. — Depuis la création de la compagnie hors rang, les Sapeurs y comptaient pour l'administration. — S'il s'agit d'une attaque d'ouvrage où le ministère des Sapeurs soit utile, ils marchent en tête des colonnes d'attaque. — Il a été traité des Sapeurs d'infanterie par Bardin (1807, D; 1809, B), M. Berniat (1817, A), M. Canteloube (1818, F), Encyclopédie (1785, C, suppl., au mot *Charpentier*), Kérenveyer (1771, R, au mot *Charpentier*).

SAPEUR (sapeurs) du génie (A, 1), ou sapeur-mineur, ou trencheor. Sorte de sapeurs qui, dans l'armée française, ont été, à diverses époques, sapeurs d'artillerie. Ils appartiennent à la composition des armes a pied. Ils ont été, suivant le temps, organisés en brigades de huit hommes, sous un chef de sape, en compagnies d'une centaine d'hommes, en bataillons, en régiments. Ils ont été d'abord mineurs; ils ont été ensuite classés à part des mineurs; ils sont devenus comme les fusiliers, dont les mineurs sont les grenadiers, et dont sont chefs les officiers du génie. — Depuis que la sape est devenue un art soumis à des règles, il a fallu des Sapeurs. — On tirait d'abord les sapeurs volontaires des différents corps d'infanterie présents à un siége offensif. Ils étaient attirés à ce service par l'appât d'une paye qui leur était journalièrement servie; ils s'avançaient à l'aide de mantelets et de chandeliers de tranchée; ils creusaient, tant bien que mal, les tranchées qui avoisinaient le chemin couvert. L'inexpérience, l'inhabileté de ces Sapeurs, l'insuffisance ou le mauvais état de leurs outils, apportaient au travail de fâcheuses lenteurs, ou causaient même de déplorables désastres, en exposant les travailleurs à une mort presque certaine. — En 1668, Vauban réclama de la cour la formation d'un corps spécialement affecté à ce genre de travail. — Une compagnie de sapeurs fut en conséquence créée en 1671; d'autres furent successivement mises sur pied, mais non sans beaucoup de difficultés, en 1673, 1693, 1697, 1701. Toutes furent placées à la suite ou dans les cadres de l'artillerie, mais sous la dépendance et les ordres du commissaire général des fortifications. — Ces compagnies commencèrent à opérer avec plus d'habileté, avec plus d'ensemble; la vie des hommes fut ménagée par l'art du cheminement à la sape volante et par là construction des galeries d'approche. Les Sapeurs commencèrent à se relever régulièrement, soit comme chefs de sape, soit comme aides; ils substituèrent aux mantelets les gabions farcis, que, avant de creuser la tranchée, ils disposaient à l'aide de crochets ou de fourchettes. Ils ne marchèrent que sous la protection des grenades a main et des pierriers, et procédèrent pied à pied au couronnement du chemin couvert et au passage du fossé; ils s'y portèrent à partir du point où les travailleurs ordinaires ne pouvaient plus cheminer à découvert. — Les Sapeurs firent partie de l'artillerie, en vertu de l'ordonnance de 1720 (5 février), qui réunissait Sapeurs, mineurs et ouvriers. — D'autres compagnies s'organisèrent en 1729. — Les Sapeurs avaient la droite des bataillons de l'artillerie jusqu'en 1758. — L'ordonnance de 1759 (10 décembre) les attacha au génie. Ils furent rendus à l'artillerie en 1761. — En 1775, chaque régiment d'artillerie comprenait un certain nombre de Sapeurs; ils en étaient, au besoin, détachés pour seconder le corps du génie. — En 1776, ils cessèrent d'être employés aux ateliers des places et aux constructions publiques. — Le décret de l'an deux (25 frimaire) forma en douze bataillons les Sapeurs, en y amalgamant les pionniers; il les subordonna au génie, et régla le genre de leur service. — Les décisions de l'an six (16 et 29 brumaire), relatives à l'ordre des préséances, classaient les Sapeurs à la suite de l'artillerie et avant l'infanterie. L'influence de l'état-major du génie perçait dans cette décision qui plaçait en dernière ligne l'infanterie. Mais, en 1832, comme on le voit dans le *Spectateur militaire* (t. xxiii, p. 597), cette priorité leur était contestée. — Les Sapeurs furent réduits, par l'arrêté de l'an six (5 pluviose), à quatre bataillons; un cinquième fut créé par décret de l'an onze (20 vendémiaire). — Le décret de l'an quatorze (10 brumaire) énumérait les outils qui leur étaient affectés. — Celui du 24 frimaire réglait leur complet de guerre. — L'ordonnance de 1824 (27 octobre) les réorganisait, les encadrait dans les régiments du génie, à raison de six compagnies par bataillon. — En 1831, à Metz, dans un simulacre de siége, en présence du roi, ils poussèrent le travail avec cuirasse et pot en tête. Ces cuirasses, dont ils se servirent réellement, en 1832, au siége d'Anvers, étaient à l'épreuve du mousquet. — Les auteurs qui ont traité des Sapeurs du génie sont : Audouin (t. ii, p. 527), M. le général Cotty (1822, A), Gassendi, M. Grivet, Lachesnaie (1758, au mot *Tranchée*), Pasley, Pasteur, M. Sicard, M. Villeneuve, le *Journal des Sciences militaires* (t. xxix, p. 171; et 1853, p. 556), le *Journal de l'Armée* (t. iii, p. 556).

SAPEUR espagnol. v. espagnol, adj. v. milice espagnole n° 2, 7.

SAPEUR-mineur. v. mineur. v. sapeur du génie.

SAPEUR napolitain. v. milice napolitaine n° 1. v. napolitain, adj.

SAPEUR polonais. v. milice polonaise n° 1. v. polonais, adj.

SAPEUR-pompier. v. pompier. v. sapeur.

SAPEUR portugais. v. milice portugaise n° 1. v. portugais, adj.

SAPEUR prussien. v. milice prussienne n° 2, 7. v. prolonge. v. prussien, adj.

SAPEUR suisse. v. infanterie franco-suisse n° 3. v. milice suisse n° 2. v. suisse, adj.

SAPEUR volontaire. v. sapeur du génie. v. volontaire, adj.

SAPIN (subs. masc.) rouge. v. bois de fusil. v. rouge, adj.

SAPPE, subs. fém. v. arme matérielle. v. épieu. v. sape.

SAPPEUR, subs. masc. v. sapeur.

SAQUEBOUTE, subs. fém. v. arquebuse. v. sacheboute.

SAQUEBUTE, subs. fém. v. angon a main. v. sacheboute.

SAQUER, verb. act. v. sac. v. sacher.

SAQUER, verb. act. v. sacher.

SARABACANNE, subs. fém. v. sarbacane.

SARABELLES, subs. fém. v. culotte. v. haut-de-chausses.

SARAGOSSE. v. noms propres.

SARASNE, subs. fém. v. herse s...

SARAU, subs. masc. v. sarrau.

SARBACANE, subs. fém. (F), ou sarabacanne suivant M. le général Cotty, ou sarbatane suivant Carré (1783, E). Ces mots sont dérivés, comme le témoigne le *Dictionnaire de la Conversation* (au mot *Canne à vent*), de l'italien *cerbottana*, et non pas du nom donné au sambuque instrumental, comme d'autres étymologistes l'ont cru. — Une Sarbacane était une arme comparable à une canne percée ou à un fusil a vent; aussi a-t-on appelé, par analogie, sarbacane a crosse un fusil a soufflet. — Les Sarbacanes ont servi à lancer divers projectiles, tels que des flèches empoisonnées, du feu grégeois qui s'échappait en forme de fusée. Ces dernières s'appelaient siphons. — Les Sarbacanes modernes lançaient de petites balles qu'on appelle dragées. Il y avait des Sarbacanes dont la forme ou la crosse étaient creuses, se dévissaient, et servaient à contenir les dragées. On en voyait une de ce modèle à Jend'heur.

SARBACANE a crosse. v. a crosse. v. fusil a soufflet. v. sarbacane.

SARBATANNE, subs. fém. v. sarbacane.

SARCINATEUR, subs. masc. v. légion romaine n° 1.

SARCOCÈLE, subs. masc. v. cancer. v. cas de réforme. v. infirmité.

SARDAIGNE. v. noms propres.

SARDE, adj. v. chasseur s... v. milice s...

SARDI; **SARDONNANO**. v. noms propres.

SARGANT, subs. masc. v. sergent. v. sergent militaire.

SARGENT, subs. masc. v. sergent.

SARISSE, subs. fém. (F). Mot tout latin venu du grec *sarissai*. Il désigne une lance, une pique que portaient les oplites des milices grecques. Suivant les temps, suivant les peuples, suivant le nombre des RANGS, la longueur de la HAMPE de la Sarisse a varié entre sept à huit mètres. — Dans quelques PHALANGES, les Sarisses des premiers RANGS étaient plus courtes que les autres; dans d'autres, elles étaient de même mesure. — Les AUTEURS qui ont attribué à la Sarisse une longueur déterminée, auraient dû expliquer à quelle époque, à quel pays se reportent les explications qu'ils donnent. En reproduisant ici le fond de ce qui a été dit par POLYBE (150 avant J.-C.) et M. CARRION (1824, A, p. 215), nous ne présenterons leurs assertions que comme une vérité qu'il faut se garder de croire absolue. — Les Sarisses, après avoir eu seize coudées de long (environ 24 pieds), se sont ensuite réduites à quatorze coudées. La longue Sarisse, mesurée à partir du point où la main la tenait quand elle était dirigée sur l'ENNEMI, dépassait en arrière l'OPLITE de quatre coudées, et en avant de dix. — En bataille, à l'instant d'une CHARGE en ORDRE OUVERT, les Sarisses des cinq premiers RANGS dépassaient progressivement le FRONT de la PHALANGE; les ARMES du cinquième RANG ne l'excédaient que de deux coudées; celles des RANGS postérieurs étaient inclinées en avant et appuyant sur les RANGS antérieurs; elles formaient ainsi une sorte de plancher à ressauts qui contrariaient la course des PROJECTILES A POINTE OU A TIR COURBE que l'ENNEMI lançait; avec l'aide des BOUCLIERS, elle mettait presque les PHALANGES à l'abri. — Dans l'ORDRE SUPPRESSÉ, toutes les Sarisses étaient saillantes; celles du dernier RANG dépassaient à peine le premier. — Si la PHALANGE était menacée d'une CHARGE DE CAVALERIE, les RANGS antérieurs y opposaient une défense hypoclastique, c'est-à-dire en s'agenouillant, comme on le faisait de nos jours pour certains FEUX DE MOUSQUETERIE. Dans l'ORDRE HYPOCLASTIQUE, le TALON de la Sarisse se fichait en terre. — La DANSE PYRRHIQUE s'entremêlait de maniements de Sarisses. — ROQUEFORT donne ce même nom de Sarisse aux PIQUES dont faisait usage la MILICE GAULOISE. — Les AUTEURS qui ont traité de la Sarisse sont : BOREL (Pierre), BOUCHAUD (1757, G), CARRÉ (1783, E), M. le colonel CARRION (1824, A), M. le général COTTY (1822, A), DESPAGNAC (1751, D), ENCYCLOPÉDIE (1785, C), FOLARD (1755, E, p. 53), GUISCHARDT (1758, H), LOLOOZ (1770, K), MAIZEROY (1767, D), MAUBERT (1762, F), POLYBE (150 ans avant J.-C.), ROBINSON, TURPIN (1783, O), l'*Encyclopédie du dix-neuvième siècle* (au mot *Arme*).

SARLANDIÈRE; SARMATE. V. NOMS PROPRES.

SARMENT, subs. masc. V. BASTONNADE. V. CENTURION Nº 4. V. GÉNÉRAL D'ARMÉE Nº 5. V. LÉGION ROMAINE Nº 4. V. MARQUE DISTINCTIVE. V. TRIBUN ROMAIN Nº 5.

SAROT, subs. masc. V. SARRAU.

SARPE, subs. fém. V. SERPE.

SARPENTINE, subs. fém. V. COULEVRINE. V. SERPENTINE.

SARRASIN. V. NOMS PROPRES.

SARRASINE, subs. fém. V. HERSE SARRASINE. V. PAVOIS.

SARRAU, subs. masc. (B, 1), ou SARAU, ou SAROT suivant LACHESNAIE (1758, 1), ou SARROT, suivant GASSENDI. Ce mot a été autrefois, on ne sait pourquoi, la dénomination soldatesque sous laquelle on désignait les CHARRETIERS ou les MULETIERS du SERVICE DES VIVRES. Le PALETOT ou la BLOUSE de toile grossière dont ils étaient vétus, a pris le nom donné à ceux qui portaient cette espèce de SURTOUT; l'ACADÉMIE a enregistré à tort ou à raison le mot sous l'orthographe Sarrau. — Vers la fin du dernier siècle, il fut donné aux SOLDATS FRANÇAIS de certains CORPS, et au compte de la MASSE DE PETIT ÉQUIPEMENT, des Sarraux de toile de couleur naturelle. Ce VÊTEMENT était celui des CORVÉES, de la SALLE DE DISCIPLINE, et du CORPS DE GARDE pendant la nuit. C'était aussi le VÊTEMENT des CUISINIERS. L'ORDONNANCE DE 1788 (1er JUILLET) prescrivait aux CUISINIERS de porter le soir les Sarraux aux HOMMES DE GARDE. — Le TRAITÉ DE L'AN CINQ (12 BRUMAIRE) mentionnait des Sarraux. La CIRCULAIRE DE L'AN DOUZE (30 BRUMAIRE) en donnait un par HOMME à l'ARMÉE DE DÉBARQUEMENT. — La CIRCULAIRE DE 1813 (15 FÉVRIER) voulait qu'il fût délivré, par les soins du ministère de la MARINE, des PANTALONS et des Sarraux aux TROUPES EMBARQUÉES comme GARNISON DE BORD. — Une DÉCISION DE 1825 (28 MARS) autorisait les CORPS à se pourvoir de Sarraux de toile pour le service de l'INFIRMERIE régimentaire. Le nombre en était fixé à douze par BATAILLON, mais la dépense n'en tombait point à la charge de la MASSE du CORPS; cet approvisionnement devait être acquis au moyen d'échange contre de VIEUX EFFETS D'HABILLEMENT destinés à être remis à l'administration du domaine. — L'ORDONNANCE DE 1818 (13 MAI) prescrivait l'usage du Sarrau aux TRAVAILLEURS. — L'ORDONNANCE DE 1830 (21 FÉVRIER) mettait la dépense des SARRAUX DE CUISINIERS au compte de la MASSE D'ENTRETIEN. — La DÉCISION DE 1831 (15 AVRIL) substituait la BLOUSE aux SARRAUX DE CUISINIERS et d'AIDES DE CUISINE. — Quelques renseignements touchant les Sarraux se trouvent dans BARDIN (1807, D),

Lachesnaie (1758, I, au mot *Sarot*,) Lecouturier (1825, A).

SARRAU de cavalerie. v. cavalerie. v.
milice russe n° 5.

SARRAU de cuisinier. v. cuisinier. v.
sarrau.

SARRAU de travailleur. v. sarrau.
travailleur. v. travailleur du corps.

SARRAU d'infirmerie. v. infirmerie. v.
sarrau.

SARRAZIN. v. noms propres.

SARRAZÈNE, subs. fém. v. herse de
forteresse.

SARRE, subs. fém. v. acquerau. v.
arme a tir courbe. v. bouche a feu a tir
courbe. v. boulet en pierre. v. machine. v.
mousquet.

SARROT, subs. masc. v. sarrau.

SARTI. v. noms propres.

SATELLITE (satellites), subs. masc. (F.)
Mot tout latin qui était en usage dans les
troupes de France, longtemps avant que la
langue française fût parlée. Si l'on en croit
Gébelin, l'expression dériverait de l'hébreu.
— Des écrivains de l'antiquité ont pris la-
tron et satellite dans le même sens; les uns
et les autres étaient en général des soldats
armés d'une pique, et servant moyennant
une paye. — Tite Live attache au mot Satellite l'acception de gardes du corps. —
Quinte-Curce signale les Satellites comme
des militaires d'un certain rang, puisqu'ils
avaient à leur suite un écuyer nommé *ar-
miger*. — Les solduriers étaient des Satellites gaulois. — Les Satellites des premiers
temps de la monarchie appartenaient à la
classe des sergents d'armes (*servientes armorum*), ou sergents militaires. Guillaume
Lebreton les dépeint comme des fantassins qui marchaient sous la livrée d'un chevalier, d'un chef, d'un duc; il les représente montant a l'escalade. Rigord, au
contraire, à la date de 1215, donne à entendre qu'ils appartenaient à la cavalerie
légère. Ainsi il y a eu des satellites a cheval et à pied. — Au temps de la féodalité,
des Satellites de la première espèce existaient par fait de vassalité; Ducange témoigne qu'un genre de fief s'appelait *satel-
litio*. Ces fiefs appartenaient à des nobles
ayant à peu près rang d'écuyer. — En tout
temps il y a eu des Satellites volontaires,
d'un grade inférieur à celui des clients;
ils se mettaient à la solde d'un chef de lance,
ou bien formaient une garde royale, une
maison du roi. S'il y en avait qui servaient
comme infanterie, ce n'était que le petit
nombre. — M. Rocquancourt appelle Satellites les hommes qui composaient la par-

tie combattante de la lance fournie. — Il y
a eu des satellites a cheval qui concouraient à la composition de la trimacrésie;
c'étaient des arbalétriers a cheval, chargés
d'entamer le combat, d'agir d'abord en enfants perdus, et de se grouper ensuite pour
soutenir leur chef. — La langue allemande
rendait Satellite par traban. — Sous Charles
neuf, les Satellites étaient détachés de la
lance fournie, formaient des corps à part,
et devenaient la cavalerie légère de l'armée
française. Le gendarme, qu'ils avaient jusque-là salué du titre de maitre, se trouvait
ainsi réduit à lui-même, et quoique devenu
simple soldat, il conserva ce titre de maitre
jusqu'à la fin du règne de Louis quatorze.
— Les écrivains qui ont traité des Satellites
sont : Audouin, Béneton (1742, A), Carré
(1785, E), Despagnac (1751, D), Ducange,
Quinte-Curce, Lachesnaie (1758, I), Lebreton, Rigord, M. Rocquancourt, Tite Live.

SATELLITE a cheval. v. a cheval. v.
satellite. v. trimacrésie.

SATISFACTION, subs. fém. v. duel.
v. procédé.

SATTLER. v. noms propres.

SATURNE. v. extrait de s... v. sel de
s...

SAUCESSE, subs. fém. v. saucisson. v.
saucisson a feu.

SAUCISSON, subs. masc. (term. génér.).
Mot venu comme augmentatif, suivant Gébelin, du bas latin *salisia*, saucisse, et composée de *cœsia*, viande hachée, et de *sal*,
sel. Le substantif Saucisson se distingue en
saucisson a feu et en saucisson défensif.

SAUCISSON a feu (G, 4), ou boudin
suivant l'Académie, ou saucisse suivant l'Encyclopédie (1751, C) et Guillet (1686, B).
Sorte de saucisson formant une espèce de
fusée dans un long sac de toile ou dans un
boyau de cuir du diamètre d'un œuf de
poule; on emplit ce récipient de poudre a
canon, ou d'une mixtion lentement inflammable; on s'en sert pour mettre le feu à un
caisson d'artifice, à une fougasse, à une
mine. — A cet effet on l'étend de l'ouverture de la galerie jusqu'au fourneau; il
repose dans un auget en bois, espèce de
canal propre à tenir à sec son contenu. —
La longueur plus ou moins grande donnée
aux Saucissons est un des moyens de com-
passer les feux. — La milice chinoise passe
pour avoir connu de toute antiquité l'usage
des Saucissons à feu. — On a récemment
tiré des progrès de la chimie un nouveau
système d'inflammation des mines. — En
novembre 1828 on a essayé à Vienne en
Autriche, à l'occasion des travaux pour

l'embellissement de la ville, de substituer à cette manière d'AMPOULETTE, la plupart du temps mal confectionnée, et réussissant mal, les effets plus sûrs d'un appareil chimique qui évite les inconvénients de ce nuage de fumée que l'inflammation du Saucisson occasionne. — Les AUTEURS qui se sont occupés de ce sujet sont : BELAIR (1792), CARRÉ (1783, E), M. le général COTTY, DUBOUSQUET (1769, B), ENCYCLOPÉDIE (1751, C), GASSENDI, GUIGNARD (1725, B), GUILLET (1686, B), LACHESNAIE (1758, I), LÉCOUTURIER (1825, A), MANESSON (1685, B).

SAUCISSON DE SAPE. V. CLAIE. V. SAPE.

SAUCISSON DÉFENSIF (G, 4). Sorte de SAUCISSONS qui ne sont, en réalité, autre chose que des FASCINES perfectionnées et plus grandes, et qui, au lieu d'être faites par des HOMMES D'INFANTERIE, sont confectionnées par des HOMMES DU GÉNIE, et sont maintenues par de nombreuses HARTS. On les fixe en terre en les BARDANT. — GASSENDI témoigne qu'il y en a eu de deux, de quatre, de six mètres. On s'en sert pour la construction des BATTERIES DE GABIONS et de SIÉGE OFFENSIF, pour la confection des CHEMISES DE BATTERIES, des ÉPAULEMENTS, des PARAPETS, des PARALLÈLES; on en garnit des CHANDELIERS DE TRANCHÉE : on en tient à cet effet en réserve dans les PARCS DE SIÉGE.

SAUDÉE, subs. fém. V. SOLDE.

SAUDOYER, subs. masc. V. ENGAGEMENT DE RECRUE. V. RECRUTEMENT. V. SERGENT. V. SOLDAT.

SAUERAKER. V. NOMS PROPRES.

SAUF-CONDUIT, subs. masc. V. CONDUIT. V. FEUILLE DE ROUTE. V. MAIRE DE COMMUNE.

SAUGE, subs. fém. V. FEUILLE DE S...

SAUGRAIN; SAUMAISE; SAULNIER; SAUMUR; SAUNIER. V. NOMS PROPRES.

SAUT GYMNASTIQUE. V. GYMNASTIQUE, adj. V. PALESTRIQUE. V. PANCRACE.

SAUTER, verb. neut. V. FAIRE S... V. POUDRERIE. V. RESSAUT. V. SAUTERAU. V. SAUTOIR. V. SIÉGE DÉFENSIF.

SAUTERAU (sauteraux), subs. masc. (F). Mot dont le verbe SAUTER donne l'étymologie; c'était le nom d'une BOUCHE A FEU A TIR DIRECT qui, suivant GANEAU, n'était pas renforcée sur la CULASSE, tressaillait par le fait de la commotion, et était peu juste par cette raison. — CARRÉ (1783, E) et FURETIÈRE parlent de Sauteraux, mais sans en donner de description.

SAUTOIR, subs. masc. (F). Mot dont le verbe SAUTER donne l'étymologie. Il a eu un sens jusqu'ici obscur; il a été l'objet de définitions contradictoires; tous les écrivains qui l'emploient tombent d'accord qu'il a appartenu à la langue de la CAVALERIE, et qu'il est resté dans la langue du BLASON. — CARRÉ (1783, E), en traitant des ARMURES, parle du Sautoir qui en faisait partie. — MÉNESTRIER prétend qu'on se servait, pour MONTER A CHEVAL, ou SAUTER A CHEVAL, d'un support de bois, espèce de croix de Saint-André, et que c'est cette croix qu'on retrouve, sous le nom de Sautoir, dans les MEUBLES DE BLASON, où elle figure sous la forme de deux chevrons unis par leur pointe. L'ENCYCLOPÉDIE (1751, C), au contraire, est d'avis que le Sautoir héraldique, *l'ascensorium* du bas LATIN, est l'image d'un cordon de soie ou d'une corde recouverte d'étoffe précieuse, et qui, avant l'invention ou l'usage général des ÉTRIERS, pendait d'une SELLE pour servir à y MONTER et à en descendre. La forme du MEUBLE DE BLASON ne donne cependant guère idée de cette espèce d'ÉTRIVIÈRE. — Il se pourrait que le CORDON, la CHAÎNE, le COLLIER, qui suspendaient sur la poitrine des CHEVALIERS un INSIGNE décoratif, se soit appelé Sautoir, soit parce qu'il sautillait, soit par quelque ressemblance avec le Sautoir de CAVALERIE; peut-être serait-ce le Sautoir d'ARMURE dont parle CARRÉ. Cette idée pourrait trouver sa justification dans ces locutions encore usitées de nos jours : porter un ORDRE en Sautoir. Les hommes d'église ne portaient de décoration qu'en Sautoir.

SAUVAGÈRE; SAUVAL. V. NOMS PROPRES.

SAUVEGARDE, subs. fém. (E, 1). Mot dont l'étymologie ne demande pas à être recherchée, quoique les grammairiens ne s'expliquent pas nettement l'alliance des deux mots qui s'amalgament dans celui-ci. — On a appelé Sauvegarde, depuis les derniers siècles, un placard, une affiche, une proclamation, qui enjoignent, en TEMPS DE GUERRE, le respect d'une propriété ou d'un pays en position d'être exécutés, spoliés, ravagés par le PASSAGE DES TROUPES; on a donné ce même nom au titre écrit, au brevet dont un personnage ou une AUTORITÉ sont nantis, comme manifestation de la volonté et de la protection d'un CHEF de haut rang. — Par métonymie, et comme c'est arrivé si souvent, on a appelé Sauvegarde le MILITAIRE chargé de faire observer, par sa présence et au besoin par ses armes, la teneur du titre protecteur. — Il y avait à la fin du dix-septième siècle des COMPAGNIES DE SAUVEGARDES;

leurs fonctions regarderaient, de nos jours, la GENDARMERIE de l'ARMÉE. — L'ENCYCLOPÉDIE (1751, C) témoigne que, dans le dix-huitième siècle, il était d'usage que le produit pécuniaire des Sauvegardes appartînt au GÉNÉRAL qui les signait; c'était une cause d'extorsions; on imposait la protection, on la vendait à un prix arbitraire; les couvents, les chapitres la payaient cher. — L'ORDONNANCE DE 1753 (13 FÉVRIER) voulait que les HOMMES EN SAUVEGARDE fussent respectés comme des SENTINELLES. Elle prononçait PEINE DE MORT contre les HOMMES DE TROUPE qui violaient les lieux défendus par des Sauvegardes. — Cette ORDONNANCE voulait que d'elles-mêmes, et sans en avoir reçu l'ordre, les Sauvegardes rejoignissent leur CORPS, sitôt que l'ARMÉE s'éloignait de six lieues de l'endroit où elles étaient posées. — Rien encore de complet et de satisfaisant concernant le service, les droits, les rétributions, le LOGEMENT des HOMMES en Sauvegarde, n'émanait des ordonnances françaises en 1837. — Les ÉCRIVAINS qui peuvent être consultés touchant les Sauvegardes, sont : BARDET (1740, A), BARDIN (1807, D ; 1809, B), M. BONJOUAN, ENCYCLOPÉDIE (1785, C), GAYA (1679, A), GUILLET (1686, B), LACHESNAIE (1758, I), LECOUTURIER (1825, A), M. LEGRAND (1837, A), M. le général PRÉVAL (1827), M. le général THIÉBAULT (1813).

SAUVETERRE, subs. fém. v. CIMETERRE.

SAVANT (savante), adj. v. ARME S... V. ARTILLERIE S... V. CORPS S...

SAVARIN; SAVARON; SAVART; SAVARY. v. NOMS PROPRES.

SAVATE (F). Mot dérivé, suivant ROQUEFORT, du bas LATIN sapata, ou de l'ITALIEN ciavatta. Les HOMMES DE TROUPE en ont détourné le sens pour exprimer un genre de PUNITION DE SOLDATS ; elle s'administrait sans la participation des CHEFS, ou à leur insu et à huis clos. L'instrument de cette CORRECTION au lieu d'être un FOUET était un vieux soulier. C'était une trace du MORION ; c'était, au petit pied, l'ancienne CALOTTE, et il s'y retrouvait quelque chose des tribunaux fraternels de la MILICE PRUSSIENNE. Dans la MILICE ANGLAISE c'était la courroie qui servait en guise de savate.

SAVELES; SAVIN; SAVOIE. v. NOMS PROPRES.

SAVON, subs. masc. v. BARBIER. V. BLANCHIMENT D'EFFETS D'HABILLEMENT.

SAVORGNANO; SAVORNIN; SAXE; SAXENHAUSEN. v. NOMS PROPRES.

SAXON (saxonne), adj. v. ANGLO-S... V. ARMÉE S... V. ARTILLERIE S... V. BATAILLON S... V. BRIGADE S... V. CADET S... V. CARABINIER S... V. CAVALERIE S... V. CHASSEUR S... V. CHEVAU-LÉGER S... V. COMPAGNIE S... V. CORPS S... V. CUIRASSIER S... V. DIVISION S... V. DRAPEAU S... V. ESCADRON S... V. ÉTAT-MAJOR S... V. FUSILIER S... V. GARDE S... V. GÉNÉRAL S... V. GÉNIE S... V. GRENADIER S... V. HUSSARD S... V. INFANTERIE S... V. LANGUE S... V. MILICE S... V. MINEUR S... V. OFFICIER S... V. PORT D'ARMES S... V. RECRUTEMENT S... V. RÉGIMENT S... V. SERVICE S... V. TROUPE S...

SAXON (Saxons). v. NOMS PROPRES.

SAYE, subs. fém. et masc. v. SAYON.

SAYETTE, subs. fém. v. SAETTE.

SAYON, subs. masc. (F), ou SAGE, subs. fém., ou SAIE, subs. fém., ou SAYE, suivant BRANTOME (1600, A), qui l'emploie au masculin. Ces mots ont été une corruption ou une imitation du LATIN sagum, sagulum, mots restés dans l'ITALIEN sajo, sajone, originairement GAULOIS, dit-on. SAUMAISE et l'ENCYCLOPÉDIE (1751, C) tirent au contraire Sayon du GREC, et prétendent que les Phocéens auraient apporté de Grèce à MARSEILLE l'usage de la SAYE, et que c'est d'eux que les ROMAINS l'auraient reçue. C'est aussi des Phocéens, suivant VOSSIUS, que les GAULOIS l'auraient imitée ; mais comme le Sayon fut d'abord un accoutrement de sauvage, c'est-à-dire une peau de bête à peine préparée, portée sans VÊTEMENT, il est peu intéressant de rechercher quel peuple en aurait pris le modèle chez un autre. — Le Sayon fut ensuite un cuir façonné en HABIT, en tunique, en surtout, le plus ordinairement sans MANCHES, en forme de courte CHEMISE, avec ou sans CHAPERON, et toujours un HABILLEMENT DE CAMPAGNE ou de GUERRE. La LANGUE LATINE l'envisageait comme l'opposé de la toge, qui est un VÊTEMENT de paix ; de là le dicton : Ire ad saga, aller à la guerre : Cedant arma togæ, l'HABIT de paix passe avant l'HABIT de guerre, le grand MANTEAU avant le petit. — Le Sayon a été en usage chez les PERSES, chez les GERMAINS, comme le témoigne TACITE, chez les GRECS sous le nom de CHLAMYDE, et il n'était pas inconnu des HÉBREUX, si l'on en croit la Vulgate. Suivant les temps il a d'abord servi de CUIRASSE, de là vient le mot de CUIRASSE; plus tard il a recouvert la CUIRASSE de métal. — A la bataille de Télamon, l'an de Rome 527, les GAULOIS, dit M. le colonel CARRION (1824, A), poussèrent la jactance jusqu'à ôter leurs sayes et à combattre nus. Ces Sayons, à l'égard desquels on peut consulter DIODORE DE SICILE et VARRON, n'étaient encore que des vêtements de cuir; mais ce furent plus tard, suivant Bochart et Borel (Pierre), des vêtements en étoffe de laine de couleurs variées et tranchantes. Le tissu figurait des losanges, et la mode s'en est perpétuée dans le plaid éoossais. Cette espèce de blouse sans manches descendait sur les genoux, et se portait sur d'autres vêtements; elle était bigarrée, dit Velly. — Virgile témoigne des nuances différentes du Sayon des Gaulois dans ce fragment de vers :

Variegatis lucent sagulis.
Mille couleurs brillent sur leurs manteaux.

— Le Sayon des légions romaines était en étoffe de laine, mais d'une couleur unie, et cette couleur contribuait à distinguer des grades. — Les Francs, peuple moins avancé que les Gaulois en civilisation, n'avaient encore que le Sayon de cuir, quand ils firent, vers le milieu du troisième siècle, une irruption dans les Gaules; c'était, dit Clavier, une peau carrée qui se portait le poil en dehors, s'assujettissait au moyen d'une agrafe, et se présentait contre le vent à la manière du mantelet hongrois qui en est une trace. Tel est également l'habit de dessus du paysan breton; aussi les étymologistes engoués de l'étude du celtique croient-ils retrouver la racine de l'expression dans le celte de la basse Bretagne. — A la bataille de Casilin, en 554, les Germains mélés de Gaulois n'avaient même pour tout vêtement que les braies, espèce de culotte alors en usage; leur buste était nu, car il y avait des peuplades à braïes (*braccati*), et des peuplades à Sayons (*sagati*). — Les Francs, devenus milice française, conservèrent le simple Sayon jusqu'au cinquième siècle; ils apprirent alors à se vêtir de fer, à la manière romaine, comme le remarque Béneton (1742, A), et portèrent le Sayon par-dessus l'armure. Cette espèce de cotte d'armes n'allait que jusqu'aux hanches pour les hommes de pied; elle était beaucoup plus longue pour les hommes de cheval. — Charlemagne, dit Velly, *portait sur ses épaules un Sayon de couleur bleue*; probablement il était long comme celui de sa cavalerie. — Depuis Louis le Débonnaire, le Sayon court des Gaulois reprenait faveur, ou se changeait, pour les hommes de cheval, en haubert et en cotte de mailles (*squammata vestis*). Le Sayon d'infanterie se mettait par-dessus les autres vêtements et tombait à mi-cuisse. Il était quelquefois surmonté d'une espèce de bonnet a poil, qu'on a nommé chaperon. — On tirait de Frise, dit Velly, les Sayons au neuvième siècle. — Le *sagum*, car jùsque-là le Sayon

s'était ainsi appelé, commençait, vers les dixième ou douzième siècles, à prendre le nom de saye, de Sayon, de jaque, mot originairement teuton. Le sayon a mailles s'appelait jouque a laisches; c'était une arme défensive et une pièce indépendante du vêtement. — Paul Jove dépeint la cavalerie de Charles huit en Italie portant le Sayon de soie. — Brantôme (1600, A) dit qu'en Italie, Charles Quint portait une saye de drap d'or; c'était son manteau court. — Depuis ces époques, le mot disparaît des usages de la langue française; il était remplacé par les dénominations des vêtements analogues, tels que : la cape, ou chape, la blaude, ou bliaude, la cotte, le hoqueton, le manteau, le pourpoint. — Les auteurs qui donnent sur le Sayon des éclaircissements sont : Audouin, Béneton (1742, A), Borel (Pierre), Brantôme (1600, A), Carré (1785, E), Carrion (1824, A), Daniel (1721, A), Daru (1821, t. III, p. 146), Despagnac (1751, D), Diodore de Sicile, Encyclopédie (1751, C), Furetière, Ganeau, Lachesnaie (1758, I, aux mots *Saye, Uniforme*, etc.), M. Liskenne (t. II, p. 59), Maizeroy (1765, B; 1771, A; 1775, A), Ménage, Monchablon, Paul Jove, Saumaise, Servan (1780, C), Tacite, Turpin (1785, O), Varron, Velly, Virgile, Vossius.

SAYON de mailles. v. maille. v. sayon.

SCADRON, subs. masc. v. escadre. v. escadron.

SCALA; SCALFATI; SCALIGER. v. noms propres.

SCAMACHIE, subs. fém. v. sciamachie.

SCAMNUM, subs. masc. et neut. v. camp romain.

SCAMOZZI; SCANDER-BERG. v. noms propres.

SCAPHANDRE, subs. masc. (F). Mot composé de deux termes grecs signifiant esquif de l'homme. C'est une machine natatoire, un corset de liége, ou tout autre mécanisme analogue. — Quantité d'essais de Scaphandres ont eu pour objet d'appliquer ce moyen au passage des rivières, et de les substituer, pour l'infanterie, aux ponts de campagne. — La milice chinoise se servait, dans l'antiquité la plus reculée, de Scaphandres. — En 1550, Zanini proposait d'établir, sur les bâtimens de mer, des hommes cuirassés de liége, qu'il appelait scaphandriers. — Un nommé Lanker obtint, sous Louis quatorze, une récompense pour l'invention d'un appareil de natation, composé de vessies; mais on conçoit combien ce système serait inapplicable, militairement parlant, à la traversée des COURS D'EAU. Le moindre accroc, un COUP DE FEU, en crevant une vessie, mettrait en péril la vie de l'homme. — En Lithuanie, Bachstrom renouvela l'emploi des cuirasses de liége; son système fut commenté, modifié par plusieurs savants ou amateurs, tels que Boral, Gelaci, PUYSÉGUR (1748, C), Ozanam, Wilkinson. — Spencer, en ANGLETERRE, obtint une médaille d'encouragement pour avoir appliqué le liége à la NATATION. — GUGY (1782, K) proposait de donner des Scaphandres aux TROUPES LÉGÈRES. — En 1804, des SCAPHANDRIERS formés d'un détachement tiré de la garde de Paris manœuvrèrent avec succès, et sous nos yeux, dans la Seine, près du pont Royal, à Paris. — Il a été traité des Scaphandres par FOLARD (1727, A), DELACHAPELLE, GUGY, ZANINI.

SCAPHANDRIER, subs. masc. v. SCAPHANDRE.

SCAPULA. v. NOMS PROPRES.

SCARE, subs. fém. (F), ou ESCARRE, ou SCARRE, suivant CARRÉ (1783, E). Mot provenu du bas LATIN scara, scaræ, que plusieurs AUTEURS mentionnent sous l'acception d'AGRÉGATION DE CAVALERIE, ou de SUBDIVISION TACTIQUE. Sous la première et la seconde race, la CAVALERIE FRANÇAISE, suivant eux, manœuvrait par Scares; ils en induisent que le mot ESCADRON en serait provenu. Cette étymologie passe pour douteuse, et l'on ne sait rien des Scares, considérées comme ÉVOLUTIONS. — Il est question de Scares dans DUCANGE et MÉNAGE, au mot ÉCHELLE, pris dans le sens d'ÉCHELLE TACTIQUE.

SCARPE, subs. fém. v. ESCARPE.

SCARPIN, subs. masc. v. SOULIER.

SCARIBE, subs. fém. v. SCARE.

SCARRON; SCAVERO. v. NOMS PROPRES.

SCEAU, subs. masc. v. DROIT DE SCEAU. v. GARDE DES SCEAUX. v. NOBLESSE.

SCELLÉ, subs. masc. v. ADJUDANT DE PLACE N° 5. v. APPOSITION DE SCELLÉS. v. CODE CIVIL. v. COLONEL EN CAMPAGNE. v. COMMISSAIRE DES GUERRES N° 6. v. DÉCÈS. v. EFFET DE DÉCÉDÉS A L'HOPITAL. v. ÉTAT CIVIL. v. HÉRITIER. v. LÉGISLATION, AN DEUX (11 VENTOSE). v. LEVÉE DE SCELLÉS. v. MAJOR DE PLACE N° 2.

SCHALLENSCHMIDT. v. NOMS PROPRES.

SCHABRAQUE, subs. fém. (B, 1), ou CHABRAQUE, suivant Landais, Roquefort (1835), et le Dictionnaire de l'Académie (1835), ou SABRAQUE comme le disait CARRÉ (1783, E). Mot très-moderne dans la LANGUE FRANÇAISE; il ne se trouvait ni dans le diction-naire de Richelet (1780), ni dans les avant-dernières éditions de l'ACADÉMIE. Il est d'origine HONGROISE, parce que les HUSSARDS ont les premiers fait usage des Schabraques. Celles des simples soldats consistaient en une peau de mouton jetée sur la SELLE HONGROISE; celles des OFFICIERS, en un grand tapis, ou HOUSSE de drap, étendu sur la SELLE ANGLAISE HONGROISE. Une partie de la CAVALERIE FRANÇAISE a ensuite adopté la Schabraque. — ROQUEFORT (1835) tirait le terme chabraque de chèvre, parce que, dit-il, c'est une peau de chèvre. Cette étymologie est extravagante. — Un ouvrage anonyme (1818, B) donnait la représentation complète des Schabraques en usage à cette époque. — La DÉCISION DE 1821 (10 AOUT) donnait une Schabraque aux OFFICIERS MONTÉS de l'INFANTERIE. La CIRCULAIRE DE 1822 (5 JUILLET) en déterminait les accessoires. M. LEGRAND (1837, A), LECOUTURIER (1825, A), et la DÉCISION DE 1831 (22 AOUT), le Dictionnaire de la Conversation, ont traité de la Schabraque.

SCHABRAQUE de CAVALERIE. v. CAVALERIE. v. CAVALERIE FRANÇAISE N° 2. v. HUSSARD N° 4. v. MILICE RUSSE N° 5. v. MILICE SYKE N° 5. v. MILICE WURTEMBERGEOISE N° 5.

SCHABRAQUE d'OFFICIER. v. OFFICIER. v. SCHABRAQUE.

SCHAPPEL; SCHAEFFER. v. NOMS PROPRES.

SCHAKO, subs. masc. v. ATTRIBUT DE S... v. BANDEAU DE S... v. BOUCLE DE S... v. BOURDALOU DE S... v. CALOTTE DE S... v. CARCASSE DE S... v. CHEVRON DE S... v. COIFFE DE S... v. CORDON DE S... v. CORPS DE S... v. COUVRE-S... v. CUIR DE S... v. DOUBLURE DE S... v. DURÉE DE S... v. FEUTRE DE S... v. FLAMME DE S... v. GALON DE S... v. MENTONNIÈRE DE S... v. PLAQUE DE S... v. QUEUE DE S... v. SOUFFLET DE S... v. VISIÈRE DE S...

SCHAKO (term. génér.), CHACO OU CHAKO suivant le dictionnaire de l'ACADÉMIE (édition 1835), ou SCHAKOZ, suivant LECOUTURIER, ou SHAKO, suivant le Dictionnaire de la Conversation. — Le mot Schako était mentionné, déjà, dans le RÈGLEMENT DE 1767 (25 AVRIL) comme signifiant COIFFURE cylindrique de FEUTRE et à FLAMME, ou bonnet de HUSSARD français. L'INSTRUCTION DE 1791 (1er AVRIL) maintenait l'usage de cette COIFFURE. — Le mot Schako ne se trouvait ni dans Richelet (édition de 1780), ni dans les anciennes éditions du dictionnaire de l'ACADÉMIE; aussi ignorait-on s'il devait ou non prendre un s final au pluriel, et s'il convenait d'y mettre un s initial au singulier et au pluriel, comme quelques-uns l'ont fait. LECOUTURIER (1825, A) est le premier lexicographe qui ait mentionné cette expression. — Le terme serait d'étymologie ALLEMANDE, si l'on en croit M. AILLOU (1828); mais sa désinence et sa construction n'ont rien du caractère de l'ALLEMAND; il est HONGROIS OU ESCLAVON. Il est analogue, par racine, ou par corruption, au POLONAIS SCZAPKA ; il désigne une COIFFURE militaire de forme GRECQUE, qui était une modification du TURBAN, un TURBAN toléré, parce que les incirconcis n'avaient pas le droit de porter le turban en étoffe. — M. WILKINSON nous montre une COIFFURE en forme de Schako, comme en usage dès la plus haute antiquité parmi certains alliés des ÉGYPTIENS. — Les peuplades AUTRICHIENNES de la frontière TURQUE en faisaient usage ; les RÉGIMENTS FRONTIÈRES et les RÉGIMENTS D'INFANTERIE HONGROISE le portaient ; le reste de l'INFANTERIE de la MILICE AUTRICHIENNE l'adopta à leur imitation, sous le ministère du maréchal de LASCY, vers 1762, comme moins coûteux et plus durable que le CHAPEAU. C'était le SCHAKO SIMPLE DE CUIR, antérieurement garni d'une PLAQUE de cuivre, attachée sur une espèce de RETROUSSIS plus élevé que la CALOTTE, et présentant un ATTRIBUT ; il n'avait pas de JUGULAIRES. Les FRANÇAIS appelaient CASQUETTE, ce SCHAKO AUTRICHIEN dont le CORPS était coupé carrément et peu élevé. Il n'était pas une imitation du SCHAKO A FLAMME, mais à peu près du BONNET POLONAIS ou du SCZAPKA que MAURICE DE SAXE (1757, A) avait fait figurer dans les gravures de ses Rêveries ; car elles donnèrent naissance à la révolution survenue, depuis le milieu du dernier siècle, dans le costume des TROUPES AUTRICHIENNES, quand LASCY était à la tête du CONSEIL AULIQUE. — L'INFANTERIE de la MILICE PRUSSIENNE imita la CASQUETTE impériale, et en donna l'idée et le goût aux ANGLAIS. — Le Schako n'avait pas de COCARDE ; les puritains en fait de costume eussent regardé comme une hérésie d'y en attacher une ; c'est en effet une des dépenses des plus inutiles de l'UNIFORME ; une COCARDE n'a d'à-propos que dans les dissensions civiles, ou quand des ARMÉES de nations diverses combattent de concert. — Le caprice français, le hasard de la mode, ont donné le Schako à la plus grande partie des TROUPES FRANÇAISES, sans qu'aucun de nos MINISTRES DE LA GUERRE ait constaté l'opportunité de cet EFFET DE COIFFURE. Le fait est advenu parce qu'on se piquait d'être à la hussarde; l'ARMÉE s'était tellement engouée de ce costume, précisément à cause de sa bizarrerie, que l'ARTILLERIE LÉGÈRE et que les CHASSEURS

A CHEVAL s'étaient harnachés en HUSSARDS, et que plusieurs GÉNÉRAUX, même d'artillerie, ne faisaient la guerre que sous le costume de HUSSARDS. — L'INFANTERIE FRANÇAISE DE BATAILLE a été accoutrée du Schako une des dernières ; c'est à son exemple que les MILICES NÉERLANDAISE, SAXONNE, RUSSE, WURTEMBERGEOISE s'en sont coiffées. — Ainsi la toque TARTARE, imposée à la vassalité ALBANAISE et ILLYRIENNE, adoptée par les HONGROIS, espèce de Turcs chrétiens, préconisée, illustrée par un novateur POLONAIS, est devenue la COIFFURE militaire du monde, et a presque totalement détrôné le TRICORNE, ou démembré son empire. Un de ces conquérants ne valait guère mieux que l'autre. — Il y aurait eu matière aux éloges d'un nouvel Erasme. — Le Schako français a été, dans l'origine, à FLAMME ; il a été dégarni ensuite de ce vestige de son ancienne QUEUE. On a vu des Schakos rouges, noirs, bleus; il y en a eu en cône tronqué, ou évasés à la partie supérieure, ou en cylindre élevé. Le Schako a été à COUVRE-NUQUE, ou sans cet accessoire ; il a été à MENTONNIÈRE, ou sans GOURMETTE ; il a été accompagné ou non d'un COUVRE-SCHAKO et d'un PORTE-POMPON ; il a été avec ou sans PLAQUE, à CORDON natté, ou à CORDON entourant le buste, ou à CHEVRON cousu la pointe en bas ; il y a eu des Schakos en cuir, en FEUTRE, en carton, en tissu de coton, en drap, en toile imperméable; il a été à CALOTTE plate ou concave, à VISIÈRE ou sans VISIÈRE, à COCARDE ou sans COCARDE, à BOURDALOU de CUIR ou à GALON de couleur, à POMPON ou à PLUMET, ou sur le devant ou sur la gauche. Jamais chiffon dont s'attiffe une coquette n'avait pu subir d'aussi puériles métamorphoses. — Une DÉCISION DE 1837 (31 JUILLET) arrêtait de nouvelles règles à l'égard des Schakos ; le ridicule, l'incomplet de la mesure était de ne pas étendre les mêmes dispositions à l'artillerie et à la cavalerie; elles ont eu en tout temps l'une et l'autre le pouvoir de ne pas faire ce que voudrait un ministère bien intentionné, elles ont horreur d'être assimilées par le costume à l'infanterie. — On a appelé POINTURE, le diamètre du Schako et son rapport proportionnel avec la grosseur de la tête de l'homme qui s'en sert. La POINTURE est aussi une sorte de calibre. On a appelé SOUFFLET la pièce de cuir sur laquelle portait la BOUCLE du bord inférieur du derrière du Schako. — Depuis 1827 le Schako commençait à s'introduire dans la MILICE TURQUE. — Une nouvelle forme de SALUT MILITAIRE a été la conséquence de l'usage du Schako. — Les imperfections qu'on peut reprocher à ce genre de COIFFURE sont articulés dans le *Spectateur militairee* (t. xv, p. 59). — Quelques éclaircissements touchant les Schakos se trouvent dans BARDIN (1818, B), M. BERRIAT (1817, A), CARRÉ (1785, E, p. 174), M. COURTIN (1823, E, au mot *Coiffure*), ENCYCLOPÉDIE (1785, C, t. I, p. 684), M. le général FRIRION (1822, E), LECOUTURIER (1825, A), ODIER (1824, E, t. VII, p. 108), SILVA (1775, F, p. 157), le *Journal de l'Armée* (t. v, p. 26), le *Spectateur militaire* (t. xv, p. 529), le *Dictionnaire de la Conversation*. — Le Schako va être distingué en SCHAKO A FLAMME, — D'HOMME DE TROUPE, — D'INFANTERIE.

SCHAKO A FLAMME (F). Sorte de SCHAKO qui a été à l'usage des HUSSARDS français depuis l'abolition du CHAPERON, et à l'usage des COMPAGNIES DE CARABINIERS D'INFANTERIE LÉGÈRE depuis 1794. Il était cylindrique et de onze à douze pouces de haut; ce qu'on appelait sa FLAMME, avait autrefois été une QUEUE prolongée et voltigeante, comme le montrent les gravures de Daniel (1721). A raison des inconvénients qu'elle occasionnait quand le vent la poussait dans la figure d'un camarade, on avait modifié la forme de manière à pouvoir la relever, l'assujetir; il en résultait en quelque sorte un Schako double, parce qu'il pouvait être un jour, d'une couleur, un jour d'une autre couleur, et tromper ainsi les yeux de l'ENNEMI. La FLAMME était devenue une longue bande de FEUTRE noir, doublée de serge, soit bleue de ciel, soit jaune, soit rouge; elle allait se rétrécissant, et finissant presque en pointe; elle était assujettie par sa partie la plus large au bas du Schako, dont elle entourait spiralement de bas en haut, soit de droite à gauche, soit de gauche à droite, la CARCASSE de cuir noir. — Pour l'HOMME DE TROUPE ce Schako coûtait dix-neuf francs. — Les Schakos à FLAMME étaient abandonnés, avant le consulat, pour le SCHAKO SIMPLE, c'est-à-dire sans FLAMME et d'une seule couleur.

SCHAKO D'ADJUDANT. V. ADJUDANT. V. ADJUDANT D'INFANTERIE FRANÇAISE DE LIGNE N° 7, 21.

SCHAKO D'ARTILLERIE. V. ARTILLERIE. V. ARTILLERIE IDIOPLIQUE. V. SCHAKO D'HOMME DE TROUPE.

SCHAKO DE CAVALERIE. V. CAVALERIE. V. CAVALERIE FRANÇAISE N° 5. V. CORPS A CHEVAL. V. SCHAKO D'HOMME DE TROUPE.

SCHAKO DE CHASSEURS A CHEVAL. V. CHASSEUR A CHEVAL. V. SCHAKO D'HOMME DE TROUPE.

SCHAKO DE COLONEL. V. COLONEL. V. COLONEL D'INFANTERIE FRANÇAISE DE LIGNE N° 5.

SCHAKO DE CUIR. V. CORPS DE SCHAKO. V. CUIR. V. SCHAKO. V. SCHAKO D'HOMME DE TROUPE.

SCHAKO DE FEUTRE. V. FEUTRE. V. SCHAKO. V. SCHAKO D'HOMME DE TROUPE.

SCHAKO DE HUSSARD. V. HUSSARD; id. N° 4. V. SCHAKO D'HOMME DE TROUPE.

SCHAKO DE GRENADIER. V. GRENADIER. V. GRENADIER D'INFANTERIE FRANÇAISE N° 4. V. SCHAKO D'HOMME DE TROUPE.

SCHAKO DE SOUS-OFFICIER. V. SOUS-OFFICIER; id. N° 5.

SCHAKO DE VOLTIGEURS. V. SCHAKO D'HOMME DE TROUPE. V. VOLTIGEUR.

SCHAKO D'HOMME DE TROUPE (B, 1). Sorte de SCHAKO particulièrement considéré par rapport à diverses ARMES de l'ARMÉE FRANÇAISE; nous allons en crayonner l'histoire, en la justifiant par l'énonciation des actes de la LÉGISLATION. Ce genre de COIFFURE a coûté tant d'encre perdue, il a nécessité tant de signatures mécaniques, qu'il y eût eu économie de temps et d'argent à créer en permanence une académie ou un ministère du Schako. — L'ARRÊTÉ DE L'AN CINQ (25 MESSIDOR) reconnaissait le SCHAKO A FLAMME comme devenu à l'usage des CHASSEURS A CHEVAL, qui, d'eux-mêmes, s'étaient costumés à la hussarde, et avaient abandonné le CASQUE DE CUIR surmonté d'une CHENILLE. — La DÉCISION DE L'AN DIX (4 BRUMAIRE) reconnaissait le Schako à toute la CAVALERIE LÉGÈRE et à l'INFANTERIE LÉGÈRE; ce n'était plus le SCHAKO A FLAMME, mais le SCHAKO SIMPLE, qui ne coûtait que huit à dix francs; il portait antérieurement la COCARDE, au lieu d'avoir un PLUMET à gauche; il était garni d'un morceau de peau ou de cuir appliqué contre le devant de la CARCASSE, et masqué par la PLAQUE; ce CUIR formait un COUSSET à POMPON. — Les ARRÊTÉS DE L'AN ONZE (17 et 28 FRIMAIRE) fixaient à huit ans la DURÉE DU SCHAKO DE CUIR. — La CIRCULAIRE DE 1806 (27 MARS) offrait le devis du SCHAKO DE FEUTRE à MENTONNIÈRES, surmontées d'une ROSACE; car ce SCHAKO DE CUIR, qui devait durer huit ans, n'en avait pas trois, que déjà il était remplacé par le SCHAKO DE FEUTRE, dont la DURÉE devait être de quatre ans. Rien de plus dérisoire que ce que la langue administrative a appelé durée légale. — La CIRCULAIRE DE 1809 (8 AOUT) fixait à dix francs le prix du Schako. — La CIRCULAIRE DE 1810 (9 NOVEMBRE) supprimait le CORDON natté des Schakos, y substituait les GALONS du pourtour, et déplorait les disparates que cette COIFFURE présentait dans les divers CORPS, malgré les nombreuses injonctions ministérielles. — La CIRCULAIRE DE 1811 (24 NOVEMbre) déterminait les prix des Schakos à couvre-nuque, ou sans couvre-nuque. — Une sage décision de 1815 (25 septembre) voulait que, pour toutes les armes, le Schako fût d'un même modèle; mais la coquetterie des colonels ne s'est pas longtemps accommodée de cette simplicité, et la décision était à peine rendue que ses intentions étaient méconnues. Le même document donnait une plaque désignative du numéro du corps, et un pompon à couleur désignative du bataillon et à chiffre désignatif du numéro de la compagnie. Il y avait là une pensée, on peut même dire une raisonnable révolution; mais la cavalerie n'a pas voulu se soumettre à ce principe; l'influence des officiers solliciteurs, qui bourdonnent sans relâche à l'entour des ministres, dispensa les hommes de cheval de ce mode de signalement parlant. Tout ce qui tend à rendre générales, concordantes, uniformes, les dispositions qui ont trait au costume des hommes, aussi bien qu'à celui des chevaux, a de tout temps été repoussé par les corps a cheval; toute assimilation étant, à leurs yeux, une contrariété, et, si on les en croit, une maladresse et une injustice. — La circulaire de 1820 (2 mai) adressait aux régiments de hussards des modèles de Schako, les uns couverts en drap, les autres en tissu de coton, pour être l'objet d'épreuves simultanées, et pour mettre le ministère à même d'arrêter un système. — La décision de 1821 (27 juin) caractérisait par un galon de pourtour rouge ou jonquille le schakó de grenadier et de voltigeur. — La décision de 1821 (24 juillet) voulait les Schakos en tissu de coton, sur une carcasse imperméable de carton; ce système était maintenu par les décisions de 1822 (22 septembre et 24 octobre); celle de 1823 (25 janvier) en fixait le prix et formulait le marché. — La circulaire de 1824 (10 janvier) abolissait ce genre de Schakos. — La décision de 1825 (10 mars) les voulait en cuir, recouverts en drap. — Une décision de 1828 (11 mars) voulait qu'ils fussent à carcasse de carton et recouverts en toile fortifiée au moyen d'un enduit imperméable. — Une décision de 1832 (18 août) disposait que le Schako d'artillerie a pied serait garni d'un cordon natté. C'était renouveler l'ornement dispendieux, inutile, embarrassant, que portait primitivement l'infanterie et, en dernier lieu, l'infanterie franco-suisse de la garde royale. — Mais l'artillerie aussi ne supporte qu'avec impatience tout ce qui ne la distingue pas de l'infanterie, et le crédit dont elle jouit, crédit mérité à tant d'égards par son savoir et ses services, fait que désirer et vouloir sont, pour elle, même chose.

— On pouvait introduire utilement dans la matière du Schako le poil de lapin, mais jamais de poil de bœuf, parce qu'il rend ce feutre soulevé et par conséquent spongieux. — Quand le Schako se confectionnait en feutre, il était de règle de ne composer celui des hommes de troupe que de laine vive, et non de pelades ou de laine morte. — On a agité la question de savoir s'il ne conviendrait pas que, dans les pays chauds, les Schakos fussent de feutre blanc. Des expériences ont été faites à cet égard par le docteur Percy; elles lui ont démontré que la chaleur qui résultait de l'emploi du noir, n'était pas de nature à produire d'effets nuisibles; mais il a reconnu que l'habitude contractée par quelques soldats, d'enfermer dans leur Schako du tabac à fumer, pouvait être mortelle dans les grandes chaleurs. — Le besoin d'un Schako léger a donné naissance au shéoy d'Afrique. La nécessité, la simplicité, le climat ont du moins cette fois été consultés. — Il paraît que le Schako comporte une des questions ardues de l'administration de l'armée française; car, depuis la restauration, on a vu, à cet égard, telle commission ministérielle délibérer pendant dix-huit mois. Après trente ans de tâtonnements, on flottait entre le casque de cuir, le Schako en pain de sucre, le Schako en entonnoir, et l'on n'était guère plus arrêté touchant les matières que les formes. — Dans la composition des colis, soixante Schakos formaient une balle.

SCHAKO d'infanterie (B, 4). Sorte de schako qui ne date que de la guerre de 1792. L'école de Mars prit la première cette coiffure, à l'instar de quelques compagnies franches qui, spontanément, s'en étaient accoutrées. Les compagnies de carabiniers de plusieurs demi-brigades d'infanterie légère le prirent d'elles-mêmes dès l'an trois à l'an cinq. Toute l'infanterie légère en fut coiffée en l'an six; c'était encore le Schako de feutre à flamme à la hussarde. — En 1804, le corps des grenadiers réunis à Arras recevait le Schako. Ce fut le signal de l'abolition de la chevelure poudrée et de la suppression du chapeau des troupes de ligne; cependant il fut un temps où les sergents étaient autorisés à porter en petite tenue le chapeau. — Le décret de 1806 (25 février) donnait le Schako à toute l'infanterie de l'armée, la garde exceptée, car la garde aussi avait en horreur toute assimilation avec la ligne. Ce Schako n'était plus à flamme, mais simple et à visière. — Suivant les temps, le Schako d'infanterie a été haut de huit pouces, ou de douze pouces. On en a élargi la calotte; on l'a creusée en forme de coupe, comme pour en faire un réservoir de pluie et de neige, et offrir plus de prise au TRANCHANT du SABRE de l'ENNEMI. — La NOTICE DE 1815 (5 DÉCEMBRE) distinguait par des GALONS à LÉZARDE de diverses largeurs les SCHAKOS D'OFFICIERS. — En 1817, la hauteur du Schako était de deux cent quinze millimètres, son poids était de huit cent soixante-dix à neuf cent trente grammes. — La CIRCULAIRE DE 1822 (4 MARS), rendue sous un des MINISTRES les plus dépensiers, attachait à tous les Schakos des HOMMES DE TROUPE de l'INFANTERIE, un inutile GALON de pourtour en laine de COULEUR DISTINCTIVE. — La CIRCULAIRE DE 1825 (1er MARS) annonçait l'adjudication d'une fourniture de Schakos de nouveau modèle. — La DÉCISION DE 1825 (27 AOUT) adressait un nouveau MODÈLE de Schakos à chaque CORPS. — Le MARCHÉ DE 1830 (31 DÉCEMBRE) en fixait le prix, et en désignait les parties sous le nom de BOURDALOU, CALOT, CARCASSE, COCARDE, COIFFE, COUVRE-NUQUE, GOUSSET, JUGULAIRE, PLAQUE, PORTE-PLAQUE, POMPON, TURBAN, VISIÈRE. Il devait être confectionné à raison de sept POINTURES progressives. Elles pouvaient être tant soit peu modifiées au moyen de la BOUCLE placée derrière le bas du Schako, sur la pièce de cuir mince nommée SOUFFLET. — La révolution de 1830 en changeait la COCARDE et la PLAQUE, et y faisait reparaître le TRICOLORE; la DÉCISION DU 11 SEPTEMBRE déterminait l'empreinte que cette PLAQUE devait recevoir, et y faisait figurer le COQ gaulois. — Un MARCHÉ ministériel de 'Schakos était conclu en 1835 (10 DÉCEMBRE). —Bientôt est intervenue cette lutte grotesque entre le CASQUE en cuir, à la romaine, le Schako large, le Schako pointu, ce qui, en 1836, donnait lieu à une si plaisante caricature, et occasionnait, en 1837, cette dissonnance choquante qui, dans les mêmes CORPS, y montrait en Schakos étroits les OFFICIERS et en Schakos larges les SOLDATS. — Par la DÉCISION DE 1837 (31 JUILLET), le Schako tronqué était adopté; il était plus léger de moitié que l'ancien, il était moins volumineux; il avait les JUGULAIRES plus étroites.

SCHAKO d'OFFICIER. V. CAPITAINE D'INFANTERIE FRANÇAISE DE LIGNE N° 6. V. CHIRURGIEN-MAJOR D'INFANTERIE FRANÇAISE DE LIGNE N° 4. V. COIFFURE D'ÉTAT-MAJOR. V. LIEUTENANT D'INFANTERIE FRANÇAISE DE LIGNE N° 3. V. OFFICIER D'INFANTERIE FRANÇAISE N° 2. V. SCHAKO D'INFANTERIE. V. SOUS-LIEUTENANT N° 3. V. TENUE.

SCHAKO SIMPLE. V. SCHAKO. V. SCHAKO A FLAMME. V. SCHAKO D'HOMME DE TROUPE. V. SCHAKO D'INFANTERIE. V. SIMPLE.

SCHAKOZ, subs. masc. v. SCHAKO.

SCHALIERUS; **SCHALLER**; **SCHARNHORST**; **SCHAUENBURG**; **SCHEEL**; **SCHEER**; **SCHEFFER**; **SCHEIBEL**; **SCHEIDMANTEL**; **SCHEITER**; **SCHELS**; **SCHELVOCK**; **SCHEPELER**; **SCHERER**; **SCHERTEL**; **SCHIARA**; **SCHIENERT**; **SCHILDKNECHT**; **SCHILLE**; **SCHILLER**; **SCHINDLER**. V. NOMS PROPRES.

SCHLAGUE, subs. fém. (F). Mot emprunté à la LANGUE ALLEMANDE, et composé par corruption du substantif masculin *schlag*, signifiant BASTONNADE. La Schlague ALLEMANDE rappelait une PUNITION de la MILICE ROMAINE. Ce genre de FUSTIGATION se retrouvait dans les MILICES AUTRICHIENNE et ESPAGNOLE, et dans l'ancienne DISCIPLINE de l'ARMÉE FRANÇAISE. POTIER (1779, X, au mot *Châtiment*) témoigne que, dans la GUERRE DE SEPT ANS, le mot SCHLAGUEUR (*schlager*) était devenu français, parce qu'il avait été organisé une COMPAGNIE de CAPORAUX SCHLAGUEURS, préposés à la distribution des COUPS DE BATON encourus par les MARAUDEURS ou les DÉSERTEURS de l'ARMÉE DE FRANCE.

SCHLAGUEUR, adj. et subs. masc. v. COMPAGNIE DE S... V. SCHLAGUE. V. CAPORAL S...

SCHLEUTER; **SCHLIEBEN**; **SCHLIECHER**; **SCHLIMMBACH**; **SCHMELING**; **SCHMETTAU**; **SCHMIDLAP**; **SCHMIDT**; **SCHMIEL**; **SCHMITSON**; **SCHMUCKER**. V. NOMS PROPRES.

SCHNAPAN, subs. masc. v. CHENAPAN.

SCHNEIDAWIND; **SCHNEIDER**; **SCHNEIDEWIND**; **SCHNELLER**; **SCHODZKO**; **SCHOELL**; **SCHOELLER**; **SCHOEPFLIN**; **SCHOLTEN**; **SCHOMBERG**; **SCHORN**; **SCHORNDORF**; **SCHOTEN**; **SCHOTT**; **SCHRADER**; **SCHRAMM**. V. NOMS PROPRES.

SCHRAPNELL, subs. masc. (G, 2), ou SHRAPNELL. Mot tout ANGLAIS, synonyme de *spherical case shot*, et qui sert à désigner, comme on le voit dans le général Fox et dans le traité de M. BONAPARTE, Napoléon-Louis (1836), un PROJECTILE inventé par le colonel anglais Shrapnell. Il en a fait le premier essai, mais avec peu de succès, à la bataille de Toulouse. C'est un BOULET CREUX à moitié massif, à moitié vidé. Son creux est à parois minces, mais d'un métal ténace; son ARTIFICE s'entremêle de BALLES DE FUSIL. Ainsi il y a, à la fois, l'effet que produit la rupture du GLOBE, et celui de la projection des BALLES. On a rendu plus puissante l'action de ce TIR, en activant l'inflammation de la FUSÉE, de manière que la partie creuse éclatât, mais vers le milieu de son trajet, alors que la partie pleine poursuit sa course. — Les ANGLAIS avaient fait d'abord un secret de ce genre de PROJECTILE; l'ARTILLERIE française ne le considérait que comme une invention peu importante. — *Le canon à obus de Shrapnell,* dit le général FOY, *est plus facile à manœuvrer que l'obusier.* — Dès l'année 1826, des expériences furent faites en FRANCE, comme le témoigne le *Spectateur militaire.* — En 1834, le *Journal militaire hanovrien* entra en quelques détails sur les Schrapnells, ce qui lui valut des reproches de la part du journal anglais *United-Service,* qui ignorait les essais de l'ÉCOLE D'APPLICATION en 1826, et qui déplorait la divulgation de cette prétendue découverte. — Il est question de Schrapnells dans le *Journal de l'Armée* (t. II, p. 211), dans le *Spectateur militaire* (t. XVII, p. 601), dans le traité de M. BONAPARTE (Napoléon-Louis).

SCHREIBER ; SCHRENKEN ; SCHROETER; SCHROKA; SCHUEBLER ; SCHUH ; SCHULENBURG ; SCHULTZ ; SCHUMACHER. V. NOMS PROPRES.

SCHUTTERY, subs. fém. (F), ou SHUTTERY. Mot HOLLANDAIS francisé, qui vient du verbe ALLEMAND *schuetzen,* tirer de l'arc. C'était le nom jadis donné aux ARCHERS ou à l'ARQUEBUSERIE, et qu'on donne par routine aux GARDES COMMUNALES et à la LANDWEHR de la MILICE HOLLANDAISE. Cette Schuttery se partage en trois BANS.

SCHWACH ; SCHWARTZENBERG; SCHWARZBOURG; SCHWEBEL ; SCHWENDE ; SCHWERIN ; SCHWETZ. V. NOMS PROPRES.

SCIAMACHIE, subs. fém. (F), ou SCAMACHIE suivant l'ENCYCLOPÉDIE (1751, C), ou SCIOMACHIE suivant JABLO (1777, G) et RABELAIS, ou SKIOMACHIE suivant l'*Encyclopédie des Gens du monde* (au mot *Exercice*). Le mot Sciamachie, que mentionne MORIN, dérive du grec *skia,* ombre, et *machè,* combat; les LATINS en donnent la même idée par *umbratilis, umbratica pugna.* Ces locutions exprimaient une partie de la GYMNASTIQUE médicale des GRECS et un EXERCICE militaire de la MILICE ROMAINE. C'était, suivant Oribaze, une sorte de lutte contre une ombre, ou contre un poteau, une agitation violente, mais étudiée, des bras et des jambes. Cette étude de la TACTIQUE s'appelait aussi en LATIN, ventilation, ou lutte avec le vent. — On a ensuite appelé Sciamachie

un COMBAT simulé, les jeux troyens, les passe-temps équestres, les FACTIONS du CIRQUE, les FOULES des CARROUSELS. — RABELAIS (édit. d'Esmangard, t. VIII) appelle SCIOMACHIE une PETITE GUERRE, une représentation de SIÉGE et d'ASSAUT. — La MILICE ANGLAISE, dans son exercice des MASSUES, a en partie renouvelé les études élémentaires de la MILICE GRECQUE.

SCIATIQUE, subs. fém. V. CAS DE RÉFORME. V. INFIRMITÉ.

SCIE, subs. fém. V. A SCIE. V. DENT DE SCIE.

SCIE de CAMPAGNE. V. CAMPAGNE. V. CHARGE DE SOLDAT. V. LÉGION ROMAINE N° 4.

SCIE de CHIRURGIEN. V. CHIRURGIEN. V. CHIRURGIEN DE CORPS.

SCIE de CORPS DE GARDE. V. CORPS DE GARDE DE GARNISON. V. EFFET DE CORPS DE GARDE.

SCIE de SABRE. V. ARME DE SAPEUR D'INFANTERIE. V. DOS DE LAME DE SABRE. V. SABRE.

SCIE de SAPEUR. V. SAPEUR.

SCIE FORTIFICATOIRE. V. CRÉMAILLÈRE DE FORTIFICATION. V. FORTIFICATION DE CAMPAGNE. V. FORTIFICATOIRE. V. OUVRAGE DE FORTIFICATION.

SCIE TACTIQUE (F). Le mot Scie tire son origine de l'ITALIEN *saga,* provenu lui-même de l'ALLEMAND *sage,* qu'on prononçait à peu près *saigué.* — La Scie était une MANOEUVRE en usage dans la MILICE ROMAINE; on l'appelait Scie, plutôt par allusion aux effets de ce mode qu'à raison de la configuration de la LIGNE, parce que cette configuration n'était que momentanée. — La Scie, ou l'ÉVOLUTION de la Scie, était la simultanéité de MOUVEMENTS concertés que, sur des points équidistants, des SUBDIVISIONS d'une LÉGION ROMAINE exécutaient à un signal donné, en s'avançant des intervalles de la LIGNE DE BATAILLE, et tombant à l'improviste sur l'ENNEMI; elles FAISAIENT POINTE comme autant de COLONNES D'ATTAQUE. Chacune de ces DENTS DE SCIE se retirait promptement dans le CORPS DE BATAILLE, si elle éprouvait une trop vive résistance. De là était provenu le proverbe LATIN *serrâ prœliari,* ou combattre avec une alternative de succès et de désavantages. — Depuis la renaissance de l'INFANTERIE, on a appelé Scie tactique ce qu'ÉLIEN (70, A) appelait PHALANGE IMPLEXE; c'était un ORDRE BRISÉ, non momentanément, mais constitutivement. C'était une suite de RENTRANTS et de SAILLANTS qui, en faisant onduler la LIGNE DE BATAILLE, la hérissait de parties aiguës comme des POINTES de bastion, et facilitait ainsi une exécution de FEUX OBLIQUES et de FEUX CROISÉS; c'était un

ORDRE DE BATAILLE d'un mécanisme compliqué et inexécutable devant l'ENNEMI. — Nous connaissons cependant un général, pair de France, qui, en 1802, croyait avoir inventé quelque chose en proposant précisément cet inexécutable système.

SCIENCE, subs. fém. V. APPLICATION DES ARTS ET DES S... V. ART.

SCIENCE ADMINISTRATIVE. V. ADMINISTRATIF, adj. V. ADMINISTRATION D'ARMÉE. V. ADMINISTRATION MILITAIRE. V. LEVÉE. V. MILICE ANGLAISE N° 7.

SCIENCE d'ARMES. V. AGRIPPA. V. ARMES.

SCIENCE de la FORTIFICATION. V. FORTIFICATION. V. MILICE GRECQUE N° 2.

SCIENCE de la GUERRE. V. ALTONI. V. ART MILITAIRE. V. BUBILAN. V. DECKER (1824). V. DESPAGNAC (1751, D). V. FLEMMING (1726, B). V. FURTTENBACH. V. GUERRE. V. GUERRE DE 1733. V. GUERRE EN RASE CAMPAGNE. V. MEINERT. V. MULLER (John). V. NOCKHERN. V. PRADES. V. PSILITE. V. ROBILANT (1744, B). V. SCHMITSON. V. VALENTINI.

SCIENCE de l'ARTILLERIE. V. ARTILLERIE. V. ARTILLERIE STRATOPÉDIQUE. V. DECKER. V. PROJECTILE.

SCIENCE de l'INFANTERIE. V. INFANTERIE. V. MINISTÈRE DE LA GUERRE.

SCIENCE de l'INGÉNIEUR. V. BELAIR (1787). V. BÉLIDOR. V. DÉFILEMENT. V. GÉNIE STRATOPÉDIQUE. V. INGÉNIEUR.

SCIENCE des ARMES. V. ACADÉMIE MILITAIRE. V. AGRIPPA. V. ARME DE MAIN. V. ARMÉE D'ENVAHISSEMENT. V. ARMES. V. ART. V. ART DE LA GUERRE. V. ART MILITAIRE. V. ART MILITAIRE DE TERRE. V. AUTEURS MILITAIRES. V. CABINET D'ARMES. V. CHEVALERIE D'AFFILIATION N° 4. V. COMMISSION D'EXAMEN. V. CROISADE. V. DÉMIAN. V. DISCIPLINE. V. FORTIFICATION. V. GÉNÉRAL D'ARMÉE N° 9. V. GUERRE DÉFENSIVE. V. LANGUE. V. LANGUE FRANÇAISE. V. LANGUE GRECQUE. V. LÉGION DÉPARTEMENTALE. V. LÉGION FRANÇAISE. V. MACHINE. V. MILICE BYSANTINE. V. MILICE ÉGYPTIENNE N° 1. V. MILICE FRANÇAISE N° 5. V. MILICE GRECQUE N° 2, 5, 6, 7. V. MILICE VÉNITIENNE. V. MINE. V. MINISTÈRE DE LA GUERRE. V. MINISTRE DE LA GUERRE; id. N° 14; id. EN 1807 (9 AOUT). V. NICKI. V. OFFICIER N° 4. V. OFFICIER DU GÉNIE N° 4. V. ORDONNANCE D'EXERCICE D'INFANTERIE. V. POLIORCÉTIQUE. V. POUDRE A FEU. V. SCHARNHORST (1793, D). V. SERF. V. SIÉGE. V. SIMES (1780, D). V. SORTIE D'ASSIÉGÉS. V. STRATAGÈME. V. STRATÉGIE. V. TACTIQUE, subs.

SCIENCE des MARCHES. V. GÉNIE STRATOPÉDIQUE. V. MARCHE. V. MARCHE D'ARMÉE. V. OFFICIER D'ÉTAT-MAJOR GÉNÉRAL.

SCIENCE du GÉNÉRAL. V. ARÉOTECHTONIQUE. V. COMMANDEMENT D'ARMÉE. V. ÉCOLE TACTIQUE. V. GÉNÉRAL. V. GÉNÉRAL D'ARMÉE N° 7. V. GÉNÉRAL FRANÇAIS N° 6. V. POLIORCÉTIQUE. V. STRATÉGIE.

SCIENCE MILITAIRE. V. ADMINISTRATION MILITAIRE. V. ARMÉE FRANÇAISE N° 7. V. ART MILITAIRE. V. ART MILITAIRE DE TERRE. V. AUTEURS MILITAIRES. V. BACHOVEN. V. BARDET (1740, A). V. BARDIN (1819, A). V. BIEBERSTEIN (1817). V. BLANCH (L.-M.). V. CARCASSE. V. CHEVIGNY. V. CYLLENIUS. V. DAGOBERT (1790, B). V. DEMBARRÈRE. V. DIEBITSCH. V. ECKER. V. ERSCH. V. ESTIMONVILLE. V. ÉVOLUTION. V. FAUSTINUS. V. FONTENILLES (1790, B). V. FRIDERTEL. V. GALILÉE. V. GÉNIE. V. GÉOLOGIE. V. GIRARD (1644). V. HISTORIQUE MILITAIRE. V. HOLLEBEN. V. HOYER (1829). V. HUMBERT (1810). V. IMBERT. V. JAMES (1810, C). V. KOCH. V. KRUG (D.-J.). V. LANGUE LATINE. V. MANŒUVRE. V. MAUVILLON (1785, V). V. MILICE ANGLAISE N° 7. V. MILICE GRECQUE N° 6. V. MILICE SAXONNE. V. MILITAIRE, adj. V. MINISTÈRE DE LA GUERRE N° 5. V. MUELLER (G.-L.). V. MULLER (John). V. OFFICIER D'ÉTAT-MAJOR GÉNÉRAL. V. PENSION DE RETRAITE. V. PHALANGE GRECQUE. V. PIERRE PROJECTILE. V. PLAN DE CAMPAGNE. V. PUYSÉGUR (1773, Q). V. RICHARDSON. V. ROSENTHAL. V. SCALFATI. V. SCHELS (1829). V. SCHERTEL (1778). V. SENTINELLE. V. SILVA (1778, F). V. SISNEROS. V. STRANZ (1825, G). V. STRATOPÉDIE. V. STREIT. V. SZEKER. V. TASSO. V. UPTON. V. VENTURINI. V. WALHAUSEN (1616, A). V. ZIEBEN. V. ZIGESAR.

SCIENCES MATHÉMATIQUES. V. MATHÉMATIQUE, adj. V. MILICE BYSANTINE. V. OFFICIER D'ARTILLERIE N° 6.

SCIENTIFIQUE, adj. V. ARTILLERIE S...

SCIOMACHIE, subs. fém. V. SCIAMACHIE. V. SIÉGE.

SCIOPE, subs. masc. V. COUP DE FUSIL. V. ESCOPETTE.

SCIPION. V. NOMS PROPRES.

SCIPION, subs. masc. (F). Mot tout LATIN, comme le témoigne TITE LIVE, ou VIGNE, comme l'appellent quelques écrivains. Il est maintes fois mentionné dans JABRO (1777, G), comme signifiant techniquement CEP DE VIGNE, instrument de punition ou de supplice qui était en usage dans la MILICE ROMAINE. C'était un pied de VIGNE dont plusieurs brins avaient provigné; on réservait le rameau principal; on en tressait autour de lui les rameaux latéraux, à peu près comme certains fouets grossiers ou certains fouets à fléau qu'on appelle des perpignans. — Le Scipion était en quelque sorte l'ARME des CENTURIONS OU TRIBUNS. Nous disons l'ARME, car cette CANNE avait à peu près la forme d'une épée, et une poignée présentant deux ouvertures ou lunettes à travers lesquelles pouvaient passer le pouce et l'index. — Au-dessous de la poignée, une espèce de coquille présentait en bas-relief le mot *lex*. — Le CEP DE VIGNE, qui se portait ou à la main ou en BAUDRIER, servait à punir de la BASTONNADE les SOLDATS fautifs. — Celui qui l'eût arraché ou brisé encourait la peine de mort. — L'expression *sub vite præliari* signifiait servir ou être SOLDAT, ou, plus précisément, combattre sous la menace du bâton.

SCIRITES, subs. fém. plur. (F). TROUPES SPARTIATES A CHEVAL qui s'appelaient ainsi du nom d'un pays que LACÉDÉMONE avait possédé, et qui fournissait les CAVALIERS de sa MILICE. — On désigna ensuite sous ce nom un CORPS PRIVILÉGIÉ qui, suivant XÉNOPHON (370 ans avant J.-C.), formait le sixième MORA. Cette CAVALERIE, comme le témoigne M. le colonel CARRION (1824, A), se composait de MERCENAIRES et d'étrangers. Elle formait la GARDE du STRATÉGE.

SCIRURGIEN, subs. masc. v. CHIRURGIEN.

SCLOPPETARIE, subs. fém. v. CARABINE. V. ESCOPETTERIE.

SCOPETIN, subs. masc. v. ESCOPETIER.

SCOPETTE, subs. fém. v. ESCOPETTE.

SCORPION, subs. masc. v. ÉTOILE DE SCORPION.

SCORPION (term. génér.), OU ESCORPION suivant ROQUEFORT. Mot dérivé du LATIN *scorpio, scorpius*, par allusion à l'animal du même nom. Il a désigné une MACHINE ou un INSTRUMENT DE GUERRE, une ARME CONTONDANTE OU NÉVROBALISTIQUE, une MANOEUVRE D'INFANTERIE. Il doit être distingué en SCORPION A MAIN, — NÉVROBALISTIQUE, — PROJECTILE.

SCORPION A MAIN (F). Sorte de SCORPION qu'on a nommé aussi FLÉAU D'ARMES et MASSE D'ARMES ; ses PIQUERONS s'appelèrent ÉTOILES. De là vient que les ALLEMANDS donnaient à cette ARME le sobriquet de *morgenstern*, ou étoile du matin. — CARRÉ (1783, E) donne une image des Scorpions.

SCORPION D'ARTILLERIE. V. ARTILLERIE. V. BOMBARDE. V. CANON D'ARTILLERIE.

SCORPION NÉVROBALISTIQUE (F). Sorte de SCORPION dont PLINE attribue l'invention aux CRÉTOIS. C'était une MACHINE analogue à l'ONAGRE antique, OU RIBAUDEQUIN DU MOYEN AGE, à l'ARBALÈTE DE PASSE des derniers siècles ; il y en avait qui lançaient des FALA-

RIQUES. — CÉSAR (50 ans avant J.-C.) paraît prendre dans le même sens Scorpion et BALISTE. HIRTIUS parle des Scorpions de CÉSAR, et dit : *Scorpionum catapultarum magnam vim habebat.* Des traducteurs ont prétendu que César laisse douter s'il voulait parler ou de l'ARME lançante ou de son PROJECTILE ; voilà ainsi une triple incertitude. — SÉNÈQUE semble dire que le Scorpion jouait comme la BALISTE : *Balistæ quoque et Scorpiones tela, cum sono expellunt.* Ce qui veut dire : ou bien les BALISTES et les Scorpions tirent bruyamment ; ou bien les BALISTES poussent avec détonnation le TRAIT nommé Scorpion. — Cette dernière version semble inexacte ; car VITRUVE affirme que les Scorpions lançaient des traits. TITE LIVE (liv. XXVI, n° 54) rapporte que s'il ajoute foi au récit d'un auteur grec nommé Silénus, il fut pris au siége de CARTHAGE soixante Scorpions, tant gros que petits ; mais que, si l'on en croit Valérius Antias, il y fut pris six mille grands Scorpions et treize mille petits. — Ne pourrait-on pas supposer qu'il est question, dans le premier cas, de l'ARME lançante, dans le second, de l'ARME lancée. — VÉGÈCE (590, A) dit que les MANUBALISTES OU CARROBALISTES en usage de son temps, étaient l'ancien Scorpion et lançaient des TRAITS. D'après cette autorité, M. le colonel CARRION fait synonymes Scorpion et PETITE BALISTE ; mais c'est une erreur. — AMMIAN MARCELLIN (380, A), contemporain de VÉGÈCE, affirme, au contraire, que le Scorpion était une MACHINE de grand échantillon, lançant de grosses PIERRES en même temps qu'un TRAIT. — Si HIRTIUS dépeint comme CATAPULTES les Scorpions, FOLARD et l'ENCYCLOPÉDIE (1785, C) prétendent que c'étaient des BALISTES. — Sur ces difficultés et ces questions, on peut consulter : AMMIAN, M. le colonel CARRION, César (51 av. J.-C.), l'ENCYCLOPÉDIE (1751, C ; 1785, C), FOLARD (1727, A), FURETIÈRE, HIRTIUS, JUSTE LIPSE, LACHESNAIE (1758, I), MAIZEROY (1771, A), MONCHABLON, PLINE, ROQUEFORT, SÉNÈQUE, TITE LIVE, VÉGÈCE (590, A), VITRUVE.

SCORPION PROJECTILE (F). Sorte de SCORPION qui, suivant GANEAU, consistait en des TRAITS ou des MATRAS que lançaient des ARMES NÉVROBALISTIQUES. — ISIDORE appelle, au contraire, Scorpions, des FLÈCHES EMPOISONNÉES : *Scorpio est sagitta venenata, arcu, vel tormentis excussa.*

SCORPION TACTIQUE. V. INFANTERIE N° 8. V. TACTIQUE, adj.

SCORZA ; **SCOT** ; **SCOTT**. V. NOMS PROPRES.

SCOUS, subs. masc. V. SENTINELLE.

SCRAMATAXE, subs. masc. V. ESCRIME.

SCRIBONE, subs. masc. V. MILICE BY-SANTINE.

SCRIVER. V. NOMS PROPRES.

SCROPHULE, subs. masc. V. CAS DE RÉFORME. V. INFIRMITÉ.

SCUTAGE, subs. masc. V. ÉCU.

SCUTATE, subs. masc. V. BOUCLIER.

SCUTIFÈRE, subs. masc. V. BOUCLIER. V. DARDEUR. V. ÉCUYER. V. MILICE BYSANTINE.

SCYTALE, subs. masc. V. SKYTALE.

SCYTHE. V. NOMS PROPRES.

SCYTHIQUE. V. ORDRE S...

SCZAPKA, subs. fém. (B, 1), ou TZCAPZKA, qu'on prononce CHAPCA. Mot POLO-NAIS exprimant un SCHAKO à cylindre étrangé, à CALOTTE en tablette carrée, à entourage en drap plissé, dont la couleur a varié. Cette COIFFURE bizarre, incommode, outrée par la mode française et adoptée par les LANCIERS, ne ressemble presque plus à l'ancien bonnet de la MILICE POLONAISE, qu'il est censé rappeler.

SE, pronom personnel, caractéristique des verbes réciproques. V. BATTRE.

SE COUVRIR. V. COUVRIR.

SE DÉBANDER. V. BANDE AGRÉGATIVE. V. DÉBANDER.

SE DÉFILER. V. CROCHET DE RETOUR. V. DÉ-FILEMENT D'OUVRAGES. V. DÉFILER.

SE DÉGARNIR. V. FEU DE DEUX RANGS. V. DÉGARNIR.

SE DONNER des FLANCS. V. DONNER. V. FLANC. V. FLANC TACTIQUE.

SE FAIRE JOUR. V. CHARGE IMPULSIVE. V. DÉFENSIVE. V. FAIRE JOUR.

SE FORMER EN MASSE. V. EN MASSE. V. FOR-MER EN MASSE. V. MASSE TACTIQUE.

SE FORMER FACE EN ARRIÈRE EN BATAILLE. V. FACE EN ARRIÈRE EN BATAILLE. V. FORMER, etc., etc.

SE GENDARMER. V. GENDARMER. V. LANGUE FRANÇAISE.

SE METTRE EN BATAILLE. V. EN BATAILLE. V. DÉFILER. V. LANGUE FRANÇAISE. V. METTRE EN BATAILLE. V. ORDRE DE BATAILLE.

SE METTRE EN CAMPAGNE. V. EN CAMPAGNE. V. PARTI DE GUERRE.

SE METTRE EN EMBUSCADE. V. EMBUSCADE. V. EN EMBUSCADE.

SE METTRE EN GARDE. V. EN GARDE. V. GARDE D'ESCRIME. V. METTRE EN GARDE.

SE POURVOIR D'OFFICE. V. COMMISSAIRE DU ROI. V. OFFICE. V. POURVOIR.

SE RENDRE. V. ARMES ET BAGAGES. V. CAPI-TULATION DE GUERRE. V. PRISONNIER DE GUERRE. V. RENDRE.

SE RENDRE A DISCRÉTION. V. A DISCRÉTION. V. CAPITULATION DE GUERRE. V. PRISONNIER DE GUERRE.

SE RENDRE MAITRE. V. ABORD. V. MAITRE.

SE REPLIER. V. LANGUE FRANÇAISE. V. PLIER. V. REPLIER.

SE REPOSER SUR LES ARMES. V. REPOSER. V. REPOSEZ-VOUS. V. SUR LES ARMES.

SE RETRANCHER. V. LANGUE FRANÇAISE. V. RETRANCHEMENT. V. RETRANCHER.

SE TENIR EN GARDE. V. EN GARDE. V. LANGUE FRANÇAISE. V. TENIR EN GARDE.

SE TENIR SUR LA DÉFENSIVE. V. DÉFENSIVE. V. SUR LA DÉFENSIVE. V. TENIR SUR LA DÉFEN-SIVE.

SE TENIR SUR SES GARDES. V. GARDE D'ES-CRIME. V. SUR SES GARDES. V. TENIR SUR SES GARDES.

SÉA. V. NOMS PROPRES.

SÉANCE (subs. fém.) de COMMISSION. V. COMMISSION D'EXAMEN.

SÉANCE de CONSEIL D'ADMINISTRATION. V. ASSEMBLÉE DE CONSEIL. V. CHANGEMENT DE CO-LONEL. V. CHEF DE BATAILLON D'INFANTERIE FRANÇAISE DE LIGNE N° 12. V. CONSEIL D'ADMI-NISTRATION N° 2, 5. V. INTENDANT MILITAIRE N° 5. V. MAJOR CHEF DE BATAILLON N° 11. V. MAJOR LIEUTENANT-COLONEL N° 5. V. MEMBRE DE CONSEIL D'ADMINISTRATION. V. ORDRE DE CORPS. V. PROCÈS-VERBAL. V. PROCÈS-VERBAL DE SÉANCE. V. REGISTRE DE CAISSE. V. REGISTRE DE DÉLIBÉRATIONS. V. REGISTRE-JOURNAL. V. REVUE D'INSPECTEUR GÉNÉRAL.

SÉANCE de CONSEIL DE DÉFENSE. V. ADJU-DANT DE PLACE N° 4. V. CONSEIL DE DÉFENSE.

SÉANCE de CONSEIL DE DISCIPLINE. V. CON-SEIL DE DISCIPLINE.

SÉANCE de CONSEIL DE GUERRE. V. ACCUSÉ. V. ACTE D'ACCUSATION. V. APPARTEMENTS DE TRIBUNAUX. V. COMMANDANT DE PLACE N° 10. V. CONSEIL DE GUERRE. V. CONSEIL PERMANENT N° 2. V. JUGE MILITAIRE. V. JUGEMENT MILI-TAIRE. V. MESSE MILITAIRE. V. RÉVISION JUDI-CIAIRE.

SÉANCE de CONSEIL JUDICIAIRE. V. COM-MANDANT DE PLACE N° 10. V. CONSEIL JUDI-CIAIRE.

SÉANCE de CONSEIL SPÉCIAL. V. CONSEIL SPÉCIAL.

SÉANCE de COUR MARTIALE. V. COUR MAR-TIALE.

SÉBASTIANI. V. NOMS PROPRES.

SEC (sèche), adj. v. FOSSÉ s... v. LÉGUME s... v. MONTRE s... v. PIQUE s...

SÉCHAL, subs. masc. v. SÉNÉCHAL.

SECOND, subs. masc. v. EN SECOND.

SECOND (seconde), adj. et subs. (term. génér.). Le mot Second, dérivé d'un adjectif LATIN, diffère de sa racine en ce qu'il s'emploie aussi comme substantif. En ce sens, il en sera mention comme SECOND DE DUEL et comme SECONDE, terme d'escrime; il en sera mention sous l'autre forme dans ces locutions : SECONDE LIGNE et SECONDE PARALLÈLE.

SECOND ADJUDANT. V. ADJUDANT. V. ADJUDANT D'INFANTERIE FRANÇAISE DE LIGNE Nº 8. V. ADJUDANT-MAJOR DE SEMAINE.

SECOND BAN. V. BAN. V. LANDWEHR. V. MILICE NÉERLANDAISE Nº 1. V. MILICE PRUSSIENNE Nº 2, 3. V. MILICE SUISSE Nº 2.

SECOND BATAILLON. V. BATAILLON. V. BATAILLON DE GUERRE. V. BATAILLON D'INFANTERIE FRANÇAISE DE LIGNE Nº 2, 7, 8. V. BATAILLON GARDE-DRAPEAU. V. CAPITAINE D'INFANTERIE FRANÇAISE DE LIGNE Nº 7. V. CHEF DE BATAILLON D'INFANTERIE FRANÇAISE DE LIGNE Nº 1, 5. V. CHEF DE BATAILLON EN CANTONNEMENT. V. CHEF DE SECOND BATAILLON. V. CHIRURGIEN-MAJOR D'INFANTERIE FRANÇAISE DE LIGNE Nº 5. V. COLONEL D'INFANTERIE FRANÇAISE DE LIGNE Nº 6. V. COMPAGNIE DE GRENADIERS Nº 1. V. COMPAGNIE D'INFANTERIE FRANÇAISE DE LIGNE Nº 2 (tableau). V. COMPAGNIE LIEUTENANTE-COLONELLE. V. CRAMOISI. V. DRAPEAU DE SECOND BATAILLON. V. DRAPEAU D'INFANTERIE FRANÇAISE DE LIGNE. V. LIEUTENANT-COLONEL D'INFANTERIE FRANÇAISE DE LIGNE Nº 3. V. ORDONNANCE D'EXERCICE D'INFANTERIE. V. PELOTON D'INFANTERIE. V. RÉGIMENT D'INFANTERIE FRANÇAISE Nº 2 (tableau).

SECOND BUT EN BLANC. V. BUT EN BLANC.

SECOND CAPITAINE. V. CAPITAINE. V. CAPITAINE D'INFANTERIE FRANÇAISE DE LIGNE Nº 7. V. COMPAGNIE D'INFANTERIE FRANÇAISE DE LIGNE Nº 9.

SECOND (subs.) CÉLEUSTIQUE. V. ASSEMBLÉE CÉLEUSTIQUE. V. AUX DRAPEAUX. V. BATTERIE DE CAISSE. V. PREMIER CÉLEUSTIQUE.

SECOND CHEF DE BATAILLON. V. CHEF DE BATAILLON D'INFANTERIE FRANÇAISE DE LIGNE Nº 12. V. FACTIONNAIRE.

SECOND CHEF DE SUBDIVISION. V. CHEF DE SUBDIVISION ADMINISTRATIVE.

SECOND CONSEIL. V. AFFAIRE JUDICIAIRE. V. ANNULATION. V. CONSEIL. V. CONSEIL PERMANENT Nº 2.

SECOND (seconds) (subs.) de DUEL (F). BRETAILLEURS qui, dans l'avant-dernier siècle, exposaient leur vie par amitié, par vanité, par partie de plaisir. Suivant une mode insensée, ils épousaient une querelle qui n'était pas la leur, qu'ils ne se souciaient même pas de se faire expliquer, et pour laquelle ils se montraient prêts à donner ou à recevoir la mort; c'était une réminiscence des anciens PAS D'ARMES, quand ce PAS était pris au sérieux. — Dans les COMBATS A LA MAZZA, dans les cas d'ARMES A OUTRANCE, tels Seconds restant vainqueurs CROISAIENT successivement le FER avec les vainqueurs du parti opposé. — Les lois, jusqu'ici impuissantes contre le DUEL, étaient parvenues à déraciner l'usage des Seconds, en intéressant l'amour-propre des DUELLISTES et en déclarant lâches ceux qui avaient recours à des Seconds. — L'ÉDIT DE 1679 (1er SEPTEMBRE) produisit cet effet par son article quinze, qui portait : *S'il s'en trouvait (des sujets) assez téméraires pour contrevenir à nos volontés, en engageant dans leurs querelles des Seconds, des tiers ou autre plus grand nombre, ce qui ne se peut faire que par une lâcheté artificieuse, qui fait rechercher à ceux qui sentent leur faiblesse la sûreté dans l'adresse et le courage d'autrui, nous voulons qu'ils soient punis de mort, et tous ceux qui tomberont dans le crime d'être Seconds, tiers, etc.* — Les jurisconsultes sont d'avis que ceux qui continuèrent, au mépris de l'édit, à être DUELLISTES, s'ils en bravèrent le châtiment, craignaient du moins d'être accusés de *cette lâcheté artificieuse* que l'édit mentionnait. — Les SPADASSINS n'ont plus eu recours qu'à des TÉMOINS non combattants, souvent même pacificateurs, mais ordinairement choisis parmi des DUELLISTES émérites. Quelquefois le langage vulgaire appelle encore Seconds, ces TÉMOINS, par la force de l'habitude.

SECOND FACTIONNAIRE. V. BATAILLON D'INFANTERIE FRANÇAISE DE LIGNE Nº 8. V. FACTIONNAIRE.

SECOND FLANC. V. BASTION DE FORTERESSE. V. COURTINE DE FORTERESSE. V. FEU RASANT. V. FLANC. V. FLANC DE FORTIFICATION.

SECOND FEU. V. FEU. V. FEU D'INFANTERIE.

SECOND ORDRE. V. FOURNEAU DE SECOND ORDRE. V. ORDRE.

SECOND PELOTON. V. CHEF DE DIVISION Nº 3. V. DIVISION DE BATAILLON. V. PELOTON.

SECOND PORTE-AIGLE. V. ESPONTON. V. PORTE-AIGLE. V. SOUS-OFFICIER Nº 7.

SECOND RANG DE CAVALERIE. V. ARCHER A CHEVAL. V. CAVALERIE. V. COIN TACTIQUE. V.

GENDARME DU MOYEN AGE N° 1, 2, 7. V. LANCE FOURNIE. V. RANG DE CAVALERIE. V. TROISIÈME RANG DE CAVALERIE.

SECOND RANG D'INFANTERIE. V. ADJUDANT-MAJOR D'INFANTERIE FRANÇAISE DE LIGNE N° 11. V. AJUSTER. V. CANON A MAIN. V. CHEF DE FILE. V. CHEF DE PELOTON. V. COMBAT CONTRE INFANTERIE. V. CONVERSION A PIVOT FIXE. V. DRAPEAU D'INFANTERIE FRANÇAISE DE LIGNE. V. ENSEIGNE IDIOPLIQUE N° 4. V. FEU A GÉNUFLÉXION. V. FEU DE BILLEBAUDE. V. FEU DE CHAUSSÉE. V. FEU DE DEUX RANGS. V. FEU DE PARAPET. V. FEU DE QUATRE RANGS. V. FEU DE RANGS. V. FEU D'INFANTERIE. V. FEU EN AVANÇANT. V. FILE CREUSE. V. FORMER LES HAIES. V. FRONT DE BATAILLON. V. HOMME D'ENCADREMENT. V. MILICE RUSSE N° 7. V. ORDONNANCE D'EXERCICE D'INFANTERIE. V. ORDRE DE BATAILLE D'INFANTERIE. V. OUVRIR LES RANGS. V. PELOTON D'INFANTERIE FRANÇAISE. V. PELOTONNEMENT. V. PORTE-DRAPEAU N° 4, 7. V. RANG. V. RANG DE TAILLE. V. RANG D'INFANTERIE. V. SAPEUR D'INFANTERIE. V. SERGENT D'ENCADREMENT. V. SERRE-FILE. V. TACTIQUE, subs. V. TALON DE SOULIER. V. TROISIÈME RANG D'INFANTERIE.

SECOND SECRÉTAIRE. V. SECRÉTAIRE. V. SECRÉTAIRE DE TRÉSORIER.

SECOND SERGENT. V. CAPITAINE D'INFANTERIE FRANÇAISE DE LIGNE N° 7. V. CHEF DE PELOTON. V. CHEF DE SUBDIVISION ADMINISTRATIVE. V. CONDUCTEUR D'AILE DE SUBDIVISION. V. GUIDE DE SUBDIVISION. V. SERGENT. V. SERGENT D'ENCADREMENT. V. SERGENT D'INFANTERIE FRANÇAISE DE LIGNE N° 5.

SECOND TOUR DE SERVICE. V. CAPITAINE D'INFANTERIE FRANÇAISE DE LIGNE N° 22. V. DÉTACHEMENT DE GUERRE. V. SERVICE D'OFFICIER. V. TOUR DE SERVICE.

SECONDAIRE, adj. V. ÉCOLE SECONDAIRE.

SECONDE, subs. fém. (G, 5), ou COUP DE SECONDE. Ce mot, qui dans l'école italienne et espagnole était deuxième GARDE D'ESCRIME dans l'ordre des démonstrations, était, comme le témoigne l'ENCYCLOPÉDIE (1751, C), une parade en opposition aux MOUVEMENTS sous les armes.

SECONDE (adj.) ATTAQUE. V. ATTAQUE. V. ATTAQUE DE FRONT DE PLACE. V. MARÉCHAL DE CAMP N° 6.

SECONDE CAPUCINE. V. BATTANT DE GRENADIÈRE. V. CAPUCINE. V. EMBOUCHOIR.

SECONDE CLASSE DE COMMISSAIRES DES GUERRES. V. CLASSE DE COMMISSAIRE. V. COMMISSAIRE DES GUERRES N° 3, (tableau). V. COMMISSAIRE DES GUERRES DE SECONDE CLASSE.

SECONDE CLASSE DE CORPS DE GARDE. V. CORPS DE GARDE DE GARNISON.

SECONDE CLASSE DE FORTERESSE. V. CLASSE DE FORTERESSE. V. FORTERESSE. V. PLACE DE SECONDE CLASSE.

SECONDE CLASSE DE MASSE. V. CLASSE DE MASSES. V. MASSE COMPTABILIAIRE.

SECONDE CLASSE DE SOLDATS. V. MILICE PRUSSIENNE N° 9. V. SOLDAT.

SECONDE CLASSE DE SOUS-INTENDANT. V. ADJOINT A L'INTENDANCE. V. SOUS-INTENDÂNT N° 2, 7. V. SOUS-INTENDANT DE SECONDE CLASSE.

SECONDE CLASSE D'OFFICIER. V. CAPITAINE D'INFANTERIE FRANÇAISE DE LIGNE N° 5. V. CLASSE D'OFFICIER. V. OFFICIER D'INFANTERIE FRANÇAISE N° 1.

SECONDE CLASSE TACTIQUE. V. CLASSE TACTIQUE. V. CONSIGNÉ A LA CASERNE. V. TACTIQUE, adj. et subs.

SECONDE COMPAGNIE. V. COMPAGNIE. V. COMPAGNIE DE GRENADIERS N° 2. V. FACTIONNAIRE.

SECONDE DIVISION. V. CAPITAINE D'INFANTERIE FRANÇAISE DE LIGNE N° 7. V. CHEF DE DIVISION. V. DIVISION. V. SUR LA SECONDE D...

SECONDE ENCEINTE. V. ENCEINTE. V. ENCEINTE DE FORTERESSE. V. FAUSSE BRAIE.

SECONDE FILE. V. FEU D'INFANTERIE. V. FILE.

SECONDE LIGNE DE BATAILLE (G, 6), ou SECONDE LIGNE TACTIQUE. Troupe soit D'INFANTERIE, soit COMPOSITE ou de plusieurs ARMES, qui, dans les GRANDES MANŒUVRES ou sur un CHAMP DE BATAILLE, se tient soit en ORDRE DE BATAILLE, soit en COLONNES; dans ce dernier cas, elle y est en une ou plusieurs MASSES, à trois ou quatre cents pas de la PREMIÈRE LIGNE. — Les PERSES, les ASIATIQUES, les CARTHAGINOIS, avaient pour PREMIÈRE LIGNE, les CHARS, les ÉLÉPHANTS; pour seconde ligne, l'ARMÉE même, quelquefois soutenue d'une RÉSERVE ou TROISIÈME LIGNE. — Avant PHILIPPE et ALEXANDRE, l'ARMÉE de MACÉDOINE, qui était le modèle de toutes les MILICES GRECQUES, n'avait pas recours à l'artifice des LIGNES COMBINÉES. La bataille d'ARBELLES donne le premier exemple d'une RÉSERVE ou d'une seconde ligne de PHALANGES. On a appelé ÉPITAXE cette ARRIÈRE-LIGNE; elle était, dit-on, imitée des LACÉDÉMONIENS. — Les MANIPULES ROMAINS furent d'abord et longtemps sur trois LIGNES, qui, suivant quelques opinions, se distinguaient en ANTÉSIGNAIRES, SUBSIGNAIRES, POSTSIGNAIRES. La modification des formes de la COHORTE les réduisit quelquefois à deux : en ce cas, c'était la portion de la LÉGION qui formait ARRIÈRE-LIGNES qui se nommait POSTSIGNAIRES. — Les PRINCES légionnaires furent tour à tour PREMIÈRE, puis seconde, puis PREMIÈRE LIGNE. — A la BATAILLE de HASTINGS, en 1066, s'il faut en croire DUCHESNE, l'ORDRE DE BATAILLE de GUILLAUME était tout à fait à l'ANTIQUE ; son INFANTERIE LÉGÈRE était la première, son INFANTERIE cuirassée en seconde, sa CAVALERIE en RÉSERVE. — Les GENS D'ARMES français du MOYEN AGE eurent quelquefois pour seconde ligne un frêle ruban de LANCES, ou des groupes mal alignés et disparates de SERGENTS D'ARMES. La disjonction de cette seconde ligne, s'isolant de la PREMIÈRE, amena la création de la CAVALERIE LÉGÈRE ; mais ce fut seulement depuis HENRI QUATRE que l'INFANTERIE FRANÇAISE commença à se former, soit sur trois LIGNES, soit sur deux LIGNES, appuyées d'un CORPS DE RÉSERVE. — L'usage de deux LIGNES COMBINÉES devint presque général depuis que GUSTAVE-ADOLPHE l'introduisit dans l'ARMÉE SUÉDOISE. L'art de changer habilement en seconde ligne la première, ou l'inverse, fut deviné par le génie de TURENNE et de MONTÉCUCULI. — Le grand CONDÉ plaçait intermédiairement, entre ses deux LIGNES D'INFANTERIE, quatre ou six ESCADRONS. FRÉDÉRIC DEUX, au contraire, plaçait cette RÉSERVE en arrière du centre de la seconde ligne. — Dans le siècle de TURENNE, et de l'ordre alors demi-profond, le rapprochement des BATAILLONS des deux LIGNES, s'ils étaient en arrière les uns des autres, formait subitement, au besoin, des COLONNES COMPACTES. Mais, le plus souvent, les LIGNES en ORDRE TANT PLEIN QUE VIDE étaient en QUINCONCE, et l'insertion de la SECONDE LIGNE dans la PREMIÈRE pouvait faire MURAILLE, à l'ancienne manière ROMAINE. — Jusqu'au milieu du dernier siècle, comme le témoignait l'ENCYCLOPÉDIE, les BATAILLONS et ESCADRONS continuaient à être disposés en face des INTERVALLES ; mais ce principe, souvent impraticable, perdait faveur ; il facilitait, il est vrai, les PASSAGES DE LIGNES, les MARCHES DE BRIGADE EN BATAILLE ; mais l'amincissement progressif des RANGS amena, de nécessité, la réduction des INTERVALLES, parce qu'ils étendaient l'ARMÉE sur un trop grand TERRAIN ; dès lors le PASSAGE des lignes ne put plus avoir lieu que par dislocation ou en COLONNE. L'ORDRE EN COLONNE fut alors regardé comme convenant mieux, en tout temps, aux Secondes lignes, à raison de la difficulté des CHANGEMENTS DE FRONT SUR DEUX LIGNES, et à raison de la facilité plus grande de porter les renforts de la seconde ligne, tenue en COLONNE, sur un point de la PREMIÈRE LIGNE qui faiblirait, ou qui serait en-tamé par une CHARGE ou une ATTAQUE DE FRONT. — Depuis le commencement du dix-huitième siècle, la Seconde ligne d'une GRANDE ARMÉE était sous le commandement de trois LIEUTENANTS GÉNÉRAUX. — La MILICE ANGLAISE n'a adopté qu'une des dernières l'ORDRE DES DEUX LIGNES, mais à la bataille de RAMILLIES, en 1706, les GRENADIERS FRANÇAIS A CHEVAL de la MAISON percent la PREMIÈRE LIGNE anglaise et vont insulter la seconde. — La Seconde ligne avait, dans la MILICE PRUSSIENNE, son ARTILLERIE spéciale. — Il fut un temps où la droite et la gauche de la Seconde ligne étaient les troisième et quatrième POSTES D'HONNEUR. — Les MARCHES des Secondes lignes manœuvrant peu loin de l'ENNEMI se sont opérées en COLONNES COMBINÉES, suivant des principes qui ont varié beaucoup. — PUYSÉGUR (1748, C) voulait que la Seconde ligne se tînt à cent cinquante toises de l'autre, parce qu'à cette distance elle était hors de portée de la MOUSQUETERIE. LEBLOND (1748, B) avait en effet calculé que si elle se rapprochait à deux cents pas, elle commençait à perdre du monde. Le principe qui fixait cette distance s'est maintenu. — Le RÈGLEMENT DE 1791 (1er AOUT) supposait l'étendue de la Seconde ligne égale à celle de la PREMIÈRE, mais tel n'a pas toujours été l'usage ou la possibilité. Ainsi M. COURTIN (1823, E, au mot *Division*) proposait de donner neuf BATAILLONS à une PREMIÈRE LIGNE, trois à la Seconde. — Dans les dernières GUERRES, on a vu des DIVISIONS DE CAVALERIE se former sur trois lignes. — Il était d'usage que la Seconde ligne d'une ARMÉE correspondît à l'autre par la base d'alignement et par la base de direction ; mais l'ORDONNANCE DE 1851 (4 MARS), tout en subordonnant aux manœuvres et aux mouvements de la PREMIÈRE LIGNE ceux de la Seconde, disposait que cette dernière pouvait être ou oblique, ou parallèle, ou débordante ; du reste cette ORDONNANCE laissait irrésolue cette question : de quels corps se formerait la Seconde ligne d'une DIVISION D'INFANTERIE ? — Les AUTEURS qui se sont occupés de la question des Secondes lignes, sont : BOHAN (1781, H), M. le colonel CARRION (1824, A), M. COURTIN (1823, E), DUBOUSQUET (1769, B), DUCHESNE, ENCYCLOPÉDIE (1751, C ; 1785, C, et supp.), FRÉDÉRIC DEUX (1761, G), LACHESNAIE (1758, I, aux mots *Major de brigade* et *Place d'armes*), LEBLOND (1748, B), MAIZEROY (1767, E), MAURICE DE SAXE (1757, A), MESNIL-DURAND (1780, K), PICTET (1761, I), PUYSÉGUR (1748, C), SILVA (1768, K), SINCLAIRE (1773, L), TRAVERSE (1758, D), VÉGÈCE (390, A).

SECONDE LIGNE DE CAMP. V. CAMP. V.

CAMP D'INSTRUCTION. V. COLONEL AU CAMP. V. COMMUNICATION DE CAMP. V. FRONT DE BANDIÈRE. V. GARDE DE CAMP. V. LIGNE DE CAMP.

SECONDE LIGNE DE CAVALERIE. V. CAVALERIE. V. CAVALERIE FRANÇAISE N° 7. V. INTERVALLE DE CAVALERIE. V. LIGNE DE CAVALERIE.

SECONDE LIGNE DE FORTERESSE. V. FORTERESSE. V. LIGNE DE FORTERESSE.

SECONDE LIGNE DE PHALANGE. V. LIGNE DE PHALANGE. V. PHALANGE. V. PHALANGE AMPHISTOME.

SECONDE LIGNE D'INFANTERIE. V. INFANTERIE. V. LIGNE D'INFANTERIE. V. MILICE PRUSSIENNE N° 8. V. ORDRE DE BATAILLE D'INFANTERIE.

SECONDE LIGNE TACTIQUE. V. LIGNE TACTIQUE. V. SECONDE LIGNE DE BATAILLE. V. TACTIQUE, adj. V. TACTIQUE, subs.

SECONDE NUIT DE TRANCHÉE. V. PREMIÈRE PARALLÈLE. V. NUIT DE TRANCHÉE. V. TRANCHÉE. V. TRAVAUX DE SIÉGE.

SECONDE PARALLÈLE (H, 1). PARALLÈLE qui est flanquée par la PREMIÈRE, et qui est à peu près distante de cent soixante toises, ou de trois cents mètres du CHEMIN COUVERT; elle est précédée de DEMI-PARALLÈLES. — A partir des points de la Seconde parallèle qui seraient trop exposés, l'ASSIÉGEANT ne s'avance plus qu'à la SAPE PLEINE OU VOLANTE. — On n'entamait autrefois la Seconde parallèle que quand les BATTERIES de la PREMIÈRE étaient parvenues à démonter les BATTERIES de la PLACE qui pouvaient s'opposer au CHEMINEMENT; mais dans la GUERRE DE 1832, elle était ouverte dès le second jour des TRAVAUX. — Les TRAVERSES ont en partie pour objet d'obvier aux RICOCHETS de la Seconde parallèle. — On fait, à la hauteur de la Seconde parallèle, les AMAS D'OUTILS nécessaires; on y asseoit des BATTERIES A RICOCHETS; on appuie de REDOUTES les FLANCS de la LIGNE; on y place, quand elle est perfectionnée, les GARDES qui étaient postées dans la PREMIÈRE, et quand la TROISIÈME est achevée, on ne laisse dans la Seconde que la RÉSERVE. — Les AUTEURS qu'on peut consulter à cette occasion, sont : DESPREZ (1755, B), LACHESNAIE (1758, I, au mot *Tranchée*), POTIER (1779, X, au mot *Ligne*), et tous les ÉCRIVAINS qui ont traité des SIÉGES OFFENSIFS méthodiquement conduits, et des SORTIES et de la marche des TRANCHÉES.

SECONDE PORTION DE MASSE. V. GRAND ÉQUIPEMENT. V. MASSE. V. MASSE D'ENTRETIEN. V. MASSE D'HABILLEMENT. V. MASSE GÉNÉRALE. V. PORTION DE MASSE.

SECONDE RACE. V. NOMS PROPRES. V. RACE.

SECONDE RÉCIDIVE. V. ABSENCE A LA GÉNÉRALE. V. RÉCIDIVE.

SECONDE SECTION. V. CAPORAL D'INFANTERIE FRANÇAISE DE LIGNE N° 7. V. CHEF DE SECTION TACTIQUE. V. COMMANDEMENT D'AVERTISSEMENT. V. LIEUTENANT D'INFANTERIE FRANÇAISE DE LIGNE N° 5. V. OFFICIER DE SECTION ADMINISTRATIVE. V. PASSAGE DE LIGNES. V. ROMPEMENT DE PELOTON. V. ROMPEMENT EN BATAILLE. V. SECTION. V. SECTION ADMINISTRATIVE. V. SERGENT D'INFANTERIE FRANÇAISE DE LIGNE N° 5. V. SERGENT-MAJOR N° 4. V. SOUS-LIEUTENANT N° 4, 7.

SECONDE SEMELLE. V. COUCHE-POINT. V. SEMELLE DE SOULIER. V. SOULIER. V. TRÉPOINTE.

SECONDE SUBDIVISION. V. CHEF DE SECONDE SUBDIVISION. V. SUBDIVISION. V. SUBDIVISION ADMINISTRATIVE.

SECONDE TAILLE. V. CHEMISE D'ÉQUIPEMENT. V. SOULIER. V. TAILLE D'EFFET D'UNIFORME.

SECOT, subs. masc. V. SURCOT.

SECOURS, subs. masc. V. ARMÉE DE S... V. CHEMIN COUVERT. V. GUERRE DE S... V. INTERCEPTER UN S... V. JETER DU S.., V. PORTÉ DE S... V. PORTER S... V. RECOUSSE.

SECOURS AUX BLESSÉS. V. BLESSÉ. V. HOPITAL DE PREMIER S... V. PREMIER S...

SECOUSSE. V. NOMS PROPRES.

SECRET (secrète), adj. V. MASSE S... V. PARTIE S...

SECRET, subs. masc. V. A S... V. ARME A FEU. V. CHASSIS A S... V. LUMIÈRE DE FUSIL. V. SECRÉTAIRE.

SECRÉTAIRE, subs. masc. V. BUREAU DE S... V. CLASSE DE S... V. PREMIER S... V. SECOND S... V. SERGENT S... V. SOLDAT S... V. SOUS-OFFICIER S... V. TROISIÈME S...

SECRÉTAIRE (term. génér.). Mot dont SECRET, terme tout LATIN, donne clairement l'origine. Il sera distingué ici en SECRÉTAIRE A LA GUERRE, — ARCHIVISTE, — DE TRÉSORIER, — GÉNÉRAL DES SUISSES.

SECRÉTAIRE à la GUERRE (F), ou SECRÉTAIRE DE LA GUERRE. Sorte de SECRÉTAIRE ou de SOUS-MINISTRE non responsable qui occupe un haut rang dans la MILICE ANGLAISE; sa qualification, singulière en français, est la traduction du titre *secretary at war*. Ce FONCTIONNAIRE fait le détail des MOUVEMENTS des TROUPES dans l'intérieur; il rédige et propose les PLANS D'OPÉRATIONS; il trace aux ARMÉES ANGLAISES, et sans être tenu de prendre l'attache du COMMANDEUR EN CHEF, la direction qu'elles doivent suivre. Quelques-unes de ses fonctions administratives n'étaient pas sans une certaine analogie avec celles du FONCTIONNAIRE qu'on a appelé DIRECTEUR MINISTRE. Le général FOY (p. 223) et M. Ch. DUPIN ont traité de cet emploi.

SECRÉTAIRE ARCHIVISTE (A, 1), ou ÉCRIVAIN DE PLACE, comme l'appelle GUIGNARD (1725, B), ou SECRÉTAIRE DE PLACE, car les ordonnances ont tour à tour admis ou supprimé ces désignations d'une même fonction. — Au temps où écrivait GUIGNARD, il y avait des PLACES où le Secrétaire était au compte du roi ; il y en avait où il était payé par les OFFICIERS D'ÉTAT-MAJOR. Il avait charge de lire aux CRIMINELS leur SENTENCE, et quelquefois il s'acquittait des fonctions de GREFFIER auprès des CONSEILS DE GUERRE. — Les Secrétaires ont été tirés d'abord de la classe des ANCIENS MILITAIRES ayant servi comme SOUS-OFFICIERS ; ensuite ils ont été pris parmi des OFFICIERS OU SOUS-OFFICIERS EN RETRAITE ; ensuite on les a choisis parmi des OFFICIERS OU SOUS-OFFICIERS EN ACTIVITÉ, mais sollicitant un SERVICE SÉDENTAIRE. — Jusqu'à la suppression des MAJORS DE PLACE, en février 1791, ces MAJORS étaient les véritables archivistes des PLACES DE GUERRE ; ils s'acquittaient en personne des détails de l'AUBETTE et du COMMANDEMENT du service, ou en chargeaient, sous leur direction, les AIDES-MAJORS. — La LOI DE 1791 (10 JUILLET), qui confirmait la suppression des MAJORS, suppression dont le SERVICE avait eu à souffrir, comme on l'avait éprouvé, chercha à y remédier, en attachant à chaque ÉTAT-MAJOR DE PLACE un SECRÉTAIRE-ÉCRIVAIN nommé par le ROI, assermenté par-devant un COMMISSAIRE DES GUERRES, et mis sous les ordres du COMMANDANT DE PLACE. Ce Secrétaire, choisi parmi d'anciens SOUS-OFFICIERS, autant que possible, était chargé du détail du SERVICE de la GARNISON. — L'ARRÊTÉ DE L'AN CINQ (11 BRUMAIRE) partageait en quatre CLASSES les SECRÉTAIRES ÉCRIVAINS. — La LOI DE L'AN SEPT (25 FRUCTIDOR) accourcissait la qualification de ces FONCTIONNAIRES, et les appelait simplement ÉCRIVAINS DE PLACE, qualification fort équivoque ; elle les classait comme les COMMANDANTS TEMPORAIRES, et les admettait en même nombre ; elle graduait leurs appointements de douze cénts à six cents francs. — L'ARRÊTÉ DE L'AN HUIT (26 GERMINAL) les qualifiait simplement d'écrivains, et les chargeait de la tenue du REGISTRE D'ORDRES, de l'expédition des ORDRES DE SERVICE, de la garde des ARCHIVES. Les écrivains étaient à la nomination du MINISTRE, sur la présentation du COMMANDANT D'ARMES, et ne pouvaient être choisis que parmi des OFFICIERS ou des SOUS-OFFICIERS EN RETRAITE. — Le RÈGLEMENT DE

L'AN DOUZE (1er VENDÉMIAIRE) les nommait SECRÉTAIRES DE PLACE, et leur donnait l'UNIFORME D'ADJUDANT, sans GALONS ni BOUTONNIÈRES en or, mais avec l'ÉPAULETTE du grade. — Le DÉCRET DE 1811 (24 DÉCEMBRE) disposait qu'ils seraient distingués par une épée et une plume en sautoir brodées en or, et sans cadre, sur le sein gauche ; il les excluait de tout commandement ; il les dénommait Secrétaires archivistes ; il voulait qu'au besoin ils fussent Secrétaires de CONSEIL DE DÉFENSE ; que dans les places où il n'était pas établi d'ADJUDANTS ils en fissent fonctions, et que, dans ce même cas, un PORTIER-CONSIGNE remplaçât le Secrétaire. — Les instructions sur l'inspection de l'infanterie confiaient aux INSPECTEURS GÉNÉRAUX le soin de désigner les OFFICIERS ou SOUS-OFFICIERS susceptibles d'être employés comme Secrétaires archivistes. — Trois CLASSES de Secrétaires, ayant GRADE D'OFFICIERS, continuaient à être reconnues. Les Secrétaires de QUATRIÈME CLASSE étaient tirés des SOUS-OFFICIERS, et avaient GRADE D'ADJUDANT. — L'ORDONNANCE DE 1817 (6 NOVEMBRE) attachait un Secrétaire archiviste, du grade de capitaine ou lieutenant, à chaque division militaire ; elle appelait SECRÉTAIRE ÉCRIVAIN celui de la PLACE DE PARIS. — La DÉCISION DE 1826 (17 JUILLET) déterminait la tenue de l'inventaire des documents, papiers, cartes et ARCHIVES confiés à la garde des Secrétaires. — La DÉCISION DE 1827 (12 FÉVRIER) réglait le montant de leur traitement. — L'ORDONNANCE DE 1828 (20 SEPTEMBRE) supprimait les Secrétaires archivistes attachés à l'ÉTAT-MAJOR de chaque DIVISION MILITAIRE. — L'ORDONNANCE DE 1829 (31 MAI) ne conservait des Secrétaires archivistes que dans les PLACES de PREMIÈRE CLASSE et dans quelques-unes de SECONDE CLASSE ; elle n'en reconnaissait, comme OFFICIERS D'ÉTAT-MAJOR, que trente-six, savoir : six CAPITAINES, treize LIEUTENANTS, dix-sept SOUS-LIEUTENANTS ; ceux des PLACES DE QUATRIÈME CLASSE étaient ADJUDANTS. — La DÉCISION DE 1836 (4 FÉVRIER) traitait des PROPOSITIONS D'ADMISSION. — On peut consulter, à l'égard des Secrétaires écrivains : BARDIN (1809, B), M. BERRIAT (1817, A), l'ENCYCLOPÉDIE (1785, C, t. II, p. 551), GUIGNARD (t. I, p. 279), LECOUTURIER (1825, A).

SECRÉTAIRE au DÉPARTEMENT DE LA GUERRE. V. DÉPARTEMENT DE LA GUERRE. V. MINISTRE DE LA GUERRE N° 2.

SECRÉTAIRE de BUREAU RÉGIMENTAIRE. V. BUREAU RÉGIMENTAIRE. V. CONSEIL PERMANENT N° 3.

SECRÉTAIRE de CAPITAINE D'HABILLEMENT. V. CAPITAINE D'HABILLEMENT N° 2.

SECRÉTAIRE de COLONEL. V. COLONEL D'INFANTERIE FRANÇAISE DE LIGNE Nº 34.

SECRÉTAIRE de CONSEIL D'ADMINISTRATION. V. AUDITEUR. V. COMPAGNIE RÉGIMENTAIRE. V. CONSEIL D'ADMINISTRATION DE BATAILLON. V. CONSEIL D'ADMINISTRATION DE RÉGIMENT Nº 1. V. QUARTIER-MAITRE D'INFANTERIE Nº 2. V. SERGENT-MAJOR Nº 10. V. TRÉSORIER DE CORPS Nº 5.

SECRÉTAIRE de CONSEIL DE DISCIPLINE. V. CONSEIL DE DISCIPLINE.

SECRÉTAIRE de CONSEIL DE SANTÉ. V. CONSEIL DE SANTÉ.

SECRÉTAIRE de la GUERRE. V. GUERRE. V. SECRÉTAIRE A LA GUERRE.

SECRÉTAIRE de MAJOR. V. MAJOR. V. MAJOR CHEF DE BATAILLON Nº 8.

SECRÉTAIRE de MARÉCHAL DE FRANCE. V. MARÉCHAL DE FRANCE Nº 6, 7.

SECRÉTAIRE de PLACE. V. COMMANDANT DE PLACE Nº 4, 5. V. COMMISSAIRE DES GUERRES Nº 6. V. PLACE. V. SECRÉTAIRE ARCHIVISTE.

SECRÉTAIRE de QUARTIER-MAITRE. V. BUREAU RÉGIMENTAIRE. V. MASSE D'ENTRETIEN. V. QUARTIER-MAITRE Nº 2. V. SECRÉTAIRE DE TRÉSORIER.

SECRÉTAIRE de TRÉSORIER DE CORPS (B. 1), ou COMMIS DE BUREAU comme les appellent quelques ordonnances. Sorte de SECRÉTAIRES qui se sont longtemps appelés SECRÉTAIRES DE QUARTIER-MAITRE. C'étaient des SOLDATS ou des SOUS-OFFICIERS EXEMPTS DE SERVICE, nommés par le CONSEIL D'ADMINISTRATION, et ordinairement NON COMBATTANTS. La DÉCISION DE L'AN SIX (28 NIVOSE) leur accordait sur la MASSE D'ENTRETIEN douze francs par mois. La DÉCISION DE L'AN ONZE (2 MESSIDOR) accordait, par mois, aux deux Secrétaires vingt et un francs. L'INSTRUCTION DE L'AN DOUZE (16 BRUMAIRE) concernait également leur BUREAU. L'INSTRUCTION DE 1806 (2 FÉVRIER) comprenait cette DÉPENSE dans l'ensemble des FRAIS DE BUREAU DE CORPS. — La CIRCULAIRE DE 1827 (24 JANVIER) réglait leurs allocations. — L'ORDONNANCE DE 1831 (7 MARS) attachait à la COMPAGNIE HORS RANG les Secrétaires du TRÉSORIER, savoir : un SERGENT comme PREMIER SECRÉTAIRE, un CAPORAL comme SECOND SECRÉTAIRE, un SOLDAT comme TROISIÈME.

SECRÉTAIRE d'ÉTAT de la GUERRE. V. COMMISSAIRE DES GUERRES Nº 6. V. COMMISSAIRE GÉNÉRAL DES SUISSES. V. CORDEAU MÉTRIQUE. V. EFFET AU COMPTE DU GÉNIE. V. INSPECTEUR AUX REVUES. V. MAJOR CHEF DE BATAILLON Nº 7. V. MILICE ANGLAISE Nº 2. V. MINISTÈRE DE LA GUERRE. V. MINISTRE DE LA GUERRE ; id. Nº 1,

2, 8 ; id. EN 1594 ; id. EN 1830 (29 JUILLET). V. SOUS-SECRÉTAIRE.

SECRÉTAIRE d'OFFICIER D'ARMEMENT. V. COMPAGNIE HORS RANG. V. OFFICIER D'ARMEMENT.

SECRÉTAIRE d'OFFICIER D'HABILLEMENT. V. COMPAGNIE HORS RANG. V. OFFICIER D'HABILLEMENT.

SECRÉTAIRE d'OFFICIER PAYEUR. V. OFFICIER PAYEUR. V. SECRÉTAIRE DE TRÉSORIER.

SECRÉTAIRE-ÉCRIVAIN. V. COMMANDANT TEMPORAIRE. V. ÉCRIVAIN. V. EMPLOYÉ. V. SECRÉTAIRE ARCHIVISTE.

SECRÉTAIRE GÉNÉRAL de la GUERRE. V. GÉNÉRAL, adj. V. GUERRE. V. MINISTÈRE DE LA GUERRE.

SECRÉTAIRE GÉNÉRAL de PRÉFECTURE. V. PRÉFECTURE. V. SOUS-INTENDANT Nº 4.

SECRÉTAIRE GÉNÉRAL des DRAGONS. V. DRAGON FRANÇAIS Nº 1. V. SECRÉTAIRE GÉNÉRAL DES SUISSES.

SECRÉTAIRE GÉNÉRAL des INVALIDES. V. HOTEL DES INVALIDES. V. INVALIDES.

SECRÉTAIRE GÉNÉRAL des SUISSES (F). Sorte de SECRÉTAIRE qui occupait un emploi, ou plutôt une sinécure, dans l'INFANTERIE FRANCO-SUISSE. — Le célèbre abbé BARTHÉLEMY avait été nommé Secrétaire général des Suisses par le duc de CHOISEUL, qui était leur COLONEL GÉNÉRAL. Ce titre, sans utilité, et même sans signification, puisque, depuis si longtemps, il n'y avait plus de SECRÉTAIRE GÉNÉRAL DES DRAGONS, etc., avait été rétabli par la restauration, et a duré jusqu'en 1830. Cette place de faveur coûtait annuellement quinze mille francs au trésor.

SECRÉTAIRE SYKE. V. MILICE SYKE Nº 7. V. SYKE, adj.

SECRÉTARIAT, subs. masc. V. APPARTEMENTS DE TRIBUNAUX. V. ARCHIVES DE PLACE. V. LÉGISLATION. V. MINISTÈRE DE LA GUERRE.

SECRETTE, subs. fém. (F), ou SEGRETTE. Mot tout ITALIEN *segreta*, dont M. ALLOU (1834, 1835) n'est pas parvenu à expliquer clairement la signification. Il croit que c'était une espèce de CERVELIÈRE. MÉNAGE pense que c'était une SALADE. — L'usage, ou du moins le nom de la segrette, ne datent que des règnes de CHARLES SEPT et de LOUIS ONZE. — Il parait démontré que c'était une COIFFE ou une CALOTTE DE FER ou d'acier qu'on portait en dessous du HEAUME. — BRANTOME (1600, A) dit que, dans les DUELS de MILAN, on tuait beaucoup d'ITALIENS, bien qu'ils portassent *segretta in testa*. — BAYARD, dans son duel avec Sotomaior, avait estoc, *poignard*, *gorgerin*, et *secrette*.